Yh 510

Paris
1844

Schiller, Friedrich von

Oeuvres dramatiques

Don Carlos, Marie Stuart

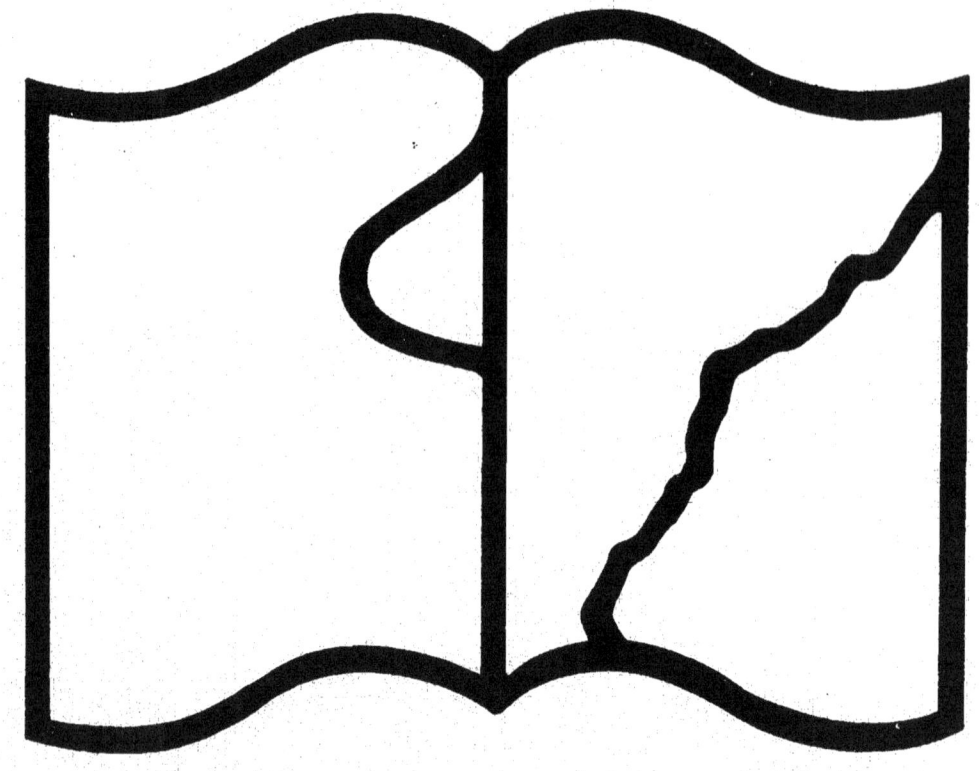

Symbole applicable
pour tout, ou partie
des documents microfilmés

Texte détérioré — reliure défectueuse

NF Z 43-120-11

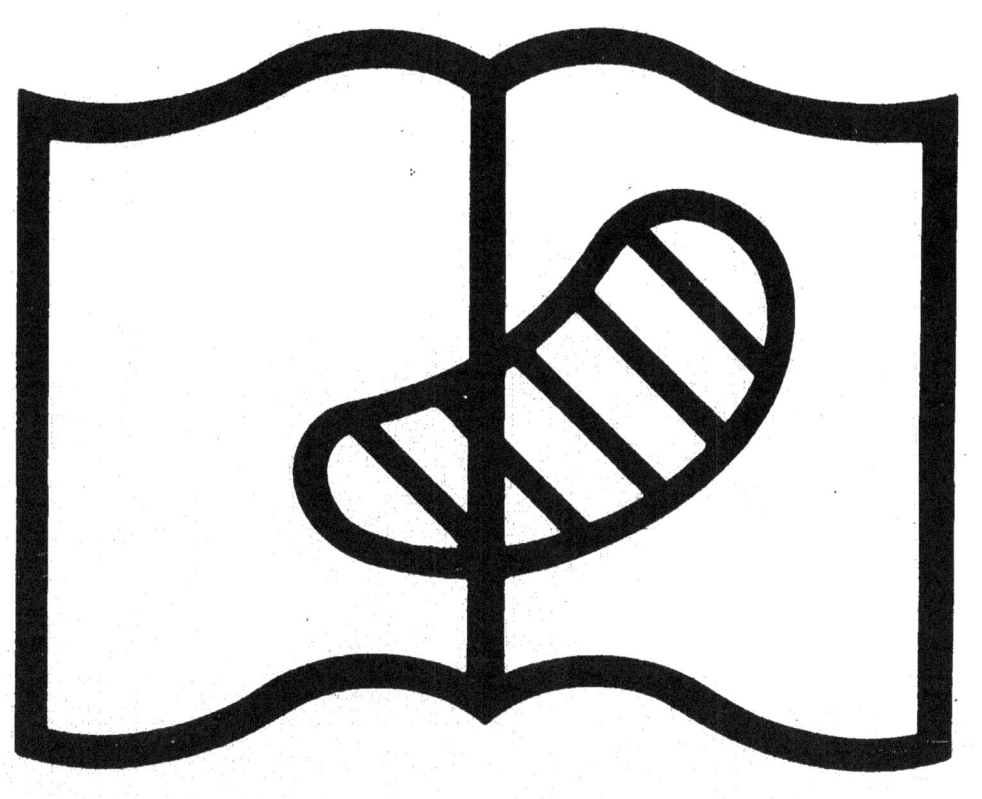

Symbole applicable
pour tout, ou partie
des documents microfilmés

Original illisible

NF Z 43-120-10

Yh 510

OEUVRES DRAMATIQUES

DE

SCHILLER.

PARIS. — Imprimerie de Ve DONDEY-DUPRÉ, rue Saint-Louis, 46, au Marais.

OEUVRES DRAMATIQUES

DE

SCHILLER,

TRADUCTION

DE M. DE BARANTE,

Pair de France, Membre de l'Académie Française,

Édition revue et corrigée,

PRÉCÉDÉE

D'UNE NOTICE BIOGRAPHIQUE ET LITTÉRAIRE SUR SCHILLER.

PARIS.

MARCHANT, ÉDITEUR,
BOULEVARD SAINT-MARTIN, 12.

1844

NOTICE SUR SCHILLER.

NOTICE SUR SCHILLER.

La vie de Schiller, pour présenter beaucoup de charme et d'intérêt, devrait être écrite par un de ses contemporains et de ses compatriotes. Rien ne peut suppléer à la vérité et à la vivacité des impressions que fait éprouver aux esprits observateurs, aux imaginations pittoresques, le spectacle d'un homme remarquable. Sa physionomie, le son de sa voix, les habitudes de son caractère et de sa conversation, en apprennent plus sur son génie que les récits et l'examen de ses ouvrages. Lorsque les personnes qui savent voir, disent : j'ai vu ; lorsqu'on sait représenter aux yeux du lecteur la vivante image de l'homme dont on lui parle, on le fait mieux connaître que par les plus ingénieuses recherches. Si une telle biographie de Schiller eût existé en Allemagne, il aurait fallu se borner à la traduire.

Quand il s'agirait seulement de chercher dans les écrits de Schiller des traces et des témoignages de la marche générale des esprits pendant l'époque où il a vécu et dans le pays où il est né, cette tâche serait encore bien mieux remplie par un écrivain allemand. Pour se livrer d'une manière complète à un tel examen, il faudrait être familiarisé avec cette littérature allemande si variée et si variable ; avec cette philosophie si subtile et si élevée dans ses principes, si universelle dans ses applications ; avec ces mœurs allemandes, auxquelles les différences de religion, de gouvernement, de classes, donnent tant de nuances diverses et tranchées.

A défaut de ces avantages de position, que pouvait donc se proposer un Français écrivant la vie de Schiller? Il a dû rassembler avec soin tout ce que les hommes qui ont vu Schiller, ou qui ont vécu près de lui, racontent de cet illustre écrivain, et tout ce qu'en ont dit quelques notices assez peu complètes, publiées jusqu'à ce jour. Quant à ses ouvrages, au lieu de les juger et d'en rechercher la direction avec l'habitude et la parfaite connaissance du sol où ils ont pris naissance, il n'a pu que les observer du dehors. Mais c'est un point de vue qui peut avoir aussi quelque intérêt et mériter quelque curiosité. L'étranger qui arrive pour la première fois dans un pays, reçoit de son aspect des impressions toutes nouvelles, et dont la coutume n'a point émoussé la vivacité. Beaucoup d'objets, dans la nature morale comme dans la nature physique, doivent être soumis à cette épreuve de la première impression. Leur physionomie, leurs traits caractéristiques, s'effacent quelquefois devant un examen prolongé, devant une analyse détaillée. En entrant dans le cadre, on cesse de voir le tableau et de juger de son effet général. Sans doute ce sont là des excuses qui pourraient être alléguées par la frivolité superficielle ; mais lorsqu'on interroge de bonne foi et avec réflexion les sensations qu'on a reçues, sans nul préjugé arrêté, sans nulle prévention convenue, on n'est jamais frivole. D'ailleurs il ne s'agit point ici de savoir si, en rapportant les drames de Schiller à de certaines règles, en les comparant à des formes dont on a le goût et l'habitude, on les trouvera bons ou mauvais ; chacun là-dessus en sait autant qu'un autre. Le traducteur a fait son devoir en mettant, par une grande fidélité, le lecteur à portée de juger, et de voir ce qui lui plaît ou lui déplaît. Se livrer avec lui à un tel examen serait une tâche superflue et fort stérile. Au contraire, il peut y avoir quelque avantage à rechercher les rapports que les ouvrages de Schiller ont avec le caractère, la situation et les opinions de l'auteur, et avec les circonstances qui l'ont entouré. La critique, envisagée ainsi, n'a peut-être pas un caractère aussi facile et aussi absolu que lorsqu'elle absout ou condamne, d'après la plus ou moins grande ressemblance avec des formes données ; mais elle se rapproche davantage de l'étude de l'homme, et de cette observation de la marche de l'esprit humain, la plus utile et la plus curieuse de toutes les recherches.

Dans cette tâche même, nous avons été devancés. En parlant de Schiller et de l'Allemagne, nous serons souvent conformes à ce qui en a été dit par madame de Staël. Mais est-il possible d'être ému par quelque noble admiration, par quelque réflexion sur ce qui est grand et beau, sans que son souvenir soit présent, sans qu'il revienne se placer parmi tous les sentimens purs et toutes les pensées élevées ? Se rencontrer avec elle dans cette sphère qui était la sienne, n'est pas un emprunt fait à son talent, mais un culte rendu à sa mémoire.

SCHILLER.

Jean-Frédéric-Christophe Schiller naquit le 10 novembre 1759, à Marbach, petite ville de Souabe, dans le royaume de Wurtemberg. Son père avait été chirurgien et avait servi en cette qualité dans le régiment de housards bavarois du prince Louis, qui était au service des Pays-Bas : il avait eu successivement les grades d'adjudant et d'enseigne, et enfin de capitaine ; il fut ensuite chargé de l'inspection d'un jardin appelé *la Solitude*, appartenant au duc de Wurtemberg, et situé à une lieue de Stuttgart.

Le père de Schiller avait la tête un peu aventureuse ; mais, à cela près, c'était un fort honnête homme, actif et capable, estimé de son prince et de tous ceux dont il était connu. Il a vécu assez long-temps pour goûter la douce joie de voir son fils un des premiers écrivains de l'Allemagne.

La mère de Schiller était la fille d'un boulanger, bonne et douce femme, qui aima beaucoup son mari et ses enfans. Schiller fut le dernier ; il était, dit-on, le vivant portrait de sa mère ; sa taille était élancée, ses cheveux étaient roux, son teint couvert de taches, son visage pâle, mais sa physionomie noble et expressive. Il aima beaucoup une sœur qui mourut fort jeune, et qui paraît avoir eu de grandes analogies avec lui ; elle annonçait un talent poétique assez remarquable, et s'essayait même à composer quelques drames.

Schiller fut dirigé dans ses premières études par le pasteur Moser, du village de Lorch, où ses parens passèrent trois années, lorsqu'il n'était encore qu'enfant. Peut-être Schiller dut-il aux soins de cet ecclésiastique, et à la tendre amitié qu'il conçut pour son fils, la vocation ardente et sincère qu'il manifesta pendant toute sa première jeunesse pour l'état ecclésiastique. Cependant, si c'est en mémoire de ce premier guide de son enfance que Schiller a donné le nom de Moser au pasteur que François de Moor fait venir au cinquième acte des *Brigands*, il faut convenir qu'il n'en avait pas alors un souvenir bien solennel ni bien touchant. Les discours mis dans la bouche de ce personnage ne retracent en rien les impressions fortes et simples qui, après avoir frappé l'enfant presque à son insu, reparaissent souvent avec attendrissement et vivacité dans l'âge mûr.

Après trois années passées à Lorch, les parens de Schiller vinrent s'établir à Louisbourg. Là, il continua l'étude du latin sous le professeur Jahn, homme froid, rude et morose, mais qui s'attacha à Schiller, l'enseigna même avec soin, et le prit même en pension chez lui. Schiller n'était pas un écolier fort distingué ; rien en lui n'annonçait, à cet âge, un génie remarquable ; cependant il travaillait avec goût et avec succès à l'étude de la langue latine.

Du reste, Schiller était un enfant timide et gauche, faible à tous les exercices du corps, rêveur, solitaire, ennemi de la contrainte et de la règle. Il se plaisait, par la suite, à raconter une aventure de son enfance qui lui avait laissé un souvenir assez vif, et qui lui semblait la première étincelle d'exaltation poétique dont son âme eût été frappée.

Un jour, dans sa neuvième année, il avait à répondre au catéchisme que lui enseignait, ainsi qu'à beaucoup d'autres enfans de son âge, un répétiteur fort sévère et très redouté. Par bonheur il répondit bien, et au lieu des punitions qu'il craignait, il obtint pour récompense deux kreutzers. Un autre de ses camarades avait mérité comme lui ce petit encouragement. Riches et heureux de ce trésor, il fallait en trouver l'emploi : Schiller proposa d'aller prendre du lait au château de Harteneck. Mais quand ils y furent arrivés, on ne voulut point pour une si modique somme régaler les deux enfans. Bien chagrins et bien irrités, ils poussèrent plus loin leur promenade. Au prochain village, leur demande fut mieux reçue ; on les accueillit à merveille ; on leur servit un excellent goûter, on ne rançonna point leur friandise, et il leur resta même quelques deniers. Comme ils s'en revenaient tout contens, ils s'arrêtèrent sur une petite colline d'où l'on découvrait et le château et le village ; alors Schiller, épris d'un beau mouvement poétique, et se souvenant sans doute de Philémon et Baucis, prononça avec une verve toute enfantine de solennelles malédictions sur le séjour inhospitalier où ils avaient été durement refusés, et de pieuses bénédictions sur la cabane où on les avait si bien reçus.

Mais ce fut seulement quatre ans après qu'il écrivit les premiers vers qu'il ait jamais faits. La veille du jour où il reçut la confirmation, sa mère l'avait fait appeler pour lui faire sentir l'importance de la grâce qu'il allait recevoir, et sa première inspiration lui vint de la piété et de l'amour maternel.

L'époque approchait où Schiller avait à choisir la carrière qu'il devait suivre. Sa vocation n'était pas douteuse ; il avait manifesté le ferme désir d'entrer dans le saint ministère ; et depuis, on l'a entendu souvent regretter, avec une sorte d'exaltation, de n'avoir point consacré sa vie et son talent à enseigner les bienfaits sublimes de la religion : le sort en ordonna autrement.

Le duc de Wurtemberg venait de former une école militaire à laquelle il s'efforçait de donner un grand éclat ; car dans ce temps-là les souverains de l'Allemagne travaillaient tous avec une noble émulation à répandre les lumières, à protéger les lettres et les sciences. Le duc appela dans son institut des professeurs distingués, et voulut y attirer aussi des jeunes gens de belle espérance. Le professeur Jahn lui indiqua Schiller, dont le père était déjà un des serviteurs et des protégés du prince. Schiller était alors prêt à commencer ses études théologiques. Il était difficile à son père de refuser une faveur si particulière du souverain, faveur dont l'effet devait s'étendre sur tout l'avenir de son fils. Mais il paraît que ce fut un vif chagrin pour Schiller de renoncer à une vocation noble et sincère, et de subir une protection qui attentait ainsi à son indépendance. Le duc de Wurtemberg écouta avec bonté toutes les objections du père ; mais il n'y avait pas moyen de faire des études de théologie dans une école militaire. Il destina Schiller à la jurisprudence, et promit de lui faire faire des études de droit. Le jeune homme se sentit d'abord une grande répugnance à cette profession ; il demanda quelque temps pour y penser. Au moment où il s'y était résigné, le duc déclara que déjà un très-grand nombre de jeunes gens se destinaient à cette carrière, qu'il lui serait impossible de leur assurer à tous des emplois après leurs études, et qu'il fallait que Schiller se consacrât à la médecine. A cette fois, le jeune homme protesta qu'il aimerait mieux mourir, et ce fut avec une peine extrême que ses parens obtinrent de lui qu'il se soumît au désir du prince.

Une telle contrainte et la discipline militaire de l'école exercèrent sur l'esprit rêveur, exalté et indépendant de Schiller les plus fâcheuses influences. L'uniforme du commandement, les règles communes auxquelles chacun doit obéir, toutes les conditions indispensables de l'éducation publique blessèrent profondément un jeune homme qui sentait en lui-même des penchans plus élevés, plus purs, plus désintéressés que la direction où il était retenu. Son âme s'aigrit à mesure que son esprit se développa. La société humaine, dont il ne connaissait rien que la subordination à laquelle il était assujetti, se présenta à lui comme une insupportable tyrannie fondée sur des lois injustes, et dirigée contre le bonheur, la liberté, la dignité, l'élévation de l'espèce humaine.

Cette disposition hostile contre les règles et les pouvoirs, qui a marché toujours grandissant avec le siècle, commençait alors à se répandre et à se manifester de toutes parts et de toutes manières. Comme tout ce qui est vaste et général, elle n'avait rien d'accidentel, elle ne tenait ni aux individus, ni aux livres, ni aux doctrines ; elle était un produit nécessaire et funeste de l'état de la société. Quand la société, après avoir souffert de longs désordres, vient à se calmer, il s'y forme des pouvoirs, confiés soit aux lois, soit aux hommes ; pouvoirs qui sont assortis avec les besoins communs, que chacun reconnaît parce qu'ils sont utiles, parce qu'ils sont nécessaires, parce qu'ils sont en harmonie avec les dispositions générales. Tantôt les pouvoirs légitiment leur mission en subjuguant les imaginations, en s'emparant de toutes les activités, en faisant peser le joug de l'ordre sur les forts comme sur les faibles ; tantôt ils tirent leurs droits d'une source plus divine, et règnent par la justice, par la raison, par la bonne gestion des intérêts communs. De quelque part que vienne ce grand bienfait, il entraîne le consentement et le respect des peuples. L'habitude vient bientôt après joindre son autorité plus irrésistible et plus douce. La soumission, pour s'établir, avait dû être utile ou nécessaire ; maintenant on ne demande plus à l'autorité de justifier de son titre ; la coutume suffit pour le consacrer. L'ordre et le repos sont un si grand bonheur, que, par une volonté paternelle de la Providence, les nations demeurent long-temps à s'apercevoir et à s'irriter de ce que les pouvoirs institués sur elles ont cessé de remplir leur destination et de servir au bien commun. De la sorte, il peut advenir que tout le système des pouvoirs, corrompu par un funeste sommeil, aveuglé par une frivole imprévoyance, perde successivement tout droit à la vénération des peuples. Il peut arriver que les lois, tombées en désuétude, réduites à de vaines paroles, à des formes hypocrites, opposées aux uns, éludées par les autres, ne présentent plus que l'apparence de barrières derrière lesquelles se sont retranchés quelques intérêts personnels. Il peut arriver surtout que telle ou telle classification de la société, auparavant salutaire et protectrice, ne soit plus qu'inutile et offensante pour les amours-propres. Il peut arriver que des supériorités jadis vraies, utiles, motivées, incontestables, n'existent plus que dans l'idée de ceux qui en jouissent ; elles étaient primitivement une force publique, elles ne sont qu'une vanité individuelle et débile.

Alors se répand partout un esprit de rébellion et d'envie. Les plus nobles caractères, les âmes les plus pures, se sentent contraintes et blessées par un ensemble de choses où rien ne se rapporte plus au bien commun. Les principes sacrés et nécessaires de l'ordre, de l'autorité, de l'obéissance, sont attaqués dans leur racine : comme ils ne sont plus qu'un mensonge dans la bouche de ceux qui les professent pour leur intérêt privé, on les taxe eux-mêmes de mensonge. Une triste fatalité semble peser sur la société ; et par un cercle vicieux, les pouvoirs sont méprisables et les citoyens séditieux.

La France, que nous connaissons mieux, nous fait surtout juger de cette déplorable situation. Nous voyons les uns se railler d'abord de tous les pouvoirs, et d'accord pour ainsi dire avec ceux qui les exercent, se jouer, sans but et sans dessein formé, de tout ce qui semble les consacrer. D'autres ensuite, s'animant d'un certain enthousiasme du mal, veulent tout détruire, tout souiller, tout renverser. Enfin, il en vient qui, au nom de la vertu, qui, dans la dignité de leur âme, dans le désintéressement de leur caractère, ne peuvent s'accommoder d'un ignoble joug, et qui, s'apercevant de la dégradation humaine, cherchent à y échapper par une révolte où bouillonnent à leur insu l'envie et l'orgueil.

Lorsqu'une fois cette maladie a commencé de s'étendre, elle pénètre partout comme une peste subtile. Il n'y a point de préservatif. En vain le pouvoir veut-il tracer un cordon autour du mal: lui-même le porte dans son sein, lui-même le propage. Exercé par des hommes, par des hommes soumis aussi à leur hiérarchie, à leurs règles intérieures, c'est ordinairement parmi eux que la maladie a commencé. Elle saisit les premières impressions de l'enfance ; elle pénètre à travers tous les remparts dont on cherche à entourer l'éducation. Ce ne sont pas les philosophes qui ont appris à cette petite bourgeoise, dans la boutique de son père, à être humiliée de ce qu'on appelle sa grand'mère mademoiselle ; à s'offenser de ce qu'un financier la fait dîner à l'office. Il lui a suffi de lire dans la solitude Plutarque et les pères de l'Église, pour « ne pas se dissimuler » qu'elle valait mieux qu'une vieille sotte, à qui » quarante ans et sa généalogie ne donnaient pas » la faculté de faire une lettre qui eût le sens » commun, ni qui fût lisible. » Et il est bien triste, mais bien simple, que, parlant d'un ensemble de choses qui intervertissait l'ordre naturel, sans qu'il fût possible d'apercevoir pour cela un motif tiré du bien général, elle ajoute : « Je » trouve le monde bien injuste et les insinua- » tions sociales bien extravagantes. »

Si Schiller, comme madame Roland, nous eût fait voir avec détail les points d'irritation qui donnèrent à sa jeunesse une exaltation si amère contre toutes les règles et toutes les supériorités légales, nous verrions qu'il s'est passé quelque chose de semblable en son âme. Nous observerions ce bizarre phénomène si caractéristique de l'époque : un prince qui fait élever avec une bonté toute particulière le fils de son jardinier, qui le place avec l'élite des jeunes gens de son âge, qui encourage ses progrès, qui assure son avenir, et qui ne réussit à rien qu'à faire fermenter dans son cœur une haine aveugle pour des institutions sociales dont il n'a personnellement reçu que des bienfaits. Et cependant tous les penchans de ce jeune homme sont religieux, nobles et vertueux ; et l'on conçoit cependant, en se mettant dans son point de vue, qu'il ait éprouvé de si grandes révoltes du cœur.

Schiller continua à l'école militaire les études qu'il avait commencées. Il ne se distingua particulièrement dans la connaissance de la langue latine ; cependant il profita beaucoup de l'instruction étendue, forte et variée, qu'on recevait dans cet institut. Il se laissa aller au charme qu'avait déjà pour lui la poésie. Klopstock fit sur lui une vive impression. Tant d'élévation, de piété et de rêverie étaient en harmonie avec toutes les dispositions de son âme. La Bible de Luther exerça aussi sur lui une influence qui se retrouve visiblement dans ses premiers écrits. On sait que cette traduction de l'Écriture sainte passe pour un des plus beaux modèles de la langue allemande.

Ce fut dans cette première ferveur qu'il rêva de prendre Moïse pour le héros d'un poème. La Messiade et la Bible devaient naturellement faire naître un tel projet dans la tête poétique de Schiller. Age heureux, où l'on ne se méfie jamais de sa propre force, où l'imagination jouit de toutes les gences de gloire, où l'on ne se refuse pas une espérance, où l'on est assuré d'atteindre le dernier terme de toutes les carrières, où l'on se couronne d'avance de toutes les palmes !

Mais bientôt sa véritable vocation lui fut révélée par l'impression que produisit sur lui la poésie dramatique. L'exemple de Klopstock et des poètes allemands de cette époque, les critiques de Lessing, venaient d'affranchir la littérature allemande de la servile imitation de la littérature française. On avait combattu pour cette cause nationale avec la même ardeur que s'il s'était agi de délivrer le territoire d'une occupation étrangère ; et l'on avait de même excité l'opinion populaire par l'exagération et les préjugés. Schiller se trouvait donc fort en garde contre le théâtre français. Ce furent les premiers essais de l'art dramatique en Allemagne qui commencèrent à le charmer. *Gœtz de Berlichingen*, de Gœthe ; *Ugolin*, de Gerstenberg ; *Jules de Tarente*, de Leisewitz, les pièces de Lessing, excitèrent son imagination. Mais c'était Shakspeare surtout que les nouveaux critiques allemands échappant à une imitation pour tomber dans une autre, avaient recommandé comme l'auteur classique de l'Allemagne.

Schiller lut Shakspeare avidement ; mais il est curieux de remarquer quel effet il en reçut d'abord, d'autant que c'est à peu près ce qui arrive à tout le monde.

Lorsque étant encore fort jeune je lus Shakspeare pour la première fois, je me sentis révolté de cette froideur, de cette insensibilité qui lui permettent de plaisanter au moment le plus pathétique ; de gâter par des farces les scènes les plus déchirantes d'*Hamlet*, de *Macbeth* et du *Roi Lear*, qui le portent à s'arrêter tout à coup lorsque ma sensibilité est émue, ou à m'arracher froidement le cœur dans un moment où j'éprouve du calme. Je l'ai honoré et étudié pendant plusieurs années avant de m'être bien mis en harmonie avec son génie. Je n'étais pas encore capable de saisir la nature au premier coup d'œil.

Schiller aurait pu trouver une explication plus simple de ce sentiment de répugnance qu'on éprouve souvent en lisant Shakspeare, mais qui n'empêche point d'être entraîné et subjugué et d'y revenir sans cesse. Schiller aurait pu faire la part du génie de ce grand poète, et celle de l'état de la langue et de la littérature, au moment où Shakspeare écrivait.

Toujours est-il que, tout révolté qu'il fût, Schiller devint le disciple passionné de Shakspeare. Nous allons voir que cette inspiration ne tarda guère à porter fruit. Il essaya d'abord de composer une tragédie de *Student de Nassau*, dont il n'a conservé aucun fragment; puis une autre de *Cosme de Médicis*, dont quelques traits furent ensuite transportés dans *les Brigands*. Vers cette époque, Schiller, dont apparemment le goût pour le théâtre était connu de ses professeurs et de ses camarades, fut chargé de diriger la représentation dramatique dont on voulut embellir une fête donnée au duc de Wurtemberg. Il choisit le drame de *Clavijo*, de Gœthe, et s'y réserva le principal rôle : ce ne fut point pour lui une occasion de succès; il se montra fort gauche et fort empêché.

Mais dans ce même temps, au milieu de la première fermentation de son génie dramatique, Schiller n'en continuait pas moins de se plaire à cette sorte de poésie lyrique à laquelle le poète confie ses impressions fugitives et ses sentiments personnels. Il est resté peu de traces des vers que Shiller composa à cette époque; lorsqu'il se débattait péniblement contre tous les liens qui l'enchaînaient à des études suivies, à une vie réglée, à une carrière positive; lorsque ses journées s'écoulaient, tantôt à lire des livres de théologie, par goût pour sa première vocation; tantôt de médecine, pour se préparer à la profession qu'il avait acceptée; tantôt de jurisprudence, pour savoir si celle-là ne lui conviendrait pas mieux : la méditation, la rêverie, la promenade solitaire, entretenaient son exaltation. Cependant ses essais de poésie, qu'on pourrait retrouver dans quelques journaux du temps, n'ont encore rien de remarquable. Schiller ne se développa que lentement, et son jeune talent ne sembla être d'abord qu'une souffrance intérieure. Dans des vers sur les charmes de la nature, quelques-uns peignent pourtant un sentiment qui s'est reproduit sans cesse dans Schiller, et que déjà cette fois il exprimait d'une manière élevée et touchante.

> Ces charmes sont peu de chose pour les grands et les rois de la terre; mais ils s'emparent de l'humble mortel!...
> O mon Dieu! tu m'as donné la nature; partage-leur le monde, et à moi, mon père, donne-moi la poésie!

Cependant, bon gré, mal gré, Schiller suivait la route qui lui avait été tracée, et se préparait à entrer dans la profession de médecin. Ainsi que cela était présumable, son attention se portait de préférence sur la partie philosophique et spéculative des études médicales. Il publia en 1780 un écrit sur les rapports du physique et du moral de l'homme. Dans la même année, il fut placé comme chirurgien dans un régiment.

Mais bientôt advint la circonstance qui devait décider de toute sa vie. En 1781, il fit paraître son premier, son célèbre drame des *Brigands*. Jusqu'ici on s'est fait en France une idée incomplète et peu juste de cette bizarre production. Elle a été traduite, elle a été imitée; mais ni les traducteurs ni les imitateurs n'ont voulu entrer dans le sens de l'auteur. Ils ont cherché seulement à indiquer les situations et les effets dramatiques; c'est assurément la moindre chose à considérer dans *les Brigands*; l'action et l'intérêt y sont masqués et étouffés sous des développemens qui furent le véritable, le seul but de Schiller.

Si la traduction complète des *Brigands* pouvait, à cet égard, laisser le moindre doute, on devrait s'en rapporter à la préface, où Schiller déclare formellement que ce n'est pas un drame qu'il a voulu faire, et qu'il a seulement adopté une forme dramatique. Ce n'est en effet qu'un cadre où ce malheureux jeune homme, avec une verve déplorable, déposa tout ce que, dans la longue amertume de son cœur, il avait accumulé de haine et de mépris contre la société humaine. L'idée première est elle-même un outrage contre la civilisation; car elle consiste à montrer une âme noble et vertueuse qui, ne pouvant trouver place sous la discipline sociale, se précipite dans une association de criminels, et trouve là un emploi plus poétique de ses facultés; elle consiste à mettre la société en regard d'une caverne de voleurs, et à donner tout l'avantage à celle-ci. Sans doute Schiller n'est pas le premier qui ait voulu peindre l'effet que produit sur l'imagination une vie indépendante et aventureuse; il n'est pas le premier qui ait voulu faire ressortir l'impression que fait le sentiment moral lorsqu'il vient se placer librement au milieu d'hommes affranchis de toutes les lois, et qu'il se manifeste parmi ceux qui sont en révolte contre la justice officielle; il n'est pas le premier qui ait entrevu ce qu'un tel tableau pouvait avoir de satirique contre une société où la règle morale serait devenue une contrainte extérieure, au lieu d'être une impulsion intérieure. Shakspeare dans *les deux Véronais*, le Sage en se jouant dans *Gil-blas*, Fielding dans *Jonathan Wild*, Cervantes dans le brigand *Roques Guinard*, avec plus de profondeur et avec une analogie bien plus grande avec Schiller, avaient offert de semblables peintures. Leur talent avait produit l'espèce de sensation que le peuple va chercher avidement dans le récit des aventures périlleuses, du courage et de l'adresse des flibustiers, des voleurs, ou même de simples filous. Mais ils n'avaient touché qu'en passant cette fibre rebelle du cœur humain, qui aime à être vengée de la contrainte, et qui veut rêver son indépendance même en sachant bien que l'ordre et la liberté sont deux conditions étroitement liées l'une à l'autre. Schiller alla plus loin. Rejetant toutes les proportions et toutes les vraisemblances dramatiques, il se complut à insulter avec une intarissable loquacité tout ce qu'il y a de saint et de sacré parmi les hommes; il n'éprouva ni honte ni dégoût de donner, contre toute connaissance du cœur humain, la pédanterie du crime à un parricide, et de lui faire développer longuement et lourdement tous les lieux communs de l'infamie. Partout il élève le doute, sans même chercher à le résoudre, et toute son impartialité consiste à laisser le vice aussi incertain que la vertu. Sa disposition était même si froide et si amère qu'il n'a pas éprouvé le besoin de faire entendre quelques nobles et purs accens, et que toute sa verve s'est épuisée dans la peinture des trois personnages dépravés. Le père est un vieillard en enfance; le rôle de l'amante est à peine indiqué; l'ecclésiastique envoyé aux brigands est une charge digne des tréteaux; et même à la fin le pasteur Moser n'est amené que pour servir d'écho aux terreurs du parricide.

Pour achever de rendre rebutans ces dialogues dramatiques, il n'y ajouta rien qui pût occuper ou élever l'imagination du lecteur. Si l'action se passait dans un siècle de désordres, au milieu des guerres civiles, parmi la rudesse et la férocité des temps gothiques; si elle se mêlait à la peinture des mœurs encore grossières; si les personnages étaient agrandis par quelques souvenirs historiques, la pièce se trouverait ainsi quelque peu ennoblie et revêtue de quelque idéal ; mais c'est de nos jours, c'est avec nos mœurs, parmi toutes les circonstances qui nous environnent, que Schiller a placé ses brigands. Il les a mis aux prises avec la société actuelle. C'est elle qu'il attaque corps à corps, par une trahison pour ainsi dire domestique. Que Shakspeare, dans un temps encore barbare, avec profondeur, mais avec une sorte de naïveté, fasse passer devant nos yeux des tableaux de désordre et de cruauté, c'est le costume de son temps; mais que de nos jours, au milieu de notre mansuétude sociale, un auteur s'en aille, par effort d'imagination, systématiquement se rouler dans la fange et dans le sang, il y a là affectation et dépravation.

La préface dont Schiller accompagna la publication des *Brigands* mérite d'être remarquée, non qu'elle renferme des excuses suffisantes, mais du moins il a senti la nécessité des excuses. On ne peut guère se payer des bonnes intentions qu'il se suppose. La justification banale de tous les écrits immoraux, c'est d'avoir voulu présenter le vice dans toute sa laideur, et d'avoir cherché à prémunir contre ses ruses. Mais ce n'est point par d'explicites professions de foi qu'un auteur fait connaître son intention; la couleur générale de son ouvrage, l'impression qui en résulte, en apprennent bien davantage. Or, à mettre tout au mieux, *les Brigands* ont été écrits dans une douloureuse disposition de doute, et nous verrons en effet qu'elle poursuivit long-temps l'âme de Schiller.

Sous les rapports dramatiques, *les Brigands* étaient, sans nul doute, l'indication d'un talent supérieur. L'empire que Charles de Moor exerce sur ces brigands est peint de la manière la plus vivante. On voit qu'il doit subjuguer leur imagination et leur donner l'idée de toute sa supériorité. La scène où il offre de se livrer, et où il s'attache lui-même à un arbre, est admirable dans ce genre. Le dénoûment a un caractère de grandeur et de simplicité qui produit beaucoup d'effet. On peut, même à travers une traduction, apercevoir à quel point Schiller s'était pénétré de Shakspeare. Sans cesse il le copie, et même le traduit. « On n'y peut méconnaître, dit M. Schlegel dans son Cours de littérature dramatique, une mauvaise imitation de Shakspeare. François de Moor est un Richard III vulgaire, qui ne se relève par aucune des qualités de son modèle, et le dégoût qu'il inspire n'est tempéré par aucune grandeur. » L'étude du langage biblique est peut-être encore plus visible ; mais, malgré les efforts du traducteur, elle ne saurait être démêlée en français. Cependant le songe de François de Moor est tellement une vision d'Ézéchiel ou de l'Apocalypse, que l'analogie ne peut échapper à aucun lecteur. Le style de ce morceau, plus lyrique que dramatique, est vraiment très-remarquable dans l'original.

Les Brigands, comme on le pense, n'étaient point destinés à la représentation. Cependant le baron de Dalberg, ministre de l'électeur palatin, qui accordait aux lettres la plus noble protection, ayant établi à Manheim le théâtre pour lors le plus remarquable de l'Allemagne, désira que *les Brigands* y fussent représentés. Schiller consentit à y faire tous les changemens qui pouvaient rendre la chose possible. C'est sans doute d'après quelque édition destinée à la représentation que les éditeurs du *Théâtre allemand* publièrent en 1785 la traduction intitulée *les Voleurs*. Elle fut, comme on peut s'en assurer, fort abrégée. Depuis, M. la Martelière donna au théâtre *Robert, chef de brigands*, qui eut un grand succès. En 1795, parut une nouvelle imitation du drame de Schiller, par un auteur qui depuis s'est fait connaître par des poèmes faciles et spirituels. L'un et l'autre ne s'attachèrent qu'à l'intérêt dramatique des situations ; mais ils revinrent sur la donnée déjà si immorale de la pièce ; ils crurent ennoblir le chef des brigands en lui ôtant ce sentiment continuel de honte et de doute, que Schiller a du moins répandu sur ce rôle. Ils donnèrent à leur troupe de voleurs une beaucoup plus grande activité, et la montrèrent sans cesse opérant sur les grands chemins, ce que Schiller avait évité ; enfin, mêlant à l'action une autre pièce allemande, ils ont fait de leurs brigands les juges et les exécuteurs d'un tribunal secret, et leur ont donné une existence régulière et officielle. De la sorte, l'œuvre de Schiller devint moins indécente par les paroles, mais perdit une partie de ce qu'elle avait de grand et d'original. Elle fut peut-être ainsi plus tranquillement et plus sèchement établie dans un système immoral. La traduction que nous publions aujourd'hui est conforme aux dernières éditions qu'a données Schiller. Il avait quelquefois songé à refaire les *Brigands ;* mais, tout en se faisant des reproches, il disait que son ouvrage était comme ces jeunes mauvais sujets, dont les qualités et les vices sont inséparables et forment un ensemble qu'on court risque de gâter en cherchant à les corriger. Il a cependant fait quelques changemens qui ont adouci l'horreur du cinquième acte, et l'ont mis plus en harmonie avec le dénoûment.

Le succès des *Brigands* fut prodigieux. Les étudians d'Allemagne prirent, dans quelques villes, la chose au grand sérieux, et voulurent se faire brigands, pour mieux réformer la société; on assure qu'à Fribourg en Brisgau on découvrit une conjuration des principaux jeunes gens de la ville, qui avaient résolu de s'en aller dans les bois, et de s'instituer anges exterminateurs. La pièce est demeurée fort populaire. Beaucoup de circonstances locales lui donnent un attrait tout particulier pour les parterres allemands; encore à présent la chanson des *Brigands* court les rues et passe de bouche en bouche.

Schiller voulut jouir de son succès, et assister à la représentation de sa pièce; il en demanda la permission à ses chefs, et ne l'obtint point. Il n'en tint compte, et se rendit secrètement à Manheim. Cette désobéissance fut découverte, et il fut mis aux arrêts pour quarante jours. Cependant sa situation resta encore la même. Il continua à se livrer de plus en plus à la poésie et à l'art dramatique. Il s'était depuis quelques années lié intimement avec deux professeurs de Stuttgart, Abel et Petersen. Il travaillait avec eux à des journaux littéraires, et y insérait des morceaux de critique et de philosophie.

Mais il s'unit d'un lien bien plus étroit avec un jeune homme de son âge nommé Schubart, dont le caractère avait beaucoup de rapports avec le sien. Cette amitié eut sur lui une assez grande influence. Les deux jeunes amis s'exaltaient l'un l'autre dans leur enthousiasme pour la liberté, dans leur haine contre le despotisme. Schubart inspira à Schiller le goût de l'histoire ; ils dévoraient avidement ensemble le récit de toutes les conjurations contre les tyrans. Schubart augmentait encore les dispositions amères de Schiller et son mépris de toutes les autorités. On pense bien que dans une telle situation d'âme les devoirs de sa profession et la discipline de son régiment devaient lui être chaque jour plus insupportables. Une dernière circonstance fit enfin déborder le vase.

Dans la troisième scène du second acte des *Brigands*, Spiegelberg s'entretenant avec Razmann lui dit : « Il y a un génie national tout particu- » lier, une espèce de climat, si je puis parler » ainsi, propre à la friponnerie. » Dans la première édition il ajoutait : « Et par exemple, va- » t'en dans les Grisons, c'est là qu'est pour le » moment la véritable Athènes de la filouterie. » Ce lazzi, qui n'était que la répétition d'un dicton populaire, offensa, on ne comprend pas trop pourquoi, un des membres de la noble famille de Salis, qui prit fait et cause pour sa nation outragée. Il y eut des justifications sérieuses insérées dans les journaux pour l'honneur national des Grisons. Les esprits s'animèrent, et l'on finit par porter plainte au duc de Wurtemberg de l'insolence de l'auteur des *Brigands*. Ce n'était probablement pas la première fois que ce prince entendait rendre un mauvais compte de Schiller et de son drame.

Après avoir pardonné à tout ce que l'on avait pu trouver de répréhensible dans cet ouvrage, ce fut pour ce motif assez ridicule qu'on usa de sévérité envers Schiller. Le duc lui fit signifier la défense formelle de rien publier qui fût étranger à sa profession de médecin.

Le jeune homme n'était pas, comme on pense, dans une disposition d'âme à endurer patiemment une telle injonction. Il résolut d'abandonner son prince, son pays, son état, sa famille. Son cœur se révolta contre une pareille tyrannie : son imagination ardente l'empêcha probablement de voir que la conduite du prince était fort simple et fort raisonnable ; comme il était aussi fort simple et fort raisonnable à lui de ne pas se laisser interdire la poésie, qui devait faire le charme et la gloire de sa vie. Mais les caractères irritables s'effrayent eux-mêmes devant les fantômes qu'ils se figurent. Ils sont faibles, et pour parvenir à faire leur volonté, il leur faut changer toute leur situation et rompre violemment les liens qui les enchaînent. Schiller était rempli de reconnaissance pour les bontés du prince ; renoncer à sa profession, c'était affliger profondément sa famille. La fuite lui parut le seul moyen d'échapper à la contrainte. Pendant tout le mouvement que produisait à la cour de Stuttgart la réception du grand-duc Paul de Russie, Schiller se déroba furtivement et disparut. Il alla sous un nom supposé se réfugier en Franconie près de Meiningen, chez madame de Wollzogen, la mère d'un de ses camarades et de ses amis ; c'était au mois d'octobre 1782. De là il écrivit à ses chefs « que le dernier » ordre qui lui avait été signifié l'avait jeté dans » le désespoir ; qu'il sentait en lui une irrésisti- » ble vocation pour le théâtre et la poésie ; que » si son altesse voulait bien se départir de sa dé- » fense, le tirer de son régiment et avoir la bonté » d'améliorer son sort, il serait le plus fidèle et » le plus reconnaissant sujet du prince ; qu'au- » trement il se voyait avec douleur obligé d'aller » chercher fortune ailleurs. » Le duc lui fit dire que s'il voulait revenir, tout lui serait pardonné. Mais comme il n'était nullement question de lever la défense, les choses en restèrent là.

Dans cette retraite, il se livra enfin en liberté à ses inspirations. Ce fut là qu'il termina la *Conjuration de Fiesque* et l'*Intrigue et l'Amour*. Ce fut là qu'il entreprit *Don Carlos*.

C'est aussi de 1782 que datent beaucoup de poésies qui portent déjà tout le caractère du talent de Schiller. Une belle ode, intitulée *la Bataille*, est peut-être la plus remarquable de cette époque. Elle représente d'une manière vivante et poétique toute la marche progressive d'un combat, tel qu'il se passe dans les guerres actuelles. Il composa aussi une complainte de *la Fille infanticide*, qui eut le plus grand succès et qui devint populaire. La plupart de ces poésies célèbrent la liberté qu'il vient de conquérir. Tantôt il représente la nature riante et pleine de charmes; et lui, fugitif, sans asile, mais bercé et consolé par ce spectacle enchanteur; tantôt il exprime sans effort son dédain pour la fortune. Dans une ode sur la dignité de l'homme, on retrouve sous la forme lyrique tous les sentimens qui exaltaient alors son âme.

Je suis homme, dit-il; qu'est il au-dessus de cela? Il peut parler ainsi celui dont le soleil de Dieu éclaire la liberté, celui à qui il est permis de marcher le front levé et de faire entendre ses chants.

Ailleurs Schiller a confié à la poésie ses rêveries sur la destinée humaine, sur la vie, sur la mort, sur l'éternité, sur l'infini, sur le devoir. De telles poésies sont bien peu semblables à ces productions gracieuses et légères dont abonde notre littérature, et qui sont une des plus charmantes parures de notre langue. Le nom de poésie fugitive vient bizarrement s'appliquer à des vers empreints souvent d'une couleur toute scolastique, remplis d'illusions métaphysiques, d'allégories philosophiques, ou de métaphores empruntées aux sciences. On est tenté de sourire lorsqu'on voit Schiller

Qui, fidèle à l'école encor plus qu'à sa belle,

entretient sa chère Laura de toutes les méditations morales ou religieuses qui agitent son âme. Par exemple, dans une poésie intitulée *Fantaisie à Laura*, il commence par lui parler de l'attraction, de la sympathie universelle qui règle les mouvemens célestes, qui tire le monde du chaos: cette harmonie des sphères, il la retrouve dans l'âme de deux amans, puis il voit une sorte d'harmonie régner aussi dans le mal; les vices s'enchaînent entre eux, ils sont en rapport avec l'enfer, comme les vertus avec le ciel. Enfin il termine cette fantaisie adressée à sa maîtresse par ces images solennelles:

Sur les ailes de l'Amour, l'avenir s'est bientôt précipité dans les bras du passé. Saturne, dans son vol, poursuit rapidement son épouse... l'Éternité.

Un jour... j'ai entendu l'oracle l'annoncer... un jour Saturne saisira son épouse, et lorsque le Temps se réunira à l'Éternité, l'univers embrasé sera leur flambeau nuptial.

Alors une plus belle aurore brillera pour notre amour; car il durera pendant toute cette longue nuit des noces. Laura, Laura, réjouis-toi !

Chaque poète ne peut puiser son inspiration que dans les émotions de son cœur. La force et la vérité des sentimens qui s'emparent de lui sont ses seules muses. La poésie est une noble amie dans le sein de laquelle il épanche des pensées qu'elle seule peut comprendre, qu'elle seule peut exprimer dans son langage élevé au-dessus du vulgaire. La Grèce et Rome ont pu demander à la poésie de chanter les vainqueurs des jeux olympiques; de célébrer ces solennités qui ravissaient et enorgueillissaient tout un peuple; de retracer avec naïveté ou avec abandon les jouissances des sens, culte des divinités du paganisme; d'embellir une vie facile, passée entre l'amitié et la philosophie. Les poètes français, vivant au milieu d'une société élégante, communiquant sans cesse avec elle, uniquement occupés de lui plaire, se sont mis en harmonie avec cette société. Ils ont reproduit toutes les nuances délicates des mœurs et de la conversation. Vivant en commun avec tous, ils éprouvent des impressions que chacun partage facilement, où chacun se transporte sans effort. Mais un poète allemand, nourri d'études sévères et sérieuses qui se prolongent bien avant dans la jeunesse, et qui deviennent un besoin et une habitude pour le reste de la vie; isolé de presque toute distraction de société; livré à toutes les méditations et à tous les doutes de l'esprit, à toutes les agitations du cœur, vit dans une sphère accessible seulement aux âmes qui ont parfois porté leurs réflexions sur des pensées sérieuses. Mais ne sont-elles donc pas poétiques, ces joies et ces afflictions intérieures; ce calme ou ces inquiétudes qu'excitent en nous la contemplation du sort de l'homme; l'avenir qui lui est réservé; sa liberté flottant entre le bien et le mal; ce temps qui passe; cette éternité qui arrive; cette idée à la fois incompréhensible et nécessaire de la Divinité? N'y a-t-il pas quelque chose de touchant et d'élevé dans le caractère d'un poète qui s'en va mêlant à toutes ses émotions de telles idées et de telles images; qui les confond avec l'amour, qui les retrouve dans la contemplation et dans la peinture de la nature; qui ne sait rien aimer ni rien admirer sans un retour vers les sources inépuisables de toute admiration et de tout amour? Nous ne savons guère en France ce que c'est que ces existences tout intérieures; nous ne concevons pas beaucoup ces hommes dont la vie s'écoule souvent dans de pénibles fluctuations, dans les angoisses du scepticisme, dans le chagrin de voir s'affaiblir ou disparaître des convictions, dans une ardeur inquiète pour les remplacer. L'histoire de tel écrivain allemand, dont le sort n'a point varié, qui a vécu tranquillement dans sa famille et dans sa ville, est une succession douloureuse d'orages et de combats intérieurs dans ses idées morales et dans sa croyance. Chez nous, après quelque temps, on se case dans un ordre d'opinions que professe et que partage un plus ou moins grand nombre d'hommes éclairés. On se sent soutenu dans sa conviction, ou consolé de ses doutes, ou distrait de son indifférence. Mais il n'en va pas ainsi lorsqu'on vit dans la solitude et dans la réflexion. De telles questions s'emparent alors de toutes les facultés, troublent profondément l'âme, et ne lui laissent nul repos. « Que de nuits sans » sommeil j'ai passées! que de larmes j'ai répan- » dues! » disait un homme qui ne s'est pas montré aussi sérieux ni aussi passionné que Schiller, Wieland, en racontant l'époque où l'incrédulité des esprits forts vint ébranler dans son cœur une tendance toute mystique. Nous pourrions suivre par les poésies de Schiller la trace de ses sentimens et les révolutions intérieures qu'ils ont éprouvées.

Schiller fut tiré de sa retraite par les bienfaits du baron de Dalberg, dont le nom rappelle à la fois et l'illustration des temps anciens et l'illustration attachée de nos jours aux lumières et à la raison. Il attira Schiller à Manheim, et exerça envers lui une hospitalité facile et généreuse. Le théâtre de Manheim brillait alors de tout son éclat. Ifland commençait à y établir sa réputation de grand comédien et d'auteur dramatique. Schiller se trouvait là tout à fait dans son centre; il s'occupa de faire jouer ses deux nouvelles pièces, et annonça au public, qui commençait à le connaître beaucoup, qu'il allait prendre part à la rédaction d'un journal littéraire appelé *la Thalie du Rhin*. Voici comme il s'exprimait dans le prospectus:

J'écris comme citoyen du monde. Je ne sers aucun prince. De bonne heure j'ai perdu ma patrie pour l'échanger contre le genre humain, que je connaissais à peine en imagination. Un bizarre malentendu de la nature m'avait condamné à être poète dans le lieu de ma naissance. Mon penchant pour la poésie blessait les règles de l'institut où j'ai été élevé et contrariait les intentions de son fondateur. Pendant huit ans mon enthousiasme a lutté contre la discipline militaire; mais la passion de la poésie est ardente et énergique comme un premier amour. Ce qui devait l'étouffer ne faisait que l'allumer. Pour échapper à des rapports qui étaient pour moi un supplice, mon cœur errait dans un monde idéal; mais le monde réel me demeurait inconnu, j'en étais séparé par une barrière de fer. Les hommes m'étaient inconnus; le beau sexe m'était inconnu, car les portes de cet institut ne s'ouvrent aux femmes que lorsqu'elles n'intéressent pas encore, ou lorsqu'elles ne peuvent plus intéresser. Les quatre cents hommes qui m'environnaient n'étaient que de fidèles copies d'un seul et même moule, qui reniait la nature féconde; toute originalité, toute libre production de cette nature si variée venait se perdre sous le commandement méthodique d'une autorité réglementaire.

Ne connaissant donc ni les hommes ni la destinée humaine, mon pinceau devait nécessairement manquer de ce point intermédiaire entre l'ange et le démon; je devais produire un monstre tel que, par bonheur, il n'existe pas dans le monde; je lui souhaite cependant l'immortalité, afin d'éterniser l'exemple d'une naissance due à l'union dénaturée de la subordination et du génie. — Cette œuvre a paru; le monde a dû trouver sa majesté morale offensée par l'auteur. Toute son excuse est le climat sous lequel il a travaillé. Des accusations sans nombre portées contre les Brigands, une seule est acceptée par moi; c'est de m'être permis de peindre les hommes deux ans avant de les avoir vus.

Les Brigands me coûtent ma famille et ma patrie. Dans un âge où c'est encore la voix du grand nombre qui fixe notre inquiétude et détermine nos sentimens et nos pensées; où le sang bouillant d'un jeune homme s'anime aux regards qui l'applaudissent; où mille pressentimens d'une grandeur future entourent son âme exaltée, où il entrevoit déjà dans l'avenir la divine immortalité; au milieu des jouissances des premiers éloges inespérés et non mérités qui des parties les plus éloignées de l'Allemagne venaient m'enivrer; c'est alors que dans ma patrie on me défend d'écrire, sous peine d'être enfermé.

Tout le monde sait la résolution que j'ai prise. Je me tais sur le reste: il ne m'est permis, sous aucun prétexte, d'en demander raison au prince qui jusqu'ici avait bien voulu me servir de père; je n'autoriserai personne, par mon exemple, à vouloir arracher une feuille de l'éternelle couronne de lauriers que lui décernera la postérité.

C'est parler bien pompeusement de soi et se traiter avec une grande solennité. Mais cette citation montre quel était Schiller, et peut même expliquer le caractère qu'avait alors son talent littéraire. L'on s'étonnera moins de trouver ses personnages déclamateurs lorsqu'on aura vu combien peu avait encore influé sur lui ce monde dont il se plaint tant d'avoir été séparé. Au reste, lorsque plus tard il parlait de cette époque de sa jeunesse, toute amertume avait disparu de son souvenir; et il disait, comme chacun dit en reportant son regard vers les premières années de sa vie, qu'il n'en avait jamais connu de plus heureuses.

Les deux pièces de théâtre que Schiller apporta à Munich, et qu'il y fit représenter avec un grand succès, étaient loin de répondre aux espérances que, malgré tous leurs défauts, *les Brigands* avaient pu faire concevoir. Des effets dramatiques empreints d'un certain caractère de force et de grandeur s'étaient trouvés dans un ouvrage qui n'était pas destiné au théâtre. Quand ce fut pour la scène que Schiller travailla, sans cesser d'être emphatique et hors du langage naturel, il perdit ce qu'il y avait eu de pittoresque et de puissant sur l'imagination dans sa première manière.

L'Allemagne, qui avait voulu s'affranchir de la littérature française, et qui avait rejeté loin d'elle l'imitation de Racine, était pour lors en proie à une autre influence, venue encore en grande partie de France. Parmi les autorités dont on secouait le joug, la poésie était aussi traitée comme un préjugé vain et tyrannique. La nouvelle philosophie de l'entendement humain ne pouvait en effet expliquer raisonnablement la poésie; et dès lors il était bien simple de la nier. Du moment que l'âme est une faculté passive, douée seulement du pouvoir de combiner les représentations des objets extérieurs, il s'ensuit que les idées ne sont que la copie de ces objets, et que le langage en est une seconde épreuve. Dès lors les objets extérieurs ayant une existence absolue, et l'entendement humain n'ayant rien autre chose à faire qu'à les voir et à les copier, comment y aurait-il raisonnablement deux copies diverses du même objet ? N'est-il pas toujours le même ? Si les sociétés humaines ont créé des langages qui ne sont pas les signes fixes et invariables des objets extérieurs et de leurs rapports, les sociétés humaines ont eu tort ; il serait très à propos de réformer leurs dialectes et de les rendre plus rationnels et plus algébriques. Telle était la série de conséquences d'après lesquelles la poésie devenait une sorte d'enluminure plus ou moins agréable, qu'il fallait passer sur la représentation des objets, pour complaire à une vieille fantaisie. Toute cette déduction incontestable de la métaphysique nouvelle se trouve textuellement développée dans la critique de Diderot. C'est là qu'on voit un des hommes dont l'imagination et le langage étaient le plus poétiques et pittoresques, traiter la poésie et l'emphase comme deux expressions synonymes ; dire que les beautés dans les arts ont pour fondement la conformité de l'image avec la chose ; distinguer dans l'œuvre de l'imagination le nu de la draperie, en concluant qu'il s'agit d'abord de copier exactement le personnage, sauf après à jeter sur ses épaules tel ou tel vêtement.

Mais si, au contraire, nous ne connaissons des objets extérieurs que l'impression que nous en recevons ; si leur existence absolue est hors de notre connaissance ; si les effets qu'ils produisent sur nous, si les rapports que nous établissons entre eux, si la marche des idées qu'ils excitent en nous, sont autant de conséquences nécessaires des dispositions primitives ou accidentelles de notre âme, alors les langages, et les arts, qui sont aussi un langage, sont destinés non à copier les objets , mais à reproduire et à communiquer ce que notre âme éprouve à propos des objets. Et comme nos impressions sont variées, comme notre point de vue change, comme notre disposition n'est pas toujours la même, il s'ensuit qu'il y a plusieurs sortes de langages, plusieurs modes de copie qui correspondent à cette diversité de disposition. Pour se renfermer dans les limites d'un seul des beaux-arts, de celui qui donne le plus d'idée d'une représentation réelle des choses, la peinture, ne remarque-t-on pas de quelle différente manière la nature a affecté les plus grands artistes ? les uns plus frappés de la couleur des objets, les autres de leur forme ; les uns du mouvement, les autres de l'expression ; et le talent de chacun consistant non à reproduire l'objet en lui-même, mais à transporter le spectateur dans l'impression de l'artiste, sans quoi le dernier trompe-l'œil serait au-dessus de la *Transfiguration*. Il n'y a pas de manière de voir, tout éloignée qu'elle puisse être de nos habitudes, à laquelle nous ne puissions être momentanément amenés lorsqu'elle a été naturelle et vive dans l'artiste, et qu'il a eu le génie de la retracer. Souvent, en regardant bien et long-temps ces tableaux des vieilles écoles, où les contours ont à la fois tant de roideur et de finesse, où le clair-obscur ne fait saillir aucune forme, mais où la couleur est si vraie, ne se trouve-t-on pas peu à peu persuadé que c'est ainsi qu'il faudrait voir la nature, que ces naïfs peintres avaient bien raison, et que toutes ces ombres violâtres qui obscurcissent un tableau de Raphaël sont une pure imagination de l'artiste ?

Dès lors la poésie se trouve aussi légitime que la prose ; elle correspond à une disposition de l'âme ; elle répond à un de ses besoins ; elle est nécessaire à l'homme ; et à suivre l'ordre des temps, c'est elle qui a paru la première, comme destinée à communiquer plutôt les sensations que les jugemens.

Mais comme il n'appartient pas à un système de philosophie de dépouiller l'âme d'une de ses facultés, il fallait bien que celle-là se fît jour de quelque manière ; et ce même Diderot, qui avait pour ainsi dire supprimé la poésie, éprouvant le besoin d'exprimer les impressions exaltées, les créations de l'imagination, les sentimens qui excèdent la raison et le calcul, se vit contraint de gonfler la prose, de la rendre emphatique et déclamatoire, d'exiger d'elle un service auquel elle n'est pas destinée. C'est ainsi que cette même métaphysique et ce même écrivain, n'ayant pas trouvé à conclure l'idée de Dieu de la combinaison des objets extérieurs, se virent involontairement entraînés à parler de la matière et de la nature avec une sorte de déclamation et de mysticité, forcés ainsi de rester à leur insu sous le joug des dispositions innées de l'esprit humain.

Comme la poésie ne consiste pas seulement dans le langage métrique, mais dans tout un ensemble de circonstances destinées à animer et à élever l'âme, la nouvelle école ne se borna point à recommander la prose : elle voulut défaire pièce à pièce tout l'édifice poétique. Les grands souvenirs du passé, les noms que beaucoup de générations ont répétés avant nous, les situations élevées et contemplées par tous les regards, les royales infortunes, avaient jusque-là été regardés comme presque nécessaires pour monter l'imagination au ton où elle se trouve en harmonie avec des sentimens exaltés, avec un langage animé par les passions. On changea cela ; et il fut convenu que, comme l'on voyait ses voisins plus souvent que les rois, et qu'on connaissait mieux le temps actuel que les temps antiques, il serait beaucoup plus facile de copier la nature en faisant des tragédies bourgeoises, et infiniment plus vraisemblable de voir le langage des passions mêlé avec la vie vulgaire, qui les étouffe et les contrarie, que de le voir s'unir à une existence dégagée de tout ce qui les masque et les rabaisse.

Cette école n'eut pas un grand succès en France ; et après avoir, durant quelques années, essayé de se produire sur la scène, elle en a été bannie.

En Allemagne elle fit bien une autre fortune : adoptée par Lessing et ses disciples, elle guida les premiers pas de l'art dramatique. Gœthe lui-même, qui avait, dans *Gœtz de Berlichingen*, donné un exemple si remarquable de la peinture dramatique d'un temps héroïque, fut, dans *Stella* et dans *Clavijo*, entraîné à complaire au goût national. Schiller, en entrant dans la carrière, y trouva cette manière toute établie, et s'y conforma pendant toute la première époque de son talent. *La Conjuration de Fiesque* et *l'Intrigue et l'Amour* rappellent Shakspeare par des imitations partielles et fréquentes ; mais ces drames, vus dans leur ensemble et leur ton général, ressemblent bien davantage à Beaumarchais et à Diderot.

Fiesque est assurément la moindre de ses productions. Les caractères y sont mal conçus et peu développés. Verrina est une caricature de républicain, imitée du rôle déjà si déclamatoire du père d'*Émilie Galotti*. La prétention qu'a eue Schiller de faire du comte de Fiesque un personnage léger, brillant, un grand seigneur qui mène de front les plaisirs et les affaires, qui subjugue par la grâce et l'autorité de ses manières, n'a abouti qu'à faire un composé fort lourd. Les scènes avec Julie sont d'un degré d'indécence que n'excuseraient même pas la légèreté et l'esprit. En tout, le pauvre Schiller ne connaissait pas assez le monde pour risquer de telles peintures. Elles rappellent ce que Mme de Staël dit de cette espèce de badinage qu'elle a parfois rencontré en Allemagne, et « qui vient lourdement et familièrement poser la patte sur l'épaule. » Le Maure lui-même, dont le rôle divertit encore le parterre, pourrait beaucoup gagner à l'école de la plupart de nos valets de comédie. On ne doit pourtant pas disconvenir que l'idée du dénoûment est fort belle : il ne serait pas surprenant, et la préface l'indique assez, que la pièce n'eût été faite que pour cete seule idée.

Le traducteur a substitué à une des scènes du cinquième acte une variante que Schiller fit essayer une fois sur le théâtre de Leipsick, et qui ne se trouve pas communément dans les éditions de *Fiesque*. La scène n'est assurément point belle, mais elle est très-préférable à l'ancienne, où Berthe, sortie de son cachot, s'habillait en petit garçon, et courait les rues de Gênes pendant le tumulte. C'est bien assez du travestissement de la comtesse de Fiesque, sans y ajouter encore celui-là.

Fiesque reçut de son auteur le titre pompeux de tragédie républicaine. Ce fut pour ce motif qu'en 1792 quelqu'un imagina de proposer à la Convention de décerner à Schiller le titre de citoyen français. Le décret fut rendu, le brevet expédié, et l'on chargea la municipalité de Strasbourg de le faire parvenir à Schiller. On était pour lors au plus fort de la guerre, et l'on avait bien autre chose à penser. Lorsque la paix fut faite et que les communications furent rétablies, on fit passer ce brevet à Schiller. Il remarqua que de tous les membres de la Convention qui avaient signé cette expédition, il n'y en avait pas un qui depuis n'eût péri d'une mort violente ; et le décret n'avait pas trois ans de date ! Ce n'était pas ainsi qu'il avait compris la liberté et la république.

L'Intrigue et l'Amour est la tragédie bourgeoise dans toute sa pureté, telle que l'avait conçue Diderot ; elle eut plus de succès que *Fiesque*, et elle est encore fort aimée du public en Allemagne. Un rôle surtout jouit de toute la faveur du parterre ; c'est celui du musicien. Il est en effet d'une vérité fort touchante. Le traducteur s'est efforcé de reproduire quelque chose de ce ton de bonhomie, de ce langage de la classe inférieure, de ces mœurs bourgeoises qui dans l'original plaisent beaucoup aux Allemands. Mais il lui était à peu près impossible de réussir. La langue allemande, fidèle image de la nation qui la parle, établit de la manière la plus franche la hiérarchie des classes de la société. Les supériorités de rang y sont constatées par des formes de langage qui n'ont pas d'équivalent en français.

La pièce, dans sa conception et dans ses détails, porte encore un caractère marqué d'hostilité contre la classe supérieure de la société. Elle y est présentée sous un aspect faux et forcé. Schiller pouvait encore dire qu'il avait produit un monstre tel qu'il n'existait pas dans le monde réel. La corruption du président est poussée à un excès qui passe toutes les bornes raisonnables. Il y a dans cette façon de représenter un courtisan et un ministre quelque chose de ces chimères que se forge une ignorance méfiante et envieuse, lorsqu'elle se figure cette espèce d'hommes comme des animaux féroces et dévorans. Supposer que pour s'élever au ministère et à la faveur du prince, le président a fait alliance avec quelques vils intrigans, qu'il a sultivé les vices de son maître, qu'il n'a nul souci du bonheur du peuple ; le mettre en opposition avec son fils, jeune homme pur et généreux, c'était plus qu'il n'en fallait pour répondre à l'idée de Schiller ; et il n'y avait nul besoin de lui attribuer de si gros crimes. Cela rappelle tout à fait la remarque de cet homme qui, assistant à la représentation d'*Atrée et Thyeste*, disait : « Il serait pourtant bien désa » gréable de rencontrer des gens comme cela » dans la société. »

Le grand maréchal est aussi outré en stupidité que le président en scélératesse. Cependant, à travers tant d'exagération, on entrevoit au fond une observation assez fine des mœurs. Quelques-unes des petites cours d'Allemagne, à l'époque où Schiller écrivait, conservaient encore des traces de cette grossièreté dont la peinture est si naïve dans les mémoires de la margrave Bareuth, sœur du grand Frédéric. A cette rudesse soldatesque venaient de succéder sans transition le désir et la prétention d'imiter l'élégance des manières et le facile morale des cours plus civilisées ; il en était résulté un composé lourd, grotesque, une frivolité empesée, une corruption rebutante et appesantie.

Ce qui est plus digne de remarque, comme symptôme des mœurs, c'est la couleur donnée à l'amour dans cette pièce ; c'est cette espèce de caractère mystique, si voisin de l'affectation, cette passion qui prend son vol vers le ciel sans s'inquiéter de ce qui se passe sur la terre : véritable quiétisme qui, se fiant à sa pureté d'intentions, perd de vue toutes les circonstances réelles ; pour qui les devoirs, la pudeur, les lois sociales ne sont pas même un objet de combat, tant il les voit de haut et avec dédain ; qui se sent si fort de sa dévotion intérieure, que la plus ou moins grande intimité est un détail dont ce n'est pas la peine de parler : combinaison à laquelle l'observateur froid et indigne pourrait trouver toutes sortes d'avantages, puisqu'on s'y élève à l'amour platonique, sans y rien perdre.

Lady Milford, la maîtresse du prince, s'accommoderait bien de ce système, où l'âme plane fièrement au-dessus du matériel de la conduite sans en prendre la responsabilité ; mais elle a beau faire, sa situation ignoble résiste à l'idéal. C'est pour avoir outré toutes ces nuances que Schiller et tant d'auteurs allemands sont tombés dans le faux et dans l'affectation. Ils ont plaidé sans mesure une cause qui veut être touchée d'une manière juste et fine. C'est comme si la Madeleine, encouragée par les paroles de celui qui lit au fond des cœurs et qui disait : « Il lui sera pardonné » parce qu'elle a beaucoup aimé », se fût relevée tout à coup, et devenant intolérante, eût refusé de pardonner aux autres. On a voulu pénétrer dans l'âme humaine ; on a voulu venger ses souffrances et ses combats des jugemens hypocrites de la morale des Pharisiens, et pour cela on a attaqué dans sa source sacrée le sentiment du devoir.

Un traducteur de Schiller a tenté de transporter sur notre théâtre la tragédie bourgeoise de l'Intrigue et l'Amour. Il en avait, comme on peut croire, fort adouci toutes les nuances. Cet essai ne fut point couronné par le succès.

Schiller sentit bientôt, comme Lessing lui-même avait fini par le sentir, le besoin de quitter cette prose emphatique qui résistait à tous les efforts qu'il faisait pour l'accorder avec sa tendance poétique. Il ne tarda pas à témoigner un public repentir d'avoir, pour emprunter ses expressions, enfermé son imagination dans les liens du cothurne bourgeois. Lessing, dans *Nathan le Sage*, avait donné l'exemple d'écrire le drame avec le vers blanc iambique, emprunté aux Anglais. Ce mètre facile consiste en dix syllabes alternativement longues et brèves ; Jonhson l'appelle une prose cadencée. En effet, dans des langues où beaucoup de syllabes ont une quantité douteuse et arbitraire, où les élisions et les contractions sont presque au gré du versificateur, on conçoit combien il doit donner d'aisance, combien il doit être flexible et se prêter à tous les tons du dialogue. La langue française n'est pas assez accentuée ; la différence des longues et des brèves y est trop peu sensible ; il y a trop de terminaisons sourdes pour qu'elle puisse donner une juste idée de ce genre de vers.

Ce fut donc avec une nouvelle manière d'envisager le style du drame que Schiller commença *Don Carlos*. Du reste, il considéra bien plus cette tragédie comme un poème destiné à recueillir les sentimens qui le possédaient, et à répandre ses idées, que comme un ouvrage écrit pour le théâtre. Sa réputation commençait à être si grande en Allemagne, que le choix qu'il avait fait d'un sujet dramatique était un événement littéraire. Pour répondre à l'impatience du public, il fit paraître les trois premiers actes de *Don Carlos* : c'était en 1785.

Schiller était alors dans une extrême agitation d'esprit. Il se trouvait à cette époque orageuse où, pour se servir d'une expression de Mme de Sévigné, la jeunesse ne fait plus assez de bruit pour qu'on ne puisse pas s'arrêter sur ses pensées et sur ses sentimens. C'est alors qu'on commence à s'envisager soi-même sérieusement ; l'avenir ne paraît plus un champ indéfini pour l'espérance ; il ne semble plus qu'on ait du temps pour tout. Les passions succèdent aux goûts vifs et passagers ; les excursions hardies et vagabondes de l'esprit se tournent en méditations sérieuses. On voit qu'il s'agit tout de bon de commencer le voyage, et l'on fait ses préparatifs ; alors se fixe le caractère ; alors se déterminent les croyances ou les penchans ; alors ceux qui sont destinés à être quelque chose se font une idée de ce qu'ils seront. Une passion violente et combattue s'était emparée de toute l'âme de Schiller, et, se joignant aux doutes qu'il avait conçus sur les règles du devoir et leur divine sanction, le plongeait dans d'inexprimables angoisses. Il flottait entre des résolutions vertueuses et une farouche impatience contre toute autorité morale. Ses écrits en prose et en vers retracent fidèlement ces troubles intérieurs. Ils sont empreints en général de cette triste pensée : que l'homme éprouve une noble impulsion vers tout ce qui est beau, mais que n'ayant puisé ce sentiment qu'en lui-même, l'ayant pour ainsi dire créé, il n'en peut trouver nulle part la démonstration. Jamais cependant Schiller ne tombe dans un doute frivole et desséché ; quand l'idée de la vertu, de la religion, de tout ce qui est noble et élevé, cesse d'être consacrée divinement à ses yeux, il ne veut point la détruire ni l'étouffer, mais il lui cherche un asile dans la sphère plus étroite de l'homme et de la nature ; il en fait le chef-d'œuvre de l'esprit humain, lorsqu'il ne peut en faire sa règle immuable et certaine. Les *Lettres philosophiques* de Jules et de Raphaël, qu'il publia pour lors, sont un témoignage curieux de cette disposition. Elle est exprimée sous toutes les formes dans une foule de poésies. Il en est une surtout qui est demeurée fort célèbre en Allemagne. Schiller, après avoir suivi à Dresde la femme qu'il aimait, se décida enfin à vaincre une passion qu'il se reprochait : elle était la femme de son ami. Après de cruels combats, il se retira seul dans une petite maison de campagne ; ce fut là qu'il composa les vers dont voici la traduction, qui n'en peut donner qu'une idée fort incomplèt

LA RÉSIGNATION.

Et moi je naquis aussi dans l'Arcadie ; et la nature, à mon berceau, me promit aussi le bonheur ; et moi je naquis aussi dans l'Arcadie, cependant un rapide printemps ne m'a donné que des larmes.

Le mois de mai de la vie ne fleurit qu'une fois, et ne revient plus. Il est flétri pour moi. Le dieu du silence... hélas ! pleurez, amis... le dieu du silence a retourné mon flambeau vers la terre, et la clarté a disparu.

Formidable éternité ! me voici déjà sur ton seuil obscur : reçois ma lettre de créance sur le bonheur, je te la rapporte sans avoir brisé le cachet. Je ne sais rien de la félicité.

Je porte mes plaintes devant ton trône, ô reine voilée ! Sur notre planète courait un bruit consolant ; on disait que tu régnais ici avec les balances de la justice, et que tu te nommais Rémunératrice.

Ici, disait-on, l'effroi attend les méchans, et le bonheur est réservé aux bons. Tu dois dévoiler les replis du cœur ; tu m'expliqueras les énigmes de la Providence, et tu tiendras compte des souffrances.

Ici s'ouvre une patrie pour les bannis ; ici se termine le sentier épineux de la patience. Une fille des dieux, qu'on m'a nommée la Vérité, que peu connaissent, que beaucoup évitent, soumit ma vie à son rude frein.

Je t'en tiendrai compte dans une autre vie, donne-moi ta jeunesse. Je ne puis rien t'offrir que cette créance. Je pris cette créance sur une autre vie, et je lui donnai ma jeunesse.

Donne-moi la femme si chère à ton cœur, donne-moi ta Laura ; par-delà le tombeau, je te payerai de ta douleur avec usure. Je l'arrachai sanglante de mon cœur déchiré, je sanglotai, et je la lui donnai.

Va réclamer ta créance sur la mort, disait le monde avec un rire dédaigneux ; la trompeuse aux gages des despotes t'a présenté l'ombre au lieu de la Vérité ; tu n'auras rien quand cette apparence s'évanouira.

La troupe envenimée des railleurs déployait librement son esprit. Trembles-tu donc devant une opinion qui n'est devenue sacrée qu'en vieillissant? Que sont tes dieux, sinon la solution adroite et supposée d'un système du monde mal conçu ; solution que l'esprit de l'homme a empruntée de la nécessité de l'homme.

Que signifie l'avenir que nous couvrent les sépulcres ? et l'éternité, que tu étales si pompeusement ? Elle est respectable seulement parce qu'un voile la couvre. C'est l'ombre gigantesque de notre propre terreur, réfléchie par le miroir grossissant de notre conscience troublée.

Ce que dans le délire de ta fièvre tu nommes immortalité est une copie mensongère des formes de la vie : c'est la momie du temps, conservée par le baume de l'espérance dans la froide demeure du tombeau.

Quant à l'Espérance... elle est convaincue de mensonge par la destruction. Et tu lui sacrifies des biens assurés ! — Depuis six mille ans la mort se tait ; quelque cadavre s'est-il donc levé du tombeau pour donner nouvelle de ta Rémunératrice ?

Je voyais le Temps s'enfuir vers tes rivages. Abandonnée de lui, la nature n'était plus qu'un cadavre flétri ; et aucun mort ne se levait de son tombeau, et je me confiais au serment de la déesse.

Je t'ai sacrifié toutes mes joies, maintenant je me jette devant le trône de la justice. J'ai bravement méprisé les railleries des hommes ; je n'ai estimé grands que tes seuls trésors. Rémunératrice, je demande ma récompense.

J'aime mes enfans d'un égal amour, cria un invincible génie ; deux fleurs, cria-t-il... écoutez bien, enfans des hommes... deux fleurs croissent pour celui qui sait les trouver. Elles se nomment l'Espérance et la Jouissance.

Celui qui cueille une de ces fleurs ne doit pas exiger l'autre. Qu'il jouisse, celui qui ne peut pas croire ! Cette loi est éternelle comme le monde. Qu'il sacrifie, celui qui peut croire ! L'histoire du monde, voilà le jugement du monde.

Tu as espéré ! tu as eu ta récompense. Ta foi a été la compensation de ton bonheur. Tu pouvais le demander à tes sages ! Ce que l'homme n'a pas accepté de la minute, l'éternité ne peut plus le lui restituer.

Il y a quelque chose de douloureusement bizarre dans ce sentiment qui se révolte contre l'accomplissement du devoir, qui craint que ce ne soit qu'une sublime mystification, qui voudrait avoir la certitude de faire un calcul profitable, et qui cependant reconnaît que l'homme porte en lui-même cette loi et cette nécessité, qui avoue que la plus noble jouissance est de la connaître et de la suivre, qui se rattache à la vertu même en la regardant comme une duperie. Dire : « L'histoire du monde, voilà le jugement du » monde ; » où en d'autres termes : « Ce qui a été » a été, et tout ou fini par là, » c'est assurément nier la Providence et la morale. Mais professer en même temps le culte désintéressé de la vertu, c'est rapprocher, s'il est possible, le scepticisme de la foi ; c'est la révolte d'un cœur religieux contre une funeste erreur de l'esprit. Une autre des poésies de Schiller, intitulée le Combat, était l'expression plus amère et plus blasphématoire de cette erreur. Mais il ne se trouve que quelques strophes dans les éditions des œuvres de Schiller. Il a senti le besoin de ne pas laisser subsister cette trace d'une maladie dont il était parvenu à guérir.

Ce fut dans cette retraite profonde qu'il acheva *Don Carlos*, commencé depuis quatre ans. Les lettres qu'il a publiées pour expliquer l'intention de sa tragédie, montrent quelle était pour lors la direction de ses idées ; lui-même indique la révolution morale qui commençait à s'opérer en lui, et nulle analyse ne la ferait aussi bien connaître. On retrouve encore dans *Don Carlos* le penchant à l'exaltation et à la subtilité scolastique, le mépris pour les lois positives, l'amertume satirique et exagérée dans la peinture des personnages qui en sont les représentans, l'apothéose de la morale des passions ; mais en même temps cette morale des passions a pris un caractère plus élevé et plus pur ; le coloris est devenu plus doux ; le goût pour les situations déchirantes et atroces a disparu ; le langage poétique a banni l'emploi inutile et affecté des détails vulgaires. Les *Lettres sur Don Carlos* se font surtout remarquer par un ton de bonne foi, par un désir sincère de sa propre amélioration, par une franche tendance vers le bien. Comme défense d'une œuvre dramatique, elles sont certes bien éloignées de nos habitudes d'esprit, et nous sommes tentés de sourire plus d'une fois de tout cet appareil de théories morales destinées à interpréter des intentions dramatiques. Il est pourtant curieux de voir ce qu'est cette espèce d'hommes, et quel est chez eux le cours des idées ; on parvient ainsi à se mettre sur leur terrain, à les mieux juger, à se faire une idée plus juste de l'atmosphère où ils vivaient, et de tout l'ensemble de la littérature allemande. Une des lettres qui porte le plus le caractère de candeur et d'illusion d'un homme qui vit en société avec ses pensées seulement, c'est celle où Schiller démontre que le marquis de Posa, loin d'être abstrait et rêveur, comme on serait tenté de le croire au premier coup d'œil, est un homme très-positif, rempli de pensées pratiques, dont les torts même viennent de là. Or, le point par lequel le marquis de Posa est si terrestre, ce que Schiller nous représente comme le résultat de son caractère dominateur et intrigant, c'est d'avoir proposé à Philippe II la constitution des cortès, ou quelque chose d'approchant.

Don Carlos eut le plus grand succès. C'est peut-être encore la pièce de théâtre dont les Allemands s'honorent le plus. Leur enthousiasme a gagné en Europe ; Don Carlos a été traduit en anglais plusieurs fois, et présenté comme un chef-d'œuvre. En France, M. de Marnésia en donna une traduction il y a vingt ans, et l'accompagna d'une préface et de notes qui sont de véritables hymnes en l'honneur de Schiller et de sa tragédie. En vain les critiques les plus éclairés et les plus spirituels de l'Allemagne ont-ils fait remarquer que l'intérêt dramatique disparaissait sous la dissertation des personnages, et que ce drame se trouvait par là changé en une suite de dialogues moraux et politiques ; que les motifs ont une subtilité qui échappe même à un examen attentif ; que le ton est habituellement emphatique et exagéré. Ni Wieland, ni Schlegel, dont le jugement est presque textuellement répété ici, n'ont ébranlé l'opinion commune de l'Allemagne ; ce qui prouve du moins que Don Carlos se rapporte au caractère actuel de la nation pour laquelle il a été fait.

Schiller fut plus sévère : de toutes ses pièces, Don Carlos est celle qui a le plus changé, non pas dans son ensemble ni dans sa couleur générale, car il eût fallu la refaire et la concevoir d'une autre manière ; mais les détails qu'il a retranchés ou modifiés font voir qu'il s'était dégoûté de plus en plus du ton déclamatoire ; et il est plaisant de remarquer comment tel passage paraissait admirable au traducteur français, tandis que l'auteur le désavouait en le retranchant. Cependant il n'a pas été hors de propos de parler de ces corrections à nos lecteurs, qui probablement ne se seraient pas doutés, en lisant la pièce telle qu'elle est encore restée, qu'elle avait pu être posée sur de plus vastes échasses.

Mais le grand artiste dramatique se découvre à travers tous ces défauts. Le talent de créer des personnages, de leur donner la vie par son imagination, d'inventer des situations frappantes, et de les présenter dans tout leur effet, est encore plus sensible dans Don Carlos que dans les premières pièces de Schiller.

Le rôle de Philippe II annonçait déjà le talent qui plus tard distingua Schiller. Déjà l'on peut admirer cette connaissance du cœur humain, cette impartialité qui sait retrouver dans tous les caractères leurs contradictions intérieures ; qui fait qu'une peinture n'est plus un jugement porté du dehors, mais la résurrection d'un être vivant. Quelques années plus tôt, Schiller eût fait de Philippe II un tyran sur lequel il eût accumulé toute sa haine pour la tyrannie. Ici elle n'est pas moins odieuse, mais elle est mieux connue. Il y a presque de l'intérêt sur ce vieux despote, car l'auteur a su nous faire pénétrer dans son âme, et nous montrer que les sources du bien et du mal s'y trouvaient comme dans toutes les âmes humaines. L'orgueil de se croire d'une autre nature que les autres hommes y est, avec une grande profondeur, présenté comme le principe de sa dépravation et de son triste isolement. C'est la pensée principale du rôle, et le poète a dû en tirer aussi le châtiment de Philippe. « Il y a dans la tombe » un homme qui m'a refusé son estime, » est assurément un mot admirable dans cette situation. Là vient échouer toute la puissance et tout l'orgueil du despote.

On a admiré avec raison la scène du grand inquisiteur et de Philippe. Quand on voit entrer ce vieillard décrépit, aveugle, étranger jusque-là à l'action, et ce roi des deux hémisphères, si absolu, si nourri de sa propre grandeur, trembler devant lui comme un enfant devant son maître, l'imagination est saisie tout à coup d'effroi et de grandeur par cette espèce d'apparition. Elle est le symbole d'une puissance, mystérieuse souveraine qui règne par l'opinion, qui d'un signe soumet toutes les autres forces et impose silence à toute l'humanité.

Après avoir dit combien le marquis de Posa était loin de la vérité historique, combien son exaltation était abstraite et pompeuse, on ne peut disconvenir que souvent on est entraîné par la noble chaleur, si ce n'est du personnage, au moins du poète. Tout l'essor d'une belle âme se découvre dans les rêveries et les illusions de son enthousiasme.

Après que Don Carlos fut achevé et publié, Schiller se rendit à Weimar. Le duc de Saxe-Weimar, à qui deux ans auparavant il avait lu les premiers actes de Don Carlos, lui avait donné un titre de conseiller intime. M. de Wollzogen, ancien compagnon de ses études, se trouvait établi près de ce prince. Herder et Wieland étaient déjà fixés à cette cour, qui, pendant beaucoup d'années a été le centre de tout ce que la littérature allemande a eu de plus distingué. Gœthe, qui y tenait le premier rang, et par sa renommée et par la faveur particulière dont l'honorait le duc de Weimar, était à ce moment absent, et voyageait en Italie. Schiller aurait pu sans doute se fixer dès lors dans cet heureux séjour, où des hommes si remarquables étaient réunis bien plus par un accueil bienveillant et par le goût véritable du souverain pour leur esprit que par la protection pesante du pouvoir. Mais Schiller avait encore dans le caractère une agitation et une inquiétude superstitieuse pour son indépendance, qui ne lui permettaient point de prendre son assiette et d'engager sa vie. Il passa quelques mois seulement à Weimar; c'est là qu'il publia ses premiers ouvrages historiques. Il fit ensuite diverses courses en Saxe et en Franconie. Ce fut dans un séjour à Rudolstadt qu'il s'attacha à la famille de Langenfels, où il fut reçu avec beaucoup de bonté, et à laquelle, deux après, il appartint de plus près.

Pendant toute cette époque, Schiller mena sans doute une vie fort laborieuse, car il fit paraître non-seulement l'*Histoire de la révolte des Pays-Bas*, et le premier volume du *Recueil des rébellions et conjurations célèbres*, mais une foule d'essais historiques et critiques qui furent insérés dans des journaux ou des recueils. Il continua à faire paraître la *Thalie*; il prit part à la rédaction du *Mercure Germanique*, où furent insérées les *Lettres sur Don Carlos*. Il fut éditeur de quelques ouvrages dont il fit les préfaces. Le *Visionnaire* fut aussi composé à peu près vers le même temps; et sans doute il avait travaillé à l'*Histoire de la Guerre de trente ans*, car elle parut peu après.

Le goût de Schiller pour le théâtre avait fait place à une grande ardeur pour les études historiques. Ce qu'il y a de remarquable, c'est qu'il n'y apporta point le génie dramatique, qu'il ne chercha point à s'introduire dans l'esprit de chaque siècle, à faire concevoir comment les choses s'y passaient, à expliquer ou plutôt à peindre l'effet qu'y produisaient les événemens et les hommes, à se faire citoyen des pays et des époques qu'il voulait retracer. Il n'eut point cette impartialité que donne l'imagination, qui consiste à se transporter dans chaque personnage, dans chaque intérêt, dans chaque opinion, et à se fier au sentiment intime qui saura toujours tirer des conclusions nobles et morales du spectacle de l'univers sincèrement reproduit. Schiller appartient tout-à-fait à l'école historique du dix-huitième siècle. Il a écrit pour examiner les événemens du passé plutôt que pour les raconter. Il s'est fait spectateur en restant dans son propre point de vue. Les faits lui sont un argument, comme ils l'ont été et le seront à tant d'autres, qui ne s'aperçoivent pas que ces auxiliaires infidèles peuvent successivement être revêtus de toutes les couleurs et servir toutes les causes.

Le succès de l'*Histoire de la Guerre de trente ans* fut grand et s'est soutenu. Cette époque est chère aux Allemands. Elle est pour eux un âge héroïque. C'est le berceau sanglant de la réformation, et le point de départ d'une nouvelle ère de la civilisation. Schiller l'a peinte avec chaleur et rapidité. Il mérite le rang distingué qu'il a obtenu parmi les historiens philosophiques. Mais on retrouve encore dans sa manière quelque chose de pénible et de tendu. On lui a reproché aussi de ne pas avoir fait assez de recherches ni consulté assez de documens originaux et authentiques. Il travaillait vite; d'ailleurs, lorsqu'on cherche dans l'histoire la démonstration de son opinion, le but est pour ainsi dire déjà atteint avant que l'ouvrage soit commencé.

La *Guerre de trente ans* a été traduite plusieurs fois en français avec exactitude et élégance. On annonce qu'une traduction de la *Révolte des Pays-Bas* doit bientôt paraître.

Le *Visionnaire* est une nouvelle qui n'a jamais été achevée. A cette époque, le doute et l'incrédulité avaient ramené dans quelques esprits faibles et avides d'émotions, des superstitions dignes des siècles d'ignorance. Ne pouvant se passer de croyance et de mysticité, l'esprit humain s'en allait en quête des plus grossières absurdités. Après avoir dédaigné et repoussé la foi qui console, il recherchait la foi qui épouvante. Cette tendance a été peinte par M. Constant avec la finesse et le talent qui le caractérisent, dans l'article *Brunswick* de la *Biographie universelle*. C'était surtout parmi la race oisive des princes et des courtisans que se manifestait ce besoin de duperie qui donna alors tant de vogue à des imposteurs et à des thaumaturges. Le contre-coup se fit sentir jusqu'en France, où le train du monde et les distractions de société rendent cependant le vide de l'âme et de l'esprit moins difficile à supporter. Les prestiges de Cagliostro vinrent réveiller des imaginations blasées et désennuyer des gens dégoûtés de tout. Schiller, dans le *Visionnaire*, a peint avec une extrême finesse cette disposition d'esprit. On y voit une succession d'aventures bizarres, entièrement conformes à tout ce qu'on racontait alors de cette nouvelle reprise de magie. Elles sont rapportées de manière à agir sur l'imagination et à exciter la curiosité. On est sans cesse dans le doute de savoir si elles peuvent s'expliquer par des moyens naturels, ou si l'auteur a voulu se placer dans la sphère fantastique du merveilleux. Au moment où l'on croit que toutes les illusions ne sont qu'un escamotage, tout-à-coup un nouvel incident rejette le récit dans le surnaturel; et comme le roman n'a jamais été fini, il a généralement passé pour une énigme sans mot; il en a toute l'apparence. C'était en effet la manière la plus piquante de se jouer d'un tel sujet. C'était traiter le lecteur comme les faiseurs de tour traitent leurs spectateurs, qui veulent la surprise, et qui s'ennuieraient de savoir les moyens qu'on emploie. Cependant Schiller prétendait toujours qu'il avait eu l'intention de finir le *Visionnaire*; et il lui est arrivé plus d'une fois, dit-on, d'en raconter la fin d'une manière plausible et intéressante.

Quelques poésies de Schiller datent aussi de cette époque. *Les Artistes* sont une sorte de poème didactique, où les arts et le sentiment du beau ont inspiré à l'auteur une verve noble et heureuse. Les dieux de la Grèce sont une comparaison plus morale encore que poétique du paganisme et de la vraie religion ; les dernières stances n'ont été imprimées que récemment : elles sont encore l'expression des sentimens qui troublaient si tristement Schiller ; c'est toujours ce même reproche à la Providence de ne point lui avoir donné de certitude. Schiller ne dit point à Dieu, comme l'esprit fort, dans Voltaire :

Je soupçonne, entre nous, que vous n'existez point ;

mais avec une profonde amertume il s'adresse ainsi à lui, en comparant les deux religions :

OEuvre et Créateur de l'intelligence humaine, donne-moi des ailes pour arriver jusqu'à toi ; — ou bien, retire de moi cette déesse sérieuse et sévère qui me présente sans cesse son miroir éblouissant ; rends-moi son indulgente sœur, et que celle-ci soit réservée pour une autre vie.

Schiller avait fait connaissance avec Gœthe, à son retour d'Italie. C'était avec toute l'ardeur de son âme, avec tout l'enthousiasme de son âme, qu'il avait approché l'homme dont l'esprit et le talent régnaient déjà sans partage sur toute la littérature allemande. Mais le calme de cette entière impartialité ; ce dégagement complet de toute espèce de liens ; cette mobilité d'imagination dont le plaisir est de tout concevoir, de s'animer de tout sans jamais en tirer une conséquence ; cette universalité d'impressions, semblable à une glace à qui serait accordé le don de trouver une jouissance en répétant les objets ; tout ce caractère ne répondait point à l'attente passionnée de Schiller. Au contraire, Schiller plut beaucoup à Gœthe, qui bientôt après réussit à faire créer pour lui une nouvelle chaire de philosophie à l'université d'Iéna. M. de Dalberg, coadjuteur de Mayence et depuis prince primat, joignit ses bienfaits à ceux du duc de Saxe-Weimar. L'existence de Schiller se trouva ainsi fixée et assurée. Peu après il se maria et épousa Mlle de Langenfels, dont la sœur aînée épousa peu après M. de Wollzogen, ami de Schiller.

Alors commença pour lui une vie toute nouvelle. Il se livra au travail avec une incroyable ardeur. Il avait fait de bonnes études de la jeunesse ; mais cette seconde éducation, où l'examen et l'intelligence s'emparent de tous les matériaux que la mémoire a rassemblés, avait manqué à Schiller. Il se trouvait à Iéna au milieu des hommes les plus savans de l'Allemagne, dans une université qui jetait alors le plus grand éclat. Tout allumait son émulation ; tout l'excitait et l'aidait à travailler. Il reprit l'étude des Grecs ; il fit plusieurs traductions d'Eschyle et d'Euripide. Il entreprit une traduction de l'*Énéide*.

Mais une autre passion s'empara bientôt de lui tout entier. C'était le moment où la philosophie de Kant commençait à faire une révolution dans les esprits. Pendant que la France était en proie aux discordes civiles, que toutes les pensées y étaient dirigées vers les intérêts politiques, il s'opérait un grand et salutaire changement dans l'étude des sciences morales. Le doute s'était, comme Samson, écrasé lui-même en renversant les colonnes du temple. Locke avait rapporté toutes les idées aux sensations. La philosophie française avait construit un édifice complet sur cette base. Après avoir dit que la pensée était une sensation transformée, on n'avait pas examiné comment s'opérait cette transformation, et l'on avait raisonné comme si c'eût été une simple transmission. Hume et l'école d'Édimbourg commencèrent par ne pas trouver dans la sensation un élément quelconque du jugement ni de la certitude que l'intelligence humaine y attache. Ne pas aller plus loin, c'était nier, c'était faire disparaître à la fois et la conscience de sa propre existence, et la connaissance des objets extérieurs.

Les successeurs d'Hume se virent amenés par là à chercher le mode de transformation des sensations. Ne considérant plus l'âme comme une faculté passive, ils en recherchèrent les propriétés actives, et distinguèrent en elles plusieurs modes d'action.

Kant suivit de son côté une marche analogue. Au lieu d'examiner les différentes manières dont l'âme transforme les sensations, il rechercha les règles que suit constamment l'intelligence humaine dans ses procédés. De sorte que l'âme de l'homme lui sembla être coexistante avec une certaine quantité d'axiomes ou de lois dont elle ne peut jamais s'écarter. Ce ne sont point des idées innées, mais une nécessité innée de combiner les sensations de telle et telle sorte.

La philosophie de Kant fut reçue avidement en Allemagne. Elle venait au secours de tout ce qu'avaient ébranlé et renversé les disciples de Locke et l'école française. Nous avons vu par Schiller ce qu'avait eu de douloureux pour l'esprit et pour l'âme ce scepticisme cruel qui détruit la base de toute vérité.

Il devint donc un disciple passionné de cette philosophie, et s'en enivra, si l'on peut ainsi parler, pendant plusieurs années. Toutes ses méditations furent tournées de ce côté ; son esprit, disposé à se précipiter impétueusement dans une direction unique, se lança dans le développement des idées de Kant sur le beau et les principes des arts. Schiller a laissé une foule d'écrits sur ce sujet, et spécialement sur la métaphysique de l'art dramatique ; mais il arrive dans quelques-unes à un point de subtilité et d'abstraction où le fil des idées devient d'une telle ténuité qu'il échappe à l'œil du lecteur. L'auteur pourrait même dire comme ce bon moine qui montrait depuis long-temps à l'adoration des fidèles un heveu de la Vierge, en faisant admirer sa finesse. Un curieux s'avisa d'approcher plus que de coutume, et crut s'apercevoir qu'il n'y avait rien entre les mains du montreur de reliques. « Il est si fin, dit-il, que je ne puis l'apercevoir. — Ni moi non plus, dit le moine, depuis dix ans que je le fais voir. »

Il y a, par exemple, des *Lettres sur l'Esthétique*, ou science du beau, où les hommes les plus habitués à cet exercice de l'esprit avouent qu'ils n'entrevoient que quelques lueurs des pensées de l'auteur. Mais tous les écrits métaphysiques de Schiller ne donnent pas un si pénible vertige: ils sont remplis d'idées ingénieuses et surtout d'observations justes et fines. Ce qu'il y faut remarquer surtout, c'est le changement prodigieux qui s'opéra dans sa manière d'envisager la morale. L'art dramatique n'est plus considéré par Schiller que sous les rapports les plus nobles, les plus purs. Il y place la source de tout intérêt dans le triomphe de la partie morale de l'homme sur sa partie matérielle. Il exige que tout soit disposé pour faire ressortir le libre arbitre de la volonté, et conséquemment pour établir l'idée du bien et du mal. Toutes ses opinions sur l'imitation avaient dû nécessairement changer aussi; il ne devait plus la regarder comme le but de l'art, mais comme le moyen de rendre sensibles les conceptions de l'esprit.

Les écrits métaphysiques de Schiller se rapportent donc peu à la partie positive de l'art, et n'ont pas d'utilité pratique. On peut se faire quelque idée de sa manière en lisant la préface de *la Fiancée de Messine*, où cependant il est descendu jusqu'à une question particulière. De telles études développent l'esprit à un haut degré; elles habituent à la réflexion; elles enseignent à pénétrer dans les idées des autres et à se les approprier; elles rendent impossible d'avoir jamais des opinions d'emprunt, et qui consistent en des mots retenus par la *mémoire* et répétés par les lèvres. Ce qu'on appelle dédaigneusement des théories n'est pas autre chose, comme le disait avec tant d'esprit un orateur formé à la tribune par la philosophie, que le désir de savoir ce qu'on dit et de penser à ce qu'on fait. Nous verrons que Schiller ne fit pas de plus mauvaises tragédies pour avoir réfléchi sur la tragédie, et ne fut pas un homme moins honorable et *moins sage* pour avoir médité sur la morale.

Tant d'études et d'efforts d'esprit ruinèrent rapidement la santé de Schiller. En 1791 il tomba gravement malade de la poitrine, et l'on crut qu'il ne pourrait échapper à la violence du mal. Le bruit de sa mort se répandit en Allemagne, et y excita les plus glorieux regrets. Des témoignages d'intérêt lui arrivèrent de tous les lieux où se parle la langue allemande. Le roi de Danemarck lui fit offrir une pension, et voulut que sa position de fortune ne le condamnât plus à l'excès du travail. Schiller se rétablit de sa maladie, mais ne retrouva jamais complètement la santé. Les leçons publiques lui furent interdites, et il lui fallut vivre désormais de régime et de ménagemens. Un voyage dans les lieux de sa naissance et le plaisir de revoir son vieux père lui furent quelque temps après une distraction salutaire. Il passa près d'un an dans le pays où l'attachaient tous ses souvenirs d'enfance. Se trouvant auprès de Stuttgart, il écrivit au duc de Wurtemberg, qu'il avait autrefois offensé par la manière dont il l'avait quitté. Le duc no lui répondit point, mais dit publiquement que si Schiller voulait venir à Stuttgart, on fermerait les yeux sur sa présence. Schiller fut satisfait de cette permission, et en profita. Peu de temps après le duc mourut; Schiller en montra un chagrin sincère. Il n'avait jamais parlé de son premier bienfaiteur qu'avec respect et reconnaissance.

Il retourna à Iéna, reprit tous ses travaux de critique et de philosophie, et publia successivement les écrits dont nous avons indiqué l'esprit et la direction; le plus remarquable fut le Traité sur *le naïf et le sentimental*; c'est celui où il a montré le plus de sagacité. Ce mérite est surtout remarquable dans une comparaison de la poésie des anciens avec la poésie moderne.

Le goût exclusif de Schiller pour la philosophie l'avait pour un *temps* détourné de la poésie; il revint bientôt à cette amie de sa jeunesse, à cette compagne de sa vie, mais il lui revint dans une disposition moins douloureuse et moins amère. Il n'avait plus à exprimer les orgueilleuses souffrances d'une âme jeune et ardente. Abattu par la maladie, calmé par la philosophie, c'est une mélancolie douce qui était devenue son inspiration. Mais l'objet de ses pensées n'avait pas changé, c'était encore la nature et la destinée de l'homme qui préoccupaient toute son âme; Kant ne lui avait pas apporté la certitude matérielle que son imagination avait exigée si impérieusement du Créateur; seulement il lui avait appris que l'idée de l'Être infini était, non pas une œuvre de l'esprit humain, mais une partie de l'esprit humain, une condition de son existence; il lui avait enseigné aussi que le sentiment du devoir était, non pas une conséquence du raisonnement de l'homme, mais une des sources de ce raisonnement. Ce n'était pas la encore cette révélation qu'avait voulue et rêvée le poète, mais c'est bien une révélation aussi, et une révélation universelle que d'avoir créé l'âme humaine inséparable de l'idée de Dieu et de l'idée du devoir. Il avait dû se dire qu'une interruption positive des lois de la nature, qui apporterait à l'homme la certitude matérielle, en ferait une autre créature, puisqu'elle lui ôterait la liberté, et conséquemment le mérite du choix entre le bien et le mal. Ainsi Schiller n'avait pas obtenu ce que demandait la prétention plus qu'humaine de sa jeunesse, mais il avait appris à se contenter de ce qu'il avait. Il faut se placer dans toute cette région d'idées, lorsqu'on veut goûter les poésies de

Schiller et en sentir tout le charme. À peu près vers ce temps-là, il écrivait avec sa candeur habituelle : « Tous les jours je me persuade davantage » que je ne suis pas né poëte ; si de temps en » temps j'ai quelques saillies poétiques, ce n'est » qu'en méditant sur des sujets de métaphy- » sique. »

Une de ses poésies exprime sous un voile allégorique les bornes qu'il avait imposées à son ambition de connaître, et sa résignation à la condition terrestre de l'homme.

L'IMAGE VOILÉE.

Un jeune homme qu'une soif ardente de savoir avait conduit à Saïs, en Égypte, pour y apprendre la mystérieuse sagesse des prêtres, avait déjà d'un esprit rapide monté de grade en grade ; et toujours son désir de connaître s'accroissait de plus en plus : à peine l'hiérophante pouvait-il calmer les élans de son impatience. — Que m'as-tu donné, dit le jeune homme, si je n'ai pas tout ? Y a-t-il en cela du plus ou du moins ? Ta vérité serait-elle comme un plaisir des sens qu'on peut posséder en plus ou moins grande quantité, mais que pourtant on possède ? N'est-elle donc pas unique et indivisible ? Ôte un son à un accord, ôte une couleur à un rayon lumineux, et tout ce qui te reste n'est plus rien ; l'accord n'existe plus, la lumière est détruite.

Pendant qu'ils parlaient ainsi, ils arrivèrent dans l'enceinte circulaire d'un temple silencieux et solitaire. Une statue voilée, d'une taille colossale, frappa les yeux du jeune homme. Étonné, il regarde son guide, et lui dit : « Quelle figure est donc cachée derrière ce voile ? — La Vérité, lui répondit-on. — Comment ! s'écria le jeune homme, tous mes efforts sont dévoués à découvrir la Vérité, et c'est elle qui est là, et on me la cache ! — Prenez-vous-en à la déesse, répondit l'hiérophante : Aucun mortel, a-t-elle dit, n'écartera ce voile jusqu'à ce que je le lève moi-même, et celui-qui, d'une main coupable et profane, lèvera avant le temps ce voile interdit et sacré, celui-là, a dit la déesse. — Eh bien ? — Celui-là verra la Vérité. — Étrange oracle ! toi-même tu n'as jamais levé ce voile ? — Moi ? vraiment non ; je n'en ai jamais été tenté. — Je ne conçois pas cela. Si je ne suis séparé de la Vérité que par ce mince tissu... — Et par une loi, interrompit son guide, par une loi plus puissante, mon fils, que tu ne le penses. Il est léger pour la main, ce mince tissu ; il est pesant pour la conscience. »

Le jeune homme revint pensif à sa demeure ; le désir brulant de savoir lui ravit le sommeil : il s'agite impatiemment sur sa couche et se relève vers le milieu de la nuit ; ses pas tremblans le conduisent involontairement au temple ; les murs étaient faciles à franchir : d'un élan intrépide le téméraire s'introduit dans l'enceinte.

L'y voilà maintenant, environné d'un silence lugubre et redoutable qu'interrompt seulement le sourd retentissement de ses pas solitaires au-dessus des caveaux mystérieux. A travers l'ouverture élevée de la voûte, la lune laisse tomber ses rayons pâles, bleuâtres et argentés ; terrible comme la présence d'une divinité, la figure enveloppée de son voile brille au milieu de l'obscurité du temple.

Il s'avance d'un pas incertain ; déjà sa main hardie va toucher au voile sacré ; une chaleur soudaine, un frisson convulsif courent à travers ses veines ; un bras invisible le repousse. « Malheureux, que vas-tu faire ? lui crie au-dedans de lui-même une voix salutaire ; veux-tu donc tenter le saint des saints ? Aucun mortel, a dit l'oracle, ne doit écarter ce voile jusqu'à ce que je le lève moi-même. — Mais cette même bouche n'a-t-elle pas ajouté : Qui lèvera ce voile verra la Vérité ? Qu'importe ce qu'il cache, je le lèverai. Et il crie d'une haute voix : Je veux la voir. — Voir ! lui répète en se raillant le long retentissement de l'écho.

Il dit, et il écarte le voile. Maintenant, vous me demandez ce qui parut à ses yeux ? je l'ignore. Pâle et sans connaissance, étendu sur les marches de l'autel d'Isis, il fut trouvé le lendemain par les prêtres. Ce qu'il a vu et appris, jamais sa bouche ne l'a proféré. Il perdit pour toujours la sérénité de sa vie ; un profond chagrin l'entraîna jeune dans le tombeau. — Malheur à celui !... telles furent les paroles et les conseils qu'il répondit aux questions importunes dont on le pressait ; malheur à celui qui recherche la vérité en se rendant coupable ! jamais elle ne lui donnera de contentement.

Parmi les nombreuses pièces de Schiller qui appartiennent à cette époque, et qui sont datées de 1795 et des deux années suivantes, la plupart sont composées dans ce même esprit. On y voit une conviction intime du vide et de l'insuffisance de la sagesse du monde. Souvent même, avec une raillerie assez douce, il remontre à la philosophie son néant et ses vaines fluctuations, et il en appelle au sentiment intérieur, à la tendance de l'âme. Les illusions sont détruites ; mais le cœur, bien loin de se dessécher, a appris à jouir de ses espérances et de ses désirs. Le morceau intitulé *l'Idéal et la Vie* est une longue comparaison de ce que l'imagination rêve de noble, de pur et de calme, avec ce que la réalité a de rude, d'agité et d'incertain. Mais l'homme ne doit point perdre courage ; il doit lutter contre l'influence terrestre, excité par la vue du monde céleste : c'est ce qui est indiqué sous l'emblème d'Hercule. Un des caractères de la poésie de Schiller, c'est d'être sans cesse revêtue des brillantes couleurs de la mythologie grecque, ramenée à un sens allégorique.

Jadis Alcide parcourut le rude sentier de la vie, dans un perpétuel combat ; il abattit l'hydre, il terrassa le lion, il descendit vivant dans la barque infernale pour délivrer son ami ; une déesse implacable et perfide accumula tous les maux, tous les dangers de la vie sur la route que parcourait courageusement celui qu'elle détestait.

Jusqu'à ce que le dieu, dépouillant l'enveloppe mortelle, fut par les flammes séparé de l'homme ; alors il s'abreuva du souffle léger de l'air. D'un joyeux et nouvel essor il s'élança loin de la vie terrestre ; le rêve pénible se dissipa et disparut. Les harmonies de l'Olympe accueillirent l'âme glorieuse dans les parvis éternels, et la déesse aux joues de rose lui présenta la coupe avec un doux sourire.

Dans les *Paroles de la foi* il prescrit aux hommes de conserver toujours dans leur cœur trois idées qui n'y sont pas venues du dehors, et auxquelles est attaché tout bonheur, ainsi que toute dignité, Dieu, la vertu et le libre arbitre.

Dans les *Paroles de l'erreur* il fait l'histoire de ses propres opinions ; il annonce que la vie de l'homme est pénible et stérile, tant qu'il poursuit et veut posséder sur la terre la justice, le bonheur et la vérité.

Ainsi, nobles âmes, détachez-vous d'une raison vaine et affermissez-vous dans la foi céleste. Ce que l'oreille n'entend pas, ce que l'œil n'aperçoit pas, voilà pourtant ce qui est beau, ce qui est vrai. L'insensé va le chercher au dehors; c'est en vous-mêmes qu'il est, qu'il a été éternellement placé.

L'auteur de l'*Allemagne* a comparé de charmantes stances de Voltaire :

Si vous voulez que j'aime encore,
Rendez-moi l'âge des amours,

avec celles de Schiller, intitulées l'*Idéal* : il est en effet curieux de voir le même sentiment dans deux âmes si différentes, de juger de la diversité des idées mises en mouvement dans l'une et dans l'autre; c'est par de telles comparaisons qu'on apprend à connaître l'esprit et le caractère de chaque époque de la littérature. Les vers de Voltaire ont un tour facile, simple et gracieux : ils expriment ce que chacun peut éprouver; mais ce n'était pas une raison pour qu'un philosophe allemand fût condamné à les copier ou à les refaire, lorsqu'il était ému d'une tout autre sorte. Au reste, ces traductions qui dépouillent les vers de toute la grâce de l'expression, de toute l'harmonie des sons, ne sont qu'un appel à l'imagination des lecteurs.

L'IDÉAL.

Infidèle, veux-tu donc me quitter, avec tes douces images, avec tes chagrins et tes plaisirs? Inexorable, veux-tu donc me fuir? Rien ne peut-il t'arrêter, fugitive? O âge d'or de ma vie! o'en est donc fait ! tes flots s'écoulent rapidement dans l'océan de l'éternité.

Ils sont éteints, ces astres brillans qui éclairaient la route de ma jeunesse; il s'est dissipé, cet idéal qui dilatait mon cœur enivré ! C'en est fait de cette douce croyance et des êtres que mes rêves avaient enfantées : larcins faits à la rude réalité ! o'en est donc fait de ce qui jadis était si beau, si divin!

Comme autrefois Pygmalion, avec une ardeur suppliante, embrassa le marbre jusqu'à ce que le feu du sentiment se fût répandu dans ce sein glacé; de même, en mes jeunes désirs, j'entourai la nature d'un embrassement d'amour jusqu'à ce qu'elle eût commencé à respirer et à s'animer sur mon cœur poétique.

Partageant mon brûlant transport, la nature muette trouva un langage; elle répondit à mes baisers d'amour; elle comprit le battement de mon cœur. Alors naquirent pour moi les ombrages et les roses; alors commença pour moi la mélodie argentine de la cascade du ruisseau, et même ce qui était inanimé entendit le retentissement de mon âme.

Et mon cœur oppressé se souleva avec un effort tout puissant; un monde impatient de se produire à la vie par l'action, par la parole, par les sons et les images! Ah! que ce monde me semblait grand tant qu'il demeura caché comme la fleur dans son bouton! Hélas ! que cette fleur s'est peu épanouie ! qu'elle a paru mesquine et chétive !

Porté sur l'aile audacieuse de son courage, heureux de l'illusion de ses songes, encore libre de tout souci, le jeune homme s'élança dans la route de la vie. L'essor de ses projets s'éleva jusqu'aux plus imperceptibles étoiles de la voûte éthérée ; rien de si haut, rien de si lointain où son vol ne pût le porter !

Avec quelle facilité il y atteignait! aux heureux rien n'est difficile. Quel cortège aérien dansait au-devant du char de la vie ! l'amour avec ses douces récompenses, le bonheur avec son diadême doré, la gloire avec sa couronne d'étoiles, la vérité avec l'éclat du soleil.

Mais, hélas ! déjà vers le milieu du chemin, ces compagnons n'y étaient plus; infidèles, ils s'étaient détournés de la route, et l'un après l'autre avaient disparu. Le bonheur aux pieds légers s'était enfui ; la soif ardente de connaître était demeurée sans être apaisée, les nuages obscurs du doute s'étaient répandus sur l'image rayonnante de la vérité.

Je vis les couronnes sacrées de la gloire profanées sur des fronts vulgaires... Hélas! après un trop court printemps le joli temps de l'amour s'envola trop vite. Sur cette âpre route, tout devint de plus en plus silencieux, de plus en plus désert, et à peine l'espérance jetait-elle quelques pâles lueurs sur l'obscur sentier.

De tous ces bruyans compagnons, un seul est demeuré près de moi avec affection ; un seul s'est tenu à mes côtés pour me consoler, et me suit jusqu'à la sombre demeure. Amitié, c'est toi dont la main tendre et délicate sait guérir toutes les blessures, dont la tendresse allège le fardeau de la vie; toi que de bonne heure j'ai su chercher et trouver.

Et toi, qui aimes à t'associer avec elle, qui comme elle conjures les orages de l'âme ; études, toi qui jamais ne fatigues, qui construis lentement, mais ne détruis jamais ; qui n'ajoutes, il est vrai, qu'un grain de sable à l'édifice éternel, mais qui y portes ce grain de sable ; toi, qui sais dérober à l'immense trésor du temps les minutes, les jours, les années.

Voici d'autres stances où se fait voir un détachement naturel et poétique de tous les intérêts vulgaires. On aime à remarquer que si les âmes élevées sont condamnées à de nobles souffrances, par compensation les tourmens de la vie commune leur sont épargnés, et que même plus de calme et de bonheur leur est souvent accordé qu'à ceux qui croient trouver le repos dans la région inférieure.

LE PARTAGE DE LA TERRE.

Prenez possession du monde, cria Jupiter aux hommes du haut de l'Olympe; prenez-le, il est à vous : je vous l'accorde en patrimoine, en perpétuelle concession ; partagez-le fraternellement.

Chacun s'empresse de saisir ce qui est à sa convenance. Jeunes et vieux, tous s'empressent : le laboureur s'empare des fruits de la terre; le chasseur s'élance à travers la forêt.

Le marchand prend de quoi remplir ses magasins ; le chanoine se saisit du vin vieux ; le roi met des barrières aux routes et aux ponts, et dit : La dîme est à moi.

Bien tard, long-temps après que le partage est achevé, arrive le poète : il venait de loin. Hélas! il n'y avait plus rien à choisir : tout avait déjà son maître.

Malheureux que je suis! ainsi, parmi tous, je suis le seul oublié, moi, ton fils le plus fidèle ! — Telle était la plainte qu'il faisait retentir, et elle parvint au trône de Jupiter.

Si ta rêverie t'a empêché d'arriver à temps, répliqua le dieu, tu n'as point de querelle à me faire. Où étais tu donc quand ils se sont partagé la terre? — J'étais près de toi, dit le poète.

Mon œil était perdu dans la contemplation, et mon oreille dans ta céleste harmonie ; excuse la créature, qui, éblouie par ta clarté, a perdu sa part de la terre.

Que faire? dit le dieu ; le monde est partagé : la moisson, la chasse, le négoce, tout cela n'est plus à moi ? Veux-tu vivre avec moi dans le ciel? quand tu voudras y monter, il te sera ouvert.

Il y a d'autres poésies de Schiller, qui, sans exprimer des sentimens personnels, ont aussi beaucoup de charme et de grâce. C'était alors la mode en Allemagne de composer des romances et des ballades sur des aventures merveilleuses ou chevaleresques. Burger avait le premier donné la vogue à ce genre, qui a quelque parenté avec la poésie telle qu'elle naquit en Europe avant l'imitation des anciens, et qui trouve ainsi un garant du succès dans un penchant populaire. Gœthe a fait aussi plusieurs romances célèbres. L'Angleterre et la France ne sont pas restées en arrière ; et avant même que la romance fût devenue aussi universelle, nous en avions de fort jolies de Montcrif et de Florian. Schiller réussit aussi dans cette espèce de composition. *Le Plongeur*, le comte *Eberhard de Wurtemberg*, le *Gant*, la *Forge*, l'*Anneau de Polycrate*, le *Combat avec le dragon*, le comte de *Habsbourg*, sont des récits simples et faciles, cependant revêtus de couleurs poétiques. Nous allons traduire le *Plongeur* pour donner une idée de la manière de Schiller.

LE PLONGEUR.

Chevalier ou vassal, qui voudra plonger dans ce gouffre ? J'y ai jeté une coupe d'or ; le noir abîme l'a engloutie ; qui pourra la rapporter pourra la garder, je la lui donne.

Ainsi parla le roi ; et du haut d'un rocher rude et escarpé, il avait déjà lancé la coupe au milieu de la mer profonde dans le gouffre de Charybde : qui donc aura assez de cœur, je le répète, pour plonger dans cet abîme ?

Et autour de lui les chevaliers et les vassaux ont entendu, mais se taisent. Ils regardent les flots indomptables ; aucun ne veut gagner la coupe ; et le roi répéta pour la troisième fois : Personne n'ose-t-il s'y plonger ?

Cependant tous demeuraient muets comme auparavant ; mais un écuyer, d'un air doux et résolu, sort de la bande tremblante des vassaux ; il ôte sa ceinture, il jette son manteau. Tous les hommes et toutes les femmes regardent le brave jeune homme avec admiration.

Et comme il s'avance sur la pointe du rocher et qu'il regarde l'abîme, les flots qui s'y étaient engouffrés sont revomis avec fracas par Charybde, et avec le bruit d'un tonnerre lointain s'élancent écumans hors de la grotte obscure.

Et l'onde bouillonne, se brise, se gonfle et retentit, comme si elle était travaillée par le feu. Une poussière d'écume est lancée jusqu'au ciel, et la vague succède à la vague sans intervalle, sans que le gouffre se vide ou s'épuise, comme si de la mer naissait une mer nouvelle.

Enfin sa fougue impétueuse s'apaise, et à travers la blanche écume la caverne montre son ouverture béante et sombre, comme si l'abîme sans fond eût pénétré jusqu'aux enfers. On entend ses aboiemens, et l'on voit le flot bouillonnant se retirer en tourbillon dans le gouffre.

Alors, aussitôt avant que le flot ne remonte, le jeune homme se recommande à Dieu, et... un cri d'épouvante se fait entendre à la ronde... le tourbillon l'a déjà entraîné ; la gueule du monstre se referme mystérieusement sur l'audacieux plongeur ; on ne le voit plus.

Et tout devient tranquille à la surface de l'abîme. Seulement un sourd mugissement est entendu au fond des eaux. De bouche en bouche on répète d'une voix émue : Adieu, jeune homme au noble cœur ; et le bruit devient de plus en plus sourd, et chaque instant d'attente accroît l'angoisse et la terreur.

Maintenant tu y jetterais ta couronne et tu dirais : Celui qui rapportera cette couronne pourra la garder et devenir roi, je ne serais point tenté de cette précieuse récompense. Ce que le gouffre a englouti ne reparaît plus dans l'heureux séjour des vivans.

Combien de navires, saisis par le tourbillon, ont été engouffrés dans l'abîme ! et il n'a rejeté que les mâts et les vergues brisés. — Et le bruit de la vague devient de plus en plus retentissant, et il semble se rapprocher de plus en plus.

Et l'onde bouillonne, se gonfle, se brise, et retentit comme si elle était travaillée par le feu. Une poussière d'écume est lancée jusqu'au ciel ; la vague succède à la vague sans intervalle, et avec le bruit d'un tonnerre lointain s'élance en rugissant hors de la grotte obscure.

Et voici : sur la sombre surface des flots on aperçoit des bras nus et de blanches épaules éclatantes comme la couleur du cygne, et il lutte avec force et persévérance, et il tient de sa main gauche la coupe, qu'il élève en faisant des signes de joie.

Et sa poitrine haletante respire l'air à longs traits, et il salue la lumière du ciel. De l'un à l'autre courent ces paroles de joie : Il est vivant ! l'abîme ne l'a point englouti ! le brave s'est tiré vivant du tombeau et du gouffre dévorant !

Et il arrive : la foule joyeuse l'entoure ; il tombe aux pieds du roi, s'agenouillant, lui présente la coupe. Le roi fait signe à son aimable fille ; elle remplit la coupe jusqu'au bord d'un vin généreux, et le jeune homme s'adresse ainsi au roi :

Vive le roi ! Quelle joie pour moi de respirer à la douce clarté du jour ! Que tout est terrible là-bas ! Ah ! que l'homme n'essaye plus de tenter les dieux ! Que jamais, jamais il ne songe à observer ce qu'ils ont caché dans l'horreur des ténèbres.

Avec la rapidité de l'éclair, je fus entraîné dans l'ouverture de la caverne. Un courant terrible et impétueux se saisit de moi, et la double force de deux torrens furieux me faisant pirouetter comme la pierre lancée par la fronde, m'enfonçait sans que je pusse résister.

Alors le dieu que j'invoquai dans ce danger menaçant et terrible me montra une pointe de rocher qui s'avançait, je la saisis d'un bras convulsif, et j'échappai à la mort. Et la coupe était là, suspendue sur des branches de corail qui l'avaient retenue au-dessus de l'abîme.

Car au-dessous de moi on voyait comme une sorte de transparence rougeâtre ; et quoique mon oreille ne pût rien entendre dans l'éternel silence de l'abîme, mon œil distinguait avec effroi des salamandres, des reptiles et des dragons qui s'agitaient avec un mouvement terrible et infernal.

Là fourmillaient et s'agitaient pêle-mêle des amas dégoûtans de raies épineuses, de chiens marins, de terribles et monstrueux esturgeons ; et l'effroyable requin, cette hyène des mers, faisait entendre l'horrible grincement de ses dents.

Et j'étais là suspendu ; et j'avais la triste certitude d'être éloigné de tout secours humain. J'étais la seule âme vivante parmi ces difformes objets ; seul dans une épouvantable solitude, bien loin au-dessous de la société humaine, dans un lugubre séjour, au milieu des monstres de la mer.

Et je frissonnais en les voyant approcher de moi ; il me semblait qu'ils allaient me dévorer ; dans ma frayeur, je quittai la branche de corail où j'étais cramponné. Le tourbillon m'entraîna tout à coup dans sa course rapide, mais ce fut mon salut, car il me ramena au-dessus de l'abîme.

Le roi montra un instant de surprise et dit : La coupe est à toi, et je te destine aussi cet anneau, orné d'un diamant précieux, si tu essayes encore une fois de m'aller chercher des nouvelles de ce qui se passe là-bas dans les profondeurs de la mer.

Sa fille l'écoutait avec une tendre émotion, et d'une bouche caressante elle le supplia en ces termes : Cessez, mon père, ce jeu cruel ; il vous a obéi comme personne n'eût pu vous obéir ; et si vous ne pouvez pas mettre un frein aux caprices de votre volonté, que les chevaliers fassent honte au jeune vassal.

Le roi saisit promptement la coupe et la rejette dans le gouffre : Si tu me rapportes encore une fois la coupe, tu deviendras un noble chevalier, et tu pourras prendre dans tes bras comme épouse celle qui te montre un si tendre intérêt.

Ces mots impriment à son âme une céleste ardeur. Ses yeux étincellent d'audace. Il voit rougir ce charmant visage ; il voit la princesse pâlir et s'évanouir. Il veut conquérir une si précieuse récompense. Il se précipite au risque de la vie.

On entend le rugissement de la vague qui s'enfonce ; puis on la voit reparaître ; elle est annoncée par un bruit de tonnerre ; elle se replonge encore dans le gouffre : l'onde remonte, remonte encore ; elle rugit à sa surface, elle rugit encore dans l'abîme. Jamais elle ne ramène le jeune plongeur.

Après douze années d'intervalle, Schiller rentra enfin dans la carrière du théâtre. Mais il y reparut bien différent de ce qu'il était lors de ses premiers essais. Tout en lui avait changé, hormis cette âme noble et poétique qui s'était trompée de route en entrant dans la carrière. Ses idées sur les arts et leurs principes n'étaient plus les mêmes. Il avait profondément étudié les modèles ; il avait appris à observer de sang-froid les hommes et la société ; il avait appris à connaître les temps passés, à les comparer avec le temps présent. Il avait de plus en plus ennobli et purifié le monde poétique où vivait son imagination ; et ce qui, pour un caractère aussi sincère que le sien, était la circonstance principale, il était dans une tout autre direction morale.

L'école de Diderot et de Lessing, et cette prétention de copier la nature, qui n'avait conduit qu'à l'affectation, avaient, depuis les dernières tragédies de Schiller, cessé de régner en Allemagne. Les conséquences de la philosophie de Kant, l'influence de Gœthe, les ouvrages de critique de A. W. Schlegel, si remarquables par l'érudition, la sagacité et l'esprit, s'ils n'avaient point changé le goût encore subsistant du public d'Allemagne pour le drame déclamatoire et sentimental, avaient du moins fait une révolution dans les idées des hommes éclairés.

Mais en détrônant le faux goût, les critiques n'avaient pas fait que la littérature allemande eût une direction déterminée ; il ne dépendait pas d'eux que là, comme ailleurs, de certaines habitudes, conservées par le succès, servissent de guide et d'inspiration aux écrivains. L'arbitraire et l'incertitude dans les formes et même dans le caractère des œuvres littéraires, sont des circonstances particulières à l'Allemagne. Chez d'autres peuples, les lettres ont été un produit spontané des mœurs et de la civilisation. Lors même qu'elles ont pris pour modèle et pour inspiration les monumens de l'antiquité, cette imitation n'a pas été une affaire de choix, elle a eu lieu pour ainsi dire innocemment ; ce qu'on a emprunté à l'antiquité s'est fondu et mêlé intimement avec le développement naturel des lumières et de la littérature ; il en est résulté un caractère national, bien que des élémens étrangers aient été admis. Lorsque les critiques se sont mis à discuter sur le mérite des œuvres de l'ima-

gination, ils ont trouvé des habitudes fortement prises ; ils ont raisonné eux-mêmes dans cette hypothèse, sous l'influence de la littérature où ils vivaient, et qu'il ne dépendait point d'eux de changer.

L'Allemagne a marché d'un pas plus tardif. Elle a eu, comme toutes les autres nations de l'Europe, ses poètes gothiques. Au moment où les langues étaient encore un instrument imparfait et insuffisant, elle a eu les Minnesinger et les Niebelung, comme nous les troubadours et les poèmes de chevalerie ; mais ce germe était demeuré plus stérile encore qu'en France, et avait disparu sous l'invasion de l'antiquité.

Au commencement du dix-huitième siècle, l'Allemagne était encore barbare en comparaison des autres pays de l'Europe. Les lettres suivent le même cours que les mœurs, et en sont le témoignage. Nous rappellerons encore ici les récits de la margrave. Qui croirait que cette cour de Prusse, qu'elle et Voltaire nous représentent comme si grossière, était contemporaine de Louis XIV et de la reine Anne? De telles mœurs n'empêchaient point l'Allemagne de compter des philosophes distingués et des savans remplis d'érudition. Ils vivaient avec leurs livres, avaient pour public quelques hommes épars sur la surface de l'Europe, communiquaient avec eux en latin, et n'avaient nul rapport avec la société allemande. Les lettres et la poésie, ces nobles fleurs de la civilisation, sont la jouissance des classes oisives et relevées. Les princes et leur noblesse composaient alors à eux seuls cette classe en Allemagne ; et loin de chercher, comme cela arrive après coup, les plaisirs délicats de l'esprit, ils chassaient et s'enivraient lorsqu'ils ne faisaient pas la guerre. Ce n'était pas ainsi qu'en d'autres climats les lettres à leur berceau, lorsqu'elles avaient pris leur premier essor, toutes charmantes de naïveté, lorsqu'elles n'étaient encore que d'involontaires inspirations, avaient été accueillies. Le sourire des princes et la familiarité des grands les avaient encouragées. Elles s'étaient embellies de l'élégance des cours ; car elles n'aiment point à se mêler aux soins vulgaires ni aux grossiers plaisirs. Le luxe et le loisir sont leur patrie. Ne sont-elles pas elles-mêmes le plus beau luxe de l'homme ? L'Arioste et le Tasse vécurent à la cour de Ferrare ; les Médicis s'entourèrent des hommes les plus savans et les plus aimables de leur temps. François Ier protégeait Marot et Rabelais. La reine Elisabeth se plaisait aux drames de Shakspeare.

Telle n'a point été l'origine de la littérature allemande ; et pour ne parler ici que de l'art dramatique, en 1720 l'Allemagne était à peu près au même point que la France au temps de Jodelle. On avait bien traduit quelques tragédies de Sénèque, on avait transporté en Allemagne le Cid et plusieurs pièces françaises ; mais il n'y avait point de théâtre, point d'auteurs dramatiques. Au milieu des succès de tous les peuples voisins, on n'était point dans la barbarie du quinzième siècle ; il y avait du savoir, mais une complète stérilité. Ce fut en 1727 qu'un théâtre régulier s'établit pour la première fois à Leipsick. Gottsched y fit représenter une foule de tragédies traduites du français, à commencer par le *Régulus* de Pradon. C'est cette lourde imitation, ce sont ces mauvaises traductions d'un théâtre étranger aux mœurs allemandes, qui excitèrent un juste soulèvement, et qui firent place à l'admiration exclusive de Shakspeare, et à la tragédie bourgeoise.

L'Allemagne se trouvait donc dans cette singulière position d'avoir à choisir une littérature en pleine connaissance de cause. D'ordinaire la critique vient après les chefs-d'œuvre ; cette fois la littérature était la fille de la critique. Elle devenait une œuvre du savoir et de l'esprit. Elle devait renoncer à cette impulsion involontaire, à cette absence de calcul qui sont un charme si puissant. Tout chez les écrivains devenait, du moins quant aux formes extérieures, une affaire de discernement, et l'on ne pouvait guère trouver sans avoir cherché.

Il est difficile d'inventer lorsqu'on a devant soi des modèles. Deux routes diverses s'offraient surtout à l'imitation des Allemands : l'art dramatique en France et l'art dramatique en Angleterre avaient été successivement proposés comme guides.

Le théâtre anglais a pris son origine dans les mœurs et dans les goûts propres aux nations modernes de l'Europe. Il se rattache immédiatement à la direction que semblaient devoir prendre les lettres, si les chefs-d'œuvre de l'antiquité n'étaient pas venus se présenter à l'admiration des hommes éclairés. Il est né sur le sol naturel, et y a jeté de profondes racines.

La tragédie antique avait commencé par être, pour ainsi dire, une hymne aux dieux, et l'emploi du chœur, qui sous tant de rapports a déterminé son caractère, est demeuré comme témoin de cette origine simple et solennelle.

Les peuples gothiques, grands amateurs de récits, voulurent par un penchant naturel en voir la représentation simulée. Ils dialoguèrent les merveilleuses aventures qui charmaient leurs loisirs. Lors même qu'ils cherchaient à mêler ce plaisir aux célébrations religieuses, ils se trouvaient conduits encore à donner au drame une certaine étendue ; car la religion consistait pour eux en deux longs récits consacrés. Ce fut sous cet aspect que l'art dramatique se présenta à Shakspeare : toutes ses pièces se rattachent à des chroniques, à des fabliaux, à des nouvelles, à l'histoire elle-même. Ce sont des narrations en action.

De cette diversité d'origine devaient naître deux arts dramatiques tout différens. L'un avait pour but de peindre une situation unique, un seul fait divinisé, transporté dans la région poétique. C'était la poésie lyrique qui descendait de sa haute sphère pour s'adapter au dialogue et à la représentation. C'étaient des souvenirs consacrés par le culte des peuples, et que l'épopée, toute naïve qu'elle avait été, avait déjà élevés au-dessus du récit vulgaire. En outre, le paganisme et sa morale se retrouvaient là tout entiers. La fatalité des anciens, cette action immédiate des dieux sur l'homme, faisait reposer l'intérêt dramatique sur le combat de la volonté humaine contre la destinée. Ce n'était pas de la lutte des passions contre la raison, contre la règle morale, qu'il s'agissait. Conséquemment, il n'y avait pas à rechercher les discordes intérieures du cœur, ses incertitudes, ses inconséquences, ses faiblesses. Il n'était nul besoin d'en développer les replis. Les personnages étaient fortement caractérisés par de certaines apparences extérieures. Pareils aux statues antiques, ils étaient pour ainsi dire des espèces de types donnés par la tradition, dont la forme et la physionomie étaient consacrées, devaient être respectées, et pouvaient être embellies, mais jamais changées. La présence du chœur était encore une garantie contre les détails et contre l'anatomie intérieure de l'âme humaine. De cette espèce de publicité, officiellement admise dans la représentation elle-même, résultait pour le poète la nécessité de ne pas s'introduire dans l'intimité individuelle du cœur humain, de ne lui donner que des motifs simples larges facilement sentis par l'impression générale ; des motifs que cette opinion de tous, dont le chœur était chargé de jouer le rôle, pût facilement transformer en règles morales.

Tout devait donc conduire la tragédie antique à rechercher sa beauté, comme tous les autres arts de la Grèce, dans la parfaite harmonie de l'ensemble, dans la proportion des parties, dans la simplicité des formes. Les hommes, dans cette société, avaient entre eux des relations qui formèrent le caractère spécial de la civilisation grecque et romaine. Toutes les existences individuelles se trouvaient presque confondues dans l'existence commune de la société. Tout était acte public. La liberté, c'était la participation aux affaires de l'état ; la religion n'était qu'un culte public. La maison et la famille n'étaient point le séjour du citoyen : il habitait la place publique. Le gouvernement se traitait sous les yeux du peuple. La philosophie était professée à de nombreux disciples. Les divertissemens étaient de populaires solennités. Les arts n'ornaient que des édifices ouverts à tous les regards. Les professions serviles et domestiques étaient confiées à des esclaves. Par cette vie commune, il devait arriver que les impressions de chacun, éprouvées devant tous les autres, communiquées sur-le-champ, modifiées par les impressions d'autrui, devenaient une impression générale. C'est ce qui donnait à tous les résultats d'un tel mode de civilisation quelque chose de simple, d'harmonieux et d'accessible dès le premier coup d'œil à la sensation de tous les hommes. La tragédie, la statue, le temple, la harangue, au lieu d'être la conception d'un seul individu, nous rappellent involontairement l'idée de tout un peuple, dont l'artiste a, si l'on peut s'exprimer ainsi, exécuté la pensée commune. Des œuvres qui portent ce caractère et qui sont le produit non d'un homme, mais de la communication entre les hommes, ont nécessairement des formes plus arrêtées et plus certaines, des proportions mieux déterminées. Par là elles deviennent plus imitables; on en peut déduire des règles de copie ou d'analogie. Sans doute le génie se révèle en faisant partager ses sensations aux autres hommes; il faut qu'il soit affecté assez vivement et doué d'une assez grande force d'expression pour entraîner les autres à sa suite. Mais lorsque c'est à sa source même, avant d'avoir enfanté, que l'harmonie s'est établie entre lui et ses semblables, ses productions deviennent un type et un guide pour l'art lui-même.

Autre fut la civilisation moderne. Dès son berceau, elle nous montre l'homme grand par sa force individuelle. La liberté est moins une part au pouvoir que la défense des droits privés. La guerre devient presque un combat d'homme à homme. La religion est le rapport de chaque homme avec Dieu; la famille est une société; l'amour est une intimité des âmes autant qu'un plaisir des sens. Les demeures isolées se dispersent sur le territoire : le sentiment de la patrie ne se rapporte plus aux intérêts communs. A travers cette tendance règne la barbarie, qui s'opose à toutes communications faciles, à toute mise en commun des idées et des sentiments.

Là se trouve la différence fondamentale de ce qu'on a appelé la littérature classique et la littérature romantique. Historiquement, elles ont eu une source entièrement diverse; chacune est partie d'un principe opposé qui n'est exclusif dans aucune des deux, car cela serait absurde; mais dans chacune d'elles, c'est un de ces principes qui a prédominé. L'une vraie, d'une vérité générale, à la portée de tous, tirant son pouvoir d'un caractère social et communicable; l'autre pénétrant plus profondément dans la nature individuelle, et la représentant plus entièrement; mais sujette par là à ne point se mettre en harmonie complète avec tous, et surtout ne pouvant jamais servir de type; n'étant point de sa nature imitable dans ses formes et ses procédés. Sans doute les génies supérieurs qui suivent ces deux routes se rencontrent en ce point qu'ils entraînent tout après eux, et qu'ils imposent leurs impressions à tous les hommes. Mais ceux qui appartiennent à la littérature non classique restent admirables, sans pouvoir être imités. On peut s'inspirer du Dante ou de Shakspeare comme d'une belle production de la nature; mais il serait puéril de les traiter en classiques et de vouloir les copier. L'imagination s'étonne et s'émeut d'une vieille cathédrale gothique. Tant de hardiesse et de variété donne une grande et merveilleuse opinion des hommes qui concevaient et exécutaient de telles idées; mais ce serait ne pas sentir ce genre de beauté que de vouloir en déduire un système et des règles d'architecture.

Lorsque les chefs-d'œuvre de l'antiquité commencèrent à être reconnus des peuples modernes, il ne faut donc pas s'étonner qu'ils y aient excité un tel enthousiasme et exercé une telle influence. Ils appartenaient à d'autres mœurs, à un autre ordre de sentiments et d'idées : on ne peut le nier; mais ils étaient en accord avec les sentiments naturels et universels; leur charme saisissait tout d'abord; ils apparaissaient comme un guide assuré, au milieu des embarras et de l'incertitude de l'esprit humain qui ne s'était pas encore frayé sa route, qui était livré à toute la diversité des impulsions individuelles. On les copia d'abord presque sans les comprendre. On s'efforçait bizarrement de faire accorder les règles qu'on en avait tirées avec des habitudes fort différentes, avec des besoins populaires, avec une toute autre société.

L'art dramatique en France présente, dans ses essais, cette espèce de lutte pédantesque de la forme contre le fond. Mais enfin il arriva que la nation la plus sociable de l'Europe, celle où les communications sont le plus faciles, où les hommes vivent et pensent le plus ensemble, se rapprocha tout naturellement davantage de la littérature classique, ou, pour mieux dire, se fit une littérature classique non plus copiée, mais sortie des circonstances où elle se trouvait. Des conditions analogues conduisirent à des résultats analogues.

Ainsi la tragédie française, n'ayant plus à représenter un récit, vit se restreindre ses proportions. Elle se renferma dans la peinture d'une situation et des passions qui s'y rapportent. Tout fut dirigé en ce sens, tout fut destiné à accroître l'impression qui devait résulter d'un but unique. Quand une fois le poignard est dans la plaie, disait Voltaire, enfoncez-le, retournez-le, ne le lâchez plus. L'unité de style, l'unité de temps, l'unité de lieu contribuent évidemment à produire un effet de ce genre. La peinture des caractères individuels avec toutes leurs diversités, avec toutes leur contradictions, s'accorde bien avec la représentation d'un récit; elle troublerait l'effet que doit produire le développement d'une situation unique. Les angoisses du cœur, l'éloquence impétueuse des passions ne sont pas toujours l'homme, il est vrai; mais nous sommes toujours condamnés à envisager les objets sous l'empire d'une disposition principale : leur vérité entière et absolue nous échappe. C'est donc être vrai que de nous retracer ce que nous éprouvons, que d'écarter ce qui existe sans doute, mais que nous ne voyons pas lorsque nous sommes fortement affectés. Alors les circonstances accessoires disparaissent à nos yeux, ou nous choquent, lorsqu'il arrive qu'elles viennent se mêler avec l'impression principale, et qu'elles ne sont pas en harmonie avec elle. D'ailleurs, pour renfermer le drame dans les limites empruntées à l'art des Grecs, il fallait attribuer aux passions une extrême influence, et les montrer comme pouvant agir sur la raison et la volonté, presque comme la fatalité antique.

Mais lorsque l'intérêt ne consiste pas dans une situation seulement, quand il embrasse la vie humaine, quand la représentation doit nous rendre le charme des récits, et se prêter ainsi aux inflexions, aux sinuosités que suit le cours des événemens, alors nous exigeons autre chose. Les caractères se développent, non plus relativement à une seule situation, mais relativement à l'ensemble de leur conduite. Les situations se succèdent; les personnages se multiplient sur la scène; le langage, pour atteindre tous les effets, doit se plier à tous les tons. L'unité dramatique prend plus de largeur; elle ne doit pas cependant disparaître; et de même que la vie d'un homme, de même qu'une époque historique, de même qu'un récit laissent toujours dans l'esprit une impression unique, se montrent sous une certaine couleur totale, amènent à quelque conclusion morale plus ou moins vaste, de même l'auteur dramatique ne doit pas errer au hasard dans l'imitation détaillée de la vérité; il doit, comme la destinée, tenir les fils de l'action qu'il nous fait voir; il doit, comme l'historien, présenter les événemens, partant des causes et arrivant aux effets. Tel est le génie de Shakspeare; telle est l'espèce d'unité qui noue si fortement la trame de chacune de ses pièces.

En cela comme en toutes choses, en se plaçant aux deux extrémités, on reconnaît deux principes différens et presque contradictoires; cependant on ne peut obéir complètement à l'un des deux et négliger l'autre. La conséquence pratique à en tirer, c'est que lorsqu'on veut représenter les caractères dans leur ensemble, lorsqu'on veut donner au drame la couleur et l'intérêt de l'histoire, sa marche, ses formes, son langage ne peuvent pas être les mêmes que lorsque la tragédie n'a d'autre destination que d'approfondir une situation et de développer les passions qu'elle excite. L'examen des pièces de théâtre viendrait à l'appui de cette remarque. On verrait combien notre tragédie française se trouve à l'étroit, combien elle accumule d'impossibilités, combien son ton est factice, dès qu'elle veut parcourir la carrière du récit et de l'histoire; et au contraire combien elle est complète, harmonieuse, vraie, pénétrante, quand elle veut mettre le cœur humain aux prises avec un seul événement. Et si par hasard les esprits habitués depuis trente ans aux grands spectacles de notre siècle, se sentaient avides de retrouver sur le théâtre des émotions de ce genre, alors il pourrait arriver ou qu'un homme de talent fût entraîné par son inspiration à mettre la tragédie en rapport avec les idées du temps, ou bien que peu à peu les formes dramatiques se modifiassent de manière à remplir leur nouvelle vocation.

C'est précisément ce que Schiller pensa, c'est ce qu'il a exprimé dans le prologue de *Wallenstein*, dont nous copions à peu près ici les propres paroles. Il voulut que la tragédie ne fût pas indigne *des hautes destinées du temps où* il vivait. Il avait un goût vif pour l'histoire; il était particulièrement doué du talent d'observer finement les hommes : ce fut sous cet aspect qu'il envisagea le drame, et c'est le genre de beautés qu'il y sut répandre.

Il avait depuis long-temps choisi le sujet de *Wallenstein*; il y travailla avec cette conscience qu'il mettait à tout, méditant beaucoup, selon sa coutume, et roulant son sujet dans sa tête pendant long-temps, avant de mettre la main à la plume. « J'éprouve, écrivait-il à un ami, une
» véritable angoisse quand je pense à ma tragédie
» de *Wallenstein*. Si je veux continuer mon tra-
» vail, il me faudra y consacrer au moins sept ou
» huit mois d'une vie que j'ai de fortes raisons pour
» ne pas prodiguer, et le résultat ne sera peut-
» être qu'une pièce manquée. Mes premières com-
» positions dramatiques ne sont pas faites pour
» m'inspirer du courage. J'entre dans une car-
» rière qui m'est inconnue, ou du moins dans la-
» quelle je ne me suis point encore essayé, car
» depuis trois ou quatre ans j'ai adopté un sys-
» tème tout nouveau. »

C'était sans doute en écrivant l'*Histoire de la Guerre de trente ans* que Schiller avait conçu le dessein de la tragédie de *Wallenstein*. Mais il se livra à bien plus d'érudition et d'étude qu'il n'avait fait d'abord, et sa tragédie est plus historique que son récit; il se transporta dans le temps qu'il voulait peindre, et en rechercha toutes les couleurs. Il ne pensait plus que l'art fût une copie de la nature; et cependant il n'en sentait que mieux la nécessité de l'observer. C'est en l'étudiant que l'artiste donne du corps et de l'ensemble à ses inspirations; sans cela, elles resteraient vagues, et ne pourraient être communiquées aux autres hommes : il faut se forcer à voir les objets comme on les voit soi-même, ainsi l'on doit comparer sans cesse la sensation qu'on éprouve avec l'objet, et les contrôler l'un par l'autre. On finit ainsi par donner à sa conception toute la vérité possible. Un peintre disait, en parlant de ses modèles : « Je les regarde jusqu'à » ce que je les voie comme je les vois aux yeux. » C'est cette action réciproque de l'imagination et de l'observation, la manière dont elles se modifient l'une l'autre jusqu'à ce qu'enfin elles se confondent, qui semble constituer les véritables études de l'art. C'est par là, c'est par un travail sincère et assidu que les ouvrages de l'esprit acquièrent de la substance et de la vie. On aurait de la peine à croire jusqu'à quel point Schiller, qui autrefois avait envisagé l'art dramatique sous un rapport bien différent, poussait maintenant le scrupule des recherches et de l'érudition. Par exemple, il avait voulu conserver à son Wallenstein le caractère superstitieux et la manie d'astrologie; mais ne voulant point parler de ce qu'il ne savait pas, ne croyant pas qu'il suffit de faire proférer à Wallenstein quelques phrases vagues sur les astres et l'influence des planètes, il se mit à étudier les vieux livres d'astrologie judiciaire, et en vint au point qu'il aurait pu très-bien tirer un horoscope.

Mais quelque amour que Schiller eût pour Shakspeare, quelque éloignement qu'il se fût donné pour nos tragiques français, il ne put, comme on le conçoit bien, échapper à l'influence de son temps, ni se conformer à Shakspeare, comme à un modèle classique. *Wallenstein* a bien peu de rapport avec les tragédies anglaises. Certes, ce n'est pas Shakspeare qui eût été réduit à faire trois parts différentes de son sujet, sans pouvoir les comprendre dans un cadre vaste et unique. Supposez Shakspeare ayant à représenter cette époque historique. Au milieu des mœurs grossières de son temps, avec un langage qui n'avait point encore reçu l'empreinte des classifications de la société, rien ne l'eût empêché de peindre à grands traits toute cette armée de Wallenstein; quelques scènes éparses nous auraient présenté le caractère des soldats; la corruption des généraux et leurs intrigues auraient été indiquées tout au travers d'une série d'événements qui n'auraient pas cessé de marcher; et le caractère de Wallenstein, tracé avec tout autant de vérité, mais avec moins de discours, n'aurait rien perdu de sa grandeur, par des dissertations sur lui-même.

Au lieu de cela, tout, dans Schiller, montre bien l'homme d'esprit et de sagacité qui a embrassé l'étendue de son sujet, qui s'y est affectionné, qui veut que le spectateur n'en perde rien; mais cette vue fine et profonde du temps où se passe l'action, mais la connaissance intime du cœur humain ne pouvaient pas être chez lui quelque chose d'instinctif, comme deux cents ans avant chez Shakspeare. Schiller savait toujours ce qu'il faisait, et pourquoi il le faisait; il atteignait le but, mais il l'avait cherché. En outre, les formes dramatiques qu'il adoptait, il avait à les choisir; elles ne lui étaient pas données par l'habitude et la tradition; il ne pouvait pas non plus s'écarter trop sensiblement de cette unité de style qui tient à nos mœurs et à l'état même du langage.

Schiller composa donc son poème dramatique de *Wallenstein* de trois parties successives et différentes. La première est un prologue sans action et sans dénoûment, mais le tableau le plus vrai, le plus spirituel, le plus animé de la vie et du caractère du soldat, tel que l'avaient fait seize ans de guerre. Tout y retrace l'époque qu'il voulait peindre, tout y est fidèle au costume du temps; et cependant tout y est profond et général, tout y porte ce caractère de vérité perpétuelle et universelle qui fait le charme de l'art dramatique. Qui de nous, au milieu des grandes guerres qui ont si long-temps agité l'Europe, n'a pas été à portée d'apercevoir plus ou moins ces mœurs des camps que Schiller a retracées, et ne lui sait pas gré d'en avoir si bien démêlé le caractère? L'attrait d'une vie si indépendante, si aventureuse, si imprévoyante, si animée par l'émotion du danger, si séduisante par la paresse; cette confiance en sa force; les liens de la discipline mis à la place de toute loi, le dévouement à ses chefs mis à la place de toute morale, avaient déjà été entrevus par Schiller, et il avait voulu faussement s'en servir pour relever le tableau de sa troupe de *Brigands*. Ici il était dans la vérité, et dans la vérité grande et noble.

Choisissant une couleur conforme à son sujet, Schiller quitta le vers iambique de la tragédie allemande, et écrivit *le Camp de Wallenstein* en vers rimés de la même mesure que les vieilles comédies allemandes de Hans Sachs, ce cordonnier qui, au seizième siècle, avait eu un succès populaire dont la trace n'est pas effacée. Schiller en demande la permission au public dans son prologue, et saisit même cette occasion d'énoncer quelles sont ses idées sur l'imitation. Ce passage mérite d'autant plus d'être remarqué, qu'il s'agit d'un ouvrage où l'on pourrait croire que Schiller a voulu copier exactement la nature.

Il passe pour constant que le sermon du capucin n'est pas de Schiller, mais de Gœthe, qui se plut à imiter plaisamment les sermons populaires de cette époque. On dit qu'il n'eut presque autre chose à faire que de rimer ceux d'un moine nommé Santa-Clara, dont quelques fragments ont été conservés. Nous en avons en français qui sont tout-à-fait dans ce goût, et Henri Étienne en a, en bon huguenot, longuement plaisanté dans l'*Apologie d'Hérodote*. L'imitation de Gœthe est plus gaie, et se trouve là dans sa vraie place au milieu du désordre d'un camp.

Les *Piccolomini*, qui n'ont encore ni action ni dénoûment, sont de même consacrés au besoin que Schiller avait de peindre le caractère des personnages et le théâtre des événements. La connaissance du cœur humain ne se montre pas moins, et n'a pas moins de vivacité dans le portrait des généraux que dans le tableau des soldats. Là on aperçoit plus de prévoyance, plus de calculs des intérêts personnels, mais se mêlant toujours au goût du danger, à la fierté du courage, et surtout à l'impatience de toute règle légale. Ce qui est le mieux saisi, c'est ce mélange de bravoure et d'orgueil avec une faiblesse et une pauvreté de caractère qu'ont produites le manque de lumières, l'habitude de la subordination et le respect du succès. Mais ici se trouve une circonstance capitale, c'est que cette armée de Wallenstein n'appartient pas du tout à une patrie; l'honneur national est un ressort qui n'agit point sur le cœur de ses généraux.

L'avant-scène ainsi préparée, on arrive à l'action principale, déjà familiarisé avec les personnages et les circonstances. Et alors la tragédie ne diffère pas sensiblement dans sa forme extérieure de la tragédie française ; mais elle s'en éloigne beaucoup dans son esprit, car tout s'y rapporte à la peinture des caractères. Les situations éminemment dramatiques qui excitent une si profonde émotion se rencontrent dans le cours des événemens, mais ne sont pas le nœud du drame.

Cet ensemble des trois pièces de théâtre qui forment le poème de *Wallenstein* a un intérêt progressif d'un tout autre genre que nos tragédies, mais qui a aussi son charme et son pouvoir. Il semble voir se dérouler peu à peu devant soi des événemens naturels, dont on reconnaît les causes, dont on prévoit les résultats. Le propre du talent dramatique, c'est de créer des personnages, de les rendre vivans, de faire qu'ils deviennent de la connaissance du spectateur : et quel poète a eu plus ce talent que Schiller ? Il n'est pas, dans ce drame, un rôle grand ou petit qui n'ait le cachet de la vie, et qu'on ne voie parler et agir comme un être réel dont on gardera toujours le souvenir. Malgré cette teinte historique, une sorte de fatalité préside, comme une constellation funeste, à la succession des événemens, et répand dans l'âme, dès l'abord, cette tristesse de pressentiment, condition essentielle de la tragédie. Ce n'est pas la fatalité de la tragédie grecque, imposée par la volonté des dieux ; ce n'est pas la fatalité des tragédies de Racine, fondée sur le trouble des passions et la faiblesse de la volonté : Schiller a voulu laisser le libre arbitre de l'homme dans toute sa plénitude, et il s'en faisait même un scrupule de morale ; mais de l'ensemble et du cours des circonstances, de la connaissance des caractères résulte une sombre prévoyance de l'événement. La mort de Max vient surtout jeter dans l'âme de Wallenstein et du lecteur un découragement lugubre qui donne à toute la dernière partie du poème une couleur de deuil. Les personnages vulgaires continuent à espérer et à agir ; l'auteur et le héros les laissent faire ; mais au fond de l'âme règne déjà une résignation secrète au mauvais destin.

C'est une belle idée, et qui était bien de l'âme de Schiller, que de ne nous montrer d'autre punition de l'ignoble trahison d'Octavio que la récompense qu'il en reçoit. Lorsque cet homme, après avoir trompé son ami, après avoir préparé sa perte, reçoit près de son corps sanglant la lettre où l'empereur lui donne le titre de *prince*, rien que ces mots : *au prince Piccolomini*, sont une vengeance hautaine de la vertu et de la probité. Dans la pièce, c'est un honnête homme, Gordon, qui remet la lettre à Octavio, en lisant tout haut l'adresse. Ifland, qui jouait Octovio avec beaucoup de talent, et qui voulait relever son rôle, prenait la lettre, et c'était lui qui, avec un profond sentiment de honte, disait : *au prince Piccolomini*.

Rien ne peut mieux faire distinguer la différence de la tragédie où l'intérêt se fonde sur une situation et de la tragédie où l'intérêt résulte de la peinture des caractères, que la tentative qui a été faite, il y a quelques années, par un homme de beaucoup de talent. M. Constant a fait une tragédie de *Walstein*, qu'il n'a pas destinée au théâtre, mais que cependant il a rapprochée des formes et de la marche des tragédies françaises ; les plus grandes beautés de la tragédie allemande s'y retrouvent, reproduites en fort beaux vers. Mais M. Constant, respectant les habitudes de notre théâtre, a craint d'entrer dans la peinture des caractères ; à son grand regret, ce n'est pas à leur développement qu'il a attaché l'intérêt ; ainsi il a cherché à donner de la rapidité à la marche de sa pièce ; il y a enfermé autant qu'il l'a pu le cercle des trois drames de Schiller ; alors le poème, dépouillé de ce qui fait son caractère et sa substance, ne s'est pas trouvé assez riche de situations dramatiques enchaînées sans intervalle l'une avec l'autre ; et avec trois pièces allemandes, il n'y a peut-être pas eu l'étoffe suffisante d'une tragédie française. Il appartenait à l'auteur d'avoir le courage d'exécuter ce qu'il avait si bien indiqué dans sa préface, où le théâtre allemand et le théâtre français sont caractérisés avec une sagacité, une grâce et une clarté, qu'en traitant le même sujet nous sommes loin d'avoir atteintes.

Après avoir admiré la grande vérité des peintures de Schiller, sa connaissance du cœur humain, son étude soigneuse de l'époque qu'il voulait représenter, il doit être permis de faire une remarque qui n'est pas une critique, mais une juste représaille de ce que les Allemands, et Schiller tout le premier, ont dit du théâtre français : c'est que vainement on a la prétention de ne pas porter l'empreinte de son temps ; on est condamné à en avoir toute la manière, comme à en parler le langage ; c'est même un signe de l'inspiration et du naturel. Le talent peut se transporter avec mobilité dans le caractère des personnages, dans les circonstances d'un autre pays ou d'un autre siècle, mais il ne peut s'abdiquer lui-même. Il est le truchement entre ce qu'il veut peindre et ceux à qui il s'adresse ; et pour être entendu d'eux, il faut bien s'exprimer en leur langue.

Ainsi les critiques allemands sont, ainsi que nous, charmés de voir quelques vieux fabliaux nous représenter Alexandre comme un roi féodal entouré de ses barons, et son précepteur Aristote comme un docteur en médecine : ce ne leur est un témoignage naïf de l'impression du bon narrateur. Ils aiment à voir dans les vieux tableaux les héros de la fable ou les personnages de la Bible revêtus des costumes du temps. Où aurait-on pris, pour lors, une autre façon d'imaginer les temps passés ?

Chaque temps a ainsi sa naïveté. Elle consiste toujours à obéir à ses sentimens naturels. Racine recherche en conscience toutes les inspirations de cette Grèce qui le charmait; les souvenirs de l'antiquité obtiennent tout son culte; il se complaît aux noms poétiques des héros fabuleux, mais il ne peut dénaturer en lui-même la marche de ses idées et le cours de ses émotions. Il ne lui appartient point de deviner et de nous dire les émotions d'une femme que les dieux condamnent à un amour grossier et physique; mais *il nous dira* les combats de la pécheresse à qui la grâce a manqué. Andromaque n'aura pas été la concubine de son maître, parce que si l'érudition applaudissait ce trait de coutume, le sentiment moral commencerait par s'en révolter. De même Schiller nous présentera Wallenstein plein de rêverie et d'examen, au risque de lui faire perdre quelque chose de la grandeur et de la force que nous lui supposons; il nous rendra confidens de ses méditations et de ses incertitudes : le héros n'en ignorera aucune, et rien en lui ne se passera à son insu.

La peinture de l'amour est surtout la marque infaillible du temps où l'auteur écrivait. La plupart des sentimens naturels se trouvent dans des situations qui varient peu. L'amour des parens pour leurs enfans, l'amour filial, le dévouement de l'amitié, l'ardeur du courage, se ressemblent dans tous les temps. Mais les relations de l'homme avec la femme varient complètement selon les mœurs, et l'on pourrait dire même qu'elles caractérisent les mœurs.

Tantôt la femme est renfermée en la maison. Son époux est son maître, elle l'aime comme sa première esclave; elle est honorée d'être sa compagne. Le monde ne sait rien d'eux, et à peine peut-on peindre ce sentiment renfermé dans le sanctuaire domestique. Si l'amour veut se montrer sur la scène, il faut y amener des courtisanes.

Tantôt la femme prend un caractère divin aux yeux de l'homme : elle adoucit sa rudesse guerrière, elle aide de ses conseils cet esprit plus fait à agir qu'à penser; elle lui enseigne la délicatesse des sentimens et l'élégance des manières. Il la respecte, il l'adore. L'amour est pour lui une religion, et se mêle à la religion.

En d'autres temps, lorsque l'homme a perdu cette rude écorce, et que son énergique indépendance s'est soumise à la puissance des rois, une part de ce pouvoir est exercée par les femmes. On cherche à leur plaire comme à son maître; on les flatte comme lui; on les séduit par un noble empressement, et on les éblouit par l'expression des sentimens passionnés.

Quand peu à peu on en est venu à se faire un jeu de les tromper, et que c'est pour elles un plaisir de se laisser tromper, alors l'amour, qui n'est plus pour rien dans cette relation, prend une autre couleur : il s'élève au-dessus de la corruption commune, se trouve plus moral et plus pur que tout ce qui l'entoure; il s'enorgueillit et s'exalte; il échappe aux convenances sociales et les méprise. Tel **Schiller** a peint l'amour. Et certes Max et Thécla, tout charmans qu'ils sont, ne sont pas plus des amans du dix-septième siècle qu'Hippolyte et Aricie ne sont contemporains d'Hercule et de Thésée.

Ce fut vers la fin de 1798 que Schiller fit représenter pour la première fois *Wallenstein* sur le théâtre de Weimar. Gœthe avait créé ce théâtre et le dirigeait. Weimar, qui n'est qu'une petite ville de six mille habitans, était le séjour d'une cour où régnait le goût le plus vrai et le plus éclairé pour les lettres. Gœthe y jouissait de toute la faveur du duc et de sa mère, princesse distinguée par les plus nobles qualités. Herder et Wieland étaient venus se fixer aussi à Weimar. A six lieues de là, et dans le même territoire, est Iéna, dont l'université jetait alors un grand éclat. Les affaires d'un petit état gouverné d'une manière douce et paternelle par un souverain absolu ne sont pas une grande occupation pour les esprits. L'Europe n'était pas encore ébranlée jusque dans ses fondemens; les grandes puissances seules prenaient part à une guerre dont les envahissemens n'avaient pas encore atteint le cœur de l'Allemagne. On menait à la cour de Weimar une véritable vie de château, animée par l'amour des lettres et par la société des écrivains les plus distingués. Ils n'étaient point détournés de leurs travaux par le tourbillon bruyant d'une cour nombreuse et d'une grande ville, et trouvaient pour distraction une conversation remplie de bienveillance et dégagée des entraves de l'étiquette. Le théâtre n'avait point pour spectateurs cette foule orageuse, cet indomptable parterre des grandes capitales, dont il est enivrant, mais hasardeux, de conquérir le suffrage et l'enthousiasme. C'était comme un théâtre de société, où les auteurs et les acteurs, assurés d'une disposition bienveillante, se livraient à leur talent et à leurs inspirations. Gœthe, avec la mobilité de son esprit, se plaisait à faire sur cette étroite scène les essais les plus variés. Tantôt on disposait la salle comme un théâtre antique, le chœur descendait dans l'orchestre, et l'on représentait quelque tragédie grecque littéralement traduite. D'autres fois c'était une comédie de Térence, jouée avec les masques dont les anciens exemplaires nous ont laissé le dessin. Les traductions si fidèles que A. W. Schlegel venait de faire de Shakspeare paraissaient le lendemain d'une tragédie traduite du français. Les costumes étaient soignés avec une minutieuse érudition. Aucun des accessoires de la représentation n'était négligé. Les acteurs recevaient avec docilité et empressement les conseils de leur illustre directeur. Placé sur un siége élevé qu'il s'était fait faire dans le parterre, Gœthe présidait à cet amusement littéraire, au milieu d'un public composé d'hommes instruits par les livres ou la conversation. Les acteurs les plus illustres tenaient à honneur de venir donner quelques représentations sur le théâtre de Weimar, et d'y obtenir des suffrages si flatteurs. On voit par le prologue de *Wallenstein* qu'Ifland avait même eu la pensée de s'y fixer.

On se figure facilement avec quels soins fut représentée cette pièce de Schiller, qui devait faire époque dans l'histoire du théâtre allemand. On rechercha quelles étaient les armes et les habillemens des soldats de la guerre de trente ans, quelles couleurs portait chaque chef. Les moindres rôles furent joués avec intelligence, et de manière à contribuer à l'effet général. Il paraît que le *camp de Wallenstein*, ainsi produit sur la scène, était un des spectacles les plus curieux et les plus amusans. Lorsque dans les *Piccolomini*, au milieu du banquet des généraux, on portait la santé d'un des plus illustres guerriers de la guerre de trente ans, du duc Bernard de Saxe-Weimar, il est aisé de se figurer quel succès ce tableau fidèle devait avoir sous les yeux d'un des descendans de ce grand capitaine.

Schiller tarda peu à venir se fixer à Weimar. Là, livré tout entier à l'art dramatique, auquel il s'était préparé par tant d'études et de méditations, au sein d'une famille dont il était aimé et respecté, rapproché de Mme de Wollzogen, sa belle-sœur, dont l'âme élevée et l'esprit cultivé étaient dans une tendre harmonie avec toutes ses impressions ; entouré des plus célèbres littérateurs de l'Allemagne, il se trouva plus heureux qu'il ne l'avait été de sa vie. On dit que sa liaison avec Gœthe était surtout un spectacle touchant. Schiller était d'un caractère inquiet, irritable et maladif. Il était habituellement taciturne, et avait besoin d'un mouvement d'enthousiasme pour animer sa conversation. Dans les simples relations de société, il se montrait parfois exigeant et capricieux. Gœthe, qui lisait dans cette âme sincère et passionnée, avait pour lui les plus tendres ménagemens. Il se plaisait à observer avec douceur et avec affection les mouvemens de ce cœur si pur. Il aimait à en écarter les chagrins et les contrariétés, et avait pour lui ces soins qu'on pourrait prendre d'un enfant qu'on aime et qui plait. Plus que personne il était sensible au talent de Schiller; peut-être y trouvait-il quelque chose de ce qui manquait au sien. Gœthe se sentait une telle peur de ce qui s'oppose à l'essor de la pensée et des sensations humaines, qu'il était tombé à cet égard dans une sorte de superstition craintive. Toute règle et toute direction exclusive lui semblaient conduire au factice et au convenu. Une impulsion vive peut bien rétrécir le champ où s'exercent les facultés humaines, peut bien fermer l'accès de l'âme à quelques sensations; cependant c'est la condition nécessaire des effets dramatiques qu'on veut produire sympathiquement sur les autres. Aussi Gœthe, lorsque quelques-uns de ses disciples voulaient se railler du génie de Schiller et faire remarquer qu'il était sous le joug de ses propres compositions, savait bien les gourmander de cette terreur, qui venait originairement de lui.

En peu d'années se succédèrent *la Pucelle d'Orléans*, *la Fiancée de Messine*, et *Marie Stuart*. Auparavant il avait traduit l'*Iphigénie en Aulide* d'Euripide. A cette même époque, il fit paraître aussi la traduction de *Macbeth*, de *Turandot*, féerie italienne de Gozzi, et de deux comédies françaises de Picard, *Encore des Ménechmes*, et *Médiocre et rampant*. On voit avec quelle assiduité il s'en allait explorant toutes les routes, étudiant tous les genres dramatiques. En effet, pendant toute sa vie il fut possédé du désir de s'améliorer ; jamais il n'était suffisamment content de lui. Dans cette seconde période de son talent, à travers les beautés de ses tragédies, il est facile de remarquer l'homme qui cherche et qui essaye sans cesse de nouvelles formes et de nouveaux effets.

Par exemple, il est évident que dans *la Pucelle d'Orléans* quelque idée systématique vint le détourner de la route qu'il avait suivie dans *Wallenstein*, et qui semble même l'avoir guidé dans les trois premiers actes de la pièce. Après avoir retracé avec les couleurs les plus vraies et les plus vives la détresse du royaume de France, après avoir donné à la mission de Jeanne tout le merveilleux qui s'accorde avec sa physionomie historique, Schiller s'est tout à coup lancé dans le fantastique. Se refusant aux scènes sublimes et touchantes du procès de Jeanne, il a inventé je ne sais quelle légende, disposant ainsi arbitrairement des faits les plus consacrés dans la mémoire des hommes. On ne conçoit guère ce qui a pu l'égarer ainsi. Quoique de fort belles scènes et une situation déchirante résultent de cette singulière imagination, ce n'est sûrement pas pour les chercher qu'il a quitté si brusquement la vérité. Peut-être a-t-il craint de rester au-dessous d'elle. Il y a des sujets qui, dans leur forme naturelle, agissent avec tant de force et de grandeur sur l'imagination, que le poète dramatique les rapetisse en les ajustant à sa convenance. Peut-être aussi, et le titre de tragédie romantique donné expressément par Schiller à sa pièce rend cette supposition vraisemblable, se trouvant pour ainsi dire en concurrence avec Shakspeare, qui a peint historiquement cette même époque, a-t-il voulu éviter la comparaison. Il aurait eu tort; car on peut encore remarquer ici comment aucun rapport ne doit s'établir entre eux. Schiller fondait l'intérêt de son drame sur le sort de la France et sur le personnage de Jeanne. Shakspeare déroulait les évènemens de l'histoire d'Angleterre sans leur donner aucun centre d'intérêt restreint et particulier.

C'est à des idées encore plus différentes sur l'art dramatique que se rapporte *la Fiancée de Messine*. Frédéric Schlegel venait de faire une tragédie appelée *Alarcos*, où il avait tâché non pas d'imiter Eschyle, mais de rattacher l'action tragique à des motifs rudes, simples et sans développemens, et de placer la scène dans un temps où les personnages, s'ignorant eux-mêmes, obéissent à leur impulsion sans la combattre ni l'examiner. Gœthe fit représenter cette production, tout étrange qu'elle est, sur le théâtre de Weimar, où elle fut vue avec curiosité. Alors il vint à l'idée de Schiller de faire une tentative de ce genre. Mais au lieu de mettre dans les caractères, dans les sentimens, dans la marche même du drame, une sorte de barbarie où peut-être il désespérait de se transporter naturellement, il fit entrer un sujet moderne dans le cadre d'une tragédie grecque, espérant, comme il l'explique dans sa préface, que cette forme amènerait avec elle la grandeur et la simplicité de l'antique. C'est une conception fausse, et il n'a pas su même se conformer à ce projet. L'emploi qu'il a fait du chœur dément toute la théorie qu'il a lui-même établie. Du moment que le chœur est divisé en deux bandes ennemies l'une de l'autre, tout le caractère de la tragédie grecque a disparu. Il y a même des éditions de Schiller où ces chœurs sont devenus des confidens, qui ont chacun leur nom propre et dialoguent entre eux. Le mélange des religions est encore une faute qui se justifie mal ; il n'est pas vrai, comme le dit la préface, qu'on puisse composer une religion idéale avec les circonstances poétiques de tous les cultes différens. L'idéal, et Schiller l'a répété sans cesse lui-même, n'est pas la nature, il est vrai, mais c'est l'impression qu'on en reçoit ; il est donc impossible de le composer ainsi de fantaisie.

Le talent de Schiller se fit jour à travers le vice fondamental de ce plan, et *la Fiancée de Messine* est au nombre de ses plus beaux ouvrages. En dépit du désir de faire une tragédie grecque et de donner aux passions une couleur indiquée par la critique et recherchée par l'érudition, le naturel a triomphé, et les sentimens n'ont pas été *reportés vers les temps de l'enfance des peuples*. Après tant de frères ennemis que le théâtre nous a fait voir, la haine des deux frères de Messine se présente avec un caractère nouveau et particulier. Leur réconciliation est touchante et sincère. C'est aussi une belle scène, quoique trop prolongée, que celle où Don César résiste à sa mère et se résout au suicide. Mais assurément rien ne pouvait s'écarter davantage des *motifs simples, immédiats et naïfs* que Schiller avait prétendu mettre seuls en usage. L'amour dans cette pièce a encore une couleur plus éloignée des temps antiques ou chevaleresques ; aussi les circonstances subites et sans développement où l'auteur l'a placé sont-elles dans un désaccord bizarre et presque risible avec la manière dont il est peint.

Le seul résultat de la théorie que s'était imposée Schiller, et à laquelle il ne s'est pas conformé, c'est d'avoir donné à sa tragédie un ton élevé et grave qui, dans la langue originale, frappe l'imagination et a beaucoup d'unité. Les chœurs sont d'une poésie magnifique, et on les compte au nombre des plus beaux vers lyriques.

Marie Stuart appartient au genre que Schiller avait adopté dans *Wallenstein*, mais se rapproche davantage de la tragédie française ; car l'intérêt porte presque uniquement sur le développement d'une situation. Aussi cette pièce a-t-elle pu être imitée en subissant peu de changemens, et Schiller, grâce au talent de son interprète, a obtenu un succès sur la scène française.

Il est curieux de comparer les peintures que Schiller a faites du caractère des principaux personnages de sa tragédie avec les mêmes portraits que Walter Scott a tracés dans ses deux romans de *l'Abbé* et de *Kenilworth*. Cette lutte entre deux grands peintres du cœur humain est surtout bonne à faire ressortir la différence des genres. Sans doute, dans le cours lent et progressif d'un roman, lorsqu'on peut retarder ou même interrompre à son gré l'enchaînement des faits ; lorsqu'on n'a aucun sacrifice à faire à l'unité et à la promptitude des émotions ; lorsque le lieu et le temps de la scène peuvent être montrés dans leurs moindres détails, on peut ne pas perdre une des nuances de la vie ; on peut se livrer à toute l'impartialité de l'imagination et de la vérité ; on ne peut ne grossir aucun trait, n'en effacer aucun ; c'est là sans doute ce que feraient remarquer ceux qui, comme nous le racontons des disciples de Gœthe, voudraient reprocher à Schiller ses couleurs tranchées et ses caractères tout d'une pièce. Mais autant vaudrait dire : Pourquoi a-t-il fait une pièce de théâtre ? car la conception dramatique d'un sujet entraîne nécessairement une perspective théâtrale où disparaissent certaines nuances ; il faut arriver promptement au but ; il faut réunir en quelques traits toutes les parties principales et saillantes du caractère. Ainsi se produisent les grands effets que les hommes rassemblés vont chercher au théâtre ; ce n'est point sur une observation fine et sur leur sagacité qu'ils fondent leurs plaisirs : ils veulent que la vérité vienne les saisir sans qu'ils aient à la chercher.

Mais Schiller, tout en voyant les caractères dans l'optique du théâtre, ne les a pas moins peints avec un tact admirable. Le temps était loin où il disait avec une morgue risible, dans la préface de *Fiesque* : « Ma position bourgeoise me » rend les secrets du cœur plus familiers que » ceux des cabinets ; et peut-être cette inférió- » rité sociale est-elle une supériorité pour la » poésie. » Il vivait dans une société dont les manières étaient élégantes et la position élevée. La rudesse inexpérimentée de sa jeunesse était adoucie. Il avait appris que rien n'est si peu poétique que des préventions aveugles et absolues ; il s'était aperçu que c'est encore de haut qu'on observe le mieux, quand on sait observer. Aussi n'était-il plus question de ces grossières caricatures, de ces couleurs dignes des tréteaux, qui avaient paru dans ses anciens drames. Tous les personnages ont pris de la vérité, de la finesse et de la dignité. Qui aurait pu croire que le même écrivain qui avait si grossièrement barbouillé le rôle du président dans l'*Intrigue et l'Amour*, pénétrerait un jour assez avant dans la connaissance des hommes pour peindre Leicester avec cette lâcheté de cœur cachée sous des manières élégantes et graves, avec cette occupation de lui-même, avec ce respect pour sa propre position, avec cette religion pour le pouvoir, qui n'admet pas la possibilité de lui déplaire; avec ce soin de sa dignité, substitué aux scrupules de la conscience? Qui aurait pu supposer que ce même écrivain saurait quelque jour allier dans le rôle de Burleigh l'esprit d'iniquité et d'oppression à un dévouement sincère et presque désintéressé pour le service de sa souveraine et pour le triomphe de son opinion?

Un effet théâtral d'un genre nouveau imprime aussi à cette tragédie un caractère particulier. Au cinquième acte, toute espérance a disparu pour Marie; ni elle ni le spectateur n'ont d'incertitude sur son sort. Les apprêts d'une mort assurée, le tableau d'un instant si solennel émeuvent plus profondément que toutes les anxiétés de l'espoir. L'idée morale de ce drame, l'expiation de grandes fautes par le repentir et le malheur, est en harmonie avec ce calme tragique qui précède la mort de la triste Marie. Ce sont de ces beautés qui s'enchaînent et se produisent naturellement l'une l'autre dans les œuvres du génie.

Au milieu de ces travaux dramatiques, Schiller n'abandonnait pas la poésie lyrique. Un grand nombre de poésies remarquables parurent vers le même temps. *Le Chant de la cloche* a été plusieurs fois traduit en français; l'auteur de *l'Allemagne* a parlé du *Chant de Cassandre*, et a traduit *la Fête de la Victoire*, ou *le Départ de la flotte des Grecs*. Beaucoup de romances et de ballades sont aussi de la même époque. On lira peut-être avec plus d'intérêt *les Adieux au dernier siècle*. Schiller, qui avait, comme on peut le voir dans le prologue de *Wallenstein*, l'esprit occupé des événemens qui agitaient l'Europe, et de cette lutte solennelle pour *les plus grands intérêts de l'humanité*, jetait à ce moment un triste regards sur ce triomphe de la force, qui commençait déjà à peser sur son pays, et qui contristait un cœur fidèle à la justice et à la liberté.

O mon noble ami! où la liberté et la paix trouveront-elles un asile? Un siècle vient de finir dans la tempête; un nouveau siècle s'annonce par le carnage.

Les royaumes voient se rompre tous leurs liens et s'écrouler leurs antiques formes; la furie de la guerre n'est point arrêtée dans sa course par le vaste Océan; elle trouble à la fois et le dieu du Nil et l'antique dieu du Rhin.

Deux puissantes nations se disputent la possession de tout l'univers, et pour détruire toutes les libertés du monde, elles brandissent le trident ou la foudre.

Il faut que chaque contrée leur apporte de l'or; et, comme ce Brennus des temps barbares, le Français jette son glaive de fer dans la balance de la justice.

L'Anglais, semblable au polype à cent bras, étend partout ses flottes avides, et il veut clorre comme sa propre demeure le libre empire d'Amphitrite.

Jusqu'aux étoiles du sud, inconnues à nos yeux, il pousse librement sa course infatigable; il atteint les îles les plus reculées, les côtes les plus lointaines, mais jamais le séjour du bonheur.

Hélas! tu chercherais en vain sur le globe terrestre une heureuse domination où puisse fleurir l'éternelle liberté, où puisse renaître la noble jeunesse de l'espèce humaine.

L'espace infini de la terre se déploie devant tes yeux; la mer immense s'offre à toi, et sur toute cette surface tu ne trouverais une place pour dix hommes heureux.

Il te faut, fuyant du tumulte de la vie, chercher dans ton cœur un asile calme et sacré. La liberté n'est plus que dans nos songes, et le beau n'est que dans nos chants.

C'était sans doute la victorieuse domination des Français, jointe au souvenir de l'oppression littéraire dont l'Allemagne s'était affranchie, qui donna à Schiller les préventions étroites et aveugles qu'il conserva toujours contre la littérature française. Il y a en Allemagne tout un recueil de lieux communs de déclamation contre notre théâtre et notre poésie, dont les hommes les plus distingués ne savent pas se préserver. L'examen philosophique, les idées générales, l'impartiale sagacité, ne passent point le Rhin, et nous sommes mis hors la loi de la critique, tout aussi frivolement que nous y mettons les Allemands; ce qui est plus surprenant et plus répréhensible de leur part, car du moins nous les jugeons sans les connaître. Il y a quelque intérêt à voir de quelle façon Schiller gourmandait Gœthe pour avoir traduit et fait représenter le *Mahomet* de Voltaire. On retrouvera aussi dans cette épître quelques-unes des idées de Schiller sur la théorie de l'art dramatique.

Comment! c'est toi qui, après nous avoir arrachés au joug des règles factices pour nous ramener à la nature et à la vérité, c'est toi, qui autrefois, tel qu'Hercule au berceau, étouffas les reptiles qui enlaçaient notre génie; toi, que l'art divin a depuis si long-temps paré de ses guirlandes sacrées; c'est toi qui sacrifies, sur un autel renversé, à la fausse muse que nous avons cessé d'adorer!

Ce théâtre n'est-il pas consacré à la muse de la patrie? Nous n'honorons plus ici des dieux étrangers. Nous pouvons montrer avec orgueil un laurier qui s'est élevé sur le Pinde germanique. Le génie allemand s'est efforcé jusqu'à pénétrer dans le sanctuaire de l'art, et sur la trace des Grecs et des Bretons, il a marché vers une plus grande renommée.

Aux lieux où règnent des despotes, où se courbent des esclaves, où s'étale une fausse et vaine grandeur, l'art ne peut revêtir de nobles formes; ce n'est pas sous la main de Louis qu'il doit naître; il doit se développer par ses propres forces; il n'a rien à emprunter à une majesté terrestre; il ne peut s'unir qu'à la vérité, et sa flamme ne peut brûler que dans des âmes libres.

N'essaye donc point, en reproduisant ce drame d'un temps passé, de nous remettre dans nos anciennes chaînes; ne nous ramène point aux jours d'une tutelle dégradante; ce serait une vaine tentative de vouloir arrêter la roue du temps dans sa course; les heures t'entraînent dans leur vol rapide; le temps nouveau est venu, le temps ancien a passé.

l'enceinte du théâtre s'est élargie ; l'univers entier y est contenu ; la pompe oratoire des paroles a disparu, et fidèle image de la vérité a seule le droit de plaire : on a ami l'exagération factice des caractères. Le héros a les sentimens de l'homme, agit selon le cœur humain ; la passion élève librement la voix, et le beau se trouve dans la vérité.

Cependant le chariot de Thespis commençait à peine à rouler que, pareil à la barque de l'Achéron, il ne pouvait porter que des ombres et des apparences. En vain la pesante réalité se presse d'y monter ; elle submergerait ce léger canot, qui ne doit contenir que des esprits aériens ; l'apparence ne doit jamais atteindre la réalité : dès que la nature se montre, l'art a disparu.

Sur les planches du théâtre se déploie un monde idéal ; rien n'y est vrai ni réel que les larmes ; l'émotion n'y est point produite par les impressions des sens. La véritable Melpomène est sincère ; elle ne promet rien qu'une fable, mais elle sait y placer une vérité profonde et entraînante. La fausse Melpomène se donne pour la vérité, mais elle manque à sa parole.

L'art menaçait de disparaître de la scène ; la sensation y établissait son pouvoir déréglé, et aurait bouleversé le théâtre comme le monde ; le vulgaire et le sublime étaient confondus ; l'art n'avait plus d'asile que chez les Français : cependant ils ne pouvaient jamais atteindre à son noble type. Renfermés dans d'immuables limites, ils s'y maintenaient et n'osaient jamais les franchir.

La scène est pour eux une enceinte sacrée : les sons rudes et désordonnés de la nature bannis de ce lieu magnifique ; le langage s'y est élevé jusqu'au chant : c'est le royaume de l'harmonie et de la beauté ; toutes les parties se rattachent l'une à l'autre dans une noble symétrie, et s'ajustent pour former un temple d'une architecture sévère ; chaque mouvement y est réglé par les lois de la danse.

Mais les Français ne peuvent nous servir de modèle : l'art chez eux n'est point animé par l'esprit de la vie ; la raison dédaigne cette démarche pompeuse, cette dignité factice, et n'estime rien que la vérité. Ils sont venus nous servir de guides vers un but meilleur ; c'est une ombre privée de la vie, qui a purifié la scène profanée pour préparer un digne séjour à l'antique Melpomène.

Mais Schiller, après avoir blâmé Goethe de l'hommage qu'il rendait à la scène française, en donna bientôt après un second exemple, un peu à contre-cœur, il est vrai. Le duc de Weimar, qui, comme un élève du grand Frédéric, se sentait du penchant pour la littérature française, et qui ne partageait point ce patriotisme de critique, engagea Schiller à traduire une tragédie de Racine. Schiller choisit *Phèdre*, et il apporta à sa tâche le soin et la loyauté qu'il mettait à toute chose. C'est en effet une traduction d'une grande fidélité et faite avec l'intelligence des beautés de Racine. Seulement on lui reproche d'avoir employé les vers iambes, ce qui donne une couleur différente à la versification et au style. Le vers alexandrin allemand a quelque chose de si lourd, et avait été tellement proscrit, qu'il préféra se servir du mètre consacré au dialogue théâtral.

Mais cette traduction ne parut qu'après *Guillaume Tell*, le dernier et le plus beau des ouvrages de Schiller. C'est, au gré de tous les hommes éclairés, le chef-d'œuvre de la scène allemande ; et sans doute il mérite d'être compté aussi parmi les chefs-d'œuvre de l'art dramatique.

C'est l'œuvre du talent dans toute sa force et sa maturité, de l'imagination la plus poétique et de l'âme la plus noble. On peut dire aussi que jamais Schiller n'a été plus original. Les formes et la marche de sa tragédie n'ont été ni cherchées ni imitées ; elles résultent de la conception même du sujet.

On conçoit difficilement comment, sur de simples récits des historiens et des voyageurs, l'imagination d'un poète a pu arriver à cette connaissance si entière et si détaillée d'une contrée, à se donner toutes les impressions qu'on éprouve en parcourant les lieux mêmes. Tout dans la tragédie de Schiller respire pour ainsi dire la Suisse ; on en voit les sites, on en entend les chants, on en recueille tous les souvenirs, on en observe les mœurs. C'est aussi sur le sort de ce peuple si simple et si héroïque, de ce pays si pittoresque, que repose l'intérêt ; et c'est ce qui produit tant de mouvement et d'unité dans le progrès de l'action. Toutes ces scènes de violence et de tyrannie qui se passent successivement dans des lieux différens, qui excitent la douleur dans des familles diverses, sont intimement liées, et forment un seul et vaste tableau de l'oppression de la Suisse.

La résistance et la révolte contre la tyrannie, les sentimens de liberté, ont une chaleur simple, locale et historique. Ce ne sont point des idées générales, d'éloquentes déclamations, des appels aux droits abstraits de l'homme. La dignité du caractère et le besoin de justice n'empruntent point le langage de la philosophie moderne. Ce sont de bons paysans qui réclament leurs droits positifs, qui s'arment contre la violence et le manque de foi. Leur indignation est calme, forte, réfléchie. Leur révolte est régulière et consciencieuse. On se figure difficilement l'émotion que produit l'assemblée du Rutli sur un théâtre allemand, où les accessoires ne sont jamais ridicules et ajoutent à l'effet au lieu de lui nuire, toutes ces formalités des diètes suisses minutieusement observées, ces deux épées croisées devant le landammann, ces suffrages comptés avec gravité et exactitude, la solennité simple de cette réunion, le lieu de la scène, tout a un aspect de grandeur et de simplicité ; et lorsqu'aux premiers rayons du soleil les conjurés se découvrent tous à la fois, et sanctifient par la prière leur pieuse entreprise, on est saisi d'admiration et de respect.

Au milieu de ce tableau d'un peuple des anciens temps, on voit se détacher la grande figure de Guillaume Tell. C'est une idée heureuse que de l'avoir ainsi isolé du mouvement de ses compatriotes. Il refuse de conspirer, et cependant tout en lui manifeste la force, la fierté, le dévouement, l'amour du pays. Mais comme il doit tuer Gessler, la seule manière d'ennoblir ce meurtre, de le rendre moralement supportable, c'est de le montrer comme un acte de défense naturelle, et d'établir les relations de l'oppresseur et de l'opprimé hors de la société. C'est là ce qui donne quelque chose de si grandiose à ce représentant du droit naturel, que Schiller a pris un soin particulier de nous faire voir, en tout et toujours, comme vivant hors de la loi commune, et obéissant seulement aux plus nobles instincts.

C'est aussi ce qui amène ce résultat si peu commun au théâtre, si habituel dans la vérité: un dénoûment accidentel terminant une entreprise de la prudence humaine. Les trois cantons ont conspiré au Rutli; toutes les mesures sont prises. Guillaume Tell n'y est pour rien. Il reçoit une offense, il se voit contraint à sa défense personnelle. Gessler est tué, et la conjuration n'a servi à rien. Cela ressemble aux procédés de la Providence. Mais cette circonstance n'est fortuite qu'en apparence; elle se rattache à l'oppression de la Suisse, à l'excès et à l'imprévoyance de la tyrannie, à l'impossibilité qu'elle se prolongeât. Le cours naturel des choses suit une marche accélérée vers un but nécessaire; un accident y pousse. L'homme aveugle fait de cet accident une cause, et n'aperçoit pas d'où lui est venue son influence. Comme Schiller l'a dit dans une de ses préfaces, le devoir du poète dramatique est de faire comprendre la liaison de ce hasard avec la marche générale; c'est à quoi il a merveilleusement réussi dans *Guillaume Tell*.

On vient de remarquer quels scrupules avaient tourmenté Schiller, lorsqu'il avait eu à faire porter l'intérêt sur un meurtre. Il est visible que sa conscience, non encore satisfaite, lui dicta ce cinquième acte, si étranger à l'action qu'on ne le joue presque jamais. Schiller s'était fort reproché les drames de sa jeunesse, et le pénible sentiment de doute où ils laissaient l'âme relativement au sentiment moral du devoir : il ne voulait point encourir une pareille accusation. Ainsi dans *Marie Stuart*, après l'expiation du malheur, il lui avait fallu nous montrer la honte de l'injustice au milieu de son triomphe. De même, dans *Guillaume Tell*, il a voulu dramatiquement comparer la hideuse inspiration de l'intérêt personnel avec la conviction sincère de la justice. C'est assurément une conception fausse pour le théâtre; cependant Schiller lui doit une des plus belles scènes qu'il ait jamais écrites : l'arrivée de Jean le parricide à la cabane de Guillaume Tell, et le dialogue entre ces deux meurtriers.

Cette même unité qui règne dans les quatre actes de la tragédie de *Guillaume Tell* se retrouve aussi dans le style; il est d'une simplicité et d'une noblesse admirables. Tous les détails des mœurs suisses viennent s'y placer naturellement sans avoir rien d'ignoble ou d'affecté, et donnent à la pièce une couleur des anciens temps.

Schiller se trouvait alors dans la situation la plus douce. Environné d'une gloire qui s'était accrue sans cesse, et que personne ne contestait; bon père de famille, et vivant au sein du bonheur domestique; heureux et fier de la région poétique et pure où il avait placé toute l'activité de son âme et tout l'intérêt de sa vie; ayant pour récréation l'amitié et la conversation des hommes les plus remarquables de son pays : il était comblé des bontés et des bienfaits de son souverain, qui, pour le conserver près de lui, s'était fait un devoir d'ajouter à sa fortune chaque fois que d'autres princes avaient voulu l'attirer dans leurs états. L'empereur d'Allemagne lui avait conféré un titre de noblesse, comme une sorte de récompense nationale. Mais au milieu de ce calme et de cette prospérité, sa force et sa santé se détruisaient rapidement. Il pressentait son sort, et cependant son ardeur pour le travail ne diminuait pas. L'étude était pour lui un bonheur, et non pas une fatigue; ses succès l'encourageaient et lui imposaient des devoirs envers sa renommée. Des conceptions dramatiques se pressaient dans sa tête, où il les eût mûries par ses réflexions et ses recherches.

De tous ces projets, celui qui était le plus avancé, c'était le *Faux Démétrius*, dont on publie ici d'assez longs fragmens. Il avait déjà eu l'idée de peindre un personnage supposé, un imposteur, qui, au lieu d'être un vulgaire intrigant, exciterait de l'intérêt et relèverait une position dont jusqu'alors la comédie seule s'était emparée. On voit dans l'esquisse de *Warbeck* comment Schiller était frappé d'un sujet, quels aspects se présentaient de préférence à son imagination ; on remarque comment son talent était particulièrement tourné à la peinture des caractères, à la recherche de leurs nuances les plus fines, au contraste de leurs mouvemens intérieurs avec leur situation. Le plan de *Warbeck* est mal tissu; sans doute il devait être perfectionné; mais quelques lignes ont suffi à Schiller pour prêter la vie aux rôles de Warbeck et de la duchesse. Ce fragment donne plus que tous nos commentaires l'idée de la sagacité spirituelle d'un peintre dramatique.

Il paraît que plus tard Schiller conçut ce même sujet avec plus de grandeur historique, voulut le placer dans un cadre plus vaste, y faire entrer plus de peintures de mœurs. Ce fut ainsi que *Warbeck* devint *Démétrius*. La tragédie est loin d'être achevée; ainsi il n'est pas juste de la juger. Cependant on y pourrait regretter quelques-uns des aperçus de la première conception. L'imposteur n'est plus, comme Warbeck, presque dupe de lui-même, se persuadant son propre mensonge, ne le prenant que comme une espèce de première donnée imposée par le sort, et relevant une situation dégradante par un caractère noble. Le rôle de Démétrius est imaginé tout autrement. Il semble subordonné à une idée toute morale. Tant qu'il est dans la bonne foi, ou même dans le doute, il excite l'intérêt. Dès qu'il a la conscience de son mensonge, elle l'avilit et le rend criminel. Dans ces fragmens informes, il faut remarquer le tableau si vrai et si vivant de la diète polonaise et du caractère de cette nation. C'est donner une grande valeur au drame que de l'écrire ainsi avec le génie de l'histoire.

Il avait commencé aussi une tragédie des *Che-*

valiers de Malte, que lui avait inspirée la lecture de l'histoire de l'abbé de Vertot. Il avait donné une édition de cet ouvrage, en le faisant précéder d'une préface.

Un autre livre français, qui avait paru aussi par ses soins, avait encore fait naître en lui l'idée d'un drame qui eût été sans doute curieux. Le *Recueil des Causes célèbres* lui avait semblé un des témoignages les plus intéressans à observer des mœurs d'un peuple, de sa composition sociale, de l'état de sa civilisation, et en même temps une collection de faits pour l'étude du cœur humain. En y réfléchissant un peu, on ne trouvera sans doute pas bizarre que de cette dissection de la constitution intérieure de la France fût résultée pour Schiller l'idée d'une pièce de théâtre dont la police est le mobile. Mais il faut que le peu de lignes où il a indiqué sa pensée aient été écrites à une époque où sa jeune indignation contre les pouvoirs arbitraires eût fait place à un examen plus impartial, car jamais la police n'a été présentée sous un plus beau jour. Schiller avait en effet conçu l'idéal de cette forme de gouvernement. La police, dans sa pièce, eût été comme une espèce de divinité planant sur la destinée des familles et des citoyens ; plus flexible que la loi, mais par cela même plus applicable à chaque cas particulier ; dirigée par des intentions bienfaisantes, mais employant des moyens impurs et d'indignes agens. Il voulait montrer dans M. d'Argenson un homme éclairé, voyant de haut l'ignoble machine qu'il avait créée, ayant acquis une expérience desséchante en observant les hommes seulement par leurs mauvais côtés, mais conservant encore le goût et l'intelligence du bien. Il avait le projet de le représenter honnête homme dans la vie privée, rendant heureux ce qui l'entoure. Il l'aurait mis en rapport habituel avec les philosophes et les gens d'esprit, aimant leur conversation, mais au fond recevant peu leur influence, et sentant la supériorité de ses connaissances positives sur leurs incomplètes théories.

C'était encore des causes célèbres qu'il avait emprunté le canevas d'une tragédie bourgeoise qui se serait appelée *les Enfans de la maison*. Mais il avait renoncé sûrement à une conception toute conforme à ses premiers essais dramatiques. Les fragmens du *Misanthrope* sont aussi du même temps à peu près ; il est facile de s'en apercevoir, et il avait abandonné cette idée.

C'est au sein de cette activité, c'est lorsqu'il aurait pu se promettre une carrière encore longue de succès et de bonheur, que l'impitoyable sort vint interrompre une si honorable vie. Un voyage qu'il fit à Berlin, pour y faire représenter *Guillaume Tell*, le fatigua beaucoup ; il en revint malade. Sa famille et ses amis conçurent les plus vives inquiétudes. Il se rétablit un peu, et reprit ses occupations. Vers la fin de 1804 il composa, pour les fêtes du mariage du prince héréditaire de Weimar et de la grande-duchesse de Russie, une scène lyrique dont les vers sont pleins de grâce et d'élégance.

Peu de mois après il tomba encore malade, et la fièvre catarrhale dont il était atteint ayant pris un caractère pernicieux, il succomba le 9 mai 1805. Il n'était âgé que de quarante-cinq ans. Sa fin fut douce. Quelques instans avant son dernier soupir, Mme de Wollzogen lui ayant demandé comment il se trouvait : *Toujours plus tranquille*, répondit-il. C'était en effet l'histoire de sa vie ; c'est là ce qui lui prête tant d'intérêt. Quel spectacle peut en effet élever et rassurer plus que la marche constante de cette âme ardente et agitée vers la religion, la vertu et le bonheur ? Quoi de plus instructif que de voir un esprit si actif et si inquiet, nourri d'abord dans toutes les habitudes de la morale et de la piété qui deviennent l'instinct de son enfance ; se révoltant ensuite dans l'âge des passions contre une telle contrainte ; s'enhardissant à tout attaquer, à tout braver ; se livrant au doute et à l'insulte ; puis ne trouvant qu'angoisses et souffrances dans cette lutte ; et ramené, non par l'autorité, non par la faiblesse, non par la peur, *mais par la force de la raison et l'impulsion du cœur*, à la source de tout repos ; et à mesure qu'il suit cette route salutaire, pouvant dire avec la conviction de la conscience : *Toujours plus tranquille !* C'est la colombe qui, après avoir quitté l'arche et avoir erré sur les eaux de l'abîme, ne pouvant trouver pied nulle part, revient au gîte céleste.

Il avait voulu être enseveli sans aucune pompe. Ce fut pendant la nuit que son corps fut porté à la dernière demeure, suivi de ses amis et d'une foule de jeunes gens qui rendaient hommage à celui dont la vie et les chants avaient excité en eux l'enthousiasme du beau et du bien. On raconte que, durant le convoi, le ciel était couvert de sombres nuages ; mais au moment où l'on approchait de la fosse, la lune parut et éclaira de ses pâles rayons le cercueil du poète.

FIN DE LA NOTICE SUR SCHILLER.

LES BRIGANDS.

PRÉFACE.

Cette pièce de théâtre ne doit être considérée que comme un récit dramatique où, pour peindre les opérations les plus mystérieuses de l'âme, l'on a profité des avantages qu'offre la forme du drame, sans vouloir se renfermer dans les limites d'une œuvre théâtrale, et sans rechercher le bénéfice douteux de l'unité dramatique. On m'accordera que c'eût été une prétention déraisonnable de vouloir en trois heures de temps faire connaître jusqu'au fond trois hommes extraordinaires; de même que, dans la nature, il serait impossible que ces trois hommes extraordinaires pussent, même aux yeux de l'observateur le plus pénétrant, dévoiler la moitié de leur âme dans un espace de vingt-quatre heures. Il y avait visiblement là d'impérieuses réalités que je ne pouvais faire tenir dans les palissades trop étroites d'Aristote et de Batteux.

Mais c'est bien moins la structure de ma pièce que ce qu'elle renferme qui doit la bannir du théâtre. Son économie a exigé le développement de plusieurs caractères qui choquent les nobles sentimens de vertu, et révoltent la délicatesse de nos mœurs. Tout peintre de la nature humaine se trouve dans cette nécessité s'il veut présenter une copie du monde réel, et non pas un idéal affecté et une nature de convention. Il en est ainsi dans le monde, où le bien est assorti avec le mal, et où la vertu doit la vivacité de son éclat à son contraste avec le vice. Quand on s'est proposé pour but d'attaquer les vices, et de venger de leurs ennemis la religion, la morale et les lois sociales, il faut bien dévoiler le vice dans son horrible nudité, et le présenter dans sa colossale grandeur devant les yeux des hommes. Il faut bien que l'auteur s'engage pour un moment dans ce sombre labyrinthe; il faut bien qu'il revête forcément des sentimens dénaturés dont son âme est révoltée.

Le vice sera développé ici dans tout le mécanisme de ses ressorts intérieurs. Il présentera comme de vaines abstractions les terreurs confuses de la conscience; il disséquera les sentimens honnêtes; il raillera la voix sévère de la religion. Pour celui qui en est venu au point de cultiver son esprit aux dépens de son cœur (et je ne lui envie point cet honneur), il n'y a plus rien de sacré; pour lui il n'y a plus d'humanité, plus de divinité; ces deux mondes ne sont plus rien à ses yeux. J'ai essayé d'introduire ici le portrait vivant et complet d'un homme de cette espèce dénaturée, d'analyser tout l'ensemble du mécanisme de ce système de perversité, et d'en mettre la force à l'épreuve de la vérité. On jugera, par le cours de ce récit, jusqu'à quel point j'ai réussi. Je pense que j'ai saisi la nature.

A côté de ce personnage s'en trouve un autre qui pourrait bien mettre en perplexité un assez grand nombre de mes lecteurs : un caractère que l'excès du vice n'attire que par l'idée de grandeur, ne retient que par l'idée d'énergie, ne charme que par l'idée des dangers qui l'accompagnent; un homme remarquable et distingué, destiné par toutes les forces dont il est doué à devenir nécessairement, selon la direction qu'elles recevront, ou un Brutus ou un Catilina. Des circonstances malheureuses l'entraînent dans cette seconde route, et c'est seulement à la fin des plus monstrueux égaremens qu'il prend la première. De fausses idées d'activité et de puissance, une surabondance de forces qui déborde au-dessus des lois, devait naturellement se heurter contre tous les rapports sociaux. A ces rêves de grandeur et d'activité devaient s'associer cette espèce d'amertume contre le monde réel qui rend don Quichotte si étrange, et que dans le brigand Moor nous abhorrons et nous aimons à la fois, qu'à la fois nous admirons et nous déplorons. Je pense qu'il est inutile de faire remarquer que cette peinture n'est pas plus restreinte aux brigands seulement, que la satire espagnole n'est dirigée seulement contre les chevaliers.

C'est maintenant la grande mode de divertir son esprit aux dépens de la religion; si bien qu'on ne peut presque plus passer pour un homme de quelque génie, à moins qu'on ne dirige des satires impies contre les vérités les plus saintes La noble simplicité de l'Écriture est insultée chaque jour dans les assemblées de ces beaux esprits si renommés, ou tournée en dérision; car qu'y a-t-il de si sacré que l'on ne taxe de fausseté, ou dont on ne se moque point? J'espère ne pas avoir offert une vengeance vulgaire à la religion et à la vraie morale, en livrant ces malins contempteurs de l'Écriture au mépris du monde, dans la personne du plus ignoble de mes brigands.

Mais il y a plus: les caractères immoraux dont je viens de parler devaient avoir quelques côtés brillans, et devaient souvent gagner du côté de l'esprit ce qu'ils perdaient du côté du cœur. En cela je n'ai fait que copier servilement la nature. Chacun, même le plus vicieux, porte à un certain degré l'empreinte d'une forme divine. Et peut-être celui qui est grand dans le mal a-t-il un bien moindre chemin à faire que celui qui y est petit, pour devenir grand dans le bien; car la moralité se proportionne aux forces des individus; et plus grandes sont les facultés, plus grands et plus monstrueux sont leurs égaremens, plus est condamnable leur perversion.

L'*Adramélech* de Klopstock fait naître en nous un sentiment où l'admiration se confond avec l'horreur. Nous suivons le Satan de Milton avec un étonnement mêlé d'effroi, à travers les routes non frayées du chaos; la Médée des anciens tragiques se présente, avec tous ses crimes, comme une femme grande et surprenante. Le Richard de Shakspeare compte assurément autant d'admirateurs que de lecteurs, bien qu'on le détestât s'il existait réellement. Si ma tâche était de représenter tout l'homme, je devais donc tenir compte de ses perfections, dont le plus mauvais n'est jamais entièrement dépouillé; si j'avais à mettre en garde contre le tigre, je ne devrais pas oublier de peindre les brillantes couleurs dont sa peau est tachetée; sans cela l'on ne reconnaîtrait pas le tigre. L'homme qui serait tout mauvais ne peut absolument pas être du domaine de l'art; il aurait en lui une sorte de force répulsive, tandis qu'il doit tenir enchaînée l'attention du lecteur. On tournerait le feuillet aux endroits de son rôle; un esprit élevé ne supporte pas plus une aigre dissonance morale, que l'oreille ne supporte l'aigre bruit d'une pointe d'acier sur le verre.

Mais par là même j'écarte l'idée de risquer cette pièce sur le théâtre. Il doit exister entre l'auteur et le lecteur une sorte de convention préalable, celui-ci ne doit pas embellir le vice; celui-là ne doit pas se laisser corrompre par ses beaux côtés, ni supposer des motifs coupables. Quant à moi, je m'en rapporterais à un tiers; mais quant à mes lecteurs, je n'ai pas une entière sécurité. Le peuple, et par là je n'entends pas celui qui court les rues; le peuple (entre nous soit dit) étend partout ses racines, et par malheur c'est lui qui donne le ton. Or il a la vue trop courte pour saisir l'ensemble de mon ouvrage, un trop petit esprit pour en juger la grandeur, et trop de perversité pour vouloir y reconnaître le sentiment moral. Il rendrait vaines mes bonnes intentions; il verrait peut-être l'apologie du vice, quand j'ai voulu le combattre; il ferait porter au pauvre auteur la peine de sa propre sottise : c'est à celui-ci que bien injustement la voix publique imputerait tout.

Nous voilà ramenés à l'éternel apologue de Démocrite et des Abdéritains, et nos bons Hippocrates auraient à épuiser bien des récoltes d'ellébore s'ils voulaient guérir le désordre des idées. Lors même que beaucoup d'amis de la vérité pourraient réunir leurs efforts pour faire la leçon à leurs concitoyens dans la chaire ou sur le théâtre, le peuple n'en resterait pas moins peuple, et cela, quand bien même on verrait changer le soleil et la lune, ou que le ciel et la terre paraîtraient usés comme un vieil habit. Peut-être aurais-je dû, pour ménager les faibles d'esprit, être moins fidèle à la nature. Mais parce qu'un insecte, comme nous le savons tous, creuse la perle pour y chercher de la pourriture, parce qu'on a des exemples que le feu brûle ou qu'on se noie dans l'eau, s'ensuit-il qu'il faut supprimer le feu et l'eau?

J'ose me promettre que le remarquable dénoûment de mon ouvrage lui assurera une juste place parmi les livres de morale. Le vice y parvient au sort dont il est digne; l'homme égaré rentre dans la route des lois; la vertu en sort triomphante. Que celui qui veut être juste envers moi me lise seulement en entier, qu'il veuille bien me comprendre, et je puis attendre de lui, non qu'il admirera l'auteur, mais qu'il estimera l'honnête homme.

Avril, 1781.

LES BRIGANDS,

DRAME.

> Quæ medicamenta non sanant, *ferrum sanat*
> quæ ferrum non sanat, *ignis sanat.*
> HIPPOCRATE.

PERSONNAGES.

MAXIMILIEN, comte de Moor, prince régnant.
CHARLES, } ses fils.
FRANÇOIS, }
AMÉLIE D'ÉDELREICH.
SPIEGELBERG, }
SCHWEIZER, }
GRIMM, } libertins, ensuite bandits.
RAZMANN, }
SCHUFTERLE, }

PERSONNAGES.

ROLLER, }
KOSINSKY, } libertins, ensuite bandits.
SCHWARZ, }
HERRMANN, bâtard d'un gentilhomme.
DANIEL, serviteur du comte de Moor.
LE PASTEUR MOSER.
UN ECCLÉSIASTIQUE.
UNE BANDE DE BRIGANDS.
DES VOISINS.

Le lieu de la scène est en Allemagne. L'action dure environ deux ans.

ACTE PREMIER.

Une salle dans le château de Moor, en Franconie.

SCÈNE PREMIÈRE.

FRANÇOIS, LE VIEUX MOOR.

FRANÇOIS.

Mais vous portez-vous bien, mon père? vous êtes bien pâle.

LE VIEUX MOOR.

Très-bien, mon fils. Qu'avais-tu à me dire?

FRANÇOIS.

La poste est arrivée... une lettre de notre correspondant de Leipsick...

LE VIEUX MOOR, *avec empressement.*

Des nouvelles de mon fils Charles?

FRANÇOIS.

Hum, hum! Oui, mais je crains... je ne sais pas... si... votre santé... Êtes-vous réellement bien, mon père?

LE VIEUX MOOR.

Comme le poisson dans l'eau. Parle-t-il de mon fils? D'où te vient cette inquiétude? voilà deux fois que tu me fais cette question.

FRANÇOIS.

Si vous étiez malade, si vous sentiez seulement la moindre disposition à le devenir, alors permettez... Je vous parlerai dans un moment plus convenable. (*A demi-voix.*) Ce n'est pas une nouvelle à donner à un vieillard affaibli.

LE VIEUX MOOR.

Mon Dieu, mon Dieu, que vais-je entendre?

FRANÇOIS.

Permettez-moi d'abord de me détourner et de répandre une larme de compassion sur la perte de mon frère. Je devrais me taire pour toujours, car il est votre fils; je devrais voiler à jamais sa honte, car il est mon frère; mais vous obéir est mon premier, mon triste devoir : ainsi excusez-moi.

LE VIEUX MOOR.

Ah! Charles, Charles! sais-tu combien tes égaremens déchirent le cœur de ton père? Sais-tu qu'une seule nouvelle heureuse de toi ajouterait dix ans à ma vie, me ramènerait vers la jeunesse? et chaque nouvelle, au contraire, me rapproche d'un pas vers la tombe.

FRANÇOIS.

C'est à cause de cela, mon père; ainsi, adieu. Il nous faudrait suivre dès aujourd'hui votre cercueil en nous arrachant les cheveux.

LE VIEUX MOOR.

Demeure, cela abrègera encore le dernier pas à faire; qu'il en soit fait selon sa volonté. (*Il s'assied.*) Les péchés de nos pères sont recherchés jusqu'à la troisième et quatrième génération : laisse-lui accomplir ce décret de la Providence.

FRANÇOIS, *tirant la lettre de sa poche.*

Vous connaissez notre correspondant? Croyez... Je donnerais un doigt de ma main droite pour pouvoir dire : C'est un menteur, c'est un mensonge noir et empoisonné... De la fermeté! Vous m'excuserez si je ne vous laisse pas lire la lettre vous-même; encore ne pourrez-vous pas tout entendre.

LE VIEUX MOOR.

Tout, tout! mon fils, c'est m'épargner des béquilles.

FRANÇOIS.

« Leipsick, le 1er mai. — Si je n'étais engagé » par une promesse sacrée à ne point te cacher » la moindre chose de ce que je pourrai apprendre » de ton frère, jamais, mon cher ami, je ne » prendrais la plume pour te faire tant de peine. « J'ai pu juger, par plus de cent lettres de toi, » combien des nouvelles de cette sorte doivent » déchirer ton cœur fraternel. Il me semble déjà » que je te vois répandre un torrent de larmes » sur cet indigne, sur ce misérable. » (*Le vieux Moor se cache le visage.*) Voyez, mon père, je ne vous lis que ce qui est le moins rude... « Un torrent de larmes sur ce misérable. » Hélas! oui, elles coulent par torrens de mes yeux attendris... « Il me semble que je vois déjà ton vieux et vénérable père, pâle comme la mort... » Jésus Maria! vous l'êtes déjà avant de rien savoir encore.

LE VIEUX MOOR.

Continue, continue.

FRANÇOIS.

« ..... Pâle comme la mort, s'évanouir dans son » fauteuil, et maudire le jour où pour la première » fois il fut salué du nom de père. On n'a » pas pu me tout raconter, et du peu que je sais » je ne te dirai que peu. Ton frère paraît avoir » comblé la mesure de la honte; au moins ne connais-je rien au-dessus du point qu'il a atteint, » si toutefois son génie en cela ne surpasse pas » mon intelligence. Après quarante mille ducats » de dettes... » Cela fait un joli argent de poche, mon père... « Après avoir auparavant déshonoré » la fille d'un riche banquier, et avoir blessé » mortellement en duel son amoureux, un brave » jeune homme de condition, il a, hier à minuit, » pris le grand parti, avec sept autres qu'il avait » entraînés dans ses déréglemens, de se soustraire » au glaive de la justice. » Mon père, au nom du ciel, comment vous sentez-vous?

LE VIEUX MOOR.

Assez, mon fils! Laisse-moi.

FRANÇOIS.

Je vous épargne... « On a envoyé l'ordre d'arrestation; » les plaignans demandent justice à » grands cris; sa tête est mise à prix... Le nom » de Moor... » Non, ma bouche malheureuse n'assassinera jamais un père! (*Il déchire la lettre.*) Ne croyez pas cela, mon père; n'en croyez pas une syllabe.

LE VIEUX MOOR.

Mon nom! mon honorable nom!

FRANÇOIS, *se jetant au cou de son père.*

Infâme, trois fois infâme Charles! Ah! ne l'avais-je pas pressenti, lorsque encore jeune garçon il était à courir après les filles avec les polissons des rues; quand il s'en allait par monts et par vaux avec toute cette canaille; quand il fuyait l'aspect de l'église, comme le malfaiteur l'aspect de la prison; quand il jetait dans le chapeau du premier mendiant venu le sou qu'il vous avait arraché; pendant que nous, nous étions à nous édifier par de pieuses prières et de saintes prédications? Ne l'avais-je pas pressenti, quand il aimait mieux lire les aventures de Jules César, d'Alexandre le Grand, ou de tout autre noir païen, que l'histoire du saint homme Tobie? — Cent fois je vous ai prédit, car mon amour pour lui fut toujours renfermé dans les limites de mon devoir filial, que ce jeune homme nous précipiterait dans la honte et le malheur. — Oh! s'il ne portait pas le nom de Moor! si mon cœur ne palpitait pas pour lui avec tant d'ardeur! Tendresse impie que je ne puis anéantir, et qui un jour me sera imputée devant le tribunal de Dieu!

LE VIEUX MOOR.

O mes espérances!... mes songes dorés!

FRANÇOIS.

Ah! je sais bien! c'est précisément ce que je viens de dire. « Cet esprit ardent qui s'allume en » cet enfant, et qui le rend sensible au charme » de tout ce qui est grand et beau; cette franchise » qui fait de ses yeux le miroir de son âme; » cette tendresse de sentimens qui le fait fondre » en larmes de sympathie pour chaque souffrance; » ce mâle courage qui l'entraîne jusqu'au sommet » des vieux chênes, qui lui fait franchir les fossés » ou les palissades, qui lui fait fendre les flots; » cette ambition enfantine, cette invincible opiniâtreté, » et toutes ces belles et brillantes vertus » qui germaient dans ce fils bien-aimé, devaient, » disiez-vous toujours, faire de lui l'ami passionné » d'un ami, un excellent citoyen, un héros, un » grand... un grand homme!... » Eh bien! voyez-vous, mon père... cet esprit ardent s'est développé, s'est agrandi, et maintenant il porte ses beaux fruits. Voyez cette franchise qui est si joliment tournée en impudence; voyez cette tendresse de sentimens, comme elle roucoule délicatement pour des coquettes, et combien elle est sensible aux attraits d'une Phryné; voyez ce génie de feu, comme il a, en six ans, consumé complètement toute la substance de sa vie, et a fait de lui un cadavre ambulant. Et alors viennent des gens qui n'ont pas honte de dire : ah! c'est l'amour qui a fait ça! » Et voyez donc cette tête ardente et entreprenante, comme elle forme et accomplit des plans devant lesquels pâlissent les hautes actions des Cartouche et des Howard! Et quand ces germes superbes seront parvenus à leur entière maturité... car que peut-on attendre encore de si accompli dans un âge si tendre?... peut-être, mon père, aurez-vous encore la joie de vivre assez pour le voir à la tête d'une de ces bandes qui habitent dans le silence sacré des forêts, et qui soulagent le voyageur fatigué de la multitude son fardeau... Peut-être pourrez-vous encore, avant de descendre au tombeau, faire un pèlerinage à son monument, qui s'élèvera entre le ciel et la terre... Peut-être... O mon père, mon père!... cherchez un autre nom; autrement les porte-balles et les polissons des rues vous montreront au doigt, disant : Nous avons vu la figure de monsieur son fils sur la place du Marché.

LE VIEUX MOOR.

Et toi aussi, mon cher François, et toi aussi! O mes enfans! prenez-vous mon cœur pour but de vos coups?

FRANÇOIS.

Vous voyez que je puis aussi faire de l'esprit; mais mon esprit est le dard du scorpion... «Pour » ce François si sec, si froid, cet homme de tous » les jours, cet homme de bois, » car comment dirais-je toutes les épithètes que vous inspirait la comparaison entre lui et moi, quand il était assis sur vos genoux et qu'il vous pinçait les joues... « celui-là mourra dans l'enceinte de son domaine, » il y pourrira, il y sera oublié, tandis que la » gloire de cet esprit universel volera d'un pôle » à l'autre... » Ah! il te remercie à mains jointes, ô Ciel, ce François si sec, si froid, cet homme de bois, de ce qu'il n'est pas comme celui-ci.

LE VIEUX MOOR.

Pardonne-moi, mon enfant; ne gourmande point ton père qui s'est mépris dans ses espérances. Le Dieu qui m'envoie tant de larmes par la main de Charles, m'accordera la tienne pour les essuyer.

FRANÇOIS.

Oui, mon père, elle les essuiera. Votre François consacrera sa vie à prolonger la vôtre. Votre vie sera l'oracle que je consulterai pour toutes mes actions, le verre à travers lequel je regarderai tout ce que je voudrai faire. Aucun devoir n'est assez sacré pour moi, que je ne sois prêt à l'enfreindre quand il s'agira de votre précieuse vie... Vous me croyez, n'est-ce pas?

LE VIEUX MOOR.

Tu as encore de grands devoirs à remplir, mon fils. Dieu te bénisse à cause de ce que tu es pour moi, à cause de ce que tu seras!

FRANÇOIS.

Eh bien, dites-moi une fois... Si vous n'étiez pas obligé de le nommer votre fils, ne seriez-vous pas un homme heureux?

LE VIEUX MOOR.

Tais-toi, tais-toi! Quand la sage-femme me l'apporta, je le levai vers le ciel, et je m'écriai : Ne suis-je pas un homme heureux?

FRANÇOIS.

Vous dites cela? Vous avez bien rencontré! vous portez envie au dernier de vos paysans qui n'est pas le père de ce... Vous aurez des chagrins aussi long-temps que vous aurez ce fils. Ce chagrin ne fera que s'accroître avec Charles; ce chagrin creusera votre tombeau.

LE VIEUX MOOR.

Hélas! il fait de moi un octogénaire!

FRANÇOIS.

Eh bien donc... si vous renonciez à ce fils?

LE VIEUX MOOR, *vivement*.

François! François! que dis-tu?

FRANÇOIS.

N'est-ce pas votre amour pour lui qui cause tous vos chagrins? Sans cet amour il n'y aurait pas de chagrin pour vous; sans ce coupable, ce damnable amour, votre chagrin finirait; — il n'aurait jamais commencé. Ce n'est pas la chair et le sang qui font les pères et les fils, c'est le cœur. Si vous ne l'aimiez plus, ce rejeton dégénéré ne serait plus votre fils, et serait retranché de votre chair. Il a été jusqu'ici la prunelle de vos yeux; mais si ton œil te jette dans le péché, dit l'Écriture, arrache-le. Il vaut mieux entrer au ciel avec un œil, que d'aller en enfer avec deux yeux; il vaut mieux aller au ciel sans enfant, que de descendre en enfer avec son fils. Ainsi a parlé le bon Dieu.

LE VIEUX MOOR.

Tu veux que je maudisse mon fils?

FRANÇOIS.

Non, non! — vous ne devez pas maudire votre fils! Qui appelez-vous votre fils? est-ce celui à qui vous avez donné la vie, et qui se donne toute sorte de peine pour abréger votre vie?

LE VIEUX MOOR.

Ah! cela est trop vrai! C'est un arrêt porté contre moi : le Seigneur l'a choisi pour cela.

FRANÇOIS.

Voyez avec quelle tendresse cet enfant de votre cœur en agit envers vous. Il abuse de votre partialité pour lui en vous assassinant; c'est par votre amour qu'il vous tue; c'est votre cœur paternel qu'il frappe pour vous conduire à la mort. Une fois que vous ne serez plus, il sera le possesseur de vos biens, le maître de ses actions; la digue sera rompue, et le torrent de ses débauches pourra alors se déchaîner librement. Transportez-vous un peu dans sa pensée : combien de fois n'a-t-il pas souhaité de voir son père enterré! combien de fois son frère, parce qu'ils s'opposent avec fermeté au cours de ses désordres! Est-ce là amour pour amour? est-ce la reconnaissance filiale pour tant de bonté paternelle? Ne sacrifierait-il pas dix ans de votre vie à une jouissance voluptueuse d'un instant? Ne risque-t-il pas pour un plaisir de quelques minutes la gloire de ses aïeux, conservée sans tache pendant sept cents ans? Répondez, appelez-vous cela un fils?

LE VIEUX MOOR.

Un fils sans tendresse, hélas! mais cependant un fils! cependant mon fils!

FRANÇOIS.

Un enfant tout aimable et bien précieux, dont toute l'étude est de ne plus avoir de père! — Ah! apprenez donc à le connaître! que le bandeau tombe de vos yeux! Mais vos préventions doivent l'affermir dans ses désordres; votre indulgence le justifie. Il est vrai que vous détournerez la malédiction de dessus sa tête pour l'attirer sur vous.

Mon père, vous ferez tomber sur vous la malédiction éternelle.

LE VIEUX MOOR.

Ce sera juste! trop juste! C'est ma faute, ma faute!

FRANÇOIS.

Combien de milliers d'hommes qui s'étaient enivrés dans la coupe des voluptés ont été corrigés par la souffrance! La douleur physique dont tous les excès sont suivis n'est-elle pas une indication de la volonté divine? L'homme doit-il, par une tendresse cruelle, s'opposer à cette volonté? Le père doit-il perdre à jamais le dépôt qui lui avait été confié? Croyez-vous, mon père, que si vous l'abandonniez pendant quelque temps à sa détresse, il ne pourrait pas changer et se corriger? ou si, à la grande école du malheur, il demourait encore un scélérat, alors... Malheur au père qui par une indulgente faiblesse contrevient aux décrets de la sagesse suprême! Eh bien, mon père?

LE VIEUX MOOR.

Je lui écrirai que je retire ma main de lui.

FRANÇOIS.

Ce sera bien et sagement fait.

LE VIEUX MOOR.

Qu'il ne se présente jamais devant mes yeux.

FRANÇOIS.

Cela produira un salutaire effet.

LE VIEUX MOOR, *avec tendresse.*

Jusqu'à ce qu'il soit changé!

FRANÇOIS.

Très-bien! très-bien! Mais s'il vient avec le masque de l'hypocrisie, vous pleurerez de compassion, votre bonté sera entraînée, et dès le lendemain il ira rire de votre faiblesse dans les bras des filles de joie!... Non, mon père! Il faut qu'il revienne de son propre mouvement, quand il sentira que sa conscience est pure.

LE VIEUX MOOR.

Je vais donc lui écrire cela sur-le-champ.

FRANÇOIS.

Arrêtez; encore un mot, mon père. Je crains que votre indignation ne dicte à votre plume des paroles trop dures qui lui déchireraient le cœur... Et puis... ne croyez-vous pas que si vous le regardiez comme digne de recevoir une lettre de votre propre main, il prendrait déjà cela pour un pardon?... Il vaut donc mieux que vous me chargiez d'écrire.

LE VIEUX MOOR.

Écris-lui, mon fils. Hélas! cela m'eût brisé le cœur. Écris-lui.

FRANÇOIS, *avec empressement.*

Ainsi, c'est convenu?

LE VIEUX MOOR.

Écris-lui que mille larmes de sang, mille nuits sans sommeil... Mais ne jette pas mon fils dans le désespoir!

FRANÇOIS.

Ne voudriez-vous pas vous mettre au lit, mon père? Ceci vous a fait bien du mal!

LE VIEUX MOOR.

Écris-lui que le cœur d'un père... Je te le dis, ne jette pas mon fils dans le désespoir.

Il se retire tristement.

FRANÇOIS, *le suivant des yeux et avec un sourire.*

Sois tranquille, vieillard, tu ne le presseras jamais sur ton cœur; le chemin lui en est fermé, comme le ciel à l'enfer... Il était arraché de tes bras, quand tu ne savais pas encore que tu pourrais le vouloir... Il faudrait que je fusse un pitoyable apprenti, si je n'en étais pas encore venu à arracher un fils du cœur de son père, y fût-il attaché par des liens d'airain... J'ai tracé autour de toi un cercle magique de malédictions qu'il ne pourra pas franchir... Cela va bien, François! le fils chéri est de côté. Cela commence à s'éclaircir. Il faut que je ramasse tous ces morceaux de papier; quelqu'un pourrait facilement y reconnaître mon écriture. (*Il ramasse les morceaux de la lettre déchirée.*) Le chagrin expédiera bien vite le vieillard... Et il faut aussi que j'arrache Charles de son cœur, à elle, quand elle y devrait de même perdre la moitié de sa vie.

J'ai de grands droits de haïr la nature, et, sur mon honneur, je les ferai valoir... Pourquoi ne m'a-t-elle pas tiré le premier du ventre de ma mère? pourquoi n'ai-je pas été fils unique? pourquoi m'a-t-elle chargé du fardeau de la laideur? pourquoi précisément moi, moi, et pas un autre? comme si elle m'eût fabriqué avec quelque reste de la matière! Pourquoi ce nez aplati des Lapons? pourquoi ces lèvres gonflées de l'Africain? pourquoi cet œil du Hottentot? Réellement je crois qu'on avait fait un monceau des difformités de chaque race humaine, et que j'en ai été pétri. Meurtre et mort! qui lui avait accordé plein-pouvoir de donner à l'un et de retenir à l'autre? Pouvait-elle favoriser celui-ci avant qu'il existât, ou dépouiller celui-là avant qu'il fût? Pourquoi tant de partialité entre ses œuvres?

Non! non! je lui fais tort; elle nous a jetés nus et misérables sur le rivage de cet océan qu'on nomme le monde, mais elle nous a donné l'habileté. Nage qui peut nager; qui est maladroit, qu'il se noie! Elle ne m'a rien accordé, si je veux faire quelque chose de moi, c'est à présent mon affaire. Chacun a un droit égal aux parts grandes ou petites; les prétentions succombent devant les prétentions, l'effort devant l'effort, la force devant la force: le droit appartient au vainqueur et les bornes de nos forces, voilà nos lois.

On dit bien qu'il a été conclu certains pactes sociaux pour faire aller le train du monde... paroles!... C'est vraiment une très-bonne maxime pour les gens qui en connaissent bien la valeur et qui savent la bien placer... La conscience... oui sans doute... c'est un superbe épouvantail pour empêcher les moineaux de manger des cerises, c'est une bonne lettre de change à souscrire pour celui qui sait, au besoin, faire banqueroute.

Dans le fait, ce sont de très-louables apparences pour tenir les sots dans le respect, et mener les peuples à la baguette; et les gens sensés leur doivent pour cela de grands égards. Sans doute, ce sont des apparences fort bouffonnes! elles me paraissent comme les épines que mes paysans mettent prudemment autour de leurs champs pour qu'aucun lièvre n'y pénètre; et, de fait, aucun lièvre n'y passe... mais leur sérénissime seigneur donne des éperons à son cheval, le voilà au galop, et adieu les moissons.

Pauvres lièvres! c'est cependant un déplorable rôle, que d'être parmi les lièvres en ce monde... Il faut pourtant des lièvres pour les sérénissimes seigneurs.

Allons donc notre train. Celui qui ne craint rien n'est pas moins puissant que celui qui est craint de tous. C'est maintenant la mode de porter à sa ceinture des boucles au moyen desquelles on peut, à son gré, se serrer plus ou moins. Nous voulons nous faire prendre mesure d'une conscience d'après cette mode nouvelle, afin de la mettre au large quand cela nous conviendra. Que pouvons-nous faire à cela? adressez-vous au tailleur. J'ai souvent et long-temps entendu parler d'une chose qu'on appelle la force du sang, et qui pourrait bien monter la tête à un honnête bourgeois... C'est ton frère!... Cela peut être traduit ainsi : Il est sorti de la même coquille dont tu es sorti aussi... donc il doit être sacré pour toi... Remarquez bien cette plaisante conséquence, cette conclusion extravagante, qui d'un rapprochement des corps fait résulter l'harmonie des esprits; qui, parce qu'on a eu le même lieu natal, prétend qu'on ait les mêmes sentimens; parce qu'on a été du même écot, veut qu'on ait les mêmes penchans. Mais allons plus loin... C'est ton père : il t'a donné la vie; tu es sa chair, tu es son sang; donc il doit être sacré pour toi. Voilà encore une habile conséquence. Je pourrais cependant demander pourquoi il m'a fait : ce ne peut pas être par amour pour moi, car il fallait d'abord que je devinsse un moi. M'a-t-il connu avant de me faire? ou bien me désirait-il quand il m'a fait? Savait-il ce que je deviendrais? Je ne lui souhaite pas de l'avoir su, car j'aurais à me venger de ce que, nonobstant, il m'a fait. Lui dois-je des remerciemens pour être devenu un homme? pas plus que je n'aurais de plaintes à lui adresser s'il avait fait de moi une femme. Puis-je reconnaître un amour qui ne se fonde point sur la considération de mon individu? et peut-on admettre qu'il y ait eu considération de mon individu, dont l'existence devait d'abord être la condition préalable? Où donc se cache ce caractère sacré? Est-ce dans l'acte qui m'a fait exister?... comme si ce devait être quelque chose de plus qu'une fonction animale destinée à satisfaire des désirs animaux? Ou bien le caractère sacré se cacherait-il dans le résultat de cet acte, qui pourtant n'est autre chose qu'une nécessité inflexible; résultat qu'en général les hommes voudraient écarter, si cela n'était pas aux dépens de la chair et du sang? Dois-je lui accorder plus de droits parce qu'il m'a aimé? C'est une vanité de sa part; c'est le péché favori de tous les artistes, qui se complaisent dans leur ouvrage, fût-il même très-laid... Vous voyez donc bien ce que c'est que toute cette sorcellerie, qui nous enveloppe de ses nuages pour abuser ensuite de notre pusillanimité. Dois-je me laisser mener par ces lisières-là comme un petit garçon?

Allons donc! hardiment à l'ouvrage!... je veux anéantir ici, autour de moi, tout ce qui empêche que je sois le maître. Je serai le maître, et j'arracherai par la violence ce que je ne puis obtenir par le don d'être aimé.

Il sort.

SCÈNE II.
Une auberge sur les frontières de la Saxe.

CHARLES DE MOOR, *pensif et un livre à la main;* SPIEGELBERG, *buvant à une table.*

MOOR, *posant son livre.*

Quand je lis, dans mon Plutarque, la vie des grands hommes, je prends en dégoût notre siècle écrivassier.

SPIEGELBERG *lui présente un verre et boit.*

Tu devrais lire l'historien Josèphe.

MOOR.

L'étincelle du feu de Prométhée est éteinte; maintenant on allume les âmes à la flamme des feux d'artifice, à des flammes d'opéra qui ne sont pas en état d'embraser une pipe de tabac. Ils sont tous là à trotter menu comme des souris sur la massue d'Hercule. Un abbé français nous apprend qu'Alexandre était un poltron; un professeur vaporeux, en tenant sous son nez un flacon de vinaigre, professe sur la force; des drôles, qui tombent en pâmoison après avoir fait un enfant, griffonnent sur la tactique d'Annibal; des morveux enfilent des phrases sur la bataille de Cannes, et pâlissent sur les victoires de Scipion qu'on leur fait expliquer.

SPIEGELBERG.

Voilà une superbe élégie.

MOOR.

Belle récompense de vos sueurs et de vos batailles, que de jouir de l'immortalité dans un lycée, et que d'avoir votre gloire renfermée sous la courroie qui attache les livres d'un écolier! Le prix de tant de sang versé, c'est d'envelopper du pain d'épice chez un marchand de Nuremberg, ou, pour plus grand honneur, d'être juché sur des échasses par un tragique français, et mis en mouvement par des ressorts comme une marionnette. Ah! ah!

SPIEGELBERG, *buvant.*

Lis donc Josèphe, je t'en prie.

MOOR.

Fi! fi! de cet ignoble siècle de castrats, où l'on ne sait rien faire que de remâcher les actions de l'antiquité, que d'écorcher par des commentaires les héros du temps passé, ou de les mutiler dans des tragédies! Il n'y a plus de moelle dans les os, et c'est de la mousse de bière qui coule dans les veines.

SPIEGELBERG.
Du thé, camarade, du thé.

MOOR.
Ils se sont retranchés contre la sincère nature, derrière les plus fades conventions; et ils n'auraient seulement pas le cœur de vider un verre de vin en son honneur... Ils caressent le décrotteur qui peut les protéger auprès de son excellence, et se moquent du pauvre diable dont ils n'ont rien à craindre; ils s'adorent l'un l'autre pour un dîner, et s'empoisonneraient mutuellement pour une guenille que l'on aurait eue à l'enchère de l'autre... ils damnent le saducéen qui n'est pas assez assidu à l'église, et eux viennent devant l'autel calculer l'intérêt de leur argent... ils laissent la poussière à leurs genoux pour montrer qu'ils ont prié; ils ne détournent pas les yeux de dessus le prêtre pour voir si sa perruque est bien frisée; ils tombent en syncope quand ils voient saigner un poulet, et claquent des mains lorsque leur concurrent fait banqueroute... Je leur pressais la main si amicalement... Encore un jour seulement, disais-je... C'est en vain! Chien, à la porte, ont-ils dit. Les prières, les supplications, les larmes... (Il frappe du pied.) Enfer et démons!

SPIEGELBERG.
Et pour deux mille misérables ducats...

MOOR.
Non, je n'y puis penser. Laisserai-je garrotter ma poitrine dans un corset, et ma volonté dans les lois? Les lois réduisent à l'allure de la tortue celui qui aurait pris l'essor de l'aigle; les lois n'ont jamais formé un grand homme. Mais la liberté fait éclore les êtres gigantesques et extraordinaires. Ah! puisse l'âme d'Arminius se rallumer sur sa cendre! Donnez-moi une armée de gaillards tels que moi, et vous verrez sortir de l'Allemagne une république auprès de laquelle Sparte et Rome ne sembleront que des couvens de religieuses.

Il jette son épée sur la table, et se lève.

SPIEGELBERG, sautant de joie.
Bravo! bravissimo! tu me mets bien à propos sur ce chapitre; je te dirai à l'oreille, Moor, ce qui depuis long-temps me trotte dans la tête; et tu es l'homme qui... Buvons un coup, camarade. Que dirais-tu, si nous nous faisions Juifs, et si nous remettions sur le tapis le royaume des Juifs? Mais, dis donc, n'est-ce pas un projet habile et courageux? Nous répandrions un manifeste aux quatre coins du monde, et nous convoquerions en Palestine tout ce qui a horreur de la chair de pourceau; je prouverais par les documens les plus authentiques, qu'Hérode le tétrarque était mon aïeul, etc., etc. La victoire sera assurée, camarade, quand nous les aurons remis à flot, et qu'ils pourront rebâtir Jérusalem. Pour battre le fer pendant qu'il est chaud, nous renverrons au plus tôt les Turcs d'Asie, nous abattrons les cèdres du Liban, nous construirons des vaisseaux, et puis nous ferons le commerce de vieux habits, vieux galons, partout l'univers. Pendant ce temps-là...

MOOR lui prend la main en riant.
Camarade, le temps des folies est passé.

SPIEGELBERG, avec moins d'assurance.
Fi! est-ce que tu voudrais jouer le rôle de l'enfant prodigue? un gaillard comme toi, qui avec ton épée as balafré plus de visages que trois substituts n'ont griffonné de pages dans une année bissextile! Faut-il donc que je te rappelle les magnifiques funérailles de ton chien? Ah! il ne faut que te remettre devant les yeux ce que tu as été pour te souffler du feu dans les veines, quand même rien ne pourrait plus t'animer. Te souviens-tu que ces messieurs du collége avaient fait casser la patte à ton chien, et comment, pour te venger, tu fis publier un grand jeûne dans toute la ville? On se moqua d'abord de ton injonction; mais toi, sans perdre un moment, tu fis acheter ce qu'il y avait de viande dans tout Leipsick; de sorte que huit heures après il n'y avait pas un os à ronger dans toute la banlieue, et que le poisson commençait à monter de prix. Les magistrats et la bourgeoisie jetèrent feu et flammes. Nous autres étudians, au nombre d'environ sept cents, et toi à notre tête, et derrière nous les tailleurs, les bouchers, les merciers, les aubergistes, les barbiers, et tous les corps de métiers, nous jurâmes de donner l'assaut à la ville si on voulait toucher un cheveu à un seul étudiant. Cela réussit parfaitement, et nos gens se retirèrent avec un pied de nez. Tu convoquas une grande assemblée de docteurs, et tu promis trois ducats à celui qui ferait une consultation pour ton chien. Nous avions peur que ces messieurs, pour l'honneur du corps, n'eussent fantaisie de dire non, et nous avions déjà concerté les moyens de les forcer; mais cela ne fut pas nécessaire. Ces messieurs se récrièrent sur trois ducats, et cela descendit au rabais jusqu'à dix sous; nous eûmes dix consultations en une heure, si bien que la bête creva tout aussitôt.

MOOR.
Ignobles coquins!

SPIEGELBERG.
Le convoi fut fait avec la plus grande pompe, toute une foule désolée chantait des complaintes sur le chien; nous marchions plus de mille, chacun la nuit, chacun une lanterne dans une main et notre épée dans l'autre; nous traversâmes toute la ville au bruit des cloches et des carillons, jusqu'à ce que le chien fût enterré; et puis un grand repas qui dura jusqu'au jour! Alors, pris de compassion ces pauvres messieurs, et tu fis vendre la viande à moitié prix. Mort de ma vie, nous avions pour toi ce jour-là autant de respect qu'une garnison, dans une ville emportée, en a pour...

MOOR.
Et tu n'as pas honte de vanter cela comme quoi

que chose de beau? Et tu n'as pas eu assez de vergogne pour rougir d'une pareille équipée?

SPIEGELBERG.

Allons! allons! ce n'est plus Moor. Te souviens-tu encore comment plus de mille fois, le verre à la main, tu t'es moqué du vieux ladre, en disant : Qu'il amasse sou sur sou, tout cela me passera par le gosier?... T'en souviens-tu? dis donc? t'en souviens-tu? Ah! tu es un damné et misérable fanfaron! C'était là parler en homme, et en gentilhomme ; mais...

MOOR.

Malédiction sur toi, pour m'avoir rappelé cela! Malédiction sur moi pour l'avoir dit! Mais c'était dans les fumées du vin, et mon cœur n'entendait point les bavardages de ma langue.

SPIEGELBERG, *secouant la tête.*

Non! non! cela ne peut pas être! impossible, camarade, ce ne peut pas être sérieusement! Dis donc, frère, n'est-ce pas la nécessité qui te fait parler ainsi? Écoute, laisse-moi te conter une petite histoire de mon enfance. Il y avait près de notre maison un fossé qui avait bien au moins huit pieds de large; nous autres petits garçons, nous nous mettions en peine à qui mieux mieux pour pouvoir le sauter. Mais c'était inutile. Pouf... on tombait dedans, et c'était un rire et une joie générale, et les boules de neige pleuvaient de tous les côtés. A côté de la maison était aussi un chien de chasse attaché à une chaîne; un si méchant animal, que quand par mégarde les petites filles passaient trop près de lui, il s'élançait sur elles comme l'éclair. Toute la joie de mon âme était d'agacer ce chien tant que je pouvais, et je riais à crever quand je voyais l'animal s'élancer avec sa rage et tout prêt à me dévorer, s'il avait pu... Qu'arriva-t-il? C'est qu'une fois, où j'avais recommencé ce manége-là, je lui jetai une pierre si fort sur les côtes, que de fureur il rompit sa chaîne et courut sur moi; et moi, je me mets à courir, comme le tonnerre de Dieu; mais, de par tous les diables, le maudit fossé se trouve justement devant moi. Que faire? Le chien était là écumant de rage, sur mes talons. Je prends mon parti... je saute... et me voilà à l'autre bord. J'ai dû à ce saut-là assurément ma peau et ma vie; l'animal m'aurait outrageusement déchiré.

MOOR.

Et pourquoi toute cette histoire?

SPIEGELBERG.

Pourquoi?... pour que tu voies que les forces s'accroissent par la nécessité. Aussi je ne me sens point mal à mon aise quand on en vient aux extrémités. Le courage s'accroît avec le danger, la force s'augmente par la contrainte. Il faut que le destin veuille faire de moi un grand homme, puisqu'il me barre ainsi le chemin.

MOOR, *avec humeur.*

Je ne sais pas où nous pourrions encore montrer du courage, et où nous avons pu, en manquer.

SPIEGELBERG.

Eh bien, tu veux donc laisser se perdre les dons que tu as reçus de la nature? tu veux donc enfouir tes talens? Crois-tu que tes espiègleries de Leipsick soient les bornes de l'esprit humain? Entrons d'abord dans le grand monde. Paris et Londres! là, en saluant quelqu'un du nom d'honnête homme, on s'expose à recevoir un soufflet ; là, c'est une vraie jubilation de pratiquer le métier en grand... Tu me regardes bouche béante! tu ouvres de grands yeux! attends un peu : contrefaire les écritures, piper des dés, briser des serrures, et vider les entrailles d'un coffre-fort : Spiegelberg peut te montrer tout cela. Il faut pendre à la première potence la canaille qui se laisse mourir de faim, quand elle peut se servir de ses dix doigts.

MOOR, *distrait.*

Comment, tu as déjà poussé cela si loin?

SPIEGELBERG.

Je crois que tu te méfies de moi. Attends, laisse ma tête s'échauffer, et tu verras des merveilles. Il y aura de quoi faire tourner ta cervelle dans ton crâne étroit, quand mon esprit inventif sera dans l'enfantement... (*Il se lève et avec plus de chaleur.*) Comme tout s'éclaircit en moi! De grandes pensées s'élèvent en mon âme! des plans gigantesques fermentent dans mon cerveau créateur. (*Il se frappe le front.*) Qui donc jusqu'ici avait enchaîné mes forces, avait restreint et contenu mes espérances? Je m'éveille, je sens ce que je suis... ce que je dois devenir.

MOOR.

Tu es un fou. C'est le vin qui fume dans ta cervelle.

SPIEGELBERG, *avec chaleur.*

Spiegelberg! dira-t-on, tu es sorcier. Spiegelberg! quel dommage que tu ne sois pas général! dira le roi; tu aurais fait passer les Autrichiens par un trou de souris. Et j'entends les docteurs se lamenter et dire : Cet homme est inexcusable de ne pas avoir étudié la médecine; il aurait trouvé un nouveau remède à la goutte. Hélas! pourquoi ne s'est-il pas adonné à l'administration? diront les Sully en soupirant dans leur cabinet; il aurait tiré des louis d'or d'une pierre. Et le nom de Spiegelberg se répétera de l'orient à l'occident... et vous resterez dans la crotte, vous autres lâches, vous autres crapauds, pendant que Spiegelberg volera, les ailes déployées, vers le temple de l'immortalité.

MOOR.

Grand plaisir sur la route. Monte au sommet de la gloire en partant du pilori. A l'ombre des bois paternels, dans les bras de mon Amélie, de plus nobles plaisirs m'attendent. Déjà j'ai, la semaine dernière, écrit à mon père pour obtenir mon pardon; je ne lui cache pas la moindre circonstance, et la sincérité doit obtenir miséricorde et assistance. Prenons congé l'un de l'autre, Maurice. Nous nous verrons encore aujourd'hui, et puis jamais. La poste est arrivée; le pardon de mon père est déjà dans les murs de cette ville.

Schweizer, Grimm, Roller, Schufterle, Razmann, entrent.

ROLLER.

Savez-vous qu'on nous cherche?

GRIMM.

Qu'à chaque moment nous pouvons être arrêtés?

MOOR.

Cela ne me surprend pas. N'importe. N'avez-vous pas vu Schwarz? N'a-t-il pas une lettre pour moi?

ROLLER.

Je le crois, car il y a long-temps qu'il te cherche.

MOOR.

Où est-il? où est-il?

Il veut sortir.

ROLLER.

Demeure! nous lui avons dit de venir ici. Tu trembles?...

MOOR.

Je ne tremble pas. Pourquoi tremblerais-je? Camarades, cette lettre... réjouissez-vous avec moi! Personne sous le soleil n'est plus heureux que moi! pourquoi tremblerais-je?

schwarz entre et lui donne la lettre, qu'il ouvre précipitamment.

Qu'est-ce? tu deviens pâle comme un linge.

MOOR.

L'écriture de mon frère!

SCHWARZ.

Quelle comédie joue donc Spiegelberg?

GRIMM.

Ce drôle-là est fou. Il fait des gestes comme s'il était piqué de la tarentule.

SCHUFTERLE.

Son esprit bat la campagne. Je crois qu'il fait des vers.

RAZMANN.

Spiegelberg! Hé! Spiegelberg! Cet animal n'entend rien.

GRIMM, *le secouant.*

Drôle! rêves-tu? ou bien...

SPIEGELBERG, *qui pendant tout ce temps-là s'est tenu dans un coin de la chambre, en faisant toutes les simagrées d'un homme qui médite un projet, s'élance impétueusement, prend Schweizer à la gorge, le colle contre le mur, et lui crie en français :*

La bourse ou la vie!

Moor laisse tomber sa lettre, et sort précipitamment.

Tous se lèvent.

ROLLER, *courant après lui.*

Moor! où vas-tu, Moor?... qu'est-ce qui te prend?

GRIMM.

Qu'a-t-il? que faut-il faire? il est pâle comme un mort.

SCHWEIZER.

Il faut que ce soient de belles nouvelles! Voyons.

ROLLER *ramasse la lettre et lit.*

« Malheureux frère... » Ça commence gaiement... « Je dois t'annoncer en deux mots que » toute espérance est vaine. — Tu peux aller, » mon père ordonne de te le dire, où tu te mène- » ront tes infamies. Tu ne peux, dit-il encore, » conserver aucune espérance d'obtenir grâce » en venant pleurer à ses pieds. Si tu ne te tiens » pas pour averti, il te fera mettre dans le caveau » souterrain de la tour, et tu y seras régalé de » pain et d'eau jusqu'à ce que tes cheveux aient » poussé comme les plumes de l'aigle, et tes » ongles comme les serres de l'oiseau. Ce sont » ses propres mots: il m'ordonne de ne pas t'é- » crire davantage. Adieu, pour toujours! je te » plains...

FRANÇOIS DE MOOR. »

SCHWEIZER.

Eh bien, voilà un petit frère doux comme du sucre!... Au fait... c'est François que se nomme cette canaille!

SPIEGELBERG, *s'approchant tout doucement.*

De pain et d'eau, c'est de cela qu'il s'agit? Une belle vie! J'ai arrangé quelque chose de mieux pour vous! Ne disais-je pas qu'il me faudrait à la fin penser pour vous tous!

SCHWEIZER.

Que dit cet animal? Cet âne veut penser pour nous tous?

SPIEGELBERG.

Vous êtes des estropiés, des chiens boiteux, des têtes de lièvre, si vous n'avez pas le cœur de risquer quelque chose de grand.

ROLLER.

Eh bien, oui, tu as raison, c'est cela que nous serions... Mais ce que tu veux risquer nous tirera-t-il de cette maudite position? dis donc?

SPIEGELBERG, *avec un rire dédaigneux.*

Pauvre hère! vous tirer de cette position? ah! ah!... vous tirer de cette position! Ta cervelle ne s'élève pas au-dessus de cela? Si cela tu ramènes la bête à l'écurie! Spiegelberg serait un misérable drôle s'il se mettait en train pour si peu. Je ferai de vous, te dis-je, des rois, des barons, des princes, des dieux!

RAZMANN.

C'est bien des choses d'un coup! Mais ce sera peut-être quelque entreprise de casse-cou qu'il en coûtera au moins la tête.

SPIEGELBERG.

Elle ne demande que du courage; car pour ce qui exige de l'esprit, je m'en charge entièrement. Du courage, dis-je, Schweizer! du courage, Roller! Grimm, Razmann, Schufterle, du courage!

SCHWEIZER.

Du courage? S'il ne faut que cela, j'en ai assez pour traverser l'enfer les pieds nus.

SCHUFTERLE.

Du courage? J'en ai assez pour me battre avec le diable en personne, et lui disputer un pendu sur une potence.

SPIEGELBERG.

Voilà qui me plaît! Si vous avez du courage, que l'un de vous s'avance et dise : J'ai encore quelque chose à perdre, et je n'ai pas tout à gagner!...

SCHWARZ.

Ah! vraiment, j'aurais bien des choses à perdre, si je perdais tout ce qui me reste à gagner.

RAZMANN.

Oui, de par le diable; et je gagnerais bien des choses, si je gagnais tout ce que je n'ai pas à perdre.

SCHUFTERLE.

Si je perdais ce que j'ai sur le corps, et que j'eu à crédit, demain matin il ne me resterait rien à perdre.

SPIEGELBERG.

Ainsi donc (*il se place au milieu d'eux et leur dit en les conjurant*) si une goutte de sang allemand coule encore dans vos veines... venez! nous irons nous établir dans les forêts de la Bohême; là, nous rassemblerons une bande de brigands, et... Vous me regardez tout ébahis... Votre petit courage est-il déjà confondu?

ROLLER.

Tu ne serais pas le premier fripon qui aurait regardé par-delà la potence; et pourtant... ne nous resterait il pas encore quelque parti à prendre?

SPIEGELBERG.

Un parti à prendre? Comment? vous n'avez rien à choisir : voulez-vous être mis dans la prison pour dettes, et y gémir jusqu'au jour de la trompette du jugement? Voulez-vous péniblement gagner un morceau de pain sec avec la pelle et la pioche? Voulez-vous, chanteurs ambulans, obtenir quelque maigre aumône jetée par la fenêtre? — Voulez-vous vous engager à porter le havresac? — Et c'est encore une question si l'on aura confiance en votre bonne mine... — et faire d'avance votre purgatoire sous les ordres d'un caporal de mauvaise humeur, et vous promener tambour battant, tandis qu'on frappera la mesure sur vos épaules; ou bien traîner après vous, dans le paradis des galères, toute la forge de Vulcain? Voilà ce que vous avez à choisir; vous avez sous les yeux tout ce que vous pouvez choisir.

ROLLER.

Spiegelberg n'a pas tort. J'ai aussi déjà combiné mes projets; mais ils ont fini par aboutir à un seul. Ce serait, selon moi, de nous asseoir devant une table pour y griffonner un almanach, un journal ou quelque chose de semblable, et de faire de la critique, moyennant quelques sous, comme c'est à présent la mode.

SCHUFTERLE.

Au diable! votre projet se rapproche du mien : je pensais, à part moi, que nous devrions nous faire piétistes, et donner des leçons d'édification à tant par semaine.

GRIMM.

C'est cela même; et si cela ne réussit pas, athées! Nous ferons la barbe aux quatre évangélistes; notre livre serait brûlé par la main du bourreau, et cela irait à ravir.

RAZMANN.

Et si nous entrions en campagne contre quelque maladie un peu répandue? — J'ai connu un docteur qui s'était bâti une belle maison rien qu'avec du mercure, comme on l'écrivit en épigramme sur sa porte.

SCHWEIZER *se lève, et tend la main à Spiegelberg.*

Maurice, tu es un grand homme... ou plutôt c'est un porc aveugle qui a trouvé du gland.

SCHWARZ.

Ah! les beaux plans! les honnêtes métiers! comme les beaux esprits se rencontrent! Il manque encore de se faire femme et entreteneuse.

SPIEGELBERG.

Folies! folies! Et qui empêche que vous ne puissiez être tout cela en une seule personne? Mon plan vous poussera toujours à ce qu'il y a de plus haut, et vous aurez de plus la gloire et l'immortalité! Voyez, pauvres gens! on doit porter sa vue plus loin! il faut songer à la renommée, à ce doux sentiment de l'immortalité.

ROLLER.

Et, là haut, se trouver sur la liste des honnêtes gens! Tu es un maître orateur, Spiegelberg, quand il s'agit de faire d'un honnête homme un coquin... Mais dites-moi donc, vous autres, qu'est devenu Moor?

SPIEGELBERG.

Honnête, dis-tu? penses-tu que tu serais alors moins honnête que tu ne l'es à présent? Débarrasser de riches avares d'un tiers des soucis qui troublent leur doux sommeil; remettre en circulation l'or enfoui; rétablir l'équilibre des fortunes; en un mot, faire renaître l'âge d'or; épargner à la bonté de Dieu de tristes fléaux, comme la guerre, la peste, la disette et les médecins. — Vois-tu, tout cela c'est être honnête, c'est être un digne instrument dans les mains de la Providence..! A chaque repas que l'on fait, on peut avoir cette pensée flatteuse : je l'ai gagné par mes ruses, par mon courage de lion, par mes veilles... On est respecté des grands et des petits.

ROLLER.

Et à la fin, être élevé vers le ciel en personne naturelle; y braver les vents et les tempêtes; y braver la dent vorace du vieux Saturne; planer au-dessous du soleil, de la lune et des étoiles; recevoir les hommages même des oiseaux du ciel, qui, attirés par un noble appétit, viendront vous donner un divin concert; assister au sanhédrin des anges au pied fourchu!... et, pendant que les monarques et les potentats sont dévorés de la pourriture et des vers, avoir l'honneur de recevoir les visites du royal oiseau de Jupiter!... Maurice! Maurice! Maurice! prends garde! prends garde à la maison aux trois piliers!

SPIEGELBERG.

Et cela t'épouvante, cœur de lièvre? Combien de génies universels qui auraient pu réformer le monde ont pourri à la voirie! Et ne parle-t-on pas d'eux pendant cent ans, pendant mille ans, tandis que tant de rois et d'électeurs seraient omis dans l'histoire, si leur historien n'avait pas frémi à l'idée de laisser un blanc dans la ligne de la succession, et s'il ne grossissait pas ainsi son livre de quelques pages in-octavo que le libraire lui paye à beaux deniers comptans?... Et quand le voyageur te verra ainsi flotter au gré du vent : Celui-là n'avait pas de l'eau dans la cervelle, dira-t-il en sa barbe; et il soupirera sur la misère des temps.

SCHWEIZER, *lui frappant sur l'épaule.*

En, maître, Spiegelberg, en maître! Par tous les diables ! ce qu'il dit vous saisit et vous ensorcèle !

SCHWARZ.

Et que cela s'appelle du déshonneur!... Au pis aller, ne peut-on pas porter toujours sur soi, en cas d'accident, une petite poudre qui conduit un homme tout doucement à l'Achéron, où l'on n'entend plus chanter aucun coq ? Oui, frère Maurice, ton projet est bon : je suis de ta religion.

SCHUFTERLE.

Tonnerre! c'est la mienne aussi. Spiegelberg, tu m'as gagné.

RAZMANN.

Tu as, comme un autre Orphée, endormi les aboiemens de ma conscience. Prends-moi tout entier, tel que je suis.

GRIMM.

Si omnes consentiunt, ego non dissentio. Remarquez bien, pas de virgule après *non!*... J'ai mis ma tête en adjudication : les piétistes, le mercure, la critique, les fripons; celui qui m'a offert le plus m'a eu. Prends cette main, Maurice!

ROLLER.

Et toi aussi, Schweizer? (*Il tend la main à Spiegelberg.*) Alors, j'engage aussi mon âme au diable.

SPIEGELBERG.

Et ton nom à la gloire! qu'importe où s'en ira l'âme! Nous enverrons au devant de nous une telle quantité de courriers annoncer notre arrivée aux enfers, que Satan fera sa toilette des dimanches, qu'il secouera la suie qui couvre son front depuis mille ans, et que nous verrons des myriades de têtes encornées s'avancer hors de la vapeur du soufre des cheminées pour regarder notre entrée... Camarades! (*il saute de joie*) allons, camarades! rien dans le monde vaut-il cette ivresse et ces transports ? Venez, camarades.

ROLLER.

Doucement donc ! doucement ! Il faut que l'animal ait une tête, enfans !

SPIEGELBERG, *avec amertume.*

Que dit ce traînard? La tête n'y était-elle pas avant que les membres fussent réunis? Suivez-moi, camarades.

ROLLER.

Doucement, vous dis-je; la liberté même doit avoir des chefs : sans chefs, Rome et Sparte auraient succombé.

SPIEGELBERG, *avec souplesse.*

Oui, arrêtez : Roller a raison; et il faut que ce soit une forte tête, entendez-vous? une tête politique et habile. Oui, quand je pense ce que vous étiez il y a une heure, et ce que vous êtes maintenant... ce que vous êtes devenus par une seule pensée heureuse... Oui, sans doute, sans doute, vous devez avoir un chef; et celui qui a pu concevoir une telle pensée, dites, ne doit-il pas avoir une forte tête, une tête politique?

ROLLER.

Si l'on pouvait espérer... si l'on pouvait songer... mais je crains qu'il ne le veuille pas.

SPIEGELBERG.

Pourquoi pas? vous prononcez cela bien vite, ami. Il est pénible de diriger un vaisseau luttant contre les vents; il est pénible de porter le poids d'une couronne. Cependant il ne faut pas désespérer, Roller; peut-être qu'il le voudra bien.

ROLLER.

Et tout ceci s'en ira à vau-l'eau s'il ne veut pas : sans Moor, nous serons un corps sans âme.

SPIEGELBERG *se détourne avec humeur.*

L'imbécile !

MOOR. *Il entre dans une agitation farouche, se promène à grands pas dans la chambre, se parlant à lui-même.*

Hommes, hommes! race fausse et hypocrite! couvée de crocodiles! vos yeux fondent en pleurs, vos cœurs sont de fer; le baiser sur les lèvres, des glaives dans le cœur ! Les lions et les léopards nourrissent leurs petits, le corbeau apporte des cadavres à ses petits, et lui... lui ! J'avais appris à souffrir la méchanceté, je pouvais sourire quand mon plus mortel ennemi s'abreuvait de mon sang; mais quand le lien du sang n'est plus qu'un piège, quand l'amitié paternelle n'est plus qu'une mégère, oh ! alors je me sens en feu. C'en est fait de ma courageuse patience ! il devient un farouche tigre, cet agneau soumis; et chaque fibre est tendue pour le désespoir et la destruction.

ROLLER.

Écoute, Moor ! qu'en penses-tu ? la vie de brigand n'est-elle pas meilleure que le pain et l'eau dans le cachot souterrain de la tour ?

MOOR.

Pourquoi mon âme n'anime-t-elle pas un tigre, qui de sa morsure furieuse déchire la chair humaine? Est-ce donc là la foi paternelle ? est-ce là amour pour amour? Je voudrais être un ours, et animer tous les ours du Nord contre cette race cruelle... Le repentir, et point de pardon ! Oh! si je pouvais empoisonner l'Océan pour leur faire boire la mort dans toutes les sources... La confiance, la plus entière confiance, et point de pardon !

ROLLER.

Écoute donc, Moor, ce que je veux te dire.

MOOR.

C'est incroyable; c'est un rêve, une illusion... Une prière si touchante, une peinture si vive de ma misère, un tel épanchement de repentir... Les bêtes féroces auraient été émues de pitié! les pierres en auraient versé des larmes, et cependant... on croirait que c'est une odieuse pasquinade contre le genre humain si je voulais raconter... et cependant, cependant... Oh! si je pouvais faire retentir la trompette de la révolte dans la nature entière, et ameuter l'air, la terre et la mer, contre cette race d'hyènes!

ROLLER.

Écoute donc, écoute. Ta fureur t'empêche d'entendre.

MOOR.

Loin, loin de moi! ton nom n'est-il pas homme? n'est-ce pas la femme qui t'a enfanté?... Loin de mes yeux, visage humain!... je l'ai si indiciblement aimé! aucun fils n'aima jamais ainsi! j'aurais donné mille vies pour lui. (*Frappant du pied et écumant de rage.*) Ah! qui mettrait maintenant un glaive en ma main, pour faire une plaie dévorante à cette race de vipères! Ah! qui pourrait me dire où il faut la frapper au cœur pour la détruire, pour l'anéantir... Ah! celui-là serait mon ami, mon ange, mon Dieu. — Je voudrais l'adorer.

ROLLER.

Eh bien, nous serons cet ami, laisse-nous seulement te parler.

SCHWARZ.

Viens avec nous dans les forêts de la Bohême! nous voulons y rassembler une bande de brigands, et tu seras... (*Moor le regarde fixement*) tu seras notre capitaine! tu dois être notre capitaine!

SPIEGELBERG, *se jetant sur une chaise.*

Serviles, poltrons!

MOOR.

Qui t'a soufflé cette parole? Écoute, camarade! (*Il saisit Roller avec force.*) Tu n'as pu la tirer de ton âme d'homme? Qui t'a soufflé cette parole? Oui, par la mort aux mille bras! nous le voulons, nous le ferons! Cette pensée mérite l'apothéose. Brigands et meurtriers! Aussi vrai que j'ai une âme, je suis votre capitaine!

TOUS, *à grands cris.*

Vive le capitaine!

SPIEGELBERG, *à part.*

Jusqu'à ce que je m'en mêle.

MOOR.

Eh bien, le bandeau tombe de mes yeux! Que j'étais fou de vouloir me remettre en cage!... Mon génie a soif de l'action; ma poitrine veut respirer en liberté... Meurtriers et brigands!... Avec cette parole, je foule les lois à mes pieds... Les hommes m'ont dérobé l'humanité, quand j'en appelais à l'humanité. Eh bien! loin de moi toute sympathie, tout ménagement humain!... Je n'ai plus de père, je n'ai plus d'amour, et le sang et la mort m'apprendront à oublier que quelque chose m'ait jamais été cher! Venez! venez!... Ah! je veux me donner une terrible distraction... C'est fait, je suis votre capitaine! et bonheur à celui d'entre vous qui se montrera le plus habile, qui sera le plus farouche incendiaire, le plus cruel assassin; car, je vous le dis, il sera royalement récompensé... Rangez-vous tous autour de moi! et jurez-moi fidélité et obéissance jusqu'à la mort!... Jurez-le moi sur cette main virile.

TOUS, *lui donnant la main.*

Nous te jurons fidélité et obéissance jusqu'à la mort!

MOOR.

Bien, et sur ces viriles mains, je vous jure ici d'être jusqu'à la mort votre fidèle et ferme capitaine! Ce bras fera sur-le-champ un cadavre du premier qui hésitera, qui doutera, qui reculera! et qu'autant m'en soit fait par le premier d'entre vous si je romps mon serment! Êtes-vous contens?

Spiegelberg *se promène à grands pas avec colère.*

TOUS, *jetant leur chapeau en l'air.*

Nous sommes contens!

MOOR.

Eh bien donc, marchons! Ne craignez ni la mort, ni le danger, car une invincible fatalité nous conduit! Chacun doit attendre enfin son jour, que ce soit sur les coussins d'un mol édredon, dans la rude mêlée des batailles, ou en plein air, sur la potence ou la roue. Nous aurons l'une de ces destinées!

Ils sortent.

SPIEGELBERG, *le suivant des yeux, et après un moment de silence.*

Il y a omission dans ta liste. Tu as oublié le poison.

Il sort.

SCÈNE III.

L'appartement d'Amélie dans le château de Moor.

FRANÇOIS, AMÉLIE.

FRANÇOIS.

Tu détournes les yeux, Amélie? Ai-je moins de droits que celui qu'a maudit son père?

AMÉLIE.

Laisse-moi!.. Ah! ce père tendre et sensible, qui a livré son fils à des monstres, à des loups dévorans! Il est ici à s'abreuver doucement des vins les plus précieux; il repose ses membres débiles sur des coussins de duvet, tandis que son magnanime et noble fils manque de tout... Rougissez, inhumains! rougissez, âmes de serpent, honte de l'humanité! son fils unique!

FRANÇOIS.

Je pensais qu'il en avait deux.

AMÉLIE.

Oui, il méritait d'avoir deux fils tels que toi. Sur son lit de mort, il étendra vainement ses mains desséchées vers son Charles, et les retirera en frémissant, quand il aura touché la main de glace de François... Ah! il est doux, il est précieux d'être maudit par le père de François! Parle,

François, âme paternelle! que faudrait-il faire pour avoir sa malédiction?

FRANÇOIS.

Tu es trop exaltée, chère amie; tu es à plaindre.

AMÉLIE.

Ah! je t'en prie... plains-tu ton frère?... Non, inhumain, tu le hais! tu me hais donc aussi.

FRANÇOIS.

Je t'aime comme moi-même, Amélie!

AMÉLIE.

Si tu m'aimes, peux-tu me refuser une prière?

FRANÇOIS.

Aucune, aucune, à moins que tu ne demandes plus que ma vie.

AMÉLIE.

Oh! s'il est ainsi, c'est une grâce qui t'est facile, que tu m'accorderas volontiers. (*Avec fierté.*) Veux-tu me haïr? je rougirais de honte si, lorsque je pense à Charles, je pouvais croire que tu ne me hais pas. Tu me le promets, n'est-ce pas?... A présent, va-t'en, je veux être seule.

FRANÇOIS.

Aimable rêveuse! combien j'admire ce cœur plein d'un doux amour! Là, ton Charles commande comme un dieu dans son temple. Il est devant tes yeux, quand tu veilles; il règne sur tes songes; toute la création te paraît confondue en un seul être, un seul y brille pour toi, un seul y fait entendre sa voix.

AMÉLIE, *émue.*

Oui. Il est vrai! je l'avoue! pour vous braver, barbares, je l'avouerai devant le monde entier... Je l'aime!

FRANÇOIS.

Inhumain, barbare, de reconnaître de la sorte un tel amour! de l'oublier...

AMÉLIE, *vivement.*

Quoi! m'oublier?

FRANÇOIS.

N'avais-tu pas mis un anneau à son doigt, un anneau de diamans, gage de ta fidélité? sans doute il est difficile à un jeune homme de résister aux attraits d'une courtisane! Qui pourra le blâmer, s'il ne lui restait plus autre chose à donner?... et puis ne l'a-t-elle pas payé avec usure par ses amoureuses caresses, par ses embrassemens?

AMÉLIE, *irritée.*

Mon anneau à une courtisane?

FRANÇOIS.

Fi! fi! c'est une infamie! et encore s'il n'y avait que cela! Un anneau, quelque précieux qu'il soit, peut toujours être retiré des mains des juifs. — Peut-être que la façon ne lui en plaisait pas, et qu'il l'aura changé pour un autre?

AMÉLIE, *vivement.*

Mon anneau... mais c'est mon anneau!

FRANÇOIS.

Ce n'en est pas un autre, Amélie... Ah! un tel joyau à mon doigt... venant d'Amélie... la mort ne l'en eût pas arraché... n'est-ce pas, Amélie? Ce n'est pas le prix du diamant, ce n'est pas l'art du joaillier... c'est l'amour qui lui donne sa valeur... Tu pleures, chère enfant?... Malheur à celui qui arrache de précieuses larmes à des yeux célestes... Hélas! si tu savais tout, si tu le voyais lui-même, si tu le voyais sous sa forme actuelle!

AMÉLIE.

Monstre! comment? sous quelle forme?

FRANÇOIS.

Tais-toi, tais-toi, chère fille, ne m'interroge pas. (*A part, mais assez haut pour être entendu.*) Si, du moins, le vice rebutant avait un voile pour se cacher à la lumière du jour! mais l'aspect de ses paupières jaunes et plombées est épouvantable... il se révèle par un visage abattu et cadavéreux, que percent des os saillans et hideux. Sa voix est à moitié éteinte et mal assurée; il se montre comme un squelette horrible, chancelant et convulsif. La moelle de ses os est desséchée; il a perdu la mâle vigueur de la jeunesse... Ah fi! quel dégoût! son nez, ses yeux, ses oreilles tombent en lambeaux... Tu as vu ce misérable, Amélie, qui, dans notre hôpital, a exhalé son dernier soupir; la pudeur détournait de lui tes yeux épouvantés. Tu te récriais sur ce malheureux! rappelle toute son image en ta mémoire, et Charles est devant toi... ses baisers sont empestés, ses lèvres empoisonneraient les tiennes.

AMÉLIE, *le repoussant.*

Ah! calomniateur éhonté!

FRANÇOIS.

Tu as horreur d'un tel Charles? cette seule peinture te dégoûte! Eh bien! va jouir de sa vue; va regarder ton Charles lui-même, ton beau, ton angélique, ton divin Charles! va t'abreuver de son souffle embaumé, et plonge-toi dans les parfums d'ambroisie qu'exhalent ses lèvres; rien que la respiration de sa bouche te jettera dans ce sombre et mortel vertige que produit l'odeur des cadavres corrompus, ou l'aspect d'un champ de bataille couvert de morts. (*Amélie détourne le visage.*) Quels transports d'amour! quelle volupté dans ces embrassemens!... Mais n'est-il pas injuste de condamner un homme à cause de son apparence maladive? Une âme grande et digne d'amour ne peut-elle pas briller dans le plus misérable et le plus difforme Ésope, comme un diamant brille en un bourbier, (*avec un ris méchant*) et l'amour sur des lèvres décolorées?... Sans doute; mais lorsque le vice a aussi détruit la force du caractère, lorsque avec la chasteté la vertu a aussi disparu, lorsque l'odeur s'est évaporée de la rose flétrie, lorsque l'âme est devenue difforme comme le corps...

AMÉLIE, *avec un mouvement de joie.*

Ah! Charles! maintenant je te reconnais tu es encore le même, entièrement le même! tout cela est mensonge... Ne sais-tu pas, misérable, qu'il est impossible que Charles ressemble à ce tableau? (*François reste un moment pensif, puis se retourne tout-à-coup pour sortir.*) Où vas-tu si vite? recules-tu devant ta propre infamie?

FRANÇOIS, *se cachant le visage.*

Laisse-moi, laisse-moi!... que je donne un libre

cours à mes larmes... Père tyrannique, qui livres le meilleur de tes fils à la détresse... à l'opprobre qui l'environne!... Laisse-moi, Amélie, je veux tomber à ses pieds, je veux le conjurer à genoux de reporter sur moi la malédiction qu'il a proférée... de me déshériter... de prendre... mon sang... ma vie... tout...

AMÉLIE *se jette à son cou.*

Frère de mon Charles, bon, aimable François!

FRANÇOIS.

O Amélie! combien je t'aime pour cette inébranlable fidélité gardée à mon frère... Pardonne-moi d'avoir osé mettre ton amour à cette rude épreuve... Que tu as bien répondu à mes vœux! Ces larmes, ces soupirs, ce céleste courroux!... Moi aussi, moi aussi... Nos âmes étaient si bien en harmonie!

AMÉLIE.

Oh! non, cela n'a jamais été ainsi.

FRANÇOIS.

Hélas! nous étions si bien en harmonie, qu'il me semblait toujours que nous étions jumeaux! Et n'était cette malheureuse différence extérieure, où Charles sans doute avait tout l'avantage, on aurait pu dix fois nous prendre l'un pour l'autre. Tu es, me disais-je souvent à moi-même, tu es un autre Charles, tu es son portrait, son écho!

AMÉLIE, *secouant la tête.*

Non, non, par la chaste lumière du jour! tu n'as pas une fibre de lui, pas une étincelle de sa sensibilité.

FRANÇOIS.

Nous étions si semblables par tous nos penchans! La rose était sa fleur favorite; et quelle fleur me parut jamais au-dessus de la rose? Il aimait indiciblement la musique; et vous en êtes témoin, étoiles du ciel, que de fois vous m'avez vu, durant le profond silence des nuits, promener mes doigts sur un clavier, tandis qu'autour de moi tout était enseveli dans l'ombre et le sommeil... Et comment pourrais-tu encore douter, Amélie, que notre amour... (*Amélie le regarde avec étonnement.*) C'était durant une soirée calme et sereine, la dernière avant son départ pour Leipsick, qu'il m'emmena sous ce berceau où si souvent vous vous étiez assis ensemble dans vos rêveries d'amour... Nous demeurâmes long-temps en silence... Enfin, il me prit la main, et me parla d'une voix douce et en pleurant : Je quitte Amélie, et je ne sais pas, dit-il... mais j'ai le pressentiment que c'est pour toujours... Ne l'abandonne pas, mon frère!... sois son ami... son Charles... si Charles... ne devait... jamais revenir... (*Il se jette à genoux devant elle, et lui baise la main avec transport.*) Ah! jamais, jamais il ne reviendra, et je le lui avais promis par un serment sacré!

AMÉLIE *se recule tout-à-coup.*

Traître! ah! je te reconnais! sous ce même berceau, il me conjura de n'écouter aucun autre amour, même après sa mort; regarde combien tu es impie, abominable... Fuis de mes yeux.

FRANÇOIS.

Tu ne me connais pas, Amélie, non, tu ne me connais pas!

AMÉLIE.

Oh! je te connais de ce moment, je te connais bien... et tu prétends lui ressembler? Devant toi, il a pleuré sur moi? devant toi! il aurait plutôt inscrit mon nom sur un pilori. Fuis de mes yeux!

FRANÇOIS.

Tu m'offenses.

AMÉLIE.

Fuis, te dis-je ; tu m'as dérobé une heure précieuse, qu'elle te soit reprise sur ta vie.

FRANÇOIS.

Tu me hais.

AMÉLIE.

Je te méprise ; va.

FRANÇOIS, *frappant du pied.*

Attends, et tu auras à trembler devant moi! me sacrifier ainsi à un mendiant!

Il sort en fureur.

AMÉLIE.

Va-t'en, misérable... Maintenant je suis avec Charles... Un mendiant, dit-il! le monde est donc renversé : les mendians sont des rois, et les rois sont des mendians! Je n'échangerais pas les haillons qu'il porte contre la pourpre des souverains... Le regard avec lequel il mendie doit être un noble, un royal regard; ah! un regard qui anéantit la magnificence, la pompe, le triomphe des riches et des grands de la terre. (*Elle arrache son collier de perles.*) Tombe dans la poussière, éclatante parure! Portez de l'or, de l'argent, des joyaux, vous autres riches et grands de la terre! gorgez-vous de splendides repas! reposez vos membres sur un voluptueux duvet! mais moi, Charles, Charles, je serai digne de toi.

ACTE DEUXIEME.

Même lieu.

SCÈNE PREMIÈRE.

FRANÇOIS DE MOOR, *pensif dans une chambre.*

Le temps me dure trop... le docteur prétend bien que les forces diminuent... la vie d'un vieillard est une éternité... et maintenant ma route est libre et frayée jusqu'à cet amas fâcheux et tenace de molécules vivantes, qui, semblables aux dragons enchantés des contes de fées, me ferme le chemin, et m'empêche d'arriver à mon trésor enfoui.

Mes projets doivent-ils donc se courber sous le joug de fer de cet obstacle mécanique? l'essor de mon génie doit-il être enchaîné à cette marche de la matière, qui n'avance qu'à pas de tortue? Souffler une lampe qui consume péniblement sa dernière goutte d'huile... ce n'est pourtant que cela; et cependant, par respect humain, je ne voudrais pas avoir fait cela, je ne voudrais pas qu'il fût tué, mais qu'il cessât de vivre. Je voudrais opérer comme un habile médecin, mais au rebours; je voudrais m'opposer à l'action salutaire de la nature, au lieu de l'aider dans sa marche; et puisque nous pouvons réellement prolonger les conditions d'où résulte la vie, pourquoi ne pourrions-nous pas les abréger?

Des philosophes et des médecins m'ont enseigné comment les impulsions de l'esprit sont en harmonie avec les mouvemens de la machine. Les sensations douloureuses sont toujours accompagnées d'une dissonance dans les vibrations mécaniques; les souffrances morales dérangent les forces vitales; l'âme accablée écrase sa propre enveloppe. Eh bien donc... celui qui saurait ouvrir cette route nouvelle à la mort, pour s'introduire dans la forteresse de la vie, qui détruirait le corps par l'âme... Ah! ce serait une œuvre originale! Celui qui la mènerait à bien!... ce serait une œuvre incomparable!... songe à cela, Moor! ce serait un art digne de t'avoir pour inventeur. On a poussé l'empoisonnement presque au rang des sciences exactes. La nature a été contrainte, à force d'expériences, de laisser connaître ses bornes; de telle sorte qu'on peut calculer une année d'avance les battemens du cœur, et dire aux pulsations de l'artère: Vous irez jusque là, et pas plus loin*! Et pourquoi ne pas tenter ce nouvel essor!

Par où vais-je commencer l'entreprise de rompre cette douce et paisible union de l'âme avec le corps? quelles espèces de sensations dois-je préférer? quelles sont celles dont l'action est la plus contraire, la plus nuisible à la substance de la vie? La colère?... ce loup dévorant est trop tôt rassasié... L'inquiétude? ce ver ronge trop lentement à mon gré. Le chagrin? ce serpent se traîne trop doucement pour moi. La crainte? l'espérance s'oppose à ses atteintes. Eh quoi! sont-ce là tous les bourreaux de l'homme? l'arsenal de la mort est-il sitôt épuisé? (*Il réfléchit.*) L'effroi! quelle est sa puissance? (*Avec transport.*) Comment? eh bien! quoi? Non!... non!... et que peuvent la raison et la religion contre les étreintes glacées de ce géant?... et cependant... s'il résistait encore à cet assaut? s'il... Oh! alors, viens à mon secours, affliction! et toi, repentir, infernale Euménide, reptile dévorant, qui rumines long-temps ta nourriture, qui te repais de tes propres déjections, qui produis éternellement un poison que tu bois éternellement! et toi, remords aboyant, qui dévastes ta propre demeure, et déchires ta [...] mère. Venez aussi à mon aide, vous, divinités bienfaisantes, vous semblables aux grâces! toi, déesse au doux sourire, déesse du passé! et toi, déesse couronnée de fleurs, déesse de l'avenir qui tiens la corne d'abondance! venez, montrez-lui dans votre miroir, les joies du ciel, et puis que votre vol fugitif échappé à ses bras empressés... Ainsi d'attaque en attaque, d'assaut en assaut, j'userai sa vie fragile, jusqu'à ce qu'enfin [...] la dernière des furies... le désespoir! [...] C'est un plan complet... il n'en est pas de plus artistement, de plus puissamment conçu, et c'est immanquable, sans danger, car (*d'une voix basse et lente*) le scalpel de la dissection n'aura à découvrir ni une blessure ni une trace de poison corrosif.

Eh bien donc!... (*Herrmann entre*) Ha! Deus ex machinâ! Herrmann.

HERRMANN.

Prêt à vous servir, mon jeune seigneur.

FRANÇOIS, *lui prenant la main.*

Tu n'obligeras pas un ingrat.

HERRMANN.

J'en ai des preuves.

FRANÇOIS.

Tu en auras bientôt d'autres... bientôt, Herrmann... J'ai quelque chose à te dire, Herrmann.

HERRMANN.

Je suis tout oreille.

FRANÇOIS.

Je te connais; tu es un drôle déterminé.—Un

---

* Une femme, à Paris, avait poussé cela si loin, après une série de recherches bien faites, qu'elle pouvait, avec une assez grande exactitude, annoncer d'avance le jour de la mort. Fi de nos médecins! leur science de pronostic pâlit devant cette femme.

cœur de soldat. — Du courage jusqu'aux ongles.
— Mon père t'a offensé, Herrmann!
HERRMANN.
Le diable m'emporte si je l'oublie jamais.
FRANÇOIS.
C'est parler en homme! la vengeance sied bien à une âme virile. Tu me plais, Herrmann. Prends cette bourse, Herrmann. Elle serait plus lourde si j'étais seigneur ici.
HERRMANN.
C'est ce que j'ai toujours souhaité; je vous remercie, mon jeune seigneur.
FRANÇOIS.
Réellement, Herrmann? tu souhaites réellement que je sois seigneur? mais mon père a la vie dure, et je suis le plus jeune de ses fils.
HERRMANN.
Je voudrais que vous fussiez l'aîné, et que votre père eût la santé d'une jeune fille en consomption.
FRANÇOIS.
Ah! comme ce fils aîné-là te récompenserait! comme il te tirerait de cette ignoble poussière qui convient si mal à ton esprit et à ta noblesse! Alors, tel que te voilà, tu serais couvert d'or, et tu courrais les rues à quatre chevaux. Voilà comme tu serais, assurément! Mais j'oubliais ce que j'avais à te dire... As-tu déjà oublié mademoiselle d'Edelreich, Herrmann?
HERRMANN.
Mille tonnerres! que me rappelez-vous là!
FRANÇOIS.
Mon frère te l'a soufflée.
HERRMANN.
Il aura à s'en repentir.
FRANÇOIS.
Elle te força à renoncer à sa recherche... Je crois que lui ne jeta au bas de l'escalier.
HERRMANN.
Et moi, je le pousserai dans l'enfer.
FRANÇOIS.
Il disait que, d'après le bruit commun, ton père ne pouvait jamais te regarder sans se frapper la poitrine, et dire avec un soupir : Mon Dieu, prenez pitié de moi, pauvre pécheur.
HERRMANN, *impétueusement*.
Tonnerre et éclairs, finissez!
FRANÇOIS.
Il te conseilla de mettre à l'encan tes lettres de noblesse, pour faire rapiécer tes bas.
HERRMANN.
Par tous les diables, je lui arracherai les yeux avec mes ongles.
FRANÇOIS.
Comment! tu fais le mauvais? comment! tu t'emportes contre lui? Quel mal peux-tu lui faire? Que peut le rat contre le lion? ta colère lui rendrait seulement son triomphe plus doux. Tu ne peux rien faire que grincer des dents, et passer ta colère sur un morceau de pain sec.
HERRMANN, *frappant du pied*.
Je veux le mettre en poudre.

FRANÇOIS, *lui frappant sur l'épaule*.
Fi, Herrmann! tu es gentilhomme! tu ne dois pas endurer un affront. Tu ne dois pas te laisser enlever la demoiselle. Pour rien dans le monde, tu ne dois le souffrir, Herrmann! tonnerre et tempête! j'en viendrais aux dernières extrémités, si j'étais à ta place!
HERRMANN.
Je n'aurai pas de repos que je ne l'aie mis sous mes pieds.
FRANÇOIS.
Pas tant de colère, Herrmann. Allons, approche, tu auras Amélie.
HERRMANN.
Il le faut, en dépit de l'enfer! il me la faut.
FRANÇOIS.
Tu l'auras, te dis-je, et de ma main. Approche, te dis-je... Tu ne sais peut-être pas que Charles est comme déshérité.
HERRMANN, *approchant*.
C'est inconcevable. Voilà le premier mot qui m'en arrive.
FRANÇOIS.
Calme-toi, et écoute! tu en sauras une autre fois davantage... Oui, te dis-je, depuis onze mois il est comme banni; mais le vieillard se repent déjà du pas trop précipité que, (*il sourit*) je m'en flatte, il n'a pas fait de lui-même. Aussi Edelreich le poursuit chaque jour de ses reproches et de ses plaintes. Tôt ou tard il le fera chercher aux quatre coins du monde, et si on le trouve, alors, Herrmann, bonsoir. Tu pourras, en toute humilité, escorter son carrosse quand il ira à l'église pour le mariage.
HERRMANN.
Je l'égorgerai devant l'autel.
FRANÇOIS.
Le père lui cédera bientôt la seigneurie et vivra en repos dans ses châteaux. L'orgueilleux portera la tête haute; il tiendra les rênes du pouvoir, et se moquera de son envieux ennemi... Et moi, qui voulais faire de toi un homme riche et important, moi-même, Herrmann, je m'inclinerai profondément devant le seuil de sa porte.
HERRMANN, *avec chaleur*.
Non, aussi vrai que je m'appelle Herrmann, cela ne sera pas! tant qu'une étincelle de bon sens restera dans mon cerveau, cela ne sera pas!
FRANÇOIS.
L'empêcheras-tu? Toi aussi, mon cher Herrmann, il te mènera à la baguette; il te crachera au visage quand il te rencontrera dans la rue, et malheur à toi si tu hausses les épaules ou si ta bouche murmure... Vois-tu, c'est là où en est ton mariage avec Amélie, où en sont tes projets, où en sont tes espérances.
HERRMANN.
Dites-moi, que faut-il faire?
FRANÇOIS.
Écoute-moi donc, Herrmann; tu vois que je prends ton destin à cœur, comme un sincère ami... Va... déguise-toi... rends-toi entièrement

méconnaissable, fais-toi annoncer chez le vieillard, raconte que tu viens tout droit de la Bohême, que tu étais avec mon frère à la bataille devant Prague, et que tu lui as vu rendre l'âme sur le champ de bataille.

HERRMANN.

Me croira-t-on?

FRANÇOIS.

Ho, ho! pour cela je m'en charge. Prends ce paquet; tu y trouveras ta commission expliquée fort au long, et des renseignemens qui persuaderaient le doute en personne... Maintenant occupe-toi seulement de sortir sans être vu; passe par la porte de derrière de la cour, et de là saute par-dessus le mur du jardin : la catastrophe de cette tragi-comédie me regarde.

HERRMANN.

Et alors on dira : *Vivat* le nouveau seigneur, François de Moor!

FRANÇOIS, *lui donnant un petit coup sur la joue.*

Comme tu es fin!... Vois-tu, de cette manière nous atteindrons notre but à la fois et bientôt. Amélie renonce à ses espérances sur lui; le vieillard se reproche la mort de son fils, et... il devient malade... Un bâtiment qui s'écroule n'a pas besoin d'un tremblement de terre pour tomber en ruine... il ne survivra pas à cette nouvelle... alors je suis son fils unique... Amélie a perdu ses protecteurs, elle est à la merci de ma volonté; et tu peux facilement penser... Bref, tout va à souhait... mais il ne faut pas reprendre ta parole.

HERRMANN.

Que dites-vous? (*Gaiement.*) La balle rebrousserait plutôt chemin pour rentrer dans le canon du fusil. Comptez sur moi; laissez-moi seulement faire... Adieu.

FRANÇOIS *lui crie pendant qu'il s'en va.*

Tu en recueilleras le fruit, cher Herrmann. (*Seul.*) Le bœuf conduit le blé à la grange, et il faut bien qu'il se contente de foin seulement. Que faut-il pour toi? une fille d'auberge, et jamais une Amélie.

Il sort.

~~~~~~~~~~~~~~~~~~~~~~~~~~~~~~~~~~~

SCÈNE II.

La chambre à coucher du vieux Moor.

LE VIEUX MOOR *endormi dans un fauteuil*; AMÉLIE.

AMÉLIE, *marchant doucement et avec précaution.*

Doucement, doucement; il sommeille. (*Elle s'arrête devant lui.*) Quelle belle, quelle respectable figure!... respectable, comme on représente les saints... Non, je ne puis te faire des reproches, je ne puis faire de reproches à ces cheveux blancs! dors doucement, réveille-toi content; moi seule je veux veiller et souffrir.

LE VIEUX MOOR, *rêvant.*

Mon fils! mon fils! mon fils!

AMÉLIE, *lui prenant la main.*

Écoutons, écoutons : il rêve de son fils.

LE VIEUX MOOR.

Est-ce toi? est-ce bien toi? Hélas! que tu sembles malheureux! Ne me regarde pas avec des yeux si tristes! je suis assez malheureux.

AMÉLIE *l'éveille tout-à-coup.*

Regardez! c'est un rêve seulement, mon cher oncle : remettez-vous.

LE VIEUX MOOR, *à demi éveillé.*

Ce n'était pas lui! Je n'ai pas pressé sa main! Vilain François, veux-tu aussi le chasser de mes songes?

AMÉLIE.

As-tu bien entendu, Amélie?

LE VIEUX MOOR, *tout-à-fait réveillé.*

Où est-il? où suis-je? Tu es là, Amélie?

AMÉLIE.

Comment êtes-vous? Ce sommeil vous aura fait du bien.

LE VIEUX MOOR.

Je rêvais de mon fils. Pourquoi mon rêve ne s'est-il pas prolongé? j'aurais peut-être entendu un pardon de sa bouche.

AMÉLIE.

Les anges sont sans rancune, — il vous pardonne. (*Elle lui tend la main tristement.*) Père de mon Charles, je vous pardonne!

LE VIEUX MOOR.

Non, non, ma fille! cette mortelle pâleur de ton visage accuse son père. Pauvre fille! je t'ai ravi la joie de ta jeunesse... Oh! ne me maudis pas!

AMÉLIE, *lui baisant la main avec tendresse.*

Vous?

LE VIEUX MOOR.

Connais-tu ce portrait, ma fille?

AMÉLIE.

Charles!

LE VIEUX MOOR.

Tel il était quand il entrait dans sa seizième année. Maintenant il n'est plus ainsi... Oh! cela déchire mon âme... Cette douceur s'est changée en chagrin, ce sourire en désespoir... n'est-ce pas, Amélie? C'était le jour de sa naissance; il était sous le berceau de jasmin quand tu le peignis... O ma fille! votre amour me rendait si heureux!

AMÉLIE, *les yeux attachés sur le portrait.*

Non, non, ce n'est pas lui. Par la couleur n'est pas Charles... Ici, ici (*elle montre son front et son cœur*) il est tout entier; il y est autrement. Ces couleurs grossières ne peuvent pas rendre son âme céleste, son regard de feu. Et il n'y a là rien que d'humain! Je n'étais qu'une écolière.

LE VIEUX MOOR.

Ce regard bienveillant et animé... Ah! s'il était près de mon lit de mort, il me rappellerait à la vie. Je ne mourrais jamais, s'il était près de moi.

AMÉLIE.

Non, non, vous ne seriez jamais mort! Ce n'eût été qu'un passage facile d'une pensée à une

utre pensée plus belle; ce regard eût brillé sur
otre tombeau, ce regard vous eût conduit au
iel.

LE VIEUX MOOR.

Ah! que cela est pénible! que cela est triste!
Je meurs, et mon fils Charles n'est pas ici... Je
serai porté au tombeau, et il ne pleurera pas sur
mon tombeau. Combien il serait doux d'être
bercé dans son lit de mort par les prières d'un
fils! elles m'endormiraient délicieusement.

AMÉLIE, *avec exaltation.*

Ah! combien il serait doux, combien il serait
céleste d'être bercé dans le lit de mort par le
chant de son bien-aimé!... Peut-être dans le
tombeau y a-t-il encore des rêves... Un rêve long,
éternel, infini, toujours de Charles! jusqu'au
moment où retentira la cloche de la résurrection... (*Avec un air de ravissement.*) Et ensuite
dans ses bras pendant l'éternité.

Après un moment de silence, elle va au clavecin et chante.

Hector, veux-tu t'arracher de mes bras?
Veux-tu braver l'homicide colère
Que de Patrocle anime le trépas?
Songe à ton fils, conserve-lui son père.
Ne doit-il pas apprendre sous tes yeux
A servir Troie, à révérer les dieux?

LE VIEUX MOOR.

C'est une belle romance, ma fille; il faudra me
la jouer quand je mourrai.

AMÉLIE.

Ce sont les adieux d'Hector et d'Andromaque.
Charles et moi l'avons souvent chantée, accompagnée de sa guitare.

Elle chante.

J'entends les cris d'un insolent vainqueur:
Chère Andromaque, apporte-moi ma lance.
Serais-je pas méprisable en mon cœur
Si d'Ilion j'abdiquais la défense?
Je vais t'attendre au séjour des heureux;
Et pour mon fils, je le confie aux dieux!

Daniel entre.

DANIEL.

Un homme est là-bas à attendre. Il demande à
être introduit. Il a une nouvelle importante à
vous apprendre.

LE VIEUX MOOR.

Il n'y a qu'une chose au monde importante
pour moi; tu le sais, Amélie... Est-ce un malheureux qui a besoin de secours? il ne faut pas qu'il
s'en retourne en soupirant.

AMÉLIE.

Si c'est un mendiant, qu'il vienne tout de suite.

Daniel sort.

LE VIEUX MOOR.

Amélie! Amélie! épargne-moi!

AMÉLIE, *reprenant sa romance.*

Ah! si tu pars pour ne plus revenir,
Dans ce palais, désormais solitaire,
Je ne vivrai que de ton souvenir.
Pour achever de combler ma misère
Tu m'oublieras dans le sombre séjour,
Car aux enfers jamais n'entra l'Amour.

Les vains désirs ne nous survivent pas;
Dans le Léthé leur souvenir s'efface;
Mais mon amour bravera le trépas...
J'entends Achille accuser mon audace!
Ceins mon épée, adieu, ne pleure pas,
L'amour d'Hector bravera le trépas.

François, Herrmann déguisé, Daniel, entrent.

FRANÇOIS.

Voici cet homme, mon père. Il vous apporte,
dit-il, de terribles nouvelles. Pouvez-vous les entendre?

LE VIEUX MOOR.

Je ne connais qu'une seule nouvelle. Approche,
mon ami, et ne m'épargne pas. Donnez-lui un
verre de vin.

HERRMANN, *déguisant sa voix.*

Monseigneur, il ne faudra pas en vouloir à un
pauvre homme, si, contre son gré, il vous perce
le cœur. Je suis étranger à ce pays; cependant
je vous connais très-bien; vous êtes le père de
Charles de Moor.

LE VIEUX MOOR.

D'où sais-tu cela?

HERRMANN.

Je connais votre fils.

AMÉLIE, *avec transport.*

Il est vivant! il est vivant! Tu le connais? Où
est-il? où est-il?

Elle veut sortir.

LE VIEUX MOOR.

Tu sais quelque chose de mon fils?

HERRMANN.

Il a étudié à Leipsick; de là il a beaucoup
couru de côté et d'autre. Il a erré dans toute
l'Allemagne, et, comme il le contait lui-même,
nu-pieds, tête nue, et mendiant son pain de
porte en porte. Il y a cinq mois, quand la cruelle
guerre entre la Prusse et l'Autriche éclata de
nouveau, comme il n'avait pas une espérance
dans le monde, il s'engagea sous les drapeaux
victorieux que Frédéric avait conduits en Bohême.
Permettez-moi, dit-il au grand Schwerin, de
trouver la mort au champ d'honneur, je n'ai plus
de père...

LE VIEUX MOOR.

Ne me regarde pas, Amélie!

HERRMANN.

On lui donna un drapeau; il suivit la marche
victorieuse des Prussiens. Nous couchions sous la
même tente; il me parlait beaucoup de son vieux
père, et des jours meilleurs du temps passé, et de
ses espérances évanouies... et les larmes nous venaient aux yeux.

LE VIEUX MOOR.

Assez! assez!

HERRMANN.

Huit jours après, arriva la sanglante affaire de
Prague... Je puis vous dire que votre fils se conduisit comme un brave soldat. Il fit des merveilles aux yeux de toute l'armée. Cinq régiments
furent successivement écrasés au poste où il était,
et il ne bougea pas. La mitraille pleuvait à droite

et à gauche, et votre fils ne bougea pas. Une balle lui écrasa la main droite, il prit son drapeau de la main gauche, et il ne bougea pas.

AMÉLIE, *avec enthousiasme.*

Hector! Hector!... Entendez-vous, il ne bougea pas.

HERRMANN.

Je le trouvai le soir de la bataille percé de balles; de sa main gauche, il arrêtait son sang; la main droite était perdue. « Frère, me dit-il, le bruit a couru dans les rangs que le général était tombé, il y a une heure... — Il est tombé, dis-je; et toi?...—Eh bien! s'est-il écrié en retirant sa main gauche, que tout brave soldat suive comme moi son général! » Bientôt après il a exhalé sa grande âme comme un héros.

FRANÇOIS, *s'approchant avec colère d'Herrmann.*

Que la mort retienne ta langue maudite! Es-tu venu ici pour donner le coup de la mort à notre père? Mon père! Amélie! mon père!

HERRMANN.

Ce fut la dernière volonté de mon camarade mourant. Prends cette épée, dit-il en rendant le dernier soupir, tu la porteras à mon vieux père; elle est teinte du sang de son fils, le voilà vengé! qu'il s'en repaisse. Dis-lui que sa malédiction m'a poussé dans les combats et à la mort, et que je meurs dans le désespoir! Son dernier soupir fut: Amélie.

AMÉLIE, *comme se réveillant du sommeil de la mort.*

Son dernier soupir fut: Amélie!

LE VIEUX MOOR, *avec d'horribles sanglots, et s'arrachant les cheveux.*

Ma malédiction l'a poussé à la mort! il est mort dans le désespoir!

FRANÇOIS, *se promenant à grands pas dans la chambre.*

Ah! qu'avez-vous fait, mon père? Charles, mon frère!

HERRMANN.

Voici son épée, et voilà aussi un portrait qu'il tira en même temps de son sein. Il ressemble trait pour trait à cette dame. Ceci est pour mon frère François, a-t-il dit; je ne sais ce qu'il voulait dire.

FRANÇOIS, *feignant l'étonnement.*

A moi? le portrait d'Amélie? à moi... Charles... Amélie!... à moi?

AMÉLIE, *vivement, à Herrmann.*

Menteur infâme et mercenaire.

Elle le saisit avec force.

HERRMANN.

Vous ne me connaissez pas, madame. Voyez vous-même si ce n'est pas votre portrait; peut-être le lui aviez-vous donné?

AMÉLIE, *lui rendant le portrait.*

C'est mon portrait! O Dieu du ciel!

LE VIEUX MOOR, *poussant des cris et se déchirant le visage.*

Malheur! malheur! Ma malédiction l'a poussé à la mort! il est mort dans le désespoir!

FRANÇOIS.

Et il a pensé à moi à l'instant cruel du départ? Ame angélique! au moment où l'étendard de la mort flottait déjà sur sa tête... A moi!

LE VIEUX MOOR, *en sanglotant.*

Son désespoir l'a poussé à la mort! il est mort dans le désespoir!

HERRMANN.

Je ne puis soutenir ces cris de douleur. Adieu, respectable seigneur! (*Bas à François.*) Pourquoi donc avez-vous fait cela, jeune homme?

Il sort promptement.

AMÉLIE, *s'élançant après lui.*

Arrête! arrête! quelles furent ses dernières paroles?

HERRMANN, *en s'en allant.*

Son dernier soupir fut: Amélie.

Il sort.

AMÉLIE.

Son dernier soupir fut: Amélie... Non, tu n'es point un imposteur! Il est donc vrai... vrai... qu'il est mort!... mort!... Charles est mort! (*Elle chancelle et tombe.*) Mort!... Charles est mort!

FRANÇOIS.

Que vois-je! des caractères sanglans sur cette épée? Amélie!

AMÉLIE.

De lui?

FRANÇOIS.

Ai-je bien vu? Est-ce un rêve? Lis ces sanglans caractères: « François, n'abandonne jamais mon Amélie. » Vois donc, et de l'autre côté: « Amélie, la toute-puissance de la mort a rompu ton serment. » Vois-tu? il a écrit d'une main glacée; il l'a écrit avec le sang de son cœur; il l'a écrit sur le seuil solennel de l'éternité! son âme, avant de s'envoler, s'est arrêtée pour unir François et Amélie.

AMÉLIE.

Dieu puissant! c'est son écriture... Il ne m'a jamais aimée!

Elle sort précipitamment.

FRANÇOIS, *frappant du pied.*

Désespoir! Tout mon art échoue sur cette tête obstinée!

LE VIEUX MOOR.

Malheur, malheur! ne m'abandonne pas ma fille!... François, François, rends-moi mon fils!

FRANÇOIS.

Qui lui a donné sa malédiction? qui a poussé son fils dans les combats, dans la mort, dans le désespoir?... Ah! c'était un ange, un trésor des cieux. Malédiction sur ses bourreaux! malédiction, malédiction sur vous-même!

LE VIEUX MOOR, *se frappant le front et la poitrine.*

C'était un ange, un trésor des cieux! Malédiction, malédiction, damnation sur moi! je suis le père qui a frappé son magnanime fils. Il m'a aimé jusque dans la mort! c'est pour obéir à ma vengeance qu'il a couru aux combats et à la mort! Monstre, monstre!

Il se frappe encore.

FRANÇOIS.

Il n'est plus, à quoi servent vos tardives plaintes? (*Avec un sourire ironique.*) Il est plus facile de tuer que de rendre la vie. Vous ne pourrez jamais le tirer du tombeau.

LE VIEUX MOOR.

Jamais, jamais, le tirer du tombeau! perdu, perdu pour toujours!... Tu as surpris cette malédiction à mon cœur... c'est toi... c'est toi... rends-moi mon fils!

FRANÇOIS.

N'irritez pas ma colère, je vous abandonne dans la mort!

LE VIEUX MOOR.

Quelle horreur! quelle horreur!... Rends-moi mon fils!

Il se lève de son siége, et veut saisir à la gorge François, qui le repousse en arrière.

FRANÇOIS.

Impuissant vieillard! vous osez!... Meurs dans le désespoir.

Il sort.

LE VIEUX MOOR.

Que mille malédictions te foudroient! Tu as dérobé mon fils dans mes bras. (*Il s'agite avec désespoir dans son fauteuil.*) Malheur, malheur! le désespoir... et pas la mort!... Ils me fuient, ils m'abandonnent dans la mort... mes bons anges s'éloignent de moi; les saints délaissent le meurtrier à cheveux blancs... Malheur, malheur! nul ne soutiendra ma tête défaillante, nul ne délivrera mon âme de son agonie! Pas de fils! pas de fille! pas d'amis! pas un homme même! nul ne veut... Seul, délaissé... Malheur, malheur!... le désespoir... et pas la mort! (*Amélie rentre les yeux en pleurs.*) Amélie! messager des cieux! viens-tu délivrer mon âme?

AMÉLIE, *avec douceur.*

Vous avez perdu un noble fils.

LE VIEUX MOOR.

Je l'ai assassiné, veux-tu dire. C'est chargé de cette action que j'aurai à me présenter devant le tribunal de Dieu.

AMÉLIE.

Non, malheureux vieillard, c'est le Père céleste qui l'a rappelé à lui. Nous eussions été trop heureux en ce monde... Là haut... là haut, au-dessus des astres,... nous le reverrons.

LE VIEUX MOOR.

Le revoir, le revoir! ah! c'est cette pensée qui me déchire l'âme. — Quand bien même, reçu comme juste parmi les justes, je viendrais à l'y rencontrer... l'horreur de l'enfer me saisirait au milieu du ciel! même en présence de l'Être infini, je serais écrasé sous ce souvenir : j'ai tué mon fils.

AMÉLIE.

Ah! il sourira avec vous de ces douloureux souvenirs. Soyez donc calme, mon bon père! je le suis tout-à-fait. Déjà sur sa harpe séraphique il a fait entendre aux chœurs célestes le nom d'Amélie, et les chœurs célestes le répètent doucement après lui! Son dernier soupir ne fut-il pas : Amélie! Son premier cri de joie ne sera-t-il pas : Amélie!

LE VIEUX MOOR.

Une céleste consolation coule de tes lèvres! il me sourira, dis-tu? il me pardonnera? Il faudra que tu sois près de moi quand je mourrai, bien-aimée de mon Charles.

AMÉLIE.

Mourir, ce sera s'envoler dans ses bras. Heureux que vous êtes! vous êtes digne d'envie. Ah! pourquoi mes os ne sont-ils pas desséchés? pourquoi mes cheveux ne sont-ils pas blanchis? malheureuse force de la jeunesse! Sois la bien venue, vieillesse débile, qui me rapprocherais du ciel et de mon Charles.

François rentre.

LE VIEUX MOOR.

Viens, mon fils! pardonne-moi ma rudesse envers toi. Je te pardonne tout. Je voudrais rendre l'âme en paix.

FRANÇOIS.

N'avez-vous pas assez pleuré sur votre fils? Autant que je puis voir, vous n'en aviez qu'un?

LE VIEUX MOOR.

Jacob avait douze fils, pourtant il pleura des larmes de sang sur son cher Joseph.

FRANÇOIS.

Hum!

LE VIEUX MOOR.

Prends la Bible, ma fille, et lis-moi l'histoire de Jacob et de Joseph. Elle m'a toujours beaucoup ému; et je ne ressemblais pas encore à Jacob.

AMÉLIE.

Que faut-il vous lire?

Elle prend la Bible, et feuillette le livre.

LE VIEUX MOOR.

Lis-moi le désespoir du pauvre père quand il ne le retrouve plus parmi ses enfans, quand ses yeux le cherchent vainement entre eux; et son chant de douleur, quand il apprend que son cher Joseph lui est ravi pour toujours.

AMÉLIE, *lisant.*

« Et ils prirent la robe de Joseph, et ayant tué
» un bouc d'entre les chèvres, ils trempèrent la robe
» dans le sang; et ils emportèrent la robe bigar-
» rée, et la montrèrent à leur père, et dirent : Nous
» avons trouvé ceci, vois si c'est la robe de ton
» fils, ou non? (*François s'éloigne tout-à-coup.*)
» Et il la reconnut et dit : C'est la robe de mon
» fils, une mauvaise bête l'a déchiré; une bête
» dévorante a dévoré Joseph. »

LE VIEUX MOOR, *laissant tomber sa tête sur son fauteuil.*

« Une bête dévorante a dévoré Joseph. »

AMÉLIE, *continuant à lire.*

« Et Jacob déchira ses vêtemens, et il mit un
» sac sur ses reins; et il eut du chagrin sur son

» fils pendant long-temps; et tous ses fils et tou-
» tes ses filles vinrent pour le consoler, mais il ne
» voulait pas être consolé et disait : Je descen-
» drai sous la terre avec mon chagrin. »

LE VIEUX MOOR.

Assez! assez! je souffre beaucoup.

AMÉLIE, *laissant tomber le livre et courant à lui.*

Dieu! secourez-nous! Qu'est-ce donc?

LE VIEUX MOOR.

C'est la mort... Un nuage noir... flotte devant mes... yeux. Je te prie... appelle le pasteur... qu'il m'apporte... le dernier repas... Où est... mon fils François?

AMÉLIE.

Il s'est retiré. Dieu! ayez pitié de nous.

LE VIEUX MOOR.

Retiré! Il s'est retiré du lit d'un mourant?... Ainsi... ainsi voilà... de deux fils, mon espérance... pas un!... Tu me les avais donnés... tu me les ôtes... que ton nom soit...

AMÉLIE, *avec un cri soudain.*

Mort, tout-à-fait mort!

Elle s'enfuit avec désespoir.

FRANÇOIS, *rentre sur la pointe du pied, avec la physionomie joyeuse.*

Mort! a-t-on crié, mort! maintenant, je suis le maître. Ce cri, mort! retentit dans tout le château... Mais peut-être n'est-il qu'endormi... Vraiment oui, c'est un sommeil! seulement c'est pour toujours qu'on vous dit bonsoir... Le sommeil et la mort sont jumeaux; nous voulons une fois leur faire échanger leurs noms. Excellent, favorable sommeil! nous voulons t'appeler la mort. (*Il lui ferme les yeux.*) Qui pourrait maintenant venir me traduire devant la justice? qui oserait me dire en face : Tu es un scélérat? Plus de ce masque pesant de douceur et de vertu! maintenant vous allez voir François à découvert, et vous frémirez. Mon père était tout sucre dans ses exigences; il traduisait ses commandemens dans un langage paternel; il s'asseyait devant sa porte avec affabilité, et les appelait tous ses frères ou ses enfans... Mes sourcils froncés vous menaceront sans cesse, comme le nuage de la foudre; mon pouvoir seigneurial planera sur ces montagnes, comme une effrayante comète; mon front soucieux sera le thermomètre qu'il vous faudra consulter. Il flattait et caressait celui qui résistait à son pouvoir : flatter et caresser n'est point ma méthode. Je vous enfoncerai mes éperons jusque dans les flancs, et je vous cinglerai des coups de fouet... Je veux, dans mes domaines, en venir à ce point, que les pommes de terre et la petite bière seront le régal des jours de fête. Malheur à celui qui se présentera à mes yeux avec un visage plein et vermeil! la pâleur de la misère, et le servile effroi, voilà les couleurs que je veux voir; et je vous ferai porter cette livrée.

Il sort.

SCÈNE III.

Les forêts de la Bohême.

SPIEGELBERG, RAZMANN, UNE TROUPE DE BRIGANDS.

RAZMANN.

Ah! c'est toi? vraiment c'est toi? il faut que je te baise comme pain, cher ami de mon cœur! Sois le bien venu dans les forêts de Bohême! Comme te voilà gros et gras! Quel charmant bataillon! tu nous amènes toute une troupe de recrues, tu es un excellent embaucheur.

SPIEGELBERG.

N'est-ce pas, frère, n'est-ce pas? et tous bons gaillards...! Tu me croiras si tu veux, mais la bénédiction de Dieu est visiblement sur moi. Tu l'as vu, je n'étais qu'un pauvre hère affamé quand j'ai passé le Jourdain, un bâton à la main; et maintenant nous voilà soixante et dix-huit; des marchands ruinés, des professeurs et des commis renvoyés des provinces de Souabe; ça vous fait un corps de drôles! des garçons délicieux, te dis-je, qui se tiennent l'un l'autre comme des boutons de culotte; auprès de qui on est en sûreté quand on a son fusil chargé... Et quelle renommée nous avons acquise à quarante milles à la ronde! ça ne peut pas se concevoir! Il n'y a pas une gazette où tu ne trouves un article sur ce démon de Spiegelberg; il n'est question que de moi... ils m'y ont dépeint de la tête aux pieds, si bien que tu croirais me voir... jusqu'à la couleur de mon habit qu'ils n'ont pas oubliée. Mais je leur ai joué un bon tour, je m'en allai un jour dans une imprimerie, je leur dis que j'avais vu le fameux Spiegelberg, et je dictai à un scribe, qui était là assis, le signalement complet d'un certain médecin du lieu; la chose alla plus loin : mon drôle fut mis dedans, appliqué à la question, et, moitié par peur, moitié par bêtise, il confessa, ou le diable m'emporte, qu'il était Spiegelberg. Mille tonnerres! je fus sur le point d'aller me livrer aux magistrats pour empêcher cette canaille de profaner le nom de Spiegelberg. Cependant, sur ma foi, voilà trois mois qu'il est pendu; quand ensuite je passai devant la potence, où le faux Spiegelberg se pavanait dans sa gloire, je fus obligé de prendre une bonne prise de tabac; et pendant que Spiegelberg était pendu, Spiegelberg tirait tout doucement son épingle du jeu, et faisait dire sous main à cette habile justice aux oreilles d'âne, que c'était une vraie pitié!

RAZMANN, *riant.*

Tu es toujours le même.

SPIEGELBERG.

Le même, comme tu le vois, corps et âme! il faut que je te raconte une plaisanterie que j'ai faite l'autre jour dans le couvent de Sainte-Cécile. J'étais arrivé pendant ma route à ce couvent, vers la nuit tombante; je n'avais encore fêté aucun saint ce jour-là, et tu sais que je hais la mort : *diem perdidi*. Je résolus donc de signaler cette nuit-là par quelque coup, dût-il en coûter une oreille au diable. Nous nous tînmes tranquilles jusque bien tard dans la nuit. On aurait entendu une souris trotter. Nous pensâmes que les nonnes devaient être alors dans leurs draps. Je prends le camarade Grimm avec moi ; j'ordonne aux autres d'attendre devant la porte jusqu'à ce qu'ils entendent mon coup de sifflet. — Je m'assure du portier du couvent, je lui prends les clefs, je me glisse au dortoir des sœurs converses, je leur prends tout doucement leurs habillemens, j'en fais un paquet, et je retourne à la porte. Nous allons ensuite de cellule en cellule, prenant à chaque sœur son vêtement, enfin à l'abbesse elle-même... Alors je siffle, et mes drôles commencent à escalader et à assaillir le couvent, à entrer dans les cellules des sœurs en faisant un tintamarre effroyable; comme si c'était la fin du monde... Ah! ah!... Il aurait fallu voir cette chasse ; ces pauvres filles cherchaient à tâtons leurs habits dans l'obscurité, et se tordaient les bras de désespoir, comme si c'eût été le diable, pendant que nous étions là à les harceler comme la grêle ; elles s'enveloppaient tout épouvantées et au plus vite dans leurs draps de lit, ou bien s'en allaient se blottir dans le four comme des chats... et les cris, les lamentations! et quant à la vieille folle d'abbesse... tu sais, camarade, qu'il n'y a pas dans le monde d'animal qui me soit plus antipathique qu'une araignée et une vieille femme... Et pense un peu ce que j'ai dû éprouver en voyant se trémousser autour de moi cette vieille figure tannée et ridée, qui me conjurait, au nom de sa pudeur virginale... Par tous les diables! j'avais déjà établi mon coude sur sa poitrine, et j'allais lui serrer vigoureusement les côtes, ou bien il fallait au plus vite me donner toute la vaisselle d'argent, le trésor du couvent et tous les beaux écus. Mes gaillards étaient là autour de moi... Enfin, je te dis que j'ai remporté de ce couvent pour plus de deux mille écus vaillant, le divertissement par-dessus le marché; et mes gaillards ont laissé là un souvenir que les nonnes garderont au moins pendant neuf mois.

RAZMANN, *frappant du pied.*
Et que je ne fusse pas là !

SPIEGELBERG.
Mais dis-moi donc si ce n'est pas là bien vivre, si on n'est pas toujours frais et dispos, et si l'on n'engraisse pas à vue d'œil comme un prélat. — Je ne sais pas si j'ai quelque vertu magnétique, mais tous les mauvais sujets qui vivent sous le ciel du bon Dieu viennent à moi, comme le fer à l'aimant.

RAZMANN.
Belle vertu magnétique ! mais je voudrais pourtant savoir quelle sorcellerie tu emploies.

SPIEGELBERG.
Sorcellerie ! Il ne faut pas de sorcellerie, il faut avoir de la tête, une certaine judiciaire pratique, qui ne s'acquiert pas en mangeant du pain... car, vois-tu, j'ai toujours dit : on peut tailler un honnête homme dans la première souche venue ; mais pour faire un fripon il faut une fine pâte... il y a un génie national tout particulier, une espèce, si je puis parler ainsi, de climat propre à la friponnerie.

RAZMANN.
Frère, on m'a beaucoup vanté les Italiens.

SPIEGELBERG.
Oui, oui ! il faut rendre justice à chacun. L'Italie a ses hommes ; et si l'Allemagne continue comme elle est en bon train, si la Bible y règne tout-à-fait, comme il y a tout lieu de l'espérer, alors l'Allemagne pourra aussi venir à bien. Cependant il faut dire que si le climat fait beaucoup, le génie fait encore davantage, et plus que tout le reste... Une pomme, même dans le paradis, ne pourrait pas devenir un ananas... Mais reprenons... Où en étais-je resté ?

RAZMANN.
A tes finesses.

SPIEGELBERG.
Ah ! oui !... à mes finesses. Quand tu arrives dans une ville, il faut d'abord t'informer auprès des archers, du guet, des agens de police, de ceux qui les fréquentent le plus assidûment, qui les honorent de leurs visites, et alors faire connaissance avec leurs habitués... Ensuite, tu te faufileras dans les cafés, les mauvais lieux, les hôtelleries. Tu épieras, tu sonderas, pour savoir ceux qui crient le plus que tout est pour rien, que l'argent est à cinq pour cent, que l'infernale police fait tous les jours des progrès ; ceux qui critiquent le gouvernement ; ceux qui ont un grand zèle contre les physionomistes, ou contre toute autre secte ! c'est du bon : chez eux, l'honneur branle comme une dent creuse, et il ne s'agit plus que de lui appliquer les tenailles. Ou bien veux-tu réussir plus vite et mieux, tu laisseras tomber dans la rue une pleine bourse, tu te cacheras dans quelque coin, et tu remarqueras bien qui la ramasse... Un moment après, tu arriveras par derrière, tu chercheras, tu crieras, et tu demanderas aux passans : Monsieur, n'auriez-vous pas trouvé une pleine bourse d'or ? S'il dit oui, — alors tu as vu le diable. Mais s'il nie en disant : Monsieur, excusez ; — je ne sais ce que vous voulez dire... — je vous plains, — (*sautant de joie*) alors, camarade, triomphe ! triomphe ! éteins la lanterne, tu as trouvé ton homme, rusé Diogène !

RAZMANN.
Tu es un praticien consommé !

SPIEGELBERG.
Mon Dieu ! comme s'il y avait jamais eu un doute là-dessus !... A présent que ton homme a pris à l'hameçon, il faut aviser finement au moyen de l'enlever. — Vois-tu, mon fils, voilà comme je fais... Dès qu'une fois j'ai la piste, je m'attache à mon candidat comme la teigne ; je fraternise

avec lui à table ; et *nota bene* qu'il faut le régaler *gratis* ; ça coûte bien quelque chose, mais on ne prend pas garde à ça... Tu continues ; tu le mènes dans des sociétés de jeu, avec de bons vivans ; tu l'enveloppes dans quelque rixe, dans quelque mauvais coup ; et enfin, quand il est à sec d'argent, de conscience et de santé ; quand il a fait banqueroute à toute bonne réputation, il est à toi : car, pour te le dire en passant, tant que tu ne lui as pas ruiné l'âme et le corps, tu ne tiens rien... Crois-moi, camarade, j'ai recueilli, de plus de cinquante bonnes observations pratiques, que, lorsque l'honnête homme est une fois chassé du nid, le diable est le maître ; — et alors le dernier pas est ensuite si facile... comme d'une catin à une coquine... Mais... écoute donc. — Quel est ce bruit ?

RAZMANN.
C'est le tonnerre. Allons, continue.

SPIEGELBERG.
Il y a encore une méthode qui est plus courte et meilleure ; c'est de dépouiller ton homme, corps et bien, jusqu'à ce qu'il ne lui reste pas une chemise sur le dos, et alors il vient à toi de lui-même... Ah ! tu ne m'en remontreras pas en fait de ruse, camarade... Demande seulement à ce visage cuivré que tu vois là-bas... Ah ! diable ! je l'ai joliment mis dans mes filets... Je lui promis quarante ducats s'il voulait m'apporter l'empreinte en cire des clefs de son maître... Imagine que cet imbécile m'apporte les clefs, et, le diable m'emporte, il voulait avoir son argent. « Mon» sieur, lui dis-je, savez-vous que je vais tout droit » porter ces clefs au lieutenant de police, et re-» tenir votre place à la potence ? » Mille démons ! si tu avais vu ce drôle commencer à tourner les yeux et à trembler comme un caniche qui sort de l'eau... « Au nom du ciel ! si monsieur a voulu » savoir... je veux... je voudrais... — Que voulez-» vous ? Voulez-vous sur-le-champ secouer vos » oreilles et vous en venir au diable avec moi ? — » Ah ! de tout mon cœur ; avec bien du plaisir. » — Ah ! ah ! mon bon ami, c'est avec du lard qu'on attrape les souris. — Mais ris donc, Razmann. Ah ! ah !

RAZMANN.
Oui, oui, je dois l'avouer ; je voudrais écrire cette leçon-là en lettres d'or sur mon front. Satan connaît bien son monde, et il t'a fait son homme d'affaires.

SPIEGELBERG.
A la bonne heure, camarade ! je crois que lorsque je lui en aurai amené dix, en revanche il me laissera aller. — Le libraire ne donne-t-il pas le dixième exemplaire gratis au colporteur ?... et pourquoi Satan serait-il plus juif dans son commerce ? Razmann ! je sens la poudre...

RAZMANN.
Diable ! je la sens aussi depuis long-temps. — Prenons garde, il se sera passé quelque chose dans le voisinage ! — Oui, oui, comme je te le disais, Maurice, tu seras bien venu du capitaine avec tes recrues. — Il a aussi enrôlé de bons camarades.

SPIEGELBERG.
Mais les miens ! les miens !... Bah !

RAZMANN.
Oh ! oui ! ils peuvent bien avoir les doigts subtils... mais, comme je te le disais, la renommée de notre capitaine a déjà attiré des gens d'honneur.

SPIEGELBERG.
J'espère que non.

RAZMANN.
Ce n'est pas une plaisanterie. Et ils ne rougissent pas de servir sous lui. Il ne tue pas pour de l'argent, comme nous... Il n'a plus l'air de se soucier de l'argent, depuis qu'il en a en abondance ; et même son tiers du butin, qui lui revient de droit, il le donne à des orphelins, ou bien il paie les études de quelques jeunes gens pauvres et de belle espérance. Mais s'il s'agit de traiter sans pitié un jeune seigneur qui bat ses paysans comme du bétail ; mais s'il faut frapper à coups redoublés sur le fripon à galons dorés qui fait commerce de la loi, qui ferme les yeux à la justice avec de l'or ; s'il est question de gens de cette sorte... Oh ! alors, il est dans son élément, il s'anime comme un démon, et il semblerait qu'il a une furie dans chaque veine.

SPIEGELBERG.
Hum ! hum !

RAZMANN.
Dernièrement nous apprîmes dans une auberge qu'un riche comte venait de gagner un procès d'un million par les friponneries de son avocat, et qu'il devait revenir de Ratisbonne. Le capitaine était à table à dîner... Combien avons-nous d'hommes ? me demanda-t-il, se levant à la hâte. Je le vis se mordre la lèvre, ce qu'il ne fait que lorsqu'il est tout-à-fait en colère... Pas plus de cinq, lui dis-je. C'est assez, répliqua-t-il ; il jeta de l'or sur la table, et laissa, sans y toucher, le vin qu'il venait de faire demander. Nous nous mîmes en route. Pendant tout le temps, il ne dit pas une parole, marchant seul et à part ; seulement il nous demandait de temps en temps si nous n'apercevions rien, et il nous ordonnait de mettre l'oreille contre terre. Enfin, la voiture qui comte arrive ; une voiture pesamment chargée. L'avocat était assis à côté de lui ; et avant, un écuyer ; aux portières, deux domestiques à cheval. Ah ! si tu avais vu l'homme, comme il s'est élancé, deux pistolets à la main, vers la voiture, nous laissant derrière ! et la voix dont il a crié : Arrête !... Le cocher, qui ne veut pas arrêter, est jeté bas de son siège, le comte s'élance de la voiture, les cavaliers s'enfuient... « Ton argent, canaille ! » cria-t-il d'une voix de tonnerre... Il tomba comme le taureau sous la hache. « Et toi, tu es le fripon qui as fait de la justice une mauvaise catin ! » L'avocat tremblait, ses dents claquaient... Il eut bientôt un poignard planté dans le corps, comme un échalas dans une vigne... Mon affaire est faite,

dit-il, en s'écartant fièrement de nous ; le pillage vous regarde. Et aussitôt il s'enfonça dans la forêt...

SPIEGELBERG.

Hum ! hum ! frère, ce que je t'ai conté tout-à-l'heure doit rester entre nous : il n'est pas nécessaire qu'il le sache : comprends-tu ?

RAZMANN.

Bien, bien ! je comprends.

SPIEGELBERG.

Tu le connais bien, il a ses manies. Tu comprends ?

RAZMANN.

Je comprends, je comprends. (*Schwarz arrive en toute hâte.*) Qui vive ? Qu'est-ce que c'est ? Des voyageurs dans la forêt ?

SCHWARZ.

Et vite, et vite ! Où sont les autres ? — Mille diables... vous êtes là à bavarder ! vous ne savez donc pas ?... Comment, vous ne savez pas ?... Et Roller ?...

RAZMANN.

Qu'est-ce donc ? qu'est-ce donc ?

SCHWARZ.

Roller est pendu, et quatre autres avec lui...

RAZMANN.

Roller ? Diable ! depuis quand ?... D'où le sais-tu ?

SCHWARZ.

Déjà depuis trois semaines il était dedans, et nous n'en savions rien ; déjà trois fois il a paru devant le tribunal, et nous n'en savions rien : on l'a mis à la torture pour découvrir où était le capitaine. — Le brave garçon n'a rien avoué ; hier on a dû prononcer le jugement ; et ce matin on a dû l'expédier en courrier pour l'autre monde.

RAZMANN.

Malédiction ! Le capitaine sait-il cela ?

SCHWARZ.

Il ne l'a appris qu'hier ; il écuma de rage comme un sanglier. Tu sais qu'il a toujours fait grand cas de Roller ; et par là-dessus cette torture !... On a déjà essayé les cordes et les échelles pour le tirer de la tour ; mais cela n'a servi à rien : lui-même s'est glissé jusqu'à Roller, déguisé en capucin, et a voulu changer d'habits avec lui. Roller s'y est obstinément refusé. Alors il a juré un serment à faire trembler jusqu'à la moelle des os, promettant de lui allumer une torche funéraire comme on n'en a brûlé aux obsèques d'aucun roi, et de leur griller le dos de la belle manière. J'ai grand'peur pour la ville ; il a depuis long-temps une rancune contre elle parce qu'elle est trop vilainement bigote. Et tu sais que quand il dit : Je le ferai ! c'est tout comme si un de nous disait : Je l'ai fait.

RAZMANN.

C'est vrai ! je connais le capitaine : s'il avait donné au diable sa parole d'aller en enfer, il ne voudrait jamais dire un mot de prière, ne lui fallût-il que la moitié d'un *Pater noster* pour avoir la félicité éternelle. — Mais, hélas ! hélas ! le pauvre Roller ! le pauvre Roller !

SPIEGELBERG.

Memento mori ! Mais cela ne me fait pas grand'chose.

Il chante.

En passant près de la potence,
Je cligne de l'œil aussitôt,
Et dis au gaillard qui la danse :
Qui de nous deux est le plus sot ?

RAZMANN, *se reculant.*

Entends-tu ? un coup.

Des coups de fusil et un grand bruit.

SPIEGELBERG.

Encore un !

RAZMANN.

Encore un ! Le capitaine !

On entend chanter derrière la scène

A Nuremberg ils sont méchans,
Pour un rien ils pendent les gens ;
Mais toujours avant de les pendre, } bis
Il faut commencer par les prendre.

SCHWEIZER *et* ROLLER, *derrière le théâtre.*

Holà ! ho ! holà ! ho !

RAZMANN.

Roller ! Roller ! ou mille diables m'emportent.

SCHWEIZER *et* ROLLER, *derrière le théâtre.*

Razmann ! Schwarz ! Spiegelberg ! Razmann !

RAZMANN.

Roller ! Schweizer ! mille tonnerres ! mille bombes ! mille tempêtes !

Ils vont à sa rencontre.

Le brigand Moor à cheval, Schweizer, Roller, Grimm, Schufterle, la troupe des brigands couverts de boue et de poussière.

LE BRIGAND MOOR, *sautant de cheval.*

Liberté ! liberté !... Te voilà à flot, Roller ! — Emmène mon cheval, Schweizer, et lave-le avec du vin. (*Il se jette à terre.*) Cela a coûté cher !

RAZMANN, *à Roller.*

Par la cuisine de Pluton ! tu es donc ressuscité de la roue ?

SCHWARZ.

Es-tu son âme, ou suis-je fou ? Est-ce réellement toi ?

ROLLER, *hors d'haleine.*

C'est bien moi, vivant, tout entier ! D'où crois-tu que je vienne ?

SCHWARZ.

Me prends-tu pour une sorcière ? La sentence était déjà prononcée.

ROLLER.

Sûrement, elle l'était ; et mieux que cela, je viens tout droit de la potence. Laisse-moi d'abord un peu soupirer : le Schweizer te racontera cela. Donne-moi un verre d'eau-de-vie. — Et te voilà aussi de retour, Maurice ? Je pensais que c'était ailleurs que nous nous reverrions... Donnez-moi donc un verre d'eau-de-vie ! mes os ne tiennent pas trop bien ensemble... O mon capitaine ! où est mon capitaine ?

SCHWARZ.

Tout-à-l'heure ! tout-à-l'heure !... Mais parle

donc, mais dis donc! comment t'es-tu sauvé? comment t'avons-nous rattrapé? La tête m'en tourne... De la potence, dis-tu?

ROLLER, *après avoir vidé un flacon d'eau-de-vie.*

Ah! ça fait du bien, ça brûle! Oui, droit de la potence, comme je vous le dis. Vous êtes là tout ébahis, et vous ne pouvez pas imaginer... Je n'étais donc qu'à trois pas de l'échelle merveilleuse par où je devais monter dans le giron d'Abraham... si près, si près!... Mon corps et ma peau étaient déjà retenus pour l'anatomie. J'aurais donné ma vie pour une prise de tabac. Je dois au capitaine le jour, la liberté, la vie.

SCHWEIZER.

C'est une farce à écouter. Nous avions eu vent la veille, par nos espions, que Roller était dans la souricière, et que, si le ciel ne tombait pas, il partirait le lendemain, qui était aujourd'hui, pour l'endroit où tout le monde finit par aller. « Allons, dit le capitaine, que ne tente pas un ami!... Nous le délivrerons, ou, si nous ne le délivrons pas, du moins nous lui allumerons une torche funéraire comme on n'en a brûlé aux obsèques d'aucun roi, et nous leur grillerons le dos de la belle manière. » Toute la bande a été commandée; nous lui avons envoyé un exprès, qui l'a prévenu par un petit billet jeté dans sa soupe.

ROLLER.

Je désespérais bien du succès.

SCHWEIZER.

Nous avions épié le moment où tous les passages seraient dégarnis. Toute la ville était à ce spectacle. Les cavaliers, les fantassins, les chariots, tout pêle-mêle; le tapage et les chansons de la potence commençaient à se faire entendre. A présent, dit le capitaine, allumez! allumez! Nos gaillards partent comme un trait, et mettent le feu dans trente endroits de la ville à la fois. Ils jettent des mèches enflammées auprès de la poudrière, dans les églises, dans les granges... Morbleu! il n'y avait pas un quart d'heure de passé, que le vent du nord-ouest, qui a aussi une dent contre la ville, vint merveilleusement nous aider et pousser la flamme jusqu'aux faîtes les plus élevés. Nous, pendant ce temps-là, nous courions de rue en rue, comme des furies. — Au feu! au feu! crions-nous par toute la ville; et les hurlemens, et les cris, et le tumulte, puis le tocsin qui commence à sonner, la poudrière qui saute en l'air, comme si la terre venait de se fendre en deux; comme si le ciel éclatait par morceaux, et que l'enfer se fût enfoncé de dix mille brasses de plus.

ROLLER.

Et alors voilà mon cortège qui regarde en arrière... La ville était comme Sodome et Gomorrhe; tout l'horizon n'était que feu, soufre et fumée; quarante montagnes faisaient tout alentour écho à cet infernal tintamarre; une terreur panique les renverse tous; et alors je saisis le coup de temps, et je m'enfuis comme le vent : on m'avait délié, tant j'étais près de la potence. Pendant que mes conducteurs restent pétrifiés, comme la femme de Loth, en regardant derrière eux, je décampe, je traverse la foule; m'en voilà dehors. A soixante pas de là, je quitte mes habits, je me jette dans la rivière, je nage entre deux eaux jusqu'à ce que je me croie hors de vue; mon capitaine se tenait prêt avec des habits et un cheval. Moor, Moor, puisses-tu te trouver aussi dans quelque mauvaise passe, pour que je te rende la pareille!

RAZMANN.

C'est un souhait d'enragé pour lequel on devrait te pendre; c'est un tour à crever de rire.

ROLLER.

C'est bien être secouru dans le moment du besoin. Vous ne pouvez pas en juger; si vous aviez eu... la corde au cou...; si vous aviez marché tout vivant vers votre tombeau, comme moi! et ces effroyables préparatifs, et ces cérémonies du bourreau! et à chaque pas que le pied tremblant fait après un autre pas, voir de plus près et plus terriblement la maudite machine où j'allais être logé en faisant mon ascension dans tout l'éclat du soleil levant! et ces valets de bourreau qui vous attendent! et cette épouvantable musique qui corne encore à mon oreille! et les croassemens des corbeaux affamés qui s'envolaient par douzaines de mon prédécesseur à demi pourri... Ah! tout cela, tout cela..., et par-dessus tout cela cet avant-goût de la félicité éternelle qui flattait mon imagination!... Camarades, camarades, et puis tout d'un coup la délivrance et la liberté!... C'était un bruit comme si les cercles du ciel avaient éclaté... Écoutez, canailles, je vous le dis : sauter d'un four embrasé dans de l'eau glacée ne peut pas faire une transition aussi brusque que lorsque je suis arrivé à l'autre bord de la rivière.

SPIEGELBERG, *souriant.*

Pauvre hère! maintenant c'est une affaire finie. (*Il boit.*) A ton heureuse résurrection!

ROLLER, *jetant son verre en l'air.*

Non, par tous les trésors de Mammon, je ne voudrais pas recommencer cela une seconde fois: Mourir est quelque chose de plus qu'une cabriole d'Arlequin, et les angoisses de la mort sont pires que la mort.

SPIEGELBERG.

Et cette poudrière qui sauta... Vois-tu à présent, Razmann, c'est pour cela que l'on sentait le soufre à une lieue à la ronde, comme si Moloch avait fait prendre l'air à toute sa garde-robe. C'est un beau coup, capitaine; je t'envie.

SCHWEIZER.

Si la ville se faisait une joie de voir dépecer notre camarade comme un cochon grillé, pourquoi, diable! nous serions-nous fait conscience de délivrer notre camarade au prix de la ville? et par-dessus le marché nos camarades ont encore trouvé l'occasion de faire là une bonne main. Dites donc, qu'avez-vous empoché?

UN BRIGAND.

Je me suis, pendant le tumulte, glissé dans l'église Saint-Étienne, et j'ai coupé les galons du maître-autel : Le bon Dieu est assez riche, me suis-je dit; il pourra changer en or de la ficelle de deux sous.

SCHWEIZER.

Tu as bien fait. Que signifient de pareils oripeaux dans une église? Ils viennent offrir cela au Créateur, qui se moque de leurs guenilles; et pendant ce temps-là ils font mourir de faim ses enfans. Et toi, Spangeler, où as-tu jeté tes filets?

UN SECOND BRIGAND.

Bügel et moi nous avons dévalisé une boutique, et nous apportons du drap pour toute la troupe.

UN TROISIÈME.

J'ai décroché deux montres d'or et une douzaine de cuillers d'argent.

SCHWEIZER.

Bon, bon; et nous leur avons joué un tour dont ils seront bien quarante jours à se remettre; s'ils veulent éteindre le feu, il leur faudra noyer la ville. Sais-tu, Schufterle, combien il a péri de monde?

SCHUFTERLE.

Quatre-vingt-trois, dit-on; la tour seule en a bien mis soixante en morceaux.

LE BRIGAND MOOR, *d'un ton sérieux.*

Roller, tu as coûté cher.

SCHUFTERLE.

Bah! bah! qu'est-ce que c'est que ça? — A la bonne heure si c'étaient des hommes; mais il n'y avait que des enfans au maillot, de sales marmots, des vieilles ridées, qui étaient à leur chasser les mouches; des paralytiques desséchés, qui ne pouvaient plus trouver le chemin de la porte; des malades qui soupiraient après leur médecin, dont la gravité était allée se distraire à la cérémonie. Tout ce qui avait des jambes était allé voir le grand spectacle, et on n'avait laissé que des culs-de-jatte pour garder la ville.

MOOR.

O pauvres gens! Des malades, dis-tu, des vieillards et des enfans?

SCHUFTERLE.

Oui, par le diable! et des femmes en couche, ou qui craignaient d'accoucher sous la potence; des jeunes femmes qui avaient peur d'avoir l'imagination frappée par ce supplice, et d'avoir leurs enfans marqués d'une potence sur le dos; de pauvres poètes qui n'avaient pas de souliers à mettre, parce qu'ils avaient donné à ressemeler leur unique paire. Et qu'est-ce que c'est qu'une telle racaille? Cela vaut-il seulement la peine qu'on en parle? Comme je passais par hasard devant une de ces baraques, j'ai entendu un cri; j'y suis entré, j'ai regardé à la clarté de la flamme; et qu'ai-je vu? c'était un enfant qui était encore sain et sauf; il était à terre sous une table, et la table allait prendre feu. —Pauvre petit, ai-je dit, tu gèles ici! et je l'ai jeté dans les flammes.

MOOR. Que cette flamme brûle ton cœur jusqu'à ce que l'éternité commence à vieillir! Va-t'en, monstre! qu'on ne te voie plus dans notre troupe!... Vous murmurez? vous raisonnez? Qui ose raisonner quand je commande? — Qu'il s'en aille, ai-je dit; il y en a parmi vous qui ne sont pas encore mûrs pour ma colère. Je te connais, Spiegelberg; je veux prochainement passer dans vos rangs, et y faire une terrible revue. (*Ils sortent tremblans. Moor reste seul, et se promène à grands pas avec agitation.*) Ne les écoute pas, vengeur céleste!... Que puis-je à cela? qu'y peux-tu faire toi-même, lorsque ta peste, ta famine, tes inondations, dévorent le juste en même temps que le coupable? Qui peut ordonner aux flammes de ne pas ravager les moissons sacrées, quand elles ne devraient détruire que le nid des chenilles? Oh! fi de ces meurtres d'enfans, de ces meurtres de femmes, de ces meurtres de vieillards! Combien une telle action me rabaisse! Elle a empoisonné mon œuvre la plus belle. L'enfant honteux et ridicule ose, à la vue du ciel, se jouer avec la foudre de Jupiter! Il devait écraser les géans, ce sont les pygmées qu'il abat. Va, va, tu n'es pas l'homme qui doit conduire le glaive vengeur de la suprême justice; il t'a échappé au premier coup. Je renonce à ce projet effronté; je vais me réfugier dans quelque caverne de la terre où je puisse cacher ma honte à l'œil du jour.

Il veut se retirer.

DES BRIGANDS, *en toute hâte.*

Prends garde à toi, capitaine! voilà le diable. Des troupes de cavaliers bohémiens sont à faire des patrouilles dans toute la forêt; quelque infernal mouchard nous aura vendus à eux.

D'AUTRES BRIGANDS.

Capitaine, capitaine, ils ont notre trace. Il y en a plusieurs milliers qui forment un cordon au milieu de la forêt.

D'AUTRES BRIGANDS.

Malheur! malheur! malheur! nous voilà pris, roués, écartelés! Quatre mille housards, dragons ou chasseurs, paraissent sur les hauteurs et ferment tous les défilés.

Moor s'en va.

Schweizer, Grimm, Roller, Schwarz, Schufterle, Spiegelberg, Razmann, la troupe des brigands.

SCHWEIZER.

Nous les avons tirés de leur lit! Réjouis-toi donc, Roller! J'ai toujours souhaité de faire le coup de sabre avec les culottes de peau... Où est le capitaine? Toute la bande est-elle réunie? Avons-nous assez de poudre?

RAZMANN.

Oui, beaucoup de poudre. Mais nous ne sommes que quatre-vingts; c'est à peine un contre vingt.

SCHWEIZER.

Eh bien, tant mieux! je voudrais qu'ils fussent cinquante contre mon petit doigt. Il a fallu que nous leur ayons mis le feu au derrière... Camarades, camarades, il n'y a rien à craindre. Ils risquent leur vie pour dix sous, et nous combattons pour notre liberté!... Nous tomberons sur eux comme le déluge, et nous les frapperons comme le tonnerre. Mais où diable est donc le capitaine?

SPIEGELBERG.

Il nous abandonne dans une telle nécessité! N'y a-t-il plus moyen de s'échapper?

SCHWEIZER.

S'échapper?

SPIEGELBERG.

— Ah! pourquoi ai-je quitté Jérusalem?

SCHWEIZER.

Je voudrais que tu fusses étouffé dans un égout, âme de bouc; tu cries bien haut avec des religieuses déshabillées : mais quand on te fait voir les deux poings, poltron!... Montre-toi bien aujourd'hui, ou l'on te coudra dans une peau de sanglier, et l'on te fera déchirer par les chiens.

RAZMANN.

Le capitaine! le capitaine!

MOOR, *marchant lentement, et à part.*

Je les ai fait entièrement envelopper. Maintenant il faut qu'ils combattent en désespérés. (*A haute voix.*) Enfans! voilà de quoi il s'agit : nous sommes perdus, ou il nous faut combattre comme le sanglier acculé.

SCHWEIZER.

Ah! je leur ouvrirai les entrailles avec mon couteau de chasse! Conduis-nous, capitaine, nous te suivrons jusque dans la gueule de la mort.

MOOR.

Chargez tous les fusils. La poudre ne manque pas?

SCHWEIZER, *sautant de joie.*

Assez de poudre pour faire sauter la terre jusqu'à la lune.

RAZMANN.

Chacun a cinq paires de pistolets chargés et trois carabines.

MOOR.

Bien, bien! il faut qu'une partie de la troupe monte dans les arbres, ou se cache dans les taillis, pour faire feu sur eux en embuscade.

SCHWEIZER.

Voilà ton poste, Spiegelberg.

MOOR.

Nous autres, nous tomberons sur leurs flancs comme des furies.

SCHWEIZER.

C'est là où je serai.

MOOR.

Il faudra en même temps faire entendre nos sifflets et courir dans la forêt pour que le nombre paraisse plus effrayant. Il faut aussi détacher tous nos chiens, les exciter et les lâcher dans leurs rangs, pour qu'ils les divisent, les troublent et les amènent sous notre feu. Nous trois, Roller, Schweizer et moi, nous combattrons dans la mêlée.

SCHWEIZER.

A merveille! excellent! Nous tomberons sur eux comme la foudre, si bien qu'ils ne sauront pas d'où leur viennent les coups. Qu'ils viennent seulement nous attaquer.

Schufterle tire Schweizer par la manche. Celui-ci prend le capitaine à part, et lui parle bas.

MOOR.

N'en parlons plus.

SCHWEIZER.

Je t'en conjure.

MOOR.

Pas de cela. Qu'il rende grâce à son infamie; elle le sauve. Il ne doit pas mourir, quand moi, mon cher Roller et mon cher Schweizer allons mourir. Qu'on lui ôte ses habits, je dirai que c'est un voyageur que j'ai dépouillé... Sois tranquille; je te proteste qu'il ne sera point pendu cette fois.

Un ecclésiastique s'avance.

L'ECCLÉSIASTIQUE, *à part, et avec hésitation.*

Voilà le repaire du monstre! — Avec votre permission, messieurs, je suis un serviteur de l'Église, et dix-sept cents hommes, non loin d'ici, veillent sur chaque cheveu de ma tête.

SCHWEIZER.

Bravo! bravo! Cela est bien trouvé pour te tenir l'estomac chaud.

MOOR.

Silence, camarade... Parlez en peu de mots, mon père. Que venez-vous faire ici?

L'ECCLÉSIASTIQUE.

Je suis envoyé par le tribunal supérieur qui prononce sur la vie et la mort. Vous êtes des voleurs, des incendiaires, des scélérats, une vraie couvée de vipères qui rampent dans l'ombre et mordent dans le silence; le rebut de l'humanité; des enfans de l'enfer; un festin réservé aux corbeaux et aux insectes; une colonie destinée pour la potence et la roue.

SCHWEIZER.

Chien! cesse de nous insulter, ou bien...

Il le menace de la crosse de son pistolet.

MOOR.

Fi donc, Schweizer! tu lui fais perdre le fil de ses idées... Il avait si bien appris son sermon par cœur! Continuez, monsieur : « Pour la potence et la roue. »

L'ECCLÉSIASTIQUE.

Et toi, illustre capitaine, duc des coupeurs de bourses, roi des fripons, grand seigneur de tous les scélérats qui vivent sous le soleil, tout semblable à cet horrible auteur de la première des rébellions, qui souffla le feu de la révolte parmi tant de légions d'anges innocens, et les entraîna avec lui dans le profond abîme de la damnation; les gémissemens des mères désolées marquent ta trace; tu t'abreuves de sang, et la vie des hommes n'est pas plus à tes yeux qu'une bulle de savon.

MOOR.

Cela est vrai, très-vrai. Continuez.

L'ECCLÉSIASTIQUE.

Comment! cela est vrai, très-vrai? Est-ce donc une réponse?

MOOR.

Eh quoi! monsieur, vous ne vous attendiez pas à cela? Continuez, continuez. Qu'avez-vous à dire encore?

L'ECCLÉSIASTIQUE, *avec chaleur.*

Homme abominable! éloigne-toi de moi! Ta main maudite n'est-elle pas encore teinte du sang d'un comte de l'empire que tu as assassiné? N'as-tu pas de tes mains avides forcé le sanctuaire du Seigneur? Nas-tu pas saisi et dérobé les vases sacrés sur la sainte table? Comment! n'as-tu pas porté l'incendie dans notre pieuse ville? et n'as-tu pas fait crouler la tour des poudres sur de dignes chrétiens? *(Joignant les deux mains.)* Horrible! horrible crime, qui s'exhale jusqu'au ciel, qui appelle le dernier jugement, déjà prêt à s'avancer! crime qui soulève la justice, crime qui éveille la trompette de la fin des temps!

MOOR.

Jusqu'ici c'est fort bien parlé. Mais au fait, qu'as-tu été chargé par les magistrats suprêmes de venir m'annoncer?

L'ECCLÉSIASTIQUE.

Ce dont tu n'es pas digne... Regarde autour de toi, incendiaire! partout où tes yeux peuvent se porter, tu es cerné par nos cavaliers... Il n'y a aucune issue pour échapper. Ces chênes porteront des cerises, ces sapins produiront des pêches, avant que vous puissiez sortir sains et saufs de ces chênes et de ces sapins.

MOOR.

Tu l'entends, Schweizer; mais continuez!

L'ECCLÉSIASTIQUE.

Vois donc avec quelle longanimité la justice se conduit envers toi, scélérat! Si tu veux te rendre sur-le-champ et implorer grâce et miséricorde, vois combien la sévérité même est compatissante, combien la justice est une tendre mère! Elle ferme les yeux sur la moitié de tes crimes, — et elle sera satisfaite, songes-y bien, du simple supplice de la roue.

SCHWEIZER.

As-tu entendu, capitaine? ne faut-il pas prendre à la gorge ce chien de basse-cour, et le serrer de façon que le sang lui sortira par tous les pores?

ROLLER.

Capitaine! enfer et tempête! mille bombes! capitaine!... Ah! comme il se mord les lèvres! faut-il que je dresse ce drôle-là comme une quille les pieds vers le ciel?

SCHWEIZER.

A moi! à moi! laisse-moi le mettre à genoux, le prosterner devant toi! que j'aie le plaisir de le broyer menu comme chair à pâté!

L'ecclésiastique pousse un cri.

MOOR.

Laissez-le! que personne n'ose lui toucher! *(A l'ecclésiastique, et en tirant son épée.)* Vous le voyez, mon père, nous sommes ici soixante-et-dix-neuf, dont je suis le capitaine. Pas un ne sait manœuvrer, ne connaît ni signal, ni commandement, ne sait danser à la musique du canon; et autour de nous sont dix-sept cents hommes qui ont vieilli sous le mousquet. Écoutez-moi à présent : voilà ce que dit Moor, le capitaine des incendiaires : Il est vrai que j'ai tué un comte de l'empire, que j'ai brûlé l'église de Saint-Dominique, que j'ai mis le feu à votre bigote de ville, que j'ai fait écrouler la tour des poudres sur de dignes chrétiens... Mais ce n'est pas tout, j'ai fait plus; *(il montre sa main droite)* remarquez ces quatre anneaux précieux que je porte à mon doigt... Poursuivons, et vous rendrez compte de point en point au tribunal supérieur qui prononce sur la vie et la mort, de ce que vous aurez vu et entendu... Ce rubis, je l'ai pris à la main d'un ministre, qu'à la chasse j'abattis au pied de son prince. Il avait, de la lie du peuple, gravi jusqu'au rang suprême de premier favori; la chute de son voisin avait servi d'échelon à sa grandeur, les larmes de l'orphelin l'avaient soulevé vers le trône. — Ce diamant, je l'ai pris à la main d'un conseiller des finances, qui vendait au plus offrant les honneurs et les emplois, et qui repoussait de sa porte le patriote affligé. — Cette agate, je la porte en l'honneur d'un prêtre de votre robe, que j'étranglai de mes propres mains parce qu'il avait pleuré en pleine chaire la décadence de l'inquisition. Je pourrais vous conter plus au long l'histoire de mes bagues, si je ne me reprochais pas déjà le peu de paroles que je perds avec vous.

L'ECCLÉSIASTIQUE.

O Pharaon, Pharaon!

MOOR.

L'entendez-vous, vous autres? avez-vous remarqué ce soupir? N'est-il pas là comme s'il voulait appeler le feu du ciel sur la troupe de Coré, Dathan et Abiron? ne nous proscrit-il pas en pliant les épaules? Ne nous damne-t-il pas avec un pieux *hélas*! N'a-t-il pas les cent yeux d'Argus pour voir les fautes de son prochain? n'est-il pas aveugle pour les siennes? — Ne font-ils pas retentir du milieu des nuages dont ils s'enveloppent, les mots de douceur et de patience, et n'offrent-ils pas à un Dieu d'amour des victimes humaines comme à un Moloch dévorant?... Ne prêchent-ils pas l'amour du prochain, et ne ferment-ils pas leur porte au vieillard aveugle? — Ne tonnent-ils pas contre l'avarice, et n'ont-ils pas dépeuplé le Pérou pour se procurer de l'or, et n'ont-ils pas attelé des païens à leurs chars comme des bêtes de somme? Ils se rompent la tête pour savoir comment il a été possible que la nature produisît un Judas Iscariote, et celui qui trahirait pour dix écus la très-sainte Trinité ne serait sûrement pas le plus pervers d'entre eux! — Ah! malheur à vous, pharisiens, faux-monnayeurs de la vérité, singes de la Divinité! Vous ne craignez pas de vous prosterner devant l'autel et devant la croix; vous déchirez vos flancs avec des disciplines; vous fortifiez votre chair par le jeûne; vous vous imaginez, par ces pitoyables jongleries, jeter de la poudre aux yeux de celui que dans votre folie vous nommez celui qui sait tout. C'est comme lorsqu'on se moque outrageusement des grands de la terre, en les flattant de l'idée qu'ils n'aiment point la flatterie. Vous vous glorifiez d'une conduite honorable et exemplaire, et Dieu, qui lit dans votre cœur, s'irriterait contre sa création si ce n'était pas lui qui a créé aussi les monstres du Nil. — Qu'on le chasse de mes yeux.

L'ECCLÉSIASTIQUE.

Se peut-il qu'un scélérat puisse encore avoir tant d'orgueil?

MOOR.

Ce n'est pas tout... c'est maintenant que je vais parler avec orgueil. Va, et dis à ce tribunal suprême qui se joue de la vie et de la mort que... je ne suis pas un voleur qui conspire dans la nuit et le sommeil, et dont le triomphe et la gloire soient de grimper à une échelle. — Ce que j'ai fait, sans doute je le lirai un jour dans le registre que le ciel tient *des fautes humaines*; mais je ne veux plus perdre une parole avec ses misérables suppléans. Dis-leur que mon métier c'est le talion. — C'est la vengeance qui est mon emploi.

Il lui tourne le dos.

L'ECCLÉSIASTIQUE.

Tu ne veux donc ni grâce ni pardon? Eh bien, j'ai fini avec toi. (*Il se retourne vers la troupe.*) Écoutez maintenant ce que la justice vous fait savoir par mon organe : livrez sur-le-champ, garrotté, ce malfaiteur condamné; et alors la peine de vos crimes vous est remise, le souvenir même en est effacé. La sainte Église recevra ses brebis égarées, avec un nouvel amour, dans son sein. On ouvrira à chacun de vous la carrière des emplois honorables. (*Avec un sourire de triomphe.*) Eh bien, eh bien! que dit de cela votre majesté?... Allons donc! garrottez-le, et vous êtes libres.

MOOR.

Entendez-vous cela? l'entendez-vous? Vous hésitez? Qu'avez-vous à examiner? Ils vous offrent la liberté, lorsque vous êtes déjà réellement leurs prisonniers. — Ils vous offrent la vie, et ce n'est pas une vaine parole, car vous avez été jugés. — Ils vous appellent aux honneurs et aux emplois; et quel peut être votre sort dans l'autre supposition? *la malédiction*, la honte, la proscription, même quand vous seriez vainqueurs... Ils vous annoncent que vous êtes réconciliés avec le ciel, et présentement vous êtes damnés. Il n'y a pas un cheveu sur votre tête qui ne soit destiné à l'enfer. Vous réfléchissez encore? Vous balancez encore? Est-il si difficile de choisir entre le ciel et l'enfer? — Aidez-moi donc, mon père.

L'ECCLÉSIASTIQUE, *à part.*

Ce drôle-là est-il fou? (*A haute voix.*) Vous croyez peut-être que c'est un piège pour vous prendre vivans?... Lisez vous-même, le pardon général est signé. (*Il donne un papier à Schweitzer.*) Pouvez-vous encore douter?

MOOR.

Voyez, voyez donc! que pouvez-vous désirer de plus?... C'est signé de leur propre main... C'est un pardon au-delà de toute espérance. — Ou bien craindriez-vous qu'on ne vous manquât de parole, parce que vous avez entendu dire quelquefois qu'on ne gardait point sa foi avec des traîtres?... Oh! soyez sans crainte! la politique les forcerait à tenir leur parole, même quand ils l'auraient donnée à Satan. Qui à l'avenir ajouterait foi à leur promesse? Comment pourraient-ils une seconde fois employer ce moyen?... Je jurerais que leur intention est sincère. Ils savent que c'est moi qui vous ai aigris et entraînés à la révolte; ils vous regardent comme innocens. Ils tiennent vos délits pour des erreurs de jeunesse, pour des emportemens passagers. Ils ne veulent avoir que moi; moi seul je dois tout expier. N'est-il pas vrai, mon père?

L'ECCLÉSIASTIQUE.

Comment s'appelle le diable qui parle par sa bouche? Oui, sans doute, sans doute, cela est vrai. Ce drôle me fait tourner la tête.

MOOR.

Comment, aucune réponse encore? Pensez-vous vous tirer de là à main armée? Regardez autour de vous! regardez autour de vous! Vous ne pouvez avoir cette pensée, ce serait une présomption d'enfant. — Ou bien vous flatteriez-vous de succomber en héros, parce que vous m'avez vu me réjouir au bruit du tambour. Oh! ne croyez pas cela! vous n'êtes pas Moor!... vous êtes de misérables bandits, de malheureux instrumens de mes grands desseins, comme la corde dans les mains du bourreau. Des bandits ne succombent point en héros... La vie est le seul bien d'un bandit, ce qui vient après doit l'épouvanter. Des bandits ont le droit de trembler devant la mort. — Entendre retentir leurs trompettes, voir les éclairs de leurs sabres menaçans! Comment encore indécis? Êtes-vous fous? Êtes-vous hors du bon sens? Cela est impardonnable. Je ne vous ai pas obligation de ma vie, j'ai honte de votre sacrifice.

L'ECCLÉSIASTIQUE, *de plus en plus surpris.*

J'en deviens fou; je me retire. Je n'ai jamais entendu rien de semblable.

MOOR.

Ou bien craignez-vous que je ne mette de ma propre main, et que par ce moyen je n'annule le traité qui consiste à me livrer à vous?... Non, mes enfans! c'est une crainte vaine. Voilà mon poignard, mes pistolets et ce flacon de poison qui devait m'être si précieux. Me voilà si misérable, que je n'ai plus même de pouvoir sur ma vie. Comment! encore indécis! Ou bien vous croyez peut-être que je veux me mettre en défense quand vous viendrez me garrotter? Voyez, j'attache ma main droite à la branche de ce chêne, je suis sans nulle défense; un enfant pourrait m'abattre. Qui le premier abandonnera son capitaine dans le péril?

ROLLER, *avec une émotion impétueuse.*
Et quand l'enfer nous entourerait neuf fois ! (*brandissant son sabre*) qui n'est pas un chien, qu'il sauve son capitaine !
SCHWEIZER, *déchirant le pardon, et jetant les morceaux au nez de l'ecclésiastique.*
Le pardon est dans le canon de nos fusils ! Va-t'en, canaille, et dis au sénat qui t'a envoyé que tu n'as pu trouver un seul traître dans la bande de Moor... Sauvez, sauvez le capitaine !

TOUS *s'écrient.*
Sauvons, sauvons, sauvons le capitaine !
MOOR, *détachant sa main, et d'un ton joyeux.*
Maintenant nous voici libres, camarades. Je sens une armée dans cette main... Mort ou liberté. — Au moins n'en auront-ils pas un vivant !

On sonne l'attaque. Bruit de tambours. Ils sortent en tirant leurs sabres.

ACTE TROISIÈME.

SCÈNE PREMIÈRE.

AMÉLIE, *dans un jardin, jouant du luth.*
Qu'il était beau !... son œil si doux
Brillait sous sa longue paupière.
C'était un ange de lumière
Descendu du ciel parmi nous.

Il m'aimait tant !... Quand sur son cœur
Il me pressait avec tendresse,
En proie à notre double ivresse
Du ciel nous goûtions le bonheur.

Et ses baisers !... Plaisir des dieux !
Tels deux flambeaux mêlent leurs flammes !
Ainsi se confondaient nos âmes
Comme deux sons mélodieux.

Ah ! douce extase du désir !
Sitôt que ses lèvres brûlantes
Approchaient de mes mains tremblantes,
Mon cœur se sentait défaillir.

Il n'est donc plus ! Je veux mourir.
Le rejoindre est ma seule envie.
Il n'est donc plus ! Hélas ! ma vie
N'est plus qu'un triste souvenir.
François entre.

FRANÇOIS.
Déjà de retour ici, fille opiniâtre et exaltée ? tu t'es dérobée au joyeux festin et tu as troublé la joie des convives.

AMÉLIE.
C'est dommage pour tes innocens plaisirs ! les chants funèbres qui ont accompagné ton père au tombeau doivent encore retentir à ton oreille.

FRANÇOIS.
Veux-tu donc éternellement gémir ? laisse dormir les morts, et rends les vivans heureux. Je viens...

AMÉLIE.
Et quand t'en iras-tu ?

FRANÇOIS.
Ah ! malheur ! quitte ce regard orgueilleux et sombre; tu m'affliges, Amélie. Je venais te dire...

AMÉLIE.
Il faut bien que j'écoute; François de Moor est devenu mon seigneur.

FRANÇOIS.
Fort bien, c'est ce que je voulais te faire comprendre. Maximilien est allé dormir au tombeau de ses pères. Je suis souverain. Mais pourrai-je l'être tout-à-fait, Amélie ? tu sais que tu étais de notre maison, que tu étais regardée comme la fille de Moor ; son amour pour toi survit même à la mort. C'est ce que tu n'oublieras jamais ?

AMÉLIE.
Jamais, jamais; qui pourrait être assez frivole pour écarter ce souvenir par de joyeux festins ?

FRANÇOIS.
Tu dois reconnaître l'amour de mon père dans la personne de ses fils, et Charles est mort... Tu t'étonnes ? tu te troubles ? cette pensée est si flatteuse, si élevée, qu'elle étonne même l'orgueil d'une femme. François foule aux pieds les offres des plus nobles demoiselles, François s'avance et présente son cœur, sa main, ses trésors, ses châteaux, ses forêts, à une orpheline pauvre et sans appui. — François, si envié, si redouté, se déclare volontairement l'esclave d'Amélie.

AMÉLIE.
Pourquoi la foudre ne tombe-t-elle pas sur cette langue qui vient de prononcer de si infâmes paroles. Tu as assassiné mon bien-aimé ! et Amélie t'appellerait son époux ! toi !...

FRANÇOIS.
Pas tant d'emportement, auguste princesse. Sans doute François ne rampe point devant toi comme un Céladon roucoulant ; sans doute il ne sait pas, comme un langoureux berger d'Arcadie, faire répéter ses soupirs par l'écho des grottes et des rochers... François prie, et lorsqu'on ne lui répond pas, alors... il commande.

AMÉLIE.
Toi, reptile, commander ? me commander ? Et si l'on reçoit tes commandemens avec un sourire de mépris ?

FRANÇOIS.
Tu ne le feras pas. Je sais encore le moyen de courber facilement l'orgueil d'un caractère opiniâtre et présomptueux... les murs d'un cloître !

AMÉLIE.
Bien ! à merveille ! Dans les murs de ce cloître, je serais préservée de ton œil de basilic, et j'au-

rais le loisir de penser sans cesse à Charles. Il sera bien venu ce cloître! Allons, enferme-moi dans ses murs!

FRANÇOIS.

Ah! ah! cela est ainsi?... prends garde! maintenant j'ai appris l'art de te tourmenter... Mon aspect, semblable à une infernale furie, chassera de tes yeux cette éternelle pensée de Charles; la terrible image de François sera sans cesse en embuscade entre toi et l'image de ton favori, de même qu'un dragon enchanté se place sur le trésor souterrain... Je veux te traîner à la chapelle par les cheveux, l'épée à la main, arracher de ton âme le serment nuptial, entrer d'assaut dans ton lit virginal, et triompher de ton orgueilleuse pudeur par un orgueil plus grand encore.

AMÉLIE, *lui donnant un soufflet.*

Prends d'abord ceci pour dot.

FRANÇOIS, *avec emportement.*

Ah! combien je me vengerai de ceci, dix fois et encore dix fois!... Tu ne seras point mon épouse... Tu n'auras point cet honneur... Tu seras ma maîtresse : les honnêtes paysannes te montreront au doigt quand tu te risqueras à travers la rue. Grince des dents, darde la flamme et le meurtre par tes regards... Je jouis de la colère d'une femme, elle m'en paraît plus belle, plus désirable. Viens, cette résistance fera mon triomphe, et je trouverai ma volupté dans les embrassemens de la violence... Viens dans ma chambre... Je brûle de désirs... il faut que tu me suives en ce moment même.

Il veut l'entraîner.

AMÉLIE, *se jetant à son cou.*

Pardonne-moi, François! (*Il veut l'embrasser; alors elle lui arrache son épée et se dégage sur-le-champ de lui.*) Vois-tu, scélérat, ce que je puis maintenant te faire... Je ne suis qu'une femme, mais une femme furieuse... Ose donc, et ce fer percera ton infâme cœur; et l'ombre de mon oncle conduira ma main. Fuis de ce lieu.

Elle le chasse.

AMÉLIE.

Ah! je me sens contente. — Maintenant je puis librement respirer... Je me sentais, dans ma force, comme le cheval écumant d'ardeur; furieuse comme la tigresse quand elle poursuit le ravisseur rugissant qui a enlevé ses petits. — Dans un cloître, disait-il; je te remercie pour cette heureuse idée! Maintenant l'amour sans espoir a trouvé son asile. La croix de notre Sauveur est l'asile de l'amour sans espérance.

Elle veut sortir. Hermann arrive avec un air de précaution.

HERRMANN.

Mademoiselle Amélie! mademoiselle Amélie!

AMÉLIE.

Malheureux! pourquoi viens-tu me troubler?

HERRMANN.

Il faut que j'ôte ce fardeau de mon âme avant qu'il m'entraîne dans l'enfer. (*Il se jette à ses pieds.*) Pardon, pardon! je vous ai fait bien du mal, mademoiselle!

AMÉLIE.

Lève-toi! va, je ne veux rien savoir.

Elle veut sortir.

HERRMANN *la retient.*

Non! demeurez! Au nom du Ciel! au nom de l'Éternel! vous saurez tout!

AMÉLIE.

Je ne veux rien entendre. — Je te pardonne. — Retire-toi en paix.

Elle veut se retirer.

HERRMANN.

N'écoutez qu'un seul mot. — Il vous rendra tout votre bonheur.

AMÉLIE *revient, et le regarde avec surprise.*

Comment, ami? Qui, dans le ciel ou sur la terre, pourrait me rendre le bonheur?

HERRMANN.

Un seul mot de ma bouche. — Écoutez-moi.

AMÉLIE, *d'un ton de compassion, et lui prenant la main.*

Brave homme! comment un mot de ta bouche rouvrirait-il les portes de l'éternité?

HERRMANN, *se relevant.*

Charles vit encore!

AMÉLIE, *poussant un cri.*

Malheureux!

HERRMANN.

Cela est ainsi... Encore un mot... Votre oncle...

AMÉLIE, *se précipitant vers lui.*

Tu mens...

HERRMANN.

Votre oncle...

AMÉLIE.

Charles vit encore?

HERRMANN.

Et votre oncle aussi... Ne me trahissez pas.

Il sort brusquement.

AMÉLIE *demeure long-temps comme pétrifiée; enfin elle se réveille impétueusement et le poursuit.*

Charles vit encore!

SCÈNE II.

Les bords du Danube.

LES BRIGANDS; *ils sont campés sur une hauteur à l'ombre des arbres; leurs chevaux paissent sur le penchant de la colline.*

MOOR.

Il faut que je me repose ici (*il se jette sur la terre*); mes membres sont brisés, ma langue est desséchée comme une brique. (*Schweitzer s'en va sans être aperçu.*) Je vous aurais prié d'aller me chercher de l'eau à la rivière dans le creux de votre main, mais vous êtes tous fatigués à la mort.

SCHWARZ.

Et il n'y a de vin que là-bas dans nos outres.

MOOR.

Voyez, comme ces blés viennent bien... les

arbres se rompent sous le poids des fruits ; la vigne a bien belle apparence.

GRIMM.

L'année sera bonne.

MOOR.

Crois-tu ? ainsi il y aura dans le monde une sueur qui aura sa récompense, une seule... mais il peut venir ce soir une grêle qui abattra tout cela par terre.

SCHWARZ.

C'est fort possible ; tout cela peut être ravagé quelques heures avant la récolte.

MOOR.

C'est ce que je dis, tout cela sera ravagé ; pourquoi l'homme réussirait-il dans ce qui lui est commun avec la fourmi, tandis qu'il échoue dans ce qui lui est commun avec la Divinité? ou bien serait-ce là le terme de sa vocation?

SCHWARZ.

C'est ce que je ne sais pas.

MOOR.

Tu dis bien, et tu as fait encore mieux si tu n'as jamais désiré de le savoir. Frère, j'ai vu les hommes, leurs travaux d'abeilles et leurs projets de géans ! leurs idées dignes des dieux, leurs occupations de souris !... leur rapide et merveilleux concours vers le bonheur !... Celui-ci se confie au galop de son cheval, celui-là au discernement de son âne, un troisième à ses propres jambes. J'ai vu ce loto bigarré de la vie, où quelques-uns risquent leur innocence, d'autres leur part du ciel, pour attraper un lot. Il ne sort que des zéros, et à la fin il n'y a pas de lot. Frère, c'est un spectacle qui tire les larmes des yeux, quand il ne chatouille pas les côtes au point de faire rire.

SCHWARZ.

Comme le soleil se couche majestueusement!

MOOR, *absorbé dans cette contemplation.*

Ainsi meurt un héros ! Ah ! cela est digne d'adoration.

GRIMM.

Tu parais profondément ému.

MOOR.

Je n'étais encore qu'un enfant ; c'était ma pensée favorite de vivre comme lui, de mourir comme lui : (*avec une chaleur étouffée*) c'était bien une pensée d'enfant.

GRIMM.

Ah ! certainement.

MOOR, *abaissant son chapeau sur ses yeux.*

Il fut un temps... Laissez-moi seul, camarades.

SCHWARZ.

Moor ! Moor ! que diantre a-t-il ? Comme il change de couleur !

GRIMM.

Par tous les diables ! qu'a-t-il ? est-il souffrant ?

MOOR.

Il fut un temps où je ne pouvais dormir quand j'avais oublié de faire ma prière du soir.

GRIMM.

Es-tu fou ? veux-tu te laisser régenter par des souvenirs d'enfance ?

MOOR, *reposant sa tête sur le sein de Grimm.*

Frère, frère !

GRIMM.

Comment ? ne fais donc pas l'enfant, je t'en prie.

MOOR.

Si je l'étais !... si je pouvais l'être encore !

GRIMM.

Fi ! fi !

SCHWARZ.

Ranime-toi : regarde ce beau paysage, cette soirée délicieuse.

MOOR.

Oui, mes amis, ce monde est bien beau !

SCHWARZ.

A la bonne heure ! voilà qui est bien parlé.

MOOR.

Cette terre est magnifique !

GRIMM.

Bien, bien, j'ai plaisir à t'entendre dire cela.

MOOR, *de nouveau absorbé dans ses pensées.*

Et moi si haïssable dans ce monde si beau !... et moi un monstre sur cette magnifique terre !

GRIMM.

O malheur ! malheur !

MOOR.

Mon innocence ! mon innocence !... Voyez comme tout vient se réjouir aux rayons bienfaisans du printemps... Pourquoi moi seul dans les joies du ciel ne puis-je que m'abreuver de l'enfer ? Tout est si heureux ! l'esprit de paix répand une fraternelle union ; le monde n'est qu'une seule famille, dont le père est là-haut... qui n'est pas mon père... Moi seul rejeté, moi seul réformé des rangs de ceux qui sont purs... moi qui ne connais plus le doux nom d'enfant !... moi qui ne connaîtrai jamais le regard pénétrant de ma bien-aimée, jamais l'embrassement d'un ami de mon cœur !... (*Se reculant avec un air farouche.*) Entouré de meurtriers, enlacé de vipères... attaché au vice par des chaînes de fer... chancelant au bord de l'abîme de perdition, soutenu sur le roseau fragile du vice... Moi, au milieu des fleurs de ce monde fortuné, gémissant comme Abbadona!

SCHWARZ.

C'est inconcevable ! je ne l'ai jamais vu en cet état.

MOOR, *avec mélancolie.*

Ah ! si je pouvais revenir au sein de ma mère ! si je pouvais renaître mendiant !... Non, je n'en demande pas davantage. O ciel ! si je pouvais devenir comme un de ces manœuvres !... oh ! je voudrais travailler tant qu'une sueur de sang ruissellerait de mon front, afin d'acheter la volupté d'un sommeil tranquille, la félicité d'une seule larme.

GRIMM.

Patience ! l'accès commence à tomber.

MOOR.

Il fut un temps où j'en répandais si volontiers !... O jours paisibles !... château de mon père!... vallées vertes et fécondes! scènes du paradis de mon enfance!... vous ne reviendrez jamais;... jamais un souffle délicieux ne rafraîchira ma brûlante poitrine!... Prends le deuil avec moi, nature... Ils ne reviendront jamais ces jours paisibles... Jamais un souffle délicieux ne rafraîchira ma brûlante poitrine. C'en est fait, c'en est fait sans retour.

Schweizer, avec de l'eau dans son chapeau.

SCHWEIZER.
Bois, capitaine. Voilà de l'eau; elle est fraîche comme la glace.

SCHWARZ.
Te voilà en sang; qu'as-tu donc fait?

SCHWEIZER.
Une plaisanterie, mon ami, qui a pensé me rompre le cou et les jambes. Comme je m'en allais, courant sur le rivage au pied de la colline, j'ai glissé, le sol s'est éboulé sous moi, et je suis tombé de quinze pieds. Je suis demeuré sur la place, et comme je tâchais de reprendre un peu mes sens, j'ai trouvé, dans le gravier, l'eau la plus limpide. Ma cabriole n'est pas perdue, ai-je pensé; voilà qui fera du bien au capitaine.

MOOR *lui rend le chapeau et lui essuie le visage.*
On ne verrait pas les cicatrices que les cavaliers bohémiens ont dessinées sur ton front... Ton eau était bonne, Schweizer..... Ces cicatrices te vont bien.

SCHWEIZER.
Bah! il y a encore de la place pour trente autres.

MOOR.
Oui, mes enfans..., c'était une chaude soirée... et ne perdre qu'un homme!... Mon Roller est mort d'une belle mort; si ce n'était pas pour moi qu'il est mort, on lui élèverait sur sa cendre un monument en marbre : contente-toi de celui-ci. (*Il essuie ses larmes.*) Combien est-il demeuré d'ennemis sur la place?

SCHWEIZER.
Cent soixante housards, quatre-vingt-treize dragons, environ quarante chasseurs; trois cents en tout.

MOOR.
Trois cents pour un!... chacun de vous a des droits sur cette tête. (*Il se découvre la tête.*) Je lève ici mon poignard, et aussi vrai que j'ai une âme, je ne vous abandonnerai jamais.

SCHWEIZER.
Ne jure pas; tu ne sais pas si un jour tu ne redeviendras pas heureux, et si tu ne te repentiras pas.

MOOR.
Par les os de mon cher Roller, je ne vous abandonnerai jamais!

Kosinsky arrive.

KOSINSKY, *à part.*
Ils m'ont dit que je le rencontrerais dans ce canton. Oh! quelles sont ces figures? Ce doit être... ça y ressemble : ce sont eux, ce sont eux... Je vais leur parler.

SCHWARZ.
Garde à vous! Qui va là?

KOSINSKY.
Messieurs, pardonnez-moi... Je ne sais pas si je m'adresse bien ou mal.

MOOR.
Et qui devons-nous être, si vous vous adressez bien?

KOSINSKY.
Des hommes.

SCHWEIZER.
Est-ce que nous ne l'aurions pas prouvé, capitaine?

KOSINSKY.
Je cherche des hommes qui regardent la mort en face, qui laissent le danger se jouer autour d'eux, comme une couleuvre apprivoisée; qui estiment la liberté au-dessus de la vie et de l'honneur; dont le nom seul soit bien accueilli du pauvre et de l'opprimé; qui inspirent la peur aux plus courageux, et qui font pâlir les tyrans.

SCHWEIZER, *au Capitaine.*
Ce garçon-là me plaît... Écoute, mon bon ami, tu as trouvé tes gens.

KOSINSKY.
Je le croyais, et j'espère qu'ils seront bientôt mes frères... Pouvez-vous me montrer mon homme? car je cherche votre capitaine, le grand comte de Moor.

SCHWEIZER *lui prend la main avec chaleur.*
Brave jeune homme, nous allons être à lui et à toi.

MOOR, *s'approchant.*
Vous connaissez donc le capitaine?

KOSINSKY.
C'est toi. Qui pourrait voir cette physionomie, qui pourrait te voir et en chercher un autre? (*Il le regarde fixement.*) J'avais toujours regretté de n'avoir pas vu cet homme au regard écrasant qui s'assit sur les ruines de Carthage... Maintenant je ne le regrette plus.

SCHWEIZER.
C'est un drôle qui a de l'esprit.

MOOR.
Et qui vous amène vers moi?

KOSINSKY.
Capitaine, une destinée plus que cruelle... J'ai éprouvé des naufrages sur la mer orageuse du monde; j'ai vu les espérances de ma vie s'engloutir dans l'abîme; il ne me reste plus rien que les souvenirs déchirans de leur perte; et je deviendrais fou, si je ne cherchais à les étouffer en donnant une autre direction à mon activité.

MOOR.
Encore une accusation contre la Providence! Continuez.

KOSINSKY.
Je me fis soldat. Le malheur me poursuivit là encore. Je m'embarquai pour les Indes occidentales; mon bâtiment se brisa sur les rochers. Toujours des projets renversés!... Enfin, j'entendis parler de tous côtés de tes actions, de tes assassi-

nats, comme ils les appellent; et j'ai fait trente milles avec la ferme résolution de servir sous toi, si tu veux agréer mes services... Je t'en supplie, digne capitaine, ne me refuse pas.

SCHWEIZER, *sautant de joie.*

Hurra! hurra! voilà notre cher Roller mille fois remplacé! un brave camarade brigand pour la troupe!

MOOR.

Quel est ton nom?

KOSINSKY.

Kosinsky.

MOOR.

Eh bien, Kosinsky, sais-tu que tu es un jeune homme léger, et que tu fais le plus grand pas de la vie, en te jouant comme une jeune fille sans réflexion? Tu ne joueras pas ici à la paume ni au ballon, comme tu te le figures.

KOSINSKY.

Je sais ce que tu veux dire. J'ai vingt-quatre ans, mais j'ai vu briller des épées, j'ai entendu siffler des balles.

MOOR.

Eh bien, jeune homme, et n'as-tu appris à combattre qu'afin d'abattre un pauvre voyageur pour un écu, ou frapper des femmes par derrière? Va, va, tu t'es sauvé de ta nourrice, parce qu'elle a voulu te donner le fouet.

SCHWEIZER.

Mais que diable, capitaine, à quoi penses-tu? veux-tu renvoyer cet Hercule? N'a-t-il pas tout juste une tournure à chasser devant lui, jusqu'au-delà du Gange, le maréchal de Saxe, rien qu'avec une cuillère à pot?

MOOR.

Parce que tes fredaines t'auront mal tourné, tu viens, et tu veux devenir un scélérat et un meurtrier! Meurtre! comprends-tu bien ce mot, jeune homme? Tu as bien pu t'en aller dormir tranquille après avoir abattu quelques têtes de pavots; mais porter un meurtre sur sa conscience!...

KOSINSKY.

Chaque meurtre que tu me commanderas, je consens à en répondre.

MOOR.

Comment donc? tu es fort avisé? aurais-tu dessein de me séduire par la flatterie? D'où sais-tu que je n'ai pas de mauvais rêves, et que je ne pâlirai point à mon lit de mort? As-tu déjà fait beaucoup de choses dont tu aies songé à répondre?

KOSINSKY.

Bien peu encore, à la vérité; cependant mon voyage vers toi, noble comte...

MOOR.

Ton précepteur aurait-il laissé tomber dans tes mains les aventures de Robin-Hood?... On devrait bien envoyer aux galères cette imprévoyante canaille... Cela aura échauffé ton imagination enfantine, et aura fait germer en toi la folle envie d'être un grand homme. Ton cœur est il chatouillé par les idées de renommée et d'honneur? Veux-tu acquérir l'immortalité par des meurtres et des incendies?... Songes-y, ambitieux jeune homme: le laurier ne croît pas pour les assassins; pour les victoires des bandits, on n'a pas institué de triomphe... mais la malédiction, le péril, la mort et la honte. Vois-tu, sur cette colline, les fourches patibulaires?

SPIEGELBERG, *de mauvaise humeur, et se promenant.*

Que cela est stupide! d'une stupidité horrible, impardonnable! ce n'est point là la manière. Ah! je m'y prends autrement.

KOSINSKY.

Que peut craindre celui qui ne craint pas la mort?

MOOR.

Brave! incomparable! tu es sûrement un fort bon écolier; tu sais parfaitement ton Sénèque par cœur... Mais, mon cher ami, ce n'est pas avec de telles sentences que tu endormiras jamais la nature souffrante, que tu émousseras les traits de la douleur... Songes-y bien, mon fils! (*il lui prend la main*) penses-y, je te conseille comme un père. Sache d'abord quelle est la profondeur de l'abîme, avant de t'y lancer!... Si tu peux saisir encore une seule joie dans ce monde... Il pourrait venir un moment où tu... te réveillerais... et alors... il pourrait être trop tard. Tu vas sortir du code de l'humanité... Il te faut donc devenir ou plus qu'un homme, ou un démon... Encore une fois, mon fils, si une étincelle d'espérance brille encore pour toi, laisse là cette terrible association qui ne convient qu'au désespoir, quand elle n'a pas été formée par une sagesse sublime... Crois-moi, on prend pour force d'esprit ce qui en définitive n'est que du désespoir. Crois-moi... moi! et retire-toi promptement.

KOSINSKY.

Non! maintenant je ne puis plus me retirer. Si ma prière n'a pu t'émouvoir, écoute l'histoire de mes malheurs... et toi-même tu mettras en ma main le poignard, toi-même... Asseyez-vous ici sur le gazon, et écoutez-moi avec attention.

MOOR.

J'écouterai.

KOSINSKY.

Sachez donc que je suis un gentilhomme de Bohême. Je devins, par la mort de mon père, seigneur d'un fief considérable, un séjour divin... car un ange y habitait... Une jeune fille parée de tous les attraits de la jeunesse, et pure comme la lumière du ciel... Mais pourquoi vous en parler? ce sont paroles perdues pour votre oreille... Vous n'avez jamais aimé, vous ne fûtes jamais aimés.

SCHWEIZER.

Doucement, doucement! Le capitaine est devenu rouge comme le feu.

MOOR.

Finissons! je t'entendrai une autre fois... demain... bientôt... quand j'aurai vu du sang.

KOSINSKY.

Du sang, du sang!... Écoute-moi encore; ce

que je te dirai remplira ta pensée de sang... Elle était d'une naissance bourgeoise; c'était une Allemande... mais son regard faisait évanouir tous les préjugés de noblesse : avec une modestie timide, elle avait accepté l'offre de ma main; le lendemain, je devais conduire mon Amélie à l'autel... (*Moor se lève vivement.*) Au milieu de l'ivresse d'une félicité prochaine, au milieu des apprêts de la noce, je reçois l'ordre de me rendre à la cour. Je m'y rends. On me produit des lettres que je dois avoir écrites, et dont le contenu prouve une trahison... Je rougis d'une telle méchanceté... On m'ôte mon épée, on me jette en prison, ma raison se trouble.

SCHWEIZER.
Pendant ce temps-là... continue... Je me doute déjà de l'affaire.

KOSINSKY.
Je passe là un mois, sans soupçonner de ce qui m'arrivait. Je souffrais pour mon Amélie, à qui mon sort devait à chaque minute causer les angoisses de la mort. Enfin paraît le premier ministre, qui, avec de mielleuses paroles, me félicite de la découverte de mon innocence, me lit l'ordre de ma mise en liberté, et me rend mon épée. Alors je vole en triomphe à mon château, dans les bras de mon Amélie... Elle avait disparu, elle avait été enlevée au milieu de la nuit; on ne savait pas ce qu'elle était devenue; depuis ce moment, personne ne l'avait aperçue. Un trait de lumière me frappe; je vole à la ville, je m'informe à la cour... Tous les yeux étaient fixés sur moi, personne ne voulait me répondre... Enfin je la découvre derrière une grille, dans un endroit reculé du palais... elle me jette un billet.

SCHWEIZER.
Ne l'ai-je pas dit?

KOSINSKY.
Par la mort! par l'enfer! par le diable! c'était en effet cela! On lui avait donné à choisir, ou de me voir mourir, ou de devenir la maîtresse du prince. Dans ce combat entre l'honneur et l'amour, elle céda au second, et... (*il rit*) je fus sauvé.

SCHWEIZER.
Que fis-tu alors?

KOSINSKY.
Je restai là comme frappé de mille foudres...
Du sang, fut ma première pensée; du sang, fut ma dernière pensée. Écumant de rage, je cours chez moi, je prends une épée bien affilée, et je me rends en toute hâte chez le ministre, car c'était lui... il avait été l'infernal entremetteur. On m'avait vu venir dans la rue, car, lorsque j'arrivai, je trouvai toutes les portes fermées. Je cherche, j'interroge : « Il est allé chez le prince », fut la seule réponse. Je m'y rends immédiatement, on ne l'y avait pas vu : je retourne chez lui, j'enfonce les portes, je le trouve, j'allais sur-le-champ... mais cinq ou six de ses serviteurs étaient en embuscade; ils s'élancent et m'arrachent mon épée.

SCHWEIZER, *frappant du pied.*
Et tu n'attrapas rien; tu revins à vide?

KOSINSKY.
Je fus saisi, accusé, poursuivi criminellement, déclaré infâme... et, remarquez bien... par une grâce particulière, banni comme infâme hors des frontières. Mes biens furent donnés au ministre; mon Amélie demeura dans les griffes du tigre; sa vie se passe dans les soupirs et la douleur, pendant que je jeûne de vengeance, et que je suis courbé sous le joug du despotisme.

SCHWEIZER *se lève et aiguise son épée.*
Voilà de l'eau à notre moulin, capitaine! Il y a là de quoi s'enflammer.

MOOR, *qui jusqu'ici s'est promené çà et là, dans une vive agitation, s'élance tout-à-coup vers les brigands.*
Il faut que je la voie... Allons, rassemblons-nous... Kosinsky, tu demeures... Préparez-vous vite au départ.

LES BRIGANDS.
Où?... quoi?...

MOOR.
Où? Qui a demandé où? (*Vivement à Schweizer.*) Traître, tu veux me retenir; mais par l'espérance du ciel...

SCHWEIZER.
Moi un traître? Cours dans les enfers, je t'y suivrai!

MOOR, *se jetant à son cou.*
Cœur fraternel! tu m'y suivrais... Elle pleure, elle pleure. Sa vie s'écoule dans le deuil... Allons, dépêchons; allons en Franconie. Il faut que nous y soyons dans huit jours.

Ils s'en vont.

ACTE QUATRIÈME.

SCÈNE PREMIÈRE.
LE BRIGAND MOOR, KOSINSKY, *dans l'éloignement.*
Une contrée champêtre aux environs du château de Moor.

MOOR.
Précède-moi pour m'annoncer. Tu sais bien tout ce que tu dois dire.

KOSINSKY.
Vous êtes le comte de Brandt, arrivant de Mecklembourg; moi je suis votre écuyer. — Ne vous inquiétez pas, je jouerai bien mon rôle. Adieu.

Il sort.

SCÈNE II.
MOOR, seul.

Je te salue, terre de ma patrie! (*Il baise la terre.*) Ciel de ma patrie! soleil de ma patrie! et vous, prairies, collines, torrens, forêts, je vous salue tous du fond de mon cœur! Combien est délicieux le souffle de l'air dans mes montagnes natales! Quel baume salutaire vous répandez sur un malheureux fugitif! Élysée! monde poétique! Arrête-toi, Moor; ton pied foule un temple sacré. (*Il s'approche.*) Vois-tu ces nids d'hirondelles aux fenêtres du château? — Vois-tu la petite porte du jardin, — et ce coin de la haie où si souvent tu te plaçais en embuscade? — Et là bas, cette prairie où tu faisais Alexandre le Grand conduisant ses Macédoniens à la bataille d'Arbelles? et plus loin, cette pelouse sur la colline, où tu terrassas les satrapes de Perse; — où flottait ton étendard victorieux? (*Il sourit.*) Les années de l'âge d'or de l'enfance revivent dans l'âme d'un misérable. — Tu étais si heureux alors; tu l'étais si entièrement, avec une sérénité sans nuages!... et maintenant!... ici gisent les débris de tous tes projets! C'était ici que tu devais marcher un jour en homme grand, considérable, illustré... Ici je devais recommencer une seconde fois ma jeunesse dans les enfans de mon Amélie... ici, ici, tu devais être l'idole de tes vassaux... Mais l'ennemi des hommes s'est raillé de tout cela! (*Il s'interrompt.*) Pourquoi suis-je venu ici? Ne suis-je pas comme le prisonnier que le cliquetis de ses chaînes arrache à son rêve de liberté?... Non, je vais retourner à ma misère... Le prisonnier avait oublié la lumière du jour; le rêve de la liberté aura brillé à ses yeux comme un éclair, pour le laisser dans une nuit plus profonde... Adieu, vallons de ma patrie! vous vîtes Charles enfant, et Charles était un heureux enfant; maintenant vous le voyez homme, et il est dans le désespoir. (*Il se retourne rapidement vers le fond de la scène, reste un moment en repos et en silence, puis reporte mélancoliquement ses yeux vers le château.*) Ne pas la voir! pas un seul regard!... Et une seule muraille me sépare d'Amélie!... Non, il faut que je la voie, — que je la voie... quand je devrais en être écrasé. (*Il marche çà et là.*) Mon père, mon père! ton fils s'approche... Éloigne-toi de moi, noire image de ce sang qui fume encore! Éloigne-toi, aspect horrible et sombre des convulsions de la mort! Laisse-moi libre une heure seulement... Amélie! mon père! votre Charles approche! (*Il marche rapidement vers le château.*) Torturez-moi quand le jour s'éveille; n'abandonnez point votre proie quand la nuit vient. — Torturez-moi par des songes terribles, mais n'empoisonnez pas ce moment unique de volupté! (*Il s'arrête devant la porte.*) Qu'ai-je éprouvé? Moor, qu'éprouves-tu? Sois un homme. Frissons de la mort... pensées de l'effroi!...

SCÈNE III.
Une galerie dans le château.
LE BRIGAND MOOR, AMÉLIE. *Ils entrent.*

AMÉLIE.

Et sauriez-vous reconnaître son image parmi ces portraits?

MOOR.

Oh! très-certainement! son image est vivante dans mon souvenir. (*Il parcourt les portraits.*) Ce n'est pas le sien.

AMÉLIE.

Vous avez raison. — C'est l'aïeul et la tige de cette maison souveraine. Il tint sa noblesse de Barberousse, pour l'avoir servi contre les pirates.

MOOR, *parcourant toujours les portraits.*

Ni celui là... ni celui ci... ni cet autre... Il n'est point parmi ces tableaux.

AMÉLIE.

Regardez mieux, je pense que vous le reconnaîtrez.

MOOR.

Je le connais comme mon père : ce portrait n'a pas cette douce expression de la bouche qui me le ferait reconnaître entre mille; ce n'est pas lui.

AMÉLIE.

Je m'étonne comment vous ne l'avez pas vu depuis dix-huit ans; et vous pourriez encore...

MOOR, *tout-à-coup et avec une rougeur subite.*

Le voici!

Il s'arrête devant avec émotion.

AMÉLIE.

Un excellent homme!

MOOR, *absorbé dans cette contemplation.*

Mon père, mon père, pardonne-moi... Oui, un excellent homme... (*il essuie ses larmes*) un homme divin.

AMÉLIE.

Vous paraissez avoir pour lui beaucoup d'intérêt.

MOOR.

Ah! un excellent homme... Et il n'est plus?

AMÉLIE.

Il n'est plus... Ainsi passent nos jours les plus heureux. (*Elle lui prend doucement la main.*) Cher comte, aucune félicité ne mûrit sous le soleil.

MOOR.

Cela est vrai, très-vrai... et en auriez-vous déjà fait la triste expérience? A peine avez-vous vingt-trois ans.

AMÉLIE.

Oui, j'en ai fait l'expérience : tout ne vit que pour mourir tristement; nous ne prenons intérêt à quelque chose, nous n'en jouissons que pour le perdre avec douleur.

MOOR.

Vous avez déjà perdu quelque chose?

AMÉLIE.

Rien... tout... rien. Voulez-vous que nous passions plus loin, monsieur le comte?

MOOR.

Sitôt? Quel est ce portrait-là, à droite? C'est, ce me semble, une physionomie bien triste?

AMÉLIE.

Ce portrait à gauche est le fils du comte, le seigneur d'à présent. Venez, venez.

MOOR.

Mais ce portrait à droite?

AMÉLIE.

Voulez-vous descendre dans le jardin?

MOOR.

Mais ce portrait à droite?... Tu pleures, Amélie?

Amélie s'éloigne promptement.

MOOR.

Elle m'aime, elle m'aime!... Tout son être semblait ne pouvoir supporter cette contrainte; ses larmes la trahissaient et coulaient sur ses joues: elle m'aime... Misérable! l'as-tu mérité? Ne suis-je pas ici comme le condamné auprès du bloc fatal? N'est-ce pas ici le sofa où je m'enivrai de bonheur en la tenant dans mes bras? N'est-ce pas ici le palais paternel? (*Saisi de l'aspect du portrait de son père.*) O toi! ô toi! quels éclairs lancent tes yeux!... Malédiction! malédiction! réprobation!... Où suis-je? La nuit se répand sur mes yeux. Dieu d'épouvante! moi, moi! c'est moi qui l'ai tué...

Il sort précipitamment.

FRANÇOIS, *plongé dans une réflexion profonde.*

Loin de moi cette image! loin de moi, lâche faiblesse! Pourquoi trembles-tu, et devant qui? Il n'y a que peu d'instans que le comte est entré dans ces murs, et il me semble qu'un espion de l'enfer s'est glissé pour suivre tous mes pas... Je dois le connaître: il y a quelque chose de grand, que j'ai déjà vu, dans son visage farouche brûlé du soleil, et qui me fait trembler.. Amélie non plus ne l'a pas vu avec indifférence: elle a laissé errer avec curiosité sur ce drôle-là son regard languissant, dont elle est pourtant si avare avec tout le reste du monde... Ne l'ai-je pas remarqué? Elle a laissé furtivement tomber deux larmes dans ce vin que derrière moi il a avalé si ardemment! On eût dit qu'il voulait dévorer la coupe! Oui, j'ai vu cela dans un miroir qui réfléchissait cette scène à mes yeux. Holà, François, prends garde à toi; il se cache là dessous quelque monstre qui porte la ruine en ses flancs. (*Il se tient devant le portrait de Charles en l'examinant.*) Ce long cou de cygne.. ces yeux noirs et ardens... Hum, hum... ces sourcils obscurs et épais... (*Frémissant tout-à-coup.*) Enfer, dans ta maligne joie, est-ce toi qui m'envoies ce pressentiment? C'est Charles! oui, maintenant tous ses traits me reviennent vivement; c'est lui... en dépit de son déguisement, je le reconnais... C'est lui... sous ce déguisement... Mort et damnation! (*Il se promène çà et là d'un pas rapide.*) Est-ce donc pour cela que j'ai prodigué tant de veilles? est-ce pour cela que j'ai renversé des rochers et comblé des abîmes? Est-ce pour cela que je me suis mis en rébellion contre tous les instincts de l'humanité? Et un misérable vagabond viendra écraser mon édifice artistement élevé?... Doucement, doucement: il s'agit seulement de continuer le jeu... Ne suis-je pas déjà, sans cela, enfoncé jusqu'aux oreilles dans le péché mortel? Ne serait-il pas insensé de revenir sur mes pas, et de nager vers un rivage que j'ai déjà laissé si loin derrière moi?... Il n'y a plus à penser au retour... la grâce divine elle-même serait réduite à la besace, et la miséricorde infinie serait en banqueroute, si elles se chargeaient d'acquitter mes fautes... Ainsi, en avant, soyons homme. (*Il sonne.*) Qu'il s'en aille rejoindre l'esprit de ses pères! et allons, je me moque des morts... Daniel! hé, Daniel! Je parie qu'il l'a déjà excité contre moi; il est tout mystérieux.

Daniel entre.

DANIEL.

Qu'avez-vous à m'ordonner, mon maître?

FRANÇOIS.

Rien. Va me remplir cette coupe de vin; mais dépêche. (*Daniel sort.*) Attends un moment, vieux coquin! je vais te saisir, et te regarder si fixement dans les yeux, que je pénétrerai jusqu'à ta conscience, et que je te verrai pâlir à travers ton masque! Il doit mourir. — Il n'y a qu'un imbécile qui, après avoir poussé son ouvrage jusqu'à la moitié, le laisse là, et regarde tranquillement d'un œil ébahi ce qui pourra en arriver.

Daniel rentre avec du vin.

FRANÇOIS.

Mets-le ici! Regarde-moi bien aux yeux! Tes genoux fléchissent! tu trembles! Avoue-le-moi, vieillard! qu'as-tu fait?

DANIEL.

Rien, monseigneur; aussi vrai qu'il y a un Dieu et que j'ai une âme!

FRANÇOIS.

Bois ce vin. Comment! tu hésites! Parle vite! qu'as-tu jeté dans ce vin?

DANIEL.

Dieu me soit en aide! Comment! moi! dans ce vin?

FRANÇOIS.

Tu as jeté du poison dans ce vin. N'es-tu pas devenu pâle comme la neige? Avoue, avoue. Qui te l'a donné? N'est-ce pas vrai? c'est le comte, c'est le comte qui te l'a donné?

DANIEL.

Le comte! Jésus-Maria! le comte ne m'a rien donné!

FRANÇOIS, *le saisissant brutalement.*

Je veux t'étrangler au point que tu en deviendras bleu, vieux menteur! rien? Et que cachez-vous donc ensemble, toi, toi et Amélie? Que chuchotez-vous ensemble? dis-le-moi! quel secret, oui, quel secret t'a-t-il confié?

DANIEL.

Dieu, qui sait tout, sait qu'il ne m'a confié aucun secret.

FRANÇOIS.

Tu veux me le nier? Quels complots avez-vous tramés pour vous débarrasser de moi? n'est-ce pas vrai? Est-ce de m'étrangler durant mon sommeil? est-ce de me couper la gorge en me rasant? de m'expédier dans du vin ou dans du chocolat? ou de m'administrer le sommeil éternel dans ma soupe? Dis-le-moi! je sais tout.

DANIEL.

Que Dieu me refuse assistance si je vous dis en ce moment autre chose que la pure et complète vérité!

FRANÇOIS.

Je te le pardonnerai pour cette fois. Mais je gage qu'il a glissé quelque argent dans ta bourse. Il t'a pressé la main plus fortement qu'il n'est d'usage : fortement, comme c'est la coutume à une vieille connaissance.

DANIEL.

Jamais, mon maître.

FRANÇOIS.

Il t'a dit, par exemple, qu'il t'avait déjà connu quelque peu...; que tu devais à peu près le connaître...; que le bandeau tomberait un jour de tes yeux... Comment, il ne t'aurait jamais rien dit de semblable?

DANIEL.

Pas la moindre chose.

FRANÇOIS.

Que certains motifs le retenaient...; que les hommes étaient souvent forcés de prendre un masque pour pouvoir s'approcher de leurs ennemis... qu'il voulait se venger... se venger cruellement?

DANIEL.

Pas un mot de tout cela.

FRANÇOIS.

Comment? rien du tout? rappelle-toi bien. — Qu'il avait bien connu l'ancien seigneur... connu particulièrement... qu'il l'aimait... qu'il l'aimait intimement... comme un fils?

DANIEL.

Je me rappelle lui avoir entendu dire quelque chose de semblable.

FRANÇOIS, *pâlissant*.

Il a dit cela?... Réellement il l'a dit? Comment? répète-moi encore... Il a dit qu'il était mon frère?

DANIEL, *interdit*.

Quoi, mon maître? non, il ne m'a pas dit cela; comme Mademoiselle le conduisait dans la galerie, j'ôtais la poussière qui couvrait les noms des tableaux; il s'est arrêté tout-à-coup, comme frappé du tonnerre, devant le portrait de feu mon maître. Mademoiselle, en lui montrant le portrait, a dit : Un excellent homme! — Oui, un excellent homme, a-t-il répondu; et il a essuyé des larmes.

FRANÇOIS.

Écoute, Daniel! Tu sais que j'ai toujours été un bon maître pour toi, que je t'ai bien nourri et bien habillé, et que je n'ai point surchargé de travail ta vieillesse affaiblie.

DANIEL.

Que le bon Dieu vous en récompense! Et moi, je vous ai toujours servi fidèlement.

FRANÇOIS.

C'est ce que j'allais dire. Tu ne m'as jamais contredit de ta vie, parce que tu sais bien que tu me dois obéissance en tout ce que je te commande.

DANIEL.

En tout, et de grand cœur, quand ce n'est pas contre Dieu et ma conscience.

FRANÇOIS.

Bêtise! quelle bêtise! N'as-tu pas de honte? Un homme âgé croire à ces contes de bonne femme! Daniel, c'est une réflexion stupide. Je suis ton maître; c'est moi que Dieu et la conscience puniront, s'il y a un Dieu et une conscience.

DANIEL, *joignant les mains*.

Dieu de miséricorde!

FRANÇOIS.

Par l'obéissance que tu me dois! comprends-tu cette parole? par l'obéissance que tu me dois, je t'ordonne que demain matin le comte ne soit plus au nombre des vivans.

DANIEL.

Bon Dieu! venez à mon aide! Et pourquoi?

FRANÇOIS.

Par l'obéissance aveugle que tu me dois, — et je m'en fie à toi.

DANIEL.

A moi? Secourez-moi, sainte mère de Dieu! A moi? Quelle mauvaise action ai-je donc commise?

FRANÇOIS.

Il n'y a pas à délibérer; ton sort est entre mes mains. Veux-tu passer ta vie dans le plus profond caveau de mon château, où la faim te forcera à ronger tes os, et la soif à boire ton sang? Ou bien veux-tu manger ton pain paisiblement, et jouir du repos dans tes vieux jours?

DANIEL.

Comment, mon maître? La paix et le repos dans mes vieux jours? Un assassin?

FRANÇOIS.

Réponds à ma question.

DANIEL.

Mes cheveux blancs! mes cheveux blancs!

FRANÇOIS.

Oui ou non?

DANIEL.

Non. Dieu! ayez pitié de moi!

FRANÇOIS, *faisant mine de s'en aller*.

Bon, tu te souviendras de cela.

Daniel le retient, et se jette à ses pieds.

DANIEL.

Mon maître, ayez pitié de moi!

FRANÇOIS.

Oui ou non!

DANIEL.

Monseigneur, j'ai aujourd'hui soixante et dix ans; j'ai honoré père et mère, et dans toute ma vie je n'ai fait, à ma connaissance, tort d'un denier à personne; j'ai sincèrement et fidèlement gardé ma foi; j'ai servi votre maison pendant quarante-quatre ans, et maintenant j'attends tranquillement une heureuse fin. Hélas! mon maître, mon maître! (*Il embrasse ses genoux.*) Et vous voulez me dérober cette dernière consolation dans la mort; vous voulez que le serpent rongeur de la conscience me dépouille de ma dernière prière; vous voulez que je m'endorme éternellement chargé d'un crime devant Dieu et devant les hommes! Non, non, mon cher, mon excellent maître : vous ne voulez pas cela, vous ne pouvez pas vouloir cela d'un vieillard de soixante et dix ans.

FRANÇOIS.
Oui ou non? sans tant de bavardage.

DANIEL.
Je vous servirai avec encore plus de zèle; mes muscles desséchés seront infatigables comme ceux du dernier manœuvre; je me lèverai plus tôt, je me coucherai plus tard; je ferai mention de vous dans ma prière du matin et du soir, et Dieu ne rejettera point la prière d'un vieillard.

FRANÇOIS.
L'obéissance est au-dessus du sacrifice. As-tu jamais entendu dire que le bourreau fît des façons quand il y a une sentence à exécuter?

DANIEL.
Ah! sans doute; mais égorger un innocent, un...

FRANÇOIS.
Suis-je tenu à te rendre compte? La hache demande-t-elle au bourreau pourquoi elle frappe là, et non pas ici? Mais regarde quelle est ma générosité : je te promets une récompense pour ce que tu dois faire par devoir.

DANIEL.
Mais j'espère bien demeurer chrétien en faisant mon devoir envers vous.

FRANÇOIS.
Sans contredit; je te donne encore tout un jour pour y réfléchir. Penses-y bien : le bonheur ou le malheur; tu entends bien, tu comprends bien : le plus grand bonheur ou le plus grand malheur. Ah! tu serais puni d'une façon surprenante.

DANIEL, *après quelque réflexion.*
Je le ferai. Demain, je le ferai.

Il sort.

FRANÇOIS.
L'épreuve est forte, et il n'est pas né pour être martyr de la foi... Ainsi, bonsoir, monsieur le comte. Selon toute apparence, vous irez demain au soir souper avec Lucifer. Eh! qu'importe ce qu'on peut penser de cela? Bien fou celui qui pense contre son intérêt! Le père, qui peut-être avait bu une bouteille de vin de plus, se sent une certaine velléité... Voilà un homme de fait, et un homme était, certes, la dernière chose à quoi l'on pensât en accomplissant ce grand œuvre. Maintenant il me vient aussi une velléité, à moi... Voilà un homme de moins; et certes en ceci il y aura plus de réflexion et de prévoyance qu'il n'y en avait eu dans sa création. La naissance de l'homme est l'ouvrage d'une impulsion animale, un hasard; qui pourrait donc se laisser persuader que la négative d'une naissance est quelque chose de considérable? Maudite soit la sottise de nos bonnes et de nos nourrices, qui ont perverti notre imagination par des contes effrayans, qui ont imprimé dans notre faible cerveau les horribles images de peines et de jugemens; en telle sorte que des frissons involontaires, que des angoisses glaciales agitent nos membres, que notre hardiesse et notre résolution sont ébranlées, et que notre raison, en s'éveillant, se trouve chargée des chaînes d'une obscure superstition... Le meurtre! Ne semble-t-il pas que toutes les furies de l'enfer voltigent autour de ce mot?... C'est pourtant comme si la nature avait oublié de faire un homme de plus... comme si l'on eût oublié de nouer le cordon à un enfant... Et ainsi s'évanouissent toutes ces ombres chinoises. C'était quelque chose, et ce n'est plus rien... Ne peut-on pas dire cela tout aussi bien que : Ce n'était rien, et ce n'est rien?... Et à quoi bon parler de rien? L'homme sort de la fange, il barbotte pendant un temps dans la fange, il accroît cette fange, il retourne fermenter avec cette fange, jusqu'à ce qu'enfin il salisse les souliers de l'un de ses petits-fils. Et voilà la fin de la chanson... Voilà le cercle fangeux de la destinée humaine. Ainsi donc... bon voyage, mon cher frère. Que le moraliste podagre et hypocondriaque, armé de l'idée d'une conscience, chasse du mauvais lieu les filles quand elles sont ridées, qu'il torture les vieux usuriers sur leur lit de mort, soit... mais jamais il n'aura audience de moi.

SCÈNE IV.

Un autre appartement dans le château.

LE BRIGAND MOOR, *d'un côté*; DANIEL, *de l'autre.*

MOOR, *avec empressement.*
Où est mademoiselle Amélie?

DANIEL.
Monseigneur, permettez à un vieillard de vous demander quelque chose.

MOOR.
C'est accordé; que veux-tu?

DANIEL.
Pas grand'chose, et tout; peu, et cependant beaucoup : laissez-moi vous baiser la main.

MOOR.
Non, bon vieillard (*il l'embrasse*); toi que je pourrais nommer un père!

DANIEL.
Votre main, votre main, je vous en prie.

MOOR.
Cela ne se peut pas.

DANIEL.
Il le faut. (*Il la saisit, la regarde, et tombe à genoux devant lui.*) Mon cher Charles!

MOOR, *effrayé, et d'un ton très-froid.*
Ami, que dis-tu? je ne te comprends pas.

DANIEL.

Ah! oui, niez-le seulement; vous changez de visage; bon! bon! vous êtes toujours mon bon, mon cher enfant... Bon Dieu! que j'aie pu avoir encore cette joie dans ma vieillesse!... Pauvre imbécile, qui n'a pas vu tout de suite que... Ah! Dieu du ciel! ainsi vous voilà de retour, et notre vieux maître est enterré; et vous voilà de retour ici... J'étais donc un âne, un aveugle (*se frappant la tête*) de ne pas, au premier instant, vous avoir... Ah! ce que c'est que de nous!... Qui aurait pu imaginer?... ce que j'ai demandé avec tant de larmes... Jésus Maria. Il est là, le voilà en personne dans notre vieille salle.

MOOR.

Quels discours tenez vous? êtes-vous pris de la fièvre chaude? ou me répétez-vous un rôle de comédie?

DANIEL.

Fi donc! fi donc! cela n'est pas beau de se moquer ainsi d'un vieux serviteur... cette cicatrice! hé! ne vous souvenez-vous pas?... Grand Dieu! que vous me fîtes là une belle peur!... moi, qui vous ai toujours tant aimé, que vous avez manqué me faire de chagrin ce jour-là!... vous étiez assis sur mes genoux... eh bien, vous en souvenez-vous? là, dans la chambre ronde... ah! ah! mon petit gaillard, vous l'avez peut-être oublié?... et ce coucou que vous aimiez tant à faire chanter? vous souvenez-vous à présent?... le coucou est cassé, il est tombé par terre... c'est la vieille Suzanne qui l'a jeté à terre en balayant la chambre... Vous étiez donc assis sur mes genoux, et vous avez crié pour avoir votre dada, et j'ai tout de suite couru pour aller chercher le dada... Jésus, mon Dieu!... il fallait que je fusse un vieil imbécile de m'en aller comme ça... Ce fut comme si on m'eût donné cent coups de bâton; j'entendis des cris, j'accourus tout de suite; et le sang coulait beaucoup; il y en avait par terre... Sainte mère de Dieu! le froid me courut par tout le corps, comme si on m'eût jeté un seau d'eau froide. Mais voilà ce qui arrive quand on n'a pas toujours les yeux sur les enfans, Mon bon Dieu, si c'eût été dans l'œil, mais ce n'était qu'à la main droite; par mon âme, dis-je, si jamais je laisse dans les mains d'un enfant un couteau, des ciseaux ou rien qui coupe... Encore, par bonheur, monsieur et madame étaient en voyage... Oui, oui, par mon âme, dis-je, cela me servira d'avertissement... Hélas! mon Dieu! j'aurais bien pu perdre ma place, j'aurais bien pu... Dieu vous le pardonne, maudit enfant... Mais, Dieu soit loué! cela se guérit bien, et il ne resta que cette cicatrice.

MOOR.

Je ne comprends pas un mot de tout ce que tu dis.

DANIEL.

Ah! bien oui? et dans ce temps là encore, combien ne vous ai-je pas donné de morceaux de sucre, de biscuits et de macarons! Je vous ai toujours bien gâté; et vous souvenez-vous encore de ce que vous me disiez dans l'écurie, quand je vous mettais sur l'alezan brûlé de votre vieux père, et que je vous faisais trotter autour de la grande prairie? Daniel, disiez-vous, quand je serai grand, tu seras mon intendant, et tu te promèneras en carrosse avec moi... Oui, disais je en riant, si Dieu nous accorde vie et santé; vous ne rougirez pas de votre vieux Daniel, disais je, et alors je vous prierai de me placer dans une petite maison du village... qui est même vide depuis un peu de temps... et je veux m'établir là avec une vingtaine de barriques de vin pour tenir auberge dans mes vieux jours... Ah! riez donc, riez donc... Eh bien! mon jeune maître, auriez-vous oublié tout cela? On ne veut pas reconnaître le vieux Daniel, on lui fait une mine froide, une mine réservée... Ah! soyez donc encore mon bon jeune Charles... Vous étiez peut-être bien un peu léger... Ne prenez pas mal ce que je dis... ça arrive à toute jeunesse... et à la fin cela tourne toujours tout au mieux.

MOOR, *se jetant à son cou.*

Ah! Daniel! je ne veux pas me déguiser plus long-temps. Je suis ton cher Charles, Charles que tu avais perdu. — Que fait mon Amélie?

DANIEL *se met à pleurer.*

Ah! que moi, pauvre pécheur, j'aie pu avoir cette joie, et que mon défunt maître ait tant pleuré sans l'obtenir! Ah! tête blanchie! membres desséchés, descendez au tombeau avec contentement. Mon seigneur et mon maître est vivant; je l'ai revu de mes yeux!

MOOR.

Et il tiendra ce qu'il a promis... Prends cela, digne vieillard, pour ces promenades sur le cheval alezan. (*Il lui met une bourse dans la main.*) Je n'ai jamais oublié le vieux Daniel.

DANIEL.

Comment? Que faites-vous? c'est trop; vous vous trompez.

MOOR.

Je ne me trompe point, Daniel. (*Daniel veut se jeter à ses genoux.*) Relève-toi; dis-moi ce que fait mon Amélie.

DANIEL.

Bonté divine! bonté divine! Votre Amélie, ah! elle ne pourra y survivre, elle mourra de joie.

MOOR, *vivement.*

Elle ne m'a pas oublié?

DANIEL.

Oublié! que dites-vous? vous oublier? ah! si vous aviez pu être ici, si vous aviez pu voir sa physionomie quand arriva la nouvelle que vous étiez mort, quand mon maître la fit répandre!

MOOR.

Que dis-tu? mon frère...

DANIEL.

Oui, votre frère, mon maître, votre frère... Je vous en raconterai davantage une autre fois, quand nous aurons le temps... Et comment elle le reçoit de la belle façon, quand il vient, tous les jours que Dieu envoie, lui faire ses propositions : car il veut en faire sa femme. Oh! il faut que j'aille, il faut que je coure lui dire... il faut que je lui porte cette nouvelle.

Il veut sortir.

MOOR.

Arrête, arrête! Elle ne doit en rien savoir; personne n'en doit rien savoir, ni mon frère non plus.

DANIEL.

Votre frère? ah! ne vous en inquiétez pas, il ne le saura pas... en aucune façon... s'il n'en sait pas déjà plus qu'il n'en devrait savoir... Ah! je vous le dis, c'est un vilain homme, un vilain frère, un vilain maître. Mais moi, pour tout l'argent de la seigneurie, je ne veux pas être un vilain serviteur... Monseigneur vous tient pour mort.

MOOR.

Hum! que brodouilles-tu là?

DANIEL.

Et si vous n'aviez pas si mal à propos ressuscité... votre frère était unique héritier de mon défunt maître.

MOOR.

Vieillard, que murmures-tu là entre tes dents? Quelque monstrueux secret semble errer sur tes lèvres, un secret que tu voudrais, mais que tu ne peux cacher... Parle clairement.

DANIEL.

Mais j'aime mieux que la faim me force à ronger mes os, j'aime mieux que la soif me force à boire mon sang, que de gagner mon bien-être par un meurtre.

Il s'éloigne rapidement.

MOOR, *après un silence terrible, s'écria :*

Trahi! trahi! Cette pensée me frappe comme un éclair! Artifices criminels! Ciel et enfer! Ce n'est pas toi, mon père! ces artifices criminels! brigand et meurtrier à cause de ces artifices criminels! noirci à ses yeux! Mes lettres supprimées, falsifiées!...» Son cœur plein de tendresse... et moi, insensé, qui suis devenu un monstre... Son cœur paternel était plein de tendresse..., o scélératesse! scélératesse! il ne m'en eût coûté que de me jeter à ses pieds, il ne m'en eût coûté que quelques larmes!... Oh! que j'ai été insensé! oh! misérable insensé! (*Frappant sa tête contre le mur.*) J'aurais pu être heureux... Ah! fourberie! fourberie! le bonheur de ma vie m'a été frauduleusement ravi. (*Il se promène à grands pas avec rage.*) Brigand et meurtrier par des artifices criminels!... Il n'était point courroucé. Il n'y a pas eu une pensée de malédiction en son cœur... O scélérat! inconcevable, horrible, perfide scélérat!

Kosinsky revient.

KOSINSKY.

Eh bien, capitaine, où te caches-tu? qu'est-ce donc? il me paraît que tu veux encore rester ici un moment?

MOOR.

Partons! selle les chevaux! Il faut qu'au coucher du soleil nous ayons passé les frontières.

KOSINSKY.

C'est une plaisanterie.

MOOR, *d'une voix impérieuse.*

Dépêche, dépêche! ne tarde pas, que rien ne t'arrête. Prends garde de n'être vu de personne.

Kosinsky s'en va.

MOOR.

Je vais fuir de ces murs. Le moindre retard pourrait me mettre en fureur, et il est le fils de mon père!... Frère! frère! tu m'as rendu le plus misérable de la terre; je ne t'avais jamais offensé; est-ce là se conduire en frère?... Recueille en paix le fruit de ton crime, ma présence ici n'en troublera pas plus long-temps la jouissance... Mais certes ce n'est pas là se conduire en frère!... La nuit éternelle éteindra pour toujours cette jouissance, et la mort te la ravira.

Kosinsky revient.

KOSINSKY.

Les chevaux sont sellés, vous pouvez partir quand vous voudrez.

MOOR.

Tu es bien pressé! pourquoi si tôt? ne la verrai-je donc plus?

KOSINSKY.

Je vais les débrider encore. Quand vous voudrez, vous m'appellerez, et ce sera fait à l'instant.

MOOR.

Encore une fois! encore un adieu! je veux savourer le poison de cet instant de bonheur, et puis... Arrête, Kosinsky... dix minutes seulement... derrière la cour du château... et nous partirons de là.

SCÈNE V.

Un jardin.

AMÉLIE.

« Tu pleures, Amélie? » Et il a dit cela avec une voix! avec une voix !... Il me semble que la nature se réjouissait... A cette voix j'ai vu poindre les jours écoulés du printemps et de l'amour! Le rossignol chantait comme autrefois... les fleurs exhalaient leur parfum comme autrefois... Il m'a semblé être ivre de bonheur dans ses bras... Ah! cœur infidèle et perfide! tu vous embellis ton parjure! Non! non! fuis de mon âme, image criminelle! dans le cœur où règne Charles, aucun fils de la terre ne peut habiter... Mais pourquoi mon âme, toujours et contre son gré, se reporte-t-elle vers cet étranger? N'est-il pas comme attaché étroitement à l'image de mon bien-aimé? n'est-il pas comme un éternel compagnon de mon bien-aimé? « Tu pleures, Amélie? » — Ah! je veux le fuir... jamais mon œil ne reverra cet étranger. (*Le brigand Moor ouvre la porte du jardin. Elle s'écrie.*) Écoutons, écoutons! la porte n'a-t-elle pas fait du bruit? (*Elle voit Charles et s'élance.*) Lui?... où?... comment?... Il m'a enlacée, et je ne puis fuir... Ne m'abandonne pas, Dieu du ciel... Non, tu ne m'arracheras point à mon Charles! Il n'y a point de place en mon âme pour deux divinités, je ne suis qu'une simple mortelle! (*Elle prend le portrait de Charles.*) Toi, mon Charles, sois mon génie protecteur contre cet étranger, contre ce corrupteur de mon amour!... Toi! toi! je te regarderai fixement, et jamais un regard profane ne sera porté sur cet homme.

Elle s'assied, et regarde le portrait fixement en silence.

MOOR.

Vous ici, mademoiselle?... et si triste?... Une larme est tombée sur ce portrait? (*Amélie ne répond point.*) Et quel est l'heureux homme pour qui une larme a brillé dans les yeux de cet ange? Oserais-je demander si une telle gloire...

Il veut regarder le portrait.

AMÉLIE.

Non, non.

MOOR, *se retirant*.

Ah! et mérite-t-il cette adoration? la mérite-t-il?

AMÉLIE.

Si vous l'aviez connu!

MOOR.

Je l'aurais envié.

AMÉLIE.

Adoré, voulez-vous dire.

MOOR.

Ah!

AMÉLIE.

Ah! vous l'auriez tant aimé!... Il y avait tant de choses dans l'expression de son visage, dans ses yeux, dans le son de sa voix, qui est si semblable à la vôtre, qui m'est si chère. (*Moor baisse les yeux vers la terre.*) Ici, au lieu où tu es, il a été mille fois... et il avait près de lui qui, auprès de lui, oubliait le ciel et la terre... Ici, son œil errait sur cette belle contrée... elle paraissait sentir le prix de ce noble regard, et s'embellir du plaisir qu'elle donnait à son plus bel ornement... Ici, par ses chants célestes, il captivait l'attention des habitants de l'air... Ici, à ce buisson, il cueillait des roses, et c'était pour moi qu'il cueillait des roses.. Ici il me prenait dans ses bras; sa bouche brûlante pressait ma bouche... et les fleurs étaient heureuses d'être foulées sous les pas de deux amans...

MOOR.

Il n'est plus?

AMÉLIE.

Il s'est embarqué sur les mers orageuses... L'amour d'Amélie l'y a suivi... Il a erré à travers les sables arides du désert... L'amour d'Amélie créait sous ses pas de frais gazons dans les sables brûlans, et couvrait de fleurs les buissons épineux... Le soleil du midi brûlait sa tête découverte, les neiges du nord glaçaient ses pieds nus, la grêle des orages pleuvait sur son front, et l'amour d'Amélie le berçait au milieu des tempêtes... Et la mer, et les montagnes, et l'horizon sont entre deux amans; mais les âmes s'échappent de cette terrestre prison, et vont se rencontrer au paradis de l'amour. — Vous paraissez triste, monsieur le comte?

MOOR.

Les paroles de l'amour font revivre mon amour.

AMÉLIE, *pâlissant*.

Quoi! vous en aimez une autre?... Malheureuse, qu'ai-je dit?

MOOR.

Elle me croit mort et demeure fidèle à celui qu'elle croit mort. Elle a appris que je vivais encore, et elle me sacrifie la couronne des saintes... Elle sait que je suis errant dans les déserts, que je suis vagabond et misérable, et son amour vole à ma suite dans les déserts et la misère. Elle s'appelle aussi Amélie, comme vous, mademoiselle.

AMÉLIE.

Combien j'envie votre Amélie!

MOOR.

Oh! c'est une fille bien malheureuse. Elle n'a d'amour que pour un ami, qui est perdu; et jamais, et pour l'éternité, elle n'en aura la récompense.

AMÉLIE.

Non, elle aura sa récompense dans le ciel. Ne dit-on pas qu'il y a un monde meilleur où les affligés se réjouissent, où les amis se reconnaissent?

MOOR.

Oui, un monde où les voiles tombent, où les amis se retrouvent avec effroi... L'éternité est son nom... Mon Amélie, c'est une fille bien malheureuse.

AMÉLIE.

Malheureuse! et vous l'aimez?

MOOR.

Malheureuse, parce qu'elle m'aime. Eh quoi! si j'étais un meurtrier, eh quoi! mademoiselle, si votre bien-aimé pouvait, à chaque baiser, vous raconter un meurtre?... Ah! malheur à mon Amélie! elle est une fille bien malheureuse!

AMÉLIE, *avec un mouvement de joie*.

Ah! que je suis une fille heureuse! mon bien-aimé est une émanation de la Divinité; et la Divinité n'est que douceur et miséricorde. Il ne pouvait pas voir une mouche souffrir... Son âme est aussi loin d'une pensée sanglante, que le milieu du jour du milieu de la nuit.

Moor se détourne rapidement, va sous un berceau, et regarde fixement.

AMÉLIE *prend un luth et chante*.

Hector, veux-tu t'arracher de mes bras?
Veux-tu braver l'homicide colère
Que de Patrocle anime le trépas?
Songe à ton fils, conserve-lui son père.
Ne doit-il pas apprendre sous tes yeux
À servir Troie, à révérer les dieux?

MOOR *prend le luth en silence et chante en s'accompagnant.*
J'entends les cris d'un insolent vainqueur :
Chère Andromaque, apporte-moi ma lance.
  Il jette le luth et s'enfuit.

SCÈNE VI.

Une forêt ; il fait nuit. Au milieu de la scène un vieux château abandonné.

LA TROUPE DE BRIGANDS, *couchée çà et là à terre.*

LES BRIGANDS *chantent.*

Assassiner et ravager,
Piller, brûler et saccager,
A cela se passe la vie
Des chevaliers du grand chemin.
Si l'on doit nous pendre demain,
Tenons-nous l'âme réjouie.

Libres, contens comme des rois,
Nous couchons à l'ombre d'un bois ;
Nous soupons en bonne fortune ;
Le jour nous faisons peu de bruit ;
Mais nous travaillons bien la nuit,
Et notre soleil c'est la lune.

Aujourd'hui c'est un bon fermier,
Demain c'est un bénéficier
Qui fournira notre pitance.
Jamais n'ayant ni feu, ni lieu ;
Du reste nous fiant à Dieu
Qui bénit toujours l'innocence.

Nous nous donnons ce qu'il *nous faut,*
Nous nous tenons l'estomac chaud
Pour soutenir notre courage ;
Et comme les diables d'enfer,
Nos confrères en Lucifer,
Notre élément c'est le tapage.

Des mères les gémissemens,
Et les cris des petits enfans,
Les sanglots des jeunes fillettes !
Eh bien ! voilà tout justement
La musique du régiment ;
C'est notre fifre et nos trompettes.

Quand viendra le vilain moment
Où l'on me priera poliment
D'entrer dans la triste voiture,
Qu'on me donne un bon coup de vin,
Je saurai narguer le destin,
Et finir galment l'aventure.

SCHWEIZER.
Il fait nuit, et le capitaine n'est pas encore de retour.

RAZMANN.
Et il avait promis d'être de retour près de nous à huit heures sonnées.

SCHWEIZER.
S'il lui était arrivé quelque chose... Nous brûlerions et égorgerions tout, jusqu'aux enfans à la mamelle.

SPIEGELBERG, *prenant Razmann à part.*
Un mot, Razmann.

SCHWARZ, *à Grimm.*
Veux-tu que nous allions à la découverte ?

GRIMM.
Laisse-le ! il aura fait quelque coup à se mettre à genoux devant.

SCHWEIZER.
Tu n'y es pas, de par tous les diables ! il ne nous a pas quittés comme un homme qui eût en tête une entreprise de brigandage. As-tu oublié ce qu'il a dit quand nous traversions la forêt ? « Si quelqu'un prend seulement une rave dans un » champ, et que je le sache, il la payera de sa tête, » aussi vrai que je m'appelle Moor. » Nous n'osons pas voler.

RAZMANN, *bas à Spiegelberg.*
Où en veux-tu venir ? parle clairement.

SPIEGELBERG.
Chut, chut. Je ne sais pas quelles idées de liberté nous avons toi et moi ; mais le fait est que nous sommes attelés à la charrue, comme des bœufs, tout en déclamant merveilleusement sur l'indépendance ; cela ne me plaît pas.

SCHWEIZER, *à Grimm.*
Que barbouille donc cet animal ?

RAZMANN, *à Spiegelberg.*
Tu parles du capitaine ?

SPIEGELBERG.
Chut, chut donc !... il a des oreilles tout autour de nous pour nous écouter. Le capitaine, dis-tu ? qui l'a fait notre capitaine ? n'a-t-il pas usurpé ce titre, qui de droit était à moi ? Comment ! nous jouons notre vie comme à un coup de dé ; — nous essuyons tous les caprices du hasard ; et tout cela, pour avoir le plaisir de nous dire les serfs d'un esclave ? Serfs, quand nous pourrions être des princes !... Par Dieu, Razmann, cela ne m'a jamais plu.

SCHWEIZER, *à un autre.*
Ah ! oui, tu es un grand héros pour faire peur à des grenouilles à coups de pierres, rien que le bruit de son nez, quand il éternue, te ferait passer par le trou d'une aiguille.

SPIEGELBERG, *à Razmann.*
Oui... et il y a déjà un an que j'y songe ! Il faut que ça change, Razmann... si tu es ce que j'ai toujours pensé... Razmann !... il n'est plus là, on le croit à moitié perdu... Razmann, j'ai l'idée que son heure fatale a sonné. Comment ! le fiel ne te monte pas au visage de ce que l'heure de la liberté est sonnée ? as-tu assez peu de courage pour ne pas entendre à demi-mot une pensée hardie ?

RAZMANN.
Ah ! Satan, tu entraînes mon âme.

SPIEGELBERG.
Eh bien, cela prend-il ? viens ! j'ai remarqué par où il a passé... viens ! deux pistolets manquent rarement leur coup, et alors... c'est nous qui les premiers aurons étranglé le louveteau.
  Il veut l'entraîner.

SCHWEIZER, *en fureur, tirant son coutelas.*
Ah ! coquin, tu me rappelles les forêts de la Bohême ; n'est-ce pas toi qui as fait le plongeon

dès qu'on a crié : Voilà l'ennemi! J'ai de ce moment-là juré sur mon âme... Meurs, assassin!

Il le tue.

LES BRIGANDS, *en grand émoi.*
Au meurtre! au meurtre! Schweizer! Spiegelberg!... séparez-les.

SCHWEIZER, *jetant son coutelas sur le corps de Spiegelberg.*
Là, crève... Soyez tranquilles, camarades ; ne prenez pas garde à cette misère : cet animal était devenu jaloux du capitaine, et il n'a pas seulement une cicatrice sur tout le corps ; encore une fois, restez en paix. Ah! chien ; c'est par derrière qu'il voulait expédier les gens; tuer par derrière!.., La sueur a-t-elle inondé par torrens notre visage, pour que nous rampions sur cette terre comme de misérables drôles? l'animal!... avons-nous couché sous le feu et la flamme, pour finir par crever comme des rats?

GRIMM.
Mais, de par tous les diables, camarades, qu'avez-vous ensemble? le capitaine sera furieux.

SCHWEIZER.
C'est mon affaire. (*A Razmann.*) Et toi, coquin, tu étais son second ; toi... ôte-toi de mes yeux... C'est comme cela qu'a fait ce Schufterle ; aussi est-il maintenant pendu en Suisse, comme mon capitaine le lui avait prophétisé.

On entend un coup de pistolet.

SCHWARZ, *se levant.*
Écoutez; un coup... (*un second coup*) un autre : Holà! le capitaine!

GRIMM.
Patience; il faut le troisième coup.

Un troisième coup.

SCHWARZ.
C'est lui... c'est lui... Sauve-toi, Schweizer; laisse-nous répondre pour toi.

Ils tirent des coups de fusil.
Moor et Kosinsky arrivent.

SCHWEIZER, *allant au-devant d'eux.*
Sois le bien venu, mon capitaine ; j'ai été un peu vif pendant ton absence... (*il le conduit devant le corps de Spiegelberg*) tu seras juge entre moi et celui-ci... il voulait t'assassiner par derrière.

LES BRIGANDS, *avec surprise.*
Comment! le capitaine?

MOOR, *absorbé un moment en contemplant le corps de Spiegelberg, et s'écrie :*
O doigt vengeur de l'inconcevable Némésis!... N'est-ce pas celui-ci qui avec une voix de sirène... Consacrez ce couteau à la mystérieuse rémunératrice... Ce n'est pas toi qui as fait cela, Schweizer

SCHWEIZER.
Par Dieu! si, c'est bien moi qui l'ai fait, et, par tous les diables! ce n'est pas ce que j'ai fait de plus mauvais en ma vie.

Il se retire mécontent.

MOOR, *réfléchissant.*
Je conçois... Pouvoir céleste... je comprends... les feuilles tombent de l'arbre... mon automne est arrivé... Qu'on ôte cet homme de devant mes yeux...

On emporte le corps de Spiegelberg

GRIMM.
Donne-nous tes ordres, capitaine. Que devons-nous faire?

MOOR.
Bientôt... bientôt, tout sera accompli... Donnez-moi ma guitare... Je me suis perdu moi-même en venant ici... Ma guitare, vous dis-je... Il faut que je me berce dans le souvenir de ma force... Laissez-moi.

LES BRIGANDS.
Il est minuit, capitaine.

MOOR.
Ce n'étaient que des larmes répandues à une représentation de théâtre... Je veux chanter les souvenirs de Rome; cela réveillera mon génie assoupi... Ma guitare... Il est minuit, dites-vous?

SCHWARZ.
Bientôt passé. Le sommeil pèse sur nous comme du plomb. Depuis trois jours, personne n'a fermé l'œil.

MOOR.
Le baume du sommeil descend donc aussi sur les yeux du scélérat? Pourquoi fuit-il de mes yeux? je n'ai pourtant jamais été un lâche, ni un misérable coquin... Allez dormir... demain au jour nous irons plus loin.

LES BRIGANDS.
Bonne nuit, capitaine.

Ils se couchent par terre et s'endorment. Profond silence

MOOR *prend sa guitare et chante.*

BRUTUS.
Campagnes de la Thessalie,
Recevez le dernier Romain ;
Je cède à mon triste destin ;
Et lorsque Rome est avilie,
Lorsque Cassius a péri,
Brutus a besoin de la tombe.
Lorsque la liberté succombe,
Le monde n'est plus fait pour lui.

CÉSAR.
Quelle est cette ombre qui s'avance,
Au regard triste, au fier maintien?
Ah! je reconnais un Romain
A cette noble contenance.
D'où viens-tu, fils de Romulus,
Rome est-elle en proie aux alarmes?
A-t-elle fait sécher ses larmes
Depuis que César ne vit plus?

BRUTUS.
Quoi! percé de tant de blessures,
Voudrais-tu remonter au jour?
Non, rentre à l'infernal séjour ;
Tes larmes sont des injures.
Le dernier sang libre a coulé
Dans une fatale hécatombe ;
Mais Rome expire sur ma tombe,
Je descends ici consolé.

CÉSAR.
Quand tu me ravis la lumière,

Je te dis : Toi, Brutus, aussi ?
Je puis tout révéler ici :
Mon cher Brutus, je suis ton père.
Ah ! du moins sur le sombre bord
Gémis de ton erreur profonde ;
Pour toi j'avais conquis le monde,
Et de toi je reçus la mort.

BRUTUS.

Oui, César, tu fus un grand homme.
Mais sois aussi fier de ton fils,
Qui te préféra ton pays.
Toi seul pouvais régner sur Rome,
Brutus seul pouvait t'en punir.
Laisse-moi ! Je suis ta présence,
Nos cœurs ont trop de différence ;
La mort*ne* peut nous réunir.

Qui sera mon garant ?... tout est si obscur... un labyrinthe inextricable... nulle issue... aucune étoile qui vous guide... Si tout finissait avec ce dernier soupir... si tout finissait comme un vain jeu de marionnettes... Mais d'où vient cette soif ardente de félicité ? d'où vient cet idéal d'une inaccessible perfection, cette impulsion vers d'inexécutables projets ?... Si la plus petite pression sur ce petit ressort (*il met un pistolet devant son front*) rendait égaux... le sage et le fou... le poltron et le brave... le noble et le coquin ! S'il y a une si divine harmonie dans la nature inanimée, pourquoi y aurait il une telle dissonance dans la nature morale ?... Non, non, il y a quelque chose de plus, car je n'ai encore joui d'aucun bonheur.

Croyez-vous que je tremblerai, ombres de ceux que j'ai égorgés ? je ne tremblerai pas ! (*Il frissonne.*) Les convulsions de votre agonie... votre visage bleuâtre et suffoqué... vos plaies ouvertes et terribles, ne sont que des anneaux de la chaîne indestructible du destin ; et cette chaîne vient se rattacher au tempérament de mon père, au sang de ma mère, à l'humeur de mon gouverneur et de ma nourrice, aux divertissemens de mes jours de congé... (*Il frissonne d'horreur.*) Pourquoi le Périllus qui m'a forgé a-t-il fait de moi un taureau dont les entrailles brûlantes consument l'humanité ? (*Il avance le bout du pistolet.*) Le temps et l'éternité sont enchaînés l'un à l'autre et se touchent pendant un instant unique ! Clef redoutable qui fermeras derrière moi la prison de la vie et ouvriras les verroux de la nuit éternelle... dis moi... dis-moi, où... où tu vas me conduire ?... Terre étrangère, où jamais on n'aborda !... Regarde, l'humanité succombe devant cette image, la force mortelle perd tout son ressort ; et l'imagination, ce singe malicieux de l'intelligence, fait passer devant nous les ombres bizarres qu'enfante notre crédulité... Non, non ! un homme ne doit pas broncher... Sois ce que tu voudras, anonyme de là haut... pourvu que mon moi ne m'abandonne pas... sois ce que tu voudras, pourvu que j'emporte mon moi... Les choses extérieures ne forment que l'enveloppe de l'homme... je suis moi-même mon ciel et mon enfer.

Me laisseras-tu seul dans quelque monde réduit en cendres, relégué loin de tes yeux, où la nuit solitaire et les déserts éternels seront ma seule perspective !... Alors je peuplerai de mes imaginations cette muette solitude, et j'aurai tout le loisir de l'éternité pour disséquer l'image confuse de l'universelle misère... Ou bien voudras-tu, par des naissances successives, me placer successivement sur divers théâtres de misère, et de degré en degré... me conduire... au néant ? Ne pourrai-je pas briser le fil de la vie qui me sera tissu là-bas, aussi facilement que je puis briser le fil de cette vie ? Tu peux me réduire à rien... mais cette liberté, pourras-tu me l'ôter ? (*Il arme le pistolet, puis s'arrête tout-à-coup.*) Et je vais donc mourir par la crainte que m'inspirent les tourmens de la vie ? J'accorderai au malheur le triomphe sur moi !... Non, je veux l'endurer. (*Il jette le pistolet.*) La souffrance sera impuissante contre ma fierté ! je veux accomplir mon sort.

La nuit devient de plus en plus obscure.

HERRMANN, *arrivant à travers la forêt.*

Écoutons, écoutons ! Le hibou fait des hurlemens horribles... minuit a sonné au village... bien, bien... le crime dort... il n'y a pas d'espion dans ce désert. (*Il avance vers le château et frappe à une porte.*) Monte, pauvre malheureux habitant de cette tour !... voilà ton repas.

MOOR, *se retirant tout doucement.*

Qu'est-ce que cela signifie ?

UNE VOIX, *dans le château.*

Qui frappe ? est-ce toi, Herrmann, mon pourvoyeur, corbeau du vieux prophète ?

HERRMANN.

Oui, c'est Herrmann, ton corbeau ; monte à la grille, et mange. (*Le hibou hurle.*) Tes camarades de nuit font de terribles roulades, mon vieux... trouves-tu cela bon ?

LA VOIX.

J'avais grand'faim ; grâces te soient rendues, toi qui envoies les corbeaux m'apporter du pain dans mon désert ! Et comment se porte ma chère enfant, Herrmann ?

HERRMANN.

Silence... écoute... un bruit comme des froissemens ! n'entends-tu pas ?

LA VOIX.

Comment ? entends-tu quelque chose ?

HERRMANN.

J'entends le vent soupirer à travers les fentes de la tour... une musique nocturne qui fait claquer mes dents et me rend les ongles tout bleus... Écoute donc... c'est toujours comme si j'entendais ronfler. Tu es de la compagnie, mon vieux... Hou ! hou !

LA VOIX.

Vois-tu quelque chose ?

HERRMANN.

Adieu, adieu ! C'est un lieu horrible... redescends dans ton trou... Tu as un sauveur... tu as un vengeur là-haut... Ah ! fils maudit !

Il veut s'en aller, Moor l'arrête en frémissant.

MOOR.
Arrête !
HERRMANN, *poussant un cri.*
Oh ! malheur à moi !
MOOR.
Arrête, te dis-je !
HERRMANN.
Malheur, malheur, malheur ! je suis trahi !
MOOR.
Arrête ! parle, qui es-tu ? que viens-tu faire ici ? parle !
HERRMANN.
Grâce, grâce, mon puissant seigneur ! Ecoutez une parole, avant de me tuer.
MOOR, *tirant son épée.*
Que vais-je entendre ?
HERRMANN.
Vous me l'aviez ordonné, il est vrai, sous peine de la vie... Je n'ai pu faire autrement... Je n'ai pu faire autrement... Il y a un Dieu au ciel... C'est votre propre père qui est ici... son sort m'a touché... Ne me tuez pas.
MOOR.
Quelque mystère est ici caché. Explique-toi ! parle ! je veux tout savoir.
LA VOIX, *dans le château.*
Malheur ! malheur ! Est-ce toi qui parles, Herrmann ? Avec qui parles-tu, Herrmann ?
MOOR.
Il y a encore quelqu'un là-bas... Qu'est-ce qui se passe ici ? (*Il va vers la tour.*) Est-ce un prisonnier abandonné des hommes ?... Je veux le délivrer de ses chaînes... Voix souterraine, réponds, où est la porte ?
HERRMANN.
Ah ! ayez miséricorde, seigneur... N'allez pas plus loin, seigneur... Ayez miséricorde.
Il lui barre le chemin.
MOOR.
Quand il y aurait triple clôture ! laisse-moi passer... Ouvrons... Pour la première fois, venez à mon aide, instrumens du vol !
Il prend un levier de fer, force la serrure et ouvre la porte ; un vieillard sort du caveau ; il est desséché comme un squelette.

LE VIEILLARD.
Ayez pitié des malheureux ! ayez pitié !
MOOR, *reculant d'effroi.*
C'est la voix de mon père !
LE VIEUX MOOR.
Je te remercie, mon Dieu ! voici l'heure de ma délivrance...
MOOR.
Ombre du vieux Moor, qui a troublé le repos de ta tombe ? As-tu traîné dans l'autre monde un péché qui te ferme l'entrée des portes du paradis ? Je ferai dire des messes pour que ton âme errante soit reçue dans la demeure céleste. As-tu enfoui sous la terre l'argent de la veuve ou de l'orphelin, et viens-tu gémir à l'entour vers l'heure de minuit ? J'arracherai ce trésor souterrain aux griffes du dragon enchanté, quand il vomirait sur moi mille torrens de flamme, quand il saisirait mon épée de ses dents tranchantes... Ou viens-tu sur ma demande m'expliquer l'énigme de l'éternité ? Parle, parle ! je ne suis pas l'homme de la pâle crainte.
LE VIEUX MOOR.
Je ne suis point une ombre. Touche-moi ; je vis d'une vie misérable et digne de pitié !
MOOR.
Quoi ! tu n'as pas été enseveli ?
LE VIEUX MOOR.
J'ai été enseveli... C'est-à-dire, un chien mort a été déposé au tombeau de mes pères : et moi... depuis trois lunes je me consume sous cette voûte obscure et souterraine, où pas un rayon de lumière ne m'éclaire, où pas un souffle d'air ne me réchauffe, où aucun ami ne me visite, où je n'entends que croasser les corbeaux et hurler les oiseaux de la nuit.
MOOR.
Ciel et terre ! qui a fait cela ?
LE VIEUX MOOR.
Ne le maudis pas... C'est mon fils François qui a fait cela.
MOOR.
François ? François ?... O éternel chaos !
LE VIEUX MOOR.
Si tu es un homme, si tu portes un cœur d'homme, ô libérateur que je ne connais pas, oh ! écoute le désespoir d'un père et ce que ses fils lui ont fait... Depuis trois lunes ces murs de rocher ont entendu mes sanglots, et leur lugubre écho n'a fait que répéter mes plaintes... Si donc tu es un homme, si tu portes un cœur d'homme...
MOOR.
Cette prière ferait sortir de leurs tanières les animaux les plus féroces.
LE VIEUX MOOR.
J'étais gisant sur un lit de douleur, je commençais à peine à reprendre mes forces après une cruelle maladie ; on m'amena un homme qui m'annonça que mon fils aîné avait péri dans une bataille, qui m'apporta une épée teinte de son sang et ses derniers adieux, disant que ma malédiction l'avait poussé dans les combats, la mort et le désespoir.
MOOR, *se détournant vivement.*
Cela est évident.
LE VIEUX MOOR.
Écoutez encore : je tombai sans connaissance à cette nouvelle ; il faut qu'on m'ait cru mort, ca lorsque je revins à moi, j'étais couché dans le cercueil et enveloppé d'un linceul, comme un mort ; je grattai au couvercle du cercueil, on l'ouvrit ; la nuit était obscure, mon fils François était là devant moi... Quoi ! cria-t-il d'une voix affreuse, veux-tu donc vivre toujours ? et il referma le cercueil. Frappé de la foudre par ces paroles, je perdis l'usage de mes sens ; quand je me réveillai, je sentis qu'on élevait le cercueil et qu'on le plaçait sur un chariot, qui roula pendant une demi-heure ; enfin on rouvrit la bière...

Je me trouvai à l'entrée de ce caveau : mon fils était devant moi avec l'homme qui m'avait apporté l'épée sanglante de Charles... Dix fois je l'embrassai ses genoux, je le priai, je le suppliai, je baisai ses pieds, je le conjurai... : les prières de son père ne parvinrent point à son cœur. « Qu'on descende ce corps, il a assez vécu ; » ce furent les paroles dont sa bouche me foudroya ; et je fus sans pitié poussé dans le caveau, et mon fils François referma la porte sur moi.

MOOR.

Ce n'est pas possible, ce n'est pas possible : votre raison s'égare.

LE VIEUX MOOR.

Ma raison peut bien s'égarer ; écoutez, mais ne vous emportez pas. Je passai ainsi vingt heures sans qu'aucun homme pensât à ma peine : jamais les hommes ne portent leurs pas dans ce désert, car c'est le bruit commun que les esprits de mes pères traînent dans ces ruines de bruyantes chaînes, et y font retentir, à l'heure de minuit, leurs chants de mort ; enfin j'entendis la porte se rouvrir ; cet homme m'apporta du pain et de l'eau, me raconta comment j'étais condamné à mourir de faim, et comment sa vie serait en péril, si l'on découvrait qu'il m'apportait à manger. C'est ainsi que j'ai été douloureusement conservé durant ce long temps ; mais un froid continu, mais la fétide exhalaison de mes excrémens, une douleur excessive, minent mes forces, consument mes membres ; mille fois j'ai demandé à Dieu, en pleurant, de m'envoyer la mort ; mais il faut que la mesure de mon châtiment ne soit pas comblée ; ou peut-être est-ce pour éprouver encore quelque bonheur que je suis ainsi miraculeusement conservé ; cependant c'est justement que je souffre... Mon Charles, mon Charles !... et il n'avait pas encore de cheveux blancs...

MOOR.

C'est assez. — Levez-vous, vous autres. Dormez-vous d'un sommeil de fer ? le sommeil vous a-t-il rendus insensibles ? Allons ! aucun ne s'éveille.

Il tire un coup de pistolet.

LES BRIGANDS, *s'éveillant en sursaut.*

Hé ! holà ! qu'y a-t-il ?

MOOR.

Ce récit ne vous a-t-il pas arrachés au sommeil ? le sommeil éternel en serait troublé. Regardez ici, regardez ici ! les lois du monde sont devenues un jeu de hasard ; les liens de la nature sont brisés ; l'antique chaos est déchaîné ; le fils a tué son père !

LES BRIGANDS.

Que dit le capitaine ?

MOOR.

Non, il ne l'a pas tué ! je me suis servi d'une trop douce parole... Le fils a mille fois mis son père sur la roue, sur le pal, sur le chevalet, et toutes ces paroles sont trop humaines... Ce qui ferait rougir le crime, ce qui ferait frissonner le cannibale, ce que depuis l'éternité aucun démon n'a imaginé... Le fils a sur son propre père... Regardez, regardez ici ! il est sans connaissance... le fils a dans ce caveau mis son propre père... le froid, la nudité, la faim, la soif... Regardez, regardez donc : c'est mon propre père, il faut que je vous le dise.

LES BRIGANDS *s'élancent et environnent le vieillard.*

Ton père ? ton père ?

SCHWEIZER *s'approche respectueusement et se met à genoux devant lui.*

Père de mon capitaine, je baise tes pieds : commande à mon poignard.

MOOR.

Vengeance ! vengeance ! vengeance pour toi, vieillard si cruellement offensé, si cruellement profané ! (*Il déchire ses vêtemens.*) Ainsi je déchire à jamais les liens fraternels ! ainsi, à la face du ciel, je maudis chaque goutte de sang fraternel ! Écoutez-moi, lune et étoiles ! Écoute-moi, ciel de la nuit ! toi qui as éclairé cette action infâme ! Écoute-moi, Dieu trois fois terrible, qui règnes au-dessus de cette lune, qui au-dessus des étoiles sais ordonner et punir, qui allumes tes flammes au-dessus de la nuit, je me prosterne ici devant toi, je lève les mains vers toi dans l'horreur de la nuit... je jure ici, et que la nature me vomisse de son sein comme un animal pervers, si je manque à ce serment : je jure de ne plus saluer la lumière du jour que le sang du parricide n'ait arrosé cette pierre et n'ait fumé vers le soleil.

Il se lève.

LES BRIGANDS.

C'est un trait de Bélial. Que quelqu'un dise que nous sommes des coquins ! non, par tous les diables, nous n'avons jamais rien fait de cette force-là.

MOOR.

Oui, et par les affreux soupirs de tous ceux qui sont tombés sous vos poignards, de tous ceux que mon incendie a dévorés, que la chute de ma tour a écrasés, qu'aucune pensée de meurtre ou de larcin ne trouve place en votre sein avant que vos habits ne soient teints en pourpre par le sang de ce réprouvé !... Auriez-vous jamais imaginé que vous serviriez de bras à la sublime majesté ! Le fil tortueux de votre destin se dénoue aujourd'hui ! Aujourd'hui, aujourd'hui une puissance invisible ennoblit notre profession ! Adorez celui qui vous a réservé ce sort sublime, qui vous a conduits ici, qui vous a honorés au point de devenir les anges terribles de son impénétrable justice ; découvrez vos têtes, prosternez-vous dans la poussière devant lui, et relevez-vous sanctifiés.

Ils se mettent à genoux.

SCHWEIZER.

Commande, capitaine, que devons-nous faire ?

MOOR.

Lève-toi, Schweizer, et touche ces cheveux sacrés. (*Il le conduit près de son père, et lui met* dans la main une boucle des cheveux du vieillard.) Tu te souviens comment tu fendis la tête à ce cavalier bohémien qui avait levé son sabre sur moi au moment où, épuisé de fatigue et hors d'haleine, je ne pouvais plus me soutenir. Alors je te promis une récompense vraiment royale : jusqu'ici je n'ai pu encore acquitter cette dette.

SCHWEIZER.

Tu me le juras, il est vrai ; mais laisse-moi te nommer toujours mon débiteur.

MOOR.

Non, maintenant je vais m'acquitter. Schweizer, aucun mortel n'aura jamais été honoré comme tu vas l'être... Venge mon père !

Schweizer se lève.

SCHWEIZER.

O mon grand capitaine! aujourd'hui pour la première fois tu m'as rendu orgueilleux ! Ordonne : où, comment, et quand dois-je le frapper ?

MOOR.

Les minutes sont sacrées : il faut te hâter... Choisis les plus dignes de la bande, et conduis-les tout droit au château du seigneur. Arrache-le de son lit s'il dort ou s'il repose dans les bras de la volupté ; traîne-le hors de la table s'il prend son repas ; enlève-le du crucifix s'il est agenouillé à ses pieds! Mais, je te le dis, je l'exige impérieusement de toi, amène-le-moi vivant. Celui qui effleurerait sa peau ou briserait un de ses cheveux, celui-là serait mis en pièces et livré en lambeaux aux vautours affamés. Il faut que je l'aie tout entier ; et si tu me l'amènes entier et vivant, tu auras un million pour récompense, quand je devrais le voler à un roi au péril de ma vie, et puis tu seras libre comme l'air... Tu m'as compris ; ainsi hâte-toi.

SCHWEIZER.

Assez, capitaine... Touche là : ou tu en reverras deux, ou tu n'en reverras pas un. Anges exterminateurs de Schweizer, venez !

Il part avec un détachement.

MOOR.

Vous autres, dispersez-vous dans la forêt. — Je reste ici.

ACTE CINQUIÈME.

Une suite d'appartemens. La nuit est obscure.

SCÈNE PREMIÈRE.

DANIEL *entre avec une lanterne et une valise.*

Adieu, maison paternelle... J'ai joui dans tes murs du bonheur et de l'affection tant qu'a vécu le défunt seigneur. — Un vieux serviteur répand des larmes sur son tombeau... Cette maison était alors l'asile des orphelins, le refuge des affligés, et ton fils en a fait une caverne d'assassins... Adieu, pavés de ce château, que le vieux Daniel a si souvent balayés... Adieu, bon poêle, le vieux Daniel se sépare avec peine de toi... Tout ici m'était devenu familier .. Ah! que cela te fera de mal, vieil Eliezer ! Mais Dieu me préservera des piéges et des ruses du méchant. — Je vins ici les mains vides, j'en sors les mains vides ; mais je sauve mon âme. (*Il veut sortir. François arrive précipitamment en robe de chambre.*) Dieu ! protége-moi ! c'est monseigneur !

Il éteint sa lanterne.

FRANÇOIS.

Trahi ! trahi ! Les tombeaux vomissent des fantômes... L'empire de la mort, réveillé de l'éternel sommeil, rugit contre moi le cri : Assassin ! assassin !... Qui remue ici ?

DANIEL, *avec angoisse.*

Secourez-moi, sainte mère de Dieu! Est-ce vous, mon puissant seigneur, qui faites retentir ces voûtes de cris si horribles que vous réveillez en sursaut tous ceux qui dorment ?

FRANÇOIS.

Dormir ! qui vous a commandé de dormir ? Va, apporte de la lumière. (*Daniel sort, un autre serviteur arrive.*) Personne ne doit dormir à cette heure, entends-tu ? Tout doit être sur pied... en armes... tous les fusils chargés. Les as-tu vus se glisser le long des corridors !

LE DOMESTIQUE.

Qui, monseigneur ?

FRANÇOIS.

Qui, imbécile, qui ? Il me demande froidement et sottement qui ? Cela m'a pris comme un vertige ! Qui, âne, qui ? des fantômes et des démons ! La nuit est-elle bien avancée ?

LE DOMESTIQUE.

Le veilleur vient de crier deux heures.

FRANÇOIS.

Comment ! cette nuit veut-elle donc durer jusqu'au jour du jugement ? N'entends-tu pas du tumulte dans le voisinage ? un bruit de chevaux au galop ? Où est Char... le comte veux-je dire ?

LE DOMESTIQUE.

Je ne sais pas, mon maître.

FRANÇOIS.

Tu ne sais pas ? Es-tu aussi de la clique ? Je te ferai sortir le cœur des entrailles avec ton maudit *je ne sais pas !* Va, appelle le pasteur.

LE DOMESTIQUE.

Monseigneur...

FRANÇOIS.

Tu murmures ? tu hésites ? (*Le domestique s'en va.*) Quoi ! les mendians sont aussi conjurés contre moi ? Ciel, enfer, tout est-il conjuré contre moi ?

DANIEL, *revient avec de la lumière.*

Mon maître.

FRANÇOIS.

Non, je ne tremble pas ! ce n'était qu'un songe ; les morts ne ressuscitent pas encore... Qui est-ce qui dit que je suis pâle et tremblant ? je ne me suis jamais senti si bien, si léger.

DANIEL.

Vous êtes pâle comme la mort : votre voix est entrecoupée et étouffée.

FRANÇOIS.

J'ai la fièvre. Dis seulement, quand le pasteur viendra, que j'ai la fièvre. Je veux me faire saigner demain, dis-le au pasteur.

DANIEL.

Voulez-vous que je vous donne une goutte d'éther sur du sucre ?

FRANÇOIS.

De l'éther sur du sucre ? Le pasteur ne viendra pas tout de suite. Ma voix est entrecoupée et étouffée... Donne-moi de l'éther sur du sucre.

DANIEL.

Donnez-moi donc les clefs ; j'irai en bas chercher dans le buffet...

FRANÇOIS.

Non, non, non, demeure ! ou j'irai avec toi. Tu vois, je ne puis pas rester seul ! tu vois bien que je suis prêt à me trouver mal... et si j'étais seul... Attends seulement, attends ! cela passera, demeure.

DANIEL.

Oh ! vous êtes sérieusement malade !

FRANÇOIS.

Ah ! oui, sans doute, sans doute ! voilà tout... La maladie trouble le cerveau et fait éclore des rêves bizarres et insensés... Les rêves ne signifient rien... n'est-ce pas, Daniel ? Les rêves viennent de l'estomac, et des rêves ne signifient rien... Je viens de faire un plaisant rêve...

Il tombe sans connaissance.

DANIEL.

Jésus, mon Dieu ! qu'est-ce que c'est ? Georges ! Conrad ! Bastien ! Martin !... Donnez-moi seulement signe de vie. (*Il le secoue.*) Marie ! Madeleine ! Joseph ! S'il pouvait reprendre connaissance ! On dira que je l'ai tué ! Dieu des anges, ayez pitié de moi !

FRANÇOIS, *troublé.*

Va-t'en, va-t'en ! Qu'as-tu à me secouer ainsi, horrible squelette ? Les morts ne ressuscitent pas encore.

DANIEL.

O bonté divine ! Il a perdu la raison.

FRANÇOIS *se relève avec effort.*

Où suis-je ? C'est toi, Daniel ? Qu'ai-je dit ? N'y prends pas garde ! Quelque chose que j'aie dite, c'est un mensonge... Viens, aide-moi... C'est l'effet d'un étourdissement... parce que je n'ai pas dormi.

DANIEL.

Si seulement Jean était ici ! Je vais appeler du secours, je vais appeler des médecins.

FRANÇOIS.

Demeure ; assieds-toi près de moi sur ce sofa... Bien... Tu es un homme sage, un brave homme. Je veux te raconter...

DANIEL.

Pas à présent, une autre fois. Je veux vous conduire à votre lit ; le repos vous vaudra mieux.

FRANÇOIS.

Non, je t'en prie, laisse-moi te raconter, et moque-toi bien de moi... Voici : il me semblait que j'avais fait un festin de roi, et je me sentais le cœur tout joyeux, et je m'étais couché à demi ivre sur le gazon dans le jardin, et tout-à-coup. Mais, comme je te dis, moque-toi bien de moi...

DANIEL.

Et tout-à-coup ?

FRANÇOIS.

Tout-à-coup un effroyable coup de tonnerre frappa mon oreille assoupie, je me levai chancelant, et je vis tout l'horizon embrasé en une flamme ardente, et les montagnes, et les villes, et les forêts fondirent comme la cire sur le feu, et un tourbillon rugissant balaya la mer, le ciel et la terre... Alors retentit comme d'une trompette d'airain : Terre, rends tes morts ! mer, rends tes morts ! Et la campagne déserte commença à se fendre et à rejeter des crânes et des côtes, des mâchoires et des ossemens, qui se réunirent en forme humaine, et à perte de vue se précipitèrent comme les flots d'une foule vivante. Alors je regardai en haut ; et voici, j'étais au pied du Sinaï fulminant, et la foule était au-dessus et au-dessous de moi, et en haut, sur la montagne, trois hommes sur trois sièges enflammés dont toutes les créatures fuyaient le regard.

DANIEL.

C'est le tableau vivant du jugement dernier.

FRANÇOIS.

N'est-il pas vrai ? c'est un récit extravagant ? Alors un s'avança qui paraissait comme les étoiles de la nuit ; il avait dans sa main un sceau d'airain, qu'il tenait entre l'Orient et l'Occident, et dit : Éternelle, sainte, juste, inimitable ! il n'y a qu'une vérité ! il n'y a qu'une vertu ! Malheur, malheur au vermisseau qui a douté ! Alors un second s'avança ; il avait dans sa main un miroir resplendissant qu'il tenait entre l'Orient et l'Occident, et il dit : Ce miroir est la vérité ! l'hypocrisie et le déguisement disparaissent. — Alors je m'épouvantai avec tout le peuple ; car nous vîmes se peindre dans cet horrible miroir des visages de serpent, de tigre et de léopard. — Alors s'avança un troisième ; il avait dans la main une balance d'airain qu'il tenait entre l'Orient et l'Occident, et il dit : Approchez-vous, enfans d'Adam ! je pèse les pensées dans la balance de mes fureurs avec le poids de ma colère.

DANIEL.
Dieu ! ayez pitié de moi !

FRANÇOIS.
Tous restèrent pâles comme la neige. Tous les cœurs battirent d'angoisse dans cette horrible attente ; quand alors il me sembla que j'entendais mon nom prononcé d'abord par les tonnerres de la montagne ; et la moelle de mes os fut transie, et mes dents claquèrent l'une contre l'autre. Aussitôt la balance commença à remuer, les rochers à tonner, et les heures s'avancèrent l'une après l'autre vers le plateau de la balance qui était à gauche, et l'une après l'autre y jetait un péché mortel...

DANIEL.
Que Dieu vous pardonne !

FRANÇOIS.
Il ne l'a pas fait. — La charge du plateau s'élevait comme une montagne ; mais l'autre plateau, rempli du sang de la rédemption, le tenait toujours soulevé dans les airs... Enfin vint un vieillard cruellement courbé par le chagrin, le bras à demi rongé par sa faim dévorante : tous les yeux se tournèrent sur cet homme, je reconnus cet homme ; il coupa une boucle de sa chevelure argentée, la jeta dans le plateau avec les péchés, et voici : le plateau descendit, descendit tout-à-coup dans l'abîme, et le plateau de la rédemption s'éleva vers le ciel. — Alors j'entendis une voix sortir des rochers enflammés : Grâce ! grâce à tous les pécheurs de la terre et de l'abîme ! Toi seul es rejeté ! (*Profond silence.*) Eh bien ! pourquoi ne ris-tu pas ?

DANIEL.
Puis-je rire quand je frissonne des pieds à la tête ? Les songes viennent de Dieu.

FRANÇOIS.
Fi donc ! fi donc ! ne dis pas cela. Appelle-moi un fou, un radoteur, un extravagant ! Je t'en prie, mon cher Daniel, moque-toi beaucoup de moi.

DANIEL.
Les rêves viennent de Dieu. Je prierai pour vous.

FRANÇOIS.
Tu mens, te dis-je... Va sur-le-champ, cours, vole, vois ce qui retient le pasteur ; dis-lui de se dépêcher. Mais, je te le dis, tu mens.

DANIEL, *s'en allant.*
Dieu vous fasse miséricorde !

FRANÇOIS.
Sagesse populaire ! terreur populaire ! Il n'est pas encore décidé si le passé n'est point passé, et s'il y a là-haut un œil au-dessus des étoiles... Hum ! hum ! Qui m'a donné cette pensée ? y aurait-il donc un vengeur là-haut au-dessus des étoiles ?... Non, non... Oui, oui... Quelque chose siffle tout autour de moi ces mots : Il y a là-haut un juge au-dessus des étoiles ! Et me trouver en face de ce vengeur au-dessus des étoiles, cette nuit même ! Non, dis-je... Misérable recoin où ta lâcheté veut aller se cacher... Là-haut au-dessus des étoiles tout est désert, sourd et solitaire... Si cependant il y avait quelque chose de plus ! Non, non, cela n'est pas ! Je ne veux pas que cela soit ! Si cependant cela était vrai ! Malheur à toi, s'il y avait un compte à régler ! Si l'on devait régler ton compte cette nuit ! Pourquoi frémir jusque dans mes os ? Mourir ! Pourquoi ce mot me saisit-il ainsi ? Rendre compte à ce vengeur là-haut au-dessus des étoiles... Et, s'il est juste, les orphelins, les veuves, les opprimés, les affligés vont lui faire leurs réclamations... Et s'il est juste, pourquoi ont-ils souffert, pourquoi l'ai-je emporté sur eux ?

Le pasteur Moser entre.

MOSER.
Vous m'avez fait appeler, monseigneur. J'en suis surpris ; c'est la première fois de ma vie. Auriez-vous l'intention de vous railler de la religion ou commencez-vous à trembler devant elle ?

FRANÇOIS.
Je raillerai ou je tremblerai après que tu m'auras répondu... Ecoute, Moser, je veux te prouver que tu es un imbécile, ou que tu crois de monde imbécile. Tu me répondras, entends-tu ? sous peine de la vie, il faudra me répondre.

MOSER.
Vous traduisez le Très-Haut devant votre tribunal : un jour le Très-Haut vous répondra.

FRANÇOIS.
Je veux le savoir maintenant, à présent, en cet instant ; car je ne veux point me laisser aller à une honteuse sottise, et recourir, dans le moment du danger, aux idoles populaires. Je t'ai souvent dit, avec un sourire dédaigneux, en buvant du vin de Bourgogne : Il n'y a pas de Dieu... Maintenant c'est sérieusement que je te parle, et que je te dis : Il n'y en a pas. Tu me combattras avec toutes les armes que tu as en ton pouvoir, mais je les jetterai de côté avec un souffle de ma bouche.

MOSER.
Pourras-tu aussi facilement jeter de côté la foudre qui écrasera ton âme orgueilleuse d'un poids de dix mille quintaux ? Ce Dieu qui voit tout, et que vous autres fous et scélérats anéantissez au milieu de la création, n'a pas besoin d'être démontré par la bouche d'un enfant de la poussière. Il se montre aussi grand peut-être dans la tyrannie que dans l'aspect riant de la vertu triomphante.

FRANÇOIS.
Excellent ! Prêtre, tu me plais ainsi.

MOSER.
Je suis ici au nom d'un souverain plus puissant, et je parle à un être vermisseau tout comme moi, à qui je ne cherche point à plaire. Sans doute il me faudrait faire un miracle pour forcer à un aveu ta perversité au cou raide. Mais si ta persuasion est si ferme, pourquoi m'as-tu fait ap-

peler?... Dis-moi pourquoi, au milieu de la nuit, tu m'as fait appeler?

FRANÇOIS.

Parce que je m'ennuie et que je n'aime pas à jouer aux échecs. J'ai voulu, pour passer le temps, me chamailler avec un prêtre. Tu n'abattras point mon courage par tes vaines épouvantes. Je sais bien que ceux qui n'ont pas bonne chance ici mettent leur espérance dans l'éternité; mais ils seront cruellement trompés. J'ai toujours professé que notre être n'était pas autre chose que la circulation de notre sang, et qu'avec la dernière goutte de ce sang se dissipait aussi notre pensée, notre esprit; il partage toutes les faiblesses de notre corps; comment ne partagerait-il pas aussi sa destruction? comment ne se dissoudrait-il point par sa putréfaction? Qu'une goutte d'eau s'introduise dans ton cerveau, et ta vie se trouvera tout-à-coup interrompue, tu te trouveras sur les limites de la non-existence; et si son séjour s'y prolonge, la mort, la mort s'ensuivra. La sensibilité est la vibration de quelques cordes, et quand le clavier est brisé, il ne rend plus de sons. Si je faisais raser mes sept châteaux, si je brisais cette Vénus, où serait l'idée de leur symétrie ou de la beauté? Vois-tu, c'est là votre âme immortelle.

MOSER.

Telle est la philosophie de votre désespoir. Mais votre propre cœur, qui, pendant cette démonstration, palpite avec angoisse dans votre poitrine, vous accuse de mensonge. Cette toile d'araignée, tissue par vos systèmes, est mise en pièces par un seul mot: Tu dois mourir!... Je n'exige de vous qu'une seule preuve : soyez aussi ferme dans la mort; que vos principes ne vous abandonnent point dans le danger, et alors c'est vous qui avez raison. Mais si à la mort vous êtes saisi du moindre frisson, en ce cas, malheur à vous! vous vous êtes trompé.

FRANÇOIS, *troublé.*

Si à la mort je suis saisi du moindre frisson?

MOSER.

J'ai bien vu plus d'un misérable braver jusqu'à ce moment la vérité avec un gigantesque orgueil; mais à la mort l'illusion se dissipe. Je voudrais être près de votre lit quand vous mourrez... J'observerais avec satisfaction un tyran au moment du départ... Je me placerais en face de vous, et je vous regarderais fixement aux yeux, lorque le médecin prendra votre main baignée d'une froide sueur, lorsqu'il pourra à peine retrouver le battement du pouls fuyant sous son doigt, et lorsqu'en pliant tristement les épaules, il vous dira: « Les secours humains sont impuissans. » Prenez garde alors, prenez bien garde de ne pas finir comme Néron ou Richard.

FRANÇOIS.

Non, non!

MOSER.

Alors ce *non* se changera en un *oui* convulsif. Un tribunal intérieur, qui ne peut être corrompu par les subtilités du scepticisme, s'éveillera alors, et prononcera sa sentence sur vous. Mais ce réveil ressemblera à celui du vivant enseveli dans un cercueil! Ce chagrin ressemblera à celui du suicide, qui a déjà lâché le coup mortel, et qui se repent! ce sera un éclair qui traversera la nuit de votre vie; ce sera un regard jeté sur elle. Et si alors vous restez ferme, c'est vous qui avez raison.

FRANÇOIS, *se promenant çà et là avec agitation.*

Bavardage de prêtre! bavardage de prêtre!

MOSER.

Alors, pour la première fois, le glaive de l'éternité s'enfoncera en votre âme, et alors il sera trop tard... La pensée de Dieu réveille une autre pensée voisine, qui est bien terrible : la pensée du juge. Voyez, Moor, vous tenez dans votre main la vie de mille individus, et sur ces mille il y en a neuf cent quatre-vingt-dix-neuf que vous rendez malheureux. Pour être Néron, il ne vous manque que Rome, et que le Pérou pour être Pizarre. Eh bien! croyez-vous que Dieu ait voulu qu'un seul homme dans son univers régnât despotiquement, et y mit tout sens dessus dessous? Croyez-vous que ces neuf cent quatre-vingt-dix-neuf individus n'existent que pour leur ruine, et qu'ils ne soient que des poupées destinées à vos sataniques amusemens? Ah! ne croyez pas cela. Il vous demandera compte de chaque minute d'existence que vous leur avez ravie, de chaque joie que vous leur avez empoisonnée, de chaque perfectionnement dont vous les aurez privés; et si vous pouvez lui répondre, c'est vous qui avez raison.

FRANÇOIS.

C'est assez, pas une parole de plus. Veux-tu que je me mette aux ordres de tes rêveries mélancoliques?

MOSER.

Considérez quel équilibre terrible préside au destin des hommes. Si le plateau de cette vie a été abaissé, il se relèvera dans l'autre vie; s'il a été élevé, alors dans l'autre vie il descendra au plus bas. Mais ce qui était ici-bas une souffrance passagère sera là-haut un triomphe éternel; ce qui est ici un triomphe passager sera là-bas un désespoir éternel.

FRANÇOIS, *s'élançant sur lui d'un air farouche.*

Que la foudre te fasse taire, esprit de mensonge! Je t'arracherai la langue maudite.

MOSER.

Sentez-vous sitôt le poids de la vérité? Je n'ai pourtant pas encore cherché une preuve. Passons maintenant aux preuves...

FRANÇOIS.

Tais-toi. Va au diable avec tes preuves! je te dis que l'âme sera anéantie, et tu n'as rien à me répondre.

MOSER.

C'est ce qu'implorent en gémissant les esprits de l'abîme; mais celui qui est dans le ciel secoue la tête. Croyez-vous échapper au bras du rémunérateur en fuyant dans l'empire désert du néant? Montez-vous vers le ciel, il y est! Descendez-vous dans l'enfer, il y est encore. Dites à la nuit: Cache-moi; et aux ténèbres: Enveloppez-moi; il faudra bien que la nuit brille sur vous, et que les ténèbres éclairent les damnés. Votre esprit immortel se relève contre ces vaines paroles, et foule aux pieds ces aveugles pensées.

FRANÇOIS.

Je ne veux pas être immortel... Le soit qui voudra, je ne puis l'empêcher; mais moi, je veux le forcer à m'anéantir: je veux tellement irriter sa fureur, qu'il m'anéantira. Dis-moi quels sont les plus grands péchés, ceux qui excitent le plus sa colère.

MOSER.

Je n'en connais que deux, mais les hommes ne les commettent point, aussi les hommes ne les redoutent pas.

FRANÇOIS.

Ces deux péchés sont...

MOSER, d'un ton expressif.

L'un se nomme le parricide, et l'autre le fratricide. Pourquoi pâlissez-vous?

FRANÇOIS.

Comment, vieillard? Es-tu donc en relation avec le ciel ou l'enfer? Qui t'a dit cela?

MOSER.

Malheur à qui porte ces deux péchés dans son cœur! il vaudrait mieux pour lui qu'il ne fût jamais né! Mais calmez-vous, vous n'avez plus ni père ni frère.

FRANÇOIS.

Ah! tu n'en sais pas un plus grand?... penses-y bien... la mort, le ciel, l'éternité, la damnation, sont suspendus à la parole que tu vas proférer... N'en sais-tu pas un plus grand, un seul?

MOSER.

Je n'en sais pas un plus grand.

FRANÇOIS, se laissant tomber sur son siége.

Le néant! le néant!

MOSER.

Réjouissez-vous, réjouissez-vous donc! célébrez votre bonheur! Malgré tous vos crimes, vous êtes comme un saint en comparaison du parricide. Les malédictions jetées sur vous sont des chansons d'amour, au prix de la malédiction qui t'attend.

FRANÇOIS, se levant avec fureur.

Va-t-en aux mille diables, oiseau de malheur! Qui t'a commandé de venir ici? Va-t-en, te dis-je, ou je te perce de part en part.

MOSER.

Le bavardage d'un prêtre peut-il mettre ainsi un philosophe hors des gonds? Jetez tout cela de côté avec un souffle de votre bouche.

Il sort. — François s'agite sur son siége avec une anxiété affreuse. Profond silence. Un domestique entre en toute hâte.

LE DOMESTIQUE.

Amélie s'est échappée. Le comte a disparu tout-à-coup.

Daniel arrive en grande agitation.

DANIEL.

Monseigneur, une troupe de cavaliers, enflammés de fureur, descend la montagne au galop. Ils crient: Au meurtre! au meurtre! Tout le village est en alarme.

FRANÇOIS.

Allez, qu'on sonne toutes les cloches... que tout le monde coure à l'église... qu'on se prosterne... qu'on prie pour moi... qu'on délivre sur-le-champ tous les prisonniers... Je rendrai aux pauvres le double et le triple... je veux:... Va donc... appelle donc le confesseur, pour que mes péchés soient absous... Tu n'es pas encore parti?

Le bruit augmente.

DANIEL.

Mon Dieu, ayez pitié de moi, pauvre pécheur! Comment tout cela peut-il s'accorder? vous qui avez toujours rejeté par dessus les maisons toutes les bonnes prières; vous qui m'avez jeté cent fois à la tête ma Bible et mon livre de sermons, quand vous me surpreniez à prier?

FRANÇOIS.

Ne dis donc pas cela... Mourir, vois-tu? mourir... Ah! ce sera trop tard! (On entend la voix de Schweizer.) Prie donc, prie!

DANIEL.

Je vous l'ai toujours dit... Vous méprisiez tant les bonnes prières... mais prenez garde, prenez garde... quand vous serez dans la peine, quand vous en aurez par dessus la tête, vous donneriez bien tous les trésors du monde pour un seul soupir chrétien!... Voyez-vous ça? vous vous moquiez de moi, à présent vous y voilà!... voyez-vous ça?

FRANÇOIS l'embrasse étroitement.

Pardonne-moi, mon cher, mon bon, mon excellent Daniel, pardonne-moi... je te ferai faire un bel habit... Mais prie donc... Un habit comme pour une noce... je te ferai... Mais prie donc... je t'en conjure... je t'en conjure à genoux... De par le diab... prie donc.

Tumulte dans la rue; cris; vacarme.

SCHWEIZER, dans la rue.

A l'assaut! tuez! forcez les portes! Je vois de la lumière; il doit être là.

FRANÇOIS, à genoux.

Écoute ma prière, Dieu du ciel... c'est la première fois... et cela n'arrivera plus... Exauce-moi, Dieu du ciel!

DANIEL.

Merci de moi! Que dites-vous là? votre prière est une impiété.

LE PEUPLE.

Les voleurs! les assassins! Quel est ce bruit horrible au milieu de la nuit?

SCHWEIZER, toujours dans la rue.

Repoussez-les; camarades... c'est le diable qui vient prendre votre seigneur... Où est Schwarz avec sa troupe? fais entourer le château, Grimm... A l'assaut sur le mur d'enceinte!

GRIMM.

Apportez des torches... Nous monterons, ou il descendra... je le rôtirai dans sa chambre.

FRANÇOIS, *priant.*

Je n'ai pas été un assassin vulgaire, mon Dieu ; je ne me suis point livré à des minuties, mon Dieu.

DANIEL.

Miséricorde de Dieu ! Ses prières mêmes sont des péchés.

Les pierres et les brandons de feu volent de toutes parts, les vitres sont brisées, le château est en feu.

FRANÇOIS.

Je ne peux pas prier... là... (*il se frappe le front et la poitrine*) là, tout est si vide... si desséché ! (*Il se lève.*) Non, je ne veux pas prier... le ciel n'aura pas ce triomphe ; l'enfer n'aura pas ce divertissement.

DANIEL.

Jésus-Maria ! secourez-nous... sauvez-nous... Tout le château est en feu.

FRANÇOIS.

Prends cette épée, dépêche-toi, enfonce-la-moi dans le corps par derrière ; que ces coquins n'arrivent point à temps pour faire de moi leur jouet.

L'incendie éclate.

DANIEL.

Dieu m'en garde ! je ne veux envoyer personne trop tôt dans le ciel, et encore bien moins dans....

Il s'enfuit.

FRANÇOIS *le regarde sortir, puis, après un moment de silence, lui crie.*

Dans l'enfer, veux-tu dire ? je me doute bien de quelque chose comme cela... (*Avec égarement.*) Sont-ce déjà leurs chants de joie ? Est-ce vous que j'entends siffler, serpens de l'abîme ?... Ils montent... Ils assiégent la porte... Pourquoi trembler devant la pointe de cette épée ? La porte craque... elle tombe... Impossible d'échapper... Ah ! prends donc pitié de moi.

Il arrache le cordon d'or de son chapeau et s'étrangle. Schweizer et sa troupe.

SCHWEIZER.

Canaille d'assassin, où es-tu ?... Voyez-vous comme ils se sont enfuis ?... Il n'avait pas beaucoup d'amis. Où cet animal s'est-il tapi ?

GRIMM, *heurtant du pied le corps de François.*

Arrêtez ! Qu'est-ce qui se trouve donc là ? Éclairez ici.

SCHWARZ.

Ah ! notre homme a pris les devans. Rengaînez vos sabres ; il est là couché comme un rat empoisonné.

SCHWEIZER.

Mort ? quoi ! mort ? mort sans moi ? Évanoui, te dis-je... tu vas voir comme je le ferai tenir sur ses jambes. (*Il le secoue.*) Hé ! dis donc, l'ami, il y a un père à tuer.

GRIMM.

C'est peine perdue, il est raide mort.

SCHWEIZER, *s'éloignant du corps.*

Oui, puisqu'il ne vit pas, il faut qu'il soit mort... Retournez, et dites à mon capitaine qu'il est raide mort, et qu'on ne me reverra plus.

Il se tue d'un coup de pistolet.

~~~~~~

SCÈNE II.

Le lieu de la scène est le même que dans la deuxième scène de l'acte précédent.

LE VIEUX MOOR, *assis sur une pierre ;* LE BRIGAND MOOR, *en face de lui ;* DES VOLEURS *çà et là dans la forêt.*

MOOR.

Il ne vient pas !

Il frappe de son poignard sur une pierre, et il en jaillit des étincelles.

LE VIEUX MOOR.

Que mon pardon lui serve de châtiment !... qu'une affection plus grande soit ma seule vengeance !

MOOR.

Non, par la fureur de mon âme, cela ne sera pas. Je ne le veux pas ; il faut qu'il descende dans l'éternité chargé de ce grand crime. Pour quel autre motif le ferai-je périr ?

LE VIEUX MOOR, *fondant en larmes.*

O mon fils !

MOOR.

Comment ! tu pleures sur lui... et cette tour ?

LE VIEUX MOOR.

Miséricorde ! ô miséricorde ! (*Joignant les mains.*) C'est maintenant, c'est donc maintenant que mon fils est jugé !

MOOR, *avec effroi.*

Lequel ?

LE VIEUX MOOR.

Que signifie cette question ?

MOOR.

Rien, rien.

LE VIEUX MOOR.

Voudrais-tu te railler de mon désespoir ?

MOOR.

Ah ! la conscience nous trahit — Ne prenez pas garde à mes paroles.

LE VIEUX MOOR.

Oui, j'ai persécuté un fils, et un fils me persécute. C'est le doigt de Dieu... O mon Charles, mon Charles ! si du séjour de la paix tu viens planer au-dessus de moi, pardonne-moi, oh ! pardonne-moi !

MOOR, *involontairement.*

Il vous pardonne. (*Interdit.*) S'il est digne de se nommer votre fils... il doit vous pardonner.

LE VIEUX MOOR.

Ah ! il était trop magnanime pour moi... Mais je me jetterai à ses pieds, je lui dirai mes larmes, mes nuits sans sommeil, mes rêves déchirans ; j'embrasserai ses genoux ; je crierai... je crierai à haute voix : J'ai péché contre le ciel et contre toi

Je ne suis pas digne que tu me nommes ton père.

MOOR, *très-ému.*

Il vous était cher, votre autre fils ?

LE VIEUX MOOR.

Tu le sais, ô ciel ! Pourquoi me suis-je laissé imposer par les artifices d'un mauvais fils ? J'étais un père heureux entre les pères de ce monde. Les enfans croissaient autour de moi dans la fleur de l'espérance. Mais... ô moment fatal !... le mauvais esprit se glissa dans le cœur de mon second fils ; je me confiai à ce serpent : j'ai perdu mes deux enfans.

Il se cache le visage.

MOOR, *s'éloignant de lui.*

Éternellement perdus !

LE VIEUX MOOR.

Ah ! je sens profondément ce qu'Amélie me disait : l'esprit de vengeance a parlé par sa bouche : en vain tu tendras vers ton fils une main mourante, en vain tu croiras sentir la main brûlante de ton Charles, jamais il ne viendra près de ton lit. (*Le brigand Moor lui tend la main en détournant la tête.*) Si c'était la main de mon Charles !... Mais il est gisant dans l'étroite demeure ; il dort déjà du sommeil de fer ; il n'entend plus la voix de ma douleur. — Malheureux ! mourir dans les bras d'un étranger... Plus de fils, plus de fils pour me fermer les yeux !

MOOR, *dans la plus vive émotion.*

Oui, maintenant, oui, il le faut. (*Aux Brigands.*) Laissez-moi... — Et cependant... puis-je lui rendre son fils ? Je ne puis lui rendre son fils. Non, je ne le ferai pas.

LE VIEUX MOOR.

Quoi ! mon ami, que murmures-tu ?

MOOR.

Ton fils... oui, vieillard... (*d'une voix entrecoupée*) ton fils... est... éternellement perdu.

LE VIEUX MOOR.

Éternellement ?

MOOR, *dans une terrible angoisse et regardant le ciel.*

Oh ! pour cette fois seulement... ne permets pas que mon âme succombe... pour cette fois seulement soutiens-moi.

LE VIEUX MOOR.

Éternellement, dis-tu ?

MOOR.

Ne me le demande plus : éternellement, dis-je.

LE VIEUX MOOR.

Étranger, étranger, pourquoi m'as-tu tiré de la tour ?

MOOR.

Eh quoi ?... si je lui dérobais sa bénédiction ; si, comme un voleur, je la lui dérobais pour m'enfuir ensuite chargé de ce céleste larcin... La bénédiction d'un père n'est jamais perdue, dit-on.

LE VIEUX MOOR.

Et mon François perdu aussi ?

MOOR, *se jetant à genoux devant lui.*

J'ai brisé la porte de ton cachot... donne-moi ta bénédiction.

LE VIEUX MOOR, *avec douleur.*

Et tu veux exterminer le fils, toi le libérateur du père... Regarde, la miséricorde divine est infatigable, et nous autres, pauvres vermisseaux, nous nous endormirions sur notre colère ! (*Il pose ses mains sur la tête du brigand.*) Qu'il te soit accordé autant de bonheur que tu auras de pitié !

MOOR, *se relève attendri.*

Oh !... Où donc est ma fermeté ? Je sens mes fibres se détendre, le poignard tombe de mes mains.

LE VIEUX MOOR.

Ah ! elle est douce comme la rosée qui rafraîchit la montagne de Sion, la concorde entre les frères... Apprends à mériter un tel bonheur, jeune homme, et les anges du ciel se réjouiront dans les rayons de ta gloire. Que ta sagesse soit pareille à la sagesse des cheveux blancs ; mais ton cœur... ah ! que ton cœur soit pareil au cœur de l'enfant innocent.

MOOR.

Donne-moi un avant-goût de ce bonheur : embrasse-moi, divin vieillard.

LE VIEUX MOOR, *l'embrassant.*

Pense que c'est le baiser d'un père, et moi je penserai que j'embrasse mon fils... Tu sais donc pleurer ?

MOOR.

Je pensais que c'était le baiser d'un père... Malheur à moi, s'ils l'amenaient maintenant !... (*Les compagnons de Schweizer reviennent comme un triste et morne cortège ; leurs yeux sont baissés sur la terre ; ils se cachent le visage.*) Ciel !

Il recule avec effroi et cherche à se cacher ; ils vont à lui : il détourne les yeux. Profond silence. Les brigands sont immobiles.

GRIMM, *d'une voix défaillante.*

Mon capitaine !

Moor ne répond rien et s'éloigne d'eux.

SCHWARZ.

Mon cher capitaine !

Moor s'éloigne encore.

GRIMM.

Nous ne sommes pas coupables, mon capitaine !

MOOR, *sans les regarder.*

Qui êtes-vous ?

GRIMM.

Tu ne nous regardes pas : nous sommes tes fidèles compagnons.

MOOR.

Malheur à vous, si vous m'avez été fidèles !

GRIMM.

Nous t'apportons les derniers adieux de ton serviteur Schweizer... Il ne reviendra plus, ton serviteur Schweizer.

MOOR, *tressaillant.*

Ainsi vous ne l'avez pas trouvé ?

SCHWARZ.

Nous l'avons trouvé mort.

MOOR, *avec un mouvement de joie.*

Grâces te soient rendues, souverain ordonnateur des choses ! — Embrassez-moi, mes enfans... Que la miséricorde soit désormais le dénoûment... Maintenant ce pas aussi serait franchi... tout serait franchi.

D'autres brigands, Amélie.

LES BRIGANDS.

Hurra ! hurra ! Une capture ! une superbe capture !

AMÉLIE, *les cheveux épars.*

Les morts, disent-ils, ont ressuscité à sa voix... Mon oncle est vivant... dans cette forêt... où est-il ? Charles ? mon oncle ? ah !

Elle se précipite vers le vieillard.

LE VIEUX MOOR.

Amélie ! ma fille ! Amélie !

MOOR, *tressaille et recule.*

Qui amène cette figure devant mes yeux ?

AMÉLIE, *laissant le vieillard, s'élance vers le brigand et le serre dans ses bras avec ravissement.*

Je l'ai !... Étoiles du ciel... je l'ai !

MOOR, *se dégageant de ses bras, et s'adressant aux Brigands.*

Partez, vous autres ! le mauvais esprit m'a trahi.

AMÉLIE.

Mon époux, mon époux, tu es dans le délire ! Hélas !... dans un tel ravissement, pourquoi donc suis-je si insensible ? Pourquoi tant de froideur au milieu de ce torrent de bonheur ?

LE VIEUX MOOR, *revenant à lui.*

Ton epoux ? Ma fille, ma fille ! ton époux ?

AMÉLIE.

Toujours à lui ! Toujours, toujours, toujours à moi ! Ah ! puissances du ciel, allégez un tel fardeau de bonheur, je succomberai, j'en mourrai !

MOOR.

Arrachez-moi de ses bras ! Tuez-la ! tuez-le ! et moi, et vous, et tous ! Que tout l'univers tombe dans l'abîme !

Il veut fuir.

AMÉLIE.

Comment ? où vas-tu ? Amour ! éternité ! bonheur ! joie infinie ! et tu fuis.

MOOR.

Va-t'en, va-t'en !... la plus malheureuse des fiancées... Regarde, interroge, écoute... ô le plus malheureux des pères ! Laissez-moi m'enfuir pour jamais.

AMÉLIE.

Soutenez-moi ! au nom du ciel, soutenez-moi ! Mes yeux s'obscurcissent. — Il fuit !

MOOR.

Il est trop tard !... c'est en vain ! Mon père, ta malédiction ! ne m'en demande pas davantage... je suis... j'ai... Ta malédiction... Cette malédiction que l'on t'a surprise ! — Qui m'a attiré ici ? (*Il tire son épée, et s'avance vers les Brigands.*) Qui d'entre vous, créatures de l'abîme, m'a attiré ici ? Ainsi donc, meurs, Amélie !... Meurs, mon père ! reçois de moi la mort une troisième fois !... Ceux que tu vois, tes libérateurs, sont des brigands et des assassins ! ton Charles est leur capitaine. (*Le vieux Moor expire. Amélie demeure muette, immobile et pétrifiée. Toute la bande de brigands garde un silence terrible. Moor, se frappant la tête contre un arbre.*) Les âmes de ceux que j'ai étranglés dans l'ivresse de l'amour, de ceux que j'ai exterminés dans le sommeil sacré... de ceux, ah ! ah ! Entendez-vous cette tour des poudres écraser les malades dans leur lit ? Voyez-vous la flamme s'élancer dans le berceau de l'enfant à la mamelle ? C'est le flambeau nuptial, ce sont les chants de noce... Oh ! il n'oublie rien, il sait bien vous retrouver ! c'est pourquoi plus de jouissances de l'amour pour moi ! C'est pourquoi l'amour n'a que des tortures pour moi ! C'est la rémunération.

AMÉLIE.

Cela est vrai ! Souverain du ciel ! cela est vrai !... Qu'avais-je fait, mon innocent agneau ? J'ai aimé cet homme !

MOOR.

C'est plus qu'un homme n'en peut supporter. J'ai vu cependant mille tubes de feu faire siffler la mort sur ma tête, et je n'ai pas reculé d'une semelle ; dois-je aujourd'hui apprendre à trembler comme une femme, à trembler devant une femme ? Non, une femme n'ébranlera point ce mâle courage. Du sang, du sang !... c'est une impression de femme... il faut que je m'abreuve de sang, et cela passera.

Il veut fuir.

AMÉLIE.

Meurtrier, démon ! Je ne puis te quitter, ange que tu es.

MOOR *la repousse.*

Laisse-moi, perfide serpent ! veux-tu donc te railler d'un furieux ? mais je brave la tyrannie du sort... Comment, tu pleures ? Oh ! astres pleins de malices ! elle fait semblant de pleurer, de pleurer sur mon âme. (*Amélie le serre dans ses bras.*) Qu'est-ce donc ? elle ne me repousse point, elle ne me méprise pas... Amélie, as-tu oublié ?... Sais-tu donc qui tu tiens dans les bras, Amélie ?

AMÉLIE.

Mon unique, mon indispensable ami !

MOOR, *se laissant aller à l'extase de la joie.*

Elle me pardonne, elle m'aime... je suis pur comme la lumière du ciel, elle m'aime ! Reçois les larmes de ma reconnaissance, miséricorde céleste ! (*Il tombe à genoux en pleurant.*) La paix est rentrée en mon âme, la souffrance s'apaise, l'enfer se retire ! Vois, vois, les enfans de la lumière embrassant en pleurant les enfans de l'abîme qui pleurent aussi. (*S'adressant aux Brigands.*) Pleurez donc aussi ; pleurez, pleurez ! N'êtes-vous pas bien heureux ? O Amélie ! Amélie ! Amélie !

Il la presse tendrement dans ses bras et ils demeurent long-temps en silence.

UN BRIGAND, *s'avançant en fureur.*

Cesse, perfide !... sors de ses bras à l'instant...

ou je te dirai une parole qui retentira dans tes oreilles, et te fera grincer des dents de désespoir.

Il place son sabre entre les deux amans.

UN BRIGAND *âgé.*

Pense aux forêts bohémiennes, entends-tu? et tu ne frémis pas?... Pense aux forêts bohémiennes, te dis-je! Parjure, où sont tes sermens? oublie-tu sitôt nos blessures? n'avons-nous pas risqué pour toi la fortune, l'honneur et la vie? ne nous sommes-nous pas tenus devant toi inébranlables comme des murailles? n'avons-nous pas reçu, comme des boucliers, les coups qui menaçaient ta vie? n'as-tu pas alors levé la main, et juré par un serment de fer que tu ne nous abandonnerais jamais, de même que nous ne t'avions pas abandonné? Homme sans honneur et sans foi, et tu veux nous trahir parce qu'une fille pleure!

UN TROISIÈME BRIGAND.

Fi du parjure! L'ombre de Roller immolé que tu pris à témoin dans l'empire même de la mort, sera honteuse de ta lâcheté, et sortira toute armée de son tombeau pour te châtier.

LES BRIGANDS, *en foule et découvrant leurs poitrines.*

Regarde ici, regarde! Connais-tu ces cicatrices? Tu es à nous; nous t'avons acheté pour esclave au prix du sang de notre cœur; tu es à nous. Quand l'archange Michel devrait en venir aux mains avec Moloch! marche avec nous, sacrifice pour sacrifice, Amélie pour la bande.

MOOR, *se dégageant des bras d'Amélie.*

C'en est fait!... Je voulais changer de route et retourner à mon père; mais celui qui est dans le ciel a parlé : cela ne doit pas être. (*Froidement.*) Misérable fou, pourquoi donc ai-je eu ce désir? Un grand pécheur peut-il revenir sur ses pas? Non, un grand pécheur ne peut pas revenir sur ses pas; c'est ce que j'aurais dû savoir depuis long-temps. — Sois calme, je t'en conjure, sois calme! Tout cela est fort juste. — Je ne l'ai pas voulu quand il m'a recherché; maintenant je le recherche, et il ne veut pas de moi; quoi de plus juste?... Ne roule pas ainsi les yeux. — Il n'a pas besoin de moi. N'a-t-il pas des milliers de créatures? il peut si facilement se passer d'une seule! Eh bien! je suis celle-là. Allons, camarades!

AMÉLIE, *s'attachant à lui.*

Arrête, arrête! un seul coup! le coup de la mort! Encore abandonnée! Tire ton épée, et prends pitié de moi.

MOOR.

La pitié s'est réfugiée chez les tigres. — Je ne te tuerai point.

AMÉLIE, *embrassant ses genoux.*

Au nom de Dieu, au nom de toute miséricorde! Je ne veux plus d'amour; je sais bien que là-haut nos astres se repoussent avec inimitié... La mort est ma seule prière... Abandonnée, abandonnée! comprends toute l'horreur renfermée dans ce mot : abandonnée! je ne le puis endurer; tu le vois, une femme ne le peut endurer. La mort est ma seule prière. Vois, ma main tremble; je n'ai pas le cœur de me frapper, l'éclat de ce fer me fait peur... Pour toi cela est si facile, si facile! Tu es un si grand maître dans le meurtre! Tire ton épée, et je serai heureuse.

MOOR.

Veux-tu être seule heureuse? Va-t'en, je ne tue pas de femmes.

AMÉLIE.

Ah! égorgeur! tu ne sais tuer que les heureux! Tu laisses là ceux qui sont rassasiés de la vie! (*Se traînant vers les brigands.*) Ayez donc pitié de moi, vous, élèves de ce bourreau!... Il y a dans vos regards altérés de sang une compassion qui console les malheureux... Votre maître n'est qu'un lâche fanfaron.

MOOR.

Femme, que dis-tu?

Les brigands détournent les yeux.

AMÉLIE.

Pas un ami! pas un ami parmi eux. (*Elle se relève.*) Eh bien, j'apprendrai de Didon à mourir!...

Elle veut sortir. Un brigand la couche en joue.

MOOR.

Arrête! Quelle audace! la bien-aimée de Moor ne doit mourir que de sa main!

Il la tue.

LES BRIGANDS.

Capitaine, capitaine! que fais-tu? Es-tu en délire?

MOOR, *regardant fixement le corps d'Amélie.*

Elle est frappée au cœur! Encore cette convulsion, et c'en sera fait... Eh bien, vous le voyez : qu'avez-vous encore à demander? Vous m'avez sacrifié une vie, une vie qui n'était déjà plus à vous, une vie pleine d'horreur et d'opprobre... Je vous ai immolé un ange; cela est-il juste? n'êtes-vous pas plus que satisfaits?

GRIMM.

Tu as payé ta dette avec usure. Tu as fait ce qu'aucun homme n'aurait fait pour acquitter son honneur. Viens maintenant.

MOOR.

En conviens-tu? N'est-il pas vrai que donner la vie d'une sainte pour la vie de quelques scélérats est un échange inégal?... Je vous le dis en vérité : quand chacun de vous serait monté sur un sanglant échafaud, quand on vous eût arraché votre chair, morceau par morceau, avec des tenailles brûlantes; quand cette torture aurait duré douze longs jours d'été, tout cela n'eût pas valu une des larmes que je répands. (*Avec un sourire amer.*) Vos cicatrices des forêts bohémiennes! Oui, oui, elles sont sans doute bien payées.

SCHWARZ.

Calme-toi, capitaine! viens avec nous; cet aspect n'est pas bon pour toi. Conduis-nous ailleurs.

MOOR.

Arrête... Encore un mot! avant d'aller ailleurs... Ecoutez, joyeux exécuteurs de mes ordres barbares... Je cesse de ce moment d'être votre capitaine... je dépose avec honte et avec horreur ce commandement sanglant sous lequel vous vous imaginez être légitimement criminels, et faire pâlir la lumière du ciel devant vos œuvres de ténèbres... Dispersez-vous à droite et à gauche... Nous n'aurons jamais rien de commun.

PLUSIEURS BRIGANDS.

Ah! lâche! Où sont donc tes plans sublimes? C'étaient donc des bulles de savon, que le souffle d'une femme a dissipées?

MOOR.

Ah! misérable fou, qui me suis imaginé perfectionner le monde par le crime, et rétablir les lois par la licence! j'appelais cela la vengeance et le bon droit... Je prétendais, ô Providence! rendre le fil à ton glaive émoussé, et réparer ta partialité... Mais... ô puérile vanité!... maintenant me voici au terme d'une vie abominable, et je reconnais avec des sanglots et des grincemens de dents, que deux hommes tels que moi renverseraient tout l'édifice du monde moral. Grâce, grâce à cet enfant qui a voulu usurper sur toi... A toi seul appartient la vengeance; tu n'as pas besoin de la main des hommes; sans doute il n'est plus en mon pouvoir de ressaisir le passé... ce qui est détruit est détruit... ce que j'ai renversé ne peut plus être relevé... Mais il me reste encore de quoi satisfaire à l'ordre troublé, de quoi me réconcilier avec les lois outragées : elles demandent une victime, une victime qui manifeste devant toute l'humanité leur indestructible majesté : je serai cette victime; il faut que je souffre la mort pour elles.

PLUSIEURS BRIGANDS.

Otez-lui son épée, il veut se détruire.

MOOR.

Imbéciles condamnés à un éternel aveuglement, pensez-vous donc qu'un péché mortel soit une compensation à des péchés mortels? pensez-vous que l'harmonie du monde fût rétablie par cette dissonance impie? (*Il jette ses armes à leurs pieds d'un air de mépris.*) Les lois doivent m'avoir vivant : je vais me remettre moi-même aux mains de la justice.

PLUSIEURS BRIGANDS.

Attachez-le : il a perdu la raison.

MOOR.

Non pas que je doute que la justice ne puisse m'atteindre dès que le pouvoir d'en haut le voudra ainsi, mais elle pourrait me surprendre dans mon sommeil, m'atteindre dans la fuite, ou s'emparer de moi par la force et par le glaive, et ainsi je serais dépouillé du seul mérite que je puisse avoir, du mérite de mourir volontairement pour elle. Dois je donc receler plus long-temps, comme un larcin, une vie qui déjà ne m'appartient plus, d'après les arrêts du céleste juge?

PLUSIEURS BRIGANDS.

Laissez-le aller; c'est pour faire le grand homme : il veut sacrifier sa vie pour exciter l'admiration.

MOOR.

On pourrait m'admirer pour cette action... (*Après un moment de réflexion.*) Je me souviens d'avoir parlé, en venant ici, à un pauvre diable qui travaillait à la journée, et qui a onze enfans vivans... on a promis mille louis d'or à celui qui livrera en vie le grand brigand : on peut faire du bien à cet homme.

Il sort.

FIN DES BRIGANDS.

LA CONJURATION DE FIESQUE,

TRAGÉDIE RÉPUBLICAINE.

AVANT-PROPOS.

J'ai principalement puisé l'histoire de cette conjuration dans la *Conjuration du comte Jean-Louis de Fiesque*, par le cardinal de Retz, dans l'*Histoire des Conjurations*, dans l'*Histoire de Gènes*, et dans la troisième partie de l'*Histoire de Charles-Quint*, par Robertson. La liberté avec laquelle je me suis permis de traiter ces données trouvera grâce devant le dramaturge de Hambourg *, si je réussis; si j'échoue, il vaut bien mieux avoir fait un mauvais usage de mon imagination que des faits. La catastrophe véritable de ce complot, où un accident malheureux renversa tout au moment où le comte venait d'atteindre le but de ses projets, a dû être changée. La nature du drame ne comporte point l'action du hasard, ou pour parler autrement, l'intervention immédiate de la Providence. Je m'étonnerais fort qu'aucun poète tragique n'ait encore traité ce sujet, si je n'en trouvais un motif suffisant dans ce dénouement anti-dramatique. Les esprits élevés savent démêler les fils les plus déliés d'un événement à travers toute la trame de l'ensemble des choses, et les rattachent peut-être aux limites les plus reculées de l'avenir et de la destinée, tandis que le commun des hommes ne sait voir là qu'un fait isolé au milieu du libre espace de l'univers. Mais l'artiste travaille pour la vue restreinte des hommes qu'il veut instruire, et non pas pour la toute-puissance clairvoyante qu'il cherche à connaître.

Dans mes *Brigands*, je me suis proposé de présenter la victime d'une sensibilité excessive; ici, au contraire, je veux montrer la victime de l'art et de l'intrigue. Mais, quelque remarquable qu'ait été dans l'histoire le malheureux projet de Fiesque, il n'en est pas moins difficile de lui faire produire un effet semblable sur le théâtre. Comme le sentiment seul peut émouvoir le sentiment, il me semble que le héros politique ne peut pas sur la scène renoncer à l'humanité, autant qu'il y est obligé dans le monde pour être un héros politique. Il n'a donc pas dépendu de moi d'animer mon sujet de cette vie brûlante qui règne dans les sujets de pure imagination. Mais tirer du cœur humain les froides et stériles combinaisons de la politique, et parvenir par là à intéresser le cœur humain; mais entrelacer l'homme dans toutes les ruses de cette science, et emprunter les artifices de l'intrigue des situations qui touchent l'humanité, telle a dû être ma tâche. Placé dans la société bourgeoise, j'ai dû mieux connaître les mystères du cœur que ceux des cabinets, et peut-être cette infériorité dans la politique est-elle une supériorité dans la poésie.

* Lessing.

PERSONNAGES.

ANDRÉ DORIA, doge de Gênes. — Respectable vieillard de quatre vingts ans. Des restes de chaleur; un de ses traits caractéristiques, c'est un langage grave, bref et impérieux.

GIANETTINO DORIA, son neveu, prétendant. — Homme de vingt six ans. Rude et repoussant dans son langage, sa démarche et ses manières. Fierté grossière : l'extérieur d'un homme blasé. (Les deux Doria sont vêtus d'écarlate.)

FIESQUE, comte de Lavagna, chef de la conjuration. — Jeune, svelte, brillant de beauté : âgé de vingt-trois ans; fier avec grâce, familier avec majesté. Des manières de cour et un ton de persiflage. (Tous les nobles sont vêtus de noir; leur habillement ressemble à l'ancien costume allemand.)

VERRINA, conjuré républicain. — Homme de soixante ans. Sérieux, sombre et intraitable : une physionomie profonde.

BOURGOGNINO, conjuré. — Jeune homme de vingt ans. Noble et agréable. Fier, emporté et naturel.

CALCAGNO, conjuré. — Voluptueux et usé. Trente ans. Physionomie agréable et audacieuse.

SACCO, conjuré. — Homme de quarante-cinq ans. Personnage ordinaire.

CENTURIONE,
CIBO, } mécontents.
ASESRATO,

PERSONNAGES.

LOMELLINO, confident de Gianettino. — L'âme desséchée d'un courtisan.

ROMANO, peintre. — Indépendant, simple et fier.

MULEY HASSAN, Maure de Tunis. — Tous les traits de sa race; physionomie qui présente un mélange original d'esprit et de friponnerie.

UN OFFICIER ALLEMAND de la garde du Doge. — L'air simple et honorable : de la bravoure et de la fermeté.

TROIS CITOYENS séditieux.

LÉONORE, femme de Fiesque. — Femme de dix-huit ans, pâle et délicate. Une sensibilité exquise : beaucoup de charmes, mais rien d'éblouissant. Physionomie mélancolique et exaltée. — Elle est vêtue de noir.

LA COMTESSE JULIE IMPÉRIALI, veuve, sœur de Doria. — Femme de vingt-cinq ans. Grande et quelque embonpoint. Orgueilleuse et coquette. De la beauté dont l'effet est diminué par la bizarrerie; plus éblouissante qu'agréable; la physionomie maligne et moqueuse. — Elle est vêtue de noir.

BERTHE, fille de Verrina. — Jeune personne innocente.

ROSE,
ARABELLE, } femmes de Léonore.

Des Nobles, des Bourgeois, des Soldats allemands, des Serviteurs, des Voleurs.

La scène est à Gênes, en l'année 1547.

ACTE PREMIER.

Une salle chez Fiesque. On entend dans l'éloignement la musique et le tumulte d'un bal.

SCÈNE PREMIÈRE.

LÉONORE, *masquée*; ROSE, ARABELLE, *arrivent toutes troublées sur la scène.*

LÉONORE, *arrachant son masque.*

C'en est assez! n'ajoutez pas un mot! voilà qui est évident. (*Elle se jette dans un fauteuil.*) J'en suis abattue.

ARABELLE.

Madame...

LÉONORE, *se levant.*

Sous mes yeux! la plus coquette de la ville! En présence de toute la noblesse de Gênes! (*Avec douleur.*) Rose, Arabelle! et devant mes yeux en pleurs!

ROSE.

Prenez la chose pour ce qu'elle est réellement, de la galanterie.

LÉONORE.

De la galanterie? Et cet échange continuel de regards? cette attente inquiète avec laquelle il guettait un coup d'œil? ce baiser si long temps prolongé, donné à un bras nu, qui en a gardé la marque brûlante?... Et cette ivresse profonde et durable, où il semblait plongé, semblable à un époux heureux; comme si l'univers entier eût disparu, et qu'il fût resté seul avec cette Julie dans le monde désert? De la galanterie! bonne fille qui n'as pas encore aimé, est ce toi qui m'instruiras sur l'amour et la galanterie?

ROSE.

Eh bien! tant mieux, madame; perdre un mari, cela vous vaudra dix sigisbés.

LÉONORE.

Perdre! — parce que son cœur aurait cessé un instant de battre pour moi, aurais-je perdu Fiesque? — Va, langue de serpent; ne te montre jamais devant mes yeux. — C'était une agacerie innocente, peut être de la galanterie. Ne le crois-tu pas, ma sensible Arabelle?

ARABELLE.

Oh! oui, sans doute.

LÉONORE, *perdue dans ses réflexions.*

Mais si elle lisait en effet dans son cœur?... Si ce nom se cachait derrière chacune de ses pensées?... S'il ne cherchait qu'elle dans toute la nature?... Qu'est ce donc? Où me suis je égarée?... Si l'éclatante majesté de l'univers n'était pour lui qu'une pierre précieuse, où cette image, cette seule image serait gravée?... S'il l'aimait?... Julie!... Ah! soutiens moi, Arabelle, soutiens-moi dans tes bras. (*Silence. La musique se fait de nouveau entendre.* — *Leonore se lève.*) Ecoute! N'est-ce pas la voix de Fiesque que j'entends à travers le bruit? Peut-il rire lorsque sa Léonore pleure solitaire?... Non, mon enfant; c'est la voix grossière de Gianettino Doria.

ARABELLE.

En effet. — Mais passez dans un autre appartement.

LÉONORE.

Tu pâlis! Arabelle, tu me trompes... Je lis dans vos yeux, dans la physionomie de nos Génois, quelque chose... oui, quelque chose. (*Elle se cache le visage avec ses mains.*) Oh! certes, l'on en sait à Gênes plus que l'oreille d'une épouse n'en doit entendre.

ROSE.

Oh! comme la jalousie exagère tout!

LÉONORE, *avec une vivacité douloureuse.*

Je vois encore Fiesque venir sous ces bosquets d'orangers où nous autres jeunes filles allions folâtrer; c'était l'éclat d'Apollon uni à la mâle beauté d'Antinoüs : sa démarche était fière et impérieuse, comme si le destin de Gênes la superbe eût reposé sur sa jeunesse. Nos yeux le suivaient à la dérobée, et se baissaient timidement, comme s'ils eussent été surpris en profanation, lorsqu'ils rencontraient l'éclair de son regard... Ah! Bella, comme nous guettions ses regards! comme chacune comptait avec l'angoisse de l'envie ceux qui s'adressaient à sa voisine! Ils tombaient parmi nous comme autant de pommes de discorde; nos tendres yeux brillaient de colère; nos cœurs paisibles palpitaient vivement, et l'envie avait rompu notre douce union.

ARABELLE.

Je m'en souviens. Cette brillante conquête mit en rumeur tout le beau sexe de Gênes.

LÉONORE, *avec chaleur.*

Et pouvoir dire qu'il est à moi! Bonheur inespéré, miraculeux! Il est à moi, le plus grand homme de Gênes, (*avec grâce*) l'homme le plus accompli qui soit sorti des mains de l'inépuisable nature; celui qui a rassemblé et confondu en sa personne toutes les grandeurs de sa race. (*Avec mystère.*) Ecoute, ma fille! Je ne puis plus le taire. Ecoute, ma fille, je veux te confier une pensée... une pensée qui me survint pendant que j'étais à l'autel près de Fiesque, et que ma main était dans la sienne; — une pensée qu'il ne convenait pas à une femme d'avoir. — Ce Fiesque, me disais-je, dont la main presse maintenant la mienne, ce Fiesque qui est à moi... — mais silence; que personne ne puisse entendre combien nous nous enorgueillissons des derniers débris de cette supériorité! — ce Fiesque qui est le mien... — malheur à vous, si ce sentiment ne vous exalte pas! — il délivrera Gênes de ses tyrans.

ARABELLE, *étonnée.*

Et cette image s'est présentée à une femme le jour de son mariage?

LÉONORE.

Tu t'étonnes, Rose! Oui, à une fiancée, dans toute l'émotion d'un jour de noces! (*Vivement.*) Je suis une femme, mais je puis sentir la noblesse de mon sang : il ne peut endurer que cette maison Doria s'élève au-dessus de nos aïeux... Cet André au cœur pacifique, qu'il continue à s'appeler le doge de Gênes! on y peut consentir avec plaisir. Mais Gianettino est son neveu, son héritier, et Gianettino a le cœur orgueilleux et insolent. Gênes tremble devant lui, et Fiesque..... (*Elle tombe dans la tristesse.*) Fiesque, — oh! pleurez sur moi, — Fiesque aime sa sœur.

ARABELLE.

Pauvre malheureuse femme!

LÉONORE.

Allez maintenant, et voyez ce demi-dieu des Génois, assis dans un cercle honteux de libertins et de coquettes, amusant leurs oreilles de vaines frivolités, et leur racontant les aventures des princesses enchantées... Et c'est là Fiesque! Ah! mes filles, ce n'est pas seulement Gênes qui a perdu son héros... Et moi aussi, j'ai perdu mon époux!

ROSE.

Parlez plus bas. On vient par la galerie.

LÉONORE, *avec effroi*.

Fiesque vient. Fuyons, fuyons... Mon aspect pourrait lui donner un instant d'ennui.

Elle sort par une porte de côté; ses femmes la suivent.

SCÈNE II.

GIANETTINO DORIA, *masqué et en manteau vert.* UN MAURE.

Ils sont en conversation.

GIANETTINO.

Tu m'as compris?

LE MAURE.

Bien.

GIANETTINO.

Le masque blanc.

LE MAURE.

Bien.

GIANETTINO.

Je te dis : le masque blanc.

LE MAURE.

Bien, bien.

GIANETTINO.

Tu entends? (*Lui montrant son cœur.*) Tu ne manqueras pas de le frapper là.

LE MAURE.

Soyez tranquille.

GIANETTINO.

Et un coup bien ferme.

LE MAURE.

Il en aura assez.

GIANETTINO, *avec un sourire féroce*.

Que ce pauvre comte ne souffre pas longtemps.

LE MAURE.

Excusez. — Combien à peu près estimez-vous sa tête?

GIANETTINO.

Cela vaut bien cent sequins.

LE MAURE.

Bagatelle; c'est peu.

GIANETTINO.

Que murmures-tu?

LE MAURE.

Je dis... que c'est une besogne facile.

GIANETTINO.

C'est ton affaire. — Cet homme est un aimant, tous les esprits turbulens viennent à lui. — Tu as entendu, drôle, ne le manque pas.

LE MAURE.

Mais, seigneur, il faudra fuir sur-le-champ à Venise.

GIANETTINO.

Aussi voilà d'avance ta récompense. (*Il lui jette un billet de banque.*) Au plus tard dans trois jours, il sera à bas.

Il sort.

LE MAURE, *ramassant le billet par terre*.

Cela s'appelle avoir du crédit! Ce seigneur se fie à ma parole, sans signature.

Il sort.

SCÈNE III.

CALCAGNO, *derrière lui* SACCO, *tous deux en manteau noir*.

CALCAGNO.

Je m'aperçois que tu épies tous mes pas.

SACCO.

Et je m'aperçois que tu me les caches tous. Écoute, Calcagno ; depuis plusieurs semaines, ton visage semble travaillé de quelque pensée qui ne peut avoir rapport qu'à la patrie. J'ai cru, frère, que nous pourrions échanger secret contre secret, et qu'aucun de nous ne perdrait à ce commerce de contrebande. — Veux-tu être sincère?

CALCAGNO.

Au point que si ton oreille veut s'épargner la peine de descendre dans mon sein, mon cœur ira au-devant de toi sur ma langue. — J'aime la comtesse Fiesque.

SACCO *recule étonné*.

Assurément je ne l'aurais pas deviné, quand j'aurais passé en revue toutes les possibilités. Ton choix met mon esprit à la torture : si tu réussis, je m'y perds.

CALCAGNO.

On dit qu'elle est le modèle de la plus sévère vertu.

SACCO.

Mieux que cela encore : c'est un beau commentaire d'un ennuyeux texte. De deux choses l'une, Calcagno : renonce à ton cœur ou à ton entreprise.

CALCAGNO.

Le comte est infidèle : la jalousie est la plus habile des entremetteuses. Un projet contre les Doria tient le comte en haleine, et me donne l'entrée de son palais. Pendant qu'il chassera le loup du troupeau, le renard entrera dans son poulailler.

SACCO.

A merveille, frère, je te remercie ; tu m'as tout-à-coup dispensé de rougir ; ce que j'avais honte de penser, je puis maintenant te le dire : je suis à la mendicité, si le gouvernement actuel n'est pas renversé.

CALCAGNO.

Tu as donc bien des dettes?

SACCO.

... Si énormes, que huit fois ma vie ne suffirait point pour en acquitter le premier dixième. Une révolution dans l'État me mettra à l'aise, je l'espère : si elle ne me donne pas les moyens de m'acquitter, au moins elle ôtera à mes créanciers ceux de me poursuivre.

CALCAGNO.

J'entends ; et si Gênes, par l'occasion, devient libre, Sacco se laissera proclamer père de la patrie. Qu'on vienne encore s'échauffer sur ces contes rebattus de pureté d'âme, quand la banqueroute d'un vaurien ou les passions d'un libertin décident du sort des états ! Par Dieu, Sacco, j'admire en nous deux les beaux calculs de la Providence, qui guérit le cœur par les ulcères des membres. — Verrina sait-il ton projet ?

SACCO.

Autant qu'un patriote doit le savoir. Gênes, tu le sais, est le pivot sur lequel tournent toutes ses pensées avec une constance à l'épreuve ; son regard d'aigle est maintenant attaché sur Fiesque. Il espère aussi que tu es en grand chemin de conspirer avec audace.

CALCAGNO.

Il a bon nez. Viens ; allons le trouver, et attiser son amour de la liberté avec le nôtre.

Ils sortent.

SCÈNE IV.

JULIE, *fort animée;* FIESQUE *la suit; il porte un manteau blanc.*

JULIE.

Laquais, coureurs !

FIESQUE.

Comtesse, où courez-vous ? que voulez-vous ?

JULIE.

Rien, pas la moindre chose. (*A ses gens.*) Faites avancer ma voiture.

FIESQUE.

Permettez qu'il n'en soit rien ; vous semblez offensée ?

JULIE.

Bah ! cela se peut-il ? — Laissez-moi, vous mettez ma garniture en pièces. — Offensée ! qui pourrait m'offenser ici ? — Laissez-moi donc.

FIESQUE, *le genou en terre.*

Non, jusqu'à ce que vous m'ayez dit le téméraire qui...

JULIE, *croisant les bras et le regardant tranquillement.*

Ah ! voilà qui est beau, très-beau à voir ! Si quelqu'un appelait la comtesse de Lavagna pour être témoin de ce charmant spectacle ? cette attitude conviendrait supérieurement dans la chambre de votre femme, quand elle trouve quelque mécompte à vos caresses accoutumées... Levez-vous donc, allez trouver des femmes plus faciles, levez-vous donc ; ou bien pensez-vous expier les impertinences de votre femme par vos galanteries ?

FIESQUE *se relève.*

Des impertinences ? à vous ?

JULIE.

S'en aller tout-à-coup, repousser son fauteuil, quitter la table, la table où j'étais assise, comte !

FIESQUE.

Cela n'est pas excusable.

JULIE.

Voilà tout ; quant à cette pauvre petite... est-ce ma faute (*elle sourit*) si le comte a des yeux !

FIESQUE.

Votre seule faute, madame, est de dérober quelque chose à leur curiosité.

JULIE.

Pas de complimens, comte, quand il s'agit de l'honneur. Je demande satisfaction : la trouverai-je chez vous, ou la chercherai-je dans les foudres du doge ?

FIESQUE.

Dans les bras de l'amour, qui vous fera oublier les écarts de la jalousie.

JULIE.

Jalousie, jalousie ! qu'est-ce qui se passe donc dans sa petite tête ? (*En minaudant devant une glace.*) Comme si elle pouvait trouver une meilleure preuve de son bon goût, que de me voir proclamer que c'est aussi le mien ? (*Avec fierté.*) Doria et Fiesque !... Comme si la comtesse de Lavagna ne devait pas se trouver honorée de ce que la nièce du doge a jugé son choix digne d'envie ? (*Familièrement et donnant au comte sa main à baiser.*) A supposer, comte, que ce fût la mon sentiment.

FIESQUE, *vivement.*

Cruelle ! — et pourtant me tourmenter ainsi ! — Je le sais, divine Julie, le respect est le seul sentiment qu'il me soit permis d'avoir pour vous ; ma raison ordonne, à moi sujet, de fléchir le genou devant le sang des Doria ; mais mon cœur adore la belle Julie. Mon amour est criminel, mais il est héroïque de franchir avec audace le mur d'airain qui marque la différence de nos rangs, et de prendre mon essor vers la lumière éblouissante du soleil dans toute sa majesté.

JULIE.

Vrai mensonge de courtisan qui monte sur des échasses chancelantes ! Votre bouche me divinise, et sur votre cœur palpitant je vois l'image d'une autre.

FIESQUE.

Il palpite d'autant plus fort, signora, qu'il veut la repousser de lui. (*Il détache le portrait de Léonore qui était suspendu à son cou par un ruban bleu, et le donne à Julie.*) Placez votre image sur cet autel, et vous pouvez détruire l'idole.

JULIE *prend le portrait avec empressement et satisfaction.*

Ce sacrifice mérite assurément ma reconnaissance. (*Elle suspend son portrait au cou de Fiesque.*) Esclave, porte les couleurs de ton maître.

Elle sort.

FIESQUE, *avec feu.*

Julie m'aime ! Julie ! je n'envie rien aux dieux. (*Il se promène avec ravissement dans la salle.*) Que cette nuit soit la fête des dieux, qu'elle soit le chef-d'œuvre des plaisirs. — Holà, holà ! — (*Beaucoup de serviteurs accourent.*) Répandez à grands flots le nectar de Chypre ; que la musique écarte de tous les yeux le pesant sommeil ; que mille lampes allumées fassent pâlir le soleil à son lever ; que l'allégresse soit générale ; que la danse bachique, dans son bruyant fracas, foule aux pieds le royaume des morts.

Il sort. Un bruyant allegro se fait entendre. La toile du fond se lève; on voit une grande salle illuminée où dansent une foule de masques. Des deux côtés, des buffets et des tables de jeux réunissent beaucoup de masques.

SCÈNE V.

GIANETTINO, *à demi ivre*; LOMELLINO, CIBO, CENTURIONE, VERRINA, SACCO, CALCAGNO, *tous masqués. Beaucoup de* DAMES *et de* NOBLES GÉNOIS.

GIANETTINO, *d'une voix bruyante.*

Bravo! bravo! ces vins sont délicieux, nos danseuses d'une légèreté à ravir. Allez, qu'on répande dans Gênes que je suis de bonne humeur, et qu'on peut se réjouir. Sur ma parole, ils marqueront ce jour en rouge sur l'almanach, et écriront à côté: Ce jour-là, le prince était joyeux.

PLUSIEURS CONVIVES, *le verre à la main.*

A la république!

Fanfare de trompettes.

GIANETTINO *jette son verre par terre avec violence.*

En voilà les débris!

Trois masques noirs se lèvent et entourent Gianettino.

LOMELLINO *emmène le prince sur le devant de la scène.*

Seigneur, vous me parliez dernièrement d'une demoiselle que vous aviez rencontrée à l'église de Saint-Laurent?

GIANETTINO.

Je m'en souviens fort bien, mon camarade; je veux faire connaissance avec elle.

LOMELLINO.

Je puis arranger cela pour votre excellence.

GIANETTINO, *vivement.*

Tu le peux? tu le peux? Lomellino, tu as dernièrement brigué la charge de procurateur; tu l'obtiendras.

LOMELLINO.

Seigneur, c'est la seconde charge de l'État; plus de soixante nobles la recherchent, tous plus riches et plus en évidence que le très-humble serviteur de votre excellence.

GIANETTINO, *l'interrompant brusquement.*

Tonnerre et Doria! tu seras procurateur. (*Les trois masques s'approchent.*) Les nobles de Gênes? qu'ils jettent dans la balance leurs aïeux et leurs écussons! Est-il besoin, pour que toute la noblesse de Gênes soit trouvée trop légère, d'autre chose que d'un œil de la barbe blanche de mon oncle? Je le veux, tu seras procurateur. Cela vaut plus que tous les suffrages de la seigneurie.

LOMELLINO, *plus bas.*

C'est la fille unique d'un certain Verrina.

GIANETTINO.

Elle est jolie, et, par tous les diables, il me la faut.

LOMELLINO.

Seigneur, c'est l'unique enfant du plus opiniâtre républicain.

GIANETTINO.

Va-t'en au diable avec ton républicain!... La colère d'un sujet, et ma passion! C'est comme si la tour du fanal devait s'écrouler lorsque les enfans lui jettent des coquillages. (*Les trois masques noirs s'approchent et semblent fort agités.*) Le doge André aurait-il donc reçu tant de blessures en combattant pour ces misérables républicains, afin que son neveu fût obligé de mendier la faveur de leurs femmes et de leurs enfans? Tonnerre et Doria! il faut que cette envie-là passe, ou bien, sur les ossemens de mon oncle je ferai planter une potence où leur liberté génoise pourra se débattre jusqu'à la mort.

LOMELLINO.

La demoiselle est justement seule en ce moment. Son père est ici; c'est un de ces trois masques.

GIANETTINO.

C'est pour le mieux. Lomellino, conduis-moi chez elle.

LOMELLINO.

Mais vous cherchez peut-être une coquette, et vous trouverez une personne sentimentale.

GIANETTINO.

La puissance est la meilleure éloquence. — Conduis-moi sur le-champ. Je voudrais voir ce chien de républicain qui s'attaque à l'ours des Doria. (*A Fiesque qu'il rencontre à la porte.*) Où est la comtesse?

SCÈNE VI.

LES MÊMES, FIESQUE.

FIESQUE.

Je l'ai conduite à sa voiture. (*Il prend la main de Gianettino et la presse sur son cœur.*) Prince, maintenant je suis doublement dans vos chaînes. Gianettino commande à mon âme et à Gênes; et votre aimable sœur règne sur mon cœur.

LOMELLINO.

Fiesque est devenu tout-à-fait épicurien. Les grandes affaires perdent beaucoup en lui.

FIESQUE.

Mais Fiesque ne perd rien aux grandes affaires. La vie, c'est un rêve; être sage, Lomellino, c'est faire un rêve agréable; et pour cela, n'est-on pas mieux sur le sein d'une femme charmante que dans les orages du trône, lorsque les rouages bruyans du gouvernement retentissent sans cesse à vos oreilles? Que Gianettino Doria règne sur Gênes, Fiesque sera amoureux!

GIANETTINO.

Finissons, Lomellino; il va être minuit. Le moment approche. — Lavagna, nous te remercions d'une telle réception. Je suis satisfait.

FIESQUE.

C'est tout ce que je pouvais souhaiter, prince.

GIANETTINO.

Adieu donc. On joue demain chez Doria, et Fiesque est invité. Allons, procurateur.

FIESQUE.

De la musique, des flambeaux !

GIANETTINO, *aux trois masques avec insolence.*

Au nom du doge, place !

UN DES TROIS MASQUES, *avec un murmure d'indignation.*

Dans l'enfer, mais pas à Gênes.

LES CONVIVES, *en grand mouvement.*

Le prince est parti. Bonne nuit, Lavagna.

Ils sortent en foule.

SCÈNE VII.

LES TROIS MASQUES NOIRS, FIESQUE.

Un moment de silence.

FIESQUE.

Je remarque ici des convives qui ne partagent point les plaisirs de ma fête.

LES MASQUES, *entre eux, avec un murmure de mécontentement.*

Pas un !

FIESQUE, *affectueusement.*

Se pourrait-il que, malgré ma bonne volonté, un Génois se retirât mécontent ? Au plus vite, laquais ! qu'on recommence le bal, qu'on remplisse les coupes. Je ne veux pas que personne ait ici ressenti l'ennui. Puis-je amuser vos regards par un feu d'artifice ? Voulez-vous voir les gentillesses de mon arlequin ? Peut-être la société de nos dames pourra-t-elle vous distraire ? ou nous assiérons-nous à une table de pharaon, pour abréger les heures par le jeu ?

UN MASQUE.

Nous sommes accoutumés à ne les compter que par les actions.

FIESQUE.

Cette réponse est virile et... C'est Verrina !

VERRINA, *ôtant son masque.*

Fiesque reconnaît ses amis plus promptement sous leur masque qu'ils ne le reconnaissent sous le sien.

FIESQUE.

Je ne comprends pas cela. Mais pourquoi ce crêpe de deuil à ton bras ? Verrina aurait-il fait quelque perte que Fiesque ne saurait pas ?

VERRINA.

Une nouvelle de deuil ne convient pas dans les fêtes joyeuses de Fiesque.

FIESQUE.

Cependant, quand un ami l'exige... (*Il lui serre la main cordialement.*) Ami de mon âme, qui nous est mort, à nous deux ?

VERRINA.

A nous deux ! à nous deux ! Ah ! cela est trop vrai. Mais tous les fils ne pleurent pas leur mère.

FIESQUE.

Ta mère est depuis long-temps enterrée.

VERRINA, *d'un ton expressif.*

Je me souviens que Fiesque m'appelait son frère, parce que j'étais le fils de sa patrie.

FIESQUE, *avec gaieté.*

Ah ! c'est cela ? C'était donc une manière de plaisanter ? Porter le deuil de Gênes ! il est vrai que Gênes est réellement à l'agonie. La pensée est unique, neuve. Notre ami commence à devenir plaisant.

CALCAGNO.

Il a parlé sérieusement, Fiesque !

FIESQUE.

Sans doute ! sans doute ! c'est cela même. L'air renfrogné et même attendri. La plaisanterie perd tout son prix, lorsque le plaisant rit lui-même. Une vraie mine d'enterrement ! Aurais-je pensé que le sombre Verrina deviendrait un jovial railleur dans ses vieux jours ?

SACCO.

Verrina, viens ! il ne sera jamais des nôtres.

FIESQUE.

Livrons-nous à la gaieté, camarades, montrons-nous tels que ces héritiers rusés, qui suivent le cercueil en sanglotant, et n'en rient que mieux dans leur mouchoir. Pourquoi se mettre en peine pour une rude marâtre ? C'est pourquoi, laissons-la se tourmenter, et divertissons-nous.

VERRINA, *vivement ému.*

Ciel et terre ! et ne rien faire ? — Qu'es-tu devenu, Fiesque ? Où est ce grand ennemi des tyrans ? J'ai vu un temps où l'aspect d'une couronne t'aurait jeté en convulsions. Fils dégénéré de la république ! si le temps change ainsi les âmes, je ne donnerais pas un denier de mon immortalité ; et c'est toi qui es responsable de ce sentiment.

FIESQUE.

Tu es un éternel rêveur. Qu'il mette Gênes dans sa poche et la vende à un corsaire de Tunis, que nous importe ? nous boirons du vin de Chypre, et nous caresserons de jolies filles.

VERRINA *le regarde sévèrement.*

Est-ce ton opinion véritable et sérieuse ?

FIESQUE.

Pourquoi pas, ami ? est-ce donc un si grand plaisir d'être une des pattes de ce lourd animal aux mille pieds, qu'on appelle la république ? Grand merci à celui qui lui a donné des ailes, et qui dispense les pattes de leur office. Gianettino Doria sera doge, et les affaires de l'État ne feront pas blanchir un cheveu de ma tête.

VERRINA.

Fiesque, est-ce ton opinion véritable et sérieuse ?

FIESQUE.

André adopte un neveu pour fils et pour héritier de ses biens : qui serait assez fou pour lui disputer l'héritage de son pouvoir ?

VERRINA, *avec une extrême impatience.*

Allons, Génois, allons.

Il s'éloigne promptement de Fiesque, les autres le suivent.

FIESQUE.
Verrina... Verrina!... ce républicain est inflexible comme l'acier.

SCÈNE VIII.

FIESQUE, UN MASQUE *inconnu.*

LE MASQUE.
Avez-vous une minute à m'accorder, Lavagna?
FIESQUE, *d'un air prévenant.*
Pour vous, une heure.
LE MASQUE.
Ainsi vous me ferez la grâce de faire avec moi une promenade hors de la ville?
FIESQUE.
Il est minuit cinquante minutes.
LE MASQUE.
Vous me ferez cette grâce, comte?
FIESQUE.
Je vais faire mettre les chevaux.
LE MASQUE.
Cela n'est pas nécessaire : j'ai envoyé un cheval en avant. Il n'en faut pas davantage, car j'espère qu'un seul de nous reviendra.
FIESQUE, *surpris.*
Et?...
LE MASQUE.
On exigera de vous une sanglante explication pour certaines larmes.
FIESQUE.
Et ces larmes?
LE MASQUE.
... Sont celles d'une certaine comtesse de Lavagna. Je connais fort bien cette dame, et je désirerais savoir par où elle a mérité d'être sacrifiée à une folle.
FIESQUE.
Maintenant je vous comprends. Puis-je savoir le nom de cet étrange questionneur?
LE MASQUE.
C'est le même qui autrefois adorait la demoiselle de Cibo, et qui se retira quand Fiesque devint son époux.
FIESQUE.
Scipion Bourgognino!
BOURGOGNINO, *ôtant son masque.*
C'est lui qui maintenant veut réparer la honte qu'il a eue de se retirer devant un rival d'assez peu d'âme pour faire souffrir cette douce personne.
FIESQUE *l'embrasse avec feu.*
Noble jeune homme! Grâces soient rendues aux chagrins de ma femme, qui me font faire une si digne connaissance. Je sens la noblesse de votre colère, mais je ne me bats point.
BOURGOGNINO, *reculant d'un pas.*
Le comte de Lavagna serait-il trop lâche pour ne pas se risquer contre le premier essai de mon épée?
FIESQUE.
Bourgognino, contre toutes les forces de la France, mais point contre vous. J'honore cette chaleur de sentiment pour un objet aimé. L'intention est glorieuse, l'action serait puérile.
BOURGOGNINO, *vivement.*
Puérile, comte! Une femme peut pleurer d'un outrage... que doit faire un homme?
FIESQUE.
Cela est fort bien dit, mais je ne me bats point.
BOURGOGNINO *lui tourne le dos et s'en va.*
Je vous mépriserai.
FIESQUE, *vivement.*
Par le ciel! jeune homme, cela ne sera jamais, même quand la vertu aurait perdu son prix. (*Il lui prend la main d'un air réfléchi.*) Avez-vous jamais senti pour moi ce qu'on appelle... comment dirai-je?... ce qu'on appelle du respect?
BOURGOGNINO.
Aurais-je cédé à un homme que je n'aurais pas regardé comme le premier des hommes?
FIESQUE.
Eh bien, ami, si un homme avait autrefois mérité mon respect, je serais long-temps avant d'apprendre à le mépriser; je penserais que la trame d'un grand maître doit être assez artistement tissue pour ne pas sauter aux yeux d'un frivole apprenti. — Retournez chez vous, Bourgognino, et prenez le temps d'examiner pourquoi Fiesque agit ainsi, et non pas autrement. (*Bourgognino se retire en silence.*) Allez, noble jeune homme; si cette chaleur s'emploie pour la patrie, les Doria n'ont qu'à se tenir ferme.

SCÈNE IX.

FIESQUE, LE MAURE. — *Il entre d'un pas mal assuré, et regarde soigneusement partout autour de lui.*

FIESQUE *le regarde long-temps d'un œil pénétrant.*
Que veux-tu et qui es-tu?
LE MAURE.
Un esclave de la république.
FIESQUE.
L'esclavage est un misérable métier. (*Il fixe toujours sur lui un regard pénétrant.*) Que cherches-tu?
LE MAURE.
Seigneur, je suis un honnête homme.
FIESQUE.
Aye soin de le faire écrire sur ton front; avec une figure comme la tienne, la précaution ne sera pas superflue... Mais que cherches-tu
LE MAURE *cherche à s'approcher de lui, Fiesque se recule.*
Seigneur, je ne suis pas un coquin
FIESQUE.
Tu fais bien d'ajouter cela, et cependant cela ne suffit pas. (*Avec impatience.*) Que cherches-tu?

LE MAURE, *s'approchant.*
N'êtes-vous pas le comte Lavagna?
FIESQUE, *avec orgueil.*
Les aveugles à Gênes me reconnaissent à mon as! — Que veux-tu au comte?
LE MAURE.
Soyez sur vos gardes, Lavagna!

Il s'approche de lui.

FIESQUE *s'écarte de l'autre côté.*
C'est ce que je fais.
LE MAURE, *s'approchant toujours.*
On a de mauvais desseins contre vous, Lavagna.
FIESQUE, *s'éloignant.*
Je le vois.
LE MAURE.
Gardez-vous du Doria.
FIESQUE *se rapproche avec confiance.*
Ami, t'aurais-je fait injure? En effet, je crains oria.
LE MAURE.
Ainsi, évitez-le... Savez-vous lire?
FIESQUE.
Plaisante question! — Tu es envoyé par quelques seigneurs. As-tu quelque écrit?
LE MAURE.
Votre nom, parmi ceux de quelques misérables...

Il lui présente un billet, et s'approche de lui. Fiesque se place devant un miroir, et observe par-dessus le papier. Le Maure tourne autour de lui, en épiant son moment, puis tire son poignard, et veut le frapper.

FIESQUE *se retourne promptement et arrête le bras du Maure.*
Doucement, canaille!

Il lui arrache le poignard.

LE MAURE, *frappant du pied.*
Diable! — Je vous demande pardon.

Il veut s'enfuir.

FIESQUE *appelle d'une voix forte.*
Stéphano! Drullo! Antonio! (*Il tient le Maure à la gorge.*) Demeure, mon ami. Infernal coquin, demeure et réponds. Tu as fait de mauvaise besogne; à qui demanderas-tu le salaire de ta journée?
LE MAURE, *après plusieurs efforts inutiles pour s'enfuir, prend un ton déterminé.*
On ne peut pas me pendre plus haut que la potence.
FIESQUE.
Non, console-toi; on ne peut pas t'aller pendre au croissant de la lune; mais pourtant la potence peut être si haute que tu n'y paraîtras pas plus grand qu'un cure-dents. Mais le choix de ta victime était si politique, que je ne puis l'attribuer à ton impulsion naturelle. Parle, qui t'a soldé?
LE MAURE.
Seigneur, vous pouvez m'appeler un scélérat, mais je ne suis pas un imbécile.
FIESQUE.
Cet animal a de l'orgueil? Allons, parle, animal: qui t'a soldé?

LE MAURE, *réfléchissant.*
Oh! oh! n'est-ce pas moi qui serai dupe?... — Qui m'a soldé?... — et cela pour cent méchans sequins!... — Qui m'a soldé?... le prince Gianettino.
FIESQUE, *indigné, marche çà et là.*
Cent sequins pour la tête de Fiesque!... pas davantage!... (*Avec ironie.*) Quelle honte pour toi, prince héréditaire de Gênes! (*Il va à sa cassette.*) Tiens, camarade, en voilà mille; et dis à ton maître qu'il est un vil assassin. (*Le Maure le regarde de la tête aux pieds.*) Tu hésites, camarade? (*Le Maure prend la bourse, la remet, la reprend encore, et le regarde avec un étonnement de plus en plus grand.*) Que fais-tu, camarade?
LE MAURE *se décide et jette la bourse sur la table.*
Seigneur, je n'ai pas gagné cet argent-là.
FIESQUE.
Niaiserie d'un scélérat! C'est la potence que tu as gagnée. L'éléphant irrité écrase l'homme, mais non pas le vermisseau. Je te ferais pendre, si cela ne devait pas me coûter deux paroles.
LE MAURE, *joyeux et lui faisant une révérence.*
Monseigneur est trop bon.
FIESQUE.
Dieu m'en garde! il ne s'agit pas de toi. Il me plaît de pouvoir, selon mon caprice, anéantir ou conserver un scélérat tel que toi; et c'est à cela que tu dois la vie. Ta maladresse est pour moi un gage donné par le ciel que je suis réservé à quelque chose de grand; c'est ce qui me rend indulgent, tu es libre.
LE MAURE, *d'un ton de confiance.*
A la bonne heure, Lavagna. Un service en vaut un autre. Si dans toute la péninsule vous trouvez que quelqu'un est de trop, ordonnez, et je puis lui couper la gorge; et cela gratis.
FIESQUE.
Quelle courtoisie! Il témoigne sa reconnaissance aux dépens de la gorge d'autrui!
LE MAURE.
Nous ne recevons rien pour rien. Il y a aussi de l'honneur dans notre corporation.
FIESQUE.
L'honneur du coupe-gorge?
LE MAURE.
Il est bien plus à l'épreuve du feu que celui de vous autres honnêtes gens. Ils violent les sermens faits au bon Dieu; nous tenons ponctuellement ceux que nous faisons au diable.
FIESQUE.
Tu es un drôle de coquin.
LE MAURE.
Je suis content de me trouver à votre goût. Mettez-moi à l'épreuve, et vous apprendrez à connaître un homme qui fait lestement son métier. Informez-vous de moi; je pourrais vous montrer des attestations de tous les syndicats de filouterie, depuis les derniers jusqu'aux premiers.

FIESQUE.

Qu'est-ce que j'apprends? (*Il s'assied.*) Les fripons reconnaissent aussi des lois et des rangs? — Parle-moi de la classe inférieure.

LE MAURE.

Fi, monseigneur! c'est un méprisable troupeau aux doigts crochus. Misérable profession où n'a jamais pu éclore un grand homme, qui ne travaille que pour le fouet et les galères, et qui ne s'élève tout au plus qu'à la potence!

FIESQUE.

Perspective attrayante! Je suis curieux des classes plus relevées.

LE MAURE.

Il y a celle des espions et des mouchards: gens importans à qui les grands prêtent l'oreille, et par qui ils savent tout, qui sucent l'âme comme une sangsue, qui expriment d'un cœur tout le poison, pour aller le reverser à qui de droit.

FIESQUE.

Je connais cela. — Après.

LE MAURE.

Dans le rang supérieur sont les assassins, les empoisonneurs et tous ceux qui guettent long-temps leur homme et le font tomber dans le piége. Ce sont souvent de lâches coquins; mais ces drôles-là payent leur apprentissage au diable, moyennant leur âme misérable. La justice de ce monde fait déjà, il est vrai, quelque chose pour eux; elle leur brise les os sur la roue, et plante leur noble tête sur un pieu. C'est la troisième classe.

FIESQUE.

Mais dis-moi donc, quand viendra la tienne?

LE MAURE.

Ah! diable, monseigneur! c'est là le plus beau. J'ai passé par toutes; mon génie précoce a franchi rapidement toutes ces barrières. Hier au soir, j'ai fait mon chef-d'œuvre dans la troisième classe, et tout-à-l'heure j'ai été un maladroit dans la quatrième.

FIESQUE.

Il y en a donc une quatrième?

LE MAURE, *vivement*.

Ce sont des gens... (*avec chaleur*) qui vont trouver leur homme entre quatre murs, qui se frayent un chemin à travers tous les risques, qui lui vont droit au corps, et qui, à la première salutation, lui épargnent la peine d'en faire une seconde. Parmi nous, on les appelle les avant-postes de l'enfer. S'il prend une fantaisie à Méphistophélès, il n'a qu'à faire un signe, et son repas lui est servi tout chaud.

FIESQUE.

Tu es un scélérat bien consommé. Cela me manquait depuis long-temps. Donne-moi la main. Je veux te retenir à mon service.

LE MAURE.

Est-ce sérieusement ou par plaisanterie?

FIESQUE.

Très-sérieusement, et je te donne mille sequins par an.

LE MAURE.

Tope, Lavagna! je suis à vous, et j'envoie au diable la vie privée. Faites de moi tout ce que vous voudrez; votre chien de chasse, votre chien de garde, votre renard, votre serpent, votre entremetteur, votre valet de bourreau. Par mon âme, je suis bon à tous les métiers, monseigneur; cependant, si c'était pour un métier honnête, j'y suis gauche comme un mannequin.

FIESQUE.

Ne t'inquiète pas. Quand je veux faire conduire un agneau, ce n'est pas au loup que je le confie. — Dès demain matin, tu parcourras la ville, et tu t'informeras de la disposition générale. Sache bien ce qu'on pense du gouvernement, ce qu'on murmure sur les Doria; pénètre ce que mes concitoyens disent de ma vie dissipée et de mon aventure d'amour; échauffe les cerveaux avec le vin, jusqu'à ce que les secrets du cœur se révèlent. Voilà de l'argent, dépense-le parmi les ouvriers en soierie.

LE MAURE *le regarde d'un air de réflexion*. Monseigneur...

FIESQUE.

Cela ne doit pas te mettre en peine... Il n'y a là rien d'honnête... Appelle toute ta bande à ton aide. Demain, je veux avoir des nouvelles.

Il sort.

LE MAURE, *en le suivant*.

Fiez-vous à moi. Il est de bonne heure, quatre heures! Demain, à huit heures, vous aurez assez de nouvelles pour remplir les oreilles de cinquante curieux.

Il sort.

SCÈNE X.

Un appartement chez Verrina.

BERTHE, *renversée sur un sofa, la tête cachée dans ses mains*. VERRINA *entre d'un air sombre*.

BERTHE, *effrayée, se lève*.

Dieux, c'est lui!

VERRINA *s'arrête et la regarde avec surprise*.

Ma fille s'effraye de voir son père!

BERTHE.

Fuyez-moi! Laissez-moi fuir! Votre vue m'épouvante, mon père!

VERRINA.

Mon unique enfant!

BERTHE, *jetant sur lui un regard douloureux*. Non, vous n'avez plus de fille!

VERRINA.

Ma tendresse est-elle donc pénible pour toi?

BERTHE.

Elle m'écrase, mon père.

VERRINA.

Quoi! ma fille! Quel accueil! Autrefois, quand je rentrais à la maison, le cœur chargé d'un poids énorme, Berthe courait au-devant de moi, et son sourire me soulageait. Viens, embrasse-moi, ma fille. Sur ton tendre sein, je réchaufferai ce cœur que glace l'agonie de la patrie. O mon enfant! je me rendais compte aujourd'hui de tous les plaisirs qu'accorde la nature, et... (*avec douleur*) je ne trouvais que toi.

BERTHE, *avec un triste et long regard.*
Malheureux père!

VERRINA, *la serrant dans ses bras.*
Berthe! mon unique enfant! Berthe, ma dernière espérance! c'en est fait de la liberté de Gênes... Fiesque... aussi... (*Pendant qu'il l'embrasse étroitement, il murmure entre ses dents.*) Qu'elle devienne une fille perdue!

BERTHE, *s'arrachant de ses bras.*
Grand Dieu! vous sauriez...

VERRINA, *tremblant.*
Quoi?

BERTHE.
Mon honneur...

VERRINA, *furieux*
Quoi?

BERTHE.
Cette nuit...

VERRINA, *hors de lui.*
Quoi?

BERTHE.
La violence!

Elle tombe sur le sofa.

VERRINA, *après un morne silence, et d'une voix étouffée.*
Encore un mot, ma fille! le dernier! (*D'une voix forte et entrecoupée.*) Qui?

BERTHE.
Malheur à moi!... Ah! quittez cette fureur... Pâle comme la mort!... Secourez-moi, mon Dieu!... Il balbutie, il tremble!...

VERRINA.
Je ne sais pas cependant... ma fille... qui?

BERTHE.
Calmez-vous, calmez-vous. Mon bon père, mon père chéri!

VERRINA.
Au nom du ciel... qui?

BERTHE.
Un masque.

VERRINA *se recule, effrayé d'une pensée soudaine.*
Non! cela ne peut être. Ce n'est pas Dieu qui m'a envoyé cette pensée. (*Il rit.*) Je suis un vieil insensé. Comme si tout le venin jaillissait du même reptile! (*A Berthe avec plus de sang-froid.*) Cet homme était-il de ma taille, ou plus petit?

BERTHE.
Plus grand.

VERRINA, *vivement.*
Les cheveux noirs et crépus?

BERTHE.
Très-noirs et crépus.

VERRINA *s'éloigne d'elle en chancelant.*
Dieu! ma raison... ma raison... Sa voix?

BERTHE.
Rude et forte.

VERRINA, *vivement.*
De quelle couleur?... Non, je ne veux pas en savoir davantage... Le manteau, de quelle couleur?

BERTHE.
Vert, ce me semble.

VERRINA *se couvre le visage de ses mains et tombe sur le sofa.*
Sois tranquille; ce n'est qu'un éblouissement, ma fille.

Il laisse retomber ses mains. Son visage est d'une pâleur mortelle.

BERTHE, *se tordant les mains.*
Dieu de miséricorde! je ne reconnais plus les traits de mon père.

VERRINA, *après un moment de silence, avec un sourire amer.*
Bien, bien! lâche Verrina! Quand le scélérat attentait au sanctuaire des lois, c'était trop peu pour toi. Il a fallu que le scélérat attentât au sanctuaire de ta famille. (*Il se lève.*) Appelons mon serviteur... De la poudre et du plomb... — Non, arrête; il me vient une autre pensée... meilleure. Qu'on apporte mon épée. Dis ton *Pater noster...* (*Il appuie son front sur ses mains.*) — Mais que résoudre?

BERTHE.
Vous me déchirez le cœur, mon père!

VERRINA.
Viens, assieds-toi près de moi. (*Avec expression.*) Berthe, raconte-moi... dis-moi, Berthe, ce que fit ce Romain dont la fille aussi... Comment dirai-je?... sut plaire aussi.. sa fille?... Écoute-moi, Berthe. Que dit Virginius à sa fille déshonorée?

BERTHE, *tremblante.*
Je ne sais pas ce qu'il lui disait.

VERRINA.
Absurdité!... il ne lui dit rien... (*Il se lève tout-à-coup et tire son épée*) il saisit un glaive.

BERTHE, *se précipite avec effroi dans ses bras.*
Grand Dieu! que voulez-vous faire?

VERRINA *jette son épée.*
Non... il y a encore de la justice à Gênes.

SCÈNE XI.

LES MÊMES, SACCO, CALCAGNO.

CALCAGNO.
Vite, Verrina, dispose-toi. C'est aujourd'hui que commencent les élections. Nous voulons être de bonne heure à la seigneurie, pour choisir les nouveaux sénateurs. Les rues fourmillent de peuple. Toute la noblesse se précipite à l'hôtel de ville. Tu nous accompagneras... (*d'un ton railleur*) pour voir le triomphe de notre liberté.

SACCO.
Une épée à terre! Verrina a un regard farouche. Sa fille a les yeux rougis de larmes...

CALCAGNO.

Par le ciel! j'en suis frappé aussi... Sacco, il est arrivé quelque malheur ici.

VERRINA *avance deux siéges.*

Asseyez-vous.

SACCO.

Ami, tu nous effrayes.

CALCAGNO.

Jamais je ne te vis ainsi, ami. Si Berthe n'était pas en pleurs, je te demanderais si Gênes n'est pas perdue.

VERRINA, *d'une voix terrible.*

Perdue! — Asseyez-vous.

CALCAGNO, *effrayé et s'asseyant.*

Ami! je te conjure...

VERRINA.

Écoutez!

CALCAGNO.

Quel soupçon me vient, Sacco!

VERRINA.

Génois, vous connaissez tous deux l'antiquité de mon nom. Vos aïeux ont servi d'écuyers aux miens. Mes pères ont combattu pour le pays; leurs épouses ont été le modèle des Génoises. L'honneur a été notre unique bien, et il a été légué de père en fils. Qui pourrait dire le contraire?

SACCO.

Personne.

CALCAGNO.

Aussi vrai qu'il y a un Dieu, personne!

VERRINA.

Je suis le dernier de ma race. Ma femme est dans le tombeau... ma fille est tout ce qui me reste. Génois, vous savez comment je l'ai élevée. Quelqu'un peut-il se présenter et me reprocher d'avoir négligé ma fille?

CALCAGNO.

Ta fille est le modèle de son âge.

VERRINA.

Amis, je suis un vieillard; si je la perds, je n'ai plus rien à espérer, ma mémoire est éteinte. (*Avec une explosion terrible.*) Je l'ai perdue, ma race est infâme!

TOUS DEUX, *émus.*

Que Dieu vous en préserve!

Berthe se roule en sanglotant sur le sofa.

VERRINA.

Non! n'en doute point, ma fille, ce sont des hommes braves et bons. Ils pleurent sur toi, et il en coûtera du sang. — Ne me regardez pas ainsi avec abattement, hommes! (*Lentement et avec force.*) Qui opprime Gênes, peut bien faire violence à une jeune fille.

TOUS DEUX, *se levant et repoussant leurs siéges en arrière.*

Gianettino Doria!

BERTHE, *poussant un cri.*

Murs, écrasez-moi! Mon cher Scipion!...

SCÈNE XII.

LES MÊMES, BOURGOGNINO.

BOURGOGNINO, *avec empressement.*

Relevez-vous, jeune fille; voici une heureuse nouvelle. Noble Verrina, mon bonheur dépend de votre réponse; déjà depuis long-temps j'aimais votre fille: jamais je n'ai osé demander sa main, tant que mon avoir flottait sur de fragiles planches expédiées des Indes; en cet instant même, ma fortune entre à pleines voiles dans la rade, et il m'arrive, dit-on, d'immenses trésors: me voici riche; accordez-moi Berthe, je la rendrai heureuse.

Berthe se cache: grand silence.

VERRINA, *d'un ton expressif, à Bourgognino.*

Désirez-vous, jeune homme, plonger votre cœur dans la fange?

BOURGOGNINO *met la main à son épée, mais la retire aussitôt.*

C'est son père qui a parlé!...

VERRINA.

C'est pourtant ce que dira toute la canaille d'Italie. Vous contenterez-vous des restes du festin d'un autre?

BOURGOGNINO.

Ne trouble pas ainsi ma raison, vieillard.

CALCAGNO.

Bourgognino, ce vieillard a dit vrai.

BOURGOGNINO, *hors de lui, se précipite vers Berthe.*

Il dirait vrai? cette malheureuse se serait jouée de moi?

CALCAGNO.

Bourgognino, ce n'est pas cela; cette fille est pure comme un ange.

BOURGOGNINO *reste confondu.*

Ainsi je puis être heureux. — Pure et déshonorée! je n'y conçois rien. Vous me regardez et vous restez muets; un malheur ou un crime semble errer sur vos lèvres tremblantes; je vous en conjure, ne vous faites pas un jeu de mon trouble. Elle serait pure? ne dites-vous pas qu'elle est pure?

VERRINA.

Ma fille est innocente.

BOURGOGNINO.

C'est donc la violence. (*Il ramasse l'épée qui est à terre.*) Génois, par tous les forfaits commis sous le ciel! où... où trouverai-je le brigand?

VERRINA.

Au même lieu où tu trouveras celui qui a dérobé Gênes. (*Bourgognino reste interdit; Verrina se promène çà et là tout pensif, puis il s'arrête.*) Si je comprends bien ton signal, éternelle Providence, c'est par ma fille que tu veux délivrer Gênes. (*Il s'avance vers elle, il détache lentement le crêpe noir de son bras, et d'un ton solennel.*) Jusqu'à ce que le sang d'un Doria ait lavé cette tache odieuse de mon honneur, il ne tombera point un rayon de soleil sur ton visage. Jusque là (*il la couvre du crêpe*) les ténèbres. (*Silence ; les autres le regardent avec un muet étonnement.* — *Verrina pose avec solennité sa main sur la tête de Berthe.*) Maudit soit l'air que tu respireras, maudit soit le sommeil qui reposera tes membres fatigués ; maudite soit toute marque de pitié qui viendrait adoucir ta misère ! Descends sous les voûtes souterraines de ma maison ; pleure, gémis, sans autre passe-temps que ta douleur ! (*Il s'interrompt en frissonnant, puis continue.*) Que ta vie ne soit plus que le mouvement convulsif de l'insecte expirant, le combat obstiné et déchirant entre l'être et le néant ! Que cette malédiction pèse sur toi jusqu'à ce que Gianettino ait rendu le dernier soupir. Supporte-la durant toute l'éternité, jusqu'à ce qu'on ait pu découvrir le point où se rejoignent les deux extrémités de son cercle.

Long silence. L'effroi est sur tous les visages. Verrina regarde chacun d'un œil fixe et pénétrant.

BOURGOGNINO.

Père dénaturé, qu'as-tu fait? Pourquoi cette horrible et monstrueuse malédiction sur ta pauvre et innocente fille ?

VERRINA.

N'est-il pas vrai, tendre fiancé, elle est terrible? (*Elevant la voix.*) — Qui de vous maintenant osera parler de délais et de sang-froid ? Le sort de Gênes est uni au sort de ma fille ; mon cœur de père répond à mes devoirs de citoyen. Qui de nous serait maintenant assez lâche pour différer la délivrance de Gênes, quand il sait que sa faiblesse prolongerait la douleur infinie de cet agneau innocent ? Par le ciel, ce ne sont pas les vains propos d'un fou .. J'ai fait un serment, et je n'aurai nulle pitié de ma fille, jusqu'à ce qu'un Doria ait mordu la poussière ; et je serai ingénieux pour son martyre comme un valet de bourreau ; et je déchirerai l'agneau innocent sur le chevalet des tortures. Vous tremblez, vous me regardez tous, pâles comme des fantômes ! Encore une fois, Scipion, je m'assure d'un otage pour que tu frappes le tyran : par ce lien précieux, j'attache toi, moi, vous à nos devoirs. Le despote de Gênes doit tomber, ou cette fille n'a plus d'espoir : je ne me rétracte point.

BOURGOGNINO, *se jetant aux pieds de Berthe.*

Et il tombera ; il tombera pour Gênes, comme le taureau du sacrifice. Aussi vrai que cette épée ouvrira le cœur de Doria, aussi vrai que je presserai tes lèvres du baiser de l'hymen.

Il se relève.

VERRINA.

C'est le premier couple qu'aient béni les furies.

Donnez-vous la main. Tu plongeras ton glaiv dans le cœur de Doria ; prends-la, elle est à toi.

CALCAGNO, *un genou en terre.*

Et voici encore un Génois qui se prosterne devant l'innocence, et dépose à ses pieds son redoutable acier. Puisse Calcagno trouver la route du ciel aussi facilement que mon épée trouvera la route du cœur de Doria !

Il se relève.

SACCO.

Enfin, Raphaël Sacco se prosterne le dernier, mais non le moins résolu. Si ma bonne épée n'ouvre point la prison de Berthe, que l'oreille de celui qui entend tout se ferme à ma dernière prière !

Il se relève.

VERRINA, *plus serein.*

Gênes vous remercie par ma bouche, mes amis. — Va maintenant, ma fille ; enorgueillis-toi d'être une grande victime pour la patrie.

BOURGOGNINO, *l'embrassant.*

Va, prends confiance en Dieu et en Bourgognino : un seul et même jour délivrera et Berthe et Gênes.

Berthe s'éloigne.

SCÈNE XIII.

Les Mêmes, *excepté* BERTHE.

CALCAGNO.

Avant d'aller plus loin, encore un mot, Génois.

VERRINA.

Je le devine.

CALCAGNO.

Quatre patriotes suffisent-ils pour abattre l'hydre puissant de la tyrannie ? exciterons-nous le peuple ? attirerons-nous la noblesse dans notre parti ?

VERRINA.

Je comprends ; écoutez-moi : j'ai depuis longtemps à mes gages un peintre qui emploie tout son art à peindre la chute d'Appius Claudius. Fiesque est adorateur des beaux arts, et s'anime facilement à une scène sublime. Nous ferons porter cette peinture dans son palais ; et nous serons là quand il la verra. Peut-être cet aspect réveillera-t-il son génie ; peut-être...

BOURGOGNINO.

Point de lui ! Doublez les dangers, dit le héros, et non pas les auxiliaires. Je sentais depuis longtemps dans ma poitrine quelque chose que rien ne pouvait satisfaire ; maintenant, j'ai su tout-à-coup le démêler, (*avec une contenance héroïque*) je vivais sous un tyran !

ACTE DEUXIÈME.

Un salon dans le palais de Fiesque.

SCÈNE PREMIÈRE.
LÉONORE, ARABELLE.

ARABELLE.

Non, vous dis-je; vous avez mal vu ; la jalousie a troublé vos yeux.

LÉONORE.

C'était Julie elle-même ; ne m'en parle plus. Mon portrait était suspendu à un ruban bleu, celui-ci était couleur de feu ; mon sort est décidé.

SCÈNE II.
LES MÊMES, JULIE.

JULIE, *avec une démarche affectée.*

Le comte m'a invitée à venir dans son palais, pour voir passer le cortége qui va à l'hôtel de ville. Le temps me paraîtra long. En attendant le chocolat, madame, amusez-moi par votre conversation.

Arabelle s'éloigne, et revient un instant après.

LÉONORE.

Ordonnez-vous que j'aie ici compagnie ?

JULIE.

Que cela est insipide !... viendrais-je en chercher ici ? Tâchez de me distraire, madame... (*Se promenant çà et là en minaudant.*) Comme vous pourrez, car je n'ai rien à faire.

ARABELLE, *malicieusement.*

Ah ! quel beau petit nègre, signora ! Mais avez-vous réfléchi combien il était cruel de priver les lorgnettes de nos élégans d'un si riche point de vue ? Et quelle brillante parure de perles ! les yeux en sont tout éblouis, Dieu tout-puissant ! ce sont les dépouilles de la mer entière.

JULIE, *devant une glace.*

Cela vous paraît singulier, mademoiselle ? Mais avez-vous donc, mademoiselle, mis aussi votre babil au service de la comtesse ? — C'est charmant, madame ; vous chargez vos domestiques de faire les honneurs à vos hôtes.

LÉONORE.

Il est malheureux pour moi, signora, que mon humeur ne me permette pas de jouir de l'agrément de votre présence.

JULIE.

C'est le manque d'usage qui vous ôte l'esprit et la grâce. Allons, de la vivacité, de la finesse ! ce n'est pas là le moyen d'enchaîner votre mari.

LÉONORE.

Je n'en sais qu'un seul, comtesse. Employez toujours les vôtres, ils ne me nuiront pas.

JULIE, *sans faire semblant de l'écouter.*

Ah ! comme vous vous tenez mal, madame ! Fi donc ! ayez donc plus de soin de vous-même. Il faut avoir recours à l'art, quand la nature a été avare. Du rouge cacherait cette pâleur maladive de vos joues. Pauvre enfant ! vous ne ferez pas de conquête avec ce petit visage-là.

LÉONORE, *à Arabelle, d'un air content.*

Fais-moi compliment, ma fille. Il est impossible que j'aie perdu mon cher Fiesque, ou je n'aurais rien perdu en le perdant.

Arabelle apporte du chocolat et le verse.

JULIE.

Vous parliez de perdre ? mais, mon Dieu ! comment a pu vous venir cette exaltation tragique d'épouser Fiesque ? Pourquoi, mon enfant, vous élever à cette hauteur, où nécessairement vous deviez être trop en vue, où vous deviez subir des comparaisons ? Sur ma foi, mon cher trésor, c'est un fripon ou un sot qui vous a mariée à Fiesque. (*Elle lui prend la main d'un air de compassion.*) Bonne petite, un homme accueilli dans le grand monde ne pouvait pas être un parti pour toi.

Elle prend une tasse.

LÉONORE, *à Arabelle en souriant.*

... Ou bien ne devrait pas rechercher l'accueil de ce grand monde-là.

JULIE.

Le comte a de la figure, de l'usage, du goût... Le comte avait eu le bonheur de se lier avec des personnes d'un haut rang... Le comte a du caractère, du feu. Eh bien, il s'exile de ce cercle d'élégance, il revient à la maison ; sa femme le reçoit avec une tendresse de tous les jours, elle éteint son ardeur dans des baisers froids et fades, et lui distribue ses caresses avec toute la régularité d'une ménagère qui tient table d'hôte. Le pauvre homme ! Là, un idéal charmant lui sourit ; ici, il a tout le dégoût d'une sensibilité maussade. Au nom du ciel, signora, s'il n'a pas perdu l'esprit, quel sera son choix ?

LÉONORE, *lui présentant une tasse.*

Vous, madame, s'il l'a perdu.

JULIE.

Fort bien ! on pourrait tourner l'épigramme contre vous-même. Tremblez de cette épigramme ; mais avant de trembler, tâchez de rougir.

LÉONORE.
Vous savez donc aussi ce que c'est, signora?..
Pourquoi pas ? c'est un artifice de toilette.
JULIE.
Mais voyez donc! il n'y a qu'à irriter le vermisseau, on fait jaillir de lui une étincelle. — Assez à présent; c'était une plaisanterie, madame; donnez-moi la main, et faisons la paix.
LÉONORE *lui donne la main et lui lance un regard significatif.*
Comtesse Impériali... ma colère vous touche peu.
JULIE.
Tout-à-fait généreuse! Mais il faut aussi que je le sois, comtesse. (*Lentement et en observant Léonore.*) Si je porte le portrait d'une personne, s'ensuit-il que l'original ait du prix pour moi? Qu'en pensez-vous?
LÉONORE *rougit et se trouble.*
Que dites-vous? J'espère que ce serait une conséquence trop précipitée.
JULIE.
Je le pense aussi; le cœur n'a pas besoin du secours des yeux. Un sentiment véritable ne se montre point par un signe visible.
LÉONORE.
Grand Dieu! Comment, c'est vous qui dites cette vérité?
JULIE.
C'est par compassion, par pure compassion... car, voyez-vous, ce raisonnement peut recevoir une autre application, et alors il ne serait pas prouvé que vous eussiez perdu votre Fiesque.
Elle lui donne son propre portrait, et sourit méchamment.
LÉONORE, *avec douleur et amertume.*
Mon portrait! à vous? (*Elle tombe dans un fauteuil.*) O indigne!
JULIE, *triomphante.*
Ai-je ma revanche? Eh bien! madame, plus d'épigramme! plus de répartie! (*Elle appelle.*) Ma voiture!... Mon projet a réussi. (*A Léonore, en lui prenant le menton.*) — Consolez-vous, mon enfant, il m'a donné ce portrait dans un moment d'égarement.
Elle sort.

SCÈNE III.

LES MÊMES, CALCAGNO.

CALCAGNO.
Impériali sort d'ici tout animée, et vous madame, je vous vois émue.
LÉONORE, *avec une douleur poignante.*
Non, cela est inouï!
CALCAGNO.
Par le ciel! Mais ne pleurez-vous pas?
LÉONORE.
C'est un ami de ce cruel... Otez-vous de mes yeux.
CALCAGNO.
Quel est ce cruel? Vous m'épouvantez.

LÉONORE.
Mon mari... non, Fiesque.
CALCAGNO.
Qu'entends-je?
LÉONORE.
Ah! ce n'est qu'une scélératesse habituelle à vous autres hommes.
CALCAGNO *lui prend la main avec vivacité.*
Comtesse, j'ai un cœur qu'émeut la vertu en pleurs.
LÉONORE.
Vous êtes un homme, vous n'êtes rien pour moi.
CALCAGNO.
Je suis tout à vous, plein de vous... si vous saviez combien, avec quelle ardeur infinie...
LÉONORE.
Homme, tu mens... Tu promets et tu ne tiendras pas.
CALCAGNO.
Je vous jure...
LÉONORE.
Un parjure! Cessez. Dieu se fatiguerait à inscrire vos sermens. O hommes, hommes! si chacun de vos sermens se changeait en démon, il y en aurait assez pour donner l'assaut au ciel, et prendre à merci les anges de lumière.
CALCAGNO.
Vous vous emportez, comtesse. Votre chagrin vous rend injuste. Devez-vous prononcer la sentence de tout le sexe, pour le crime d'un seul?
LÉONORE *le regarde avec dignité.*
Homme, j'aimais les hommes en un seul: ne dois-je pas les abhorrer en lui?
CALCAGNO.
Essayez, comtesse... Une première fois votre cœur a fait un mauvais choix... Je sais où il pourrait se mieux adresser.
LÉONORE.
Je ne veux rien entendre de vous.
CALCAGNO.
Cet arrêt, vous pourriez aujourd'hui le rétracter dans mes bras.
LÉONORE, *attentive.*
Achevez! Dans vos...
CALCAGNO.
... Dans mes bras, qui s'ouvriront pour recevoir celle qu'on abandonne, et pour la dédommager de l'amour perdu.
LÉONORE, *le regardant fixement.*
De l'amour?
CALCAGNO, *avec ardeur et se jetant à ses pieds.*
Oui, le mot est prononcé : l'amour, madame. Ma vie ou ma mort dépendent de votre réponse. Si ma passion est un crime, alors la vertu et le vice n'ont qu'un seul et même but, le ciel et l'enfer sont unis par une même proscription.
LÉONORE, *avec indignation et orgueil.*
C'était donc là que tendait ta compassion, hypocrite! Tu te jetais à mes pieds pour trahir l'amitié et l'amour? Loin de mes yeux pour tou-

jours! Sexe odieux! jusqu'ici j'avais pensé que tu trahissais seulement les femmes; je ne savais pas encore que vous fussiez perfides les uns envers les autres.

CALCAGNO, *interdit.*

Comtesse...

LÉONORE.

Ce n'était pas assez de rompre le sceau sacré de la confiance, cet hypocrite voulait ternir de son souffle empoisonné la glace transparente de la vertu, et entraîner l'innocence dans le parjure.

CALCAGNO, *vivement.*

Le parjure ne vient pas de vous, madame.

LÉONORE.

J'entends; et mon dépit devrait pervertir mon amour? — Ne sais-tu pas *(avec une extrême fierté)* que même le malheur d'avoir été trompée par Fiesque élève et ennoblit le cœur d'une femme? Va, la honte de Fiesque ne peut élever Calcagno jusqu'à moi, elle ne peut que dégrader l'humanité.

CALCAGNO *interdit la suit des yeux, puis se frappant le front.*

Imbécile!

wwwwwwwwwwwwwwwwwwwwwwwwwwwww

SCÈNE IV.
LE MAURE, FIESQUE.

FIESQUE.

Qui vient de sortir d'ici?

LE MAURE.

Le marquis Calcagno.

FIESQUE.

Ce mouchoir était sur le sofa. Ma femme était ici.

LE MAURE.

Je viens de la rencontrer dans une grande agitation.

FIESQUE.

Ce mouchoir est humide. *(Il le serre dans sa poche.)* Calcagno ici! Léonore dans la plus grande agitation!... *(Après un moment de réflexion, il s'adresse au Maure.)* Ce soir, je veux savoir de toi ce qui s'est passé ici.

LE MAURE.

On pourra s'en informer : mademoiselle Arabelle aime qu'on lui fasse des complimens sur ses blonds cheveux.

FIESQUE.

As-tu suivi mes ordres? Voilà déjà trente heures que tu les as reçus.

LE MAURE.

Sans y manquer d'un iota, mon maître.

FIESQUE, *s'asseyant.*

Dis-moi donc comment on parle de Doria et du gouvernement actuel?

LE MAURE.

Ah! fi! d'une manière effroyable. Rien que le nom de Doria leur donne le frisson de la fièvre.

Schiller.

Gianettino est mortellement haï; tout le monde murmure. Les Français, dit-on, étaient les rats qui nous rongeaient; Doria est le chat qui les a mangés, et maintenant il croque les souris.

FIESQUE.

Cela peut bien être; — et ne savent-ils aucun chien à opposer à ce chat?

LE MAURE, *avec malice.*

On parle de toutes parts dans la ville d'un certain... un certain... Ah! ah! aurais-je oublié ce nom-là?

FIESQUE, *se levant.*

Imbécile! il est aussi facile de le retenir qu'il a été difficile de l'acquérir. Gênes en compte-t-elle plus d'un?

LE MAURE.

Pas plus qu'elle ne compte deux Lavagna.

FIESQUE *se rassied.*

A la bonne heure! — Et comment parle-t-on de ma vie dissipée?

LE MAURE, *le regardant avec de grands yeux.*

Écoutez, comte de Lavagna : Gênes a grande idée de vous. On ne peut concevoir qu'un cavalier d'une des plus grandes maisons, plein de talens et de caractère, ardent et influent, maître de quatre millions, dont les veines sont remplies d'un sang royal, un cavalier tel que Fiesque, qui, d'un signe, ferait voler tous les cœurs vers lui...

FIESQUE, *se détournant de lui avec mépris.*

Entendre cela de la bouche d'un tel misérable!

LE MAURE.

...Que le grand homme de Gênes s'endorme ainsi sur les grands destins de Gênes. Beaucoup s'en affligent; d'autres s'en raillent; la plupart vous blâment; tous plaignent l'État de vous avoir perdu. On prétend qu'un jésuite a eu vent qu'un renard se cachait sous cette robe de chambre.

FIESQUE.

Un renard en dépiste un autre... Que dit-on de mon roman avec la comtesse Impériali?

LE MAURE.

Ce que je me dispenserai volontiers de répéter.

FIESQUE.

Parle librement. Plus tu seras franc, plus je serai satisfait. Que murmure-t-on sur cela?

LE MAURE.

Murmurer? ce n'est pas le mot. Dans les cafés, les billards, les tables d'hôte, les promenades, au marché, à la bourse, on crie bien haut...

FIESQUE.

Quoi? Je te l'ordonne.

LE MAURE, *en se reculant.*

Que vous êtes un fou.

FIESQUE.

Bien! Prends un sequin pour ce récit. Je me suis mis à porter la marotte, pour donner à penser aux Génois; et s'il le fallait, je me ferais tondre pour disputer leur attention avec Arlequin. — Comment les ouvriers en soie ont-ils reçu mes présens?

LE MAURE, *plaisamment.*
Maître fou, ils ont paru comme de pauvres criminels qui...
FIESQUE.
Maître fou?... As-tu ton bon sens, camarade?
LE MAURE.
Pardon. J'avais envie de gagner encore quelques sequins.
FIESQUE *sourit, et lui donne encore un sequin.*
Eh bien! comme de pauvres criminels qui...
LE MAURE.
...Qui sont sur l'échafaud, et à qui l'on vient annoncer leur pardon. Ils sont à vous corps et âme.
FIESQUE.
Cela me fait plaisir. Ils donnent l'impulsion à la populace de Gênes.
LE MAURE.
Ah! c'était une scène!... il s'en est peu fallu, ou le diable m'emporte, que je n'aie pris goût à la générosité. Ils se jetaient à mon cou comme des insensés; les filles oubliaient tout d'un coup que mon père n'était pas blanc, tant elles se précipitaient ardemment sur ma face couleur de suie! Ah! l'or est tout-puissant, ai-je pensé; il sait blanchir un nègre.
FIESQUE.
La pensée est meilleure que la fange où elle a germé. — Les paroles que tu m'as rapportées sont bonnes; des effets y sont contenus.
LE MAURE.
Comme la tempête menaçante est contenue dans les nuages du ciel. On se groupe pour parler, on s'assemble en foule, et l'on crie: Chut! dès qu'un étranger paraît. Une fermentation sourde règne dans toute la ville; le mécontentement pèse sur la république comme un nuage chargé de la tempête; au premier signal il en sortira des foudres et des éclairs.
FIESQUE.
Silence!... écoute... quel est ce bruyant tumulte?
LE MAURE, *courant à la fenêtre.*
Ce sont les clameurs d'une foule qui sort de l'hôtel de ville.
FIESQUE.
Aujourd'hui on élit le procurateur. — Fais avancer ma voiture. — Il n'est pas possible que la séance soit déjà finie : j'y veux aller. Il est impossible que régulièrement elle soit finie. — Mon épée et mon manteau; où est ma plaque?
LE MAURE.
Monseigneur, je l'ai volée et mise en gage.
FIESQUE.
Cela me réjouit fort.
LE MAURE.
Comment? et ne recevrai-je pas bientôt ma récompense?
FIESQUE.
Ah! oui, pour n'avoir pas pris le manteau aussi.

LE MAURE.
Non, pour avoir découvert le voleur.
FIESQUE.
Le bruit s'approche d'ici. Écoute... ce ne sont pas des acclamations... (*Vivement.*) Cours ouvrir les portes de la cour... J'ai un pressentiment... Doria est d'une impudence folle. Le gouvernement est en équilibre sur la pointe d'une aiguille; je gage qu'il y a eu du bruit dans la seigneurie.
LE MAURE, *à la fenêtre.*
Qu'est-ce? On descend par milliers de la rue Balbi. Les hallebardes, les épées brillent... Oh! des sénateurs qui accourent ici.
FIESQUE.
C'est une sédition!... Cours t'y mêler; répète mon nom, fais qu'ils se précipitent ici. (*Le Maure s'éloigne rapidement.*) — Ce que l'industrieuse fourmi a péniblement traîné et entassé en un instant est dispersé par le vent du hasard.

SCÈNE V.

FIESQUE, CENTURIONE, CIBO, ASSERATO.

Ils se précipitent impétueusement dans la salle.

CIBO.
Comte, vous excuserez notre colère si nous entrons sans être annoncés.
CENTURIONE.
Je suis outragé, mortellement outragé par le neveu du doge, sous les yeux de toute la seigneurie.
ASSERATO.
Doria a souillé le livre d'or où chaque noble génois a sa page.
CENTURIONE.
C'est pourquoi nous sommes ici. Toute la noblesse est outragée en moi; toute la noblesse doit prendre part à ma vengeance. Pour venger l'honneur de moi seul je ne demanderais point de secours.
CIBO.
Toute la noblesse est offensée en lui; toute la noblesse doit jeter feu et flamme.
ASSERATO.
Les droits de la nation sont foulés aux pieds. La liberté de la république a reçu un coup mortel.
FIESQUE.
Vous excitez toute mon attente.
CIBO.
Il était le vingt-neuvième des électeurs, car il avait tiré une boule d'or, et se trouvait désigné pour élire le procurateur. Vingt-huit voix étaient déjà données. Quatorze étaient pour moi, autant pour Lomellino. Il manquait encore la sienne et celle de Doria.
CENTURIONE, *l'interrompant vivement.*
Il ne manquait que ces deux voix : je vote pour Cibo. Doria, — voyez quelle offense à mon honneur! — Doria...

ASSERATO, *reprenant la parole.*
Ce qu'on n'avait jamais vu depuis que la mer baigne les murs de Gênes...
CENTURIONE, *avec chaleur.*
Doria tire une épée qu'il tenait cachée sous son manteau d'écarlate, la pique dans mon billet et crie à l'assemblée :
CIBO.
« Sénateurs! le vote est nul, il est percé! Lomellino est procurateur. »
CENTURIONE.
« Lomellino est procurateur! » — et il jette son épée sur la table.
ASSERATO.
Il s'écrie : « Le vote est nul! » — et il jette son épée sur la table.
FIESQUE, *après un peu de silence.*
A quoi êtes-vous résolus?
CENTURIONE.
La république est frappée au cœur. A quoi nous sommes résolus?
FIESQUE.
Centurione, un souffle courbe le roseau. Pour ébranler le chêne il faut la tempête. Je vous le demande, qu'avez-vous résolu?
CIBO.
J'aurais pensé qu'on demanderait ce que Gênes résoudra.
FIESQUE.
Gênes! Gênes! n'y comptez pas ; c'est un appui fragile, brisé, que celui où vous vous attachez. Comptez-vous sur les patriciens? Peut-être parce qu'ils montrent un visage mécontent, et qu'ils haussent les épaules lorsqu'on parle des affaires de l'État? N'y comptez pas. Leur ardeur héroïque s'est concentrée sur les balles de marchandises du Levant ; leurs âmes volent avec anxiété au-devant de la flotte des Indes.
CENTURIONE.
Apprenez à mieux connaître nos patriciens. A peine l'action insolente de Doria a-t-elle été commise, que plus de cent d'entre eux ont couru sur la place avec leurs vêtemens déchirés. L'assemblée de la seigneurie s'est dissoute.
FIESQUE, *avec raillerie.*
Comme les colombes se dispersent quand le vautour donne au milieu de leur volée.
CENTURIONE, *avec véhémence.*
Non, comme des barils de poudre lorsqu'une étincelle y est tombée.
CIBO.
Le peuple est furieux ; et que ne peut pas ce sanglier quand il est forcé?
FIESQUE, *souriant.*
Lui! ce colosse aveugle et sans discernement, qui commence par faire grand fracas par ses lourds mouvemens ; dont la rage dévorante menace de tout engloutir, ce qui est élevé comme ce qui est abaissé, ce qui est éloigné comme ce qui est rapproché ; et qui enfin... trébuche sur un fil Génois, c'est en vain! l'époque de la domination des mers est passée. Gênes succombe sous le poids de son nom. Gênes en est à ce point où se trouva l'invincible Rome quand elle était ballottée comme un volant sur une raquette pa un faible enfant, par Octave. Gênes ne peut plus être libre. Gênes serait ranimée par un monarque Gênes a besoin d'un souverain ; ainsi obéissez à ce frivole Gianettino.

CENTURIONE, *avec emportement.*
Quand les élémens déchaînés se confonuront, quand le pôle du nord s'élancera vers le pôle du sud!... Allons, camarades.
FIESQUE.
Arrêtez! arrêtez! quel dessein couvez-vous, Cibo?
CIBO.
Rien, une plaisanterie... qui pourra faire trembler la terre.
FIESQUE *les conduit vers une statue.*
Regardez donc cette statue.
CENTURIONE.
C'est la Vénus de Florence. Qu'en avons-nous affaire ici?
FIESQUE.
Mais vous plaît-elle?
CIBO.
Je serais mauvais Italien si je pensais autrement. Pourquoi me faire cette question?
FIESQUE.
Maintenant parcourez toutes les parties du monde, et cherchez parmi les êtres vivans de la race des femmes l'heureux modèle qui renfermerait tous les attraits imaginés pour cette Vénus.
CIBO.
Et que nous rapportera cette recherche?
FIESQUE.
Alors l'imagination sera convaincue de charlatanisme.
CENTURIONE, *impatiemment.*
Et qu'y gagnerons-nous?
FIESQUE.
Vous y gagnerez... le jugement de cet éternel procès entre la nature et l'art.
CENTURIONE, *avec chaleur.*
Et alors?
FIESQUE.
Et alors, alors... (*Il se met à rire.*) Alors vous n'oublierez pas de vous apercevoir que la liberté de Gênes est en ruines.

~~~~~~~~~~~~~~~~~~~~~~~~~~~~~~~~~~

SCÈNE VI.

Le tumulte augmente autour du palais.

FIESQUE, *seul.*

Bien! très-bien! voilà le feu aux pailles. La flamme gagne les maisons et les tours... De proche en proche, l'incendie deviendra général ; les vents, avec une joie maligne, vont souffler la destruction.

SCÈNE VII.

LE MAURE *en toute hâte*, **FIESQUE**.

LE MAURE.
Tumulte sur tumulte !

FIESQUE.
Fais ouvrir les portes à deux battans. Qu'on laisse entrer tous les passans !

LE MAURE.
Républicains ! républicains ! traînez votre liberté sous le joug ; respirez, comme des bêtes de somme, sous la domination de votre aristocratie.

FIESQUE.
Bien fous s'ils croient que Fiesque de Lavagna continuera ce que Fiesque de Lavagna n'a pas commencé ! La révolte vient fort à propos ; mais la conspiration doit m'appartenir. — Les voilà qui se précipitent sur l'escalier.

LE MAURE, *sortant*.
Holà ! holà ! ils vont entrer poliment, en enfonçant les portes.

Le peuple se précipite dans la salle en brisant les portes.

SCÈNE VIII.

FIESQUE, DOUZE OUVRIERS.

TOUS.
Vengeance sur Doria ! vengeance sur Gianettino !

FIESQUE.
Allons doucement, mes chers concitoyens. La visite que vous me faites prouve votre bon cœur : mais je crains le bruit.

TOUS, *impétueusement*.
A bas les Doria ! A bas l'oncle et le neveu !

FIESQUE *les compte en souriant*.
Douze ! voilà une belle armée !

PLUSIEURS.
Plus de Doria ! il faut que le gouvernement change de forme.

PREMIER OUVRIER.
Jeter du haut des marches les juges de la paix ! Oui, jeter les juges de la paix !

UN SECOND.
Pense donc, Lavagna, les juges de la paix ! parce qu'ils le contrariaient par leur vote !

TOUS.
C'est ce qu'on ne doit pas souffrir, c'est ce qu'on ne peut pas souffrir.

UN TROISIÈME.
Tirer une épée dans le conseil !

LE PREMIER.
Une épée, le signe de la guerre, dans un lieu de paix !

LE SECOND.
Venir en robe écarlate au sénat quand tous les autres seigneurs sont en noir !

LE PREMIER.
Se faire traîner à huit chevaux dans les rues de la ville !

TOUS.
Un tyran ! traître au pays et au gouvernement !

LE SECOND.
Avoir acheté de l'empereur deux cents Allemands pour ses gardes du corps !

LE PREMIER.
Des étrangers contre les enfans de la patrie ! des Allemands contre les Italiens ! des soldats près des lois !

TOUS.
Haute trahison ! violation des lois ! ruine de Gênes !

LE PREMIER.
Porter les armes de la république sur sa voiture !

LE SECOND.
La statue d'André au milieu de la cour de la seigneurie !

TOUS.
Qu'André soit mis en pièces ! en mille pièces la statue et le modèle !

FIESQUE.
Génois, pourquoi m'adresser tout cela ?

LE PREMIER.
Vous ne devez pas l'endurer. Vous devez lui tenir tête.

LE SECOND.
Vous êtes un habile homme, vous ne devez pas endurer tout cela ; et vous devez avoir de l'esprit pour nous.

LE PREMIER.
Vous êtes un meilleur seigneur que lui ; vous devez lui rendre la pareille, et vous ne devez pas endurer cela.

FIESQUE.
Votre confiance me flatte beaucoup. Par quelles actions pourrais-je y répondre ?

TOUS, *souriant*.
Frappez ! renversez ! délivrez !

FIESQUE.
Voulez-vous cependant encore entendre une bonne parole ?

PLUSIEURS.
Parlez, Lavagna.

FIESQUE, *s'asseyant*.
Génois... une fermentation intestine survint une fois dans le royaume des animaux ; les partis combattaient contre les partis, et un chien de boucher s'empara du trône. Accoutumé à conduire les bêtes à la boucherie, il usa de son pouvoir en vrai chien. Il aboyait, il mordait et rongeait son peuple jusqu'aux os. La nation murmura ; les plus hardis se concertèrent, et le dogue fut étranglé. Alors il fut tenu une diète pour décider la grande question de savoir quel gouvernement serait le plus heureux : les voix se partagèrent entre trois avis. — Génois, pour lequel vous seriez-vous décidés ?

LE PREMIER.
Pour le peuple! tout pour le peuple!
FIESQUE.
Le peuple prévalut; le gouvernement fut démocratique. Chaque citoyen donnait son suffrage. La pluralité l'emportait. Peu de semaines après, l'homme déclara la guerre à cette république de nouvelle fabrique. La diète se rassembla. Le cheval, le lion, le tigre, l'ours, l'éléphant et le rhinocéros, s'expliquèrent d'abord, et crièrent hautement aux armes. Ce fut ensuite le tour des autres. L'agneau, le lièvre, le cerf, l'âne, toute la tribu des insectes, la troupe craintive des oiseaux et des poissons, s'avancèrent, et, se lamentant, dirent: La paix! — Voyez, Génois, il y avait plus de lâches que de braves, plus d'imbéciles que de sages; la pluralité l'emportait. L'empire des animaux déposa les armes, et l'homme établit violemment sa domination. Ce système de politique fut donc rejeté. — Génois, pour lequel inclineriez-vous maintenant?
LE PREMIER et LE SECOND.
Pour l'élection! oui, pour l'élection!
FIESQUE.
Cette opinion fut adoptée. Les affaires de l'État furent partagées entre plusieurs chambres. Les loups administraient les finances; les renards étaient leurs commis; les colombes présidaient à la justice criminelle; les tigres aux conciliations amiables; les boucs arrangeaient les procès entre époux; les lièvres étaient soldats; les lions et les éléphans gardaient les bagages; l'âne était ambassadeur de la république, et la taupe inspecteur-général de la conduite des magistrats. Génois, qu'espérez-vous d'une si sage répartition? Celui que le loup n'avait pas déchiré était dépouillé par le renard; celui qui échappait à ce dernier succombait sous les ruades de l'âne. Le tigre étranglait l'innocent; les colombes faisaient grâce au voleur et à l'assassin; et à la fin, quand les magistrats sortaient de charge, la taupe les trouvait tous irréprochables. Les animaux se soulevèrent. Choisissons, s'écrièrent-ils tous d'une voix, un monarque qui ait griffes et dents, et qui n'ait qu'un seul estomac: tous rendirent hommage à un seul, à un seul, Génois! mais celui-là... (*il s'avance entre eux d'un air de majesté*) c'était le lion.
TOUS, *applaudissant et jetant leurs bonnets en l'air.*
Bravo! bravo! ils ont sagement fait.
LE PREMIER.
Et Gênes doit les imiter, et Gênes a déjà son homme.
FIESQUE.
Je ne veux pas le connaître. Retournez chez vous; songez au lion! (*Les citoyens se retirent en tumulte.*) — Cela va à souhait. Le peuple et le sénat sont contre Doria.. Le peuple et le sénat sont pour Fiesque. Il faut accroître cette haine; il faut échauffer cette bienveillance... Hassan! Hassan! ici, gibier de potence, ici, Hassan!

SCÈNE IX.

LE MAURE *arrive*, FIESQUE.

LE MAURE, *avec empressement.*
Les pieds me brûlent. Qu'y a-t-il encore à faire?
FIESQUE.
Ce que j'ordonnerai.
LE MAURE, *d'un ton docile.*
Où dois-je d'abord courir? Où irai-je ensuite?
FIESQUE.
Cette fois, tu n'auras pas la peine de courir, tu seras traîné. Tiens-toi prêt; je vais publier ton *assassinat et te livrer enchaîné à la torture.*
LE MAURE, *reculant de six pas.*
Seigneur, cela est contre le traité.
FIESQUE.
Sois tranquille, ce ne sera qu'une plaisanterie, et rien de plus. En ce moment, tout consiste à faire grand bruit de l'attentat de Gianettino sur ma vie. On te mettra à la question.
LE MAURE.
Faut-il avouer ou nier?
FIESQUE.
Tu nieras. On t'appliquera à la torture; tu résisteras à la première épreuve. Tu peux bien souffrir cela à compte sur ton mauvais coup. A la seconde, tu avoueras.
LE MAURE, *secouant la tête.*
Le diable est un fripon, il pourrait bien me retenir pour sa cuisine, et je serais roué par pure comédie.
FIESQUE.
Tu en échapperas, je t'en donne ma parole de comte. Je demanderai comme satisfaction qu'on te livre à ma vengeance, et je te ferai grâce aux yeux de toute la république.
LE MAURE.
J'y consens. Ils me disloqueront les membres, cela me rendra plus souple.
FIESQUE.
Allons, égratigne-moi le bras avec ton poignard, au point de faire jaillir le sang... Je ferai comme si je venais de te prendre sur le fait pour la première fois. — Bien! (*Il crie de toutes ses forces.*) Au meurtre! au meurtre! au meurtre! Fermez les portes; gardez les passages.
Il saisit le Maure à la gorge et l'entraîne. Des serviteurs accourent sur le théâtre.

SCÈNE X.

LÉONORE, ROSE. *Elles se précipitent avec effroi dans la salle.*

LÉONORE.
Au meurtre! On vient de crier au meurtre! D'où vient ce bruit?
ROSE.
Quelque tumulte insignifiant, comme tous les jours à Gênes.

LÉONORE.

On criait au meurtre, et le peuple répétait sans cesse le nom de Fiesque. Vous voulez m'épargner : on peut tromper mes yeux, mais non pas mon cœur. Cours au plus vite, va voir, et dis-moi où on l'entraîne.

ROSE.

Remettez-vous; Arabelle y est allée.

LÉONORE.

Arabelle recueillera encore son dernier regard ! Heureuse Arabelle ! Malheur à moi ! je suis son assassin. Si Fiesque eût pu m'aimer, jamais Fiesque ne se serait mêlé au monde ; jamais il n'eût attiré le poignard de l'envie. — Arabelle revient !... Arrive donc !... Ah ! Arabelle ! ne me dis rien.

SCÈNE XI.

LES MÊMES, ARABELLE.

ARABELLE.

Le comte est vivant ! il est sain et sauf. Je viens de le voir galoper à travers la ville. Jamais je n'ai vu notre noble maître plus beau ; son cheval se pavanait sous lui, et fendait, de sa fière encolure, la foule qui se pressait autour de son royal cavalier. Il m'a aperçue en passant, a gracieusement souri, a fait un signe de ce côté, et a envoyé trois baisers... (*Malignement.*) Qu'en ferai-je, signora ?

LÉONORE, *ravie.*

Folle que tu es ! va les lui reporter.

ROSE.

Voyez donc ! comme vous avez rougi sur-le-champ !

LÉONORE.

Il prodigue son cœur à des coquettes, et moi je cours après un seul de ses regards ! O femmes ! femmes !

Elles sortent.

SCÈNE XII.

Le palais d'André.

GIANETTINO, LOMELLINO, *entrent en toute hâte.*

GIANETTINO.

Qu'ils crient pour leur liberté, comme une lionne pour ses petits, je demeure ferme.

LOMELLINO.

Cependant, monseigneur !...

GIANETTINO.

Au diable avec tes *cependant*, procurateur de trois heures ; je ne reculerai pas de l'épaisseur d'un cheveu. Que les *tours* de la ville secouent leur tête, que la mer soulevée fasse retentir le mot *non!* Je ne crains pas la canaille.

LOMELLINO.

La fureur de la populace est sans doute un feu de paille ; mais la noblesse souffle dessus. Toute la république est en agitation : le peuple et les patriciens.

GIANETTINO.

Je me tiendrai comme Néron sur la hauteur, et je regarderai cet incendie en jouant...

LOMELLINO.

Jusqu'à ce que toute la masse de la révolte se précipite vers un chef de parti assez ambitieux pour recueillir les fruits de ce désastre.

GIANETTINO.

Chimères ! chimères ! je n'en connais qu'un qui pourrait devenir redoutable, et celui-là j'y pourvoirai.

LOMELLINO.

Le sérénissime doge !

André vient. Tous deux s'inclinent profondément.

ANDRÉ.

Seigneur Lomellino, ma nièce voudrait sortir.

LOMELLINO.

Je vais avoir l'honneur de l'accompagner.

Il sort.

SCÈNE XIII.

ANDRÉ, GIANETTINO.

ANDRÉ.

Écoute-moi, mon neveu ; je suis mécontent de toi.

GIANETTINO.

Daignez m'entendre, sérénissime doge.

ANDRÉ.

J'écoute le mendiant le plus déguenillé de Gênes, quand il le faut, mais jamais un mauvais sujet, fût-il mon neveu. C'est être assez indulgent de te parler comme un oncle ; c'est au doge, à la tête de sa seigneurie, que tu devrais avoir affaire.

GIANETTINO.

Un seul mot, monseigneur...

ANDRÉ.

Écoute ce que tu as fait, et tu te justifieras ensuite... Tu as ruiné un édifice que j'avais assidûment construit durant un demi-siècle, le mausolée de ton oncle, son unique monument... l'amour des Génois ! André te pardonne cette conduite frivole.

GIANETTINO.

Mon oncle, mon souverain...

ANDRÉ.

Ne m'interromps point. Tu as détruit le plus beau chef-d'œuvre de gouvernement que moi-même j'avais, à l'aide du ciel, donné aux Génois ; qui m'avait coûté tant de veilles, tant de dangers et tant de sang. A la face de Gênes entière, tu as flétri mon honneur, en ne montrant nulle estime de mes règlemens. A qui seront-ils sacrés, si ma propre famille les méprise ? Ton oncle te pardonne une telle stupidité.

GIANETTINO, *offensé.*

Sérénissime seigneur, vous m'avez élevé pour être doge de Gênes.

ANDRÉ.

Silence!... Tu es coupable de haute trahison envers l'Etat, et tu l'as blessé au cœur : car, sache-le, enfant, il ne vit que par la soumission. Parce que le pasteur, vers le soir, avait laissé sa tâche, pensais-tu qu'il eût abandonné son troupeau ? Parce qu'André porte des cheveux blancs, foule-ras-tu aux pieds les lois, comme un polisson ?

GIANETTINO, *fièrement.*

Arrêtez, doge ! le sang de cet André qui fit trembler la France, coule aussi dans mes veines.

ANDRÉ.

Silence ! je te l'ordonne ; j'ai accoutumé la mer à se taire lorsque je parle... Tu as conspué la majesté de la justice dans son temple. Sais-tu, rebelle, quelle en doit être la peine ? Maintenant réponds. (*Gianettino, muet, reste l'œil fixé en terre.*) — Malheureux André ! tu as couvé dans ton propre sein le serpent qui devait anéantir le prix de tes services. J'avais bâti pour les Génois un édifice qui devait braver le cours du temps, et j'y ai jeté le premier brandon. — Rends grâces, insensé, à cette tête blanchie, qui veut être portée au tombeau par les mains de sa famille ; rends grâces à mon amour impie, qui m'empêche de faire précipiter du haut d'un sanglant échafaud la tête du rebelle qui a offensé l'Etat.

Il sort.

SCÈNE XIV.

LOMELLINO, *épouvanté et hors d'haleine ;* GIANETTINO, *muet et rougissant, suit de l'œil le Doge qui se retire.*

LOMELLINO.

Qu'ai-je vu ? qu'ai-je entendu ? A présent, à présent, il faut fuir, prince ! à présent tout est perdu !

GIANETTINO, *avec humeur.*

Qu'avais-je à perdre ?

LOMELLINO.

Gênes, prince. — Je viens de la place : le peuple se pressait autour d'un Maure, qu'on traînait garrotté avec des cordes ; le comte de Lavagna, à la tête de trois cents nobles, suivait, et l'on s'est rendu à l'hôtel de ville, où le criminel a été mis à la torture. Le Maure avait été pris sur le fait, au moment où il tentait un assassinat sur la personne de Fiesque.

GIANETTINO, *frappant du pied.*

Quoi ! tous les diables sont-ils déchaînés aujourd'hui ?

LOMELLINO.

On lui a demandé avec menace qui l'avait soudoyé ; le Maure n'avouait rien. On l'a appliqué à la question préparatoire ; il n'a rien avoué. On l'a de nouveau mis à la question ; il a dit, il a dit.,. Monseigneur, à quoi pensiez-vous de mettre votre honneur entre les mains d'un tel vaurien ?

GIANETTINO, *avec brusquerie.*

Pas d'interrogations.

LOMELLINO.

Ecoutez encore. A peine le nom de Doria a-t-il été prononcé... (j'aurais mieux aimé lire mon nom sur les registres de l'enfer que d'entendre le vôtre en un tel moment)... que Fiesque se montr. au peuple. Vous connaissez l'homme, sa manière de commander en suppliant, cette habitude de se faire rendre avec usure la complaisance qu'il témoigne à la populace. Toute la foule était là, respirant à peine, formant des groupes immobiles et menaçans, et l'œil fixé sur lui. Il parle peu, mais il étend son bras couvert de sang, et le peuple se précipite pour en recueillir les gouttes, comme une relique. Le Maure est remis à sa discrétion, et Fiesque... quel coup mortel pour nous !... Fiesque lui fait grâce ! Alors le silence du peuple se change en une bruyante clameur ; chaque cri était la ruine d'un Doria, et Fiesque, au milieu de mille cris de *vivat*, est porté jusqu'à sa maison.

GIANETTINO, *avec un sourire forcé.*

Que le flot de la sédition atteigne jusqu'à ma tête ! L'empereur Charles ! avec ces seules syllabes, je veux les abattre au point qu'on n'entende plus le bruit d'une seule cloche dans la ville.

LOMELLINO.

La Bohême est loin de l'Italie. Si Charles se hâte, il pourra encore arriver à temps pour le festin de vos funérailles.

GIANETTINO *tire une lettre revêtue d'un grand sceau.*

Il est donc heureux que déjà il soit ici. Tu t'étonnes, Lomellino ? Me crois-tu assez fou pour provoquer des républicains furieux, s'ils n'étaient pas déjà vendus et livrés ?

LOMELLINO, *interdit.*

Je ne sais ce que je dois penser...

GIANETTINO.

Et moi, quand tu ne sais pas, je pense. La résolution est prise. Demain douze sénateurs tombent assassinés : Doria sera souverain, et l'empereur Charles le protégera. — Tu recules !

LOMELLINO.

Douze sénateurs ! je n'ai pas le cœur de force à supporter douze fois un assassinat.

GIANETTINO.

Enfant, on les jettera devant mon trône. Vois-tu, j'ai persuadé aux ministres de Charles que la France avait encore à Gênes un parti très-fort, qui livrerait la ville une seconde fois entre ses mains, si on ne l'anéantissait point jusqu'à sa racine : cela a germé dans la tête du vieux *Charles* ; il a souscrit à mon projet, et... tu vas écrire ce que je vais dicter.

LOMELLINO.

Je ne sais pas encore...

GIANETTINO.
Assieds-toi ; écris.
LOMELLINO.
Mais que vais-je écrire ?
Il s'assied.
GIANETTINO.
Les noms de douze candidats : François Centurione.
LOMELLINO *écrit*.
Par reconnaissance pour son vote, il ouvrira le convoi.
GIANETTINO.
Cornelio Calva.
LOMELLINO.
Calva.
GIANETTINO.
Michel Cibo.
LOMELLINO.
Cela calmera ses prétentions sur l'office de procurateur.
GIANETTINO.
Thomas Asserato et ses trois frères. (*Lomellino s'arrête ; Gianettino répète encore plus fort.*) Et ses trois frères.
LOMELLINO *écrit*.
Après ?
GIANETTINO.
Fiesque de Lavagna.
LOMELLINO.
Prenez garde, prenez garde ! c'est une pierre d'achoppement où vous vous romprez encore le cou.
GIANETTINO.
Scipion Bourgognino.
LOMELLINO.
Celui-là pourra aller faire ses noces ailleurs.
GIANETTINO.
Et je serai le garçon de la noce. — Raphaël Sacco.
LOMELLINO.
Je devrais solliciter son pardon, jusqu'à ce qu'il m'eût payé mes cinq mille écus. (*Il écrit.*) — La mort donne quittance.
GIANETTINO.
Vincent Calcagno.
LOMELLINO.
Calcagno. — J'inscris le douzième à mes risques et périls, sinon nous aurions oublié notre mortel ennemi.
GIANETTINO.
C'est bien fini ; tout va bien. Joseph Verrina.
LOMELLINO.
C'est la tête du serpent. (*Il se lève, jette de la poudre sur la liste, la relit et la remet au prince.*) La mort tient après-demain un magnifique gala, et a invité douze princes génois.
GIANETTINO *va à la table et signe*.
Voilà qui est fait. Dans deux jours est l'élection du doge. Quand la seigneurie sera assemblée, au signal qui sera donné avec un mouchoir, les douze seront soudainement frappés, et aussitôt mes deux cents Allemands entreront d'assaut dans l'hôtel de ville. Cela fait, Gianettino Doria entre dans la salle et se fait rendre hommage.
Il sonne.
LOMELLINO.
Et André ?
GIANETTINO, *avec dédain*.
Il est vieux. (*A un domestique.*) — Si le doge me demande, je suis à la messe. (*Le domestique sort.*) — Le démon qui se cache en moi ne peut garder l'incognito que sous le masque de la dévotion.
LOMELLINO.
Et la liste, prince ?
GIANETTINO.
Tu la gardes, et tu la fais circuler dans notre parti. Cette lettre doit être portée par un courrier dans la Rivière du Levant : elle informe de tout Spinola, et lui commande de se trouver demain, à huit heures du matin, ici dans la ville.
Il veut sortir.
LOMELLINO.
Il y a une maille échappée au filet, prince : Fiesque ne vient plus au sénat.
GIANETTINO, *se retournant*.
Est-ce que Gênes n'aura pas encore un assassin ? Je m'en occuperai.
Il sort par une des portes de côté, Lomellino par l'autre.

SCÈNE XV.

Un salon chez Fiesque.

FIESQUE, *tenant des papiers et des lettres de change* ; LE MAURE.

FIESQUE.
Les quatre galères sont donc arrivées ?
LE MAURE.
Heureusement ; elles sont à l'ancre dans la darse.
FIESQUE.
Cela vient à souhait. Et d'où venaient ces courriers ?
LE MAURE.
De Rome, de Plaisance et de France.
FIESQUE, *ouvrant des lettres et les parcourant*.
Les bienvenus, les bienvenus à Gênes ! (*Avec un ton de satisfaction.*) Qu'on fasse un accueil de prince à ces courriers.
LE MAURE.
Bon.
Il veut sortir.
FIESQUE.
Arrête, arrête : voici qu'il t'arrive de la besogne en quantité.
LE MAURE.
Que faut-il pour votre service ? le nez du chien de chasse ou le dard du scorpion ?
FIESQUE.
Pour le moment, je n'ai besoin que de l'appeau de l'oiseleur. Demain matin deux mille hommes déguisés se glisseront dans Gênes pour

être pris à mon service. Distribue tes compagnons autour des portes ; qu'ils observent d'un œil vigilant les voyageurs qui entreront : quelques-uns viendront comme une troupe de pèlerins qui s'acheminent vers Lorette ; d'autres comme des religieux, des Savoyards, des comédiens ; beaucoup d'autres comme des marchands, ou une troupe de musiciens ; la plupart comme des soldats congédiés qui viennent s'offrir à manger le pain de la république. On demandera à chaque étranger où il loge. S'il répond : Au Serpent d'or! il faudra le saluer amicalement et lui indiquer ma demeure. Tu vois, drôle, que je compte sur ton habileté.

LE MAURE.

Seigneur, comme sur ma perversité. S'il m'échappe un seul cheveu de leur tête, mettez mes deux yeux dans une sarbacane pour tirer aux moineaux.

Il veut sortir.

FIESQUE.

Arrête ; encore une commission. Ces galères pourraient donner dans l'œil au public : remarque ce qu'on en dira. Si quelqu'un t'interroge, tu auras entendu dire vaguement que ton maître veut s'en servir pour donner la chasse aux Turcs. Tu comprends ?

LE MAURE.

C'est entendu. La barbe des circoncis couvrira tout le mystère. Le diable seul saura ce qui est dans le sac.

Il veut sortir.

FIESQUE.

Doucement ; encore une précaution. Gianettino a de nouveaux motifs de me haïr et de me tendre des embûches ; va et observe si parmi tes camarades tu ne pourrais pas éventer quelque assassin. Doria fréquente les maisons suspectes : attache-toi aux filles de joie : les secrets de cabinet se cachent souvent dans les plis d'un cotillon ; promets-leur des chalands tout cousus d'or ; promets-leur ton maître. Il n'y a rien de si honorable que tu ne puisses aller chercher dans cette fange, jusqu'à ce que tu l'aies remuée jusqu'au fond.

LE MAURE.

Oh! oh! j'ai mes entrées chez une certaine Diane Bononi, dont j'ai été le pourvoyeur pendant cinq quartiers environ : avant-hier j'ai vu le procurateur Lomellino sortir de cette maison.

FIESQUE.

C'est cela même. C'est justement ce Lomellino qui est la cheville ouvrière de toutes les extravagances de Doria. Demain matin de bonne heure, tu te rendras là : peut-être cette nuit est-il l'Endymion de cette chaste Diane.

LE MAURE.

Encore une information, monseigneur. Si les Génois me demandent... et je me donne au diable, ou ils le demanderont... s'ils viennent à me demander ce que Fiesque pense de Gênes? portez-vous encore votre masque, ou que dois-je répondre ?

FIESQUE.

Répondre... attends. — Oui, la poire est mûre ; nous sommes dans les douleurs de l'enfantement. — Gênes, répondras-tu, est sur le billot, et mon maître s'appelle Jean-Louis Fiesque.

LE MAURE, *tout joyeux.*

C'est ce que je ferai, de façon qu'il en sera jasé, foi d'honnête fripon!... Allons, à l'ouvrage, ami Hassan ! D'abord au cabaret ; mes pieds ont de l'ouvrage à faire ; il faut que je contente mon estomac, pour qu'il donne bon courage à mes jambes. (*Il part, puis revient tout-à-coup.*) — A propos ! j'ai eu tantôt ma petite conversation ; vous aviez désiré savoir ce qui s'était passé entre votre femme et Calcagno ? Des offres faites, seigneur, et puis c'est tout.

Il sort en courant.

SCÈNE XVI.

FIESQUE, *seul.*

Je vous plains, Calcagno ; mais croyez-vous que j'aurais risqué ainsi un article aussi délicat que l'honneur conjugal, si la vertu de ma femme et mon propre mérite ne m'avaient pas été une garantie suffisante? Cependant bon accueil au galant. Tu es un bon soldat, et te voilà embauché par là pour la ruine de Doria. (*Il se promène à grands pas.*) — Maintenant, Doria, nous voici entrés en lice : tous les ressorts de cette grande machine sont en mouvement ; tous les instrumens sont d'accord pour ce terrible concert ; il ne manque rien que de jeter le masque et de montrer Fiesque aux patriotes de Gênes... (*On entend approcher quelqu'un.*) Une visite! qui peut me venir troubler à cette heure?

SCÈNE XVII.

LE PRÉCÉDENT, VERRINA, ROMANO, *portant un tableau,* SACCO, BOURGOGNINO, CALCAGNO. *Tous saluent Fiesque.*

FIESQUE, *allant au-devant d'eux d'un air aisé.*

Soyez les bien venus, mes dignes amis ; quelle occasion importante vous amène ainsi ensemble chez moi? Et toi aussi, mon cher Verrina? J'aurais peine à te reconnaître, si tu n'étais pas plus souvent présent à ma pensée qu'à ma vue. N'est-ce pas depuis le dernier bal que je suis privé de voir mon cher Verrina ?

VERRINA.

Ne lui rappelle pas cette date : de cruels chagrins ont depuis pesé sur sa tête blanchie ; n'en parlons plus.

FIESQUE.

Cela ne suffit pas à l'empressement de mon amitié. Tu m'en diras davantage quand nous serons seuls. (*A Bourgognino.*) Bonjour, jeune héros ; notre connaissance est bien nouvelle encore, mais mon amitié est toute mûrie. Avez-vous appris à me mieux juger?

BOURGOGNINO.

Je suis sur la route.

FIESQUE.

Verrina, l'on m'a dit que ce jeune cavalier allait devenir ton gendre : reçois toutes mes félicitations sur ce choix. Je ne lui ai parlé qu'une seule fois, mais je serais fier qu'il fût le mien.

VERRINA.

Ce jugement me donne de la vanité pour ma fille.

FIESQUE, *aux autres.*

Sacco, Calcagno, vous faites de bien rares apparitions chez moi. Je deviendrai presque honteux de mon hospitalité, si les plus nobles citoyens de Gênes ne veulent pas en profiter... Je salue un cinquième hôte, qui m'est étranger à la vérité, mais qui est suffisamment recommandé par ceux dont il est entouré.

ROMANO.

C'est tout simplement un peintre, monseigneur, qui se nomme Romano, qui vit de larcins faits à la nature, qui n'a d'autres armoiries que son pinceau, et qui est venu ici (*faisant une profonde révérence*) pour saisir quelques grands traits d'une tête de Brutus.

FIESQUE.

Votre main, Romano! Votre maîtresse est enfant de la maison, chez moi; je l'aime comme une sœur. L'art est la main droite de la nature; l'une n'a fait que des créatures, l'autre a fait des hommes. — Mais que peignez-vous, Romano?

ROMANO.

Des scènes de la mâle antiquité. A Florence, est mon Hercule mourant; à Venise, ma Cléopâtre; Ajax furieux, à Rome, où les héros de l'ancien temps revivent... au Vatican.

FIESQUE.

Et à quoi s'occupe maintenant votre pinceau?

ROMANO.

Je l'ai jeté, monseigneur. Le flambeau du génie se consume plus rapidement encore que le flambeau de la vie : parvenu à un certain point, il ne peut plus allumer que le papier dont on a entouré son extrémité... Voici mon dernier ouvrage.

FIESQUE, *d'un ton de satisfaction.*

Il ne pouvait venir plus à souhait. Je me sens aujourd'hui plus serein qu'à l'ordinaire; tout mon être semble jouir d'une disposition calme et sublime, et s'ouvrir tout entier à la belle nature. — Placez votre tableau; je m'en fais une vraie fête. — Approchez-vous, mes amis; abandonnons-nous entièrement à l'imagination de l'artiste. — Placez votre tableau.

VERRINA, *faisant signe aux autres.*

Eh bien, Génois, observez-le.

ROMANO *place son tableau à droite.*

La lumière doit venir de ce côté. Tirez ce rideau. Laissez tomber celui-là. (*Il se met de côté.*) C'est l'histoire de Virginie et d'Appius Claudius.

Silence long et expressif, pendant que tous examinent le tableau.

VERRINA, *avec exaltation..*

Courage, vieux père! Tu meurs, tyran! Comme vous restez pâles et pétrifiés, Romains!... Imitez-le... Saisissez le couteau; imitez-moi, Génois... Êtes-vous donc de pierre?... A bas Doria... à bas... à bas!

Il s'élance vers le tableau.

FIESQUE, *au peintre en souriant.*

Ne demandez point d'autres éloges! Votre art a fait de ce vieillard un jouvenceau délirant.

VERRINA.

Où suis-je? Que sont-ils devenus? Se sont-ils évaporés comme une bulle de savon? Toi ici, Fiesque! Le tyran vit encore, Fiesque

FIESQUE.

Vois-tu? Il y a beaucoup de choses que tu as oublié de voir. Tu trouves cette tête de Romain digne d'admiration? laisse-la de côté, regarde la jeune fille. Cette expression, qu'elle est délicate! qu'elle est féminine! que de grâce encore dans ces lèvres flétries! que de volupté dans ce regard qui s'éteint! — Inimitable, divin Romano!... Et ce sein d'une blancheur éblouissante, avec combien de charme les derniers soupirs le font palpiter! Ah! Romano, ne faites plus de pareilles nymphes, ou je me prosternerai devant votre imagination, et je ferai mes adieux à la nature.

BOURGOGNINO.

Verrina, est-ce là ce grand effet que tu espérais?

VERRINA.

Prends courage, mon fils; Dieu a rejeté le bras de Fiesque, mais il peut compter sur les nôtres.

FIESQUE, *au peintre.*

Oui, c'est votre dernier ouvrage, Romano. Votre force est épuisée : vous ne toucherez plus un pinceau. Cependant, en admirant l'artiste, j'ai oublié de m'occuper de l'ouvrage. Je reste là en extase, et je n'entendrais pas Dieu tonner. Remportez votre tableau ; si je voulais vous payer cette tête de Virginie, il faudrait mettre Gênes en gage. Remportez-le.

ROMANO.

L'artiste est payé par l'honneur : je vous le donne.

Il veut sortir.

FIESQUE.

Un peu de patience, Romano. (*Il se promène d'un pas majestueux, et paraît préoccupé d'une grande pensée; il regarde chacun d'un œil rapide et pénétrant; enfin il prend le peintre par la main et le conduit devant le tableau.*) Approche, peintre. (*Avec une extrême fierté.*) Tu es bien orgueilleux d'avoir simulé la vie sur une toile inanimée, et d'avoir, à peu de frais, éternisé une grande action. Tu es bien vain de ta poétique chaleur, de ces petites poupées créées par ton imagination, et qui n'ont ni moelle dans les os, ni cœur dans la poitrine, ni force, ni âme pour agir. Sur ta toile tu renverses les tyrans... et toi-même tu n'es qu'un misérable esclave! D'un coup de pinceau tu affranchis les républiques... et tu ne peux briser ta propre chaîne! (*D'un ton impérieux.*) Ton art est une jonglerie. L'apparence cède à la réalité... (*Avec grandeur, et renversant le tableau.*) J'ai fait ce que tu n'as su que peindre.

Tous sont interdits. Romano reprend son tableau, et sort précipitamment.

SCÈNE XVIII.
FIESQUE, VERRINA, BOURGOGNINO, SACCO, CALCAGNO.

FIESQUE *rompt le silence où les a plongés la surprise.*

Pensiez-vous que le lion sommeillât, parce qu'il ne rugissait pas? Étiez-vous assez vains pour vous flatter d'être les seuls qui sentissent les fers de Gênes? les seuls qui souhaitassent de les briser? Avant même que vous en eussiez entendu le bruit, Fiesque les avait déjà rompus. (*Il ouvre une cassette, prend un paquet de lettres qu'il étale sur la table.*) Ici des soldats de Parme... Ici l'or de la France... Ici quatre galères du pape... Que manque-t-il encore pour surprendre le tyran dans son repaire? De quoi pourriez-vous me faire souvenir?... (*Ils sont muets d'étonnement; il quitte la table et continue avec le sentiment de lui-même.*) Républicains, vous êtes habiles à maudire les tyrans, lorsqu'ils sont près d'être renversés.

Tous, hormis Verrina, se jettent à ses pieds, sans proférer une parole.

VERRINA.

Fiesque, mon génie s'incline devant le tien; mais mon genou ne peut fléchir devant toi... Tu es un grand homme... mais... Relevez-vous, Génois.

FIESQUE.

Gênes entière s'indignait de la mollesse de Fiesque; Gênes entière maudissait ce galant libertin de Fiesque. Génois, Génois! ma galanterie trompait les soupçons du despotisme; ma folie cachait à votre pénétration une dangereuse prudence: c'est au milieu du tourbillon de la dissipation que se tramait l'œuvre merveilleuse de la conjuration. C'est assez. Par vous, Gênes me connaîtra: mon désir le plus ambitieux est satisfait.

BOURGOGNINO *se jette dans un fauteuil avec dépit.*

Ne suis-je donc plus rien?

FIESQUE.

Mais passons sans délai de la pensée à l'action. Toutes les machines sont dressées: je puis assiéger la ville par terre et par mer; Rome, la France et Parme me protégent; la noblesse est mécontente, le cœur de la populace est à moi; j'ai plongé les tyrans dans le sommeil: la république est mûre pour une refonte. Par bonheur nous sommes prêts, rien ne manque: mais Verrina est pensif.

BOURGOGNINO.

Patience. j'ai un mot qui doit retentir à son oreille épouvantée plus que la trompette du dernier jugement. (*Il s'approche de Verrina et lui crie d'un ton expressif:*) Père! éveille-toi; Berthe est dans le désespoir.

VERRINA.

Qui a dit cela? — A l'œuvre, Génois!

FIESQUE.

Cherchez des objections contre l'exécution: pendant ces graves entretiens, la nuit nous a surpris; Gênes repose endormie, le tyran gît épuisé des débauches de sa journée: veillez pour eux.

BOURGOGNINO.

Avant de nous séparer, jurons, dans nos embrassemens, cette fédération héroïque. (*Ils se forment en cercle, leurs bras entrelacés.*) Ici sont réunis les cinq plus grands citoyens de Gênes pour décider les plus grandes destinées de Gênes. (*Ils s'embrassent.*) Quand l'édifice de l'univers s'écroulerait, quand les liens du sang et de l'amour seraient rompus, (*Ils se séparent*) cette tige, aux cinq rameaux héroïques, n'en resterait pas moins debout.

VERRINA.

Quand nous rassemblerons-nous de nouveau?

FIESQUE.

Demain, à midi, je recueillerai vos avis.

VERRINA.

A demain donc, à midi. Bonne nuit, Fiesque. Viens, Bourgognino, tu apprendras une chose étrange.

Ils s'en vont.

FIESQUE, *aux autres.*

Sortez par les portes de derrière, pour ne pas être remarqués par les espions de Doria.

Tous s'éloignent.

SCÈNE XIX.

FIESQUE. *Il se promène tout pensif.*

Quel tumulte dans mon cœur! quelle tempête dans mes plus intimes pensées! Telles qu'une troupe de criminels qui s'acheminent à quelque noir forfait, se glissent sur la pointe du pied, et baissent vers le sol leur visage enflammé; telles des imaginations perverses s'insinuent en mon âme. Arrêtez! arrêtez! laissez-moi vous regarder en face... Les bonnes pensées raffermissent le cœur de l'homme et se montrent bravement au jour... Ah! je vous reconnais, vous portez la livrée de l'éternel imposteur. Évanouissez-vous! (*Il reprend plus vivement après un instant de silence.*) Fiesque républicain? Fiesque doge? Doucement... ici est le bord escarpé qui marque la limite de la vertu, qui sépare le ciel de l'enfer; ici même des héros ont chancelé, des héros ont succombé, et le monde a chargé leurs noms de malédictions : ici même des héros ont hésité, des héros sont restés fermes, et ils sont devenus des demi-dieux!... (*Plus vivement.*) Et les cœurs des Génois sont à moi, et la redoutable Gênes me laisse la conduire aux lisières! — Ah ! que le crime est rusé ! devant chaque démon il place toujours un ange. — Misérable ambition de la grandeur! antique séductrice! des anges ont perdu le ciel en cédant à tes caresses, et la mort est sortie de tes flancs fécondés. (*Il frissonne avec horreur.*) Tu séduis les anges, en leur présentant l'infini dans tes chants de sirène ; tu amorces les hommes avec de l'or, des femmes et des couronnes. (*Après un moment de silence et de réflexion il reprend avec fermeté.*) — Conquérir un diadème est grand ; le rejeter est divin. (*Avec résolution.*) Point de tyran ! sois libre, Gênes, (*avec une douce émotion*) et moi, ton plus heureux citoyen !

ACTE TROISIÈME.

SCÈNE PREMIÈRE.

Un désert épouvantable.

VERRINA, BOURGOGNINO. *Ils arrivent pendant la nuit.*

BOURGOGNINO *s'arrête.*

Où me conduis-tu, mon père? La sombre douleur que tu m'as montrée éclate plus vivement encore à travers ta respiration pénible et entrecoupée; romps ce triste silence; parle : je n'irai pas plus loin.

VERRINA.

C'est ici le lieu.

BOURGOGNINO.

C'est le plus terrible que tu aies pu choisir. Mon père, si ce que tu veux m'apprendre est conforme à ce lieu, les cheveux me dressent sur la tête.

VERRINA.

Ce lieu est un jardin de fleurs en comparaison de la nuit de mon âme. Suis-moi dans quelque endroit où la corruption dévore les cadavres, où la mort tienne son horrible festin, où les gémissemens des âmes condamnées réjouissent les démons, où les larmes stériles du désespoir s'écoulent à travers un crible durant l'éternité ; dans un lieu, mon fils, où l'univers n'obéisse plus à ses antiques lois, où la divinité ait brisé ses bienfaisantes enseignes ; là je te parlerai au milieu des convulsions, et tu m'entendras avec des grincemens de dents.

BOURGOGNINO.

J'entendrai... quoi?... je te conjure...

VERRINA.

Jeune homme, je crains... Jeune homme, un sang vermeil coule dans tes veines, tes fibres sont flexibles et douces ; de tels tempéramens éprouvent les faiblesses de l'humanité; cette ardeur de ta sensibilité amollit même ma triste prudence. Si la glace de l'âge ou le chagrin par son joug de plomb eût comprimé l'élan de ton âme, si un sang épais et noir fermait à la nature souffrante le chemin de ton cœur, alors tu serais disposé à comprendre le langage de ma douleur et à admirer ma résolution.

BOURGOGNINO.

Je l'entendrai, et elle deviendra la mienne.

VERRINA.

Non, mon fils, Verrina veut en dispenser ton cœur. O Scipion ! un lourd fardeau pèse sur mon sein... une pensée sombre comme les ténèbres de la nuit, une pensée assez terrible pour briser le cœur d'un homme... vois-tu? seul je veux l'accomplir, mais je ne puis la supporter seul. — Si j'étais orgueilleux, Scipion, je pourrais dire que c'est une souffrance de se trouver seul à avoir une grande âme : les grandes pensées ont paru au Créateur un tel fardeau, qu'il a donné à l'âme le besoin de la confiance. Écoute, Scipion.

BOURGOGNINO.

Mon âme est avide de lire dans la tienne.

VERRINA.

Écoute, mais ne réplique rien, rien, jeune homme, entends-tu ? tu ne me diras pas une parole. — Il faut que Fiesque meure.

BOURGOGNINO, *avec surprise.*

Que Fiesque meure ?

VERRINA.

Qu'il meure. — Je te remercie, mon Dieu, voilà qui est dit. — Que Fiesque meure, mon fils, et meure par moi. Maintenant va, il y a des actions qui ne peuvent être soumises au jugement d'aucun homme et qui ne reconnaissent que le ciel pour arbitre : celle-là est de ce genre. Va, je ne veux ni de ton suffrage ni de ton blâme : je sais ce qu'il m'en coûte, et c'est assez pour moi. Cependant, écoute : l'as-tu vu hier se complaire dans notre étonnement? l'homme dont le sourire a su tromper l'Italie, voudra-t-il souffrir un égal à Gênes ? — Va, Fiesque renversera le tyran, cela est certain ; Fiesque deviendra pour Gênes le plus dangereux tyran, cela est encore plus certain.

Il *sort précipitamment. Bourgognino le regarde avec une surprise muette, et le suit lentement.*

SCÈNE II.

Une salle chez Fiesque; dans le fond, au milieu, une grande fenêtre qui a vue sur Gênes et sur la mer. — L'aube du jour.

FIESQUE, *devant la fenêtre.*

Que vois-je? la lune est couchée, et l'aurore enflammée s'élève de la mer. — Les délires de l'imagination ont agité mon sommeil, ont promené convulsivement tout mon être autour d'une seule pensée... j'ai besoin de respirer l'air. (*Il ouvre la fenêtre; la ville et la mer paraissent enflammées par les reflets de l'aurore; Fiesque se promène à grands pas.*) — Être le plus grand homme de Gênes, et toutes ces petites âmes n'obéiraient pas à l'empire d'une grande âme!... Mais j'offense la vertu. (*Il se tait.*) — La vertu! un génie élevé est sujet à bien d'autres tentations que le vulgaire : doit-il donc avoir les mêmes vertus? l'armure qui contient les frêles membres du pygmée peut-elle s'ajuster à la statue du géant?... (*Le soleil se lève sur la ville.*) Majestueuse cité!... (*Il étend les bras vers la ville.*) Elle m'appartiendrait, je brillerais au-dessus d'elle, comme cet astre royal; elle vivrait sous les ailes de ma force souveraine. Oh! vœux longtemps contenus! insatiables désirs qui se prolongeraient dans cet océan sans bornes! — Certes, si l'habileté du larron n'ennoblit point le larcin, au moins la valeur du larcin ennoblit-elle le larron. Il y a de la honte à couper une bourse, il y a de l'impudence à prévariquer pour un million; mais il y a une indicible grandeur à dérober une couronne. La honte s'en va quand le forfait s'agrandit. (*Il se tait un moment, puis continue avec expression.*) — Obéir... régner... quel vertige au bord du prodigieux abîme qui sépare ces deux idées! Là, s'engloutit tout ce que l'homme a de précieux, — vos batailles gagnées, conquérans! — vos immortels chefs-d'œuvre, artistes! — vos voluptés, épicuriens! — vos mers et vos îles, navigateurs! — Obéir ou régner! être ou n'être pas! — Qui pourrait mesurer sans vertige un tel intervalle, pourrait aussi bien apprécier le gouffre qui sépare de l'être infini le dernier des séraphins. (*Avec fierté.*) — Se trouver à cette hauteur escarpée et terrible, jeter un œil de dédain sur le courant rapide de la destinée humaine où la fortune aveugle et trompeuse fait tourner sa rapide roue... être à la source de toutes les jouissances... tenir au-dessous de soi par la lisière ce géant armé qu'on appelle la loi, pouvoir l'offenser sans craindre sa vengeance, car sa colère s'exhalerait en un vain bruit devant les barrières de la majesté que ses bras ne pourraient atteindre... contraindre les passions déchaînées du peuple à céder comme un cheval fougueux au pouvoir du plus léger frein... mettre en poudre d'un souffle, d'un seul souffle, l'orgueil des vassaux révoltés... donner, par la vertu du sceptre dominateur et créateur, de la réalité même aux rêves de la fièvre d'un souverain!... Ah! quelles images, et par quel éblouissement elles font chanceler dans sa route l'âme épouvantée! — Dans un seul moment de l'existence d'un prince se concentre toute la substance de la vie : ce n'est pas l'espace occupé par la vie, c'est ce qu'elle contient qui détermine sa valeur. Décomposez le bruit du tonnerre en simples notes, et vous en pourrez faire un chant qui bercera le sommeil de l'enfant; réunissez-les en un éclat soudain, et sa voix toute-puissante ébranlera le firmament éternel; — ma résolution est prise.

Il se promène avec une contenance héroïque.

SCÈNE III.

FIESQUE, LÉONORE; *elle entre avec une inquiétude visible.*

LÉONORE.

Pardonnez, comte, je craignais de troubler votre repos du matin.

FIESQUE *recule avec une surprise extrême.*

Assurément, madame, vous me surprenez beaucoup.

LÉONORE.

C'est ce qui n'arrive jamais aux gens qui s'aiment.

FIESQUE.

Comtesse, vous risquez votre beauté à l'air humide du matin.

LÉONORE.

En effet, à quoi bon en ménager les derniers restes pour le chagrin?

FIESQUE.

Pour le chagrin, cher amour? j'avais pensé jusqu'ici qu'on jouissait du calme de l'âme, quand on ne cherchait point à bouleverser les États.

LÉONORE.

C'est possible; cependant je sens que mon faible cœur succombe sous cette apathie. Je viens, monseigneur, vous importuner d'une prière insignifiante, si vous pouvez perdre un moment avec moi. Depuis sept mois, j'ai fait le rêve singulier que j'étais la comtesse de Lavagna; il est dissipé, mais il m'en est resté une impression douloureuse. J'ai besoin de me rappeler toutes les jouissances innocentes de mon enfance, pour délivrer mon âme de l'obsession de ce fantôme; permettez donc que je retourne dans les bras de ma mère chérie.

FIESQUE, *surpris.*

Comtesse!...

LÉONORE.

C'est une pauvre et faible chose que mon cœur, et vous devez en avoir compassion. Le moindre souvenir de ce rêve pourrait être contraire à mon imagination malade; ainsi je rends ces derniers gages à leur légitime possesseur (*elle pose quelques bijoux sur la table*), et aussi ces poignards qui me percent le cœur (*elle lui remet ses lettres*); encore celle-ci, et... (*elle veut sortir, et fond en larmes*) je n'en garderai que les blessures.

FIESQUE, *ému, la suit et l'arrête.*
Léonore! quelle scène!... Au nom du ciel!...
LÉONORE *se laisse aller sur son bras.*
Je n'ai pas mérité d'être votre épouse; mais votre épouse a mérité votre estime... Combien maintenant ils me déchirent, ces serpens de la calomnie! comme elles me regardent dédaigneusement, les dames et les jeunes filles de Gênes! — « Voyez, disent-elles, comme elle est flétrie, » cette orgueilleuse qui a épousé Fiesque! » — Cruelle punition de ma vanité de femme! J'avais dédaigné tout mon sexe depuis que Fiesque m'avait conduite à l'autel.

FIESQUE.
Mais réellement, madame, cette scène est singulière.

LÉONORE, *à part.*
Ah! grâce à Dieu, il pâlit, il rougit. Maintenant j'ai meilleure espérance.

FIESQUE.
Encore deux jours, comtesse, et alors vous me jugerez.

LÉONORE.
Sacrifiée... je le dis devant toi, chaste lumière du matin... sacrifiée à une coquette!... O mon époux! jetez les yeux sur moi... Ah! vraiment, les yeux qui font trembler et obéir toute la ville de Gênes ont bien affaire de s'abaisser jusqu'aux larmes d'une femme!

FIESQUE, *fort troublé.*
Arrêtez, signora; cessez ce discours.

LÉONORE, *avec affliction et un peu d'amertume.*
Déchirer le faible cœur d'une femme, eh! voilà qui est bien digne du sexe le plus fort... Je me suis jetée dans les bras de cet homme. J'ai confié avec délices toute ma faiblesse à sa force; je lui ai livré tout le paradis de mes espérances; et cet homme généreux en a fait cadeau à une...

FIESQUE, *l'interrompant vivement.*
Non, ma Léonore!...

LÉONORE.
Ma Léonore! — Mon Dieu, je te remercie! — Je l'entends donc encore le son harmonieux de cette parole d'amour! Je devrais te haïr, perfide, et je ramasse avidement les plus petits débris de ta tendresse! Te haïr! ai-je dit; haïr Fiesque! ah! ne me crois pas! ton parjure peut m'apprendre à mourir, mais non pas à haïr. Mon cœur est séduit.

On entend le Maure.

FIESQUE.
Léonore, accordez-moi une légère et douce faveur.

LÉONORE.
Tout, Fiesque, hors l'indifférence.

FIESQUE.
Ce que vous voudrez, comme vous voudrez. — (*D'un ton significatif.*) Attendez que les annales de Gênes comptent deux jours de plus; jusque là, ne me demandez rien, et ne me condamnez pas.

Il la conduit avec grâce vers une autre salle.

SCÈNE IV.

LE MAURE, *hors d'haleine*, FIESQUE.

FIESQUE.
Pourquoi si essoufflé?

LE MAURE.
Vite, monseigneur.

FIESQUE.
Quoi de nouveau dans nos filets?

LE MAURE.
Lisez cette lettre. — Suis-je en effet ici? Je crois, en vérité, que Gênes a douze rues de moins, ou que mes jambes se sont allongées. — Vous pâlissez; il est dans leur jeu d'écarter les figures, et vous avez la préférence. Comment trouvez-vous cela?

FIESQUE, *fort ému, jette la lettre sur la table.*
Par tous les diables! comment as-tu eu cette lettre?

LE MAURE.
A peu près comme... vous aurez la république. Un exprès devait la porter dans la Rivière du Levant; j'ai eu vent de l'affaire; j'ai attendu le camarade dans un chemin creux : paf, voilà le renard à bas, et j'emporte le poulet.

FIESQUE.
Que son sang retombe sur toi! cette lettre ne peut se payer avec de l'or.

LE MAURE.
Ah! je me contenterai d'argent. (*Sérieusement et avec gravité.*) Comte de Lavagna, j'ai eu dernièrement fantaisie de votre tête; (*il lui montre la lettre*) cette fois je vous la sauve : maintenant, je pense que le grand seigneur et le maraud sont quittes. Pour le reste, vous le prendrez comme un office de bonne amitié. (*Il lui donne un second papier.*) Numéro deux.

FIESQUE, *étonné, prend le papier.*
Es-tu fou?

LE MAURE.
Numéro deux. (*Il s'approche de lui, et le pousse du coude avec un air de satisfaction.*) Le lion a-t-il fait une si grande sottise d'épargner le rat? (*Malignement.*) Il a été bien avisé; car qui eût ensuite rongé les mailles du filet? Eh bien, cela vous plaît-il?

FIESQUE.
Drôle, combien de diables as-tu à ta solde?

LE MAURE.
Un seul, pour vous servir... et il fait une chère de prince.

FIESQUE.
La propre signature de Doria! Où as-tu pris ce papier?

LE MAURE.

Tout chaud, dans les mains de ma Bononi. J'y suis allé la nuit dernière; j'y ai répété vos belles paroles, et j'y ai fait sonner vos plus beaux sequins: ils ont opéré. Je devais y retourner à six heures du matin; le comte s'y trouve tout juste, comme vous le disiez, et c'est avec ce chiffon-là qu'il avait payé la porte.

FIESQUE, *indigné.*

Misérables libertins! ils veulent renverser la république, et ne peuvent être discrets avec une fille de joie! Je vois par ces papiers que Doria et sa bande ont fait le complot de m'assassiner ainsi que onze sénateurs, et qu'ils veulent faire Gianettino doge.

LE MAURE.

Voilà tout, et cela pas plus tard que demain, jour de l'élection du doge, le trois du mois.

FIESQUE, *vivement.*

Notre diligence de cette nuit fera avorter le lendemain qu'ils ont conçu. Vite, Hassan, les choses sont mûres. Convoque les autres. Nous nous prendrons sur eux un sanglant avantage. Dépêche-toi, Hassan.

LE MAURE.

Je n'ai pas encore vidé le sac aux nouvelles. Deux mille hommes se sont heureusement introduits dans la ville; je les ai cachés dans le couvent des capucins, en un lieu impénétrable même aux rayons du soleil. Ils brûlent d'impatience de voir leurs chefs; ce sont de braves garçons.

FIESQUE.

C'est un écu par tête qui te revient. Et que dit-on dans Gênes de nos galères?

LE MAURE.

C'est mon coup de maître, monseigneur. Environ quatre cents aventuriers, que la paix entre la France et l'Espagne a mis sur le pavé, se sont empressés autour de mes gens et les assiègent pour qu'on veuille bien, en leur faveur, afin que vous puissiez les employer contre les infidèles. Je les ai décidés à se rendre ce soir dans la cour de votre palais.

FIESQUE, *joyeux.*

Mais je vais bientôt t'étouffer au cou, drôle! C'est un chef-d'œuvre. Quatre cents, dis-tu? C'en est fait du saint de Gênes. Quatre cents écus pour toi.

LE MAURE.

N'est-ce pas là, quand nous deux nous culbuterons Gênes, [illegible] qu'on y pourra ramasser [illegible] balayures? — Je ne vous [illegible] j'avais lâché mes otages [illegible] de la ville, que j'y puis [illegible] camarades de l'enfer [illegible] moins six de mes créatures [illegible] chaque porte, ce qui est assez [illegible] ou pour noyer leur bou [illegible] donc vous avez tant [illegible] cette nuit, vous trouv [illegible]

FIESQUE.

N'en dis pas davantage. Jusqu'ici j'avais soulevé cet énorme fardeau sans nul secours humain; n'est-il pas honteux pour moi, quand je suis au but, quand la chose achève de prendre figure, de tant devoir à ce mauvais garnement? Ta main, camarade. Ce que le comte peut te devoir encore, le doge te le payera.

LE MAURE.

Et puis en outre un billet de la comtesse Impériali: elle m'a fait signe de sa fenêtre, m'a parlé gracieusement, et m'a demandé, en raillant, si la comtesse de Lavagna n'aurait pas eu quelque accès de jaunisse. J'ai répondu que votre seigneurie ne s'intéressait qu'à un seul objet.

FIESQUE, *jetant le billet après avoir lu.*

Tu as bien dit: a-t-elle répondu?

LE MAURE.

Elle a répondu qu'elle s'affligeait cependant pour la pauvre veuve, et qu'elle s'offrait à lui donner satisfaction en interdisant à l'avenir les galanteries à votre seigneurie.

FIESQUE, *finement.*

Elles pourront bien en effet ne pas durer jusqu'à la fin du monde. — Est-ce là tout ce qu'il y a d'important?

LE MAURE, *avec malice.*

Monseigneur, les intérêts des dames sont quelquefois bien voisins de la politique.

FIESQUE.

Oui, sans doute, et surtout pour celle-ci. Mais quel est ce papier?

LE MAURE.

Une diablerie qui vient à travers les autres. La signora m'a donné cette poudre pour mêler chaque jour dans le chocolat de votre femme.

FIESQUE *recule en pâlissant.*

Qui te l'a donnée?

LE MAURE.

Dona Julia, comtesse Impériali.

FIESQUE, *la lui arrachant vivement des mains.*

Si tu mens, canaille, je te ferai attacher vivant à la girouette de Saint-Laurent, où le vent, d'un souffle, te fera virer neuf fois. — Cette poudre?...

LE MAURE, *d'un ton d'impatience.*

... Doit être servie à votre femme dans son chocolat, d'après l'ordre de dona Julia Impériali.

FIESQUE, *hors de lui.*

Monstre! monstre!... cette douce créature?... Y a-t-il tant de place pour l'enfer dans le cœur d'une femme? Mais j'oublie de te remercier, céleste Providence, qui as prévenu ce crime, qui l'as prévenu au moyen d'un rusé démon: tes voies sont merveilleuses! (*Au Maure.*) Tu promets d'obéir, et tu te tais?

LE MAURE.

Très-bien; je le puis: on m'a payé d'avance.

FIESQUE.

Ce billet m'invite à aller chez elle. J'irai, madame, je vous séduirai au point de vous amener ici. Bon. Toi, dépêche, fais toute la diligence possible, rassemble toute la conjuration.

LE MAURE.
J'ai prévenu cet ordre, et de mon autorité je les ai convoqués ici pour dix heures.
FIESQUE.
J'entends marcher, ce sont eux. — Drôle, tu mériterais une potence à part, à laquelle aucun fils d'Adam n'aurait encore été suspendu. Va dans l'antichambre, jusqu'à ce que je t'appelle.
LE MAURE, en se retirant.
Le Maure a fait sa besogne, le Maure peut s'en aller.
Il sort.

SCÈNE V.

LES PRÉCÉDENS, TOUS LES CONJURÉS.

FIESQUE, allant au-devant d'eux.
L'orage s'avance, les nuages courent et s'amoncèlent; entrez doucement, fermez à double tour.
VERRINA.
Huit salles sont fermées derrière nous : le soupçon ne peut nous approcher de cent pas.
BOURGOGNINO.
Ici il n'y a point de traître, si notre crainte ne nous trahit pas.
FIESQUE.
La crainte ne peut franchir le seuil de ma porte. — Qu'il soit le bien venu celui qui est toujours le même qu'hier! Prenez place.
Ils s'asseyent.
BOURGOGNINO, marchant.
Je ne saurais m'asseoir quand je ne songe qu'à détruire.
FIESQUE.
Génois, ce moment est digne d'attention.
VERRINA.
Tu nous as demandé de méditer un plan pour la mort du tyran; interroge-nous : nous sommes ici pour te répondre.
FIESQUE.
Et d'abord une question, qui peut sembler étrange, posée si tardivement : — Qui doit périr?
Tous se taisent.
BOURGOGNINO, s'appuyant sur le dos du siége de Fiesque, et avec un ton significatif.
Les tyrans.
FIESQUE.
Cela est bien dit, les tyrans. Je vous prie de donner une attention sérieuse à toute la portée de ce nom : est-ce celui qui opprime la liberté en apparence, ou celui qui l'opprime par son influence, qui est le vrai tyran?
VERRINA.
Je hais le premier, je crains l'autre : André Doria doit périr.
CALCAGNO, ému.
André, ce vieillard décrépit, qui peut-être après-demain payerait le tribut à la nature?
SACCO.
André, ce doux et paisible vieillard?
FIESQUE.
Elle est redoutable la douceur de ce vieillard, cher Sacco ; la folle présomption de Gianettino n'est que risible. André Doria doit périr; ainsi l'a prononcé ta prudence, Verrina.
BOURGOGNINO.
Que nos chaînes soient d'acier ou de soie, ce sont des chaînes : André Doria doit périr.
FIESQUE, allant à une table.
Ainsi la sentence de l'oncle et du neveu est prononcée? signez. (Tous signent.) Qui doit périr, cela est réglé. (Ils se rasseyent.) Maintenant, il est important de savoir comment; parlez le premier, ami Calcagno.
CALCAGNO.
Agirons-nous en soldats ou en assassins? L'un est dangereux, parce qu'il nous force à avoir beaucoup de complices; hasardeux, parce que les cœurs ne sont pas encore entièrement gagnés dans la nation : pour l'autre, voilà cinq bons poignards tout trouvés; dans trois jours il y a une grand'messe à l'église Saint-Laurent; les deux Doria y feront leurs dévotions; en face du Très-Haut succombera la tyrannie. J'ai tout dit.
FIESQUE, détournant le visage.
Calcagno, votre opinion est raisonnable, mais horrible. — Raphaël Sacco?
SACCO.
Les motifs de Calcagno sont bons; son projet me soulève. Il vaudrait mieux que Fiesque invitât l'oncle et le neveu à un grand festin. Là, livrés à toute la vengeance de la république, ils auraient le choix ou de périr avec nos poignards, ou de prendre congé de la vie en buvant du vin de Chypre : cette manière serait au moins commode.
FIESQUE, avec horreur.
Sacco, et si cette goutte de vin que leurs lèvres toucheront devenait pour nous du plomb brûlant, un avant-goût de l'enfer?... alors, Sacco... Loin de nous ce projet! — Parle, Verrina.
VERRINA.
Un cœur sincère marche le front découvert : un assassinat nous placerait dans la confrérie des brigands. Le glaive à la main, tel est le signe du héros. Mon avis est que nous donnions hautement le signal de la révolte, que nous appelions les patriotes de Gênes à la vengeance et à l'attaque.
Il se lève; les autres l'imitent; Bourgognino se jette à son cou.
BOURGOGNINO.
Et conquérons ainsi à main armée les faveurs du destin : c'est le vœu de l'honneur, c'est le mien.
FIESQUE.
Et le mien... — Fi, Génois! (A Calcagno et à Sacco.) Le destin jusqu'ici a tant fait pour nous, que nous devons aussi nous mettre à l'œuvre. — Ainsi donc, Génois, la révolte est pour cette nuit?
Verrina et Bourgognino semblent surpris, les autres épouvantés.
CALCAGNO.
Comment, cette nuit? quand les tyrans sont encore si puissans, quand notre parti est encore si faible?

SACCO.

Cette nuit? et il n'y a rien de fait, et le soleil baisse déjà!

FIESQUE.

Vos objections sont fondées, mais lisez ces papiers. (*Il leur donne les écrits de Gianettino, et pendant qu'ils les lisent curieusement, il se promène d'un air railleur.*) Maintenant, adieu, astre brillant des Doria! tu te montrais orgueilleux et brillant sur l'horizon de Gênes tant qu'a duré ton terme; tu vois que même le soleil dans le ciel fait place à la lune et partage avec elle le sceptre de l'univers : adieu, astre brillant des Doria.

Patrocle a succombé, qui valait mieux que toi.

BOURGOGNINO, *après avoir lu le papier*.

Cela est horrible!

CALCAGNO.

Douze d'un coup!

VERRINA.

Demain, à la seigneurie!

BOURGOGNINO.

Donnez-moi cet écrit, je veux galoper à travers les rues de Gênes en le tenant à la main; les pavés crieront vengeance, et les chiens s'élanceront à la mort et à la curée.

TOUS.

Vengeance! vengeance! vengeance dès cette nuit!

FIESQUE.

Vous voilà où je voulais. Dès que le soir sera arrivé, je prierai à une fête les plus distingués des mécontents, spécialement ceux qui se trouvaient sur la liste de proscription de Gianettino, et de plus les Sauli, les Gentile, les Vivaldi, les Vesodimari, que l'assassin a omis dans ses méfiances; ils accueilleront mon dessein à bras ouverts, je n'en doute pas.

BOURGOGNINO.

Je n'en doute pas non plus.

FIESQUE.

Avant tout, nous devons nous assurer de la mer; j'ai des galères et des équipages : les vingt vaisseaux de Doria sont désarmés et désagréés, ils seront facilement surpris; l'entrée de la darse sera fermée, tout espoir de fuite interdit; si nous avons le port, Gênes est dans nos filets.

VERRINA.

Sans contredit.

FIESQUE.

Alors les forts de la ville seront enlevés, et nous y mettrons garnison : le plus important c'est la porte Saint-Thomas, qui conduit au port, et qui établira la jonction entre nos forces de mer et nos forces de terre. Les deux Doria seront surpris dans leurs palais et massacrés; on battra la générale dans toutes les rues; le tocsin sera sonné, et les bourgeois appelés à prendre parti pour nous, à combattre pour la liberté. Si le sort nous favorise, vous entendrez le reste dans la seigneurie.

VERRINA.

Ce plan est bon. Voyons comment nous nous partagerons les rôles.

FIESQUE, *d'un ton expressif*.

Génois, vous m'avez librement placé à la tête du complot; obéirez-vous à mes ordres ultérieurs?

VERRINA.

Assurément, s'ils sont les meilleurs.

FIESQUE.

Verrina, sais-tu le seul mot connu sous les drapeaux? Génois, enseignez-lui que c'est : — subordination. — Si je ne puis diriger les volontés comme je l'aviserai, entendez-moi bien, si je ne suis pas le souverain de la conjuration, elle a aussi perdu un de ses complices.

VERRINA.

La liberté pour toujours peut bien se payer de quelques heures d'esclavage... Nous obéissons.

FIESQUE.

Maintenant, laissez-moi. Qu'un de vous visite la ville et me fasse un rapport sur le fort et le faible des divers postes. Un autre s'enquerra du mot d'ordre. Un troisième fera armer les galères. Un quatrième amènera les deux mille hommes dans ma cour. Moi-même je tiendrai tout disposé pour ce soir; et si la fortune nous favorise, la banque du pharaon sautera. — Au coup de neuf heures, tout le monde sera ici dans le palais pour y recevoir mes derniers ordres.

VERRINA.

Je me charge du port.

Il sort.

BOURGOGNINO.

Moi, des soldats.

Il sort.

CALCAGNO.

Je déroberai le mot d'ordre.

Il sort.

SACCO.

Je ferai la ronde dans la ville.

Il sort.

SCÈNE VI.

FIESQUE, *puis* LE MAURE.

FIESQUE *s'est assis devant un pupitre et il écrit*.

Ne se sont-ils pas débattus sous ce mot de subordination comme l'insecte sous l'aiguille? Mais il est trop tard, républicains.

LE MAURE *entre*.

Monseigneur...

FIESQUE *se lève et lui donne un papier*.

Tu inviteras à une comédie, pour ce soir, tous ceux dont le nom est sur cette liste.

LE MAURE.

Il faudra du courage pour bien jouer son rôle; et l'on payera son billet avec des têtes.

FIESQUE, *avec froideur et mépris*.

Quand cela sera fait, je ne veux pas te garder plus long-temps à Gênes. (*Il sort et laisse tomber une bourse en s'en allant.*) C'est ta dernière commission.

Il sort.

SCÈNE VII.

LE MAURE *ramasse la bourse lentement, et suit des yeux Fiesque d'un air incertain.*

Voilà comme nous sommes ensemble? — « Je ne veux pas te garder plus long-temps à Gênes. » Cela signifie en bon chrétien, traduit en ma langue de païen : « Quand je serai doge, je ferai pendre mon bon ami à une potence génoise. » Bien. Parce que je sais ses intrigues, il s'inquiète que je ne garde pas le secret à son honneur, lorsqu'il sera doge. Doucement, monsieur le comte; ce dernier point est encore en question.

Maintenant, vieux Doria, je suis maître de ta peau... C'est fait de toi, si je ne t'avertis pas. Si je vais le trouver, si je lui livre le complot, je sauve au doge de Gênes pas moins que sa vie et son duché, et pour récompense je ne peux pas avoir moins qu'un plein chapeau d'or. (*Il veut sortir, mais s'arrête tout-à-coup.*) Mais doucement, ami Hassan ! tu te mets en route pour aller faire une sottise. Si toute cette tuerie allait manquer et finissait par tourner à bien ?.. Fi ! fi ! est-ce que je mettrais mon avarice en balance avec un coup si diabolique ? — D'où résultera le plus de mal, si je trahis ce Fiesque, ou bien si je livre ces Doria au couteau? Diable ! cela m'embarrasse... Si Fiesque a le dessus, Gênes pourra se relever. Pas de cela; cela ne doit pas être. Si Doria s'en tire, tout reste comme auparavant, Gênes demeure en paix... ce serait encore pire. Mais le spectacle de toutes les têtes des rebelles roulant dans le panier du bourreau?... (*Il passe de l'autre côté.*) Mais le drôle de tapage de cette nuit, quand les sérénissimes seront poignardés au coup de sifflet d'un Maure?... Non, qu'un chrétien démêle cette fusée; l'énigme est trop difficile pour un païen... je vais consulter un savant.

Il sort.

SCÈNE VIII.

Un appartement chez la comtesse Impériali.

JULIE, *en négligé;* GIANETTINO *entre d'un air troublé.*

GIANETTINO

Bonsoir, ma sœur.

JULIE *se lève.*

Quelle circonstance extraordinaire peut amener le prince héréditaire de Gênes chez sa sœur ?

GIANETTINO.

Sœur, tu es donc toujours entourée de papillons, et moi de frelons... Peut-on venir ? Asseyons-nous.

JULIE.

Tu commences à m'impatienter

GIANETTINO.

Sœur, quand Fiesque t'a-t-il fait sa dernière visite?

JULIE.

Voilà qui est étrange! Comme si je n'avais en tête que de telles misères?

GIANETTINO.

J'ai besoin de le savoir.

JULIE.

Eh bien... il est venu hier ici.

GIANETTINO.

Et avait-il l'air... ouvert?

JULIE.

Comme à l'ordinaire.

GIANETTINO.

Et avait-il toujours la même fantaisie?

JULIE, *offensée.*

Mon frère !

GIANETTINO, *d'une voix plus forte.*

Ecoutez-moi ; avait-il toujours la même fantaisie?

JULIE, *impatientée, se lève.*

Pour qui me prenez-vous, mon frère?

GIANETTINO, *restant assis, et d'un ton railleur.*

Pour une créature féminine, revêtue d'un beau, d'un fort beau titre de noblesse. Ceci entre nous, sœur; personne ne nous entend!

JULIE, *vivement.*

Entre nous... vous êtes un singe impudent et déraisonnable, qui n'êtes à cheval que sur le crédit de votre oncle... personne ne nous entend.

GIANETTINO.

Ma petite sœur, ma petite sœur ! ne soyez pas si mauvaise... Je suis fort content que Fiesque ait toujours la même fantaisie. Je voulais le savoir. Adieu.

Il veut sortir.

SCÈNE IX.

LES PRÉCÉDENS; LOMELLINO *entre.*

LOMELLINO, *baisant la main de Julie.*

Pardon de ma témérité, madame; (*il se retourne vers Gianettino*) certaines affaires qui ne peuvent être différées...

GIANETTINO *le prend à part. Julie avec humeur se met au clavecin, et joue un allegro.*

Tout est-il prêt pour demain?

LOMELLINO.

Tout, prince. Mais le courrier qui a été expédié ce matin de bonne heure à la Rivière du Levant n'est pas de retour; ainsi Spinola n'est pas ici... S'il avait été pris! Je suis dans la plus grande inquiétude.

GIANETTINO.

Ne t'inquiète pas; la liste est toujours en tes mains.

LOMELLINO, *interdit.*

Monseigneur, la liste... je ne sais pas... elle sera restée dans les poches de mon habit d'hier.

GIANETTINO.

C'est bon. Il ne manquera que Spinola... Fiesque sera trouvé demain mort dans son lit... J'ai arrangé l'affaire.

LOMELLINO.

Cela fera une terrible sensation.

GIANETTINO.

C'est cela même qui fera notre sécurité, camarade. Des insultes ordinaires ne font que mettre le sang de l'offensé en mouvement et le rendre capable de tout : un crime inattendu le glace d'effroi et le réduit à rien. Ne sais-tu point la fable de la tête de Méduse? son aspect pétrifie; mais au contraire, quand on n'agit pas complétement, on excite les pierres elles-mêmes. Entends-tu, camarade?

LOMELLINO.

En avez-vous indiqué quelque chose à madame la comtesse?

GIANETTINO.

Fi donc! on doit en agir avec ménagement vis-à-vis d'elle, à cause de Fiesque; cependant quand elle aura goûté les fruits, elle ne regrettera pas ce qu'ils auront coûté. Viens, j'attends ce soir des troupes de Milan, et il faut que je donne des ordres aux portes. (*A Julie.*) Eh bien, sœur, as-tu un peu passé ta colère?

JULIE.

Mais voyez donc; vous êtes d'une société très-polie.

Gianettino veut sortir; il rencontre Fiesque à la porte.

SCÈNE X.

LES PRÉCÉDENS; FIESQUE entre.

GIANETTINO *recule en voyant Fiesque.*

Ah!

FIESQUE *s'avançant, et d'un air prévenant.*

Prince, recevez ici, je vous prie, une visite que j'allais vous faire.

GIANETTINO.

Rien ne pouvait m'être plus agréable non plus, comte, que de vous rencontrer.

FIESQUE *s'avance vers Julie, et lui baise respectueusement la main.*

On est accoutumé, signora, à voir toujours ici son attente surpassée.

JULIE.

Fi donc! une autre pourrait donner à cela un autre sens ; mais mon négligé me fait peur. Permettez, comte...

Elle veut passer dans son cabinet.

FIESQUE.

Ah! restez donc, madame, une femme n'est jamais plus belle qu'en robe du matin; (*souriant*) c'est son habit de conquête... Ces cheveux à peine rattachés... permettez que je les détache tout-à-fait.

JULIE.

Vous autres hommes, vous aimez le désordre.

FIESQUE, *d'un air insouciant, en regardant Gianettino.*

Dans les coiffures et dans les républiques, n'est-ce pas vrai? dans les unes tout autant que dans les autres? — Et ce ruban qui est mal renoué... asseyez-vous donc, comtesse. Votre Laure peut bien en imposer aux yeux, mais pas aux cœurs. Laissez-moi un moment vous servir de femme de chambre.

Il s'assied, et rajuste son ruban.

GIANETTINO, *tirant Lomellino par son habit.*

Qu'il est misérablement frivole!

FIESQUE, *arrangeant le fichu de Julie.*

Tenez... prudemment, je ferme ce voile... Les sens doivent toujours être d'aveugles serviteurs : il faut qu'ils ignorent toujours la limite de la nature et de l'imagination.

JULIE.

Ceci est un peu léger.

FIESQUE.

Pas du tout. Car, pensez-y, la plus jolie anecdote perd tout son sel quand elle est devenue la nouvelle de la ville. Les sens ne sont que la canaille dans la république; ils font vivre la noblesse, mais elle relève leurs goûts vulgaires. (*Il la conduit à un miroir, après avoir ajusté sa toilette.*) Sur mon honneur, cette coiffure-là doit devenir dès demain la mode à Gênes. (*Avec galanterie.*) Permettez-moi, comtesse, de parcourir la ville avec vous.

JULIE.

Ah! qu'il est adroit! comme il s'y prend habilement pour me faire faire tout ce qu'il veut! Non! j'ai ma migraine, je ne veux pas sortir.

FIESQUE.

Pardonnez-moi, comtesse; vous le pourriez, si vous vouliez; mais vous ne le voulez pas. Une troupe de comédiens de Florence est arrivée aujourd'hui, et s'est engagée à jouer dans mon palais. Je ne puis pas empêcher que la plupart des premières femmes de Gênes ne viennent y assister, et je ne sais trop comment réserver la loge d'honneur, sans faire une impolitesse à des spectateurs fort irritables. Il n'y a qu'un moyen... (*Il lui fait une révérence respectueuse.*) Seriez-vous assez bonne, signora?

JULIE *rougit, et s'en va vers le cabinet.*

Laure!

GIANETTINO, *s'approchant de Fiesque.*

Comte, vous vous rappelez une histoire assez désagréable qui s'est passée dernièrement entre nous...

FIESQUE.

Je désire, prince, qu'elle soit oubliée de nous deux. Nous autres hommes nous agissons les uns envers les autres selon que nous nous connaissons; et à qui la faute, sinon à moi, si je ne suis pas mieux connu de mon ami Doria?

GIANETTINO.

Au moins ne m'en souviendrai-je jamais sans vous en faire des excuses du fond du cœur.

FIESQUE.

Ni moi jamais, sans vous pardonner du fond du cœur.

Julie revient plus parée.

GIANETTINO.

Il m'est revenu, comte, que vous vouliez faire une croisière contre les Turcs.

FIESQUE.

Ce soir on lève l'ancre. J'ai même à ce sujet quelques inquiétudes dont la complaisance et l'amitié de Doria pourraient me tirer.

GIANETTINO, *avec beaucoup de courtoisie.*

Avec le plus grand plaisir. Disposez de tout mon crédit.

FIESQUE.

Ce départ pourrait ce soir causer quelque tumulte sur le port et dans mon palais; et le doge, votre oncle, pourrait mal interpréter...

GIANETTINO, *cordialement.*

Chargez-moi de cela. Allez votre train, et je vous souhaite beaucoup de bonheur dans votre entreprise.

FIESQUE, *souriant.*

Je vous suis fort obligé.

SCÈNE XI.

LES PRÉCÉDENS, UN ALLEMAND *de la garde.*

GIANETTINO.

Qu'est-ce?

L'ALLEMAND.

J'ai vu, en passant devant la porte Saint-Thomas, des soldats armés, en fort grand nombre, courant vers la darse, et les galères du comte de Lavagna prêtes à mettre à la voile.

GIANETTINO.

N'y a-t-il rien de plus? Cela ne doit pas aller plus loin.

L'ALLEMAND.

A la bonne heure. Des gens suspects rôdent autour du couvent des Capucins et se glissent sur la grande place; leur marche et leur tournure font présumer que ce sont des soldats.

GIANETTINO, *impatienté.*

Au diable le zèle de cet imbécile! (*Bas à Lomellino:*) Ce sont mes Milanais.

L'ALLEMAND.

Votre seigneurie ordonne-t-elle qu'on les arrête?

GIANETTINO, *à Lomellino.*

Voyez-y, Lomellino. (*A l'Allemand avec brusquerie.*) Va-t-en, c'est bon. (*A Lomellino, tout bas.*) Faites entendre à cet animal d'Allemand de tenir bouche close.

Lomellino sort avec l'Allemand.

FIESQUE, *qui jusque là a joué avec Julie, en jetant quelques coups d'œil d'observation à la dérobée.*

Notre ami est contrarié. Puis-je en savoir le motif?

GIANETTINO.

Ce n'est pas étonnant. Ces éternelles questions et ces avis.

Il sort.

FIESQUE.

On nous attend au spectacle. Oserai-je vous offrir le bras, madame?

JULIE.

Patience! il faut que je m'habille un peu. — Ah çà, comte, pas de tragédie, cela me donne de mauvais rêves.

FIESQUE, *avec malice.*

Oh! ce sera pour mourir de rire, comtesse.

Il la reconduit.

ACTE QUATRIÈME.

Il est nuit. — La cour du palais de Fiesque. On allume des lanternes. On transporte des armes. Une aile du palais est éclairée.

SCÈNE PREMIÈRE.

BOURGOGNINO, *conduisant des soldats.*

Halte!... Quatre factionnaires à la grande porte de la cour... deux à chaque porte du palais. (*Les gardes prennent leurs postes.*) Entre qui veut; personne ne sort: qui voudra forcer la consigne, tué.

Il entre dans le palais. Les sentinelles font leur faction. Silence.

SCÈNE II.

LES FACTIONNAIRES, *ensuite* CENTURIONE.

LE FACTIONNAIRE DE LA GRANDE PORTE.

Qui vive?

CENTURIONE, *arrivant.*

Ami de Lavagna.

Il traverse la cour et va vers la porte à droite.

LE FACTIONNAIRE.

On ne passe pas.

Centurione surpris, va à la porte à gauche.

L'AUTRE FACTIONNAIRE.

On ne passe pas.

CENTURIONE *demeure interdit; après un moment de silence, il s'adresse au factionnaire de gauche.*

Ami, par où va-t-on à la comédie?

LE FACTIONNAIRE.

Je ne sais pas.

CENTURIONE, *avec une surprise toujours plus grande, retourne vers l'autre factionnaire.*
Ami, quand commence la comédie ?
L'AUTRE FACTIONNAIRE.
Je ne sais pas.
CENTURIONE, *étonné, remarque les armes, et dit avec une sorte d'effroi.*
Ami, qu'est-ce donc ?
LE FACTIONNAIRE.
Je ne sais pas.
CENTURIONE, *effrayé, s'enveloppe dans son manteau.*
C'est étrange.
LE FACTIONNAIRE DE LA GRANDE PORTE.
Qui vive ?

SCÈNE III.
LES PRÉCÉDENS, CIBO.
CIBO, *en entrant.*
Ami de Lavagna.
CENTURIONE.
Cibo, où sommes-nous ?
CIBO.
Quoi ?
CENTURIONE.
Regarde autour de toi, Cibo.
CIBO.
Où ? quoi ?
CENTURIONE.
Toutes les portes sont gardées.
CIBO.
Et voilà des armes.
CENTURIONE.
Personne ne peut m'expliquer...
CIBO.
C'est singulier.
CENTURIONE.
Quelle heure est-il ?
CIBO.
Huit heures environ.
CENTURIONE.
Il fait un vilain froid.
CIBO.
Huit heures ! c'est l'heure convenue.
CENTURIONE, *secouant la tête.*
Tout cela n'est pas naturel.
CIBO.
C'est quelque plaisanterie de Fiesque.
CENTURIONE.
C'est demain l'élection du doge. — Cibo, tout cela n'est pas naturel.
CIBO.
Silence ! silence ! silence !
CENTURIONE.
L'aile droite du palais est tout éclairée.
CIBO.
N'entends-tu rien ? n'entends-tu rien ?
CENTURIONE.
Là-dedans un murmure sourd, et avec cela...
CIBO.
Un cliquetis confus, comme des armures qui s'entre-choqueraient.
CENTURIONE.
Effrayant ! effrayant !
CIBO.
Une voiture ! elle s'arrête à la porte.
LE FACTIONNAIRE DE LA GRANDE PORTE.
Qui vive ?

SCÈNE IV.
LES PRÉCÉDENS, LES QUATRE ASSERATO.
ASSERATO, *en entrant.*
Ami de Fiesque.
CIBO.
Ce sont les quatre Asserato.
CENTURIONE.
Bonsoir, amis.
ASSERATO.
Nous venons à la comédie.
CIBO.
Bon voyage.
ASSERATO.
Ne venez-vous pas avec nous à la comédie ?
CENTURIONE.
Passez toujours devant. Nous voulons d'abord prendre un peu le frais.
ASSERATO.
Cela va commencer bientôt. Venez.
Ils veulent avancer.
LE FACTIONNAIRE.
On ne passe pas.
ASSERATO.
Qu'est-ce que cela signifie ?
CENTURIONE, *riant.*
Entrez donc au palais.
ASSERATO.
Il y a un malentendu.
CIBO.
Évidemment.
On entend la musique dans l'aile droite.
ASSERATO.
Entendez-vous la symphonie ? La pièce va commencer.
CENTURIONE.
Je crois bien qu'elle va commencer, et que nous jouons les rôles de niais.
CIBO.
Je n'ai pas chaud de reste. Je m'en vais.
ASSERATO.
Des armes ici ?
CIBO.
Bah ! meubles de comédiens.
CENTURIONE.
Resterons-nous ici au bord de l'Achéron comme des niais ? Venez. Allons au café.
Ils s'en vont tous vers la porte.
LE FACTIONNAIRE, *d'une voix forte.*
On ne passe pas.
CENTURIONE.
Mort et passion ! nous sommes prisonniers !

CIBO.
Mon épée me répond que ce ne sera pas pour long-temps.
ASSERATO.
Doucement, doucement. Le comte est homme d'honneur...
CIBO.
Nous sommes vendus, trahis ! La comédie était l'appât, et nous voilà dans la souricière.
ASSERATO.
Dieu nous en préserve ! Je tremble de l'explication de tout ceci.

SCÈNE V.

Les Précédens, VERRINA et SACCO entrent.

LE FACTIONNAIRE.
Qui vive ?
VERRINA.
Amis de la maison.

Sept autres nobles le suivent.
CIBO.
Ses confidens ! Tout va s'éclaircir.
SACCO, s'entretenant avec Verrina.
Comme je vous le disais, Lescaro commande à la porte Saint-Thomas. C'est le meilleur officier de Doria, et il lui est aveuglément dévoué.
VERRINA.
J'en suis bien aise.
CIBO, à Verrina.
Vous venez à souhait, Verrina. Vous nous tirerez de peine.
VERRINA.
Comment ? comment donc ?
CENTURIONE.
Nous sommes invités à une comédie.
VERRINA.
Ainsi, nous avons même route à suivre.
CENTURIONE, avec impatience.
Oui, la route où il faut que chacun finisse par passer, je sais cela. Vous voyez que les portes sont gardées. Pourquoi les portes sont-elles gardées ?
CIBO.
Pourquoi ces factionnaires ?
CENTURIONE.
Nous sommes ici comme sous la potence.
VERRINA.
Le comte viendra lui-même.
CENTURIONE.
Il devrait se dépêcher. Je suis las de ronger mon frein.

Tous les nobles se promènent dans le fond du théâtre.

BOURGOGNINO, sortant du palais.
Comment cela va-t-il sur le port, Verrina ?
VERRINA.
Tout est pour le mieux à bord.
BOURGOGNINO.
Le palais est aussi fort bien fourni de soldats.
VERRINA.
Neuf heures vont sonner.

BOURGOGNINO.
Le comte tarde beaucoup.
VERRINA.
Il viendra toujours trop tôt pour ce qui l'attend. Bourgognino, je me sens frissonner lorsqu'une certaine pensée me vient.
BOURGOGNINO.
Mon père, ne précipite rien.
VERRINA.
Il ne peut y avoir de précipitation quand tout délai est impossible. Si je ne procède point à ce second meurtre, je ne pourrai jamais me justifier du premier.
BOURGOGNINO.
Mais quand Fiesque doit-il mourir ?
VERRINA.
Quand Gênes sera libre, Fiesque mourra.
LE FACTIONNAIRE.
Qui vive ?

SCÈNE VI.

Les Précédens, FIESQUE.

FIESQUE, en entrant.
Ami. (Tous le saluent, les factionnaires présentent les armes.) Soyez les bien venus, dignes amis. Vous vous êtes impatientés de ce que le maître de la maison se faisait long-temps attendre; excusez-le. (Bas à Verrina.) Tout est-il prêt ?
VERRINA, lui parlant à l'oreille.
A souhait.
FIESQUE, bas à Bourgognino.
Et ?...
BOURGOGNINO.
Au mieux.
FIESQUE, à Sacco.
Et ?...
SACCO.
Tout va bien.
FIESQUE.
Et Calcagno ?
BOURGOGNINO.
... N'y est pas encore.
FIESQUE, aux factionnaires.
Qu'on ferme les portes. (Il ôte son chapeau, et s'avance au milieu de l'assemblée avec une noble aisance.) Messieurs, j'ai pris la liberté de vous inviter à un spectacle... non pour vous divertir, mais pour vous confier des rôles. — Assez long-temps, mes amis, nous avons supporté l'insolence de Gianettino Doria et les usurpations d'André ! Si nous voulons délivrer Gênes, amis, nous n'avons pas un moment à perdre. A quelle fin croyez-vous que ces vingt galères assiégent notre antique port ? à quelle fin sont les alliances conclues par ces Doria ? à quelle fin sont ces soldats étrangers qu'ils attirent dans le cœur de Gênes ? Maintenant il ne s'agit plus de vœux ni de murmures : pour tout sauver, il faut risquer tout : un mal désespéré veut un remède audacieux. Y a-t-il dans cette assemblée un homme qui ait le flegme de

reconnaître pour son maître celui qui est seulement son égal ?... (Murmures.) Il n'en est pas un ici dont les aïeux n'aient assisté Gênes dans son berceau. Eh quoi ! par tout ce qu'il y a de sacré ! eh quoi ! qu'ont donc fait ces deux citoyens pour prendre ainsi un téméraire essor au-dessus de nos têtes ? (Murmures plus violens.) Chacun de vous est solennellement requis de défendre la cause de Gênes contre ses oppresseurs. Aucun de vous ne peut sacrifier l'épaisseur d'un cheveu sur ses droits, sans trahir aussitôt toute l'existence de l'État. (Il est interrompu par une agitation tumultueuse qui s'élève parmi ceux qui l'écoutent ; puis il continue.) Vous êtes émus... tout est gagné. Déjà je vous ai ouvert le chemin de la gloire : voulez-vous m'y suivre ? je suis prêt à vous y conduire. Ces apprêts, que tout.à l'heure vous regardiez avec effroi, doivent maintenant vous inspirer un courage héroïque. Ces frissons et ces angoisses doivent se changer en un zèle brûlant pour faire cause commune avec ces patriotes et moi, pour précipiter les tyrans de leur trône. Le succès ne peut qu'être favorable à notre tentative, car mes dispositions sont bien prises. L'entreprise est juste, car Gênes souffre. Ce dessein nous rendra immortels, car il est périlleux et gigantesque.

CENTURIONE, dans le plus violent transport.

C'en est assez. Que Gênes soit libre ! Ce cri de guerre nous ferait triompher de l'enfer.

CIBO.

Que celui qui ne serait point tiré de son sommeil gémisse éternellement sur un banc de rameurs, jusqu'à ce que la trompette du dernier jugement vienne le délivrer !

FIESQUE.

Voilà de mâles paroles. — Maintenant vous méritez de connaître les dangers qui menacent Gênes et vous. (Il leur donne les papiers saisis par le Maure.) Soldats, apportez un flambeau. (Les nobles se pressent autour d'une torche, et lisent.) Cela va à souhait, ami.

VERRINA.

Ne parle pas si haut. J'ai vu là-bas, vers la gauche, des visages pâles et des genoux tremblans.

CENTURIONE, en fureur.

Douze sénateurs ! c'est infernal ! tous, l'épée à la main !

Tous, excepté deux, se précipitent sur les armes entassées.

CIBO.

Ton nom y est aussi, Bourgognino.

BOURGOGNINO.

Et aujourd'hui je l'écrirai dans le cœur de Doria.

CENTURIONE.

Il reste deux épées.

CIBO.

Comment ? comment ?

CENTURIONE.

Il y en a deux qui n'ont pas pris d'épée.

ASSERATO.

Mes frères ne peuvent voir du sang ; excusez-les.

CENTURIONE, vivement.

Comment ! comment ! pas même le sang des tyrans ? Déchirons ces lâches ; qu'on chasse de la république ces deux bâtards.

Quelques conjurés se jettent sur eux avec fureur.

FIESQUE, les séparant.

Arrêtez ! arrêtez ! Gênes ne veut pas devoir sa liberté à des esclaves. L'or perdrait son noble éclat en l'alliant avec ce vil métal. (Il les dégage.) Messieurs, vous vous contenterez d'une chambre dans mon palais, jusqu'à ce que l'affaire soit décidée. (A la garde.) Arrêtez ces deux hommes ; vous en répondrez. Deux bons factionnaires à leur porte.

On les emmène.

LE FACTIONNAIRE DE LA GRANDE PORTE.

On entend heurter.

Qui va là ?

CALCAGNO, par dehors, et d'une voix altérée.

Ouvrez. — Ami. — Ouvrez ! Au nom du ciel, ouvrez !

BOURGOGNINO.

C'est Calcagno ; que demande-t-il, au nom du ciel ?

FIESQUE.

Ouvrez-lui, soldats.

SCÈNE VII

LES PRÉCÉDENS, CALCAGNO, épouvanté et hors d'haleine.

CALCAGNO.

Perdu ! perdu ! fuyez, sauve qui peut ! Tout est perdu.

BOURGOGNINO.

Quoi, perdu ? leurs cœurs sont-ils d'airain, nos épées sont-elles des roseaux ?

FIESQUE.

Prenez garde, Calcagno ! une méprise serait ici impardonnable.

CALCAGNO.

Nous sommes trahis. C'est l'infernale vérité. Votre Maure, Lavagna, le scélérat ! Je viens du palais du doge. Il avait obtenu une audience du doge.

Tous les conjurés pâlissent ; Fiesque lui-même change de couleur.

VERRINA, s'adressant aux gardes avec fermeté.

Soldats, frappez-moi de vos hallebardes : je ne veux point mourir de la main du bourreau.

Tous les nobles courent çà et là avec effroi.

FIESQUE, un peu remis.

Où allez-vous ? que faites-vous ? Au diable Calcagno ! C'est une terreur aveugle, messieurs. — Dire cela devant ces gens-là ! — Tu es une vraie femme, Calcagno !... toi aussi, Verrina !... toi aussi, Bourgognino !... Où vas-tu ?

BOURGOGNINO, vivement.

Chez moi, tuer ma chère Berthe, pour revenir ensuite ici.

FIESQUE, éclatant de rire.

Demeurez ! arrêtez ! Est-ce là le courage des

meurtriers d'un tyran !... Tu as très-bien joué ton rôle, Calcagno... N'avez-vous pas remarqué que cette nouvelle était donnée par mon ordre ?... Calcagno, dis, n'était-ce pas moi qui t'avais commandé de mettre nos Romains à cette épreuve ?...

VERRINA.

Eh bien ! si tu peux rire... je te croirai, ou je tiens que tu n'es pas de l'humanité.

FIESQUE.

Quelle honte pour des hommes ! succomber à cette épreuve d'enfant ! Reprenez vos armes, combattez comme des lions pour réparer cette brèche faite à votre honneur. (*Bas, à Calcagno.*) — Y étiez-vous vous-même ?

CALCAGNO.

Je traversais sa garde de trabans, je voulais, selon ma commission, m'informer du mot d'ordre chez le doge ; comme je m'en allais, on a amené le Maure.

FIESQUE, *tout haut.*

Le vieux Doria est donc au lit ! nous le tirerons de ses draps. (*Bas.*) — A-t-il parlé longtemps au doge ?

CALCAGNO.

Mon subit effroi et votre danger pressant ne m'ont pas permis d'attendre là plus de deux minutes.

FIESQUE, *tout haut et en riant.*

Vois donc comme tous nos gens sont tremblans !

CALCAGNO.

Vous n'auriez pas dû leur faire annoncer cela sans ménagemens. (*Bas.*) — Au nom du ciel, comte, que gagnez-vous à ce mensonge ?

FIESQUE.

Du temps, ami ; et leur première terreur se dissipera. (*Tout haut.*) — Holà ! qu'on nous apporte du vin. (*Bas.*) — Et avez-vous vu pâlir le doge ? (*Tout haut.*) — Allons, frère, buvons encore un coup pour la fête de cette nuit. (*Tout bas.*) — Et avez-vous vu pâlir le doge ?

CALCAGNO.

Le premier mot du Maure a été : *Conjuration*, et le vieux Doria a reculé pâle comme un linge.

FIESQUE, *troublé.*

Ah ! ah ! le diable est rusé, Calcagno... il ne nous a pas trahis, jusqu'au moment où le couteau a été levé sur eux... A présent le voilà leur ange libérateur. Ce Maure est rusé. (*On lui apporte une coupe de vin, il la présente à l'assemblée et boit.*) — A notre bonne fortune, camarades !

On frappe.

LE FACTIONNAIRE.

Qui va là ?

UNE VOIX, *en dehors.*

De par le doge.

Les nobles épouvantés se dispersent dans la cour.

FIESQUE, *s'élançant au milieu d'eux.*

Non, mes enfans, ne vous effrayez pas ! ne vous effrayez pas ! je suis là. Vite, cachez ces armes. Soyez hommes, je vous en conjure. Cette visite me laisse espérer qu'André est encore dans le doute. Rentrez ; remettez-vous. — Ouvrez, soldats.

Tous s'éloignent. On ouvre la porte.

SCÈNE VIII.

FIESQUE, *feignant de sortir du palais ;* TROIS ALLEMANDS, *qui amènent le Maure garrotté.*

FIESQUE.

Qui me demande dans la cour ?

UN ALLEMAND.

Conduisez-nous au comte.

FIESQUE.

Voici le comte. Que me voulez-vous ?

L'ALLEMAND, *lui faisant le salut militaire.*

Bonsoir de la part du doge. Il envoie ce Maure garrotté à votre seigneurie. Il a dit des infamies. Ce billet vous en apprendra davantage.

FIESQUE, *prenant le billet d'un air d'indifférence.*

Ne t'avais-je pas, aujourd'hui même, prédit les galères ? (*A l'Allemand.*) C'est bon, mon ami ; mes respects au doge.

LE MAURE, *pendant que l'Allemand se retire, lui crie :*

Les miens aussi, et dis-lui... au doge... que s'il n'eût pas envoyé un âne ici, il aurait appris que deux mille soldats sont cachés dans le palais.

Les Allemands sortent. Les nobles reviennent.

SCÈNE IX.

FIESQUE, LES CONJURÉS, LE MAURE, *au milieu de la scène avec une contenance impudente.*

QUELQUES CONJURÉS *reculent de surprise en voyant le Maure.*

Ah ! qu'est-ce donc ?

FIESQUE, *après avoir lu le billet, avec une rage étouffée.*

Génois, le danger est passé... Mais la conspiration aussi.

VERRINA, *étonné, s'écrie :*

Quoi ! les Doria sont-ils morts ?

FIESQUE, *dans la plus vive émotion.*

Par le ciel ! toute la force armée de la république m'eût trouvé ferme... Mais point ceci. Le faible vieillard, avec ces quatre lignes, a vaincu le chef de deux mille soldats. (*Il laisse tomber ses bras avec abattement.*) Doria a vaincu Fiesque.

BOURGOGNINO.

Expliquez-vous donc. Nous sommes stupéfaits.

FIESQUE *lit.*

« Lavagna, vous jouez, ce me semble, de mal-
» heur avec moi. Vos bienfaits sont payés d'in-

» gratitude. Ce Maure m'avertit d'un complot. — » Je vous le renvoie garrotté, et je dormirai cette » nuit sans gardes. »

Il laisse tomber le papier ; tous se regardent.

VERRINA.

Eh bien ! Fiesque ?

FIESQUE, *avec noblesse.*

Un Doria m'aurait vaincu en générosité ! Une vertu manquerait à la race des Fiesque !... Non, aussi vrai que je suis un Fiesque... Séparez-vous... J'y vais aller et tout avouer.

Il veut sortir.

VERRINA *l'arrête.*

Es-tu insensé, homme? Est-ce donc un jeu d'enfans que nous avons entamé? ou bien n'est-ce pas la cause de la patrie? Arrête. Est-ce à la personne d'André que tu en voulais, et non au tyran? Arrête, te dis-je; je te fais prisonnier comme traître à l'Etat.

QUELQUES CONJURÉS.

Attachez-le, terrassez-le.

FIESQUE, *arrachant l'épée de l'un d'eux, et se faisant passage.*

Doucement donc ! Qui le premier jettera un lacs sur le lion ?... Vous le voyez, messieurs, je suis libre; je pourrais aller où je voudrais; maintenant je veux rester, car j'ai une autre pensée.

BOURGOGNINO.

La pensée de vos devoirs?

FIESQUE, *avec colère et fierté.*

Jeune homme ! apprenez d'abord à bien savoir les vôtres envers moi, et ne vous occupez jamais des miens. — Calmez-vous, messieurs; tout demeure comme auparavant... (*Au Maure, en détachant ses liens.*) — Tu as le mérite d'avoir donné lieu à une grande action... va-t'en.

CALCAGNO, *furieux.*

Comment ! comment ! laisser la vie à ce païen ? la vie, et il nous a tous trahis ?

FIESQUE.

La vie, et il vous a tous glacés de peur ! — Va-t'en, camarade; et prends garde de ne pas tomber entre les mains des Génois ; ils pourraient venger leur courage sur toi.

LE MAURE.

Comme on dit, le diable ne laisse jamais ses amis dans la peine... Votre très-obéissant serviteur, messieurs... Je commence à croire qu'il n'y a pas de potence plantée pour moi en Italie. J'irai en chercher ailleurs.

Il sort en riant.

SCÈNE X.

UN DOMESTIQUE *entre ;* LES PRÉCÉDENS, *excepté le Maure.*

LE DOMESTIQUE.

La comtesse Impériali a déjà demandé trois fois votre seigneurie.

FIESQUE.

Ah ! vraiment, il faut bien que la comédie commence... Dis-lui que j'y serai à l'instant... Attends... Tu prieras ma femme de venir dans la salle du concert, et de m'y attendre derrière la tapisserie. (*Le domestique sort.*) — J'ai écrit sur ce papier tous vos rôles ; que chacun s'acquitte du sien, il n'y a plus rien à dire. Verrina se rendra d'abord au port, et quand on se sera emparé des vaisseaux de Doria, il donnera, par un coup de canon, le signal de l'attaque... Je sors... une grande affaire m'appelle. Vous entendrez le bruit d'une sonnette, et alors vous viendrez tous dans la salle de concert. En attendant, entrez, et goûtez mon vin de Chypre.

Ils s'en vont tous.

SCÈNE XI.

La salle de concert.

LÉONORE, ARABELLE, ROSE, *avec un air d'anxiété.*

LÉONORE.

Fiesque a promis de se rendre dans la salle de concert, et il ne vient pas. Onze heures sont sonnées. Le palais retentit d'un bruit terrible d'armes et de soldats, et Fiesque ne vient point !

ROSE.

Vous devez vous cacher derrière la tapisserie. Quelle peut être l'intention de monseigneur ?

LÉONORE.

Rose, il le veut. J'en sais assez pour lui obéir. Arabelle, c'est assez pour m'ôter toute crainte. — Et cependant, cependant je tremble, Arabelle, et mon cœur palpite d'angoisse. Mes filles, au nom du ciel, ne vous éloignez pas de moi.

ARABELLE.

Ne craignez rien. Notre peur arrête notre curiosité.

LÉONORE.

Partout où je jette les yeux, je rencontre des visages inconnus, tels que des spectres hideux et terribles. Quand je leur parle, ils frémissent, semblent tout surpris, fuient dans l'épaisse nuit, cet horrible asile des mauvaises consciences. Quand ils me répondent, c'est avec un accent à demi mystérieux qui, sortant avec peine de leurs lèvres tremblantes, semble douter si le moment est venu de se faire entendre audacieusement. Fiesque !... je ne sais quoi de terrible se prépare ici. — Puissances célestes ! (*elle joint les mains avec grâce*) veillez sur mon cher Fiesque !

ROSE, *effrayée.*

Jésus Maria ! quel bruit dans la galerie ?

ARABELLE.

C'est le soldat qui monte la garde.

Le factionnaire crie qui vive ? en dehors.

LÉONORE.

On vient. Vite, derrière la tapisserie !

Elles se cachent.

SCÈNE XII.

JULIE, FIESQUE, *entrent en se parlant.*

JULIE, *très-troublée.*

Finissez, comte! vos galanteries ne tombent plus dans une oreille distraite, elles pénètrent dans mes brûlantes veines. — Où suis-je? personne ici, que la nuit avec tous ses entraînemens? Où avez-vous conduit ce cœur sans défense?

FIESQUE.

Ici, où l'amour timide peut prendre plus d'audace, où l'émotion pourra plus librement parler à l'émotion.

JULIE.

Arrêtez, Fiesque! Par tout ce qu'il y a de plus sacré, laissez-moi! Si la nuit n'était pas si obscure, tu verrais la rougeur animer mon visage, et tu aurais pitié de moi.

FIESQUE.

Bien au contraire, Julie. Mon trouble s'accroîtrait en voyant les signes de ton trouble, et je serais plus téméraire.

Il lui baise la main avec passion.

JULIE.

Ami, tes lèvres brûlent de fièvre comme tes discours. Malheureuse! je sens qu'un feu ardent et coupable fait aussi trembler les miennes. Demande de la lumière, je t'en conjure. Les sens trop émus pourraient céder aux dangereux conseils de cette obscurité. Va, leur révolte impétueuse pourrait obtenir un succès impie durant l'absence de la chaste lumière... Retournons vers le monde, je t'en conjure.

FIESQUE, *plus pressant.*

Pourquoi s'inquiéter sans motif, cher amour? La souveraine doit-elle craindre son esclave?

JULIE.

Malheur à vous autres hommes et à vos éternelles contradictions! Ah! votre triomphe le plus dangereux, c'est celui que vous obtenez sur notre amour-propre. T'avouerai-je tout, Fiesque? Ma vertu n'était préservée que par là. C'était seulement mon orgueil qui bravait tes artifices: ma fermeté ne tenait pas à un autre principe. Tu t'es douté de ma ruse, et tu as eu recours à mon trouble; mes forces m'ont abandonnée.

FIESQUE, *d'un ton de confiance.*

Et que perdras-tu à cet abandon?

JULIE, *avec chaleur et émotion.*

Quand je t'aurai sacrifié la sainte pudeur d'une femme, ne pourras-tu pas, si tu veux, me couvrir de honte? Ce que j'aurai perdu! Tu le demandes? Tout! Veux-tu en savoir davantage, railleur? Veux-tu te fasse encore l'aveu que tout le secret de notre habileté féminine consiste seulement dans la chétive précaution de dégarnir le côté faible, et de le livrer seul à tous les efforts de vous autres assiégeans? car, je le dis en rougissant, il serait facilement emporté, et la vertu pourrait bien elle-même tout d'abord encourager l'ennemi par quelque signe d'intelligence. Tout l'art de notre sexe ne consiste qu'à combattre pour un poste qui est sans défense. C'est justement comme aux échecs, où toutes les pièces couvrent un roi qui ne se défend pas: est-il surpris, est-il mat? voilà tout l'échiquier en déroute. (*Après un peu de silence, elle ajoute d'un ton plus sérieux.*) Je t'ai fait le tableau de notre pompeuse faiblesse. — Sois généreux.

FIESQUE.

Et pourtant, Julie, à qui pourrais-tu confier ce trésor mieux qu'à ma tendresse infinie?

JULIE.

Certes, jamais mieux et jamais plus mal. — Écoute, Fiesque, combien durera cet infini? Hélas! j'ai déjà joué trop malheureusement pour vouloir courir le dernier hasard. — Pour te captiver, Fiesque, j'ai témérairement employé tous mes charmes; mais je me méfierais de leur pouvoir pour te retenir. — Mais fi donc! qu'ai-je dit là?

Elle recule et cache son visage dans ses mains.

FIESQUE.

Deux hérésies en un seul mot! se méfier de mon bon goût, et commettre un crime de lèse-majesté envers tes attraits! laquelle des deux est la plus impardonnable?

JULIE, *prête à succomber, et d'une voix émue.*

Le mensonge est l'arme de l'enfer. — Fiesque n'en a pas besoin pour entraîner sa Julie. (*Elle tombe épuisée sur un sofa; après un instant de silence, elle reprend avec solennité.*) Écoute, que je te dise encore un seul mot, Fiesque. Nous sommes des héroïnes, tant que notre vertu ne court pas de danger; des enfans, quand il faut la défendre; (*elle le regarde fixement entre les deux yeux*) des furies quand il faut la venger. — Écoute, Fiesque, si tu m'immolais de sang-froid...

FIESQUE, *d'un ton de voix emporté.*

De sang-froid! de sang-froid! Par le ciel! qu'exige donc l'insatiable vanité d'une femme, si lorsqu'un homme rampe à ses pieds elle doute encore?... Ah! je sens que je me réveille d'un songe. (*Il prend un ton de froideur.*) Mes yeux sont dessillés. Que voulais-je donc mendier? Le moindre abaissement d'un homme est-il payé par les plus grandes faveurs d'une femme? (*Il lui fait une profonde et froide révérence.*) Reprenez courage, madame; maintenant vous êtes en sûreté.

JULIE, *pétrifiée.*

Comte, quel changement!

FIESQUE, *avec la plus grande indifférence.*

Non, madame, vous avez parfaitement raison. Tous deux nous ne pouvons risquer notre honneur qu'une seule fois. (*Il lui baise cérémonieusement la main.*) — J'aurai le plaisir, madame, de vous témoigner mon respect devant l'assemblée.

Il veut sortir.

JULIE *le suit et le retient.*

Demeure! es-tu donc en délire? demeure

Dois-je donc te dire, t'avouer ce que tous tes pareils, à genoux, en larmes, en convulsions, n'auraient pu arracher à ma fierté? Aussi bien la nuit n'est pas assez épaisse pour qu'elle puisse cacher cette ardeur que trahit la rougeur de mon front. — Fiesque! — Ah! je blesse au cœur tout mon sexe, mon sexe me détestera éternellement. — Je t'adore, Fiesque....

Elle tombe à ses genoux.

FIESQUE *ne la relève point, recule de trois pas, et rit d'un air de triomphe.*

J'en suis fâché, signora. (*Il sonne, lève la tapisserie, et prenant la main de Léonore.*) Voici ma femme... — une femme céleste.

Il prend Léonore dans ses bras.

JULIE *se relève en poussant un cri.*

Ah! trahison inouïe!

SCÈNE XIII.

LES CONJURÉS *entrent d'un côté; plusieurs* DAMES *de l'autre.* FIESQUE, LÉONORE *et* JULIE.

LÉONORE.

Mon ami, cela est trop sévère.

FIESQUE.

Un mauvais cœur ne méritait pas moins. Je devais cette satisfaction à tes larmes. (*A l'assemblée.*) — Non, messieurs, non, mesdames, je ne suis pas accoutumé à brûler d'une pareille flamme pour le premier objet venu. Les folies des hommes me divertiront long-temps avant de me séduire. Cette femme mérite toute ma colère, car elle a, pour un ange, préparé ce poison.

Il montre le poison à l'assemblée. On recule d'horreur.

JULIE, *dévorant sa douleur.*

Bien! bien! très-bien, messieurs!

Elle veut sortir.

FIESQUE.

Ayez quelque patience, madame; nous n'avons pas encore fini. Cette noble assemblée apprendra avec plaisir pourquoi j'ai désavoué mon bon sens au point de jouer un roman avec la plus grande coquette de Gênes.

JULIE, *furieuse.*

Ceci ne peut se supporter; mais tremble! (*D'un ton menaçant.*) Doria tient la foudre à Gênes... et je suis sa sœur.

FIESQUE.

Si c'est là le dernier reste de votre venin, il est assez faible. — Il est douloureux d'avoir à vous apporter la nouvelle que Fiesque de Lavagna, du diadème qu'a dérobé votre sérénissime frère, a tissu une corde qui servira cette nuit à pendre le voleur de la république. (*Elle pâlit, et il continue en souriant malignement.*) Vous ne vous attendiez pas à cela?... Eh bien! voyez, (*avec une expression plus mordante*) c'est précisément pour cela que j'ai trouvé nécessaire de donner quelque occupation aux regards observateurs de votre famille; c'est pour cela (*avec insistance*) que je me suis affublé de cette passion d'arlequin; c'est pour cela (*montrant Léonore*) que je négligeais ce diamant, et que je me lançais à la poursuite heureuse de ce faux brillant. Je vous remercie de votre complaisance, signora, et je quitte mon travestissement comique.

Il lui remet son portrait en faisant une profonde révérence.

LÉONORE, *d'un air suppliant, à Fiesque.*

Cher Louis, elle pleure. Votre Léonore tremblante osera-t-elle vous conjurer...

JULIE, *à Léonore, avec arrogance.*

Tais-toi, odieuse femme!

FIESQUE, *à un domestique.*

Soyez galant, mon ami, offrez le bras à cette dame; elle a envie de voir ma prison d'État. Veillez à ce que madame ne soit importunée par personne. L'air du dehors est vif, et l'orage qui cette nuit doit fracasser la tige des Doria pourrait facilement déranger sa coiffure.

JULIE, *sanglotant.*

Que la peste te dévore, le plus noir et le plus dissimulé des hypocrites! (*A Léonore, avec fureur.*) Ne te réjouis pas de ton triomphe; et toi aussi, il te perdra; et lui-même aussi, il se perdra, et... désespoir!

Elle sort.

FIESQUE, *aux convives.*

Vous en avez été témoins... vengez mon honneur aux yeux de Gênes. — (*Aux conjurés.*) Vous viendrez me rechercher quand le canon se fera entendre.

Tous s'éloignent.

SCÈNE XIV.

LÉONORE, FIESQUE.

LÉONORE, *s'approchant de lui avec inquiétude.*

Fiesque! Fiesque!... je ne vous comprends qu'à demi, mais je tremble.

FIESQUE, *avec gravité.*

Léonore, je vous ai vue une fois marcher à la gauche d'une femme de Gênes, je vous ai vue dans les cercles de la noblesse ne donner que la seconde votre main à baiser aux chevaliers... Léonore, cela offensa mes regards; j'ai résolu qu'il n'en fût plus ainsi... et cela cessera. Entendez-vous ce tumulte guerrier dans mon palais? ce que vous redoutez est vrai. — Allez à votre lit, comtesse, et demain... je vous réveillerai duchesse.

LÉONORE, *se tordant les mains, se jette dans un fauteuil.*

Dieu! mes pressentimens!... je suis perdue.

FIESQUE, *assis et avec dignité.*

Laissez-moi vous parler, cher amour. Deux de mes ancêtres ont porté la triple couronne. Le sang des Fiesque ne peut couler librement que sous la pourpre. Votre époux doit-il renoncer à l'éclat héréditaire de sa race? (*Vivement.*) Comment! doit-il s'en reposer pour sa grandeur sur la fantaisie du hasard, qui dans un moment de bonne humeur pourrait, par de nouvelles faveurs, restaurer Jean-Louis Fiesque? Je suis trop orgueilleux pour me laisser accorder ce que moi-même je puis conquérir. Cette nuit même je renverrai à mes aïeux les splendeurs ensevelies dans leur tombeau; les comtes de Lavagna sont finis, les princes de Lavagna commencent.

LÉONORE *secoue la tête, et semble préoccupée d'une sombre image.*

Je vois mon époux tomber sur la poussière percé de profondes blessures! (*D'un ton plus sombre.*) Je vois un silencieux convoi me rapporter le corps déchiré de mon époux! (*Elle se lève tout effrayée.*) La première, la seule balle qu'on tirera, viendra atteindre le cœur de Fiesque.

FIESQUE *la prend tendrement par la main.*

Calmez-vous, mon enfant, une balle ne m'atteindra pas.

LÉONORE *le regarde d'un air sérieux.*

Fiesque peut-il bien ainsi compter sur le ciel? N'y eût-il qu'une chance possible sur mille milliers de chances, cette mille millième peut arriver, et j'aurai perdu mon époux... Penses-y, Fiesque, c'est jouer avec le ciel. Quand il devrait y avoir un million de gagnans et un seul perdant, serais-tu assez téméraire pour jeter le dé, et pour proposer à Dieu cette audacieuse gageure? Quand on veut mettre au jeu tout, chaque coup de dé est un blasphème contre la Divinité.

FIESQUE, *souriant.*

Sois sans inquiétude : la fortune et moi nous nous entendons bien ensemble.

LÉONORE.

Que dis-tu là?... Observe ces supplices de l'âme, que vous nommez jeux et passe-temps... Vois comme la traîtresse amorce ses favoris par quelques cartes heureuses, jusqu'à ce que les ayant animés, exaltés, ils en soient venus à vouloir faire sauter la banque; et alors, à ce coup désespéré, elle les abandonne... O mon époux! tu n'iras point te montrer à ces Génois; tu ne chercheras point à réveiller ces républicains de leur sommeil; quand on a excité la fureur du coursier, on ne peut plus le monter pour son plaisir. Ne te confie pas à ces rebelles. Les habiles qui t'excitent te redoutent; les sots qui t'adorent ne te serviront guère; et partout où je regarde, je vois la perte de Fiesque.

FIESQUE, *se promenant à grands pas.*

Le manque de courage, voilà le danger le plus réel. La grandeur exige un sacrifice.

LÉONORE.

La grandeur, Fiesque! Ah! que mon cœur souffre de ton génie! Eh bien, je veux croire à ta fortune : tu triomphes, je le suppose... Hélas! je serai la plus malheureuse des femmes : malheureuse, si tu échoues; malheureuse, si tu réussis! O mon bien-aimé! je n'ai pas un souhait à former.

Si Fiesque n'est pas doge, il est perdu; s'il est doge, je n'ai plus d'époux.

FIESQUE.

Je ne comprends pas...

LÉONORE.

Ah! cher Fiesque, dans cette région orageuse du trône, la tendre plante de l'amour se dessèche; le cœur d'un homme — et Fiesque lui-même est un homme — est trop étroit pour deux divinités toutes-puissantes, deux divinités si contraires. L'amour verse des larmes et sait comprendre les larmes; l'ambition a des yeux d'airain, que jamais le sentiment n'a animés de son humide éclat. L'amour n'a qu'un seul bien, et renonce à tout le reste de la création : l'ambition est affamée, tout en dépouillant la nature entière. L'ambition fait du monde entier un cachot retentissant du bruit des chaînes : l'amour se forme le rêve d'un Élysée dans un désert... Voudrais-tu te bercer sur mon sein, un vassal révolté viendrait assaillir ton royaume... Voudrais-je me jeter en tes bras, le despote, dans ses angoisses, entendrait quelque assassin se cacher derrière les tapisseries, et sa rentrée le chasserait de chambre en chambre... Oui, le soupçon aux yeux toujours ouverts troublerait enfin la concorde domestique. Quand ta Léonore te présenterait une boisson rafraîchissante, tu repousserais convulsivement la coupe, et tu traiterais ma tendresse d'empoisonnement.

FIESQUE *demeure frappé d'horreur.*

Cesse, Léonore! c'est un odieux tableau.

LÉONORE.

Et cependant ce tableau n'est pas complet. Je te dirais : Sacrifie l'amour à la grandeur, sacrifie le repos, pourvu que Fiesque me reste... Mais, et c'est là le dernier coup, rarement des anges montent sur le trône; plus rarement encore ils en descendent tels qu'ils y montèrent. Celui qui n'a rien à craindre d'aucun homme peut-il avoir pitié d'un homme? Celui qui peut armer chacun de ses désirs des carreaux de la foudre trouvera-t-il nécessaire de leur associer aussi quelques mots de douceur? (*Elle s'arrête, se rapproche timidement de lui, prend sa main et continue avec une tendre amertume.*) Fiesque prince!... Ah! tous ces projets mal conçus, qui décèlent plus de volonté que de puissance, s'élèvent au-dessus de l'homme, sans atteindre à la Divinité. Créations malheureuses d'un misérable créateur!

FIESQUE *se promène avec agitation.*

Cesse, Léonore; le pont a été relevé derrière moi.

LÉONORE *le regarde tendrement.*

Et pourquoi, cher époux? Il n'y a que les actions qui soient irréparables. (*Avec tendresse et séduction.*) Une fois, tu m'as juré que ma beauté avait anéanti tous tes projets. Ou elle s'est flétrie bien vite, ou tu m'as fait un faux serment, perfide. — Interroge ton cœur, et dis-moi qui est coupable. (*Avec chaleur et le serrant dans ses* bras.) Retourne en arrière, sois homme, renonce à tout cela; l'amour te dédommagera. Ah! si mon cœur ne peut calmer cette prodigieuse activité de ton cœur, va, Fiesque, le diadème y sera plus impuissant encore. (*D'un ton caressant.*) Viens, je veux apprendre par cœur tous tes souhaits; je veux confondre en un seul baiser tous les charmes de la nature; je veux retenir dans de célestes et éternels liens mon noble fugitif. Ton cœur est infini, Fiesque; ma tendresse aussi le sera. (*Avec douceur.*) Rendre heureuse une pauvre créature dont le paradis est dans ton sein, cela peut-il laisser un vide dans ton cœur?

FIESQUE, *ébranlé.*

Léonore, qu'as-tu fait? (*Il la prend dans ses bras avec abandon.*) Je ne pourrai paraître aux yeux des Génois...

LÉONORE, *transportée de joie.*

Fuyons, Fiesque; jetons dans la poussière tous ces néants pompeux, et passons notre vie dans la région romantique de l'amour. (*Elle le presse sur son cœur avec ravissement.*) Nos âmes sereines comme l'azur du ciel ne seront jamais ternies par les noires vapeurs du chagrin. Notre vie s'écoulera mélodieusement, comme une source limpide, vers le sein du Créateur.

On entend le coup de canon. Fiesque se relève. Tous les conjurés entrent dans la salle.

SCÈNE XV.

LES PRÉCÉDENS, LES CONJURÉS.

LES CONJURÉS.

Voici le moment!

FIESQUE, *à Léonore, avec fermeté.*

Adieu pour toujours, ou Gênes sera demain à tes pieds.

Il veut partir.

BOURGOGNINO, *s'écriant:*

La comtesse s'évanouit.

Léonore sans connaissance. Tous accourent pour la soutenir. Fiesque se jette à ses pieds.

FIESQUE, *d'une voix déchirante.*

Léonore! Sauvez-la, au nom du ciel! (*Rose et Arabelle accourent pour la soutenir.*) Elle rouvre les yeux... (*Il se relève avec fermeté.*) — Maintenant venez, allons fermer ceux de Doria.

Tous sortent précipitamment.

ACTE CINQUIÈME.

Minuit passé. — La grande rue de Gênes. — Des lampes, placées çà et là devant quelques maisons, s'éteignent successivement. — Dans le fond du théâtre on voit la porte Saint-Thomas qui est encore fermée. — Dans une perspective plus éloignée on aperçoit la mer. — Quelques hommes traversent la place, une lanterne à la main; des patrouilles font la ronde. — Tout est tranquille, seulement la mer est un peu houleuse.

SCÈNE PREMIÈRE.

FIESQUE *arrive armé, et s'arrête devant le palais d'André Doria; ensuite* ANDRÉ.

FIESQUE.

Le vieillard a tenu parole. Toutes les lumières sont éteintes au palais. Les gardes sont éloignés. Je vais sonner. (*Il sonne.*) — Hé! holà! éveille-toi, Doria, tu es trahi, vendu. Doria, éveille-toi! Holà! holà! éveille-toi!

ANDRÉ *paraît à un balcon.*

Qui a sonné?

FIESQUE, *déguisant sa voix.*

Ne le demande pas, fuis. Ton étoile est éclipsée, doge. Gênes se soulève contre toi; tes bourreaux s'approchent, et tu peux dormir, André?

ANDRÉ, *avec dignité.*

Je me souviens que lorsque la mer furieuse tourmentait le vaisseau, lorsque la quille craquait, lorsque le mât était brisé, André Doria dormait paisiblement. — Qui envoie les bourreaux?

FIESQUE.

Un homme plus redoutable que ta mer en fureur, Jean-Louis Fiesque.

ANDRÉ, *souriant.*

Tu veux rire, ami. Choisis le jour pour tes facéties. Minuit n'est pas l'heure pour se divertir.

FIESQUE.

Tu railles ton libérateur?

ANDRÉ.

Je le remercie et je vais me coucher. Fiesque se repose de ses débauches, et n'a pas le temps de songer à Doria.

FIESQUE.

Infortuné vieillard! ne te fie pas à ce serpent. Les sept couleurs resplendissent sur ses écailles brillantes... on approche... et tout-à-coup on est enveloppé de ses replis meurtriers. Raille-toi si tu veux des avertissemens d'un traître; ne te raille pas des conseils d'un ami. Un cheval est sellé dans ta cour; fuis, il est temps; ne méprise pas les avis d'un ami.

ANDRÉ.

Fiesque pense noblement. Je ne l'ai jamais offensé: Fiesque ne me trahira pas.

FIESQUE.

Il pense noblement, il te trahit, et te donne la preuve de l'un et de l'autre.

ANDRÉ.

Eh bien, j'ai une garde qu'aucun Fiesque ne pourrait renverser, s'il ne commande point à des démons.

FIESQUE, *d'un ton railleur.*
Je voudrais parler à cette garde. J'ai une lettre à lui donner à porter dans l'autre monde.
ANDRÉ, *avec grandeur.*
Misérable bouffon! n'as-tu pas compris qu'André Doria a quatre-vingts ans, et que Gênes est heureuse?
Il se retire du balcon.
FIESQUE *le suit des yeux.*
Devais-je donc renverser cet homme avant d'avoir appris que l'égaler est encore plus difficile?... (*Il se promène tout pensif.*) Non, j'ai rendu générosité pour générosité. — Nous sommes quittes, André. Maintenant, suis ta route. La guerre!
Il se jette dans une rue détournée. Le tambour bat de tous côtés. On combat vivement à la porte Saint-Thomas. La porte est enfoncée, et laisse voir le port, où sont des vaisseaux éclairés avec des torches.

SCÈNE II.

GIANETTINO DORIA, *enveloppé d'un manteau écarlate,* LOMELLINO. *Des* SERVITEURS *précèdent portant des flambeaux. Tous semblent empressés.*

GIANETTINO, *s'arrêtant.*
Qui a ordonné de battre la générale?
LOMELLINO.
Un coup de canon est parti des galères.
GIANETTINO.
Les forçats auront voulu briser leurs fers.
On entend de la mousqueterie à la porte Saint-Thomas.
LOMELLINO.
On fait feu ici près!
GIANETTINO.
La porte est ouverte! La garde en rumeur! (*Aux Domestiques.*) Vite, coquins! éclairez-moi; au port!
Ils courent vers la porte.

SCÈNE III.

LES PRÉCÉDENS; BOURGOGNINO *et plusieurs* CONJURÉS. *Ils arrivent par la porte Saint-Thomas.*

BOURGOGNINO.
Sébastien Lescaro est un brave soldat.
CENTURIONE.
Il s'est défendu comme un lion avant de succomber.
GIANETTINO *recule étonné.*
Qu'entends-je? Arrêtez!
BOURGOGNINO.
Qui vient ici avec des flambeaux?
LOMELLINO.
Ce sont des ennemis, prince. Glissez-vous à gauche.
BOURGOGNINO, *élevant la voix.*
Qui va là avec des flambeaux?

CENTURIONE.
Arrêtez! le mot d'ordre?
GIANETTINO, *avec arrogance, et tirant l'épée.*
Soumission et Doria!
BOURGOGNINO, *écumant de rage.*
Le ravisseur de la république et de ma fiancée! (*Aux Conjurés, en se précipitant sur Gianettino.*) Frères, le hasard est heureux : son mauvais démon me le livre.
Il le frappe.
GIANETTINO *tombe en criant.*
Au meurtre! au meurtre! Venge-moi, Lomellino!
LOMELLINO ET LES SERVITEURS, *s'enfuyant.*
Au secours! au meurtre! au meurtre!
CENTURIONE, *criant d'une voix forte.*
Il est tué. Arrêtez le comte!
Lomellino est pris
LOMELLINO, *à genoux.*
Epargnez ma vie, je marcherai avec vous.
BOURGOGNINO.
Le monstre vit-il encore? Laissez fuir ce lâche.
Lomellino s'enfuit.
CENTURIONE.
La porte Saint-Thomas est à nous! Gianettino est mort! courez de toutes vos forces, allez dire cela à Fiesque.
GIANETTINO *se soulève d'une manière convulsive.*
Diable! Fiesque!
Il meurt.
BOURGOGNINO, *retirant son épée du corps de Gianettino.*
Gênes est libre, et aussi ma bien-aimée...
Ils se dispersent dans diverses rues.

SCÈNE IV.

ANDRÉ DORIA, DES ALLEMANDS.

UN ALLEMAND.
L'attaque est sur un autre point : montez à cheval, duc.
ANDRÉ.
Laisse-moi regarder encore une fois les remparts de Gênes et le ciel. Non, ce n'est pas un songe, André est trahi.
UN ALLEMAND.
L'ennemi est de tous les côtés; fuyez, fuyez à la frontière.
ANDRÉ *se jette sur le corps de son neveu.*
Je veux finir ici : ne me parlez plus de fuir. Ici gît toute la force de ma vieillesse. Ma carrière est finie.

Calcagno et quelques conjurés dans l'éloignement.

UN ALLEMAND.
Voici les assassins! les assassins! fuyez, mon vieux prince.
Les tambours recommencent à se faire entendre.
ANDRÉ.
Écoutez, étrangers, écoutez. Ce sont là des

Génois dont j'ai brisé le joug. (*Il s'enveloppe de son manteau.*) Récompense-t-on ainsi dans votre pays?

UN ALLEMAND.

Fuyez, fuyez, pendant que leurs épées s'émoussent à frapper vos Allemands.

Calcagno approche.

ANDRÉ.

Sauvez-vous, laissez-moi. Allez épouvanter les nations par cette nouvelle : Les Génois ont tué leur père!

UN ALLEMAND.

Fuyez; notre résistance vous donne du temps... Camarades, tenez ferme... Plaçons le duc au milieu de nous. (*Ils tirent leurs épées.*) Châtions ces chiens d'Italiens, qui ne respectent point des cheveux blancs.

CALCAGNO *s'écrie.*

Qui va là? Qui vive?

LES ALLEMANDS, *l'attaquant.*

Des épées allemandes!

Ils combattent. On emporte le corps de Gianettino.

SCÈNE V.

LÉONORE, *en habit d'homme;* ARABELLE *la suit. Toutes deux arrivent tremblantes.*

ARABELLE.

Venez, madame; ah! venez donc.

LÉONORE.

C'est ici que la sédition fait rage... Écoute, n'est-ce pas le gémissement d'un mourant?... Malheureuse! ils l'auront enveloppé! C'est sur Fiesque qu'ils auront dirigé leurs coups... sur celui qui est à moi... ils le frappent... Arrêtez! c'est mon époux.

Dans son égarement, elle élève les bras vers le ciel.

ARABELLE.

Au nom du ciel!

LÉONORE, *toujours plus égarée, va criant de tous côtés.*

Fiesque! Fiesque! Fiesque!... Ils l'abandonnent... les plus fidèles... Ah! elle est incertaine la fidélité des rebelles. (*Avec un effroi plus vif.*) Ce sont des rebelles que commande mon époux! Arabelle! ô ciel! mon cher Fiesque combat pour la rébellion!

ARABELLE.

Non, mais comme l'arbitre redoutable du destin de Gênes.

LÉONORE, *attentive.*

Qu'est-ce donc... Léonore aurait tremblé? Le premier des républicains aurait pour femme la plus faible des républicaines? Oui, Arabelle, quand les hommes se disputent les États, les femmes doivent aussi avoir de l'âme. (*Le tambour recommence.*) Je veux me jeter parmi les combattans.

ARABELLE, *joignant les mains.*

Dieu de miséricorde!

LÉONORE.

Arrête! contre quoi mon pied s'est-il heurté? Voici un manteau, un chapeau. Une épée est là par terre. (*Elle la soulève.*) C'est une lourde épée, chère Arabelle; cependant je puis la soulever, et je saurai la porter sans honte.

On entend le tocsin.

ARABELLE.

Entendez-vous? entendez-vous? le tocsin sonne à la tour des Dominicains. Dieu de miséricorde! quel bruit épouvantable!

LÉONORE, *avec enthousiasme.*

Dis : quel ravissement! C'est Fiesque qui, par ce tocsin, s'adresse aux Génois. (*Le tambour se fait entendre plus fort.*) En avant! en avant! jamais musique ne me parut plus douce. C'est aussi mon cher Fiesque qui anime ces tambours. Ah! que mon cœur est exalté! Gênes entière se réveille. De vils mercenaires marchent à son nom, et sa femme se montrerait craintive! (*Le tocsin se fait entendre dans trois autres clochers.*) Non, le héros doit tenir dans ses bras une héroïne... Brutus doit tenir dans ses bras une Romaine. (*Elle se couvre du chapeau, et jette sur ses épaules le manteau d'écarlate.*) Je suis Porcia!

ARABELLE.

Madame! vous ne vous apercevez pas de votre terrible exaltation : non, vous ne vous en doutez pas.

Le tocsin et les tambours retentissent.

LÉONORE.

Misérable! tu entends tout ceci, et tu n'éprouves pas d'exaltation! Les pierres s'affligent de ne pouvoir se précipiter sur les pas de Fiesque... Ces palais s'irritent contre le constructeur qui les enchaîna si fortement à terre, qu'ils ne peuvent se précipiter sur les pas de Fiesque... Les rivages, s'ils le pouvaient, abandonnant leur poste, livreraient Gênes à la mer, pour s'élancer au signal de ces tambours... Ce qui arrache la nature inanimée des liens qui l'enveloppent ne peut éveiller ton courage! Va, je saurai trouver mon chemin.

ARABELLE.

Grand Dieu! vous ne voudrez pas vous livrer à un tel désir?

LÉONORE, *avec fierté et héroïsme.*

Je l'accomplirai, âme grossière! (*Avec chaleur.*) Au plus fort de la mêlée, où Fiesque combat en personne... Est-ce Lavagna, leur entendrai-je demander, est-ce celui que personne ne peut vaincre? celui dont la main de fer a saisi le destin de Gênes? Est-ce Lavagna, Génois? — C'est lui, répondrai-je, et cet homme est mon époux, et j'ai été blessée avec lui.

Sacco et plusieurs conjurés arrivent.

SACCO, *criant.*

Qui vive? Fiesque ou Doria?

LÉONORE, *transportée.*

Fiesque et liberté!

Elle se jette dans une rue détournée; la foule la sépare d'Arabelle.

SCÈNE VI.

SACCO, *à la tête d'un rassemblement;* CALCAGNO, *arrivant avec un autre groupe.*

CALCAGNO.

André Doria est en fuite.

SACCO.

Mauvaise recommandation pour toi auprès de Fiesque !

CALCAGNO.

Ce sont des lions, ces Allemands ! ils étaient là devant le vieillard comme des rochers : je n'ai pu l'entrevoir... Neuf des nôtres y ont péri ; je suis moi-même blessé à l'oreille gauche. S'ils combattent ainsi pour des tyrans étrangers, comment donc doivent-ils défendre leurs princes ?

SACCO.

Nous avons déjà un fort parti : les portes sont à nous.

CALCAGNO.

On se bat vivement, ce me semble, au château.

SACCO.

Bourgognino est là. Et Verrina, que fait-il ?

CALCAGNO.

Il est entre la ville et la mer, comme un infernal cerbère : une souris n'y passerait pas.

SACCO.

Je vais sonner le tocsin dans les faubourgs.

CALCAGNO.

Je vais à la place Sarzano. Allons, tambours.

Ils continuent leur marche avec les tambours.

SCÈNE VII.

LE MAURE, UNE TROUPE DE VOLEURS, *avec des mèches allumées.*

LE MAURE.

Sachez, mes drôles, que c'est moi qui ai mis le pot au feu. On ne m'a pas donné de cuillère, c'est bon. Le lièvre vient tout droit à moi. Nous brûlerons et nous pillerons. Ils sont là-bas à se taper pour un duché ; nous, brûlons les églises pour réchauffer un peu ces apôtres qui sont tout glacés.

Ils se jettent dans les maisons d'alentour.

SCÈNE VIII.

Un caveau souterrain éclairé par une seule lampe. Le fond du théâtre est plongé dans l'obscurité. — Berthe seule, la tête couverte d'un voile noir, est assise sur une pierre, au-devant de la scène. Après un silence assez long, elle se lève et fait quelques pas.

BERTHE, *ensuite* BOURGOGNINO, *puis* VERRINA.

BERTHE.

Aucun bruit encore ! aucun pas d'homme ne se fait entendre ? mon libérateur ne s'avance point vers ce lieu ?... Terrible attente !... terrible et vaine comme l'anxiété de l'homme enseveli vivant dans son tombeau !... — Et qu'attends-tu donc dans ton illusion ? un serment irrévocable te tient prisonnière en ce caveau. Gianettino Doria doit tomber, Gênes doit être libre, ou Berthe doit se consumer sous cette voûte... ainsi l'a proclamé le serment de mon père. Prison horrible, qui n'a d'autre clef que le dernier soupir d'un tyran si bien défendu ! (*Elle promène ses yeux autour d'elle.*) Que ce silence est lugubre ! affreux comme le silence du tombeau. Une nuit effrayante règne dans les coins de mon cachot, et ma lampe menace de s'éteindre. (*Elle se promène d'un pas rapide.*) Oh ! viens, viens, mon bien-aimé ! il est terrible de mourir ici. (*Silence; puis elle se lève, et parcourt son cachot en joignant les mains et montrant tous les signes de la douleur.*) — Il m'a oublié ! il a manqué à son serment ! il a oublié sa chère Berthe ! Les vivans ne s'informent plus des morts, et cette voûte est un tombeau. N'espère plus rien, malheureuse ! l'espérance ne fleurit qu'aux lieux où Dieu apparaît : dans cette prison, Dieu n'apparaît point. (*Nouveau silence. Elle reprend avec plus d'anxiété.*) — Ou bien mes libérateurs auraient-ils succombé ? l'audacieuse conjuration aurait-elle échoué, et les dangers auraient-ils surmonté le courageux jeune homme ?... O malheureuse Berthe ! peut-être en ce moment leurs ombres planent dans ton cachot et pleurent sur tes espérances. (*Elle pousse un cri.*) Dieu ! Dieu ! ainsi je suis perdue, il n'y a plus de salut ; s'ils ne sont plus, je suis livrée à l'horrible mort sans nul salut. (*Elle s'appuie contre la muraille, et après un moment de silence elle continue avec tristesse.*) Et s'il vivait encore, mon bien-aimé... s'il arrivait pour accomplir sa parole, pour emmener en triomphe sa fiancée, et qu'il trouvât tout ici muet et désert, et qu'un cadavre inanimé fût là ne pouvant répondre à sa joie..., si ses baisers enflammés s'efforçaient vainement de rappeler sur mes lèvres la vie fugitive ; si ses larmes coulaient stérilement sur moi... si mon père gémissant se précipitait sur sa fille, et que le cri de sa douleur retentît dans les murs glacés de cette prison... oh ! alors, alors, voûtes sombres, ayez soin de leur taire mes sanglots ; dites-leur que j'ai su souffrir comme une héroïne, et que mon dernier soupir a été un pardon. (*Elle tombe épuisée sur la pierre. — Silence. — On entend un bruit confus de tocsin et de tambours retentir de tous les côtés. — Berthe se relève.*) Écoutons ! Qu'est-ce donc ? ai-je bien entendu, ou bien est-ce un songe ? les cloches retentissent d'une manière terrible. Ce n'est pas le son qu'elles font entendre pour appeler au service de Dieu. (*Le bruit se rapproche et devient plus fort.* Elle *court çà et là tout effrayée.*) Plus fort, toujours plus fort ! Dieu ! c'est le tocsin ! c'est le tocsin ! l'ennemi a-t-il pénétré dans la ville ? Gênes est-elle livrée aux flammes ? c'est un bruit plus violent et plus terrible que les cris d'un millier d'hommes. Qu'est-ce donc ? (*On frappe violemment à la porte.*) On vient ici... les ver-

roux s'ouvrent. (*Elle court précipitamment au fond du théâtre.*) Quelqu'un! quelqu'un! la liberté! le salut! la délivrance!
BOURGOGNINO, *se précipitant l'épée à la main; quelques hommes le suivent portant des torches; il s'écrie :*
Tu es libre, Berthe, le tyran est mort : ce glaive l'a frappé.
BERTHE, *se jetant dans ses bras.*
Mon sauveur! mon ange libérateur!
BOURGOGNINO.
Entends-tu le tocsin? Entends-tu le bruit des tambours? Fiesque est vainqueur. Gênes est libre. La malédiction de ton père est rachetée.
BERTHE.
Dieu! Dieu! il m'importe aussi ce bruit terrible, ce retentissement des cloches!
BOURGOGNINO.
Oui, Berthe : elles célébreront notre mariage; quitte cette horrible prison, et suis-moi à l'autel.
BERTHE.
A l'autel, Bourgognino? maintenant, au milieu de la nuit? parmi ce tumulte, cette fureur, cette épouvante, lorsque le monde tremble sur son axe?
Verrina entre sans être aperçu, et s'arrête en silence auprès de la porte.
BOURGOGNINO.
Oui, pendant cette belle, cette magnifique nuit, où Gênes entière solennise la liberté, comme le gage de l'amour. Ce glaive teint du sang du tyran sera ma parure nuptiale. Le prêtre mettra dans ta main cette main encore échauffée de son œuvre héroïque. Ne crains rien, mon amour, et accompagne-moi à l'église.
Verrina s'approche, se place entre eux et les embrasse.
VERRINA.
Dieu vous bénisse, mes enfans!
BERTHE *et* BOURGOGNINO, *tombant à ses pieds.*
O mon père!
VERRINA *place ses mains sur eux.* — Silence. — *Puis il se tourne vers Bourgognino d'un air solennel.*
N'oublie jamais combien tu l'as chèrement acquise. N'oublie jamais que ton hymen date de la liberté de Gênes. (*Il se tourne avec gravité et noblesse vers Berthe.*) — Tu es la fille de Verrina! et ton mari a frappé le tyran. (*Après un instant de silence, il leur fait signe de se lever, et leur dit le cœur serré.*) — Le prêtre vous attend.
BERTHE *et* BOURGOGNINO *à la fois.*
Eh quoi! mon père, ne voulez-vous point être avec nous?
VERRINA, *avec une extrême gravité.*
Un devoir terrible m'appelle près d'ici; ma bénédiction vous accompagne. (*On entend les trompettes, les timbales et les cris de joie.*) — Sais-tu quels sont ces cris de joie?
BOURGOGNINO.
On proclame Fiesque doge. Le peuple l'adore comme un dieu, et demande la pourpre. La noblesse voit cela avec désespoir, et n'ose dire : Non.

VERRINA, *souriant avec amertume.*
Tu vois bien, mon fils, que je dois me hâter pour être le premier à prêter au nouveau monarque mon serment de soumission.
BOURGOGNINO, *effrayé, l'arrête.*
Que voulez-vous faire? je ne vous quitte pas.
BERTHE, *s'attachant à Bourgognino.*
Dieu! qu'est-ce donc, Bourgognino? Quel dessein couve mon père?
VERRINA.
Mon fils, j'ai converti en or tout notre avoir, et je l'ai porté sur ton vaisseau. Prends ta fiancée et embarque-toi sans délai. Peut-être vous suivrai-je... peut-être... pour jamais... Faites voile pour Marseille, et (*il les embrasse avec émotion*) que Dieu vous accompagne!
BOURGOGNINO, *d'un ton de résolution.*
Verrina, je demeure; il y a encore des dangers.
VERRINA *le ramène vers Berthe.*
Orgueil insatiable! Réjouis-toi avec ta fiancée. Tu as expédié ton tyran, laisse-moi le mien.
Ils sortent.

~~~~~~

SCÈNE IX.

La porte Saint-Thomas et le port, comme au commencement de l'acte.

FIESQUE *arrive en toute hâte*, CIBO, *suite.*

FIESQUE.
Qui a mis le feu?
CIBO.
Le château vient de se rendre.
FIESQUE.
Qui a mis le feu?
CIBO, *donnant l'ordre à son détachement.*
Qu'une patrouille saisisse les coupables.
Quelques hommes se détachent.
FIESQUE, *avec colère.*
Veulent-ils faire de moi un incendiaire? Vite, qu'on apporte des pompes et des seaux. (*On y va.*) Mais Gianettino est-il donc pris?
CIBO.
On le dit.
FIESQUE, *impétueusement.*
On ne fait que le dire? Qu'est ce qui le dit? Cibo, sur votre honneur, serait-il échappé?
CIBO, *pensif.*
Si je m'en rapporte à mes yeux plutôt qu'au récit d'un de nos seigneurs, Gianettino serait vivant.
FIESQUE, *avec emportement.*
Il y va de votre tête, Cibo!
CIBO.
Encore une fois, je l'ai vu passer, il n'y a pas cinq minutes, avec son panache jaune et son manteau écarlate.
FIESQUE, *hors de lui.*
Ciel et enfer! Cibo, je ferai trancher la tête à Bourgognino. Volez, Cibo! qu'on ferme toutes les portes de la ville; que toutes les felouques

soient coulées, pour qu'il ne puisse s'échapper par mer... Ce diamant, le plus riche qui soit à Gênes, Lucques, Venise, Pise, celui qui viendra me dire : Gianettino est mort... ce diamant est lui. (*Cibo sort précipitamment.*) Volez, Cibo.

SCÈNE X.

FIESQUE, SACCO, LE MAURE, SOLDATS.

SACCO.
Nous avons trouvé le Maure qui jetait cette mèche allumée dans l'église des Jésuites.

FIESQUE.
Je t'ai pardonné ta trahison, parce que c'était moi qu'elle atteignait : l'incendiaire mérite la corde. Allez, et qu'on le pende sur-le-champ à la porte de l'église.

LE MAURE.
Fi donc! cela vient mal à propos. Ne pourriez-vous pas marchander un peu sur cela ?

FIESQUE.
Non.

LE MAURE, *d'un ton de confiance.*
Envoyez-moi une fois aux galères pour épreuve.

FIESQUE *fait signe aux soldats.*
A la potence.

LE MAURE, *impudemment.*
Je veux me faire chrétien.

FIESQUE.
L'Église ne veut pas du rebut de l'idolâtrie.

LE MAURE, *d'un ton caressant.*
Envoyez-moi du moins dans l'éternité le ventre plein.

FIESQUE.
A jeun.

LE MAURE.
Mais ne me pendez pas à une église chrétienne.

FIESQUE.
Un chevalier n'a que sa parole. Je t'ai promis une potence à toi tout seul.

SACCO, *avec humeur.*
Pas tant de balivernes, païen ; on a autre chose à faire.

LE MAURE.
Mais... si par hasard... la corde cassait ?

FIESQUE, *à Sacco.*
On la prendra double.

LE MAURE, *résigné.*
A la bonne heure ! et que le diable s'apprête pour mon arrivée imprévue.

Il sort avec des soldats, qui le pendent dans l'éloignement.

SCÈNE XI.

FIESQUE, LÉONORE *paraît dans le fond, enveloppée du manteau écarlate de Gianettino.*

FIESQUE *l'aperçoit, avance, revient sur ses pas, puis avec une fureur étouffée.*
N'ai-je pas reconnu ce panache et ce manteau ? (*Il s'approche vivement.*) Oui, je reconnais ce panache et ce manteau. (*Il s'élance avec fureur et frappe.*) Si tu es animé d'une triple vie, relève-toi, et marche !

Léonore tombe en poussant un cri. On entend une marche triomphante de tambours, de trompettes et de hautbois.

SCÈNE XII.

FIESQUE, CALCAGNO, SACCO, CENTURIONE, CIBO, *Soldats avec leurs drapeaux et de la musique.*

FIESQUE, *allant au-devant de la marche triomphale.*
Génois ! le sort en est jeté ! Ici est tombé le serpent qui rongeait mon âme, l'horrible objet de ma haine... Gianettino ! — Élevez vos armes.

CALCAGNO.
Et je viens vous dire que les deux tiers de Gênes embrassent votre parti et se rangent sous l'étendard de Fiesque.

CIBO.
Et moi je suis envoyé par Verrina, qui, du vaisseau amiral, vous envoie son salut et l'empire sur le port et la mer.

CENTURIONE.
Et moi, par le gouverneur de la ville, qui vous envoie son bâton de commandement et les clefs.

SACCO, *un genou en terre.*
Et, en ma personne, le grand et le petit conseil de la république se prosternent devant leur seigneur. Ils demandent, à vos pieds, faveur et pardon.

CALCAGNO.
Que je sois le premier à féliciter le vainqueur au milieu de sa ville. — Salut à vous ! — Baissez les étendards. — A vous, doge de Gênes !

TOUS, *ôtant leur chapeau.*
Salut, salut, au doge de Gênes !

Fiesque, pendant tout ce temps, est resté dans une attitude pensive, la tête penchée sur sa poitrine.

CALCAGNO.
Le peuple et le sénat attendent le moment de saluer leur noble souverain revêtu des ornemens royaux. Permettez-nous, sérénissime doge, de vous conduire en triomphe à la seigneurie.

FIESQUE.
Permettez d'abord que j'obéisse à mon cœur. J'ai laissé dans des angoisses déchirantes une personne bien chère, une personne qui doit partager avec moi la gloire de cette nuit. (*D'un ton ému.*) Soyez assez bons pour m'accompagner vers votre auguste et aimable duchesse.

Il veut sortir.

CALCAGNO.
Devrait-on laisser ici le corps de cet infâme assassin, dérober sa honte en un coin obscur ?

CENTURIONE.
Place sa tête sur une hallebarde !

CIBO.
Que son corps déchiré soit traîné sur le pavé !

On approche du corps avec des flambeaux.

CALCAGNO, *épouvanté et à demi-voix.*
Regardez-le, Génois... Par le ciel ! ce n'est point le visage de Gianettino.

Tous demeurent muets, regardant le cadavre.

FIESQUE *reste immobile, jette un regard détourné, puis détourne lentement ses yeux qui deviennent fixes ; son expression est convulsive.*
Non, par l'enfer ! ce n'est point là le visage de Gianettino. Malice des démons ! *(Il promène ses regards autour de lui.)* Gênes est à moi, dites-vous ?... à moi ?... *(Il pousse d'horribles cris de rage.)* Illusion de l'enfer ! c'est ma femme ! *(Il tombe comme frappé de la foudre. Les Conjurés restent dans un silence morne et profond. Fiesque se relève à demi, et reprend d'une voix éteinte.)* Aurais-je tué ma femme, Génois ? — Je vous en conjure, ne contemplez pas ce jeu de la nature avec des visages pâles comme des fantômes ! — Dieu soit loué ! Il y a des coups du sort que l'homme ne peut craindre ! et cela parce qu'il est seulement un homme. Les joies du ciel lui sont refusées ; comment redouterait-il les tourmens de l'enfer ? — Et cette méprise serait encore quelque chose au-delà ! *(Avec un calme effrayant.)* Génois, grâce à Dieu, cela ne peut pas être.

SCÈNE XIII.

LES PRÉCÉDENS, ARABELLE *accourt tout en pleurs.*

ARABELLE.
Qu'ils me tuent ! Qu'ai-je maintenant à perdre ? — Ayez pitié de moi. — J'ai quitté ici ma maîtresse, et je ne puis la retrouver nulle part.

FIESQUE *s'approche d'elle, et lui dit d'une voix tremblante.*
Ta maîtresse ne s'appelle-t-elle pas Léonore ?

ARABELLE, *avec joie.*
Ah ! vous êtes ici, mon bon, noble et cher seigneur ! Ne nous grondez pas, nous n'avons pu l'empêcher...

FIESQUE, *avec un sombre emportement.*
L'empêcher ? de quoi faire, suivante maudite ?

ARABELLE.
...De s'élancer...

FIESQUE, *vivement.*
Tais-toi ! — De s'élancer ? où ?

ARABELLE.
Dans la mêlée.

FIESQUE, *avec rage.*
Langue de crocodile ! Son vêtement ?

ARABELLE.
Un manteau d'écarlate.

FIESQUE, *furieux, s'élance sur elle en chancelant.*
Va au dernier fond des enfers ! Et ce manteau ?

ARABELLE.
...Était ici par terre.

PLUSIEURS CONJURÉS, *à demi-voix.*
Gianettino a été tué ici.

FIESQUE, *chancelant et pâle comme la mort, à Arabelle.*
Ta maîtresse est retrouvée. *(Arabelle sort pleine d'anxiété. Fiesque promène des yeux égarés sur toute l'assemblée, puis continue d'une voix tremblante, d'abord affaiblie et étouffée, mais qui s'élève peu à peu jusqu'à la fureur.)* C'est vrai, c'est vrai... Je suis la victime d'une horreur inouïe. *(Avec un mouvement machinal et convulsif.)* Retirez-vous, visages humains ! — Ah ! *(il grince des dents et regarde le ciel)* si je pouvais broyer entre mes dents tout cet univers ! je me sens le besoin de déchirer, avec une joie féroce, toute la nature, jusqu'à ce qu'elle soit conforme à ma douleur. *(A ceux qui l'entourent.)* Hommes, cette race compatissante est là, louant Dieu et se félicitant de ne pas être malheureuse comme moi. — Comme moi !... *(Avec la plus violente agitation.)* Moi seul, je suis atteint. *(Avec une rage impétueuse.)* Moi ! pourquoi moi ? Pourquoi pas ceux-ci de même ? Ne pourrais-je pas émousser ma douleur sur la douleur d'un de mes semblables ?

CALCAGNO, *d'une voix timide.*
Mon cher doge...

FIESQUE, *le saisissant avec une horrible joie.*
Ah ! sois le bien venu ici ! Dieu soit loué ! en voilà un que ce foudre a aussi frappé ! *(Il presse Calcagno dans ses bras.)* Frère de mon désespoir, tu es le bien venu dans mon infernal supplice. Elle est morte ! Tu l'as aussi aimée ! *(Il le conduit vers Léonore, et lui incline la tête vers ce corps.)* Elle est morte ! — Ah ! si je pouvais être à la porte de l'enfer, si mes yeux pouvaient y plonger et voir tous les supplices des coupables damnés, si mon oreille pouvait se rassasier des gémissemens des pécheurs torturés, si je pouvais les voir... que sait-on ? ce serait peut-être un moyen de tromper ma souffrance. *(Il retourne avec effroi vers Léonore.)* Ma femme est assassinée là. — Non, ce n'est pas cela que je dois dire : *(avec expression)* moi, scélérat, j'ai assassiné ma femme. — Et voyez ce qu'il a fallu pour contenter la malignité de l'enfer ! D'abord il me conduit avec art jusqu'au dernier sommet, jusqu'au sommet escarpé et glissant du bonheur ; il m'amène jusque sur le seuil de la demeure céleste, et alors, tout-à-coup... alors... Ah ! si mon souffle pouvait répandre la mort dans les âmes !... alors... alors j'assassine ma femme ! — Non, sa malice est plus raffinée encore. Alors mes yeux se méprennent, et... *(avec une expression terrible)* je frappe ma femme ! *(Avec un rire affreux.)* N'est-ce pas là un chef-d'œuvre ? *(Tous les Conjurés émus s'appuient sur leurs armes ; quelques-uns essuient leurs larmes. — Silence. — Fiesque, épuisé et plus calme, promène ses regards autour de lui.)* Quelqu'un pleure ici ?... Oui, par le ciel ! ces hommes, qui ont égorgé un prince, pleurent aussi. *(Avec une douleur plus calme.)* Parlez ! pleurez-vous sur cette infâme trahison de la mort, ou sur la chute honteuse de mon génie ?... *(Il retourne près de Léonore et dans une attitude de désespoir.)* Ce qui ferait fondre en larmes des meurtriers au cœur de pierre, ne tire du désespoir de

Fiesque que des imprécations. (*Il se jette en pleurant sur Léonore.*) Léonore! pardonne. Le repentir n'est jamais repoussé par les habitans du ciel. (*Avec attendrissement.*) Plus d'une année d'avance, je jouissais, ô Léonore! de la splendeur de ce moment où j'aurais présenté aux Génois leur duchesse. Je voyais déjà la rougeur de la modestie colorer ton aimable visage; déjà un royal orgueil faire palpiter ton sein sous une gaze d'argent; déjà ta douce voix, ne pouvant exprimer ton ravissement... (*Plus vivement.*) Eh! combien retentissaient déjà à mon oreille les solennelles acclamations! combien mes yeux se réjouissaient du triomphe de ma bien-aimée sur l'envie expirante! Léonore!... ce moment est venu... Ton cher Fiesque est doge de Gênes... Et le plus misérable mendiant de Gênes s'estimerait malheureux d'échanger son sort contre ma pourpre et mes douleurs! (*Avec désespoir.*) Une épouse partage sa détresse : avec qui partagerai-je ma grandeur?

Il pleure et laisse tomber sa tête sur Léonore; l'émotion est générale.

CALCAGNO.

C'était une excellente femme.

CIBO.

Que ce malheur demeure encore caché au peuple. Il ôterait courage à nos amis et le rendrait à nos ennemis.

FIESQUE *se relève, et avec une ferme contenance.*

Écoutez, Génois! la Providence, je comprends son avertissement, m'a frappé de cette blessure pour éprouver mon cœur à l'approche de tant de grandeur. C'était une périlleuse épreuve... Maintenant je n'ai plus à redouter ni la souffrance ni l'enivrement... Venez. Gênes m'attend, dites-vous? Je veux donner à Gênes un prince tel que l'Europe n'en a point vu encore. Venez ; je veux faire à cette princesse infortunée des funérailles telles que la vie perdra toutes ses séductions, et que la mort aura plus d'éclat qu'une nouvelle fiancée. Allons, suivez votre doge.

Ils sortent, marchant sous les drapeaux.

SCÈNE XIV.

ANDRÉ DORIA, LOMELLINO.

ANDRÉ.

C'est par là que j'ai entendu leurs clameurs.

LOMELLINO.

Le succès les a enivrés. Les portes sont sans gardes. Tout se porte vers la seigneurie.

ANDRÉ.

Il n'y a que mon neveu de moins. Mon neveu est mort ; entendez-vous, Lomellino?

LOMELLINO.

Comment! encore? Vous espérez encore, doge?

ANDRÉ, *d'un ton grave.*

Ta peur te trouble, Lomellino. Par quelle raillerie m'appellerais-tu doge, si je ne pouvais conserver d'espérance?

LOMELLINO.

Monseigneur, tout un peuple en rumeur pèse pour Fiesque dans la balance... et pour vous!

ANDRÉ, *avec chaleur et majesté.*

Le ciel.

LOMELLINO, *d'un ton moqueur et haussant les épaules.*

Depuis l'invention de la poudre, les anges ne font plus la guerre.

ANDRÉ.

Pitoyable bouffon, qui veut enlever son Dieu à un vieillard au désespoir ! (*D'un ton sévère et impérieux*) Va, et publie qu'André vit encore... André, diras-tu, supplie ses enfans de ne point le chasser, à quatre-vingts ans, chez les étrangers, qui ne lui pardonneront jamais la grandeur de sa patrie. Dis-leur qu'André ne demande à ses enfans que tout juste autant de terre, dans sa patrie, qu'il en faut pour couvrir ses os.

LOMELLINO.

J'obéis, mais sans espérance.

Il veut sortir.

ANDRÉ.

Écoute : prends cette boucle de mes cheveux blancs; tu leur diras que c'est la dernière qui resta sur ma tête, et qu'elle s'en est détachée la troisième nuit de janvier, lorsque Gênes s'est détachée de mon cœur; que j'avais vécu quatre-vingts ans, et que c'est dans ma quatre-vingtième année qu'elle a été ravie à mon front chauve... Des cheveux blancs sont fragiles ; toutefois ils seront assez forts pour rattacher le manteau de pourpre de cet élégant jeune homme.

Il sort en se couvrant le visage. Lomellino s'éloigne rapidement par une rue opposée. On entend des cris tumultueux de joie, des trompettes et des timbales.

SCÈNE XV.

VERRINA, FIESQUE, *en habit de doge. Ils se rencontrent.*

FIESQUE.

Verrina!... je te désirais; en ce moment même je te cherchais.

VERRINA.

Je te cherchais aussi.

FIESQUE.

Verrina ne remarque-t-il aucun changement dans son ami?

VERRINA, *avec réserve.*

Je n'en désire aucun.

FIESQUE.

Mais n'en vois-tu aucun?

VERRINA, *sans le regarder.*

J'espère que non.

FIESQUE.

Je te le demande, n'en trouves-tu aucun?

VERRINA, *après un coup d'œil rapide.*

Je n'en trouve aucun.

FIESQUE.

Ainsi, tu le vois, il n'est donc pas vrai que ce

soit le pouvoir qui fasse les tyrans. Depuis que nous nous sommes quittés, je suis devenu doge de Gênes, et Verrina (*il le presse dans ses bras*) trouve mes embrassemens aussi tendres qu'auparavant.

VERRINA.
Il est fâcheux que je ne puisse les lui rendre qu'avec froideur, et que l'aspect de la majesté tombe, comme un glaive tranchant, entre le doge et moi. Jean-Louis Fiesque possédait un domaine en mon cœur ; il a dérobé Gênes, et je reprends ce qui m'appartenait.

FIESQUE, *étonné.*
Dieu m'en préserve ! ce serait acquérir un duché à un prix usuraire.

VERRINA, *d'une voix sombre.*
Ah ! la liberté est-elle tellement passée de mode que les plus belles républiques soient jetées en étrennes au premier venu ?

FIESQUE, *se mordant les lèvres.*
Tu dis cela à Fiesque, non au doge ?

VERRINA.
Oh ! assurément ! il faut être un homme bien privilégié pour pouvoir entendre la vérité sans lui donner des soufflets... Par malheur, le joueur habile s'est mépris sur une seule carte : il a calculé toute l'action de l'envie ; mais cet homme à l'esprit subtil n'a pas fait entrer le patriotisme dans son compte. (*D'un ton expressif.*) L'oppresseur de la liberté a-t-il découvert quelque artifice pour soumettre au frein la vertu humaine ? Je jure, par le Dieu vivant, qu'avant que la postérité puisse recueillir mes os dans le cimetière d'un duché, il faudra qu'ils aient été brisés sur la roue.

FIESQUE *le prend avec douceur par la main.*
Mais non pas si le doge était ton frère ? si sa souveraineté n'était qu'un trésor destiné à sa bienfaisance, réduite jusqu'ici à une parcimonieuse indigence ? alors Verrina...

VERRINA.
Alors aussi. — Prodiguer le larcin n'a jamais racheté un voleur de la potence. Toute cette générosité manque son effet sur Verrina. Si je permets à mon concitoyen de me faire du bien, j'ai l'espoir de rendre la pareille à mon concitoyen. Les dons du prince sont une grâce, et je ne désire grâce que de Dieu.

FIESQUE, *avec aigreur.*
J'arracherais plutôt l'Italie à la mer Atlantique que ce vieillard à ses opinions !

VERRINA.
Et arracher n'est cependant point ta plus mauvaise action, comme pourrait le témoigner la république, cette victime innocente que tu as arrachée à la fureur des loups, des Doria, pour la dévorer toi-même ! — Mais à propos, doge, dis-moi, quel est le méfait de ce pauvre diable que vous avez fait pendre au clocher des Jésuites ?

FIESQUE.
Cette canaille mettait le feu à Gênes.

VERRINA.
Pourtant cette canaille laissait les lois intactes.

FIESQUE.
Verrina abuse de mon amitié.

VERRINA.
Point d'amitié ! Je te le dis, oui, je ne t'aime plus. Je le jure, je te hais. Je te hais comme le serpent du paradis qui commit dans la création cette première trahison encore saignante après cinq mille ans. — Écoute, Fiesque... ce n'est point de sujet à souverain, ce n'est point d'ami à ami, c'est d'homme à homme que je te parle. (*D'un ton vif et pénétrant.*) Tu as commis une infamie devant le Dieu de vérité, en forçant la vertu de prêter les mains à ton action criminelle, en employant les patriotes de Gênes à la prostitution de Gênes... Fiesque, serais-je aussi devenu assez naïvement stupide pour ne pas pénétrer le fourbe ? Fiesque, par toutes les épouvantes de l'éternité ! je voudrais plutôt ourdir mes propres entrailles, en faire un cordon pour m'étrangler, et te lancer mon dernier souffle à travers l'écume d'une rage convulsive. Cette royale trahison sera bien pesée dans les balances d'or avec tous les péchés des mortels ; mais en attendant tu te ris du ciel, et tu portes ta cause au tribunal de ce monde. (*Fiesque surpris le regarde fixement et en silence.*) Ne songe pas à me répondre. Maintenant nous sommes quittes. (*Après avoir fait quelques pas d'allée et de venue.*) — Doge de Gênes, sur les vaisseaux du tyran d'hier sont, à ce que j'ai appris, une foule de pauvres malheureux qui expient, à coups de rames, leurs vieilles fautes ; leurs larmes coulent dans l'Océan, qui, tel qu'un homme trop riche, néglige de les compter. Un bon prince ouvre son règne par la clémence : voudras-tu te résoudre à délivrer les esclaves des galères ?

FIESQUE, *d'un ton railleur.*
Eh bien ! que ce soit le début de ma tyrannie. Va leur annoncer leur délivrance.

VERRINA.
Tu ne ferais la chose qu'à moitié si tu ne voyais pas leur joie. Jouis-en et vas-y toi-même. Les grands seigneurs sont rarement témoins du mal qu'ils font ; doivent-ils donc être aussi absens lorsqu'ils font le bien ? Je pense qu'un doge n'est pas trop grand pour se priver du contentement du dernier mendiant.

FIESQUE.
Homme, tu m'es bien rude ; mais je ne sais pourquoi il faut que je te suive.

Ils vont du côté de la mer.

VERRINA *s'arrête, et continue avec affliction.*
Pourtant, encore une fois embrasse-moi, Fiesque. Il n'y a ici personne qui puisse voir Verrina pleurer et s'attendrir sur un prince. (*Il le presse sur son cœur.*) Certes, jamais deux plus nobles cœurs n'ont palpité l'un sur l'autre ; et nous nous aimions avec une ardeur fraternelle. (*Vivement*

et fondant en larmes en le tenant embrassé.) Fiesque, Fiesque, tu laisses dans mon cœur un vide que toute la race humaine, fût-elle trois fois plus nombreuse, ne pourra plus remplir.

FIESQUE, *fort ému.*

Sois... mon... ami !

VERRINA.

Rejette cette pourpre odieuse, et je le suis. Le premier prince fut un meurtrier, et teignit son vêtement de pourpre pour cacher les traces de son crime... Écoute, Fiesque... je suis un guerrier, l'attendrissement me sied mal ; voici mes premières larmes... Fiesque... rejette cette pourpre.

FIESQUE.

Tais-toi.

VERRINA, *plus vivement.*

Fiesque, tu me présenterais en récompense toutes les couronnes du globe, tu me présenterais comme épouvantail toutes les tortures, je ne pourrais fléchir le genou devant un mortel... je ne fléchirais point le genou, Fiesque ! (*Il tombe à ses pieds.*) Pour la première fois, je me jette à genoux... rejette cette pourpre.

FIESQUE.

Lève-toi, et ne m'irrite pas davantage.

VERRINA, *d'une voix ferme.*

Je me lève, et ne t'irriterai pas davantage. (*Ils s'approchent d'une planche qui conduit à une galère.*) Le prince a le pas.

Ils sont sur la planche.

FIESQUE.

Pourquoi tirer mon manteau ?... il tombe !

Il tombe.

VERRINA, *avec un sourire affreux.*

Eh bien ! quand la pourpre tombe, le doge doit la suivre.

Il le précipite dans la mer.

FIESQUE, *dans les flots.*

Au secours, Gênes ! au secours ! au secours du doge !

Il disparaît.

SCÈNE XVI.

VERRINA, CALCAGNO, SACCO, CIBO, CENTURIONE, Conjurés, Peuple. *Tous accourent d'un air inquiet.*

CALCAGNO *s'écrie :*

Fiesque ! Fiesque ! André est de retour ; la moitié de Gênes passe du côté d'André. Où est Fiesque ?

VERRINA, *d'un ton ferme.*

Noyé.

CENTURIONE.

Ta réponse sort-elle de l'enfer ou d'une loge de fou ?

VERRINA.

Il a été noyé, si vous l'aimez mieux. — Je passe dans le parti d'André.

Tous demeurent immobiles de surprise.

FIN DE LA CONJURATION DE FIESQUE.

L'INTRIGUE ET L'AMOUR,

TRAGÉDIE BOURGEOISE.

PERSONNAGES.
LE PRÉSIDENT DE WALTER, principal conseiller d'un prince d'Allemagne.
FERDINAND, son fils, major.
M. DE KALB, grand maréchal de la cour.
LADY MILFORD, favorite du prince.
WURM, secrétaire intime du président.

PERSONNAGES.
MILLER, musicien, organiste de la ville.
SA FEMME.
LOUISE, sa fille.
SOPHIE, femme de chambre de lady Milford.
UN VALET DE CHAMBRE DU PRINCE, DES VOISINS.

ACTE PREMIER.

Une chambre chez le musicien.

SCÈNE PREMIÈRE.

MILLER *vient de se lever de son siége, et pose sa basse à côté de lui;* SA FEMME, *encore en robe du matin, est assise devant une table, et prend son café.*

MILLER, *se promenant à grands pas dans la chambre.*

Une fois pour toutes, ce commerce devient sérieux. On commence à parler de ma fille et du baron. Ma maison sera décriée; le bruit en viendra au Président, et... Bref, j'interdirai ma porte au jeune homme.

LA FEMME.

Tu ne l'as pas attiré dans ta maison; tu ne lui as pas jeté ta fille à la tête.

MILLER.

Je ne l'ai pas attiré dans ma maison, je ne lui ai pas jeté ma fille à la tête... qui pourra le savoir? J'étais le maître dans ma maison, j'aurais dû tenir ma fille plus à l'écart... j'aurais dû parler plus sévèrement au major... ou j'aurais dû aller aussitôt en avertir son excellence le Président, son père; le jeune homme en eût été quitte pour une réprimande; et l'orage tombera, je le sais bien, sur le musicien.

LA FEMME, *achevant sa tasse.*

Folies, bavardage! que peut-il t'en arriver? Qui peut t'en vouloir? tu fais ton état, et tu prends les écoliers comme ils se présentent.

MILLER.

Mais dis-moi pourtant ce que deviendra un tel commerce? Épouser cette jeune fille, il ne le peut pas... Il n'est pas même question de mariage... et en faire sa..., Dieu me pardonne!... il faut qu'il s'en passe. Vois-tu, quand un monsieur De s'est accommodé par-ci, par-là, de tous les côtés, le diable sait de quoi, il doit être fort doux à mon gaillard de puiser une fois à une source douce et pure. Prends bien garde! prends bien garde! tu aurais des yeux par tout le corps, un espion à chaque pas, qu'à ton nez il l'enjôlera, lui donnera son paquet, puis s'en ira; et la jeune fille, déshonorée pour la vie, demeurera abandonnée, ou bien, ayant pris goût au métier, le continuera... (*Le poing sur le front.*) Jésus, mon Dieu!

LA FEMME.

Dieu nous en préserve!

MILLER.

Oui, qu'il nous en garde! Comment cet homme au pied léger pourrait-il avoir d'autres vues? La fille est jolie, élégante, elle a un pied mignon : ce qu'elle peut avoir de mieux en elle-même, qu'importe? Quand le bon Dieu vous a mis ici-bas sur un joli pied, on ne vous en demande pas davantage à vous autres femmes... Et d'ailleurs si mon coureur d'aventures avait dépisté aussi ce chapitre-là, eh bien, ce serait une raison de plus... Et, comme mon diable de Rodney dès qu'il a vent d'un Français, il mettrait toutes voiles dehors et courrait dessus... Je ne le blâme pas; un homme est un homme; je dois savoir cela.

LA FEMME.

Si tu lisais seulement les billets charmans et admirables que ce seigneur écrit à ta fille! Mon Dieu! on y voit, clair comme le jour, que pour lui il n'est question que de sa belle âme.

MILLER.

C'est la vraie manière : on veut le sac, et on parle de ce qui est dedans; on veut avoir la gentille personne, et c'est à son bon cœur qu'on adresse des complimens. Comment m'y prenais-je autrefois? Si on est une fois parvenu à ce que les âmes se disent oui, les corps prennent exemple là-dessus; ce sont des serviteurs qui imitent leurs maîtres; et enfin, le clair de lune se prête obligeamment à tout.

LA FEMME.

Mais si tu voyais les livres magnifiques que monsieur le major a envoyés à la maison. Aussi, ta fille prie toujours dedans.

MILLER *siffle.*

Oui-da! prier! tu t'y connais!... Les simples mets de la nature sont trop verts pour un friand comme son excellence; il faut auparavant qu'il les fasse cuire à cette infernale cuisine de belles paroles. Au feu, toutes ces drogues-là! cette fille s'y nourrit... Dieu sait de quoi... des balivernes célestes qui lui allumeront le sang comme des cantharides, et qui chasseront ce peu de religion dont son père lui a donné tout au plus le nécessaire... Au feu, dis-je! cette fille se met dans la tête tout un fatras du diable; avec toutes ses promenades dans un pays de Cocagne, elle se dégoûtera enfin de la maison, elle sera honteuse de ce que son père est le musicien Miller; et me refusera, à la fin, quelque brave et honnête gendre, qui eût succédé tout chaud à mes pratiques. — Non, Dieu me damne! (*il se lève*) il faut battre le fer pendant qu'il est chaud. Et quant au major... je lui montrerai le chemin de la porte.

Il veut sortir.

LA FEMME.

Sois tranquille, Miller. Combien de bons écus nous ont seulement valu les présens!...

MILLER *revient, et se place devant elle.*

Le prix du sang de ma fille? va-t'en au diable, infâme entremetteuse! J'aimerais mieux aller demander l'aumône avec mon violon, et donner des concerts dans la rue pour un morceau de pain... j'aimerais mieux briser ma basse, ou la remplir de fumier, que de me laisser amadouer par de l'argent gagné au prix de l'âme de mon unique enfant et de sa félicité. Jette-moi là ton maudit café et ton tabac, et tu n'auras pas besoin de mener au marché le visage de ta fille. J'avais de quoi dîner mon soûl, et je portais une bonne chemise sur le corps, avant qu'un malheureux damoiseau eût pris goût à mon poêle.

LA FEMME.

Ne casse pas les vitres. Te voilà à présent jetant feu et flammes. Je dis seulement qu'on ne doit pas dégoûter monsieur le major, car il est le fils du Président.

MILLER.

Voilà où gît le lièvre : c'est justement pour cela que la chose doit finir aujourd'hui; le Président m'en aura obligation, si c'est un père raisonnable. Tu me brosseras mon habit de peluche rouge, et je me ferai annoncer chez son excellence. Je dirai à son excellence : « Monsieur, votre fils a jeté les yeux sur ma fille; ma fille est de trop basse condition pour être la femme de monsieur votre fils; mais ma fille m'est trop chère pour devenir la maîtresse de monsieur votre fils; et par conséquent... je m'appelle Miller. »

SCÈNE II.

LES PRÉCÉDENS, LE SECRÉTAIRE WURM.

LA FEMME.

Eh! bonjour, monsieur le secrétaire. Enfin, on a le plaisir de vous voir.

WURM.

Le plaisir est de mon côté, de mon côté, chère madame. Quand on a entendu les gracieusetés d'un cavalier, on ne tient pas grand compte de mon compliment bourgeois.

LA FEMME.

Que dites-vous là, monsieur le secrétaire? Sûrement, dans sa grande bonté, monsieur le major de Walter nous fait quelquefois ce plaisir; mais nous ne méprisons personne.

MILLER, *avec humeur.*

Un siége à monsieur, ma femme. Posez votre chapeau, mon cher monsieur.

WURM *pose sa canne et son chapeau.*

Eh bien! eh bien! comment va ma future, ou plutôt ma passée? Ne puis-je pas cependant espérer?... n'aura-t-on pas l'avantage de la voir... mamselle Louise?

LA FEMME.

Grand merci de votre attention, monsieur le secrétaire : ma fille n'est pas du tout fière.

MILLER *la pousse du coude avec impatience.*

Ma femme!

LA FEMME.

Je suis fâchée qu'elle ne puisse pas avoir l'honneur de la visite de monsieur le secrétaire. Elle est à présent à la messe, ma fille.

WURM.

Cela me fait plaisir, cela me fait plaisir. J'aurai un jour en elle une femme bonne chrétienne.

LA FEMME, *souriant d'un air de finesse stupide.*

Oui... mais monsieur le secrétaire...

MILLER, *dans un visible malaise, lui tire l'oreille.*

Ma femme!

LA FEMME.

Si quelque chose d'ailleurs chez nous pouvait être à votre service... avec bien du plaisir, monsieur le secrétaire.

WURM, *avec un regard de fausseté.*

Quelque chose d'ailleurs! Grand merci! grand merci! ah! ah!

LA FEMME.

Mais comme monsieur le secrétaire lui-même le voit bien.

MILLER, *en colère, lui donne un coup par derrière.*

Ma femme!

LA FEMME.

Ce qui est bon est bon, ce qui est meilleur est meilleur : on ne peut pas s'opposer au bonheur de son unique enfant. (*Avec une fierté rustique.*) Vous m'entendez bien, monsieur le secrétaire.

WURM *s'agite sur sa chaise, se gratte l'oreille, et rajuste ses manchettes et son jabot.*

Vous entendre? mais non... ah! oui... Que voulez-vous dire?

LA FEMME.

Mais... mais... je pensais que... je veux dire... (*Elle tousse.*) Si le bon Dieu voulait tout simplement que ma fille devînt une dame...

WURM, *se levant de sa chaise.*

Que dites-vous là? comment?

MILLER.

Restez assis, restez assis, monsieur le secrétaire. Ma femme est une sotte buse! Et comment deviendrait-elle une dame? Il faudrait être plus bête qu'un âne pour prêter l'oreille à ce bavardage.

LA FEMME.

Crie tant que tu voudras : je sais ce que je sais; et ce que le major a dit est dit.

MILLER, *hors de lui, saute sur son violon.*

Veux-tu bien tenir ta langue? veux-tu que je te donne de mon violon par la tête? Qu'est-ce que tu peux savoir? Qu'a-t-il pu dire? — Ne prenez pas garde à son caquet, mon cher monsieur. — Va-t-en à la cuisine. — Ce serait me prendre pour le propre cousin germain d'une bête que de croire que j'ai de pareilles idées de ma fille. — Vous n'avez pas cette idée-là de moi, monsieur le secrétaire?

WURM.

Aussi bien je n'aurais pas mérité cela de votre part, monsieur le musicien. Vous m'avez toujours paru homme de parole, et mes prétentions sur votre fille étaient à peu près comme agréées. J'ai un emploi qui peut très-bien marier son homme; le Président me veut du bien; les recommandations ne me manquent pas, quand je voudrai me pousser plus haut. Vous voyez que mes vues sur mamselle Louise sont sérieuses, tandis que vous pourriez attendre d'un noble godelureau que...

LA FEMME.

Monsieur le secrétaire Wurm! plus de respect, je vous y invite...

MILLER.

Tiendras-tu donc ta langue? — Voilà qui est bien, mon cher monsieur. Tout est toujours sur le même pied. La réponse que je vous ai faite l'automne dernier, je vous la fais encore aujourd'hui. Je ne force pas ma fille. Lui convenez-vous, cela est bel et bon; c'est à elle à voir si elle sera heureuse avec vous. Secoue-t-elle la tête, encore mieux... à la volonté de Dieu, voulais-je dire... Vous rengainez votre compliment, et vous buvez bouteille avec le père... C'est la fille qui aura à vivre avec vous ; ce n'est pas moi... Pourquoi, par ma pure fantaisie, la jetterais-je à la tête d'un homme pour qu'il n'aurait pas de goût?... Le diable me pourchasserait sans paix ni trêve dans mes vieux jours; à chaque verre de vin que je boirais, à chaque cuillerée de soupe que j'avalerais, il serait là me crier : Tu es un coquin, tu as sacrifié ta fille.

LA FEMME.

Et pour en finir, je ne donnerai pas absolument mon consentement : ma fille est faite pour quelque chose de grand, et j'irais en justice si mon mari se laissait enjôler.

MILLER.

Veux-tu que je te casse les os, maudite bavarde?

WURM, *à Miller.*

Les conseils d'un père peuvent beaucoup sur une fille, et j'espère que vous me connaissez, monsieur Miller.

MILLER.

Eh! de par tous les diables! c'est la fille qu doit vous connaître. Ce qui en vous pourrait me plaire, à moi, vieille barbe grise, ne serait justement pas ce qui affriandrait le goût d'une jeune fille. Je vous dirai, à un cheveu près, si vous êtes un homme pour l'orchestre; mais un esprit de femme est bien plus subtil qu'un maître de chapelle;... et s'il faut parler du fond du cœur, mon cher monsieur... je suis un bon et franc Allemand... vous ne m'auriez pas grande obligation des conseils que je donnerais ! je ne conseillerais pas à ma fille... Mais je ne vous nuirai pas auprès de ma fille, monsieur le secrétaire... Laissez-moi dire. Je n'ai pas grande idée d'un amant qui appelle le père à son secours. Croyez-moi, celui qui est un véritable amant rougirait de faire valoir ses agrémens auprès de sa maîtresse par cette vieille méthode. S'il n'a pas le courage de faire autrement, c'est un poltron, et il n'y a pas de Louise pour celui-là. Mais faire votre cour à la fille quand le père a le dos tourné ; mais mettre la fille au point de souhaiter que père et mère aillent à tous les diables, plutôt que de consentir à renoncer à vous, ou au point de venir elle-même se jeter aux pieds de son père pour demander qu'on lui donne l'unique ami de son cœur, ou bien la mort, toute laide qu'elle est... ah! voilà ce qui s'appelle un bon compagnon! voilà ce qui s'appelle aimer! Et celui qui ne sait pas se pousser ainsi prés des femmes, celui-là peut se passer la plume par le bec.

WURM *prend sa canne et son chapeau et se retire.*

Bien des obligations, monsieur Miller.

MILLER, *le reconduisant lentement.*

De quoi? et de quoi? Vous ne me devez rien, monsieur le secrétaire. (*Revenant.*) Il n'entend rien, il s'en va. — Quand je vois la figure de ce gratte-papier, cela me donne envie de vomir, comme si j'étais empoisonné. Drôle-là a quelque chose de repoussant, comme s'il eût été introduit dans le monde par contrebande et en dépit du bon Dieu. Ses petits yeux de rat, ses cheveux rouges,... et ce menton de galoche, tout juste comme si la nature, par dégoût d'une figure si mal travaillée, eût pris mon coquin par là et l'eût jeté dans quelque coin. — Non, plutôt que de sacrifier ma fille à un tel misérable, j'aimerais mieux... Dieu me pardonne!...

LA FEMME, *d'un ton méprisant.*

Ce chien-là! mais elle lui passera devant le nez.

MILLER.

Et toi aussi, avec ton maudit jeune homme, tu m'avais mis hors des gonds; tu n'es jamais plus bête, grâce à Dieu, que quand tu devrais prendre garde à ce que tu dis. Qu'avait à faire là tout ce bavardage sur ta fille, qui sera une dame? Cela reviendra au père. Si demain c'est la nouvelle du marché, à qui faudra-t-il s'en prendre? C'est justement un monsieur du genre de ceux qui s'en vont flairant dans la maison des gens, raisonnant sur la cave et la cuisine, afin de tirer les vers du nez. Mille bombes! le prince, sa maîtresse et le Président le sauront, et tu te seras attiré sur le dos une effroyable tempête.

SCÈNE III.

LES PRÉCÉDENS, LOUISE MILLER *arrive, un livre à la main.*

LOUISE *pose le livre, va à son père et lui serre la main.*

Bonjour, mon père.

MILLER, *avec tendresse.*

Bravo, ma Louise! je suis réjoui de te voir penser si assidument à ton créateur. Sois toujours de même, et son bras te protégera.

LOUISE.

Oh! j'ai bien des péchés sur la conscience, mon père. — Est-il venu, ma mère?

LA FEMME.

Qui, mon enfant?

LOUISE.

Hélas! j'oubliais qu'il existe d'autres hommes que lui. — Ma tête est si malade! — N'était-il pas ici, Walter?

MILLER, *avec tristesse et gravité.*

Je pensais, ma Louise, que tu avais laissé ce nom-là à l'église.

LOUISE, *après l'avoir regardé fixement pendant un moment.*

Je vous entends, mon père. Je sens le poignard dont vous frappez ma conscience; mais c'est trop tard... je n'ai plus de dévotion... Le ciel et Ferdinand déchirent mon cœur, et je crains... je crains... (*Après un instant de silence.*) Mais non, mon bon père; lorsque nous sommes distraits de l'artiste par le tableau, n'est-ce point la louange la plus délicate pour lui? Si, dans mon contentement, je suis détournée de Dieu par son chef-d'œuvre, ne doit-il pas en être réjoui?

MILLER *se jette avec tristesse dans un fauteuil.*

Nous y voilà! Voilà le fruit de ces profanes lectures!

LOUISE *s'approche de la fenêtre d'un air d'inquiétude.*

Où peut-il être maintenant?... Les dames de distinction le voient, l'entendent; et moi, je suis une pauvre fille oubliée! (*A ce mot, elle se trouble et se jette dans les bras de son père.*) Mais non, non! pardonnez-moi. Je ne pleure pas sur mon sort. Je ne veux que penser un peu à lui... Cela ne coûte rien... Ce souffle de vie qui me reste, je voudrais le changer en un zéphir doux et caressant pour rafraîchir son visage. Cette fleur de ma jeunesse, je consens que ce soit une humble violette qu'il foulera aux pieds, et elle se résignera à lui devoir la mort : cela me suffit, mon père. Lorsque l'insecte se réjouit dans un rayon du soleil, l'astre fier et majestueux pourrait-il l'en priver?

MILLER, *appuyé tristement sur le dos de sa chaise, et se couvrant le visage de ses mains.*

Écoute, Louise : le peu de jours qui me restent, je les donnerais pour que tu n'eusses jamais vu le major.

LOUISE, *effrayée.*

Que dites-vous? quoi? — Non, vous avez voulu dire autre chose, mon bon père. Vous ne savez pas que Ferdinand est à moi, qu'il a été créé pour moi, pour mon bonheur, par le père de tout amour. (*Elle reste pensive.*) Quand je le vis pour la première fois, (*plus vivement*) la rougeur colora mes joues, mon cœur battit plus vite : chaque palpitation me disait, chaque souffle me répétait : C'est lui!... et mon cœur reconnut celui qui lui avait toujours manqué; et il dit aussi : C'est lui! Ah! comme ce mot retentissait dans toute la création heureuse! Dès lors, dès lors la première aurore se leva en mon âme. Mille sentimens nouveaux jaillirent de mon cœur, comme les fleurs en un sol fertile quand arrive le printemps. Je ne voyais plus l'univers, et cependant je sentais qu'il n'avait jamais été si beau. Je ne savais plus rien de Dieu, et cependant je ne l'avais jamais tant aimé.

MILLER *court à elle et la presse sur son sein.*

Louise... chère... adorable enfant!... prends la vie éteinte de ton vieux père... Prends tout... tout! Le major, Dieu m'en est témoin, je ne puis te le donner.

Il sort.

LOUISE.

Aussi ne le veux-je pas à présent, mon père. Cette pauvre goutte de rosée, qu'on nomme le temps, ah! qu'elle s'évapore délicieusement en rêvant à Ferdinand! Je renonce à lui pour cette vie; mais, ma mère, mais quand seront renversées les barrières de séparation, quand nous aurons rejeté cette enveloppe de la diversité des conditions, quand les hommes ne seront que des hommes, alors je me présenterai avec ma seule innocence. Mon père m'a-t-il pas dit souvent que les ornemens et les titres pompeux deviendraient de peu de prix quand Dieu viendra, et qu'alors c'est le cœur dont la valeur croîtra? Alors je serai riche. Là mes larmes me seront comptées pour trésors, et mes bonnes pensées pour aïeux. Je serai alors une personne de distinction, ma mère. Qui alors sera préférée à votre fille?

LA FEMME, *faisant un cri.*

Louise!... le major!... il passe la porte! Où vais-je me cacher?

LOUISE, *tremblante.*

Restez donc, ma mère.

LA FEMME.

Mon Dieu! comme je suis faite! j'en suis toute honteuse. Je n'oserais point paraître ainsi devant son excellence.

Elle sort.

SCÈNE IV.

FERDINAND DE WALTER, LOUISE.

Il vole vers elle; pâle et sans force, elle se laisse tomber dans un fauteuil; il se place devant elle. Ils se regardent un moment en silence.

FERDINAND.

Tu es pâle, Louise?

LOUISE *se relève et se jette à son cou.*

Ce n'est rien, rien. Te voilà, je n'ai plus rien.

FERDINAND *prend la main de Louise et la porte à ses lèvres.*

Et ma Louise m'aime-t-elle encore? Mon cœur est le même qu'hier. Le tien serait-il changé? J'accours ici; vois si tu es plus calme, et je le serai aussi. — Tu ne l'es point?

LOUISE.

Si, si, mon bien-aimé.

FERDINAND.

Dis-moi la vérité, tu ne l'es point! Je vois à travers ton âme comme à travers l'eau limpide de ce diamant. (*Il montre son anneau.*) Il ne peut s'y trouver un nuage que je ne le remarque; aucune pensée ne se peint sur cette physionomie, qui puisse m'échapper. Qu'as-tu? parle; c'est dans ce seul miroir que je puis apprendre si quelque nuage n'obscurcit pas l'univers. Quel chagrin as-tu?

LOUISE *le regarde un moment en silence d'un air expressif, puis avec mélancolie.*

Ferdinand, tu ne sais pas combien de telles conversations tournent la tête à une petite bourgeoise!

FERDINAND.

Qu'est-ce donc, (*avec surprise*) chère fille? Écoute. D'où te vient cette pensée?... Tu es ma Louise: qui a pu te dire que tu étais autre chose que ma Louise? Vois-tu, mauvaise, dans quelle froideur de sentiment je te trouve? Si tu n'étais qu'amour pour moi, aurais-tu eu le temps d'établir cette comparaison? Quand je suis près de toi, toute ma raison est occupée à te regarder; quand je suis éloigné, à rêver de toi; et toi, ton amour te laisse encore de la prudence! Rougis donc: chaque moment que tu donnes au chagrin est dérobé à ton ami.

LOUISE *lui prend la main et secoue la tête.*

Tu veux m'endormir, Ferdinand... tu veux détourner mes yeux de ce précipice où je dois infailliblement tomber. Je vois dans l'avenir... la voix de la gloire... tes projets... ton père... mon néant. (*Elle laisse tomber la main de Ferdinand et continue avec effroi.*) Ferdinand, un poignard est suspendu sur toi et sur moi : on nous sépare.

FERDINAND.

Nous séparer! (*Il se lève.*) D'où te vient ce pressentiment, Louise? Nous séparer! qui peut dénouer le lien de nos cœurs, rompre l'accord harmonieux de nos âmes? Je suis gentilhomme... sachons donc si mes titres de noblesse sont plus anciens que ce qui a été réglé de toute éternité; si mes armoiries ont plus de valeur que ce décret du ciel écrit dans les yeux de Louise, et qui porte : Cette femme est à cet homme? Je suis le fils du Président... eh bien! qui, hormis l'amour, pourrait adoucir la malédiction jetée sur moi par les exactions que mon père fait souffrir à ces pays?

LOUISE.

Ah! combien je le crains... ce père!

FERDINAND.

Je ne crains rien... rien... que les bornes de ton amour! Laisse les obstacles s'accumuler entre nous comme des montagnes; ce sera autant de degrés que je gravirai, et d'où je m'élancerai dans les bras de Louise. Les orages d'un destin contraire enflammeront mes sentiments; les dangers me rendront ma Louise plus charmante... N'aye donc aucune crainte, cher amour; moi-même je veillerai sur toi, comme le dragon enchanté sur un trésor enfoui. Confie-toi à moi : tu n'as besoin d'aucun autre ange gardien; je me jetterai entre le destin et toi; je recevrai pour toi tous ses traits; je recueillerai pour toi toutes les gouttes qui te sont destinées dans la source du bonheur, et je te les apporterai dans la coupe de l'amour. (*Il l'embrasse tendrement.*) Appuyée sur mon bras, ma Louise traversera légèrement la vie; plus belle que je ne l'ai reçue, je la rendrai au ciel, et il avouera avec étonnement que c'est l'amour seul qui met la dernière main aux âmes.

LOUISE *le repousse avec une grande émotion.*

Arrête! je t'en conjure, tais-toi! Sais-tu?... laisse-moi... tu ne sais pas que toutes ces espérances sont autant de furies qui me déchirent le cœur.

Elle veut sortir.

FERDINAND *la retient.*

Louise! comment! quoi! quel changement?

LOUISE.

J'avais oublié ces rêves, et j'étais heureuse... maintenant! maintenant!... d'aujourd'hui... la paix de ma vie est perdue... Indomptables souhaits... je le sais... ils vont s'exalter en mon âme. — Va... Dieu te le pardonne!... tu as jeté un brandon enflammé dans mon jeune et paisible cœur, et jamais, jamais rien ne pourra l'éteindre.

Elle sort précipitamment; il la suit en silence.

SCÈNE V.

Un salon chez le Président.

LE PRÉSIDENT. *Il porte un ruban d'ordre et une plaque. Il entre avec* LE SECRÉTAIRE WURM.

LE PRÉSIDENT.
Un attachement sérieux! Mon fils!... Non, Wurm, vous ne me ferez jamais croire cela.

WURM.
Votre excellence me fait-elle la faveur de m'en demander la preuve?

LE PRÉSIDENT.
Qu'il fasse la cour à quelque canaille de bourgeoise, qu'il lui dise des douceurs, qu'il lui parle sentiment, à la bonne heure : ce sont des choses toutes simples, que je trouve possibles, que je trouve pardonnables... mais... et encore la fille d'un musicien, dites-vous?

WURM.
La fille de Miller, le maître de musique.

LE PRÉSIDENT.
Gentille?... cela va sans dire.

WURM, *vivement.*
Le plus beau modèle de blonde, qui, et ce n'est pas trop dire, ferait figure parmi les premières beautés de la cour.

LE PRÉSIDENT, *riant.*
Vous dites, Wurm, qu'il a du goût pour cette fille?... cela, je le crois ; mais, voyez-vous, mon cher Wurm... que mon fils soit sensible aux charmes des femmes, cela me fait espérer que les dames ne le haïront pas; il peut faire par là son chemin à la cour. La fille est jolie, dites-vous? je suis bien aise que mon fils ait du goût. — A-t-il enjôlé la folle par des promesses sérieuses? encore mieux!... Je vois par là qu'il a assez d'esprit pour mentir quand cela lui est utile; il pourra devenir président. — En est-il venu à ses fins? cela me montre qu'il aura du bonheur. — La farce se termine-t-elle par un gros poupon? à merveille!... je boirai une bouteille de vin de Malaga à ce bon augure de la propagation de ma race, et je payerai le montant de l'amende que la fille subira pour son libertinage.

WURM.
Tout ce que je désire, c'est que votre excellence ne soit pas forcée de boire cette bouteille pour se distraire de son chagrin.

LE PRÉSIDENT, *d'un ton sérieux.*
Wurm, souvenez-vous que quand je crois une chose, je la crois obstinément, et que je ne suis pas bon quand je me fâche. — Vous voulez m'échauffer sur tout cela, je veux en faire une plaisanterie. Que vous ayez envie de vous débarrasser d'un rival, cela je le crois de tout mon cœur... que vous ayez de la peine à enlever cette fille à mon fils, que le père vous soit commode pour tirer les marrons du feu, tout cela me paraît très-concevable; et que pour cela vous fassiez de cette fredaine une scélératesse, cela me divertit tout-à-fait. Mais, mon cher Wurm, il ne faut pas se moquer de moi. Vous entendez bien qu'il ne faut pas venir me présenter cette vétille pour une infraction à mes principes.

WURM.
Votre excellence me pardonnera. Si réellement... comme vous le soupçonnez... la jalousie était en jeu, vous auriez bien pu le deviner; mais au moins ne vous l'aurais-je pas dit.

LE PRÉSIDENT.
Et moi je pense qu'il faut la mettre tout-à-fait de côté. Imbécile, qu'importe de recevoir un louis sortant tout neuf de la monnaie, ou venant de chez un banquier? Consolez-vous avec toute notre noblesse. Qu'on le sache ou qu'on l'ignore, il se conclut rarement un mariage parmi nous qu'une demi-douzaine au moins des convives... ou des laquais n'aie pu prendre connaissance exacte du bonheur destiné à l'époux.

WURM, *faisant une révérence.*
Sur cela, je suis volontiers très-bourgeois, monseigneur.

LE PRÉSIDENT.
En outre, vous aurez, avant peu, la joie de rendre cette raillerie-là de la belle manière à votre rival. Tout-à-l'heure même, on vient de décider, en conseil du cabinet, qu'à l'arrivée de la nouvelle duchesse, lady Milford doit avoir l'air d'être congédiée, et que, pour compléter les apparences, elle contractera un mariage. Vous savez, Wurm, combien mon crédit s'appuie sur l'influence de Mylady, combien mes plus puissans ressorts sont mis en jeu par les passions du prince. Le duc cherche un parti pour la Milford. Un autre pouvait s'offrir, conclure le marché, acquérir à la fois et la dame et la confiance du prince, se rendre nécessaire. Pour que le prince demeure donc dans les lacs de ma famille, il faut que mon Ferdinand épouse la Milford. Cela est-il clair?

WURM.
Cela crève les yeux. Ceci, au moins, prouve que le père, en comparaison du Président, n'est qu'un écolier. Si le major se montre fils obéissant autant que vous vous montrez bon père, votre lettre de change sur lui pourrait bien être protestée.

LE PRÉSIDENT.
Par bonheur, je n'ai jamais été embarrassé de l'exécution d'un projet, quand je me suis lié moi-même par un bon *cela doit être.* — Mais, voyez-vous, Wurm, ceci nous ramène à notre conversation de tout-à-l'heure : j'annonce à mon fils son mariage dès ce matin. La figure que je lui verrai alors, ou confirmera mes soupçons, ou les dissipera entièrement.

WURM.
Monseigneur, je vous demande pardon : la figure de mécontentement que vous lui verrez infailliblement pourra se mettre sur le compte de la future que vous lui donnez, aussi bien que

de celle que vous lui ôtez. Je vous conseille une épreuve plus pénétrante : offrez-lui le parti le plus irréprochable de tout le pays ; et s'il dit oui, le secrétaire Wurm consent à traîner le boulet pendant trois ans.

LE PRÉSIDENT, *se mordant les lèvres.*

Diable !

WURM.

Cela n'est pas autrement. La mère, qui est la stupidité même, m'a conté tout cela dans sa sottise.

LE PRÉSIDENT *se promène de long en large, en étouffant sa colère.*

Bon. Ce matin même...

WURM.

Seulement que votre excellence n'oublie pas que M. le major est... fils de monseigneur.

LE PRÉSIDENT.

Je te ménagerai, Wurm.

WURM.

Et que le service de vous débarrasser d'une belle-fille fort gênante...

LE PRÉSIDENT.

.. Mérite en retour le service de vous procurer une femme ? soit, Wurm.

WURM, *satisfait, s'incline.*

Éternellement à vous, monseigneur.

Il veut sortir.

LE PRÉSIDENT.

Ce que je vous ai confié, Wurm, (*d'un ton de menace*) si l'on en jase !...

WURM, *riant.*

Alors votre excellence produira mes fausses signatures.

Il sort.

LE PRÉSIDENT.

Il est vrai que je suis sûr de toi... Je le tiens par sa propre friponnerie, comme le hanneton par un fil.

UN DOMESTIQUE *entre.*

Le grand maréchal de Kalb.

LE PRÉSIDENT.

Il vient tout à propos. — Faites-le entrer.

Le domestique sort.

~~~~~~~~~~~~~~~~~~~~~~~~

SCÈNE VI.

LE PRÉSIDENT, LE GRAND MARÉCHAL DE KALB. *Il a un riche habit de cour, mais de mauvais goût ; une clef de chambellan, deux chaînes de montre, une épée, un chapeau sous le bras ; il est poudré en frimas. Il s'avance avec fracas vers le Président, et répand à la ronde une forte odeur d'ambre.*

LE GRAND MARÉCHAL, *en l'embrassant.*

Eh bonjour, mon cher ! comment ça va-t-il ? Avez-vous bien dormi ? — Pardon, si j'ai si tard le plaisir de... des affaires pressantes... le menu du dîner .. les billets de visite... l'arrangement des traîneaux pour la partie de ce soir... Ah ! et puis il fallait assister au lever et annoncer à son altesse sérénissime le temps qu'il fait.

LE PRÉSIDENT.

Oui, maréchal, sans doute vous ne pouviez vous en dispenser.

LE GRAND MARÉCHAL.

Par-dessus tout cela, un fripon de tailleur qui m'a fait attendre.

LE PRÉSIDENT.

Et pourtant toujours exact, toujours prêt !

LE GRAND MARÉCHAL.

Ce n'est pas tout. Un malheur ne marche jamais sans l'autre. Écoutez-moi seulement.

LE PRÉSIDENT, *avec distraction.*

Est-il possible ?

LE GRAND MARÉCHAL.

Écoutez-moi seulement. J'étais à peine descendu de voiture, que les chevaux s'effarouchent, se cabrent, piaffent sur le pavé ; et imaginez-vous que voilà mes bas tout couverts de crotte ! Que faire ? au nom du ciel, mettez-vous à ma place, baron ! J'étais là, il était tard ; c'est un vrai voyage... Mais paraître dans cet état devant son altesse, Dieu tout-puissant ! Qu'ai-je imaginé ? Je feins un évanouissement ; on me prend par les pieds et par la tête, on me rapporte dans ma voiture ; je m'en reviens ventre à terre chez moi, je change d'habits, je repars... Eh bien, le croiriez-vous ?... je me trouve encore le premier dans l'antichambre. Que pensez-vous de cela ?

LE PRÉSIDENT.

C'est la plus belle inspiration de l'esprit humain. Mais laissons cela : vous avez donc parlé au duc ?

LE GRAND MARÉCHAL, *gravement.*

Pendant vingt minutes et demie.

LE PRÉSIDENT.

C'est bien. Et vous avez sans doute appris une importante nouvelle ?

LE GRAND MARÉCHAL, *après un moment de réflexion et d'un air sérieux.*

Son altesse a aujourd'hui son habit de castorine merde-d'oie.

LE PRÉSIDENT.

Vous croyez ? — Eh bien, maréchal, j'ai une meilleure nouvelle à vous dire : lady Milford va devenir baronne de Walter. Cela vous paraît une nouvelle, n'est-ce pas ?

LE GRAND MARÉCHAL.

Comme vous dites... et cela est déjà arrangé ?

LE PRÉSIDENT.

Signé, maréchal ; et vous m'obligerez si vous voulez bien aller sans délai chez mylady la préparer à la visite de mon fils, et répandre dans toute la résidence le projet de mon Ferdinand.

LE GRAND MARÉCHAL, *enchanté.*

Ah ! mon cher, avec un extrême plaisir. C'est tout ce que je pouvais désirer. J'y cours sur-le-champ ; (*il l'embrasse*) adieu. Dans trois quarts d'heure, toute la ville le saura.

Il s'en va tout empressé.

LE PRÉSIDENT *rit en le suivant des yeux.*
Qu'on dise encore que ces créatures-là ne servent à rien dans ce monde ! — Maintenant il faudra bien que mon Ferdinand le veuille, ou qu'il donne un démenti à toute la ville. (*Il sonne; Wurm vient.*) Qu'on fasse venir mon fils.

Wurm sort. Le président se promène de long en large tout pensif.

SCÈNE VII.
FERDINAND, LE PRÉSIDENT, WURM, *qui s'en va peu après.*

FERDINAND.
Vous avez ordonné, mon père...

LE PRÉSIDENT.
Il faut bien que j'en prenne la peine, quand je veux par hasard avoir la satisfaction de voir mon fils... Laissez-nous seuls, Wurm. — Ferdinand, je t'observe déjà depuis long-temps, et je ne retrouve plus cette vivacité confiante de la jeunesse qui m'enchantait auparavant. Une singulière tristesse se peint sur ton visage. Tu me fuis, tu fuis le monde. Fi donc! à ton âge on pardonne dix extravagances plutôt qu'une manie. Corrige-toi de cela, mon cher fils. Laisse-moi travailler à ton bonheur, et ne pense à rien qu'à suivre en te jouant tous mes projets. — Viens, embrasse-moi, Ferdinand.

FERDINAND.
Vous êtes bien bon pour moi, aujourd'hui, mon père.

LE PRÉSIDENT.
Aujourd'hui, fripon! et ce mot aujourd'hui est encore accompagné d'une grimace d'aigreur. (*Sérieusement.*) Ferdinand, pour l'amour de qui me suis-je périlleusement frayé une route jusqu'au cœur du prince? Pour l'amour de qui me suis-je à jamais brouillé avec le ciel et ma conscience? Écoute, Ferdinand, c'est à mon fils que je parle. A qui ai-je préparé une place en écartant mon prédécesseur? histoire gravée dans mon cœur en traits d'autant plus sanglans, que je cache soigneusement le poignard aux yeux du monde!... Entends-tu, Ferdinand? Pour qui ai-je fait tout cela?

FERDINAND *recule d'effroi.*
Pas pour moi, mon père... Ah! que le reflet de ce crime ne tombe pas sur moi! Il vaudrait mieux n'être jamais né que de servir d'excuse à de telles actions.

LE PRÉSIDENT.
Qu'est ceci? Comment? quoi?... Je veux bien passer cela à ta romanesque cervelle. Ferdinand, je ne veux pas m'échauffer. Jeune homme inconsidéré, est-ce donc ainsi que tu me payes de tant de nuits sans sommeil? Est-ce ainsi que tu me payes de ces serpens qui déchirent à jamais ma conscience? C'est moi qui aurai à en répondre; c'est sur moi que tombera la malédiction, la foudre du souverain juge... Tu recevras ta fortune de la seconde main... Le crime ne fera point partie de l'héritage.

FERDINAND, *élevant la main droite vers le ciel.*
Je renonce solennellement ici à un héritage qui me donnerait un si horrible souvenir de mon père.

LE PRÉSIDENT.
Écoute, jeune homme, ne me pousse point à bout... Si les choses allaient à ta tête, tu ramperais dans la poussière durant toute ta vie.

FERDINAND.
Cela vaudrait toujours mieux, mon père, que si je rampais autour du trône.

LE PRÉSIDENT, *dévorant sa colère.*
Eh bien! il faut donc te forcer à reconnaître ton bonheur. Le point où dix autres ne peuvent gravir malgré tous leurs efforts, toi tu l'as atteint en jouant, pendant ton sommeil. Tu fus enseigne à douze ans, major à vingt ans. Je viens d'obtenir du prince que tu quitteras l'uniforme, et que tu entreras dans le conseil. Le prince a même parlé de conseil privé... d'ambassades... de faveurs extraordinaires. Une perspective magnifique s'ouvre devant toi : un chemin tout ouvert te conduira près du trône... au trône même! — Car le pouvoir réel est au-dessus de l'apparence du pouvoir. — Cela ne t'exalte-t-il point?

FERDINAND.
Mes idées de grandeur et de bonheur ne sont pas tout-à-fait les vôtres. Votre félicité ne se fait guère connaître aux autres que par leur ruine. L'envie, la crainte, la malédiction, telles sont les tristes images où se réfléchit la grandeur de l'homme puissant. Les larmes, les imprécations, le désespoir, tels sont les détestables alimens dont se gorgent ces heureux si vantés, dont ils s'abreuvent et s'enivrent au point de paraître chancelans devant le trône éternel de Dieu... Mon idéal de bonheur se replie avec satisfaction en moi-même; c'est dans mon propre cœur que sont renfermés tous mes vœux.

LE PRÉSIDENT.
C'est parler en maître, il n'y a rien à ajouter ; c'est superbe! la première leçon que je reçoive depuis trente ans!... C'est dommage seulement que cinquante années m'aient rendu la tête un peu dure. Mais pour ne pas laisser se rouiller un aussi rare talent, je veux te donner quelqu'un à ma place avec qui tu pourras t'exercer tant que tu voudras à toutes ces belles extravagances. Tu te résoudras... dès aujourd'hui, tu te résoudras à prendre une femme.

FERDINAND *recule de surprise.*
Mon père!

LE PRÉSIDENT.
Pas de façons. J'ai envoyé une carte en ton nom à lady Milford : tu auras la bonté de t'y présenter sans délai, et de lui dire que tu es son fiancé.

FERDINAND.
De la Milford, mon père!

LE PRÉSIDENT.
Puisqu'elle t'est connue...

FERDINAND, *hors de lui.*
Sa renommée est aussi connue que les juge-

mens affichés sur les piloris du duché... Mais je suis bien ridicule, mon père, de prendre au sérieux une plaisanterie. Voudriez-vous avoir pour fils le misérable qui épouserait une catin privilégiée?

LE PRÉSIDENT.

Mieux que cela, je la rechercherais en mariage, n'étaient mes cinquante ans. Ne voudrais-tu pas être le fils d'un tel misérable?

FERDINAND.

Non, aussi vrai qu'il y a un Dieu.

LE PRÉSIDENT.

Voilà une insolence que, sur mon honneur, je pardonne pour la rareté du fait.

FERDINAND.

Je vous en conjure, mon père, ne me laissez pas plus long-temps dans une disposition d'âme où il m'est insupportable de m'avouer pour votre fils.

LE PRÉSIDENT.

Es-tu fou, jeune homme? Quel homme de bon sens n'envierait pas la distinction de remplir à tour de rôle les mêmes fonctions que son souverain?

FERDINAND.

Vous êtes une énigme pour moi, mon père : vous appelez cela une distinction... une distinction de partager avec le Prince un rôle où lui-même se dégrade au-dessous de l'homme! (*Le Président fait un éclat de rire.*) Vous pouvez rire, mon père; je poursuivrai. — De quel front oserais-je paraître devant le dernier manœuvre, qui reçoit du moins en dot une femme tout à lui? De quel front paraîtrais-je devant le monde, devant le prince? De quel front paraîtrais-je devant cette catin elle-même, qui voudrait effacer par mon infamie la marque dont elle porte l'empreinte honteuse?

LE PRÉSIDENT.

Où diable prends-tu tout ce que tu dis, jeune homme?

FERDINAND.

Je vous le jure au nom du ciel et de la terre, mon père! la dégradation de votre unique fils ne pourra jamais vous rendre aussi heureux que vous le rendrez malheureux. Je vous donne ma vie, si vous en avez besoin pour monter plus haut. Je tiens la vie de vous, je n'hésiterai pas un instant à la sacrifier pour votre grandeur... Mais l'honneur, mon père!... si vous voulez me l'enlever, m'avoir donné la vie est un acte de la plus criminelle légèreté; et j'aurai à maudire à la fois et le père et l'entremetteur.

LE PRÉSIDENT, *avec amitié, et lui frappant sur l'épaule.*

Bravo, mon cher fils! Maintenant je vois que tu es un noble garçon, et que tu es digne de la plus vertueuse femme du duché... elle sera à toi... dès aujourd'hui tu seras fiancé avec la comtesse d'Ostheim.

FERDINAND, *frappé d'une nouvelle surprise.*

Ce moment est-il donc destiné à me mettre au supplice?

LE PRÉSIDENT, *jetant sur lui un regard d'observation.*

Maintenant ton honneur n'a aucune objection.

FERDINAND.

Non, non, mon père; Frédérique d'Ostheim pourra rendre tout autre le plus heureux des hommes. (*A part, dans le plus grand trouble.*) Sa perversité eût trouvé mon cœur impénétrable, sa bonté me déchire.

LE PRÉSIDENT, *les yeux fixés sur lui.*

J'attends tes remerciemens, Ferdinand.

FERDINAND *s'élance vers lui et lui baise la main avec ardeur.*

Mon père! votre bonté enflamme toute ma sensibilité... Mon père, mille grâces vous soient rendues pour vos intentions paternelles... votre choix... est irréprochable... mais... je ne puis... je ne dois... plaignez-moi... je ne puis aimer la comtesse.

LE PRÉSIDENT *recule d'un pas.*

Holà! maintenant je vous tiens, mon petit monsieur! Ah! le rusé hypocrite a donc donné dans le piége... ce n'était pas l'honneur qui empêchait d'épouser Mylady. Ce n'était pas la personne, mais le mariage qui te répugnait. (*Ferdinand reste d'abord comme pétrifié, puis il veut tout-à-coup s'enfuir.*) Où vas-tu? demeure. Est-ce là le respect que tu me dois? (*Le Major revient.*) Tu es annoncé chez Mylady. Le prince a ma parole. La cour et la ville savent que tout est arrangé... Veux-tu, jeune homme, me donner un démenti devant le prince, devant Mylady, devant la ville, devant la cour? — Écoute, jeune homme... ou, si je viens à pénétrer certaines aventures!... Demeure... Holà! qui te fait donc monter tout-à-coup le feu au visage?

FERDINAND, *pâle et tremblant.*

Comment! quoi? rien, assurément, mon père.

LE PRÉSIDENT, *lui lançant un regard terrible.*

Et si c'était quelque chose?... Et si je trouvais la trace de ce qui produit une telle résistance?... Ah! jeune homme! le soupçon seul me met déjà en fureur. Va sur-le-champ; la parade commence; tu iras chez Mylady dès que le mot d'ordre sera donné. Quand je me montre, tout le duché tremble; voyons si je serai maîtrisé par un obstiné de fils. (*Il s'en va, puis revient sur ses pas.*) Jeune homme, je te le répète, tu iras, ou fais ma colère.

Il s'en va.

FERDINAND, *se réveillant comme d'un songe pénible.*

Est-il parti? est-ce la voix d'un père? Oui, j'irai chez elle... j'irai... je lui dirai des choses... je lui présenterai un miroir où... Indigne femme!... et alors si tu veux encore ma main... en présence de la noblesse entière, des soldats et du peuple... tu peux te revêtir de tout l'orgueil de ton Angleterre... je te repousse... moi, le fils de l'Allemagne.

Il sort précipitamment.

ACTE DEUXIÈME.

Un salon dans le palais de lady Milford ; à droite un sofa, à gauche un piano.

SCÈNE PREMIÈRE.

MYLADY, *dans un négligé élégant, mais un peu libre; elle n'est pas encore coiffée; elle prélude au piano;* SOPHIE, *sa femme de chambre, est à la fenêtre.*

SOPHIE.

Les officiers s'en vont ; la parade est finie... mais je ne vois pas de Walter encore.

MYLADY *paraît agitée, se lève et se promène dans le salon.*

Je ne sais pas bien comment je me trouve aujourd'hui, Sophie, je ne me suis jamais sentie dans une disposition pareille. — Tu ne l'as donc pas aperçu ? peut-être bien que... il ne se pressera pas. — Je me sens comme oppressée de quelque remords... Sophie, va... dis qu'on m'amène le cheval le plus vif qui soit dans toutes les écuries... j'ai besoin de prendre l'air, de voir de la foule, et l'azur du ciel ; je me remettrai le cœur en galopant un peu.

SOPHIE.

Si vous vous sentez indisposée, mylady, ayez du monde ici ; dites au duc de venir tenir le jeu ici, ou faire une partie d'hombre devant votre sofa. Ah ! si j'avais le prince et toute sa cour à mes ordres, et qu'il se fourrât une fantaisie dans ma tête ?...

MILADY, *se jetant sur le sofa.*

Ne m'en parle pas, je te prie ; je te donnerai un diamant pour chaque heure où tu m'ôteras tout ce monde-là de dessus les épaules. Faut-il donc être contrainte à tapisser mon salon avec ces gens-là ? C'est la plus pauvre espèce d'hommes ! Quand il m'arrive de dire quelque parole un peu exaltée venant du cœur, ils sont là à ouvrir la bouche et les yeux, comme s'ils voyaient un revenant. Esclaves d'un automate, dont je règle les mouvemens aussi facilement que je fais du filet ! Que faire avec des hommes dont les âmes sont montées aussi uniformément que le mécanisme de leurs montres ? Puis-je trouver quelque plaisir à leur faire une question dont j'ai d'avance prévu la réponse, ou à échanger des paroles avec eux, quand ils n'ont pas le cœur d'avoir une autre opinion que moi ? Ah ! point de ces gens-là ; il est ennuyeux de monter un cheval qui ne sent point le mors entre ses dents.

Elle va à la fenêtre.

SOPHIE.

Mais vous acceptez cependant le prince, mylady ? le plus bel homme, l'amant le plus passionné, l'esprit le plus distingué de tous ses états.

MYLADY, *revenant de la fenêtre.*

...Parce qu'il est le maître de ses états. Il n'y a que sa qualité de souverain qui puisse servir d'excuse supportable à ma faiblesse. — Tu dis qu'on me porte envie ?... Pauvre fille ! on devrait bien plutôt me plaindre ! De tous ceux qui s'abreuvent de la majesté d'un prince, la plus misérable créature c'est une favorite, parce que seule elle voit à combien peu de chose se réduit cet homme riche et puissant. Il peut, à la vérité, par le talisman de son pouvoir, faire sortir de dessous terre, comme un palais enchanté, tout ce que désire mon caprice : il peut couvrir sa table de toutes les saveurs des deux Indes ; — changer un désert en un paradis ; faire jaillir les sources de la contrée jusqu'au ciel, pour les faire retomber en brillante rosée ; — ou bien brûler en feux d'artifice la substance de ses sujets. Mais peut-il faire que les battemens de son cœur répondent avec noblesse et ardeur aux battemens d'un cœur ardent et noble ? Peut-il faire naître une seule et belle pensée dans son étroit cerveau ? — Au milieu de la satiété des jouissances, mon cœur reste affamé ; et à quoi me servent mille nobles sentimens, lorsque je n'ai qu'à étouffer mes émotions ?

SOPHIE, *la regardant avec étonnement.*

Depuis combien de temps, mylady, suis-je à votre service ?

MYLADY.

Aujourd'hui, pour la première fois, tu me connais ?... Il est vrai, chère Sophie... j'ai vendu mon honneur au prince ; mais mon cœur, je l'ai conservé libre. Ce cœur, qui est mon bien, est peut-être encore digne d'un homme ; ce cœur, sur lequel la vapeur empoisonnée de la cour a glissé comme le souffle sur une glace ! — Crois-moi, ma chère, j'aurais depuis long-temps laissé là ce pauvre prince, si j'avais pu seulement imposer à mon ambition le chagrin de voir une femme avoir sur moi le pas dans cette cour.

SOPHIE.

Et votre cœur s'est soumis sans peine à votre ambition ?

MYLADY, *vivement.*

Comme s'il ne s'était pas déjà vengé ?... ne se venge-t-il pas encore ? — Sophie, (*d'un ton expressif, et laissant tomber sa main sur l'épaule de Sophie*) nous autres femmes nous ne pouvons que choisir entre régner et servir. Mais les plus grandes jouissances de l'autorité nous sont d'un faible secours, quand nous est refusée la jouissance plus noble d'être esclave d'un homme que nous aimons.

SOPHIE.
C'est une vérité, mylady ; mais vous étiez la dernière dont j'aurais pu l'attendre.

MYLADY.
Et pourquoi, ma chère Sophie? Ne voit-on pas à la manière puérile dont nous portons le sceptre que nous sommes faites pour le fuseau? Ne remarques-tu pas, dans toutes mes inconséquences, dans cette impétuosité d'amusement, que je ne cherche qu'à étourdir dans mon cœur des désirs plus impétueux encore?

SOPHIE *recule de surprise.*
Mylady !

MYLADY, *plus vivement.*
Contente-les ! donne-moi celui qui m'occupe maintenant... que j'adore. Il faut mourir, Sophie, ou le posséder. (*Elle s'attendrit.*) Que j'entende sa bouche me dire que les larmes de l'amour sont plus brillantes dans mes yeux que les diamans qui ornent mon cou! (*avec chaleur*) et je rejetterai aux pieds du prince son cœur et sa principauté, pour fuir avec cet homme, pour fuir dans le désert le plus reculé de l'univers.

SOPHIE *la regarde avec effroi.*
Ciel! que faites-vous? comment vous trouvez-vous?

MYLADY, *avec saisissement.*
Tu pâlis! En aurais-je trop dit? Ah! que ta langue soit enchaînée par ma confiance. Écoute, tu sauras tout.

SOPHIE, *regardant autour d'elle avec inquiétude.*
Je crains, mylady... je crains. — Je n'ai pas besoin d'en savoir davantage.

MYLADY.
Cette union avec le major... Le monde et toi, vous croyez que c'est une intrigue de cour. — Sophie, ne rougis pas, ne me blâme pas, elle est l'ouvrage de mon amour.

SOPHIE.
Par le ciel ! je m'en doutais.

MYLADY.
Ils sont tombés dans le piége, Sophie... le faible prince... le rusé courtisan... le stupide maréchal... Chacun d'eux jurerait que c'est un moyen infaillible de me conserver au prince, et de resserrer notre liaison plus que jamais. Eh bien, c'est le moyen de nous séparer pour toujours, de rompre pour toujours ces chaînes honteuses. Ah! trompeurs trompés!... joués par une faible femme! vous-mêmes me livrez aujourd'hui à mon bien-aimé. C'était là tout ce que je désirais... Quand une fois il sera à moi, quand il sera à moi... Oh! alors bonsoir pour toujours, odieuse splendeur.

~~~~~~~~~~~~~~~~~~~

SCÈNE II.
UN VIEUX VALET DE CHAMBRE du *prince*, *portant un écrin ;* LES PRÉCÉDENS.

LE VALET DE CHAMBRE.
Son altesse sérénissime présente ses hommages à mylady, et lui envoie ces diamans pour présent de noces. Ils viennent d'arriver de Venise.

MYLADY *ouvre l'écrin et paraît éblouie.*
Mon ami, combien le duc a-t-il payé ces pierreries?

LE VALET DE CHAMBRE, *d'un air sombre.*
Elles ne lui coûtent pas un denier.

MYLADY.
Comment? es-tu fou? rien? et (*elle recule d'un pas*) tu me jettes un regard, comme si tu voulais me percer le cœur! Ces pierreries d'une valeur inappréciable ne lui ont rien coûté?

LE VALET DE CHAMBRE.
Hier sept mille des enfans du pays sont partis pour l'Amérique. — Ils ont payé tout.

MYLADY *pose l'écrin sur la table, se promène un instant, puis revient au valet de chambre.*
Mon ami, qu'as-tu ? je crois que tu pleures.

LE VALET DE CHAMBRE *s'essuie les yeux, puis d'une voix sombre et tremblant de tous ses membres.*
De belles pierres comme celles-là... j'ai aussi deux fils là-dedans.

MYLADY, *tout émue, lui prend la main.*
Mais aucun de forcé?

LE VALET DE CHAMBRE, *avec un rire effrayant.*
Oh! mon Dieu, non, de pleine bonne volonté! Il y a bien eu quelques mauvaises têtes qui sont sorties du rang, et qui ont demandé au colonel combien le prince vendait les hommes à la paire? mais notre gracieux souverain a fait marcher tous les régimens à la place d'armes et fusiller ces bavards. Nous avons entendu siffler les balles, nous avons vu leur cervelle jaillir sur le pavé, et toute l'armée a crié: Va pour l'Amérique !

MYLADY *tombe d'horreur sur le sofa.*
Dieu, Dieu ! et je n'ai rien entendu, et je n'ai rien observé !

LE VALET DE CHAMBRE.
Ah! oui, madame... Pourquoi étiez-vous justement à la chasse quand l'on a battu le tambour pour le départ? vous n'auriez pas dû cependant dédaigner ce beau spectacle, lorsque le bruit des tambours a annoncé que le moment était venu. On voyait là des enfans, orphelins d'un père vivant, le suivre en sanglotant; là, une mère furieuse présenter aux baïonnettes le nourrisson qu'elle allaitait; là, on séparait, à coups de sabre, la fiancée de son fiancé; là, des vieillards à barbe grise se livraient au désespoir, et, jetant les béquilles qui les soutenaient, disaient qu'il fallait aussi leur enlever, pour l'Amérique, ce dernier appui ; et par-dessus tout cela, le fracas et le roulement des tambours, pour empêcher celui qui sait tout d'entendre nos prières.

MYLADY, *se lève avec une vive émotion.*
Point de ces diamans, ils lancent dans mon cœur les flammes de l'enfer. (*Avec douceur.*) Calme-toi, pauvre vieux homme; ils reviendront, ils reverront leur patrie.

LE VALET DE CHAMBRE, *avec chaleur.*
Le ciel le sait, s'ils la reverront! Encore aux

portes de la ville ils se sont retournés et ont crié : « Dieu soit avec vous, nos femmes et nos enfans! vive notre paternel souverain! au jour du jugement nous nous reverrons! »

MYLADY, *se promenant à grands pas.*

Horrible! épouvantable! et l'on m'a persuadé que j'avais séché toutes les larmes dans cette contrée! Une lumière affreuse, affreuse! vient éclairer mes yeux. Va... dis à ton maître... je le remercierai moi-même. (*Le valet de chambre veut s'en aller, elle jette dans son chapeau une bourse d'or.*) Prends cela pour m'avoir dit la vérité.

LE VALET DE CHAMBRE, *rejetant la bourse avec dédain sur la table.*

Mettez-la avec le reste.

Il sort.

MYLADY, *le regardant s'en aller.*

Sophie, cours après lui, demande-lui son nom; ses fils lui seront rendus. (*Sophie sort; mylady se promène en long et en large. Silence. A Sophie qui revient.*) Le bruit n'a-t-il pas couru que le feu avait consumé une ville sur la frontière et réduit quatre cents familles à la mendicité?

Elle sonne.

SOPHIE.

Pourquoi cette pensée vous vient-elle? oui, cela est ainsi, et la plupart de ces malheureux servent maintenant leurs créanciers comme esclaves, ou périssent au fond des mines d'argent du prince.

UN DOMESTIQUE *entre.*

Quels sont les ordres de mylady?

MILADY *lui remet l'écrin.*

Que cela soit porté sans délai dans ce canton-à; on le convertira sur-le-champ en argent; je l'ordonne; et le prix en sera distribué aux quatre cents familles que l'incendie a ruinées.

SOPHIE.

Mylady, songez-vous que vous risquez la plus complète disgrâce?

MYLADY, *avec noblesse.*

Voudrais-je porter dans mes cheveux les imprécations de ses sujets? (*elle fait signe au domestique de s'en aller*) ou veux-tu que je succombe sous le poids affreux dont m'accableraient tant de larmes? Va, Sophie, il vaut mieux avoir de faux diamans dans sa parure que de telles actions sur sa conscience.

SOPHIE.

Mais de si beaux diamans! N'auriez-vous pas pu en donner de moins beaux? Non, vraiment, mylady, ce n'est point pardonnable.

MYLADY.

Tu es folle; les larmes qui brilleront dans leurs yeux reconnaissans me paraîtront plus belles que toutes les perles et tous les diamans dont on ornerait les couronnes de dix souverains.

LE DOMESTIQUE *rentre.*

Monsieur le major de Walter.

SOPHIE, *s'élançant vers Mylady.*

Dieu! vous pâlissez!

MYLADY.

C'est le premier effroi qui me vienne d'un homme. — Sophie... dites, Édouard, que je suis indisposée... Demeure... paraît-il de bonne humeur?... a-t-il souri?.., qu'a-t-il dit? — Sophie, n'est-il pas vrai que je suis bien laide?

SOPHIE.

Je vous conjure, mylady...

LE DOMESTIQUE.

Milady ordonne-t-elle que je le congédie?

MYLADY, *balbutiant.*

Je serai charmée de le recevoir. (*Le Domestique sort.*) Parle, Sophie... que lui dirai-je? comment le recevrai-je? Je ne pourrai pas dire une parole; il se rira de ma faiblesse... il sera... Ah! quel pressentiment!... Tu me quittes, Sophie?... demeure... Mais non, va-t-en... si, demeure.

Le major traverse l'antichambre

SOPHIE.

Remettez-vous, il va entrer.

SCÈNE III.

LES PRÉCÉDENS. FERDINAND DE WALTER,

FERDINAND, *après une légère révérence.*

Si je vous interromps, madame...

MYLADY, *dans un trouble visible.*

Rien ne m'intéresse davantage, monsieur le major.

FERDINAND.

Je viens sur l'ordre de mon père...

MYLADY.

Je lui en suis obligée.

FERDINAND.

... Pour vous annoncer que nous devons nous marier. Tel est le dessein de mon père.

MYLADY, *pâle et tremblante.*

Et non pas celui de votre propre cœur?

FERDINAND.

C'est ce dont les ministres et les entremetteurs n'ont pas coutume de s'enquérir.

MYLADY, *dans une angoisse qui étouffe sa voix.*

Et vous-même, n'avez-vous rien à ajouter?

FERDINAND, *jetant un regard sur la femme de chambre.*

Beaucoup trop, milady.

MYLADY *fait signe à Sophie de se retirer.*

Voulez-vous vous asseoir sur ce sofa?

FERDINAND.

Je ne serai pas long, milady.

MYLADY.

Eh bien?

FERDINAND.

Je suis un homme d'honneur.

MYLADY.

... Que je sais apprécier.

FERDINAND.

Gentilhomme.

MYLADY.

Il n'y en a pas de meilleur dans le duché.

FERDINAND.
Officier.

MYLADY, *d'un ton flatteur*.
Vous indiquez les avantages que d'autres ont eu commun avec vous ; pourquoi vous taire sur les avantages bien plus grands qui n'appartiennent qu'à vous seul ?

FERDINAND, *sèchement*.
Cela est inutile ici.

MYLADY, *avec une angoisse toujours croissante*.
Que dois-je conclure de ce préambule ?

FERDINAND, *lentement et avec expression*.
Que l'honneur serait un obstacle, si vous pouviez avoir le désir qu'on me contraignît à donner ma main.

MYLADY *se lève*.
Qu'est-ce donc, monsieur le major ?

FERDINAND, *avec calme*.
C'est le langage de mon cœur, de ma naissance et de mon épée.

MYLADY.
Cette épée, vous la tenez du prince.

FERDINAND.
Je la tiens de l'État, par la main du prince ; mon cœur, de Dieu ; ma naissance, d'une race de cinq cents ans.

MYLADY.
Le nom du duc...

FERDINAND, *avec chaleur*.
Le duc peut-il changer les lois de l'humanité ? peut-il frapper les consciences à son coin comme des écus ? Il peut fermer la bouche à l'honneur, mais il ne peut s'élever au-dessus de lui. Il peut couvrir sa honte d'un manteau d'hermine. Je vous en supplie, mylady, ne parlons plus de cela. Qu'il ne soit plus question de considérations accessoires, ni de mes aïeux, ni de mon uniforme, ni de l'opinion du monde. Je suis prêt à fouler tout cela aux pieds, dès que vous m'aurez montré que le prix de ce sacrifice n'est pas pire que le sacrifice lui-même.

MYLADY, *s'éloignant avec douleur*.
Monsieur le major, je n'ai pas mérité cela.

FERDINAND *lui prend la main*.
Pardonnez. Nous sommes ici sans témoins. La circonstance qui nous réunit vous et moi, aujourd'hui, pour la première et la dernière fois, m'autorise, me contraint à ne vous point dissimuler mes plus intimes sentiments. — Il ne m'entre pas dans la tête, mylady, qu'une dame de tant de beauté et d'esprit, douée de tant de qualités qu'un honnête homme eût appréciées, ait pu s'abandonner à un prince qui ne sait voir en elle absolument qu'une... femme, et qu'ensuite cette dame n'éprouve point d'embarras en offrant son cœur à un honnête homme.

MYLADY, *le regardant fixement et avec noblesse*.
Dites tout.

FERDINAND.
Vous vous dites Anglaise. Permettez-moi de dire que je ne puis vous croire Anglaise. Une fille née libre chez le peuple le plus libre qui soit sous le ciel, un peuple qui a même trop d'orgueil pour encenser les vertus de l'étranger ; cette fille a-t-elle jamais pu se vendre aux vices de l'étranger ? Il n'est pas possible que vous soyez Anglaise... ou le cœur de cette Anglaise serait d'autant plus misérable que celui de ses compatriotes est plus noble et plus fier.

MYLADY.
Avez-vous fini ?

FERDINAND.
On pourrait alléguer la vanité féminine... la passion... le tempérament... l'attrait des plaisirs ; que souvent la vertu survit à l'honneur ; que plusieurs étant entrées avec ignominie dans cette carrière, se sont ensuite concilié l'opinion du monde par de nobles actions, et ont ennobli un odieux métier par un digne emploi de leur position. — Mais, alors, pourquoi ce pays est-il plus monstrueusement pressuré qu'il ne l'a jamais été ? — J'ai dit ceci au nom du duché. — J'ai fini.

MILADY, *avec douceur et noblesse*.
C'est la première fois qu'on a osé me tenir de tels discours : et vous êtes le seul homme à qui je répondrais. — Vous rejetez ma main, je vous en estime ; vous calomniez mon cœur, je vous le pardonne. Mais que cela soit sérieusement, je ne puis le croire. Celui qui se risque à faire à une femme des offenses de cette sorte, lorsqu'elle n'a besoin que d'un seul mot pour le perdre, doit supposer une grande âme à cette femme, ou il est fou. Vous faites retomber sur ma tête la ruine de cette contrée, que Dieu vous le pardonne, ce Dieu tout-puissant, qui doit un jour juger et vous, et le prince et moi. Mais vous avez attaqué en moi les Anglaises, et je dois à ma patrie de me justifier de semblables reproches.

FERDINAND, *appuyé sur son épée*.
Je suis curieux...

MYLADY.
Écoutez donc ce que, hormis à vous, je n'ai jamais confié, je ne confierai jamais à personne. — Je ne suis pas une aventurière, comme vous le supposez, Walter. Je pourrais m'enorgueillir, et dire que je suis du sang des princes ; que je descends de la tige du malheureux Thomas Norfolk, qui se sacrifia pour Marie, reine d'Écosse... Mon père, premier chambellan du roi, fut accusé d'une intelligence criminelle avec la France, condamné par acte du parlement, et décapité. Tous nos biens furent confisqués ; nous-mêmes, bannis de notre pays. Ma mère mourut le jour de l'exécution... et moi, jeune fille de quatorze ans, je me réfugiai en Allemagne avec ma gouvernante, un écrin de diamans, et cette croix de famille que ma mère mourante avait cachée dans mon sein, en me donnant sa dernière bénédiction. (*Ferdinand devient pensif, et jette un regard d'intérêt sur Mylady. Elle poursuit avec une émotion toujours croissante.*) Malade, sans nom, sans ressources et sans secours, orpheline, étrangère, je m'arrêtai à Hambourg. — Je n'avais rien appris qu'un peu de français, à faire du filet et à

jouer du piano ; et j'avais été accoutumée à manger dans l'or et dans l'argent, à dormir dans des lits magnifiques, à voir dix laquais obéir au moindre signe, à recevoir les flatteries des plus grands seigneurs. — Six ans s'étaient déjà passés dans les larmes. Mon dernier diamant avait été vendu ; ma gouvernante venait de mourir. Ce fut alors que ma destinée conduisit votre duc à Hambourg... Je me promenais un jour au bord de l'Elbe ; je regardais l'eau couler, et je commençais à me demander si le fleuve était plus profond que ma misère. Le duc m'aperçut, me suivit, me parla, se jeta à mes pieds, et jura de m'aimer toujours. (*Elle s'arrête vivement émue, et reprend d'une voix entrecoupée de sanglots.*) L'image de toutes les prospérités de mon enfance s'offrit à moi avec son séduisant éclat... Un avenir sans consolation se montrait devant moi, sombre comme le tombeau ; mon cœur avait besoin d'un cœur qui m'aimât... Je me laissai entraîner vers le sien. (*Elle s'éloigne.*) Maintenant, condamnez-moi.

FERDINAND, *très ému, la suit et la ramène.*

Mylady, ô ciel ! qu'ai-je entendu ? qu'ai-je fait ? — J'aperçois combien mes torts sont affreux. Vous ne pourrez jamais me pardonner.

MYLADY *revient. Elle essaie de se remettre.*

Écoutez encore. — Le prince avait, il est vrai, surpris ma jeunesse sans défense ; mais le sang des Norfolk se révoltait en moi. — Toi, Émilie, me criait-il, née d'une race de princes, et maintenant concubine d'un prince ! — L'orgueil et l'infortune combattaient en mon cœur, quand le prince me conduisit ici. Et alors, quel horrible spectacle s'offrit à mes yeux ! — La corruption des grands de la terre est une hyène insatiable, qui cherche toujours des victimes à son ardente voracité. — Elle avait déjà affreusement dévasté cette contrée ; elle avait séparé l'époux de l'épouse ; elle avait brisé les liens les plus forts et les plus sacrés... Ici le tranquille bonheur d'une famille était détruit ; là, un cœur innocent et sans expérience avait été entraîné dans les ravages de la contagion, et de jeunes filles perverties, mourant dans les convulsions de la rage, prononçaient en expirant le nom de leur corrupteur. Je me plaçai entre l'agneau et le tigre, et, dans un moment de passion, j'obtins du prince le serment qu'il ferait cesser ces sacrifices humains.

FERDINAND, *dans la plus vive agitation, se promène à grands pas.*

Assez, mylady, assez.

MYLADY.

Cette affreuse période avait fait place à une autre plus triste encore. La cour et le sérail fourmillaient du rebut de l'Italie. D'adroites Parisiennes avaient fait du sceptre leur redoutable jouet, et le peuple était la victime sanglante de leurs caprices. Leur règne finit, je les vis toutes tomber dans la poussière devant moi ; car je m'entendais mieux qu'aucune autre en coquetterie. Je pris des mains du tyran voluptueux les rênes de l'État, que mes caresses en avaient fait tomber. Ta patrie, Walter, sentit pour la première fois la main de l'humanité, et se confia doucement à moi... (*Elle se tait et le regarde avec abandon.*) Et l'homme qui seul pourrait ne me point méconnaître, me force maintenant à célébrer ma propre grandeur, et à produire ma vertu silencieuse au grand jour de l'admiration ! — Walter, j'ai ouvert des prisons, j'ai déchiré des sentences de mort ; j'ai abrégé l'horrible perpétuité des galères ; dans les blessures incurables, j'ai du moins répandu quelques gouttes de baume ; j'ai renversé dans la poussière des criminels puissans, et j'ai souvent, par des larmes séduisantes, fait gagner à l'innocence sa cause, qu'elle avait perdue... Ah ! jeune homme ! combien cela m'était doux ! avec quel orgueil mon cœur pouvait repousser les reproches de mon illustre race... Et maintenant, l'homme que ma destinée avait peut-être créé pour me dédommager de mes souffrances passées, l'homme que déjà dans mes songes ma brûlante ardeur croyait saisir...

FERDINAND, *l'interrompant*

C'en est trop, c'en est trop. Ceci est contre nos conventions, mylady. Vous deviez repousser des imputations, et c'est moi dont vous faites un coupable ! — Épargnez-moi, je vous en conjure ; épargnez mon cœur, que déchirent la honte et un douloureux remords.

MYLADY, *lui prenant la main.*

Maintenant ou jamais ! J'ai assez montré l'héroïne ; il faut que tu sentes aussi le pouvoir de mes larmes. (*Avec tendresse.*) Écoute, Walter ! si une malheureuse attirée à toi par une force irrésistible, toute-puissante, s'approchait de toi, le cœur rempli d'un amour ardent et inépuisable... Walter ! et que tu proférasses encore le mot glacial d'honneur ?... Si cette malheureuse... oppressée sous le sentiment de sa honte... excédée du vice... héroïquement résolue à écouter ce cri de la vertu... si elle se jetait ainsi... dans tes bras (*elle l'entoure de ses bras, avec une expression suppliante et solennelle*)... si elle devait être sauvée par toi... par toi ramenée au ciel, ou bien... (*elle détourne son visage, et continue d'une voix sanglotante*) ou bien que, fuyant ton image, obéissant à la voix horrible du désespoir, elle dût se replonger dans l'abîme odieux du vice ?...

FERDINAND, *se dégageant de ses bras, et paraissant oppressé.*

Non, par le ciel ! je ne puis soutenir ceci... mylady, il faut, le ciel et la terre l'exigent de moi... il faut que je vous fasse un aveu, mylady.

MYLADY, *s'éloignant de lui.*

Pas à présent ! par tout ce qu'il y a de plus sacré, pas à présent !... pas dans ce moment horrible où mon cœur déchiré saigne sous mille poignards... C'est la vie ou la mort... et je n'ose pas... je ne veux pas l'entendre.

FERDINAND.

Cependant, chère mylady, il le faut ; ce que je

vous dirai allégera ma faute, et sera une puissante excuse de ce qui s'est passé. — Je me suis mépris sur vous, mylady. Je pensais, je désirais vous trouver digne de mon mépris ; je suis venu ici fermement résolu à vous offenser, et à mériter votre haine. Heureux tous deux si mon projet eût été accompli ! (*Il se tait un moment, puis reprend à voix basse et timidement.*) J'aime, mylady... j'aime une fille de famille bourgeoise, Louise Miller, la fille d'un musicien. (*Mylady détourne le visage et pâlit; il continue plus vivement.*) Je sais où cet amour me précipite ; mais si la prudence m'ordonne de taire cette passion, le devoir n'en parle que plus haut. C'est moi qui suis le coupable, je lui ai arraché la douce paix de l'innocence, j'ai bercé son cœur d'espérances exagérées, et je l'ai traîtreusement livrée à l'impétuosité des passions. Vous pouvez me rappeler mon rang, ma naissance, les principes de mon père ; mais j'aime... mes espérances sont venues à ce point que la nature combattra les convenances, et ma résolution les préjugés ; nous verrons à qui restera le champ de bataille, à l'étiquette ou à l'humanité. (*Mylady, durant ce discours, s'est retirée au fond du salon, et a caché son visage dans ses mains. Il la suit.*) Avez-vous quelque chose à me dire, mylady ?

MYLADY, *avec l'expression d'une vive souffrance.*

Rien, monsieur de Walter, rien, sinon que vous perdez, vous, moi, et encore une troisième.

FERDINAND.

Encore une troisième ?

MYLADY.

Nous ne pouvons être heureux ensemble, nous serons donc les victimes de la précipitation de votre père : jamais je ne posséderai le cœur d'un homme qui m'aura donné sa main par contrainte.

FERDINAND.

Par contrainte, mylady ? donnée par contrainte ? et cependant donnée ? Pourriez-vous contraindre la main sans le cœur ? pourriez-vous ravir à une jeune fille un homme qui est pour elle tout l'univers ? pourriez-vous arracher de cette jeune fille un homme pour qui elle est tout l'univers ? Vous, mylady, vous qui, tout-à-l'heure, étiez cette Anglaise admirable, le pourriez-vous ?

MYLADY.

Je le dois. (*Avec force et d'un ton sérieux.*) Ma passion, Walter, aurait pu céder à mon affection pour vous, mon honneur ne le peut pas. La publicité de tout ceci nous enchaîne : tous les regards, tous les traits de la malignité sont dirigés sur moi ; ma honte est ineffaçable, si je suis refusée par un des sujets du prince. Arrangez-vous avec votre père, tirez-vous-en comme vous pourrez ; moi, je ferai jouer toutes les mines.

Elle sort précipitamment. Le major demeure immobile et muet, ensuite il sort en désespéré.

SCÈNE IV.

La chambre du musicien.

MILLER, SA FEMME, LOUISE. *Ils entrent.*

MILLER, *l'air agité.*

Ne l'avais je pas prédit ?

LOUISE, *s'approchant de lui avec inquiétude.*

Quoi, mon père ? quoi ?

MILLER, *se promenant çà et là comme un fou.*

Mon bel habit, vite... je veux le premier... — une chemise à manchettes. — Je me l'étais bien imaginé.

LOUISE.

Au nom du ciel ! qu'est-ce donc ?

LA FEMME.

Qu'y a-t-il ? qu'est-ce que c'est ?

MILLER, *jetant sa perruque au milieu de la chambre.*

Vite, chez le perruquier ! — Ce qu'il y a ? (*Se regardant dans un miroir.*) Et ma barbe qui est longue d'un doigt ! — Ce qu'il y a ? ce que tu as fait, carogne. Le diable est déchaîné, c'est toi qui as appelé le tonnerre.

LA FEMME.

Voyez donc, tout tombe toujours sur moi.

MILLER.

Sur toi ? oui, langue maudite ; et sur qui donc ? et ce matin, avec ton diable de jeune homme ? Ne l'ai-je pas dit au moment même ! le Wurm a babillé.

LA FEMME.

Ah ! c'est cela ? comment peux-tu le savoir ?

MILLER.

Comment je peux le savoir ! Là-bas, à la porte de la maison, un drôle de chez le ministre qui demande le musicien.

LOUISE.

Je suis morte !

MILLER.

Et toi aussi, avec tes yeux bleus ! (*Il rit avec amertume.*) Le proverbe a raison : Quand le diable a pondu dans un nid, il y engendre une jolie fille. J'en sais quelque chose à présent.

LA FEMME.

D'où sais-tu donc qu'il s'agit de Louise ? ne peux-tu pas avoir été recommandé au duc ? il te veut peut-être pour son orchestre.

MILLER, *prenant sa canne.*

Que le feu du ciel te brûle ! L'orchestre... oui, tu y feras le second dessus, et moi je tiendrai le bâton. (*Il se jette sur une chaise.*) Ah ! Dieu du ciel !

LOUISE, *pâle et presque évanouie.*

Ma mère ! mon père ! Ah ! que je souffre !

MILLER, *s'élançant de sa chaise.*

Ah ! que ce gratte-papier passe seulement une fois à portée de mon bras, qu'il y passe... dans ce monde ou dans l'autre ! si je ne lui broie pas le corps et l'âme menu comme chair à pâté, si je ne lui écris pas sur le dos les dix commandemens, le *Pater noster*, les sept psaumes de la pénitence et tous les livres de Moïse et des prophètes, de façon que les marques pourront se lire encore le jour de la résurrection des morts!...

LA FEMME.

Oui, jure et tempête; cela conjurera-t-il le diable à présent? Dieu tout-puissant, ayez pitié de nous! Que faire? quel parti prendre? qu'entreprendre? Père Miller, dis donc?

Elle marche dans la chambre en sanglotant.

MILLER.

J'irai sur-le-champ chez le ministre; moi-même je lui parlerai... je lui déclarerai... Tu savais cela avant moi, tu aurais pu m'en avertir; cette fille aurait pu encore entendre raison, il aurait été temps encore... mais non. A présent comment arranger cela? comment se tirer de là? Tu as mis du bois sur le feu; eh bien! prends garde au profit de ton beau métier d'entremetteuse: bois le vin que tu as tiré. Je prends ma fille sous le bras, et je passe la frontière.

SCÈNE V.

LES PRÉCÉDENS; FERDINAND DE WALTER *se précipite dans la chambre, effrayé et hors d'haleine.*

FERDINAND.

Mon père est-il venu?

LOUISE, *avec un cri d'effroi.*

Son père! Dieu tout-puissant!

LA FEMME, *joignant les mains.*

Le Président! c'est fait de nous!

MILLER, *avec un rire de désespoir.*

Dieu soit loué! Dieu soit loué! voici la fête qui commence.

FERDINAND *s'élance vers Louise, et la presse dans ses bras.*

Tu es à moi; que le ciel et l'enfer se jettent entre nous!

LOUISE.

Ma mort est certaine; — mais parle; tu as prononcé un mot terrible: ton père!

FERDINAND.

Rien, rien; tout est surmonté: tu es à moi de nouveau; je suis à toi de nouveau. Ah! laisse-moi respirer sur ton cœur... ah! le moment a été terrible.

LOUISE.

Lequel? Tu me fais mourir.

FERDINAND *se recule, et la regardant avec expression.*

Un moment, Louise, où une figure étrangère s'était placée entre toi et moi... où mon amour pâlissait devant ma conscience... où ma Louise cessait d'être tout pour moi. (*Louise se laisse tomber évanouie sur une chaise: Ferdinand court vers elle, demeure muet, et fixant les yeux sur elle, puis s'en éloigne tout-à-coup dans la plus vive agitation.*) Non, jamais!... impossible, mylady!... C'est demander trop; je ne puis te sacrifier cette innocente créature. Non, par le Dieu tout-puissant! non, je ne puis anéantir un serment que ces yeux mourans me rappellent mieux que ne ferait la foudre du ciel... Mylady, regarde ici... Regarde ici, père barbare... dois-je égorger cet ange! (*Il se précipite vers elle d'un air résolu.*) Je la conduirai devant le trône du souverain juge, et si mon amour est un crime, l'Eternel nous le dira. (*Il la prend par la main et la soulève de son siége.*) Prends courage, ma bien-aimée, tu as vaincu. Je reviens près de toi, vainqueur du plus rude combat.

LOUISE.

Non, non; ne me déguise rien; prononce l'horrible sentence. Tu as nommé mylady? — Le frisson de la mort me saisit. — On dit qu'elle va se marier.

FERDINAND, *se jetant aux pieds de Louise.*

Avec moi, malheureuse!

LOUISE, *après un moment de silence, d'une voix tremblante, mais douce, et avec un calme affreux.*

Eh bien... c'est ce que je craignais. Ce vieillard me l'a dit souvent... je ne voulais jamais le croire. (*Elle se tait; puis se jette en pleurant dans les bras de son père.*) Mon père, ta fille te revient... Pardon, mon père... est-ce la faute de ton enfant, si ce rêve a été si beau... et le réveil si terrible?

MILLER.

Louise! Louise! — O Dieu! elle est sans connaissance. — Ma fille, ma pauvre enfant! — Maudit soit le séducteur! maudite soit cette entremetteuse?

LA FEMME, *se jetant en sanglotant sur Louise.*

Ai-je mérité cette malédiction, ma fille? Que Dieu vous pardonne, baron! que vous a fait cet agneau pour l'égorger?

FERDINAND, *s'élançant vers eux.*

Mais je traverserai ces intrigues. Je briserai les liens de fer du préjugé. Homme libre, je ferai mon choix; et ces âmes de vermisseau viendront ramper devant l'œuvre gigantesque de mon amour!

Il veut sortir.

LOUISE *se relève tremblante et veut le suivre.*

Demeure, demeure! où veux-tu aller? Mon père, ma mère, c'est dans ce moment d'angoisse qu'il nous abandonne.

LA FEMME, *le suivant, et s'attachant à lui.*

Le Président va venir ici... il maltraitera notre enfant... il nous maltraitera... et vous nous abandonnez, monsieur de Walter?

MILLER, *avec un rire de désespoir.*

Il nous abandonne? sans doute!... Et pourquoi pas? elle lui a tout donné. (*Il prend le major d'une main, Louise de l'autre.*) Doucement, monsieur! ne sortez pas de ma maison en ce moment... Attends ton père ici, si tu n'es pas un scélérat: conte-lui, imposteur, comment tu as pu l'introduire dans son cœur; ou par le ciel! (*avec violence et en lui jetant sa fille*) il faudra que tu écrases devant moi cette gémissante créature, que son amour pour toi condamne à la honte.

FERDINAND *revient, se promène à grands pas d'un air pensif.*

Il est vrai que le pouvoir du Président est grand. Le droit paternel est un mot puissant; il peut même servir de voile à un forfait; il peut aller loin... très-loin... Cependant s'il pousse mon amour aux dernières extrémités..,.. Viens ici, Louise; mets ta main dans la mienne. (*Il lui prend la main avec vivacité.*) Puisse Dieu ne pas m'assister à mon dernier soupir, si le moment qui séparera ces deux mains n'est pas aussi celui où sera rompu tout lien entre moi et la vie!

LOUISE.
Ah! que je souffre! Ne me regarde pas; tes lèvres tremblent, ton regard est terrible.

FERDINAND.
Non, Louise, ne tremble pas; ce n'est pas un insensé qui te parle. Dans ce moment décisif, où le cœur oppressé se fait jour avec une inconcevable impétuosité, j'ai pris ma résolution; le ciel m'a fait cette précieuse grâce. Je t'aime, Louise... Tu seras à moi, Louise. Maintenant, je vais à mon père.

Il veut sortir promptement, et se rencontre avec son père.

SCÈNE VI.

LES PRÉCÉDENS; LE PRÉSIDENT, *suivi de plusieurs domestiques.*

LE PRÉSIDENT, *en entrant.*
Il est déjà ici.

Tous sont effrayés.

FERDINAND, *reculant de quelques pas.*
Dans l'asile de l'innocence.

LE PRÉSIDENT.
Où le fils apprendra à obéir à son père.

FERDINAND.
Permettez-nous cependant...

LE PRÉSIDENT, *l'interrompant, s'adresse à Miller.*
Vous êtes le père?

MILLER.
Miller, organiste de la ville.

LE PRÉSIDENT, *à sa femme.*
Vous, la mère?

FERDINAND, *à Miller.*
Père, éloignez votre fille, elle va se trouver mal.

LE PRÉSIDENT.
Précaution superflue! je la ferai bien revenir. (*A Louise.*) Connaissez-vous depuis long-temps le fils du Président?

LOUISE.
Je ne me suis jamais informée de son père. Ferdinand de Walter me recherche depuis le mois de novembre.

FERDINAND.
... Vous adore!

LE PRÉSIDENT.
Avez-vous quelque promesse?

FERDINAND.
Il y a peu d'instans, les plus solennelles, devant Dieu.

LE PRÉSIDENT, *avec colère, à son fils.*
Cet aveu-là est déjà une preuve de ta folie. (*A Louise.*) J'attends votre réponse.

LOUISE.
Il m'a juré amour.

FERDINAND.
Et il tiendra son serment.

LE PRÉSIDENT.
Faut-il que je t'ordonne de te taire? — Reçûtes-vous ce serment?

LOUISE, *avec tendresse.*
J'en fis un pareil.

FERDINAND, *d'une voix ferme.*
L'engagement est pris.

LE PRÉSIDENT.
Je ferai chasser cet écho. (*A Louise d'un ton de méchanceté.*) Mais pourtant il vous a toujours payée comptant?

LOUISE.
Je ne comprends pas votre question.

LE PRÉSIDENT, *avec un rire dédaigneux.*
Ah!... Eh bien! je veux dire seulement... chaque métier a, comme on sait, son salaire. Ainsi, j'espère que vous n'avez pas accordé vos faveurs gratuitement... Ou peut-être ne receviez-vous que des à-comptes?

FERDINAND *s'écrie comme un furieux.*
Par l'enfer! qu'est-ce que cela?

LOUISE, *au major, avec dignité et dédain.*
Monsieur de Walter, maintenant vous êtes libre.

FERDINAND.
Mon père, la vertu commande le respect, même sous les haillons de la misère.

LE PRÉSIDENT, *éclatant de rire.*
Plaisante prétention! le père doit respecter la coquine de son fils?

LOUISE *tombe évanouie*
Dieu du ciel et de la terre!

FERDINAND, *en même temps, s'avance vers le Président, met la main sur son épée, mais la laisse aussitôt retomber.*
Mon père, je vous devais la vie; nous sommes quittes. (*Il repousse son épée dans le fourreau.*) Voilà votre diplôme de père déchiré. Vos droits sont anéantis.

MILLER, *qui jusque là s'était tenu timidement à l'écart, s'avance vers le Président; tantôt ses dents grincent de fureur, tantôt il tremble de frayeur.*
Votre excellence... l'enfant appartient au père... révérence parlant. Insulter calomnieusement une fille, c'est donner un soufflet à son père... et un soufflet en vaut un autre... c'est comme ça chez nous... révérence parlant.

LA FEMME.
Secourez-nous, et sauvez-nous, mon Dieu! —

A présent voilà ce vieux qui s'emporte. Tout l'orage va nous tomber sur la tête.
LE PRÉSIDENT, *qui n'a pas bien entendu.*
L'entremetteur se fâche aussi ! Nous parlerons tout-à-l'heure du métier que tu fais.
MILLER.
Révérence parlant, je m'appelle Miller. Si vous voulez entendre un adagio... mais je ne me mêle pas des affaires galantes. Tant que la cour réclamera la préférence, ce commerce ne viendra pas à nous autres bourgeois... révérence parlant.
LA FEMME.
Au nom du ciel, mon cher homme ! tu perds ta femme et ta fille.
FERDINAND.
Vous jouez ici un rôle, mon père, pour lequel vous n'auriez pas, au moins, dû appeler des témoins.
MILLER, *s'approchant encore plus, et prenant courage.*
Entendez-vous l'allemand... révérence parlant ? — Votre excellence ordonne et commande dans le duché ; mais ici je suis chez moi. Si jamais je vous remets une pétition, alors je serai votre dévoué serviteur; mais un voisin malhonnête, je le jette à la porte... révérence parlant.
LE PRÉSIDENT, *pâle de colère.*
Comment ? qu'est-ce que c'est ?
Il va à lui.
MILLER *recule doucement.*
Monseigneur, c'est mon opinion... révérence parlant.
LE PRÉSIDENT, *en fureur.*
Ah ! misérable ! tu iras dire ton opinion dans la maison de force. — Allez, qu'on avertisse les gens de justice. (*Quelqu'un de sa suite s'en va, le Président se promène à grands pas et en fureur.*) Le père à la maison de force. — La mère au carcan, avec la coquine de fille. La justice me prêtera son bras. Ah ! j'aurai une terrible satisfaction pour cet affront. — Une telle race renverserait mes plans, et brouillerait le père avec le fils ! — Ah ! misérables, votre ruine assouvira ma haine ; toute la couvée, le père, la mère et la fille seront sacrifiés à l'ardeur de ma vengeance.
FERDINAND *s'avance et se place au milieu d'eux avec une tranquille fermeté.*
Non ! soyez sans crainte ; je suis là. (*A son père, d'un ton soumis.*) Point de précipitation, mon père. Si vous avez quelque soin de vous-même, point de violence. Il y a une région dans mon cœur où le nom de père n'a jamais été entendu... ne pénétrez pas jusque là.
LE PRÉSIDENT.
Indigne, tais-toi ; n'irrite pas davantage ma colère.
MILLER, *revenant de sa profonde stupeur.*
Femme, prends soin de ton enfant. Je cours vers le duc. — Le tailleur de la cour ! c'est le ciel qui m'a inspiré cette idée ; le tailleur de la cour prend des leçons de flûte chez moi. Je ne puis manquer d'arriver jusqu'au duc.

LE PRÉSIDENT.
Jusqu'au duc, dis-tu ? as-tu oublié que je garde le seuil de la porte, et qu'il faut passer par là, ou se rompre le cou. Jusqu'au duc ? imbécile ! tente-le, et tu seras enterré tout vivant dans un cachot profond, où la nuit fait les yeux doux à l'enfer ; et tu ne retourneras jamais à la lumière, ni au monde. Secoue alors tes chaînes et dis en pleurant : Ah ! c'est trop fort.

~~~~~~~~~~~~~~~~~~~~~~~~~~~~~~~~~~~~~

SCÈNE VII.

LES PRÉCÉDENS, DES GENS DE JUSTICE.

FERDINAND *court vers Louise, qui tombe à demi morte dans ses bras.*
Louise ! secourez-la ! secourez-la ! l'effroi la tue.
Miller saisit sa canne ; il enfonce son chapeau sur sa tête, et se tient prêt à l'attaque. Sa femme se jette aux genoux du Président.
LE PRÉSIDENT, *aux gens de justice, en montrant sa plaque et son cordon.*
Au nom du duc, prêtez main-forte. — Jeune homme, laisse cette fille... évanouie ou non ; quand une fois elle aura le collier de fer, on la fera bien revenir à coups de pierres.
LA FEMME.
Miséricorde ! votre excellence ! miséricorde ! miséricorde !
MILLER, *faisant relever sa femme.*
Mets-toi à genoux devant Dieu, vieille sotte, et non pas devant... des scélérats ; — je suis déjà condamné à aller en prison.
LE PRÉSIDENT, *se mordant les lèvres.*
Tu pourrais te tromper, coquin. Il y a encore place à la potence. (*Aux gens de justice.*) Faut-il vous le dire encore une fois ?
Les gens de justice s'avancent vers Louise.
FERDINAND *s'élance furieux et se place devant elle.*
Qui osera ? (*Il prend son épée par le fourreau et menace de frapper avec la poignée.*) Le premier qui risquera de la toucher, je lui fais sauter le crâne. (*Au président.*) Épargnez-vous, mon père. Ne poussez pas les choses plus loin.
LE PRÉSIDENT, *d'un ton de menace aux gens de justice.*
Poltrons ! si vous voulez conserver votre pain, obéissez.
Les gens de justice s'approchent de Louise.
FERDINAND.
Par la mort et l'enfer ! je vous le dis, retirez-vous ! — Encore une fois, ayez pitié de vous-même ; ne me poussez pas à bout, mon père.
LE PRÉSIDENT, *avec colère.*
Est-ce comme cela que vous faites votre devoir, misérables ?
Les gens de justice s'approchent davantage.
FERDINAND.
Eh bien ! puisqu'il le faut... (*Il tire son épée,*

et en blesse quelques-uns.) La justice me le pardonnera bien.

LE PRÉSIDENT, *en fureur.*
Je verrai si cette épée me touchera aussi.
Il s'avance, prend Louise, et la remet aux gens de justice.

FERDINAND, *avec un rire amer.*
Mon père, mon père, vous faites ici une épigramme mordante contre la Divinité, qui s'est si fort méprise sur ses créatures, qu'elle a fait d'un excellent valet de bourreau un mauvais ministre.

LE PRÉSIDENT, *à sa suite.*
Emmenez-la.

FERDINAND.
Mon père, elle figurera au carcan avec le major, fils du Président... Persistez-vous encore ?

LE PRÉSIDENT.
Le spectacle en sera plus bouffon. Allez.

FERDINAND.
Je jette mon épée d'officier sur cette jeune fille... Persistez-vous encore ?

LE PRÉSIDENT.
Une épée ne convient pas à un homme qui va au carcan. — Allons, allons ; vous avez entendu mes ordres.

FERDINAND *arrache Louise aux gens de justice ; il la tient d'un bras, et de l'autre dirige son épée sur elle.*
Mon père, plutôt que de laisser déshonorer mon épouse, je lui percerai le sein... Persistez-vous encore ?

LE PRÉSIDENT.
Fais-le si ton épée a le fil.

FERDINAND *quitte Louise, et levant les yeux au ciel avec fureur.*
Dieu tout-puissant, tu en es témoin ! il n'y a pas un moyen humain que je n'aie tenté ; je suis contraint d'user d'un moyen diabolique... vous l'envoyez au carcan ; alors... (*il s'approche du Président et crie à son oreille*) alors je raconte à toute la ville comme on devient président.
Il sort.

LE PRÉSIDENT, *comme frappé de la foudre.*
Qu'est-ce donc, Ferdinand !... Qu'on la laisse libre.

Il court joindre le major.

ACTE TROISIÈME.

Un salon chez le Président.

SCÈNE PREMIÈRE.
LE PRÉSIDENT *et* LE SECRÉTAIRE WURM.
Ils entrent.

LE PRÉSIDENT.
C'est un trait infernal.

WURM.
C'est ce que je craignais, monseigneur ; la contrainte aigrit les gens exaltés, et ne les convertit jamais.

LE PRÉSIDENT.
J'avais mis toute ma confiance dans ce plan de conduite. Voilà comme je raisonnais : si la fille est déshonorée, lui, comme officier, sera forcé de l'abandonner.

WURM.
Excellent, si vous aviez pu en venir jusqu'à la déshonorer.

LE PRÉSIDENT.
Et cependant... quand j'y pense de sang-froid, je n'aurais pas dû m'en laisser imposer ; c'était une menace que jamais il n'a pu me faire sérieusement.

WURM.
Ne vous y fiez pas ; la passion irritée n'est arrêtée par aucune extravagance. Vous m'avez dit que monsieur le major avait toujours secoué la tête quand vous lui parliez de votre conduite, je le crois ; les principes qu'il a rapportés ici des universités ne me paraissent pas fort bons. Qu'a-t-on à faire de toutes ces rêveries fantastiques de grandeur d'âme et de noblesse personnelle, dans une cour où la grande sagesse consiste à se faire adroitement et à propos, tantôt grand, tantôt petit ? Il est trop jeune, trop ardent pour prendre goût à la marche lente et tortueuse de l'intrigue : rien ne peut mettre son ambition en mouvement que ce qui est grand et aventureux.

LE PRÉSIDENT, *avec distraction.*
Mais en quoi ces justes observations peuvent-elles servir à notre affaire ?

WURM.
Elles montrent à votre excellence où est la plaie, et peut-être quel pourrait être le remède. — Un homme de ce caractère, excusez-moi, ne devait jamais être pris pour confident, ou jamais poussé à devenir ennemi. Il abhorre le moyen par loquel vous vous êtes élevé ; peut-être le devoir filial a-t-il jusqu'ici enchaîné la langue du dénonciateur. Si vous lui donnez l'occasion légitime de la délier ; si, en livrant des assauts répétés à sa passion, vous lui persuadez que vous n'avez point la tendresse d'un père, alors les patriotiques devoirs prendront le dessus ; la bizarre fantaisie de livrer une grande victime à la justice pourrait bien à elle seule avoir déjà assez d'attraits à ses yeux pour l'entraîner à perdre son père.

LE PRÉSIDENT.

Wurm, Wurm, vous me conduisez là au bord d'un précipice horrible.

WURM.

C'est pour vous en retirer, monseigneur. Oserai-je vous parler franchement.

LE PRÉSIDENT *s'assied.*

Comme un damné à son compagnon de damnation.

WURM.

Excusez-moi donc. — Vous avez dû, ce me semble, votre position de président à votre souplesse de courtisan : pourquoi ne l'emploieriez-vous pas dans votre rôle de père? Je me souviens avec quelle cordialité vous engageâtes jadis votre prédécesseur à cette partie de piquet, et comment vous lui fîtes si amicalement passer à boire du vin de Bourgogne la moitié de la nuit, de cette nuit même où la grande mine devait jouer et faire sauter mon homme en l'air. Pourquoi vous montrez-vous à votre fils en ennemi? Jamais il n'aurait dû découvrir que je savais toute l'affaire de ses amours; vous auriez dû contre-miner le roman du côté de la fille, et conserver le cœur de votre fils; vous auriez agi comme un général prudent, qui ne mène pas l'élite de l'armée à l'ennemi avant d'avoir excité le désordre dans ses rangs.

LE PRÉSIDENT.

Comment s'y prendre?

WURM.

De la manière la plus simple; la partie n'est pas encore perdue. Oubliez un moment que vous êtes père, ne luttez point contre une passion que toute résistance augmentera; chargez-m'en, et je saurai bien y faire éclore, par sa propre chaleur, le serpent qui la dévorera.

LE PRÉSIDENT.

Je suis curieux...

WURM.

Ou je connais bien mal le thermomètre des caractères, ou monsieur le major doit être aussi terrible dans la jalousie que dans l'amour. Donnez-lui sur la fille des soupçons... vraisemblables ou non; un grain de levain suffira pour mettre toute la masse dans une fermentation destructive.

LE PRÉSIDENT.

Mais où prendre ce grain de levain?

WURM.

C'est là le point. Avant toutes choses, monseigneur, dites-moi combien vous fait mettre sur jeu la résistance prolongée du major; quel degré d'importance vous attachez à voir finir le roman de votre fils avec cette petite bourgeoise, et à mener à conclusion le mariage avec lady Milford?

LE PRÉSIDENT.

Pouvez-vous le demander, Wurm? tout mon crédit est en péril si cet arrangement avec mylady échoue; et si je violente mon fils, il y va de ma tête.

WURM, *gaîment.*

Maintenant faites-moi la grâce de m'entendre. Contre monsieur le major nous déploierons la ruse; contre la fille nous appellerons tout votre pouvoir à notre aide, nous lui dicterons un billet doux adressé à une tierce personne, et nous le ferons tomber de la bonne façon aux mains du major.

LE PRÉSIDENT.

Quelle pauvre folie! comme si elle se déterminerait à écrire tout de suite sa propre sentence de mort!

WURM.

Il le faudra bien, si vous me laissez carte blanche. Je connais parfaitement son bon cœur, elle est mortellement vulnérable par deux points; nous assiégerons sa conscience sur ces deux points-là : son père et le major; nous ne mettrons pas du tout celui-ci en jeu, et nous pourrons d'autant plus facilement nous servir du musicien.

LE PRÉSIDENT.

Par exemple...

WURM.

D'après ce que votre excellence m'a dit de ce qui s'est passé dans sa maison, il n'y aura rien de plus facile que de menacer le père d'un procès criminel. La personne du favori, du garde des sceaux, est en quelque sorte une ombre de la majesté : les offenses contre lui sont des crimes contre elle. Du moins avec cet argument mal cousu, y a-t-il de quoi faire passer le pauvre diable par un trou d'aiguille.

LE PRÉSIDENT.

Cependant l'affaire ne pourrait pas être menée sérieusement.

WURM.

Pas jusqu'au bout, certainement; seulement assez loin pour mettre toute la famille à la gêne. Nous mettrons donc le musicien à l'ombre. Pour rendre l'embarras plus grand, on pourrait bien prendre la mère aussi. On parlera d'accusation criminelle, d'échafaud, de prison perpétuelle, et l'on fera de la lettre de la fille l'unique condition de la mise en liberté.

LE PRÉSIDENT.

Bon, bon, je comprends.

WURM.

Elle aime son père... je puis dire jusqu'à la passion. Le danger de sa vie, de sa liberté du moins, les reproches de conscience qu'elle se fera à ce sujet, l'impossibilité de posséder le major, enfin l'égarement de sa pauvre tête, dont je me charge... Ah! cela ne peut manquer : il faut qu'elle tombe dans le piège.

LE PRÉSIDENT.

Mais mon fils n'en sera-t-il pas instruit sur-le-champ? Ne deviendra-t-il pas plus furieux?

WURM.

Laissez-moi tout ce soin, monseigneur. Le père et la mère ne seront pas mis en liberté avant que j'aie tiré de toute la famille un serment formel de tenir caché tout le mystère, et de confirmer toute notre tromperie.

LE PRÉSIDENT.
Un serment! Et que vaut un serment, imbécile?
WURM.
Rien, chez nous, monseigneur; tout, chez cette espèce de gens. — Et voyez-vous de quelle admirable façon nous arrivons tous deux à notre but? La fille perd l'amour du major et sa bonne renommée de vertu; le père et la mère prendront un ton plus radouci; et de proche en proche, rendus plus traitables par une aventure de cette sorte, ils trouveront que c'est une bonté de ma part de rendre à leur fille sa réputation en lui donnant ma main.

LE PRÉSIDENT *rit en secouant la tête.*
Oui, je m'avoue vaincu, fripon. La trame est vraiment satanique; l'écolier a surpassé son maître. — Maintenant il s'agit de savoir à qui le billet sera adressé, avec qui nous ferons soupçonner qu'elle est en liaison.

WURM.
Nécessairement quelqu'un qui ait tout à gagner ou tout à perdre au parti que prendrait votre fils.

LE PRÉSIDENT, *après un moment de réflexion.*
Je ne sais que le grand maréchal.

WURM, *levant les épaules.*
Si j'étais Louise Miller, assurément il ne serait pas de mon goût.

LE PRÉSIDENT.
Et pourquoi pas? admirable! une garde-robe éblouissante, une atmosphère d'ambre et d'eau de mille-fleurs, pas un mot de bon sens, et les mains pleines de ducats; et il n'y a pas là de quoi mettre à mal la délicatesse d'une grisette? Ah! mon bon ami, la jalousie n'y regarde pas de si près. Je vais envoyer chercher le maréchal.

Il sonne.

WURM.
Pendant que votre excellence le verra et fera expédier le mandat d'arrêt du musicien, je vais rédiger le billet doux convenu.

LE PRÉSIDENT, *allant à son écritoire.*
Et vous me l'apporterez à lire dès qu'il sera écrit. (*Wurm sort; le Président se met à écrire: un Domestique entre; le Président se lève et lui remet un papier.*) Portez sur-le-champ cet ordre d'arrestation au tribunal. — Qu'un de vous autres aille aussi prier le grand maréchal de passer chez moi.

LE DOMESTIQUE.
Son excellence vient justement d'entrer.

LE PRÉSIDENT.
Encore mieux. — Vous direz qu'on doit observer les formes avec précaution et agir sans faire de bruit.

LE DOMESTIQUE.
Très-bien, monseigneur.

LE PRÉSIDENT.
Vous entendez? que tout se fasse tranquillement.

LE DOMESTIQUE.
Très-bien, monseigneur.

Il sort.

SCÈNE II.
LE PRÉSIDENT *et* LE GRAND MARÉCHAL.

LE GRAND MARÉCHAL, *avec l'air affairé.*
Ce n'est qu'en passant, mon cher. Comment ça va-t-il? comment vous trouvez-vous? — Ce soir le grand opéra de *Didon.* Le bûcher sera magnifique; toute une ville en flammes! Vous viendrez la voir brûler, n'est-ce pas?

LE PRÉSIDENT.
C'est bien assez d'avoir ma maison tout en feu et tout mon crédit prêt à sauter en l'air. Vous venez fort à propos, mon cher maréchal, pour me conseiller, pour m'aider activement dans une affaire qui doit, ou nous pousser tous les deux, ou nous jeter tout-à-fait à bas. Asseyez-vous.

LE GRAND MARÉCHAL.
Vous me faites trembler, mon bon ami.

LE PRÉSIDENT.
C'est comme je le dis... Ou nous pousser, ou nous jeter tout-à-fait à bas. Vous savez mon projet sur mon fils et sur Mylady; vous sentez combien il était indispensable pour rendre notre fortune un peu fixe: tout s'écroule, Kalb; mon Ferdinand ne veut pas.

LE GRAND MARÉCHAL.
Il ne veut pas... il ne veut pas? Et moi qui l'ai déjà dit à toute la ville! ce mariage qui est déjà dans la bouche de tout le monde!

LE PRÉSIDENT.
Vous passerez dans toute la ville pour un étourneau: il en aime une autre.

LE GRAND MARÉCHAL.
C'est pour rire. Quel empêchement cela ferait-il?

LE PRÉSIDENT.
Insurmontable... c'est bien la tête la plus obstinée.

LE GRAND MARÉCHAL.
Il ne peut pas être assez insensé pour repousser sa fortune. Qu'est-ce que c'est donc?

LE PRÉSIDENT.
Demandez-le-lui, et vous entendrez ce qu'il vous répondra.

LE GRAND MARÉCHAL.
Mais, mon Dieu, que pourrait-il donc répondre?

LE PRÉSIDENT.
... Qu'il découvrira à tout l'univers les méfaits par où nous nous sommes élevés, qu'il montrera nos fausses lettres et les fausses quittances, qu'il nous livrera tous deux au glaive de la justice. Voilà ce qu'il vous répondra.

LE GRAND MARÉCHAL.
Êtes-vous fou?

LE PRÉSIDENT.
C'est ce qu'il a répondu; c'est ce qu'il se mettait déjà en devoir d'exécuter. J'ai à peine réussi à l'en détourner par la plus profonde soumission. — Que dites-vous de cela?

LE GRAND MARÉCHAL, *d'un air hébété.*
Je demeure sous le coup.

LE PRÉSIDENT.
Cela peut aller plus loin. Je viens d'apprendre par mes espions que le grand échanson de Bock est sur le point d'épouser Mylady.

LE GRAND MARÉCHAL.
Vous me ferez perdre la tête. Qui, dites-vous? de Bock, dites-vous? Vous ne savez donc pas que nous sommes ennemis mortels? Et savez-vous pourquoi?

LE PRÉSIDENT.
C'est le premier mot que j'en apprends.

LE GRAND MARÉCHAL.
Mon cher, vous allez le savoir, et vous en frémirez de la tête aux pieds. — Vous souvenez-vous d'un bal à la cour... il y a maintenant... vingt et un ans... vous savez bien... où l'on dansa la première anglaise... où le comte de Meerschaum reçut sur son domino toute cette cire qui coulait du lustre?... Ah! mon Dieu, vous ne pouvez pas avoir oublié cela?

LE PRÉSIDENT.
Qu'est-ce qui ne s'en souviendrait pas?

LE GRAND MARÉCHAL.
Y êtes-vous?... La princesse Amélie, dans l'ardeur de la danse, avait perdu sa jarretière... voilà tout le monde en mouvement, comme cela se conçoit bien. De Bock et moi... nous étions encore gentilshommes de la chambre... nous étions là à nous traîner dans toute la salle pour trouver la jarretière. Enfin, je la vois... de Bock s'en aperçoit, de Bock s'élance... il me l'arrache de la main. — Je vous demande un peu! — il la rapporte à la princesse, et me souffle ainsi un compliment flatteur. — Eh bien! qu'en pensez-vous?

LE PRÉSIDENT.
L'impertinent!

LE GRAND MARÉCHAL.
Il me souffle le compliment. Je pensai me trouver mal. Une pareille malice ne s'est jamais vue. Enfin, je me remets; j'approche de son altesse, et je lui dis : « Madame, de Bock a été assez heureux pour rapporter la jarretière de votre altesse sérénissime; mais celui qui le premier a aperçu cette jarretière sait en jouir en silence et se taire. »

LE PRÉSIDENT.
Bravo, maréchal! bravissimo!

LE GRAND MARÉCHAL.
... Et se taire »... Mais j'en garderai rancune à de Bock jusqu'au jugement dernier. Flatteur vil et rampant! — Et ce n'est pas tout... En nous jetant tous deux sur cette jarretière pour la ramasser, de Bock avait enlevé toute la poudre du côté droit de ma coiffure, et je fus abîmé pour tout le bal.

LE PRÉSIDENT.
Eh bien! c'est cet homme-là qui épousera la Milford, et qui deviendra le premier homme de la cour!

LE GRAND MARÉCHAL.
Mais vous m'enfoncez un poignard dans le cœur. Le premier! le premier! et pourquoi cela? où en est la nécessité?

LE PRÉSIDENT.
Parce que mon Ferdinand ne veut pas, et qu'aucun autre ne se présente.

LE GRAND MARÉCHAL.
Mais ne savez-vous donc aucun moyen d'amener le major à cela, quelque moyen... fût-il bizarre, désespéré? Qu'y a-t-il dans le monde qui ne nous parût parfait pour renverser cet odieux de Bock?

LE PRÉSIDENT.
Je n'en sais qu'un, et il dépend de vous.

LE GRAND MARÉCHAL.
Il dépend de moi? qu'est-ce que c'est?

LE PRÉSIDENT.
C'est de brouiller le major avec sa bien-aimée.

LE GRAND MARÉCHAL.
Les brouiller? vous croyez cela? et qu'y puis-je faire?

LE PRÉSIDENT.
Tout est gagné, si nous lui donnons des soupçons sur cette fille.

LE GRAND MARÉCHAL.
Le soupçon qu'elle le vole, n'est-ce pas?

LE PRÉSIDENT.
Mais non ; comment pourrait-il le croire? Non, qu'elle est en relation avec un autre.

LE GRAND MARÉCHAL.
Et cet autre?

LE PRÉSIDENT.
Il faut que ce soit vous, baron.

LE GRAND MARÉCHAL.
Que ce soit moi? moi? Est-elle noble?

LE PRÉSIDENT.
Pourquoi cela? Quelle idée! la fille d'un musicien...

LE GRAND MARÉCHAL.
Elle est donc bourgeoise? Cela ne peut pas s'arranger. Comment!

LE PRÉSIDENT.
Cela ne peut pas s'arranger? quelle folie! A qui, sous le soleil, est-il jamais venu dans l'idée de demander à un joli visage sa généalogie?

LE GRAND MARÉCHAL.
Mais pensez donc... un homme d'honneur!... et ma réputation à la cour?

LE PRÉSIDENT.
C'est autre chose. Pardonnez-moi, je ne savais pas encore qu'il vous fût plus important de passer pour un homme de mœurs irréprochables que d'avoir du crédit. Brisons là-dessus.

LE GRAND MARÉCHAL.
Soyez raisonnable, baron ; ce n'est pas cela que je veux dire.

LE PRÉSIDENT, sèchement.
Non, non, vous avez parfaitement raison. Je suis aussi très-las de tout cela. Laissez aller les choses. Je souhaite beaucoup de bonheur au premier ministre de Bock. On peut vivre sans cela. Je demande ma démission au duc.

LE GRAND MARÉCHAL.

Et moi? vous en parlez bien à votre aise. Vous êtes un homme studieux. Mais moi, mon Dieu! qu'est-ce que je serai, si son altesse ne veut plus de moi?

LE PRÉSIDENT.

Un bon mot de la veille, une mode de l'an passé.

LE GRAND MARÉCHAL.

Je vous en conjure, mon très-cher, quittez de pareilles pensées; je ferai tout ce qu'on voudra.

LE PRÉSIDENT.

Voulez-vous prêter votre nom pour un rendez-vous que cette Miller vous donnera par un billet?

LE GRAND MARÉCHAL.

Mais certainement je le prête.

LE PRÉSIDENT.

Et vous laisserez tomber ce billet de façon à ce qu'il parvienne sous les yeux du major?

LE GRAND MARÉCHAL.

Par exemple, à la parade; je le laisserai tomber, sans y prendre garde, en tirant mon mouchoir.

LE PRÉSIDENT.

Et vous soutiendrez le rôle d'amant vis-à-vis du major?

LE GRAND MARÉCHAL.

Mort de ma vie! je lui laverai la tête, et j'apprendrai à ce petit monsieur à n'être pas si friand de mon amoureuse.

LE PRÉSIDENT.

Voilà qui va parfaitement. La lettre sera écrite aujourd'hui. Vous passerez ce soir pour la prendre, et bien concerter votre rôle avec moi.

LE GRAND MARÉCHAL.

Aussitôt que j'aurai fait seize visites de la dernière importance. Ainsi, pardon si je vous quitte si vite.

Il sort.

LE PRÉSIDENT *sonne.*

Je compte sur votre dextérité, maréchal.

LE GRAND MARÉCHAL, *revenant sur ses pas.*

Ah! mon Dieu! vous me connaissez.

SCÈNE III.
LE PRÉSIDENT *et* WURM.

WURM.

Le musicien et sa femme ont été mis en prison très-heureusement et sans bruit. Votre excellence veut-elle parcourir la lettre?

LE PRÉSIDENT, *après avoir lu.*

Parfaitement, parfaitement, mon cher sociétaire. Le maréchal a mordu au projet. Avec un poison si bien préparé, il y a de quoi donner la peste la mieux conditionnée... Allez vite faire les conditions avec le père, et alors chauffez-moi la fille.

Ils sortent par deux portes opposées.

SCÈNE IV.
Le logement de Miller.
LOUISE *et* FERDINAND.

LOUISE.

Je t'en prie, laisse-moi, je ne crois plus au bonheur. Toutes mes espérances sont évanouies.

FERDINAND.

Et les miennes sont à leur comble. Mon père est irrité, mon père dirigera contre nous toutes ses batteries, il me forcera à devenir un fils dénaturé. Je ne réponds plus de mon devoir filial. La rage et le désespoir arracheront de moi le noir secret de son crime. Le fils livrera le père aux mains du bourreau. — Le danger est extrême... et il faut bien que le danger soit extrême pour que mon amour ose faire ce pas énorme... Écoute, Louise... une pensée grande et démesurée comme ma passion pèse sur mon âme... Toi, l'amour et moi... y a-t-il autre chose sous la voûte céleste? Sais-tu quelque chose outre cela?

LOUISE.

Cesse, n'achève pas; je tremble de ce que tu vas dire.

FERDINAND.

Avons-nous donc quelque chose à demander au monde? Pourquoi irions-nous mendier son suffrage? pourquoi se hasarder en un lieu où l'on a tout à perdre et rien à gagner? Tes yeux seront-ils moins enchanteurs quand ils brilleront sur les bords du Rhin, de l'Oder ou de la mer Baltique? Ma patrie est aux lieux où Louise m'aimera. La trace de tes pas dans le sable d'un désert sauvage est plus pour moi que les temples dans mon pays. Nous oublierons le luxe des villes. Partout où nous serons, Louise, il y aura un soleil qui se lèvera au matin, qui se couchera au soir; et ce spectacle fera pâlir les vains efforts de l'art. Nous n'honorerons plus Dieu dans les temples, mais la nuit étendra autour de nous sa religieuse horreur; la lune avec ses changemens nous exhortera à la pénitence; et, de leur pieuse voûte, les étoiles joindront leurs prières aux nôtres. Un sourire de ma Louise, en voilà pour tout un siècle; et le songe de la vie sera fini avant que j'aie épuisé une de ses larmes.

LOUISE.

Et n'as-tu pas d'autres devoirs que ton amour?

FERDINAND, *la serrant dans ses bras.*

Le plus sacré, c'est ton repos.

LOUISE, *d'un ton sérieux.*

Alors, tais-toi, et laisse-moi. J'ai un père qui n'a d'autre bien que son unique fille; qui demain aura soixante ans; qui est livré à la vengeance du président.

FERDINAND, *l'interrompant vivement.*

Il nous accompagnera. Ainsi, plus d'objections, cher amour. Je vais convertir en or ce que j'ai de précieux, j'enlève de l'argent à mon père; n'est-il pas permis de dépouiller les voleurs? Ses trésors ne sont-ils pas le prix du sang de la patrie? A une heure après minuit une voiture sera ici, vous vous y jetterez et nous fuirons.

LOUISE.

Et la malédiction de ton père nous suivra, — une malédiction, insensé! toujours exaucée, même quand elle est proférée par un meurtrier; une malédiction que la vengeance du ciel épargne même au brigand sur la roue; une malédiction qui dans notre fuite nous poursuivra comme un spectre impitoyable, nous chassant de rivage en rivage! Non, mon bien-aimé, si, pour te conserver, un tel crime est nécessaire, j'ai encore la force de te perdre.

FERDINAND, *avec un sombre murmure.*
Réellement?

LOUISE.

Te perdre!... oh! quelle horreur infinie dans cette pensée, si affreuse qu'elle déchire l'âme immortelle, et qu'elle fait pâlir tout-à-coup un visage brillant de joie! Ferdinand, te perdre!... cependant on ne peut perdre que ce qu'on a possédé; ton cœur appartient à ton rang dans le monde, mes prétentions étaient un sacrilége, et, tremblante, j'y renonce.

FERDINAND, *détournant le visage, et les lèvres serrées.*
Tu y renonces?

LOUISE.

Non... regarde-moi, cher Walter. Pourquoi ces grincemens de dents et cette amertume? Viens, laisse-moi ranimer par mon exemple ton courage expirant; laisse-moi m'élever à l'héroïsme... rendre à un père son fils égaré... renoncer à un lien qu'interdisent les usages de la société, et qui renverserait l'ordre éternel des lois communes. Je suis coupable; mon sein a nourri des vœux insensés et téméraires... mon malheur sera mon châtiment; mais laisse-moi l'illusion douce et flatteuse que je fais un sacrifice. M'envierais tu ce plaisir? (*Ferdinand, distrait et furieux, a saisi un violon et a essayé d'en tirer quelques sons, puis il en arrache les cordes, jette le violon à terre, et part d'un éclat de rire.*) Walter! ô Dieu du ciel! qu'est-ce donc? prends courage; cet instant exige de la fermeté, c'est l'instant de la séparation. Tu as un cœur, cher Walter, je le connais. Ton amour est animé comme la vie, sans bornes comme l'infini. Donne-le à une noble, à une digne femme; elle n'aura rien à envier aux plus heureuses de son sexe. (*Elle fond en larmes.*) Tu ne me reverras plus... cette fille aux vaines illusions pleurera sa douleur dans des murs solitaires; et personne ne s'informera de ses larmes. Mon avenir est vide, mort... Cependant je respirerai encore le parfum des fleurs flétries du passé. (*Elle détourne le visage et lui tend une main tremblante.*) Adieu, monsieur de Walter.

FERDINAND, *sortant de sa stupeur.*
Je partirai, Louise; réellement ne veux-tu pas me suivre?

LOUISE *s'est retirée au fond de la chambre, et s'est assise; elle se couvre le visage de ses mains.*
Mon devoir est de demeurer et de souffrir.

FERDINAND.

Tu me trompes, serpent! quelque autre motif t'enchaîne ici.

LOUISE, *avec le ton de la plus profonde douleur.*
Arrêtez-vous à ce soupçon, il vous rendra peut-être moins malheureux.

FERDINAND.

Opposer le froid devoir à l'amour brûlant, vouloir m'éblouir de cette excuse frivole! Un autre amant t'enchaîne ici; et malheur sur lui et sur toi si mes soupçons sont confirmés!

Il sort brusquement.

SCÈNE V.

LOUISE, *seule.*

Elle demeure long-temps sans parole et sans mouvement sur son siége; enfin elle se lève, s'avance, et regarde avec effroi autour d'elle.

Où peuvent rester mes parens? mon père avait promis d'être de retour dans peu de minutes, et il est absent déjà depuis cinq terribles heures. — S'il lui était arrivé quelque chose? qu'ai-je senti? pourquoi puis-je à peine respirer? (*A cet instant, Wurm entre dans la chambre; il s'arrête dans le fond sans être aperçu de Louise.*) Ce n'est rien de réel... ce ne sont que les horribles illusions d'un cœur agité. Quand une fois notre âme est enivrée de désespoir, nos yeux prennent chaque objet pour un fantôme.

SCÈNE VI.

LOUISE et LE SECRÉTAIRE WURM.

WURM, *approchant.*
Bonjour, mademoiselle.

LOUISE.

Dieu! qui parle ici? (*Elle se retourne, aperçoit Wurm, et recule épouvantée.*) Ah! terreur! terreur! mon douloureux pressentiment va se changer en une réalité plus déplorable encore. (*A Wurm, avec un regard plein de mépris.*) Vous cherchez peut-être le Président? il n'est plus ici.

WURM.

Mademoiselle, je vous cherche.

LOUISE.

Je suis surprise que vous ne soyez pas allé me chercher sur la place du Marché?

WURM.

Pourquoi à la place du Marché?

LOUISE.

Pour détacher votre fiancée du pilori.

WURM.

Mamselle Miller, vous avez d'injustes soupçons.

LOUISE *veut répondre, puis s'arrête et reprend.*
Qu'y a-t-il pour votre service?
WURM.
Je viens, envoyé par votre père.
LOUISE, *effrayée.*
Par mon père? Où est mon père?
WURM.
Assez mal à son aise.
LOUISE.
Au nom du ciel! parlez; j'ai de tristes pressentimens. — Où est mon père?
WURM.
Dans la tour, puisque vous voulez le savoir.
LOUISE, *levant les yeux au ciel.*
Encore cela! encore cela! — Dans la tour, et pourquoi dans la tour?
WURM.
Par ordre du duc.
LOUISE.
Du duc?
WURM.
Pour crime de lèse-majesté dans la personne de son représentant.
LOUISE.
Comment! comment! O Dieu tout-puissant!
WURM.
... Crime qu'il est résolu de faire punir sur le délinquant.
LOUISE.
Cela me manquait.. oui, sans doute... mon cœur n'avait qu'une affection; après avoir renoncé à celle du major... elle ne pouvait pas m'être laissée — Crime de lèse-majesté!... Ah! céleste Providence! affermissez, affermissez ma foi chancelante! — Et Ferdinand?
WURM.
Choisira entre lady Milford et la malédiction paternelle, avec la perte de son héritage.
LOUISE.
Effroyable libre arbitre! — Et pourtant, pourtant il est plus heureux que moi, il n'a point un père à perdre. Il est vrai que n'en pas avoir est un malheur infernal. — Mon père coupable de lèse-majesté, mon amant maudit et déshérité, ou Mylady... Certes, voilà qui est admirable! La parfaite scélératesse est une perfection tout comme une autre. — Une perfection? non, il manque encore quelque chose. — Où est ma mère?
WURM.
A la maison de travail.
LOUISE, *avec le rire du désespoir.*
Maintenant cela est complet... complet! — A présent me voilà libre, dégagée de tout devoir... de toute larme... de toute joie. Je n'ai plus besoin de rien. (*Après un silence terrible.*) Vous avez peut-être encore quelque nouvelle à me dire? parlez toujours... je puis tout entendre à présent.
WURM.
Vous savez tout ce qui est arrivé.
LOUISE.
Mais pas ce qui arrivera encore. (*Elle se tait, et le regarde de la tête aux pieds.*) Pauvre homme! tu fais là un triste métier, où il est impossible que tu prospères. Faire des malheureux est déjà affreux; mais venir leur annoncer le malheur, est encore plus horrible : venir donner le signal à leurs sanglots; se tenir là pendant que leur cœur sanglant palpite, percé de la flèche d'acier de la nécessité, et pendant que le chrétien doute de son Dieu... Que le ciel me préserve, quand chaque larme que tu vois couler te serait payée par une tonne d'or, de jamais être à ta place! — Que doit-il arriver encore?
WURM.
Je ne sais pas.
LOUISE.
Vous ne voulez pas le savoir. La parole recule devant le message abhorré dont vous êtes chargé; mais au milieu de ce silence funèbre, un spectre se montre à moi dans vos yeux. — Que reste-t-il encore? Vous disiez que le duc voulait faire punir le délinquant; qu'appelez-vous le délinquant?
WURM.
Ne m'en demandez pas davantage.
LOUISE.
Écoute, homme. Tu as été à l'école du bourreau; sans cela, comment saurais-tu si habilement laisser tomber lentement la barre de fer sur les membres qui se brisent, et tenir le coup de grâce suspendu, en te jouant au-dessus du cœur palpitant? Quel sort menace mon père? est-ce la mort qu'annonce ton sourire? comment puis-je démêler ce que tu caches en toi? Parle, laisse tomber sur moi le fardeau qui doit m'écraser; quel sort menace mon père?
WURM.
Une instance au criminel.
LOUISE.
Qu'est-ce qu'une instance au criminel? — Je suis une fille simple et ignorante, je comprends mal tous vos affreux mots latins; — qu'appelez-vous une instance au criminel?
WURM.
Un procès où il y va de la vie ou de la mort.
LOUISE, *avec fermeté.*
Je vous remercie.

Elle court dans la chambre voisine.
WURM, *interdit.*
Où va-t-elle? que fait cette folle? — Diable!... elle ne revient pas; je vais la suivre; je répondrais de sa vie.

Il veut la suivre.
LOUISE *revient, elle a mis un mantelet sur ses épaules.*
Pardonnez-moi, monsieur le secrétaire, il faut que je ferme la porte après moi.
WURM.
Et où allez-vous si vite?
LOUISE.
Chez le duc.

Elle veut sortir.
WURM.
Où? et comment?

Il la retient tout effrayé.

LOUISE.

Chez le duc, ne m'entendez-vous pas? chez ce duc qui veut faire prononcer sur la vie ou la mort de mon père. — Non, il ne le veut pas; il laissera prononcer, parce que quelques scélérats le veulent; chez ce duc qui ne se mêlera de tout ce procès de lèse-majesté que pour y apposer sa royale signature.

WURM, éclatant de rire.

Chez le duc?

LOUISE.

Je sais que vous pouvez en rire. Je ne rencontrerai là nulle pitié... Dieu de miséricorde!... je n'y rencontrerai que du dédain... que du dédain pour mes sanglots. On m'a dit que les grands de la terre ne savaient pas ce que c'était que le malheur, qu'ils ne voulaient pas le savoir; je lui dirai ce que c'est que le malheur... je lui peindrai par toutes les convulsions de la mort ce que c'est que le malheur; je ferai retentir jusqu'à la moelle de ses os des cris déchirans qui lui apprendront ce que c'est que le malheur... Et quand cette image aura fait dresser les cheveux sur sa tête, alors j'achèverai, en criant à ses oreilles : qu'à l'heure de la mort les poumons des dieux de la terre commencent aussi à râler, et qu'au jour du jugement, les rois et les mendians seront passés au même crible.

Elle veut sortir.

WURM, avec une compassion perfide.

Allez, allez; vous ne pouvez rien faire de plus sage : je vous le conseille, allez; et je vous donne ma parole que le duc vous recevra bien.

LOUISE s'arrête tout-à-coup.

Comment dites-vous? vous me le conseillez? (Elle revient.) Ah! qu'est-ce donc? il faut que ce soit quelque chose de funeste, puisque cet homme me le conseille. D'où savez-vous que le duc me recevra bien?

WURM.

Parce qu'il ne le fera point pour rien.

LOUISE.

Comment pour rien? à quel prix pourra-t-il mettre l'humanité?

WURM.

La suppliante est assez jolie.

LOUISE demeure interdite, puis elle s'écrie : Juste Dieu!

WURM.

Et j'espère que, pour sauver un père, vous ne trouverez pas que ce doux salaire soit exagéré.

LOUISE, marchant à grands pas et hors d'elle-même.

Oui, oui; c'est vrai. Ils sont interdits de la vérité, vos grands de la terre; ils en sont repoussés par leurs propres vices, qui se tiennent là comme des chérubins avec leur glaive. Que le Tout-Puissant te secoure, mon père! ta fille peut bien mourir pour toi, mais non pas commettre un péché.

WURM.

Cela pourra paraître bien étrange à ce pauvre homme abandonné. « Ma Louise, me disait-il, est cause de ma perte, ma Louise me sauvera. » Je cours lui porter votre réponse.

Il fait mine de s'en aller.

LOUISE, courant après lui, le retient.

Demeurez, demeurez; patience! Quelle hâte dans ce Satan, dès qu'il s'agit d'aller mettre quelqu'un au désespoir!... Je l'ai perdu, je dois le sauver. Parlez-moi, conseillez-moi; que puis-je faire? que dois-je faire?

WURM.

Il n'y a qu'un moyen.

LOUISE.

Et ce seul moyen?...

WURM.

Et votre père le désire.

LOUISE.

Mon père aussi? Quel est ce moyen?

WURM.

Il vous est facile.

LOUISE.

Je ne sais rien de difficile que la honte.

WURM.

Si vous vouliez dégager entièrement le major?...

LOUISE.

... De son amour? est-ce une raillerie? me présenter comme une résolution à prendre ce que j'ai été forcée de faire!

WURM.

Ce n'est pas ce que j'ai voulu dire, mademoiselle; il faut que le major vous abandonne de lui-même et volontairement.

LOUISE.

Il ne le fera pas.

WURM.

Cela vous semble ainsi; aurait-on recours à vous, si vous seule n'aviez pas entre les mains le moyen de réussir?

LOUISE.

Je ne puis le forcer à me haïr.

WURM.

Nous essayerons; asseyez-vous.

LOUISE, interdite.

Homme, quel projet couves-tu?

WURM.

Écrivez, voilà des plumes, du papier et de l'encre.

LOUISE s'assied dans la plus extrême inquiétude.

Que dois-je écrire? à qui dois-je écrire?

WURM.

Au bourreau de votre père.

LOUISE.

Ah! que tu t'entends bien à mettre une âme à la torture!

Elle prend la plume.

WURM, dictant.

« Monseigneur, (Louise écrit d'une main tremblante) déjà trois insupportables jours se sont passés... se sont passés, et nous ne nous sommes pas vus. »

LOUISE, étonnée, posant sa plume.

A qui cette lettre?

WURM.

Au bourreau de votre père.

LOUISE.

O mon Dieu!

WURM.

« Prenez-vous-en au major... au major... qui tout le jour me surveille avec des yeux d'argus. »

LOUISE se lève.

Scélératesse telle qu'on n'en vit jamais une pareille! A qui cette lettre?

WURM.

Au bourreau de votre père.

LOUISE, se tordant les mains de désespoir.

Non, non, non! c'est une tyrannie. O mon Dieu! punis l'homme selon sa nature, quand il t'irrite; mais pourquoi me placer entre ces deux épouvantes? pourquoi me balloter entre la mort et la honte? pourquoi livrer mon cœur aux morsures de ce vampire? — Faites ce que vous voudrez, je n'écrirai jamais cela.

WURM, prenant son chapeau.

Comme vous voudrez, mademoiselle; c'est tout-à-fait à votre volonté.

LOUISE.

A ma volonté, dites-vous? à ma volonté! Ah! barbare... suspends un infortuné au-dessus des abîmes de l'enfer, en exigeant de lui quelque chose; et puis demande-lui si cela dépend de sa volonté! Ah! tu le sais trop bien que notre cœur obéit à des impulsions naturelles, comme s'il était invinciblement enchaîné. — Au reste, tout m'est indifférent. Dictez ce que vous voudrez; je ne réfléchis plus, je cède aux ruses de l'enfer.

Elle se rassied.

WURM.

« Qui tout le jour me surveille comme un argus... » Avez-vous mis?

LOUISE.

Allez, allez.

WURM.

« Nous avons eu hier la visite du Président. C'était une chose bouffonne que de voir ce bon major s'émouvoir pour défendre mon honneur. »

LOUISE.

C'est bien, bien! superbe! continuez.

WURM.

« Je pris le parti de me trouver mal... de me trouver mal... pour ne pas éclater de rire. »

LOUISE.

O ciel!

WURM.

« Mais ces déguisemens commencent à me devenir insupportables... insupportables... Si je pouvais seulement m'échapper! »

LOUISE s'arrête, se lève, fait quelques pas, la tête baissée et les yeux fixés en terre; puis elle se rassied, et continue à écrire.

... « M'échapper... »

WURM.

« Il est demain de service... épiez le moment où il me quittera, et venez à l'endroit que vous savez... » Avez-vous mis : « que vous savez? »

LOUISE.

J'ai tout mis.

WURM.

« Dans l'endroit que vous savez, retrouver votre tendre... Louise. »

LOUISE.

Il ne manque plus que l'adresse.

WURM.

« A monsieur le grand maréchal de Kalb. »

LOUISE.

Éternelle Providence! un nom aussi étranger à mon oreille que ces lignes sont étrangères à mon cœur! (Elle se lève et fixe long-temps ses yeux en silence sur la lettre, enfin elle la remet au secrétaire, et reprend d'une voix épuisée et mourante.) Tenez, monsieur, vous avez à présent en votre main ma bonne renommée. — Ferdinand! — Vous tenez tout le bonheur de ma vie : il ne me reste plus rien.

WURM.

Mais non; ne vous désespérez pas... j'ai pour vous une pitié sincère... Peut-être!... qui sait?... je pourrais bien passer par-dessus de certaines choses... Vraiment... parbleu! j'ai pour vous une pitié sincère.

LOUISE, lançant sur lui un regard pénétrant.

N'achevez pas, monsieur; vous êtes sur le point de souhaiter quelque chose d'affreux pour vous.

WURM lui prend la main et veut la baiser.

Serait-ce par hasard cette jolie main? est-ce cela qui est affreux, mademoiselle?

LOUISE, avec fierté.

Oui, car je t'étranglerais dans la nuit des noces, et je me placerais ensuite avec délices sur la roue. (Elle veut sortir, mais revient aussitôt.) Avons-nous fini, monsieur? la colombe peut-elle s'envoler?

WURM.

Encore une bagatelle, mademoiselle : vous allez me promettre ici, par un serment sacré, que vous reconnaîtrez avoir écrit cette lettre librement.

LOUISE.

O mon Dieu! mon Dieu! et c'est ton nom qui sert à sceller l'œuvre de l'enfer!

Wurm l'emmène.

ACTE QUATRIÈME.

Un salon chez le Président.

SCÈNE PREMIÈRE.

FERDINAND DE WALTER, *une lettre ouverte à la main, se précipite dans le salon.* UN VALET DE CHAMBRE *entre par une autre porte.*

FERDINAND.
Le maréchal n'est pas venu ici?

LE VALET DE CHAMBRE.
Monsieur le major, monsieur le Président vous demande.

FERDINAND.
Au diable! Je demande si le maréchal n'est pas venu ici.

LE VALET DE CHAMBRE.
Son excellence est là-haut, à la table de pharaon.

FERDINAND.
Par l'enfer! il faut que son excellence descende ici.

Le valet de chambre s'en va.

SCÈNE II.

FERDINAND, *seul.*
Il parcourt la lettre, tantôt immobile d'étonnement, tantôt se promenant avec fureur.

Ce n'est pas possible, pas possible! cette forme céleste ne peut cacher un cœur si infernal... et pourtant, pourtant, quand tous les anges descendraient pour être caution de son innocence... quand le ciel et la terre, quand les créatures et leur créateur s'uniraient pour être caution de son innocence... c'est son écriture! Trahison inouie, monstrueuse, telle que la race humaine n'en a encore vu aucune!... C'était donc pour cela qu'on résistait si opiniâtrément au projet de fuir, c'était pour cela!... O mon Dieu! maintenant je m'éveille, maintenant tout s'explique. C'était pour cela qu'on renonçait avec tant d'héroïsme à toute prétention sur mon amour; et ainsi, ainsi on m'aurait trompé sous ce masque sublime! (*Il se promène à grands pas avec agitation, puis s'arrête tout pensif.*) Pénétrer si avant dans mon cœur! répondre à chacune de mes sensations impétueuses, à chacune de mes impressions secrètes et timides, à chacune de mes brûlantes agitations... saisir dans sa délicatesse indéfinissable chaque vibration harmonieuse de mon âme... me calculer à une larme près... me suivre sur le sommet le plus escarpé de la passion, et se retrouver encore avec moi sur le bord de chaque abîme... O mon Dieu, mon Dieu! et tout cela ne serait rien que grimace?... grimace!... Oh! si le mensonge peut avoir une couleur si séduisante, comment s'est-il fait qu'aucun démon n'ait pas encore pu s'introduire dans le royaume des cieux? — Quand je lui disais les dangers qui menaçaient notre amour, avec quelle apparence persuasive pâlissait la perfide! avec quelle dignité imposante elle terrassait les insolens outrages de mon père! et dans cet instant même cette femme se sentait coupable!... Comment! n'a-t-elle pas même subi la dernière épreuve de la vérité? L'hypocrite ne s'est-elle pas évanouie? Quel sera désormais votre langage, sentimens du cœur, puisque les coquettes tombent sans connaissance? Comment pourras-tu te justifier, sincère innocence, puisque les catins savent tomber sans connaissance? Elle sait comme elle disposait de moi; elle a vu tout mon cœur. Au feu de nos premiers baisers, mon âme se laissa lire dans mes yeux et dans la rougeur de mon front... Et elle ne sentait rien! elle ne sentait peut-être que le triomphe de son art. Dans mon heureux délire, je croyais posséder en elle le ciel même; mes désirs les plus impétueux se taisaient, aucune pensée n'entrait en mon esprit que l'éternité et elle... Mon Dieu! et elle ne sentait rien! elle ne sentait rien que le succès de ses ruses, rien que le pouvoir de ses charmes... mort et vengeance!... rien, sinon que j'étais trompé!

SCÈNE III.

LE GRAND MARÉCHAL et FERDINAND.

LE GRAND MARÉCHAL, *arrivant sur la pointe du pied.*
Vous avez témoigné le désir de me voir, mon cher?

FERDINAND, *à part, entre ses dents.*
... De rompre le cou à un misérable. (*Haut.*) Maréchal, cette lettre est tombée de votre poche à la parade, et c'est moi (*avec un sourire amer*) qui par bonheur l'ai ramassée.

LE GRAND MARÉCHAL.
Vous?

FERDINAND.
Par un hasard plaisant. Que dites-vous de ce tour de la Providence?

LE GRAND MARÉCHAL.
Vous voyez, baron, si j'en suis troublé.

FERDINAND.
Lisez, lisez. (*Il s'éloigne de lui.*) Je m'entends

mal au métier d'amant; je ferai peut-être mieux celui d'entremetteur.

Pendant que le maréchal lit, il va prendre à la muraille, deux pistolets.

LE GRAND MARÉCHAL *jette la lettre sur la table, et veut s'en aller.*

Diable!

FERDINAND *le prend par le bras et le ramène.*

Patience, cher maréchal; la nouvelle m'a paru vous être agréable. Je veux avoir ma récompense pour la trouvaille.

Il lui montre les pistolets.

LE GRAND MARÉCHAL *recule effrayé.*

Soyez donc raisonnable, mon cher.

FERDINAND, *d'une voix forte et terrible.*

J'ai plus de raison qu'il n'en faut pour envoyer dans l'autre monde un misérable tel que toi. (*Il lui présente un pistolet et tire ensuite son mouchoir.*) Prenez! tenez le bout de ce mouchoir, il me vient de la belle.

LE GRAND MARÉCHAL.

Tenir le bout de ce mouchoir! Êtes-vous fou? à quoi pensez-vous?

FERDINAND.

Prends le bout de ce mouchoir, te dis-je; autrement tu manquerais ton coup, poltron. Comment, tu trembles, poltron?... ne devrais-tu pas remercier le ciel, poltron, de ce que pour la première fois tu auras quelque chose dans la tête? (*Le Maréchal veut s'enfuir.*) Doucement, ce sera comme je l'ai dit.

Il le retient et va fermer la porte.

LE GRAND MARÉCHAL.

Dans ce salon, baron?

FERDINAND.

Comme si cela valait la peine d'aller faire une promenade avec toi sur le rempart? Cela vaut d'autant mieux, que cela fera plus de bruit; c'est la première fois que tu en auras fait dans le monde. — Tire.

LE GRAND MARÉCHAL, *s'essuyant le front.*

Voulez-vous donc risquer une vie si précieuse? Un jeune homme qui donne de si belles espérances!

FERDINAND.

Tire, te dis-je; je n'ai rien à faire dans ce monde.

LE GRAND MARÉCHAL.

Si fait moi, mon très-cher.

FERDINAND.

Toi, mon camarade? Toi! et quelle affaire? d'être la mouche du coche sur un théâtre où ne figure pas un homme? De faire sept fois alternativement grand ou petit en une minute, comme le papillon cloué par une épingle; de tenir registre de la garde-robe de ton maître, et d'être le boute-en-train de ton esprit? C'est bon. Je veux t'emmener avec moi comme une bête curieuse; tu seras là-bas comme un singe savant; tu danseras au champ des damnés; on te fera porter et rapporter, et avec toutes les gentillesses de cour, tu amuseras les peines éternelles.

LE GRAND MARÉCHAL.

Tout ce que vous voudrez, monsieur, et comme vous le voudrez... mais pas de pistolets!

FERDINAND.

Comme le voilà, cet enfant des hommes! Ne fait-il pas honte au sixième jour de la création? Comme si quelque faussaire avait contrefait une créature du Tout-Puissant! Mais par malheur, par grand malheur, il a économisé sur l'once de cervelle qu'il a mise dans ce pauvre crâne; avec cette once de cervelle, il aurait presque élevé un magot à la dignité d'homme; et au lieu de cela, il a fait une insulte à la raison... Et c'est avec lui qu'elle a partagé son cœur! Ah! cela est monstrueux, cela est inexcusable! — Un drôle plus fait pour dégoûter du vice que pour y entraîner!

LE GRAND MARÉCHAL.

Dieu soit loué! il commence à faire de l'esprit.

FERDINAND.

Je veux le laisser vivre. Cette tolérance qui épargne le vermisseau doit lui profiter aussi. On le rencontrera; on haussera les épaules; on admirera peut-être la sage économie de la Providence, qui trouve encore moyen de nourrir des créatures dans le fumier et dans l'ordure; qui apprête un festin pour les corbeaux aux fourches patibulaires, et pour les courtisans dans les déjections des rois... Enfin on s'étonnera de cette merveilleuse habileté du Créateur, qui a placé dans le monde moral aussi des serpens et des scorpions pour servir d'écoulement au poison... Mais (*sa rage recommence*) que l'insecte rampant ne s'attache point à ma fleur chérie, ou (*il saisit le Maréchal et le secoue avec violence*), je l'écraserai mille fois.

LE GRAND MARÉCHAL, *à part, et respirant à peine.*

Ah! mon Dieu! si je pouvais être loin d'ici, quand ce serait à Bicêtre près Paris, mais surtout pas ici!

FERDINAND.

Misérable! si tu as souillé sa pureté... misérable! si tu as régné, lorsque moi j'adorais... (*avec fureur*), si tu as mené la débauche au temple où je voyais la divinité!... (*Il se tait, puis reprend d'une voix terrible.*) Il vaudrait mieux pour toi, misérable, te réfugier dans l'enfer, que de te rencontrer dans le ciel avec ma colère! Jusqu'où en es-tu venu avec elle? Réponds.

LE GRAND MARÉCHAL.

Laissez-moi un peu; je vous dirai tout.

FERDINAND.

Ah! même la galanterie doit être plus délicieuse avec elle que la plus céleste exaltation avec une autre. A-t-elle bien pu se corrompre? a-t-elle bien pu dégrader la dignité de son âme? a-t-elle bien pu sacrifier la vertu à de honteuses jouissances? (*Au Maréchal, en appuyant le pistolet sur sa poitrine.*) Jusqu'où en es-tu venu avec elle? Réponds, ou tu es mort.

LE GRAND MARÉCHAL.

Il n'y a rien... il n'y a rien du tout. Ayez seulement une minute de patience. On vous trompe.

FERDINAND.

Et tu oses me le rappeler, scélérat! jusqu'où en es-tu venu avec elle? Tu es mort, si tu ne réponds.

LE GRAND MARÉCHAL.

Mon Dieu! mon Dieu! je vous le dis... Écoutez-moi seulement... Quand un père... un père tendre...

FERDINAND, *en fureur.*

... A vendu sa fille? Et jusqu'où en es-tu venu avec elle? Réponds, ou je te tue.

LE GRAND MARÉCHAL.

Vous êtes fou. Vous ne m'écoutez pas, je ne l'ai jamais vue, je ne la connais pas, je n'en ai pas la moindre connaissance.

FERDINAND *recule, interdit.*

Tu ne l'as jamais vue? tu ne la connais pas? Tu as perdu cette malheureuse fille, et tu la renies trois fois en une minute! Va-t'en, misérable drôle! (*Il le pousse avec la crosse du pistolet, et le chasse du salon.*) La poudre n'a pas été inventée pour tes pareils.

SCÈNE IV.

FERDINAND, *après un long silence durant lequel ses traits prennent une expression terrible.*

Perdu! oui, malheureuse!... oui, je le suis; tu l'es aussi. Oui, grand Dieu! si je suis perdu, tu es perdue aussi. Juge de l'univers, ne me la redemande pas. Cette fille est à moi. Pour elle, j'avais laissé tout ton univers; j'avais renoncé à tout le reste de ta magnifique création. Laisse-la-moi, juge de l'univers. Des millions d'âmes soupirent pour toi; tourne de ce côté un regard de miséricorde; laisse-moi celle-là seule, juge de l'univers! (*Il joint les mains d'une manière convulsive.*) Toi, Créateur, qui es si riche, si puissant, peux-tu m'envier une seule âme, qui même est devenue la plus misérable de ta création? Cette fille est à moi; j'ai été autrefois son dieu, maintenant je suis son mauvais ange. (*Son regard devient fixe.*) Une éternité passée avec elle sur la roue des damnés... mes yeux fixés sur ses yeux... les cheveux se dressant sur nos têtes... nos sourds gémissemens mêlés en un seul soupir, et moi, lui redemandant ma tendresse, et moi, lui répétant ses sermens... Dieu! Dieu! ce serait une union affreuse, mais éternelle.

Il veut sortir, il rencontre le Président.

SCÈNE V.

LE PRÉSIDENT et FERDINAND.

FERDINAND *recule.*

Ah!... mon père!

LE PRÉSIDENT.

Nous nous rencontrons fort à propos, mon fils. J'ai quelque chose de fort agréable à t'annoncer, mon cher fils, et qui très-sûrement te surprendra. Nous assiérons-nous?

FERDINAND, *après l'avoir regardé fixement.*

Mon père! (*Il s'approche de lui, et lui prend la main avec une grande émotion.*) Mon père! (*Il lui baise la main et se jette à ses pieds.*) O mon père!

LE PRÉSIDENT.

Qu'as-tu, mon fils? Ta main est brûlante; tu es tremblant?

FERDINAND, *avec une sensibilité ardente et impétueuse.*

Pardon de mon ingratitude, mon père! Je suis un réprouvé; j'ai méconnu votre bonté; vous avez été si paternel pour moi! Oh! vous avez un esprit plein de sagesse... maintenant il est trop tard... Pardon!... pardon!... votre bénédiction, mon père!

LE PRÉSIDENT, *affectant un air de simplicité.*

Lève-toi, mon fils. Prends garde, tu me parles par énigmes.

FERDINAND.

Cette Miller, mon père!... Ah! vous connaissez bien les hommes! — Votre colère était si juste, si noble, si paternelle, si tendre! Votre affection ne s'était méprise que sur le moyen. — Cette Miller...

LE PRÉSIDENT.

Ne me fais pas de reproches, mon fils; je maudis ma dureté : je suis venu t'en demander pardon.

FERDINAND.

M'en demander pardon? malédiction sur moi! — Votre improbation était sagesse; votre dureté était une bonté céleste... Cette Miller, mon père...

LE PRÉSIDENT.

C'est une noble, une aimable fille! Je rétracte des soupçons hasardés; elle a gagné mon estime.

FERDINAND, *tout agité.*

Quoi! vous aussi? vous aussi, mon père? N'est-il pas vrai, mon père, que c'est une innocente créature? N'est-il pas bien naturel de l'aimer?

LE PRÉSIDENT.

Dis que ce serait un crime de ne point l'aimer!

FERDINAND.

C'est inouï, prodigieux! vous qui lisez cependant si bien dans les cœurs, vous qui la regardiez avec les yeux de la haine!... O hypocrisie sans exemple! — Cette Miller, mon père...

LE PRÉSIDENT.

Elle est digne de devenir ma fille. Sa vertu lui tiendra lieu d'ancêtres; sa beauté lui tiendra lieu d'argent. Mes principes cèdent à ton amour. Qu'elle soit à toi!

FERDINAND, *se précipitant hors du salon avec désespoir.*

Cela me manquait encore!... Adieu, mon père.

LE PRÉSIDENT *le suit.*
Arrête, arrête! Où cours-tu?
Il sort.

SCÈNE VI.

Un salon magnifique chez Mylady.
MYLADY et SOPHIE. *Elles entrent.*

MYLADY.
Tu l'as donc vue? Viendra-t-elle?
SOPHIE.
A l'instant même. Elle s'habille, et va arriver aussitôt.
MYLADY.
Ne me dis rien d'elle; tais-toi. — Je tremble comme une criminelle de voir cette heureuse personne, dont le cœur est dans une si déplorable harmonie avec le mien. — Et comment a-t-elle reçu cette invitation?
SOPHIE.
Elle a d'abord paru troublée; elle est devenue pensive; elle me regardait avec de grands yeux, et se taisait. Je m'apprêtais déjà à recevoir ses excuses, lorsque, avec un regard qui m'a pénétrée, elle m'a répondu : « Votre maîtresse m'ordonne aujourd'hui ce que je comptais implorer demain. »
MYLADY, *fort inquiète.*
Laisse-moi, Sophie. Plains-moi : si c'est une femme vulgaire, je dois rougir; si elle est quelque chose de plus, je suis au désespoir.
SOPHIE.
Mais, mylady... ce n'est pas là une disposition d'esprit à recevoir une rivale : souvenez-vous de ce que vous êtes. Appelez à votre aide votre naissance, votre rang, votre pouvoir. Il faut que l'orgueil du cœur relève encore l'orgueilleuse pompe qui vous environne.
MYLADY, *avec distraction.*
Qu'est-ce que c'est que le bavardage de cette folle?
SOPHIE.
Ou bien était-ce la peine de vous couvrir des plus beaux diamans, de vous habiller des plus riches parures, de remplir vos antichambres de pages et d'heiduques, et de recevoir cette petite bourgeoise dans le grand salon de votre palais?
MYLADY, *allant et venant, d'un ton d'amertume.*
Cela est déplaisant! insupportable! Les femmes ont des yeux de lynx pour apercevoir les faiblesses des femmes... Mais combien il faut que je sois déjà déchue, profondément déchue, pour être pénétrée par une telle créature!
UN DOMESTIQUE *entre.*
Mademoiselle Miller...
MYLADY, *à Sophie.*
Va-t'en. Allons, laisse-moi. (*D'un ton menaçant à Sophie, qui hésite.*) Va-t'en, je te l'ordonne. (*Sophie sort. Mylady fait quelques pas dans la chambre.*) Bien, bien! il faut que je m'anime un peu... Je me sens comme je veux être. (*Au Domestique.*) Faites entrer cette demoiselle.
Le Domestique se retire. Mylady se jette sur un sofa et prend une attitude pleine de noblesse et d'abandon.

SCÈNE VII.

LOUISE MILLER *entre tremblante, et se tient fort éloignée de Mylady.* MYLADY *reste assise et le dos tourné; mais elle examine attentivement, pendant un moment, Louise, dont une glace lui répète l'image.* — *Après un assez long silence, Louise prend la parole.*

LOUISE.
Madame, je me rends à vos ordres.
MYLADY *se retourne vers Louise, la salue d'un mouvement de tête, d'un air froid et hautain.*
Ah! c'est vous? vous êtes sans doute cette demoiselle qui... une certaine... Comment vous appelez-vous donc?
LOUISE, *un peu offensée.*
Mon père se nomme Miller, et c'est madame qui a envoyé chercher sa fille.
MYLADY.
Bien, bien; je me souviens : cette pauvre fille du musicien dont il a été question dernièrement! (*Silence. A part.*) Une figure intéressante, mais point de beauté. (*A Louise.*) Approchez, mon enfant. (*Encore à part.*) Des yeux qui ont pleuré; j'aime beaucoup ces yeux-là. (*A Louise.*) Approchez donc plus près; ma chère enfant, je crois que je te fais peur.
LOUISE, *avec noblesse et fermeté.*
Non, mylady; je ne m'en rapporte pas au jugement du vulgaire.
MYLADY, *à part.*
Mais voyez donc!... ce ton décidé, elle l'a pris de lui. (*A Louise.*) On vous a recommandée à moi, mademoiselle; on m'a dit que vous aviez de l'instruction et du savoir-vivre... Eh bien! je le crois; pour rien dans le monde je ne voudrais donner un démenti à un si ardent protecteur.
LOUISE.
Je ne connais personne, mylady, qui se soit donné la peine de me chercher une protectrice.
MYLADY, *embarrassée.*
... La peine? serait-ce à cause de la cliente ou de la protectrice?
LOUISE.
Ceci est au-dessus de ma portée, madame.
MYLADY.
Il y a là plus de ruse que cette physionomie ouverte ne semble en annoncer. — Vous vous appelez donc Louise? et peut-on vous demander quel est votre âge?
LOUISE.
Seize ans passés.
MYLADY, *se levant avec vivacité.*
Voilà qui est clair... Seize ans... les premières

palpitations de l'amour... les premiers sons argentins d'une lyre toute nouvelle... quoi de plus séduisant? — Assieds-toi, je serai bonne pour toi, ma chère fille. — Et lui aussi aimait pour la première fois... est-il étonnant que les rayons de l'aurore se confondent? (*Avec amitié et lui prenant la main.*) Il est bien entendu, ma chère, que je ferai ta fortune... Ce n'est rien, rien qu'une rêverie douce et fugitive. (*Elle lui frappe doucement sur la joue.*) Ma Sophie se marie, tu auras sa place... Seize ans, cela ne peut pas durer.

LOUISE *lui baise respectueusement la main.*
Je vous remercie de votre bonté, mylady, comme si je pouvais l'accepter.

MYLADY, *d'un ton d'impatience.*
Voyez donc la grande dame!... les filles de votre classe ne sont-elles pas trop heureuses de trouver une condition? Où voulez-vous donc monter, petite précieuse? vos doigts sont-ils trop délicats pour travailler? est-ce votre petite mine qui vous donne tant de présomption?

LOUISE.
Mon visage comme ma naissance ne viennent pas de moi, madame.

MYLADY.
Ou bien croyez-vous que cette gentillesse durera toujours? Pauvre créature! celui qui t'a mis cela en tête, quel qu'il puisse être, s'est moqué de toi et de lui-même. La couleur de tes joues n'est pas peinte sur émail; ce que ton miroir te donne pour quelque chose de solide et de durable n'est couvert que d'une mince feuille d'or, et tôt ou tard cette surface disparaîtra sous la main de ton adorateur; que faire alors?

LOUISE.
Plaindre l'adorateur qui n'avait acheté un diamant que parce qu'il le croyait monté en or.

MYLADY, *continuant sans avoir fait semblant d'entendre.*
Les filles de votre âge ont toujours deux miroirs, le vrai, et puis les yeux de leur admirateur: les douces flatteries de l'un consolent de la rude franchise de l'autre; celui-là dénonce les fâcheuses traces de la petite vérole; bien au contraire, répond celui-ci, les grâces se jouent dans ces charmantes fossettes; et vous, bonnes filles, vous ne croyez l'un que lorsqu'il répète ce que l'autre a dit, et vous courez de l'un à l'autre, jusqu'à ce qu'enfin vous ayez confondu les deux témoignages en un seul... Pourquoi me regardez-vous ainsi?

LOUISE.
Pardonnez-moi, madame; j'étais tentée de pleurer sur ces pierreries magnifiques et éblouissantes qui sont là, ne se doutant pas que leur maîtresse prêche contre la vanité.

MYLADY, *rougissant.*
Pas tant de liberté; je n'aime pas les digressions. — Si ce ne sont pas les espérances fondées sur votre beauté qui vous arrêtent, quel motif au monde peut vous empêcher de choisir une situation qui est la seule où vous puissiez vous former au monde et aux bonnes façons, la seule où vous puissiez vous défaire de vos préjugés bourgeois?

LOUISE.
Et aussi de mon innocence bourgeoise, mylady.

MYLADY.
Objection ridicule! le roué le plus éhonté n'a pas la hardiesse de nous faire une proposition honteuse, à moins que nous ne l'ayons encouragé. *Montrez-vous telle que vous êtes, ayez de l'honneur et de la dignité, et je garantis votre vertu au-dessus de toutes les épreuves.*

LOUISE.
Permettez-moi, madame, d'oser en douter. Les palais de certaines dames sont souvent l'asile des plaisirs les plus licencieux. Qui pourrait croire à la vertu héroïque de la fille d'un pauvre musicien, à cette vertu héroïque qui se jetterait au milieu de la contagion, et qui pourtant aurait horreur de son poison? Qui pourrait s'imaginer que lady Milford nourrit sans cesse un ver rongeur de sa conscience, qu'elle prodigue l'or pour se procurer l'avantage d'avoir à rougir à chaque instant?... Je suis franche, madame... mon aspect vous serait-il agréable quand vous partiriez pour quelque divertissement? pourriez-vous le supporter quand vous en seriez de retour?... Oh! il vaut mieux, bien mieux que de vastes contrées nous séparent, que les mers coulent entre nous. Ayez de la prévoyance, mylady; des heures de réflexion, des instants de lassitude peuvent vous arriver,... les serpens du repentir peuvent assiéger votre cœur, et alors.., quel supplice pour vous, de lire dans les traits de votre servante cette tranquille sérénité, récompense accordée à l'innocence et à la pureté du cœur! (*Elle recule d'un pas.*) Encore une fois, mylady, je vous demande pardon.

MYLADY, *dans une grande agitation, et marchant çà et là.*
Il est insupportable qu'elle me parle ainsi, insupportable qu'elle ait raison... (*Elle s'approche de Louise, et la regarde fixement.*) Ma fille, tu ne réussiras pas à me tromper, des opinions ne s'expriment pas avec tant de chaleur: derrière ces maximes se cache quelque intérêt bien passionné, qui te fait voir mon service avec horreur, qui anime ainsi ton langage... et cet intérêt (*avec menace*) je le découvrirai.

LOUISE, *avec franchise et noblesse.*
Et quand vous le découvririez, et quand d'un pied dédaigneux vous exciteriez le vermisseau mourrir, le Créateur ne lui a-t-il pas donné un aiguillon pour se défendre contre l'insulte?... Je ne crains pas votre vengeance, mylady; le condamné placé sur un échafaud infâme sourirait à la ruine du monde: ma misère est montée à ce point que l'imprudence de mon langage ne peut pas même l'accroître. (*Après un silence et avec gravité.*) Vous voulez me tirer de la poussière de mon état; je ne veux point analyser cette faveur suspecte; je demanderai seulement ce qui a pu

porter mylady à me croire assez folle pour rougir de mon état, ce qui a pu l'autoriser à se porter pour la providence de ma fortune, avant de savoir si je voulais recevoir ma fortune de ses mains. J'avais déchiré tous mes titres éternels aux joies de ce monde; j'avais pardonné au sort sa légèreté; pourquoi me rappeler à des idées de bonheur? Si la Divinité elle-même a caché ses rayons aux yeux des créatures, si elle n'a pas permis même aux sublimes séraphins de jeter un regard en arrière, hors des ténèbres où elle les a placés, pourquoi la créature humaine est-elle donc si barbarement compatissante? Comment se fait-il, mylady, qu'au milieu de votre bruyante prospérité, vous sentez le besoin d'exciter l'étonnement et l'envie du malheureux? son désespoir est-il donc nécessaire à vos folies?... Ah! ne m'enviez pas un aveuglement qui seul peut me réconcilier avec mon cruel sort; comprenez que l'insecte se trouve heureux dans sa goutte de rosée, qu'elle est pour lui tout un hémisphère où il vit gai et content, jusqu'à ce qu'on soit venu lui parler du vaste Océan où se jouent les flottes et les baleines. — Mais vous voulez me savoir heureuse? — (*Après un moment de silence, elle se rapproche de Mylady et lui demande tout-à-coup.*) Êtes-vous heureuse, mylady? (*Mylady interdite s'éloigne rapidement; Louise la suit, et plaçant la main sur son cœur.*) Ce cœur participe-t-il aussi aux riantes apparences de votre situation? Et si nous avions en ce moment à échanger cœur contre cœur, destinée contre destinée... et si moi, avec l'innocence d'un enfant, je m'adressais à votre conscience... si je vous interrogeais comme une mère... me conseilleriez-vous bien de faire cet échange?

MYLADY, *très-émue, se jette sur le sofa.*

C'est inouï! inconcevable! Non, ma fille, non, cette grandeur, tu ne l'as pas apportée au monde; et elle a un caractère de jeunesse qui ne vient pas de ton père. Ne mens pas; c'est un autre qui te l'enseigne.

LOUISE, *fixant sur elle les yeux avec finesse.*

Je m'étonnerais, mylady, que la pensée de celui qui me l'enseigne vous vînt à présent pour la première fois; et cependant, vous aviez déjà tantôt trouvé une condition pour moi!

MYLADY, *se levant tout-à-coup.*

Cela ne peut se supporter. — Oui, car je ne puis rien te cacher; je le connais, je sais tout, j'en sais plus que je n'en voudrais savoir... (*Elle s'arrête tout-à-coup, puis avec une vivacité qui s'accroît jusqu'à l'égarement.*) Mais ose, malheureuse, ose désormais l'aimer, ose être aimée de lui... que dis-je? ose penser à lui ou être une de ses pensées... je suis puissante... entends-tu, malheureuse?... je suis terrible... aussi vrai comme il y a un Dieu, tu es perdue!

LOUISE, *avec fermeté.*

Sans ressource, mylady, dès que vous l'aurez contraint à vous aimer.

MYLADY.

Je te comprends... il ne m'aimera pas! Eh bien! je veux triompher de ce honteux amour, et écraser le tien... je jetterai entre vous des montagnes et des abîmes; comme une furie, je pénétrerai dans votre paradis; mon nom, tel qu'un fantôme menaçant, viendra repousser ta bouche de la sienne et vous ravir vos baisers; ta jeune et florissante beauté se flétrira dans ses bras, et il n'y trouvera plus qu'une momie desséchée. Je ne puis être heureuse avec lui; mais tu ne le seras pas non plus... sache-le bien, misérable; ruiner ta félicité sera encore une félicité.

LOUISE.

Ce moyen de félicité, on vous l'a déjà ravi, mylady. Ne calomniez pas votre propre cœur. Vous n'êtes point capable d'accomplir les menaçantes imprécations que vous venez de proférer sur moi; vous n'êtes point capable de tourmenter une créature qui ne vous a rien fait en sa vie que d'éprouver ce que vous avez éprouvé. — Mais j'aime en vous cet emportement, mylady.

MYLADY, *après s'être un peu remise.*

Où suis-je? qu'ai-je dit? qu'ai-je laissé paraître? à qui me suis-je dévoilée? — O Louise! âme noble, grande, divine! pardonne à une insensée. Je n'ôterai pas un cheveu de ta tête, mon enfant. Souhaite, demande; je veux te porter dans mes bras, être ton amie, ta sœur... Tu es pauvre, vois (*elle lui montre des diamans*), je veux vendre ces parures... Je veux vendre mes chevaux, mes voitures, mes robes, que tout soit à toi... renonce à lui.

LOUISE *recule de surprise.*

Se raille-t-elle de mon désespoir, ou n'aurait-elle réellement pris aucune part aux barbaries qu'on a commises?... Ainsi je pourrais encore me donner l'apparence d'une héroïne, et, dépouillée que je suis, me faire honneur du sacrifice. (*Elle reste long-temps pensive, puis s'approche de Mylady, lui prend la main et la regarde fixement avec une physionomie expressive.*) Prenez-le donc, mylady... je vous cède librement un homme qu'avec les tortures de l'enfer on a arraché de mon cœur sanglant... Peut-être vous-mêmes ne le savez vous pas, mylady, mais vous avez dérobé au ciel à deux amans, vous avez séparé deux cœurs que Dieu avait unis l'un à l'autre; vous avez écrasé une créature qui l'aima comme vous; qui mettait en lui sa joie comme vous; qui l'apprécia comme vous, et qui jamais ne pourra plus le posséder. — Mylady, la dernière convulsion du vermisseau qu'on foule aux pieds s'élève jusqu'à l'oreille du Tout-Puissant; il ne peut pas lui être indifférent qu'on détruise les âmes sorties de ses mains. Maintenant il est à vous : maintenant, mylady, prenez-le, entraînez-le à l'autel; *seulement*, n'oubliez pas qu'au moment du baiser nuptial, le spectre d'un suicide se précipitera entre vous... Dieu sera miséricordieux; je n'ai pas d'autre refuge.

Elle sort précipitamment.

SCÈNE VIII.
MILADY, *seule.*

Elle demeure tremblante et hors d'elle-même; ses yeux restent fixés vers la porte par laquelle mademoiselle Miller est sortie; enfin elle sort de sa stupeur.

Qu'est-ce donc? que s'est-il passé? que disait cette malheureuse?... O ciel! elles retentissent encore à mes oreilles, ces paroles terribles et déchirantes : Prenez-le... Quoi! infortunée? ce don fait dans la dernière convulsion de l'agonie, ce legs effroyable de ton désespoir?... Mon Dieu! mon Dieu! suis-je si profondément tombée? suis-je tellement déchue du trône de ma fierté, que j'en sois réduite à attendre avidement ce que dans la dernière angoisse de la vie me jette une pauvre mendiante?... Prenez-le!... et de quel ton elle me le disait! avec quel regard!... Ah! Émilie, te laisseras-tu donc tomber au dernier rang de ton sexe? Crois-tu donc obtenir la pompeuse renommée d'une noble Anglaise, en consentant à voir l'édifice altier de ton bonheur s'écrouler devant la vertu sublime d'une bourgeoise dédaigneuse? — Non, orgueilleuse, non; Émilie Milford peut rougir, mais jamais s'avilir. J'ai aussi la force du sacrifice. (*Elle se promène avec une contenance majestueuse.*) Maintenant disparaissez, faiblesses et souffrances de la femme!... Adieu, douces et brillantes images de l'amour! Que la grandeur d'âme soit désormais mon seul guide. — Ces deux amans sont perdus, si Milford ne renonce pas à toutes ses prétentions, ne renonce pas au cœur du prince... (*Après un moment de silence.*) — Voilà qui est fait, le terrible obstacle est levé; tous les liens sont brisés entre le duc et moi; cet amour furieux est arraché de mon sein... Vertu! je me jette dans tes bras... accepte le repentir d'Émilie. de ta fille! — Ah! que je me sens soulagée! combien enfin je me sens légère et relevée à mes propres yeux!... Je veux aujourd'hui descendre du sommet de mes grandeurs, noble comme le soleil qui s'abaisse : la magnificence mourra en même temps que l'amour, et mon cœur seul m'accompagnera dans cette sublime abdication. (*Elle va vers une table d'un air de résolution.*) Maintenant tout va s'accomplir promptement... maintenant... sur-le-champ... avant que le charme de cet amant adoré ne vienne renouveler les combats sanglans de mon cœur.

Elle s'assied et se met à écrire.

SCÈNE IX.
MYLADY, UN VALET DE CHAMBRE, SOPHIE, puis LE GRAND MARÉCHAL, et ensuite DES DOMESTIQUES.

LE VALET DE CHAMBRE.
Monsieur le grand maréchal de Kalb est là dans l'antichambre, de la part du duc.

MYLADY, *tout animée par ce qu'elle écrit.*
Ah! que cela va vous troubler, sérénissime automate! Sans doute l'aventure est assez plaisante pour brouiller une royale cervelle; et toute sa cour, comme elle va pirouetter! Tout le duché va être sens dessus dessous.

LE VALET DE CHAMBRE et SOPHIE.
Le grand maréchal, mylady!

MYLADY, *se retournant.*
Qui? comment? Ah! tant mieux; cette espèce de gens n'est dans le monde que pour faire des commissions. Qu'il soit le bien venu.

Le valet de chambre sort.

SOPHIE, *s'approchant d'un air inquiet.*
Si je ne craignais pas, mylady, que ce fût une indiscrétion... (*Mylady écrit avec vivacité.*) La Miller toute troublée a traversé rapidement l'antichambre... vous êtes brûlante... vous vous parlez à vous-même... (*Mylady continue à écrire.*) Je tremble... Que va-t-il arriver?

LE GRAND MARÉCHAL *entre; il fait mille révérences à Mylady sans qu'elle se tourne de son côté; comme elle ne le remarque pas, il s'approche derrière son fauteuil, il prend le bout de sa robe et la baise respectueusement.*

Son altesse sérénissime...

MYLADY, *jetant du sable sur son papier, et parcourant ce qu'elle a écrit.*
Il m'accusera de la plus noire ingratitude... j'étais abandonnée... il m'a tirée de la misère... De la misère!... détestable marché!... — Déchire ton contrat, séducteur! mon éternelle honte t'a payé son usure.

LE GRAND MARÉCHAL, *après avoir vainement tourné tout autour de Mylady.*
Mylady semble un peu distraite; il faut bien qu'elle excuse ma témérité. (*Plus haut.*) Son altesse sérénissime m'envoie demander à Mylady s'il y aura ce soir wauxhall ou comédie allemande.

MYLADY *se lève en riant.*
Un des deux, mon cher; cependant portez à votre duc cette lettre pour son dessert. (*A Sophie.*) Toi, Sophie, ordonne que l'on mette les chevaux et que tous mes gens se rassemblent dans ce salon.

SOPHIE *sort tout épouvantée.*
O ciel! qu'est-ce que tout cela signifie? qu'est-ce que tout cela va devenir?

LE GRAND MARÉCHAL.
Vous êtes animée, madame?

MYLADY.
Allons, monsieur le grand maréchal, voilà une place vacante. Une bonne occasion pour les entremetteurs! (*Le Maréchal jette un œil inquiet sur la lettre.*) Lisez-la, lisez-la; je désire que son contenu ne reste pas entre quatre yeux.

LE GRAND MARÉCHAL *lit; pendant ce temps-là, les gens de Mylady entrent et se rangent au fond du salon.*

« Monseigneur,

« Un contrat que vous avez rompu si facile-

» ment ne peut plus me lier. Le bonheur de vos
» États était la condition de mon amour. L'er-
» reur a duré trois ans. Le bandeau tombe de
» mes yeux. J'abhorre des témoignages de faveur
» qu'ont arrosés les larmes de vos sujets. Cet
» amour, que je ne puis plus vous rendre, accor-
» dez le à votre patrie désolée, et apprenez d'une
» princesse anglaise à compatir aux malheurs
» d'un peuple allemand. Dans une heure j'aurai
» passé les frontières.
» JEANNE NORFOLK. »
LES DOMESTIQUES *répètent tout bas, avec surprise.*
Passé les frontières ?
LE GRAND MARÉCHAL, *effrayé, pose la lettre sur la table.*
M'en garde le ciel, ma chère madame ! Le porteur aussi bien que l'écrivain pourrait bien y risquer son cou.
MYLADY.
Cela t'inquiète, excellent homme ! il est à craindre que toi et tes pareils ne soyez suffoqués, rien qu'à raconter ce qu'un autre a fait. — Mon avis serait qu'on mît la lettre dans un pâté, pour que son altesse la trouvât sur son assiette.
LE GRAND MARÉCHAL.
Ciel ! quelle imprudence ! Vous avez bien réfléchi, vous avez bien pensé dans quelle disgrâce vous allez tomber, mylady ?
MYLADY *se retourne vers ses gens et leur dit avec une vive émotion :*
Vous êtes interdits, mes bons amis : vous attendez avec anxiété le mot de cette énigme : vous m'avez servie avec zèle et fidélité, et vous cherchiez votre récompense plutôt dans mes yeux que dans ma bourse ; votre obéissance était de sentiment ; mes bontés faisaient votre orgueil : le souvenir de votre fidélité s'unira par malheur à la pensée de mon abaissement. Le triste destin a fait des jours de votre prospérité mes jours les plus infortunés. (*Les larmes aux yeux.*) Je vous quitte, mes enfans... lady Milford n'est plus, et Jeanne de Norfolk est trop pauvre pour acquitter ses dettes ; — mon trésorier partagera entre vos mains ma cassette ; — ce palais appartient au duc ; — le plus pauvre de vous sortira d'ici plus riche que sa maîtresse. (*Elle leur tend la main, et tous la baisent avec émotion.*) Je vous comprends, mes bons amis... Adieu... adieu pour toujours ! (*Elle étouffe ses sanglots.*) J'entends la voiture. (*Elle se dégage et veut sortir ; le maréchal se place devant elle.*) Pauvre homme, tu es toujours là !
LE GRAND MARÉCHAL, *qui pendant tout ce temps-là a tenu les yeux fixés sur le billet d'un air déconfit.*
Et il faut que je remette ce billet dans les augustes mains de son altesse sérénissime ?
MYLADY.
Pauvre homme ! oui, dans ses augustes mains, et tu diras à ses augustes oreilles que, puisque je ne puis pas aller pieds nus en pèlerinage à Notre-Dame de Lorette, je travaillerai à la journée pour me laver de la honte d'avoir régné sur lui.
Elle sort ; les autres se séparent, tous fort émus.

ACTE CINQUIÈME.

La chambre du musicien. — Il fait nuit.

SCÈNE PREMIÈRE.

LOUISE *est assise dans un coin obscur de la chambre, sans parole et sans mouvement, la tête appuyée sur sa main. Après un long silence,* MILLER *entre avec une lanterne sourde, regarde avec anxiété dans toute la chambre sans apercevoir Louise ; il pose ensuite sa lanterne et son chapeau sur une table.*
MILLER.
Elle n'est pas ici non plus... par ici... J'ai parcouru toutes les rues ; je suis allé chez toutes nos connaissances ; je me suis informé à toutes les portes... on n'a vu nulle part ma pauvre enfant. (*Après un moment de silence.*) Patience, pauvre malheureux père ! attends jusqu'à demain matin... peut-être trouvera-t-on alors ton unique trésor flottant sur le rivage. — Mon Dieu ! mon Dieu !... aurais-je attaché mon cœur à cette fille plus que tu ne le veux ? La punition serait dure, bien dure, Père tout-puissant ! Je ne veux pas murmurer, Père tout-puissant ; mais la punition est dure.
Il se jette avec désespoir sur une chaise.
LOUISE, *sans bouger de sa place.*
Tu fais bien, pauvre vieillard ! accoutume-toi peu à peu à souffrir encore.
MILLER, *s'élançant vers elle.*
Tu es là, mon enfant ? c'est toi ? Mais pourquoi seule, et sans lumière ?
LOUISE.
Je ne suis pas seule : quand tout est obscur autour de moi, je me livre à l'entretien qui me convient le mieux.
MILLER.
Dieu te soit en aide ! il n'y a que le serpent de la conscience qui veille avec les oiseaux de la nuit ; il n'y a que le péché et le mauvais esprit qui abhorrent la lumière.

LOUISE.

L'éternité aussi, mon père, parle aux âmes dans la solitude.

MILLER.

Enfant, enfant, quels sont ces discours ?

LOUISE *se lève et s'avance.*

J'ai soutenu un rude combat; vous le savez, mon père! Dieu m'a donné de la force, le combat est fini. Mon père, on a coutume d'appeler notre sexe faible et fragile; ne croyez plus cela. Une araignée nous fait frissonner ; mais nous pressons gaiement dans nos bras le noir fantôme de la destruction. Bonne nouvelle, mon père! votre Louise est joyeuse.

MILLER.

Écoute, ma fille, je voudrais t'entendre sangloter, j'en serais plus content.

LOUISE.

Comme je les tromperai, mon père, comme je tromperai les tyrans ! — L'amour est plus adroit que la perversité, et il a plus d'audace... il ne sait pas cela, cet homme avec son sinistre cordon... Oh! ils sont bien fins quand ils n'ont affaire qu'à la tête ; mais dès qu'il s'agit du cœur, les méchans deviennent stupides... J'ai fait serment de le confirmer dans son erreur. Le serment, mon père, enchaîne bien les vivans; mais les chaînes de fer de la sainte promesse sont brisées par la mort ; Ferdinand connaîtra sa Louise! — Voudrez-vous faire remettre ce billet, mon père ? aurez-vous cette bonté ?

MILLER.

A qui, ma fille ?

LOUISE.

Étrange question ! L'infini et mon cœur n'ont point entre eux assez de place pour contenir la pensée de lui... et je pourrais écrire à quelque autre ?

MILLER, *avec inquiétude.*

Écoute, Louise : je vais ouvrir la lettre.

LOUISE.

Comme vous voudrez, mon père ; mais vous n'y apprendrez rien ; ces lignes ne sont formées que de lettres mortes, elles ne vivent que pour l'œil de l'amour.

MILLER, *lisant.*

« Tu es trahi, Ferdinand. Une fourberie sans
» exemple a brisé le lien de nos cœurs ; un ser-
» ment terrible a enchaîné ma langue, et ton
» père a des espions partout. Cependant, si tu as
» du courage, mon bien-aimé,.. je sais un lieu où
» aucun serment ne nous enchaîne, où aucun
» espion ne nous écoute. »

Miller s'arrête et regarde tristement sa fille.

LOUISE.

Pourquoi me regardez-vous ainsi ? lisez tout, mon père.

MILLER.

« Mais si tu as le courage de t'engager dans une
» route obscure, où rien ne t'éclairera que ta
» Louise et Dieu... où tu seras tout amour ! lais-
» sant derrière toi toutes tes espérances, tous tes
» bruyans désirs; où rien ne te sera nécessaire
» que ton cœur... si tu le veux... alors mets-toi
» en route quand l'horloge des Carmélites frap-
» pera minuit. Mais si cette pensée t'effraie...
» alors le nom de fort ne convient plus à ton
» sexe, car une jeune fille t'aura humilié. » (*Miller laisse tomber le billet, regarde long-temps devant lui d'un œil fixe et douloureux ; enfin il se retourne vers elle, et dit d'une voix entrecoupée :*) Et ce lieu, ma fille?

LOUISE.

Vous ne le connaissez pas, mon père ? réellement vous ne le connaissez pas ?... Cela est surprenant; ce lieu est assez apparent pour qu'on le trouve, Ferdinand le trouvera.

MILLER.

Hélas ! parle donc clairement.

LOUISE.

Je ne saurais lui donner un nom agréable. Ne vous effrayez pas, mon père, si je lui donne un nom odieux. Ce lieu... Ah ! pourquoi n'est-ce pas l'amour qui lui a choisi son nom? il lui en aurait donné un plus beau... ce lieu, mon bon père... laissez-moi achever... ce lieu, c'est le tombeau.

MILLER *se laisse tomber sur une chaise.*

O mon Dieu !

LOUISE *va à lui et le soutient.*

Mais non, mon père ; c'est seulement l'effroi qui s'attache à ce mot. Sachez écarter cette impression, et vous verrez que c'est un lit nuptial, où l'aurore étend ses voiles dorés . où le printemps répand ses guirlandes parfumées. Il n'y a que le pêcheur, dans ses gémissemens, qui ait pu appeler la mort un squelette. C'est une nymphe douce, charmante, au teint de rose, telle qu'on nous peint la déesse de l'amour , mais moins trompeuse. C'est une déité tranquille et sociable, qui offre le secours de son bras au voyageur épuisé, pour monter les degrés du temps, lui ouvre la porte de l'éternelle gloire, le salue amicalement, et disparaît.

MILLER.

Quelle est ta pensée, ma fille ? Voudrais-tu porter ta propre main sur toi ?

LOUISE.

N'appeler pas cela ainsi, mon père. Quitter une société où je suis vue de mauvais œil... m'élancer vers un lieu dont je ne puis plus me passer... est-ce un péché ?

MILLER.

Mon enfant, il n'y en a pas de plus horrible que le suicide. C'est le seul dont l'homme ne puisse se repentir, parce que la mort et le crime arrivent à la fois.

LOUISE.

Ah! désespoir!... Mais cela ne se fait pas si vite. Je m'élancerai dans le fleuve, mon père, et en tombant, j'implorerai la miséricorde du Dieu tout-puissant.

MILLER.

Ainsi tu veux te repentir du larcin aussitôt que tu auras mis en sûreté le profit du crime... Ma fille, ma fille! prends garde à te railler de Dieu, quand tu auras tant besoin de sa bonté. Oh! où en es-tu venue? où en es-tu venue?... Tu as renoncé à la prière, et le Miséricordieux a retiré sa main de toi.

LOUISE.

Aimer est-il donc un crime, mon père?

MILLER.

Si tu avais aimé Dieu, jamais ton amour n'eût été un crime... Ah! ma chère enfant, tu m'as profondément courbé, profondément! profondément! jusqu'au tombeau peut-être!... mais je ne veux pas accroître la souffrance de ton cœur. — Ma fille, je parlais tout-à-l'heure, je croyais être seul, tu m'as entendu; et pourquoi m'en cacherais-je plus long-temps? tu étais mon idole: écoute-moi, Louise, si tu as conservé encore quelque place dans ton cœur pour l'amour d'un père... tu étais tout pour moi. Maintenant, est-ce ton bien seulement que tu vas prodiguer? n'ai je pas à perdre tout le mien? tu vois, mes cheveux commencent à blanchir. Le terme était arrivé pour moi, où les parens commencent à recueillir l'intérêt du capital qu'ils ont placé dans le cœur de leurs enfans : veux-tu donc me dépouiller, Louise? veux-tu dissiper tout le bien, tout l'avoir de ton père?

LOUISE *lui baise la main avec la plus vive émotion.*

Non, non, mon père; j'ai bien des dettes à acquitter en ce monde, mais je les acquitterai avec usure dans l'éternité.

MILLER.

Prends garde, mon enfant, d'avoir mal réglé tes comptes! (*Avec une gravité solennelle.*) Nous retrouverons-nous en ce lieu? Vois, tu pâlis déjà... Ma Louise ne comprend-elle pas que peut-être je ne pourrai pas aller la retrouver dans ce monde là, parce que je n'aurai pas voulu m'y élancer aussitôt qu'elle? (*Louise se jette dans ses bras, saisie de terreur; il la presse ardemment sur son sein et continue d'une voix suppliante.*) O ma fille! ma fille! fille déjà tombée, et peut-être déjà perdue! songe aux paroles sérieuses de ton père. Je ne puis veiller sur toi. Si je t'arrache le couteau, tu peux te tuer avec une aiguille. Si je te préservé du poison, tu peux t'étrangler avec ce collier de perles... Louise... Louise... je ne puis que t'avertir. — Veux-tu en venir à ce point, que ton illusion trompeuse ne se dissipe à tes yeux que lorsque tu seras sur ce pont terrible, entre le temps et l'éternité?... Veux tu te présenter devant le trône de celui qui sait tout, avec le mensonge à la bouche, et lui dire : Je viens ici pour l'amour de toi; tandis que d'un œil coupable tu chercheras déjà ton idole mortelle? Et si cette fragile idole de ton cœur, alors vermisseau comme toi, se trouvant aux pieds de son juge, se retourne vers toi, et dans cet instant d'épouvante accuse de mensonge ta prévoyance impie, et traduit tes espérances trompées devant l'éternelle miséricorde que ce malheureux pourra à peine fléchir pour lui-même... alors, (*d'une voix plus forte*) alors, malheureuse!... (*Il la prend fortement par le bras, la regarde long-temps d'un œil fixe et pénétrant, puis tout-à-coup s'éloigne d'elle.*) Je n'y sais rien de plus. (*Il lève la main au ciel.*) Je suis là, devant toi, mon Dieu et mon juge! Je ne puis rien de plus sur cette âme. Fais ce que tu voudras; sacrifie à ce beau jeune homme une victime qui réjouira les démons, et consternera les anges. — Va-t'en, chargée de tous tes péchés, chargée encore de celui-là, le dernier, le plus abominable; si cela ne suffit point, ma malédiction complétera ton fardeau... Voilà un couteau, perce ton cœur et (*il s'éloigne en sanglotant*) le cœur de ton père.

LOUISE *s'élance et le retient.*

Arrêtez! arrêtez! ô mon père!... Ah! votre tendresse est une contrainte plus cruelle que la rage de mes tyrans... Que dois-je faire?... je ne le puis... que dois-je faire?

MILLER.

Si les baisers du major sont plus brûlans que les larmes de ton père, meurs.

LOUISE, *après un pénible combat, avec plus de fermeté.*

Mon père, voici ma main. Je le veux. — O mon Dieu! mon Dieu! que fais je? que vais-je faire? — Mon père, je le jure... Malheur à moi, malheur! crime de quelque côté que je me dirige! Eh bien, oui, mon père... Ferdinand!... Dieu me voit... puissé-je anéantir ainsi ton dernier souvenir!

Elle déchire la lettre.

MILLER, *ivre de joie, se jette à son cou.*

C'est ma fille! regarde-moi! Tu as sacrifié un amant, mais tu rends ton père heureux. (*Il l'embrasse, il rit, il pleure.*) Mon enfant, mon enfant, je n'étais pas digne d'un tel jour en ma vie. Dieu le sait, je ne suis rien auprès de cet ange. Ma Louise, mon paradis!... O mon Dieu! je ne comprends pas grand'chose à l'amour; mais que ce soit une souffrance d'y renoncer, ah! cela je le comprends bien.

LOUISE.

Quittons ce pays, mon père... quittons cette ville où je serais l'objet de la raillerie de mes compagnes, où ma réputation est perdue pour toujours... Allons bien loin, bien loin de ce lieu où je retrouverais tant de traces de ma félicité perdue. Allons, s'il est possible...

MILLER.

Où tu voudras, ma fille. Notre Seigneur fait croître son pain partout, et il bénira les cordes de mon violon. — Oui, laissons tout. — Je mettrai en musique une complainte de tes chagrins; je chanterai l'histoire de la fille qui, pour honorer son père, s'est laissé déchirer le cœur; nous mendierons de porte en porte avec cette romance, et l'aumône nous sera douce de la main de ceux qui savent pleurer.

SCÈNE II.

Les Mêmes, FERDINAND.

LOUISE, *dès qu'elle l'aperçoit, se jette au cou de son père, en poussant un grand cri.*
Mon Dieu! c'est lui! je suis perdue!

MILLER.
Comment? qui?

LOUISE *lui montre le major de la main, en détournant le visage, et le presse contre son sein.*
Lui! lui-même!... Prenez seulement garde, mon père... il vient pour me tuer.

MILLER *le regarde et se retire en arrière.*
Comment! vous ici, baron?

FERDINAND *approche lentement, s'arrête près de Louise, et fixe sur elle un regard pénétrant. — Après un moment de silence.*
Cri de la conscience troublée, je te remercie... Ton aveu est terrible, mais prompt et certain; il m'épargne bien des tortures... — Bonsoir, Miller.

MILLER.
Mais, au nom du ciel, que voulez-vous, baron? qui vous conduit ici? pourquoi cette visite?

FERDINAND.
J'ai connu un temps où l'on comptait toutes les secondes de la journée, où l'ardeur de me voir hâtait la marche trop lente des aiguilles de l'horloge, où les battemens du cœur semblaient infinis jusqu'à mon arrivée; comment se fait-il que maintenant j'arrive hors de propos?

MILLER.
Allez, allez, baron... s'il reste dans votre cœur une étincelle d'humanité, si vous ne voulez pas égorger celle que vous prétendez aimer, fuyez, ne restez pas un instant de plus. La bénédiction s'est enfuie de ma maison du moment que vous y mîtes le pied. Vous avez appelé le malheur sous mon toit, où auparavant régnait le contentement. N'êtes-vous pas encore satisfait? Voulez-vous donc déchirer les blessures dont le malheur de vous avoir connu a percé le cœur de mon unique enfant?

FERDINAND.
Excellent père, je viens maintenant apporter une bonne nouvelle à ta fille.

MILLER.
Nouvelles espérances, nouveau désespoir. Fuis, messager de malheur, ton visage fait tort à ta marchandise.

FERDINAND.
Enfin, je vois devant mes yeux le terme de mes vœux. Lady Milfort, ce redoutable obstacle à notre amour, fuit à l'instant loin de ce pays; mon père approuve mon choix, le destin cesse de nous persécuter; des astres plus heureux nous favorisent... Je viens dégager ma parole donnée, et conduire ma fiancée à l'autel.

MILLER.
L'entends-tu, ma fille? l'entends-tu se faire un jeu de tes trompeuses espérances? Ah! vraiment, baron, il n'est pas beau de voir le séducteur venir encore égayer son esprit sur son crime.

FERDINAND.
Tu crois que je plaisante? Non, sur mon honneur! Mon discours est sincère, comme l'amour de ma Louise; je le tiens pour un engagement aussi sacré que ses sermens... Je n'en sais pas de plus sacré... Tu doutes encore? Je ne vois pas encore la rougeur colorer les joues de ma charmante épouse: cela est singulier. Le mensonge est apparemment la monnaie courante aux lieux où la vérité a si peu de crédit. — Vous vous méfiez de mes paroles? vous croirez peut-être ce témoignage écrit?
Il jette à Louise la lettre adressée au Maréchal, Louise l'ouvre et s'évanouit.

MILLER, *sans regarder Louise.*
Que signifie ceci, baron? je ne comprends pas.

FERDINAND, *lui montrant Louise.*
Celle-ci a bien mieux compris.

MILLER, *tombant près de Louise.*
O mon Dieu! ma fille!

FERDINAND.
Pâle, comme la mort!... Maintenant elle me plaît, ta fille; jamais je ne l'ai vue si belle, cette pieuse et honnête fille! Le souffle du dernier jugement, qui dissoudra le vernis de tous les mensonges, a dissipé ce fard d'une artificieuse vertu, qui eût trompé même les anges de lumière... C'est son visage dans toute sa beauté; c'est son vrai visage; je veux le couvrir de baisers.
Il s'avance vers elle.

MILLER.
Retire-toi, va-t'en! Ne t'attaque pas au cœur d'un père, jeune homme; je n'ai pu la garantir de tes tromperies, mais je la garantirai de tes outrages.

FERDINAND.
Que veux-tu, vieillard? Je n'ai point affaire à toi. Ne te mêle pas dans un jeu où la partie est évidemment mauvaise... Peut-être aussi en sais-tu plus que je ne t'en ai dit? As-tu déshonoré une vie de soixante ans en faisant commerce de ta fille, et as-tu souillé ces respectables cheveux blancs par l'office d'entremetteur?... Oh! si cela n'est pas, malheureux vieillard, couche-toi là, et meurs... il est encore temps. Tu pourras encore t'endormir dans un doux songe, en disant: Je fus un heureux père... Un instant plus tard, tu aurais à rejeter la vipère empoisonnée vers son infernale patrie, tu aurais à maudire et le don que tu avais reçu et celui qui te l'avait fait; tu descendrais dans la tombe en blasphémant la Divinité. (*A Louise.*) Parle, malheureuse; as-tu écrit cette lettre?

MILLER, *à Louise.*
Au nom du ciel, ma fille, n'oublie pas, n'oublie pas...

LOUISE.
Oh! cette lettre, mon père!

FERDINAND.

Ah! si elle était tombée en de mauvaises mains... Grâces soient rendues au hasard, il a fait plus que la raison la plus avisée, et a mieux opéré que la sagesse des plus habiles. — Le hasard, dis je? Ah! si la Providence est en jeu quand un passereau tombe, pourquoi ne serait-ce pas elle qui démasquerait un esprit de l'enfer? — Répondras-tu?... as-tu écrit cette lettre?

MILLER, *à part, à Louise d'un ton suppliant.*

Sois ferme, ma fille; dis seulement oui, et tout est fini.

FERDINAND.

Cela est plaisant, fort plaisant! le père était aussi trompé; tous trompés! — Eh bien, voyez la contenance de cette infâme; sa bouche même lui refuse obéissance pour ce dernier mensonge. Jure sur ton Dieu, jure sur l'éternelle vérité. As-tu écrit cette lettre?

LOUISE, *après un douloureux combat, où elle a été soutenue par les regards de son père, répond avec fermeté et assurance.*

Je l'ai écrite.

FERDINAND *demeure immobile d'effroi.*

Louise!... non, sur mon âme, tu mens... L'innocence n'avoue-t-elle pas, sur le chevalet du bourreau, le crime qu'elle n'a jamais commis? Je te l'ai demandé avec trop de violence... n'est-ce pas, Louise, tu n'as avoué qu'à cause de ma violence?

LOUISE.

J'ai avoué ce qui est vrai.

FERDINAND.

Non, te dis-je, non, non, tu ne l'as pas écrite; ce n'est pas là ton écriture... et cela serait, qu'il est plus aisé de contrefaire une écriture que de corrompre un cœur. Parle-moi vrai, Louise... Mais, non, non, ne réponds pas, tu n'aurais qu'à dire oui, et je serais perdu... Un mensonge, Louise, un mensonge!... Oh! si tu le peux encore, dis-le-moi avec cette physionomie sincère et angélique; persuade mes yeux, persuade mon oreille, et tu tromperas encore ce cœur si horriblement abusé. O Louise! toute vérité pourrait alors, dès ce moment, se retirer de la création; la probité pourrait incliner sa fierté et s'abaisser aux courbettes des courtisans. (*D'une voix tremblante.*) As-tu écrit cette lettre?

LOUISE.

Sur mon Dieu, sur l'éternelle vérité, oui.

FERDINAND, *après un moment de silence, avec l'expression de la plus profonde douleur.*

Femme! femme!... ce visage qui est là maintenant devant moi... Eh bien, au charme de ce visage ajoute le bonheur du paradis, et même dans l'empire de la damnation tu ne séduiras plus personne... sais-tu ce que tu étais pour moi, Louise? c'est impossible; non, tu ne sais pas que tu étais tout pour moi... Tout! ce n'est qu'un mot, un misérable mot; mais l'éternité a de la peine à le contenir, il renferme en lui la vaste étendue de l'univers... Tout! et tu as pu t'en jouer si criminellement? Oh! cela est horrible!

LOUISE.

Vous avez mon aveu, monsieur de Walter; moi-même je me suis condamnée; retirez-vous, quittez une maison où vous avez été si malheureux.

FERDINAND.

C'est bon, c'est bon, je suis fort tranquille... Tranquille! n'est-ce pas cela qu'on dit d'une contrée qu'a dévastée la peste? Je suis tranquille. (*Après un moment de réflexion.*) Encore une prière, Louise, la dernière! ma tête est brûlante de fièvre, j'ai besoin de me rafraîchir; veux-tu me faire un verre de limonade?

Louise sort.

SCÈNE III.

FERDINAND et MILLER.

Tous deux se promènent en silence de long en large dans la chambre. Miller s'arrête enfin, et après avoir regardé tristement le Major, il lui adresse la parole.

MILLER.

Mon cher baron, si cela peut diminuer votre chagrin, je vous dirai que je le partage du fond du cœur.

FERDINAND.

C'est bon, Miller. (*Il fait encore quelques pas.*) Miller, je me souviens à peine comment je vins chez vous, à quelle occasion.

MILLER.

A quelle occasion, monsieur le major? vous voulûtes prendre de moi des leçons de flûte: vous ne vous en souvenez plus?

FERDINAND, *brusquement.*

Je vis votre fille... (*Encore un instant de silence.*) Vous ne m'avez pas tenu votre parole, mon ami; vous deviez répandre du calme sur mes heures de solitude, et vous m'avez trompé; vous m'avez vendu un serpent... (*Il remarque l'émotion de Miller.*) Non, ne t'effraie pas, vieillard... (*il l'embrasse*) tu n'es pas coupable.

MILLER, *s'essuyant les yeux.*

Dieu le sait, lui qui sait tout.

FERDINAND, *se promenant encore, enseveli dans de sombres réflexions.*

Qu'elle est étrange, qu'elle est inconcevable la façon dont Dieu se joue de nous! A de minces et imperceptibles fils, souvent il suspend un poids énorme. L'homme savait-il qu'en mangeant cette pomme, il trouverait la mort? hélas! le savait-il? (*Il se promène à grands pas, puis il prend avec force la main de Miller.*) Homme, tu m'as vendu bien cher quelques sons de flûte... et tu n'y gagnes pas cependant..., tu y perds tout peut-être aussi. (*Il s'éloigne de lui.*) Malheureuse flûte! pourquoi cette idée m'est-elle venue?

MILLER, *cherchant à cacher son émotion.*

Cette limonade se fait bien attendre. Je ferai

mieux d'aller y voir, si vous ne le trouvez pas mauvais.

FERDINAND.

Cela ne presse pas, mon cher Miller... (*A part.*) Du moins pour le père — demeurez... Que voulais-je donc vous dire? Ah! oui... Louise est-elle votre unique fille? N'avez-vous point d'autres enfans?

MILLER, *avec chaleur.*

Je n'en ai aucun autre, baron; je n'en désire aucun autre : ma fille est si bien tout ce qu'il faut pour remplir mon cœur! Tout ce que j'ai pu avoir d'amour, je l'ai placé sur ma fille.

FERDINAND, *vivement ébranlé.*

Hélas!... voyez, je vous prie, si cette boisson est prête, mon bon Miller.

Miller sort.

SCÈNE IV.

FERDINAND, *seul.*

Son unique enfant!... Entends-tu cela, meurtrier? son unique enfant, meurtrier! tu l'entends, son unique enfant!... Dieu n'a accordé à cet homme, dans tout le vaste univers, qu'un misérable violon et cet unique enfant... tu veux le lui dérober?... dérober!... dérober le dernier denier du mendiant! briser la béquille du paralytique et en jeter les morceaux à ses pieds! Eh quoi! en aurais-je le cœur?... Quand il reviendra, s'attend-il à trouver détruites toutes les joies qu'il avait placées sur le visage de sa fille? Il rentrera, et verra étendue devant lui cette fleur... flétrie... morte, méchamment détruite, cette dernière, cette unique, cette modeste espérance. Hélas! il la verra là, devant lui; et alors la nature n'aura plus pour lui un souffle de vie; et alors son regard fixe, errant en vain sur l'immensité déserte, cherchera la Divinité, ne trouvera plus la Divinité, et retombera sans avoir rien aperçu... Mon Dieu! mon Dieu! — mais mon père aussi n'a qu'un unique fils... un unique fils, et ce n'est cependant pas son unique richesse à lui. (*Après un moment de silence.*) Cependant que perdra-t-il donc? Une fille pour qui les plus saints devoirs de l'amour ne sont qu'un vain jouet, pourrait-elle rendre son père heureux? Il ne le serait pas, non; il ne le serait pas; et je mérite même les remercîmens d'un père, pour avoir écrasé un serpent avant qu'il déchirât son sein.

SCÈNE V.

MILLER *revient*, FERDINAND.

MILLER.

Vous serez bientôt servi, baron... La pauvre fille est là assise, et pleurant à en mourir... Elle vous donnera ses larmes à boire dans cette limonade.

FERDINAND.

Et si seulement il n'y avait que des larmes!... Puisque nous avons parlé de musique, Miller, (*il tire une bourse*) je suis votre débiteur.

MILLER.

Comment? comment? laissez cela, baron. Pour qui me prenez-vous? C'est en bonnes mains. Ne me faites donc pas cet affront : ce ne sera pas, Dieu le veuille, la dernière fois que nous nous reverrons.

FERDINAND.

Qui peut le savoir? prenez toujours. On ne sait qui meurt ni qui vit.

MILLER, *riant.*

Oh! quant à cela, baron, c'est un risque qu'on peut, je pense, courir avec vous sans s'inquiéter.

FERDINAND.

C'est toujours un risque... n'avez-vous pas vu des jeunes gens mourir... des jeunes gens et des jeunes filles, des enfans, espérance de leurs parens, qui avaient bâti sur cette illusion tant de châteaux en Espagne?... Ce que l'âge ou le chagrin rongeur ne peut pas faire, souvent un coup de foudre y réussit... Votre Louise non plus n'est pas immortelle.

MILLER.

Dieu me l'a donnée.

FERDINAND.

Écoutez-moi... je vous le dis... elle n'est pas immortelle. Vous l'aimez, cette fille, comme la prunelle de vos yeux; votre cœur, votre âme sont uniquement attachés à cette fille : ayez de la prévoyance, Miller. Il n'y a qu'un joueur désespéré qui puisse tout placer sur une seule carte; on traite de mauvaise tête le commerçant qui charge toute sa fortune sur un seul navire... Écoutez-moi, songez à cet avertissement. — Mais pourquoi ne prenez-vous pas cet argent?

MILLER.

Comment, monsieur? toute cette pleine bourse? à quoi pense monsieur le baron?

FERDINAND.

A payer mes dettes. Allons, (*il jette la bourse sur la table, il en tombe des pièces d'or*) je ne puis éternellement garder cette bagatelle entre mes mains.

MILLER, *surpris.*

Comment, grand Dieu! ce n'est pas le son de l'argent. (*Il approche de la table, et s'écrie tout épouvanté.*) Comment! au nom du ciel, baron!... baron, que faites-vous? qu'avez-vous jeté là, baron? est-ce une distraction? (*Il joint les mains en signe de surprise.*) C'est... à moins que je ne sois ensorcelé... c'est, Dieu me damne! c'est du bel et jaune, de l'or du bon Dieu... Non, Satan, tu ne m'attraperas pas.

FERDINAND.

Était-il vieux ou nouveau le vin que tu as bu, Miller?

MILLER.

Mille tonnerres! mais voyez donc... le dor?

FERDINAND.

Eh bien! qu'est-ce à dire?

MILLER.

Mais par le diable, je vous dis... je vous en conjure par le saint nom de Jésus... de l'or !

FERDINAND.

Cela a-t-il donc quelque chose de singulier?

MILLER, *après un moment de silence, va à lui, et lui dit d'un ton ému.*

Monseigneur, je suis un pauvre homme, honnête ; voudriez vous m'employer à quelque mauvais coup ? car, Dieu le sait, on ne peut pas gagner tant d'or par des moyens honnêtes.

FERDINAND, *ému.*

Soyez tranquille, mon cher Miller ; vous avez depuis long-temps gagné cet argent-là ; et Dieu me préserve de vous exposer aux reproches de votre conscience.

MILLER, *à moitié fou et sautant de joie.*

Il est à moi donc ! à moi ! à moi, à la connaissance et par la volonté du bon Dieu ! (*Il court vers la porte en criant.*) Ma femme ! ma fille ! victoire ! arrivez donc. (*Il revient.*) Mais, mon Dieu, comment ai-je pu arriver tout d'un coup à un si terrible trésor ? comment l'ai-je mérité ? comment l'ai-je gagné ?

FERDINAND.

Pas avec vos leçons de musique, Miller... Avec cet or, je vous paye... (*Il s'arrête saisi d'un frémissement*) je vous paye... (*avec abattement*) le malheureux rêve de trois mois que je dois à votre fille.

MILLER *lui prend la main, et la presse avec force.*

Monseigneur, si vous étiez quelque pauvre petit bourgeois, (*avec vivacité*) et que ma fille ne vous aimât pas, en vérité je la tuerais. (*Il revient vers la bourse et ramasse les pièces.*) — Mais vous m'avez donné tout, et vous n'avez rien gardé, et cela me gâtera toute ma joie, voyez-vous ?

FERDINAND.

Que cela ne vous trouble pas, mon ami ; je pars pour un pays où j'ai dessein de m'établir, et où cet argent-là n'a pas cours.

MILLER, *qui a toujours eu les yeux fixés sur la bourse, avec ravissement.*

C'est donc à moi ?... à moi ?... Je suis pourtant fâché que vous partiez... Et attendez un peu sur quel pied je vais me mettre ; comme je vais me remplumer ! (*Il ôte son chapeau, et le jette à travers la chambre.*) Ah ! mes leçons de musique pourront s'aller promener ; et maintenant je ne fumerai plus que du tabac du numéro cinq... et si l'on me voit aux places à douze sous à la comédie, je veux que le diable m'emporte.

Il veut sortir.

FERDINAND.

Demeurez, taisez-vous, et serrez votre argent. (*Avec expression.*) Taisez-vous seulement jusqu'à ce soir... et faites-moi le plaisir de ne plus jamais donner de leçons de musique.

MILLER, *avec un transport plus vif encore, et dans sa joie prenant Ferdinand par son habit.*

Ah ! monsieur, et ma fille ! (*Il lâche son habit.*)

L'argent ne fait pas l'homme... certainement..., que je mange des pommes de terre ou des perdrix, quand j'ai dîné, je n'ai plus faim ; et cet habit sera toujours bon, tant qu'on ne verra pas le jour par mon coude ; des guenilles sont bien bonnes pour moi : mais ma fille, c'est pour elle que vient cette bénédiction ; tout ce qui lui donnera dans l'œil, il faudra qu'elle l'ait tout de suite.

FERDINAND *l'interrompt brusquement.*

Assez, assez.

MILLER, *s'animant de plus en plus.*

Et elle apprendra le français à fond... elle dansera les menuets... elle chantera si bien, qu'on en parlera dans la gazette... et elle portera un chapeau comme les filles de conseiller... et une robe à queue, comme ça s'appelle... et l'on parlera de la fille du musicien à quatre lieues à la ronde.

FERDINAND *lui prend la main avec une expression terrible.*

Assez, assez. Au nom du ciel, taisez-vous ! taisez-vous seulement pour aujourd'hui ; c'est la seule reconnaissance que j'exige de vous.

SCÈNE VI.

LOUISE *entre, portant la limonade ;* LES PRÉCÉDENS.

LOUISE, *les yeux rougis de larmes et d'une voix tremblante.*

Vous direz si vous ne la trouvez pas assez forte.

FERDINAND *prend le verre sur l'assiette, s'assied, et se tournant tout-à-coup vers Miller.*

Ah ! j'avais presque oublié... Oserai-je vous demander quelque chose, mon cher Miller ? Voulez-vous me rendre un petit service ?

MILLER.

Mille pour un ! Que voulez-vous ?

FERDINAND.

On m'attend pour se mettre à table... et je suis par malheur de si mauvaise humeur, qu'il me serait tout-à-fait impossible de paraître en société ; voudriez-vous aller chez mon père et m'excuser ?

LOUISE, *effrayée, l'interrompt vivement.*

Je puis bien faire cette course.

MILLER.

Le dire au... au Président ?

FERDINAND.

Non pas à lui même. Vous donnerez cette commission à quelqu'un de l'antichambre. Voilà ma montre pour faire voir que vous venez de ma part. Je serai encore ici quand vous reviendrez. — Vous attendrez une réponse.

LOUISE, *avec anxiété.*

Ne puis-je pas faire tout cela ?

FERDINAND, *à Miller, qui veut partir.*

Attendez... encore une chose. Voici une lettre pour mon père, qui m'a été remise toute cachetée... peut-être est-ce quelque affaire pressante... vous ferez cette commission-là en même temps.

MILLER.

C'est bon.

LOUISE *s'attache à lui, et le retient avec une vive angoisse.*

Mais, mon père, je pourrais bien faire tout cela.

MILLER.

Tu es seule, et la nuit est noire, ma fille.

Il sort.

FERDINAND.

Eclaire ton père, Louise. (*Pendant qu'elle accompagne son père en tenant la lumière, il s'approche de la table, et verse du poison dans la limonade.*) Oui, elle doit mourir... il le faut... les puissances suprêmes me font par leurs signes entendre le terrible *oui* ; la vengeance du ciel souscrit l'arrêt ; son bon ange l'abandonne.

~~~~~~

SCÈNE VII.

FERDINAND, LOUISE.

Elle revient lentement en rapportant la lumière ; elle la pose sur la table, et se place du côté opposé au Major, les yeux baissés vers la terre, et jetant de temps en temps à la dérobée un regard effrayé sur lui. Il est assis de l'autre côté, et regarde fixement devant lui. Un long et profond silence annonce cette scène.

LOUISE.

Si vous vouliez m'accompagner, monsieur de Walter, je jouerais un air de piano ? (*Elle ouvre le piano. Ferdinand ne fait aucune réponse. — Silence.*) Vous me devez une revanche aux échecs, voulez-vous faire une partie, monsieur de Walter ? (*Nouveau silence.*) Monsieur de Walter, ce portefeuille que j'avais promis de vous broder, il est commencé ; ne voulez-vous pas voir le dessin ? (*Encore un silence.*) Ah ! je suis bien malheureuse !

FERDINAND, *sans changer d'attitude.*

Cela pourrait être vrai.

LOUISE.

Ce n'est pas de ma faute, monsieur de Walter, si je vous tiens si mal compagnie.

FERDINAND, *à part, avec un sourire amer.*

Tu n'en peux mais de mon extrême réserve.

LOUISE.

J'avais bien pensé que nous n'avions maintenant rien à nous dire. Je me suis effrayée, je l'avoue, quand vous avez renvoyé mon père. Monsieur de Walter, je devinais bien que ce moment nous serait également insupportable. — Si vous le permettez, je m'en irai chercher quelques personnes de ma connaissance.

FERDINAND.

Oh ! oui, fais cela... j'irai aussi chercher quelques-unes des miennes.

LOUISE *le regarde d'un air embarrassé.*

Monsieur de Walter !

FERDINAND, *d'un ton railleur.*

Sur mon honneur, c'est la meilleure idée qu'on puisse avoir dans une pareille occasion. Nous changerions en divertissement cet ennuyeux tête-à-tête, et nous nous vengerions des chagrins de l'amour par quelques galanteries.

LOUISE.

Vous êtes de bonne humeur, monsieur de Walter !

FERDINAND.

Oui, tout-à-fait, au point de faire courir les petits garçons après moi dans les rues !... Non, en vérité, Louise, ton exemple me sert de leçon ; tu devrais être mon institutrice. Il n'y a que des fous qui fassent cas de l'amour éternel. L'éternelle uniformité est rebutante ; il n'y a que le changement qui donne quelque sel au plaisir... Allons, Louise, j'en suis aussi : nous courrons de roman en roman ; nous roulerons de bourbier en bourbier... toi d'un côté... moi de l'autre... et peut-être est-ce en un mauvais lieu que je retrouverai mon repos détruit... peut-être dans quelque joyeuse partie de plaisir nous rencontrerons-nous par la suite, avec la plus agréable surprise, rejetés l'un vers l'autre après vingt aventures ; alors ces deux squelettes desséchés se reconnaîtront, comme dans un dénoûment de comédie, à cet air de famille qu'aucun enfant de cette race corrompue ne peut renier ; et nous découvrirons qu'il peut s'établir entre le dégoût et la honte une harmonie à laquelle le tendre amour n'avait pu atteindre.

LOUISE.

O jeune homme ! jeune homme ! tu es déjà bien malheureux, veux-tu encore mériter de l'être ?

FERDINAND, *furieux, entre ses dents.*

Je suis malheureux ? qui t'a dit cela ? Femme, tu es trop dégradée pour éprouver toi-même un sentiment... comment pourrais-tu juger du sentiment d'un autre ? — Je suis malheureux, dis-tu ? ah ! ce mot pourrait réveiller ma fureur, même dans le tombeau. — Je devais être malheureux : elle le savait ; mort et damnation ! elle le savait... et cependant elle m'a trahi ! — Vois-tu, perfide ?... c'était ta seule chance de pardon... c'est cet aveu qui a prononcé ton arrêt. Jusqu'ici je pouvais attribuer ton forfait à ton ignorance ; tu aurais pu presque échapper à ma vengeance par le mépris... (*Il saisit précipitamment le verre.*) Ce n'était donc pas frivolité ; ce n'était donc pas sottise ; tu étais donc un esprit de l'enfer... (*Il boit.*) Cette limonade est fade comme ton âme ; — goûte-la...

LOUISE.

O ciel ! ce n'est pas sans raison que j'avais craint cette scène.

FERDINAND, *d'un ton impérieux.*

Goûte-la.

Louise prend le verre à regret et boit. Ferdinand se détourne au moment où elle porte le verre à ses lèvres ; il pâlit et s'éloigne rapidement jusqu'au fond de la chambre.

LOUISE.

Cette limonade est bonne.

FERDINAND, *sans se retourner et en frissonnant.*

Je t'en félicite.

LOUISE, *après avoir remis le verre.*

Ah! si vous saviez, Walter, combien vous outragez indignement mon cœur!

FERDINAND.

Quoi?

LOUISE.

Il viendra un temps, Walter...

FERDINAND, *revenant.*

Ah! le temps est venu pour nous.

LOUISE.

... Où la soirée d'aujourd'hui retombera péniblement sur votre cœur.

FERDINAND *marche à plus grands pas et avec plus d'agitation. Il ôte son écharpe et son épée et les jette loin de lui.*

Adieu, service des puissans de la terre.

LOUISE.

Mon Dieu! qu'avez-vous?

FERDINAND.

De la chaleur et de l'oppression... je me mets à mon aise.

LOUISE.

Buvez, buvez, cela vous rafraîchira.

FERDINAND.

Cela me soulagera certainement. Cette catin a bon cœur : voilà comme elles sont toutes.

LOUISE *se jette dans ses bras avec toute l'expression de l'amour.*

Parler ainsi à ta Louise, Ferdinand!

FERDINAND *la repousse.*

Va-t'en! va-t'en! détourne ce doux et séduisant regard. Je succombe... Montre-toi dans ta hideuse épouvante, serpent; élance-toi contre moi, reptile; déroule devant moi tes horribles replis; dresse ta tête vers le ciel; montre-toi aussi effroyable que quand tu sortis de l'abîme... Plus d'apparence angélique, il est trop tard; je dois t'écraser comme une vipère, ou le désespoir..... Prends pitié de moi.

LOUISE.

Hélas! où en sommes-nous venus?

FERDINAND, *la regardant de côté.*

Un si bel ouvrage du divin Créateur!..... qui l'aurait pu croire? (*Joignant les mains et les levant vers le ciel.*) Je n'ai pas le droit d'interroger, Dieu tout-puissant; mais pourquoi as-tu renfermé du poison dans un si beau vase? le vice devait-il se montrer sous des traits si suaves et si célestes? Oh! cela est étrange.

LOUISE.

Entendre cela et ne pouvoir parler!

FERDINAND.

Et cette voix douce et harmonieuse! comment de si beaux sons pouvaient-ils sortir d'une lyre fracassée? (*Il la regarde d'un œil enivré d'amour.*) Un ensemble si beau, si bien proportionné, d'une perfection si divine... œuvre favorite du Créateur dans un de ses momens de faveur, comme si l'univers entier n'eût été formé que pour mettre le divin artiste en humeur de produire son chef-d'œuvre!... Et Dieu ne s'est mépris que pour l'âme... il n'était sans doute point possible que ce merveilleux phénomène de la nature restât sans défaut... (*Il s'éloigne d'elle tout-à-coup.*) Ou bien le divin artiste, s'apercevant que c'était un ange qui venait de naître sous son ciseau, corrigea en hâte son erreur en lui donnant un cœur d'autant plus pervers.

LOUISE.

O coupable obstination! plutôt que d'avouer son erreur, il aime mieux reprocher une erreur au ciel.

FERDINAND *se jette en pleurant à son cou.*

Encore une fois, Louise, encore une fois, comme au jour de notre premier baiser où tu balbutias pour la première fois le nom de Ferdinand, où tes lèvres brûlantes pour la première fois me dirent *toi*... Oh! le germe d'une joie ineffable et infinie semblait alors être renfermé dans cet instant comme la fleur dans son bouton. L'éternité *était* là devant nos yeux telle qu'un beau jour du mois de mai; les années d'un avenir doré passaient devant nous comme un cœur de jeunes filles. Ah! que j'étais heureux! — Louise! Louise! Louise! pourquoi m'as-tu traité ainsi?

LOUISE.

Pleurez, pleurez, Walter; votre affliction sera plus juste que votre fureur.

FERDINAND.

Tu te trompes, ces larmes ne sont pas cette douce et voluptueuse rosée qui verse son baume sur les plaies de l'âme et qui rend le mouvement aux fibres desséchées; ce sont de froides et solitaires larmes, le triste et éternel adieu de mon amour. (*Avec une solennité effrayante, et laissant tomber des pleurs sur la tête de Louise.*) Je pleure sur ton âme, Louise, je pleure sur la Divinité, dont la bienveillance infinie s'est trouvée ici en défaut, et qui se prive si cruellement elle-même du plus magnifique de ses ouvrages. — Ah! il me semble que toute la création devrait prendre le deuil et se montrer attristée de ce qui se passe dans son sein. Que les hommes succombent, qu'ils perdent leur paradis, cela est ordinaire : mais si la contagion étend ses ravages parmi les anges, il faut que la nature entière pousse des gémissemens.

LOUISE.

Ne me poussez pas à bout, Walter; j'ai de la force d'âme autant que personne, mais elle ne peut aller au delà des limites de l'humanité..... Walter, encore un mot avant de nous séparer..... un destin affreux a troublé l'intelligence de nos cœurs... si j'osais ouvrir la bouche, Walter, je pourrais te dire des choses... je pourrais... mais une fatalité cruelle enchaîne ma langue comme mon amour, et je dois endurer que tu me traites comme la plus ignoble des créatures.

FERDINAND.

Comment te trouves-tu, Louise ?

LOUISE.

Pourquoi cette question ?

FERDINAND.

C'est que si tu devais partir le mensonge à la bouche, cela me ferait de la peine pour toi.

LOUISE.

Je vous conjure, Walter...

FERDINAND, *avec une vive émotion.*

Non, non, cette vengeance serait trop infernale ; non, Dieu m'en préserve ! je ne veux pas pousser la vengeance jusque dans ce monde de là-bas... Louise, as-tu aimé le maréchal ?... Tu ne sortiras plus de cette chambre.

LOUISE.

Demandez tout ce que vous voudrez, je ne réponds plus rien.

Elle s'assied.

FERDINAND, *d'un ton sérieux.*

Songe à ton âme immortelle, Louise : as-tu aimé le maréchal ? Tu ne sortiras plus de cette chambre.

LOUISE.

Je ne réponds plus rien.

FERDINAND *se jette à ses pieds avec la plus violente émotion.*

Louise, as-tu aimé le maréchal ?... Avant que ce flambeau soit consumé, tu paraîtras... devant Dieu.

LOUISE *se lève toute effrayée.*

Jésus ! Qu'est-ce donc ? je souffre beaucoup.

Elle retombe sur sa chaise.

FERDINAND.

Déjà ! O femmes ! éternelle énigme ! vos fibres délicates supportent un crime qui dévore l'humanité jusque dans ses racines, et un misérable grain d'arsenic vous abat !

LOUISE.

Du poison ! du poison ! Ah ! mon Dieu !

FERDINAND.

Je le crains ; l'enfer a assaisonné ta limonade : c'est la mort que tu as bue.

LOUISE.

Mourir ! mourir ! Dieu de miséricorde ! du poison... et mourir ! Prends pitié de mon âme, Dieu de miséricorde !

FERDINAND.

C'est là l'important ; je l'en supplie aussi.

LOUISE.

Et ma mère !... mon père... Sauveur du monde... mon pauvre père ! Plus d'espoir de salut... j'é-tais si jeune encore !... Aucun espoir de salut !... et il faut déjà partir, à cette heure !

FERDINAND.

Aucun espoir de salut... il faut partir : mais calme-toi, nous ferons le voyage ensemble.

LOUISE.

Ferdinand, toi aussi ? du poison, Ferdinand, à toi !... O mon Dieu ! pardonne-lui ; Dieu de bonté, ôte de lui ce péché.

FERDINAND.

Songe à régler ton propre compte, je crains qu'il ne soit en mauvais ordre.

LOUISE.

Ferdinand ! Ferdinand ! je puis maintenant ne plus me taire... la mort... la mort dégage de tous les sermens. Ferdinand, il n'y a rien de si malheureux que toi sous le ciel... Ferdinand, je *meurs innocente.*

FERDINAND, *effrayé.*

Que dit-elle ? on n'a cependant pas coutume de partir pour ce voyage chargé d'un mensonge.

LOUISE.

Je ne mens pas, je ne mens pas ; je n'ai menti qu'une fois en ma vie... Ah ! je sens un froid de glace courir dans mes veines... Quand j'écrivis la lettre au maréchal...

FERDINAND.

Ah ! cette lettre !... Dieu soit loué ! maintenant je retrouve toute ma fermeté.

LOUISE. *Sa parole commence à devenir pénible ; ses doigts ont des mouvemens convulsifs.*

Cette lettre... Prépare-toi à entendre un secret horrible... ma main l'écrivit, mon cœur la maudissait... ton père l'a dictée. (*Ferdinand demeure immobile et pétrifié ; après un long et mortel silence, il tombe tout-à-coup comme frappé de la foudre.*) Ah ! déplorable méprise !... Ferdinand... on me contraignit... pardonne... ta Louise aurait préféré la mort... mais, mon père... ses dangers... Ah ! ils ont été bien habiles !

FERDINAND *se relève avec fureur.*

Dieu soit loué ! je n'éprouve encore aucune atteinte du poison.

Il tire son épée.

LOUISE, *s'affaiblissant rapidement.*

Malheureux ! quel est ton dessein ?... il est ton père.

FERDINAND, *avec l'expression de la rage.*

Meurtrier et parricide ! il faut qu'il vienne avec moi, afin que le juge du monde ne punisse que le coupable.

Il veut sortir.

LOUISE.

Notre Sauveur pardonna en mourant... grâce pour toi et pour lui !

Elle meurt.

FERDINAND *se retourne vers elle, aperçoit qu'elle vient d'expirer et se précipite sur elle avec une horrible douleur.*

Arrête ! arrête ! ange du ciel ; ne m'abandonne

pas. (*Il saisit sa main et la laisse retomber.*) Froide! froide et humide! ah! son âme s'est envolée. (*Il se relève.*) Dieu de ma Louise! grâce pour le plus insensé des meurtriers! ce fut sa dernière prière... Qu'elle est encore ravissante et belle, toute morte qu'elle est! Son meurtrier attendri a respecté ces traits chéris; sa douceur n'était pas un vain masque, elle la conserve encore dans la mort. (*Après un moment de silence.*) Mais quoi! je n'éprouve rien encore? la force de la jeunesse pourrait-elle bien me sauver? Efforts inutiles! tel n'est pas mon dessein.

Il reprend le verre.

SCÈNE VIII.

FERDINAND, LE PRÉSIDENT, WURM *et plusieurs domestiques se précipitent avec effroi dans la chambre; ensuite* MILLER *arrive avec des officiers de justice et des gens du peuple, qui occupent le fond du théâtre.*

LE PRÉSIDENT, *une lettre à la main.*

Mon fils, qu'est-ce donc? je ne croirai jamais...

FERDINAND *jette aux pieds de son père le verre qu'il tenait.*

Tiens, assassin!

LE PRÉSIDENT *chancelle. Tous sont épouvantés. Silence horrible.*

Mon fils, pourquoi m'as-tu fait cela?

FERDINAND, *sans le regarder.*

Oh! oui, sans doute! j'aurais dû d'abord consulter l'homme d'État pour savoir si ce coup convenait à son jeu? Ce fut, je l'avouerai, une bien belle et admirable feinte que de rompre le lien de nos cœurs par la jalousie! ce calcul était d'un grand maître. C'est seulement dommage que l'amour en fureur n'obéisse pas si docilement à vos fils que vos marionnettes de bois.

LE PRÉSIDENT *promène ses yeux sur ceux qui l'entourent.*

N'est-il personne ici qui pleure sur un père inconsolable?

MILLER. *On l'entend s'écrier derrière la scène.*

Laissez-moi entrer; au nom du ciel, laissez-moi!

FERDINAND.

Cette fille est une sainte; laissez entrer un autre pour qu'il plaide pour elle.

'l ouvre la porte à Miller, qui entre avec la foule et les officiers de justice.

MILLER, *dans une horrible angoisse.*

Mon enfant! mon enfant! — Du poison, a-t-on dit; — ma fille!... où es-tu?

FERDINAND *le conduit entre le Président et le corps de Louise.*

Je suis innocent: remercie celui-ci.

MILLER *tombe près d'elle.*

Ah! Jésus!

FERDINAND.

Je dirai peu de paroles, mon père... elles commencent à avoir du prix pour moi. — Je suis coupable de m'être ôté la vie, de la lui avoir ôtée. Comment paraîtrai-je devant Dieu? j'en frémis. Cependant je n'ai jamais été un méchant: mon arrêt pour l'éternité, quel qu'il soit, ne tombera pas sur elle... Mais moi, j'ai commis un meurtre, (*d'une voix forte et terrible*) un meurtre pour lequel tu n'exigeras pas que je comparaisse seul devant le juge du monde! J'en rejette solennellement sur toi la plus grande et la plus horrible part; comment tu pourras t'en justifier, c'est à toi à y aviser. (*Il le conduit vers Louise.*) Viens, barbare, viens te repaître de l'abominable fruit de ton habileté. Les convulsions de la douleur ont écrit ton nom sur ce front, et les anges exterminateurs sauront bien le lire... Un fantôme fait à son image viendra, lorsque tu dormiras, tirer les rideaux de ton lit et te présenter la main glacée; un fantôme fait à son image se tiendra devant ton âme quand tu mourras, et repoussera du ciel ta dernière prière; un fantôme fait à son image se tiendra sur ta tombe quand tu t'en relèveras, et sera auprès de Dieu quand il te jugera.

Il s'évanouit; des domestiques le soutiennent

LE PRÉSIDENT, *avec une émotion violente, lève les mains au ciel.*

Juge au monde, ne me redemande pas cette âme, non pas à moi... mais à cet homme...

Il montre Wurm.

WURM, *l'interrompant.*

À moi?

LE PRÉSIDENT.

Oui, maudit, à toi, à toi, Satan! C'est toi, toi qui m'as donné les conseils du serpent; c'est toi qui en dois répondre. Je m'en lave les mains.

WURM.

Moi? (*Il se prend à rire d'un rire effroyable.*) Cela est plaisant, vraiment plaisant! Ne savais-je donc pas comment les démons se témoignent leur reconnaissance? Moi? scélérat, imbécile, était-ce mon fils? étais-je ton maître?... C'est moi qui en dois répondre! À cette idée je sens la moelle de mes os se glacer. C'est moi qui en dois répondre?... Soit, je veux bien être perdu, mais tu dois l'être avec moi... Allons! allons! crie au meurtre à travers les rues; qu'on réveille les juges, gens de la justice, garrottez-moi, conduisez-moi vers eux; j'ai à leur découvrir des secrets qui, lorsqu'ils les entendront, leur feront dresser les cheveux sur la tête.

Il veut sortir.

LE PRÉSIDENT *le retient.*

Tu ne feras pas cela, Wurm?

WURM, *lui frappant sur l'épaule.*

Je le ferai, mon camarade, je le ferai. Cela est fou, il est vrai... mais c'est ta faute; si maintenant j'en agis comme un fou, nous irons à l'échafaud bras dessus, bras dessous... en enfer, bras dessus, bras dessous. Cela me divertira, coquin, d'être damné avec toi.

On l'emmène.

MILLER, *qui pendant tout ce temps était resté la tête penchée sur le corps de Louise, abîmé dans une douleur muette, se relève tout-à-coup et jette la bourse au Major.*

Empoisonneur, reprends ton or maudit. Voulais-tu m'acheter le sang de ma fille?

Il se précipite hors de la chambre.

FERDINAND, *d'une voix expirante.*

Il est au désespoir... qu'on le suive, qu'on lui remette cet or... c'est une horrible dette !... Louise !... Louise !... je viens... Adieu, qu'on me laisse expirer à cet autel.

LE PRÉSIDENT, *sortant de sa sombre stupeur.*

Mon fils, Ferdinand, ne laisseras-tu point tomber un regard sur un père au désespoir?

Le Major a été placé près de Louise.

FERDINAND.

Celui-là appartient au Dieu de miséricorde.

LE PRÉSIDENT *tombe à ses pieds avec l'expression d'une douleur déchirante.*

Créateur et créatures, tout m'abandonne ! N'obtiendrai-je pas un regard pour ma dernière consolation ? (*Ferdinand lui tend une main mourante. — Le Président se relève.*) Il m'a pardonné! (*Aux autres.* Maintenant je suis votre prisonnier.

Il sort accompagné des officiers de justice.

FIN DE L'INTRIGUE ET L'AMOUR.

LA PUCELLE D'ORLÉANS,

TRAGÉDIE ROMANTIQUE.

PERSONNAGES.

CHARLES VII, roi de France.
LA REINE ISABELLE, sa mère.
AGNÈS SOREL, sa maîtresse.
PHILIPPE LE BON, duc de Bourgogne.
LE COMTE DE DUNOIS, bâtard d'Orléans.
LA HIRE, \
DUCHATEL, / capitaines de l'armée du roi.
L'ARCHEVÊQUE de Reims.
CHATILLON, chevalier bourguignon.
RAOUL, chevalier lorrain.
TALBOT, général des Anglais.
LIONEL, \
FALSTOLF, / capitaines anglais.
MONTGOMERY, chevalier du pays de Galles.
DES CONSEILLERS de la ville d'Orléans.

PERSONNAGES.

UN HÉRAUT ANGLAIS.
THIBAUT D'ARC, riche paysan.
MARGUERITE, \
LOUISE, } ses filles.
JEANNE, /
ÉTIENNE, \
CLAUDE-MARIE, } leurs amoureux.
RAYMOND, /
BERTRAND, autre paysan.
UN CHEVALIER NOIR (apparition).
UN CHARBONNIER ET SA FEMME.

Soldats, peuple, serviteurs de la maison du roi, évêques, ecclésiastiques, maréchaux de France, magistrats, courtisans et autres personnages muets formant le cortège du sacre.

PROLOGUE.

Le théâtre représente un paysage. Sur le devant, à droite, on voit un petit oratoire; à gauche, un grand bois.

SCÈNE PREMIÈRE.

THIBAUT d'ARC, *avec ses trois filles et trois jeunes paysans leurs amoureux.*

THIBAUT.

Oui, mes chers voisins, aujourd'hui nous sommes encore Français; nous sommes de libres citoyens, possesseurs des champs que nos pères ont autrefois labourés; qui sait à qui demain nous aurons à obéir? Car l'Anglais commande partout, partout il déploie ses bannières victorieuses, et ses chevaux foulent aux pieds les campagnes fleuries de la France. Paris l'a déjà reçu en vainqueur, et a donné l'antique couronne de Clovis au rejeton d'une tige étrangère; le fils de nos rois, dépouillé et fugitif, est errant dans ses propres états; son parent le plus proche, le premier pair de son royaume, combat dans l'armée de ses ennemis, et sa mère dénaturée les excite. Autour de nous, les villes, les villages sont consumés par les flammes; l'incendie terrible s'avance toujours de plus en plus vers ces vallées encore paisibles. C'est pourquoi, mes chers voisins, j'ai résolu, avec la permission de Dieu, de marier mes filles pendant que je le puis encore. Jamais un protecteur n'est plus nécessaire à la femme qu'au milieu des horreurs de la guerre, et l'amour aide à supporter toutes les misères. (*Au premier paysan.*) Venez, Étienne, vous voulez obtenir Marguerite; les champs sont voisins et les âmes se conviennent; voilà de quoi fonder un bon ménage. (*Au second.*) Claude-Marie, vous vous taisez, et ma Louise baisse les yeux. Séparerais-je deux cœurs qui sont unis, parce que vous n'avez pas de trésor à m'offrir? Qui possède maintenant des trésors? Mes biens et ma maison seront peut-être demain la proie des flammes ou des ennemis qui approchent; le cœur d'un brave homme est dans ce moment le plus sûr de tous les asiles.

LOUISE.

Mon père!

CLAUDE-MARIE.

Ma Louise!

LOUISE, *embrassant Jeanne.*

Chère sœur!

THIBAUT.

Je donne à chacune trente arpens de terre, une maison, une étable et un troupeau; Dieu m'a béni jusqu'à présent, qu'il vous bénisse de même.

MARGUERITE, *embrassant Jeanne.*

Contente mon père, suis notre exemple, et que ce jour voie trois mariages heureux.

THIBAUT.

Allez, occupez-vous des préparatifs : à demain les noces; il faut que tout le village les célèbre avec nous.

SCÈNE II.

THIBAUT, RAYMOND, JEANNE.

THIBAUT.

Jeanne, tes sœurs vont se marier; elles réjouissent ma vieillesse par leur bonheur. Toi, ma plus jeune enfant, veux-tu me causer des regrets et de la douleur?

RAYMOND.

Quelle est votre idée? ne faites pas de reproches à votre fille.

THIBAUT.

Tu vois devant toi un excellent jeune homme; il n'en est aucun dans le village qui soit plus aimable que lui; il t'aime, il s'est donné à toi; depuis trois ans, il te montre le plus tendre empressement et les désirs les plus humbles; sa soumission ne trouve en toi que froideur et réserve; et pourtant aucun autre, parmi tous les jeunes gens, n'a pu obtenir de toi seulement un sourire de bienveillance : je te vois briller de tout l'éclat de la jeunesse; te voici dans ton printemps, cette saison de l'espérance; ta beauté est dans sa fleur, et cependant j'attends toujours en vain que cette délicate fleur dépouille son calice, pour se changer ensuite en des fruits dorés. Oh! cela ne me plaît point, et me fait craindre une cruelle bizarrerie de la nature; le cœur qui, dans l'âge des sentimens, se renferme dans l'austérité et dans la froideur, ne saurait s'entendre avec le mien.

RAYMOND.

Laissez, Thibaut; qu'elle m'exauce librement; l'amour de mon adorable Jeanne est un fruit noble et divin, il ne peut mûrir que peu à peu; maintenant elle aime encore à vivre sur la montagne; elle craint de quitter les vastes bruyères pour s'abaisser dans l'humble séjour des hommes, au milieu des soins vulgaires qui les occupent. Souvent du fond de la vallée, surpris et immobile, je la regarde s'avancer dans quelque prairie élevée. Je la vois au milieu de son troupeau avec sa noble contenance et abaissant son regard imposant sur l'humble sol que nous habitons; elle m'apparaît comme un être supérieur; il me semble qu'elle appartient à un autre monde.

THIBAUT.

Et c'est cela qui ne me plaît point. Elle fuit la douce société de ses sœurs; elle cherche les sommets déserts; long-temps avant l'aube, elle se dérobe de sa couche, et pendant ces heures d'effroi où l'homme s'enferme près des autres hommes, telle qu'un oiseau solitaire, elle s'échappe vers les lieux sombres et terribles que fréquentent les fantômes. Elle s'écarte des chemins tracés, et converse secrètement avec l'esprit de la montagne. Pourquoi cherche-t-elle toujours ce lieu? pourquoi y conduit-elle toujours son troupeau? Je la vois pendant des heures entières, rêveuse, sous cet arbre antique des druides qu'évitent toutes les créatures heureuses; c'est là que reviennent les esprits; un malin esprit fait sa demeure dans cet arbre depuis les siècles antiques de l'idolâtrie. Les anciens du village racontent sur cet arbre des histoires effrayantes. Souvent, du milieu de ses sombres rameaux, des accens funèbres, des voix terribles se sont fait entendre à moi-même. en passant une fois à l'entrée de la nuit auprès de cet arbre, j'aperçus un spectre de femme qui y était assis. Elle tira de son ample vêtement une main desséchée qu'elle étendit lentement vers moi comme pour me faire signe : je pressai ma marche et je recommandai mon âme à Dieu.

RAYMOND, *montrant l'image qui orne l'oratoire.*

La protection bienfaisante de cette sainte image, qui répand en ces lieux la paix du ciel autour d'elle, attire ici votre fille; ce n'est pas l'œuvre de Satan.

THIBAUT.

Non, non, ce n'est pas en vain que je suis averti par des songes et par d'inquiètes visions. Par trois fois, je l'ai vue assise sur le trône de notre roi à Reims; un diadème de sept brillantes étoiles ornait sa tête; elle avait en sa main un sceptre où fleurissaient trois lis blancs; et moi son père, ses deux sœurs, et aussi tous les princes, les barons, les archevêques, le roi même, s'inclinaient devant elle Et comment des prodiges si éclatans viendraient ils me chercher dans ma cabane? Ah! ils présagent quelque chute profonde; ils m'instruisent, par ces emblèmes, des rêveries insensées où son cœur ose se livrer. Elle rougit de son état obscur. Parce que Dieu l'a douée de la beauté, qu'il a bien voulu lui accorder des dons célestes par-dessus toutes ses compagnes, elle nourrit dans son cœur un orgueil coupable. C'est par cet orgueil que les anges de ténèbres sont tombés et qu'ils entraînent les hommes dans l'enfer.

RAYMOND.

Qui pourrait avoir des pensées plus vertueuses et plus pures que votre pieuse fille? N'est-ce pas elle qui sert avec plaisir ses sœurs aînées? Malgré les avantages qu'elle a sur toutes les autres, ne la voyez-vous pas s'acquitter, comme une humble servante, avec une soumission muette, des devoirs les plus pénibles? vos troupeaux et vos champs ne semblent-ils pas prospérer sous ses mains comme par miracle? Un bonheur inespéré et surnaturel se répand sur tout ce qui reçoit ses soins.

THIBAUT.

Il est vrai, un bonheur inconcevable; mais cette prospérité même m'inspire une terreur secrète. N'en parlons plus, je me tais, je dois me taire. Est-ce donc à moi d'accuser ainsi ma chère enfant? Je lui donnerai des conseils seulement, et je prierai pour elle. Cependant je dois le lui dire, ne va plus sous cet arbre, n'y demeure pas seule, n'arrache plus aucune plante, ne prépare aucun breuvage, ne trace pas des caractères sur le sable; on pénètre facilement dans l'empire des esprits; ils sont toujours là et se tiennent prêts dans quelque embuscade voisine; au moindre bruit, ils s'élancent tout à-coup. Ne demeure pas seule, car c'est dans le désert que Satan osa s'attaquer au souverain des cieux lui-même.

SCÈNE III.

BERTRAND *entre avec un casque à la main ;* THIBAUT, RAYMOND, JEANNE.

RAYMOND.

Silence! Voici Bertrand qui revient de la ville : voyez ce qu'il tient à la main.

BERTRAND.

Vous me regardez avec surprise, et vous êtes étonnés de me voir porter ce casque?

THIBAUT.

En effet, dites-nous comment il est venu entre vos mains? Qu'annonce cette triste armure dans le séjour de la paix?

Jeanne, qui dans les deux scènes précédentes était demeurée un peu à l'écart sans prendre part au dialogue, se montre attentive et s'approche.

BERTRAND.

C'est à peine si je pourrai vous dire comment il se trouve en ma main. J'étais allé à Vaucouleurs pour acheter des instrumens de labour : une foule nombreuse se pressait sur la grande place; des fugitifs venaient d'Orléans, apportant de funestes nouvelles; tout le peuple était en tumulte, et j'essayais de me faire jour à travers la presse, lorsqu'une bohémienne, que je n'avais pas aperçue, est venue à moi avec ce casque. Elle m'a regardé fixement, et m'a dit : Mon ami, vous cherchez un casque; je le sais, vous en cherchez un : prenez celui-ci ; à un prix modique je vous le donnerai Adressez-vous à un homme d'armes, lui répondis-je ; je suis un laboureur, un casque me serait inutile. Mais, au lieu de me quitter, elle continua ainsi : Aucun homme ne peut dire à présent qu'un casque lui soit inutile : la tête est plus en sûreté maintenant sous cet abri d'acier qu'entre les murs d'une maison. Parlant ainsi, elle me suit dans les rues, me forçant d'accepter ce casque, que je refusais. Je regardais cette armure éclatante et polie, digne d'orner la tête d'un chevalier; dans mon hésitation je l'avais prise en ma main, songeant à cette singulière aventure : cette femme s'était dérobée à ma vue, et s'était perdue dans la foule du peuple. C'est ainsi que le casque m'est demeuré.

JEANNE, *saisissant le casque avec empressement et curiosité.*

Donnez-moi ce casque.

BERTRAND.

Qu'en pouvez-vous faire ? ce n'est pas une parure de jeune fille.

JEANNE, *lui arrachant le casque.*

Ce casque est à moi, il m'appartient.

THIBAUT.

A quoi songe cette enfant?

RAYMOND.

Laissez-la faire : cet ornement guerrier lui sied bien, car son sein renferme une âme virile. Souvenez-vous comment elle sut vaincre ce loup, ce féroce animal qui semait la terreur et dévastait nos troupeaux : seule la jeune fille au cœur de lion lui arracha l'agneau que dans sa gueule ensanglantée il emportait déjà. Ce casque ne saurait orner un front plus noble que le sien.

THIBAUT.

Parlez ; quelles tristes nouvelles avez-vous sues? Que racontaient ces fugitifs?

BERTRAND.

Dieu secoure notre roi, et prenne pitié du pays! Nous avons été vaincus dans deux grandes batailles : l'ennemi occupe le centre de la France ; il a déjà conquis toutes les provinces jusqu'à la Loire. Maintenant il a réuni toutes ses forces autour d'Orléans, qu'il assiége.

THIBAUT.

Dieu sauve le roi !

BERTRAND.

Une artillerie innombrable s'est rassemblée de toutes parts. Tels que des essaims d'abeilles qui se pressent en nuages obscurs autour de leur ruche pendant un jour d'été ; tels que ces milliers de sauterelles qui, poussées par un vent funeste, fourmillent sur nos champs et couvrent des lieues entières à perte de vue ; telles se sont assemblées vers les campagnes d'Orléans les armées de toutes les nations, et le bruit confus de leurs langages divers retentit sourdement dans leur camp. Le puissant duc de Bourgogne y a conduit toutes les forces de ses vastes domaines ; Liége, Luxembourg, le Hainaut, y ont envoyé leurs soldats ; les peuples qui habitent l'heureux Brabant, ceux qui dans l'opulente cité de Gand s'enorgueillissent de leurs vêtemens de soie ; les villes élégantes qui dans la Zélande s'élèvent au milieu des flots ; les Hollandais qui s'enrichissent du lait de leurs troupeaux ; Utrecht, la lointaine Ost-Frise, et même les contrées voisines des glaces du pôle, ont recruté cette armée : tous suivent les vassaux du redoutable seigneur de la Bourgogne et veulent soumettre Orléans.

THIBAUT.

Oh! quelle odieuse et déplorable discorde tourne contre la France des armes françaises !

BERTRAND.

On dit que la reine-mère elle-même, l'orgueilleuse Isabelle, cette étrangère, parcourt les camps à cheval, couverte d'une armure. Par des paroles envenimées elle excite tous les peuples contre le fils qu'elle a porté dans ses flancs.

THIBAUT.

Qu'elle soit maudite! Et puisse le Seigneur la punir quelque jour comme une autre Jézabel !

BERTRAND.

Salisbury, ce redoutable destructeur des villes, conduit le siége. Avec lui, on voit Lionel si digne de son nom, et Talbot, dont l'épée meurtrière abat les guerriers dans les combats. Dans leur rage exécrable, ils ont juré de déshonorer toutes les vierges et de sacrifier à l'épée tout ce qui peut porter l'épée. Ils ont fait élever quatre hautes tours qui dominent la ville. De là Salisbury, d'un œil avide de meurtres, observe tout, et compte jusqu'aux habitants qui traversent rapidement les rues. Déjà plusieurs milliers de pesans boulets ont été lancés dans la ville; les églises couvrent le sol de leurs débris, et la royale tour de Notre-Dame incline son sommet élevé. Ils ont aussi creusé de profondes mines; la ville maintenant repose sur ces cavernes infernales, et dans son anxiété craint à chaque heure de les voir s'enflammer avec le bruit de la foudre.

Jeanne écoute avec une avide attention, et place le casque sur sa tête.

THIBAUT.

Et que sont devenues les terribles épées de Saintrailles, de la Hire, de ce bâtard au cœur héroïque, le boulevard de la France? S'ils étaient là, l'ennemi pourrait-il ainsi pénétrer partout sans obstacle? et le roi lui-même reste-t-il oisif en voyant les malheurs de ses états et la chute de son royaume?

BERTRAND.

Le roi tient sa cour à Chinon, il n'a plus de soldats, et ne peut tenir la campagne. Que sert le courage des chefs et le glaive des héros, quand la pâle frayeur a glacé les soldats? Une terreur, qui semblerait envoyée par Dieu même, a saisi le cœur des plus braves. En vain les princes convoquent leur arrière-ban. De même que les brebis timides se pressent l'une contre l'autre quand le hurlement des loups se fait entendre; de même les Français, oubliant leur antique gloire, courent s'enfermer dans les villes pour y chercher leur sûreté. Cependant on m'a conté qu'un chevalier va encore amener au roi le faible secours de quelques hommes qui marchent sous seize bannières.

JEANNE, *vivement*.

Comment se nomme ce chevalier?

BERTRAND.

Baudricourt. Encore échappera-t-il difficilement à la recherche de l'ennemi qui le suit de près avec deux corps de troupes.

JEANNE.

Où est ce chevalier? dites-le-moi si vous le savez.

BERTRAND.

Il est à peine à une journée de Vaucouleurs.

THIBAUT, *à Jeanne.*

Que t'importe cela? Tu fais des questions, ma fille, qui ne te conviennent point.

BERTRAND.

Voyant l'ennemi si puissant, et le roi si peu capable de se défendre, ils ont formé à Vaucouleurs le dessein unanime de se livrer aux Bourguignons; ainsi, nous ne passerons pas sous un joug étranger, nous resterons unis à notre antique monarchie, et peut-être pourrons-nous revenir à nos anciens maîtres, si un jour la Bourgogne et la France se réconcilient.

JEANNE, *avec inspiration.*

Non, point de capitulation! point de traité! Le libérateur va venir; il s'apprête déjà au combat. Devant Orléans échouera la fortune des ennemis; la mesure est comblée, et la saison est arrivée où ils seront moissonnés. La vierge va prendre la faux pour trancher leurs tiges orgueilleuses: elle est envoyée du ciel pour détruire leur gloire, qu'ils croyaient avoir élevée jusqu'aux nues. Ne craignez plus, cessez de fuir; avant que les épis aient jauni, avant que le disque de la lune soit rempli, les coursiers anglais ne s'abreuveront plus dans les flots de la riche et majestueuse Loire.

BERTRAND.

Hélas! le temps des miracles est passé.

JEANNE.

Non, vous verrez encore des miracles. Une blanche colombe, avec l'audace d'un aigle, attaquera dans son vol ce vautour qui est venu déchirer notre patrie: elle triomphera de cet orgueilleux duc de Bourgogne, traître à son pays, de ce Talbot terrible et infatigable, de ce Salisbury le profanateur des temples, et de tous ces arrogans insulaires, aussi facilement qu'elle chasse devant elle un troupeau d'agneaux. Le Seigneur, le Dieu des armées sera avec elle; il choisira une tremblante créature; il se glorifiera par une faible jeune fille, car il est le Tout-Puissant.

THIBAUT.

Un esprit se serait-il emparé de cette enfant?

RAYMOND.

C'est ce casque qui lui a inspiré ce transport guerrier. Regardez votre fille, son œil étincelle, un feu subit a animé tous ses traits.

JEANNE.

Ce royaume doit-il tomber? Cette contrée glorieuse, la plus belle que le soleil éternel éclaire dans sa course, ce paradis sur la terre, que Dieu chérit comme la prunelle de ses yeux, pourrait porter les chaînes d'un peuple étranger! N'est-ce pas celle qui la première abjura l'idolâtrie? C'est là que fut plantée la première croix, et qu'on commença à révérer les saintes images; n'est-ce pas là que reposent les cendres du saint roi Louis IX? N'est-ce pas de là qu'on est parti pour conquérir Jérusalem?

BERTRAND, *avec surprise.*

Écoutez-vous ses discours? D'où lui viennent ces hautes révélations? Thibaut, Dieu vous a donné une étonnante fille.

JEANNE.

Eh quoi! nous n'aurions plus de roi à nous, de souverain né sur notre sol! le roi qui ne meurt jamais disparaîtrait de notre pays! lui qui protége la charrue sacrée, qui défend nos pâturages et rend nos terres fertiles, qui rend les serfs à la liberté, qui entoure son trône de cités florissantes, qui secourt les faibles et effraie les méchans, qui ne connaît pas l'envie parce qu'il est le plus grand, qui est homme, et qui cependant est un ange de miséricorde parmi les animosités humaines! Ce trône royal, qui étincelle d'or, est l'asile des infortunés : la force et la miséricorde y sont assises; le coupable n'en approche qu'en tremblant; mais le juste y aborde avec confiance, et les lions qui entourent ce trône ne l'épouvantent pas. L'étranger qui veut régner sur nous pourrait-il aimer une terre où ne reposent pas les dépouilles de ses ancêtres? Notre langage pourrait-il être entendu de son cœur? A-t-il passé ses premières années au milieu d'une jeunesse française, et peut-il être le père de nos enfans?

THIBAUT.

Dieu sauve la France et le roi! Nous sommes de paisibles paysans ; nous ne savons ni manier l'épée, ni guider un coursier belliqueux : attendons avec obéissance celui que la victoire nous donnera pour roi. Le destin des combats est dans la main de Dieu; notre roi, c'est celui qui recevra l'huile sacrée et qui placera la couronne sur sa tête à Reims. Retournons à nos travaux ; allons, et que chacun ne songe qu'à ce qui le touche de près. Laissons les princes et les grands de la terre se la disputer entre eux : nous pouvons tranquillement contempler les ravages de la guerre ; ils ne peuvent détruire cette terre que nous cultivons. Si la flamme réduit notre village en cendres, si nos moissons sont foulées aux pieds des chevaux, un nouveau printemps nous rendra de nouvelles moissons, et nos cabanes seront promptement reconstruites.

Ils s'en vont, et laissent Jeanne seule.

SCÈNE IV.

JEANNE.

Adieu, montagnes, et vous, prairies que j'aimais ; vallée tranquille et solitaire, adieu! vous ne me verrez plus promener ici mes pas : Jeanne vous dit un éternel adieu. Plantes que j'arrosais, arbres que j'ai plantés, conservez votre douce verdure. Adieu, grotte chérie, et vous, sources transparentes, et toi, écho dont la voix a si souvent répété mes chansons! Jeanne part, et elle ne reviendra jamais.

Lieux témoins de mes innocens plaisirs, je vous quitte, et pour toujours. Agneaux, dispersez-vous sur la bruyère : vous êtes maintenant sans pasteur ; je vais guider d'autres troupeaux à travers les périls, au milieu des champs du carnage. Ainsi l'ordonne la voix qui s'est fait entendre à moi ; une passion qui n'a rien de terrestre ni d'illusoire, m'y entraîne.

Car celui qui, sur le sommet de l'Horeb, descendit aux yeux de Moïse dans le buisson ardent pour lui ordonner de se présenter à Pharaon ; celui qui jadis envoya au combat ce jeune berger, pieux enfant d'Isaï ; celui qui fut toujours favorable aux bergers, celui-là m'a parlé à travers les branches de l'arbre : « Va, a-t-il dit, tu dois
» témoigner pour moi sur la terre.
» Tu enfermeras tes membres dans un rude
» vêtement d'acier, et tu couvriras ton sein d'une
» armure. Que jamais l'amour d'un homme n'ose
» approcher de ton cœur ; repousse ses flammes
» coupables et ses plaisirs terrestres et vains :
» jamais la couronne nuptiale n'ornera ta tête ;
» jamais ton sein ne nourrira un doux enfant :
» cependant je répandrai sur toi la gloire des
» armes ; tu seras illustre par-dessus toutes les
» autres femmes.
» Quand les plus braves seront découragés au
» milieu du combat, quand le destin de la France
» semblera toucher à son terme, alors tu élèveras mon oriflamme, et, comme les moissonneurs abattent les épis, tu terrasseras les vainqueurs orgueilleux ; alors tu abaisseras la roue
» de leur fortune, tu ranimeras les héros de la
» France, et tu couronneras ton roi dans Reims
» délivré. »

Le ciel m'a avertie par un signe : c'est lui qui m'envoie ce casque ; c'est de là qu'il me vient. En le touchant j'ai senti une force divine, et le courage des milices célestes a enflammé mon cœur. Je me sens entraînée dans le tumulte des armes ; j'entends qu'on m'appelle au milieu des orages de la guerre : la trompette sonne, et le coursier frappe la terre de son pied.

Elle sort.

ACTE PREMIER.

La scène est à Chinon, résidence du roi.

SCÈNE PREMIÈRE.
DUNOIS, DUCHATEL.

DUNOIS.

Non, je ne le supporterai pas plus long-temps. Je vous le répète, je suis quitte envers ce roi qui se laisse ainsi détruire sans gloire. Le cœur me saigne, et je pleure de rage en voyant des brigands se partager avec le glaive le royaume de France, en voyant nos nobles cités, contemporaines de la monarchie, présenter à l'ennemi leurs antiques clefs, pendant qu'au milieu du repos et de l'oisiveté nous laissons passer le temps précieux qui pourrait nous sauver. J'apprends qu'Orléans est menacé, j'accours aussitôt des frontières de la Normandie, pensant que j'allais trouver le roi occupé de préparatifs guerriers à la tête de son armée ; et je le trouve ici entouré de bouffons et de troubadours, cherchant le sens caché d'une énigme, et donnant de galantes fêtes à Agnès ; comme si le royaume jouissait de la plus profonde paix. Le connétable est parti, il n'a pu supporter long-temps ce spectacle révoltant. Je l'abandonne aussi, et le livre à son malheureux sort.

DUCHATEL.

Le roi vient.

SCÈNE II.

LES PRÉCÉDENS, LE ROI.

LE ROI.

Le connétable m'a renvoyé son épée, et refuse de me servir. Grâce à Dieu, nous voici délivrés de cet homme orgueilleux qui voulait dominer ici avec tant d'arrogance.

DUNOIS.

Un homme est précieux dans ce temps, et je ne vois pas sa retraite avec tant de légèreté.

LE ROI.

Vous parlez ainsi pour me contredire ; tant qu'il a été ici, vous n'avez jamais été son ami.

DUNOIS.

Il est orgueilleux et difficile à vivre, et jamais il n'a su se décider ; mais enfin cette fois il a pris une résolution au bon moment ; il part, lorsqu'il n'y avait aucune gloire à acquérir.

LE ROI.

Vous êtes de belle humeur aujourd'hui, et je ne veux pas le troubler. Duchâtel, les envoyés du vieux René sont ici. Ce sont de fort habiles chanteurs, et de grande réputation ; il faut les bien traiter, et donner à chacun d'eux une chaîne d'or. (*A Dunois.*) D'où vient que vous souriez ?

DUNOIS.

C'est à cause de ces chaînes d'or dont vous disposez si facilement.

DUCHATEL.

Sire, il n'y a point d'argent dans votre épargne.

LE ROI.

Il faut s'en procurer. De nobles chanteurs ne peuvent sortir de chez moi sans avoir été récompensés. Ils ornent de fleurs le sceptre trop pesant, et tressent un rameau immortel dans la couronne stérile ; ils règnent à côté du monarque, assis sur un trône construit par leur imagination riante ; et leur paisible empire est fondé plus haut que le sol terrestre ; ainsi, ils doivent marcher de pair avec les rois : les uns comme les autres habitent au-dessus de l'humanité.

DUCHATEL.

O mon royal seigneur, j'ai épargné votre oreille tant que j'ai pu trouver des secours et des expédiens ; mais enfin la nécessité me force à rompre le silence. Vous n'avez plus rien à donner ; il ne vous reste pas même de quoi suffire à la dépense de demain. Le cours de vos richesses s'est écoulé, et votre épargne est restée vide. La solde des troupes n'est pas payée ; elles murmurent et menacent de se retirer ; à peine puis-je me procurer ce qui est nécessaire pour tenir votre propre maison, et encore d'une manière inégale à votre rang.

LE ROI.

Engagez mes revenus royaux, et empruntez de l'argent aux Lombards.

DUCHATEL.

Sire, vos revenus royaux sont déjà engagés pour trois ans.

DUNOIS.

Et cependant le gage et la terre vont se perdre.

LE ROI.

Il nous reste encore de riches contrées.

DUNOIS.

Oui, tant qu'il plaira à Dieu et à l'épée de Talbot. Quand Orléans sera pris, vous pourrez aller garder les troupeaux avec votre roi Réné.

LE ROI.

Vous exercez toujours votre esprit sur le roi Réné; cependant ce prince dépouillé, aujourd'hui encore, m'envoie des présens d'une magnificence toute royale.

DUNOIS.

Sur mon honneur, ce n'est pas sa couronne de Naples, car il cherche à la vendre depuis qu'il s'est mis à garder les troupeaux.

LE ROI.

C'est un plaisir, un doux amusement, une jouissance qu'il accorde à son cœur et à ses goûts. Au milieu de la réalité grossière et barbare, il s'est créé un monde dégagé de soucis et de souillures : c'est un projet grand et royal que de vouloir rappeler ces temps antiques où régnaient les tendres sentimens, où l'amour animait le cœur héroïque des chevaliers, où de nobles dames, siégeant sur un tribunal, prononçaient sur mille subtilités avec un sens délicat. Ce vieillard aimable habite encore dans ces temps-là; tels que nous les représentent ces antiques chansons, tels il veut les établir, comme une cité céleste sur des nuages d'or au-dessus de la terre : il a institué une cour d'amour où doivent comparaître les nobles chevaliers, où les chastes dames doivent régner en souveraines, où les purs sentimens doivent reparaître, et il m'a élu prince d'amour.

DUNOIS.

Je ne suis pas assez dénaturé pour insulter au pouvoir de l'amour : je tiens mon nom de lui; je suis son fils, et mes droits sont établis sur son empire. Le duc d'Orléans fut mon père : le cœur d'aucune femme ne fut invincible pour lui; mais les remparts des ennemis ne lui résistaient pas non plus. Voulez-vous mériter le nom de prince d'amour? soyez aussi le plus brave parmi les braves. Et moi aussi je connais ces vieux livres : on y lit que l'amour s'associait toujours aux actions chevaleresques : c'étaient des héros et non pas des bergers qui étaient assis à la table ronde. Celui qui ne saurait pas défendre courageusement la beauté ne mérite pas les précieuses récompenses qu'elle distribue. La lice vous est ouverte ; combattez pour la couronne de vos aïeux ; défendez avec l'épée des chevaliers et vos droits et l'honneur des nobles dames : quand vous aurez, au milieu des flots du sang ennemi, reconquis courageusement le sceptre paternel, alors il sera temps de couronner votre tête royale des myrtes de l'amour.

LE ROI, à un Ecuyer qui entre.

Qu'est-ce?

L'ÉCUYER.

Des magistrats d'Orléans sollicitent une audience.

LE ROI.

Faites-les entrer. (*L'Ecuyer sort.*) Ils viennent implorer des secours. Que puis-je faire pour eux, moi qui suis sans ressources ?

SCÈNE III.

Les Précédens, TROIS MAGISTRATS.

LE ROI.

Soyez les bien venus, messieurs les envoyés d'Orléans. Que devient ma bonne ville? continue-t-elle à résister avec son courage accoutumé aux ennemis qui l'assiégent ?

UN MAGISTRAT.

Hélas! sire, elle est dans la plus grande détresse. Chaque heure avance la ruine de la ville. Nos ouvrages extérieurs sont détruits. A chaque combat, l'ennemi s'empare d'un nouveau poste Les murs n'ont plus de défenseurs : la garnison combat sans relâche ; elle essuie la fatigue d'un combat continuel : quelques-uns gardent encore les portes intérieures. La ville est aussi menacée des horreurs de la faim : dans cette extrême nécessité, notre gouverneur, le noble comte de Rochepierre, a promis, suivant l'ancienne coutume, de rendre la ville, si, dans l'espace de douze jours, une armée capable de la délivrer ne se montrait pas dans la campagne.

Dunois laisse voir une vive émotion.

LE ROI.

Le terme est court.

LE MAGISTRAT.

Maintenant nous venons ici, avec un sauf-conduit des ennemis, supplier votre âme royale de délivrer notre ville, et de lui envoyer du secours avant le délai fatal ; autrement, dans douze jours elle sera rendue.

DUNOIS.

Saintrailles a-t-il pu donner sa voix à ce traité humiliant?

LE MAGISTRAT.

Non, monseigneur; tant que ce brave chevalier a vécu, personne n'eût osé parler de se rendre ni de traiter.

DUNOIS.

Ainsi, il est mort!

LE MAGISTRAT.

Ce noble héros a succombé sur nos murs en défendant la cause de son roi.

LE ROI.

Saintrailles mort ! La mort d'une armée entière ne me serait pas plus rude.

Un chevalier entre, et dit un mot à voix basse à Dunois, qui paraît affecté.

DUNOIS.

Et encore cela ?

LE ROI.

Qu'est-ce?

DUNOIS.

Le comte de Douglas envoie ici; les soldats écossais se soulèvent et menacent de s'en aller, parce qu'ils n'ont pas reçu leur solde.

LE ROI.

Duchâtel?...

DUCHATEL, *pliant les épaules.*

Sire, je ne sais aucun moyen.

LE ROI.

Promettez, engagez tout ce que vous pourrez, la moitié de mon royaume.

DUCHATEL.

Ressource inutile; on les a bercés trop souvent d'espérances trompeuses.

LE ROI.

Ce sont les meilleures troupes de mon armée. Elles ne m'abandonneront pas; non, elles ne peuvent m'abandonner.

LE MAGISTRAT, *se prosternant.*

O sire, secourez-nous! Songez à notre situation.

LE ROI, *avec désespoir.*

Puis-je faire sortir une armée de la terre en frappant du pied? Les moissons peuvent-elles naître dans mes mains? Déchirez-moi en morceaux, arrachez-moi le cœur, si cela peut vous donner de l'or. Mon sang est à vous, mais je n'ai pas de trésor, ni même de soldats.

Il voit entrer Agnès, et s'avance vers elle en lui tendant les bras.

SCÈNE IV.

LES PRÉCÉDENS, AGNÈS SOREL *une cassette à la main.*

LE ROI.

O mon Agnès, ma chère âme, tu viens m'arracher au désespoir. Tu es à moi, ton cœur est mon asile. Rien n'est perdu, puisque tu es encore à moi.

AGNÈS.

Cher prince! (*Elle regarde autour d'elle d'un œil curieux et inquiet.*) Dunois, est-il vrai? Duchâtel!

DUCHATEL.

Hélas!

AGNÈS.

La détresse est-elle si grande? Ne peut-on payer la solde? Les troupes veulent se retirer?

DUCHATEL.

Hélas! oui, cela est ainsi.

AGNÈS, *lui présentant la cassette.*

Voici de l'or, voici des joyaux; faites fondre mon argenterie. Engagez, vendez mes châteaux, empruntez sur mes terres de Provence, faites tout pour avoir de quoi apaiser les troupes; allez, ne perdez pas de temps.

LE ROI.

Eh bien, Dunois! eh bien, Duchâtel! vous parais-je encore si misérable, quand je possède le trésor de toutes les femmes? N'est-elle pas aussi noble que je le suis par la naissance? le sang royal des Valois est-il plus pur que le sien, et le premier trône de l'univers ne serait-il pas embelli par elle? Cependant elle le dédaigne, et ne veut régner que sur mon cœur. Jamais elle n'accepte de moi un présent plus précieux que quelque fleur nouvelle, ou quelque fruit, lorsque l'hiver leur donne le prix de la rareté. Elle ne reçoit rien de moi, et elle me donne tout. Elle risque généreusement ses richesses et ses biens pour rétablir ma fortune.

DUNOIS.

Elle n'a pas plus de raison que vous. Elle jette tout son bien dans une maison en feu. C'est vouloir remplir le tonneau des Danaïdes. Elle ne pourra sauver ni vous ni elle-même; seulement elle périra avec vous.

AGNÈS.

Ne l'écoutez pas. Il a dix fois risqué sa vie pour vous, et il ne veut pas que j'expose mes richesses! Comment! ne vous ai-je pas sacrifié sans peine ce qui est plus estimé que l'or et les perles? puis-je maintenant songer seulement à mon propre bonheur? Viens, renonçons à tous les agrémens superflus de la vie. Laisse-moi donner le noble exemple de la résignation. Change ta cour en un camp, quitte l'or pour le fer, sacrifie tout pour ravoir ta couronne. Viens, viens, nous partagerons les privations et les dangers. Je monterai un belliqueux coursier, et je livrerai la délicatesse de mon teint aux ardeurs étincelantes du soleil; nous dormirons sur la pierre sans autre abri que le ciel, et le robuste soldat supportera ses maux avec résignation quand il verra son roi exposé comme lui aux fatigues et aux misères.

LE ROI, *souriant.*

Ainsi, je vois s'accomplir les paroles d'une vieille prédiction qu'une religieuse me prononça, d'un esprit prophétique, autrefois dans Clermont: « Une femme, disait cette religieuse, te donnera la victoire sur tous tes ennemis, et te rendra la couronne de tes pères. » Long-temps j'ai cherché cette femme dans les rangs ennemis: j'espérais un jour adoucir le cœur d'une mère; mais c'est ici qu'est l'héroïne qui doit me conduire à Reims, et c'est l'amour d'Agnès qui me rendra victorieux.

AGNÈS.

Le glaive de tes braves amis te donnera la victoire.

LE ROI.

Je compte aussi sur les discordes intestines de nos ennemis. J'ai eu la nouvelle assurée que mon cousin le duc de Bourgogne et ces orgueilleux seigneurs d'Angleterre n'étaient plus aussi bien unis qu'auparavant. J'ai donc envoyé la Hire en message vers le duc pour ramener, s'il est possible, ce vassal irrité à son devoir et le rappeler à sa foi. J'attends à chaque heure le retour de la Hire.

DUCHATEL, *à la fenêtre.*
Il entre à l'instant même dans la cour.

LE ROI.
Qu'il soit le bien venu ! nous allons savoir sur-le-champ s'il nous faut céder ou combattre.

SCÈNE V.

LES PRÉCÉDENS, LA HIRE.

LE ROI, *allant à sa rencontre.*
La Hire, nous apportez-vous quelque espérance? expliquez-vous sans retard. Que dois-je attendre?

LA HIRE.
Vous ne devez plus rien attendre que de votre épée.

LE ROI.
L'orgueilleux duc ne veut point de réconciliation! Ah! parlez; comment a-t-il reçu mon message?

LA HIRE.
Avant tout, avant même de prêter l'oreille à vos propositions, il demande que Duchâtel lui soit livré : il dit qu'il est le meurtrier de son père.

LE ROI.
Et si nous nous refusons à cette honteuse condition ?

LA HIRE.
Alors le traité est rompu avant même d'être commencé.

LE ROI.
Lui avez-vous, ainsi que je vous l'avais prescrit, proposé de combattre avec moi sur le pont de Montereau, au lieu où son père a péri?

LA HIRE.
J'ai jeté votre gant devant lui, et lui ai dit que, descendant de votre rang suprême, vous vouliez, ainsi qu'un chevalier, défendre vos droits et disputer votre royaume. Il m'a répondu qu'il n'était pas besoin de combattre pour ce qui était déjà en son pouvoir ; que si cependant tel était votre désir, il vous donnait rendez-vous sous les murs d'Orléans, où lui-même veut aller dès demain ; puis il s'est détourné de moi en souriant.

LE ROI.
Et la voix de la justice se fait-elle entendre dans mon parlement?

LA HIRE.
Elle se tait devant la fureur des partis. Votre parlement vous a déclaré déchu du trône, vous et votre race.

DUNOIS.
Impudence orgueilleuse de ces bourgeois devenus souverains !

LE ROI.
Et n'avez-vous rien tenté auprès de ma mère
LA HIRE.
Votre mère !

LE ROI.
Oui ; que vous a-t-elle donné à entendre ?

LA HIRE, *après un instant de réflexion,*
Lorsque je suis entré à Saint-Denis, on préparait la cérémonie du couronnement. Paris était orné comme pour un jour de fête : on avait élevé des arcs de triomphe dans les rues où passait le roi des Anglais ; les chemins étaient jonchés de fleurs, et la populace, pressée autour du cortège, poussait des cris de joie, comme si la France célébrait la plus belle victoire.

AGNÈS.
Ils se réjouissaient ! ils se réjouissaient de déchirer le cœur du meilleur des rois, d'un roi qui les aime !

LA HIRE.
J'ai vu le jeune Henri de Lancastre, cet enfant, assis sur le trône de saint Louis ; ses oncles, les orgueilleux Bedford et Glocester, se tenaient près de lui, et le duc Philippe, à genoux devant le trône, lui rendait hommage pour ses états.

LE ROI.
O déloyal seigneur ! indigne parent !

LA HIRE.
L'enfant, en montant les degrés élevés du trône, chancelait et n'avait pas une marche assurée. « Mauvais présage ! » a murmuré le peuple : déjà le rire commençait à se faire entendre ; la reine votre mère s'est alors avancée, et... j'ai peine à finir ce récit.

LE ROI.
Eh bien ?

LA HIRE.
Elle a pris l'enfant dans ses bras, et elle-même l'a placé sur le trône de son père.

LE ROI.
O ma mère ! ma mère !

LA HIRE.
Les Bourguignons eux-mêmes, malgré leur rage et leur férocité, rougissaient de honte en cet instant ; elle s'en est aperçue, et se retournant vers le peuple, elle a dit d'une voix élevée : « Français, remerciez-moi ; je remplace une tige dégénérée par un plus noble rameau, et je vous délivre d'un roi qui puisa son sang dans les veines d'un père insensé. »

Le roi se couvre le visage ; Agnès va à lui et le serre dans ses bras. Tous les assistans témoignent leur exécration et leur horreur.

DUNOIS.

Cœur de tigre! détestable mégère!

LE ROI, *après un instant de silence, s'adresse aux magistrats.*

Vous avez entendu, vous voyez ce qui se passe ici. N'attendez pas plus long-temps; retournez à Orléans et racontez ce dont vous avez été témoins; j'acquitte ma bonne ville du serment qu'elle m'avait prêté; qu'elle cherche son salut; qu'elle se livre au duc de Bourgogne; il porte le surnom de *Bon*, il se montrera humain.

DUNOIS.

Quoi! sire! vous voulez abandonner Orléans?

LE MAGISTRAT.

O mon royal seigneur, ne retirez pas votre main de nous; ne livrez pas votre fidèle cité à la tyrannique seigneurie des Anglais. N'est-elle pas un des ornemens de votre couronne? en est-il aucune qui ait aussi religieusement gardé sa foi à ses maîtres, à vos aïeux?

DUNOIS.

Sommes-nous donc vaincus? Est-il permis d'abandonner cette ville avant d'avoir tiré l'épée pour la défendre? Voulez-vous donc d'un mot arracher à la France cette glorieuse cité, avant que le sang ait coulé pour la défendre?

LE ROI.

Il a déjà coulé assez de sang inutilement. La main du ciel est appesantie sur moi; mon armée est vaincue dans chaque combat; mon parlement me renonce; ma capitale, mon peuple, reçoivent mon rival avec des cris de joie. Ceux qui me sont le plus près par le sang m'abandonnent, me trahissent. Ma propre mère nourrit dans son sein le rejeton d'une race étrangère et ennemie; retirons-nous de l'autre côté de la Loire, et cédons à la main toute-puissante du ciel qui combat pour les Anglais.

AGNÈS.

Que Dieu nous préserve de nous livrer au désespoir et d'abandonner ce royaume! Une telle parole ne peut sortir de ton âme généreuse. Cette action barbare d'une mère dénaturée a brisé le cœur héroïque de mon roi; mais il va se reconnaître; il va reprendre avec un mâle courage et résister avec une noble fermeté au destin qui s'acharne cruellement sur lui.

LE ROI, *perdu dans de sombres pensées.*

Oui, cela est assuré; un sort funeste, un sort terrible s'est attaché à la race de Valois; Dieu l'a rejetée. Les crimes d'une mère ont guidé les furies dans notre famille; mon père a vécu vingt ans privé de la raison. La mort a moissonné trois frères avant moi. C'est un décret du ciel, la famille de Charles VI doit succomber.

AGNÈS.

Elle sera par toi régénérée et relevée. Prends confiance en toi-même; non, ce n'est pas en vain qu'un destin favorable t'a épargné parmi tous tes frères et t'a conduit au trône que tu ne devais pas espérer. Le ciel a réservé ton âme bienfaisante pour guérir tous les maux et pour chasser du royaume la fureur des partis; tu éteindras la flamme de la guerre civile; oui, mon cœur me le dit, tu rétabliras la paix, tu seras le nouveau fondateur du royaume de France.

LE ROI.

Non; il faut pour ce temps cruel et orageux un pilote doué de la force. J'aurais rendu heureux un peuple paisible; je ne puis dompter un peuple féroce et rebelle. Je ne sais point m'ouvrir avec le glaive des cœurs aliénés et fermés par la haine.

AGNÈS.

Le peuple est aveuglé; une fausse opinion l'égare; mais le jour n'est pas loin où cet enivrement se dissipera. L'amour que les Français ont pour leur roi légitime est profondément gravé dans leurs cœurs, et il se réveillera. L'antique haine, la rivalité qui a toujours divisé deux peuples ennemis se ranimera. Ces orgueilleux vainqueurs seront détruits par leur propre succès. N'abandonnez pas le champ de bataille avec précipitation; disputez le terrain, pied à pied; défendez Orléans comme si c'était votre propre vie; que tous les bateaux soient submergés; que tous les ponts soient rompus; ne vous réservez aucun moyen de passer dans une autre partie de votre royaume et de traverser la Loire, qui serait pour vous le Styx.

LE ROI.

Ce que j'ai pu faire, je l'ai fait. J'ai proposé de combattre corps à corps pour la couronne, j'ai été refusé. Je prodigue en vain le sang de mon peuple et je réduis mes villes en poudre. Dois-je, semblable à la mère dénaturée, laisser partager mon enfant par le glaive? Non, je dois plutôt lui laisser la vie et renoncer à lui.

DUNOIS.

Comment! sire, est-ce là le discours d'un roi? Abandonne-t-on ainsi une couronne? Le dernier de vos sujets refuse-t-il de risquer son bien et sa vie pour son opinion, pour sa haine, pour son amour? Quand s'élève l'étendard sanglant de la guerre civile, chacun ne voit plus que son parti: le laboureur abandonne sa charrue, et la femme ses fuseaux; l'enfant et le vieillard prennent les armes; le bourgeois brûle sa ville de sa propre main et le paysan ses moissons, pour servir ou pour nuire, enfin pour assurer le succès aux vœux de son cœur. Quand il s'agit de l'honneur, quand on combat pour son Dieu ou pour son idole, on n'épargne rien et l'on ne s'attend pas à être épargné. Chassez donc cette pitié de femme, qui ne sied pas au cœur d'un roi; laissez cette guerre répandre sa flamme, puisqu'elle est allumée, et que vous n'avez pas à vous reprocher de l'avoir légèrement provoquée. Le peuple doit se sacrifier pour son roi: c'est la loi, c'est le destin du monde qui l'ordonnent; le Français le sait, et il y consent. Une nation qui ne saurait pas tout sacrifier avec joie pour son honneur ne serait digne que de mépris.

LE ROI, *aux magistrats*.

N'attendez point d'autre réponse. Que Dieu vous protège! je ne puis rien de plus.

DUNOIS.

Eh bien! le Dieu de la victoire vous renoncera pour toujours, comme vous renoncez votre royaume paternel. Puisque vous vous abandonnez vous-même, moi aussi je vous abandonne. Ce ne sont pas les forces réunies de la Bourgogne et de l'Angleterre qui vous renversent du trône, c'est votre faible courage. Si, comme tous les rois de France, vous étiez né pour être un héros, vous n'avez pas été enfanté pour la guerre. (*Aux magistrats.*) Votre roi vous abandonne; mais moi je vais me jeter dans Orléans, dans cette ville de mon père, et je m'ensevelirai sous ses ruines.

Il veut sortir, Agnès le retient.

AGNÈS, *au roi*.

Oh! ne le laissez pas partir dans son dépit: ses paroles sont rudes, mais son cœur, ce trésor de fidélité, est encore le même : il vous aime avec tendresse; son sang a coulé souvent pour vous. Revenez, Dunois; arrêtez: la chaleur d'une noble colère vous a emporté trop loin; consentez à l'avouer. Et vous, pardonnez à un fidèle ami l'âpreté de ses discours. Arrêtez, arrêtez; laissez-moi réunir vos cœurs avant qu'un ressentiment vif et terrible se soit allumé entre vous pour ne plus s'éteindre.

Dunois a les yeux fixés sur le roi et semble attendre une réponse.

LE ROI, *à Duchâtel*.

Nous traverserons la Loire; faites tout préparer pour s'embarquer.

DUNOIS, *vivement, à Agnès*.

Adieu.

Il sort brusquement, les magistrats le suivent.

AGNÈS *joint les mains avec désespoir*.

Oh! il part! ainsi nous sommes entièrement abandonnés. Suivez-le, la Hire; ah! cherchez à l'adoucir.

La Hire sort.

SCÈNE VI.

LE ROI, AGNÈS, DUCHATEL.

LE ROI.

La couronne est-elle donc un si rare bonheur? est-il donc si dur et si amer de s'en séparer? Non, je sais quelque chose de plus difficile à supporter: se laisser maîtriser par ces guerriers arrogans et dominateurs, vivre par la grâce d'un vassal orgueilleux et insoumis, cela est plus rude et plus amer pour un noble cœur, que de succomber à la destinée. (*A Duchâtel, qui hésite encore.*) Faites ce que j'ai prescrit.

DUCHATEL *se jette à ses pieds*.

O mon roi!

LE ROI.

Cela est résolu; n'ajoutez pas un mot.

DUCHATEL.

Faites la paix avec le duc de Bourgogne; autrement je ne vois pas d'autre moyen de salut pour vous.

LE ROI.

Vous me le conseillez, et c'est avec votre sang seulement que je puis signer le traité.

DUCHATEL.

Voici ma tête. Je l'ai souvent exposée pour vous dans les batailles, et maintenant je la porterai avec joie sur un échafaud. Apaisez le duc; livrez-moi à toute la rigueur de sa vengeance, et que mon sang apaise sa vieille inimitié.

LE ROI *le regarde, un moment ému et désespéré*.

Est-il bien vrai? Suis-je si misérable que mes amis, ceux qui lisent dans mon cœur, puissent me proposer d'obtenir mon salut par l'infamie? Ah! c'est maintenant que je vois combien ma chute est profonde, puisque l'amitié conspire contre mon honneur.

DUCHATEL.

Songez, sire...

LE ROI.

Pas un mot de plus, ce serait m'irriter. J'aurais dix royaumes à perdre, que jamais je ne me rachèterais avec le sang d'un ami. Faites ce que j'ai prescrit; allez, faites embarquer mes équipages.

DUCHATEL.

Vous serez bientôt obéi.

Il se retire et sort. Agnès pleure douloureusement.

SCÈNE VII.

LE ROI, AGNÈS.

LE ROI, *prenant la main d'Agnès*.

Ne t'afflige pas, mon Agnès; de l'autre côté de la Loire nous trouverons encore la France : là nous serons dans une terre plus heureuse, sous un ciel serein et sans nuages; là souffle un air plus doux et règnent des mœurs plus polies; des chants harmonieux s'y font entendre; la vie et l'amour y fleurissent avec plus d'éclat.

AGNÈS.

Ah! serai-je condamnée à voir ce jour de douleur? à voir un roi s'en aller en exil, un fils abandonner la maison de son père et fuir loin de son berceau? Heureuse terre que nous quittons, nous n'aurons plus désormais la joie de te retrouver sous nos pas!

SCÈNE VIII.

LE ROI, AGNÈS; LA HIRE *rentre*.

AGNÈS.

Il revient seul. Ne le ramenez-vous point? (*Elle s'approche de lui et le regarde.*) La Hire, eh bien! que dois-je lire dans vos yeux? Y a-t-il quelque nouveau malheur?

LA HIRE.

Le temps du malheur est passé : un astre plus heureux nous éclaire.

AGNÈS.

Qu'est-ce, je vous prie?

LA HIRE, *au Roi*.

Il faut rappeler les envoyés d'Orléans.

LE ROI.

Pourquoi? Qu'est-il arrivé?

LA HIRE.

Qu'ils reviennent; la fortune a changé. Il y a eu un combat; nous avons eu la victoire.

AGNÈS.

Victoire! Oh! qu'il est harmonieux le son de cette parole!

LE ROI.

La Hire, quelque bruit fabuleux vous abuse. Victorieux! Je ne crois plus à la victoire.

LA HIRE.

Ah! bientôt vous croirez à un plus grand miracle. Voici l'archevêque qui entre ; il ramène le bâtard d'Orléans dans vos bras.

AGNÈS.

O victoire, noble fleur dont la paix et la concorde seront bientôt les célestes fruits!

SCÈNE IX.

LE ROI, L'ARCHEVÊQUE DE REIMS, DUNOIS, DUCHATEL, LA HIRE, RAOUL, *chevalier revêtu de ses armes*; AGNÈS.

L'ARCHEVÊQUE *conduit Dunois au Roi, et met leurs mains l'une dans l'autre.*

Embrassez-vous, princes ; abjurez toute colère et tout ressentiment, car le ciel se déclare pour nous.

Dunois embrasse

LE ROI

Tirez-moi de doute et de surprise. Que m'annonce cette démarche solennelle? D'où vient ce changement subit?

L'ARCHEVÊQUE *conduit le chevalier devant le Roi.* Parlez.

RAOUL.

Nous conduisions seize bannières de la Lorraine à votre armée : le chevalier Baudricourt de Vaucouleurs nous commandait. Nous avions atteint les hauteurs de Vermanton, et descendions dans la vallée qu'arrose l'Yonne, lorsque devant nous, à l'endroit où la plaine s'élargit, nous aperçûmes les ennemis, et en même temps nous vîmes aussi briller leurs armes derrière nous. Nous étions enfermés entre deux armées, et nous n'avions aucun espoir de vaincre ni d'échapper. Le cœur des plus braves était abattu, et, dans notre désespoir, nous posions déjà les armes. Nos chefs tenaient conseil entre eux, sans pouvoir rien résoudre, lorsqu'une merveille vient s'offrir à nos regards surpris. Du fond de la forêt sort tout-à-coup une jeune fille ; sa tête est armée d'un casque : semblable à une divinité guerrière, elle paraît à la fois belle et terrible, ses cheveux noirs tombent sur son cou en longs anneaux ; un rayon du ciel semble descendre sur elle et éclairer sa démarche majestueuse. Alors, élevant la voix, elle dit : « Que craignez-vous, braves Français? marchez aux ennemis, fussent-ils plus nombreux que les sables de la mer ; Dieu et Notre-Dame vous conduisent. » Aussitôt elle arrache la bannière des mains de celui qui la portait, et d'un air audacieux la guerrière se place à notre tête. Nous, muets d'étonnement, nous suivons la bannière et celle qui s'en est saisie, et comme involontairement nous nous précipitons sur les ennemis. Eux, immobiles et saisis d'étonnement, fixent leurs regards attentifs sur le prodige qui s'offre devant eux : bientôt une terreur surnaturelle les saisit ; ils prennent la fuite, jetant leurs armures et leurs lances, et leur armée tout entière se disperse dans la campagne. Les exhortations, les cris de leurs chefs ne peuvent dissiper cette frayeur involontaire ; sans regarder en arrière, hommes et chevaux se précipitent dans le courant du fleuve, ou se laissent égorger sans résistance. C'était un carnage plutôt qu'un combat. Deux mille hommes restèrent sur le champ de bataille : on ne sait combien la rivière en a englouti, tandis que nous ne perdîmes aucun des nôtres.

LE ROI.

Grand Dieu, quel prodige! jamais merveille fut-elle plus surprenante?

AGNÈS.

Et une jeune fille a fait ce miracle? D'où vient-elle? Qui est-elle?

RAOUL.

C'est ce qu'elle ne veut révéler qu'au roi lui-même. Elle se dit prophétesse inspirée et envoyée de Dieu même ; elle promet qu'Orléans sera délivré avant que la lune se renouvelle : le peuple la croit et demande à combattre. Elle me suit avec notre troupe, et bientôt elle sera ici. (*On entend le son des cloches et le cliquetis des armes qu'on frappe l'une contre l'autre.*) Entendez-vous ce tumulte et le bruit des cloches? C'est elle, le peuple salue l'envoyée de Dieu.

LE ROI, *à Duchâtel.*

Conduisez-la ici. (*A l'Archevêque.*) Que dois-je penser de ceci? Au moment où la main de Dieu seule semblait pouvoir me sauver, une jeune fille m'apporte la victoire; cela est hors du cours de la nature, et dois-je oser, archevêque... dois-je croire à ce miracle?

VOIX, *derrière la scène.*

Salut, salut à notre libératrice.

LE ROI.

Elle vient. (*A Dunois.*) Prenez ma place, Dunois, il faut éprouver cette fille merveilleuse. Si Dieu l'inspire et l'envoie, elle saura bien distinguer qui est le roi.

Dunois s'assied, le Roi se tient debout à sa droite, auprès de lui est Agnès; l'archevêque et les autres personnages sont de l'autre côté de la scène, dont le milieu reste vide.

~~~~~~~~~~~~~~~~~~~~~~~~~~~~~~~~

SCÈNE X.

LES PRÉCÉDENS, JEANNE *accompagnée des Magistrats et de plusieurs Chevaliers qui occupent la scène; elle s'avance avec un noble contenance, et parcourt des yeux tous les personnages rangés devant elle.*

DUNOIS, *avec une voix grave et solennelle.*

Vous êtes cette jeune fille si étonnante...

JEANNE *le regarde avec noblesse et tranquillité.*

Bâtard d'Orléans, vous voulez tenter Dieu. Laissez cette place qui n'est pas la vôtre; je suis envoyée à plus grand que vous.

Elle marche d'un pas assuré vers le Roi, fléchit le genou devant lui, se relève, puis se retire. Tous les assistans la regardent avec étonnement. Dunois quitte son siége, fait place au Roi.

LE ROI.

Tu voyais mon visage aujourd'hui pour la première fois; d'où vient que tu m'as reconnu?

JEANNE.

Je vous ai vu dans un moment où Dieu seul vous voyait. (*Elle s'approche du Roi, et lui dit à voix basse.*) Souvenez-vous que pendant la nuit dernière, tandis que tout était enseveli autour de vous dans un profond sommeil, vous sortîtes de votre couche, et que vous adressâtes à Dieu une ardente prière. Ordonnez qu'on se retire, et je vous répéterai les paroles de cette prière.

LE ROI.

Ce que je confie au ciel, je ne souhaite pas le cacher aux hommes. Redis-moi les paroles de ma prière, et alors je ne douterai plus que Dieu t'inspire.

JEANNE.

Vous fîtes trois prières; écoutez, dauphin, si je les répète exactement. Vous demandâtes d'abord que si quelque iniquité émanée de votre couronne, si même quelque autre tort commis sous le règne de votre père et non encore expié, avait attiré cette douloureuse guerre, vous fussiez choisi pour victime au lieu de votre peuple, et vous suppliâtes le ciel de répandre sur vous seul tous les fléaux de sa colère.

Chacun montre de l'étonnement.

LE ROI *recule de surprise.*

Qui es-tu, être surnaturel? D'où viens-tu?

JEANNE.

Puis vous fîtes cette seconde demande: Que, si par les décrets souverains et la volonté du ciel, le sceptre devait être enlevé à votre race, si tout ce que vos pères avaient possédé en ce royaume devait vous être enlevé, vous désiriez seulement que trois choses vous fussent conservées: une conscience paisible, le cœur de vos amis, et l'amour de votre Agnès. (*Le Roi cache son visage pour dérober son émotion; les autres personnages laissent voir un profond étonnement. Après un instant de silence, Jeanne continue.*) Dois-je vous répéter la troisième prière?

LE ROI.

Assez! je te crois! cela passe le pouvoir des hommes! le Dieu tout-puissant t'a envoyée.

L'ARCHEVÊQUE.

Qui es-tu, étonnante et sainte fille? quelle heureuse terre t'a vue naître? Parle, quels parens bénis du ciel t'ont donné le jour?

JEANNE.

Honorable seigneur, on me nomme Jeanne. Je suis l'humble fille d'un berger de Domremi, d'un village qui appartient à mon roi dans le diocèse de Toul. Depuis l'enfance, je gardais le troupeau de mon père; j'entendais parler de ces insulaires qui étaient venus sur leurs vaisseaux pour nous faire reconnaître un souverain étranger qui n'aime point le peuple. On racontait qu'ils s'étaient déjà emparés de la grande ville de Paris et du royaume; j'allais prier la sainte mère de Dieu de nous préserver de la honte du joug étranger et de nous conserver notre roi français. Au-devant du village où je suis née est placée une antique image de Notre-Dame que viennent adorer beaucoup de pieux pèlerins, et non loin de là on voit un chêne consacré que beaucoup de miracles ont rendu célèbre; j'allais souvent par un penchant involontaire m'asseoir à l'ombre de ce chêne pendant que mon troupeau paissait: si un de mes agneaux s'égarait sur la montagne, toujours un songe me le montrait revenant à moi, quand je m'endormais sous cet arbre. Une fois que, pendant une longue nuit, j'étais venue dans de saintes pensées me placer sous ce chêne, sans m'abandonner au sommeil, la sainte Vierge se montra à moi; elle portait une épée et un drapeau; du reste, elle était comme moi vêtue en bergère; elle me parla ainsi : « C'est moi; lève-toi, Jeanne, » laisse ton troupeau, le Seigneur t'appelle à d'au- » tres soins; prends cette bannière, ceins cette » épée; tu t'en serviras pour exterminer les en- » nemis de mon peuple; tu conduiras à Reims » le fils de ton roi, et tu placeras la couronne » royale sur sa tête. » Je répondis : « Comment » une jeune fille qui ne connaît point l'art terrible » des batailles pourra-t-elle accomplir de telles cho- » ses? » Et elle ajouta : «Une vierge pure, qui sait » résister à l'amour terrestre, se rend digne d'un » pouvoir suprême. Regarde-moi ! J'ai été comme » toi une simple et chaste fille, et j'ai donné le » jour au divin Sauveur; moi-même je suis di- » vine maintenant. » Elle toucha ma paupière; alors, je vis au-dessus d'elle le ciel rempli d'anges qui portaient dans leurs mains des lis éclatans, et j'entendis une douce harmonie se répandre dans les airs. Pendant trois nuits consécutives la sainte Vierge se montra à moi, toujours disant : « Lève-toi, Jeanne, le Seigneur t'appelle à d'au- » tres soins. » La troisième nuit qu'elle m'appa- rut, elle me parla avec reproche et sévérité, et me dit : « Le devoir d'une femme sur la terre, » c'est l'obéissance; des devoirs pénibles sont le » lot qui lui est échu : elle doit être éprouvée par » une pénible soumission; mais celle qui obéit » ici-bas sera grande dans l'autre vie. » Ainsi disant, elle se dépouilla de ses vêtemens de ber- gère, et semblable à la reine du ciel, resplen- dissante de lumière, elle s'éleva sur des nuages dorés, et regagna lentement le séjour de la fé- licité.

Tous les assistans sont émus; Agnès ne peut retenir ses pleurs, et cache son visage sur le sein du Roi.

L'ARCHEVÊQUE, *après un assez long silence.*

Tous les doutes de la raison humaine doivent se taire devant ce divin témoignage. L'événement confirme qu'elle dit vrai. Dieu seul peut produire un tel miracle.

DUNOIS.

Ses yeux me persuadent plus que ce prodige. Quelle pure innocence se montre dans ses traits!

LE ROI.

Et moi, pécheur, suis-je digne d'une telle grâce? Toi qui vois tout et dont l'œil ne peut être trompé, tu connais mon cœur, tu sais quelle est mon humble soumission.

JEANNE.

L'humilité des grands de la terre est agréable au Seigneur, et il vous élève parce que vous vous abaissez.

LE ROI.

Ainsi, je pourrai résister à mes ennemis?

JEANNE.

J'amènerai à vos pieds la France soumise.

LE ROI.

Et tu dis qu'Orléans ne succombera pas?

JEANNE.

Vous verriez plutôt la Loire remonter à sa source.

LE ROI.

J'entrerai à Reims en vainqueur?

JEANNE.

Je vous y conduirai à travers des milliers d'en- nemis.

Tous les Chevaliers agitent leurs lances et leurs boucliers, en montrant une ardeur guerrière.

DUNOIS.

Que Jeanne se mette à la tête de l'armée, nous suivrons aveuglément cette guerrière céleste. Son regard divin nous guidera, tandis que mon épée saura la défendre.

LA HIRE.

Nous ne craindrions pas les armes de la terre entière si elle marchait devant nos bataillons; le Dieu des batailles marche à ses côtés. Aux armes! l'héroïne nous conduit.

Les Chevaliers font retentir leurs armes, et se retirent.

LE ROI.

Oui, sainte fille, tu commanderas mon armée, et les princes obéiront à tes ordres. Cette épée, signe de la plus haute dignité militaire, cette épée, que le connétable a quittée dans son dépit, passe dans de plus dignes mains. Reçois-la, favo- rite de Dieu, et qu'à l'avenir...

JEANNE.

Je ne le puis, noble dauphin; ce n'est pas avec ce signe d'une grandeur terrestre que je dois ob- tenir la victoire pour mon roi. Je sais une autre épée avec laquelle je dois combattre; je vais vous l'indiquer, d'après ce que l'Esprit saint m'a ensei- gné; ordonnez qu'on aille la chercher.

LE ROI.

Dites, Jeanne.

JEANNE.

Il y a une ancienne cité, nommée Fierbois. Là, dans un caveau de l'église de Sainte-Catherine, est un amas d'armes, antiques dépouilles guer- rières. En ce lieu est l'épée que je dois porter; on la reconnaîtra à trois fleurs de lis d'or gravées sur la lame. Faites apporter cette arme, car c'est elle qui vous donnera la victoire.

LE ROI.

Qu'on y envoie, et qu'on se conforme a ce qu'elle dit.

JEANNE.

Je voudrais aussi une bannière blanche entou- rée d'une bordure de pourpre. La reine du ciel doit y être représentée tenant l'enfant Jésus dans ses bras, et s'élevant au-dessus du globe de la terre; car telle était la bannière que Notre-Dame m'a montrée.

LE ROI.

Que cela soit comme tu le prescris.

JEANNE, *à l'Archevêque.*

Respectable prélat, étendez sur moi votre main consacrée, et donnez la bénédiction à votre fille.

Elle se met à genoux.

L'ARCHEVÊQUE.

Vous êtes venue apporter la bénédiction, non la recevoir. Que la force de Dieu vous accompagne ; mais nous, nous sommes d'indignes pécheurs.

Elle se lève.

UN ÉCUYER.

Un héraut des capitaines anglais vient d'arriver.

JEANNE,

Faites-le entrer, car c'est Dieu qui l'envoie.

Le Roi fait un signe à l'Écuyer; il sort.

vvvvvvvvvvvvvvvvvvvvvvvvvvvvv

SCÈNE XI.

LES PRÉCÉDENS, LE HÉRAUT.

LE ROI.

Héraut, qu'apportes-tu ? Dis, quelle est ta mission ?

LE HÉRAUT.

Quel est celui qui porte ici la parole pour Charles de Valois, comte de Ponthieu ?

DUNOIS.

Insolent héraut, misérable, oses-tu bien méconnaître le roi de France, quand tu parais devant lui-même ? L'habit que tu portes te protége ; autrement...

LE HÉRAUT.

La France ne reconnaît qu'un seul roi, et il est dans le camp des Anglais.

LE ROI.

Soyez calme, mon cousin. Quelle est ta mission ?

LE HÉRAUT.

Mon noble chef, gémissant sur le sang qui a coulé et qui peut couler encore, retient dans le fourreau l'épée de ses soldats, et avant de donner l'assaut à Orléans, il veut bien encore t'offrir des conditions indulgentes.

LE ROI.

Qu'on l'écoute.

JEANNE.

Sire, laissez-moi à votre place parler avec ce héraut.

LE ROI.

Parlez, Jeanne : vous pouvez décider ou la paix ou la guerre.

JEANNE, *au Héraut.*

Qui t'envoie ? au nom de qui parles-tu ?

LE HÉRAUT.

Le comte de Salisbury, général des Anglais.

JEANNE.

Tu te trompes, héraut, tu ne peux parler au nom du comte ; les vivans seuls peuvent parler, et non pas les morts.

LE HÉRAUT.

Mon général est plein de force et de santé, et il vit pour votre perte à tous.

JEANNE.

Oui, il vivait lors de ton départ ; mais ce matin un boulet l'a frappé devant Orléans, tandis qu'il regardait du haut de la tour des Tournelles. Tu souris parce que je t'annonce ce qui se passe loin d'ici. Mais tu en croiras tes yeux, si tu ne te fies pas à mes discours ; tu rencontreras son convoi funèbre à ton retour. Cependant, parle ; expose le sujet de ta mission.

LE HÉRAUT.

Puisque tu sais bien découvrir ce qui est caché, tu dois le savoir avant que je l'expose.

JEANNE.

Je ne désire pas le savoir ; mais, toi, écoute ce que je vais te dire, et rapporte mes paroles aux princes qui t'ont envoyé. « Roi d'Angleterre, et vous, ducs de Bedford et de Glocester, qui gouvernez en sa place, faites raison au roi du ciel du sang qui a été versé ; rendez les clefs des villes que vous possédez contre le droit divin : la Pucelle vient de par le roi vous proposer ou la paix ou une sanglante guerre. Choisissez, car je vous le dis pour que vous le sachiez, jamais la possession de notre belle France ne vous sera accordée par le fils de Marie. C'est au dauphin Charles, mon seigneur, que Dieu l'a donnée, et il entrera dans Paris environné de tous les grands de son royaume. » Cependant, pars, héraut, et fais diligence ; car, avant que tu sois rentré dans ton camp pour rendre compte de ton message, la Pucelle sera déjà à Orléans, et y plantera l'étendard de la victoire.

Elle sort en laissant tous les assistans dans l'agitation.

ACTE DEUXIÈME.

Le théâtre représente un paysage borné par des rochers.

SCÈNE PREMIÈRE.

TALBOT *et* LIONEL, *capitaines anglais;* LE DUC PHILIPPE DE BOURGOGNE, LE CHEVALIER FALSTOLF *et* CHATILLON; DES SOLDATS, DES PORTE-BANNIÈRES.

TALBOT.

Arrêtons-nous ici. Il faut établir notre camp sous ces rochers; nous y rassemblerons peut-être les fuyards qu'une première terreur a dispersés. Qu'on place une bonne garde sur la hauteur. La nuit, il est vrai, nous met à l'abri des poursuites; et les surprises ne seraient à craindre que si l'ennemi avait des ailes : n'importe, on doit user de précaution; nos ennemis sont audacieux, et nous sommes battus.

Le chevalier Falstolf s'éloigne avec quelques soldats.

LIONEL.

Battus! ami, ne prononcez plus ce mot. Je n'ose seulement y penser; les Français ont vu fuir les Anglais. Orléans! Orléans! tombeau de notre gloire! l'honneur anglais est tombé devant tes murailles! Honteuse et méprisable défaite!... L'avenir pourra-t-il le croire? les vainqueurs de Crécy, de Poitiers, d'Azincourt, ont fui devant une femme!

LE DUC.

Cela doit nous consoler; ce n'est pas par des hommes que nous sommes vaincus, c'est le démon qui est l'auteur de notre défaite.

TALBOT.

Oui, le démon de notre inhabileté. Comment, duc! les chimères qui épouvantent le peuple effraient aussi les princes! La crédulité est une mauvaise excuse de lâcheté. Vos troupes ont fui les premières.

LE DUC.

Personne n'a tenu pied; la fuite a été générale.

TALBOT.

Non, seigneur, la déroute a commencé de votre côté; vos gens se sont précipités dans le camp en criant : « L'enfer est contre nous, Satan combat pour les Français; » et c'est ainsi qu'ils ont mis le désordre dans les autres bataillons.

LIONEL.

Vous ne pouvez le nier, votre aile a plié d'abord.

LE DUC.

Parce qu'elle a été attaquée la première.

TALBOT.

La Pucelle connaissait l'endroit faible de notre camp; elle savait où la frayeur pouvait se répandre.

LE DUC.

Comment! les Bourguignons sont donc coupables de ce malheur?

LIONEL.

Si les Anglais eussent été seuls, certes ils n'eussent jamais perdu Orléans.

LE DUC.

En effet, car Orléans n'eût jamais paru à vos yeux. Qui vous a ouvert un chemin dans ce royaume? qui vous a tendu une main amie quand vous avez voulu descendre sur cette côte étrangère et ennemie? qui a couronné votre Henri dans Paris, et lui a soumis le cœur des Français? Ah! par le ciel, si ce bras puissant ne vous eût conduits ici, vous n'eussiez jamais aperçu la fumée d'une ville française.

LIONEL.

Duc, si les paroles pompeuses prouvaient les actions, vous auriez conquis la France à vous seul.

LE DUC.

Vous êtes irrités de ce qu'Orléans vous échappe, et vous tournez votre dépit contre moi, contre votre allié; cependant si nous perdons Orléans, n'est-ce pas votre avidité qui en est la cause? La ville était prête à se rendre à moi, mais vous et votre jalousie l'avez empêché.

TALBOT.

Ce n'était pas pour vous que nous l'assiégions.

LE DUC.

Et si j'emmenais mon armée, cela vous serait indifférent sans doute?

LIONEL.

Tout autant, croyez-moi, que lorsqu'à Azincourt nous eûmes à combattre et vous et toute la France.

LE DUC.

Cependant mon alliance vous parut nécessaire, et votre régent l'a achetée chèrement.

TALBOT.

Oui, chèrement, et aujourd'hui plus chèrement

encore, car nous l'avons payée de notre honneur devant Orléans.

LE DUC.

N'en dites pas davantage, seigneur Talbot, il pourrait vous en repentir. J'ai abandonné la bannière de mon légitime souverain ; j'ai chargé ma tête du nom de parjure, pour me voir ainsi traiter par des étrangers !... Que fais-je ici, et pourquoi combattre la France ? Puisque je suis destiné à servir des ingrats, je préfère obéir à mon roi véritable.

TALBOT.

Vous négociez avec le dauphin, nous le savons ; mais nous trouverons un moyen de nous garantir de la trahison.

LE DUC.

Par la mort et l'enfer ! on ose ainsi me parler ! Châtillon, faites préparer mes troupes pour le départ, nous retournons dans nos provinces.

Châtillon s'éloigne.

LIONEL.

Je vous souhaite un heureux retour. Jamais la gloire de l'Anglais n'éclate plus que lorsque, se fiant à son épée seulement, il combat sans auxiliaire. Chacun doit défendre sa propre cause; toujours il en a été ainsi. Jamais l'Anglais et le Français ne pourront sincèrement unir leurs cœurs.

~~~~~~~~~~~~~~~~~~~~~~~~~~~~~~~~~

SCÈNE II.

Les Précédens ; LA REINE ISABELLE, *accompagnée de plusieurs* Pages.

LA REINE.

Qu'entends-je, chevaliers ? arrêtez ; quel astre funeste égare votre raison ? Maintenant que la concorde seule peut nous sauver, voulez-vous vous livrer à la haine et préparer votre ruine par la discorde? Je vous en conjure, noble duc, rétractez cet ordre donné dans votre colère ; et vous, illustre Talbot, apaisez un allié irrité. Lionel, aidez-moi à calmer ces esprits orgueilleux, et à assurer leur réconciliation.

LIONEL.

Non, madame ; j'ai les mêmes sentimens. Je pense que, lorsqu'on ne peut vivre réunis, le meilleur parti est de se séparer.

LA REINE.

Eh quoi ! les artifices de l'enfer, après nous avoir vaincus dans le combat, viennent-ils ici troubler nos pensées et nous ôter la raison ? Qui commença cette querelle ? parlez. (*A Talbot.*) Noble seigneur, serait-ce vous qui, méconnaissant les services d'un précieux allié, auriez pu le blesser ? Que pourriez-vous faire sans le secours de son bras ? Il peut à son gré vous élever ou vous détruire ; son armée vous soutient, et son nom bien plus encore ; toute l'Angleterre, vomît-elle sur nos côtes tous ses concitoyens, ne pourrait rien contre ce royaume, si l'union y régnait. La France ne peut être vaincue que par la France.

TALBOT.

Nous savons honorer une alliée fidèle ; mais se séparer d'un traître est une loi de la prudence.

LA REINE.

Celui dont la mauvaise foi s'affranchit de toute reconnaissance peut bien montrer le front audacieux du mensonge.

LA REINE.

Comment ! noble duc, pourriez-vous ainsi, renonçant à l'honneur, et abjurant toute honte, unir votre main à la main qui fit périr votre père? Seriez-vous assez insensé pour espérer une réconciliation sincère avec le dauphin, vous qui l'avez poussé jusqu'au bord du précipice ? Quand il est si près de sa chute, vous voulez le retenir, et dans votre transport insensé vous voulez détruire votre ouvrage ? Ici sont vos seuls amis ; votre salut dépend de votre étroite alliance avec l'Angleterre.

LE DUC.

Je suis loin de penser à faire la paix avec le dauphin ; cependant je ne puis supporter l'orgueil et l'insolence des superbes Anglais.

LA REINE.

Venez, calmez-le par des paroles douces ; vous le savez, la colère d'un guerrier est toujours violente, et le chagrin rend injuste. Venez, venez, calmez-vous ; laissez-moi fermer et guérir promptement cette plaie avant qu'elle s'envenime pour toujours.

TALBOT.

Duc, que vous en semble ? un noble cœur cède volontiers à la raison. La reine a parlé sagement : donnez-moi la main ; et que cette blessure, produite par ma langue indiscrète, soit effacée.

LE DUC.

Oui, le discours de madame est raisonnable, et ma juste colère cède à la nécessité.

LA REINE.

Bien ! Qu'un fraternel embrassement scelle ce renouvellement d'alliance, et puissent les vents emporter le souvenir de ce différend !

Le duc et Talbot s'embrassent.

LIONEL *les regarde, et dit à part.*

Honneur à cette paix conclue par une furie !

LA REINE.

Chevaliers, nous avons perdu une bataille ; le bonheur nous a cette fois abandonnés, mais votre noble courage ne doit pas en être abattu. Le dauphin, désespérant de la protection du ciel, a eu recours aux artifices de Satan ; cependant il aura en vain livré son âme à la damnation, et tout le secours de l'enfer ne pourra le relever. Une femme victorieuse guide l'armée ennemie, je veux conduire la vôtre; je serai votre guerrière et votre prophétesse.

LIONEL.

Madame, retournez à Paris. Nous vaincrons avec le secours de nos épées, et non avec le secours des femmes.

TALBOT.

Retournez, retournez. Depuis que vous êtes dans le camp, la fortune nous a quittés, et nos armes sont maudites.

LE DUC.

Votre présence n'est point utile ici, le soldat ne la trouve pas convenable.

LA REINE, *les regardant tous trois avec surprise.*

Vous aussi, duc, vous prenez contre moi le parti de ces ingrats?

LE DUC.

Retournez, madame; nos guerriers se découragent quand ils croient combattre pour votre cause.

LA REINE.

J'ai à peine rétabli la paix entre vous, que vous vous unissez contre moi!

TALBOT.

Au nom de Dieu, madame, quittez l'armée; quand vous serez partie, nous ne craindrons plus aucune malédiction.

LA REINE.

Eh quoi! ne suis-je pas votre fidèle alliée? votre cause n'est-elle pas la mienne?

TALBOT.

Cependant la vôtre diffère de celle que nous défendons. Nous sommes engagés dans une bonne et honorable guerre.

LE DUC.

Je venge la mort sanglante de mon père; la piété filiale a sanctifié mes armes.

TALBOT.

Allons plus loin. Votre conduite envers le dauphin est méchante aux yeux des hommes, injuste aux yeux du ciel.

LA REINE.

Qu'il soit maudit, lui et sa race, jusqu'à la dixième génération! il a osé outrager sa mère.

LE DUC.

Il vengeait un père et un époux.

LA REINE.

Il s'est fait le juge de ma conduite.

LIONEL.

Cela est contraire au respect qu'un fils doit à sa mère!

LA REINE.

Il m'a envoyée en exil.

TALBOT.

C'était obéir à la voix publique.

LA REINE.

Si je lui pardonne, que je sois maudite, et plutôt que de le voir régner sur le trône de son père...

TALBOT.

Vous préférez immoler l'honneur de sa mère?

LA REINE.

Vous ne savez pas, âmes faibles, jusqu'où va le courroux d'une mère offensée. J'aime celui qui me fait du bien; je hais celui qui me fait du mal; et si ce dernier est mon fils, le fils que j'ai enfanté, ma haine est d'autant plus grande. Il me doit l'existence, je voudrais qu'elle lui fût ravie; son insolence impie n'a pas craint d'outrager le sein qui l'a porté. Mais vous qui faites la guerre à ce fils, quel droit, quel motif avez-vous pour le dépouiller? de quoi le dauphin est-il coupable à votre égard? S'est-il écarté de ses devoirs envers vous? L'ambition, une secrète envie, vous excitent. Pour moi, je le hais, parce que c'est à moi qu'il doit le jour.

TALBOT.

Ainsi, il reconnaîtra sa mère à ses fureurs.

LA REINE.

Misérable hypocrisie! Combien je méprise ceux qui veulent s'abuser eux-mêmes, en cherchant à tromper le vulgaire! Vous, Anglais, c'est la rapine qui vous attire dans ce royaume, où vous n'avez ni droit ni prétexte plausible à posséder un pied de terre. Et ce duc qui se fait surnommer *le Bon*, il a vendu sa patrie, le royaume de ses ancêtres, à des maîtres étrangers, à des peuples ennemis. Cependant vous avez la justice sur les lèvres. Pour moi, je dédaigne l'hypocrisie. Ce que je suis, il m'est indifférent de le paraître aux yeux du monde.

LE DUC.

Il est vrai, vous avez soutenu votre renommée avec fermeté d'âme.

LA REINE.

Comme une autre, j'ai des passions et de la chaleur dans le sang, et, si je suis venue en ce pays avec le nom de reine, c'est pour y être ce que je suis, et non pour chercher d'autres apparences. Quoi! parce que la malédiction du sort avait livré ma jeunesse à un époux insensé ma vie et ardente jeunesse, devais-je mourir à tous les plaisirs? J'aime plus que ma vie mon indépendance, et quiconque veut y attenter... Cependant pourquoi disputer avec vous sur mes droits? Un sang glacé coule lentement dans vos veines; vous ne savez pas ce que c'est qu'éprouver la joie ou le courroux. Ce duc, qui a passé sa vie à hésiter entre le bien et le mal, ignore ce que c'est que de haïr du cœur ou aimer du cœur. Je vais à Melun. (*Montrant Lionel.*) Donnez-moi ce chevalier, il me plaît, sa société me divertira. Faites ce que vous voudrez. Je ne demande plus rien ni aux Bourguignons ni aux Anglais.

Elle fait signe à ses pages, et s'éloigne.

LIONEL.

Comptez sur moi. Je vous enverrai à Melun les beaux jeunes Français que je ferai prisonniers.

LA REINE se retourne.

Un Français sait aussi bien que vous combattre avec son épée, et de plus il a de la courtoisie dans ses paroles.

SCÈNE III.

LE DUC, TALBOT, LIONEL.

TALBOT.

Est-ce là une femme ?

LIONEL.

Maintenant, chevaliers, quel est votre avis ? Continuerons-nous notre retraite, ou retournerons-nous effacer promptement l'affront d'aujourd'hui par un combat audacieux ?

LE DUC.

Nous sommes affaiblis, les troupes sont dispersées. L'armée est encore frappée d'une terreur trop récente.

TALBOT.

Une crainte aveugle, la rapide impression d'un moment, est la seule cause de notre défaite. Examinés de plus près, les fantômes d'une imagination effrayée s'évanouiront par les réflexions de la nuit. Mon avis est donc qu'au point du jour nous ramenions l'armée au bord du fleuve pour combattre.

LE DUC.

Réfléchissons-y.

LIONEL.

Avec votre permission, il n'y a pas à réfléchir ; nous devons promptement réparer notre désastre, ou en subir la honte pour toujours.

TALBOT.

Cela est résolu ; demain nous combattrons. Les illusions de la peur, qui aveuglaient et énervaient nos soldats, se dissiperont, et nous pourrons lutter corps à corps avec ce démon qui a revêtu la forme d'une jeune fille. Si elle se trouve à portée de mon épée, croyez qu'elle nous aura nui pour la dernière fois ; si je ne puis la rencontrer, c'est qu'elle évitera le combat, et alors l'armée sera désabusée.

LIONEL.

Ainsi soit. Chevaliers, confiez-moi un combat facile, et qui ne répandra pas de sang ; si je trouve le fantôme encore vivant, je veux, sous les yeux du bâtard, je veux, dans ses bras, enlever ses amours et les conduire dans le camp anglais pour divertir nos soldats.

LE DUC.

N'ayez pas trop de présomption.

TALBOT.

Si je l'atteins, je ne compte pas la traiter si doucement. Cependant allons par un léger sommeil réparer nos forces épuisées, et demain nous partirons dès l'aurore.

Ils sortent.

SCÈNE IV.

JEANNE *avec sa bannière; elle a un casque et une cuirasse; du reste elle est vétue en femme.* DUNOIS, LA HIRE, CHEVALIERS *et* SOLDATS. *Ils paraissent sur un rocher, s'avancent en silence, puis arrivent ensemble sur la scène.*

JEANNE, *aux Chevaliers qui l'entourent, pendant que les autres continuent toujours à monter et à s'avancer.*

Le mur est franchi, nous sommes dans le camp. Il est temps de déchirer le voile qu'une discrète nuit a jeté sur vous pour cacher votre troupe silencieuse. Que des cris de guerre apprennent aux ennemis votre redoutable approche : Dieu et la Pucelle !

TOUS *crient et font retentir leurs armes.*

Dieu et la Pucelle !

Bruit de tambours et de trompettes.

LA SENTINELLE, *derrière le théâtre.*

L'ennemi ! l'ennemi ! l'ennemi !

JEANNE.

Apportez des flambeaux, embrasez les tentes ; que l'ardeur des flammes accroisse le désordre, et que la mort menaçante les environne de tous côtés !

Les soldats s'empressent, elle veut les suivre.

DUNOIS la retient.

Jeanne, vous avez maintenant fait tout votre devoir ; vous nous avez conduits au milieu du camp, vous avez livré l'ennemi en nos mains ; à présent demeurez en arrière de la mêlée, retirez-vous du carnage.

LA HIRE.

Vous avez montré à l'armée le chemin de la victoire ; vos mains pures ont porté devant nous la bannière : qu'elles ne se servent point du glaive meurtrier. Ne tentez point le dieu des batailles ; il est aveugle et infidèle, et dans sa course il n'épargne personne.

JEANNE.

Qui ose me prescrire de m'arrêter ? Qui ose commander à l'esprit qui me guide ? La flèche ne doit-elle pas frapper où on l'a dirigée ? Où le danger est, Jeanne y doit être. Ce n'est ni en ce jour, ni en ce lieu, que je suis destinée à succomber, je dois voir la couronne sur la tête de mon roi. Tant que je n'aurai pas accompli tout ce que Dieu m'a ordonné, aucun ennemi ne peut m'ôter la vie.

Elle sort.

LA HIRE.

Viens, Dunois! suivons l'héroïne, et allons lui faire avec courage un rempart de nos corps.

Ils sortent.

SCÈNE V.

DES SOLDATS ANGLAIS *traversent le théâtre en fuyant;* TALBOT *vient ensuite.*

UN SOLDAT.

La Pucelle! elle est au milieu du camp!

UN SECOND SOLDAT.

Impossible, comment y serait-elle venue? jamais.

UN TROISIÈME.

A travers les airs. Le diable la protége.

UN QUATRIÈME et UN CINQUIÈME.

Sauvons-nous, sauvons-nous! Nous sommes tous morts.

Il s'en vont.

TALBOT arrive.

Ils n'écoutent rien. Je ne puis les arrêter; ils ne reconnaissent pas plus le frein de la discipline, que si l'enfer avait vomi contre eux toutes les légions des esprits de ténèbres. Le vertige, l'égarement pressent à la fois les braves et les lâches, et je ne puis réussir à opposer la plus petite résistance au torrent des ennemis dont la foule pénètre à grands flots dans notre camp. Suis-je donc le seul de sang-froid, et tout ce qui m'entoure est-il en proie à cette frénésie? Eh! quoi, faut-il fuir devant ces faibles Français après les avoir vaincus dans vingt batailles? Quelle est donc cette femme invincible, cette déesse de l'effroi, qui change en un instant le sort des batailles, et qui fait une armée de lions d'un troupeau de cerfs timides? Une comédienne, à qui l'on ferait jouer des rôles d'héroïne, pourrait-elle épouvanter des héros véritables? Comment! une femme me ravira tout l'honneur de la victoire!

UN SOLDAT, en fuyant rapidement.

La Pucelle! fuyez, fuyez, chevalier!

TALBOT, le frappant.

Puis aux enfers; cette épée punira quiconque osera me proposer une indigne fuite et prononcer le mot de frayeur.

Il se retire.

SCÈNE VI.

Le fond du théâtre s'ouvre. On voit le camp des Anglais en proie aux flammes; on entend les tambours. On aperçoit des fuyards et ceux qui les poursuivent. Après un moment, Montgomery arrive.

MONTGOMERY, seul.

Où dois-je fuir? L'ennemi et la mort nous environnent : là notre chef irrité nous ferme de sa menaçante épée le chemin de la fuite, et nous repousse vers la mort; ici une femme aussi terrible, aussi impitoyable que l'ardeur des flammes, nous poursuit. Je n'aperçois aucune caverne, aucun buisson qui puisse m'offrir un asile. Oh! pourquoi ai-je traversé la mer pour venir en cette contrée? Ah! malheureux, une vaine présomption m'a engagé à venir acquérir en France une gloire facile, et maintenant le sort implacable me conduit dans cette sanglante mêlée. Ah! que ne suis-je loin d'ici, sur les bords fleuris de la Saverne, dans la tranquille maison de mon père, où j'ai laissé dans le chagrin ma mère et ma douce et tendre fiancée! (*Jeanne paraît dans le fond du théâtre.*) Malheur à moi! que vois-je venir? C'est la terrible guerrière! je distingue le sombre éclat de ses armes au milieu des flammes éclatantes, ainsi qu'on voit un esprit nocturne se montrer à travers la lueur ardente des portes de l'enfer. Où fuir? Elle a fixé sur moi ses yeux enflammés, et déjà je me sens saisi, je suis enchaîné par les regards qu'elle lance sur moi! L'enchantement retient plus fortement mes pas à chaque instant, et me rend la fuite impossible; quoique mon cœur s'y oppose avec force, ma vue ne peut se détourner de ce fantôme de la mort. (*Jeanne fait quelques pas vers lui, puis s'arrête un peu en arrière.*) Elle approche! je ne veux pas attendre qu'elle vienne à moi la première, je vais en suppliant embrasser ses genoux et lui demander la vie; elle est femme, peut-être mes larmes parviendront à l'attendrir.

Pendant qu'il marche pour l'aborder, elle vient à lui furieuse.

SCÈNE VII.

JEANNE, MONTGOMERY.

JEANNE.

Tu appartiens à la mort! n'est-ce pas une mère anglaise qui t'a donné le jour?

MONTGOMERY tombe à ses pieds.

Arrête, guerrière redoutable. N'égorge pas un malheureux sans défense : j'ai jeté mon bouclier et mon épée; je tombe à tes pieds, désarmé et suppliant. Laisse-moi la lumière du jour; accepte une rançon; mon père, possesseur de riches domaines, habite le beau pays de Galles, où la Saverne roule ses flots argentés en serpentant dans les prairies. Cinquante villages le reconnaissent pour seigneur. Sitôt qu'il apprendra que je vis encore, prisonnier dans le camp des Français, il rachètera, au prix de beaucoup d'or, son fils chéri.

JEANNE.

Espérance vaine et insensée ! Tu es tombé sous la main implacable de la Pucelle ; il n'y a plus ni délivrance ni salut à espérer. Si le malheur t'avais mis en la puissance du crocodile ou sous la griffe du tigre impitoyable, si la lionne t'avait saisi après t'avoir vu enlever ses petits, peut-être trouverais-tu la clémence ou la pitié. La mort est assurée pour celui qui rencontre la Pucelle. Une promesse terrible et inviolable m'engage à l'esprit puissant et invincible qui me conduit. Cette épée doit donner la mort à tous ceux que l'arbitre suprême du sort des combats envoie devant moi.

MONTGOMERY.

Tes paroles sont cruelles ; cependant ton regard est doux. De plus près ton œil n'inspire pas la terreur, et mon cœur est attiré par cette aimable apparence. Au nom de la tendre affection de tes parens, laisse-toi fléchir ; prends pitié de ma jeunesse.

JEANNE.

N'implore pas le nom de mes parens ; ne dis pas que je suis une femme. Semblable à ces esprits incorporels qui ont cependant une apparence humaine, je ne tiens à aucune famille parmi les hommes, et sous cette cuirasse il n'est pas de cœur.

MONTGOMERY.

Oh ! par cette loi sacrée et souveraine, par cette loi d'amour à laquelle tous les cœurs rendent hommage, je t'implore ; j'ai laissé dans ma patrie une aimable fiancée, belle comme toi, et brillante de tous les charmes de la jeunesse ; elle attend dans les pleurs le retour de son bien-aimé. Oh ! si tu as l'espoir de connaître un jour l'amour, si tu espères y trouver le bonheur, ne sois pas assez cruelle pour séparer deux cœurs qu'unit un lien sacré d'amour.

JEANNE.

Tu réclames des dieux terrestres et étrangers qui n'ont rien de sacré ni de respectable pour moi. J'ignore ce que sont les liens de l'amour, au nom desquels tu me conjures ; jamais je ne connaîtrai ce vain esclavage. Défends ta vie, car la mort t'appelle.

MONTGOMERY.

Ah ! prends pitié du désespoir de mes parens, que j'ai laissés dans la maison paternelle. Et toi aussi, sans doute, tu as abandonné des parens que ton absence fait gémir d'inquiétude.

JEANNE.

Malheureux ! pourquoi viens-tu me rappeler que dans ce royaume de nombreuses mères pleurent leurs enfans, que de tendres enfans ont perdu leur père, que des épouses chéries sont dans le veuvage, et que vous en êtes la cause ! Les mères anglaises éprouveront aussi le désespoir ; elles apprendront à connaître les larmes qu'ont versées les tristes épouses françaises !

MONTGOMERY.

Ah ! qu'il est dur de mourir, sans être pleuré, sur une terre étrangère.

JEANNE.

Qui vous a appelés dans cette terre étrangère pour y détruire les travaux d'une heureuse industrie, pour nous enlever nos fidèles troupeaux, pour répandre le feu de la guerre dans les asiles paisibles de nos cités ? Dans les vaines illusions de votre cœur, vous songiez déjà à précipiter dans un honteux esclavage les libres habitans de la France, et vous comptiez régir ce vaste royaume comme une barque enchaînée à votre orgueilleux navire. Insensés ! les lis de la France sont attachés au trône de Dieu, et vous auriez plutôt arraché une étoile à la constellation du chariot céleste, qu'un seul village à ce royaume, dont le destin éternel est de ne pas être divisé. Le jour de la vengeance est arrivé ; vous ne repasserez plus vivans cette mer sacrée que Dieu a placée comme barrière entre vous et nous, et que vous aviez injustement traversée.

MONTGOMERY *quitte la main de Jeanne qu'il avait saisie.*

Il faut donc mourir ! Déjà la cruelle mort s'empare de moi.

JEANNE.

Meurs, ami ! pourquoi se montrer si timide, et trembler devant la mort et l'inévitable destin ? Regarde-moi ! je ne suis qu'une jeune fille, qu'une simple bergère ; ma main n'est pas accoutumée à porter le glaive ; elle n'a jusqu'ici soutenu que la douce et innocente houlette ; cependant, abandonnant les embrassemens de mes sœurs chéries, les caresses de mon père, et ma vallée natale, je suis venue ici : il le faut ; la voix de Dieu, et non pas mon propre choix, m'y a conduite. Pressés par un fantôme terrible, nous sommes venus, toi pour ton malheur, et moi sans espoir de bonheur, répandre la mort, et ensuite lui servir de victime ; car jamais je ne verrai le jour heureux du retour. Je donnerai la trépas à beaucoup d'entre vous encore. Je ferai couler encore les larmes de plus d'une veuve, et enfin, moi aussi, j'aurai achevé et accompli mon destin. Achève aussi le tien. Prends ton épée, et voyons à qui restera la vie, le plus doux prix des combats.

MONTGOMERY, *se relevant.*

Eh bien, puisque comme moi tu es mortelle, et que le glaive peut te blesser, c'est peut-être à mon bras qu'il est réservé de t'envoyer aux enfers et de terminer le malheur des Anglais. Je confie mon destin aux mains bienfaisantes de Dieu ;

toi, réprouvée, appelle à ton secours les esprits infernaux ; défends ta vie.

Il reprend son épée et son bouclier, et fond sur elle. On entend dans le lointain les sons d'une musique guerrière. Après un instant de combat, Montgomery tombe.

SCÈNE VIII.

JEANNE, *seule.*

Tu chancelles vers la mort. C'en est fait. (*Elle s'éloigne de lui et s'arrête pensive.*) Vierge divine, tu as mis ta force en moi ; tu armes ce faible bras de ta puissance ; tu remplis ce cœur d'une inexorable rigueur. Mon âme se révolte de pitié, et ma main tremble lorsqu'il faut détruire dans sa fleur la vie d'un adversaire. Je frémis comme si j'allais violer le sanctuaire d'un temple, et je suis émue même avant de tirer l'acier étincelant de son fourreau. Cependant, s'il faut qu'il en soit ainsi, ta force s'empare de moi, et le glaive, de lui-même, comme animé d'un vivant esprit, guide ma main tremblante et frappe des coups certains.

SCÈNE IX.

UN CHEVALIER, *caché par sa visière* ; JEANNE.

LE CHEVALIER.

Fuis ! ton heure est venue ; je t'ai cherchée dans tout le champ de bataille ; fantôme terrible, retourne aux enfers dont tu es sorti.

JEANNE.

Qui es-tu, toi que ton mauvais ange amène devant moi? Ta démarche annonce un prince ; je ne vois rien d'Anglais en toi, et je reconnais les couleurs du duc de Bourgogne ; devant ces signes j'abaisse mon épée.

LE CHEVALIER.

Fuis, réprouvée ! tu ne mérites pas de mourir de la noble main d'un prince. Ta tête infernale doit être abattue par la hache du bourreau, et non par la redoutable épée du royal duc de Bourgogne.

JEANNE.

Ainsi tu es le duc lui-même?

LE CHEVALIER, *levant sa visière.*

Je le suis, malheureuse; tremble et n'espère plus. Les artifices de Satan ne peuvent plus te secourir, tu n'as vaincu jusqu'ici que de timides enfans ; c'est un homme qui est devant toi.

SCÈNE X.

LES PRÉCÉDENS, DUNOIS et LA HIRE.

DUNOIS.

Duc, tournez vos armes vers moi ; combattez avec des hommes, et non contre une femme.

LA HIRE.

Nous venons protéger la tête de notre héroïne, et ton épée doit traverser mon cœur avant de l'atteindre.

LE DUC.

Je ne combats point cette dangereuse Circé; mais je veux bien encore lutter avec vous, qu'elle a si honteusement déshonorés. Rougissez, Dunois, et vous aussi, La Hire, d'avoir allié votre antique valeur aux artifices de l'enfer, et de vous être faits les écuyers d'un agent infernal. Approchez, je vous défie tous. Il désespère de la protection de Dieu celui qui implore celle du démon.

Ils s'apprêtent à combattre, Jeanne se place entre eux

JEANNE.

Arrêtez!

LE DUC.

Trembles-tu pour ton favori? je vais à tes yeux...

Il s'avance sur Dunois.

JEANNE.

Arrêtez ! La Hire, séparez-les ! le sang français ne doit pas couler. Ce n'est pas le glaive qui doit décider de cette querelle ; les astres en ont autrement ordonné. Séparez-vous, vous dis-je, écoutez avec respect l'esprit qui s'empare de moi et qui parle par ma bouche.

DUNOIS.

Pourquoi retiens-tu mon bras déjà levé? Pourquoi suspendre le jugement sanglant du glaive ? Le fer est tiré, laisse-moi frapper, et que la France soit vengée des offenses qu'elle a reçues.

JEANNE *se place entre les combattans et les sépare par un assez vaste intervalle; puis s'adressant à Dunois.*

Retirez-vous de ce côté. (*A La Hire.*) Ne me troublez pas, j'ai à m'entretenir avec le duc. (*Le calme est rétabli.*) Que veux tu faire, duc de Bourgogne? Quels sont les ennemis à qui tu veux donner la mort? Regarde ! ce noble prince est comme toi fils de France; ce brave guerrier est ton compagnon d'armes, ton concitoyen ; moi-même ne suis-je pas fille de ta patrie? Nous tous, que tu t'efforces d'exterminer, nous sommes à toi. Nos bras sont ouverts pour t'embrasser, nos genoux vont fléchir devant toi ; nos épées ne sauraient diriger leurs pointes contre ta poitrine. Nos hommages sont dus à un visage où nous reconnaissons les traits chéris de notre roi, même sous un casque ennemi.

LE DUC.

Avec ces douces paroles et ce ton flatteur, tu veux, sirène, attirer ta victime? Ton adresse ne pourra me séduire ; mon oreille saura se garder de tes discours artificieux. Une impénétrable cuirasse garantira mon cœur des traits enflammés de tes yeux. Aux armes! Dunois, nous devons combattre avec le fer et non pas avec les paroles.

DUNOIS.

D'abord les paroles, et puis les armes. Crains-tu de t'expliquer par des discours? C'est aussi une lâcheté et la marque d'une mauvaise cause.

JEANNE.

Ce n'est pas l'impérieuse nécessité qui nous amène à tes pieds, et nous ne paraissons pas devant toi comme supplians. Regarde autour de toi, le camp des Anglais est en cendres, et les corps de vos soldats couvrent la campagne. Entends-tu retentir les trompettes de nos Français? Dieu a prononcé, la victoire est à nous. Le noble laurier que nous venons de conquérir, nous sommes prêts à le partager avec un ami. Reviens à nous, abandonne noblement ton parti pour passer dans celui de la justice et de la victoire. Moi-même, l'envoyée de Dieu, je te présente une main fraternelle. Je veux te délivrer et t'attirer dans la bonne cause. Le ciel est pour la France; des anges, que tu ne vois pas, combattent pour le roi; tous portent des lis à la main. Cette blanche bannière n'est pas plus pure que le but de nos efforts : c'est une pudique vierge qui orne la bannière des Français.

LE DUC.

Les paroles trompeuses du mensonge ont toujours quelque chose d'embarrassé, mais le discours d'un enfant ne serait pas plus simple que le tien, et si l'esprit malin dicte des paroles, il sait imiter parfaitement l'innocence. Je ne t'écoute plus; aux armes! mon oreille, je le vois, serait plus faible que mon bras.

JEANNE.

Tu m'appelles une magicienne, et tu m'accuses d'employer des ruses empruntées au démon. La paix rétablie, la haine oubliée, sont-ce là les piéges de l'enfer? La concorde vient-elle des gouffres éternels? Qu'y a-t-il donc d'innocent, de sacré, d'humain, de bon, si l'on craint d'être coupable en cessant de combattre sa patrie? Depuis quand la nature est-elle assez en désordre pour que le ciel abandonne la bonne cause et que l'enfer vienne la protéger? Si la justice paraît dans mes paroles, d'où pourrais-je les tirer, si ce n'est d'en haut? Qui aurait pu songer à me ravir à mon troupeau pour consacrer une humble bergère à défendre la cause du roi? Jamais je n'ai habité auprès des princes; ma bouche est étrangère à l'art des discours. Toutefois, à présent que je cherche à te persuader, ma vue embrasse la connaissance des vastes intérêts; le destin des princes et des royaumes apparaît clairement devant mes yeux sans expérience, et ma voix tonne avec éloquence.

LE DUC, *vivement touché, la regarde fixement avec étonnement et émotion.*

Que se passe-t-il en mon âme? Qu'ai-je senti? Est-ce un Dieu qui pénètre en moi pour changer le fond de mon cœur? Ah! cette touchante figure ne saurait tromper! Non, non, je suis aveuglé par un puissant enchantement, par l'autorité du ciel. Oui, mon cœur me l'assure, elle est l'envoyée de Dieu.

JEANNE.

Il est ému! Oui, je le vois; ce n'est pas en vain que j'ai supplié; les nuages de colère disparaissent de son front et s'écoulent en pleurs; ses yeux brillent du doux éclat du sentiment et annoncent la paix. Laissez vos armes, pressez votre cœur sur le sien. Il s'attendrit; il est vaincu; il est à nous.

Elle jette son épée et sa bannière, s'avance vers lui les bras ouverts, et l'embrasse avec une vivacité passionnée. Dunois et La Hire abandonnent aussi leur épée et viennent l'embrasser.

ACTE TROISIÈME.

La scène est à Châlons-sur-Marne, dans le palais du roi.

SCÈNE PREMIÈRE.

DUNOIS *et* LA HIRE.

DUNOIS.

Nous sommes amis, frères d'armes; nos bras sont armés pour défendre la même cause, nous avons bravé ensemble et le malheur et la mort. Que l'amour d'une femme ne rompe pas un lien qui a résisté à tous les coups du sort.

LA HIRE.

Prince, écoutez-moi.

DUNOIS.

Vous aimez cette merveilleuse fille, et je sais bien quel est votre projet. Vous voulez aller de ce pas prier le roi de vous accorder Jeanne. Il ne peut refuser à votre valeur une récompense si bien méritée. Sachez cependant qu'avant que je la voie en d'autres bras...

LA HIRE.

Écoutez-moi, prince!

DUNOIS.

Ce n'est point l'effet soudain et passager de sa beauté qui m'attire vers elle. Aucune femme n'avait encore troublé le calme inébranlable de mon cœur jusqu'au jour où je vis cette fille miraculeuse, que j'ai, d'un décret de Dieu, destinée à être la libératrice de la France et à être aussi mon épouse; dans l'instant même je me promis, avec un serment sacré, que je l'unirais à moi. Le guerrier vaillant doit avoir une vaillante amie; son cœur ardent ne peut se reposer que sur un cœur qui lui ressemble et qui puisse affermir et soutenir son courage.

LA HIRE.

Comment pourrais-je, prince, me hasarder de comparer mes faibles services à la gloire de votre nom héroïque? Lorsque le comte de Dunois se présente dans la carrière, tout autre prétendant doit se retirer. Cependant une humble bergère est-elle digne de paraître auprès de vous comme épouse, et le sang royal qui coule dans vos veines ne doit-il pas dédaigner cette alliance inégale?

DUNOIS.

Elle est née mon égale; elle est comme moi un enfant de Dieu et de la nature bienfaisante, et quel prince ne serait pas honoré de recevoir la main de celle qui est l'innocente fiancée des anges, dont la tête est ornée d'une couronne céleste plus brillante que les couronnes de ce monde, qui voit au-dessous de ses pieds les plus grands, les plus élevés de la terre? Tous les trônes amoncelés l'un sur l'autre jusqu'aux étoiles ne pourraient égaler la hauteur de celui où elle est assise dans son angélique majesté.

LA HIRE.

Le roi pourra prononcer.

DUNOIS.

Non, c'est elle-même qui doit prononcer. Elle a rendu la France libre, et son cœur ne pourrait disposer de lui-même!

LA HIRE.

Le roi vient.

SCÈNE II.

Les Précédens, LE ROI, AGNÈS, L'ARCHEVÊQUE, DUCHATEL, CHATILLON.

LE ROI, à *Châtillon.*

Il revient! Il veut, dites-vous, me reconnaître pour son roi et me rendre hommage?

CHATILLON.

Oui, sire: le duc, mon maître, veut ici même, dans votre royale ville de Châlons, se jeter à vos pieds. Il m'a ordonné d'aller vous saluer comme mon seigneur et mon roi; lui-même suit mes pas, et bientôt il va s'avancer.

AGNÈS.

Il revient! ô jour heureux! tu nous amènes la joie avec la paix et la concorde.

CHATILLON.

Mon maître arrive avec deux cents chevaliers, il se prosternera à vos pieds; cependant il espère que vous vous opposerez à cet humble mouvement, et que vous embrasserez votre cousin avec amitié.

LE ROI.

Je brûle de le presser sur mon cœur.

CHATILLON.

Le duc demande aussi que dans cette première entrevue aucun mot ne soit prononcé qui ait rapport aux anciennes discordes.

LE ROI.

Que le passé soit pour toujours noyé dans l'oubli; nous ne voulons songer qu'aux jours sereins de l'avenir.

CHATILLON.

Tous ceux qui ont combattu avec le duc doivent être compris dans cette réconciliation.

LE ROI.

Par là je vois doubler le nombre de mes sujets.

CHATILLON.

La reine Isabelle doit être associée à ce traité, si elle veut y accéder.

LE ROI.

Elle fait la guerre contre moi, et je ne la fais pas contre elle. Notre combat sera fini du moment qu'elle suspendra l'attaque.

CHATILLON.

Douze chevaliers serviront d'otage pour garantir votre parole.

LE ROI.

Ma parole est sacrée.

CHATILLON.

Et l'archevêque partagera l'hostie entre vous et mon maître comme sceau et comme gage d'une réconciliation sincère.

LE ROI.

Que mes droits au salut éternel répondent de la sincérité de mon cœur et de mes embrassemens. Le duc ne demande aucun autre gage?

CHATILLON, *en jetant un regard sur Duchâtel.*

Je vois ici quelqu'un dont la présence pourrait troubler cette première entrevue.

Duchâtel sort en silence.

LE ROI.

Va, Duchâtel, jusqu'à ce que le duc puisse supporter ta vue, il convient que tu te retires. (*Il le suit des yeux, puis court à lui et l'embrasse.*) O mon fidèle ami! tu as voulu faire encore davantage pour mon repos.

Duchâtel sort.

CHATILLON.

Les autres articles sont contenus dans cette dépêche.

LE ROI, à *l'Archevêque.*

Vous prendrez soin de les régler. Je consens à tout; pour acquérir un ami, il n'est point de trop grands sacrifices. Vous, Dunois, prenez avec vous cent nobles chevaliers, et allez recevoir le duc. Que les soldats se couronnent de feuillages pour aller au-devant de leurs frères. Que toute la ville s'orne pour cette fête, et que le son des cloches annonce que la France et la Bourgogne sont de nouveau unies. (*Un écuyer entre, on entend les trompettes.*) Qu'entends-je? qu'annoncent ces trompettes?

L'ÉCUYER.

Elles annoncent l'entrée du duc de Bourgogne.

Il sort.

DUNOIS *sort avec La Hire et Châtillon.*
Allons à sa rencontre.

LE ROI.

Agnès, vous pleurez? Et moi aussi je manque presque de force pour résister à ce changement. Ah! combien la mort a pris de victimes avant que j'aie pu réussir à obtenir cette réconciliation! Mais enfin la rage de la tempête s'apaise; le jour succède à la nuit obscure, et une heureuse saison vient mûrir des fruits trop tardifs.

L'ARCHEVÊQUE, *à la fenêtre.*

Le duc fend la presse, on le porte en triomphe, on baise ses vêtemens et la trace de ses pas.

LE ROI.

C'est un bon peuple, ardent et vif dans son amour comme dans sa fureur. Comme ils ont vite oublié que c'est là ce même duc dont la main a frappé ou leurs pères ou leurs enfans! Cet instant a effacé toute sa vie. Prends courage, Agnès, ta vive joie pourrait blesser son âme. Rien ici ne doit l'affliger ou l'humilier.

SCÈNE III.

LES PRÉCÉDENS, LE DUC DE BOURGOGNE, DUNOIS, LA HIRE, CHATILLON et d'AUTRES CHEVALIERS *de la suite du duc.*

Le Duc s'arrête un instant à l'entrée. Le Roi s'avance vers lui. Aussitôt le Duc s'approche, et au moment où il se dispose à mettre le genou en terre, le roi le serre dans ses bras.

LE ROI.

Vous nous avez surpris; nous comptions aller à votre rencontre. Votre marche a été rapide.

LE DUC.

Je me rendais à mon devoir. (*Il s'avance vers Agnès et l'embrasse au front.*) Vous permettez, cousine; c'est un droit dû au seigneur d'Arras, et aucune belle ne s'est encore refusée à cet usage.

LE ROI.

Votre capitale est, dit-on, le siége des amours et rassemble mille beautés.

LE DUC.

Sire, nous sommes un peuple commerçant, toutes les choses précieuses qui croissent dans les divers climats sont étalées à nos yeux et pour notre jouissance sur le marché de Bruges. Et qu'est-il de plus précieux que la beauté des femmes?

AGNÈS.

Leur fidélité est estimée à un plus haut prix encore, cependant on ne la voit pas sur ce marché.

LE ROI.

Mon cousin, vous avez une mauvaise renommée: on dit que vous faites peu de cas de la plus belle vertu des femmes.

LE DUC.

Ce serait une hérésie qui trouverait en elle-même une dure punition. Vous êtes heureux, sire; le cœur vous apprend de bonne heure ce qu'une vie agitée ne m'a laissé connaître que bien tard. (*Il aperçoit l'Archevêque et lui prend la main.*) Digne homme de Dieu, je vous demande votre bénédiction; toujours on vous trouve dans le chemin du devoir, et quand on veut vous voir, c'est là qu'il faut revenir.

L'ARCHEVÊQUE.

Que le Seigneur m'appelle à lui, si telle est sa volonté. Mon cœur est comblé de joie, et je mourrai content puisque mes yeux ont pu voir ce jour.

LE DUC, *à Agnès.*

On dit que vous vous êtes privée de vos pierreries pour fournir des armes contre moi. Quoi donc! auriez-vous des idées si guerrières? était-ce à vous de me poursuivre avec tant de chaleur? Maintenant que le combat est fini, chacun doit retrouver ce qui a été perdu, et vos joyaux se sont retrouvés. Vous les aviez destinés à me faire la guerre, recevez-les de ma main en gage d'amitié.

Il prend, de la main d'un de ses suivans, l'écrin qu'il présente tout ouvert à Agnès. Elle regarde le Roi, qui paraît surpris.

LE ROI.

Acceptez ce présent, c'est un gage que l'amour et la concorde me rendront doublement cher.

LE DUC, *plaçant dans les cheveux d'Agnès une rose de brillans.*

Que n'est-ce la couronne de France! je la placerais d'un cœur aussi fidèle sur cette tête charmante. (*Il s'incline et lui prend la main.*) Et comptez sur moi, si quelque jour vous avez besoin d'un ami. (*Agnès se détourne tout en pleurs; le roi paraît fort ému. Tous les assistans regardent les deux princes avec attendrissement. Le Duc, après avoir jeté les yeux sur toutes les physionomies, se jette dans les bras du Roi.*) O mon roi! (*Au même instant les trois chevaliers bourguignons embrassent l'Archevêque, Dunois et La Hire. Les deux princes restent un instant en silence dans les bras l'un de l'autre.*) Pouvais-je vous haïr! pouvais-je vous renoncer!

LE ROI.

Assez, assez! n'ajoutez rien de plus.

LE DUC.

J'aurais pu couronner cet Anglais! engager ma foi à un étranger! précipiter mon roi dans sa ruine!

LE ROI.

Tout est oublié, tout est effacé. Ce seul instant a tout réparé. Le reste a été l'effet du sort et des astres funestes.

LE DUC, *lui serrant la main.*

Je réparerai mes torts, croyez-moi, je les réparéral. Votre royaume entier doit rentrer en votre pouvoir, sans qu'il y manque un seul village.

LE ROI.

Nous sommes unis, je ne crains plus aucun ennemi.

LE DUC.

Croyez-moi, j'ai toujours souffert au fond du cœur de porter les armes contre vous. (*Montrant Agnès.*) Mais pourquoi ne me l'avez-vous point envoyée? Je n'aurais jamais pu résister à ses larmes. Aucune puissance de l'enfer ne pourra nous séparer, maintenant que nos cœurs se sont serrés l'un contre l'autre. Maintenant j'ai trouvé une véritable place ; c'est entre vos bras qu'a fini mon égarement.

L'ARCHEVÊQUE *s'avance entre eux.*

Princes, vous êtes amis ; la France, comme un phénix renaissant, va sortir de ses cendres : un avenir riant se montre à nous ; les plaies profondes de notre pays vont se guérir ; les villes et les villages dévastés vont s'élever embellis de leurs ruines ; les champs vont se couvrir d'une verdure nouvelle. Cependant ceux qui ont péri victimes de vos discordes ne pourront renaître à la vie, et les larmes que vos combats ont fait couler ne pourront remonter vers leurs sources ; la race naissante fleurira, tandis que celle-ci a été flétrie par la souffrance. L'ange du bonheur ne saurait réveiller les pères dans leurs tombeaux. Tels sont les fruits de vos dissensions fraternelles. Ah ! que ceci vous soit une leçon : tremblez devant le génie du glaive, avant de le tirer du fourreau. Quand la guerre est une fois déchaînée dans sa fureur, cette divinité cruelle ne s'arrête pas à la voix de l'homme, comme le faucon qui, du haut des airs, revient au premier signal s'abattre sur le poing du chasseur ; la main céleste ne viendra pas deux fois prêter comme aujourd'hui son assistance.

LE DUC.

Sire, un ange se tient à vos côtés. Où est-elle, et pourquoi ne la vois-je pas ici ?

LE ROI.

Où est Jeanne? comment nous manque-t-elle dans cet heureux moment que nous lui devons ?

L'ARCHEVÊQUE.

Sire, le loisir d'une cour oisive convient mal à cette sainte fille. Quand l'ordre de Dieu ne l'appelle pas à paraître dans l'éclat du monde, honteuse, elle évite les regards profanes du vulgaire des hommes. Lorsqu'elle n'est pas occupée des succès de la France, sans doute elle s'entretient avec Dieu, dont la bénédiction accompagne tous ses pas.

~~~~~~~~~~~~~~~~~~~~~~~~~~~~~~~~~

SCÈNE IV.

LES PRÉCÉDENS, JEANNE ; *elle est armée, mais sans casque ; ses cheveux sont ornés d'une guirlande.*

LE ROI.

Noble Jeanne, ne venez-vous pas, comme une prêtresse, consacrer l'union qui est votre ouvrage ?

LE DUC.

Cette vierge, si terrible dans le combat, combien elle semble embellie par la paix! Ai-je tenu ma parole, Jeanne? Êtes-vous contente, et vos ordres ont-ils été suivis ?

JEANNE.

N'en recueillez-vous pas la plus grande récompense ? Maintenant vous brillez de l'éclat le plus pur. Auparavant votre gloire était semblable à un astre de terreur qui montre dans le ciel une lueur sanglante et sombre. (*Elle regarde autour d'elle.*) Que de nobles chevaliers sont ici rassemblés! tous les yeux brillent de joie. Je n'ai rencontré qu'un seul affligé, qui est obligé de se cacher quand les autres se réjouissent.

LE DUC.

Et qui peut se croire assez coupable pour désespérer de notre bienveillance?

JEANNE.

Peut-il approcher ? dites, doit-il l'oser ? Que la grâce soit complète ; il n'est pas de réconciliation quand il reste encore quelque chose sur le cœur. Une misérable haine, quand on la laisse au fond de la coupe, convertit en poison la libation sainte. Il n'y a pas de tort si sanglant qui ne puisse obtenir aujourd'hui le pardon du duc de Bourgogne.

LE DUC.

Je vous comprends, Jeanne.

JEANNE.

Eh bien ! ne voulez-vous pas pardonner, duc? ne le voulez-vous pas ? Avancez, Duchâtel. (*Elle ouvre la porte, et fait entrer Duchâtel, qui demeure éloigné.*) Le duc se réconcilie avec tous ses ennemis, et avec vous aussi, Duchâtel.

Il avance quelques pas , et cherche à lire dans les yeux du Duc.

LE DUC.

Que voulez-vous de moi, Jeanne? Savez-vous bien ce que vous demandez ?

JEANNE.

Un noble seigneur ouvre sa porte à tous les hôtes, et n'en exclut aucun. Pareille au firmament dont l'enceinte environne la terre entière, la clémence doit envelopper à la fois amis et ennemis ; les rayons du soleil s'étendent de toutes parts dans un espace sans bornes, et la rosée du ciel vient au secours de toutes les plantes desséchées ; les bontés célestes sont générales et sans restriction.

LE DUC.

Elle dispose de moi suivant sa volonté ; mon cœur, comme une cire flexible, obéit à sa main. Embrassez-moi, Duchâtel , je vous pardonne. Ombre de mon père, ne t'irrite point de ce que je presse amicalement la main qui te donna la mort ; tes mânes ne me reprocheront pas d'avoir brisé le serment de vengeance; là-bas, dans ces demeures de l'éternelle nuit, où le cœur n'a plus de mouvement, où tout est pour toujours, rien ne peut changer : mais il en est autrement sur cette terre qu'éclairent les rayons du soleil; l'homme, la créature vivante, est la faible proie des circonstances impérieuses.

LE ROI, à *Jeanne*.

Pourrais-je te témoigner, noble fille, une assez haute reconnaissance? Combien tu as déjà surpassé tes promesses! Combien rapidement tu as changé mon destin! Tu m'as réconcilié avec mes amis, tu as précipité mes ennemis dans la poussière, tu as délivré mes villes du joug étranger ; toi seule as fait ces prodiges. Comment puis-je m'acquitter envers toi ?

JEANNE.

Conserve toujours dans la prospérité la douceur que tu avais dans le malheur ; au faîte de la grandeur, n'oublie pas que dans l'infortune tu as éprouvé ce que vaut un ami. Ne refuse ni justice ni grâce même au dernier de tes sujets; n'est-ce pas une bergère que Dieu t'a envoyée pour libératrice? Tu réuniras toute la France sous un seul sceptre, et tu deviendras l'aïeul et la tige de princes plus grands et plus brillans de gloire que ceux qui t'ont précédé sur le trône. Ta race fleurira aussi long-temps qu'elle conservera des droits à l'amour de son peuple; l'orgueil seul pourra amener sa chute et du fond de ces humbles cabanes, d'où est sorti ton sauveur, un sort mystérieux menace peut-être de leur ruine tes descendans coupables.

LE DUC.

Fille prophétique, qu'inspire l'Esprit saint, dont les yeux percent l'avenir, dis-moi, qu'adviendra-t-il de ma race? doit-elle, ainsi qu'elle a commencé, accroître encore sa grandeur souveraine ?

JEANNE.

Duc de Bourgogne, tu t'es assis à la hauteur du trône, et ton cœur superbe aspire plus haut encore ! Tu voudrais élever jusqu'aux nues l'audacieux édifice de la grandeur. Mais la main d'en haut va bientôt arrêter ces progrès ; ne crains pas cependant la chute de ta maison, elle survivra plus brillante en la personne d'une fille, et il sortira de son sein des monarques ornés du sceptre et puissans sur les peuples; ils régneront sur les deux empires les plus puissans du monde connu, et aussi sur un monde nouveau, que la main de Dieu tient encore caché dans les mers inconnues aux vaisseaux.

LE ROI.

Oh! parle, puisque l'Esprit saint t'éclaire! Cette union fraternelle que nous venons de renouveler unira-t-elle aussi nos derniers neveux ?

JEANNE, *après un instant de silence*.

Rois et souverains, redoutez la discorde. Gardez-vous de la réveiller quand elle sommeille dans son antre. Si une fois elle en sort, il faudra long-temps pour l'apaiser. Elle fait naître une race au cœur de fer, et l'incendie allume sans cesse un nouvel incendie. Ne souhaitez pas en savoir davantage ; jouissez du présent, et laissez-moi tenir l'avenir caché.

AGNÈS.

Sainte fille, tu connais mon cœur, tu sais s'il aspire à de vaines grandeurs. Dis-moi aussi quelque oracle consolant.

JEANNE.

L'Esprit saint ne me révèle que le sort des empires ; les révolutions de ton sort se passeront dans ton propre cœur.

DUNOIS.

Mais toi, fille sublime, quel sera ton sort, toi que le ciel chérit? Sans doute le plus grand bonheur de la terre est promis à celle qui est pieuse et sainte ?

JEANNE.

Le bonheur n'habite que là-haut dans le sein de l'Éternel.

LE ROI.

Ton bonheur sera désormais le soin le plus cher de ton roi. Je veux élever ton nom en France. Que la dernière postérité sache ce que j'ai fait pour toi ; ma reconnaissance va éclater sur-le-champ : mets un genou en terre. (*Il tire son épée et en touche Jeanne.*) Je t'anoblis. Ton roi t'élève au-dessus de la poussière d'une naissance obscure; et tes ancêtres mêmes qui sont dans le tombeau, je les anoblis. Tu porteras le lis dans tes armes, tu seras égale en noblesse aux premiers de la France, et le sang royal de Valois sera seul plus noble que le tien. Les plus grands parmi les grands de ma cour se tiendraient honorés de ta main, et je m'occuperai à te choisir le plus illustre époux.

DUNOIS *s'avance*.

Je l'avais choisie avant son élévation. Les nouveaux honneurs qui brillent sur sa tête ne peuvent augmenter ni sa gloire ni mon amour; ici, en présence de mon roi et de ce saint archevêque, je lui présente ma main comme à la princesse mon épouse, si toutefois elle me croit digne d'aspirer à cet honneur.

LE ROI.

Rien ne peut te résister; tu ajoutes des miracles aux miracles, et je commence à croire qu'il n'est rien qui te soit impossible. Tu as vaincu ce cœur orgueilleux qui jusqu'à cette heure avait méprisé le pouvoir de l'amour.

LA HIRE *s'avance*.

Le plus bel ornement de Jeanne, je le connais bien, c'est la modestie de son cœur; elle est digne de la grandeur, mais jamais elle n'aurait porté si haut ses désirs. Elle n'aspire point à une vaine élévation. Le dévouement sincère d'un cœur généreux saurait la satisfaire, et c'est ce tranquille bonheur que je lui offre avec ma main.

LE ROI.

Et toi aussi, La Hire? quoi! deux rivaux pareils en gloire et en héroïsme! Après m'avoir réconcilié avec mes ennemis, après avoir apaisé mon royaume, veux-tu diviser entre eux mes plus chers amis? Puisque tu ne peux appartenir qu'à un seul, et que tous deux sont dignes d'un tel prix, parle, c'est à ton cœur de prononcer entre eux.

AGNÈS *s'approche.*

La noble Jeanne est interdite, et son visage se colore d'une rougeur modeste. Laissez-lui le temps d'interroger son cœur, de se confier à une amie, et d'épancher les secrets que cache sa pudeur. C'est à moi, en ce moment, d'aborder, comme une tendre sœur, cette fière héroïne, pour lui offrir une discrète confidente. Laissez d'abord le secret d'une femme se révéler à une autre femme, et attendez ce qui sera résolu entre nous.

LE ROI *paraît prêt à s'éloigner.*

Qu'il en soit ainsi.

JEANNE.

Non, sire; si j'ai rougi devant vous, ce n'est point par le trouble d'une pudeur timide. Je n'ai rien à confier à cette noble dame que je ne puisse dire devant vous sans blesser la modestie. Le choix de ces illustres chevaliers m'honore, mais je n'oublierai point que je suis une simple bergère. Est-ce donc pour acquérir de vains et frivoles honneurs, est-ce donc pour orner ma tête de la couronne nuptiale que j'ai revêtu cette armure d'airain? C'est à d'autres œuvres que j'ai été appelée, et une chaste vierge peut seule les accomplir. Je suis la guerrière du Tout-Puissant, et je ne puis être l'épouse d'un homme.

L'ARCHEVÊQUE.

La femme est née pour être la tendre compagne de l'homme; quand elle obéit à la nature, elle n'en est que plus digne du ciel. Quand vous aurez satisfait à l'ordre du Tout-Puissant qui vous avait envoyée sur les champs de bataille, il sera temps de déposer vos armes, et de retourner à la vie paisible que vous aviez abandonnée; votre sexe n'est pas destiné aux œuvres sanglantes de la guerre.

JEANNE.

Vénérable seigneur, je ne sais point encore ce que l'Esprit saint m'ordonnera d'accomplir; quand le moment sera venu, sa voix ne sera point muette pour moi, et je saurai lui obéir. Il m'ordonne maintenant de terminer ma mission : le front de mon souverain n'a point encore reçu la couronne; l'huile sainte n'a point encore été répandue sur sa tête; il n'est encore que mon seigneur, et non pas mon roi.

LE ROI.

Nous suivons la route qui conduit à Reims.

JEANNE.

Ne demeurons point tranquilles, tandis que les ennemis nous entourent et s'occupent à vous fermer le chemin. Cependant je saurai vous conduire à travers toutes leurs armées.

DUNOIS.

Mais lorsque tout sera terminé, lorsque nous serons entrés victorieux à Reims, alors, noble héroïne, voudrez-vous m'agréer pour époux?

JEANNE.

Fasse le ciel que, couronnée par la victoire, je puisse m'éloigner de ces champs de carnage! Alors ma vocation sera finie, et la bergère n'aura plus affaire dans le palais des rois.

LE ROI, *lui prenant la main.*

Tu obéis maintenant à la voix de l'Esprit saint; et ton cœur, plein d'un amour divin, est sourd à l'amour terrestre. Mais, crois-moi, il l'écoutera quelque jour. Le bruit des armes cessera; la victoire nous ramènera la paix, alors le bonheur s'emparera de toutes les âmes. et un délicieux sentiment s'éveillera dans tous les cœurs : tu l'éprouveras aussi, et des désirs enchanteurs rempliront tes yeux des plus douces larmes qu'ils aient versées. Ce cœur, que l'amour du ciel occupe tout entier, se laissera entraîner à un autre amour. Ta divine assistance a rendu le bonheur à des milliers d'hommes; voudrais-tu finir par faire le malheur d'un seul?

JEANNE.

Dauphin, es-tu donc déjà lassé de la protection du ciel, puisque tu veux briser son vase d'élection, et forcer la chaste vierge que Dieu a envoyée de descendre dans la foule du vulgaire? Cœurs aveugles, hommes de peu de foi, la toute-puissance du ciel se manifeste à vous; ses miracles ont frappé vos yeux, et vous ne savez rien voir en moi qu'une femme! Une femme eût-elle osé se couvrir de ce vêtement de fer et se mêler parmi les combattans? Malheur à moi, tandis que ma main porte le glaive vengeur de mon Dieu, mon frivole cœur se laissait entraîner à un sentiment qui aurait pour objet une créature terrestre! Il vaudrait mieux pour moi que je ne fusse jamais née. Que de semblables paroles ne soient plus prononcées, car vous irriteriez l'Esprit saint qui s'indigne en moi : les regards des hommes et leurs désirs sont à mes yeux un horrible sacrilége.

LE ROI.

Finissons, c'est l'irriter vainement.

JEANNE.

Ordonnez que l'on sonne la trompette guerrière. Ce repos me pèse et me tourmente; il faut que je sorte de cet oisif loisir, il faut que j'accomplisse ma mission, il faut que j'obéisse au destin impérieux qui me conduit.

SCÈNE V.

LES PRÉCÉDENS, UN CHEVALIER *entre avec précipitation.*

LE ROI.

Qu'est-ce?

LE CHEVALIER.

L'ennemi a passé la Marne; il dispose ses bataillons pour le combat.

JEANNE, *avec enthousiasme.*

Aux armes! aux armes! maintenant l'âme peut rompre ses liens. Armez-vous, je vais tout régler pour le combat.

Elle sort.

LE ROI.

La Hire, suivez-la. Veulent-ils nous disputer la couronne même aux portes de Reims?

DUNOIS.

Ce n'est pas là un vrai courage, c'est le dernier effort d'un espoir furieux et impuissant.

LE ROI.

Duc de Bourgogne, je n'ai rien à vous dire; voici le jour qui peut réparer beaucoup.

LE DUC.

Vous serez satisfait.

LE ROI.

Je marcherai devant vous dans le chemin de la gloire; et devant la ville qui renferme ma couronne, je combattrai pour la conquérir. Mon Agnès, ton chevalier te dit adieu.

AGNÈS *l'embrasse.*

Je ne pleure pas, je ne tremble pas pour toi; ma confiance s'assure aux bontés du ciel; il ne nous a pas donné tant de gages de sa faveur pour nous abandonner après. Bientôt, mon cœur me l'assure, j'embrasserai mon roi couronné par la victoire dans les murs de Reims.

Les trompettes font retentir un air brillant et animé, qui devient peu à peu terrible et guerrier. Pendant ce temps la scène change, puis l'orchestre accompagne les trompettes placées derrière la scène.

SCÈNE VI.

La scène change et représente une plaine découverte, terminée par des arbres; la musique continue, et l'on voit des soldats traverser rapidement le fond du théâtre.

TALBOT *soutenu par* FALSTOLF; *des soldats les accompagnent;* LIONEL *survient bientôt après.*

TALBOT.

Déposez-moi sous ces arbres et retournez au combat. Je n'ai besoin d'aucun secours pour mourir.

FALSTOLF.

O jour de malheur et de désespoir! (*Lionel s'approche.*) Dans quel moment vous arrivez, Lionel! voici notre capitaine frappé à mort.

LIONEL.

Dieu nous préserve de ce malheur! Relevez-vous, noble lord, ce n'est pas le moment de succomber; ne cédez point à la mort. Que la force de votre volonté contraigne la nature à vous laisser vivre.

TALBOT.

C'est en vain, le jour fatal est arrivé; notre trône doit s'écrouler en France. Inutilement j'ai, jusqu'au dernier moment, essayé de le soutenir dans ce combat désespéré; frappé de la foudre, je succombe ici pour ne plus me relever. Reims est perdu; hâtez-vous d'aller au secours de Paris.

LIONEL.

Paris s'est livré au Dauphin; un courrier vient de nous en apporter la nouvelle.

TALBOT, *arrachant l'appareil de sa blessure.*

Ah! que les flots de mon sang s'écoulent; je suis las de la lumière du jour.

LIONEL.

Je ne puis demeurer davantage. Falstolf, portez notre général dans un lieu plus sûr: nous ne pouvons nous maintenir plus long-temps dans ce poste. Nos gens fuient déjà de toutes parts; la Pucelle les chasse devant elle.

TALBOT.

La déraison triomphe, et c'est moi qui succombe. La Divinité elle-même serait contrainte de céder à la folie. Suprême raison, toi qui es la fille brillante des puissances célestes, la sage conservatrice de l'univers et le guide du cours des astres, qu'est-ce donc que ton pouvoir? Attachée à un cheval furieux, tu es, malgré tes cris impuissans, entraînée avec des hommes aveugles et ivres dans l'abîme que vainement tu aperçois. Malheur à ceux qui, ayant consacré leur vie à la gloire, concertent pour y parvenir des plans dictés par la prudence! C'est au plus insensé qu'appartient l'empire du monde.

LIONEL.

Mylord, vous n'avez plus que peu d'instans à vivre; songez à votre créateur.

TALBOT.

Si nous étions vaincus en braves guerriers, par d'autres guerriers, nous pourrions nous consoler en songeant que c'est le destin commun et que la fortune est journalière. Mais succomber par l'effet d'un grossier prestige! Était-ce donc la récompense due à une vie pleine de glorieux travaux?

LIONEL *lui prend la main.*

Mylord, adieu. Après le combat, si je survis, je verserai sur vous les larmes que vous méritez. Mais maintenant il faut que je retourne sur le champ de bataille; le sort y flotte encore incertain, et tout n'est pas décidé. Au revoir dans un autre monde, mylord; recevez l'adieu rapide d'un ancien ami.

Il part.

TALBOT.

Bientôt c'en sera fait; je vais rendre à la terre et au soleil éternel les atomes qui s'étaient assemblés en moi pour la douleur ou le plaisir, et de ce puissant Talbot, dont la renommée remplissait le monde, il ne restera qu'une poignée de poussière. Telle est la fin de l'homme. La seule conquête qui nous revienne du combat de la vie, c'est la perspective du néant, et le mépris intérieur de tout ce qui nous avait paru grand et digne d'envie.

SCÈNE VII.

LE ROI, LE DUC, DUNOIS, DUCHATEL *et des Soldats entrent sur la scène.*

LE DUC.

Le fort est emporté.

DUNOIS.

La journée est à nous.

LE ROI, *apercevant Talbot.*

Voyez quel est ce guerrier qui semble quitter si douloureusement la lumière du jour; son armure annonce un guerrier distingué. Allez, et qu'on lui donne des secours, s'il en est temps encore.

Des soldats de la suite du Roi s'avancent pour emporter Talbot.

FALSTOLF.

Arrêtez, n'approchez pas: tout mort qu'il est, respectez celui que vous vous gardiez bien d'approcher tandis qu'il était vivant.

LE DUC.

Que vois-je? Talbot baigné dans son sang!

Il s'avance vers lui, Talbot le regarde d'un œil fixe et meurt.

FALSTOLF.

Retirez-vous, duc de Bourgogne; que la vue d'un parjure ne souille pas le dernier regard d'un héros.

DUNOIS.

Terrible et indomptable Talbot, quel petit espace te suffit maintenant! et le vaste territoire de la France ne pouvait satisfaire ton ardeur insatiable! Maintenant, sire, je vous salue comme roi; tant que ce corps a renfermé une âme, votre couronne n'était pas assurée sur votre tête.

LE ROI, *après avoir regardé Talbot pendant un instant.*

Il a été vaincu, non par nous, mais par un pouvoir suprême: il est gisant sur la terre de France, comme un héros sur son bouclier qu'il n'a pas voulu abandonner. Qu'on l'emporte. (*Des soldats obéissent et emportent le corps.*) Que la paix soit avec sa cendre! un honorable monument lui sera élevé au milieu de la France, et ses restes y trouveront le repos après une carrière et une mort héroïques. Nul ennemi n'a porté plus loin ses armes; et le lieu même où sera placée sa sépulture lui servira de glorieuse épitaphe.

FALSTOLF, *présentant son épée au Roi.*

Seigneur, je suis votre prisonnier.

LE ROI *lui rend son épée.*

Non; la guerre, dans sa rudesse, respecte cependant les pieux devoirs. Soyez libre pour conduire au tombeau les restes de votre général. Maintenant, Duchâtel, hâtez-vous; mon Agnès tremble. Allez terminer ses angoisses; allez lui apprendre que nous vivons, que nous sommes vainqueurs, et amenez-la en triomphe à Reims.

Duchâtel sort.

SCÈNE VIII.

LES PRÉCÉDENS, LA HIRE.

DUNOIS.

La Hire, où est Jeanne?

LA HIRE.

Comment! j'allais vous le demander: je l'ai laissée combattant à vos côtés.

DUNOIS.

Quand j'ai couru au secours du roi, je la croyais protégée par votre bras.

LE DUC.

J'ai aperçu, il y a peu d'instans, sa blanche bannière s'élever au plus épais des rangs ennemis.

DUNOIS.

Malheur à nous! Où est-elle? Malédiction sur moi! Venez, courons promptement la délivrer; je crains qu'une vaillance téméraire ne l'ait emportée trop loin; qu'entourée d'ennemis elle combatte toute seule, et qu'elle succombe sans secours au milieu de la foule.

LE ROI.

Courez; délivrez-la.

LA HIRE.

Je vous suis. Partons.

LE DUC.

Allons tous.

Ils partent.

SCÈNE IX.

Le théâtre représente une autre partie écartée du champ de bataille. On aperçoit dans le lointain les tours de Reims éclairées par les rayons du soleil.

UN CHEVALIER *revêtu d'une armure noire; sa visière est baissée.* JEANNE *le poursuit jusque sur le devant de la scène; il s'arrête et l'attend.*

JEANNE.

Fourbe, je démêle maintenant ta ruse. Par ta fuite trompeuse, tu as voulu m'écarter du champ de bataille, et dérober à leur sort une foule des fils de l'Angleterre. Mais le trépas va maintenant t'atteindre toi-même.

LE CHEVALIER NOIR.

Pourquoi me poursuis-tu ainsi? Pourquoi t'acharner sur mes pas avec tant de fureur? Je ne suis pas destiné à tomber sous ta main.

JEANNE.

Je sens au fond du cœur que tu m'es odieux autant que la nuit dont tu portes la funeste couleur; j'éprouve un désir invincible de te ravir la lumière; qui es-tu? Lève ta visière. Si je n'avais vu le terrible Talbot tomber dans le combat, je croirais que tu es Talbot.

LE CHEVALIER NOIR.

Eh quoi! l'esprit prophétique ne te fait plus entendre sa voix!

JEANNE.

Il me crie, au plus profond de mon âme, que mon malheur est attaché à toi.

LE CHEVALIER NOIR.

Jeanne d'Arc! jusqu'aux portes de Reims, tu as marché sous les ailes de la victoire. Tant de gloire te suffit. Ne tente plus le destin qui jusqu'ici t'a servie en esclave. N'attends pas qu'il se révolte et t'abandonne. Souviens-toi qu'il ne connaît pas la constance, et que nul n'a été par lui favorisé jusqu'à la fin.

JEANNE.

Que veux-tu dire? Au milieu de la carrière, je m'arrêterais et je laisserais mon ouvrage imparfait! Je vais poursuivre et terminer ma mission.

LE CHEVALIER NOIR.

Rien jusqu'ici n'a pu résister à tes efforts tout-puissans, tu as vaincu dans chaque combat, mais ne retourne plus dans les batailles; écoute cet avertissement.

JEANNE.

Ma main ne quittera le glaive que lorsque l'orgueilleuse Angleterre sera abattue.

LE CHEVALIER NOIR.

Regarde. Devant toi s'élèvent les tours de Reims; c'est là le but et le terme de ta course. Tu vois briller le sommet de cette haute cathédrale; tu dois y entrer avec une pompe triomphale, couronner ton roi et terminer ta mission. Ne va pas plus loin, retourne sur tes pas ; écoute cet avertissement.

JEANNE.

Être fourbe et dissimulé, qui es-tu pour vouloir ainsi m'épouvanter et m'égarer? Pourquoi oses-tu m'annoncer un oracle imposteur? (*Le chevalier noir veut se retirer, elle se place devant lui.*) Non, tu répondras à mes demandes, ou tu periras de ma main.

Elle veut engager le combat avec lui.

LE CHEVALIER NOIR. *Il la touche de sa main, et elle demeure immobile.*

Tu ne peux donner la mort qu'aux mortels.

La scène s'obscurcit, des éclairs brillent, le tonnerre se fait entendre, le chevalier disparaît.

JEANNE *demeure interdite, mais se rassure bientôt après.*

Ce n'est point un être vivant. C'est un fantôme trompeur échappé de l'enfer, un esprit rebelle sorti des gouffres ardens, pour troubler mon cœur et mon courage. Qu'ai-je à craindre tant que je porte le glaive de mon Dieu? Poursuivons et achevons glorieusement ma route, et quand l'enfer lui-même s'opposerait à moi, mon cœur ne serait ni effrayé ni affaibli.

Elle veut se retirer.

SCÈNE X.

LIONEL, JEANNE.

LIONEL.

Misérable, prépare-toi à combattre. Un de nous laissera sa vie en ce lieu. Tu as frappé les plus braves de mes concitoyens; le noble Talbot a exhalé sa grande âme sur mon sein. Je vengerai ce héros, ou je partagerai son sort; et pour que tu saches avec qui tu as la gloire de disputer la victoire et la vie, je suis Lionel, le dernier des chefs de notre armée, et dont le bras n'a pas encore été vaincu. (*Il l'attaque; et après un instant de combat, elle fait tomber l'épée de Lionel.*) Sor perfide!

Il lutte avec elle.

JEANNE *saisit par derrière le cimier de son casque, le lui arrache avec force: le casque tombe; le visage de Lionel reste découvert. Jeanne lève son épée sur lui.*

Souffre la mort que tu es venu chercher. (*En ce moment elle aperçoit le visage de Lionel, son regard s'attache à lui elle demeure immobile et laisse lentement retomber son bras.*) La sainte Vierge t'immole par ma main.

LIONEL.

Pourquoi suspendre et retarder le coup de la mort? Ôte-moi la vie, comme tu m'as ôté la gloire. Je suis en ta main, et je ne demande point de grâce. (*Elle lui fait signe de s'éloigner.*) Que je fuie, que je te doive la vie!... non, plutôt mourir!

JEANNE.

Je veux ignorer que ta vie est en mon pouvoir.

LIONEL.

Je hais toi et ta clémence ; je ne veux point de grâce. Frappe ton ennemi, celui qui te déteste, qui voudrait te donner la mort.

JEANNE.

Eh bien, donne-la-moi et fuis.

LIONEL.

Qu'entends-je?

JEANNE *se cache le visage.*

Malheur à moi!

LIONEL.

Tu égorges, dit-on, tous les Anglais qui sont vaincus par toi dans le combat. Pourquoi m'épargner?

JEANNE *lève son épée sur lui avec un mouvement rapide; mais quand l'épée approche du visage de Lionel, Jeanne la laisse de nouveau retomber.*

Vierge sainte!

LIONEL.

Pourquoi invoques-tu les saints? Quel rapport ont-ils avec toi? Ce n'est pas le ciel qui te protège.

JEANNE, *dans une douloureuse agitation.*

Ah! qu'ai-je fait? J'ai manqué à mon vœu.

Elle se tord les mains avec désespoir.

LIONEL *la regarde avec compassion, et s'approche.*

Malheureuse fille, je te plains, tu m'attendris. Envers moi seul tu te montres généreuse, je sens que ma haine s'évanouit et que ton sort m'intéresse. Qui es-tu? d'où es-tu venue?

JEANNE.

Fuis, quitte-moi.

LIONEL.

Ta jeunesse, ta beauté me touchent; ton regard pénètre jusqu'au fond de mon cœur. Je veux te sauver; dis-moi, comment le puis-je? Viens, viens, abjure tes horribles sermens. Laisse là tes armes.

JEANNE.

Je ne suis plus digne de les porter.

LIONEL.

Rejette-les promptement et suis-moi.

JEANNE, *égarée.*

Te suivre!

LIONEL.

Je te sauverai. Suis-moi. Oui, je veux te sauver; mais ne tardons pas davantage. J'éprouve pour toi la plus tendre compassion, et un désir ardent de te sauver.

Il prend la main de Jeanne.

JEANNE.

Dunois approche; les voici, il me cherchent. Ah! s'ils te rencontraient!

LIONEL.

Je te défendrais.

JEANNE.

Ah! je mourrais si tu tombais sous leurs coups.

LIONEL.

Je te suis donc cher!

JEANNE.

Puissances du ciel!

LIONEL.

Te reverrai-je? Entendrai-je de ta bouche...

JEANNE.

Jamais, jamais.

LIONEL.

Cette épée sera le gage de notre réunion.

Il lui prend son épée.

JEANNE.

Que fais-tu, malheureux?

LIONEL.

Maintenant, je cède à la force, mais je te reverrai.

Il s'éloigne.

SCÈNE XI.

DUNOIS, LA HIRE, JEANNE.

LA HIRE.

Elle vit, c'est elle.

DUNOIS.

Jeanne, ne craignez plus rien; vos braves amis sont à vos côtés.

LA HIRE.

N'est-ce pas Lionel qui fuit?

DUNOIS.

Laisse-le fuir. Jeanne, la juste cause triomphe. Reims ouvre ses portes. Tout le peuple se précipite avec allégresse au-devant de son roi.

LA HIRE.

Qu'est-ce? Jeanne pâlit, elle est défaillante.

Jeanne est prête à s'évanouir.

DUNOIS.

Elle est blessée; arrachons sa cuirasse. Ah! c'est son bras qui a été atteint, la blessure est légère sans doute.

LA HIRE.

Le sang coule.

JEANNE.

Puisse ma vie s'écouler avec lui!

Elle sort appuyée sur le bras de La Hire.

ACTE QUATRIÈME.

Le théâtre représente une salle ornée pour une fête. Les colonnes sont entourées de guirlandes. Derrière la scène on entend les flûtes et les hautbois.

SCÈNE PREMIÈRE.

JEANNE, *seule.*

Le bruit des armes a cessé, le tumulte de la guerre s'est apaisé. Aux combats sanglans ont succédé les chants et les jeux; des accens joyeux retentissent dans toutes les rues. Les temples et les autels brillent de leurs ornemens de fêtes; des arcs de verdure s'élèvent, des guirlandes ornent ces colonnes, et la vaste enceinte de la ville ne peut contenir la foule qui vient assister à cette solennité.

Le même sentiment de joie anime tous les cœurs, tous sont saisis de la même pensée. Ceux qu'une discorde sanglante divisait il y a peu de temps encore, goûtent ensemble l'allégresse commune. Tout Français s'enorgueillit aujourd'hui de ce nom; le trône retrouve son antique splendeur. La France rend hommage au fils de ses rois.

Moi, cependant, à qui l'on doit ce beau jour, moi je ne ressens pas le bonheur universel. Mon cœur est distrait et égaré; il fuit de cette solennité pour errer dans le camp des Anglais. C'est vers les ennemis que se portent mes regards, et je me dérobe à cette joyeuse réunion pour cacher la peine cruelle qui agite mon sein.

Oui, moi! je porte dans mon cœur l'image d'un homme; ce cœur que remplissait la gloire céleste est troublé par un amour terrestre! Moi, la libératrice de mon pays, la guerrière du Tout-Puissant, je brûle pour un ennemi de la France, et j'ose le dire à la face du ciel sans mourir de honte!

La musique fait entendre une mélodie douce et des sons affaiblis.

Malheur, malheur à moi! Ces sons séduisent mon oreille; chacun me fait entendre sa voix, me rappelle son image comme par enchantement. Ah! que le bruit des armes revienne affermir mon cœur; que le cliquetis des lances au milieu de la fureur des combats vienne me rendre mon courage.

Mais ces doux sons, ces voix mélodieuses s'emparent de mon cœur. Toutes les forces de mon âme s'affaiblissent par degré, et s'évanouissent en faisant couler de mes yeux des larmes mélancoliques.

Elle se tait un moment, puis reprend avec plus de vivacité.

Devais-je donc l'égorger? Et le pouvais-je après que mes yeux ont rencontré les siens? L'égorger! Ah! plutôt enfoncer dans mon sein l'acier homicide. Suis-je donc coupable pour n'avoir pas été inhumaine? la compassion est-elle une faute devant Dieu? La compassion! et l'écoutais-tu cette voix de la compassion et de l'humanité, quand ton épée immolait les autres victimes? Pourquoi ne s'est-elle pas fait entendre pour ce malheureux Gallois, ce tendre enfant qui te conjurait pour sa vie? O astuce du cœur! tu veux mentir à la lumière éternelle. Non, ce n'est pas à la voix de la pitié que tu as obéi.

Pourquoi ai-je vu ses yeux? Pourquoi ma vue a-t-elle rencontré les traits de son noble visage? Ah! malheureuse, tout mon crime vient d'un regard. Dieu t'avait choisie comme un aveugle instrument de sa puissance; tu devais lui obéir aveuglément. Tu as voulu voir, Dieu a retiré son bras protecteur, et tu es tombée dans les liens de l'enfer.

Les flûtes font entendre des sons tranquilles et tendres.

Humble houlette, ah! pourquoi t'ai-je quittée pour prendre le glaive? Chêne sacré, pourquoi ai-je entendu le murmure de tes feuilles agitées? Divine reine des cieux, pourquoi t'es-tu montrée à ma vue? Reprends ta couronne, reprends-la, je ne puis la mériter.

Hélas! j'ai vu les cieux ouverts, les bienheureux se sont laissé voir à mes yeux, et cependant mes désirs se portent vers la terre et non pas vers le ciel. Ah! pourquoi ai-je été chargée de cette terrible mission? Pouvais-je endurcir un cœur que le ciel a créé sensible?

Puisque tu voulais, ô mon Dieu, manifester ta puissance, tu devais choisir ceux qui, exempts de péché, siégent dans la demeure éternelle; tu devais envoyer un de tes esprits purs, immortels, qui ne sont point émus, qui ne sont point attendris; mais fallait-il choisir une tendre fille, une bergère au faible cœur?

Que m'importaient le sort des combats et les discordes des rois? Tranquille et innocente, je conduisais mes agneaux sur le sommet de la montagne. Tu m'as entraînée au milieu de la cour et des palais orgueilleux des princes, où je devais me rendre coupable. Hélas! tel n'eût pas été mon choix.

SCÈNE II.

AGNÈS, JEANNE.

Agnès entre avec une vive émotion; dès qu'elle aperçoit Jeanne, elle court à elle et la presse dans ses bras; puis réfléchissant, elle se met à genoux devant elle.

AGNÈS.

Oui, oui, ainsi prosternée devant toi.

JEANNE *veut la relever.*

Relevez-vous, vous oubliez qui vous êtes et qui je suis.

AGNÈS.

Non, laisse-moi à tes pieds, c'est l'excès de ma joie qui m'y précipite. Mon cœur trop plein a besoin de s'épancher devant Dieu, et j'adore en toi celui qui est invisible à mes yeux. N'es-tu pas l'ange qui a conduit mon roi à Reims et qui orne son front de la couronne? Ce que je n'aurais pas osé même rêver dans mes songes est accompli; la pompe du couronnement s'apprête, le roi a revêtu ses ornemens solennels. Les pairs et les grands du royaume sont rassemblés, ils portent la couronne et tous les signes de la royauté. La foule du peuple afflue vers l'antique cathédrale, le son des cloches se mêle aux chants d'allégresse. Ah! pourrai-je supporter tant de bonheur! (*Jeanne la relève doucement. Agnès s'arrête un instant, elle examine les yeux de Jeanne.*) Cependant tu demeures toujours sérieuse et sévère. Tu répands le bonheur, et tu ne saurais le partager; ton cœur reste froid, tu ne ressens pas notre plaisir; tu as entrevu la gloire céleste, tu ne peux être émue des joies de la terre. (*Jeanne saisit vivement la main d'Agnès, mais l'abandonne tout de suite après.*) Ah! peux-tu être femme et n'être point sensible! Dépouille cette armure, la guerre est maintenant finie; entre dans une condition plus paisible. Mon cœur, qui veut te chérir, s'éloigne timidement de toi tant qu'il te voit semblable à l'austère Pallas.

JEANNE.

Qu'exigez-vous de moi?

AGNÈS.

Désarme-toi, laisse ton armure; l'acier qui couvre ton sein épouvante l'amour. Redeviens une femme, et tu aimeras.

JEANNE.

Me désarmer maintenant! maintenant, non. J'offrirai dans les combats mon sein désarmé aux coups de la mort! Mais aujourd'hui! Ah! qu'un triple airain me défende contre vos fêtes, contre moi-même.

AGNÈS.

Dunois t'aime; son noble cœur, qui n'avait encore chéri que la gloire et la vaillance, brûle pour toi d'un amour pur. Ah! qu'il est doux de se voir aimée d'un héros! qu'il est plus doux encore de l'aimer!

Jeanne détourne la tête avec un air d'éloignement.

Le haïrais-tu? Non, tu peux ne pas l'aimer, mais tu ne saurais le haïr. On ne déteste que celui qui veut vous arracher à ce que vous aimez, et toi tu n'aimes point. Ton cœur est calme, peut-être même insensible.

JEANNE.

Ah! plaignez-moi, pleurez sur mon sort.

AGNÈS.

Qui peut manquer à ton bonheur? Tu as rempli tes promesses, la France est délivrée; tu as conduit par une marche victorieuse le roi jusqu'à Reims; un peuple ivre de joie te paye le tribut de gloire qui t'est dû. Ton nom et tes louanges remplissent tous les discours, tu es la divinité de cette fête, et le roi lui-même avec sa couronne a un triomphe moins brillant que le tien.

JEANNE.

Ah! que ne puis-je me cacher au fond des entrailles de la terre!

AGNÈS.

Que veux-tu dire? quel étrange sentiment! Qui donc osera lever les yeux aujourd'hui, si tes regards s'humilient vers la terre? Ce serait à moi à rougir, à moi qui suis si petite devant toi, qui suis si loin d'atteindre à cette âme héroïque et sublime! dois-je te révéler toute ma faiblesse? Ce n'est ni la gloire de mon pays, ni la splendeur renouvelée du trône, ni la joie du peuple, ni les chants de victoire qui occupent mon faible cœur; un seul sentiment le remplit tout entier et ne laisse aucun espace pour d'autres pensées.

Celui que l'on révère, celui que le peuple accueille par ses acclamations, celui qui va être béni, celui pour qui on a répandu ces fleurs, celui-là est à moi, c'est celui que j'aime.

JEANNE.

Ah! vous êtes heureuse; jouissez de votre bonheur. Vous aimez l'objet que tout aime autour de vous; vous osez ouvrir votre cœur, dire tout haut ce que vous ressentez, sans craindre les regards des hommes. Cette fête de la France, c'est la fête de votre amour: ce peuple innombrable qui se presse dans les murs de la ville, il partage votre amour et le sanctifie. C'est pour vous qu'il pousse des cris de joie, c'est pour vous qu'il tresse des guirlandes; vous êtes dans un doux accord avec la joie commune. Vous chérissez celui qui, semblable au soleil, répand sur tous le bonheur; et tout ce que vous voyez vous semble brillant de votre amour.

AGNÈS, *la pressant dans ses bras.*

Oh! tes discours m'enchantent; tu me comprends tout entière. Oui, je t'ai méconnue; tu connais l'amour: ce que j'éprouve tu l'exprimes avec force. Mon cœur n'éprouve plus de crainte et de timidité, il s'épanche avec confiance dans le tien.

JEANNE, *s'arrachant vivement de ses bras.*

Laissez-moi; éloignez-vous de moi; craignez de vous souiller en m'approchant. Allez, soyez heureuse, et laissez-moi ensevelir dans une nuit profonde mon malheur, ma honte et mon effroi.

AGNÈS.

Tu m'effraies, je ne te comprends plus, si même j'ai pu jamais te comprendre: à mes yeux, tu as toujours été enveloppée d'une profonde obscurité. Qui pourrait concevoir maintenant ce qui alarme la sainteté de ton cœur et les scrupules de ton âme pure?

JEANNE.

C'est vous qui êtes pure, c'est vous qui êtes sainte. Si vous pouviez lire au fond de mon âme, vous repousseriez en frissonnant une femme ennemie et parjure.

SCÈNE III.

DUNOIS, DUCHATEL, LA HIRE. *Il porte l'étendard de Jeanne.*

DUNOIS.

Nous vous cherchons, Jeanne; tout est prêt. Le roi nous envoie vers vous: il veut que vous portiez votre bannière devant lui; vous marcherez avec les princes du royaume, et vous serez le plus près de lui, car il veut annoncer ce que tous reconnaissent; c'est que l'honneur de cette journée doit vous être attribué.

LA HIRE.

Voici votre bannière; prenez-la, noble Jeanne;

les princes vous attendent, et le peuple est impatient.

JEANNE.

Moi, marcher près de lui! moi, porter cette bannière!

DUNOIS.

Quel autre pourrait s'en charger? quelle autre main serait assez pure pour porter ce signe divin? Vous l'éleviez au milieu des batailles; qu'il paraisse dans cette solennité, et qu'il nous guide dans le chemin du bonheur.

La Hire veut lui donner la bannière; elle se retire avec effroi.

JEANNE.

Non, non.

LA HIRE.

Eh quoi, l'aspect de votre bannière vous épouvante! Regardez (*il déploie la bannière*), c'est la même qui vous a conduite à la victoire. La reine des cieux est peinte s'élevant au dessus du globe de la terre, *ainsi qu'elle-même vous l'avait prescrit*.

JEANNE, *effrayée et agitée*.

C'est elle-même, c'est ainsi qu'elle m'apparut : quels regards elle lance sur moi, et quelle colère elle laisse voir sur son front et dans ses yeux!

AGNÈS.

Elle est hors d'elle-même. Revenez à vous : ce n'est point elle que vous voyez, c'est une image terrestre; elle habite au milieu des chœurs célestes.

JEANNE.

O terreur! vient-elle pour châtier sa créature? Punis-moi, écrase moi; prends ta foudre, et lance-la sur ma tête coupable. J'ai violé mes sermens, j'ai profané, j'ai parjuré ton saint nom.

DUNOIS.

Oh! malheureux que nous sommes! Qu'est-ce que tout ceci? quels funestes discours!

LA HIRE, *étonné, à Duchâtel*.

Concevez-vous cet étrange égarement?

DUCHATEL.

Je vois, je crois apercevoir. Dès long-temps je le redoutais.

DUNOIS.

Comment! que dites-vous?

DUCHATEL.

Je n'ose dire ce que je pense. Plût au ciel que ce moment fût passé et que le roi fût couronné!

LA HIRE.

Comment cette bannière peut-elle reporter vers vous la terreur? Les Anglais tremblent à son aspect; elle est terrible à tous les ennemis de la France, mais n'est-elle pas favorable aux Français fidèles?

JEANNE.

Oui, tu as raison : elle est propice aux amis de la France et porte le trouble à ses ennemis.

On entend la marche du couronnement.

DUNOIS.

Prenez votre bannière, prenez-la. La cérémonie commence, il n'y a point un instant à perdre.

SCÈNE IV.

La scène change et représente une place devant la cathédrale; le fond du théâtre est rempli d'une foule de spectateurs.

BERTRAND, CLAUDE-MARIE *et* ÉTIENNE, *sortent de la foule et avancent sur le devant de la scène. On entend dans l'éloignement les sons de la marche triomphale*.

BERTRAND.

Écoutons la musique. Les voilà, ils s'approchent. Où serons-nous mieux placés? Monterons-nous sur la plate-forme, ou nous placerons-nous avec tout le peuple? Il ne faut rien perdre de la cérémonie.

ÉTIENNE.

On ne peut point passer. Les rues sont pleines d'hommes, de chevaux, de voitures. Rangeons-nous ici près de ces maisons, nous pourrons tout voir quand le moment sera venu.

CLAUDE-MARIE.

Il semble que la moitié de la France soit rassemblée ici; et l'empressement est si grand qu'il nous a fait quitter les frontières reculées de la Lorraine.

BERTRAND.

Qui pourrait demeurer tranquillement dans son asile, lorsque de si grandes choses se passent dans son pays? Il a fallu assez de sueurs et de sang pour parvenir à ce moment où la couronne va orner un roi légitime. Il faut que notre maître, notre vrai souverain, à qui nous allons donner la couronne, soit accompagné ici d'une foule aussi grande que lorsque le peuple de Paris a conduit à Saint-Denis le roi des Anglais. Quel est le bon Français qui pourrait s'éloigner de cette solennité et qui n'éprouve pas le besoin de s'écrier : Vive le roi!

SCÈNE V.

MARGUERITE *et* LOUISE *se joignent aux précédens*.

LOUISE.

Nous verrons notre sœur; Marguerite, le cœur me bat.

MARGUERITE.

Nous la verrons dans toute sa gloire, dans toute sa grandeur, et nous dirons : Voilà Jeanne, voilà notre sœur.

LOUISE.

Jusqu'à ce que mes yeux l'aient vue, je ne

pourrai croire que cette guerrière, qu'on nomme la Pucelle d'Orléans, soit notre sœur Jeanne que nous avions perdue.

Le cortége s'approche.

MARGUERITE.

Tu doutes encore? tu la verras de tes yeux.

BERTRAND.

Regardons bien; ils arrivent.

SCÈNE VI.

Les joueurs de flûte et de hautbois ouvrent la marche. Des enfans vêtus de blanc et portant des branches à la main suivent après avec deux hérauts; ensuite une troupe de hallebardiers, puis les magistrats en robe. Deux maréchaux portent leur bâton, le duc de Bourgogne porte l'épée, Dunois le sceptre; d'autres grands du royaume sont chargés de la couronne, du globe impérial, de la main de justice. D'autres portent les offrandes; derrière viennent des chevaliers revêtus de leurs habits d'ordre, des enfans de chœur suivent avec leurs encensoirs. Deux évêques portent la sainte-ampoule; l'archevêque tient une croix. Puis Jeanne paraît avec sa bannière; elle a la tête baissée et la démarche mal assurée. Pendant qu'elle passe, on lit dans les yeux de ses sœurs leur étonnement et leur joie. Le roi vient ensuite sous un dais porté par quatre barons; les gens de sa maison sont derrière lui. Des soldats ferment la marche. Quand le cortége est entré dans l'église, la musique cesse.

SCÈNE VII.

LOUISE, MARGUERITE, CLAUDE-MARIE, BERTRAND.

MARGUERITE.

As-tu vu notre sœur?

CLAUDE-MARIE.

Celle qui portait une armure d'or et marchait devant le roi avec sa bannière?

MARGUERITE.

C'était elle, c'était Jeanne, notre sœur.

LOUISE.

Elle ne nous a pas reconnues; son cœur ne lui pas fait deviner que ses sœurs étaient près d'elle : elle regardait la terre et paraissait pâle et tremblante sous sa bannière. Je ne puis être joyeuse de l'avoir vue.

MARGUERITE.

Ainsi j'ai vu notre sœur au milieu d'une pompe brillante. Qui aurait pu, même dans un songe, prévoir et penser que celle qui gardait ses troupeaux sur notre montagne brillerait un jour d'un tel éclat?

LOUISE.

Le songe de mon père est accompli. Nous nous sommes prosternées à Reims devant notre sœur; voici l'église qu'il avait vue dans son sommeil : le rêve est accompli. Mais mon père eut ensuite une vision funeste. Hélas! je suis attristée d'avoir vu la grandeur de Jeanne.

BERTRAND.

Pourquoi rester ici? Entrons dans l'église pour voir la cérémonie.

MARGUERITE.

Oui, entrons; peut-être verrons-nous encore ma sœur.

LOUISE.

Nous l'avons vue; retournons à notre village.

MARGUERITE.

Quoi! avant de l'avoir abordée, avant de lui avoir parlé?

LOUISE.

Nous ne lui sommes plus rien; sa place est parmi les rois et les princes. Qui sommes-nous, nous qui nous pressons, pour vouloir, dans notre vanité, prendre part à son triomphe? déjà elle nous était étrangère quand autrefois elle vivait avec nous.

MARGUERITE.

Pourrait-elle rougir de nous et nous désavouer?

BERTRAND.

Le roi lui-même ne rougit pas de nous : il salue amicalement les moindres de ses sujets. Elle peut être élevée bien haut, mais le roi est plus qu'elle.

Le son des trompettes et des timbales retentit dans l'église.

CLAUDE-MARIE.

Entrons dans l'église.

Ils se retirent au fond du théâtre, et se perdent dans la foule.

SCÈNE VIII.

THIBAUT *arrive vêtu en noir,* RAYMOND *le suit et essaie de l'arrêter.*

RAYMOND.

Demeurez, mon père, écartez-vous de la foule. Voyez ce peuple transporté de joie, votre douleur ne convient point à cette fête. Venez, éloignons-nous promptement de la ville.

THIBAUT.

As-tu vu ma malheureuse enfant? l'as-tu bien regardée?

RAYMOND.

Retirons-nous, je vous en supplie.

THIBAUT.

As-tu remarqué comme sa démarche était mal assurée; comme son visage était pâle et troublé. La malheureuse connaît son sort; c'est le moment de sauver mon enfant, et je veux en profiter.

Il veut entrer.

RAYMOND.

Arrêtez, que voulez-vous faire?

THIBAUT.

Je veux la surprendre et l'arracher à sa trompeuse prospérité. Je veux, de tout mon pouvoir, la ramener à son Dieu qu'elle renonce.

RAYMOND.

Hélas! réfléchissez bien, ne précipitez pas votre propre enfant dans sa ruine.

THIBAUT.

Ah! qu'elle périsse s'il le faut, mais que son âme soit sauvée. (*Jeanne sort de l'église sans bannière. Le peuple se presse autour d'elle avec adoration et baise ses habits. Elle est retenue au fond du théâtre par la foule.*) Elle vient, c'est elle, elle sort de l'église, elle est pâle; son trouble l'entraîne hors du sanctuaire; c'est la justice divine qui se fait entendre à son cœur.

RAYMOND.

Adieu; n'exigez pas que je vous accompagne plus long-temps. Je suis venu plein d'espérance, et je pars au désespoir. J'ai revu votre fille, et je sens que je vais la perdre encore.

Il sort; Thibaut s'éloigne aussi du côté opposé.

SCÈNE IX.

JEANNE, PEUPLE. *Un instant après*, LES SOEURS DE JEANNE.

JEANNE, *s'écartant de la foule, arrive sur le devant de la scène.*

Je ne pouvais y rester, il me semblait que des fantômes m'en éloignaient; les sons de l'orgue m'épouvantaient comme le bruit du tonnerre; je croyais que la voûte du dôme s'écroulait sur ma tête; j'avais besoin de chercher la vaste enceinte du ciel. J'ai laissé ma bannière dans le sanctuaire; jamais, jamais cette main n'en sera chargée. Mais j'ai cru que mes sœurs chéries Louise et Marguerite avaient, comme un songe, passé devant mes yeux. Hélas! c'était une trompeuse apparence; elles sont loin de moi, je ne les reverrai pas plus que les jours de ma jeunesse et de mon bonheur innocent.

MARGUERITE *s'avance.*

C'est elle, c'est Jeanne.

LOUISE, *s'empressant à sa rencontre.*

O ma sœur!

JEANNE.

Ce n'était point une illusion; c'est bien vous! C'est vous que j'embrasse, ma chère Louise, ma chère Marguerite; dans cette foule étrangère, vaste désert d'hommes, je serre dans mes bras un sein fraternel.

MARGUERITE.

Elle nous connaît encore, elle est notre bonne sœur.

JEANNE.

Et c'est votre tendresse qui vous a conduites ici, si loin de la maison paternelle? Vous n'avez pas eu de ressentiment contre une sœur qui vous quitta froidement et sans adieu?

LOUISE.

La volonté mystérieuse de Dieu te conduisait.

MARGUERITE.

Ta renommée qui retentissait partout, ton nom que toutes les bouches répétaient, sont parvenus jusque dans notre paisible hameau et nous ont guidées dans cette fête solennelle. Nous voulions te voir dans ta puissance, et nous ne sommes pas venues seules.

JEANNE, *vivement.*

Mon père est avec vous? où est-il, où est-il? Pourquoi se cache-t-il?

MARGUERITE.

Mon père n'est pas avec nous.

JEANNE.

Il n'y est pas? Il n'a pas voulu voir son enfant? Vous ne m'apportez pas sa bénédiction?

LOUISE.

Il ne sait pas que nous sommes ici.

JEANNE.

Il ne le sait pas? et pourquoi vous êtes-vous troublées? Vous vous taisez et vous baissez les yeux; dites, où est mon père?

MARGUERITE.

Depuis que tu es partie...

LOUISE *lui fait un signe.*

Marguerite!...

MARGUERITE.

Mon père est tombé dans une sombre mélancolie.

JEANNE.

Dans une sombre mélancolie?

LOUISE.

Console-toi. Tu connais son cœur paternel, il reviendra à lui, son âme deviendra paisible quand nous lui aurons dit que tu es heureuse.

MARGUERITE.

Tu es heureuse, n'est-il pas vrai? Tu dois l'être: tant de grandeur et de gloire...

JEANNE.

Oui, je le suis, puisque je vous revois, puisque j'entends le son chéri de votre voix et tout ce qui me rappelle le séjour paternel. Ah! lorsque je conduisais encore mon troupeau sur notre montagne, j'étais heureuse comme dans le paradis. Ne puis-je pas revoir cet heureux temps? jamais.

Elle cache son visage dans le sein de Louise. Claude-Marie, Étienne et Bertrand paraissent, et restent timidement au fond du théâtre.

MARGUERITE.

Venez, Étienne, Claude-Marie, Bertrand. Jeanne n'a point d'orgueil, elle est aussi douce, elle nous parle aussi tendrement que par le passé, lorsqu'elle était avec nous au village.

Ils s'avancent et veulent prendre sa main. Jeanne les regarde d'un œil fixe, et tombe dans un profond étonnement.

JEANNE.

Où étais-je ? dites-le-moi ! Tout cela était-il seulement un long rêve, et viens-je de me réveiller ? Ai-je en effet quitté Domremy ? Non, je m'étais endormie sous l'arbre miraculeux ; je me réveille, et je me vois entourée d'êtres réels, de vous que je reconnais. Les rois, les batailles, les faits d'armes ont rempli mes songes. Ce n'étaient que des ombres qui ont passé devant moi, et que mon imagination s'est représentées vivement pendant que je dormais sous cet arbre. Comment seriez-vous venus à Reims ? Comment y serais-je moi-même ? Jamais, jamais je n'ai quitté Domremy. Assurez-le-moi et répandez la joie dans mon cœur.

LOUISE.

Nous sommes à Reims ; toutes ces choses ne sont point un rêve, tu les as réellement accomplies. Connais-toi, regarde à l'entour, vois cette brillante armure d'or dont tu es revêtue.

Jeanne porte sa main sur son cœur ; elle semble se ressouvenir et montre de l'effroi.

BERTRAND.

C'est de ma main que vous prîtes ce casque.

CLAUDE-MARIE.

Il n'est pas étonnant que vous preniez votre sort pour un songe : ce que vous avez fait, ce que vous avez accompli, est plus merveilleux que les visions d'un rêve.

JEANNE, *vivement*.

Venez, fuyons, je vais avec vous, je retourne dans notre hameau, dans le sein de mon père.

LOUISE.

Ah ! viens, viens avec nous.

JEANNE.

Cette foule m'exalte au-dessus de mes mérites. Vous m'avez vue enfant, faible, timide ; vous m'aimez, mais vous ne m'adorez pas.

MARGUERITE.

Tu voudrais abandonner toute cette gloire ?

JEANNE.

Je veux rejeter loin de moi cette odieuse parure, qui m'empêche de presser votre cœur sur mon cœur ; je veux redevenir une bergère. Je vous servirai comme une humble servante, et j'expierai par une sévère pénitence le crime de m'être vainement élevée au-dessus de vous.

Les trompettes sonnent.

SCÈNE X.

LE ROI *sort de l'église vêtu de ses ornemens royaux.* AGNÈS, L'ARCHEVÊQUE, LE DUC, DUNOIS, LA HIRE, DUCHATEL, COURTISANS, PEUPLE.

LE PEUPLE *crie à plusieurs reprises, pendant que le Roi s'avance.*

Vive le roi ! vive notre roi Charles VII !

Les trompettes se taisent. Le Roi fait un signe, et les hérauts, le bâton levé, ordonnent le silence.

LE ROI.

O mon bon peuple ! je suis reconnaissant de votre amour. Cette couronne que Dieu a placée sur ma tête, qui a été conquise et assurée par le glaive, que le sang de mes nobles sujets a arrosée, sera ornée des branches du paisible olivier. Je remercie tous ceux qui ont combattu pour moi ; et ceux qui m'ont résisté, je leur pardonne. Dieu a bien voulu me faire grâce, et le premier acte de ma royauté sera de faire grâce.

LE PEUPLE.

Vive le roi ! vive notre bon roi Charles !

LE ROI.

C'est de Dieu seul, le souverain suprême, que les rois de France tiennent leur couronne ; mais je l'ai reçue de sa main d'une manière plus visible. (*Il se retourne vers Jeanne.*) Voyez ici l'envoyée de Dieu : c'est elle qui affermit le roi sur le trône et qui rompt le joug d'une tyrannie étrangère ; son nom doit être révéré à l'égal de Denis, le saint protecteur de la France, et des autels doivent être élevés à sa gloire.

LE PEUPLE.

Vive la Pucelle ! vive notre libératrice !

Les trompettes sonnent.

LE ROI, *à Jeanne.*

Si comme nous tu es de la race humaine, dis de quelle récompense puis-je te faire jouir ? Mais si ta patrie est là-haut, si les rayons d'une céleste nature sont cachés sous la forme d'une jeune vierge, quitte cette enveloppe qui te rend semblable à nous, laisse-toi voir brillante de lumière, telle que tu te montras dans le ciel ; nous t'adorerons, nous nous prosternerons dans la poussière.

Tout le monde se tait ; tous les yeux sont fixés sur Jeanne.

JEANNE *s'écrie tout-à-coup.*

Dieu ! mon père !

SCÈNE XI.

LES PRÉCÉDENS, THIBAUT *sort de la foule et se place devant Jeanne.*

PLUSIEURS VOIX.

Son père !

THIBAUT.

Oui, son père infortuné, le père de cette malheureuse; qui vient, par ordre de la justice divine, accuser sa propre fille.

LE DUC.

Qu'est-ce ?

DUCHATEL.

Ce que je prévois est terrible.

THIBAUT, *au Roi.*

Penses-tu avoir été secouru par la puissance de Dieu? Prince abusé, peuple aveugle, vous avez été délivrés par l'art du démon.

Tous se retirent avec épouvante.

DUNOIS.

Cet homme est insensé.

THIBAUT.

Non, ce n'est pas moi qui suis insensé, c'est toi, c'est le roi, c'est ce sage archevêque, lorsqu'ils croient que le Seigneur des cieux s'est manifesté par une misérable fille. Voyez si elle osera en face de son père soutenir l'audacieuse fourberie dont elle a abusé le roi et le peuple. Réponds-moi, au nom de la sainte Trinité, appartiens-tu aux puissances célestes et pures ?

Tous les yeux sont fixés sur elle; le silence est général; elle demeure immobile.

AGNÈS.

Dieu! elle ne répond pas.

THIBAUT.

Elle est effrayée de ce nom terrible que redoutent les gouffres eux-mêmes de l'enfer. Elle! revêtue d'une sainte mission de Dieu! Non; cette fraude lui fut inspirée, à cette misérable fugitive, sous l'arbre maudit où les mauvais esprits se rassemblent depuis long-temps pour célébrer leur sabbat; c'est là qu'elle a vendu son âme à l'ennemi des hommes, pour obtenir de lui la gloire périssable de ce monde. Qu'elle dépouille son bras, on y verra la marque dont l'enfer scelle ceux qui se donnent à lui.

LE DUC.

Ah! quelle horreur! Cependant un père qui témoigne contre sa fille mérite croyance.

DUNOIS.

Non; l'on ne doit point croire à un furieux qui se flétrit par le déshonneur de son propre enfant.

AGNÈS, *à Jeanne.*

Ah! parle, romps ce silence effrayant; nous croirons, nous nous assurerons sur ta parole; un mot de ta bouche, un seul mot nous satisfera. Mais parle, démens cette effroyable accusation, dis que tu es innocente, nous le croirons.

Jeanne demeure immobile; Agnès s'éloigne avec horreur.

LA HIRE.

Elle est effrayée, l'horreur et l'étonnement lui ferment la bouche, une si terrible imputation fait trembler l'innocence elle-même. (*Il s'approche d'elle.*) Jeanne, rassurez-vous, reprenez vos sens. L'innocence a un langage, un regard dont la calomnie ne peut triompher. Montrez votre noble colère, levez les yeux, faites rougir, confondez ceux qui outragent votre sainte vertu par un indigne doute.

Jeanne demeure immobile, La Hire se retire épouvanté, le mouvement général augmente.

DUNOIS.

Peuple, pourquoi vous épouvanter ? prince, pourquoi tremblez-vous ? elle est *innocente*; je me rends son garant, moi-même j'engage pour elle ma foi de prince. Je jette le gant, que celui qui la maintient coupable ose le ramasser.

On entend un violent coup de tonnerre; chacun est frappé de terreur.

THIBAUT.

Réponds, au nom de Dieu qui fait entendre son tonnerre; dis que tu es innocente, assure que ton cœur n'appartient pas au démon, convaincs-moi de mensonge.

On entend un second coup de tonnerre plus fort; le peuple s'enfuit de tous côtés.

LE DUC.

Que Dieu nous protége ! quels terribles signes il nous envoie!

DUCHATEL.

Venez, venez, mon roi, quittez ce lieu.

L'ARCHEVÊQUE, *à Jeanne.*

Au nom de Dieu, je te le demande, est-ce le sentiment de ton innocence ou de ton crime qui te rend muette ? Si c'est en ta faveur que témoigne la voix du tonnerre, ose toucher cette croix, donne-nous quelque preuve que tu n'es pas coupable.

Jeanne demeure immobile. On entend de nouveaux coups de tonnerre. Le Roi, Agnès, l'Archevêque, le Duc, La Hire et Duchâtel se retirent.

~~~~~~~~~~~~~~~~~~~~~~~~~~~~~~~~~~~

SCÈNE XII.

DUNOIS, JEANNE.

DUNOIS.

Tu es mon épouse, je t'ai crue innocente au premier moment, et je le crois encore; je me fie plus à toi qu'à tous ces signes, qu'à ce tonnerre qui retentit dans le ciel. Ta noble colère garde le silence, enveloppée dans sa vertu divine. Tu dédaignes de confondre ces honteux soupçons; eh bien! dédaigne-les, mais confie-toi à moi qui n'ai pas douté un instant de ton innocence : je ne te demande pas une parole; mets seulement ta main dans la mienne ; je ne veux pas d'autre gage, ni d'autre assurance pour connaître que tu te confies hardiment à mon bras et à la bonté de ta cause.

Il veut prendre la main de Jeanne, elle se détourne en la retirant. Il demeure immobile de surprise.

SCÈNE XIII.
JEANNE, DUCHATEL, DUNOIS, *puis* RAYMOND.

DUCHATEL, *revenant*.

Jeanne d'Arc, le roi permet que vous sortiez librement de la ville; les portes vous seront ouvertes. Ne craignez aucune insulte; la protection du roi vous en défendra. Comte de Dunois, suivez-moi; l'honneur vous défend de rester ici plus long-temps. Dieu! quel dénouement!

Il sort. Dunois surmonte sa stupéfaction, jette encore un regard sur Jeanne, et suit Duchâtel. Elle reste un moment seule. Raymond paraît, il demeure un moment éloigné, et la regarde avec douleur. Il s'avance ensuite, et la prend par la main.

RAYMOND.

Saisissez cet instant, les rues sont libres; donnez-moi la main, je vous conduirai.

Elle le regarde, puis elle lève les yeux au ciel. Ce coup d'œil est la première marque de sentiment qu'elle ait laissée voir. Elle saisit vivement la main de Raymond, et sort.

ACTE CINQUIÈME.

Le théâtre représente une forêt sauvage; on voit dans le fond des huttes de charbonniers. L'obscurité est complète; les éclairs brillent. On entend le tonnerre, et, par intervalle, le bruit de l'artillerie.

SCÈNE PREMIÈRE.
UN CHARBONNIER *et* SA FEMME.

LE CHARBONNIER.

La tempête est épouvantable! le ciel se répand en ruisseaux de feu, et au milieu du jour la nuit est devenue assez obscure pour qu'on puisse voir les étoiles. L'orage rugit comme l'enfer déchaîné; les vieux chênes courbent leurs têtes et se brisent; et cette guerre terrible du ciel contre la terre, qui abat la férocité des animaux les plus sauvages, qui leur fait chercher un asile dans leurs retraites, ne saurait rétablir la paix pour un instant entre les hommes! Le bruit du canon se mêle aux mugissemens du vent et de la tempête. Les deux armées sont si rapprochées que la forêt seulement les sépare, et chaque moment peut y amener un horrible carnage.

LA FEMME.

Dieu nous assiste, mais les ennemis étaient déjà complètement défaits et battus; d'où vient qu'ils nous pressent encore?

LE CHARBONNIER.

C'est qu'ils ne craignent plus notre roi. Depuis qu'on a reconnu à Reims que la Pucelle était une sorcière, depuis que le démon ne nous prête plus son secours, rien ne prospère plus.

LA FEMME.

Écoutons; quelqu'un approche.

SCÈNE II.
LES PRÉCÉDENS, RAYMOND, JEANNE.

RAYMOND.

Je vois une cabane; venez, nous y trouverons un asile contre cette terrible tempête. Vous ne pourriez vous soutenir plus long-temps; depuis trois jours vous errez, fuyant tous les regards, et de sauvages racines ont été votre seule nourriture. (*La tempête s'apaise; le ciel devient clair et serein.*) Ce sont de bons charbonniers. Entrons.

LE CHARBONNIER.

Vous semblez avoir besoin de repos; entrez; tout ce que renferme notre chétive cabane sera à vous.

LA FEMME.

Eh quoi! une jeune fille couverte d'une armure! Ah! nous vivons dans un temps de rudesse; les femmes aussi se revêtent de la cuirasse: la reine elle-même, madame Isabelle, est, dit-on, tout armée au milieu du camp des ennemis; et une jeune fille, une pauvre bergère a combattu pour le roi notre maître.

LE CHARBONNIER.

Que dites-vous là? Allez dans notre cabane, et apportez à cette jeune fille de quoi réparer sa fatigue.

La femme va dans sa cabane.

RAYMOND, *à Jeanne*.

Vous le voyez, tous les hommes ne sont pas cruels, et dans ces retraites sauvages habitent des âmes compatissantes. Que vos yeux montrent moins de tristesse, la tempête s'apaise, et les derniers rayons du soleil brillent d'un doux éclat.

LE CHARBONNIER.

Je pense, vous voyant ainsi armés, que vous allez rejoindre l'armée du roi. Prenez garde à vous; les Anglais sont campés près d'ici, et leurs soldats font des courses dans la forêt.

RAYMOND.

Malheur à nous! Comment pourrons-nous sortir d'ici?

LE CHARBONNIER.

Demeurez, et attendez que mon fils soit revenu

de la ville; il vous conduira par des sentiers cachés où vous n'aurez rien à craindre; nous connaissons les détours de la forêt.

RAYMOND, *à Jeanne.*

Quittez votre casque et votre armure : ils vous trahiraient et ne vous défendraient pas.

Jeanne fait un signe de refus.

LE CHARBONNIER.

Elle semble bien triste. Silence! Qui vient ici?

SCÈNE III.

Les Précédens, LA FEMME *du charbonnier sort de la cabane, portant un vase;* L'ENFANT *du charbonnier.*

LA FEMME.

C'est notre enfant qui revient. (*A Jeanne.*) Buvez, noble demoiselle, et que Dieu vous bénisse!

LE CHARBONNIER, *à son fils.*

Te voilà revenu, Anet; qu'apportes-tu?

L'ENFANT *fixe ses yeux sur Jeanne tandis qu'elle porte le vase à sa bouche; il la reconnaît, s'avance, lui arrache le vase.*

Mère! mère! qu'avez-vous fait? qui avez-vous reçu? c'est la sorcière d'Orléans!

LE CHARBONNIER *et* SA FEMME.

Dieu nous fasse miséricorde!

Ils s'enfuient en faisant le signe de la croix.

SCÈNE IV.

RAYMOND, JEANNE.

JEANNE, *d'un ton résigné et doux.*

Tu le vois, la malédiction me suit. Tous fuient devant moi. Songe à toi, et laisse-moi aussi.

RAYMOND.

Moi, vous abandonner en ce moment! Et qui serait votre guide?

JEANNE.

Eh! n'ai-je pas un guide? N'as-tu pas entendu le tonnerre gronder sur moi? mon destin me conduit; ne t'inquiète pas, j'arriverai au but sans avoir à le chercher.

RAYMOND.

Où voulez-vous aller? Là sont les Anglais, qui ont juré d'exercer sur vous une vengeance sanglante; là sont nos Français, qui vous ont proscrite et chassée.

JEANNE.

Rien ne peut me frapper qui ne soit inévitable.

RAYMOND.

Qui pourvoira à votre nourriture? qui vous défendra contre les animaux sauvages, contre la férocité des hommes? qui vous soignera quand vous serez malade et misérable?

JEANNE.

Je connais toutes les plantes, toutes les racines; j'ai appris de mon troupeau à distinguer celles qui sont salutaires et celles qui sont nuisibles; je me guiderai sur le cours des étoiles ou sur la marche des nuages; j'écouterai le bruit des fontaines pour les découvrir : l'homme a besoin de peu, et la nature lui donne beaucoup.

RAYMOND *lui prend la main.*

Et ne voulez-vous pas rentrer en vous-même, vous réconcilier avec Dieu, retourner avec repentir dans le sein de notre divine Église?

JEANNE.

Et toi aussi, tu me crois coupable de cet affreux péché!

RAYMOND.

Puis-je autrement penser? Ce silence n'était-il pas un aveu?

JEANNE.

Toi qui m'as suivie dans ma misère, toi le seul être qui me soit resté fidèle, toi qui t'es attaché à moi quand le monde entier me repoussait, tu as pensé que j'étais une réprouvée, que j'avais renié mon Dieu! (*Raymond se tait.*) Ah! ce coup m'est rude.

RAYMOND, *surpris.*

Quoi! vous ne seriez point en effet une magicienne?

JEANNE.

Moi, une magicienne!

RAYMOND.

Et toutes ces merveilles, vous les auriez accomplies par la sainte puissance de Dieu?

JEANNE.

Et par quel autre moyen?

RAYMOND.

Et vous êtes restée muette à cette horrible accusation! Vous parlez maintenant; et devant le roi, quand il importait de répondre, vous avez gardé le silence.

JEANNE.

Ce silence était une soumission au destin que Dieu mon maître faisait peser sur moi.

RAYMOND.

Vous n'avez pu rien répondre à votre père.

JEANNE.

Puisque ce coup venait de mon père, c'est que Dieu l'avait ordonné. C'est une épreuve imposée par sa main paternelle.

RAYMOND.

Le ciel lui-même a témoigné que vous étiez coupable.

JEANNE.

Le ciel parlait, je devais donc me taire.

RAYMOND.

Comment! vous pouviez d'un seul mot vous

justifier, et vous avez laissé le monde dans cette déplorable erreur!

JEANNE.

Il n'y a point d'erreur : ce devait être dans mon sort, c'était l'ordre d'en-haut.

RAYMOND.

Quoi! vous auriez injustement supporté cet affront, et pas une plainte ne serait sortie de votre bouche! Dans quelle surprise vous me jetez! Je demeure interdit, je suis bouleversé jusqu'au fond du cœur. Oh! que j'ajoute volontiers foi à vos discours! qu'il m'était cruel de vous croire coupable! Cependant je crois rêver quand je songe qu'une âme humaine a pu souffrir une aussi horrible douleur et se taire.

JEANNE.

Aurais-je mérité d'être l'envoyée du Seigneur, si je n'avais pas aveuglément respecté sa volonté? Je ne suis pas si misérable que tu crois. Je souffre le besoin, mais dans la condition où je suis née, ce n'est pas un malheur. Je suis proscrite et bannie; mais dans ce désert j'ai pu enfin me reconnaître. Quand j'étais environnée de l'éclat de la gloire, mon cœur était agité par mille combats; quand je paraissais à la plupart des hommes digne d'être enviée, c'est alors que j'étais plus malheureuse; maintenant je suis guérie. Cette tempête qui semblait menacer la nature de sa fin a fait mon bonheur, elle a purifié la terre et mon cœur. Je me sens paisible. Qu'importe ce qui adviendra? je ne sens plus en moi aucune faiblesse.

RAYMOND.

Venez, venez, hâtons-nous; allons proclamer à toute la terre que vous n'êtes point coupable.

JEANNE.

Celui qui permit cette erreur saura bien la dissiper. Quand le terme de leur maturité est arrivé, les fruits du destin tombent sur la terre. Un jour viendra qui rétablira la pureté de ma gloire. Ceux qui me proscrivent et me condamnent s'apercevront alors de leur injustice, et répandront des larmes sur mon sort.

RAYMOND.

Dois-je donc me résigner au silence jusqu'au moment où le destin...

JEANNE. *Elle prend doucement Raymond par la main.*

Tu ne vois que ce qui est dans l'ordre de la nature; tes regards sont arrêtés par une enveloppe terrestre; mais moi j'ai vu de mes yeux les choses immortelles; il ne tombe pas un cheveu de la tête de l'homme que ce ne soit par la volonté de Dieu. Vois-tu ce soleil qui descend du ciel vers l'occident? De même que demain il doit reparaître dans son éclat; de même, et non moins certainement, le jour de la vérité arrivera, sans que rien puisse le retarder.

SCÈNE V.

LA REINE ISABELLE *paraît au fond du théâtre avec des* SOLDATS.

ISABELLE, *encore derrière la scène.*

C'est ici le chemin du camp anglais.

RAYMOND.

Malheur à nous! voici les ennemis.

Les soldats avancent; ils voient Jeanne, et se retirent épouvantés.

ISABELLE.

Eh quoi! qui vous arrête?

LES SOLDATS.

Que Dieu nous protége!

ISABELLE.

Quelle illusion vous épouvante? êtes-vous donc des soldats? non, vous êtes des lâches. Comment! (*Elle se fait place à travers les soldats, avance, les ramène, et aperçoit Jeanne.*) Ah! que vois-je? (*Elle se rassure promptement et marche vers Jeanne.*) Rends-toi, tu es ma prisonnière.

JEANNE.

Je la suis.

Raymond s'enfuit avec désespoir.

ISABELLE, *aux soldats.*

Enchaînez-la. (*Les soldats approchent avec hésitation. Jeanne tend les bras, on l'enchaîne.*) Voici cette guerrière puissante et redoutée qui chassait vos bataillons devant elle comme de vils troupeaux. Maintenant elle ne sait pas même se défendre : son pouvoir merveilleux tenait-il donc à la seule crédulité, et suffisait-il de se montrer homme pour qu'elle devînt une faible femme? (*A Jeanne.*) Pourquoi as-tu laissé ton armée? Où est donc le comte de Dunois, ton chevalier et ton défenseur?

JEANNE.

Je suis bannie.

ISABELLE *se recule étonnée.*

Eh! comment! tu es bannie, bannie par le dauphin?

JEANNE.

Ne m'interrogez pas; je suis en votre pouvoir, ordonnez de mon sort.

ISABELLE.

Bannie! toi qui l'as tiré de l'abîme, qui as placé la couronne sur sa tête à Reims, qui l'as fait roi de France, bannie! Je reconnais mon fils. Conduisez-la dans le camp; montrez à l'armée ce fantôme terrible qui la faisait trembler. Elle magicienne! Toute sa magie, c'était votre illusion et la faiblesse de votre cœur : c'est une pauvre insensée qui s'est dévouée pour son roi, et il l'en a récompensée en roi. Amenez-la vers Lionel; je mets en son pouvoir le bonheur de la France; je vais moi-même vous suivre.

JEANNE.

A Lionel! Donnez-moi la mort ici, plutôt que de me conduire vers Lionel.

ISABELLE.

Exécutez mes ordres. Allez avec elle.

Elle sort.

SCÈNE VI.
JEANNE, SOLDATS.

JEANNE.

Anglais, ne me laissez pas sortir vivante de vos mains : vengez-vous, tirez vos glaives et plongez-les dans mon cœur ; traînez-moi expirée aux pieds de vos capitaines. Songez que je suis celle qui ai frappé les plus terribles de votre armée, que je n'eus pour vous aucune pitié, que j'ai versé des torrens de sang anglais, que j'ai ravi à vos héros vaillans le bonheur du retour dans la patrie. Prenez une vengeance sanglante, tuez-moi : vous me tenez entre vos mains en ce moment, peut-être ne me retrouverez-vous pas toujours faible et désarmée.

LE COMMANDANT DES SOLDATS.

Exécutez l'ordre de la reine.

JEANNE.

Dois-je donc souffrir plus encore que je n'ai souffert? Dieu redoutable, ta main est pesante ! m'as-tu entièrement rejetée de ta miséricorde ? Je ne vois plus aucun signe divin, aucun ange ne se montre ; les miracles ont cessé, le ciel est fermé.

Les soldats l'emmènent.

SCÈNE VII.
Le camp français.
DUNOIS, L'ARCHEVÊQUE, DUCHATEL.

L'ARCHEVÊQUE.

Prince, triomphez de votre chagrin ; venez avec nous, retournez vers votre roi : n'abandonnez pas en ce moment la cause commune ; nous sommes de nouveau opprimés par le sort, et le bras d'un héros nous est nécessaire.

DUNOIS.

Pourquoi êtes-vous opprimés par le sort? pourquoi l'ennemi s'est-il relevé? Tout était accompli, la France était victorieuse et la guerre était achevée. Vous avez chassé notre libératrice ; maintenant délivrez-vous vous-mêmes ; je ne veux plus revoir ce camp où elle n'est plus.

DUCHATEL.

Prenez de meilleures pensées, prince ; que ce ne soit pas votre dernière réponse.

DUNOIS.

Taisez-vous, Duchâtel : je vous hais, je ne veux rien entendre de vous ; vous êtes le premier qui ayez douté d'elle.

L'ARCHEVÊQUE.

Qui ne se serait pas mépris sur elle ? qui n'eût pas été ébranlé en ce malheureux jour, où tous les signes lui semblaient contraires ? Nous fûmes surpris, troublés ; ce coup subit épouvanta nos cœurs tremblans. Qui aurait pu dans ce moment terrible réfléchir et balancer ? Maintenant nous revenons à la prudence ; nous regardons, nous songeons quelle elle se montra parmi nous, et nous ne voyons rien en elle qui pût donner un soupçon ; maintenant nous sommes confondus, nous craignons d'avoir commis une cruelle injustice : le roi se livre au repentir, le duc s'excuse, La Hire est inconsolable, et le deuil est dans tous les cœurs.

DUNOIS.

Elle un imposteur ! Ah ! si la vérité elle-même voulait revêtir une forme visible et corporelle, elle ne pourrait se montrer sous d'autres traits que les siens. Si l'innocence, la loyauté, la pureté du cœur, habitent par hasard sur la terre, c'est dans ses yeux, c'est sur ses lèvres qu'elles ont choisi leur asile.

L'ARCHEVÊQUE.

Le ciel se déclarera par quelque miracle, il révélera ce mystère que nos yeux terrestres ne peuvent pénétrer. Cependant comment ceci pourra-t-il s'éclaircir et se dénouer ? D'un ou d'autre côté, nous avons été coupables ; nous avons accepté le secours d'un agent infernal, ou nous avons banni une sainte ; d'un ou d'autre côté la colère et le châtiment du ciel menacent notre contrée.

SCÈNE VIII.
LES PRÉCÉDENS, UN GENTILHOMME, *peu après* RAYMOND.

LE GENTILHOMME.

Un jeune berger demande à parler à votre altesse ; il sollicite cette grâce avec instance ; il vient, dit-il, de la part de la Pucelle.

DUNOIS.

Hâtez-vous, c'est elle qui l'envoie, il vient de sa part. (*Le gentilhomme fait entrer Raymond ; Dunois court au-devant de lui.*) Où est-elle ? où est la Pucelle ?

RAYMOND.

Je vous salue, noble prince ; je suis heureux de trouver près de vous ce pieux évêque, ce saint homme, l'asile des opprimés, le père des malheureux.

DUNOIS.

Où est la Pucelle ?

L'ARCHEVÊQUE.

Réponds-nous, mon fils.

RAYMOND.

Seigneur, elle n'est point une noire magicienne. Au nom de Dieu et de tous les saints, je vous l'atteste. Tous ont été dans l'erreur. Vous avez banni l'innocence, vous avez chassé l'envoyée du Seigneur.

DUNOIS.

Où est-elle? parle.

RAYMOND.

J'ai été le compagnon de sa fuite jusque dans les forêts des Ardennes ; c'est là qu'elle m'a révélé le fond de son âme : je veux mourir dans les tortures, je consens à perdre ma part au salut éternel, si elle n'est pas, seigneur, innocente de toute faute.

DUNOIS.

Le soleil lui-même n'est pas plus pur dans le ciel. Où est-elle? réponds.

RAYMOND.

Ah! puisque le ciel a changé votre cœur, hâtez-vous, délivrez-la; elle est prisonnière chez les Anglais.

DUNOIS.

Prisonnière! comment?

L'ARCHEVÊQUE.

L'infortunée !

RAYMOND.

Dans la forêt où nous allions chercher un asile, elle a été saisie par la reine et livrée aux mains des Anglais. O vous qu'elle a sauvés, sauvez-la d'une mort affreuse!

DUNOIS.

Aux armes! allons, que le tambour retentisse. Conduisons au combat l'armée tout entière, que toute la France prenne les armes, notre honneur y est engagé. C'est la couronne, c'est le palladium de la France qu'il faut recouvrer. Versons tout notre sang, risquons notre vie ; il faut qu'avant la fin du jour elle soit délivrée.

Ils sortent.

SCÈNE IX.

Une tour. — On voit une fenêtre élevée.

JEANNE, LIONEL, FALSTOLF, *ensuite* ISABELLE.

FALSTOLF *entre précipitamment.*

On ne peut contenir plus long-temps le peuple, il demande avec fureur que la Pucelle périsse. Vous résistez vainement, donnez-lui la mort, et du haut des créneaux de la tour faites jeter sa tête aux mutins; son sang seul peut les apaiser.

ISABELLE *entre.*

Ils placent les échelles, ils montent à l'assaut. Apaisez ce peuple : voulez-vous attendre qu'il pénètre dans la tour, et que, dans sa rage aveugle, il nous enveloppe dans sa vengeance et nous massacre? Vous ne pouvez la sauver, abandonnez-la.

LIONEL.

Laissez-les nous assaillir, laissez-les se livrer à leurs fureurs. La tour est solide, et je m'ensevelirai sous ses débris plutôt que de céder à leur volonté. Réponds-moi, Jeanne; sois à moi, et je te protégerai contre l'univers entier.

ISABELLE.

Etes-vous donc un homme?

LIONEL.

Tes concitoyens t'ont chassée, tu es dégagée de tout devoir envers ton indigne patrie ; les lâches qui t'avaient recherchée t'ont abandonnée, ils n'ont pas osé combattre pour ton honneur. Mais moi je te défendrai contre mon peuple et le tien. Un jour tu me laissas croire que ma vie était chère à ton cœur, et alors je combattais en ennemi contre toi; maintenant je suis ton seul ami.

JEANNE.

Tu détestes mon peuple, tu es mon ennemi; il ne peut rien y avoir de commun entre toi et moi; je ne puis t'aimer. Cependant si ton cœur est entraîné vers le mien, sois le bienfaiteur de nos deux patries, conduis ton armée hors du sein de la France, remets les clefs des villes que tu as conquises; restitue le butin, délivre les prisonniers, donne des otages pour une sainte paix ; je te l'offre au nom de mon roi.

ISABELLE.

Voudrais-tu nous dicter des lois, tandis que tu portes des fers?

JEANNE.

Fais la paix sur-le-champ, car il te faudra la faire. Jamais la France ne portera les fers de l'Angleterre; jamais! jamais! Elle servira plutôt de tombeau à vos armées. Les plus braves d'entre vous sont déjà tombés. Songez à assurer votre retour. Votre gloire et votre puissance sont déjà tombées.

ISABELLE.

Pouvez-vous supporter l'arrogance de cette furieuse?

SCÈNE X.

LES PRÉCÉDENS, UN CAPITAINE *accourt précipitamment.*

LE CAPITAINE.

Hâtez-vous, hâtez-vous, seigneur, de venir disposer l'armée pour le combat. Les Français accourent avec leurs bannières déployées; la vallée tout entière brille de l'éclat de leurs armes.

JEANNE, *avec chaleur.*

Les Français arrivent! superbes Anglais, allez, courez sur le champ de bataille; volez au combat, il en est temps.

FALSTOLF.

Insensée, suspends ces transports de joie; tu ne verras pas la fin de ce jour.

JEANNE.

Je mourrai, mais ma patrie sera victorieuse ; ces braves n'ont plus besoin du secours de mon bras.

LIONEL.

Je méprise ces guerriers efféminés. Dans vingt combats nous les avons vus fuir épouvantés à notre aspect, avant que cette héroïne combattît pour eux ; de tout ce peuple, je ne craignais qu'elle seule, et ils l'ont abandonnée. Viens, Falstolf, nous allons leur faire retrouver une autre fois les journées de Créci et d'Azincourt. Vous, reine, demeurez dans la tour, veillez sur la Pucelle jusqu'à ce que le combat soit achevé. Je vous laisse cinquante chevaliers pour la garder.

FALSTOLF.

Eh quoi ! allons-nous courir à la rencontre des ennemis, et laisser derrière nous cette furieuse ?

JEANNE.

Une femme enchaînée t'effraie ?

LIONEL.

Jeanne, donnez-moi votre parole de ne point vous échapper.

JEANNE.

Mon seul désir est de recouvrer la liberté.

ISABELLE.

Attachez-la d'une triple chaîne. J'engage ma vie qu'elle ne fuira pas.

On charge de pesantes chaînes son corps et ses bras.

LIONEL, *à Jeanne.*

Tu le veux ainsi ? Tu nous y contrains. Ton sort est encore entre tes mains ; abjure la France, porte la bannière des Anglais, tu seras libre, et ces furieux qui demandent ton sang marcheront sous tes ordres.

FALSTOLF.

Allons, allons, mon général.

JEANNE.

Epargne de vains discours. Les Français t'attaquent, songe à te défendre.

Les trompettes sonnent. Lionel sort promptement.

FALSTOLF.

Reine, vous savez ce que vous avez à faire. Si le sort se déclare contre nous, si vous voyez fuir nos soldats...

ISABELLE, *tirant un poignard.*

Soyez sans inquiétude ; elle ne vivra pas pour voir notre défaite.

FALSTOLF, *à Jeanne.*

Tu sais ce qui t'attend. Fais maintenant des vœux pour le succès de ton peuple.

SCÈNE XI.

ISABELLE, JEANNE, SOLDATS.

JEANNE.

Oui, je le ferai ainsi ; qui pourrait m'en empêcher ? Ecoutons ! J'entends les sons de la marche guerrière de nos soldats. Elle retentit dans mon cœur, et elle annonce la victoire. Périsse l'Angleterre ! victoire à la France ! en avant les braves, en avant ! La Pucelle est près de vous ; elle ne peut, comme autrefois, porter devant vous sa bannière ; d'étroits liens la retiennent, mais mon âme s'envole librement hors de ce cachot, entraînée par vos chants de victoire.

ISABELLE, *à un soldat.*

Monte au sommet de cette tourelle qui s'élève au-dessus de cette plaine, et tu nous diras quel est le succès du combat.

Le soldat sort.

JEANNE.

Courage, courage, Français ! c'est ici le dernier combat. Encore cette victoire, et l'ennemi est abattu.

ISABELLE.

Eh bien ! qu'aperçois-tu ?

LE SOLDAT.

Les armées en sont aux mains ; je vois un furieux qui, monté sur un cheval barbe couvert d'une peau de tigre, s'élance devant les hommes d'armes.

JEANNE.

C'est le comte de Dunois ! Courage, valeureux chevalier ! la victoire t'accompagne.

LE SOLDAT.

Le duc de Bourgogne attaque le pont.

ISABELLE.

Puissent mille dards s'enfoncer dans le cœur perfide de ce traître !

LE SOLDAT.

Lord Falstolf lui résiste vivement. Ils ont mis pied à terre. Les gens du duc et les nôtres combattent corps à corps.

ISABELLE.

Ne vois-tu pas le Dauphin ? N'aperçois-tu aucun chevalier orné des signes de la royauté ?

LE SOLDAT.

Un nuage de poussière les dérobe tous à ma vue ; je ne puis rien distinguer.

JEANNE.

Ah ! si j'étais comme lui sur le sommet de la tour, rien n'échapperait à mes regards. Mes yeux savent distinguer le faucon au plus haut des airs et compter les troupes des oiseaux sauvages au milieu de leur vol rapide.

LE SOLDAT.

Quelle terrible mêlée auprès du ruisseau ! Les plus vaillans, les plus illustres, semblent combattre en ce lieu.

ISABELLE.

Aperçois-tu encore notre bannière ?

LE SOLDAT.

Elle flotte encore dans les airs.

JEANNE.

Ah ! que ne puis-je apercevoir le combat à travers le mur entr'ouvert! je guiderais les combattans de mes regards.

LE SOLDAT.

Malheur à moi! Ah! que vois-je? Notre général entouré par les ennemis.

ISABELLE *tire le poignard sur Jeanne.*

Meurs, malheureuse.

LE SOLDAT, *avec empressement.*

Il est délivré. Le vaillant Falstolf a repoussé les ennemis, il a rompu leurs bataillons les plus serrés.

ISABELLE *remet le poignard.*

Ton ange protecteur a dicté ses paroles.

LE SOLDAT.

Victoire! victoire! ils prennent la fuite.

ISABELLE.

Qui prend la fuite?

LE SOLDAT.

Les Français, les Bourguignons; la plaine est couverte de fuyards dispersés.

JEANNE.

O mon Dieu! mon Dieu! m'abandonneras-tu ainsi?

LE SOLDAT.

On rapporte vers nous un guerrier cruellement blessé. Que de gens s'empressent à le soigner! C'est un prince sans doute.

ISABELLE.

Est-il des nôtres, ou bien est-ce un Français?

LE SOLDAT.

On vient de lui ôter son casque; c'est le comte de Dunois.

JEANNE.

Et je ne suis maintenant qu'une femme enchaînée!

LE SOLDAT.

Qu'est-ce? que vois-je? Quel est ce chevalier vêtu d'un manteau d'azur orné d'or?

JEANNE, *vivement.*

C'est mon maître, c'est mon roi!

LE SOLDAT.

Son cheval effrayé se renverse, le précipite; il se relève avec peine. (*Jeanne écoute ses paroles avec une émotion douloureuse.*) Nos gens s'approchent de lui et s'élancent d'une course rapide; ils l'ont atteint, ils l'entourent.

JEANNE.

L'ange de la France nous a-t-il abandonnés?

ISABELLE *avec un sourire de mépris.*

Maintenant le moment est venu. Toi, leur libératrice, donne-leur ton secours.

JEANNE *se précipite à genoux et prie d'une voix forte et animée.*

O mon Dieu! écoute-moi; mon âme s'élance vers toi, et mes vœux les plus ardens s'élèvent au ciel; toi qui peux donner à un fil fragile la force des cordages d'un navire, c'est un jeu pour ta puissance que de changer des liens d'airain en un fil fragile : tu n'as qu'à le vouloir, ces chaînes vont tomber, ces murailles vont s'ouvrir. Jadis tu vins au secours de Samson lorsque, aveugle et prisonnier, il endurait les railleries amères de ses *orgueilleux ennemis* : mettant sa confiance en toi, il saisit fortement les piliers de sa prison, se courba et renversa l'édifice.

LE SOLDAT.

Triomphe! triomphe!

ISABELLE.

Qu'est-ce?

LE SOLDAT.

Le roi est pris.

JEANNE *s'élance.*

Que Dieu me soit favorable!

Elle a saisi ses chaînes avec force de ses deux mains, et les a brisées. Au même instant elle s'est précipitée sur un soldat, lui a arraché son épée : elle s'élance hors de la prison. Tous, immobiles d'étonnement, la regardent fixement.

~~~~~~~~~~~~~~~~~~~~~~~~~~~~~~~~~~~~~~~

SCÈNE XII.

ISABELLE, SOLDATS.

ISABELLE, *après un long silence.*

Eh quoi! est-ce un songe? où a-t-elle fui? comment a-t-elle rompu ces lourdes chaînes? Je ne pourrais le croire si tout l'univers l'attestait; mais cependant je l'ai vu de mes yeux.

LE SOLDAT, *sur la plate-forme.*

Comment! a-t-elle donc des ailes? Un tourbillon rapide l'a-t-il transportée?

ISABELLE.

Parle; serait-elle hors de la tour?

LE SOLDAT.

Elle combat déjà au milieu de la mêlée; sa course est plus rapide que ma vue. Maintenant ici, à présent sur un autre point, il semble qu'elle soit partout à la fois; elle fend la presse; tout disparaît devant elle. Les Français s'arrêtent; leurs bataillons se reforment de nouveau. Malheur à nous! Que vois-je? nos soldats jettent leurs armes, nos bannières sont renversées!

ISABELLE.

Quoi! nous arrachera-t-elle une victoire déjà assurée?

LE SOLDAT.

Elle pénètre au lieu où est le roi; elle est parvenue jusqu'à lui; elle le retire du milieu des combattans. Lord Falstolf succombe; notre général est saisi par les ennemis.

ISABELLE.

Descends, je ne veux pas en entendre davantage.

LE SOLDAT.

Fuyez, reine; vous pourriez être surprise; les soldats s'approchent de la tour.

ISABELLE, *tirant son épée.*
Combattez, lâches!

SCÈNE XIII.

Les Précédens; LA HIRE *arrive avec des soldats; les gens de la reine posent les armes.*

LA HIRE *s'approche respectueusement.*

Reine, il faut céder au sort tout-puissant. Vos chevaliers se sont rendus; toute résistance serait inutile. Je vous offre mes services; où voulez-vous que je vous accompagne?

ISABELLE.

Il ne m'importe pas, pourvu que mes yeux ne rencontrent pas le Dauphin.

Elle lui rend son épée et le suit accompagnée par les soldats.

SCÈNE XIV.

La scène est un champ de bataille.

Des soldats portent des étendards flottans, et occupent le fond du théâtre; au-devant, LE ROI *et* LE DUC DE BOURGOGNE *soutiennent dans leurs bras* JEANNE *mortellement blessée, qui ne donne aucun signe de vie; ils avancent lentement vers l'avant-scène.* AGNÈS *arrive précipitamment.*

AGNÈS, *se jetant dans les bras du Roi.*
Vous êtes libre; vous vivez, je vous revois.

LE ROI.

Je suis libre, voyez à quel prix.

Il montre Jeanne.

AGNÈS.

Jeanne! Dieu! elle expire.

LE DUC.

Elle n'est plus! C'est un ange qui est remonté au ciel. Voyez comme elle est là sans marque de douleur; tranquille comme un enfant qui sommeille, la paix du ciel brille sur son visage, aucun souffle ne s'échappe plus de son sein; cependant sa main, qui n'est point refroidie, semble annoncer la vie.

LE ROI.

C'en est fait, elle ne se réveillera plus; ses yeux ne verront plus la lumière : déjà son esprit céleste plane là-haut et n'aperçoit plus notre douleur et nos regrets.

AGNÈS.

Ses yeux s'ouvrent; elle vit encore!

LE DUC, *étonné.*

Revient-elle à nous de son tombeau? a-t-elle subjugué la mort? Elle se relève; elle peut se soutenir.

JEANNE *regarde autour d'elle.*

Où suis-je?

LE DUC.

Au milieu des Français, au milieu de vos amis.

LE ROI.

Dans les bras de ton roi, de ton ami.

JEANNE.

Non, je ne suis pas une magicienne; non, je le proteste.

LE ROI.

Tu es sainte et angélique; un funeste aveuglement nous avait trompés.

JEANNE *regarde autour d'elle et sourit avec sérénité.*

Oui, je suis réellement au milieu des Français; je ne suis plus proscrite ni accusée. On ne me fuit plus, on me regarde avec bonté; maintenant tout reparaît distinctement à ma vue. Voici mon roi, voici les étendards de la France, mais je ne vois pas ma bannière; où donc est-elle? Je n'oserais marcher sans ma bannière; elle me fut confiée par mon souverain maître; je dois la déposer au pied du trône; je ne craindrai pas de la lui rapporter, car je l'ai fidèlement conservée.

LE ROI.

Qu'on lui donne sa bannière.

On la lui apporte; elle se tient debout, sa bannière dans la main. Le ciel brille d'une lueur éclatante.

JEANNE.

Ne voyez-vous pas l'arc-en-ciel briller dans les nues? le ciel ouvre ses portes dorées. Elle se montre brillante au milieu des anges assemblés en chœur, elle porte son divin fils sur son sein; elle me tend les bras avec un doux sourire. Que se passe-t-il en moi? Des nuages légers me soulèvent; cette cuirasse se transforme en ailes célestes : la terre fuit sous mes pas. Ah! la douleur est courte et la joie éternelle!

Sa bannière échappe de sa main. Elle retombe évanouie et morte. Tous se tiennent autour d'elle dans une émotion muette. Le Roi fait un signe; on apporte doucement les étendards et on en couvre le corps de Jeanne.

MARIE STUART,

TRAGÉDIE.

PERSONNAGES.

ÉLISABETH, reine d'Angleterre.
MARIE STUART, reine d'Écosse, prisonnière en Angleterre.
ROBERT DUDLEY, comte de Leicester.
GEORGES TALBOT, comte de Shrewsbury.
GUILLAUME CECIL, baron de Burleigh, grand trésorier.
LE COMTE DE KENT.
GUILLAUME DAVISON, secrétaire d'État.
ARIAS PAULET, chevalier, gardien de Marie.
MORTIMER, son neveu
LE COMTE DE L'AUBESPINE, ambassadeur de France.
LE COMTE DE BELLIÈVRE, envoyé extraordinaire de France.

PERSONNAGES.

OKELLY, ami de Mortimer.
DRUGEON DRURY, second gardien de Marie.
MELVIL, surintendant de sa maison.
ANNA KENNEDI, sa nourrice.
MARGUERITE KURL, sa femme de chambre.
LE SHÉRIFF DU COMTÉ.
UN OFFICIER DES GARDES DU CORPS.
SEIGNEURS FRANÇAIS ET ANGLAIS.
GARDES.
SERVITEURS DE LA REINE D'ANGLETERRE.
HOMMES ET FEMMES DU SERVICE DE LA REINE D'ÉCOSSE.

ACTE PREMIER.

Le théâtre représente une salle du château de Fotheringay.

SCÈNE PREMIÈRE.

ANNA KENNEDI, *nourrice de la reine d'Écosse, est engagée dans un vif débat avec le chevalier* PAULET, *qui veut ouvrir une armoire.* DRUGEON DRURY *tient un levier de fer.*

KENNEDI.

Que faites-vous, sir Paulet ? Quelle nouvelle indignité ! laissez cette armoire.

PAULET.

D'où viennent ces joyaux? On les a jetés de cette tour pour tenter la foi du jardinier. — Maudites ruses des femmes ! — Malgré ma vigilance et mes soigneuses recherches, encore des richesses, encore des trésors cachés ! (*Il enfonce l'armoire.*) D'autres doivent encore être renfermés au même lieu.

KENNEDI.

Téméraire, retirez-vous ; cette armoire renferme les secrets de ma maîtresse.

PAULET.

C'est cela même que je cherche.

Il tire des papiers de l'armoire.

KENNEDI.

Ce sont des papiers insignifians. — Quelques écrits sans objet, fruits des tristes loisirs de la prison.

PAULET.

C'est dans l'oisiveté que naissent les mauvaises pensées.

KENNEDI.

Ceux-ci sont écrits en français.

PAULET.

Ils en sont d'autant plus suspects. — C'est la langue des ennemis de l'Angleterre.

KENNEDI.

Voilà des projets de lettres pour la reine d'Angleterre.

PAULET.

Je les remettrai. — Mais que vois-je briller ! — (*Il a poussé un ressort secret, et il tire d'un tiroir caché un joyau brillant,*) C'est un bandeau royal, orné de pierreries et formé de fleurs de lis françaises. — Mets-le en sûreté, Drury, et joins-le aux autres.

Drury s'en va.

KENNEDI.

Oh ! que d'outrages et de violences il nous faut supporter !

PAULET.

Tant qu'elle possédera quelque chose, elle pourra nuire, car tout devient une arme entre ses mains.

KENNEDI.

Ah ! seigneur, soyez bon, ne lui enlevez pas ce dernier ornement de son existence. Son désespoir est parfois adouci par la vue de ce signe d'une ancienne royauté ; c'est le seul qui ne lui ait pas été arraché.

PAULET.

Il est en des mains sûres, et il vous sera certainement remis quand il en sera temps.

KENNEDI.

Qui croirait, en voyant ces murs dépouillés, qu'une reine y fait son séjour ? où est le dais qui s'élevait au-dessus de son trône ? Hélas! ses pieds délicats marchent sur ce pavé de pierre! Sa table est servie d'un étain grossier que dédaignerait la moindre dame.

PAULET.

C'était ainsi qu'à Sterlyn était servi son époux, tandis qu'elle donnait dans des vases d'or des festins à ses amans.

KENNEDI.

On nous refuse jusqu'à un miroir.

PAULET.

En regardant son image avec vanité, elle conserve toujours de l'espoir et de l'audace.

KENNEDI.

Elle n'a point de livres pour occuper les loisirs de son esprit.

PAULET.

On lui a laissé la Bible, qui enseignera la vertu à son cœur.

KENNEDI.

On lui a enlevé même son luth.

PAULET.

Il lui servait à redire des chants d'amour.

KENNEDI.

Est-ce là le sort qui attendait celle qui fut reine dès le berceau, celle qui fut élevée avec tant de délicatesse au milieu de la cour de Médicis, où elle croissait parmi tous les plaisirs ? N'est-ce pas assez de lui ravir sa puissance? devrait-on lui envier les moindres jouissances? Lorsqu'il est en proie à un grand malheur, un grand cœur sait se retrouver, mais il souffre de se voir privé des moindres choses qui peuvent embellir la vie.

PAULET.

Son cœur se remplissait par-là de vaines pensées. Qu'elle descende en elle-même et se livre au repentir; qu'elle déplore dans le malheur et l'abaissement une vie de volupté et de désordre.

KENNEDI.

Si elle se reporte vers les années d'une jeunesse fragile, elle n'en doit compte qu'à Dieu et à son cœur; personne n'a le pouvoir de la juger en Angleterre.

PAULET.

Elle sera jugée aux lieux où elle a été coupable.

KENNEDI.

Elle n'a pu être coupable en Angleterre, elle n'y a vécu que chargée de fers.

PAULET.

Cependant elle sait encore, sous le poids de ses fers, exercer son influence dans le monde, allumer dans le royaume les brandons de la guerre civile, et diriger le poignard des assassins contre notre reine, que Dieu puisse protéger! Du milieu de ces murailles n'a-t-elle pas su exciter la scélératesse de Parry et de Babington à tenter un exécrable régicide? Ces barreaux ont-ils pu l'empêcher de séduire le noble cœur de Norfolk? La hache du bourreau a fait tomber la tête de l'homme le plus estimé de l'Angleterre; et cet exemple déplorable a-t-il épouvanté les insensés qui se disputaient l'honneur de se précipiter dans l'abîme pour elle? Les échafauds ne sont-ils pas sans cesse baignés du sang des victimes qui se dévouent à elle? et il en sera ainsi jusqu'au moment où son sang lui-même y aura coulé. Ah! maudit soit le jour où le rivage hospitalier de notre île a reçu cette nouvelle Hélène!

KENNEDI.

Dieu, quelle hospitalité elle a reçue de l'Angleterre! L'infortunée, depuis le jour où elle mit le pied sur cette terre, pour y venir comme suppliante et fugitive implorer le secours d'une parente, elle s'est vue, contre le droit des gens et la dignité des rois, retenir dans une étroite prison. Là, elle a consumé tristement les belles années de sa jeunesse; et maintenant, après avoir éprouvé tout ce que la prison a de plus cruel, elle est, comme un criminel vulgaire, traduite devant un tribunal pour y être outrageusement interrogée et accusée. Une reine!

PAULET.

Elle est venue dans cette contrée, poursuivie par son peuple, chassée du trône, et flétrie par le meurtre et par le crime; elle avait conjuré contre le bonheur de l'Angleterre; elle avait voulu ramener les persécutions sanglantes des Espagnols et de Marie, rétablir la religion catholique et nous livrer aux Français. Pourquoi a-t-elle refusé de souscrire la convention d'Édimbourg, de renoncer à ses prétentions sur l'Angleterre, et de s'ouvrir ainsi d'un seul mot les portes de sa prison? Elle a préféré les fers et l'infortune plutôt que de renoncer au vain éclat de quelques titres; et pourquoi a-t-elle eu cette obstination? C'est qu'elle se confiait à ses complots, à ses détestables artifices, et que par ses trames criminelles elle espérait du fond de sa prison conquérir toute l'Angleterre.

KENNEDI.

Vous raillez, sir Paulet; à la dureté vous ajoutez l'amère dérision. Comment aurait-elle pu concevoir de tels rêves, celle qui est ensevelie vivante entre des murs, à qui aucune parole de consolation, aucune voix amie n'a pu parvenir de sa chère patrie ici, qui depuis long-temps n'a aperçu d'autres visages humains que celui de ses geôliers au front sinistre, qui depuis le moment où notre nouveau gardien, votre farouche parent, est entré ici, se voit chaque jour entourée de nouveaux verrous?

PAULET.

Il n'est point assez de verroux pour se garder de ses ruses. Sais-je si pendant mon sommeil ces barreaux n'ont pas été limés, si ces voûtes, si ces murs solides en apparence, n'ont été creusés pour donner passage à la trahison? Ah! quel emploi maudit m'a été confié ! il me faut veiller sans cesse contre des artifices médités sans cesse. La crainte trouble mon sommeil, et me fait errer durant la nuit comme une âme en peine, pour m'assurer de la force des verrous et de la fidélité des gardiens. Je vois arriver chaque matin en tremblant que mes craintes ne se trouvent réalisées. Cependant, grâce au ciel, j'espère que la fin de ceci approche, car j'aimerais mieux veiller sans cesse à la porte de l'enfer pour y retenir la troupe des damnés, que de garder plus long-temps cette reine artificieuse.

KENNEDI.

Elle vient ici.

PAULET.

Le crucifix à la main, l'orgueil et le péché dans le cœur.

SCÈNE II.

Les Précédens ; MARIE, *avec un voile et un crucifix à la main.*

KENNEDI, *allant à sa rencontre.*

O reine ! on nous foule aux pieds ; la tyrannie et la rigueur ne connaissent plus de bornes : chaque jour apporte une nouvelle souffrance, un nouvel affront à celle dont la tête fut couronnée.

MARIE.

Calme-toi, Anna. Eh bien ! dis-moi, qu'est-il arrivé de nouveau ?

KENNEDI.

Voyez, l'armoire a été enfoncée. Il a saisi vos papiers, et ce dernier trésor que notre courage avait sauvé, cet unique reste de votre parure nuptiale de France. Vous êtes maintenant entièrement dépouillée, il ne vous reste plus rien de la royauté.

MARIE.

Console-toi, Anna, ce ne sont point ces vains ornemens qui font de moi une reine : on peut nous abattre, mais jamais nous dégrader. J'ai depuis long-temps appris ici à souffrir beaucoup, je puis encore endurer cela. Sir Paulet, vous avez arraché par la violence ce que je vous aurais volontiers livré de plein gré. Parmi ces papiers se trouve une lettre pour ma sœur la reine d'Angleterre ; donnez-moi votre parole que vous la remettrez fidèlement à elle-même, et non pas entre les mains du perfide Burleigh.

PAULET.

Je penserai à ce que j'ai à faire.

MARIE.

Voulez-vous en savoir le contenu, sir Paulet ? Je demande dans cette lettre une grande faveur, une entrevue avec la reine elle-même, avec elle que mes yeux n'ont jamais encore aperçue. On m'a traduite devant un tribunal d'hommes que je ne puis reconnaître pour mes pairs, auxquels je ne puis accorder aucune confiance. Élisabeth est de ma famille, de mon rang, de mon sexe : c'est à elle seule, comme sœur, comme reine, comme femme, que je puis me confier.

PAULET.

Madame, vous avez très-souvent confié votre sort et votre honneur à des hommes qui étaient bien moins dignes de votre estime.

MARIE.

Je demande encore une seconde faveur, qu'il serait inhumain de me refuser. Depuis long-temps je suis privée dans cette prison des consolations de la religion, du bienfait des sacremens ; et celle qui m'a ravi le trône et la liberté, celle qui menace ma vie elle-même, ne voudra pas me fermer les portes du ciel.

PAULET.

Le chapelain du château se rendra à vos souhaits.

MARIE, *l'interrompant vivement.*

Je ne veux rien de ce chapelain ; c'est un prêtre de ma religion que je demande : je voudrais aussi qu'un écrivain, qu'un notaire vînt recevoir mes dernières volontés. Les chagrins, les rigueurs de la captivité dévorent ma vie ; mes jours sont comptés ; et dans mes craintes il me semble que je touche à la mort.

PAULET.

Vous faites bien de vous attacher à des pensées qui conviennent à votre situation.

MARIE.

Sais-je si une main rapide ne viendra pas hâter l'effet prolongé du malheur ? Je veux faire mon testament ; je veux disposer, suivant ma volonté, de ce qui m'appartient.

PAULET.

Vous en avez la liberté ; la reine d'Angleterre ne veut pas s'enrichir de vos dépouilles.

MARIE.

On m'a séparée de mes femmes et de tous mes autres serviteurs. Où sont-ils ? quel est leur sort ? Je puis facilement me passer de leurs services, mais je ne serai pas tranquille tant que je pourrai craindre que mes fidèles serviteurs soient dépouillés et souffrans.

PAULET.

On a pris soin de vos serviteurs.

Il veut sortir.

MARIE.

Vous vous retirez, sir Paulet ; vous me laissez encore une fois sans soulager du tourment de l'incertitude mon cœur plein d'angoisse et d'épouvante. Je suis, grâce à votre surveillance active, séparée du monde entier ; aucune nouvelle ne peut pénétrer jusqu'à moi à travers les murs de ma prison : mon sort est entre les mains de mes ennemis. Un mois long et pénible s'est déjà écoulé depuis que quarante commissaires sont venus me surprendre dans ce château, y ont érigé sur-le-champ, avec une précipitation indécente, un tribunal où j'ai été amenée sans préparation, sans le secours d'aucun avocat, contre toute espèce de justice régulière. J'y ai été soudainement interrogée sur d'horribles et artificieuses accusations, au milieu de ma surprise et de mon trouble, sans avoir le temps de recueillir mes souvenirs. Ils arrivèrent ici comme de terribles fantômes, et disparurent de même : depuis ce jour chaque bouche est muette pour moi. Je cherche en vain à lire dans les regards si mon innocence, si le zèle de mes amis a prévalu, ou bien les perfides conseils de mes ennemis. Rompez enfin ce silence, et laissez-moi savoir ce que je puis espérer, ce que je dois craindre.

PAULET, *après un instant de silence.*
Songez à régler votre compte avec le ciel.

MARIE.
Je me confie à sa miséricorde, sir Paulet ; et j'espère aussi en la bonté de ma cause, même auprès de mes juges terrestres.

PAULET.
Justice vous sera faite, n'en doutez pas.

MARIE.
Mon procès serait-il achevé ?

PAULET.
Je l'ignore.

MARIE.
Suis-je condamnée ?

PAULET.
Je ne sais rien, madame.

MARIE.
On aime à agir rapidement ici. Serai-je livrée aux bourreaux aussi soudainement que je l'ai été aux juges ?

PAULET.
Pensez toujours qu'il en est ainsi ; ils vous surprendront dans une meilleure disposition, à supposer qu'il en soit ainsi.

MARIE.
Rien ne peut m'étonner, sir Paulet ; je sais quelle sentence le tribunal de Westminster, entraîné par la haine de Burleigh et les intrigues de Hatton, peut oser porter : je sais aussi ce que la reine d'Angleterre est capable de faire.

PAULET.
Les rois d'Angleterre n'ont égard qu'à leur conscience et au parlement : ce que la justice a prononcé, la puissance l'exécutera sans crainte à la face de tout l'univers.

SCÈNE III.

LES PRÉCÉDENS, MORTIMER, *neveu du chevalier Paulet, entre, et sans faire paraître la moindre attention pour la reine, s'adresse à Paulet.*

MORTIMER.
On vous demande, mon oncle.

Il s'éloigne de la même manière. La reine semble remarquer avec peine ce manque d'égard, et s'adresse à Paulet, qui suit Mortimer.

MARIE.
Encore une grâce, sir Paulet. Quand vous aurez quelque chose à me signifier, de vous je puis supporter beaucoup : j'honore votre âge ; mais je ne saurais souffrir l'insolence de ce jeune homme ; épargnez-moi le déplaisir de voir ses manières brutales.

PAULET.
Ce qui le rend désagréable à vos yeux le fait estimer de moi : il n'est pas du nombre de ces faibles insensés qui se laissent séduire par les feintes larmes des femmes. Il arrive de Paris et de Reims, mais il a su conserver un cœur digne de la vieille Angleterre. Tout votre art échouera près de lui, madame.

Il s'en va.

SCÈNE IV.
MARIE, KENNEDI.

KENNEDI.
Homme brutal, oser vous parler ainsi en face ! Ah ! cela est cruel.

MARIE.
Nous avons, dans les jours de notre gloire, prêté une oreille complaisante à la flatterie ; il est juste, chère Anna, que nous supportions les austères paroles du blâme.

KENNEDI.
Eh quoi, madame, si humble, si prosternée ! Vous étiez auparavant si rassurée ; vous aviez coutume de me consoler, et j'avais à vous reprocher plutôt votre insouciance que votre abattement.

MARIE, *perdue dans ses pensées.*
Je l'ai bien reconnue. C'est l'ombre sanglante de Darnley, qui s'élève menaçante hors de son tombeau pour ne me laisser aucun repos, jusqu'au moment où la mesure de mes maux sera comblée.

KENNEDI.
Quelle pensée !

MARIE.
Tu l'as oublié, Anna ; mais moi j'en garde un souvenir fidèle. C'est aujourd'hui que revient encore l'anniversaire de ce malheureux jour, de ce jour que je solennise par le jeûne et le repentir.

KENNEDI.
Laissez enfin en paix ces mânes funestes. Vous avez expié cette action par un repentir de plusieurs années, par les rudes épreuves de l'adversité. L'Église, qui a le pouvoir de délier toutes les fautes, le ciel, n'ont-ils point pardonné ?

MARIE.
La faute peut être pardonnée, mais le tombeau entr'ouvert laisse encore échapper un souvenir tout sanglant. L'ombre d'un époux qui demande vengeance ne saurait être réduite au silence, ni

par la célébration des sacremens, ni par la puissance des prêtres.

KENNEDI.

Mais sa mort n'est pas votre ouvrage; d'autres en furent coupables.

MARIE.

Je ne l'ignorais pas. Je laissai le crime se consommer; je l'attirai par des paroles flatteuses dans les piéges de la mort.

KENNEDI.

Votre jeunesse excusait votre faute. Vous étiez dans un âge si tendre!

MARIE.

Dans un âge si tendre!... et je chargeai d'un tel crime une vie qui commençait à peine!

KENNEDI.

Vous étiez provoquée par les affronts sanglans et l'arrogance d'un homme que votre amour avait, comme par une main divine, tiré de l'obscurité, que vous aviez placé dans votre lit et sur votre trône, à qui vous aviez fait don de vos charmes et de la couronne de vos ancêtres. Avait-il pu oublier que l'éclat de son sort devait son origine à la générosité de votre amour? Cependant il en avait indignement perdu le souvenir; il vous outragea par de vils soupçons; ses façons grossières blessèrent votre délicatesse, et il devint insupportable à vos yeux; le charme qui avait fasciné vos regards s'évanouit. Vous vous éloignâtes irritée de ses honteux embrassemens, et vous le livrâtes au mépris. Et lui, que fit-il? Chercha-t-il à rappeler votre bienveillance? demanda-t-il sa grâce? se jeta-t-il repentant à vos pieds, et promit-il de se conduire mieux? Non; le misérable vous outragea davantage; lui qui était votre créature, se prétendit votre souverain. Sous vos yeux il fit percer votre favori Rizzio, cet aimable chanteur. Vous avez vengé par le sang un crime sanglant.

MARIE.

Et je serai aussi punie par une vengeance sanglante. Tu prononces mon arrêt, quand tu voudrais me consoler.

KENNEDI.

Lorsque le crime se commit, vous n'étiez plus à vous-même, vous ne régniez plus sur votre âme. Le délire d'un amour aveugle vous possédait et vous avait assujettie à cet affreux séducteur, à ce malheureux Bothwel; vous étiez gouvernée avec terreur par son arrogante volonté. Il avait égaré votre esprit par des philtres enchantés, par des artifices de l'enfer.

MARIE.

Il n'y eut d'autre sortilége que sa forte volonté et ma faiblesse.

KENNEDI.

Non, vous dis-je, il avait appelé le secours des esprits infernaux pour pouvoir enchaîner votre âme pure. Vous n'aviez plus d'oreille pour entendre la sage voix de l'amitié; vos yeux ne savaient plus distinguer le bien du mal; vous aviez abjuré la réserve et la délicatesse; votre visage, autrefois le siége d'une rougeur modeste et pudique, brûlait du feu des passions déchaînées. Vous aviez rejeté le voile du mystère; les vices effrontés d'un homme avaient triomphé de votre timidité, et d'un front hardi vous donniez vos fautes en spectacle. Vous permettiez que l'épée royale de l'Écosse fût portée devant vous par un meurtrier à travers Édimbourg, au milieu des malédictions du peuple; votre parlement fut investi par les armes, et dans le temple même de la justice; vous forçâtes les juges à absoudre, par une vaine apparence de jugement, celui qui était coupable du crime. Vous allâtes plus loin encore. Dieu...

MARIE.

Achève. Je lui donnai ma main devant l'autel.

KENNEDI.

Ah! laissons ce souvenir caché dans un éternel silence. Cela est horrible, odieux, digne en tout d'une créature réprouvée, et cependant vous ne fûtes jamais pervertie. Je vous connais bien; n'est-ce pas moi qui ai élevé votre enfance? Vous avez eu en partage un faible cœur, mais qui ne fut point fermé à la pudeur. Une âme légère fut votre seul défaut. Je vous le répète, c'est le mauvais esprit qui, trouvant accès dans l'âme de l'homme, s'y établit pour un instant, nous fait instrumens du crime, puis, en fuyant aux enfers, nous laisse remplis d'horreur et de souillure. Depuis ce moment qui a flétri votre vie, avez-vous rien fait qui soit digne de blâme? Je suis témoin de votre retour à la vertu. Ainsi, prenez courage, soyez en paix avec vous-même. Quelques remords que vous ayez, vous n'êtes point coupable envers l'Angleterre: Élisabeth et son parlement ne sont pas vos juges; vous êtes opprimée par la violence. Osez paraître devant ce tribunal illégal avec tout le courage de l'innocence.

MARIE.

Qui vient?

Mortimer se montre à la porte.

KENNEDI.

C'est le neveu du gouverneur. Rentrez.

SCÈNE V.

Les Précédens; MORTIMER, *s'avançant avec précaution.*

MORTIMER, *à la nourrice.*

Éloignez-vous et veillez à cette porte; j'ai à parler à la reine.

MARIE, *avec autorité.*

Anna, demeurez.

MORTIMER.

N'ayez aucune crainte, madame, vous allez apprendre à me connaître.

Il lui présente un papier.

MARIE *regarde le papier et recule étonnée.*
Ciel! qu'est-ce donc?

MORTIMER, *à la nourrice.*
Allez, Kennedi, et prenez garde que mon oncle ne nous surprenne.

MARIE, *à la nourrice qui hésite et interroge les regards de la reine.*
Va, va, fais ce qu'il te dit.

Anna s'éloigne en laissant voir un grand étonnement.

SCENE VI.
MORTIMER, MARIE.

MARIE.

Une lettre de France, de mon oncle le cardinal de Lorraine! (*Elle lit.*) « Fiez-vous à sir Mor-
» timer, qui vous remettra cette lettre ; vous
» n'avez pas un plus fidèle ami en Angleterre. »
(*Elle regarde Mortimer avec étonnement.*) Est-il possible? n'est-ce pas une illusion, un songe qui m'abuse? Je me croyais abandonnée du monde entier, et si près de moi je trouve un ami; je le trouve dans le neveu de mon gardien, dans celui que je regardais comme le plus cruel de mes ennemis.

MORTIMER *se jette à ses pieds.*

Pardon, reine, d'avoir emprunté ce masque odieux ; pour m'y résoudre, il en a coûté plus d'un combat à mon cœur ; cependant je dois lui rendre grâce, puisque j'ai pu approcher de vous pour vous apporter secours et liberté.

MARIE.

Levez-vous, vous me remplissez de surprise, sir Mortimer. Je ne puis si rapidement passer de l'abîme du malheur à l'espérance. Parlez : faites-moi concevoir ce bonheur, rendez-le moi croyable.

MORTIMER *se lève.*

Le temps presse, mon oncle sera bientôt ici ; un homme détesté l'y accompagnera. Avant qu'ils remplissent leur terrible commission, écoutez comment le ciel a préparé votre délivrance.

MARIE.

Je la devrai à un miracle de sa toute-puissance.

MORTIMER.

Permettez que je commence par vous parler de moi.

MARIE.

Dites, sir Mortimer.

MORTIMER.

Je comptais déjà vingt ans, madame; j'avais été élevé dans des principes austères ; j'avais sucé avec le lait une sombre haine du papisme, lorsqu'un invincible désir de voyager m'attira sur le continent ; je laissai le sombre prêche des puritains, et, quittant la patrie, je courus avec ardeur visiter la France et l'Italie tant vantée.

C'était alors l'époque d'une grande solennité de l'Église ; les routes étaient couvertes des troupes de pèlerins, des guirlandes ornaient toutes les saintes images. On eût dit que la race humaine, en suivant cette route, allait parvenir au royaume des cieux. Je fus entraîné parmi cette foule de fidèles, et j'arrivai dans l'enceinte de Rome. Que devins-je alors, ô reine! quand je vis s'élever devant mes yeux la pompe des colonnes et des arcs de triomphe! Mon âme étonnée reconnut la puissance de cette ville colossale, et une sublime imagination me transporta dans un monde miraculeux et éclatant. Je n'avais jamais ressenti le pouvoir des arts; l'église où j'avais été élevé les déteste; elle interdit tout ce qui se montre aux sens, tout ce qui les charme, et révère seulement les paroles sans images ; que ressentis-je donc lorsque j'entrai dans l'intérieur d'une église, que j'entendis cette musique qui semblait descendre du ciel, lorsque je vis les murs et les voûtes couverts avec profusion d'images qui représentaient aux regards enchantés la présence du Très-Haut, du Tout-Puissant ; lorsque je contemplai la Divinité, l'ange de l'Annonciation, la naissance de Notre-Seigneur, la sainte Mère de Dieu, la divine Trinité et sa gloire resplendissante; lorsque je vis le souverain pontife célébrer les saints mystères dans toute leur pompe et donner au peuple sa bénédiction! Ah! qu'est-ce que l'or, qu'est-ce que les joyaux éclatans dont se parent les rois de la terre, auprès de l'éclat divin qui l'environne? Son palais est en quelque sorte le royaume des cieux, car ce qu'on y voit n'est pas de ce monde.

MARIE.

Ah! épargnez-moi! n'en ajoutez pas davantage, cessez de présenter à mes yeux ces tableaux brillans et animés. — Je suis malheureuse et prisonnière.

MORTIMER.

J'étais captif aussi, madame, mais je brisai ma prison, et mon esprit affranchi commença à rendre hommage aux plaisirs de la vie. Je jurai une haine éternelle à l'étroite et sombre interprétation du livre saint. Je parai ma tête de guirlandes de fleurs, et je me mêlai joyeusement à ceux qui cherchaient le plaisir. Je m'associai à quelques nobles Écossais et à la troupe aimable des Français. Ils me présentèrent à votre noble parent, le cardinal de Guise. — Quel homme! combien il a de grandeur, d'assurance et d'éclat! — Comme il semble né pour gouverner les esprits! Il est le modèle d'un pontife royal, d'un prince de l'Église, et je n'en ai vu aucun qui lui ressemblât.

MARIE.

Vous avez pu jouir de la présence de cet homme sublime, que je chéris, et qui fut le guide de ma tendre jeunesse! — Ah! parlez-moi de lui. Pense-t-il encore à moi? Le bonheur accompagne-t-il toujours son éclatante destinée? Est-il toujours une des colonnes de l'Église?

MORTIMER.

Il voulut bien, dans sa bonté, descendre des hauteurs de la doctrine pour me convaincre et résoudre les doutes de mon cœur; il me montra comment les subtilités de la raison humaine conduisent toujours à l'erreur, comment les yeux doivent voir ce que le cœur doit croire, comment l'autorité d'un chef est nécessaire à l'Eglise, comment l'Esprit de vérité a présidé aux conciles. Ah! combien les opinions de mon esprit adolescent s'évanouirent promptement devant sa raison victorieuse et son éloquence entraînante! Je rentrai dans le sein de l'Eglise, et j'abjurai mes erreurs entre ses mains.

MARIE.

Ainsi, vous êtes au nombre des milliers d'hommes que la force divine de ses paroles, semblable au sermon sublime sur la montagne, a persuadés et a conduits au bonheur éternel?

MORTIMER.

Lorsque son devoir l'eut, bientôt après, rappelé en France, il m'envoya à Reims, où la société de Jésus, dans sa pieuse activité, instruit des prêtres pour l'église d'Angleterre. Je trouvai là Morgan, d'une antique race écossaise, Lessley, votre fidèle sujet, le savant évêque de Ross, qui tous passaient les tristes jours de l'exil sur le sol de la France. — Je me liai étroitement avec ces hommes vertueux, et je m'affermis dans la foi. — Un jour que chez l'évêque de Ross, je promenais mes regards autour de moi, ils tombèrent sur un portrait de femme dont les charmes merveilleux me remplirent d'émotion et s'emparèrent puissamment de mon âme; je ne fus pas maître de mon impression. L'évêque me dit alors : « Ce n'est pas sans raison que cette image vous a ému; la plus belle de toutes les femmes est aussi la plus digne de pitié. Elle souffre pour notre religion, et c'est votre patrie qui est témoin de ses souffrances. »

MARIE.

Ah! constante loyauté! — Non, je n'ai pas tout perdu, puisque dans le malheur je conserve le cœur d'un tel ami.

MORTIMER.

Alors il commença à me peindre, avec une éloquence attendrissante, et votre martyre et la cruauté de vos ennemis; il me fit connaître votre race, il me montra comment vous étiez l'héritière de l'illustre maison de Tudor, et comment votre naissance vous appelait à régner sur l'Angleterre, de préférence à cette reine, fruit d'un amour adultère, que Henri lui-même avait rejetée comme illégitime. Je ne m'en fiai pas à son seul témoignage, je consultai les hommes profonds dans la science des lois, je feuilletai les antiques généalogies, et tout me confirma la justice de vos droits. Je sus aussi que c'était là tout votre crime en Angleterre, et que dans ce royaume, qui devait vous appartenir, vous étiez injustement retenue prisonnière.

MARIE.

Ah! misérable droit à la couronne! il est l'unique source de mes maux.

MORTIMER.

J'appris dans le même temps que vous aviez été transférée du château de Talbot, sous la garde de mon parent, le chevalier Paulet. Je crus reconnaître dans cette circonstance le bras libérateur et tout-puissant de la Providence. Il me sembla que la voix du destin me désignait pour vous affranchir. Mes amis m'affermirent et m'encouragèrent dans mon dessein; le cardinal me donna ses conseils et sa bénédiction : il me recommanda l'art difficile de la dissimulation. Mon projet fut bientôt arrêté; je repris la route de ma patrie, où, comme vous le savez, je suis débarqué depuis dix jours. (Il s'arrête.) Je vous vis, ô reine! vous-même, et non plus votre image! Ah! quel trésor renferme ce château! Ce n'est pas une prison, c'est un temple plus éclatant de gloire que le royal palais de l'Angleterre. O bonheur digne d'envie! je respire le même air que vous respirez. Qu'elle a bien raison celle qui vous tient ici profondément renfermée! toute la jeunesse d'Angleterre se soulèverait, tous les glaives seraient tirés du fourreau, et la révolte, levant une tête gigantesque, troublerait la paix de cette île, si les Anglais pouvaient entrevoir leur reine.

MARIE.

Cela est ainsi pour vous; mais tous les Anglais la verraient-ils avec vos yeux?

MORTIMER.

Oui, si, comme moi, ils étaient témoins de vos souffrances, de cette noble fermeté, de cette douceur courageuse avec laquelle vous supportez votre indigne sort; car au milieu de ces douloureuses épreuves vous vous montrez toute royale : l'ignominie des cachots disparaît devant l'éclat de votre beauté. Vous manquez de tout ce qui peut orner l'existence, et votre vie semble entourée d'éclat et de gloire. Jamais je n'ai passé ce triste seuil sans avoir le cœur déchiré par vos souffrances, et sans être en même temps ravi par le plaisir de vous contempler. Cependant le moment redoutable qui doit décider de votre sort s'approche; le danger presse et s'accroît d'heure en heure : je n'ose différer plus long-temps, je n'ose vous cacher encore ce terrible...

MARIE.

Mon arrêt serait-il prononcé? Parlez avec franchise, je puis vous entendre.

MORTIMER.

Il est prononcé; quarante-deux juges vous ont déclarée coupable. La chambre des lords, la chambre des communes et la cité de Londres pressent vivement l'exécution du jugement; cependant la reine tarde encore, non point par humanité et clémence, mais par artifice, afin de paraître contrainte.

MARIE, *avec fermeté.*

Sir Mortimer, vous ne me surprenez pas, vous ne m'effrayez pas ; j'étais depuis long-temps affermie contre une pareille nouvelle. Je connaissais mes juges : après l'injustice commise envers moi, je pensais bien qu'on ne me rendrait point à la liberté ; je savais où l'on en voulait venir. On veut me tenir enfermée dans une prison perpétuelle ; l'on veut que ma vengeance et mes droits soient pour toujours ensevelis dans la nuit d'un cachot.

MORTIMER.

Non, reine ; non, non. Ils ne s'en sont pas tenus là ; la tyrannie n'a pas été satisfaite qu'elle n'ait consommé son œuvre. Aussi long-temps que vous vivrez vous inspirerez de la crainte à la reine d'Angleterre. Aucun cachot ne pourrait vous tenir assez ensevelie ; votre mort seule peut assurer son trône.

MARIE.

Il se pourrait qu'elle osât faire tomber sous l'infâme hache du bourreau une tête couronnée !

MORTIMER.

Elle l'osera, n'en doutez pas.

MARIE.

Elle pourrait ainsi fouler aux pieds la majesté de tous les rois ? Ne redoute-t-elle pas la vengeance de la France ?

MORTIMER.

Elle enchaîne la France par une éternelle paix, en donnant son trône et sa main au duc d'Anjou.

MARIE.

Et le roi d'Espagne ne prendra-t-il pas les armes ?

MORTIMER.

Tant qu'elle sera en paix avec son propre peuple, elle ne craindrait pas les armes de l'univers entier.

MARIE.

Voudrait-elle offrir un tel spectacle aux yeux des Anglais ?

MORTIMER.

Cette contrée, madame, a vu plus d'une fois, dans ces derniers temps, des reines descendre du trône sur un sanglant échafaud. La propre mère d'Elisabeth éprouva ce destin. Catherine Howard et lady Gray avaient aussi porté la couronne.

MARIE, *après un instant de silence.*

Non, Mortimer, une vaine crainte vous aveugle. Les inquiétudes de votre âme fidèle vous ont inspiré cette fausse terreur. Ce n'est pas l'échafaud que je crains, seigneur. Il est un autre moyen, moins dangereux, que la cruelle Elisabeth pourrait employer pour s'affranchir de la crainte de mon ressentiment. Ce n'est pas un bourreau qui attenterait à ma vie, ce serait plutôt un assassin. C'est cela que je redoute, sir Mortimer, et jamais je ne porte une coupe sur le bord de mes lèvres sans être saisie d'effroi, songeant que cette boisson peut être le gage des sentimens fraternels d'Elisabeth.

MORTIMER.

On ne pourra, ni ouvertement, ni en secret, attenter à votre vie. Soyez sans crainte, tout est déjà préparé. Douze jeunes Anglais sont liés avec moi par un engagement ; ils ont ce matin reçu la sainte communion, promettant de vous arracher de ce château avec courage. Le comte de l'Aubespine, ambassadeur de France, connaît notre dessein ; lui-même nous aide de sa main. C'est dans son palais que nous devons nous réunir.

MARIE.

Vous me faites trembler, sir Mortimer, — mais ce n'est pas de joie. Un pressentiment funeste a traversé mon cœur. Qu'allez-vous entreprendre ? Y avez-vous réfléchi ? Les têtes sanglantes de Babington et de Tichburn, exposées sur le pont de Londres comme un avertissement sinistre ; la perte de tant de malheureux qui ont trouvé la mort dans des entreprises semblables, et qui n'ont fait qu'aggraver mes chaînes, ne vous effraient-elles pas ? Infortuné, téméraire jeune homme ! fuyez, fuyez, s'il en est encore temps, si le soupçonneux Burleigh n'a pas déjà connaissance de vos projets, s'il n'a pas déjà mêlé un traître parmi vous ! Fuyez promptement de ce royaume. Tous ceux qui ont voulu secourir Marie Stuart ont été malheureux.

MORTIMER.

Les têtes sanglantes de Babington et de Tichburn exposées sur le pont de Londres comme un avertissement sinistre, la perte de tant de malheureux qui ont trouvé la mort dans des entreprises semblables, ne m'ont point effrayé. N'ont-ils pas acquis une gloire immortelle, et n'est-ce pas un bonheur que de mourir pour vous délivrer ?

MARIE.

C'est en vain. Ni la force ni l'adresse ne peuvent me rendre la liberté. Mes ennemis sont vigilans, et la puissance est entre leurs mains. Ce n'est pas le seul Paulet, ce n'est pas une troupe de geôliers, c'est l'Angleterre tout entière qui garde les portes de ma prison. La seule Elisabeth peut, de son plein gré, les ouvrir.

MORTIMER.

Ah ! ne l'espérez jamais.

MARIE.

Il est un seul homme qui pourrait me délivrer.

MORTIMER.

Oh ! nommez-moi cet homme.

MARIE.

Le comte de Leicester.

MORTIMER *recule de surprise.*

Leicester ! le comte de Leicester ! le plus cruel de vos persécuteurs, le favori d'Élisabeth ! C'est de lui...

MARIE.

Si je dois être délivrée, ce ne pourra être que par lui... Allez le trouver. Ouvrez-vous à lui franchement, et pour gage que c'est moi qui vous ai envoyé, remettez-lui cet écrit. Il renferme mon portrait. (*Elle tire un papier de son sein, Mortimer se recule et hésite à le prendre.*) Prenez; depuis long-temps je le porte sur moi... L'étroite surveillance de Paulet ne me laissait aucun moyen de communiquer avec lui. Mon bon ange vous a envoyé ici.

MORTIMER.

O reine! quelle énigme! Eclaircissez-moi.

MARIE.

Le comte de Leicester vous expliquera tout; confiez-vous à lui, il se confiera à vous. Qui vient ici?

KENNEDI, *entrant précipitamment.*

Sir Paulet s'approche avec un de vos juges.

MORTIMER.

C'est lord Burleigh. Rassurez-vous, madame, et entendez avec fermeté ce qu'il vient vous annoncer.

Il sort par une porte de côté, Kennedi le suit.

SCÈNE VII.

MARIE, LORD BURLEIGH, *grand trésorier d'Angleterre;* LE CHEVALIER PAULET.

PAULET.

Vous souhaitez de connaître votre sort; sa seigneurie mylord Burleigh vient vous en instruire; supportez-le avec résignation.

MARIE.

Oui, avec la dignité qui sied à l'innocence.

BURLEIGH.

Je viens ici comme député du tribunal.

MARIE.

Lord Burleigh aura consenti volontiers à être l'organe d'un tribunal qu'il avait déjà animé de son esprit.

PAULET.

Vous parlez comme si déjà vous connaissiez la sentence.

MARIE.

C'est lord Burleigh qui l'apporte, je puis la prévoir... Au fait, mylord.

BURLEIGH.

Vous vous êtes soumise, madame, au tribunal des quarante-deux.

MARIE.

Pardon, mylord, si dès le commencement de votre discours, je suis forcée de vous interrompre; je me suis soumise, dites-vous, à la sentence des quarante-deux? je ne m'y suis aucunement soumise. Comment l'aurais-je pu faire? Pouvais-je oublier à ce point mon rang, l'honneur de mon peuple, de mon fils, de tous les princes? Les lois anglaises ordonnent que tout accusé sera jugé par un jury composé de ses pairs. Quels sont mes pairs dans votre comité? Les rois seuls sont mes pairs.

BURLEIGH.

L'acte d'accusation vous a été lu devant le tribunal; vous avez répondu à l'interrogatoire.

MARIE.

Oui, je suis tombée dans le piége artificieux que me tendait Hatton; dans la seule vue de venger mon honneur, me confiant à la force victorieuse de mes raisons, j'ai prêté l'oreille à chaque chef d'accusation, et j'ai fait voir leur peu de fondement. C'était une marque de considération pour la personne des nobles lords, et non pas une reconnaissance de leur juridiction, que je récuse.

BURLEIGH.

Que vous la reconnaissiez ou non, madame, c'est une vaine formalité, et qui ne peut point arrêter le cours de la justice. Vous respirez l'air de l'Angleterre, vous jouissez du bienfait de ses lois, vous vivez sous leur protection, ainsi vous devez être soumise à leur empire.

MARIE.

Je respire l'air dans une prison anglaise. Appelez-vous cela vivre en Angleterre, et jouir du bienfait de ses lois? Je les connais à peine; jamais de mon plein gré je ne m'y suis soumise. Je ne suis pas citoyenne de ce royaume, je suis une libre reine d'une contrée étrangère.

BURLEIGH.

Et pensez-vous que le nom royal puisse donner le privilége de semer impunément la discorde dans un royaume étranger? Et que deviendrait la sûreté des états, si le juste glaive de Thémis ne pouvait pas atteindre la tête coupable d'un hôte royal, aussi bien que celle du dernier citoyen!

MARIE.

Je ne prétends pas être au-dessus de la justice; c'est seulement les juges que je récuse.

BURLEIGH.

Les juges! Comment, madame! Sont-ils donc des misérables tirés de la populace, ou d'infâmes faussaires dont la foi et la conscience soient vénales, qui soient capables de prêter volontairement leur ministère à l'oppression? Ne sont-ce pas les premiers du royaume, des hommes qui ont assez d'indépendance pour oser être justes, qui sont au-dessus de l'influence du pouvoir et de la vile corruption? Ne sont-ce pas les mêmes qui gouvernent un noble peuple avec liberté et justice, et ne suffit-il pas de les nommer pour rendre aussitôt muet le soupçon ou le doute? A leur tête, on distingue le pieux archevêque de Cantorbéry, ce respectable pasteur; le sage Talbot, à qui les sceaux de l'État sont confiés; et Howard, qui a commandé les flottes du royaume. Dites, pensez-vous que la reine d'Angleterre pût faire plus que de choisir pour juges de ce royal procès les plus nobles hommes de la monarchie? Si l'on pouvait croire qu'un seul d'entre eux a été entraîné par l'esprit de parti, quarante juges ainsi choisis pourraient-ils être tous déterminés à la fois par un motif de passion?

MARIE, *après un moment de silence.*

Certes, j'admire l'éloquence de cette bouche qui me fut toujours funeste. Comment une femme dépourvue de science pourrait-elle se mesurer avec un aussi habile orateur? Oui, si ces lords étaient tels que vous les dépeignez, je devrais garder le silence; et ma cause serait perdue sans recours, du moment qu'ils m'auraient déclarée coupable. Cependant, ceux que vous avez nommés avec tant de louanges, ceux dont le jugement doit me confondre, on les a vus, mylord, tenir une toute autre conduite dans les révolutions de ce royaume. Je vois cette noblesse altière de l'Angleterre, ce majestueux sénat de l'empire se prêter, comme les esclaves du sérail, aux fantaisies despotiques de Henri VIII, mon grand-oncle. Je vois cette noble chambre des pairs, rivalisant de vénalité avec la chambre des communes, sanctionner, puis abroger les lois, rompre et nouer les liens du mariage suivant que l'exige le pouvoir; aujourd'hui déshériter une fille du roi d'Angleterre et flétrir sa naissance comme illégitime; le lendemain, la couronner comme reine. Je vois ces dignes sénateurs, avec une conviction complaisante et prompte, changer, sous quatre rois, quatre fois de croyance.

BURLEIGH.

Vous vous disiez étrangère à nos lois, pourtant les malheurs de l'Angleterre vous sont familiers.

MARIE.

Et ce sont là mes juges! Lord trésorier, je ne veux point être injuste envers vous, ne le soyez point envers moi; on dit que vos intentions sont bonnes, que vous êtes, pour le service de ce royaume et de votre reine, incorruptible, dévoué, infatigable: je veux le croire, que ce n'est pas votre intérêt privé qui vous gouverne, mais l'intérêt du souverain et de la patrie. Cependant ce sentiment même ne peut-il pas, mylord, vous faire craindre d'être inspiré plutôt par l'intérêt de l'État que par la justice? Je ne doute pas que parmi mes juges de nobles seigneurs ne soient assis près de vous. Cependant ils sont protestants, ils sont pleins de zèle pour la prospérité de l'Angleterre, et c'est sur la reine d'Écosse, une princesse catholique qu'ils ont à prononcer. Un Anglais ne peut être juste envers un Écossais, ainsi le dit un antique adage. Aussi, d'après une coutume observée depuis des siècles par nos aïeux, un Anglais ne peut, devant un tribunal, témoigner contre un Écossais, ni un Écossais contre un Anglais; c'est de la force des choses que naquit cette loi bizarre. Une profonde raison se retrouve toujours dans les anciens usages; on doit les respecter, mylord. La nature jeta ces deux nations altières au milieu de l'Océan sur un même sol qu'elle divisa inégalement entre elles, et les appela à se le disputer sans cesse; le lit étroit de la Twède sépare seulement ces peuples irritables, et le sang des combattans s'est souvent mêlé à ses flots; depuis mille ans, placés sur chaque rive, ils se regardent en se menaçant, la main sur leur épée; aucun ennemi n'a combattu l'Angleterre sans avoir l'Écosse pour auxiliaire; aucune guerre civile n'a consumé les villes d'Écosse sans que les Anglais ne soient venus exciter l'incendie, et cette haine ne pourra s'éteindre que lorsque enfin un seul parlement rassemblera comme frères les deux peuples, lorsque l'île sera soumise à un seul sceptre.

BURLEIGH.

Et c'était une Stuart qui devait assurer ce bonheur à l'empire?

MARIE.

Pourquoi le nierais-je? Oui, je l'avoue, j'ai nourri l'espoir de réunir librement et heureusement deux nobles nations sous l'ombrage de l'olivier; je ne me croyais pas destinée à devenir la victime de cette haine nationale; j'espérais étouffer pour toujours cette antique rivalité, cette discorde ardente et déplorable; et de même qu'après des guerres sanglantes mon aïeul Richemond avait réuni les deux roses, je souhaitais de joindre paisiblement les couronnes d'Écosse et d'Angleterre.

BURLEIGH.

Vous avez poursuivi ce but par une voie coupable, en embrassant le royaume; vous vouliez monter sur le trône à travers les flammes de la guerre civile.

MARIE.

Non, je n'ai pas voulu cela. Au nom du Dieu tout-puissant, quand ai-je eu ce projet? où en sont les preuves?

BURLEIGH.

Je ne suis pas venu ici pour engager de pareils débats; votre cause n'est plus soumise à aucune discussion. Il a été reconnu par quarante voix contre deux, que vous avez violé le bill de l'année dernière, que vous avez encouru les peines portées par la loi. Il fut statué l'an dernier: « Que s'il s'élevait dans le royaume quelque tu- » multe au nom et pour l'avantage d'une personne » qui prétendrait avoir des droits au trône, cette » personne serait traduite en justice et poursui- » vie pour crime capital... » et comme il est prouvé...

MARIE.

Mylord Burleigh, je ne doute pas qu'une loi expressément dirigée contre moi, et destinée à me détruire, ne puisse s'appliquer à moi. Malheur à la faible victime lorsque la même bouche d'où la loi est émanée prononce aussi la sentence! Pouvez-vous nier, mylord, que ce bill ait été rendu pour me perdre?

BURLEIGH.

Il devait vous servir d'avertissement, vous seule en avez fait un piége; vous avez vu l'abîme ouvert devant vous, et vous vous y êtes précipitée, quoique bien avertie; vous étiez d'intelligence avec le traître Babington et les meurtriers ses complices; vous aviez connaissance du complot, et vous le dirigiez du fond de votre prison.

MARIE.

Quand ai-je fait cela? qu'on m'en donne les preuves!

BURLEIGH.

Elles vous ont déjà été montrées récemment devant le tribunal.

MARIE.

Des copies écrites d'une main étrangère! Mais que l'on prouve que j'ai dicté ces lettres telles absolument qu'elles ont été lues.

BURLEIGH.

Babington, avant de mourir, a reconnu que c'étaient les mêmes qu'il avait reçues.

MARIE.

Et pourquoi, pendant qu'il vivait encore, ne l'a-t-on pas amené devant moi? pourquoi s'est-on hâté de l'envoyer à la mort avant de l'avoir confronté avec moi?

BURLEIGH.

Vos deux secrétaires, Kurl et Nau, ont aussi affirmé par serment que c'étaient là les lettres que votre bouche leur a dictées.

MARIE.

Et l'on me condamne sur le témoignage de mes domestiques! On donne foi et confiance à ceux qui me trahissent, moi, leur reine, et qui ne peuvent témoigner contre moi qu'en violant un devoir de fidélité!

BURLEIGH.

Vous-même reconnaissiez autrefois l'Écossais Kurl pour un homme rempli de conscience et de vertu.

MARIE.

Je l'ai connu tel. Cependant les instants du péril sont la véritable épreuve de la vertu humaine: les angoisses de la torture ont pu lui faire avouer et raconter ce qu'il ne savait pas. Il a cru, par un faux témoignage, se délivrer de la souffrance sans nuire beaucoup à sa reine.

BURLEIGH.

Il a librement attesté ce fait par serment.

MARIE.

Non pas devant moi. Comment, mylord, il existe deux témoins, ils vivent encore, et on ne les amène pas en ma présence, on ne leur fait pas renouveler leur témoignage devant mes yeux!... Pourquoi me refuser une faveur, un droit que l'on accorde à un assassin? J'ai su, de la bouche de Talbot, mon ancien gardien, que sous ce règne il avait été rendu un bill qui ordonnait de faire toujours comparaître l'accusateur devant l'accusé. Cela est-il ainsi, ou bien ai-je mal entendu? Sir Paulet, je vous ai toujours trouvé honnête homme; donnez-m'en une preuve, répondez avec conscience: cela n'est-il pas ainsi? N'existe-t-il pas une telle loi en Angleterre?

PAULET.

Cela est ainsi, madame; cela est de droit en Angleterre: la chose est vraie, je dois le dire.

MARIE.

Eh bien, mylord, puisqu'on m'applique avec tant de sévérité les lois anglaises lorsqu'elles me sont contraires, pourquoi leur bienfait me serait-il refusé? répondez. Pourquoi Babington n'a-t-il pas été confronté avec moi, comme la loi l'ordonnait? pourquoi en est-il de même pour mes deux secrétaires, eux qui vivent encore?

BURLEIGH.

Ne vous emportez pas, madame; votre intelligence avec Babington n'est pas le seul motif qui...

MARIE.

C'est le seul qui puisse me rendre sujette au glaive de la justice, le seul dont je puisse avoir à me justifier. Mylord, demeurez dans la question, ne vous en détournez pas.

BURLEIGH.

Il est prouvé que vous avez négocié avec Mendoce, l'envoyé d'Espagne.

MARIE, *vivement*.

Ne détournez pas la question, mylord.

BURLEIGH.

Que vous avez formé des complots pour renverser la religion du royaume, que vous avez provoqué tous les souverains de l'Europe à la guerre contre l'Angleterre.

MARIE.

Quand ai-je fait cela? je ne l'ai point fait. Et d'ailleurs, quand cela serait ainsi? Mylord, on me retient prisonnière contre tout droit des gens: je ne suis point venue dans ce royaume les armes à la main; j'y vins, comme une suppliante, me jeter entre les bras d'une reine unie par le sang avec moi, réclamant les saints droits de l'hospitalité. Ce fut ainsi que je tombai en son pouvoir, et que j'y trouvai des chaînes où j'avais espéré des secours. Répondez, ma conscience est-elle engagée envers ce royaume? ai-je quelque devoir envers l'Angleterre? Et si je m'efforçais de rompre les murs de ma prison, d'opposer la force à la force, si je tâchais d'émouvoir et d'appeler à mon secours tous les souverains du continent, n'userais-je pas du droit sacré des opprimés? Tout ce qui, dans une guerre légitime, est juste et loyal, j'aurais pu l'employer; l'assassinat seul et les complots obscurs et meurtriers me sont interdits par la fierté et la conscience. Un meurtre flétrirait mon honneur; mon honneur, dis-je, car il n'y a rien de condamnable aux yeux de l'équité; entre l'Angleterre et moi, il n'est point question de la justice, mais de la violence seulement.

BURLEIGH.

N'en appelez pas, madame, au redoutable droit du plus fort; il n'est pas favorable aux prisonniers.

MARIE.

Je suis faible et elle est puissante. Qu'elle use de la force; qu'elle m'envoie à la mort; qu'elle me sacrifie à son repos, soit; mais qu'alors elle avoue que c'est de la force seulement qu'elle tient ces droits, et non de la justice; qu'elle n'emprunte pas le glaive des lois pour frapper une ennemie qu'elle hait; qu'elle ne revête pas d'une sainte apparence la violence sanglante et l'audace éhontée: une pareille comédie n'abusera pas les yeux du monde; qu'elle me fasse périr, et non pas juger. Elle veut unir les profits du crime au saint éclat de la vertu; et ce qu'elle est, elle n'ose pas le paraître.

Elle sort.

SCÈNE VIII.
BURLEIGH, PAULET.

BURLEIGH.

Elle nous brave, et elle continuera à nous braver, chevalier Paulet, jusque sur les marches de l'échafaud. On ne peut abattre ce cœur altier. La sentence l'a-t-elle seulement étonnée? L'avez-vous vue répandre une larme? A-t-elle changé de visage? Elle n'a pas cherché à émouvoir notre pitié; elle sait les hésitations de notre reine, et ce sont nos craintes qui lui inspirent du courage.

PAULET.

Lord grand trésorier, cette vaine arrogance s'évanouira quand on ne lui donnera plus de prétexte. Si j'ose le dire, il s'est passé dans ce procès des choses irrégulières. On aurait dû la confronter avec Babington et Tichburn, et faire comparaître ses secrétaires devant elle.

BURLEIGH, *vivement.*

Non, non, chevalier Paulet, on ne pouvait risquer cela. Elle exerce un trop grand pouvoir sur les esprits, ses larmes ont trop de puissance. Son secrétaire Kurl, si on l'amenait devant elle, voudrait-il prononcer des paroles d'où dépend la vie de sa reine? il se rétracterait timidement, il retirerait son témoignage.

PAULET.

Ainsi les ennemis de l'Angleterre rempliront le monde entier de bruits odieux, et l'éclat solennel de ce procès ne semblera qu'une imprudente audace.

BURLEIGH.

Et c'est là ce qui afflige notre reine. Ah! pourquoi cette femme, artisan de nos maux, n'a-t-elle pas trouvé la mort avant de mettre le pied sur le sol de l'Angleterre!

PAULET.

Ah! plût à Dieu!

BURLEIGH.

Si elle avait succombé en prison à la maladie!

PAULET.

Que de malheurs cela eût épargnés à notre pays!

BURLEIGH.

Et pourtant, si elle périssait par le cours ordinaire de la nature, nous passerions néanmoins pour ses meurtriers.

PAULET.

Cela est vrai. On ne peut empêcher les hommes de penser ce qu'ils veulent.

BURLEIGH.

La chose ne pourrait pas être prouvée, et il en résulterait moins de bruit.

PAULET.

Qu'importe le bruit? C'est la justice, et non pas l'éclat du blâme qui peut blesser.

BURLEIGH.

Aussi la justice sacrée ne peut-elle point éviter le blâme. L'opinion se range toujours du parti des malheureux, et l'envie s'attache à la prospérité triomphante. Le glaive de la justice, qu'un homme porte dignement, est haï dans les mains d'une femme. Le monde ne croit jamais à l'équité d'une femme, lorsqu'une autre femme en est la victime. C'est vainement que nous autres juges avons prononcé d'après notre conscience. La reine a le droit souverain de faire grâce, il faut qu'elle en use; on ne souffrirait pas qu'elle laissât un libre cours à la rigueur des lois.

PAULET.

Et ainsi?

BURLEIGH.

Ainsi elle vivrait... Non, il ne faut pas qu'elle vive; jamais! C'est là ce qui jette notre reine dans l'anxiété; c'est là ce qui chasse le sommeil de sa couche. Je lis dans ses yeux les combats de son âme: sa bouche n'ose proférer aucun souhait, mais son regard muet et expressif semble demander: N'est-il pas parmi tous mes serviteurs quelqu'un qui veuille m'épargner une délibération odieuse, et m'arracher à l'alternative terrible soit de nuire à la sûreté de mon royaume, soit de livrer cruellement à la hache une reine unie à moi par les liens du sang?

PAULET.

On ne peut rien changer à cette situation, elle est nécessaire.

BURLEIGH.

Elle pourrait être changée, à ce que pense la reine, si elle avait seulement des serviteurs attentifs.

PAULET.

Attentifs !

BURLEIGH.

Qui sussent comprendre un ordre tacite.

PAULET.

Un ordre tacite !

BURLEIGH.

Qui, lorsqu'on leur donne en garde un serpent empoisonné, ne conservassent pas comme un trésor précieux et sacré l'ennemi confié à leurs soins.

PAULET *comprend tout ce qu'on veut lui dire.*

La bonne renommée, la gloire sans tache de la reine est un précieux trésor auquel on ne saurait trop veiller.

BURLEIGH.

Lorsqu'on ôta la garde de la reine d'Écosse à Shrewsbury, pour la confier au chevalier Paulet, on pensait que...

PAULET.

On pensa, j'espère, mylord, qu'on ne pouvait placer une charge plus difficile dans des mains plus pures. Je jure Dieu que si j'ai accepté cette place de geôlier, c'est que je ne crois pas qu'on pût la confier à un plus honnête homme en Angleterre ! Laissez-moi croire que je n'en ai pas été redevable à un autre motif que ma bonne réputation.

BURLEIGH.

On répandrait qu'elle s'affaiblit, sa santé deviendrait de plus en plus mauvais, et enfin elle succomberait ; sa mémoire s'évanouirait ainsi dans l'esprit du public, et votre réputation resterait pure.

PAULET.

Mais non pas ma conscience.

BURLEIGH.

Si vous ne voulez pas prêter votre propre main, vous n'empêcherez pas du moins qu'une main étrangère...

PAULET, *l'interrompant.*

Tant que Dieu protégera ma demeure, aucun meurtrier n'approchera du seuil de sa porte ; sa vie m'est sacrée, aussi sacrée que celle de la reine d'Angleterre. Vous êtes ses juges, eh bien, jugez-la ; prononcez son arrêt de mort : et quand il en sera temps, qu'on vienne avec la hache et la scie dresser l'échafaud. La porte de mon château ne s'ouvrira que pour le shériff et le bourreau. Maintenant elle est confiée à ma garde, et soyez assuré que je la garderai de façon qu'elle ne pourra ni faire ni redouter le moindre mal.

Ils s'en vont.

ACTE DEUXIÈME.

La scène est au palais de Westminster.

SCÈNE PREMIÈRE.

LE COMTE DE KENT *et* SIR GUILLAUME DAVISON *se rencontrent.*

DAVISON.

Est-ce vous, mylord ? Déjà de retour du tournoi ? La fête est donc finie ?

KENT.

Comment ! n'étiez-vous pas à cette cérémonie ?

DAVISON.

Les devoirs de ma place m'ont retenu.

KENT.

Vous avez perdu, mylord, le plus beau spectacle ; il ne pouvait être imaginé avec plus de goût, ni exécuté avec plus de dignité. On avait représenté la chaste forteresse de la Beauté investie par les Désirs. Mylord maréchal, le grand juge, le sénéchal avec dix autres chevaliers, défendaient la forteresse de la reine, et les chevaliers français l'attaquaient. D'abord a paru un héraut d'armes, qui a, par un madrigal, sommé le château de se rendre ; et du haut des murailles le chancelier a répondu, puis l'artillerie a commencé à tirer : les canons étaient ornés d'une manière charmante ; on les chargeait avec des essences exquises et embaumées, et ils lançaient des bouquets de fleurs, mais vainement ; tous les assauts ont été repoussés, et les Désirs ont été forcés de se retirer.

DAVISON.

Comte, c'est l'augure d'un mauvais succès pour les prières de mariage de la France.

KENT.

Ah ! cela n'était qu'un jeu. Et pour parler sérieusement, je crois que la forteresse finira par se rendre.

DAVISON.

Le croyez-vous ? Je pense que cela n'arrivera jamais.

KENT.

Les articles les plus délicats sont déjà réglés et accordés par la France. Monsieur se contente d'exercer son culte dans une chapelle domestique, et il s'engage à honorer publiquement et à protéger la religion du royaume. Que n'avez-vous vu la joie du peuple lorsque cette nouvelle a été répandue? Car la crainte de l'Angleterre a toujours été que la reine mourût sans postérité, l'Écossaise lui succédât sur le trône, et que le royaume retombât sous le joug du papisme.

DAVISON.

On doit bien être délivré de cette crainte : quand la reine marchera à l'autel, l'Écossaise marchera à l'échafaud.

KENT.

La reine vient.

~~~~~~~~~~~~~~~~~~~~~~~~~~~~~~~~

SCÈNE II.

Les Précédens ; ÉLISABETH, *conduite par* LEICESTER, LE COMTE DE L'AUBESPINE, BELLIÈVRE, LE COMTE DE SHREWSBURY, LORD BURLEIGH, *et plusieurs autres seigneurs français et anglais.*

ÉLISABETH, *à l'Aubespine.*

Comte, je plains ces nobles seigneurs qu'un galant empressement a portés à traverser la mer pour venir ici. Ils n'auront pas retrouvé chez moi la magnificence de la cour de Saint-Germain. Je ne saurais inventer des fêtes aussi éclatantes que la reine-mère. Un peuple joyeux, dès que je me montre en public, se presse autour de ma litière en me bénissant ; c'est là le spectacle que je puis avec quelque orgueil offrir aux regards des étrangers. L'éclat des nobles dames qui ornent des fleurs de la beauté la cour de Catherine, éclipserait et moi et mon cortége modeste.

L'AUBESPINE.

La cour de Westminster présente aux yeux des étrangers surpris une femme qui rassemble en elle seule tous les attraits séducteurs de son sexe.

BELLIÈVRE.

Madame, votre majesté permettra que nous prenions congé d'elle pour aller porter à Monsieur, notre royal seigneur, l'heureuse espérance qui le comblera de joie. Sa vive impatience ne lui a pas permis de demeurer à Paris, il attend à Amiens la nouvelle de son bonheur ; et tout est disposé jusqu'à Calais pour que le consentement que prononcera votre bouche royale soit apporté à son avide empressement avec toute la rapidité possible.

ÉLISABETH.

Comte de Bellièvre, ne me pressez pas davantage. Ce n'est pas le moment, je vous le répète, d'allumer maintenant les joyeux flambeaux de l'hymen. De sombres nuages s'élèvent sur ce royaume, et il me conviendrait mieux de me revêtir des vêtemens de deuil que de l'éclat d'une parure nuptiale ; car un coup déplorable est prêt à atteindre et mon cœur et ma maison.

BELLIÈVRE.

Donnez-nous seulement votre promesse, reine ; des jours plus heureux en amèneront l'accomplissement.

ÉLISABETH.

Les rois ne sont que des esclaves de leur condition ; ils ne peuvent suivre le vœu de leur propre cœur. Mon désir fut toujours de mourir sans avoir eu d'époux ; et j'aurais mis ma gloire à ce qu'on lût sur mon tombeau : « Ici repose une vierge reine. » Cependant mes sujets ne le veulent pas ainsi ; ils songent déjà avec prévoyance au temps où je ne serai plus. Ce n'est pas assez de répandre maintenant sur cette terre une heureuse bénédiction, il faut encore que je m'immole à leur bonheur à venir ; que je sacrifie à mon peuple mon bien le plus précieux, ma liberté virginale, et que je me soumette à un maître. Le peuple me montre par là qu'il ne voit en moi qu'une femme seulement, et je croyais cependant avoir gouverné comme un homme, comme un roi. Ce n'est pas que je pense que se dérober au vœu de la nature soit un hommage agréable à Dieu ; et ceux qui m'ont précédée sur le trône méritent des louanges pour avoir ouvert les cloîtres et rendu aux devoirs de la nature mille victimes d'une piété mal entendue. Mais il semblerait qu'une reine dont les jours ne se sont pas écoulés dans une oisive et inutile contemplation, qui, sans relâche et sans découragement, a su pratiquer les plus difficiles de tous les devoirs, pourrait être exceptée de ce joug que la nature impose à la moitié de la race humaine, en la soumettant à l'autre moitié.

L'AUBESPINE.

Reine, vous avez fait briller toutes les vertus sur le trône, il ne vous reste plus qu'à présenter à votre sexe un exemple éclatant de l'accomplissement de ses propres devoirs. Je conviens qu'il n'est sur la terre aucun homme digne que vous lui fassiez le sacrifice de votre liberté ; cependant si la naissance, la grandeur, l'héroïque vertu, la mâle beauté, peuvent rendre un mortel digne de cet honneur...

ÉLISABETH.

Sans nul doute, monsieur l'ambassadeur, une alliance avec un royal fils de la France doit m'honorer ; oui, je l'avoue hautement, s'il faut que cela soit ainsi, si je ne puis faire autrement que d'obéir aux instances de mon peuple ; si, comme je le crains, elles l'emportent sur mes désirs, je ne connais aucun prince dans l'Europe auquel je fisse avec moins de regret le sacrifice de ma liberté, mon plus cher trésor ; que cet aveu vous suffise.

BELLIÈVRE.

C'est la plus belle des espérances ; cependant ce n'est qu'une espérance, et mon maître souhaite davantage.

ÉLISABETH.

Que souhaite-t-il ? (*Elle tire un anneau de sa*

main et le regarde en réfléchissant.) Eh quoi ! une reine n'a donc rien au-dessus d'une simple citoyenne ? Le même symbole exprime pour elle les mêmes devoirs, le même esclavage. L'anneau est le signe du mariage, et en effet c'est avec des anneaux qu'on forme les chaînes. Portez ce don à son altesse. Ce n'est pas encore un lien qui m'enchaîne, mais celui-là pourrait amener à un autre qui m'enchaînerait tout-à-fait.

BELLIÈVRE *reçoit la bague en mettant un genou en terre.*

Grande reine, je reçois en son nom, à genoux, ce don précieux, et en signe d'hommage je baise la main de ma princesse.

ÉLISABETH, *au comte de Leicester, qu'elle a regardé attentivement pendant les dernières paroles qu'elle a prononcées.*

Permettez, mylord. (*Elle lui prend son cordon bleu et en orne le comte de Bellièvre.*) Remettez à son altesse cette décoration dont je viens de vous revêtir en vous admettant parmi les chevaliers de mon Ordre. — Honni soit qui mal y pense. — Tout nuage doit se dissiper entre les deux nations, et un lien de confiance réciproque doit joindre les couronnes de France et d'Angleterre.

L'AUBESPINE.

Grande reine, ce jour est un jour d'allégresse ; puisse-t-elle s'étendre à tous, et puisse aucun infortuné n'avoir à gémir dans cette île ! La bonté brille sur votre visage. Ah ! qu'un rayon de ce doux éclat tombe sur une malheureuse princesse qui touche d'aussi près la France et l'Angleterre !

ÉLISABETH.

C'est assez, comte ; ne mêlons point deux affaires importantes et qui n'ont point de rapport entre elles ; si la France recherche sérieusement mon alliance, elle doit partager tous mes soucis et ne pas avoir mes ennemis pour amis.

L'AUBESPINE.

Si la France, en concluant cette alliance, oubliait une infortunée qui lui est unie par la religion, qui est la veuve de son roi, ce serait une indignité même à vos propres yeux. Non seulement l'honneur, mais l'humanité exigent...

ÉLISABETH.

En ce sens, je saurai prendre en considération votre intercession. La France remplit un devoir d'amitié, ce sera à moi à remplir mon devoir de reine.

Elle salue les seigneurs français, qui sont reconduits en cérémonie par les seigneurs anglais.

SCÈNE III.

ÉLISABETH, LEICESTER, BURLEIGH, TALBOT.

La reine s'assied.

BURLEIGH.

Glorieuse reine, vous couronnez aujourd'hui les souhaits les plus ardens de votre peuple ; pour la première fois nous pouvons jouir entièrement des jours heureux que nous vous devons, car nous n'avons plus à considérer en frémissant un avenir orageux. Cependant la nation a encore un regret qui l'afflige : il est une victime que toutes les voix demandent. Accomplissez aussi ce vœu, et que ce jour fonde à jamais le bonheur de l'Angleterre.

ÉLISABETH.

Que désire encore mon peuple ? Parlez, mylord.

BURLEIGH.

Il demande la tête de Marie Stuart. Si vous voulez assurer à votre peuple le précieux trésor de la liberté et la lumière si chèrement achetée de la vraie religion, il faut que Marie n'existe plus. Pour que nous cessions de trembler sans cesse pour votre vie adorée, il faut que votre ennemie périsse. Vous savez que tout votre royaume n'est pas soumis à la même opinion, et que l'idolâtrie romaine compte encore dans cette île beaucoup d'adorateurs secrets. Tous nourrissent des pensées hostiles, leurs cœurs se tournent vers cette fille des Stuarts, et ils ont des intelligences avec les Lorrains, ces irréconciliables ennemis de votre nom. Ce parti vous a juré, dans sa fureur, une guerre implacable, et ils combattent avec des armes perfides et infernales. C'est à Reims, siége de l'archevêque de Lorraine, que sont forgés ces traits ; c'est là qu'on enseigne le régicide ; c'est de là que sont envoyés sans cesse dans cette île des émissaires, enthousiastes dévoués qui se cachent sous toute sorte de déguisemens. Voici déjà le troisième assassin qui est parti de là, et ce gouffre vomira sans fin de nouveaux ennemis secrets. C'est dans le château de Fotheringay qu'habite la furie qui anime cette éternelle guerre ; c'est elle qui embrase ce royaume avec le flambeau de l'amour ; c'est pour elle, c'est à cause des espérances flatteuses qu'elle sait donner, que la jeunesse se dévoue à une mort assurée. La délivrer, tel est le prétexte ; la placer sur votre trône, tel est le but de ces complots. Car cette maison de Lorraine ne reconnaît pas vos droits sacrés ; ils vous traitent d'usurpatrice couronnée par la fortune seulement. C'étaient eux qui avaient persuadé à cette insensée de prendre le titre de reine d'Angleterre. Aucune paix n'est à espérer avec cette maison. Vous devez, ou frapper le coup, ou le recevoir. Sa vie est votre mort, et sa mort votre vie.

ÉLISABETH.

Mylord, vous vous acquittez d'un devoir cruel. Je connais la pureté de votre zèle empressé; je sais qu'une sagesse sincère parle par votre bouche. Cependant cette prudence, qui exige de verser du sang, m'est odieuse au fond du cœur. Proposez des conseils plus doux, mylord Shrewsbury, dites-nous votre opinion.

TALBOT.

Vous donnez de justes louanges au zèle qui anime le cœur de Burleigh. Et moi aussi, bien que ma bouche s'exprime avec moins d'éloquence, un cœur non moins fidèle bat dans ma poitrine. Puissiez-vous vivre long-temps, reine, faire la joie de votre peuple et lui assurer long-temps le bonheur de la paix! Jamais, depuis qu'elle est soumise à ses rois, cette île n'a vu des jours aussi heureux. Mais s'il lui fallait jamais acheter son bonheur aux dépens de sa gloire, ah! puissent les yeux de Talbot se fermer le jour où il en serait ainsi!

ÉLISABETH.

Dieu nous préserve de souiller notre gloire!

TALBOT.

En ce cas, il vous faudra chercher un autre moyen pour sauver le royaume, car l'exécution de Marie Stuart est un moyen injuste. Vous ne pouvez prononcer la sentence de celle qui n'est pas votre sujette.

ÉLISABETH.

Ainsi mon conseil d'État et mon parlement se sont trompés; ainsi toutes les cours de justice du royaume sont dans l'erreur quand unanimement elles me reconnaissent ce droit?

TALBOT.

La pluralité des voix n'est pas une preuve de la justice: l'Angleterre n'est pas le monde; votre parlement ne représente pas toutes les générations humaines. L'Angleterre d'aujourd'hui n'est pas plus l'Angleterre de l'avenir qu'elle n'est celle des temps passés; les affections changent de cours, et les flots mobiles de l'opinion s'élèvent et s'abaissent tour à tour. Ne dites pas qu'il vous faut obéir à la nécessité et aux instances de votre peuple. Dès que vous le voudrez, à chaque instant vous pourrez éprouver que votre volonté est libre. Tentez, déclarez que vous avez horreur du sang, que vous voulez sauver la vie de votre sœur; montrez à ceux qui vous ont donné d'autres conseils une véritable indignation, et bientôt vous verrez cette nécessité s'évanouir et cette justice devenir une injustice. Vous-même devez prononcer, vous seule. Vous ne pouvez vous appuyer sur ce roseau mobile et flexible. Livrez-vous avec confiance à votre bonté. Dieu n'a pas placé la sévérité dans le sensible cœur des femmes; et les fondateurs de cet empire, en permettant que les rênes de l'État fussent confiées aux mains des femmes, ont fait voir que les rois de cette contrée ne devaient point mettre leur vertu dans la sévérité.

ÉLISABETH.

Le comte de Shrewsbury est un zélé défenseur de l'ennemie du royaume et de moi; je préfère les conseils dictés par le dévouement à mes intérêts.

TALBOT.

Peut-on lui envier un défenseur, quand personne n'ose parler pour elle et s'exposer au poids de votre colère? Ah! permettez à un vieillard qui, sur le bord de la tombe, ne peut plus être guidé par aucun motif terrestre, de secourir celle qui est abandonnée; qu'il ne soit pas dit que dans votre conseil d'État la passion et l'intérêt personnel seuls ont élevé la voix, et que la pitié est restée muette. Tout s'est conjuré contre elle. Vous-même n'avez jamais vu son visage, et rien dans votre cœur ne parle pour une étrangère. Je ne prétends pas la justifier de ses fautes: on dit qu'elle a consenti au meurtre de son époux. Il est vrai du moins qu'elle a épousé le meurtrier: c'est un grand crime; mais cela s'est passé au milieu d'un temps sinistre et déplorable, parmi les cruels déchiremens d'une guerre civile. Elle se voyait, dans sa faiblesse, pressée vivement par des vassaux insoumis, elle s'est jetée dans les bras de celui qui montrait le plus de force et de caractère. Qui sait par quels artifices on a triomphé d'elle? car la femme est un être fragile.

ÉLISABETH.

La femme n'est point un être faible: le sexe a produit des âmes fortes. Je ne veux pas qu'en ma présence on parle de la faiblesse des femmes.

TALBOT.

Le malheur a été pour vous une école sévère. La vie ne se montra pas à vous d'abord sous un aspect riant. Vous ne portiez pas vos regards sur la perspective d'un trône, mais sur un tombeau ouvert devant vos pas. C'est à Woodstock, dans l'obscurité d'une prison, que Dieu, protecteur de cette terre, a formé votre âme par l'adversité. Là aucun flatteur ne s'empressait vers vous; loin du vain tumulte du monde, votre esprit apprit de bonne heure à se recueillir, à rentrer en lui-même par la méditation, et à apprécier les véritables biens de cette vie. Dieu n'a pas donné cet avantage à l'infortunée: encore enfant, elle fut transplantée en France dans une cour où régnaient la légèreté et les plaisirs frivoles. Là, dans l'ivresse continuelle des fêtes, elle ne put entendre la voix sérieuse de la vérité; elle se laissa éblouir par des vices brillans, et elle fut entraînée dans le torrent du désordre. Elle avait en partage les vains dons de la beauté; par ses attraits elle brillait par-dessus toutes les femmes, et ses charmes non moins que sa naissance...

ÉLISABETH.

Revenez à vous, mylord Shrewsbury; pensez que nous siégeons ici pour des affaires sérieuses: les charmes qui inspirent une telle chaleur à un vieillard doivent être incomparables. Mylord Leicester, vous seul gardez le silence; ce qui excite l'éloquence de mylord Shrewsbury vous ferme-t-il la bouche?

LEICESTER.

Je demeure muet d'étonnement en voyant de quelles terreurs on vient vous entretenir, en voyant les chimères qui agitent le peuple crédule dans les rues de Londres, troubler le calme dans votre conseil et occuper sérieusement des hommes sages. Je reste saisi de surprise, je l'avouerai, de ce que la souveraine dépouillée de l'Écosse, qui n'a pas su se maintenir sur son propre trône, qui est la fable de ses vassaux, que son royaume a rejetée, est, du fond de sa prison, un objet d'épouvante pour vous. Au nom du ciel! qui peut la rendre redoutable? seraient-ce les prétentions qu'elle a sur ce royaume et le refus que font les Guise de vous reconnaître pour reine? Et que peut faire l'opposition des Guise contre les droits que la naissance vous a donnés, que la volonté du parlement a confirmés? N'a-t-elle pas été tacitement exclue par les dernières volontés de Henri? et l'Angleterre, qui a le bonheur de jouir des lumières de la réforme, ira-t-elle se jeter dans les bras d'une reine papiste? Abandonnera-t-elle vous, sa souveraine adorée, pour la meurtrière de Darnley? Que prétendent ces hommes inquiets qui, pendant que vous vivez encore, vous alarment sur votre héritier? Il semble qu'ils ne puissent pas vous donner un époux assez vite, tant ils craignent pour l'État et pour l'Église! Et n'êtes-vous donc pas dans la force et dans la fleur de la jeunesse, tandis qu'elle chaque jour la flétrit et l'entraîne au tombeau? Par le ciel! vous pourrez pendant bien des années encore passer sur son tombeau sans qu'il vous soit nécessaire de l'y précipiter.

BURLEIGH.

Lord Leicester n'a pas toujours été de cette opinion.

LEICESTER.

Il est vrai, j'ai donné ma voix pour sa mort au tribunal; dans le conseil d'État je parle d'autre sorte. Il ne s'agit pas ici de discuter ce qui est juste, mais ce qui est avantageux. Est-ce maintenant le moment de la regarder comme dangereuse, quand son seul appui, quand la France l'abandonne, quand vous allez accorder au fils de ses rois l'heureux don de votre main, quand l'espoir de voir naître une nouvelle race royale réjouit l'Angleterre? Pourquoi lui donner la mort? N'est-elle pas déjà morte? C'est l'oubli des hommes qui est la vraie mort. Gardez-vous de la rappeler à la vie en excitant la compassion. Mon avis est donc qu'on laisse subsister dans toute sa force la sentence qui condamne sa tête: qu'elle vive, mais qu'elle vive sous la hache du bourreau; et si un seul bras s'arme en sa faveur, qu'aussitôt sa tête tombe.

ÉLISABETH *se lève.*

Mylords, j'ai écouté vos avis, et je vous remercie de votre zèle. Avec l'aide de Dieu, qui éclaire l'esprit des rois, j'examinerai vos motifs et me déciderai pour ce qui me semblera plus sage.

SCÈNE IV.

LES PRÉCÉDENS; LE CHEVALIER PAULET avec MORTIMER.

ÉLISABETH.

Voici le chevalier Paulet. Sir Paulet, qui vous amène vers nous?

PAULET.

Glorieuse reine, mon neveu, qui naguère est de retour de voyages lointains, se prosterne à vos pieds et vous présente ses jeunes hommages. Recevez-le avec bonté, je vous prie; laissez tomber sur lui un rayon de votre faveur.

MORTIMER *met un genou en terre.*

Puissiez-vous vivre long-temps, madame et souveraine! et puissent le bonheur et la gloire orner votre couronne!

ÉLISABETH.

Levez-vous; soyez le bienvenu en Angleterre, sir Mortimer. Vous avez fait un long voyage, vous avez vu Rome et la France, vous avez habité Reims, dites-moi ce que trament nos ennemis.

MORTIMER.

Puisse Dieu les confondre et tourner contre leur propre sein les traits qu'ils veulent lancer à ma reine!

ÉLISABETH.

Avez-vous vu Morgan et l'archevêque de Ross, ce grand artisan de complots?

MORTIMER.

J'ai pu connaître tous les Écossais bannis qui forgent à Reims des complots contre cette île; j'ai gagné leur confiance, afin de découvrir quelque chose de leurs trames.

PAULET.

On lui a confié une lettre en chiffres pour la reine d'Écosse, et d'une main fidèle il nous l'a remise.

ÉLISABETH.

Dites, quels sont leurs derniers projets?

MORTIMER.

Ils ont été frappés comme d'un coup de foudre en voyant la France les abandonner, et conclure une étroite alliance avec l'Angleterre; maintenant leur espoir se porte sur l'Espagne.

ÉLISABETH.

Walsingham me l'écrit ainsi.

MORTIMER.

Le pape Sixte-Quint vient de lancer du Vatican une bulle contre vous : elle était parvenue à Reims comme j'en partais, et le premier paquebot l'apportera dans cette île.

LEICESTER.
De pareilles armes ne font plus trembler l'Angleterre.

BURLEIGH.
Elles peuvent devenir dangereuses dans la main des enthousiastes.

ÉLISABETH, *examinant Mortimer avec pénétration.*
On vous accusait d'avoir suivi les écoles de Reims, et d'avoir abjuré votre croyance.

MORTIMER.
J'en ai fait le semblant ; je ne le nie point, tant était grande mon ardeur à vous servir.

ÉLISABETH, à *Paulet, qui tire un papier.*
Que tenez vous là ?

PAULET.
C'est un écrit que la reine d'Écosse vous adresse.

BURLEIGH *veut le saisir avec empressement.*
Donnez-moi cette lettre.

PAULET *donne le papier à la reine.*
Pardon, mylord trésorier ; elle m'a recommandé de remettre la lettre aux propres mains de la reine. Elle dit toujours que je suis son ennemi ; je suis l'ennemi de ses crimes seulement : tout ce qui s'accorde avec mon devoir, je le fais volontiers pour elle.

La reine a pris la lettre. Pendant qu'elle la lit, Mortimer et Leicester se disent quelques mots à voix basse.

BURLEIGH, à *Paulet.*
Que peut contenir cette lettre ? de vaines plaintes, que l'on aurait dû épargner au cœur sensible de la reine.

PAULET.
Elle ne m'a point caché ce que contient la lettre, elle sollicite la faveur d'être admise en présence de la reine.

BURLEIGH, *vivement.*
Jamais.

TALBOT.
Pourquoi pas ? Sa demande n'a rien que de juste.

BURLEIGH.
Celle qui a comploté la mort de la reine, qui avait soif de son sang, n'a pas mérité de jouir de son auguste aspect ; quiconque est fidèle à sa souveraine, ne peut lui donner ce mauvais, ce perfide conseil.

TALBOT.
Si la reine veut la sauver, devez-vous arrêter ce mouvement généreux de clémence ?

BURLEIGH.
Elle est condamnée, sa tête est sous la hache. Il est indigne de la majesté royale d'admettre en sa présence celle qui est dévouée à la mort. La sentence ne pourrait plus s'accomplir, si une fois elle avait vu la reine ; l'aspect du roi porte grâce.

ÉLISABETH, *essuyant ses larmes après avoir lu la lettre.*
Qu'est-ce que l'homme ? qu'est-ce que le bonheur sur cette terre ? Où en est-elle réduite, cette reine qui commença sa carrière avec des espérances si orgueilleuses, qui fut appelée sur le trône le plus ancien de la chrétienté, qui dans sa pensée croyait déjà réunir trois couronnes sur sa tête ? Quel autre langage elle tient aujourd'hui, que lorsqu'elle prenait l'écusson d'Angleterre, et lorsqu'elle se laissait appeler par les flatteurs de sa cour reine des îles britanniques! Pardon, mylords, mais mon âme est déchirée, mon cœur saigne, et je suis saisie de trouble quand je vois la fragilité des choses terrestres, et les terribles coups du destin tomber si près de ma tête.

TALBOT.
O reine ! Dieu a touché votre cœur ; écoutez cette émotion céleste : certes elle a expié cruellement ses cruelles fautes. Tendez-lui la main au fond de l'abîme où elle est tombée ; paraissez comme un ange de lumière dans la nuit funèbre de sa prison.

BURLEIGH.
Grande reine, montrez de la fermeté ; ne vous laissez pas égarer par un généreux sentiment d'humanité ; ne vous privez pas du pouvoir de faire ce qu'exige la nécessité. Vous ne pouvez ni lui faire grâce ni la sauver ; ainsi ne méritez point l'odieux reproche d'avoir, avec une joie cruelle et triomphante, rassasié vos regards de la vue de votre victime.

LEICESTER.
Demeurons dans les bornes de notre devoir, mylords ; la reine n'a pas besoin de nos conseils, elle saura dans sa sagesse choisir le meilleur parti : l'entrevue de deux reines n'a rien de commun avec le cours ordinaire de la justice ; les lois d'Angleterre, et non pas la volonté de la reine, ont condamné Marie. Il est digne de la grande âme d'Élisabeth de suivre les nobles impulsions de son cœur, tandis que la loi conserve son inflexible rigueur.

ÉLISABETH.
Allez, mylords ; nous trouverons moyen d'unir convenablement ce qu'exige la clémence et ce qu'ordonne la nécessité. Maintenant, allez. (*Ils sortent. Elle rappelle Mortimer.*) Sir Mortimer, un mot.

SCÈNE V.
ÉLISABETH, MORTIMER.

ÉLISABETH, *après avoir pendant quelques momens fixé sur lui des regards pénétrans.*
Vous avez montré un courage déterminé et un empire sur vous-même rares à votre âge. Celui

qui sait déjà sitôt pratiquer l'art difficile de la dissimulation mérite d'être récompensé avant le temps, et abrége ses années d'épreuve. Le destin vous appelle à parcourir une belle carrière, je vous le prédis ; et cet oracle, je puis, pour votre bonheur, l'accomplir moi-même.

MORTIMER.

Grande reine, ce que je suis, ce que je puis être est consacré à votre service.

ÉLISABETH.

Vous avez connu les ennemis de l'Angleterre ; leur haine contre moi est irréconciliable, et leurs sanglans desseins se renouvellent toujours. Jusqu'à ce jour, il est vrai, le Tout-Puissant m'a préservée. Cependant la couronne ne sera jamais affermie sur ma tête, tant que vivra celle qui sert de prétexte à leur zèle enthousiaste et qui nourrit leurs espérances.

MORTIMER.

Dès que vous l'ordonnerez elle ne vivra plus.

ÉLISABETH.

Hélas! sir Mortimer, je croyais déjà me voir au but, et je ne suis pas plus avancée que le premier jour. Je voulais laisser agir les lois et conserver ma main pure de son sang : la sentence est prononcée, qu'ai-je gagné à cela? Il faut qu'elle s'accomplisse, Mortimer, et c'est moi qui dois ordonner son exécution. C'est toujours sur moi que retombe l'odieux ; je suis contrainte à y donner mon aveu, et je ne puis sauver l'apparence. Voilà ce qui est le plus rude.

MORTIMER.

Que vous importe une fâcheuse apparence, quand la chose est juste?

ÉLISABETH.

Vous ne connaissez pas le monde, jeune homme; chacun vous juge sur ce que vous paraissez être, personne sur ce que vous êtes. Je ne puis persuader que la justice est pour moi; ainsi je dois apporter mes soins à cacher dans un doute éternel la part que j'aurai à sa mort. Dans de telles affaires, qui peuvent offrir deux aspects différens, la seule ressource c'est de s'envelopper dans une ombre mystérieuse. Ce qui est fâcheux, c'est d'avouer publiquement les choses; tant qu'on se tient à l'écart, il n'y a rien de perdu.

MORTIMER, la pénétrant.

Ainsi, le mieux serait...

ÉLISABETH, vivement.

Assurément, ce serait le mieux. Oh! c'est mon bon ange qui vous fait parler; poursuivez, achevez, cher Mortimer. Votre esprit est ferme, vous pénétrez au fond ; vous êtes un tout autre homme que votre oncle.

MORTIMER, interdit.

Avez-vous montré au chevalier Paulet quel était votre désir ?

ÉLISABETH.

Je le regrette, mais je l'ai fait ainsi.

MORTIMER.

Pardonnez à ce vieillard ; les ans l'ont rendu scrupuleux. De tels coups exigent la force d'esprit de la jeunesse.

ÉLISABETH, vivement.

Puis-je compter sur vous ?

MORTIMER.

Je vous prêterai mon bras. Tâchez de sauver votre renommée.

ÉLISABETH.

Ah! Mortimer, si un matin vous veniez me réveiller avec cette nouvelle : Marie Stuart, votre sanglante ennemie, cette nuit a cessé de vivre...

MORTIMER.

Comptez sur moi.

ÉLISABETH.

Et quand pourrai-je enfin reposer d'un sommeil tranquille ?

MORTIMER.

A la prochaine lune vos craintes seront finies.

ÉLISABETH.

Adieu, sir Mortimer. Ne prenez aucun chagrin de ce que ma reconnaissance sera forcée d'emprunter le voile de la nuit. Le silence est un dieu qui protége le bonheur. Les liens les plus étroits et les plus délicats sont ceux qui sont fondés sur le mystère.

Elle sort.

SCÈNE VI.

MORTIMER, seul.

Va, reine fausse et hypocrite ; je te trompe, comme tu trompes le monde. C'est une chose juste, c'est une bonne action que de te trahir. T'ai-je donc paru ressembler à un assassin? As-tu donc lu sur mon front la vocation du crime? Fie-toi seulement à mon bras, et suspends tes coups ; donne-toi aux yeux du monde la pieuse et mensongère apparence de la clémence, tandis que tu comptes en secret sur le succès de mon crime ; va, et pendant ce temps-là nous gagnons des délais pour travailler à sa délivrance. Tu veux me porter à un rang élevé. Tu affectes de me montrer dans le lointain une précieuse récompense. Et quand toi-même et tes faveurs seraient cette récompense, que possèdes-tu, et que peux-tu donner ? L'ambition et son vain éclat ne me séduisent pas. C'est elle seulement qui possède ce qui peut charmer la vie. Autour d'elle voltigent en chœur les heureuses et éternelles divinités de la jeunesse et de la grâce ; c'est sur son sein qu'est le bonheur céleste, et toi, tu ne peux accorder que des faveurs glacées. Jamais tu n'as joui du plus grand des biens, du plus bel ornement de la vie, de la vraie couronne de ton sexe. Tu ignores ce que c'est qu'un cœur à la fois entraîné et entraînant, qui, dans un doux oubli de lui-même, se donne à un autre cœur. Jamais ton amour n'a fait le bonheur de personne.

Il faut que j'attende ce lord pour lui remettre la lettre. Odieuse commission! Mon cœur sent de l'éloignement pour ce courtisan. Je puis la délivrer moi-même, moi seul, et retenir pour moi le danger, la gloire et la récompense.

Il veut sortir et rencontre Paulet.

SCÈNE VII.
MORTIMER, PAULET.

PAULET.
Que t'a dit la reine?

MORTIMER.
Rien, sir Paulet, rien d'important.

PAULET *le regarde fixement et d'un œil sévère.*
Écoute, Mortimer, tu marches sur un chemin dangereux et glissant. La faveur des rois est attrayante, et la jeunesse est avide des honneurs. Ne te laisse point égarer par l'ambition.

MORTIMER.
Et n'est-ce pas vous-même qui m'avez conduit à la cour?

PAULET.
Je regrette de l'avoir fait. Ce n'est pas à la cour que l'honneur de notre maison a été gagné. Sois ferme, Mortimer. N'achète pas la faveur trop cher; écoute la voix de la conscience.

MORTIMER.
Quelle est votre pensée? quel soin vous agite?

PAULET.
Quelle que soit la grandeur où la reine a promis de t'élever, ne te fie point à ses flatteuses paroles. Quand tu lui auras obéi, elle te désavouera. Elle voudra assurer l'honneur de son nom, et elle vengera le meurtre qu'elle-même aura ordonné.

MORTIMER.
Le meurtre, dites-vous !

PAULET.
Trêve à toute dissimulation. Je sais ce que la reine a exigé de toi ! Elle espère que ta jeunesse ambitieuse sera plus complaisante que mon inflexible vieillesse. Lui as-tu promis? As-tu...

MORTIMER.
Mon oncle...

PAULET.
Si tu l'as fait, je te maudis, et rejette de...

LEICESTER *entre.*
Sir Paulet, permettez : j'ai un mot à dire à votre neveu. La reine est favorablement disposée pour lui. Elle veut que la garde de lady Stuart lui soit entièrement confiée; elle se repose sur sa fidélité.

PAULET.
Elle s'y repose?... bien.

LEICESTER.
Que dites-vous, chevalier Paulet?

PAULET.
La reine s'en repose sur lui; et moi, mylord, je m'en repose sur moi-même, et j'ai les yeux ouverts.

Il sort.

SCÈNE VIII.
LEICESTER, MORTIMER.

LEICESTER, *étonné.*
Que voulait dire le chevalier?

MORTIMER.
Je l'ignore. La confiance inattendue que m'accorde la reine...

LEICESTER, *le regardant avec pénétration.*
Et méritez-vous, sir Mortimer, que l'on se confie à vous?

MORTIMER, *sur-le-champ.*
Je vous ferai la même question, mylord Leicester.

LEICESTER.
Vous avez à me parler en secret.

MORTIMER.
Assurez-moi que je puis l'oser.

LEICESTER.
Et qui me donnera cette assurance pour vous? Ne vous offensez pas de ma méfiance. Vous vous montrez ici sous deux faces différentes. Il en est une qui nécessairement est fausse; mais quelle est la véritable ?

MORTIMER.
J'en puis dire autant de vous, comte de Leicester.

LEICESTER.
Lequel doit le premier abjurer la réserve?

MORTIMER.
Celui qui court le moins de danger.

LEICESTER.
Eh bien ! c'est vous.

MORTIMER.
C'est vous au contraire. Le témoignage d'un lord puissant et considérable pourrait me perdre, et le mien ne pourrait rien contre votre rang et votre faveur.

LEICESTER.
Vous vous trompez, sir Mortimer; en toute autre affaire, je suis puissant ici, mais sur le point délicat où il faut que je me livre à votre bonne foi, je suis dans cette cour le moindre des hommes, et le plus méprisable témoignage pourrait me perdre.

MORTIMER.
Le tout-puissant lord Leicester s'abaisse devant

moi au point de me faire un tel aveu! J'ose présumer de moi davantage, et je lui donnerai un exemple de grandeur d'âme.

LEICESTER.

Montrez-moi de la franchise, je vous imiterai.

MORTIMER, *présentant avec promptitude la lettre.*

La reine d'Écosse vous envoie cette lettre.

LEICESTER, *effrayé, saisit la lettre précipitamment.*

Parlez bas, sir Mortimer. Ah! que vois-je? Hélas! c'est son portrait.

MORTIMER, *qui pendant la lecture l'a regardé attentivement.*

Mylord, maintenant je me fie à vous.

LEICESTER, *après avoir parcouru rapidement la lettre.*

Sir Mortimer, vous savez ce que contient cette lettre?

MORTIMER.

Je ne sais rien.

LEICESTER.

Elle vous a sans doute confié...

MORTIMER.

Elle ne m'a rien confié : vous devez, a-t-elle dit, m'éclaircir cette énigme. C'est en effet une énigme pour moi que de voir le comte de Leicester, le favori d'Élisabeth, un des juges de Marie, et compté parmi ses ennemis, être l'homme en qui la reine a placé l'espoir d'une heureuse délivrance. Cependant, cela doit être ainsi, car vos yeux expriment avec trop de vérité ce que vous éprouvez pour elle.

LEICESTER.

Découvrez-moi d'abord comment il se fait que vous preniez à son sort un intérêt aussi passionné, et comment vous avez gagné sa confiance.

MORTIMER.

C'est ce dont je puis, mylord, vous éclaircir en peu de mots. J'ai abjuré ma croyance à Rome, et je suis attaché aux Guise. Une lettre de l'archevêque de Reims m'a accrédité auprès de la reine d'Écosse.

LEICESTER.

Je savais votre changement de religion, et c'est ce qui vous a acquis ma confiance. Donnez-moi la main, pardonnez-moi mes doutes; je ne saurais user de trop de précautions. Walsingham et Burleigh me haïssent, je le sais, et me tendent des embûches secrètes. Vous pouviez être leur créature, leur instrument, pour m'attirer dans le piège.

MORTIMER.

Ah! qu'un si grand seigneur marche timidement dans cette cour! Je vous plains, comte.

LEICESTER.

Je me jette avec joie dans le sein d'un ami fidèle, et je me soulage enfin d'une longue contrainte. Vous êtes surpris, Mortimer, que mes sentimens pour Marie aient si rapidement changé; jamais, dans le fait, je n'avais eu de haine pour elle. La nécessité des temps m'avait fait son ennemi. Vous savez qu'il y a déjà bien des années qu'elle m'avait été destinée, avant qu'elle eût donné sa main à Darnley, lorsqu'elle brillait encore de tout l'éclat de sa grandeur. Je repoussai alors froidement ce bonheur, et maintenant qu'elle est en prison, aux portes de la mort, je cherche à l'obtenir au péril de ma vie.

MORTIMER.

Voilà une conduite généreuse.

LEICESTER.

Depuis, les choses ont bien changé de face. C'était l'ambition qui me rendait insensible à la jeunesse et à la beauté. Je ne trouvais pas alors l'hymen de Marie assez grand pour moi, j'espérais posséder la reine d'Angleterre.

MORTIMER.

On sait qu'elle vous a préféré au reste des hommes.

LEICESTER.

Cela semblait ainsi, sir Mortimer; et maintenant, après dix années perdues d'une infatigable assiduité, d'une détestable contrainte... Ah! Mortimer! il faut que je vous ouvre mon cœur; il faut que je me soulage d'une longue oppression. On me croit heureux! ah! si l'on savait ce que sont ces chaînes que l'on m'envie!... Quand j'ai sacrifié à l'idole de la vanité dix années amères et éternelles; quand, avec la complaisance d'un esclave, je me suis soumis aux variations de ses caprices despotiques; quand j'ai été le jouet de sa bizarrerie et de ses moindres fantaisies; tantôt caressé par sa tendresse, tantôt repoussé avec une réserve orgueilleuse; également vexé par sa faveur ou par sa sévérité; gardé comme un prisonnier par l'œil perçant de la jalousie; interrogé sur mes actions comme un enfant; outragé comme un valet... Oh! il n'est pas de parole pour peindre un tel enfer!

MORTIMER.

Je vous plains, comte.

LEICESTER.

Et quand je touche au but, on me ravit la récompense. Un autre vient m'enlever les fruits d'une constance qui m'a tant coûté; je perds des droits établis depuis si long-temps; un époux, dans la fleur de la jeunesse, me les enlève. Il faut que je descende de ce théâtre où si long-temps j'ai brillé le premier. Ce n'est pas sa main seule, c'est sa faveur que je suis menacé de voir passer à ce nouveau venu. Elle est femme, et il est fait pour plaire.

MORTIMER.

Il est fils de Catherine; il a dû apprendre à une bonne école l'art de la séduction.

LEICESTER.

Ainsi croulent mes espérances. Dans ce naufrage de ma fortune, je cherche une planche où me sauver; et mes regards se reportent vers de premières et belles espérances. L'image de Marie, dans tout l'éclat de ses charmes, est venue se représenter à moi. La jeunesse et la beauté rentrèrent alors dans tous leurs droits; ce ne fut plus une froide ambition, c'est le cœur qui compara, et je sentis quel trésor j'avais perdu. Je la vis avec terreur précipitée dans l'abîme du malheur, et précipitée par ma faute. Alors s'éveilla en moi l'espérance de la délivrer et de la posséder. J'ai pu, au moyen d'une main fidèle, lui révéler le changement de mon cœur. Cette lettre que vous m'apportez m'assure qu'elle me pardonne, et que si je la délivre, elle se donnera à moi pour récompense.

MORTIMER.

Vous n'avez rien fait pour la délivrer. Vous l'avez laissé condamner, vous avez donné votre propre voix pour sa mort! Il a fallu un miracle; il a fallu que la lumière de la vérité touchât le neveu de son geôlier; il a fallu que le ciel lui préparât au Vatican, à Rome, un libérateur inattendu, seulement pour qu'elle pût trouver un chemin jusqu'à vous.

LEICESTER.

Hélas! sir Mortimer, j'en ai ressenti assez de douleur. Vers ce temps-là, elle fut transférée du château de Talbot à Fotheringay, et confiée à la surveillance sévère de votre oncle. Toute voie pour arriver à elle fut interdite. Il me fallut continuer, aux yeux du monde, à la persécuter. Cependant ne pensez pas que j'eusse jamais pu souffrir qu'elle allât à la mort. J'espérais, et j'espère encore prévenir de telles extrémités, jusqu'au moment où un moyen s'offrira de la délivrer.

MORTIMER.

Le moyen est trouvé. Leicester, votre noble confiance mérite un juste retour; je veux la délivrer, c'est pour cela que je suis ici: les mesures sont déjà prises; votre puissante assistance nous assure d'une heureuse réussite.

LEICESTER.

Que dites-vous? vous m'effrayez! Quoi! vous voulez...

MORTIMER.

L'arracher de vive force de sa prison. J'ai des compagnons; tout est prêt.

LEICESTER.

Vous avez des confidens de votre dessein? Malheur à moi! dans quel hasard vous m'entraînez! Ils savent aussi mon secret?

MORTIMER.

N'ayez point de souci; le projet a été formé sans vous, il sera accompli sans vous : mais elle a voulu vous devoir sa délivrance.

LEICESTER.

Ainsi vous pouvez m'assurer avec toute certitude que mon nom n'a pas été prononcé dans votre conjuration?

MORTIMER.

Soyez tranquille. Eh quoi, tant de scrupules inquiets sur une nouvelle qui vous est favorable! Vous voulez délivrer Marie et la posséder, vous trouvez tout-à-coup des amis sur lesquels vous ne comptiez point, un moyen subit vous tombe du ciel, cependant vous montrez plus de trouble que de joie.

LEICESTER.

Il ne faut point de violence; une entreprise téméraire est trop dangereuse.

MORTIMER.

La lenteur l'est aussi.

LEICESTER.

Je vous le dis, Mortimer, cela ne peut pas être essayé.

MORTIMER, *avec amertume.*

Oui, par vous, qui voulez la posséder; mais nous qui ne voulons que la délivrer, nous n'avons point tant d'hésitation.

LEICESTER.

Jeune homme, vous vous montrez trop passionné dans une affaire difficile et dangereuse.

MORTIMER.

Et vous trop prudent, quand il y va de l'honneur.

LEICESTER.

Je vois les filets qui nous environnent de toutes parts.

MORTIMER.

Je me sens le courage de les rompre tous.

LEICESTER.

Ce courage est un délire, une folle témérité.

MORTIMER.

Cette prudence n'est pas courageuse, mylord.

LEICESTER.

Souhaitez-vous donc de finir comme Babington?

MORTIMER.

Et vous, vous ne voulez point imiter la grandeur d'âme de Norfolk?

LEICESTER.

Norfolk a-t-il réussi à conduire Marie à l'autel?

MORTIMER.

Il a du moins montré qu'il en était digne.

LEICESTER.

Ce n'est pas en mourant que nous la sauverons.

MORTIMER.

Ce n'est pas en ménageant notre vie que nous la délivrerons.

LEICESTER.

Vous ne réfléchissez point, vous n'écoutez point; votre aveugle et impétueuse vivacité va détruire tout ce qui était en si bon chemin.

MORTIMER.

Et quel est ce si bon chemin que vous aviez

tracé ? qu'avez-vous fait pour la délivrer ? Eh quoi ! si j'eusse été assez misérable pour l'assassiner, comme la reine me l'a ordonné, et comme à l'heure même elle espère encore que je le ferai, dites-moi, quel moyen aviez-vous préparé pour préserver sa vie ?

LEICESTER, *surpris*.

La reine vous a donné cet ordre sanglant ?

MORTIMER.

Elle s'est méprise sur moi, comme Marie s'est méprise sur vous.

LEICESTER.

Et vous avez promis, vous avez...

MORTIMER.

Pour qu'elle ne fît pas choix d'une autre main, j'ai offert la mienne.

LEICESTER.

Vous avez bien fait ; ceci nous met à l'aise. Elle se repose sur votre sanglante promesse ; la sentence demeure sans exécution, et nous gagnons du temps.

MORTIMER, *avec impatience*.

Nous perdons du temps.

LEICESTER.

Comptant sur vous, elle renoncera d'autant moins à se donner aux yeux du monde l'honneur apparent de la clémence... Peut-être pourrai-je adroitement lui persuader d'avoir une entrevue avec sa rivale, et alors elle aura les mains liées. Burleigh a raison ; la sentence ne pourra plus être exécutée du moment qu'elles se seront vues. Voilà à quoi je veux réussir, et je disposerai tout pour cela.

MORTIMER.

Et qu'obtiendrez-vous par là ? Lorsque voyant la vie de Marie se prolonger, la reine reconnaîtra qu'elle s'est trompée sur moi, tout ne sera-t-il pas comme auparavant ? Elle ne serait jamais libre ; et ce qui pourrait lui arriver de plus heureux, ce serait une éternelle captivité. Il vous faudrait cependant finir par une tentative hardie : pourquoi ne voulez-vous pas commencer par-là ? Vous en avez la puissance entre les mains ; vous pouvez rassembler une armée, ne fût-ce qu'en armant la noblesse de vos nombreux domaines. Marie a encore beaucoup d'amis secrets. Les nobles maisons des Percy et des Howard, bien que leurs chefs aient été abattus, sont encore riches en héros ; elles attendent seulement que quelque seigneur puissant leur donne l'exemple. Plus de dissimulation ; agissez ouvertement, défendez en chevalier celle que vous aimez ; livrez un noble combat pour elle. Vous serez maître de la personne de la reine d'Angleterre quand vous le voudrez ; attirez-la dans un de vos châteaux : souvent elle vous y a suivi. Là, montrez-vous homme, parlez en maître, assurez-vous d'elle, et retenez-la jusqu'à ce qu'elle ait délivré Marie.

LEICESTER.

Je m'étonne et je frémis. Où vous entraîne le délire ? Connaissez-vous cette contrée ? savez-vous ce que c'est que cette cour ? savez-vous dans quels liens étroits une reine sait contenir tous les esprits ? Cherchez cet héroïsme qui jadis animait cette terre ; il a succombé sous le joug d'une femme. Le courage de toutes les âmes est abattu ; suivez ma direction, n'entreprenez rien légèrement. J'entends venir, sortez.

MORTIMER.

Marie espère, et je ne lui rapporterai que de vaines consolations.

LEICESTER.

Rapportez-lui le serment de mon éternel amour.

MORTIMER.

Portez-le-lui vous-même. Je veux bien servir d'instrument pour sa délivrance, mais non pas de messager à votre amour.

Il sort.

SCÈNE IX.

ÉLISABETH, LEICESTER.

ÉLISABETH.

Avec qui étiez-vous ? j'ai entendu parler.

LEICESTER *se retourne rapidement en entendant la voix de la reine, et paraît troublé.*

C'était sir Mortimer.

ÉLISABETH.

Qu'avez-vous, mylord, vous êtes troublé ?

LEICESTER *reprend contenance.*

Votre aspect... Jamais je ne vous vis si charmante ; j'ai demeuré ébloui de votre beauté. Hélas !

ÉLISABETH.

Pourquoi soupirer ?

LEICESTER.

Et n'ai-je pas sujet de soupirer ? Lorsque je contemple vos attraits, je renouvelle l'idée de la perte qui me menace, et j'accrois une douleur si amère !

ÉLISABETH.

Que perdez-vous ?

LEICESTER.

Je perds votre cœur ; je vous perds, vous qui êtes si adorable : bientôt vous trouverez le bonheur dans les bras d'un jeune et ardent époux, et il possédera votre cœur sans partage. Il est d'un sang royal, et je n'ai point cet honneur ; mais je défie le monde entier d'offrir un seul homme qui ressente pour vous une adoration plus vive que la mienne. Le duc d'Anjou ne vous a jamais vue, il ne peut aimer que votre gloire et votre splendeur ; moi, c'est vous que j'aime. Vous seriez la plus pauvre bergère, et moi le plus grand prince de la terre, que je m'empresserais de descendre de mon rang pour mettre mon diadème à vos pieds.

ÉLISABETH.

Plaignez-moi, Dudley, ne me reprochez rien. Je n'ose interroger mon cœur. Hélas! il eût fait un autre choix. Ah! combien j'envie les autres femmes, qui peuvent à leur gré élever l'objet de leur amour! Je n'ai pas eu assez de bonheur pour pouvoir placer la couronne sur le front de l'homme que je préfère à tous les autres. Il a été accordé à Marie Stuart de donner sa main d'après ses penchans; elle s'est tout permis, elle s'est enivrée dans la coupe de tous les plaisirs.

LEICESTER.

Et maintenant elle épuise le calice amer de la douleur.

ÉLISABETH.

Elle n'a jamais respecté en rien l'opinion des hommes; elle a vécu légèrement, jamais elle ne s'est imposé le joug auquel je me soumets. Je pouvais bien aussi prétendre au droit de jouir de la vie, de respirer librement; mais j'ai préféré les devoirs sévères de la royauté. Et pourtant elle s'est concilié la faveur de tous les hommes; elle ne s'est point efforcée d'être plus qu'une femme, et la jeunesse et la vieillesse l'entourent de leurs hommages. Ainsi sont les hommes: le plaisir les attire tous. Ils s'empressent vers la frivolité et la volupté, et ne connaissent point le prix de ce qu'ils devraient respecter. Ce Talbot lui-même ne semblait-il pas se rajeunir en parlant de ses attraits?

LEICESTER.

Excusez-le : il a été son gardien, et par d'adroites flatteries elle a égaré son esprit.

ÉLISABETH.

Est-il vrai en effet qu'elle soit si belle? Si souvent j'ai entendu célébrer sa figure, que je voudrais savoir ce qu'on en doit penser. Les peintures sont flatteuses, les récits mensongers; je ne m'en rapporterais qu'au jugement de mes propres yeux. Mais pourquoi me regardez-vous ainsi?

LEICESTER.

Je vous place dans ma pensée à côté de Marie. Je désirerais, je ne m'en cache pas, avoir le plaisir, si cela pouvait se faire secrètement, de vous voir en regard de Marie. Alors, pour la première fois, vous jouiriez de tout votre triomphe; je me réjouirais de contempler son humiliation, lorsque par ses propres yeux, car l'envie a les yeux pénétrans, elle se verrait convaincue que vous l'emportez sur elle par la noblesse de vos traits aussi bien que par toutes les vertus de l'âme.

ÉLISABETH.

Elle est plus jeune.

LEICESTER.

Plus jeune! à la voir on ne le croirait pas. Ses douleurs, il est vrai, ont pu la vieillir avant le temps. Ce qui rendrait son chagrin plus amer, ce serait de voir en vous une nouvelle fiancée. Les belles espérances de la vie sont maintenant loin derrière elle, et elle vous verrait au contraire marcher vers le bonheur; elle, qui jadis se prévalait et se montrait si orgueilleuse de l'alliance de la France, dont elle implore encore maintenant l'appui, elle vous verrait fiancée avec un royal fils de France.

ÉLISABETH, *avec abandon et négligence.*

On me persécute pour que je la voie.

LEICESTER, *vivement.*

Elle le demande comme une faveur, accordez-le comme une punition. Vous l'enverriez sur un sanglant échafaud, qu'elle en souffrirait moins que de se voir effacer par vos attraits. Par là vous lui donnerez le coup mortel, comme elle voulut vous le donner. Quand elle apercevra votre beauté, conservée par la sagesse, illustrée par une gloire vertueuse et sans tache que dans ses ardeurs frivoles elle a dédaignée, rehaussée de l'éclat d'une couronne, et maintenant ornée de l'aimable parure d'une fiancée; ah! c'est alors que l'heure de sa ruine aura sonné! Oui, quand je jette les yeux sur vous, il me semble que jamais vous n'avez eu autant d'avantages pour disputer le prix de la beauté. Quand vous êtes entrée, j'ai été frappé de l'éclat de vos charmes. Pourquoi, telle que vous voici, telle que vous êtes maintenant, ne pouvez-vous vous montrer à elle! vous ne trouverez jamais une heure plus favorable.

ÉLISABETH.

Maintenant... Non, non, Leicester, non pas maintenant. Il faut que je réfléchisse, et qu'avec Burleigh...

LEICESTER, *vivement.*

Burleigh!... Il ne pense qu'au bien de votre royaume. Mais comme femme vous avez aussi d'autres droits, et ce point délicat doit être régié par vous, et non par un homme d'Etat. Eh! la politique ne conseille-t-elle pas aussi de voir Marie et de se concilier l'opinion publique par une démarche généreuse ? Vous pourrez après vous délivrer d'une ennemie détestée de la manière qui vous conviendra.

ÉLISABETH.

Il ne serait pas convenable que je visse ma parente dans le dénûment et l'humiliation. On dit qu'elle n'est environnée d'aucun éclat royal, et l'aspect de ce dénûment serait un reproche pour moi.

LEICESTER.

Il est inutile que vous approchiez de sa demeure. Écoutez mon conseil; l'occasion est telle qu'on la peut souhaiter. On fait aujourd'hui une grande chasse, elle vous conduira devant Fotheringay; Marie sera dans le parc, vous entrerez comme par hasard. Il faut que rien ne semble préparé d'avance. S'il ne vous convient pas de lui parler, vous pourrez ne pas lui adresser la parole.

ÉLISABETH.

Si ce que je fais n'est point raisonnable, la faute en est à vous, Leicester, et non à moi. Je veux aujourd'hui ne vous rien refuser, car vous êtes de tous mes sujets celui que j'ai le plus affligé. (*Elle le regarde tendrement.*) Et quand ce ne serait qu'une fantaisie de vous... c'est une preuve d'affection que d'accorder de son plein gré ce qu'on n'approuve pas.

Leicester se jette à genoux devant elle.

ACTE TROISIÈME.

La scène représente un paysage dans un parc; des arbres sont sur le devant; au fond, une perspective lointaine.

SCÈNE PREMIÈRE.

MARIE *marche d'un pas rapide à travers les arbres,* KENNEDI *la suit plus lentement.*

KENNEDI.

Il semble que vous ayez des ailes; vous marchez d'un pas si rapide, que je ne puis vous suivre. Attendez-moi.

MARIE.

Ah! laisse-moi jouir du plaisir nouveau de la liberté. Laisse-m'en jouir comme un enfant, imite-moi; laisse-moi sur le vert gazon de la prairie courir, voler d'un pas précipité. Suis-je en effet sortie de mon obscur cachot? Ce triste tombeau ne me tient-il plus renfermée? Laisse-moi m'abreuver à longs traits dans la libre atmosphère des cieux.

KENNEDI.

O ma chère maîtresse! votre prison est seulement un peu moins resserrée. — Vous ne voyez pas les murs qui nous renferment, parce que l'épais feuillage des arbres les cache à vos yeux.

MARIE.

Eh bien! grâces, grâces soient rendues à la verdure de ces arbres bienfaisants qui cachent les murs de ma prison. Je veux rêver que je suis libre et heureuse. Pourquoi me tirer de ma douce illusion? Ne suis-je pas sous la vaste voûte des cieux? Les regards libres et sans obstacles s'étendent sur un espace sans bornes. Là, où s'élèvent ces antiques montagnes nuageuses, commence la frontière de mon royaume; et ces nuages qui courent vers le midi, ils vont chercher l'Océan et la France.

Nuages rapides dont le vent semble enfler les voiles, ah! qui pourrait voyager, voguer avec vous! Saluez pour moi la terre de ma jeunesse. Je suis prisonnière, je suis dans les fers, hélas! je n'ai point d'autres ambassadeurs; vous traversez librement les airs, vous n'êtes point soumis au pouvoir de cette reine.

KENNEDI.

Hélas! ma chère maîtresse, vous êtes hors de vous; ce retour à la liberté, qui vous fut si longtemps ravie, vous égare.

MARIE.

Là un pêcheur conduit sa barque. Ce misérable esquif pourrait servir à ma délivrance et me transporter rapidement dans quelque ville amie. Il sert à procurer une subsistance modique à ce malheureux. Ah! s'il me prenait dans son canot, je le chargerais de trésors. Jamais il n'aurait fait une aussi bonne journée; il devrait à ses filets le bonheur du reste de sa vie.

KENNEDI.

Inutiles souhaits. Et ne voyez-vous pas que des espions surveillent de loin tous nos pas? De sinistres et cruels ordres écartent de nous toute créature compatissante.

MARIE.

Non, chère Anna, crois-moi, ce n'est pas en vain que la porte de ma prison s'est ouverte. Cette faveur légère présage un bonheur plus grand. Je ne me trompe pas; c'est la main empressée de l'amour à qui j'en dois rendre grâce. Je reconnais ici la puissante protection de lord Leicester; ma captivité deviendra de moins en moins étroite. Par un peu de liberté, on m'accoutumera à une liberté plus grande, jusqu'à ce qu'enfin je puisse voir celui qui doit rompre mes chaînes pour toujours.

KENNEDI.

Hélas! je ne puis m'expliquer cette contradiction. Hier encore on vous annonça la mort, et aujourd'hui, tout-à-coup, une telle liberté! J'ai entendu dire qu'on ôtait les chaînes à ceux qui attendent l'éternelle délivrance.

MARIE.

Entends-tu les sons de la trompe? Entends-tu retentir ces cris à travers la forêt et les campagnes? Que ne puis-je m'élancer sur un cheval rapide parmi cette troupe joyeuse! Ah! ces sons me rappellent des souvenirs à la fois douloureux et doux; souvent ils frappèrent mon oreille quand la chasse bruyante retentissait sur les bruyères élevées des montagnes.

SCÈNE II.

Les Précédens, PAULET.

PAULET.

Eh bien! madame, êtes-vous enfin contente de moi? Ai-je une fois mérité votre reconnaissance?

MARIE.

Quoi! chevalier, serait-ce vous qui m'auriez obtenu cette faveur? Serait-ce vous?

PAULET.

Pourquoi ne serait-ce pas moi? Je suis allé à la cour, et j'ai remis votre lettre.

MARIE.

Vous l'avez remise? Réellement vous l'auriez fait ainsi? Et cette liberté dont je jouis maintenant est un fruit de ma lettre?

PAULET.

Et ce ne sera pas le seul; préparez-vous à en recueillir un plus grand.

MARIE.

Un plus grand, sir Paulet! que voulez-vous dire?

PAULET.

Vous entendez les sons du cor.

MARIE *recule avec pressentiment*.

Vous m'effrayez.

PAULET.

La reine chasse près de ce lieu.

MARIE.

Eh bien?

PAULET.

Dans peu d'instans elle paraîtra devant vous.

KENNEDI, *courant vers Marie qui, toute tremblante, semble prête à s'évanouir*.

Qu'avez-vous, ma chère maîtresse? vous pâlissez!

PAULET.

Eh quoi! ai-je donc eu tort? N'était-ce pas votre désir? il a été satisfait plus tôt que vous ne le pensiez. Vous, dont la bouche s'exprime si facilement, c'est maintenant que les discours sont de saison, c'est maintenant qu'il convient de parler.

MARIE.

Ah! pourquoi ne m'a-t-on pas préparée! maintenant je suis mal rassurée, je ne suis point disposée. Ce que j'ai sollicité comme une suprême faveur, me semble maintenant effrayant et terrible. Viens, Anna, reconduis-moi, que je reprenne des forces et de l'assurance.

PAULET.

Demeurez; il faut l'attendre ici. Je conçois bien que vous ressentiez quelque angoisse de paraître ainsi devant votre juge.

SCÈNE III.

Les Précédens, TALBOT.

MARIE.

Ah! ce n'est pas là ce qui m'agite. Dieu! j'ai un tout autre souci. Hélas! noble Shrewsbury, vous venez à moi comme un ange envoyé du ciel. Je ne puis la voir, délivrez-moi, délivrez-moi de son odieuse vue.

TALBOT.

Revenez à vous, reine; rappelez votre courage, voici l'heure décisive.

MARIE.

Je l'ai attendue long-temps. Depuis bien des années je m'y suis préparée; je me suis dit souvent, et j'ai gravé dans ma pensée, comment je voulais la toucher et l'émouvoir. Tout est oublié, tout est effacé soudainement, et en ce moment je ne retrouve en moi d'autre sentiment que le souvenir cuisant de ce que j'ai souffert. Tout mon cœur se soulève d'une haine sanglante contre elle. Toutes mes bonnes pensées m'échappent, et il semble que les sinistres furies m'entourent en secouant leurs serpens.

TALBOT.

Commandez à cet emportement farouche et furieux. Renfermez l'amertume de votre cœur; le combat de la haine contre la haine ne peut produire rien de bon. Quelque **révolte intérieure** que vous éprouviez, obéissez à la nécessité des circonstances: elle est la plus forte; humiliez-vous.

MARIE.

Devant elle? non, jamais.

TALBOT.

Il le faut cependant. Parlez avec respect, avec résignation: appelez-en à sa générosité, ne la bravez pas. Il ne s'agit pas maintenant de vos droits, ce n'est pas le moment.

MARIE.

Ah! c'est l'arrêt de ma perte que j'ai sollicité, et ma prière a été exaucée pour mon malheur! Nous n'aurions dû jamais nous voir, jamais; rien, rien de bon n'en saurait advenir: le feu et l'eau s'accorderaient plutôt ensemble, l'agneau jouerait plutôt avec le tigre. Je suis trop profondément blessée; j'ai trop souffert par elle: jamais, jamais il n'y aura de pardon entre nous.

TALBOT.

Voyez-la seulement d'abord. J'ai aperçu qu'elle était émue par votre lettre, ses yeux ont versé des larmes; non, elle n'est pas insensible: prenez une meilleure confiance. C'est pour cela que je me suis hâté au-devant d'elle pour vous donner de l'assurance et vous avertir.

MARIE, *lui prenant la main*.

Hélas! Talbot, vous avez toujours été mon

ami ; que ne suis-je demeurée sous votre garde bienfaisante ! On m'a traitée bien durement, Shrewsbury.

TALBOT.

Oubliez tout en ce moment; pensez seulement avec combien de soumission vous devez l'aborder.

MARIE.

Burleigh, mon mauvais génie, est-il aussi avec elle?

TALBOT.

Elle n'est accompagnée que du comte de Leicester.

MARIE.

Lord Leicester !

TALBOT.

Ne craignez rien de lui, il ne veut point votre perte, et si la reine a consenti à cette entrevue, c'est son ouvrage.

MARIE.

Ah ! je le savais bien.

TALBOT.

Que dites-vous ?

PAULET.

Voici la reine !

Tous se retirent. Marie demeure seule appuyée sur Kennedi.

SCÈNE IV.

Les Précédens; ÉLISABETH, LE COMTE DE LEICESTER ; Suite.

ÉLISABETH, *à Leicester.*

Comment se nomme ce lieu ?

LEICESTER.

Le château de Fotheringay.

ÉLISABETH, *à Talbot.*

Que ma suite parte et me devance à Londres. Le peuple se porte avec trop d'empressement sur ma route, cherchons le repos dans ce parc solitaire. (*Talbot fait éloigner la suite ; elle adresse la parole à Paulet, et pendant ce temps-là elle fixe les yeux sur Marie.*) L'amour de mon bon peuple est trop vif; il témoigne sa joie d'une manière démesurée et idolâtre : c'est ainsi qu'on honore Dieu, et non pas les hommes.

MARIE, *qui pendant ce temps-là était appuyée à demi évanouie sur sa nourrice, se relève, et ses regards rencontrent le regard fixe d'Elisabeth; elle tressaille épouvantée et se rejette sur le sein d'Anna.*

O Dieu ! l'expression de ces traits n'annonce point de cœur.

ÉLISABETH.

Quelle est cette dame ?

Tout le monde garde le silence.

LEICESTER.

Vous êtes à Fotheringay, reine.

ÉLISABETH *se montre surprise et irritée. Elle lance un regard sinistre sur Leicester.*

Qui a disposé cela, lord Leicester ?

LEICESTER.

La chose est faite, reine ; et puisque le ciel a dirigé ici vos pas, laissez triompher la générosité et la miséricorde.

TALBOT.

Laissez-vous fléchir, reine ; tournez vos regards sur cette infortunée, qui s'évanouit à votre aspect.

Marie rassemble ses forces pour marcher vers Élisabeth. Elle s'arrête toute tremblante à moitié du chemin. L'expression de ses traits laisse voir un combat violent.

ÉLISABETH.

Eh quoi ! mylords, qui m'avait donc annoncé une profonde soumission ? je vois une orgueilleuse que le malheur n'a nullement fléchie.

MARIE.

Eh bien ! soit; je vais encore m'abaisser devant elle. Fuis, vain orgueil d'une âme fière ; je veux oublier qui je suis et ce que j'ai souffert, et me prosterner devant celle qui me plonge dans cet opprobre. (*Elle se tourne vers la reine.*) Le ciel a prononcé pour vous, ma sœur ; votre heureuse tête a été couronnée par la victoire : j'adore la Divinité qui fait votre grandeur. (*Elle met le genou en terre devant la reine.*) Cependant, soyez maintenant généreuse, ma sœur, ne me laissez pas dans l'humiliation ; tendez-moi votre main, et montrez-vous reine en me relevant de cette chute profonde.

ÉLISABETH, *se retirant.*

Vous êtes à votre place, lady Marie, et je remercie la bonté de Dieu, qui n'a pas voulu que je fusse contrainte d'être à vos pieds comme maintenant vous êtes aux miens.

MARIE, *avec une émotion croissante.*

Songez à la vicissitude des choses humaines. Il y a un Dieu qui punit l'arrogance ; honorez-le, redoutez-le, ce Dieu qui me précipite à vos pieds devant ces témoins qui nous entourent ; honorez-vous vous-même en moi ; ne profanez pas, n'outragez pas le sang des Tudor qui coule dans mes veines comme dans les vôtres. O Dieu du ciel ! ne soyez pas ainsi âpre et inaccessible, telle que ces roches escarpées que le malheureux naufragé s'efforce vainement de saisir et d'embrasser ! Tout mon être, ma vie, mon sort dépendent en ce moment du pouvoir de mes paroles, de mes larmes; soulagez mon cœur, que je puisse toucher le vôtre : tant que vous jeterez sur moi ce regard glacé, mon cœur sera tremblant et resserré, mes larmes ne pourront couler, et une froide horreur tiendra mes supplications enchaînées dans mon sein.

ÉLISABETH, *avec froideur et sévérité.*

Qu'avez-vous à me dire, lady Stuart? vous avez voulu me parler. J'oublie que je suis reine, que je suis cruellement offensée, pour remplir le pieux devoir d'une sœur et vous accorder la consolation de me voir : je cède aux inspirations de la générosité, et je m'expose à un juste blâme pour m'être tant abaissée... car vous savez qu'il n'a pas dépendu de vous que je périsse.

MARIE.

Par où dois-je commencer, et comment pourrai-je parler avec assez de prudence pour vous toucher le cœur et ne point vous offenser? O mon Dieu! donne de la force à mon discours, émousse tous les traits qui pourraient blesser. Je ne puis cependant parler pour moi sans me plaindre amèrement de vous, et c'est ce que je ne voudrais point faire. Vous en avez agi injustement envers moi; je suis reine comme vous, et vous m'avez retenue prisonnière; je suis venue à vous comme une suppliante, et vous, méprisant en moi les saintes lois de l'hospitalité et les droits sacrés des nations, vous m'avez enfermée dans les murs d'un cachot; mes amis, mes serviteurs ont été cruellement séparés de moi; j'ai été laissée en proie à un indigne dénûment. On m'a traduite devant un injurieux tribunal... N'en parlons plus; que ce que j'ai souffert soit plongé dans un éternel oubli : voyez, je veux tout attribuer à la destinée. Vous n'êtes pas coupable, je ne suis point coupable non plus; un mauvais esprit sorti de l'abîme est venu allumer cette haine qui nous a divisées dès notre tendre jeunesse; elle a crû avec nous; des hommes méchans ont attisé et soufflé cette malheureuse flamme; des enthousiastes insensés ont armé du glaive et du poignard des mains dont on n'avait pas invoqué le secours. Tel est le déplorable sort des rois : dès qu'ils sont divisés, leur haine partage le monde, et toutes les furies de la discorde sont déchaînées. Maintenant il n'y a plus entre nous aucun tiers étranger. (*Elle se rapproche d'elle avec confiance et parle d'un ton caressant.*) Nous sommes près l'une de l'autre; maintenant parlez, ma sœur; dites-moi mes torts, je veux vous donner une pleine satisfaction. Hélas! que ne m'avez-vous plus tôt accordé de m'entendre quand je demandais si instamment à paraître devant vous? les choses ne seraient pas allées si loin, et maintenant nous n'aurions pas cette triste entrevue dans ce lieu cruel et déplorable.

ÉLISABETH.

Ma bonne étoile m'a préservée de réchauffer un serpent dans mon sein; n'accusez pas la destinée, mais la noirceur de votre âme et l'ambition féroce de votre maison. Rien d'hostile n'avait encore éclaté entre nous quand votre oncle, ce prêtre orgueilleux et avide de domination, qui d'une main audacieuse attente à toutes les couronnes, me déclara inimitié, et vous persuada follement de prendre mes armes, de vous attribuer mon titre royal et d'engager avec moi un combat à la vie et à la mort. Que n'a-t-il pas excité contre moi? la langue des prêtres, les glaives des peuples et les redoutables armes des pieux insensés; ici même, au milieu du séjour paisible de mon royaume, il a soufflé le feu de la sédition. Cependant Dieu est pour moi, et cet orgueilleux prêtre n'a pas eu la victoire : ma tête fut menacée du coup fatal, et c'est la vôtre qui tombe.

MARIE.

Je suis dans la main de Dieu, vous n'abuserez pas de votre puissance avec tant de cruauté.

ÉLISABETH.

Qui peut m'en empêcher? Votre oncle a enseigné par son exemple à tous les rois de la terre quelle paix ils doivent faire avec leurs ennemis. Que la Saint-Barthélemy me serve de leçon! Que me sont les liens du sang, les droits des peuples? L'Église ne rompt-elle pas le lien de tous les devoirs, ne consacre-t-elle pas le parjure, le régicide? Je pratique seulement ce que vos prêtres enseignent. Dites, quel gage pourrait m'assurer contre vous si ma générosité détachait vos fers? quels liens pourraient me garantir votre sincérité, s'il n'en est point que les clefs de saint Pierre ne puissent délier? La violence seule fait ma sûreté : point d'alliance avec une race de serpens.

MARIE.

O que ces soupçons sont cruels et sinistres! Vous m'avez toujours regardée comme une ennemie et une étrangère. Si vous m'aviez déclarée votre héritière, suivant les droits de ma naissance, vous auriez eu de moi reconnaissance et amour, et vous auriez trouvé une fidèle amie et une sœur.

ÉLISABETH.

Lady Stuart, vos amis sont des étrangers; votre famille, ce sont les papistes; vos frères, ce sont les prêtres. Vous déclarer mon héritière, vous! Piége perfide! Afin que dès mon vivant vous égariez mon peuple, afin qu'artificieuse Armide vous enlaciez adroitement dans vos filets séducteurs la noble jeunesse de mon royaume, afin que tous les regards se tournent vers l'aurore d'un nouveau règne, et que moi...

MARIE.

Gouvernez en paix; j'abjure toute prétention à ce royaume. Hélas! l'essor de mon âme est abattu, la grandeur ne m'attire plus; vous avez réussi, je ne suis plus que l'ombre de Marie; la fierté de mon courage a été brisée par les longs outrages de la captivité, vous m'avez réduite aux dernières extrémités, vous m'avez flétrie dans ma fleur; maintenant finissez, ma sœur, prononcez cette parole pour laquelle vous êtes ici, car je ne puis croire que vous soyez venue pour insulter cruellement votre victime. Prononcez cette parole; dites-moi : « Soyez libre, Marie, vous avez éprouvé ma puissance, maintenant apprenez à honorer ma générosité. » Dites cela, et je recevrai ma liberté, ma vie, comme un présent de votre main; un mot effacera tout le passé, je l'attends. Ah! ne me le laissez pas trop long-temps attendre; malheur à vous si vous ne finissez point par cette parole! car si vous ne vous séparez pas de moi comme une divinité souveraine et bienfaisante, ma sœur, je ne voudrais pas pour tout ce riche royaume, pour tous les pays qu'environne la mer, paraître à vos yeux telle que vous paraissez aux miens.

ÉLISABETH.

Vous reconnaissez-vous enfin vaincue? êtes-vous à bout de vos complots? n'y a-t-il plus aucun meurtrier en route? n'est-il aucun aventurier qui ose encore se faire votre malheureux chevalier? C'en est fait, lady Marie, vous n'en abuserez plus aucun; le monde a d'autres soins. Aucun ne cherchera plus à devenir votre... quatrième mari, car vous donnez la mort à vos amans comme à vos époux.

MARIE, se contenant.

Ma sœur! ma sœur! O mon Dieu! mon Dieu! donne-moi de la modération!

ÉLISABETH la regarde long-temps avec un orgueilleux dédain.

Lord Leicester, ce sont donc là les attraits qu'aucun homme ne regarda jamais impunément, dont aucune femme n'osa braver la comparaison? Certes, cette renommée fut acquise à bon marché. Il est facile de paraître belle aux yeux de tous, quand on veut bien appartenir à tous.

MARIE.

C'en est trop!

ÉLISABETH, souriant avec raillerie.

Maintenant vous montrez votre véritable visage; jusqu'ici nous n'avions vu que le masque.

MARIE, enflammée de colère, mais cependant avec une noble dignité.

J'ai pu faire des fautes; la jeunesse, la fragilité humaine, la puissance, ont pu m'égarer; mais je ne me suis point cachée dans l'ombre; j'ai dédaigné avec une fierté royale des apparences hypocrites; mes plus grandes fautes, le monde ne les ignore pas, et je puis me dire meilleure que ma renommée. Malheur à vous, si on vient à arracher ce manteau de l'honneur que votre dissimulation a jeté sur l'ardeur effrénée de vos désordres secrets! Vous avez dû hériter des vertus de votre mère; on sait assez pour quelle cause Anne de Boulen monta sur l'échafaud.

TALBOT s'avance entre les deux reines.

O Dieu du ciel! cela devait-il en venir là? Est-ce là de l'humilité, de la modération, lady Marie?

MARIE.

De la modération! J'ai supporté tout ce qui peut être humainement supporté. Loin de moi cette résignation au cœur d'agneau; reprends ton vol vers le ciel, douloureuse patience; que la colère long-temps retenue rompe enfin ses liens et sorte de sa retraite; et toi, qui donnas au basilic irrité un regard mortel, fais que mes paroles lancent des traits empoisonnés.

TALBOT.

Oh! elle est hors d'elle-même; pardonnez à son emportement; elle a été cruellement excitée.

Élisabeth, muette de colère, lance des regards furieux à Marie.

LEICESTER, dans une agitation extrême, tâche d'éloigner Élisabeth.

N'écoutez point ses fureurs; quittez, quittez ce déplorable lieu.

MARIE.

Le trône d'Angleterre est profané par le fruit de l'adultère; le noble peuple de l'Angleterre est abusé par une artificieuse hypocrite. Si le sort eût suivi la justice, vous seriez maintenant dans la poussière devant moi, car je suis votre reine.

Élisabeth s'éloigne rapidement; les lords la suivent, et montrent le plus grand trouble.

~~~~~~

SCÈNE V.

MARIE, KENNEDI.

KENNEDI.

Ah! qu'avez-vous fait? Elle part furieuse; maintenant c'en est fait, toute espérance s'évanouit.

MARIE, encore hors d'elle-même.

Elle part furieuse, et emporte le trait mortel dans son cœur. (Se jetant dans les bras d'Anna.) Ah! quelle douceur, Anna! Enfin, après tant d'années d'abaissement et de souffrance, un instant de vengeance et de triomphe! De quel énorme poids mon cœur a été soulagé! J'ai porté le poignard dans le sein de mon ennemie.

KENNEDI.

Ah! malheureuse, quel transport vous égare! Vous avez blessé l'implacable; elle tient la foudre, elle est reine. Vous l'avez outragée aux yeux de son amant.

MARIE.

Je l'ai humiliée devant Leicester. Je le voyais, son maintien attestait mon triomphe. Quand j'abaissais l'orgueilleuse, il était là, sa présence me donnait des forces.

~~~~~~

SCÈNE VI.

LES PRÉCÉDENS, MORTIMER.

KENNEDI.

Ah! sir Mortimer, quel dénouement!

MORTIMER.

J'ai tout entendu. (Il fait signe à la nourrice de se placer en sentinelle, et il s'approche; toute sa contenance exprime une disposition *violente et passionnée.*) Vous avez vaincu ; vous l'avez foulée dans la poussière. C'était vous qui étiez la reine, et elle la coupable. Votre courage m'a transporté d'admiration. Je vous adore comme une divinité, et vous me paraissez grande et souveraine en cet instant.

MARIE.

Avez-vous parlé à Leicester? lui avez-vous remis ma lettre et mon portrait? Parlez, sir Mortimer.

MORTIMER, *la regardant d'un œil enflammé.*

Ah! de quel éclat vous embellissait cette royale indignation! Que vos attraits brillaient à mes yeux! Nulle femme sur la terre n'est aussi belle.

MARIE.

Je vous en conjure, calmez mon impatience. Qu'a dit mylord? Ah! dites, que puis-je espérer?

MORTIMER.

Qui, lui? C'est un lâche, un misérable. N'espérez rien de lui, méprisez-le, oubliez-le.

MARIE.

Que dites-vous?

MORTIMER.

Lui, vous délivrer et vous posséder! Lui, qu'il l'ose seulement! lui, il faudrait qu'il combattît avec moi à la vie ou à la mort.

MARIE.

N'auriez-vous point remis ma lettre? Ah! c'en est donc fait!

MORTIMER.

Le lâche aime la vie. Celui qui veut vous délivrer et vous obtenir, celui-là doit sans hésiter se dévouer à la mort.

MARIE.

Il ne veut rien faire pour moi?

MORTIMER.

Ne parlons plus de lui. Que peut-il faire? Qu'a-t-on besoin de lui? Je vous délivrerai moi seul.

MARIE.

Hélas! que pouvez-vous?

MORTIMER.

Ne vous abusez plus, comme hier encore vous le faisiez. De la manière dont la reine vous a quittée, et dont cette entrevue s'est terminée, tout est perdu ; il ne reste aucun moyen de grâce. Maintenant il faut agir, et l'audace doit en décider. Il faut risquer tout, pour tout obtenir ; il faut que vous soyez libre demain avant que le jour paraisse.

MARIE.

Que dites-vous? Cette nuit! Comment? serait-il possible?

MORTIMER.

Écoutez ce qui est résolu : j'ai rassemblé mes compagnons dans une secrète chapelle ; un prêtre a entendu notre confession ; il nous a absous de toutes les fautes que nous avons commises, et nous a donné aussi l'absolution de toutes celles que nous pourrions encore commettre. Nous avons reçu les derniers sacrements, et nous sommes prêts pour le dernier, pour l'éternel voyage.

MARIE.

Ah! quels terribles apprêts!

MORTIMER.

Nous pénétrerons cette nuit dans le château ; les clefs sont en mon pouvoir ; nous tuerons les gardiens, et nous vous arracherons de votre prison. Et pour qu'il ne reste personne qui puisse avertir de cet enlèvement, nous n'épargnerons pas une créature vivante. Tous périront d'une mort violente.

MARIE.

Mais Drury, mais Paulet, mes gardiens? Ils verseront plutôt la dernière goutte de leur sang.

MORTIMER.

Ils tomberont les premiers sous mes coups.

MARIE.

Quoi! votre oncle, votre second père?

MORTIMER.

Il périra de ma main ; je lui donnerai la mort.

MARIE.

Ô crime sanglant!

MORTIMER.

Je suis absous de tous mes crimes futurs ; je puis en venir à tout, et je le veux ainsi.

MARIE.

O terreur, terreur!

MORTIMER.

Et dussé-je frapper la reine elle-même, je l'ai juré sur l'hostie.

MARIE.

Non, Mortimer, plutôt que de voir pour moi couler tant de sang...

MORTIMER.

Et que m'importe la vie de tous les hommes et la mienne auprès de la vôtre et de mon amour? puissent se rompre tous les ressorts qui meuvent l'univers, puisse un second déluge engloutir dans ses flots tout ce qui respire, je ne respecte plus rien ; plutôt que je renonce à toi, puisse le monde s'anéantir!

MARIE, *reculant.*

Dieu! quels discours! sir Mortimer! quels regards! ils me troublent, ils m'épouvantent.

MORTIMER, *avec un regard égaré, et l'impression d'un délire calme.*

La vie n'est qu'un instant, la mort non plus n'est qu'un instant. Qu'on m'entraîne à Tyburn, qu'on m'arrache chaque membre avec des tenailles brûlantes! (*Il s'approche d'elle avec un mouvement passionné pour la saisir dans ses bras.*) Mais que je te tienne dans mes bras, toi que j'idolâtre.

MARIE, *se retirant.*

Arrêtez, insensé.

MORTIMER.

Que je te presse sur mon sein, sur ma bouche qui respire l'amour.

MARIE.

Au nom de Dieu, sir Mortimer, laissez-moi m'éloigner.

MORTIMER.

Ne serait-il pas bien insensé, celui qui ne retiendrait pas par un lien indissoluble le bonheur que Dieu place sous sa main? Je te délivrerai, m'en coûtât-il mille morts; je te délivrerai, je le veux; mais, aussi vrai que Dieu nous entend, je le jure, je veux aussi te posséder.

MARIE.

Aucun Dieu, aucun ange ne viendra-t-il me secourir? Redoutable destinée, tu me précipites cruellement d'une terreur dans une autre. Ne suis-je donc née que pour inspirer la fureur? La haine et l'amour sont conjurés pour me glacer d'effroi.

MORTIMER.

Oui, je t'aime comme ils te haïssent! Ils veulent trancher cette tête charmante; ils veulent que la hache partage ce cou d'une éblouissante blancheur. Ah! consacre au dieu du plaisir et de la vie ce qu'il te faudrait sacrifier en offrande sanglante à la haine. Que tes attraits, qui appartiendraient au trépas, enivrent ton heureux amant. Que cette chevelure ondoyante, que ces boucles si belles, qui déjà sont échues au sombre empire de la mort, servent à enchaîner ton esclave pour toujours.

MARIE.

Ah! quels discours me faut-il entendre! Sir Mortimer, si le front d'une reine ne vous inspire pas le respect, mes malheurs et mes souffrances devraient vous être sacrés.

MORTIMER.

Ta couronne est tombée; tu n'as plus rien de ta puissance royale. En vain tu voudrais commander; pas un ami, pas un libérateur ne viendrait à ton commandement. Il ne te reste plus rien que ta beauté ravissante, que la puissance divine de tes attraits. C'est elle qui me fait tout hasarder et tout faire; c'est elle qui m'a fait braver la hache des bourreaux.

MARIE.

Ah! qui me délivrera de sa rage?

MORTIMER.

Celui qui rend un service audacieux a le droit d'exiger une récompense audacieuse. Et pourquoi le brave répandrait-il son sang? car la vie est le plus précieux des biens. Il est insensé, celui qui la prodigue sans motif. Je veux auparavant m'enivrer de ce qu'elle offre de plus doux.

Il la presse dans ses bras.

MARIE.

Ah! faut-il donc que je demande du secours contre qui veut me délivrer?

MORTIMER.

Tu n'es point insensible; le monde ne t'accuse point d'une froide austérité. Les ardentes instances de l'amour peuvent te toucher. Le chanteur Rizzio t'a dû le bonheur, et Bothwell a su t'entraîner.

MARIE.

Votre audace...

MORTIMER.

Il était ton tyran; tu tremblais devant lui lorsque tu l'aimais. Si la terreur seule peut te vaincre, eh bien! par les divinités infernales...

MARIE.

Laissez-moi... la fureur vous égare.

MORTIMER.

Non, tremble devant moi.

KENNEDI, *arrivant précipitamment.*

On approche, on vient, le jardin est rempli de gens armés.

MORTIMER, *transporté, et saisissant son épée.*

Je te secourrai.

MARIE.

O Anna, délivre-moi de ses mains. Ah! malheureuse, où trouverai-je un asile? A quelle divinité aurai-je recours? Ici est la violence, là est la mort.

Elle fuit vers le château. Anna la suit.

SCÈNE VII.

MORTIMER; PAULET *et* DRURY *arrivent avec précipitation. Leur suite s'empresse sur la scène.*

PAULET.

Fermez les portes... Levez le pont.

MORTIMER.

Qu'est-ce?

PAULET.

Où est la coupable? Qu'on la renferme dans un sombre cachot.

MORTIMER.

Qu'y a-t-il? Qu'est-il arrivé?

PAULET.

La reine... Une main furieuse, une audace infernale...

MORTIMER.

La reine... Quelle reine?

PAULET.

La reine d'Angleterre, elle a été assassinée sur la route de Londres.

Il rentre au château avec hâte.

SCÈNE VIII.

MORTIMER, *un instant après* OKELLY.

MORTIMER.

Suis-je dans le délire? Quelqu'un ne vient-il pas de s'écrier : « La reine est assassinée? » Non, non, c'est une vision. Mon égarement me fait voir comme réel ce qui occupe mes sombres pensées. Qui vient? c'est Okelly... Pourquoi si épouvanté?

OKELLY, *accourant avec précipitation.*

Fuyez, Mortimer; fuyez, tout est perdu.

MORTIMER.

Quoi, perdu?

OKELLY.

N'en demandez pas plus. Songez à une prompte fuite.

MORTIMER.

Qu'y a-t-il donc?

OKELLY.

Souvage a fait le coup, le frénétique!

MORTIMER.

Ainsi il est vrai...

OKELLY.

Vrai, vrai. Sauvez-vous.

MORTIMER.

Elle a péri, et Marie va monter sur le trône d'Angleterre.

OKELLY.

Elle a péri! qui dit cela?

MORTIMER.

Vous-même.

OKELLY.

Elle vit, et vous et moi nous sommes tous en proie à la mort.

MORTIMER.

Elle vit!

OKELLY.

Le coup a porté à faux, a percé son manteau, et Talbot a désarmé l'assassin.

MORTIMER.

Elle vit!

OKELLY.

Oui, pour nous perdre tous; venez, le parc est déjà entouré.

MORTIMER.

Et qui a fait ce coup insensé?

OKELLY.

C'est ce barnabite de Toulon que vous avez vu assis dans la chapelle et qui semblait si profondément pensif, quand le prêtre a parlé de l'anathème que le pape a lancé avec malédiction sur la reine. Il voulait saisir l'occasion la plus prompte et la plus prochaine pour délivrer, par un coup audacieux, l'Église du Seigneur et gagner la couronne du martyre; il n'a confié son dessein qu'au prêtre, et il l'a exécuté sur la route de Londres.

MORTIMER, *après un moment de silence.*

Ah! malheureuse! un destin cruel et impitoyable te poursuit. Maintenant, oui, maintenant il faut que tu périsses. Ce qui devait faire ton salut fait ta perte.

OKELLY.

Dites, où dirigez-vous votre fuite? Je vais me cacher dans les forêts de l'Écosse.

MORTIMER.

Fuyez, Dieu protége votre retraite. Moi, je demeure, j'essayerai encore de la délivrer, et si je ne le puis, je mourrai sur son cercueil.

Ils s'en vont par deux côtés différens.

ACTE QUATRIÈME.

Le théâtre représente l'intérieur d'un appartement.

SCÈNE PREMIÈRE.

LE COMTE DE L'AUBESPINE, KENT et LEICESTER.

L'AUBESPINE.

Comment va sa majesté? Mylord, vous me voyez encore tout troublé de terreur. Comment cela est-il arrivé? Comment, au milieu d'un peuple si fidèle...

LEICESTER.

Ce n'est point de ce peuple qu'est parti le coup; le coupable est un sujet de votre roi, un Français.

L'AUBESPINE.

Quelque furieux assurément.

KENT.

C'est un papiste, comte.

SCÈNE II.

LES PRÉCÉDENS; BURLEIGH *entre en parlant à* DAVISON.

BURLEIGH.

Qu'on rédige sur-le-champ l'ordre de l'exécution et qu'il soit revêtu du sceau; quand il sera prêt, il sera présenté à la signature de la reine. Allez ; il n'y a pas de temps à perdre.

DAVISON.

Cela sera fait.

Il sort.

L'AUBESPINE, *allant à la rencontre de Burleigh.*

Mylord, je partage d'un cœur sincère la joie si juste de toute l'Angleterre ; grâces soient rendues au ciel, qui a préservé du coup de l'assassin la tête de la reine.

BURLEIGH.

Grâces lui soient rendues, pour avoir confondu la scélératesse de nos ennemis.

L'AUBESPINE.

Puisse Dieu maudire les auteurs de cet exécrable attentat !

BURLEIGH.

Leurs auteurs et leurs indignes instigateurs.

L'AUBESPINE, *à Kent.*

Quand il plaira à votre seigneurie, mylord maréchal, de m'introduire chez sa majesté, je mettrai à ses pieds, ainsi que je le dois, le témoignage des sentiments du roi mon maître.

BURLEIGH.

Épargnez-vous ce soin, comte de l'Aubespine.

L'AUBESPINE, *avec empressement.*

Je connais mon devoir, mylord Burleigh.

BURLEIGH.

Votre devoir est de quitter cette île au plus vite.

L'AUBESPINE *se recule avec étonnement.*

Quoi !... qu'est-ce donc ?

BURLEIGH.

La sainteté de votre caractère vous protège encore aujourd'hui, mais plus demain.

L'AUBESPINE.

Et quel tort me reproche-t-on ?

BURLEIGH.

Dès qu'il sera prononcé, il ne pourra plus être pardonné.

L'AUBESPINE.

J'espère, mylord, que le droit des ambassadeurs...

BURLEIGH.

Ne sert point d'abri aux criminels d'Etat.

LEICESTER *et* KENT.

Ciel ! qu'est-ce donc ?

L'AUBESPINE.

Mylord, songez-vous bien...

BURLEIGH.

Un passeport signé de votre main a été trouvé sur le meurtrier.

KENT.

Est-il possible ?

L'AUBESPINE.

Je signe beaucoup de passeports... Je ne puis lire dans l'intérieur des âmes.

BURLEIGH.

L'assassin est allé dans votre hôtel se confesser.

L'AUBESPINE.

Mon hôtel est ouvert...

BURLEIGH.

A tous les ennemis de l'Angleterre...

L'AUBESPINE.

Je demande qu'on fasse une enquête...

BURLEIGH.

Redoutez-la.

L'AUBESPINE.

Mon souverain est offensé en ma personne. Il rompra l'alliance qui vient d'être conclue.

BURLEIGH.

Elle vient d'être rompue par la reine. Jamais l'Angleterre ne formera de nœuds avec la France. Mylord Kent, vous êtes chargé de conduire le comte en sûreté jusqu'à la mer. Le peuple en tumulte s'est précipité dans son hôtel, où s'est trouvé tout un arsenal d'armes ; il menace de le mettre en pièces s'il paraît. Cachez-le jusqu'à ce que cette fureur soit calmée... Vous répondez de sa vie.

L'AUBESPINE.

Je pars ; j'abandonne ce royaume, où le droit des gens est foulé aux pieds, où l'on se joue des traités. Cependant, mon maître en tirera une sanglante vengeance.

BURLEIGH.

Qu'il vienne la demander.

Kent et l'Aubespine sortent.

SCÈNE III.

LEICESTER, BURLEIGH.

LEICESTER.

Ainsi vous-même brisez l'alliance que vous aviez conclue sans nécessité avec tant d'empressement. L'Angleterre vous a peu d'obligation, et vous auriez pu vous épargner de la peine.

BURLEIGH.

Mon dessein était bon. Dieu en a ordonné autrement. Heureux ceux qui n'ont pas de plus grands reproches à se faire !

LEICESTER.

On reconnaît Cecil à son maintien ténébreux quand il est à la poursuite de quelque crime d'État. — Maintenant, mylord, voici un heureux moment pour vous ; un grand crime vient d'éclater, et ses auteurs sont encore enveloppés dans le mystère. Un tribunal d'inquisition va s'ouvrir ; les paroles et les regards vont être pesés dans la balance, et les pensées elles-mêmes seront soumises au jugement. Vous voici tout-puissant dans l'État, l'Atlas de l'Angleterre, vous soutenez tout le poids du royaume.

BURLEIGH.

Je vous reconnais pour mon maître, mylord; votre éloquence a remporté une victoire telle que je n'en ai jamais obtenu.

LEICESTER.

Que voulez-vous dire, mylord?

BURLEIGH.

N'est-ce pas vous qui, à mon insu, avez attiré la reine au château de Fotheringay?

LEICESTER.

A votre insu! quand ai-je été contraint de vous cacher mes actions?

BURLEIGH.

Comment! vous avez conduit la reine à Fotheringay! Mais non, vous n'y avez pas conduit la reine; c'est la reine qui a eu la complaisance de vous y amener.

LEICESTER.

Qu'entendez-vous par là, mylord?

BURLEIGH.

Le noble personnage que vous avez fait là jouer à la reine! quel triomphe éclatant vous avez su lui préparer, à elle, qui se confiait à vous sans méfiance! Pauvre princesse, comme on s'est effrontément joué de toi, comme on t'a livrée sans pitié! Voilà donc pourquoi vous avez soudainement tant parlé de magnanimité, de clémence dans le conseil d'État; voilà pourquoi Marie était une ennemie si faible et si méprisable, que ce n'était pas la peine de se souiller de son sang. Un plan habile, adroitement conçu! mais le trait était si finement aiguisé, que la pointe s'est brisée.

LEICESTER.

Misérable! suivez-moi sur-le-champ; venez au pied du trône, devant la reine, me rendre raison de ceci.

BURLEIGH.

Vous m'y trouverez; et tâchez, mylord, à ne point manquer d'éloquence quand vous y paraîtrez

Il sort.

~~~~~~~~~~~~~~~~~~~~~~~~~~~~~~~~~~~

SCÈNE IV.

LEICESTER, *seul; puis* MORTIMER

LEICESTER.

Je suis découvert, on m'a pénétré! Comment ce malheureux a-t-il découvert ma trace? Malheur à moi s'il a des preuves! Si la reine apprend qu'il existait des intelligences entre Marie et moi, Dieu! combien je lui paraîtrais coupable, combien sembleraient artificieux et perfides mes conseils et mes efforts pour la conduire à Fotheringay! elle se verrait cruellement jouée par moi et trahie pour une odieuse ennemie. Oh! jamais, jamais elle ne pourrait me le pardonner; tout lui paraîtrait concerté d'avance, et la tournure amère qu'a prise l'entrevue, et le triomphe de sa rivale, et ses outrages orgueilleux... Et même ce terrible et affreux assassinat qu'un destin sanglant et inattendu a mêlé dans tout ceci, c'est moi qui l'aurai provoqué. Je ne vois pas de salut, je n'en vois aucun. Mais qui vient ici?

MORTIMER *arrive avec une vive inquiétude et regarde avec crainte autour de lui.*

Comte de Leicester, est-ce vous? sommes-nous sans témoins?

LEICESTER.

Malheureux, retirez-vous! que cherchez-vous ici?

MORTIMER.

On est sur nos traces, sur les vôtres aussi. Songez à vous.

LEICESTER.

Retirez-vous! retirez-vous!

MORTIMER.

On sait que le mystérieux rassemblement a eu lieu chez le comte de l'Aubespine.

LEICESTER.

Que m'importe?

MORTIMER.

Que le meurtrier s'y est trouvé.

LEICESTER.

C'est votre affaire. Malheureux! comment osez-vous me mêler à votre sanglant attentat! Tâchez vous-même de vous tirer de votre mauvaise situation.

MORTIMER.

Écoutez-moi seulement.

LEICESTER, *dans un vif transport.*

Fuyez aux enfers! pourquoi vous attachez-vous à mes pas comme un mauvais esprit? Je ne vous connais point; je n'ai rien de commun avec des assassins.

MORTIMER.

Vous ne voulez point m'entendre? J'étais venu vous avertir que vos démarches sont aussi découvertes.

LEICESTER.

Ah!

MORTIMER.

Le grand trésorier est allé à Fotheringay aussitôt après cette malheureuse tentative. La chambre de la reine a été sévèrement fouillée, et l'on y a trouvé...

LEICESTER.

Quoi?

MORTIMER.

Une lettre commencée de la reine à vous.

LEICESTER.

L'infortunée!

MORTIMER.

Où elle vous demande de tenir votre parole, vous renouvelle la promesse de sa main, rappelle le don du portrait.

LEICESTER.
Mort et damnation!

MORTIMER.
Lord Burleigh a la lettre.

LEICESTER.
Je suis perdu!

Il se promène çà et là avec désespoir, pendant que Mortimer lui parle.

MORTIMER.
Saisissez le moment, prévenez le coup; sauvez-vous, sauvez-la; dites-vous innocent, jurez que vous l'êtes, détournez le plus grand danger. Moi-même je ne puis plus rien faire; mes compagnons sont dispersés de tous côtés, notre conjuration est dissoute; je cours en Écosse pour y rassembler de nouveaux amis. Pour vous, maintenant, essayez ce que pourra faire votre crédit, l'assurance de votre maintien.

LEICESTER *s'arrête, puis avec une inspiration soudaine.*
C'est ce que je veux faire. (*Il va à la porte, l'ouvre et crie.*) Holà, gardes! (*A un officier qui entre avec des gens armés.*) Assurez-vous de ce criminel d'état, et gardez-le bien. Le plus infâme complot vient d'être découvert; et je vais moi-même en porter la nouvelle à la reine.

MORTIMER *demeure d'abord immobile d'étonnement; bientôt il se remet et lance à Leicester un regard du plus profond mépris.*
Ah! infâme! Mais je le mérite: qui a pu faire que je me confiasse à ce misérable? Il m'écrase, me foule aux pieds, et fait de ma ruine l'instrument de son salut! Va, sauve-toi, ma bouche restera fermée: je ne veux pas t'entraîner dans ma perte. Même dans la mort, je ne veux rien avoir de commun avec toi; garde la vie, c'est l'unique bien des méchans. (*A l'officier qui s'avance pour le saisir.*) Que veux-tu, lâche esclave de la tyrannie? je te méprise; je suis libre.

Il tire un poignard.

L'OFFICIER.
Il est armé; arrachez-lui son poignard.

Les soldats l'entourent; il se dégage de leurs mains.

MORTIMER.
Dans ce dernier moment je veux ouvrir mon cœur et parler sans contrainte! Ruine et malédiction sur vous, qui avez trahi Dieu et votre véritable reine; qui avez trahi Marie, de même que vous aviez abandonné sa céleste patronne, qui vous êtes vendus à une reine illégitime!

L'OFFICIER.
Entendez-vous ses blasphèmes? Saisissez-le.

MORTIMER.
Reine adorée, si je n'ai pu te délivrer, du moins je vais te donner un exemple de courage! Mère de Dieu, céleste Marie, prie pour moi, et appelle-moi à toi dans les cieux!

Il se frappe de son poignard, et tombe dans les bras des gardes.

SCÈNE V.

Le théâtre représente l'appartement de la reine.

ÉLISABETH, *une lettre à la main*, BURLEIGH.

ÉLISABETH.
Me conduire là! m'exposer à un tel affront! Le traître! m'amener en triomphe devant son amante! O Burleigh! jamais une femme ne fut ainsi trahie!

BURLEIGH.
Je ne puis concevoir par quel charme, par quel pouvoir il a su tellement égarer la prudence de ma souveraine.

ÉLISABETH.
J'en meurs de honte. Combien il devait se railler de ma faiblesse! Je croyais qu'elle serait humiliée, et c'est moi qui ai été l'objet de ses outrages.

BURLEIGH.
Vous voyez maintenant combien mes conseils étaient sincères.

ÉLISABETH.
Ah! je suis durement punie de m'être écartée de vos sages avis. Et comment ne l'aurais-je pas cru? Pouvais-je soupçonner un piège dans les sermens du plus fidèle amour? A qui puis-je me fier, s'il m'a trahie? lui que j'ai fait grand parmi les grands de ma cour! lui qui toujours a été le plus près de mon cœur! lui que j'ai comme autorisé à agir dans ce palais en maître, en roi!

BURLEIGH.
Et dans le même temps il vous trahissait pour cette perfide reine d'Écosse.

ÉLISABETH.
Oh! elle le payera de son sang! Dites, la sentence est-elle rédigée?

BURLEIGH.
Elle est prête, ainsi que vous l'avez ordonné.

ÉLISABETH.
Qu'elle meure! qu'il la voie périr et périsse après elle. Je l'ai chassé de mon cœur. Je ne sens plus d'amour et ne respire que la vengeance. Que sa chute soit aussi honteuse et aussi profonde que son élévation avait été grande. Qu'il soit un monument de ma sévérité, comme il a été un exemple de ma faiblesse. Qu'on le conduise à la Tour, je vais désigner les pairs pour le juger; qu'il soit livré à toute la rigueur des lois.

BURLEIGH.
Il s'introduira près de vous, il se justifiera.

ÉLISABETH.
Comment peut-il se justifier? La lettre ne le convaincra-t-elle pas? Ah! son crime est plus clair que le jour.

BURLEIGH.

Mais vous avez tant de douceur et d'indulgence! son aspect, le pouvoir de sa présence...

ÉLISABETH.

Je ne veux pas le voir. Jamais, jamais. Avez-vous donné l'ordre de ne le point recevoir, s'il vient?

BURLEIGH.

Cela est ainsi ordonné.

UN PAGE *entre.*

Mylord Leicester.

ÉLISABETH.

Le traître... Je ne veux pas le voir; dites que je ne veux pas le voir.

LE PAGE.

Je n'oserai point dire cela à mylord; il ne voudrait pas me croire.

ÉLISABETH.

Ainsi je l'ai élevé si haut que mes serviteurs tremblent plus devant lui que devant moi.

BURLEIGH, *au page.*

La reine lui défend d'approcher.

Le page sort en montrant de l'hésitation.

ÉLISABETH, *après un instant de silence.*

Si cependant il était possible... S'il pouvait se justifier... Dites, ne pourrait-ce pas être un piége que me tend Marie pour me priver de mon plus fidèle ami? elle a tant de ruse et de perversité! Si elle n'avait écrit cette lettre que pour répandre dans mon cœur un soupçon empoisonné, et pour précipiter dans le malheur Leicester qu'elle hait!

BURLEIGH.

Mais, madame, songez...

SCÈNE VI.

LES PRÉCÉDENS, LEICESTER.

LEICESTER *ouvre la porte avec violence, et entre d'un air audacieux.*

Je veux voir l'insolent qui m'interdit l'appartement de la reine.

ÉLISABETH.

Téméraire!...

LEICESTER.

N'être point reçu! Quand elle est visible pour un Burleigh, elle l'est aussi pour moi.

BURLEIGH.

Vous êtes bien audacieux, mylord, d'entrer de force ici malgré la défense.

LEICESTER.

Et vous, bien hardi de prendre la parole ici. La défense! Eh quoi! est-il quelqu'un dans cette cour de la bouche duquel le comte de Leicester ait à recevoir une permission ou une défense?

(*Il s'approche humblement d'Élisabeth.*) Je veux recevoir de la propre bouche de ma souveraine...

ÉLISABETH, *sans le regarder.*

Fuyez de mes yeux, indigne!

LEICESTER.

Ce n'est pas mon aimable souveraine, mais ce lord, mon ennemi, que je reconnais dans ce dures paroles... Je m'adresse à ma reine chéri Vous avez prêté l'oreille à ses discours ; je réclam le même droit.

ÉLISABETH.

Parlez, infâme... Ajoutez encore à votre crime, niez-le.

LEICESTER.

Éloignez d'abord cet importun... Sortez, mylord : ce dont je veux entretenir la reine doit être sans témoin, allez.

ÉLISABETH, *à Burleigh.*

Demeurez, je vous l'ordonne.

LEICESTER.

Doit-il y avoir un tiers entre vous et moi?... J'ai à m'entretenir avec ma souveraine adorée... Je réclame les droits de ma place, ce sont des droits sacrés, et j'exige encore que mylord s'éloigne.

ÉLISABETH.

Il vous sied bien de tenir cet orgueilleux langage!

LEICESTER.

Oui, ce langage sied à l'heureux mortel à qui vous avez donné le sublime privilége de votre faveur, que vous avez élevé au-dessus de ce lord, et au-dessus de tous. Votre cœur m'a conféré ce rang illustre; et ce que votre amour m'a donné, je jure que je saurai le conserver aux dépens de la vie... Qu'il sorte, et il ne sera besoin que de deux instans pour que je me fasse entendre de vous.

ÉLISABETH.

Vous espérez en vain me séduire par votre adresse.

LEICESTER.

Cet orateur aura pu vous séduire, mais moi je ne veux parler qu'à votre cœur. Et ce que j'ai osé, me confiant en votre faveur, je ne veux le justifier que devant votre cœur... Je ne reconnais d'autre tribunal pour me juger que votre sentiment.

ÉLISABETH.

Indigne! et c'est ce sentiment même qui vous rend plus coupable... Montrez-lui la lettre, mylord.

BURLEIGH.

La voici.

LEICESTER *parcourt la lettre sans changer de maintien.*

C'est l'écriture de lady Stuart.

ÉLISABETH.

Lisez, et soyez confondu.

LEICESTER, *tranquillement, après avoir lu.*

L'apparence est contre moi. J'ose espérer toutefois que je ne serai pas jugé d'après l'apparence.

ÉLISABETH.

Pouvez-vous nier que vous ayez eu un commerce secret avec lady Stuart, que vous ayez reçu son portrait, que vous ayez travaillé à la délivrer?

LEICESTER.

Il me serait facile, si je me sentais coupable, de récuser le témoignage d'une ennemie; mais comme je n'ai rien à me reprocher, je confesse qu'elle n'a rien écrit que de vrai.

ÉLISABETH.

Ainsi donc, malheureux...

BURLEIGH.

Sa propre bouche le condamne.

ÉLISABETH.

Sortez de ma vue, traître... Qu'on le conduise à la Tour.

LEICESTER.

Je ne suis point un traître. J'ai eu tort de vous faire un secret de mes démarches; mais mon dessein était pur. Je voulais pénétrer votre ennemie et la perdre.

ÉLISABETH.

Misérable défaite!

BURLEIGH.

Quoi, mylord, vous croyez...

LEICESTER.

J'ai joué un jeu hasardeux, je le sais; et le comte de Leicester pouvait seul dans cette cour risquer une telle chose : la haine que je porte à lady Stuart est assez connue. Le rang dont je suis revêtu, la confiance dont m'honore la reine, ne pouvaient laisser aucun doute sur la fidélité de mes sentimens; l'homme que dans votre faveur vous avez distingué de tous, pouvait bien s'acquitter de son devoir d'une manière plus particulière et plus audacieuse.

BURLEIGH.

Mais si votre dessein était bon, pourquoi gardiez-vous le silence?

LEICESTER.

Mylord, vous avez coutume de pérorer avant d'agir : vous êtes la trompette de vos actions, c'est là votre méthode; la mienne est d'agir avant de parler.

BURLEIGH.

Vous ne parlez maintenant que parce que vous y êtes contraint.

LEICESTER *le mesure d'un regard orgueilleux et méprisant.*

Et vous, vantez-vous d'avoir merveilleusement conduit une si grande affaire, d'avoir sauvé la reine, d'avoir démasqué la trahison! Rien n'échappe à votre œil pénétrant, croyez-vous? Quelle pauvre vanité! En dépit de votre sagacité, Marie était cependant libre aujourd'hui, si je ne l'eusse empêché.

BURLEIGH.

Vous auriez...

LEICESTER.

Oui, mylord, la reine s'est confiée à Mortimer; elle lui a ouvert son âme; elle est allée jusqu'à lui donner des ordres sanglans contre Marie, après que Paulet eut refusé avec horreur de se charger d'une telle commission. Dites, cela n'est-il pas ainsi?

La reine et Burleigh se regardent avec surprise.

BURLEIGH.

Comment cela est-il venu à votre connaissance?

LEICESTER.

Cela n'est-il pas ainsi? Eh bien, mylord, où étaient donc vos regards pénétrans, pour n'avoir pas vu que ce Mortimer vous trahissait? qu'il était un papiste fanatique, un instrument des Guise, une créature de lady Stuart, un enthousiaste audacieux venu pour la délivrer et assassiner la reine?

ÉLISABETH, *avec un extrême étonnement.*

Quoi! Mortimer?

LEICESTER.

C'est par lui que Marie entretenait commerce avec moi, et c'est ainsi que j'ai appris à le connaître. Elle devait être aujourd'hui arrachée de sa prison; c'est ce que je viens d'apprendre à l'instant de la bouche de Mortimer. Je l'ai fait sur-le-champ arrêter; et dans le désespoir de voir son entreprise inutile et d'être démasqué, il s'est donné la mort.

ÉLISABETH.

Ah! j'ai été indignement trompée! Ce Mortimer...

BURLEIGH.

Et cela vient d'arriver maintenant, depuis que je vous ai quitté?

LEICESTER.

Il est fâcheux pour moi qu'il ait ainsi terminé son sort; s'il vivait, son témoignage me justifierait pleinement, et dissiperait tous les doutes. Je l'aurais livré à la main de la justice, et un jugement rendu dans toute la rigueur des formes aurait attesté et scellé mon innocence aux yeux de tout le monde.

BURLEIGH.

Il s'est tué, dites-vous, lui-même? et ce n'est pas vous...

LEICESTER.

Infâme soupçon! On peut entendre les gardes à qui je l'avais remis. (*Il va à la porte et appelle; l'Officier des gardes entre.*) Rendez compte à sa majesté de ce qui vient de se passer au sujet de Mortimer.

L'OFFICIER.

J'étais à mon poste dans la salle des gardes, lorsque mylord a ouvert tout-à-coup la porte, et m'a ordonné de m'assurer du chevalier Mortimer comme d'un criminel d'état. Nous l'avons vu sur-le-champ entrer en fureur ; et, se répandant en imprécations contre la reine, tirer un poignard, et, sans que nous ayons pu l'arrêter, se percer le cœur.

LEICESTER.

C'est assez. Vous pouvez vous retirer, la reine est satisfaite.

L'officier sort.

ÉLISABETH.

Ah ! quel abîme d'horreur !

LEICESTER.

Maintenant, reine, qui vous a sauvée ? est-ce mylord Burleigh ? Connaît-il les dangers qui vous environnaient ? est-ce lui qui les a écartés ? Votre fidèle Leicester veillait sur vous comme votre bon génie.

BURLEIGH.

Comte, ce Mortimer est mort bien à propos pour vous.

ÉLISABETH.

J'ignore ce que je dois en penser ; je crois vos discours, puis je ne les crois plus ; je pense que vous êtes innocent, puis j'en doute. Ah ! odieuse, qui me cause tous ces tourmens !

LEICESTER.

Il faut qu'elle périsse ; moi-même maintenant j'opine pour sa mort. Je vous avais conseillé de laisser la sentence sans exécution, jusqu'au moment où un nouveau bras se lèverait pour sa défense. Cela est ainsi arrivé, et j'insiste pour que la sentence soit accomplie sans délai.

BURLEIGH.

Vous le conseillez ainsi, vous ?

LEICESTER.

Bien qu'il m'en coûte d'en venir à de telles extrémités, je vois maintenant et je pense que le salut de la reine exige ce sanglant sacrifice. Ainsi je propose que l'ordre de l'exécution soit donné sur-le-champ.

BURLEIGH, *à la Reine.*

Puisque mylord montre une opinion si ferme et si fidèle, je propose que l'exécution de la sentence soit confiée à ses soins.

LEICESTER.

A moi ?

BURLEIGH.

A vous. Vous n'avez pas de plus sûr moyen de dissiper les soupçons qui pèsent encore sur vous ; vous avez été accusé d'aimer Marie, vous présiderez à son supplice.

ÉLISABETH, *regardant fixement Leicester.*

Le conseil est sage ; qu'il en soit ainsi, cela est arrêté.

LEICESTER.

Bien que l'élévation de mon rang dût m'affranchir de cette cruelle commission, qui de toute façon conviendrait mieux à un Burleigh ; bien que celui qui a l'avantage d'être placé si près de la reine ne dût pas être un instrument de rigueur ; cependant, pour marquer mon zèle et satisfaire la reine, je dérogerai aux priviléges de ma dignité, et j'accepterai cet odieux devoir.

ÉLISABETH.

Lord Burleigh le partagera avec vous. (*A Burleigh.*) Prenez soin que l'ordre soit prêt sur-le-champ.

Burleigh sort. On entend du tumulte au dehors.

SCÈNE VII.

ÉLISABETH, LEICESTER et KENT.

ÉLISABETH.

Qu'est-ce, mylord Kent, quel mouvement trouble la ville ? qu'y a-t-il ?

KENT.

Reine, c'est le peuple qui entoure le palais, et demande instamment à vous voir.

ÉLISABETH.

Que veut mon peuple ?

KENT.

La terreur est répandue dans Londres ; on croit votre vie menacée, on dit que des meurtriers envoyés par le pape sont répandus partout, que les catholiques sont conjurés pour arracher à force ouverte lady Stuart de sa prison et la proclamer reine. Le peuple croit ces bruits et se soulève ; et l'on ne pourrait le calmer qu'en faisant tomber aujourd'hui la tête de lady Stuart.

ÉLISABETH.

Quoi ! l'on voudrait me contraindre ?

KENT.

Ils sont résolus à ne point se retirer que vous n'ayez signé la sentence.

SCÈNE VIII.

LES PRÉCÉDENS, BURLEIGH, DAVISON, *un papier à la main.*

ÉLISABETH.

Qu'apportez-vous, Davison ?

DAVISON *s'approche gravement.*

Reine, ce que vous avez demandé.

ÉLISABETH.

Qu'est-ce ? (*Elle veut prendre le papier, tressaille et recule.*) O Dieu !

BURLEIGH.

Obéissez à la voix du peuple, c'est la voix de Dieu.

ÉLISABETH, *irrésolue et combattue.*

Ah ! mylords, qui me dira si j'entends en effet la voix de tout mon peuple, la voix de l'univers ? Hélas ! si j'obéis maintenant au désir de cette populace, je crains que bientôt elle ne fasse entendre un tout autre langage, et que ceux mêmes qui me poussent avec violence à cette résolution ne me blâment sévèrement dès qu'elle sera accomplie.

SCÈNE IX.
Les Précédens, TALBOT.

TALBOT *entre avec agitation.*
On veut vous contraindre, reine; soyez ferme, soyez inébranlable. (*Il aperçoit Davison qui tient la sentence.*) Ou bien en est-ce fait? Cela est-il réel? J'aperçois dans cette main un écrit funeste qui ne devrait pas en ce moment être mis sous les yeux de la reine.

ÉLISABETH.
Noble Shrewsbury, on me contraint.

TALBOT.
Et qui peut vous contraindre? vous êtes souveraine; c'est ici le moment de montrer votre puissance. Imposez silence à ces voix séditieuses qui osent vous prescrire une opinion et commander à votre volonté royale. La terreur, une rage aveugle agitent ce peuple; vous-même êtes hors de vous, cruellement offensée, en proie aux faiblesses de l'humanité, vous ne pouvez maintenant porter un jugement.

BURLEIGH.
Tout est jugé depuis long-temps. Il ne s'agit pas de prononcer une sentence, mais de l'exécuter.

KENT, *qui s'était éloigné lorsque Talbot est entré, revient.*
La sédition s'accroît : on ne pourra plus long-temps contenir le peuple.

ÉLISABETH, *à Talbot.*
Vous voyez si l'on me presse.

TALBOT.
Je vous demande seulement un délai. Ce trait de plume privera votre vie de la paix et du bonheur. Vous y avez réfléchi pendant de longues années; voulez-vous donc vous décider en un instant, au milieu de l'orage? Seulement un court délai : rappelez vos esprits, attendez un moment plus calme.

BURLEIGH, *vivement.*
Attendez, hésitez, différez jusqu'à ce que le royaume soit embrasé, jusqu'à ce que votre ennemie ait enfin réussi à accomplir ses desseins homicides! Trois fois Dieu a éloigné de vous le poignard : aujourd'hui encore, il s'est approché de votre sein; espérer encore un miracle, c'est vouloir tenter la Providence.

TALBOT.
Le Dieu qui quatre fois de sa main miraculeuse vous a préservée, qui aujourd'hui a donné au bras débile d'un vieillard la force d'arrêter un furieux, ce Dieu mérite qu'on mette sa confiance en lui. Ce n'est pas la voix de la justice que je veux faire entendre, ce n'est pas le moment; au milieu de ce trouble elle ne serait point écoutée.

Je vous dirai une seule chose : vous craignez maintenant Marie pendant qu'elle est vivante; ce n'est pas vivante que vous avez à la redouter; tremblez devant elle quand elle ne sera plus, quand sa tête sera tombée. Elle se relèvera de son tombeau comme une déesse de discorde, elle parcourra votre royaume comme le fantôme de la vengeance, et elle détournera de vous le cœur de vos peuples. Maintenant l'Anglais la craint et la déteste; il voudra la venger quand elle aura péri; il ne verra plus dans celle qu'il pleurera l'ennemie de la religion, mais la fille de ses rois, mais la victime de la haine et de l'envie. Bientôt vous pourrez éprouver ce changement. Après cette sanglante exécution traversez Londres, montrez-vous à ce peuple, qui jadis se pressait avec allégresse autour de vous, vous verrez alors un autre peuple, une autre Angleterre. Vous ne marcherez plus environnée de la divine justice qui vous avait enchaîné tous les cœurs; la terreur seule, compagne de la tyrannie, marchera devant vous, et rendra déserts les chemins où vous passerez; car vous aurez fait le dernier, le plus terrible pas, et nulle tête ne sera en sûreté, quand cette tête sacrée sera tombée.

ÉLISABETH.
Hélas! Shrewsbury! vous m'avez aujourd'hui sauvé la vie; vous avez détourné de moi le poignard de l'assassin. Pourquoi avez-vous arrêté le coup? toute incertitude serait finie, il n'y aurait plus de combats à livrer; et, pure de tout reproche, je reposerais tranquillement dans le tombeau. Ah! certes, je suis lasse de la vie et de la royauté; et s'il faut qu'une des deux reines succombe pour que l'autre vive, et je sais bien que cela ne peut être autrement, ne puis-je donc être celle qui cède la place? Mon peuple peut choisir, je lui remets sa souveraineté. Dieu m'est témoin que ce n'est pas pour moi, mais pour le bien de mon peuple que j'ai vécu. S'il espère devoir à cette séduisante Marie des jours heureux et prolongés, car elle est la plus jeune, je descendrai volontiers du trône; j'irai retrouver cette tranquille solitude de Woodstock, où j'ai passé mon innocente jeunesse; où, loin des frivoles grandeurs de la terre, je trouvais en mon âme toute ma grandeur. Je ne suis point née pour être souveraine : le souverain doit avoir une âme ferme, et mon cœur est faible. J'ai gouverné heureusement cette île pendant long-temps, parce que je n'avais que des bienfaits à répandre. Pour la première fois il faut que je remplisse un devoir de rigueur, et je sens toute ma faiblesse.

BURLEIGH.
Au nom du ciel! quand il me faut entendre des paroles si peu royales sortir de la bouche de la reine, je trahirais mon devoir, je trahirais ma patrie, si je gardais plus long-temps le silence. Vous dites que vous aimez votre peuple plus que vous-même; c'est maintenant qu'il faut le prouver. Vous ne devez pas chercher le repos pour vous en livrant le royaume aux tempêtes;

songez à la religion. Faut-il voir revenir avec Marie l'antique superstition? Les moines doivent-ils encore revenir régner ici? Un légat parti de Rome doit-il encore fermer nos églises, détrôner nos rois? Je vous rends comptable du salut de vos sujets; d'après ce que vous déciderez maintenant, ils sont ou sauvés ou perdus. Ce n'est pas ici le moment de montrer une pitié de femme; le bien du peuple est votre suprême devoir. Shrewsbury a sauvé votre vie; moi je veux faire plus, je veux sauver l'Angleterre.

ÉLISABETH.

Qu'on me laisse à moi-même. Dans cette grande affaire il ne peut me venir des hommes ni conseils ni consolations. J'en réfère au suprême juge; ce qu'il m'inspirera, je le ferai. Éloignez-vous, mylords. (*A Davison.*) Vous, Davison, demeurez près d'ici.

Les lords se retirent. Talbot seul demeure un instant de plus devant la reine, et la regarde d'un air expressif; puis il s'éloigne lentement en laissant voir une profonde affliction.

SCÈNE X.

ÉLISABETH, *seule.*

Ah! tyrannie des volontés du peuple, honteux esclavage! Combien je suis lasse de flatter cette idole, que dans mon cœur je méprise! Quand pourrai-je librement régner sur ce trône? il me faut respecter l'opinion, courtiser l'estime du vulgaire; il me faut agir au gré de cette populace, qui se paye de vaines comédies. Ah! ce n'est pas être roi qu'être forcé de complaire au monde entier; celui-là seul règne qui n'est point obligé d'obtenir le suffrage des hommes.

Parce que j'ai pratiqué la justice, parce que j'ai toute ma vie détesté l'arbitraire, je me suis lié les mains, et je ne puis en venir à une première et inévitable violence; l'exemple que moi-même j'ai donné me condamne. Si j'avais régné tyranniquement comme l'Espagnole Marie, qui m'a précédée sur le trône, je pourrais aujourd'hui verser un sang royal sans encourir le blâme. Cependant est-ce de mon propre choix que j'ai toujours ainsi respecté la justice? La nécessité toute-puissante qui dompte les libres volontés des rois, la nécessité m'a prescrit la vertu.

La seule faveur que le peuple me maintient sur un trône contesté et de toutes parts entouré d'ennemis; toutes les puissances du continent s'efforcent de m'anéantir. Le pape implacable lance de Rome l'anathème sur ma tête; la France veut me trahir sous des apparences de fraternité et d'alliance; les Espagnols plus ouvertement se préparent à me faire avec fureur une guerre d'extermination. Ainsi j'ai à combattre contre tout l'univers, moi, faible femme; il faut que par une vertu sublime je cache la faiblesse de mes droits, et la tache dont mon propre père a flétri ma naissance. Mais mes *efforts* sont vains; la haine de mes ennemis en réveille sans cesse le souvenir, et me présente cette Marie comme un fantôme éternellement menaçant.

Oui, il faut que cette crainte finisse; il faut que sa tête tombe. Je veux obtenir la paix. Elle est la furie qui trouble ma vie; c'est un esprit que le destin a déchaîné contre moi pour m'obséder. Je ne forme pas une espérance, je ne me promets pas une joie, que ce serpent infernal ne se présente sur mon passage. Elle m'enlève mon amant, elle me fait perdre mon époux; tous les malheurs qui m'ont frappée portent le nom de Marie. Qu'elle soit retranchée du nombre des vivans, alors je suis libre comme l'air sur la montagne. (*Elle se tait un moment.*) Avec quel dédain elle m'a regardée! il semblait que son regard dût me terrasser. Impuissante! j'ai de plus fortes armes; elles portent la mort, et c'en est fait de toi. (*Elle marche d'un pas rapide vers la table et prend la plume.*) Je suis le fruit de l'adultère! malheureuse, je ne le suis que parce que tu vis, que parce que tu respires; dès que je t'aurai anéantie, tous les doutes sur ma royale naissance seront anéantis; dès que l'Angleterre n'aura plus un autre choix à faire, alors je suis la fille légitime du lit de l'hyménée.

Elle signe avec un mouvement rapide et ferme, puis elle laisse tomber la plume et recule comme épouvantée. Après un instant, elle sonne.

SCÈNE XI.

ÉLISABETH, DAVISON.

ÉLISABETH.
Où sont les autres lords?

DAVISON.

Ils sont allés calmer le peuple déchaîné; le tumulte s'est en un instant apaisé dès que le comte de Shrewsbury s'est montré: « C'est lui, se sont » écriées cent voix, c'est lui qui a sauvé la reine, » écoutons-le, il est le plus digne homme de » l'Angleterre. » Alors le noble Talbot a commencé à reprocher au peuple, par de douces paroles, sa conduite séditieuse; et il a parlé avec tant de force et de persuasion, que tout s'est calmé et que la foule s'est tranquillement dispersée.

ÉLISABETH.

Ah! peuple variable, que le moindre vent fait changer! Malheur à celui qui s'appuie sur ce roseau! C'est assez, sir Davison; vous pouvez maintenant vous retirer... (*il se retire vers la porte*) et cet écrit, reprenez-le, je le mets entre vos mains.

DAVISON *jette un regard sur le papier, et semble effrayé.*
Reine, vous avez signé votre nom?

ÉLISABETH.

Je devais signer; je l'ai fait. Cela ne décide point encore. Une signature n'est pas la mort.

DAVISON.

Votre nom, reine, au bas de cet écrit, décide tout. C'est le coup mortel; c'est un trait de la foudre, un trait inévitable. Cet écrit ordonne aux commissaires et aux shérifs de se transporter sur-le-champ au château de Fotheringay, auprès de la reine d'Écosse, de lui annoncer sa mort, et de la faire exécuter demain avant la pointe du jour. Il n'y a aucun délai, et si cet ordre sort de mes mains, elle a vécu.

ÉLISABETH.

Il est vrai, sir Davison, Dieu remet en vos faibles mains une grande et importante décision. Suppliez-le de vous éclairer de sa sagesse. Je vous laisse; acquittez-vous de votre devoir.

Elle veut sortir.

DAVISON *se place devant elle.*

Non, reine, vous ne me laisserez pas avant d'avoir manifesté votre volonté; il ne me faut point ici d'autre sagesse que de suivre littéralement vos commandemens. Vous laissez cet ordre entre mes mains; est-ce pour que j'en procure la prompte exécution?

ÉLISABETH.

Je m'en remets à votre prudence.

DAVISON, *avec frayeur et empressement.*

Non pas à ma prudence; Dieu m'en préserve. Obéir est toute ma prudence. Rien en ceci ne doit demeurer à la décision de votre serviteur; la moindre erreur serait un régicide, amènerait un malheur horrible, irréparable. Permettez que dans cette grande affaire je sois seulement votre instrument aveugle et sans volonté. Exprimez clairement votre volonté; que doit-on faire de cet ordre sanglant?

ÉLISABETH.

Il s'explique assez de lui-même.

DAVISON.

Ainsi, vous voulez qu'il soit exécuté sur-le-champ?

ÉLISABETH.

Je ne dis point cela, et je tremble à le penser.

DAVISON.

Ou bien dois-je encore le tenir secret?

ÉLISABETH, *précipitamment.*

A vos risques et périls? Vous répondez des suites.

DAVISON.

Moi, grand Dieu! Parlez, reine, que voulez-vous?

ÉLISABETH, *avec impatience.*

Je veux qu'il ne soit plus question de cette malheureuse affaire; je veux enfin qu'elle ne trouble plus mon repos.

DAVISON.

Il ne coûtera qu'un seul mot. Ah! parlez, ordonnez, que faut-il faire de cet ordre?

ÉLISABETH.

Je vous l'ai dit. Ne me persécutez pas davantage.

DAVISON.

Vous, me l'avoir dit! Non, vous ne m'avez rien dit. Je supplie votre majesté de vouloir bien songer...

ÉLISABETH, *frappant du pied.*

Quelle contrainte!

DAVISON.

Ayez quelque indulgence pour moi. J'occupe depuis peu de mois cette charge; je ne connais pas le langage de la cour et des rois. J'ai vécu dans des mœurs simples et franches. Supportez patiemment votre serviteur; daignez lui dire une parole qui l'éclaircisse, qui lui apprenne son devoir. (*Il s'approche d'elle d'un air suppliant; elle lui tourne le dos; il laisse voir son désespoir, puis parlant d'un ton plus ferme.*) Reprenez cet écrit. Reprenez-le; il me semble que je porte dans mes mains un feu dévorant. Ne me choisissez pas pour vous servir dans cette circonstance terrible.

ÉLISABETH.

Faites le devoir de votre charge.

SCÈNE XII.

DAVISON *seul; puis* BURLEIGH.

DAVISON.

Elle sort. Elle me laisse sans décision, hésitant sur cet ordre cruel. Que ferai-je? Dois-je le garder? Dois-je en user? (*A Burleigh qui entre.*) Ah! heureusement, heureusement vous arrivez, mylord. C'est vous qui m'avez placé dans la charge que j'occupe, délivrez-m'en. J'y renonce, j'en ignore les devoirs. Laissez-moi retourner dans l'obscurité dont vous m'avez tiré: je ne conviens pas à cette place.

BURLEIGH.

Qu'est-ce donc, sir Davison? remettez-vous! où est la sentence? La reine vous a fait appeler.

DAVISON.

Elle vient de me laisser. Elle était fort irritée. Ah! conseillez-moi, venez à mon secours; arrachez-moi à ce doute infernal..... Voici la sentence.

BURLEIGH, *empressé.*

Vous l'avez? donnez-la-moi... Donnez.

DAVISON.

Je n'ose point.

BURLEIGH.

Pourquoi?

DAVISON.

Elle ne m'a point positivement expliqué sa volonté.

BURLEIGH.

Quoi, positivement? Elle a signé... Donnez.

DAVISON.

Dois-je la faire exécuter? ne le dois-je pas? Grand Dieu! sais-je quel est mon devoir?

BURLEIGH, *le pressant.*

Vous devez sur-le-champ, à l'instant, la faire exécuter... Donnez... Vous êtes perdu, si vous différez.

DAVISON.

Je suis perdu, si je hâte l'exécution.

BURLEIGH.

Vous êtes insensé... Vous êtes hors de vous... Donnez.

Il lui arrache la sentence, et s'en va en l'emportant.

DAVISON, *le suivant.*

Que faites-vous? Arrêtez... Ah! vous me précipitez dans ma ruine.

ACTE CINQUIEME.

Le théâtre représente la prison, comme au premier acte.

SCÈNE PREMIÈRE.

ANNA KENNEDI, *vêtue en grand deuil, les yeux humides de larmes, et accablée d'une douleur profonde, mais calme; elle est occupée à cacheter des papiers et des lettres. Souvent sa douleur la force à s'interrompre, et elle se met à prier.* PAULET *et* DRURY, *vêtus aussi de noir. Ils sont suivis de plusieurs domestiques qui portent des vases d'or et d'argent, des tableaux et autres objets précieux, dont ils remplissent le fond du théâtre. Paulet remet à la nourrice un écrin avec un papier, et lui fait signe que c'est la liste de ce qu'il contient. La vue de toutes ces richesses renouvelle le chagrin de la nourrice; elle retombe dans un profond désespoir. Pendant ce temps, chacun se retire en silence.* MELVIL *entre.*

KENNEDI *s'écrie dès qu'elle l'aperçoit.*
Melvil... C'est vous!... Je vous revois.

MELVIL.
Oui, chère Anna, nous nous revoyons.

KENNEDI.
Après une longue, longue et douloureuse séparation!

MELVIL.
Quelle malheureuse et déplorable réunion!

KENNEDI.
O Dieu!... Vous venez...

MELVIL.
Recevoir de ma souveraine le dernier, l'éternel adieu.

KENNEDI.
Enfin, aujourd'hui, le jour de sa mort, on lui accorde la présence long-temps interdite de tous ses serviteurs. Ah! cher Melvil, je ne vous demande pas quel a été votre sort, je ne vous raconte pas les souffrances que nous avons endurées depuis qu'on vous arracha d'auprès de nous. Hélas! il viendra un moment pour en parler... Ah! Melvil! Melvil!... nous fallait-il vivre pour voir l'aurore de ce jour!

MELVIL.
Ne nous attendrissons pas l'un l'autre... Je pleurerai tant que durera ma vie; jamais un sourire ne sera sur mes lèvres, jamais je ne quitterai ces sombres vêtemens; toujours ma douleur durera; mais aujourd'hui je veux avoir de la fermeté. Promettez-moi de modérer aussi votre douleur, et quand tous les autres s'abandonneront sans contrainte à leur désespoir, nous, d'une contenance ferme et mâle, nous la précéderons, et dans le chemin de la mort nous lui servirons d'appui.

KENNEDI.
Melvil, vous êtes dans l'erreur, si vous pensez que pour marcher à la mort avec fermeté la reine a besoin de notre secours. Elle-même nous donnera l'exemple d'une noble assurance; soyez sans crainte, Marie Stuart mourra en reine et en héros.

MELVIL.
A-t-elle appris avec fermeté la nouvelle de sa mort? On dit qu'elle n'y était pas préparée.

KENNEDI.
Non, elle ne l'était point. Une toute autre crainte agitait ma chère maîtresse : ce n'était pas la mort qui l'épouvantait, c'étaient ses propres libérateurs. Notre délivrance nous était promise. Mortimer avait assuré que cette nuit même il nous tirerait d'ici; et flottant entre la crainte et l'espérance, incertaine si elle confierait son honneur et sa royale personne à cet audacieux jeune homme, la reine a ainsi attendu jusqu'au matin... A ce moment, nous avons entendu du tumulte dans le château, et le bruit de plusieurs coups de marteau a frappé notre oreille. Nous pensions que c'étaient nos libérateurs; l'espérance entrait dans notre cœur, l'amour invincible et involontaire de la vie s'emparait doucement de nous...' La porte s'est alors ouverte. C'était sir Paulet... Il nous annonce que des ouvriers construisaient l'échafaud au-dessous de nos pas.

Elle se détourne, saisie d'une vive douleur.

MELVIL.
Juste Dieu!... Ah! dites-moi... et comment Marie a-t-elle supporté cette terrible révolution?

KENNEDI, *après un instant de silence, où elle a tâché de reprendre quelque force.*
On ne se détache pas peu à peu de la vie. C'est

un coup subit, un instant rapide qui fait passer sur-le-champ des choses terrestres aux choses éternelles, et Dieu a fait la grâce à ma chère maîtresse qu'elle a pu en ce moment rejeter d'une âme ferme toute espérance humaine, et s'attacher au ciel avec une foi ardente ; aucun symptôme de terreur, aucune pâleur, aucune plainte, n'a abaissé notre reine... Quand ensuite elle a appris l'infâme trahison de lord Leicester, et le sort déplorable de ce courageux jeune homme qui s'est sacrifié pour elle ; quand elle a vu la profonde douleur de ce vieux chevalier à qui elle coûte le dernier espoir de sa famille, alors ses larmes ont coulé. Ce n'était pas son propre sort, mais la douleur d'autrui qui les lui arrachait.

MELVIL.
Où est-elle maintenant ? Pouvez-vous me conduire vers elle ?

KENNEDI.
Elle a passé le reste de la nuit en prières. Elle a dit adieu par des lettres à ses plus chers amis. Elle a écrit son testament de sa propre main. Maintenant elle prend un instant de repos, et ranime ses forces par un dernier sommeil.

MELVIL.
Qui est auprès d'elle ?

KENNEDI.
Le docteur Burgoyn et ses femmes.

SCÈNE II.
LES PRÉCÉDENS, MARGUERITE KURL.

KENNEDI.
Eh bien ! madame, la reine est-elle éveillée ?

MARGUERITE, *essuyant ses larmes*.
Elle est déjà habillée... Elle vous demande.

KENNEDI.
J'y vais. (*A Melvil qui veut la suivre.*) Ne me suivez pas ; je veux préparer ma maîtresse à vous revoir.

Elle entre chez la reine.

MARGUERITE.
Melvil ! le vieux gouverneur de sa maison !

MELVIL.
Oui, c'est moi.

MARGUERITE.
Hélas ! cette maison n'a plus besoin de gouverneur... Melvil, vous venez de Londres : ne pourrez-vous m'apprendre des nouvelles de mon mari ?

MELVIL.
Il sera mis en liberté, dit-on, aussitôt que...

MARGUERITE.
Aussitôt que la reine ne sera plus !... O l'indigne ! l'infâme traître ! il est le meurtrier de notre chère maîtresse : c'est sur son témoignage, dit-on, qu'elle a été condamnée.

MELVIL.
Il est vrai.

MARGUERITE.
Ah ! que son âme en soit punie aux enfers ! Il a fait un faux témoignage.

MELVIL.
Mylady Kurl, songez à ce que vous dites.

MARGUERITE.
Oui, j'en jurerais devant un tribunal, je le répéterais en sa présence ; je veux remplir le monde de ce cri : Elle meurt innocente !

MELVIL.
Dieu le veuille !

SCÈNE III.
LES PRÉCÉDENS, BURGOYN, *puis* KENNEDI.

BURGOYN, *apercevant Melvil*.
Melvil !

MELVIL, *l'embrassant*.
Burgoyn !

BURGOYN, *à Marguerite*.
Faites apprêter pour la reine une coupe de vin. Hâtez-vous.

Marguerite sort.

MELVIL.
Eh quoi ! la reine n'est-elle pas bien ?

BURGOYN.
Elle se sent de la force ; son courage héroïque l'abuse, et elle ne croit pas avoir besoin de nourriture. Cependant elle a encore de rudes combats à éprouver, et il ne faut pas que ses ennemis se glorifient en attribuant à la crainte de la mort une pâleur que l'abattement de ses forces pourrait répandre sur son visage.

MELVIL, *à Kennedi, qui rentre*.
Veut-elle me voir ?

KENNEDI.
Elle-même sera bientôt ici. Vous me regardez avec étonnement, et votre regard me demande pourquoi tant de pompe dans ce séjour de la mort ? Ah ! Melvil, nous avons été dans le dénûment pendant la vie, et l'abondance nous revient au jour de la mort.

SCÈNE IV.
LES PRÉCÉDENS, DEUX FEMMES *de Marie, aussi vêtues de deuil ; elles éclatent en sanglots à la vue de Melvil*.

MELVIL.
Quel spectacle ! quelle réunion ! Gertrude, Rosamonde !

LA SECONDE FEMME.
Elle nous a fait retirer ; elle veut pour la dernière fois s'entretenir seule avec Dieu.

Deux autres femmes arrivent encore, habillées aussi de noir. Leur contenance exprime le désespoir.

SCÈNE V.

Les Précédens, MARGUERITE KURL; *elle porte une coupe d'or remplie de vin; elle la pose sur une table, et pâle et tremblante elle s'appuie sur un fauteuil.*

MELVIL.
Qu'est-ce, madame? d'où vient ce trouble?

MARGUERITE.
O Dieu!

BURGOYN.
Qu'avez-vous?

MARGUERITE.
Ah! qu'ai-je été obligée de voir!

MELVIL.
Revenez à vous; dites-nous ce que c'est.

MARGUERITE.
Comme pour apporter cette coupe je montais le grand escalier qui descend dans la salle d'en bas, la porte s'est ouverte; et j'y ai vu... j'ai vu... ô mon Dieu!

MELVIL.
Qu'avez-vous vu? remettez-vous.

MARGUERITE.
Tous les murs sont tendus de noir, un grand échafaud recouvert d'un drap noir est dressé; au milieu un bloc noir, un coussin, et près de là une hache récemment aiguisée. La salle est pleine de gens qui se pressent autour de l'échafaud, et qui, les yeux avides de sang, demandent la victime.

LES FEMMES.
Que Dieu accorde sa grâce à notre chère maîtresse!

MELVIL.
Remettez-vous, elle vient.

SCÈNE VI.

Les Précédens, MARIE. *Elle est vêtue de blanc et parée; un agnus Dei est suspendu à son cou par un collier; un rosaire est attaché à sa ceinture; elle tient un crucifix dans sa main; un diadème orne ses cheveux, et son grand voile noir est rejeté derrière elle. Quand elle entre, tous se rangent des deux côtés de la scène, en montrant la plus vive douleur; Melvil, avec une émotion involontaire, tombe à genoux devant elle.*

MARIE, *avec une dignité tranquille, jette les yeux autour d'elle.*
Pourquoi gémissez-vous? pourquoi ces pleurs? Ne devez-vous pas plutôt vous réjouir avec moi de ce que le terme de mes souffrances approche, de ce que mes liens sont brisés, de ce que ma prison est ouverte, de ce que mon âme affranchie va s'envoler sur les ailes des anges vers l'éternelle liberté? Quand j'étais en la puissance d'une orgueilleuse ennemie, quand j'endurais des outrages indignes de la majesté royale, ah! c'était alors qu'il fallait pleurer sur moi! La mort bienfaisante et salutaire vient à moi comme un sévère ami, et sous l'abri de ses sombres ailes je n'ai plus d'affronts à redouter; l'homme est ennobli et relevé du plus profond abattement, dès qu'il touche à son dernier moment. Je sens un noble orgueil rentrer dans mon âme ranimée, et la couronne se replace sur mon front. (*Elle avance de quelques pas.*) Quoi! Melvil ici? Levez-vous, chevalier; levez-vous : c'est au triomphe de votre reine, non à sa mort, que vous assistez. C'est pour moi un bonheur, et je ne l'avais pas espéré, que la mémoire de mes derniers momens ne soit pas entièrement livrée aux mains de mes ennemis, et d'avoir pour témoin de l'heure de ma mort un ami qui professe la même croyance. Dites-moi, chevalier, depuis qu'on vous arracha d'auprès de moi, que vous est-il arrivé sur cette terre inhospitalière et ennemie? Cette inquiétude sur votre sort a souvent troublé mon cœur.

MELVIL.
Je n'ai senti d'autre malheur que mon affliction sur vous, et l'impuissance de vous servir.

MARIE.
Comment se porte Didier, mon vieux serviteur? Peut-être dort-il depuis long-temps de l'éternel sommeil, car il était avancé en âge.

MELVIL.
Dieu ne lui a pas fait cette grâce; il vit pour voir succomber votre jeunesse.

MARIE.
Ah! que ne puis-je, avant ma mort, avoir le bonheur de presser dans mes bras quelqu'un de ceux auxquels je tiens par les *liens* chéris du sang! Mais il me faut mourir au milieu d'une terre étrangère, et je verrai seulement couler vos larmes. Melvil, je confie à votre cœur fidèle mes derniers vœux pour les miens. Je bénis le roi très-chrétien mon beau-frère, et toute la maison royale de France; je bénis mon oncle le cardinal, et Henri de Guise, mon noble cousin; je bénis aussi notre saint-père, le vicaire de Jésus-Christ, qui m'a donné sa bénédiction, et le roi catholique, qui s'est généreusement offert à être mon libérateur et mon vengeur. Ils sont tous nommés dans mon testament : ils recevront des dons de mon amour; et tout modiques que soient ces présens, ils ne les estimeront pas moins. (*Se retournant vers ses serviteurs.*) Je vous ai recommandés à mon frère le roi de France; il prendra soin de votre sort, et vous rendra une nouvelle patrie. Si ma dernière volonté vous est sacrée, ne demeurez point en Angleterre; que le Breton ne repaisse pas son cœur orgueilleux du spectacle de votre malheur, qu'il ne voie pas dans la poussière ceux qui ont été à mon service. Promettez-moi, sur cette image de Jésus crucifié, que vous quitterez cette déplorable contrée dès que je ne serai plus.

MELVIL, *touchant le crucifix.*
Nous vous le jurons par ce saint nom.

MARIE.

Tout ce qui me reste encore à moi, misérable et dépouillée, ce dont je puis encore librement disposer, je l'ai partagé entre vous, et l'on respectera, j'espère, mes dernières volontés. Ce que je porte en marchant à la mort vous appartient aussi ; accordez-moi de m'orner encore une fois des parures de la terre, quand je vais entrer au ciel. (*A ses femmes.*) Ma chère Alix, Gertrude, Rosamonde, je vous ai destiné mes perles et mes vêtemens : votre jeunesse se plaît encore à la parure. Toi, Marguerite, tu as de plus grands droits à ma générosité, car c'est toi que je laisse la plus malheureuse ; mon testament fera voir que je ne veux pas venger sur toi le crime d'un époux. Pour toi, mon Anna, tu attaches peu de prix à l or, à l'éclat des pierreries, et mon souvenir fait ton plus précieux trésor ; prends ce mouchoir, je l'ai de mes propres mains brodé pour toi pendant les heures de ma douleur ; il a été trempé de mes larmes : tu me banderas les yeux avec ce mouchoir, quand le moment sera venu ; ce dernier service, je veux le recevoir de mon Anna.

KENNEDI.

Ah ! Melvil, je ne puis en tant supporter !

MARIE.

Venez tous, venez, et recevez mon dernier adieu. (*Elle leur tend la main, et chacun à son tour se jette à ses pieds et lui baise la main en sanglotant.*) Adieu, Marguerite ; Alix, adieu. Je vous remercie de vos fidèles soins, Burgoyn. Ta bouche est brûlante, Gertrude ; j'ai été bien haïe, mais aussi bien aimée. Puisse un noble époux rendre heureuse ma Gertrude, car son cœur passionné a besoin d'amour. Berthe, tu as pris la meilleure part, tu seras la chaste épouse du ciel ; hâte-toi d'accomplir ton vœu ; les biens de ce monde sont trompeurs, ta reine peut te l'apprendre. C'est assez ; adieu, adieu, éternel adieu.

Elle s'éloigne d'eux. Tous se retirent, hormis Melvil.

SCÈNE VII.
MARIE, MELVIL.

MARIE.

Maintenant j'ai réglé tous mes intérêts terrestres, et j'espère sortir de ce monde quitte envers les hommes. Il ne me reste plus qu'une chose, Melvil, qui empêche mon âme oppressée de s'élever avec joie et liberté.

MELVIL.

Dites-la-moi, soulagez votre cœur, confiez vos soucis à un fidèle ami.

MARIE.

Me voici sur le bord de l'éternité ; bientôt je vais comparaître devant le souverain juge, et je n'ai pu encore me réconcilier avec le saint des saints. On me refuse un prêtre de mon église ; je rejette la céleste nourriture du divin sacrement offerte par les mains d'un faux prêtre. Je veux mourir dans la croyance de mon église, car elle est la seule qui puisse conduire au bonheur éternel.

MELVIL.

Calmez votre cœur ; le désir pieux et ardent est compté au ciel comme s'il était accompli. La puissance des tyrans ne peut enchaîner que les mains, mais la dévotion du cœur s'élève toujours librement vers Dieu ; la lettre tue, et la foi vivifie.

MARIE.

Hélas ! Melvil, le cœur ne se suffit pas à lui-même ; la foi a besoin d'un gage terrestre afin de s'approprier les choses célestes et sublimes. C'est ainsi que Dieu s'est fait homme et a mystérieusement renfermé les attributs célestes et invisibles sous une forme visible. C'est l'Église, l'Église sainte et sublime, qui forme l'échelle entre nous et le ciel ; elle se nomme universelle, catholique, parce que la croyance de tous fortifie la croyance de chacun. Lorsque des milliers de fidèles sont assemblés pour la prière et l'adoration, alors la flamme s'élève du brasier, et l'âme, sur des ailes de feu, s'élance vers le ciel. Ah ! heureux ceux qui, réunis dans la maison du Seigneur, peuvent prier dans une douce communauté ! l'autel est préparé, les flambeaux allumés, la cloche se fait entendre, l'encens est répandu, le prélat est revêtu de ses habillemens pontificaux ; il prend le calice, il le bénit, il annonce le miracle sublime du changement de substance, et le peuple, plein de foi et de persuasion, se prosterne devant un Dieu présent. Hélas ! je suis seule, renfermée, la bénédiction du ciel ne pénètre pas dans ma prison.

MELVIL.

Elle pénètre jusqu'à vous, elle s'approche de vous ; confiez-vous au Tout-Puissant. La verge desséchée peut pousser des rameaux entre les mains de celui qui a la foi, et celui qui fit jaillir la source du rocher peut élever ici un autel, peut tout-à-coup, pour vous, changer le breuvage terrestre de ce calice en un céleste breuvage.

Il prend la coupe qui est sur la table.

MARIE.

Melvil, vous ai-je compris ? Oui, je vous entends. Ici il n'est point de prêtre, point d'église, point de sainte table. Cependant le Sauveur n'a-t-il pas dit : « Quand deux personnes seront assemblées en mon nom, je serai au milieu d'elles ? » Qu'est-ce qui fait du prêtre l'organe du Seigneur ? c'est un cœur pur, une vertu sans tache. Ainsi, soyez pour moi, encore que vous ne soyez pas consacré, soyez comme un prêtre, le messager de Dieu pour m'apporter la paix ; je veux faire ma dernière confession et recevoir de votre bouche l'assurance du salut.

MELVIL.

Puisque votre cœur est animé d'une telle ferveur, sachez, reine, que Dieu peut opérer un miracle pour votre consolation. Il n'est point ici de *prêtre*, dites-vous, point d'église, point d'hostie ! Vous vous trompez ; ici est un prêtre, ici est le corps de Jésus-Christ. (*A ces mots il découvre sa tête et lui montre une hostie dans un vase d'or.*) Je suis un prêtre, j'entendrai votre dernière confession, je vous annoncerai la paix sur le chemin de la mort. Ma tête a reçu les saintes onctions, et je vous apporte cette hostie que le saint-père a consacrée pour vous.

MARIE.

Ainsi, sur le seuil même de la mort, un bonheur céleste m'était réservé. Telle une créature immortelle descend d'un nuage d'or : tel l'ange délivra jadis l'apôtre des chaînes et de la prison ; sans qu'aucun verrou, sans que le glaive des gardiens pût l'arrêter, il s'avança sans obstacle à travers les portes épaisses, et parut radieux au milieu du cachot ; tel un messager du ciel arrive ici inattendu, tandis que tous les terrestres libérateurs m'avaient abusée. Vous, autrefois mon serviteur, vous êtes maintenant le serviteur du Dieu tout-puissant et son saint organe ; autrefois vous courbiez le genou devant moi, aujourd'hui je me prosterne à vos pieds dans la poussière.

Elle se met à genoux.

MELVIL *fait sur elle le signe de la croix.*

Au nom du Père et du Fils et du Saint-Esprit, Marie, reine, avez-vous interrogé votre cœur, jurez-vous et promettez-vous de confesser la vérité au Dieu de vérité ?

MARIE.

Mon cœur est ouvert devant lui et devant vous.

MELVIL.

Parlez : quels péchés vous reproche votre conscience, depuis la dernière fois que vous vous êtes réconciliée avec Dieu ?

MARIE.

Mon cœur fut rempli de haine et d'envie, et des pensers de vengeance s'agitèrent dans mon sein... Moi, pécheresse, j'espérais le pardon de Dieu, et je ne pouvais pardonner à mon ennemie.

MELVIL.

Vous repentez-vous de votre faute, et sentez-vous la ferme résolution de quitter ce monde sans ressentiment ?

MARIE.

Que Dieu me retire son pardon, si je n'y suis sincèrement résolue.

MELVIL.

De quel autre péché vous accuse votre cœur ?

MARIE.

Hélas ! ce n'est pas par la haine seule que j'ai offensé la divine bonté de Dieu. J'ai péché plus encore par un amour coupable ; la vanité de mon cœur fut séduite par un homme qui m'a infidèlement abandonnée et trahie.

MELVIL.

Vous repentez-vous de votre erreur ? et votre cœur a-t-il quitté la vaine idole pour retourner vers Dieu ?

MARIE.

Ce fut un dur combat que j'eus à livrer ; mais enfin le dernier lien terrestre est rompu.

MELVIL.

Quelle autre faute encore vous reproche votre conscience ?

MARIE.

Hélas ! une sanglante faute, confessée depuis long-temps, revient me frapper d'une nouvelle terreur, au moment de ce dernier examen, et semble se placer comme un ange sinistre entre les portes du ciel et moi ; j'ai laissé frapper le roi mon époux, j'ai accordé mon cœur et ma main à son meurtrier. J'ai expié ce crime par les plus rigoureuses punitions de l'Église, cependant le serpent qui dévore mon cœur n'a pu s'apaiser.

MELVIL.

Et votre cœur ne vous accuse d'aucune autre faute, que vous n'ayez ni confessée, ni expiée ?

MARIE.

Maintenant vous savez tout ; j'ai soulagé mon cœur.

MELVIL.

Vous allez paraître devant celui qui sait tout, songez-y, songez aux peines dont la sainte Église menace une confession imparfaite. C'est une faute qui mérite la mort éternelle, car c'est pécher contre le Saint-Esprit.

MARIE.

Si je vous ai rien tu de ce que je savais, puisse l'éternelle bonté ne pas m'accorder la victoire dans ce dernier combat.

MELVIL.

Eh quoi ! cachez-vous à votre Dieu le crime pour lequel les hommes vous punissent ? Vous ne me dites rien de votre sanglante participation aux complots de Parry et de Babington ? Vous perdez pour cette action la vie terrestre : voulez-vous qu'elle vous coûte encore la vie éternelle ?

MARIE.

Je suis prête à entrer dans l'éternité... Encore une minute, et je paraîtrai devant le trône de mon juge ; cependant je le répète, je n'ai rien omis dans ma confession.

MELVIL.

Songez-y bien ! le cœur a ses détours. Peut-être par un double sens adroit avez-vous évité de prononcer les paroles qui vous auraient rendue coupable. Mais la volonté suffit pour qu'on soit criminel... Sachez qu'aucun subterfuge ne peut échapper au regard de feu qui lit au fond de notre âme.

MARIE.

J'ai imploré tous les princes pour qu'ils m'affranchissent d'indignes liens. Mais jamais, ni d'effet, ni de pensée, je n'ai attenté à la vie de mon ennemie.

MELVIL.

Ainsi le témoignage de vos secrétaires est faux ?

MARIE.

Je vous ai dit la vérité... Que Dieu juge leur témoignage.

MELVIL.
Ainsi vous montez sur l'échafaud assurée de votre innocence?

MARIE.
Dieu me fait la grâce d'expier, par un trépas non mérité, les sanglantes fautes de ma jeunesse.

MELVIL *la bénit.*
Allez, et que la mort vous serve d'expiation. Victime obéissante, marchez à l'autel. La peine du sang efface le crime du sang. Vous ne fûtes coupable que par une fragilité de femme, et les esprits bienheureux se dépouillent dans leur gloire de toutes les faiblesses de l'humanité. Je vous annonce donc, en vertu du pouvoir qui m'a été donné de lier et de délier, la rémission de tous vos péchés. Allez, et qu'il vous soit fait ainsi que vous avez cru. (*Il prend le calice qui est sur la table, le consacre, et l'adore en silence, puis le présente à la reine. Elle hésite à le prendre, et le repousse de la main.*) Prenez ce sang qui a été répandu pour vous, prenez-le, le pape vous accorde cette faveur. Vous pouvez en mourant jouir de ce sublime privilége des rois et des pontifes. (*Elle prend le calice.*) Et de même qu'au milieu des terrestres douleurs vous vous êtes mystérieusement unie avec votre Dieu, de même dans son royaume de félicité, où l'on ne voit plus ni larmes ni péchés, vous serez comme un ange de lumière unie pour toujours à la Divinité. (*Il pose le calice. On entend du bruit; il couvre sa tête, et va vers la porte. Marie demeure à genoux dans un saint recueillement.*)
Il vous reste encore un rude combat à soutenir. Vous sentez-vous assez forte pour triompher de tout sentiment de haine et d'amertume?

MARIE.
Je ne crains plus de rechute : j'ai immolé à Dieu ma haine et mon amour.

MELVIL.
Apprêtez-vous donc à recevoir les lords Leicester et Burleigh ; ils sont ici.

SCÈNE VIII.

LES PRÉCÉDENS; LEICESTER, BURLEIGH et PAULET. *Leicester reste tout-à-fait dans l'éloignement sans lever les yeux. Burleigh, qui observe sa contenance, s'avance entre la reine et lui.*

BURLEIGH.
Lady Stuart, je viens recevoir vos derniers commandemens.

MARIE.
Je vous remercie, mylord.

BURLEIGH.
La volonté de ma reine est qu'on ne vous refuse rien de ce qui est juste.

MARIE.
Mon testament contient mes dernières volontés. Je l'ai mis entre les mains du chevalier Paulet, et je demande qu'il soit fidèlement exécuté.

PAULET.
Soyez en repos sur ce point.

MARIE.
Je demande qu'on laisse mes serviteurs, sans qu'il leur soit fait aucun mal, se rendre soit en Écosse, soit en France, là où ils désireront et demanderont d'aller.

BURLEIGH.
Cela sera fait ainsi que vous le souhaitez.

MARIE.
Et puisque mon corps ne pourra reposer en terre sainte, je souhaite qu'on permette à ce fidèle serviteur de porter mon cœur à mes parens en France. Hélas! il y a toujours été.

BURLEIGH.
Cela sera fait. N'avez-vous rien de plus?

MARIE.
Portez à la reine d'Angleterre mes adieux fraternels. Dites-lui que de tout mon cœur je lui pardonne ma mort; je me reproche avec repentir mon emportement d'hier. Que Dieu la conserve et lui accorde un règne heureux!

BURLEIGH.
Dites, êtes-vous revenue à une meilleure résolution? Rejetez-vous encore l'assistance du doyen?

MARIE.
Je suis réconciliée avec mon Dieu. Sir Paulet, je vous ai, contre mon gré, fait beaucoup de mal, je vous ai ravi l'appui de votre vieillesse. Ah! laissez-moi espérer que vous ne garderez pas de moi un souvenir de haine.

PAULET *lui prend la main.*
Dieu soit avec vous! Allez en paix.

SCÈNE IX.

LES PRÉCÉDENS; ANNA KENNEDI *et les autres femmes de la reine entrent, et laissent voir tous les signes de la terreur. Le shériff les suit, une baguette blanche à la main; derrière lui, on voit, par la porte qui reste ouverte, plusieurs hommes armés.*

MARIE.
Qu'est-ce, Anna? Oui, voici le moment, le shériff vient ici pour nous conduire à la mort, il faut se séparer; adieu, adieu. (*Ses femmes s'attachent à elle avec désespoir; elle s'adresse à Melvil.*) Vous, mon digne ami, et ma fidèle Anna, vous m'accompagnerez dans ce dernier moment. Mylord, vous ne me refuserez pas cette faveur.

BURLEIGH.
Cela n'est pas en mon pouvoir.

MARIE.
Eh quoi! me refuserez-vous une si petite grâce? Qui pourrait me rendre les derniers services? Jamais la volonté de ma sœur n'a pu être qu'on n'eût point d'égard à mon sexe, et que les mains grossières des hommes m'approchassent.

BURLEIGH.

Aucune femme ne doit entrer avec vous dans la salle de l'échafaud; leurs gémissemens, leurs cris...

MARIE.

Elle ne fera point entendre de gémissemens; je réponds de la fermeté d'âme de mon Anna. Soyez bon, mylord; ne me séparez pas, quand je vais mourir, de ma fidèle nourrice, de celle qui a pris soin de moi: elle me reçut dans ses bras quand je vins à la vie, et sa douce main me soutiendra au moment de la mort.

PAULET, *à Burleigh.*

Consentez-y.

BURLEIGH.

Eh bien! soit.

MARIE.

Maintenant je n'ai plus rien à démêler avec le monde. (*Elle prend le crucifix et le baise.*) Mon Sauveur, mon libérateur, de même que tu as étendu tes bras sur la croix, étends-les vers moi pour me recevoir! (*Elle se retourne pour partir. En ce moment elle aperçoit le comte de Leicester, qui involontairement a été troublé par ce départ, et qui a jeté les yeux sur elle. A cet aspect, Marie devient tremblante; ses genoux fléchissent, elle est prête à tomber; alors le comte de Leicester la saisit et la soutient dans ses bras. Elle le regarde un moment avec gravité et en silence; il ne peut soutenir son regard; enfin elle parle.*) Vous me tenez parole, comte de Leicester; vous m'aviez promis votre bras pour sortir de cette prison, et en effet vous me le prêtez aujourd'hui. (*Il demeure comme anéanti. Elle continue d'une voix plus douce.*) Oui, Leicester; et ce n'était pas seulement la liberté que votre main devait me donner; vous deviez encore me rendre plus douce cette liberté. Heureuse du don de votre main. heureuse de votre amour, j'aurais joui de la félicité d'une nouvelle existence. Maintenant que je suis sur le chemin qui conduit hors de ce monde, et prête à devenir un esprit céleste, qu'aucun terrestre désir ne pourra plus séduire; maintenant, Leicester, j'ose sans honte et sans rougeur vous avouer ma faiblesse et votre victoire. Adieu, et, si vous le pouvez, soyez heureux. Vous avez osé prétendre à la main de deux reines; vous avez rejeté un cœur aimant et tendre, vous l'avez trahi afin d'obtenir un cœur orgueilleux; allez aux pieds d'Elisabeth, et puissiez-vous ne pas trouver votre punition dans la récompense même que vous attendez! Adieu; je n'ai plus maintenant aucun intérêt sur la terre.

Elle marche, le shériff devant elle. Melvil et la nourrice à ses côtés; Burleigh et Paulet la suivent; les autres personnages la suivent des yeux avec désespoir, et, quand elle a disparu, ils se retirent par les autres portes.

SCÈNE X.

LEICESTER, *demeuré seul.*

Je vis encore, je supporte encore de vivre! ces voûtes ne m'ont pas encore écrasé de leur poids! un abîme ne s'ouvre pas pour engloutir le plus misérable des hommes! Ah! qu'ai-je perdu! quel trésor j'ai rejeté! quel bonheur céleste j'ai repoussé loin de moi! Elle part, telle déjà qu'un ange de lumière, et me laisse en proie aux tourmens des damnés. Qu'est devenue cette résolution que j'avais apportée ici, d'étouffer le sentiment et la voix du cœur, de voir tomber sa tête avec un regard assuré? Son aspect a-t-il réveillé en moi la conscience de mon opprobre; et, mourante, doit-elle exercer sur moi tout le pouvoir de l'amour? Ah! réprouvé, il ne te convient plus de t'abandonner à une pitié de femme; il n'y a plus pour toi de bonheur d'amour: arme ton cœur de la dureté du fer, que ton front soit d'airain. Si tu ne veux pas perdre le salaire de ta honte, persiste, va jusqu'au bout; que la pitié soit muette, que mon œil soit de pierre; je veux la voir tomber, je veux être témoin... (*Il marche d'un pas ferme vers la porte par où Marie est sortie; il s'arrête au milieu du chemin.*) C'est en vain, c'est en vain! une horreur infernale me saisit! Je ne puis, je ne puis contempler ce terrible spectacle, je ne puis la voir mourir. Ecoutons... Qu'est-ce?... Ils sont en bas!... sous mes pas s'apprête l'horrible exécution!... j'entends des voix! Sortons; sortons de ce séjour de l'effroi et de la mort. (*Il veut sortir par une des portes de côté; il la trouve fermée, et revient.*) Quoi! un Dieu m'enchaîne-t-il en ce lieu? faut-il que j'entende ce que j'ai horreur de voir?... c'est la voix du doyen!... il l'exhorte... elle l'interrompt; écoutons... Elle prie d'une voix haute et assurée... on se tait; je n'entends plus rien... je ne distingue que des sanglots: les femmes pleurent... on écarte son vêtement... on retire le siège... elle se met à genoux sur le coussin... elle pose la tête...

Il prononce les derniers mots avec une angoisse toujours croissante. Il s'arrête un moment, on le voit tout-à-coup, en proie à une émotion déchirante, tomber sans mouvement. Alors on entend le bruit sourd de voix éloignées, qui retentit long-temps.

SCÈNE XI.

Le théâtre représente le second appartement du quatrième acte.

ELISABETH *entre par une porte de côté. Sa démarche et ses gestes expriment une vive inquiétude.*

Encore personne ici... Aucune nouvelle encore... La fin du jour n'arrivera point. Le soleil a-t-il donc suspendu sa course céleste?... Je ne puis supporter plus long-temps cette attente, cette angoisse. En est-ce fait ? ou bien au contraire... Je frissonne également de ces deux idées, et je n'ose interroger personne. Le comte de Leicester et Burleigh, que j'ai choisis pour l'exécution de la sentence, ne se montrent ni l'un ni l'autre... Sont-ils partis de Londres ? S'il en est ainsi, la flèche est lancée ; elle vole au but, elle a frappé, et au prix de tout mon royaume je ne pourrais plus l'arrêter. Qui vient ici ?

SCÈNE XII.
ÉLISABETH, UN PAGE.

ÉLISABETH.
Tu viens seul... Où sont les lords ?
LE PAGE.
Mylord Leicester et le grand trésorier...
ÉLISABETH, avec la plus vive impatience.
Où sont-ils ?
LE PAGE.
Ils ne sont pas à Londres.
ÉLISABETH.
Ils n'y sont pas ?... où donc sont-ils ?
LE PAGE.
Personne n'a pu me l'apprendre. Vers la pointe du jour, les deux lords ont secrètement et en toute hâte quitté la ville.
ÉLISABETH, avec une vive explosion.
Je suis reine d'Angleterre !... (Se promenant çà et là avec une extrême agitation.) Va !... appelle !... Non !... demeure !... Elle est morte... Maintenant enfin, je suis au large sur la terre... Pourquoi trembler ? D'où peuvent venir ces angoisses ? Le tombeau a renfermé toutes mes craintes, et qui oserait dire que c'est moi qui suis coupable ?... Je ne manquerai pas de larmes pour pleurer celle qui a succombé. (Au page.) Encore ici ? Que Davison, mon secrétaire d'état, se rende sur-le-champ près de moi... Qu'on avertisse le comte de Shrewsbury... Ah ! le voici lui-même.

Le page sort.

SCÈNE XIII.
ÉLISABETH, TALBOT.

ÉLISABETH.
Soyez le bienvenu, mylord. Quel motif vous amène ? C'est assurément quelque soin important qui conduit ici vos pas à une heure si tardive ?
TALBOT.
Grande reine, entraîné par un cœur soucieux et inquiet pour votre gloire, je suis allé aujourd'hui à la Tour, où sont renfermés Nau et Kurl, les secrétaires de Marie ; je voulais encore une fois éprouver la vérité de leurs témoignages ; interdit, embarrassé, le lieutenant de la Tour se refuse à me montrer les prisonniers ; mes menaces seules me font obtenir l'entrée... Dieu ! quel spectacle s'offre à ma vue ! La chevelure en désordre, l'œil égaré, tel qu'un homme tourmenté par les furies, l'Ecossais Kurl gisait sur son lit... A peine le malheureux me reconnait, qu'il se précipite à mes pieds, il presse mes genoux, il se roule avec désespoir, il s'écrie et me supplie, me conjure de lui apprendre le sort de la reine... Et le bruit qu'elle était condamnée à mort avait pénétré jusque dans les murs de la prison. Quand je lui eus dit la vérité, ajoutant que c'était son témoignage qui la faisait mourir, alors il s'est élancé avec rage, s'est précipité sur son compagnon, l'a terrassé avec la force prodigieuse d'un frénétique, et s'efforçait de l'étouffer... A peine avons-nous pu arracher le malheureux de ses mains furieuses. Alors il a tourné sa rage contre lui-même, il s'est frappé la poitrine à coups redoublés, blasphémant et maudissant et lui et son compagnon... Il a fait un faux témoignage ; les malheureuses lettres écrites à Babington, dont il avait juré la vérité, sont supposées. Il a écrit d'autres paroles que celles qui lui étaient dictées par la reine. Le misérable Nau l'y avait incité... Puis il a couru vers la fenêtre : d'un bras furieux il l'a ouverte, et a crié dans la rue, devant tout le peuple assemblé, qu'il était le secrétaire de Marie, un scélérat qui l'avait faussement accusée, un misérable réprouvé, un faux témoin.

ÉLISABETH.
Vous-même dites qu'il était hors de sens : les paroles d'un furieux, d'un insensé ne prouvent rien.

TALBOT.
Son égarement est la plus forte preuve. O reine ! je vous en conjure, ne précipitez rien... Ordonnez qu'on fasse de nouvelles recherches.

ÉLISABETH.
J'y consens... puisque vous le désirez, comte ; car pour moi je ne puis croire que les pairs de la Grande-Bretagne aient prononcé légèrement dans cette affaire... Mais, pour mettre votre âme en repos, on recommencera les recherches... Heureusement, il en est temps encore... Aussi bien, l'honneur de mon trône ne permet pas qu'on laisse subsister l'ombre d'un doute.

SCÈNE XIV.
LES PRÉCÉDENS, DAVISON.

ÉLISABETH.
La sentence, Davison, que j'ai remise entre vos mains, où est-elle ?
DAVISON, avec un extrême étonnement.
La sentence !
ÉLISABETH.
Hier je vous la donnai en garde.
DAVISON.
En garde !

ÉLISABETH.

Le peuple ameuté exigeait que je signasse... J'ai dû céder à sa volonté... J'ai signé ; mais j'ai signé par contrainte. J'ai remis la sentence entre vos mains ; je voulais gagner du temps... Vous savez ce que je vous ai dit... Maintenant, remettez-la-moi.

TALBOT.

Remettez-la, sir Davison; les choses ont changé de face... On va de nouveau examiner l'affaire.

ÉLISABETH.

Pourquoi réfléchir si long-temps ? où est la sentence ?

DAVISON, *au désespoir.*

Je suis perdu, je suis mort.

ÉLISABETH, *vivement.*

J'espère, sir Davison, que vous n'avez pas...

DAVISON.

Je suis perdu, je n'ai plus la sentence.

ÉLISABETH.

Comment ! Eh quoi !

TALBOT.

Ah ! juste Dieu !

DAVISON.

Elle est entre les mains de Burleigh... déjà depuis hier.

ÉLISABETH.

Malheureux !... est-ce ainsi que vous m'avez obéi ?... Je vous avais sévèrement commandé de la garder.

DAVISON.

Vous ne me l'avez point ordonné, reine.

ÉLISABETH.

Oses-tu bien me démentir, misérable ? Quand vous ai-je ordonné de remettre la sentence à Burleigh ?

DAVISON.

Non point en termes exprès et clairs... Mais...

ÉLISABETH.

Scélérat !... Tu as osé interpréter mes paroles... Ton propre sang m'en répondra... Malheur à toi s'il est advenu quelque malheur de ce que tu as fait de ton propre mouvement ; tu le payeras de ta vie... Comte de Shrewsbury, vous voyez comme on a abusé de mon nom.

TALBOT.

Oui, je vois... Ah ! mon Dieu !

ÉLISABETH.

Que dites-vous ?

TALBOT.

Si Davison a pris ce parti de son chef, et a méconnu son devoir ; s'il a agi sans votre aveu, il doit être traduit devant le tribunal des pairs, pour avoir livré votre nom à l'horreur des siècles.

SCÈNE XV.

Les Précédens ; BURLEIGH, *puis* KENT.

BURLEIGH, *courbant le genou devant la reine.*

Dieu conserve long-temps les jours de ma souveraine, et puissent tous les ennemis de cette île finir comme Marie !

Talbot se cache le visage. Davison se tord les mains avec désespoir.

ÉLISABETH.

Répondez, mylord ; est-ce de moi que vous avez reçu l'ordre de l'exécution ?

BURLEIGH.

Non, reine ; je l'ai reçu de Davison.

ÉLISABETH.

Est-ce en mon nom que Davison vous l'a remis ?

BURLEIGH.

Non, ce n'est pas en votre nom.

ÉLISABETH.

Et vous vous êtes empressé de l'accomplir sans vous informer d'abord de ma volonté ! La sentence était juste, ainsi le monde ne peut nous blâmer ; mais vous appartenait-il de prévoir la clémence de mon cœur ? Vous êtes banni de ma présence. (*A Davison.*) Une sévère justice vous attend, vous qui avez si criminellement excédé vos pouvoirs, qui avez abusé du dépôt sacré de ma confiance. Qu'on le mène à la Tour ; ma volonté est qu'il soit poursuivi pour crime capital. Mon noble Talbot, parmi mes conseillers, il n'y a que vous que j'ai trouvé juste ; soyez désormais mon guide, mon ami.

TALBOT.

Ne bannissez point vos fidèles amis, ne jetez point en prison ceux qui n'ont agi que pour vous, et qui maintenant se taisent pour vous. Mais pour moi, grande reine, permettez que je remette entre vos mains les sceaux qui me furent confiés par vous pendant douze années.

ÉLISABETH, *interdite.*

Non, Shrewsbury, vous ne m'abandonnerez pas maintenant, aujourd'hui...

TALBOT.

Pardonnez, je suis trop vieux ; et cette main glacée par l'âge ne pourrait sceller vos nouveaux actes.

ÉLISABETH.

Quoi ! l'homme qui m'a sauvée, qui a préservé ma vie, voudrait m'abandonner ?

TALBOT.

Ce que j'ai fait est peu de chose. Je n'ai pu préserver la plus noble part de vous-même. Vivez, régnez heureuse ; votre rivale n'est plus, vous n'avez maintenant plus rien à craindre, vous n'avez plus besoin de rien respecter.

Il sort.

ÉLISABETH, *au comte de Kent, qui entre.*

Que le comte de Leicester vienne ici.

KENT.

Excusez, madame ; le comte vient de s'embarquer pour la France.

Elle se contient, et montre une contenance affermie.

SÉMÉLÉ,

EN DEUX SCÈNES.

PERSONNAGES.
JUNON.
SÉMÉLÉ, princesse de Thèbes.

PERSONNAGES.
JUPITER.
MERCURE.

L'action se passe dans le palais de Cadmus à Thèbes.

SCÈNE PREMIÈRE.

JUNON, *Elle descend de son char environné d'un nuage.*

Retournez sur les sommets nuageux du Cithéron, oiseaux de Junon qui traînez son char ailé. (*Le char et les nuages disparaissent.*) Je te salue, palais que déteste ma colère; je vous salue de ma haine, voûtes odieuses, murs abhorrés! C'est donc ici le lieu où Jupiter, en présence de la chaste lumière du jour, outrage les lois nuptiales! C'est ici qu'une femme, une mortelle, une créature formée de poussière, ose ravir à mes bras le maître du tonnerre et le retenir sur son cœur! Junon, Junon, tu demeures seule, tu demeures abandonnée sur le trône du ciel! En vain fument tes autels, en vain se prosternent les humains : que sont les honneurs sans l'amour? qu'est le ciel lui-même sans l'amour? Malheureuse! déjà, pour humilier ta fierté, Vénus ne s'est-elle pas élevée de l'écume de la mer, et n'a-t-elle pas séduit les dieux et les hommes de son regard enchanteur? Malheureuse! et pour accroître tes ennuis, il a fallu qu'Hermione devînt féconde, et que sa fille anéantît ton bonheur!

Ne suis-je pas la reine des dieux, la sœur du dieu tonnant, l'épouse du dieu tout-puissant? Les cieux ne roulent-ils pas sur leur axe à mon commandement? ma tête n'est-elle pas ornée du diadème de l'Olympe?

Ah! je le sens, dans mon immortel cœur bouillonne le royal sang de Saturne. Vengeance! vengeance! M'aura-t-elle impunément bravée? aura-t-elle impunément jeté le trouble parmi les dieux immortels, et appelé la discorde dans les bienheureuses demeures du ciel? Femme imprudente et vaine, meurs, et que les eaux du Styx t'enseignent la différence de la divinité à la poussière mortelle! Tu seras écrasée sous ton audacieuse entreprise; ton ambition impie te précipitera.

Le cœur endurci par la vengeance, je descends du haut Olympe; je veux avec des paroles douces, flatteuses, insidieuses, introduire ici le désespoir et la mort.

J'entends ses pas; elle approche, elle approche de sa perte certaine, elle approche du précipice... Cachons notre divinité sous une apparence mortelle.

Elle sort.

SÉMÉLÉ *arrive sur la scène.*

Le soleil baisse déjà. Accourez, jeunes filles; parfumez cette salle avec les doux parfums de l'ambre, répandez-y les roses et les narcisses; n'oubliez point les tapis couverts de broderies dorées. — Il ne vient pas encore! le soleil baisse déjà.

JUNON, *sous la forme d'une femme âgée.*
Loués soient les dieux, ma fille!

SÉMÉLÉ.
Eh quoi! serait-ce un songe? Dieux! Béroé!

JUNON.
Auriez-vous, Sémélé, oublié votre vieille nourrice?

SÉMÉLÉ.
Béroé! dieux tout-puissants... laisse-moi te presser sur mon cœur... C'est ta fille! tu vis! qui t'a conduite vers moi, du séjour d'Épidaure? tu vis! n'es-tu pas encore, n'es-tu pas toujours ma mère?

JUNON.
Oui, ta mère... autrefois tu me nommais ainsi.

SÉMÉLÉ.
Oui, tu l'es encore. Tu demeureras près de moi jusqu'à ce que tu descendes aux rives du Léthé.

JUNON.
Bientôt Béroé ira boire l'oubli dans les flots du Léthé; mais la fille de Cadmus ne boira jamais les eaux du Léthé.

SÉMÉLÉ.
Que dis-tu, amie? jadis tes discours n'étaient pas ainsi obscurs et mystérieux. L'esprit prophétique des cheveux blancs t'inspire-t-il? Je ne boirai jamais, dis-tu, dans les eaux du Léthé?

JUNON.
Oui, je le dis ainsi. Tu railles mes cheveux blancs. Ils n'ont pas, il est vrai, enchaîné un dieu, comme a fait ta blonde chevelure.

SÉMÉLÉ.
Pardonne à des paroles légères. Comment raillerais-je les cheveux blancs? les miens flotteront

ils toujours sur mes épaules en anneaux dorés? Mais que murmurais-tu entre tes dents? Un dieu?

JUNON.

Ai-je dit... un dieu? les dieux ne sont-ils point partout? il convient aux faibles humains de les adorer : les dieux sont où tu es, Sémélé. Que me demandes-tu?

SÉMÉLÉ.

Esprit malicieux! mais parle; quel motif t'a conduite d'Épidaure ici? Ce n'est pas uniquement parce que les dieux habitent près de Sémélé?

JUNON.

Par Jupiter! c'est mon seul motif... Quelle rougeur subite a coloré ton visage lorsque j'ai prononcé le nom de Jupiter! Non, ma fille, nul autre motif. La contagion fait à Épidaure de terribles ravages; chaque souffle est un mortel poison; chaque créature exhale la mort; la mère ensevelit son fils, et l'époux sa fiancée; la flamme des bûchers éclaire les nuits à l'égal du jour; des gémissements sans fin retentissent dans l'air; le malheur est sans bornes. Le souverain des dieux regarde notre malheureux peuple d'un œil irrité; en vain coule le sang des victimes, en vain le prêtre se traîne à genoux vers son autel, son oreille est sourde à nos plaintes. C'est pourquoi ma patrie désolée m'envoie vers la fille de Cadmus pour obtenir d'elle la fin de nos maux. Béroé, ont-ils dit, a un grand pouvoir sur Sémélé sa fille. Sémélé a un grand pouvoir sur Jupiter. Je ne sais rien de plus, et ne puis comprendre ce qu'ils ont voulu dire en parlant du grand pouvoir de Sémélé sur Jupiter.

SÉMÉLÉ, *vivement et sans réflexion*

Demain la contagion cessera... Dis au peuple que je suis aimée de Jupiter... Dis-lui que la contagion doit cesser dès aujourd'hui.

JUNON, *en montrant de l'étonnement.*

Ah! il est donc vrai? Ce que répète la renommée aux cent voix depuis l'Ida jusqu'à l'Hémus, est donc vrai? Jupiter t'aime? Jupiter vient à toi avec tout cet éclat qu'il déploie aux yeux de l'Olympe étonné, lorsqu'il presse dans ses bras la fille de Saturne?... Grands dieux! vous pouvez maintenant faire descendre ma vieillesse aux enfers... J'ai assez vécu... Le sublime fils de Saturne descend dans sa divine gloire vers celle que mon sein a autrefois nourrie, vers celle...

SÉMÉLÉ.

O Béroé! il vint sous la forme d'un beau jeune homme, plus charmant que Tithon s'échappant des bras de l'Aurore; plus céleste et plus pur qu'Hespérus, lorsque baigné des flots de l'éther il exhale un doux parfum; sa démarche était grave et majestueuse comme celle d'Apollon, quand ses flèches, son arc et son carquois résonnent sur ses épaules; une draperie éclatante de lumière flottait derrière lui, telle que les vagues d'argent déroulées par le zéphyr sur la surface de l'Océan. Sa voix était comme le murmure argentin d'un clair ruisseau, et plus ravissante que les sons de la lyre d'Orphée.

JUNON.

Ah! ma fille!... L'inspiration de ton cœur te donne la verve poétique. Ah! quel bonheur ce doit être que de l'entendre! Que son aspect doit être divin, si un souvenir passager suffit pour te jeter dans le ravissement de la Pythie! Mais quoi! tu me tais ce qui est le plus sublime. Ne veux-tu rien me dire de la céleste pompe du fils de Saturne, de l'éclatante majesté de sa foudre, qui brille à travers les nuages déchirés? Deucalion ou Prométhée ont su aussi créer des charmes séduisans... Jupiter seul peut lancer le tonnerre; la foudre qu'il dépose à tes pieds, la foudre, c'est là ce qui atteste que tu es devenue la souveraine de l'univers.

SÉMÉLÉ.

Comment! que dis-tu? Pourquoi parler ici de la foudre?

JUNON, *souriant.*

Sémélé, tu sais railler avec grâce.

SÉMÉLÉ.

Ah! Jupiter, tel que je l'ai vu, est trop divin pour ressembler à un fils de Deucalion... Mais je ne sais rien de la foudre.

JUNON.

Tu es jalouse de ton bonheur.

SÉMÉLÉ.

Non, Béroé! par Jupiter.

JUNON.

Tu me le jures?

SÉMÉLÉ.

Oui, par Jupiter! par Jupiter adoré!

JUNON, *vivement.*

Tu me le jures, malheureuse!

SÉMÉLÉ, *inquiète.*

Que dis-tu, Béroé?

JUNON.

Répète encore une fois cette parole! elle fait de toi la plus malheureuse créature de ce vaste univers! Ce n'est point Jupiter. Tu es perdue.

SÉMÉLÉ.

Ce n'est point Jupiter? Ah! quel effroi!

JUNON.

C'est quelque imposteur de l'Attique, qui, sous une divine apparence, t'a dérobé l'honneur, l'innocence et la pudeur. (*Sémélé s'évanouit.*) Oui, tombe! tombe pour ne te relever jamais; qu'une nuit éternelle voile tes yeux! puisses-tu vivre dans un éternel silence, et rester immobile ici comme un rocher! O honte! honte! la chaste lumière du jour recule épouvantée vers le sombre royaume d'Hécate! Dieux! ô dieux! Béroé devait-elle donc, après seize années d'une triste séparation, retrouver ainsi la fille de Cadmus?... J'étais venue joyeuse d'Épidaure, dois-je retourner humiliée à Épidaure, y rapporter le désespoir? O douleur! ô ma patrie! la contagion peut exercer paisiblement ses ravages jusqu'à un second déluge; elle peut entasser les cadavres aussi haut que les sommets de l'Œta; toute la Grèce peut se changer en un vaste tombeau, avant que Sémélé puisse apaiser la colère du dieu. Toi, la Grèce, moi, tous, nous avons été abusés!

SÉMÉLÉ *se lève tremblante et lui tend les bras.*

Ah! chère Béroé!

JUNON.

Ranime-toi, mon enfant! peut-être est-ce Jupiter? Cela n'est pas vraisemblable, mais cependant c'est peut-être Jupiter. Nous devons nous en assurer. Il faut qu'il se dévoile à toi, ou tu fuiras pour toujours sa rencontre, et tu livreras son forfait à la vengeance sanglante des Thébains... Regarde-moi, chère fille, regarde ta chère Béroé, lis dans ses yeux toute sa tendresse. Ne veux-tu pas chercher à le connaître?

SÉMÉLÉ.

Non, ce n'est pas lui que je verrais.

JUNON.

Serais-tu donc moins malheureuse en restant dans le supplice du doute? Et si cependant il était vrai que Jupiter...

SÉMÉLÉ, *cachant son visage dans le sein de Junon.*

Hélas! ce n'est pas lui.

JUNON.

Si, avec tout l'éclat dont il brille dans l'Olympe, il se montrait devant toi? Alors, Sémélé, te repentirais-tu d'avoir tenté cette épreuve?

SÉMÉLÉ, *avec chaleur.*

Ah! s'il se dévoilait!

JUNON, *vivement.*

Avant de te presser dans ses bras, il faut qu'il se dévoile... Écoute, ma chère fille, le conseil sincère de ta fidèle nourrice. L'amour vient de m'inspirer ce que l'amour doit accomplir. Parle, dois-tu le revoir bientôt?

SÉMÉLÉ.

Il m'a promis de me revoir avant qu'Apollon descende chez Téthys.

JUNON, *vivement, et oubliant son déguisement.*

Ah! il l'a promis? cela est-il vrai? il doit venir aujourd'hui? (*Elle se remet.*) Laisse-le venir, et lorsque, dans l'ivresse de son amour, il voudra te serrer dans ses bras, alors, écoute-moi bien : tu te retireras promptement et avec effroi. Combien il sera surpris! Ne lui laisse pas le temps, ma fille, de revenir de sa surprise, et ordonne-lui, avec un œil glacé, de se retirer. Agité, furieux, il te pressera : les refus d'une belle ne sont qu'une digue opposée au torrent de la passion, qui n'en devient que plus impétueux... Tu fondras en pleurs. Il peut résister aux géans, il peut d'un œil tranquille regarder Typhée aux cent bras entassant dans sa fureur Ossa sur Olympe pour reconquérir le trône paternel; mais Jupiter cède aux larmes de la beauté. Tu souris. Ah! l'écolière en sait plus sur cela que sa maîtresse. Alors tu supplieras le dieu de t'accorder une faveur toute légère, toute innocente, qui signalera et son amour et sa divinité : il faut qu'il en jure par le Styx : le Styx attesté, il ne peut se délier de son serment. Alors tu diras : « Je ne puis rien t'accorder jusqu'au » moment où, avec même éclat dont tu es en-» vironné en embrassant la fille de Saturne, tu te présenteras à la fille de Cadmus. » Ne te laisse point effrayer, Sémélé, lorsque, pour te faire renoncer à ton choix, il te présentera comme épouvantail, la majesté terrible de sa présence, les flammes qui éclatent autour de lui, les tonnerres qui retentissent à son commandement. Ce sont de vaines frayeurs, Sémélé, que les dieux avares de leur splendeur excitent parmi les hommes. Demeure invariable dans ta demande, et Junon elle-même te verra d'un œil d'envie.

SÉMÉLÉ.

Odieuse déesse aux yeux de génisse! il a souvent dans ses momens de tendresse gémi près de moi de ce qu'elle lui faisait souffrir par ses sombres emportemens..

JUNON, *à part, avec chagrin et colère.*

Ah! misérable! la mort pour cet outrage!

SÉMÉLÉ.

Quoi, chère Béroé, que murmures-tu?

JUNON, *irritée.*

Rien, chère fille, et moi aussi je suis d'une sombre humeur. Un regard sévère et pénétrant est souvent traité par les amans de sombre emportement; et des yeux de génisse peuvent ne pas être sans quelque charme.

SÉMÉLÉ.

Ah! Béroé, en est-il qui puissent davantage enlaidir une femme? et ce visage pâlissant et jauni, coloré par le venin de l'envie? Jupiter se plaignait à moi que son amour importun et jaloux ne lui laissait pas une nuit de repos, et que le tourment de ses caprices avait transporté dans l'Olympe la roue d'Ixion.

JUNON, *troublée, et ne pouvant contenir sa colère.*

C'en est assez!

SÉMÉLÉ.

Quoi, Béroé! pourquoi tant d'amertume? en ai-je dit plus que la vérité, plus que la prudence le permettent?

JUNON.

Tu en as dit plus que la vérité, plus que la prudence le permettent; jeune fille, estime-toi heureuse si le doux éclat de tes yeux bleus ne te conduit pas bientôt dans la barque infernale. La fille de Saturne a aussi des temples et des autels; elle descend aussi chez les mortels. La déesse se venge surtout d'un insolent dédain.

SÉMÉLÉ.

Qu'elle descende ici et soit témoin de mon dédain, que m'importe? Mon Jupiter adoré me protège, et Junon pourrait-elle ôter un cheveu de ma tête? Mais n'en parlons plus, Béroé; Jupiter paraîtra devant moi aujourd'hui dans toute sa splendeur, et quand la fille de Saturne en devrait de dépit prendre le chemin des enfers...

JUNON, *à part.*

Ce chemin une autre le trouvera avant elle, si le tonnerre du maître des dieux vient à l'atteindre... (*A Sémélé.*) Oui, Sémélé, elle pourra bien sécher d'envie, lorsque la fille de Cadmus, aux yeux de toute la Grèce, s'élèvera en triomphe vers l'Olympe.

SÉMÉLÉ, *avec un léger sourire.*

Toute la Grèce parlera de la fille de Cadmus! Y penses-tu?

JUNON.

Comme si, depuis Sidon jusqu'à Athènes, on parlait déjà d'autre chose? Sémélé, les dieux, les dieux mêmes descendront du ciel, les dieux s'inclineront devant toi; les mortels, dans un respectueux silence, se prosterneront devant la fiancée du vainqueur des géans, et se tenant dans un timide éloignement...

SÉMÉLÉ, *transportée de joie, l'embrasse.*

Béroé!

JUNON.

Et l'immortalité! Un marbre éclatant annoncera à l'antique univers: « Ici est adorée Sémélé; Sémélé la plus belle des femmes, qui par ses caresses attira de l'Olympe le maître du tonnerre et sut l'enchaîner sur la terre. » La renommée dans son vol bruyant fera mille fois retentir la mer et les montagnes...

SÉMÉLÉ, *hors d'elle-même.*

La Pythie! Apollon! et dès qu'il aura seulement paru?

JUNON.

Et sur les autels fumans tu seras honorée par les mortels comme une divinité.

SÉMÉLÉ, *transportée.*

Et je pourrai les exaucer! J'apaiserai son courroux par mes prières; j'éteindrai sa foudre avec mes pleurs, je leur rendrai le bonheur.

JUNON, *à part.*

Pauvre insensée, cela ne sera jamais. (*Elle réfléchit.*) Serais-je attendrie? Non, elle a parlé de ma laideur; non, sans pitié! aux enfers. (*A Sémélé.*) Hâte-toi, hâte-toi seulement, ma fille, que Jupiter ne sache rien de ceci. Fais-le long-temps attendre, pour accroître son ardeur.

SÉMÉLÉ.

Béroé, le ciel a parlé par ta bouche. O bonheur! Les dieux descendent de l'Olympe et s'inclinent devant moi, et les mortels dans un respectueux silence... Ah! laisse-moi, laisse-moi, je vais te quitter.

Elle sort.

JUNON, *la suivant des yeux d'un air de triomphe.*

Faible et orgueilleuse femme, si facilement abusée! le feu dévorant de ses yeux t'embrasera; ses caresses te réduiront en poudre, ses embrasemens t'envelopperont comme la tempête! La forme mortelle ne peut soutenir la présence de celui qui lance le tonnerre. Ah! (*dans un transport de fureur*) lorsque son faible corps, pressé dans les bras du dieu, se fondra comme la cire devant la flamme, ou la neige devant les rayons du soleil; lorsque le parjure, au lieu de sa douce et délicate maîtresse, n'embrassera que la mort causée par son terrible aspect, combien, du sommet du Cithéron, mes yeux se repaîtront de ce spectacle! Je lui crierai: Fils de Saturne, tes embrassemens sont cruels! et la foudre tremblera dans sa main!

Elle sort.

SCÈNE II.

Une salle du palais; tout-à-coup une vive clarté se répand.

JUPITER, *sous la forme d'un jeune homme;* MERCURE, *dans l'éloignement.*

JUPITER.

Fils de Maïa!

MERCURE, *s'inclinant et baissant la tête.*

Jupiter!

JUPITER.

Allons, hâte-toi; vole à tire d'ailes sur le rivage du Scamandre. Là, un berger pleure sur le tombeau de sa bergère: nul ne doit pleurer quand le fils de Saturne est amoureux. Rappelle la bergère à la vie.

MERCURE, *se relève.*

Un signe de ton divin regard me le commande, je vole en un instant, et en un instant je reviens.

JUPITER.

Attends: en passant au-dessus d'Argos, les nuages de fumée d'un sacrifice se sont élevés de mon temple jusqu'à moi; je suis satisfait des hommages que me rend mon peuple. Elève ton vol jusqu'à Cérès ma sœur; tu lui diras: Jupiter ordonne que durant cinquante années les moissons des Argiens leur rendent mille fois la semence.

MERCURE.

Père du monde, c'est avec un zèle tremblant que j'accomplis les ordres de ta colère; c'est avec joie que j'obéis aux ordres de ta bonté! Rendre les hommes heureux, c'est le plaisir des dieux; leur chagrin, c'est de les punir. Mais où te rapporterai-je leurs actions de grâce? sera-ce là haut, dans le séjour des dieux, ou ici-bas sur la terre?

JUPITER.

Ce sera ici, ici est le séjour des dieux, dans le palais de ma chère Sémélé. Va. (*Mercure sort.*) Elle ne vient pas, comme autrefois, au devant de moi; elle ne vient pas, le cœur rempli de volupté, recevoir le roi de l'Olympe. Pourquoi ma chère Sémélé ne vient-elle pas à ma rencontre? Un silence triste, horrible, mortel, règne autour de ce palais solitaire, qui retentissait jadis du cri des bacchantes; pas un souffle ne se fait entendre. Junon, avec un air de triomphe, s'est posée sur le sommet du Cithéron, et Sémélé ne vient pas au-devant de son cher Jupiter! *Il continue après un moment de silence.*) Ah! l'audacieuse se serait-elle hasardée à pénétrer dans le sanctuaire de mon amour? La fille de Saturne... sur le Cithéron!... son air de triomphe... Quel pressentiment... O désespoir... Sémélé!... Rassurons-nous, rassurons-nous. Ne suis-je pas ton dieu? Quel téméraire oserait s'attaquer à celle que Jupiter appelle son amante? Je méprise toutes les ruses.... Sémélé, où es-tu? Il me tarde de reposer sur ton sein ma tête chargée du soin de l'univers, de calmer mon esprit fatigué du gouvernement orageux du monde, de déposer le sceptre, le gouvernail, les balances, et de jouir de ma félicité! O ivresse du bonheur! doux enchantement des dieux eux-mêmes! bienheureux délire! Qu'êtes-vous, race d'Uranus? Qu'êtes-vous, nectar et ambroisie, trône de l'Olympe, sceptre doré des cieux? Qu'êtes-vous, toute-puissance, éternité, vie immortelle? Divinité, qu'êtes-vous, sans l'amour? Le berger qui, au murmure du ruisseau, oublie sur le sein de sa maîtresse le soin de ses agneaux, ne porte aucune envie à mon tonnerre... Elle approche! elle vient! O femme! chef-d'œuvre de ma création! Il doit être adoré, celui qui t'a créée! C'est moi qui t'ai créée, et je me rends hommage; Jupiter adore Jupiter, parce qu'il t'a formée! Qui, dans tout l'empire des êtres, pourrait me blâmer? Ah! combien tous mes mondes sont peu de chose! combien sont indignes d'attention mes étoiles étincelantes, et tout ce système du mouvement de l'univers et cette harmonie des sphères! combien tout cela mérite peu le nom d'Être! combien tout cela est la mort, en comparaison d'une âme! (*Sémélé s'approche sans le regarder.*) Ma gloire, mon trône, ne sont rien! Ah! Sémélé! (*Il s'avance vers elle; elle veut fuir.*) Tu fuis! tu gardes le silence! Ah! Sémélé! tu me fuis?

SÉMÉLÉ, *le repoussant.*

Laissez-moi!

JUPITER, *après un moment de surprise et de silence.*

Est-ce un rêve? la nature est-elle ébranlée sur ses fondemens? Sémélé me parler ainsi!... Quoi! aucune réponse? Tu fuis mes bras amoureux! Jamais la fille d'Agénor n'a fait ainsi battre mon cœur; jamais je ne fus ainsi agité sur le sein de Léda; jamais les baisers de la captive Danaé n'ont ainsi embrasé mes lèvres!

SÉMÉLÉ.

Tais-toi, perfide!

JUPITER, *avec une tendresse involontaire.*

Sémélé!

SÉMÉLÉ.

Fuis!

JUPITER, *d'un ton de majesté.*

Je suis Jupiter!

SÉMÉLÉ.

Toi, Jupiter? Tremble, nouveau Salmonée! celui que tu as outragé viendra, terrible, t'arracher ton éclat mensonger! Tu n'es pas Jupiter!

JUPITER, *d'un ton imposant.*

L'univers roule autour de moi dans son orbite et me nomme de ce nom.

SÉMÉLÉ.

Ah! blasphème!

JUPITER, *avec douceur.*

Eh quoi! ma bien-aimée, d'où vient ce langage? Quel serpent a détourné de moi ton cœur?

SÉMÉLÉ.

Mon cœur est consacré à celui dont tu prends le nom. Souvent des hommes viennent sous l'apparence d'un dieu surprendre une femme... Fuis, tu n'es pas Jupiter.

JUPITER.

Tu doutes?... Sémélé peut-elle encore douter de ma divinité?

SÉMÉLÉ, *avec douleur.*

Ah! serais-tu Jupiter?... Aucun fils des hommes, aucune créature d'un jour ne sera pressée dans mes bras. Mon cœur est consacré à Jupiter... Ah! serait-il vrai que tu es Jupiter?

JUPITER.

Tu pleures?... Jupiter est près de toi, et tu pleures! (*Il se jette à ses genoux.*) Parle, demande, et la nature soumise obéira en tremblant à la fille de Cadmus. Ordonne, et les torrens suspendront aussitôt leur cours. L'Hélicon et le Caucase, et le Cynthus et l'Athos, le Mycale, le Rhodope et le Pinde, ébranlés par un signe tout-puissant de mes sourcils, iront combler les vallons et les pâturages, et tomberont comme des flocons de neige dans l'air obscurci! Ordonne, et du nord et de l'ouest des tourbillons de vent assailliront l'empire du puissant Neptune, et ébranleront son trône; la mer révoltée s'élancera hors de ses rivages et de ses vaines digues; l'éclair brillera dans la nuit; le ciel éclatera jusqu'à ses pôles, le tonnerre retentira avec rage, l'Océan jaillira jusque vers l'Olympe, et l'ouragan célébrera en ton honneur un chant de victoire. Ordonne, et...

SÉMÉLÉ.

Je suis une femme, une simple mortelle; comment le potier s'inclinerait-il devant le vase qu'il a formé? Comment l'artiste se prosternerait-il devant sa statue?

JUPITER.

Pygmalion se courba devant son chef-d'œuvre. Jupiter adore sa chère Sémélé.

SÉMÉLÉ, *pleurant avec sanglots.*

Lève-toi!... lève-toi!... Ah! malheur à moi, pauvre fille! Jupiter possède mon cœur; je ne puis aimer qu'un dieu; et les dieux se rient de moi, et Jupiter me méprise!

JUPITER.

Jupiter est à tes pieds.

SÉMÉLÉ.

Lève-toi... Jupiter est assis sur son trône au milieu des carreaux de la foudre, et, dans les bras de Junon, il méprise un humble vermisseau.

JUPITER, *vivement.*

Ah!... Sémélé et Junon!... un faible vermisseau... Comment?...

SÉMÉLÉ.

Oh! quel serait l'ineffable bonheur de la fille de Cadmus si tu étais Jupiter! Mais tu n'es point Jupiter.

JUPITER *se relève.*

Je le suis. (*Il étend la main, et un arc-en-ciel*

apparaît; des sons mélodieux se font entendre.)
Me reconnais-tu?

SÉMÉLÉ.

Le bras de l'homme est puissant lorsqu'il est protégé par les dieux; tu es sans doute chéri du fils de Saturne, mais je ne puis aimer qu'un dieu.

JUPITER.

Encore! Quoi! tu doutes encore si ce pouvoir est emprunté aux dieux ou tient à la divinité? Les dieux, Sémélé, communiquent souvent aux hommes un pouvoir bienfaisant, mais jamais les dieux ne communiquent leur majesté terrible; la mort et la destruction sont les signes du pouvoir divin. Le Jupiter qui tue va se dévoiler devant toi.

Il étend la main. La terre tremble avec fracas au milieu des flammes et de la fumée. Ces prodiges sont accompagnés de sons qui se font entendre chaque fois que Jupiter manifeste son pouvoir.

SÉMÉLÉ.

Retire ta main. Grâce, grâce pour les malheureux mortels! Oui, c'est Saturne qui t'a enfanté.

JUPITER.

Ah! imprudente! Jupiter doit-il, pour vaincre l'obstination d'une femme, commander au soleil de s'arrêter et aux planètes de rebrousser leur cours? Jupiter le fera. Souvent un fils des dieux a su faire sortir le feu des flancs d'un rocher, mais son pouvoir finit aux limites de la terre. Jupiter a plus de pouvoir.

Il étend la main. Le soleil s'éteint; une nuit soudaine se répand.

SÉMÉLÉ *se prosterne devant lui.*

Ah! tout-puissant... Oh! si tu savais aimer!

Le jour reparaît.

JUPITER.

La fille de Cadmus demande à Jupiter si Jupiter peut aimer? Un mot de toi, et il renonce à sa divinité, il devient une créature de chair et de sang, il se soumet à la mort pour être aimé.

SÉMÉLÉ.

Ainsi ferait Jupiter?

JUPITER.

Parle, Sémélé, que veux-tu de plus? Apollon avouait lui-même qu'il avait vécu avec délices, homme parmi les hommes. Un signe de toi, et je deviendrai un mortel.

SÉMÉLÉ, *le serrant dans ses bras.*

O Jupiter! les femmes d'Épidaure se raillent de ta Sémélé comme d'une fille insensée; elles disent que la bien-aimée du maître du tonnerre ne peut rien obtenir de lui.

JUPITER, *vivement.*

Faisons rougir les femmes d'Épidaure. Demande, demande seulement, et je jure par le Styx, dont le pouvoir sans bornes soumet impérieusement les dieux eux-mêmes... Si Jupiter tarde à t'obéir, puisse la divinité infernale l'anéantir à l'instant même!

SÉMÉLÉ, *d'un ton joyeux et animé.*

Maintenant je reconnais mon Jupiter chéri! Tu l'as juré. Le Styx t'a entendu; je veux te presser en mes bras, brillant du même...

JUPITER, *avec un cri d'effroi.*

Malheureuse! arrête!

SÉMÉLÉ.

Tel que la fille de Saturne...

JUPITER *veut lui fermer la bouche.*

Tais-toi!

SÉMÉLÉ.

... Te reçoit dans ses bras.

JUPITER *pâlit, et détourne les yeux.*

Il est trop tard... Les paroles sont prononcées! le Styx! tu as demandé la mort, Sémélé!

SÉMÉLÉ.

Hélas! est-ce ainsi qu'aime Jupiter?

JUPITER.

Je renoncerais au ciel pour t'avoir donné une moindre preuve d'amour. (*Il la regarde avec désespoir.*) Tu es perdue.

SÉMÉLÉ.

Jupiter!

JUPITER, *avec fureur et se parlant à lui-même.*

Ah! Junon, je m'explique maintenant ton air de triomphe! Infernale jalousie! Cette rose va mourir; hélas! si belle! O malheur! l'Achéron va posséder un tel trésor.

SÉMÉLÉ.

Tu n'es avare que de ta majesté.

JUPITER.

Maudite soit cette majesté qui t'a éblouie! maudite soit ma grandeur qui te met en poudre! malédiction, malédiction sur moi, qui avais fondé mon bonheur sur une poussière périssable!

SÉMÉLÉ.

Ce sont de vaines frayeurs, Jupiter; je ne suis point troublée par tes menaces.

JUPITER.

Enfant insensée! va, va recueillir les derniers adieux de tes compagnes. Rien, rien ne peut te sauver... Sémélé, je suis ton Jupiter... et cela aussi va finir... Va.

SÉMÉLÉ.

Tu es jaloux de ta puissance; mais tu as juré le Styx, tu ne peux t'en dégager.

Elle sort.

JUPITER.

Non, tu ne triompheras point, Junon! Tremble. Ce pouvoir qui donne la mort, qui soumet la terre et le ciel à me servir de marchepied, saura saisir la perfide, et la clouer avec des chaînes de diamans aux rochers escarpés de la Thrace; et ce serment... (*Mercure paraît dans l'éloignement.*) Qui t'amène ici d'un vol rapide?

MERCURE.

Je t'apporte les actions de grâce des malheureux consolés.

JUPITER.

Replonge-les dans l'infortune.

MERCURE, *étonné.*

Jupiter!...

JUPITER.

Personne ne doit être heureux; elle va mourir.

La toile tombe.

PROLOGUE

PRONONCÉ POUR LA RENTRÉE DU THÉATRE DE WEIMAR,

EN OCTOBRE 1798.

Un doux penchant pour ces jeux du théâtre, tantôt plaisans, tantôt sérieux, que vous avez si souvent regardés d'un œil de bienveillance, nous réunit de nouveau dans cette enceinte. Vous voyez comment elle a été renouvelée, comment les arts l'ont transformée en un temple riant. Un sentiment harmonieux règne sous ces nobles portiques, et dispose l'âme à de sublimes émotions.

Et cependant c'est encore cet ancien théâtre, berceau de quelques talens jeunes et énergiques, arène où se sont élevées quelques réputations naissantes. Nous sommes encore les mêmes qui, avec tant d'ardeur et de zèle, nous sommes formés sous vos yeux. Naguère un grand maître s'est montré sur ce théâtre[*] ; et son génie créateur vous a transportés dans la plus sublime région de son art. Puisse l'éclat nouveau qui honore ce lieu attirer parmi nous les talens les plus distingués! puisse une espérance que nous conservons depuis long temps s'accomplir dans tout son lustre! Un grand modèle éveillerait l'émulation, et donnerait de nobles lois à la critique. Et où pourrait-il mieux déployer ses talens, et renouveler et rajeunir une gloire déjà établie, que devant ce cercle choisi, sensible à tous les charmes de l'art, prompt à saisir avec un sentiment délicat les traits les plus fugitifs de l'esprit?

Le chant du poète, l'œuvre du ciseau, vivent pendant des milliers d'années ; mais l'art du comédien, après avoir enchanté les sens, ne laisse aucune trace: avec l'artiste, le charme s'évanouit. Telle que les sons qui retentissent à notre oreille, sa création passagère disparait au même instant, et nul résultat durable n'assure sa gloire. L'art est difficile, la récompense incertaine. La postérité ne tresse point de couronne pour le comédien. Il doit donc s'attacher avec ardeur au présent; il doit saisir l'instant qui seul lui appartient, dominer ce qui l'environne, et fonder un vivant souvenir dans l'esprit des hommes distingués. C'est ainsi qu'il assurera par avance l'immortalité à son nom ; car celui qui sait plaire aux illustres de son temps, vit déjà pour l'avenir.

L'ère nouvelle qui, sur ce théâtre, commence pour l'art de Thalie, doit aussi inspirer l'audace au poète. Abandonnant les routes battues, il vous tirera du cercle étroit de la vie commune pour vous transporter sur une scène plus élevée, et qui ne sera point indigne des hautes destinées du temps où nous nous agitons avec effort. Il n'appartient qu'aux grandes circonstances de remuer les profondeurs de l'existence humaine. Dans un cercle étroit l'esprit se rétrécit ; mais il se réveille lorsque l'homme poursuit un grand but.

Et maintenant que le dénoûment sévère de ce siècle rend la réalité elle-même si poétique ; maintenant que nous voyons de si fortes natures combattre sous nos yeux pour un prix si important, et lutter pour les deux grands intérêts de l'humanité, le pouvoir et la liberté ; maintenant, l'art doit prendre un vol élevé, sortir de l'ombre du théâtre, et la scène ne doit pas rester au-dessous de la vie réelle.

Nous voyons de nos jours tomber les antiques et fermes fondemens sur lesquels, depuis cent cinquante ans, reposait cette douce paix des royaumes de l'Europe, heureux fruit de la triste guerre de trente ans. Permettez à l'imagination du poète de ramener devant vous ces temps funestes, et de vous apprendre à voir d'un œil plus satisfait le présent, et l'avenir si riche en espérances.

C'est au milieu de cette guerre que le poète vous place aujourd'hui. Seize années de dévastations, de brigandage et de misère se sont déjà écoulées ; et le monde est encore agité de sombres

---

[*] Iffland avait donné quelques représentations sur le théâtre de Weimar, et l'on espérait l'y fixer (*Voir la notice.*)

orages, et aucune espérance de paix ne se laisse apercevoir dans le lointain. L'Empire n'est plus qu'une arène pour les combats. Les villes sont désertes; Magdebourg n'est plus qu'une ruine. L'industrie et le commerce sont abattus. Le citoyen n'est rien, le soldat est tout. Une licence impunie brave toute morale, et des hordes barbares, rendues sauvages par la longue guerre, campent sur le sol dévasté. Sur ce fond obscur se détache l'entreprise d'un courage téméraire et l'audace d'un grand caractère. Vous connaissez ce créateur d'une armée intrépide, cette idole des hommes vicieux, ce fléau des royaumes, l'appui et la terreur de son empereur, enfant de la fortune aventurière, qui, porté par la faveur des circonstances, atteignit les plus hauts sommets de la gloire, et qui, insatiable, s'efforçant toujours d'atteindre plus haut, périt victime de son indomptable ambition. Son caractère, en proie au jugement de la haine et de l'esprit de parti, est jugé d'une manière incertaine par l'histoire. L'art doit, en le présentant à vos yeux et à votre cœur, le rapprocher de l'humanité; l'art doit ramener toutes les apparences à la nature qui limite et enchaîne tout. Il doit voir l'homme au milieu de tous les liens de la vie, et rapporter toujours la grande part de ses fautes à l'ascendant des astres funestes.

Ce n'est pas lui cependant qui paraîtra aujourd'hui sur le théâtre; mais son esprit animera les vaillantes bandes qui obéissent à ses ordres absolus; une ombre de lui se montrera à vous, en attendant que la Muse risque de le produire sous sa forme vivante : ce fut sa puissance qui corrompit son cœur, et le tableau de son camp explique son attentat.

Pardonnez donc au poète s'il ne vous conduit pas tout d'un coup et d'un pas rapide vers le dénoûment de l'action, et s'il se hasarde à dérouler sous vos yeux une suite de tableaux qui en exposent les circonstances principales. Le spectacle qui vous sera offert aujourd'hui habituera votre oreille et votre âme à des impressions inaccoutumées; il vous ramènera vers cette époque du passé, sur ce théâtre des guerres étrangères que notre héros remplira bientôt de ses actions.

Et si la Muse, cette libre divinité de la danse et du chant, se fondant sur un vieil usage allemand, redemande l'emploi de la rime, ne la blâmez pas. Remerciez-la plutôt d'avoir transporté une image de la triste réalité dans le domaine riant de l'art. C'est ainsi que l'illusion qu'elle veut produire se décèlera d'elle-même, et que l'apparence de la vérité n'en sera point la pénible copie. La vie est sérieuse, l'art est un plaisir.

WALLENSTEIN,

POÈME DRAMATIQUE.

PREMIÈRE PARTIE.

PROLOGUE.

LE CAMP DE WALLENSTEIN.

PERSONNAGES.

UN SERGENT-MAJOR ⎫ d'un régiment de carabiniers
UN TROMPETTE ⎬ de Terzky.
UN CANONNIER.
DES CHASSEURS tyroliens.
DEUX CHASSEURS à cheval du régiment de Holk.
UN DRAGON du régiment de Buttler.
DES ARQUEBUSIERS du régiment de Tiefenbach.
UN CUIRASSIER d'un régiment wallon.
UN CUIRASSIER d'un régiment lombard.
DES CROATES.
DES HOULANS.

PERSONNAGES.

UN RECRUE.
UN BOURGEOIS.
UN PAYSAN.
SON FILS.
UN MAITRE D'ÉCOLE de régiment.
UN CAPUCIN.
UNE CANTINIÈRE.
SA SERVANTE.
DES ENFANS DE SOLDATS.
DES MUSICIENS.

La scène est devant Pilsen, en Bohême.

SCÈNE PREMIÈRE.

On voit sur le théâtre des tentes de vivandiers. Sur le devant une échoppe de fripier et de mercerie. Des soldats de toute couleur et de tout uniforme sont rassemblés en foule. Toutes les tables sont dressées. Des Croates et des Houlans font la cuisine devant un brasier. Une cantinière verse du vin. Des enfans de soldats jouent aux dés sur un tambour.

UN PAYSAN *et son* FILS.

LE FILS.

Il ne fait pas bon s'arrêter près de cette troupe de soldats. Ces camarades-là sont brutaux, et nous serons bien heureux de sauver notre peau.

LE PAYSAN.

Ah ! bah ! Ils ne nous mangeront pas, quand bien même ils se fâcheraient un peu. Vois-tu, il y a là des gens nouvellement arrivés ; ils viennent du Mein et de la Saale, tout chargés de butin et de choses précieuses. Tout cela est à nous, si nous nous y prenons bien. Un capitaine, à qui un de ses camarades avait donné un coup d'épée, m'a laissé une bonne paire de dés ; je veux essayer s'ils n'ont pas perdu leur ancien bonheur. Prends seulement un air piteux. Va, ce sont de bons enfans et de joyeux compagnons ; ce qu'ils gagnent, ils l'ont bientôt dissipé. Ils nous prennent notre bien par boisseaux, et nous le reprenons par poignées ; ils s'en vont frappant à grands coups de sabre, et nous autres il nous faut ruser et jouer au fin. (*On entend des chansons et des cris de joie dans la tente.*) Comme ils s'amusent ! Dieu soit loué ! et puis tout cela retombe sur le dos des pauvres paysans. Voilà déjà huit mois que cette troupe est venue s'emparer de nos lits et de nos étables. Il ne reste pas une plume ni une patte dans toutes les prairies du canton. La faim et la misère nous ont presque réduits à nous ronger les os. En vérité, ce n'était pas pis quand les Saxons sont venus camper ici ; et pourtant ceux-là sont nos impériaux.

LE FILS.

Mon père, en voilà deux qui sortent de la cuisine. Il n'y a pas beaucoup à gagner avec ceux-là, je crois.

LE PAYSAN.

Ce sont des gens de la province, nés en Bohême, ils sont dans les carabiniers de Terzky, et en cantonnement ici. Ce sont justement les plus méchans de tous : ils font les fiers, et portent le nez au vent : on dirait qu'ils sont des gens trop importans pour boire un coup avec un paysan. Mais je vois là à gauche, auprès du feu, trois chasseurs qui ont l'air de Tyroliens. Viens, Emmerich ; je veux aller trouver ces braves gens-là ; ils aiment assez à bavarder ; ils ont un air fringant et de l'argent dans la poche.

Ils vont vers les tentes.

SCÈNE II.

Les Précédens, UN SERGENT-MAJOR, UN TROMPETTE, UN HOULAN.

LE TROMPETTE.

Que veut ce paysan? Allons, canaille.

LE PAYSAN.

Mon bon monsieur, un morceau de pain et un coup à boire ; je n'ai rien à mettre sous la dent aujourd'hui.

LE TROMPETTE.

Ça voudrait toujours boire et manger.

LE HOULAN, *avec un verre.*

Tu n'as pas déjeuné? Eh bien ! viens boire, coquin.

Il le conduit vers les tentes ; les autres s'avancent.

LE SERGENT-MAJOR, *au Trompette.*

Crois-tu que ce soit sans raison qu'on nous a donné double paye aujourd'hui, et que c'est seulement pour nous faire faire bombance ?

LE TROMPETTE.

La duchesse est arrivée avec sa fille la princesse.

LE SERGENT-MAJOR.

Oui, c'est la raison qu'on donne. Mais, vois-tu, toutes ces troupes qui sont venues de loin devant Pilsen, nous voulons les attirer dans nos intérêts en les régalant, en leur donnant de bons morceaux : nous voulons qu'elles se trouvent contentes et qu'elles s'attachent à nous.

LE TROMPETTE.

Ah! oui, il y a encore quelque chose sur le tapis.

LE SERGENT-MAJOR.

Messieurs les généraux et les commandans...

LE TROMPETTE.

Tout ça n'a pas trop bonne façon, je m'en doute.

LE SERGENT-MAJOR.

Et toutes ces troupes qui sont entassées ici ?

LE TROMPETTE.

On ne leur laissera pas le temps de s'ennuyer.

LE SERGENT-MAJOR.

Oui, tous les pourparlers, toutes les allées et venues.

LE TROMPETTE.

Oui, oui.

LE SERGENT-MAJOR.

Et cette vieille perruque qui est venue de Vienne, et qu'on voit rôder avec sa chaîne d'or et sa plaque, ça signifie quelque chose, je parie.

LE TROMPETTE.

C'est encore un de ces limiers qui épient les traces du duc ; prenez-y seulement garde.

LE SERGENT-MAJOR.

Avez-vous remarqué? ils ne se confient pas à nous ; ils craignent les desseins secrets de Friedland ; ils trouvent qu'il s'est élevé trop haut : ils souhaiteraient qu'il lui arrivât malheur.

LE TROMPETTE.

Mais nous le soutiendrons, nous autres. Plût à Dieu que tout le monde pensât comme vous et moi !

LE SERGENT-MAJOR.

Notre régiment, et les quatre autres que commande Terzky, le beau-frère du duc, nous sommes les gens les plus déterminés de l'armée, et nous sommes tout à lui. C'est lui qui nous a enrôlés ; c'est lui qui a nommé les officiers, et ils sont dévoués à lui, corps et âme.

SCÈNE III.

Les Précédens, UN CROATE *avec un collier* ; UN TYROLIEN *le suit.*

LE TYROLIEN.

Croate, où diable as-tu volé ce collier? vends-le-moi, il ne te sert à rien ; je te donnerai une paire de pistolets.

LE CROATE.

Non, non ; tu veux m'attraper, chasseur.

LE TYROLIEN.

Non, je te donnerai encore ce bonnet bleu ; je viens de le gagner à une loterie : vois-tu, c'est qu'il est magnifique.

LE CROATE, *faisant briller son collier au soleil.*

Ce sont des perles et des grenats fins ; regarde comme ça brille au soleil.

LE TYROLIEN *prend le collier.*

Tiens, je te donne encore ma bouteille de campagne... (*il regarde le collier*) je veux l'avoir parce qu'il est beau.

LE TROMPETTE.

Voyez donc comme le Croate est mis dedans. Partageons, chasseur, je ne dirai rien.

LE CROATE *essaie le bonnet.*

Ce bonnet-là me va bien.

LE TYROLIEN *fait signe au Trompette.*

Eh bien ! nous changeons ; voilà les camarades qui sont témoins.

SCÈNE IV.

Les Précédens, UN CANONNIER.

LE CANONNIER.

Eh bien ! camarade carabinier, comment ça va-t-il ? Resterons-nous encore long-temps au coin du feu, pendant que les ennemis rôdent dans la campagne?

LE SERGENT-MAJOR.

Oh ! vous êtes bien pressé, monsieur le canonnier ; les chemins ne sont pas encore praticables.

LE CANONNIER.

Ce n'est pas moi ; je me trouve fort bien ici : mais il est arrivé un courrier qui a annoncé que Ratisbonne était pris.

LE TROMPETTE.

Il faudra donc bientôt monter à cheval !

LE SERGENT-MAJOR.
Pour aller défendre les Bavarois qui sont ennemis du prince? Nous ne nous échaufferons pas tant pour ça.
LE CANONNIER.
Vous croyez? Ah! vous savez toujours tout, vous.

SCÈNE V.

Les Précédens, DEUX CHASSEURS; puis successivement LA CANTINIÈRE, UN ENFANT, LE MAITRE D'ÉCOLE, UNE SERVANTE.

PREMIER CHASSEUR.
Ha, ha! nous voilà en joyeuse compagnie.
LE TROMPETTE.
Qu'est-ce que c'est que ces habits verts? Ils sont fringans et de bonne mine.
LE SERGENT-MAJOR.
Ce sont des chasseurs de Holk. Je vous réponds que ce n'est pas à la foire de Leipzick qu'ils ont pris ces tresses d'argent.
LA CANTINIÈRE *vient et apporte du vin.*
Soyez les bien arrivés, messieurs.
PREMIER CHASSEUR.
Eh! par Dieu, c'est Justine de Blasewitz!
LA CANTINIÈRE.
Oui, tout juste. Et ce beau monsieur-là, c'est le grand Pierre de Itzeho, qui, une belle nuit à Glückstadt, vint avec le régiment expédier tout le magot de son père.
PREMIER CHASSEUR.
Et ensuite troqua sa plume de commis contre une carabine.
LA CANTINIÈRE.
Oh! nous sommes de vieilles connaissances.
PREMIER CHASSEUR.
Et voilà que nous nous retrouvons en Bohême.
LA CANTINIÈRE.
Aujourd'hui là et demain ailleurs, mon cousin. La guerre vous pousse rudement et vous balaie d'un endroit à l'autre. J'ai bien vu du pays.
PREMIER CHASSEUR.
Ah! je crois bien. C'est tout naturel.
LA CANTINIÈRE.
Je m'en suis allée là-bas à Temeswar avec les chariots de bagage, quand nous donnions la chasse à Mansfeld; puis j'ai campé devant Stralsund avec Friedland, et c'est là que je perdis tout mon bagage. De là je suivis la troupe qui allait au secours de Mantoue; je rentrai avec Feria. Après, je fis un crochet jusqu'à Gand, avec un régiment espagnol; et maintenant je viens en Bohême essayer si je pourrai me faire payer de vieilles dettes, et si le prince voudra m'aider à ravoir mon argent. Ma boutique est là à côté.
PREMIER CHASSEUR.
Elle a trouvé moyen de tout rassembler ici. Et pourtant, qu'as-tu fait de cet Écossais qui te trainait avec lui dans ce temps-là?

LA CANTINIÈRE.
Ah! le bourreau, il m'a joliment trompée: il est parti; il a emporté avec lui tout ce que j'avais épargné à la sueur de mon corps, et il ne m'a rien laissé que ce petit drôle.
L'ENFANT *vient en sautant.*
Maman, est-ce que tu parles de mon papa?
PREMIER CHASSEUR.
Eh bien! eh bien! l'empereur le nourrira. Faut-il pas que l'armée multiplie?
LE MAITRE D'ÉCOLE *arrive.*
Allons, à la leçon; marche, polisson.
PREMIER CHASSEUR.
Ça craint déjà d'être enfermé et de travailler.
LA SERVANTE, *arrivant.*
Cousine, ils veulent s'en aller.
LA CANTINIÈRE.
Tout de suite, tout de suite, j'y vais.
PREMIER CHASSEUR.
Eh! qu'est-ce que c'est que cette jolie mine-là?
LA CANTINIÈRE.
C'est la fille de ma sœur, de celle qui est mariée dans l'empire.
PREMIER CHASSEUR.
Ma foi, c'est une gentille nièce.
La Cantinière s'en va.
SECOND CHASSEUR; *il retient la servante.*
Demeurez donc avec nous, la belle enfant!
LA SERVANTE, *se dégageant et s'en allant.*
Il faut que j'aille servir ces messieurs là-bas.
PREMIER CHASSEUR.
Ce n'est pas un vilain morceau que cette petite fille. Et la tante! ah! qu'il y en a dans le régiment qui se sont tapés pour ce masque-là! Voilà pourtant comme va le monde. Combien on connait de gens! et si je vis j'en verrai bien d'autres. (*Au Sergent-major et au Trompette.*) A votre santé, messieurs; faites-moi donc une petite place à côté de vous.

SCÈNE VI.

LES CHASSEURS, LE SERGENT-MAJOR, LE TROMPETTE.

LE SERGENT-MAJOR.
En vous remerciant; nous allons vous faire place de bon cœur: soyez les bienvenus en Bohême.
PREMIER CHASSEUR.
Vous êtes ici les pieds chauds, et nous autres nous étions pendant ce temps-là mal à notre aise sur pays ennemi.
LE TROMPETTE.
On ne le dirait pas, car vous avez bonne mine.
LE SERGENT-MAJOR.
Oui, oui; et sur la Saale et dans la Misnie on ne chante pas trop vos louanges.
SECOND CHASSEUR.
Ah! laissez donc; qu'est-ce que vous dites là? Les Croates n'y avaient rien laissé; il n'y avait pas de quoi glaner après eux.

LE TROMPETTE.

Vous avez pourtant une belle dentelle à votre jabot, et de belles chausses toutes neuves, du linge fin, des plumes à votre chapeau : tout ça fait un bel effet; faut-il qu'il n'arrive de bonnes aventures qu'à des gaillards comme vous, et jamais à nous?

LE SERGENT-MAJOR.

En revanche, nous autres, nous sommes du régiment de Friedland, et l'on doit nous honorer et nous respecter.

PREMIER CHASSEUR.

Ça n'est pas un compliment que vous nous faites là. Nous portons son nom, nous aussi.

LE SERGENT-MAJOR.

Oui, vous êtes de son armée.

PREMIER CHASSEUR.

Et vous êtes donc d'une autre espèce? toute la différence est dans l'habit, et moi je me trouve bien dans le mien.

LE SERGENT-MAJOR.

Tenez, chasseur, j'en suis fâché pour vous, mais vous êtes toujours à vivre chez le paysan ; et les belles façons et le bon ton, ça ne s'apprend que lorsqu'on ne quitte pas la personne du général.

PREMIER CHASSEUR.

Eh bien, cette école-là ne vous a pas trop bien réussi. Vous savez peut-être bien comment il se mouche et comment il tousse; mais son génie, son esprit, ce n'est pas à la parade qu'on apprend ça.

SECOND CHASSEUR.

Tonnerre de Dieu ! demandez où nous avons passé, si on ne nous appelle pas les terribles chasseurs de Friedland ; ah! nous ne faisons pas honte à son nom. Nous passons hardiment partout chez les ennemis, chez les amis, à travers champs, dans les semailles et les moissons. L'on connaît bien la trompette des chasseurs de Holk. Nous sommes partout à la fois, tantôt près, tantôt loin; nous arrivons comme le déluge : au milieu de la nuit nous entrons dans les maisons comme le feu, quand personne ne veille; il n'y a pas à se défendre ni à fuir. Il ne s'agit pas de police ni de discipline ; la guerre est sans pitié; la jeune fille a beau se débattre dans nos bras vigoureux. Je ne dis pas ça pour nous vanter. Demandez plutôt à Bareuth, en Westphalie; partout où nous avons passé, les enfans et les petits-enfans parleront encore dans plus de cent ans de Holk et de sa troupe.

LE SERGENT-MAJOR.

Mais est-ce le tapage qui fait le soldat? Non : c'est le temps, la réflexion, l'adresse, l'idée, l'intelligence, le coup d'œil, qui font un bon soldat.

PREMIER CHASSEUR.

Non, ma foi ; c'est la liberté ! Avec toutes vos phrases, je ne devrais seulement pas vous répondre. Est-ce que j'aurais laissé là l'école et la classe pour retrouver dans un camp la corvée, la galère, le bureau, et me remettre à la chaîne? Je veux vivre libre et ne rien faire, voir tous les jours du nouveau, me confier au moment, et ne jamais regarder ni devant ni derrière. C'est pour cela que j'ai vendu ma peau à l'empereur, afin de n'avoir plus à m'inquiéter de rien. Faites-moi passer à travers le feu, ou dans l'endroit le plus profond et le plus rapide du Rhin, là où il ne doit en revenir qu'un sur trois, vous verrez si j'y ferai des façons, si je me ferai prier ; mais aussi qu'on ne me demande pas autre chose, je ne veux pas qu'on me gêne.

LE SERGENT-MAJOR.

Eh bien, eh bien, si vous ne désirez rien de plus, ça peut se trouver sous notre casaque de soldat.

PREMIER CHASSEUR.

Hé ! chez Gustave le roi de Suède, chez ce diable d'homme, c'était une vexation éternelle ; il avait fait de son camp une église. Aussitôt la retraite, c'était la prière du soir ; aussitôt le réveil, c'était la prière du matin ; et quand nous étions un peu en train, il nous prêchait lui-même du haut de son cheval.

LE SERGENT-MAJOR.

Oui, c'était un homme craignant Dieu.

PREMIER CHASSEUR.

Les filles, il n'en voulait pas souffrir une ; il les faisait tout de suite conduire à l'église. Je n'ai pu supporter tout ça, et je l'ai quitté.

LE SERGENT-MAJOR.

Maintenant, cela va bien autrement chez les Suédois.

PREMIER CHASSEUR.

Je m'en allai au galop me rejoindre aux troupes des confédérés ! c'était justement lorsqu'elles étaient prêtes à assiéger Magdebourg. Ah! c'était bien une autre chose : le vin, le jeu, les femmes, tant qu'on en voulait ; tout allait joyeusement et à l'abandon ; c'était vraiment un train fort plaisant, car Tilly s'entendait à commander. Il était dur à lui-même, et il passait tout au soldat, tant qu'il n'en coûtait rien à sa cassette. Son mot était : « Faire et laisser faire. » Mais le bonheur ne lui demeura pas long-temps ; depuis cette malheureuse affaire de Leipzick, la chance tourna contre nous, et ça n'allait plus bien du tout. Quand nous paraissions et que nous frappions aux portes, on ne nous saluait plus, on n'ouvrait pas. Nous revenions partout où nous avions passé, et on avait perdu le vieux respect qu'on avait pour nous. Alors, je m'engageai chez les Saxons ; je croyais faire là une bonne affaire.

LE SERGENT-MAJOR.

Et vous arrivâtes à temps pour piller la Bohême?

PREMIER CHASSEUR.

Ça alla mal pour moi. Il fallait observer une discipline sévère. Nous n'osions pas nous conduire ouvertement en ennemis ; nous mettions des sauve-gardes aux châteaux de l'empereur : c'était toujours un tas d'histoires et de complimens, et nous faisions la guerre comme par plaisanterie. Nous ne faisions les choses qu'à demi ; nous ne voulions nous brouiller avec personne. Il n'y avait pas là grand honneur à gagner; et ça m'ennuya bientôt tant, que j'allais retourner à mon bureau, quand j'appris que Friedland faisait recruter de tous côtés.

LE SERGENT-MAJOR.

Et combien de temps comptez-vous passer ici?

PREMIER CHASSEUR.

Vous badinez. Par ma foi, tant qu'il nous commandera, je ne songerai pas à décamper. Et où diable le soldat pourrait-il être mieux? Tout va dans un bon genre militaire. Nous taillons en plein drap, et le dernier cavalier est animé du même esprit qui gouverne toute cette grande armée. Moi, je marche fièrement et d'un pas assuré, et je passe hardiment sur le bourgeois, comme mon général sur les princes. C'est ici comme dans les anciens temps, où le sabre décidait de tout. Contredire les ordres et faire le raisonneur, il n'y a que ça qui soit une faute et qui mérite punition. Tout ce qui n'est pas défendu est permis. On ne demande à personne quelle est sa religion. Il n'y a que deux choses par-dessus tout : ce qui regarde le service et ce qui ne le regarde pas; et je n'ai de devoirs qu'envers le drapeau.

LE SERGENT-MAJOR.

Maintenant, chasseur, vous me plaisez. Vous parlez comme un brave cavalier de Friedland.

PREMIER CHASSEUR.

Ah! celui-là ne commande pas comme un envoyé de l'empereur, et on ne dirait pas qu'il tient de lui son pouvoir. Il se bat pour lui-même, et non pas pour le service de l'empereur. Et qu'a-t-il fait pour l'empereur? A-t-il employé ses forces à protéger et à défendre le pays? Non, il a voulu fonder un empire pour les soldats, embraser et bouleverser le monde, soumettre et subjuguer tout.

LE TROMPETTE.

Taisez-vous donc : est-ce qu'on doit parler ainsi?

PREMIER CHASSEUR.

Ce que je pense, moi, je le dis; la parole est libre, comme dit le général.

LE SERGENT-MAJOR.

Il l'a dit. Je l'ai entendu une fois de sa bouche; j'y étais. « La parole est libre , l'action muette, l'obéissance aveugle; » voilà ses propres mots.

PREMIER CHASSEUR.

S'il l'a dit justement comme ça, c'est ce que je ne sais pas; mais la chose est comme vous la contez.

SECOND CHASSEUR.

Le bonheur ne l'a jamais abandonné à la guerre; il ne le quitte pas comme il a coutume de quitter tous les autres généraux. Tilly survit à sa gloire; mais sous les drapeaux de Friedland, je suis toujours sûr de marcher à la victoire : il a ensorcelé la fortune, elle lui restera; et quand on combat sous sa bannière, on est sous une protection particulière. Car, tout le monde le sait bien, Friedland a un diable de l'enfer à son service.

LE SERGENT-MAJOR.

Oui, il a un charme, il n'y a pas à douter de cela, car à la sanglante affaire de Lutzen, il vous passait et repassait sous le feu des batteries avec un sang-froid ! Son chapeau a été percé par les balles, sa botte et son buffle ont été traversés; on a bien vu les trous, mais rien n'a pu entamer sa peau. Il s'était frotté d'un onguent diabolique.

PREMIER CHASSEUR.

Voulez-vous pas faire de ça un miracle? il porte un buffle de peau d'élan que les balles ne peuvent pas percer.

LE SERGENT-MAJOR.

Non pas, c'est un onguent fait d'herbes de sorcier cuites et bouillies avec des paroles magiques.

LE TROMPETTE.

Ah! sûrement que tout ça n'est pas naturel.

LE SERGENT-MAJOR.

Ils disent qu'il sait lire dans les étoiles les choses à venir, les plus éloignées comme les plus proches. Mais moi, je sais bien ce qui en est : il y a un petit homme gris qui vient souvent le trouver au milieu de la nuit en passant à travers les portes fermées. La sentinelle lui a souvent crié : « Qui vive ! » Et toujours il est arrivé quelque grande chose quand l'homme gris avait paru.

SECOND CHASSEUR.

Oui, oui, il s'est donné au diable, et c'est pour ça que nous menons si joyeuse vie.

SCÈNE VII.

LES PRÉCÉDENS, UN RECRUE, UN BOURGEOIS, UN DRAGON.

LE RECRUE *sort de la tente; il a un casque en tête, et tient une bouteille à la main.*

Bonsoir à mon père et à toute la famille; je suis soldat, je ne reviendrai jamais.

PREMIER CHASSEUR.

Voyez, on nous amène un nouveau camarade.

LE BOURGEOIS.

Ah! François, écoute la raison; tu t'en repentiras.

LE RECRUE *chante.*

Trompette et tambour,
Fracas de la guerre,
La nuit et le jour
Parcourir la terre,
A cheval monté,
Le sabre au côté;
Jamais de contrainte
Et jamais de crainte :
Gai comme un pinson
Qui sur un buisson
Voltige et sautille,
Gai, dispos, agile,

Oui, parbleu, je suivrai les drapeaux de Friedland.

SECOND CHASSEUR.

Eh! voyez donc, il a l'air d'un gaillard bien dégourdi.

Ils le saluent.

LE BOURGEOIS.

Oh! laissez-le, c'est un fils de bonne famille.

PREMIER CHASSEUR.

Et nous, est-ce qu'on nous a trouvés sur le grand chemin?

LE BOURGEOIS.

Je vous dis qu'il a du bien et de la fortune: tâtez sa souquenille, elle est de toile fine.

LE TROMPETTE.

Il n'y a pas un plus bel habit à porter que celui de l'empereur.

LE BOURGEOIS.

Il vient d'hériter d'une petite fabrique de bonnets.

SECOND CHASSEUR.

C'est la fantaisie des gens qui fait leur sort.

LE BOURGEOIS.

Sa grand'mère lui laisse un magasin et une boutique.

PREMIER CHASSEUR.

Fi donc! Voulez-vous en faire un marchand d'allumettes?

LE BOURGEOIS.

Son parrain doit lui donner un cabaret avec une cave où il y a vingt pièces de vin.

LE TROMPETTE.

Eh bien! il les boira avec les camarades.

SECOND CHASSEUR.

Je veux que tu sois mon camarade de chambre, entends-tu?

LE BOURGEOIS.

Il laisse une fiancée dans les larmes et dans la douleur.

PREMIER CHASSEUR.

Ça montre qu'il a de la fermeté dans le cœur.

LE BOURGEOIS.

Sa grand'mère en mourra de chagrin.

SECOND CHASSEUR.

Tant mieux, la succession viendra plus tôt.

LE SERGENT-MAJOR *s'avance avec gravité, et pose sa main sur le casque du recrue.*

Écoutez-moi, mon ami : vous avez pris un bon parti : vous voilà devenu un homme nouveau; et en portant le casque et l'épée, vous êtes entré dans une classe honorable. Il faut maintenant prendre un genre distingué.

PREMIER CHASSEUR.

Et surtout ne pas épargner l'argent.

LE SERGENT-MAJOR.

Vous voilà au point de naviguer sur le vaisseau de la fortune. Le monde est ouvert devant vous. Qui ne risque rien n'a rien. Si vous étiez demeuré un lourdaud et un nigaud de bourgeois, vous auriez toujours tourné dans le même cercle, comme un cheval de brasseur. Mais un soldat peut aller à tout; et la guerre a maintenant bouleversé le monde. Voyez-moi; grâce à cet habit, je porte le bâton de l'empereur. Et apprenez que tout le gouvernement du monde roule sur le bâton. Le sceptre qui est dans la main des rois, qu'est-ce autre chose qu'un bâton, comme on sait? Quand on s'est une fois poussé jusqu'à être caporal, on a le pied à l'échelle pour monter au plus grand pouvoir, et l'on peut s'élever au plus haut.

PREMIER CHASSEUR.

Oui, si on sait lire et écrire.

LE SERGENT-MAJOR.

Je vais vous en donner tout de suite un exemple, et la chose s'est passée à présent, sous mes yeux. Le commandant des dragons se nomme Butler : *nous étions ensemble simples soldats*, il n'y a pas trente ans, à Cologne sur le Rhin; et maintenant le voilà général major. D'où cela lui vient-il? comment s'est il agrandi? c'est qu'il a rempli le monde de sa réputation militaire, pendant que mon mérite n'a pas pu faire tant de bruit. Et Friedland lui-même, notre chef, notre grand général, qui est tout-puissant aujourd'hui, il n'était, voyez-vous, qu'un simple gentilhomme; mais comme il s'est confié au sort de la guerre, il est parvenu à cette puissance. Après l'empereur, il est le premier; et qui sait où il pourra atteindre et arriver? (*finement*) car nous ne sommes pas à la fin.

PREMIER CHASSEUR.

Oui, il a été petit, et maintenant il est grand; car à Altdorf, quand il portait l'habit d'étudiant, il était, révérence parler, un peu libertin et sans souci; et pour un rien il aurait rossé son régent. Messieurs de Nuremberg voulurent, pour quelque misère, le mettre en prison. C'était justement un beau cachot tout neuf; et, suivant l'usage, il devait garder le nom du premier qui y serait entré. Comment s'en tira-t-il? en homme bien avisé; il fit passer son chien le premier, et depuis ce temps le cachot porte le nom de son chien. Ce tour-là est d'un bon garçon; et parmi les belles actions du général, il m'a toujours plu particulièrement.

Pendant ce temps-là, la servante a servi, et le second chasseur veut la retenir.

UN DRAGON, *se mettant entre eux.*

Allons, camarade, laissez-la donc.

DEUXIÈME CHASSEUR.

Et de quoi diable vient-il se mêler?

LE DRAGON.

Je vous dis que cette fille-là est à moi.

PREMIER CHASSEUR.

Il veut garder le trésor pour lui tout seul! Est-il donc fou, ce dragon? que dit-il?

SECOND CHASSEUR.

Il veut faire pot à part dans le camp. Est-ce qu'un beau visage de fille ne doit pas luire pour tout le monde, comme le soleil?

Il l'embrasse.

LE DRAGON *la tire à lui.*
Encore une fois, c'est que je ne le veux pas, moi.
PREMIER CHASSEUR.
Ah! ma foi, vive la joie! voilà les gens de Prague.
SECOND CHASSEUR, *au Dragon.*
Ah çà, voulez-vous faire du bruit? c'est que j'en suis.
LE SERGENT-MAJOR.
Allons, camarades, la paix. Est-ce qu'on ne peut pas embrasser les filles?

SCÈNE VIII.

LES PRÉCÉDENS, UN CAPUCIN.

Des ouvriers des mines sont arrivés avec leur musique, et jouent une walse, d'abord lentement, puis plus vite. Le premier chasseur danse avec la servante, la cantinière avec le recrue. La jeune fille s'échappe; le chasseur veut courir après, et en se retournant il embrasse le capucin qui arrive.

LE CAPUCIN.

Eh! tra la la. Ah! ça va bien, nous sommes en train; et moi aussi je vais m'en mettre. Est-ce ici une armée de chrétiens? Sommes-nous donc Turcs? Sommes-nous anabaptistes? est-ce ainsi que vous vous moquez du dimanche? Vous croyez donc que Dieu a la crampe aux doigts et qu'il ne peut plus vous châtier? est-ce maintenant le temps de faire bombance, de godailler, de se festoyer? *Quid hic statis otiosi?* Que faites-vous là les bras croisés? La guerre fait rage sur le Danube; le boulevard de la Bavière est tombé. Ratisbonne est aux griffes des ennemis, et l'armée reste ici tranquille en Bohême sans se soucier de rien, ne songe qu'à remplir son ventre, pense plutôt à ripaille qu'à bataille, cherche les poulets et non pas les boulets, et laisse les bataillons pour courir après les cotillons. La chrétienté désolée se couvre du sac de la pénitence, et le soldat ne s'occupe que de sa pitance. C'est ici un temps de larmes et de misères; des signes funestes se montrent dans le ciel; le Seigneur a déployé sur les nuages le manteau sanglant de la guerre; et il tient dans sa main une comète, comme un fouet menaçant. Le monde est devenu une demeure de désolation. L'arche de l'Eglise nage dans le sang. L'empire romain, puisse Dieu le protéger! mais chaque jour il empire. Le fleuve du Rhin est devenu un fleuve de chagrin; les monastères sont jetés à terre; les *couvens sont ouverts à tout vent*; les sanctuaires sont changés en repaires; tous les biens du clergé sont saccagés. D'où vient cela? C'est moi qui vais vous le dire. La cause, ce sont vos vices et vos péchés, c'est l'abomination, c'est l'idolâtrie où s'abandonnent soldats et officiers; car le péché est un aimant qui attire le fer de la guerre sur un pays, et le malheur suit toujours la mauvaise conduite; qui touche à l'ognon est sûr de pleurer. L'un vient après l'autre comme le B après l'A. — *Ubi erit victoriæ spes, si offenditur Deus?* comment pourra-t-on gagner la victoire, si on laisse là le sermon et la messe, si on passe sa vie au cabaret? La femme dans l'Evangile retrouve le denier qu'elle avait perdu, Saül retrouve les ânes de son père, Joseph retrouve ses frères; mais qui voudrait retrouver chez les soldats la crainte de Dieu, la bonne conduite, la décence, celui-là chercherait en vain, même quand il allumerait cent lanternes. Et ne lisons-nous pas dans l'Evangéliste que des soldats accouraient aussi à la prédication dans le désert? ils faisaient pénitence et recevaient le baptême, et ils demandaient: *Quid faciemus nos?* que ferons-nous pour rentrer dans le giron d'Abraham? *et ait illis,* et il leur dit: *Neminem concutiatis,* vous ne vexerez, vous ne tourmenterez personne, *neque calumniam faciatis,* vous ne diffamerez personne, vous ne mentirez pas. *Contenti estote : contentez-vous; stipendiis vestris,* de votre solde, et vous renoncerez à toutes vos méchantes habitudes. N'est-ce pas un commandement: *Dieu en vain tu ne jureras, ni autre chose pareillement?* Et dans quel lieu pourrait-on entendre plus de juremens que dans le camp de Friedland? Si par chaque tonnerre et chaque éclair qui sort de votre bouche on sonnait les cloches du pays, on ne pourrait bientôt plus trouver aucun sacristain; et si pour chaque mauvais juron que prononce votre langue impure il tombait seulement un cheveu de votre tête, vous seriez chauves avant que la nuit fût venue, eussiez-vous une plus belle crinière qu'Absalon. Josué n'était-il pas aussi un soldat, le roi David n'a-t-il pas abattu Goliath? Où pourrait-on lire qu'ils étaient d'indignes blasphémateurs? Faudrait-il donc ouvrir la bouche plus grande pour dire un : Dieu me soit en aide! que pour proférer un sacrebleu? Mais quand le vase est trop plein, la mauvaise liqueur qui est dedans déborde de partout.

C'est encore un autre commandement : *Biens d'autrui ne convoiteras pour les avoir injustement.* Ah! vous vous conformez bien à cette parole! vous emportez ouvertement tout ce qui vous tombe sous la patte; il n'y a rien à l'abri de vos griffes de vautour, de vos mauvaises pratiques, de vos méchantes ruses. L'argent n'est pas en sûreté dans la cassette. Le veau n'est pas caché dans le ventre de sa mère, avec l'œuf vous emportez la poule. Et que disait le prédicateur? *Contenti estote,* contentez-vous de votre ration. Mais comment les serviteurs seraient-ils bien méritans, quand la perversité vient d'en haut? Tel est le chef, tels sont les membres. Y a-t-il quelqu'un qui puisse savoir quelle est sa croyance?

PREMIER CHASSEUR.

Eh! mon père, vous pouvez bien nous réprimander, nous autres soldats; mais, par Dieu! n'insultez pas le général.

LE CAPUCIN.

Ne custodias gregem meam! C'est un Achab et un Jéroboam qui détourne les peuples de la vraie croyance pour les précipiter vers les faux dieux.

LE TROMPETTE ET LE RECRUE.
Ne répétez pas cela une seconde fois.

LE CAPUCIN.
C'est un fier-à-bras, un brise-fer : il veut forcer les plus fortes citadelles ; et il se vantait, de sa bouche impie, d'emporter Stralsund, fût-il attaché au ciel avec des chaînes.

LE TROMPETTE.
Est-ce que personne ne lui fermera sa bouche de vipère ?

LE CAPUCIN.
C'est un conjureur de démons, un roi Saül, un Jéhu, un Holopherne. Comme Pierre, il a renié son maître et son seigneur. Aussi ne peut-il pas supporter le chant du coq.

SECOND CHASSEUR.
Mon père, prenez garde à ce qui va vous arriver.

LE CAPUCIN.
C'est un habile fourbe, un Hérode.

LE TROMPETTE ET LE SECOND CHASSEUR, *s'avançant sur lui.*
Tais-toi, tu es mort.

LES CROATES *se placent entre eux.*
N'aie pas peur, brave père, sois tranquille ; continue ton petit sermon, conte-nous ça.

LE CAPUCIN, *criant plus haut.*
C'est un orgueilleux Nabuchodonosor, un abîme de péché, un hérétique déclaré. Il se fait appeler Wallenstein, c'est bien plutôt Philistin qu'il faudrait dire, et tant que l'empereur gardera Friedland pour général, il n'y aura pas de paix sur la terre.

En disant ces derniers mots, qu'il a criés à haute voix, il fait sa retraite ; les Croates le protégent contre les autres soldats.

SCÈNE IX.

LES PRÉCÉDENS, *sans le* CAPUCIN.

LE CHASSEUR, *au Sergent-major.*
Dites-moi, que veut-il dire, avec son coq, dont le général ne peut pas entendre le chant ? disait-il ça seulement pour le braver et l'insulter ?

LE SERGENT-MAJOR.
Je puis vous contenter là-dessus, ça n'est pas sans fondement. Le général est singulièrement né, il a surtout une grande délicatesse d'oreille ; il ne peut pas entendre miauler le chat, et le cri du coq lui fait un effet d'horreur.

PREMIER CHASSEUR.
Il a cela de commun avec le lion.

LE SERGENT-MAJOR.
Il faut que tout soit en silence autour de lui ; c'est la consigne donnée à la garde, quand il est enfoncé dans ses grandes pensées.

DES VOIX *dans la tente, tumulte.*
Arrêtez le coquin ! tombez dessus, tombez dessus !

LE PAYSAN.
Miséricorde ! au secours !

D'AUTRES VOIX.
Silence ! paix donc !

PREMIER CHASSEUR.
Le diable m'emporte ! on se tape là-dedans !

SECOND CHASSEUR.
Il faut que j'en sois.

Il court dans la tente.

LA CANTINIÈRE *sort.*
Le coquin ! le scélérat !

LE TROMPETTE.
Et qui vous met donc si fort en colère ?

LA CANTINIÈRE.
Le gueux ! le misérable ! le voleur de grand chemin ! Faut-il qu'une chose comme ça se passe dans ma tente ! ça me déshonorera au vis-à-vis de messieurs les officiers.

LE SERGENT-MAJOR.
Eh bien ! notre cousine, qu'est-ce que c'est donc ?

LA CANTINIÈRE.
Ce que c'est ? ils ont saisi là-dedans un paysan qui avait de faux dés.

LE TROMPETTE.
Ils l'amènent ici avec son fils.

SCÈNE X.

LES PRÉCÉDENS, LE PAYSAN *traîné par des* SOLDATS.

PREMIER CHASSEUR.
Il faut le pendre.

DES TYROLIENS *et des* DRAGONS.
Au prévôt ! au prévôt !

LE SERGENT-MAJOR.
On ne fait que publier l'ordonnance.

LA CANTINIÈRE.
Que dans une heure je puisse le voir pendu !

LE SERGENT-MAJOR.
Un mauvais métier a toujours une mauvaise fin.

PREMIER ARQUEBUSIER, *à l'autre.*
Ça vient du désespoir ; car, voyez-vous, on commence par les ruiner, et c'est ça qui les pousse à voler.

LE TROMPETTE.
Eh bien ! eh bien ! ne parlez-vous pas pour lui pour ce chien-là ? Avez-vous donc le diable au corps ?

PREMIER ARQUEBUSIER.
Est-ce qu'un paysan n'est pas, en quelque façon, un homme tout comme nous ?

PREMIER CHASSEUR, *au Trompette.*
Laissez-les dire. C'est du régiment de Tiefenbach ; ce sont des garçons tailleurs et cordonniers ; ça vient de la garnison de Brieg ; ça connaît bien le genre militaire.

SCÈNE XI.
Les Précédens, DES CUIRASSIERS.
PREMIER CUIRASSIER.
Paix donc! que veut-on à ce paysan?
PREMIER TYROLIEN.
C'est un fripon qui m'a triché au jeu.
PREMIER CUIRASSIER.
Il t'a gagné quelque chose?
PREMIER TYROLIEN.
Il m'a tout raflé absolument.
PREMIER CUIRASSIER.
Comment, toi qui es soldat de Friedland, as-tu pu t'avilir et te déshonorer jusqu'à essayer ton bonheur contre un manant? Qu'il coure tant qu'il aura de jambes.

Le Paysan s'échappe, les soldats se pressent et se groupent.

PREMIER ARQUEBUSIER.
Il va vite en besogne; c'est un homme bien décidé. C'est bien fait d'en agir comme cela avec ces gens-là. Qui est-il? il n'est pas de Bohême.
LA CANTINIÈRE.
C'est un Wallon; il faut avoir des égards pour lui. Il est des cuirassiers de Pappenheim.
PREMIER DRAGON, *s'avançant*.
C'est le jeune Piccolomini qui les commande à présent. Ils l'ont de leur propre gré choisi pour leur colonel le jour de Lutzen, quand Pappenheim eut été tué.
PREMIER ARQUEBUSIER.
Ils se sont permis ça!
PREMIER DRAGON.
Ce régiment-là a des priviléges; il marche le premier dans toutes les affaires : il a sa justice, et Friedland a pour lui une affection particulière.
PREMIER CUIRASSIER, *à l'autre*.
Est-ce sûr? d'où vient la nouvelle?
SECOND CUIRASSIER.
Je l'ai entendu de la propre bouche du colonel.
PREMIER CUIRASSIER.
Par tous les diables, nous ne sommes pas leurs chiens!
PREMIER CHASSEUR.
Qu'ont-ils donc-là? ils ont l'air tout en colère.
SECOND CHASSEUR.
Camarade, est-ce quelque chose qui puisse nous concerner?
PREMIER CUIRASSIER.
Ça ne doit réjouir personne. (*Les Soldats s'avancent.*) Ils veulent nous envoyer dans les Pays-Bas, les cuirassiers, les chasseurs, la cavalerie légère; il faut que nous montions à cheval au nombre de huit mille.
LA CANTINIÈRE.
Comment! comment! il faut se remettre en route, et je ne suis arrivée qu'hier de la Flandre.
SECOND CUIRASSIER, *aux Dragons*.
Vous autres, du régiment de Buttler, il faudra marcher aussi.
PREMIER CUIRASSIER.
Et particulièrement nous autres Wallons.
LA CANTINIÈRE.
Eh! ce sont tous les meilleurs escadrons!
PREMIER CUIRASSIER.
Nous devons y accompagner le gouverneur de Milan.
PREMIER CHASSEUR.
L'infant! Ah! celui-là est curieux!
SECOND CHASSEUR.
Ce prêtre! le diable est ma foi déchaîné!
PREMIER CUIRASSIER.
Il nous faudrait quitter Friedland, qui traite si noblement le soldat, pour tenir la campagne avec ce ladre d'Espagnol, que nous haïssons de tout notre cœur! Non, ça ne se passera pas comme ça; nous décamperons.
LE TROMPETTE.
Et par ma foi, qu'avons-nous affaire là? Nous avons vendu notre sang à l'empereur, et non pas à ce chapeau rouge d'Espagnol.
SECOND CHASSEUR.
C'est sur la parole et la foi de Friedland seul que j'ai pris service dans la cavalerie. Si ce n'avait pas été pour l'amour de Wallenstein, Ferdinand ne nous aurait jamais eus.
PREMIER DRAGON.
C'est Friedland qui nous a rassemblés, nous suivrons sa fortune.
LE SERGENT-MAJOR.
Laissez-moi vous expliquer; écoutez-moi. Tout ça ne se passera pas en parole, et je vois plus loin que les autres. Il y a quelque mauvais piége caché là-dessous.
PREMIER CHASSEUR.
Silence! écoutez le livre de l'ordonnance.
LE SERGENT-MAJOR.
Tiens, Justine, donne-moi un verre d'eau-de-vie pour me refaire l'estomac, et puis après je vous dirai mon sentiment là-dessus.
LA CANTINIÈRE, *lui versant à boire*.
En vérité, vous me faites trembler. Cependant il n'y a rien de malheureux dans tout cela.
LE SERGENT-MAJOR.
Voyez-vous, messieurs, chacun ne songe qu'à ce qui est au bout de son nez; c'est le mieux du monde. Mais, comme dit le général, il faut saisir l'ensemble des choses. Nous autres, nous sommes de l'armée de Friedland, n'est-il pas vrai? Nous prenons nos quartiers chez le bourgeois; il est notre serviteur, il nous fait la soupe. Le paysan traîne nos chariots de bagage avec ses chevaux et ses bœufs : il a beau le trouver mauvais, il faut que ce soit comme ça. Qu'un caporal avec sept hommes se fasse seulement voir de loin à un village, il y est maître et seigneur; il y commande, il y gouverne selon son bon plaisir. Eh! parbleu, croyez-vous que ces gens-là nous aiment? ils aimeraient mieux voir la face du diable que nos casaques

jaunes. Et pourquoi ne nous jettent-ils pas hors de chez eux? Corbleu! ils sont plus nombreux que nous; et si nous portons l'épée, ils portent des bâtons! Pourquoi pouvons-nous nous moquer d'eux? c'est que nous composons une armée redoutable.

PREMIER CHASSEUR.

Oui, oui, c'est l'union qui fait la force; et Friedland le savait bien, quand, il y a huit ou neuf ans, il assembla une grande armée pour l'empereur. Ils ne voulaient d'abord entendre parler que de douze mille hommes. Je ne pourrai pas les nourrir, dit-il, mais j'en veux enrôler soixante mille, et je vous réponds qu'alors ils ne mourront pas de faim; c'est comme ça que nous sommes devenus soldats de Wallenstein.

LE SERGENT-MAJOR.

Par exemple, quelqu'un qui sur les cinq doigts de la main droite me couperait le plus petit, pensez-vous qu'il m'aurait seulement ôté un doigt? Non, de par tous les diables, je serais privé de toute ma main, ce ne serait plus qu'un moignon qui ne serait bon à rien! Eh bien! ces huit mille chevaux qu'on veut envoyer en Flandre, c'est le petit doigt de l'armée! Qu'on nous les ôte, vous consolerez-vous en disant: Ce n'est que le cinquième de l'armée? Adieu le tout; l'ensemble de la machine tombe: la crainte, le respect, la terreur, tout s'en va. Le paysan commencera à relever la tête; la chancellerie de Vienne recommencera à régler nos cantonnemens, à taxer nos repas, et tout leur ancien train, et il ne se passera peut-être pas long-temps avant qu'ils nous ôtent notre général. Ils ne le voient déjà pas de trop bon œil à la cour. Alors tout se détraquera absolument. Qui aura soin de nous faire avoir notre argent? qui s'occupera qu'on nous tienne les engagemens pris avec nous? qui aura la force, le génie, la main assez ferme et l'esprit assez habile pour gouverner et maintenir cette armée composée de toutes pièces? Par exemple, toi, dragon, réponds-moi: de quel pays es tu?

PREMIER DRAGON.

Je suis venu de loin ici; je suis d'Irlande.

LE SERGENT-MAJOR, *aux deux Cuirassiers*.

Vous, vous êtes Wallon, je le sais; et vous Italien, ça se connaît à votre accent.

PREMIER CUIRASSIER.

Qui je suis? Ma foi, je n'ai jamais pu le savoir, je suis un enfant volé, quand j'étais tout jeune.

LE SERGENT-MAJOR.

Et toi, tu n'es pas non plus du voisinage?

PREMIER ARQUEBUSIER.

Je suis de Bachau, sur le lac Feder.

LE SERGENT-MAJOR.

Et toi, camarade.

SECOND ARQUEBUSIER.

Je viens de la Suisse.

LE SERGENT-MAJOR, *au second Chasseur*.

Et de quel pays es-tu, toi, chasseur?

SECOND CHASSEUR.

Moi, j'ai mes parens à Wismar.

LE SERGENT-MAJOR, *montrant le Trompette*.

Et toi et moi nous sommes d'Égra. Qui croirait pourtant que nous avons tous été poussés et ballottés du Nord au Midi? Est-ce que nous ne semblons pas tous faits du même bois? est-ce que nous ne sommes pas serrés l'un contre l'autre devant l'ennemi? est-ce que nous ne sommes pas tous unis et fondus ensemble? Tout s'engrène et s'ajuste à la parole et au commandement, ni plus ni moins que les dents d'une roue de moulin; et qui nous a tous façonnés de façon qu'on ne voit plus de différence entre nous? Quel autre que Wallenstein?

PREMIER CHASSEUR.

De mes jours ça ne m'était tombé dans l'esprit, et j'allais mon chemin sans prendre garde à la manière dont nous sommes arrangés.

PREMIER CUIRASSIER.

Je suis là-dessus du même sentiment que le camarade. On voudrait ronger le militaire jusqu'aux os; on voudrait tenir la main haute aux soldats; ces gens-là voudraient qu'il n'y en eût que pour eux à commander. C'est un complot, une conjuration.

LA CANTINIÈRE.

Une conjuration! ah! mon Dieu! est-ce que ces messieurs ne pourraient plus me payer après?

LE SERGENT-MAJOR.

Sans doute, ce serait la banqueroute totale. Beaucoup des commandans et des généraux soldent leur régiment de leur propre bourse; ils veulent par là se faire remarquer, et ils veulent faire au-delà de leurs moyens, parce qu'ils pensent que ça leur attirera de grandes bénédictions. Si le chef, si le duc vient à tomber, ils en seront pour leur argent.

LA CANTINIÈRE.

Ah! mon Sauveur, ce serait une malédiction; j'ai plus de la moitié de l'armée sur mon livre de compte. Le comte Isolani, ce mauvais payeur, y est encore pour deux cents écus à lui tout seul.

PREMIER CUIRASSIER.

Qu'est-ce qu'il y a à faire à cela, camarades? Tant que nous serons unis, ils ne pourront nous faire de mal. Continuons à ne faire qu'un, et laissons-les faire tous leurs règlemens et toutes leurs ordonnances; restons ferme plantés en Bohême; ne cédons pas, il ne faut pas marcher; maintenant le soldat combat pour son honneur.

SECOND CHASSEUR.

Ne nous laissons pas mener à travers le pays. Qu'ils viennent seulement, et ils verront.

PREMIER ARQUEBUSIER.

Cher camarade, réfléchissez donc à ça. C'est la volonté et l'ordre de l'empereur!

LE TROMPETTE.

Nous nous soucions bien de l'empereur.

PREMIER ARQUEBUSIER.

Dieu me garde d'entendre un pareil propos!

LE TROMPETTE.

Ça est pourtant comme je l'ai dit.

PREMIER CHASSEUR.

Certainement, certainement. J'ai toujours entendu dire que c'était à Friedland seul à commander ici.

LE SERGENT-MAJOR.

Oui, ça est vrai. C'est là son droit et ses conditions. Il a pouvoir absolu, comme vous devez le savoir, de conduire la guerre ou de conclure la paix. Il peut confisquer argent et domaines, pardonner ou faire exécuter; il nomme les officiers et les colonels; en un mot, il a tous les priviléges souverains : il les tient de la propre main de l'empereur.

PREMIER ARQUEBUSIER.

Le duc est sûrement puissant et bien habile; mais, au bout du compte, il n'est, comme nous, qu'un sujet de l'empereur.

LE SERGENT-MAJOR.

Comme nous tous? oh! que non; vous n'y entendez rien : il est prince libre et immédiat de l'Empire, tout comme le Bavarois. Est-ce que je n'ai pas vu moi-même, quand j'étais de garde à Brandeis, comment l'empereur lui permettait de se couvrir devant lui, comme prince?

PREMIER ARQUEBUSIER.

Oui, à cause du pays de Mecklembourg que l'empereur lui a donné en gage.

PREMIER CHASSEUR, au Sergent-major.

Comment! en présence de l'empereur? Voilà qui est particulier et surprenant.

LE SERGENT-MAJOR, fouillant dans sa poche.

Si vous ne voulez pas m'en croire sur ma parole, je vais vous faire toucher la chose au doigt et à l'œil. (Il montre une pièce de monnaie.) Qu'est-ce que cette figure et cette inscription?

LA CANTINIÈRE.

Montrez. Hé oui! c'est un wallenstein.

LE SERGENT-MAJOR.

Eh bien, cela étant, que vous faut-il de plus? N'est-il pas aussi bien prince que qui que ce soit? Ne bat-il pas monnaie comme Ferdinand? N'a-t-il pas des sujets et un état? Ne s'appelle-t-il pas altesse? Il peut donc bien avoir des soldats!

PREMIER ARQUEBUSIER.

Je ne vous dispute pas ça. Mais, enfin, nous sommes au service de l'empereur! Qui nous paye? c'est l'empereur.

LE TROMPETTE.

Ah! pour ça, je vous le nie en face. Qui ne nous paye pas? C'est l'empereur. Ne nous promet-on pas notre solde depuis dix-huit mois, et toujours inutilement?

PREMIER ARQUEBUSIER.

Allez, cet argent-là est en bonnes mains.

PREMIER CUIRASSIER.

Allons donc! la paix, camarades. Voulez-vous pas finir par vous battre? Est-ce qu'il y a à se disputer pour savoir si l'empereur est notre maître? C'est justement pour ça que nous voulons qu'on nous honore comme ses braves cavaliers, et qu'on ne nous traite pas comme un troupeau. Nous ne voulons pas nous laisser conduire et promener par une prêtraille de moine. Dites-le vous-mêmes: ça ne tourne-t-il pas au profit du maître, quand il a des soldats qui savent se tenir? Qu'est-ce qui fait de lui un grand potentat? c'est son armée. Pourquoi tient-il le haut bout dans la chrétienté? à cause de ses soldats. Ceux qui reçoivent ses grâces et qui dînent avec lui dans ses salons dorés, c'est-il ceux-là qui ont la charge? A nous autres, sa gloire et son éclat ne nous valent que de la misère et des coups; mais aussi nous sommes des gens qui tenons à l'honneur!

SECOND CHASSEUR.

Tous les grands tyrans et empereurs savaient bien ça, et l'ont sagement pratiqué; ils auraient eu beau fouler aux pieds et écorcher le reste de la terre, leurs soldats les auraient portés aux nues.

PREMIER CUIRASSIER.

Un soldat doit savoir se sentir; et celui qui ne sait pas se conduire noblement et fièrement, aurait mieux fait de ne pas embrasser le métier. Si je risque légèrement ma vie, c'est qu'apparemment il y a quelque chose que j'aime mieux : ou bien donc, il faudrait se laisser égorger comme un Croate; je me mépriserais.

SECOND CHASSEUR.

Oui, l'honneur va avant la vie.

PREMIER CUIRASSIER.

L'épée ne se manie pas comme la bêche ou la charrue; il n'y a qu'un fou qui puisse en vouloir faire un instrument de labour. Aucun épi ne croît, aucune moisson ne mûrit pour nous. Le soldat ne doit point avoir de patrie; il doit errer à l'aventure sur la surface de la terre, et ne jamais se réchauffer à son propre foyer. Il faut qu'il ne voie que de loin, et sans s'arrêter, la pompe des villes, la joie des villages, les vertes prairies, la vendange et la moisson. Dites-moi, si le soldat ne s'honorait pas lui-même, que posséderait-il? que vaudrait-il? Il faut bien qu'il tienne à quelque chose; sans quoi, il ne serait qu'un assassin, un brûleur de maisons.

PREMIER ARQUEBUSIER.

Ah! Dieu le sait, c'est une misérable vie.

PREMIER CUIRASSIER.

Je ne la changerais pour aucune autre, voyez-vous. J'ai bien couru le monde, j'ai essayé de tout. J'ai servi la monarchie espagnole, la république de Venise et le roi de Naples; mais la fortune ne m'y fut jamais favorable. J'ai vu le marchand et le noble, le manœuvre et le moine; et parmi tous ces habits, il n'en est aucun qui m'ait plu autant que ma cuirasse de fer.

PREMIER ARQUEBUSIER.

Ah! je n'en puis pas dire autant.

PREMIER CUIRASSIER.

Celui qui veut faire son chemin dans le monde, il faut qu'il se donne du mouvement et de la peine. S'il veut parvenir aux grands honneurs et aux dignités, il faut qu'il se soumette à porter un joug doré. S'il veut jouir de la bénédiction paternelle et vivre au milieu de ses enfans et de ses neveux, alors qu'il exerce en paix un honnête métier. Moi, je n'ai aucun goût à cette vie-là. Je veux vivre et mourir indépendant; je ne veux ni hériter de personne, ni rien dérober à qui que ce soit, et du haut de mon cheval regarder en pitié toute cette race.

PREMIER CHASSEUR.
Bravo! voilà justement comme je suis.

PREMIER ARQUEBUSIER.
Vraiment oui, c'est assez agréable de marcher comme cela sur le corps de tout le monde.

PREMIER CUIRASSIER.
Camarade, les temps sont durs, et ce n'est plus la balance de la justice qui règle l'épée. Personne ne peut me blâmer de m'être mis du parti de l'épée. Je veux bien faire la guerre avec humanité, mais je ne veux pas laisser prendre ma peau pour un tambour.

PREMIER ARQUEBUSIER.
A qui la faute, si nous autres soldats nous vexons et maltraitons le bourgeois? La cruelle guerre, la misère et tous les fléaux durent déjà depuis seize ans.

PREMIER CUIRASSIER.
Camarade, le bon Dieu qui est là-haut ne favorise pas tout le monde à la fois. Les uns demandent du soleil, qui fait tort aux autres. Celui-là veut de la sécheresse, celui-ci veut de la pluie; quand tu parles de misères et de fléaux, moi je trouve que ce sont les plus beaux jours de ma vie. Il en coûte au bourgeois et au paysan, et j'ai ma foi pitié d'eux, mais je ne puis rien changer à ça, voyez-vous. Tout ceci ressemble justement à une charge de cavalerie. Les chevaux sont lancés à bride abattue, tombe qui voudra au milieu de la course; fût-ce mon frère ou mon enfant chéri, quand ses cris me fendraient le cœur, il faut que je lui passe sur le corps; je ne peux pas descendre pour le porter doucement à côté.

PREMIER CHASSEUR.
Eh! certainement, est-ce qu'on se soucie de quelqu'un?

PREMIER CUIRASSIER.
Eh! puisque les choses sont arrangées de façon que l'occasion rit maintenant aux soldats, saisissons-la à deux mains. On ne sera pas long temps avant de vouloir nous l'enlever. La paix arrivera un beau matin, et mettra fin à tout ceci. Ce sera au soldat à débrider, au paysan à atteler; et les choses reprendront leur vieux train avant seulement qu'on ait eu le temps d'y penser. Nous sommes à présent rassemblés ici, et nous tenons encore le bon bout; ne nous laissons pas disperser, parce qu'alors on nous tiendrait la dragée haute.

PREMIER CUIRASSIER.
Non, il faut que cela ne soit jamais. Allons, tenons-nous fermes et unis.

SECOND CHASSEUR.
Oui, il nous faut prendre un parti; écoutez donc.

PREMIER ARQUEBUSIER, *tirant une bourse de cuir, et parlant à la Cantinière.*
Ma commère, qu'est-ce que je dois?

LA CANTINIÈRE.
Ah! ce n'est pas la peine d'en parler.
Ils comptent.

LE TROMPETTE.
Vous faites bien de vous en aller, car vous n'êtes pas faits pour notre société.
Les arquebusiers s'en vont.

PREMIER CUIRASSIER.
C'est ma foi dommage, car du reste ce sont de braves gens.

PREMIER CHASSEUR.
Ça a une façon de penser comme un garçon boulanger.

SECOND CHASSEUR.
A présent que nous voilà entre nous, voyons comment nous empêcherons ce complot.

LE TROMPETTE.
Comment? nous refuserons de marcher.

PREMIER CUIRASSIER.
Rien contre la discipline, camarades; que chacun retourne à son corps, qu'il raconte ça à ses camarades, raisonnablement, de façon qu'ils comprennent et voient bien la chose. Il ne faut rien risquer de plus que ça. Moi, je vous réponds des Wallons; tous pensent comme moi.

LE SERGENT-MAJOR.
Les régimens de Terzky, à pied et à cheval, sont tous bien résolus.

SECOND CUIRASSIER, *au premier.*
Le Lombard ne se séparera pas du Wallon.

PREMIER CHASSEUR.
La liberté est l'élément d'un chasseur.

SECOND CHASSEUR.
Pour avoir la liberté, faut avoir la force. Je veux vivre et mourir pour Wallenstein.

PREMIER TYROLIEN.
Le Lorrain suivra le fil de l'eau, et se mettra du parti des bons enfans et des braves camarades.

LE DRAGON.
L'Irlandais se règle sur l'étoile du bonheur.

SECOND TYROLIEN.
Le Tyrolien ne connaît que son général.

PREMIER CUIRASSIER.
Il faudra donc que chaque régiment fasse écrire un beau mémoire, et déclare qu'il ne veut pas être détaché des autres; qu'on ne pourra ni par force ni par adresse nous séparer de Wallenstein, qui est le père du soldat. On présentera respectueusement ce mémoire à Piccolomini, au fils, s'entend; il connaît bien toutes les affaires; il a du crédit auprès de Friedland, et il est aussi dans une bonne passe à la cour, chez l'empereur.

SECOND CHASSEUR.
Allons, c'est dit, tout est bien convenu; Piccolomini sera notre orateur.

LE TROMPETTE, LE DRAGON, LE PREMIER CHASSEUR, LE SECOND CUIRASSIER, LES TYROLIENS, *ensemble.*
Piccolomini sera notre orateur.
Ils veulent s'en aller.

LE SERGENT-MAJOR.
Encore un verre, camarades. (*Il boit.*) A la santé de Piccolomini !
LA CANTINIÈRE, *apportant une bouteille.*
Nous ne mettrons pas ça sur la coche, je vous le donne de bon cœur ; allons, bon succès, messieurs.
PREMIER CUIRASSIER.
Vive le militaire !
SECOND CHASSEUR.
Crèvent les bourgeois !
DRAGONS *et* TYROLIENS.
Vive l'armée !
LE TROMPETTE *et* LE SERGENT-MAJOR.
Et que Wallenstein la commande toujours !

SECOND CUIRASSIER, *chantant.*
Allons, camarades, à cheval ! à cheval !
Courons aux champs, à la liberté ;
En campagne l'homme vaut encore quelque chose :
Là il montre s'il a du cœur ;
Là aucun ne peut se faire remplacer,
Il faut soi-même y payer de sa personne.
Les soldats qui étaient au fond du théâtre se sont approchés pendant le couplet, et répètent en chœur les derniers vers.
LE DRAGON.
La liberté a disparu du monde ;
On ne voit plus que des maîtres et des esclaves
La fausseté et la fourberie règnent
Parmi la lâche race humaine.
Celui qui sait regarder la mort en face,
Le soldat seul est un homme libre.
PREMIER CHASSEUR.
Il a rejeté loin de lui les embarras de la vie ;
Il n'a plus de crainte ni de soucis à avoir ;
Il galope hardiment à l'encontre de son destin.
S'il l'évite aujourd'hui, il l'atteindra demain ;
Et puisqu'il succombera demain, qu'aujourd'hui
Il boive jusqu'à la lie le précieux calice de la vie.
On remplit de nouveau les verres, l'on trinque et l'on boit.
LE SERGENT-MAJOR.
C'est le ciel qui s'occupe à régler son sort joyeux ;
Il n'a besoin de se donner ni soin ni peine.
Le manœuvre cherche dans le sein de la terre,
Et croit y trouver un trésor :
Il bêche, il pioche toute sa vie,
Il bêche jusqu'à ce qu'il ait creusé sa fosse.
PREMIER CHASSEUR.
Le cavalier et son cheval rapide
Sont des hôtes redoutés.
Les flambeaux de l'hymen illuminent le château ;
Il arrive sans être invité,
Il ne demande pas long-temps, il n'offre point d'argent
Au milieu de la tempête, il ravit le prix de l'amour.
SECOND CUIRASSIER.
Pourquoi pleure la jeune fille ? pourquoi sèche-t-elle de chagrin ?
Laisse-le courir, laisse-le courir,
Il n'a aucun domicile sur la terre ;
Il ne peut conserver un amour fidèle.
Le destin rapide le pousse toujours,
Et ne lui laisse de repos en aucun lieu.
PREMIER CHASSEUR. *Il prend ses deux voisins par la main, les autres l'imitent. Tous ceux qui ont parlé forment un large demi-cercle.*
Allons, camarades, bridons les chevaux.
La poitrine respire à l'aise dans le combat :
La jeunesse fermente, la vie pétille ;
Allons, avant que l'esprit s'évapore ;
Et qui ne risque pas la vie,
Ne sait pas jouir de la vie,
La toile tombe pendant que le chœur répète le refrain.

LES PICCOLOMINI,

EN CINQ ACTES.

PERSONNAGES.

WALLENSTEIN, duc de Friedland, généralissime des armées de l'empereur dans la guerre de trente ans.
OCTAVIO PICCOLOMINI, lieutenant-général.
MAX PICCOLOMINI, son fils, colonel d'un regiment de cuirassiers.
LE COMTE TERZKY, beau-frère de Wallenstein, commandant de plusieurs régimens.
ILLO, feld-maréchal, confident de Wallenstein.
ISOLANI, général des Croates.
TIEFENBACH,
DON MARADAS,
GOTZ,
COLALTO, } généraux sous Wallenstein.

PERSONNAGES.

BUTTLER, chef d'un régiment de dragons.
LE CAPITAINE NEUMANN, adjudant de Terzky.
LE CONSEILLER DE GUERRE QUESTENBERG, envoyé de l'empereur.
BAPTISTE SENI, astrologue.
LA DUCHESSE DE FRIEDLAND, femme de Wallenstein.
THÉCLA, princesse de Friedland, sa fille.
LA COMTESSE TERZKY, sœur de la duchesse.
UN CORNETTE.
LE SOMMELIER DU COMTE TERZKY.
PAGES ET SERVITEURS DE FRIEDLAND.
SERVITEURS ET MUSICIENS DE TERZKY.
PLUSIEURS GÉNÉRAUX ET COLONELS.

ACTE PREMIER.

Le théâtre représente une salle gothique de l'hôtel de ville de Pilsen ; elle est décorée par des drapeaux et des instrumens de guerre.

SCÈNE PREMIÈRE.
ILLO, BUTTLER *et* ISOLANI.

ILLO.

Vous arrivez tard, mais cependant vous arrivez, et la grande distance excuse votre retard, comte Isolani.

ISOLANI.

Oui, nous arrivons, mais non pas les mains vides. Nous avons appris à Donawerth qu'un transport suédois était en route, et portait des vivres dans six cents chariots à peu près. Mes Croates l'ont enlevé, et nous l'amenons.

ILLO.

Il vient fort à propos pour nourrir tout ce grand rassemblement.

BUTTLER.

Il y a beaucoup de mouvement ici, à ce que je vois?

ISOLANI.

Oui, oui ; les églises mêmes sont remplies de soldats. (*Il regarde alentour.*) Je vois que vous êtes déjà fort bien établis dans l'hôtel de ville. Maintenant, que le soldat s'arrange et se place comme il pourra.

ILLO.

Les colonels de trente régimens se trouvent déjà rassemblés. Vous trouverez ici Terzky, Tiefenbach, Colalto, Götz, Maradas, Hinnersam, et puis Piccolomini le père et le fils ; vous allez retrouver beaucoup d'anciens amis. Il ne nous manque plus que Galas et Altringer.

BUTTLER.

N'attendez pas Galas.

ILLO, *surpris.*

Comment sauriez-vous...

ISOLANI, *l'interrompant.*

Max Piccolomini est ici ? Ah ! menez-moi vers lui : je le vois encore ; il y a maintenant dix ans, nous combattions contre Mansfeld, à Dessau : il lança son cheval par-dessus le pont pour aller secourir son père, qui était en danger dans le courant rapide de l'Elbe. Un léger duvet couvrait à peine son menton. Aujourd'hui il doit être un guerrier achevé.

ILLO.

Vous le verrez aujourd'hui. Il ramène de Carinthie la duchesse et la princesse sa fille ; ils arriveront au milieu de la journée.

BUTTLER.

Le prince fait aussi venir sa femme et sa fille? Il réunit beaucoup de monde ici.

ISOLANI.

Tant mieux. Je ne comptais entendre parler que de marches, de batailles et d'attaques, et voilà que le duc a soin de nous réjouir la vue par d'agréables objets.

ILLO, *qui a paru pensif, à Buttler, qu'il a tiré un peu à part.*

Comment savez-vous que le comte Galas ne viendra pas ?

BUTTLER, *d'un air significatif.*
Parce qu'il a cherché à me retenir aussi.
ILLO, *avec chaleur.*
Et vous êtes resté ferme? (*Il lui prend la main.*)
Brave Buttler!
BUTTLER.
Après les dernières obligations que j'ai encore au prince!...
ILLO.
Ah! oui, général-major! je vous félicite.
ISOLANI.
C'est le régiment que le prince lui a donné qu'il faut féliciter. C'est le même, m'a-t-on dit, où vous avez toujours servi, à commencer par être cavalier; cela n'est-il pas vrai? C'est un encouragement et un exemple donné à tout le corps de montrer qu'une fois un digne militaire a pu faire son chemin.
BUTTLER.
Je suis embarrassé de recevoir vos complimens. L'assentiment de l'empereur manque encore.
ISOLANI.
Allez, recevez-les; la main qui vous a porté là est bien assez forte pour vous y maintenir, en dépit de l'empereur et de ses ministres.
ILLO.
Si nous avions tous les mêmes scrupules! l'empereur ne nous accorde rien : tout ce que nous avons, tout ce que nous espérons, tout nous vient du duc.
ISOLANI, *à Illo.*
Vous ai-je raconté, mon cher ami, que le prince se chargeait de satisfaire mes créanciers? Il veut à l'avenir être mon caissier, et faire de moi un homme rangé; et c'est pour la troisième fois, songez-y, qu'avec une générosité royale il me sauve de ma ruine et fait honneur à mes affaires.
ILLO.
S'il pouvait seulement faire tout à son gré, il donnerait à ses soldats des domaines et des vassaux; mais à Vienne ils lui enchaînent sans cesse les mains et lui rognent les ailes; et maintenant voyez toutes les nouvelles, toutes les belles prétentions qu'apporte ici ce Questenberg.
BUTTLER.
Je me suis laissé raconter ces prétentions de la cour; mais j'espère que le duc ne fléchira sur aucun point.
ILLO.
Sur les droits de sa place, assurément non; mais sa place?
BUTTLER, *étonné.*
Savez-vous quelque chose? Vous m'effrayez.
ISOLANI, *sur-le-champ.*
Nous serions tous ruinés.
ILLO.
Brisons là-dessus. Je vois notre homme qui vient avec le lieutenant-général Piccolomini.
BUTTLER, *secouant la tête d'un air inquiet.*
Je crains que nous ne partions d'ici comme nous y sommes venus.

SCÈNE II.

Les Précédens, OCTAVIO PICCOLOMINI, QUESTENBERG.

OCTAVIO, *encore dans l'éloignement.*
Eh quoi! encore de nouveaux arrivés? Avouez, ami, qu'il fallait cette déplorable guerre pour voir rassemblés à la fois autant de héros couronnés de gloire qu'en renferme l'enceinte de ce camp.
QUESTENBERG.
Celui qui veut juger sévèrement de la guerre, ne doit pas venir visiter le camp de Friedland. En voyant le génie de l'ordre sur lequel se fonde le pouvoir de ce dévastateur du monde, en voyant les grandes choses qui en résultent, j'ai presque oublié que la guerre était un fléau.
OCTAVIO.
Les deux braves que vous voyez ici complètent dignement cette assemblée de héros. C'est le comte Isolani et le colonel Buttler. Maintenant tout l'appareil militaire a passé sous vos yeux. (*Il présente Isolani et Buttler.*) Voici la promptitude, ami; et voilà la fermeté.
QUESTENBERG, *à Octavio.*
Et entre elles la sagesse expérimentée.
OCTAVIO, *montrant Questenberg à chacun des autres.*
Nous honorons dans cet hôte illustre le chambellan et conseiller Questenberg, porteur des ordres de l'empereur, patron et protecteur des soldats.
Tout le monde se tait.
ILLO *s'approche de Questenberg.*
Ce n'est pas la première fois, seigneur ministre, que vous honorez le camp de votre visite.
QUESTENBERG.
Déjà une fois je me suis trouvé devant ces drapeaux.
ILLO.
Et vous souvenez-vous en quel lieu? C'était à Znaïm en Moravie, où vous vîntes, envoyé par l'empereur, pour supplier le duc de reprendre le commandement.
QUESTENBERG.
Pour supplier, seigneur général! Ma mission ni mon zèle n'allèrent pas si loin, si je m'en souviens bien.
ILLO.
Eh bien! pour le forcer, si vous l'aimez mieux. Je m'en souviens fort bien : le comte de Tilly venait d'être battu sur le Lech; la Bavière était ouverte aux ennemis; rien ne pouvait les empêcher de pénétrer jusqu'au cœur de l'Autriche; alors, Werdenberg et vous vîntes trouver le général, l'assaillir de supplications, le menacer de la disgrâce de l'empereur s'il n'avait pas pitié du triste état des choses.
ISOLANI, *s'avançant.*
Oui, oui, seigneur ministre, on conçoit com-

ment dans votre mission d'aujourd'hui vous pouvez oublier votre mission d'alors.
QUESTENBERG.
Et pourquoi l'oublier? elles ont entre elles plus d'un rapport. Alors il s'agissait d'arracher la Bohême des mains des ennemis; aujourd'hui il s'agit de l'affranchir de ses gardiens et de ses défenseurs.
ILLO.
Bel emploi! Après qu'au prix de notre sang nous avons chassé les Saxons de la Bohême, on veut, en reconnaissance, nous renvoyer du pays.
QUESTENBERG.
Cette malheureuse contrée aurait-elle seulement échangé un malheur pour un autre? Il faut qu'elle soit affranchie également et des fléaux qu'elle doit à ses amis, et de ceux qu'elle doit à ses ennemis.
ILLO.
Eh quoi! L'année a été bonne; le paysan peut bien contribuer un peu.
QUESTENBERG.
Oui, monsieur le maréchal, elle a été bonne pour le pacage des troupeaux sur les terres en friche.
ISOLANI.
La guerre sert à entretenir la guerre. Si l'empereur perd des paysans, il gagne d'autant plus de soldats.
QUESTENBERG.
Et le nombre de ses sujets diminue d'autant.
ISOLANI.
Et ne sommes-nous pas tous ses sujets?
QUESTENBERG.
Avec cette différence, monsieur le comte, que les uns par leur active industrie remplissent les coffres, et que les autres ne s'entendent qu'à les vider. L'épée a appauvri l'empereur, et c'est la charrue qui lui rend sa force et sa puissance.
BUTTLER.
L'empereur ne serait pas pauvre si tant de sangsues ne suçaient pas la substance de ses provinces.
ISOLANI.
Les choses ne vont pas encore si mal. (*Il s'avance et montre l'habit de Questenberg.*) Je vois que tout l'or n'est pas encore monnayé.
QUESTENBERG.
Grâce à Dieu, il en est encore quelque peu qui a échappé aux mains des Croates.
ILLO.
Eh bien! qu'un Slawata, un Martinitz, sur lesquels l'empereur, au grand déplaisir de toute la Bohême, accumule ses bienfaits, qui s'enrichissent de la dépouille des citoyens exilés; qui s'accroissent au milieu du désordre général; qui moissonnent seuls parmi les malheurs publics; qui par un luxe royal insultent à la misère des provinces; que ceux-là et leurs pareils payent les frais de la guerre terrible que seuls ils ont allumée.

BUTTLER.
Eux et ces parasites qui se nourrissent complaisamment à la table de l'empereur; qui sont à l'affût de toutes les grâces, et qui veulent régler la dépense et retrancher sur le pain du soldat qui vit en face de l'ennemi.
ISOLANI.
Non, de ma vie je n'oublierai le voyage que je fis à Vienne il y a sept ans. J'y allais pour hâter la remonte de notre régiment. Comme ils me promenèrent d'antichambre en antichambre, me laissant des heures entières au milieu de la valetaille, comme si j'étais venu mendier la charité! Enfin ils m'envoyèrent un capucin; je crus qu'il me venait parler de mes péchés; c'était l'homme avec lequel je devais traiter de mes chevaux. Je m'en allai donc sans avoir pu régler mon affaire, et ensuite le prince m'arrangea en trois jours ce qu'en trente je n'avais pu terminer à Vienne.
QUESTENBERG.
Oui, oui, l'article s'est retrouvé dans les comptes, et nous avons encore à le solder; je m'en souviens.
ILLO.
La guerre est un métier de rudesse et de violence. On ne peut la conduire avec des moyens de douceur, et il est impossible de tout épargner. S'il fallait attendre, pour se décider, que l'on eût à Vienne, entre trente malheurs, choisi le moindre, on attendrait long-temps. Trancher les difficultés, voilà le meilleur parti, et sauve qui peut! Les hommes en général s'entendent fort bien à rajuster et réparer toutes choses, et ils s'arrangent beaucoup mieux de supporter une dure nécessité, que d'avoir à faire un triste choix entre plusieurs maux.
QUESTENBERG.
Il est vrai que le prince nous épargne l'embarras du choix.
ILLO.
Le prince a eu un soin paternel des soldats, et nous voyons les sentiments de l'empereur pour eux.
QUESTENBERG.
L'empereur porte un amour égal à chaque condition, et ne pense pas immoler l'une à l'autre.
ISOLANI.
C'est pour cela qu'il veut nous renvoyer au désert avec les bêtes féroces, afin de mieux conserver ses chers troupeaux.
QUESTENBERG, *avec raillerie*.
Monsieur le comte, cette comparaison est de vous, non pas de moi.
ILLO.
Si cependant nous étions tels que la cour s'imagine, il serait dangereux de nous donner la liberté.
QUESTENBERG, *avec gravité*.
Cette liberté est usurpée et non pas donnée. Aussi ce qui est nécessaire, c'est de lui mettre un frein.

ILLO.
Le cheval est farouche, on doit le savoir.
QUESTENBERG.
Un meilleur cavalier saura le dompter.
ILLO.
Il ne porte que celui-là seul qui l'a apprivoisé.
QUESTENBERG.
Quand il est dompté, il obéirait à un enfant.
ILLO.
Pour l'enfant, je sais qu'on l'a déjà choisi.
QUESTENBERG.
Inquiétez-vous de votre devoir, et non pas du nom de votre chef.
BUTTLER, *qui jusque alors s'est tenu à l'écart avec Picolomini, en prenant toutefois un intérêt visible à la conversation, s'approche.*
Monsieur le président, l'empereur tient en Allemagne une armée considérable. Trente mille hommes sont cantonnés dans ce royaume; la Silésie en contient seize mille; dix régimens sont sur le Weser, le Rhin et le Mein; en Souabe six mille hommes, en Bavière douze mille tiennent tête aux Suédois. Je ne compte pas les garnisons qui défendent les places fortes des frontières. Tout ce peuple de soldats obéit aux généraux de Friedland. Ces commandans sont tous nourris à la même école, ont sucé le même lait, sont animés d'un même cœur; ils vivent étrangers sur la surface du sol, ne connaissent d'autre foyer domestique, d'autre toit paternel que l'armée. Ce n'est pas l'amour de la patrie qui les excite, car plus de mille sont, comme moi, de naissance étrangère. Ce n'est pas non plus leur attachement pour l'empereur, car la moitié de nous est arrivée en désertant du service étranger, et il leur est indifférent de combattre sous l'aigle impériale, sous les léopards ou les lis. Cependant un seul homme les tient tous dans sa main puissante, les gouverne par l'amour et par la crainte, et en forme un même peuple; et de même que l'étincelle de la foudre parcourt rapidement l'aiguille qui le conduit, de même et plus vite encore le commandement du général gouverne depuis les avant-postes éloignés qui, dans les dunes, entendent mugir les flots de la Baltique ou qui voient les fertiles vallées de l'Adige, jusqu'à la sentinelle dont la guérite est placée à la porte du palais de l'empereur.

QUESTENBERG.
Et quel est le sens abrégé de ce long discours?
BUTTLER.
Que le respect, l'amour, la confiance qui nous soumettent à Friedland, ne se transporteront pas au premier venu qu'il plaira à la cour de nous envoyer. Nous conservons encore un souvenir fidèle de la manière dont le commandement est venu aux mains de Friedland. L'empereur lui donna-t-il une armée toute formée? S'agissait-il seulement de choisir un général à des soldats déjà rassemblés? Non : il n'y avait aucune armée; il fallut d'abord que Friedland la créât; il ne la reçut point de l'empereur, il la lui donna. Ce n'est pas de l'empereur que nous tenons Wallenstein pour général; non, non, ce n'est pas de lui; mais c'est Wallenstein qui a fait l'empereur notre souverain. C'est lui, lui seul qui nous retient sous ses drapeaux.

OCTAVIO *s'avance entre eux.*
Songez, monsieur le conseiller, que vous êtes au milieu d'un camp, parmi des guerriers. La liberté, l'audace, sont le caractère du soldat. Pourrait-il combattre avec témérité, s'il n'osait parler avec imprudence? L'un excuse l'autre. (*Montrant Buttler.*) L'audace de ce digne officier se méprend aujourd'hui dans son objet, mais elle a sauvé à l'empereur sa capitale de Prague, au milieu d'une sédition terrible de la garnison, dans un moment où l'audace était le seul moyen de salut.

On entend une musique guerrière dans l'éloignement.

ILLO.
Ce sont elles, la garde les salue. — Ce signal nous apprend que la princesse est arrivée.
OCTAVIO, *à Questenberg.*
Mon fils est aussi de retour; c'est lui qui est allé les chercher en Carinthie pour les conduire ici.
ISOLANI, *à Illo.*
Allons-nous ensemble les saluer?
ILLO.
Oui, sortons. Venez, colonel Buttler. (*A Octavio.*) Souvenez-vous que nous devons encore nous retrouver à midi chez le prince avec monsieur le conseiller.

SCÈNE III.
OCTAVIO *et* QUESTENBERG, *qui sont demeurés.*

QUESTENBERG, *avec étonnement.*
Que m'a-t-il fallu entendre, général! Quelle audace effrénée! Que dois-je penser? si c'est là l'esprit général...
OCTAVIO.
Vous pouvez juger par là des trois quarts de l'armée.
QUESTENBERG.
Malheur à nous! Où trouver une seconde armée pour contenir celle-ci? Je crains cet Illo; ses pensées sont plus mauvaises encore que ses paroles. Ce Buttler aussi ne peut cacher ses coupables opinions!
OCTAVIO.
Emportement, orgueil irrité, rien de plus! Je ne désespère pas encore de ce Buttler : je sais comment conjurer ce mauvais esprit.
QUESTENBERG, *plein d'inquiétude, et se promenant çà et là.*
Non; cela est pire, bien pire, ami, que nous ne l'avions imaginé à Vienne. Nous avions tout vu avec des yeux de courtisans qu'éblouit l'éclat du trône. Nous n'avions pas encore contemplé ce grand capitaine, ce puissant dominateur au mi-

lieu de son camp. Là tout se montre sous un autre jour; là il n'y a plus d'empereur. C'est votre prince qui est l'empereur. La promenade que je viens de faire à vos côtés, à travers ce camp, renverse toutes mes espérances.

OCTAVIO.

Vous voyez maintenant vous-même combien est périlleuse la commission dont vous me chargez au nom de la cour, combien le rôle que je joue ici est difficile. Le plus léger soupçon du général pourrait me coûter la liberté et la vie, et ne servirait qu'à précipiter l'exécution de ses desseins téméraires.

QUESTENBERG.

Ah! quelle fut notre imprudence quand nous confiâmes l'épée à cet audacieux, et que nous remîmes un tel pouvoir en de telles mains! L'épreuve était trop forte pour ce cœur qui cachait de coupables pensées. Elle eût été dangereuse même pour l'homme le plus vertueux. Il refusera, vous dis-je, d'obéir aux ordres de l'empereur. Il le peut et il le fera; *son arrogance impunie manifestera notre impuissance.*

OCTAVIO.

Et croyez-vous que sa femme, sa fille, soient arrivées sans motif ici, dans le camp, précisément lorsque la guerre va commencer? Il vient d'enlever de la puissance de l'empereur les derniers gages de sa fidélité; on voit par là que nous touchons à l'explosion de la révolte.

QUESTENBERG.

Malheur à nous! Ah! quel orage menaçant nous environne de toutes parts! L'ennemi aux frontières, déjà maître du Danube, et faisant sans cesse de nouveaux progrès; dans les provinces le tocsin de la sédition, le paysan en armes, l'esprit de mécontentement dans toutes les classes, et l'armée dont nous attendions notre secours, égarée, intraitable, rejetant toute discipline, rompant ses liens avec l'État, avec l'empereur, conduite de vertige en vertige, redoutable instrument qui obéit aveuglément au plus audacieux des hommes.

OCTAVIO.

Ami, il ne faut pas se décourager trop tôt : il y a toujours plus de témérité dans les discours que dans les actions. Tel qui maintenant, dans son zèle aveugle, paraît déterminé à toutes les extrémités, quand il faudra en venir à une trahison déclarée sentira tout-à-coup son cœur ébranlé; en outre, nous ne sommes pas complètement sans défenseurs. Le comte Altringer, vous le savez, et Galas maintiennent encore dans le devoir leur petite armée, et chaque jour elle s'augmente. Wallenstein ne peut nous surprendre; vous n'ignorez pas que je l'ai entouré de mes espions. J'ai connaissance de ses moindres démarches, il me les découvre de sa propre bouche.

QUESTENBERG.

Il est inconcevable qu'il ne s'aperçoive point qu'un ennemi est à ses côtés.

OCTAVIO.

Ne pensez pas que, par un art mensonger, par une perfide complaisance, j'extorque sa faveur; ni que par des discours hypocrites je m'insinue dans sa confiance. La prudence et mes devoirs envers l'empire, envers l'empereur, me commandent de lui cacher le fond de mon cœur; mais jamais je n'ai employé de fausseté pour le tromper.

QUESTENBERG.

C'est une visible marque de la faveur du ciel.

OCTAVIO.

J'ignore ce qui peut l'attirer et l'attacher si puissamment à mon fils et à moi. Nous avons toujours été amis, frères d'armes; l'habitude des dangers courus en commun nous avait unis dès long-temps. Cependant je pourrais dire le jour où tout-à-coup son cœur s'ouvrit à moi, où sa confiance commença à s'accroître : c'était le matin de la bataille de Lutzen. Ému par un triste rêve, j'allai le chercher pour lui offrir un cheval pour le combat; je le trouvai endormi sous un arbre à l'écart, et loin de nos tentes. Je l'éveillai, et lui dis ce qui avait traversé ma pensée. Il me regarda long-temps avec surprise, puis il se précipita dans mes bras, et montra une émotion dont un service aussi léger n'était pas digne. De ce jour sa confiance s'attacha de plus en plus à moi, à mesure que je lui retirais la mienne.

QUESTENBERG.

Ne mettrez-vous pas votre fils dans le secret?

OCTAVIO.

Non.

QUESTENBERG.

Quoi! vous ne lui apprendrez point en quelles mauvaises mains il a mis sa confiance?

OCTAVIO.

Je dois le laisser livré à la pureté de ses sentimens. La dissimulation est étrangère à son âme confiante. L'ignorance seule peut le maintenir dans cette liberté d'esprit qui confirmera le duc dans sa sécurité.

QUESTENBERG, *soucieux.*

Mon digne ami, j'ai meilleure opinion du colonel Piccolomini. Cependant... voyez... songez-y.

OCTAVIO.

Oui, cela doit être pesé. Il vient ici. Silence

SCÈNE IV.

MAX PICCOLOMINI, OCTAVIO PICCOLOMINI, QUESTENBERG.

MAX.

Ah! il est ici. Je suis heureux de vous revoir, mon père. (*Il l'embrasse, puis se retourne, re marque Questenberg, et se retire froidement.*) Vous êtes occupé, à ce que je vois; je crains de vous troubler.

OCTAVIO.

Eh quoi! Max, approchez de notre hôte. Un ancien ami mérite vos égards. Rendez honneur à l'envoyé de l'empereur.

MAX, *sèchement*.

Monsieur de Questenberg, si quelque motif heureux vous amène au quartier général, soyez le bienvenu.

QUESTENBERG *lui prend la main*.

Ne retirez pas votre main, comte Piccolomini. Ce ne sont pas les sentiments de moi seul que je veux exprimer, et ce ne sont point de vulgaires complimens que je veux vous faire. (*Il prend la main du père et du fils.*) Octavio, — Max Piccolomini, noms glorieux et d'heureux augure, jamais le destin de l'Autriche ne cessera d'être heureux, tant que ces deux astres bienfaisans protégeront l'armée et brilleront devant elle.

MAX.

Vous sortez de votre rôle, seigneur ministre; vous n'êtes pas venu ici pour distribuer des louanges, je le sais. Vous avez été envoyé pour blâmer, pour faire des reproches. Je ne veux avoir aucun privilége au-dessus des autres.

OCTAVIO, *à Max*.

Il vient de la cour, où le duc ne jouit pas d'autant de faveur qu'ici.

MAX.

Et qu'a-t-on de nouveau à lui reprocher? Il règle à lui seul les choses que lui seul connaît. En cela il fait bien, et il faut que cela soit ainsi; il n'est pas fait pour se soumettre et obéir docilement à un autre : cela serait contre l'ordre de la nature, et il ne le pourrait pas. Il a reçu du ciel une âme souveraine, et il occupe une place de souverain ; c'est un bien pour nous qu'il en soit ainsi. Il est si peu d'hommes qui sachent seulement *se gouverner*, qui sachent user avec *sagesse de leurs facultés*; c'est un bonheur pour tous qu'il se rencontre un seul homme qui puisse être le centre, le point d'appui de plusieurs milliers d'hommes. Il est placé comme une colonne inébranlable à laquelle on s'attache avec joie et avec confiance : tel est Wallenstein. Un autre peut convenir mieux à la cour; mais, pour le bien de l'armée, il faut que ce soit celui-là.

QUESTENBERG.

De l'armée ! oui, sans doute.

MAX.

Quel plaisir de le voir répandre autour de lui le mouvement, la vigueur, la vie! Près de lui chaque faculté se manifeste, chaque force se révèle; il fait paraître au jour la puissance intérieure de chacun, il sait encore l'agrandir. Il sait faire valoir à chacun tout ce qu'il peut valoir, en veillant seulement à ce que tous soient mis à leur vraie place. Il destine tout homme à la place qui lui convient.

QUESTENBERG.

Et qui lui refuse l'art de connaître les hommes et de les employer? Mais dans sa puissance, il a entièrement oublié qu'il n'est qu'un sujet, et il semblerait que son rang lui est donné par la nature.

MAX.

Cela n'est-il donc pas ainsi? La nature lui a donné sa force, et de plus, elle l'a rendu capable d'accomplir exactement sa destination et de se placer au commandement, puisqu'il sait commander.

QUESTENBERG.

Ainsi, tout ce qui nous reste de pouvoir est dû à sa générosité!

MAX.

On doit accorder une confiance extraordinaire aux hommes extraordinaires; laissez-lui la carrière ouverte, lui-même en posera le terme.

QUESTENBERG.

L'expérience l'indique assez.

MAX.

Comment! vous vous effrayez de tout ce qui a de la profondeur, rien ne vous paraît bien que ce qui suit un cours vulgaire.

OCTAVIO, *à Questenberg*.

Ami, montrez-vous indulgent. — Vous ne deviez pas vous attendre à ce langage.

MAX.

Est-on dans la détresse, on appelle le génie à son secours, et dès qu'il se montre on s'effraie de lui. On veut que ce qui est distingué, ce qui est sublime, se conforme aux règles ordinaires ! Dans la guerre, les circonstances sont pressantes, il faut voir par ses propres yeux, agir de sa personne. Le général a besoin d'avoir le monde ouvert devant lui; on doit le laisser vivre à son gré dans sa haute sphère. Il consulte l'oracle vivant de son génie, et non point la science morte des livres, des vieilles ordonnances et des parchemins poudreux.

OCTAVIO.

Mon fils, permettez à nous autres vieillards de ne pas estimer si peu ces ordonnances sévères. Elles sont d'une importance inestimable; elles soumettent à leur joug la volonté désordonnée de l'homme. Rien n'est plus redoutable que l'arbitraire : l'ordre suit, il est vrai, une ligne tortueuse, mais il ne s'écarte point de la route. La foudre, le boulet, dans leur redoutable cours, ne se détournent point, et par la voie la plus prompte et la plus droite ils atteignent le but; pour le mettre en poudre, ils renversent tout sur leur passage. Mon fils, le chemin qui convient à l'homme, le chemin qui conduit au bonheur, suit le cours du fleuve et les libres détours de la vallée; il passe le long des prairies, des coteaux et des vignobles; il respecte les bornes des héritages; il conduit plus tard, mais plus sûrement au but.

QUESTENBERG.

Oh! écoutez votre père, écoutez-le. Il est à la fois et un héros et un homme.

OCTAVIO.

Tu parles comme un enfant des camps, mon fils. Ta jeunesse a été formée au milieu d'une guerre de quinze années : jamais tu n'as vu la paix. La guerre n'est pas ce qu'il y a de plus noble au monde; elle n'est qu'un moyen pour arriver à un autre but. Les effets grands et rapides de la force, les étonnantes merveilles de l'occasion n'engendrent point le bonheur, et ne produisent rien qui soit durable, paisible et solide. Le soldat construit avec hâte et promptitude des villes formées d'une toile légère; le bruit et le mouvement y règnent, des marchés y sont ouverts, les routes et les fleuves y apportent des marchandises, le commerce s'y empresse; mais tout-à-coup on voit un matin disparaître les tentes, la horde pousse plus loin sa marche, et les champs demeurent dévastés et incultes comme un cimetière; les moissons gisent écrasées, et la récolte de l'année est perdue.

MAX.

Ah! que l'empereur nous donne la paix, mon père, et je quitte avec joie le laurier sanglant pour la première fleur que nous apporte le printemps, pour les parfums qu'exhalent les premiers beaux jours de l'année.

OCTAVIO.

Que se passe-t-il en toi? quelles impressions t'ont saisi tout-à-coup?

MAX.

Je n'ai jamais vu la paix? Si, mon père, j'ai joui de ce spectacle, et je viens de le contempler maintenant; ma route m'a conduit dans des contrées où la guerre n'a pas encore pénétré. — O mon père, la vie a des charmes que nous n'avions jamais connus. Semblables à des pirates errans, entassés et renfermés dans un étroit navire, vivant barbare sur les déserts de l'Océan, ne connaissant de la terre que le fond de quelques baies où ils ont pris terre pour se livrer au brigandage, nous ne voyons que les rives les plus arides de l'existence humaine. Les trésors que recèlent les tranquilles vallons nous sont cachés, et dans nos courses sauvages nous n'avions pu les entrevoir.

OCTAVIO, avec un œil d'observation.

Et le voyage t'a donné ce spectacle?

MAX.

C'était le premier loisir de ma vie. Dites-moi quel sera le but et le prix du pénible labeur où se perd ma jeunesse, qui laisse mon cœur solitaire, qui éteint mon esprit privé de culture et d'ornement? Le tumulte bruyant de ce camp, le hennissement des chevaux, le son de la trompette, le retour uniforme des heures du service, les exercices guerriers, les paroles du commandement, il n'y a rien là qui puisse satisfaire un cœur avide de jouissance. L'âme n'est pour rien dans ces arides occupations. Ah! il existe un autre bonheur, d'autres plaisirs.

OCTAVIO.

Combien tu as appris dans cette courte absence, mon fils!

MAX.

Ah! quel beau jour, lorsque le soldat reviendra enfin à l'humanité, à la vie! lorsque les étendards se déploieront pour guider une marche joyeuse, pour embellir le retour d'un cortége pacifique! Tous les casques, toutes les armures, seront ornés de verdure, dernier larcin fait aux champs. Les portes des villes s'ouvriront d'elles-mêmes; il ne sera plus besoin des efforts de l'artillerie pour les enfoncer; l'enceinte des murailles sera couverte d'une foule d'habitans, et leurs cris de joie s'élèveront dans les airs. Les cloches de toutes les églises feront retentir leurs sons argentins, et annonceront que le jour du sang va finir. Une foule joyeuse se précipitera hors des villes et des villages, et leur amour empressé et tumultueux retardera la marche de l'armée. Le vieillard, heureux de survivre encore, prendra les mains de son fils qui revient: celui-ci, tel qu'un étranger, se retrouve sur son héritage abandonné depuis long-temps; l'arbre qu'il ployait autrefois comme un arc flexible, le couvre aujourd'hui de ses vastes rameaux; la jeune fille qui vient à lui en rougissant, il l'avait laissée, en partant, sur le sein de sa nourrice. Heureux celui qui peut alors être reçu et pressé doucement dans de tendres bras qui s'ouvrent pour le recevoir!

QUESTENBERG, ému.

Ah! c'est de ce moment, hélas! si éloigné, que j'aime à vous entendre parler, et non pas du temps présent, de ce que l'on voit aujourd'hui.

MAX, se retournant vers lui avec vivacité.

Et qui en est coupable, si ce n'est vous à Vienne? Je vous l'avouerai avec franchise, Questenberg, dès que je vous ai vu ici, je me suis senti oppressé de chagrin. C'est vous qui empêchez la paix; oui, vous. C'est le guerrier qui doit la conquérir. Vous rendez amère la vie du prince; vous semez tous ses pas d'obstacles; vous le calomniez. Pourquoi? parce que le bonheur de l'Europe le touche plus que la possession de deux ou trois arpens de terre que l'Autriche aura de plus ou de moins. Vous le traitez de rebelle; et Dieu sait si cela est vrai! Vous lui reproche d'épargner les Saxons; c'est qu'il tâche de rendre quelque confiance aux ennemis: c'est le seul moyen d'avoir la paix; car si la guerre n'a point de relâche, comment pourra venir la paix? Allez, allez, c'est parce que j'aime le bien, que je vous hais; et je proteste ici que je verserai jusqu'à la dernière goutte de mon sang pour lui, pour ce Wallenstein, et avant que vous puissiez vous réjouir de sa chute.

~~~~~~~~~~~~~~~~~~~~~~~~~~~~~~~~~~~~

SCÈNE V.

QUESTENBERG, OCTAVIO PICCOLOMINI.

QUESTENBERG.

Ah! malheur à nous! En demeurerons-nous là? (*Avec empressement et impatience.*) Ami, le laisserons-nous sortir dans son erreur? Ne le rappelons-nous pas sur-le-champ pour lui dessiller les yeux?

OCTAVIO, *sortant d'une profonde rêverie.*
Il a ouvert les miens; et plus je regarde, plus je m'afflige.
QUESTENBERG.
Qu'est-ce donc, ami?
OCTAVIO.
Maudit soit ce voyage!
QUESTENBERG.
Comment? qu'est-ce donc?
OCTAVIO.
Venez; il faut que je suive ses pas, et que je voie de mes yeux... Venez...
Il veut l'emmener
QUESTENBERG.
Où? Mais enfin...
OCTAVIO, *se hâtant.*
Vers lui.
QUESTENBERG.
Vers...

OCTAVIO.
Vers le duc... Allons... Je crains tout... il est pris dans les filets, et il revient autre qu'il n'était quand il est parti.
QUESTENBERG.
Éclairciseez-moi.
OCTAVIO.
Et ne devais-je pas le prévoir? ne devais-je pas empêcher ce voyage? pourquoi me taire avec lui? Vous avez raison, je devais l'avertir; maintenant il est trop tard.
QUESTENBERG.
Comment, trop tard? expliquez-moi cette énigme, ami.
OCTAVIO, *d'un ton plus assuré.*
Allons chez le duc. Venez, voici l'heure qu'il a fixée pour son audience; venez. Maudit soit, trois fois maudit soit ce voyage!
Il emmène Questenberg. La toile tombe.

ACTE DEUXIÈME.

Le théâtre représente une salle chez le duc de Friedland.

SCÈNE PREMIÈRE.

Des domestiques placent des siéges et étendent des tapis de pied; puis vient Seni l'astrologue, vêtu de noir comme un docteur italien : son costume a cependant quelque chose de bizarre. Il s'avance au milieu de la salle; il tient une baguette blanche à la main, et il la dirige vers le ciel.

UN DOMESTIQUE; *il tient une cassolette d'encens.*
Prenez ceci! Allons, et finissons. La sentinelle vient de crier aux armes; ils vont bientôt paraître.
SECOND DOMESTIQUE.
Et pourquoi donc a-t-on quitté l'appartement rouge qui donne sur le balcon, qui est superbe?
PREMIER DOMESTIQUE.
Demandez cela au mathématicien; il dit que c'est un appartement malheureux.
SECOND DOMESTIQUE.
Quelle folie! c'est se moquer du monde; une chambre est une chambre. Que signifie un endroit plutôt qu'un autre?
SENI, *avec gravité.*
Mon enfant, tout dans le monde signifie quelque chose. Ce qu'il y a de plus important, de plus essentiel dans les choses terrestres, c'est le lieu et l'heure.
TROISIÈME DOMESTIQUE.
Ne lui réplique pas, Nathanael. Notre maître lui-même se conforme à ce qu'il ordonne.
SENI *compte les siéges.*
Onze! mauvais nombre; mettez douze siéges. Le zodiaque a douze signes; et douze se compose de cinq et de sept, qui sont des nombres sacrés.

SECOND DOMESTIQUE.
Qu'avez-vous donc contre onze? apprenez-le-moi.
SENI.
Onze, c'est le péché. Onze outre-passe les dix commandemens de Dieu.
SECOND DOMESTIQUE.
Bon; et pourquoi dites-vous que cinq est un nombre sacré?
SENI.
Cinq c'est l'âme de l'homme. De même que l'homme est composé de bien et de mal, cinq est formé des deux premiers nombres pair et impair.
SECOND DOMESTIQUE.
Le fou!
TROISIÈME DOMESTIQUE.
Laisse-le donc; pour moi, je l'écoute volontiers, car bien des gens se fient à ses paroles.
SECOND DOMESTIQUE.
Sortons, ils viennent; sortons par la porte de côté.
Ils s'en vont. Seni les suit lentement.

SCÈNE II.

WALLENSTEIN, LA DUCHESSE.

WALLENSTEIN.
Eh bien! duchesse, vous avez traversé Vienne? Vous êtes-vous présentée à la reine de Hongrie?
LA DUCHESSE.
Et à l'impératrice aussi. Leurs Majestés nous

ont admises à l'honneur de leur baiser la main.
LA DUCHESSE.

WALLENSTEIN.
Que dit-on de me voir appeler au camp, pendant l'hiver, ma femme et ma fille?

LA DUCHESSE.
D'après vos instructions, j'ai laissé entrevoir que vous alliez établir notre fille, et que vous souhaitiez faire connaître la fiancée à son futur époux avant l'ouverture de la campagne.

WALLENSTEIN.
Soupçonne-t-on l'époux que j'ai choisi?

LA DUCHESSE.
On souhaite beaucoup qu'elle ne tombe pas en partage à un étranger ou à un luthérien.

WALLENSTEIN.
Et vous, Élisabeth, que souhaitez-vous?

LA DUCHESSE.
Votre volonté, vous le savez, a toujours été la mienne.

WALLENSTEIN, *après un moment de silence.*
Bien. — Et comment vous a-t-on accueillie à la cour? (*La duchesse baisse les yeux sans répondre.*) Ne me cachez rien. Qu'avez-vous vu là?

LA DUCHESSE.
O mon cher époux! ce n'est plus comme de coutume : il est arrivé quelque changement.

WALLENSTEIN.
Quoi! ne témoigne-t-on plus l'ancienne considération?

LA DUCHESSE.
Oui, la considération ; j'ai été reçue avec égards et cérémonie ; mais au lieu de la bienveillance, de l'abandon, de la confiance, j'ai vu une politesse solennelle. Hélas! et l'affection qu'on m'a témoignée ressemblait plus à de la pitié qu'à de la faveur. Non, la femme du duc Albert, la noble fille du comte Harrach, n'aurait pas dû être ainsi reçue.

WALLENSTEIN.
On s'est plaint sans doute de ma conduite actuelle?

LA DUCHESSE.
Plût à Dieu qu'on l'eût fait! je suis depuis long-temps accoutumée à vous justifier, à apaiser, à conjurer les esprits irrités. Non, personne ne vous a accusé ; on s'est renfermé dans un silence cérémonieux et oppressant. Hélas! ce n'est plus comme de coutume un malentendu, une irritation exagérée ; il s'est passé quelque chose de fatal, d'irréparable. — Autrefois la reine de Hongrie avait habitude de me nommer sa chère cousine, de m'embrasser en me quittant.

WALLENSTEIN.
Et maintenant ce n'est plus ainsi?

LA DUCHESSE, *après un instant de silence, essuyant ses larmes.*
Quand j'ai pris congé d'elle, elle m'a embrassée une première fois ; puis, comme j'allais vers la porte, elle a couru à moi, comme par réflexion, et elle m'a pressée sur son sein avec une émotion plus triste que tendre.

WALLENSTEIN *lui prend la main.*
Rassurez-vous. — Et comment ont été Eggenberg, Lichtenstein et nos autres amis?

LA DUCHESSE, *secouant la tête.*
Je n'en ai vu aucun.

WALLENSTEIN.
Et Conde, l'ambassadeur d'Espagne, qui avait coutume de parler pour moi avec tant de chaleur?

LA DUCHESSE.
Il n'ouvre plus la bouche en votre faveur.

WALLENSTEIN.
Eh bien! puisque le soleil nous refuse sa lumière, il faut briller de notre propre éclat.

LA DUCHESSE.
Serait-il vrai, mon cher duc, que ce qui se répète sourdement à la cour soit ici hautement prononcé? Quelques mots du père Lamormain...

WALLENSTEIN, *avec vivacité.*
Lamormain! que dit-il?

LA DUCHESSE.
On vous reproche un abus audacieux du pouvoir qui vous est confié, un mépris coupable des ordres souverains de l'empereur. Les Espagnols, l'orgueilleux duc de Bavière, éclatent en plaintes contre vous ; une tempête se rassemble au-dessus de votre tête, plus terrible encore que celle qui éclata sur vous à Ratisbonne ; on parle, dit-il... hélas! je ne puis le répéter.

WALLENSTEIN, *avec curiosité.*
Eh bien?

LA DUCHESSE.
D'une seconde...
Elle s'arrête.

WALLENSTEIN.
D'une seconde...

LA DUCHESSE.
Et injurieuse disgrâce.

WALLENSTEIN.
Dit-on cela? *Il se promène avec agitation dans la salle.*) Oh! ils veulent m'y forcer ; ils m'y poussent de tout leur pouvoir contre mon gré.

LA DUCHESSE, *le suppliant humblement.*
O mon cher époux! s'il en est temps encore, si vous pouviez, par votre soumission, par votre obéissance, détourner le coup! Montrez-vous docile, surmontez votre cœur orgueilleux : c'est à votre maître, à votre empereur que vous cédez ; ne laissez pas plus long-temps l'odieuse perversité noircir vos nobles projets par des interprétations perfides et empoisonnées ; opposez la force victorieuse de la vérité au mensonge et à la calomnie. Nous avons si peu de vrais amis, vous le savez. Notre rapide prospérité nous a mis en butte à la haine universelle. Que serait-ce si nous perdions la faveur de l'empereur!

SCÈNE III.

Les Précédens, LA COMTESSE TERKZY *conduisant par la main* LA PRINCESSE THÉCLA.

LA COMTESSE.

Quoi, ma sœur, vous l'entretenez déjà d'affaires, de tristes affaires même, autant que je puis voir, avant de l'avoir réjoui par la vue de son enfant! Les premiers momens doivent être donnés au bonheur. Friedland, voici votre fille.

Thécla s'approche timidement et veut lui baiser la main. Il la reçoit dans ses bras, et demeure un moment à la contempler.

WALLENSTEIN.

Oui, l'espérance renaît dans mon cœur ; je la reçois comme un gage de mon bonheur.

LA DUCHESSE.

Elle était encore tendre enfant lorsque vous partîtes pour commander la grande armée de l'empereur. Depuis, quand vous revîntes de la campagne de Poméranie, elle était au couvent où elle est restée jusqu'à ce moment.

WALLENSTEIN.

Pendant qu'au sein de la guerre je travaillais à sa grandeur ; pendant que je conquérais pour elle les honneurs de la terre, la bienfaisante nature, dans les tranquilles murs d'un cloître, prodiguait à mon aimable enfant ses divines et libres faveurs, l'ornait et l'embellissait pour le brillant avenir que lui destinent mes espérances.

LA DUCHESSE, *à la Princesse.*

As-tu bien reconnu ton père, mon enfant? À peine comptais-tu huit ans quand pour la dernière fois tu as joui de sa vue.

THÉCLA.

Cependant, ma mère, je l'ai reconnu au premier coup d'œil. Mon père n'a point vieilli ; et l'image que mon cœur gardait de lui était en tout semblable à celle que m'offre sa noble présence.

WALLENSTEIN, *à la Duchesse.*

Aimable enfant, combien elle montre de grâces, de raison ! Oui, je reprochais au destin de m'avoir refusé un fils qui eût été l'héritier de mon nom et de ma fortune, et qui eût transmis à une noble suite de princes mon existence bientôt terminée : j'étais injuste envers le sort ; je veux placer sur la tête charmante de ma fille la couronne due à mes exploits guerriers, et je n'aurai aucun regret si je puis relever la beauté de son front par cet ornement royal.

Il la tient dans ses bras ; Piccolomini arrive.

SCÈNE IV.

Les Précédens, MAX PICCOLOMINI ; *un instant après,* LE COMTE TERZKY.

LA COMTESSE.

Voici le chevalier qui nous a protégées.

WALLENSTEIN.

Sois le bienvenu, Max. Toujours ta présence a été pour moi l'augure de quelque bonheur; et de même que l'étoile favorable du matin, tu as annoncé l'éclat qui m'a environné.

MAX.

Mon général...

WALLENSTEIN.

Jusqu'ici c'est l'empereur qui par mes mains a récompensé tes services. Mais aujourd'hui c'est comme père que je t'ai de douces obligations, et Friedland doit acquitter sa propre dette.

MAX.

Mon prince, vous vous hâtez trop de vous acquitter. Je viens avec honte et avec chagrin ! Comment ! je suis à peine arrivé ici, j'ai à peine remis entre vos bras votre fille et sa mère, que l'on tire de vos écuries un magnifique équipage de chasse, et qu'on le conduit chez moi pour me payer de ma peine : oui, oui, pour me payer ! Était-ce donc simplement une peine, une fatigue ? N'était-ce pas plutôt une faveur acceptée avec empressement, et dont je venais vous remercier, le cœur plein de reconnaissance? Ne vouliez-vous donc pas que cette commission fût elle-même une récompense?

Terzky entre, et remet une lettre au duc : il l'ouvre sur-le-champ.

LA COMTESSE, *à Max.*

Il ne veut pas payer votre peine ; non, il veut vous témoigner quel plaisir il vous doit : vous auriez dû songer qu'il convient à mon frère de montrer toujours une royale magnificence.

THÉCLA.

Je devrais donc aussi douter de son amour ; car ses mains bienfaisantes m'ont parée longtemps avant que son cœur m'eût parlé de sa tendresse.

MAX.

Oui, il faut toujours qu'il répande autour de lui et le bonheur et les largesses. (*Il prend la main de la Duchesse avec une vivacité animée.*) Non, je ne puis lui dire toute ma reconnaissance; je ne puis lui exprimer tout ce que j'éprouve pour ce nom chéri de Friedland. Tant que durera ma vie, je serai esclave de ce nom ; toutes mes plus belles espérances, tout mon bonheur y est attaché ; et mon sort, comme par une force magique, est renfermé dans ce nom.

LA COMTESSE *remarque que le Duc est devenu soucieux, et que cette lettre semble l'occuper.*

Mon frère veut être seul, laissons-le.

WALLENSTEIN *se retourne, se montre plus tranquille, et dit à la Duchesse d'une voix assurée.*

Je vous le répète, princesse, soyez la bienvenue dans notre camp ; vous êtes ici chez vous. Toi, Max, continue encore aujourd'hui la charge que je t'ai confiée, pendant que je vais m'occuper des affaires du commandement.

Max Piccolomini offre son bras à la duchesse. La comtesse emmène Thécla.

TERZKY, *rappelant Max.*
Ne tardez pas à vous rendre à l'assemblée.

SCÈNE V.
WALLENSTEIN, TERZKY.

WALLENSTEIN *dans une rêverie profonde, et se parlant à lui-même.*

Elle a bien tout observé ; et cela s'accorde parfaitement avec ce que j'ai su d'ailleurs. Ils ont pris tout-à-fait leur parti à Vienne. On me donne déjà un successeur. Le roi de Hongrie, le jeune Ferdinand, fils de l'empereur, est maintenant celui dont ils attendent leur salut. C'est l'astre de ce jour. On se croit en mesure avec nous, et l'on hérite déjà de nous comme d'un mourant. Il n'y a pas encore de temps de perdu. (*Il détourne la vue, aperçoit Terzky, et lui remet une lettre.*) Le comte Altringer s'est fait excuser, et Galas aussi ; cela ne me plaît point.

TERZKY.
Et si vous tardez plus long-temps, ils vous échapperont tous ainsi l'un après l'autre.

WALLENSTEIN.
Altringer tient les défilés du Tyrol. Il faut que je lui envoie quelqu'un pour qu'il ne laisse pas sortir les Espagnols du Milanais. Eh bien! Sésin, notre ancien négociateur, s'est montré de nouveau ! Que vient-il nous dire de la part du comte de Thourn ?

TERZKY.
Le comte nous mande qu'il est allé trouver le chancelier de Suède à Halberstadt, où est maintenant le congrès. Le chancelier dit qu'il est las de traiter avec vous, et qu'il ne veut plus à l'avenir entrer dans aucune négociation.

WALLENSTEIN.
Comment ?

TERZKY.
Que l'on ne peut jamais compter sur vos paroles ; que vous voulez duper les Suédois, et vous réunir aux Saxons, pour finir par les renvoyer avec un misérable subside.

WALLENSTEIN.
Eh bien! imagine-t-il donc que je lui donnerai comme proie quelque belle contrée d'Allemagne, et que nous renoncerons à régner sur notre sol, sur notre patrie? Non, il faut que les Suédois partent ; qu'ils partent, nous ne voulons pas avoir de tels voisins.

TERZKY.
Et pourquoi lui refuser un chétif morceau de terre ? Est-ce à nous qu'on le ravit? Et que vous importe, quand vous gagnez au jeu, quel est celui qui perd ?

WALLENSTEIN.
Qu'ils partent! qu'ils partent! Vous ne me comprenez pas. Je ne veux pas qu'il soit dit que j'ai morcelé l'Allemagne, que je l'ai livrée aux étrangers pour en dérober une portion. Je veux que l'Empire honore en moi son sauveur ; et c'est en montrant une âme royale que je veux m'asseoir dignement parmi les princes de l'Empire. Aucune puissance étrangère ne doit prendre racine dans la patrie ; et moins que tout autre, ces Goths faméliques qui regardent avec envie et rapacité les bénédictions répandues sur notre terre allemande. Il faut qu'ils contribuent au succès de mes desseins, et que cependant ils n'en retirent aucun profit.

TERZKY.
Mais vos négociations avec les Saxons sont-elles plus sincères ? Vos détours lassent leur patience. Qu'est-ce que tous ces déguisemens ? Parlez, vous jetez vos amis dans le doute et dans le trouble. Oxenstiern, Arnheim, tous ne savent que penser de vos retardemens ; et enfin je passe pour un imposteur, je réponds de tout ; je n'ai pas un écrit de vous.

WALLENSTEIN.
Vous savez que je ne donne jamais un écrit de moi.

TERZKY.
Et par où peut-on reconnaître votre sincérité, si les actions ne suivent pas les paroles ? dites-le vous-même. Depuis que vous traitez avec les ennemis, tout ne s'est-il pas passé comme si vous n'aviez pas un autre but que de les jouer ?

WALLENSTEIN, *après un moment de silence, et le regardant fixement.*

Et d'où savez-vous que mon but n'est pas de les jouer, de vous jouer tous ? Me connaissez-vous donc si bien ? Je ne vous ai pas, que je sache, ouvert le fond de mon âme. L'empereur, il est vrai, a des torts envers moi ; si je le voulais, je pourrais lui faire beaucoup de mal ; je me réjouis de connaître que j'en ai le pouvoir ; si je voudrai en user, c'est ce dont je ne vous crois pas plus instruit qu'un autre.

TERZKY.
Ainsi vous vous êtes toujours joué de nous?

SCÈNE VI.
Les Précédens, ILLO.

WALLENSTEIN.
Eh bien; où en est-on là-bas ? sont-ils prêts?

ILLO.
Vous les trouverez dans la disposition que vous souhaitez. Ils savent ce qu'exige l'empereur, ils en sont furieux.

WALLENSTEIN.
Comment s'est expliqué Isolani ?

ILLO.
Depuis que vous avez de nouveau réparé ses finances, il est à vous de corps et d'âme.

WALLENSTEIN.
Quel parti prend Colalto? Vous êtes-vous assuré de Déodati et de Tiefenbach ?

ILLO.
Ce que fera Piccolomini, ils le feront aussi.

WALLENSTEIN.
Ainsi vous croyez que je puis compter sur eux?
ILLO.
Si vous êtes assuré des Piccolomini.
WALLENSTEIN.
Comme de moi-même. Ils ne se sépareront jamais de moi.
TERZKY.
Cependant je voudrais que vous n'eussiez pas trop de confiance pour ce renard d'Octavio.
WALLENSTEIN.
Apprends à mieux juger des hommes : seize fois le père a marché au combat à mes côtés. En outre, j'ai tiré son horoscope; nous sommes nés sous le même astre, en un mot. (*Mystérieusement.*) Cela n'a nul besoin d'éclaircissement, et si vous pouviez m'assurer des autres aussi bien que de lui...
ILLO.
Ils n'ont tous qu'une voix ; vous ne devez pas abandonner le commandement ; ils veulent vous envoyer une députation, à ce que j'ai su.
WALLENSTEIN.
Si je m'engageais envers eux, il faudrait aussi qu'ils s'engageassent envers moi.
ILLO.
Sans doute.
WALLENSTEIN.
Qu'ils me promissent, par serment écrit, de se consacrer à mon service sans réserve.
ILLO.
Pourquoi non?
TERZKY.
Sans réserve? Ils excepteraient toujours leurs devoirs envers l'Autriche, envers l'empereur.
WALLENSTEIN, *secouant la tête.*
Sans réserve, il me faut cette condition, aucune exception.
ILLO.
Il me vient une idée. Comte Terzky, ne nous donnez-vous pas un repas ce soir?
TERZKY.
Oui, tous les généraux sont invités.
ILLO, *à Wallenstein.*
Dites, voulez-vous me donner plein pouvoir? je vous donne ma parole de général que la chose sera comme vous la souhaitez.
WALLENSTEIN.
Apportez-moi cet engagement signé : de quelle manière vous l'obtiendrez, c'est votre affaire.
ILLO.
Et si, de façon ou d'autre, je vous donne la preuve que tous les généraux ici rassemblés vous sont aveuglément livrés, alors agirez-vous enfin sérieusement, et tenterez-vous la fortune avec audace?
WALLENSTEIN.
Apportez-moi cet engagement.
ILLO.
Pensez à ce que vous faites. Si vous ne voulez pas voir la puissance échapper pour toujours de vos mains, alors il ne faut pas satisfaire aux volontés de l'empereur, il ne faut pas laisser affaiblir l'armée, il ne faut pas que les régimens aillent se joindre aux Espagnols. Si vous ne voulez pas rompre formellement avec la cour, alors il vous devient impossible de mépriser les commandemens et les ordres de l'empereur; vous ne pouvez plus chercher des subterfuges et temporiser. Choisissez, ou d'agir avec résolution et de prévenir les desseins de la cour, ou bien d'attendre, en différant encore, qu'on en vienne aux dernières extrémités.
WALLENSTEIN.
Il ne convient pas d'attendre qu'on en soit venu aux dernières extrémités.
ILLO.
Ah! saisissez l'instant favorable avant qu'il s'échappe. Il se présente rarement dans la vie des momens décisifs et importans. Lorsqu'il est temps de prendre une résolution, on voit toutes les circonstances se réunir et se presser vers le succès ; et puis les occasions et les ressorts qui font mouvoir la fortune, après s'être rassemblés, en un seul point de la vie, pour faire naître un germe difficile à saisir, se dispersent et se dissipent un à un. Voyez combien la position où vous êtes maintenant est décisive, combien tout votre sort en dépend : les principaux, les meilleurs généraux de l'armée, sont rassemblés autour de vous leur loyal chef, et ils n'attendent que votre signal. Ah! ne les laissez pas repartir l'un après l'autre ; vous ne pourriez pas, dans tout le cours de la guerre, les rassembler ainsi une seconde fois. La marée est haute, et pousse le navire au rivage. L'audace de chacun devient plus grande quand il se trouve parmi la foule. Maintenant ils sont tous à toi, maintenant encore; bientôt la guerre les séparera, les dispersera çà et là. Les intérêts particuliers, les soins vulgaires font évanouir l'intérêt général : tel qui aujourd'hui se laisse entraîner sans réflexion par le torrent, revenu de son ivresse lorsqu'il sera seul, ne sentira que sa faiblesse, et promptement reviendra dans la vieille et facile route du vulgaire devoir, pour y trouver sûreté et sauvegarde.
WALLENSTEIN.
Le temps n'est pas encore venu.
TERZKY.
Vous le dites toujours ainsi. Mais quand sera-t-il venu le temps?
WALLENSTEIN.
Quand je le dirai.
ILLO.
Ah! vous attendez que les astres du ciel vous favorisent! et cependant la terre vous échappe. Croyez-moi, l'étoile qui gouverne votre sort est en vous-même. Confiez-vous à vous-même ; votre propre résolution, c'est là votre planète. La seule influence funeste, la seule qui vous menace, c'est l'hésitation.
WALLENSTEIN.
Vous parlez suivant vos idées. Combien de fois cependant ne me suis-je point expliqué à vous!

A l'heure de votre naissance, Jupiter, le dieu de la clarté, était à son déclin, et il ne vous est pas donné de pénétrer dans les choses mystérieuses. Vous ne pouvez atteindre au-delà du sol terrestre. Vos regards aveugles ne connaissent qu'une lumière terne, pâle et souterraine. Vous ne pouvez distinguer ce qui est terrestre et vulgaire, et votre prudence se borne à lier entre eux les rapports qui se touchent de près. Aussi, dans cette sphère d'idées, j'ai confiance en vous ; je vous crois : mais les choses dont le sens est mystérieux, qui s'ourdissent et se forment dans les profondeurs de la nature ; mais cette échelle symbolique qui s'élève par mille degrés de ce monde de poussière jusqu'aux étoiles, et que les puissances célestes montent et descendent sans cesse ; mais ces cercles qui enferment d'autres cercles toujours de plus en plus rapprochés du soleil leur centre, on ne les aperçoit qu'avec des yeux dessillés ! il faut être né sous une influence lumineuse ; il faut être l'enfant de Jupiter resplendissant. (*Pendant ce discours il se promène dans la salle, s'arrêtant et marchant alternativement.*) Le front des étoiles servirait-il à marquer uniquement la nuit et le jour, le printemps et l'été, à indiquer au laboureur le temps de la semence ou de la moisson ? Les aventures des hommes ont aussi une semence fatale, répandue sur le champ obscur de l'avenir, confiée avec espérance aux puissances du destin. Il est donc nécessaire de découvrir le temps où il faut semer ; il faut donc lire dans les astres l'heure favorable, interroger et examiner les demeures célestes, pour savoir si l'ennemi des heureux succès ne se cache point dans quelque obscure retraite pour exercer sa nuisible influence. Ainsi, laissez-moi du temps. Cependant faites votre devoir. Je ne puis vous dire maintenant ce que je ferai ; mais je ne céderai point ; non, je ne céderai point ; ils ne me dépouilleront pas : réglez-vous là-dessus.

UN DOMESTIQUE *entre.*

Messieurs les généraux.

WALLENSTEIN.

Qu'ils entrent.

TERZKY.

Voulez-vous que tous les chefs soient admis ?

WALLENSTEIN.

Il n'est pas nécessaire. Les deux Piccolomini, Maradas, Buttler, Forgatsch, Deodat, Caraffa et Isolani, peuvent entrer.

Terzky sort avec le domestique.

WALLENSTEIN, *à Illo.*

Avez-vous veillé sur Questenberg ? N'a-t-il entretenu personne en particulier ?

ILLO.

J'y ai veillé avec soin. Il n'a vu d'autre personne qu'Octavio.

SCÈNE VII.

LES PRÉCÉDENS, QUESTENBERG, LES DEUX PICCOLOMINI, BUTTLER, ISOLANI, MARADAS *et trois autres généraux entrent. Sur un signe du général, Questenberg se place immédiatement auprès de lui, et les autres se placent après, suivant leur rang. Il se fait un moment de silence.*

WALLENSTEIN.

Je connais déjà l'objet de votre mission, Questenberg. J'y ai mûrement réfléchi ; ma résolution est prise ; rien ne peut plus la changer. Cependant il convient que les généraux entendent de votre propre bouche la volonté de l'empereur. Vous plaît-il d'expliquer devant ces nobles capitaines ce dont vous avez été chargé ?

QUESTENBERG.

Je suis prêt. Cependant je vous prie de songer que je vais parler au nom du pouvoir et de la dignité de l'empereur, et que ce n'est point ma propre pensée que j'ai l'audace de vous exposer.

WALLENSTEIN.

Épargnez les préambules.

QUESTENBERG.

Lorsque sa majesté l'empereur donna à ses braves armées un chef couronné de gloire, expérimenté dans la guerre, le duc de Friedland, ce fut dans l'heureux espoir de voir bientôt la fortune de la guerre changer et devenir plus favorable. Le premier, le plus cher de ses vœux, était aussi que la Bohême fût délivrée des Saxons et défendue des incursions victorieuses des Suédois. Et en effet, cette contrée commença à respirer lorsque le duc de Friedland eut forcé toutes les armées ennemies, répandues en torrent sur toute l'Allemagne, de se réunir ; lorsqu'il eut contraint à se rendre au même lieu et le Rheingrave, et Bernard, et Bannier, et Oxenstiern, et ce roi même jusque alors invaincu. Il les obligea de venir tous ici devant Nuremberg terminer la querelle par un sanglant combat.

WALLENSTEIN.

Au fait, je vous prie.

QUESTENBERG.

Un nouvel esprit annonça bientôt que l'armée avait un nouveau chef. Ce ne fut plus une rage aveugle combattant une rage plus aveugle encore. On vit alors, dans des batailles régulières et bien ordonnées, la fermeté résister à l'audace, et une sagesse habile lasser la témérité. En vain essayait-on de l'entraîner à combattre ; il se fortifiait de plus en plus dans son camp, et il semblait qu'il voulût pour toujours y établir sa demeure. Le roi, désespéré, veut enfin conduire une attaque vive et sanglante. Ses soldats, que la faim et la contagion dépeuplaient chaque jour, remplissent tout son camp de funérailles. Jusque alors irrésistible dans ses attaques, il veut s'ouvrir de vive force un chemin à travers ces retranchemens, du haut desquels mille bronzes lancent la mort. C'est là que l'on voit une ardeur et une résistance telles que jamais on n'avait pu les observer. Enfin le roi ramène son armée taillée en pièces, et ce terrible sacrifice de ses soldats ne lui a pas fait gagner un pied de terrain.

WALLENSTEIN.

Épargnez-vous le soin de nous rapporter en style de gazette ce que nous avons vu de nos yeux dans toute son horreur.

QUESTENBERG.

Mon devoir et ma mission seraient de blâmer; mon cœur se laisse entraîner à l'admiration. Le roi de Suède laisse sa gloire devant le camp de Nuremberg. Peu après il laissa la vie aux plaines de Lutzen. Qui ne fut pas surpris alors de voir le duc de Friedland, après cette grande journée, se répandre dans la Bohême, disparaître des champs de bataille, pendant que Weimar, jeune héros, parcourt sans obstacle la Franconie, s'ouvre un chemin jusqu'au Danube, se montre tout-à-coup devant Ratisbonne, et jette dans l'effroi tous les fidèles catholiques? Le Bavarois, notre royal allié, demande à grands cris un prompt secours dans sa détresse. L'empereur envoie successivement six messagers au duc de Friedland; il l'invite, il le supplie, quand il pourrait lui commander en maître. Vainement. Le duc, en ce moment, ne veut écouter que sa vieille haine, que son ressentiment; il sacrifie le bien public au plaisir de se venger d'un ancien ennemi, et Ratisbonne succombe.

WALLENSTEIN.

De quel moment veut-on parler, Max? je n'en ai plus aucun souvenir.

MAX.

Il parle du temps où nous étions en Silésie.

WALLENSTEIN.

Ah! oui, oui. Et qu'y allions-nous faire alors?

MAX.

Nous allions en chasser les Suédois et les Saxons.

WALLENSTEIN.

Bien. A ce récit je ne reconnaissais plus aucun des événemens de la guerre. (*A Questenberg.*) Continuez maintenant.

QUESTENBERG.

On pouvait peut-être regagner sur l'Oder ce qu'on venait de perdre honteusement sur le Danube; et chacun espérait que des prodiges allaient arriver sur ce nouveau théâtre de la guerre, où Friedland en personne, où le rival de Gustave se trouvait en face d'un Thourn et d'un Arnheim. En effet, ils ont été en présence et se sont approchés, mais comme amis; ils se sont rendu mutuellement les devoirs de l'hospitalité. Toute l'Allemagne gémissait sous le poids de la guerre; mais la paix régnait dans le camp de Friedland.

WALLENSTEIN.

Un jeune capitaine livre sans but plus d'un combat sanglant, et recherche la victoire avec empressement. L'avantage d'un général dont la renommée est faite, c'est qu'il n'est jamais obligé de combattre inutilement pour témoigner au monde qu'il connaît l'art de vaincre. Que m'eût servi d'exercer l'ascendant de mon sort sur un Arnheim? Ma modération ne pouvait-elle pas être bien utile à l'empire? N'eût-il pas été bien plus heureux que je parvinsse à dissoudre l'alliance funeste des Saxons et des Suédois?

QUESTENBERG.

Cependant l'on n'y parvint pas; et ainsi recommença de nouveau cette sanglante guerre. Le prince signala enfin ici son antique gloire. Une armée suédoise se vit contrainte de poser les armes sans pouvoir combattre aux champs de Steinaux. Puis la justice céleste livra aux mains de la vengeance l'ancien et premier auteur de cette guerre, celui qui en avait allumé les funestes brandons, Mathias de Thourn : mais il tomba dans des mains bien généreuses; au lieu d'être puni, il fut récompensé; et le prince renvoya le mortel ennemi de son empereur après l'avoir comblé de ses dons.

WALLENSTEIN, *souriant*.

Je sais, je sais qu'à Vienne on avait déjà loué des balcons et des fenêtres pour le voir passer dans la fatale charrette. Je pourrais perdre honteusement une bataille; mais les gens de Vienne ne me pardonnent pas de leur avoir ravi ce spectacle.

QUESTENBERG.

La Silésie était délivrée, et tout appelait le duc dans la Bavière cruellement désolée. Il s'établit dans la Marche; il traverse la Bohême sans se hâter, par la route la plus longue. Tout-a-coup il revient, prend ses quartiers d'hiver, et avec l'armée de l'empereur opprime les états de l'empereur.

WALLENSTEIN.

L'armée était dans la misère. Elle endurait tous les besoins, toutes les privations. L'hiver arriva. Que croit donc sa majesté de ses troupes? Ne sommes-nous pas des hommes? Sommes-nous donc insensibles au froid, à la pluie, à toutes les souffrances? Misérable sort du soldat! partout où il se présente, on fuit devant lui; dès qu'il se retire, on le maudit : on ne lui donne rien; il faut qu'il se procure tout par la force, et, contraint de dépouiller autrui, il est aux yeux de tous un objet d'exécration. Ici sont tous mes généraux. Caraffa, comte Deodat, Buttler, dites-lui depuis combien de temps la solde n'a pas été payée.

BUTTLER.

Elle est due depuis une année.

WALLENSTEIN.

Il faut pourtant que le soldat reçoive sa solde, ou il ne faut plus lui donner ce nom.

QUESTENBERG.

Lorsque le prince de Friedland se fit écouter il y a huit ou neuf ans, il tenait un tout autre langage.

WALLENSTEIN.

Oui, c'est ma faute, je le sais bien; j'ai gâté

l'empereur. Il y a neuf ans, lors de la guerre de Danemarck, je lui procurai une armée de quarante ou cinquante mille hommes sans qu'il lui en coûtât un denier de ses coffres. Je déchaînai la furie de la guerre sur les cercles de Saxe ; je portai la terreur de son nom jusque sur les rochers des Belts. Quel heureux temps alors ! Dans tous les états de l'empereur, aucun nom n'était honoré à l'égal du mien : Albert de Wallenstein était le plus bel ornement de la couronne. Mais quand vint la diète des princes à Ratisbonne, tout cela se dissipa. Là on vit avec toute évidence de qui j'avais ménagé les trésors : quelle fut ma récompense pour avoir en fidèle serviteur attiré sur moi la haine des peuples, pour avoir fait supporter aux princes les frais d'une guerre qui l'avait lui seul agrandi ? Eh bien ! je fus sacrifié à leurs plaintes, je fus disgracié.

QUESTENBERG.

Votre Excellence sait combien dans cette malheureuse diète l'empereur eut peu de liberté !

WALLENSTEIN.

Mort et damnation ! j'avais, moi, de quoi lui procurer de la liberté. Non, seigneur, depuis que mon malheur est venu d'avoir servi le trône aux dépens de l'empire, j'ai appris à avoir une autre opinion sur les intérêts de l'empire. Ce bâton de commandement, je le tiens, il est vrai, de l'empereur ; mais j'en use en général de l'empire, pour l'avantage commun, pour le salut de tous, et non plus pour l'agrandissement d'un seul. Au fait, cependant, que demande-t-on de moi ?

QUESTENBERG.

Sa Majesté veut d'abord que l'armée quitte sans délai la Bohême.

WALLENSTEIN.

Dans cette saison ? Et où veut-on que nous tournions nos pas ?

QUESTENBERG.

Au lieu où est l'ennemi ; car sa majesté veut que Ratisbonne soit purgée d'ennemis avant les fêtes de Pâques, que le prêche luthérien ne s'entende plus sous les voûtes des églises, que les abominations de l'hérésie ne souillent plus la pureté des solennités saintes.

WALLENSTEIN.

Dites, généraux, cela est-il possible ?

ILLO.

Cela est impraticable.

BUTTLER.

Cela est impossible.

QUESTENBERG.

L'empereur a déjà envoyé au colonel Suys l'ordre de se diriger en Bavière.

WALLENSTEIN.

Qu'a fait Suys ?

QUESTENBERG.

Ce qu'il devait faire, il y a marché.

WALLENSTEIN.

Il y a marché ! et moi, son chef, je lui avais donné l'ordre exprès de ne pas quitter son poste. N'est-il pas sous mon commandement ? Est-ce là l'obéissance qui m'est due, et sans laquelle il ne faut plus songer à faire la guerre ? Généraux, soyez ses juges ; que mérite l'officier qui a violé ses ordres et son serment ?

ILLO.

La mort.

WALLENSTEIN, *voyant les autres garder le silence et réfléchir, élève la voix.*

Comte Piccolomini, que mérite-t-il ?

MAX, *après un long silence.*

D'après la lettre de la loi, la mort.

ISOLANI.

La mort.

BUTTLER.

La mort, suivant les règles militaires.

Questenberg se lève, Wallenstein aussi, puis tous les autres.

WALLENSTEIN.

C'est la loi qui le condamne, et non pas moi ; et si je lui fais grâce, c'est à cause de ma déférence et de mes devoirs envers l'empereur.

QUESTENBERG.

Puisqu'il en va ainsi, je n'ai plus rien à dire en ce lieu.

WALLENSTEIN.

Je n'ai accepté ce commandement que sous conditions, et la première fut qu'aucun homme, l'empereur lui-même, ne pourrait, à mon préjudice, donner un ordre dans l'armée ; quand je réponds des suites sur mon honneur et sur ma tête, je dois au moins être le maître ici. Et pourquoi ce Gustave était-il invincible ? Pourquoi triomphait-il toujours sur la terre ? C'est qu'il était roi de son armée ; et un roi qui sait l'être d'effet comme de nom, n'a jamais pu être vaincu que par un général qui l'est de même. Mais retournons au fait ; nous avons à en entendre encore plus.

QUESTENBERG.

Le cardinal infant doit quitter Milan au printemps, et conduire dans les Pays-Bas une armée espagnole en traversant l'Allemagne. Pour assurer encore mieux sa route, l'empereur veut que huit régiments de cavalerie se détachent de l'armée pour l'accompagner.

WALLENSTEIN.

Je conçois, je conçois. Huit régiments. Bien, bien inventé, père Lamormain. Si ce projet ne cachait pas une infernale ruse, on serait tenté de le trouver bien inepte. Huit mille chevaux ? Oui, oui ; cela est juste, je vous vois venir.

QUESTENBERG.

Il n'y a pas là de mystère à démêler ; la prudence, le conseil, la nécessité, l'exigent.

WALLENSTEIN.

Eh quoi ! monsieur l'ambassadeur, ne dois-je pas bien remarquer que l'on est las de voir la puissance et le glaive entre mes mains ; que l'on saisit avidement ce prétexte ; que l'on se sert du nom espagnol pour affaiblir mon armée, pour amener dans l'empire une nouvelle force qui ne soit pas soumise ? Je vous semble encore trop puissant pour me mettre tout-à-coup de côté; mes conditions portent que toutes les armées impériales seront *sous mes ordres dans toute l'étendue du territoire allemand*: mais il n'y est point question des troupes espagnoles ni de l'infant qui traversent l'empire comme étrangers. C'est ainsi qu'on ruine en silence l'engagement pris avec moi, pour m'affaiblir d'abord, puis me rendre inutile, jusqu'au moment où l'on pourra agir plus librement avec moi. Où tendent ces voies détournées, seigneur ministre? Parlez franchement. L'engagement que l'empereur a pris avec moi lui pèse. Il souhaiterait que je me retirasse. Je veux lui faire ce plaisir; j'en avais pris la résolution, seigneur, même avant que vous fussiez venu. (*Il s'élève parmi les généraux un mouvement qui va toujours croissant.*) J'en suis fâché pour mes capitaines; car je ne vois pas comment ils obtiendront l'argent qu'ils ont avancé et les récompenses qu'ils ont si bien méritées. Un nouveau régime amène des hommes nouveaux, et met bien vite en oubli les anciens services: beaucoup d'étrangers viendront dans l'armée. J'avais coutume de ne chercher dans les hommes que la bravoure et l'habileté; je ne m'informais pas de leur généalogie ni de leur catéchisme: il en ira autrement à l'avenir; mais cela ne me concerne plus en rien.

Il s'assied.

MAX.

Dieu! comment cela a-t-il pu en venir à ce point? Toute l'armée furieuse va se soulever d'une manière terrible. L'empereur a été trompé. Cela est impossible.

ISOLANI.

Cela est impossible; tout s'écroulerait à la fois.

WALLENSTEIN.

Cela est ainsi, fidèle Isolani. Oui, tout va s'écrouler, tout ce que nous avions élevé avec soin. Que l'on batte le tambour, et qu'un autre général, qu'une autre armée, se rassemblent pour servir l'empereur.

MAX, *agité et désolé; court de l'un à l'autre pour les apaiser.*

Écoutez-moi, mon général; écoutez-moi, capitaines. Laisse-toi fléchir, prince; ne résous rien avant que nous ayons délibéré, avant que nous t'ayons fait nos représentations. Venez, mes amis; je l'espère, il est encore temps de tout rétablir.

TERZKY.

Venez, venez; nous retrouverons les autres généraux ici près.

Ils sortent.

BUTTLER, *à Questenberg.*

Si vous voulez suivre un bon conseil, évitez de vous montrer dans ces premiers momens: vous auriez de la peine à préserver votre clef d'or de quelque affront.

On entend du bruit en dehors.

WALLENSTEIN.

Le conseil est sage. Octavio, je te charge de veiller à la sûreté de notre hôte. Je vous salue, monsieur de Questenberg. *Il l'interrompt comme il allait parler.*) Non, rien sur cet odieux sujet. Vous faites votre devoir; je sais distinguer l'homme de sa commission.

Questenberg et Octavio veulent se retirer. Gotz, Tiefenbach, Colalto, entrent suivis de plusieurs autres généraux.

GOTZ.

Où est-il celui qui ose à notre général...

TIEFENBACH, *en même temps.*

Nous ferons tout ce que tu ordonneras de nous.

COLALTO.

Nous voulons vivre et mourir avec toi.

WALLENSTEIN, *montrant Illo avec un air de considération.*

Le feld-maréchal connaît ma volonté.

Il sort.

ACTE TROISIÈME.

Le théâtre représente un appartement.

SCÈNE PREMIÈRE.
ILLO, TERZKY.

TERZKY.

Dites-moi quel est votre dessein. A quoi bon ce festin où vous réunissez ce soir les commandans?

ILLO.

Prêtez-moi attention. Nous avons dressé un acte par lequel nous nous engageons tous conjointement envers le duc, à la vie et à la mort, jusqu'à verser la dernière goutte de notre sang, sauf cependant les devoirs que notre serment de fidélité nous impose envers l'empereur: cette réserve sera expressément énoncée pour rassurer les consciences. Maintenant, écoutez: cet écrit ainsi conçu leur sera présenté avant le repas; aucun n'y verra une objection. Écoutez la suite: après le festin, pendant que le vin animera les esprits, quand les cœurs seront ouverts et les yeux fermés, on substituera un contrat où la clause de réserve sera omise, et ils signeront.

TERZKY.

Comment! pensez-vous qu'ils pourront se croire

engagés par un serment que nous leur aurons surpris par supercherie?

ILLO.

Nous ne les aurons pas moins liés. Ils pourront crier contre la tromperie; mais à la cour on croira plus à cette signature qu'à leurs sermens les plus sacrés; et s'ils passent pour traîtres, il faudra qu'ils le soient en effet. Ils se feront honneur de la nécessité.

TERZKY.

Allons, tout ceci me plaît; et si cela réussit, au moins pourrons-nous enfin aller en avant.

ILLO.

Et puis, ce qui importe le plus n'est pas de réussir auprès des généraux; c'est de persuader le maître. Ils sont à lui. Qu'il agisse vivement et avec décision, comme s'ils lui étaient dévoués; ils le seront, et il les entraînera avec lui.

TERZKY.

Souvent je ne puis rien démêler en lui. Il prête l'oreille aux ennemis : il me laisse écrire à de Thourn, à Arnheim; il se met en avant par d'audacieux discours devant Sesina; il s'entretient avec moi durant des heures entières de ses projets : je crois alors le tenir; tout-à-coup il se dérobe à moi, et il semble qu'il n'ait plus le dessein de rien faire que de demeurer dans la même position.

ILLO.

Lui, renoncer à ses anciens projets! Croyez-moi, pendant la veille, pendant le sommeil, il n'est pas occupé d'une autre idée; chaque jour il interroge les planètes sur ses desseins.

TERZKY.

Et savez-vous que, dans la nuit qui va venir, il doit s'enfermer avec le docteur dans sa tour astrologique pour y faire des observations? car je lui ai entendu dire que c'était une nuit décisive, et qu'il devait se passer au ciel quelque chose de grand, d'attendu depuis long-temps.

ILLO.

Pourvu qu'il en soit de même ici-bas! Les généraux sont maintenant pleins d'ardeur, et se laisseront entraîner à tout pour conserver leur chef. Voyez, nous avons l'occasion sous la main. Nous allons former une ligue contre la cour : le prétexte en est innocent, à la vérité; on veut seulement le maintenir dans le commandement. Mais vous savez que dans la chaleur de l'exécution on perd bientôt de vue son propre but. Je pense que si le prince les trouve bien disposés, disposés à des partis audacieux, les affaires commenceront, la circonstance l'entraînera; il aura déjà fait un grand pas, et qu'à Vienne on ne lui pardonnera pas : ainsi il sera par la force des choses conduit de plus en plus loin. C'est la décision seulement qui lui est difficile. Que la nécessité le presse, et alors il reprendra toutes ses forces, toute son habileté.

TERZKY.

C'est là aussi ce qu'attendent les ennemis pour nous amener une armée.

ILLO.

Venez. Il nous faut, pendant les jours prochains, avancer les choses plus qu'elles ne l'ont été durant des années. Et que tout succède heureusement ici-bas, croyez-moi, nous aurons alors des étoiles favorables. Venez retrouver les commandans. Il faut battre le fer pendant qu'il est chaud.

TERZKY.

Allez-y, Illo. Moi, j'attends ici la comtesse Terzky. Croyez que nous aussi ne serons pas oisifs. Quand une corde se casse, il importe d'en avoir une autre toute prête.

ILLO.

Oui, j'ai vu votre femme sourire d'un air d'intelligence. Qu'y a-t-il?

TERZKY.

C'est un secret. Allez. Elle vient.

SCÈNE II.

LE COMTE *et* LA COMTESSE TERZKY. *Elle est sortie d'un cabinet.*

TERZKY.

Vient-elle? Je n'ai pu la retenir plus long-temps.

LA COMTESSE.

Elle sera bientôt ici. Envoyez-le seulement.

TERZKY.

Je ne sais pas, il est vrai, si le prince sera reconnaissant de ce que nous faisons. Il n'a jamais rien laissé paraître de sa pensée sur ce point, vous le savez. Je me suis laissé persuader par vous, et vous devez savoir jusqu'où vous pouvez aller.

LA COMTESSE.

Je prends tout sur moi. (*A elle-même.*) Je n'ai pas besoin qu'il m'ait donné ses pouvoirs. Oui, mon frère, sans nous parler nous avons su nous entendre. N'ai-je pas deviné pourquoi vous avez fait venir votre fille, pourquoi il a été justement choisi pour l'accompagner? Ces prétendus engagemens avec un futur époux que personne ne connaît, peuvent éblouir d'autres que moi; je vous pénètre. Il ne vous convient pas de prêter la main à de telles choses. Tout est abandonné à ma pénétration; bien! vous verrez que vous ne vous êtes pas mépris dans l'idée que vous avez eue de votre sœur.

UN DOMESTIQUE *entre.*

Les généraux.

Il sort.

TERZKY, *à la Comtesse.*

Songez à exalter sa tête, à lui donner à penser que... Quand il viendra au festin, qu'il n'hésite pas à signer.

LA COMTESSE.

Ne vous occupez que de vos convives. Envoyez-le-moi.

TERZKY.
Car tout dépend de sa signature.
LA COMTESSE.
Allez rejoindre vos convives.
ILLO *revient.*
Qui vous arrête, Terzky? La salle est remplie; on vous attend.
TERZKY.
Tout de suite, tout de suite. (*A la Comtesse.*) Et qu'il ne tarde pas trop long-temps; cela pourrait donner des soupçons à son père.
LA COMTESSE.
Inquiétudes superflues.

Terzky et Illo sortent.

SCÈNE III.
LA COMTESSE TERZKY, MAX PICCOLOMINI.

MAX, *regardant avec timidité.*
Madame, oserai-je? (*Il s'avance jusqu'au milieu de la salle, et la parcourt d'un œil inquiet.*) Elle n'est pas ici. Où est-elle?
LA COMTESSE.
Cherchez bien. Voyez derrière ce paravent; peut-être s'y est-elle cachée.
MAX.
Ah! voici ses gants. (*Il veut les prendre, la Comtesse l'en empêche.*) Vous n'avez point de bonté, madame; vous me refusez. Vous prenez plaisir à me tourmenter.
LA COMTESSE.
Quel remerciement de mes soins!
MAX.
Ah! concevez quelle doit être ma peine! Depuis que nous sommes ici, n'avoir pas osé hasarder une parole, un regard! Je n'étais pas habitué à cette rigueur.
LA COMTESSE.
Il faudra bien, mon beau chevalier, vous habituer a d'autres privations. Il faut que je sois assurée de votre docilité; c'est seulement à cette condition que je puis me mêler de tout ceci.
MAX.
Mais où est-elle? pourquoi ne vient-elle pas ici?
LA COMTESSE.
Il faut que vous remettiez tous vos intérêts entre mes mains. Et qui mieux que moi pourrait vous entendre? Aucun homme, pas même votre père, n'en doit rien savoir, rien absolument.
MAX.
Il n'est pas nécessaire de me le recommander. Il n'est pas une physionomie ici dont l'expression s'accorde en rien avec tout ce qui émeut mon âme ravie. Ah! madame, sont-ils tous insensés, ou moi seul le suis-je? Je me vois comme au milieu d'un peuple étranger; je ne retrouve plus en moi aucune trace de mes anciens ennuis, de mes anciens plaisirs. Que sont-ils devenus? Autrefois, cependant, je vivais content au milieu de ce monde! Combien aujourd'hui tout m'y paraît insipide et vulgaire! Mes compagnons me sont devenus insupportables; mon père lui-même, je ne trouve plus rien à lui dire. Le service, les armes, me semblent d'inutiles minuties. C'est ce qu'éprouverait une âme bienheureuse, qui, du séjour des joies éternelles, reviendrait à ses jeux puérils, à ses occupations, à ses penchans, à ses liaisons et à toute sa misérable humanité.
LA COMTESSE.
Je vous prie cependant de jeter encore un regard sur tout ce monde vulgaire, où se passent maintenant d'importantes choses.
MAX.
Il se passe ici quelque chose autour de moi; je m'en aperçois à ce mouvement, à ce tumulte inaccoutumés. Quand tout sera prêt et décidé, je le saurai. Où croyez-vous que j'étais, madame? Ne me raillez point. Ce bruit du camp, cette foule importune d'hommes que je connais, cette insipide gaieté, ces inutiles discours m'oppressaient, je me sentais à l'étroit; j'ai cherché le silence nécessaire à ce cœur trop plein, j'ai cherché à mon bonheur un asile pur. Ne riez point, comtesse, j'étais à l'église. Près d'ici est un cloître, je suis allé à la porte du sanctuaire. Là j'étais seul. Au-dessus de l'autel est suspendue l'image de *la* mère de Dieu, un mauvais tableau. C'est le seul ami qu'en ce moment j'aie voulu chercher. Combien de fois j'avais vu la Divinité dans son éclat, et l'ardeur des fidèles! Ce spectacle ne m'avait point ému, et maintenant tout-à-coup j'ai compris la dévotion aussi bien que l'amour.
LA COMTESSE.
Jouissez de votre bonheur; oubliez le monde qui est autour de vous. L'amitié doit pendant ce temps agir pour vous avec soin et vigilance. Soyez seulement obéissant lorsqu'on vous montrera le chemin qui peut vous conduire au bonheur.
MAX.
Mais qui peut l'arrêter? Ah! temps heureux du voyage où l'aurore nous réunissait, où la nuit seule nous séparait! Le sable des horloges ne s'écoulait point, les heures ne sonnaient point. Le temps était pour nous comme pour les bienheureux, il avait suspendu sa course éternelle. Ah! celui-là est déjà déchu du ciel, qui est contraint de s'apercevoir de la succession du temps. La cloche ne sonne point les heures pour les cœurs heureux.
LA COMTESSE.
Depuis combien de temps avez-vous ouvert votre cœur?
MAX.
C'est ce matin que j'ai osé dire la première parole.
LA COMTESSE.
Quoi! aujourd'hui pour la première fois, durant ces vingt jours?
MAX.
C'était dans ce pavillon de chasse où vous nous avez rencontrés, entre ici et Népomuce, à la dernière station de notre route. Nous étions dans

l'embrasure d'une fenêtre; nos regards étaient fixés en silence sur l'étendue de la campagne; les dragons que le duc envoyait pour nous escorter arrivaient vers nous. Les angoisses de cette prochaine séparation me déchiraient. Enfin, en tremblant, je hasardai ces paroles : « Tout ceci me » rappelle, madame, qu'il faut aujourd'hui me » séparer de mon bonheur : dans peu de momens, » vous allez retrouver un père; vous serez en- » tourée de nouveaux amis, et moi, je ne serai » plus pour vous qu'un étranger perdu dans la » foule. » — « Parlez à madame de Terzky, » me répliqua-t-elle rapidement. Sa voix tremblait; je vis un rouge brûlant colorer son visage charmant; et ses yeux fixés sur la terre, se relevant lentement, rencontrèrent les miens. Je ne fus plus maître de moi. (*La Princesse paraît à une porte et s'arrête. La Comtesse la voit, mais non pas Piccolomini.*) Je la pressai audacieusement dans mes bras, et ma bouche rencontra la sienne. Nous entendîmes du bruit dans la salle voisine ; c'était vous. Vous savez maintenant tout ce qui est arrivé.

LA COMTESSE, *après un instant de silence, et jetant un regard d'intelligence sur Thécla.*

Et êtes-vous donc si timide ou si peu curieux que vous ne me demandiez pas, à moi aussi, mon secret?

MAX.

Votre secret!

LA COMTESSE.

Mais oui; je suis entrée dans la chambre comme vous en sortiez, j'y ai trouvé ma nièce; est-ce que dans ce premier moment, son cœur surpris...

MAX, *vivement.*

Eh bien!

SCÈNE IV.

Les Précédens; THÉCLA, *qui s'est avancée rapidement.*

THÉCLA.

Épargnez-vous ce soin, ma tante; il l'entendra mieux encore de ma bouche.

MAX *se recule.*

C'est vous, madame! Que m'avez-vous fait dire, madame de Terzky?

THÉCLA, *à la Comtesse.*

Est-il depuis long-temps ici?

LA COMTESSE.

Oui, et il n'a que peu de momens à y passer. Où êtes-vous restée si long-temps?

THÉCLA.

Ma mère était encore dans les larmes, je la voyais souffrir ; et cependant je ne puis m'empêcher d'être heureuse.

MAX, *uniquement occupé à la regarder.*

Maintenant votre aspect relève mon courage; il n'en était pas ainsi ce matin : l'éclat des pierreries dont vous étiez ornée me dérobait la vue de ma bien-aimée.

THÉCLA.

Ainsi vous me regardiez des yeux, et non pas du cœur.

MAX.

Ah! ce matin, lorsque je vous ai aperçue au milieu de votre famille, dans les bras d'un père, je me sentais étranger au milieu de ce cercle. Combien j'étais oppressé de vous voir l'entourer de vos caresses, de vous entendre lui donner le nom de père! Son regard sévère vous forçait à renfermer en vous-même vos sensations vives et tendres. Tous ces diamans, cette couronne de brillantes étoiles dont vous étiez entourée, m'effrayaient. Ah! pourquoi, en vous revoyant, votre père semblait-il tracer autour de vous un cercle qu'on ne pouvait franchir? pourquoi parer comme une victime une créature toute céleste? pourquoi imposer à votre noble cœur le triste fardeau de votre rang? L'amour osait bien s'approcher de l'amour; mais un roi seul eût osé s'approcher de vous parmi cette splendeur.

THÉCLA.

Ne parlons plus de ce travestissement; vous voyez si j'ai été empressée à me délivrer de son poids. (*A la Comtesse.*) Il semble inquiet : pourquoi le serait-il? Chère tante, pourquoi l'avez-vous troublé? il était tout autre pendant le voyage; il était tranquille, serein, plein d'une douce satisfaction. C'est ainsi que je veux toujours le voir, jamais autrement.

MAX.

Vous vous trouvez dans les bras d'un père, au milieu d'un monde nouveau qui vous rend hommage, et vos yeux seront éblouis, ne fût-ce que par la nouveauté de ce spectacle.

THÉCLA.

Oui, bien des choses me charment ici, je ne veux pas le nier; je me plais à voir ce théâtre mouvant et guerrier que souvent mon imagination s'était représenté avec charme ; je vois maintenant en réalité et en action ce que je m'étais seulement figuré dans de beaux songes.

MAX.

Et moi, au contraire, je vois s'évanouir comme un songe un bonheur qui était réel. De cette région sublime et éthérée où j'ai vécu pendant ces derniers jours, je suis retombé sur la terre; et ce passage, qui m'a ramené à mon ancienne vie, m'a conduit hors du ciel.

THÉCLA.

La vie se montre sous un plus doux aspect quand on porte dans son cœur un trésor assuré; après avoir porté les regards hors de soi, on revient avec plus de satisfaction au bien précieux que l'on possède. (*Elle s'interrompt, puis reprend d'un ton triste.*) Que j'ai vu de choses nouvelles et extraordinaires dans peu de momens! et cependant tout cela doit être loin encore des prodiges que renferme ce mystérieux château.

LA COMTESSE, *réfléchissant.*
Qu'est-ce donc? Je connais cependant bien les plus obscurs détours de cette maison.

THÉCLA, *souriant.*
Nous sommes ici en sûreté contre les esprits; j'ai vu deux vieillards qui faisaient la garde devant la porte.

LA COMTESSE, *en riant.*
Ah! oui, la tour astrologique. Et comment ce sanctuaire, qui était autrefois si sévèrement interdit, s'est-il sitôt ouvert devant vous dès votre arrivée?

THÉCLA.
Un petit homme vieux, à la blanche chevelure, dont la physionomie était amicale, et qui m'a tout de suite accueillie avec bienveillance, m'a ouvert la porte.

MAX.
C'est l'astrologue du duc, Seni.

THÉCLA.
Il m'a demandé bien des choses : l'époque de ma naissance, le jour, l'heure; si c'était de jour ou de nuit.

LA COMTESSE.
C'est qu'il voulait tirer votre horoscope.

THÉCLA.
Il a aussi examiné ma main, et il secouait la tête d'un air significatif; il semblait que les lignes ne lui plaisaient pas.

LA COMTESSE.
Comment vous trouviez-vous donc dans cette salle? Je ne l'ai jamais aperçue qu'en passant.

THÉCLA.
J'ai d'abord été surprise et effrayée, en quittant tout à coup la lumière du jour pour y entrer. Je me suis soudain trouvée dans une nuit obscure, qu'éclairaient seulement quelques lueurs faibles et rares. En cercle autour de moi étaient rangées six ou sept grandes figures de rois, le sceptre à la main; une étoile se voyait au-dessus de la tête de chacun d'eux; et toute la clarté répandue dans la tour semblait venir de ces seules étoiles. Ce sont les planètes, m'a dit mon guide; et elles règnent sur le destin, ou les représente comme des rois. Le dernier, ce vieillard triste et sombre dont l'étoile est d'un jaune obscur, c'est Saturne. Celui dont la clarté est rougeâtre, et que vous voyez au-dessus de lui couvert d'une armure, c'est Mars : et tous deux ne sont pas propices aux hommes. À côté, c'est une femme, elle est belle; une étoile brille d'un doux éclat au-dessus de sa tête : c'est Vénus, l'astre des plaisirs. À gauche se montre Mercure aux ailes légères. Au milieu brille d'un éclat argenté une figure au front serein, au maintien royal; c'est Jupiter, le père des astres; et le soleil et la lune se tiennent à ses côtés.

MAX.
Ah! je ne veux pas réprouver cette croyance aux étoiles et à la puissance des esprits. Ce n'est pas seulement par orgueil que l'homme peuple l'espace de forces mystérieuses, d'esprits inconnus; la nature commune est aussi trop étroite pour un cœur aimant; et les fables dont on berça mon enfance cachent un sens plus profond que le train réel de la vie. Le monde éclatant des merveilles est le seul qui réponde au ravissement de mon cœur; il m'ouvre les espaces éternels, il étend de tous côtés mille branches sur lesquelles se balance mon esprit enivré. Le merveilleux est la vraie patrie de l'amour; il se complaît avec les fées, avec les talismans; il croit volontiers aux divinités, parce que lui-même est divin. Les dieux de l'antique fable ne sont plus, leur race brillante a disparu; cependant ils vivent encore dans le langage du cœur. Ces noms antiques sont en usage comme jadis. Ces divinités, qui autrefois se mêlaient avec grâce à la vie humaine, placées maintenant dans le ciel avec les étoiles, se font reconnaître à leurs adorateurs; et de nos jours encore Jupiter préside à la puissance, et Vénus à la beauté.

THÉCLA.
Si tel est l'art de l'astrologie, je veux m'attacher à cette douce croyance. C'est une pensée heureuse et chère que de se figurer que dans les hauteurs de l'infini, parmi les étoiles étincelantes, les liens d'amour qui devaient nous unir étaient déjà tissus quand nous avons commencé d'exister.

LA COMTESSE.
Ces nœuds formés d'avance dans le ciel ne sont pas toujours tissus de fleurs; on y trouve aussi des épines : heureux si vous en êtes préservés. Ce que Vénus, l'astre du bonheur, a produit, peut être soudainement renversé par Mars et son influence funeste.

MAX.
Son triste règne va bientôt finir. Que le pieux zèle du prince soit béni! Il entrelacera l'olivier et le laurier, il donnera la paix à l'heureux univers. Son grand cœur n'a plus rien à souhaiter, il en a fait assez pour la gloire; maintenant il peut vivre pour lui et pour les siens; il retournera au milieu de ses possessions. Gitschin est un beau séjour; Reichenberg et le château de Friedland sont magnifiques aussi. Ses parcs et ses forêts s'étendent jusqu'au pied des monts Sudètes. Là il peut mener librement une vie fastueuse et dignement occupée, encourager royalement tous les arts, et protéger tout ce qui mérite les soins d'un noble seigneur. Il peut construire, planter, observer les astres. Et s'il ne savait pas calmer une indomptable activité, ne peut-il pas combattre avec les élémens, détourner les fleuves, renverser les rochers, et ouvrir au commerce des routes faciles? Dans les longues soirées d'hiver, nous ferons les récits de nos aventures guerrières.

LA COMTESSE.
Je dois cependant vous conseiller de ne pas tant vous hâter de déposer l'épée. Une épouse comme Thécla est bien digne d'être conquise à la pointe du glaive.

MAX.
Eh quoi! serait-ce par les armes que je dois l'obtenir?

LA COMTESSE.

Qu'est-ce donc? N'entendez-vous rien? Il me semble que j'entends du tumulte et de violens débats dans la salle du festin.

Elle sort.

SCÈNE V.

THÉCLA et MAX PICCOLOMINI.

THÉCLA, *dès que la Comtesse s'est éloignée, dit promptement et à voix basse à Piccolomini.*
Ne vous fiez pas à eux; ils ne sont pas sincères.

MAX.

Il se pourrait!

THÉCLA.

Ne vous fiez à personne qu'à moi. Ils ont un but, je m'en suis aperçue sur-le-champ.

MAX.

Un but! et lequel? Et c'est pour cela qu'ils auraient encouragé nos espérances?

THÉCLA.

Je ne sais; mais croyez-moi, ce n'est pas de nous rendre heureux, de nous unir qu'ils s'occupent.

MAX.

Aussi pourquoi cette madame de Terzky? N'avons-nous pas ta mère? Elle est bonne, elle mérite que nous ayons pour elle une confiance filiale.

THÉCLA.

Oui, elle t'aime, elle t'estime au-dessus de tout; mais elle n'aurait jamais le courage de cacher ce mystère à mon père; pour son repos il faut le lui cacher.

MAX.

Mais pourquoi du mystère? Sais-tu ce que je vais faire? Je vais me jeter aux pieds de ton père; il décidera de mon bonheur; il est sincère, sans dissimulation, il abhorre les voies détournées; il est si noble et si bon!

THÉCLA.

C'est toi qui es noble et bon.

MAX.

Tu le connais depuis aujourd'hui seulement; moi, j'ai déjà vécu dix ans sous ses yeux. Serait-ce donc la première fois qu'il eût fait une chose surprenante, inespérée? Il est dans son caractère de se manifester tout d'un coup comme un dieu; toujours il fait naître un étonnement, un ravissement subits. Qui sait si dans ce moment même il n'attend pas mon aveu et le tien pour nous unir? Tu te tais? Tu me regardes avec l'air du doute? Qu'as-tu contre ton père?

THÉCLA.

Moi, rien; seulement je trouve qu'il est trop occupé pour avoir le temps et le loisir de songer à notre bonheur. (*Elle lui tend la main avec tendresse.*) Imite-moi; n'ayons pas trop de confiance aux hommes. Montrons-nous reconnaissans envers Terzky et la comtesse pour chaque obligation que nous leur aurons; mais ne nous fions à eux qu'autant qu'ils en sont dignes : pour le reste, abandonnons-nous à notre cœur.

MAX.

Ne serons-nous donc jamais heureux?

THÉCLA.

Et ne le sommes-nous pas? N'es-tu pas à moi? ne suis-je pas à toi? Ton âme est remplie d'un noble courage, et l'amour me l'inspire aussi. Je devrais avoir moins de franchise, mon cœur devrait se cacher à toi davantage, la coutume l'ordonne ainsi. Mais où trouverais-tu la vérité ici, si tu ne l'entendais pas de ma bouche? Nous nous sommes rencontrés, tenons-nous maintenant enlacés, fermement et pour toujours. Crois-moi, c'est beaucoup plus qu'ils n'en veulent faire pour nous. Cachons donc notre bonheur au fond de notre cœur comme un larcin sacré. Ce don du ciel est tombé sur nous; remercions le ciel de son bienfait, et peut-être pour nous il fera un miracle.

SCÈNE VI.

LES PRÉCÉDENS, LA COMTESSE TERZKY.

LA COMTESSE, *précipitamment.*

Mon mari m'envoie ici. Voici le moment important. Il faut qu'il se rende au festin. (*Ils n'ont point fait attention à ce qu'elle a dit; elle s'avance entre eux.*) Séparez-vous.

THÉCLA.

Non, pas encore; il y a à peine un instant qu'il est ici.

LA COMTESSE.

Le temps s'écoule rapidement pour vous, ma nièce.

MAX.

Il n'y a rien de pressé, madame.

LA COMTESSE.

Partez, partez; on s'aperçoit de votre absence; votre père vous a déjà demandé deux fois.

THÉCLA.

Eh bien! son père...

LA COMTESSE.

Vous l'entendez, ma nièce.

THÉCLA.

Doit-il donc être sans cesse avec ses compagnons? ce n'est pas là sa place. Ce sont des hommes graves et expérimentés; il est trop jeune pour être au milieu d'eux; cela ne convient pas.

LA COMTESSE.

Comment! voudriez-vous le retenir ici?

THÉCLA, *vivement.*

Comme vous le dites, c'est là ma pensée. Oui, qu'il reste ici, qu'il laisse les généraux discourir.

LA COMTESSE.

Êtes-vous donc insensée, ma nièce? Comte, vous savez les conséquences.

MAX.

Il faut obéir, madame; adieu. (*Thécla se détourne de lui.*) Que dites-vous?

THÉCLA, *sans le regarder.*
Rien; vous le voyez.
MAX.
Puis-je, si vous êtes irritée...

Il s'approche d'elle. Leurs yeux se rencontrent. Elle se tait un moment, puis se jette dans ses bras; il la presse sur son cœur.

LA COMTESSE.
Partez; si quelqu'un entrait! J'entends du tumulte, des voix étrangères s'approchent.

Max s'arrache des bras de Thécla et sort : la Comtesse l'accompagne. Thécla la suit d'abord des yeux, elle se promène avec agitation dans la salle, puis s'arrête perdue dans ses pensées. Une guitare est sur la table, elle la prend, et après avoir un instant préludé tristement, elle chante.

SCÈNE VII.

THÉCLA *joue de la guitare et chante.*

Dans la forêt le vent gémit,
Il entraîne au loin les nuages,
La vague avec un triste bruit
Vient se briser sur les rivages.
La nuit vient, le jour a fini :
Au gré de ses douleurs, errante,
L'œil de ses larmes tout rempli,
La jeune fille pleure et chante.

Mon cœur est mort à tout plaisir,
Me voici seule sur la terre;
Je ne forme plus de désir,
Au monde je n'ai plus affaire.
Mon Dieu, rappelle ton enfant.
J'ai pu par ta grâce infinie
Goûter le bonheur le plus grand
Je fus aimée, adieu la vie.

SCÈNE VIII.

LA COMTESSE *revient*, THÉCLA.

LA COMTESSE.
Comment, ma nièce, est-il possible! vous vous jetez à sa tête! Vous devriez cependant, je pense, attacher plus de prix à vous-même.

THÉCLA *se lève.*
Que voulez-vous dire, ma tante?

LA COMTESSE.
Oui vous ne devez pas oublier qui vous êtes et qui il est. Vous ne vous en êtes nullement souvenue, ce me semble.

THÉCLA.
Comment?

LA COMTESSE.
Vous êtes la fille du prince Friedland?

THÉCLA.
Eh bien! que s'ensuit-il?

LA COMTESSE.
Ce qui s'ensuit? Quelle question!

THÉCLA.
Ce que nous avons acquis, il l'a par sa naissance. Il est d'une antique race lombarde; sa mère était une princesse.

LA COMTESSE.
Êtes-vous en délire? On devrait, à vous entendre, le supplier humblement de faire, par le don de sa main, le bonheur de la plus riche héritière de l'Europe.

THÉCLA.
Cela ne serait pas nécessaire.

LA COMTESSE.
En effet, il ne faudrait pas s'exposer à un refus.

THÉCLA.
Son père l'aime; le comte Octavio n'y mettrait sûrement aucune opposition.

LA COMTESSE.
Son père! son père! Et le vôtre, ma nièce?

THÉCLA.
Eh bien! il me semble que vous craignez son père, puisque vous mettez tant de mystère envers lui, envers son père.

LA COMTESSE *la regarde avec pénétration.*
Vous ne parlez point sincèrement, ma nièce.

THÉCLA.
Soyez sensible, ma tante; soyez bonne.

LA COMTESSE.
Vous croyez déjà vos projets accomplis, ne vous réjouissez pas si tôt.

THÉCLA.
Soyez bonne.

LA COMTESSE.
Vous n'êtes pas encore si avancés.

THÉCLA.
Je le sais bien.

LA COMTESSE.
Pensez-vous qu'il ait passé une vie si importante au milieu des travaux de la guerre, qu'il ait renoncé au bonheur du repos; qu'il ait chassé le sommeil de sa couche; qu'il ait environné sa noble tête de soins et de soucis, seulement pour assortir un heureux couple d'amans? Croyez-vous qu'il vous ait tirée de votre couvent pour vous mener en triomphe dans les bras de l'homme qui a plu à vos yeux? Il n'eût pas fallu tant de peine pour arriver à un tel but. Il n'a pas semé pour que vous veniez, d'une main enfantine, cueillir des fleurs et parer votre sein d'un ornement frivole.

THÉCLA.
Bien qu'il n'ait pas semé pour moi, ne pourrais-je pas librement recueillir les nobles fruits de ses travaux? Et si le destin indulgent et favorable voulait que cette existence merveilleuse et redoutable servît à assurer le bonheur de ma vie...

LA COMTESSE.
Tu penses comme une jeune fille éprise d'amour. Regarde autour de toi, songe au lieu où tu es; tu n'es pas entrée dans le séjour du plaisir. Dis-moi, les murs sont-ils ornés pour célébrer un hymen? les convives sont-ils couronnés de fleurs? Il n'est ici d'autre éclat que celui des armes. Penses-tu que l'on ait rassemblé ces milliers d'hommes pour former le cortége de ta noce?

Regarde le front pensif de ton père, les yeux de ta mère remplis de larmes ; le destin de notre maison est en ce moment dans la balance. Laisse là les sentimens puérils d'une jeune fille, quitte tous ces humbles désirs ; montre que tu es la fille du grand homme. La femme ne s'appartient pas à elle-même, elle est pour toujours attachée au destin d'autrui, et elle vaut d'autant plus qu'elle sait mieux s'associer de choix et de cœur à cet intérêt étranger, pour le servir et le soigner avec dévouement et amour.

THÉCLA.

C'est ce que l'on me répétait dans le cloître. Je ne formais aucun désir, je ne voyais en moi que sa fille. Cette renommée du grand homme, le bruit de sa gloire me subjuguaient aussi, et ne me donnaient pas un autre sentiment que celui de lui appartenir, et de me dévouer à lui quoi qu'il m'en pût coûter.

LA COMTESSE.

C'est là ton sort ; accomplis-le sans murmure ; ta mère et moi te donnerons l'exemple.

THÉCLA.

Le destin me l'a montré, celui auquel je dois me dévouer, et je le suivrai avec joie.

LA COMTESSE.

Ton cœur te l'a montré, ma chère enfant, mais non pas le destin.

THÉCLA.

La voix du cœur est aussi la voix du destin. Je suis à lui ; c'est de lui seul que je tiens cette nouvelle vie dont j'existe ; il a des droits sur sa création. Qu'étais-je avant que son noble cœur m'eût donné une âme ? dois-je donc m'estimer moins qu'il ne m'estime ? Non, celle qui possède un trésor inappréciable ne saurait être sans valeur. Je sens que mon bonheur me prête de la force. La vie devient sérieuse pour les âmes sérieuses ; je m'appartiens à moi-même, je le sais. J'ai appris à connaître en moi une volonté forte et indomptable, et tout en moi est attaché à cet intérêt suprême.

LA COMTESSE.

Voudrais-tu donc résister à ton père s'il avait autrement ordonné de ton sort ? Penses-tu le contraindre ? Sais-tu, enfant, qu'il se nomme Friedland ?

THÉCLA.

N'est-ce pas aussi mon nom ? et ne doit-il pas trouver en moi une fille digne de lui ?

LA COMTESSE.

Quoi ! un souverain, son empereur, ne le domine pas, et toi, sa fille, tu veux lutter avec lui !

THÉCLA.

Ce que personne n'ose, sa fille peut l'oser.

LA COMTESSE.

Certes, il n'est pas préparé à une telle chose. Eh quoi ! il aurait vaincu tous les obstacles, et il lui faudrait soutenir un nouveau combat contre les volontés de sa fille ! Enfant, enfant, tu n'as encore vu que le sourire de ton père ; tu n'as pas encore aperçu la colère dans ses yeux. Ta voix tremblante osera-t-elle à cet aspect hasarder une contradiction ? Tandis que tu es seule, tu peux en toi-même prendre de fortes résolutions, préparer d'éloquens discours, et armer la colombe d'un cœur de lion. Essaie cependant, quand son regard sera fixement tourné sur toi, essaie de dire : Non ; tu seras devant lui telle que la tendre fleur devant le rayon ardent du soleil. Je ne veux pas t'effrayer, chère enfant ; j'espère que nous n'en viendrons pas à de telles extrémités. Je ne sais pas quelle est sa volonté. Peut-être son dessein s'accorde-t-il avec tes désirs. Cependant son intention ne peut jamais être que sa fille, illustrée par un si heureux destin, se montre telle qu'une amante éperdue, et se précipite vers un homme qui doit, s'il est destiné à une si haute récompense, la mériter par l'amour le plus dévoué.

Elle sort.

SCÈNE IX.

THÉCLA, seule.

Je te remercie de tes avis : ils changent en certitude mes tristes soupçons. Est-il donc vrai que nous n'ayons aucun ami, que nous ne puissions rencontrer ici un cœur sincère ? Nous n'avons rien que nous-mêmes ; nous sommes menacés de rudes combats. Toi, amour, divin amour, donne-nous des forces. Ah ! elle dit bien vrai ; les astres ne se montrent pas favorables à l'union de nos cœurs ; l'espérance n'habite point en ce lieu ; le triste bruit de la guerre y retentit seul, et l'amour lui-même, comme s'il était revêtu d'acier, semble avoir à soutenir un combat à mort. Un esprit funeste plane sur notre maison, et le destin veut rapidement nous précipiter à notre fin. Il m'a tirée de mon paisible asile ; il a ébloui mon âme par un doux enchantement ; il m'a attirée par de célestes apparences ; et plus je me suis approchée, plus je les ai vues vaciller devant moi. Il m'entraîne dans l'abîme avec une force divine, et je ne puis résister. (*On entend dans l'éloignement la musique du festin.*) Ah ! quand une maison est destinée à périr par le feu, le ciel rassemble ses nuages au-dessus d'elle, la foudre s'échappe du firmament, les flammes s'élancent hors des gouffres de la terre, et les dieux même du plaisir, dans leur aveugle transport, excitent les flammes de l'incendie.

Elle sort.

ACTE QUATRIÈME.

Le théâtre représente une grande salle pompeusement illuminée. Au milieu, dans le fond, est dressée une table richement servie où sont assis huit généraux, parmi lesquels Octavio Piccolomini, Terzky et Maradas. A droite et à gauche, et plus en arrière, sont deux tables : six convives sont placés autour de chacune. En avant est le buffet; le devant de la scène reste libre, et l'on y voit les pages et les domestiques occupés à servir. Les musiciens du régiment de Terzky sont dispersés sur le théâtre autour des tables. Pendant qu'ils se retirent, on voit paraître Max Piccolomini; Terzky tenant un papier, Isolani, une coupe à la main, viennent à sa rencontre.

SCÈNE PREMIÈRE.
ISOLANI, COLALTO, GOTZ, TERZKY et MAX.

ISOLANI.

Eh! notre cher camarade, où étiez-vous donc caché? Vite, prenez votre place. Terzky a donné à discrétion le plus vieux et le meilleur vin. Cela se passe aujourd'hui tout comme le jour d'Heidelberg. Vous avez déjà manqué le meilleur. Ils se sont partagé à table les principautés d'Eggenberg, de Slawata, de Lichtenstein; on a adjugé les biens de Sternberg; les plus beaux fiefs de la Bohême sont distribués. Mais dépêchez; il vous reviendra encore quelque chose. Allons, vite, asseyez-vous.

COLALTO *et* GOTZ *crient à la seconde table.*

Comte Piccolomini!

TERZKY.

Il sera à vous tout-à-l'heure. Lis cette formule de serment; vois si nous l'avons dressée d'une manière qui te convienne. Tous l'ont lue l'un après l'autre, et chacun signera son nom au bas.

MAX *lit.*

« *Ingratis servire nefas.* »

ISOLANI.

Ça ressemble à du latin. Camarade, comment, ça se dit-il en allemand?

TERZKY.

« Un honnête homme ne doit pas servir les ingrats. »

MAX.

» Notre très-puissant général, le sérénissime
» prince de Friedland, nous ayant fait connaître
» que des chagrins sensibles et nombreux lui fai-
» saient désirer de quitter le service de l'empe-
» reur; mais s'étant ensuite laissé toucher par
» nos prières unanimes, et ayant consenti à de-
» meurer à l'armée et à ne pas se séparer de nous
» sans notre consentement, nous nous engageons
» de notre côté tous solidairement, et chacun en
» particulier, par un serment solennel, à lui être
» soumis et fidèles, à ne le quitter en aucune
» façon, à sacrifier pour lui tout ce qui nous ap-
» partient jusqu'à la dernière goutte de notre
» sang, dans tout ce qui peut s'accorder avec le
» serment que nous avons prêté à l'empereur.

» (*Isolani répète ces derniers mots.*) Et aussi, si
» l'un ou l'autre de nous, manquant à cette pro-
» messe, venait à se séparer de la cause commune,
» nous nous engageons à le déclarer traître et
» parjure, et à exercer contre lui une punition en
» sa personne ou en ses biens. En foi de quoi
» avons signé de notre nom le présent écrit. »

TERZKY.

Veux-tu signer ce papier?

ISOLANI.

Et pourquoi ne signerait il pas? Tout officier qui a de l'honneur peut... doit... De l'encre et une plume.

TERZKY.

C'est bien; après le repas.

ISOLANI, *entraînant Max.*

Venez, venez.

Tous deux s'en vont à la table.

SCÈNE II.
TERZKY, NEUMANN.

TERZKY *fait signe à Neumann, qui est auprès du buffet, et l'entraîne sur le devant du théâtre.*

Apportes-tu ce papier, Neumann? donne. Est-il disposé de façon qu'on puisse facilement le substituer?

NEUMANN.

Il est copié ligne pour ligne. On n'y a rien omis que la phrase sur le serment, comme Votre Excellence l'a ordonné.

TERZKY.

Bien; pose-le ici; et celui-là, vite au feu! Il a maintenant fait son office.

Neumann met la copie sur la table, et retourne vers le buffet.

SCÈNE III.
ILLO *a quitté la seconde table;* TERZKY.

ILLO.

Comment cela va-t-il avec Piccolomini?

TERZKY.

Bien, je pense; il n'a fait aucune objection.

ILLO.

Il est le seul auquel je ne me fie pas, lui et son père ; ayez l'œil sur tous les deux.

TERZKY.

Comment cela se passe-t-il à votre table ? J'espère que vous tenez vos convives un peu échauffés.

ILLO.

Ils sont tout cœur. Je pense que nous les avons. Il ne s'agit déjà plus de savoir si l'on doit par honneur rester attaché au duc : pourvu qu'on soit bien uni, dit Montécuculli, on ira faire entendre raison à l'empereur au milieu de sa ville de Vienne. Croyez-moi, si ce n'était ce Piccolomini, nous aurions pu nous épargner la supercherie.

TERZKY.

Que veut Buttler? Taisons-nous.

SCÈNE IV.

LES PRÉCÉDENS, BUTTLER.

BUTTLER, *quittant la seconde table.*

Ne vous troublez pas, feld-maréchal ; je vous ai bien entendu ! bon succès à vos desseins : et quant à ce qui me touche, (*mystérieusement*) vous pouvez compter sur moi.

ILLO, *vivement.*

Le pouvons-nous ?

BUTTLER.

Avec ou sans la clause ; que m'importe à moi? vous m'entendez. Le prince, en toute occasion, peut compter sur ma fidélité ; dites-le lui. Je suis officier de l'empereur aussi long-temps qu'il sera général de l'empereur ; et je suis serviteur de Friedland dès qu'il lui plaira de n'avoir plus de maître.

TERZKY.

Vous feriez ainsi un bon échange. Ce ne serait plus un maître avare, un Ferdinand que vous serviriez.

BUTTLER, *d'un ton sérieux.*

Ce n'est pas une foi vénale que je vous offre, comte Terzky ; il y a six mois que rien ne vous eût fait obtenir de moi ce que je promets aujourd'hui de mon propre mouvement. Je me donne au duc, moi et tout mon régiment ; et l'exemple que je donne ne sera pas, je pense, sans influence.

ILLO.

Qui ne sait pas que le colonel Buttler a toujours servi d'exemple à toute l'armée ?

BUTTLER.

Le croyez-vous ainsi, feld-maréchal ? Eh bien ! je n'ai aucun regret à une fidélité gardée durant quarante années ; j'échange volontiers une bonne renommée conservée jusqu'à soixante ans, pour obtenir pleine vengeance. Ne vous offensez pas de mes discours, messieurs ; pour quelque motif que je sois à vous, cela vous est indifférent ; vous ne vous attendiez pas vous-même, je l'espère, que vos projets me feraient dévier de mes loyales opinions, et que l'inconstance, la subite colère, ou tout autre frivole motif, détourneraient un vieillard de la route de l'honneur qu'il a si long-temps suivie. Venez ; ma résolution n'en est pas moins ferme, pour avoir été prise d'après un motif dont je me rends compte.

ILLO.

Dites-nous franchement pour qui nous devons vous tenir.

BUTTLER.

Pour un ami ! donnez-moi la main. Moi, avec tout ce qui est à moi, je suis à vous. Le prince n'a pas besoin d'hommes seulement, il lui faut de l'argent. Tout ce que j'ai acquis est à son service, je le lui prête ; s'il me survit, il sera mon héritier ; depuis long-temps cela est écrit dans mon testament. Je suis seul dans le monde ; je ne connais pas ce sentiment qui attache l'homme à une épouse chérie, à des enfans aimés ; mon nom meurt avec moi. Mon existence finit là.

ILLO.

Il n'est pas besoin de votre argent : un cœur comme le vôtre vaut des millions de tonnes d'or.

BUTTLER.

Je vins autrefois d'Irlande à Prague, comme jeune valet d'armée, avec un maître que j'enterrai. Du service ignoble de l'écurie je suis monté, par le hasard de la guerre, jusqu'à cette dignité, jusqu'à cette élévation où je suis, jouet des destins fantasques. Wallenstein est aussi l'enfant de la fortune, et j'aime une route qui ressemble à celle que j'ai suivie.

ILLO.

Il y a une parenté entre toutes les âmes fortes.

BUTTLER.

Nous sommes à une grande époque, favorable aux hommes qui ont de la bravoure et de la résolution. Les villes et les châteaux circulent de main en main comme la plus chétive monnaie, et appartiennent au premier occupant. Les héritiers des antiques maisons sont dépossédés ; on voit paraître de nouveaux noms, des écussons nouveaux ; un peuple du Nord essaie de devenir par la force citoyen de la terre allemande. Le prince de Weimar s'apprête à former par la conquête une puissante principauté sur le Mein. Il n'a manqué à Mansfeld, à Halberstadt, qu'une plus longue vie pour s'assurer par leur épée et leur audace une seigneurie indépendante. Lequel d'entre eux approche de notre Friedland ? Il n'est rien de si haut où le brave ne puisse appliquer l'échelle pour y monter.

TERZKY.

Voilà qui est parler en homme.

BUTTLER.

Assurez-vous des Espagnols et des Italiens. Moi, je vous réponds de Lessloy l'Ecossais. Rejoignons nos camarades, allons.

TERZKY.
Où est le sommelier? Allons, donne tout ce que tu as! les meilleurs vins! l'occasion est bonne. Nos affaires vont bien.

Chacun s'en va à sa table.

SCÈNE V.

LE SOMMELIER *et* NEUMANN *viennent sur l'avant-scène; des serviteurs vont et viennent.*

LE SOMMELIER.
Le meilleur vin! Ah! si mon ancienne maîtresse, sa bonne dame de mère, pouvait voir un pareil train, elle aimerait mieux rester dans son tombeau. Oui, oui, monsieur l'officier, cela va de mal en pis dans cette noble maison. Il n'y a ni borne, ni mesure, et cette glorieuse alliance avec ce duc ne nous rapporte pas grand profit.

NEUMANN.
Dieu vous bénisse. C'est maintenant que la prospérité va commencer.

LE SOMMELIER.
Croyez-vous? Il y a bien des choses à dire là-dessus.

UN DOMESTIQUE *vient.*
Du vin de Bourgogne pour la quatrième table.

LE SOMMELIER.
C'est la soixante et dixième bouteille, monsieur le lieutenant.

LE DOMESTIQUE.
C'est pour ce seigneur allemand, Tiefenbach, qui est assis là-bas.

Il s'en va.

LE SOMMELIER.
Ils veulent prendre un vol trop haut, ils veulent égaler en magnificence les rois et les électeurs. Ce que le prince a fait, le comte veut le faire, et mon cher maître ne veut pas demeurer en arrière. (*Aux Domestiques.*) Eh bien! qu'êtes-vous-là à écouter! Allons, de l'activité. Veillez au service de la table, aux bouteilles; tenez, le comte Palfy a son verre vide devant lui.

UN SECOND DOMESTIQUE *vient.*
Sommelier, on demande le grand gobelet, celui qui est d'or, aux armes de Bohême? le maître a dit que vous saviez bien lequel.

LE SOMMELIER.
Celui qui fut travaillé par maître Guillaume pour le couronnement du roi Frédéric; la plus belle pièce du butin de Prague.

LE SECOND DOMESTIQUE.
Oui, celui-là; on veut boire dedans à la ronde.

LE SOMMELIER *secouant la tête, tandis qu'il prend le gobelet et l'essuie.*
Tout ceci sera rapporté à Vienne.

NEUMANN.
Montrez-le-moi. Quelle magnificence dans ce vase! Il est d'or massif, et le travail en est superbe; on a artistement représenté dessus de fort belles choses. Laissez-moi voir un instant ce premier écusson. Voilà une fière amazone sur un cheval; il foule aux pieds une mitre et une crosse épiscopales. Elle porte un chapeau sur une lance, et aussi un étendard où l'on a représenté un calice. Pouvez-vous me dire ce que tout ceci signifie?

LE SOMMELIER.
Cette femme que vous voyez à cheval est l'emblème de la libre élection du royaume de Bohême; elle est caractérisée par le chapeau et le cheval indompté qu'elle monte. Le chapeau est le signe de la liberté; car tout homme qui n'a pas le droit de se couvrir devant les empereurs et les rois n'est point libre.

NEUMANN.
Mais quel est ce calice représenté sur l'étendard?

LE SOMMELIER.
Le calice signifie la liberté de l'Eglise de Bohême, telle qu'on en jouissait du temps de nos pères. Ils avaient, pendant la guerre des hussites, conquis sur les papistes le beau privilége de jouir du calice dans la communion; rien ne paraissait plus précieux aux utraquistes que le calice : c'était le trésor que la Bohême avait acquis en répandant dans maint combat le plus pur de son sang.

NEUMANN.
Que veut dire ce papier à demi déroulé?

LE SOMMELIER.
C'est la lettre de majesté de la Bohême que nous avions obtenue par force de l'empereur Rodolphe, cette chère et inestimable charte qui assurait à la nouvelle croyance, comme à l'ancienne, le privilége de sonner les cloches et de chanter en public. Depuis que l'archiduc de Gratz nous gouverne, tout cela a fini. Après la bataille de Prague, où le palatin Frédéric perdit la couronne et l'empire, ce fut fait de notre croyance, de notre prêche, de nos autels. Nos frères ont été obligés d'abandonner la patrie, et l'empereur a lui-même déchiré avec ses ciseaux la lettre de majesté.

NEUMANN.
Comme vous savez bien tout cela! Vous êtes versé dans les chroniques de votre pays, sommelier.

LE SOMMELIER.
Mes aïeux étaient taborites, et servaient sous Ziska et sous Procope. La paix soit avec leurs cendres! Ils combattaient pour la bonne cause. Allons, emportez ce vase.

NEUMANN.
Laissez-moi voir encore le second écusson. Voyez, il semble représenter les conseillers de l'empereur, Martinitz, Slawata, précipités du haut du château de Prague. Ah! je comprends, et voici là le comte de Thurn qui en donne l'ordre.

Un domestique emporte le gobelet.

LE SOMMELIER.
Ah! ne me parlez pas de ce jour. C'était le vingt-troisième du mois de mai, dans l'année

seize cent dix-huit. Ce jour malheureux m'est aussi présent que ce que je vois aujourd'hui. C'est là qu'ont commencé les misères de notre pays. Depuis ce jour, seize années se sont écoulées, et la paix n'a pu encore revenir sur la terre.

On crie à la seconde table.

Au prince de Weimar!

A la troisième et à la quatrième.

Vive le duc Bernard!

La musique cesse.

PREMIER DOMESTIQUE.

Entendez-vous ce tumulte?

SECOND DOMESTIQUE, *arrivant précipitamment.*

Avez-vous entendu? Ils crient *vive Weimar!*

TROISIÈME DOMESTIQUE.

L'ennemi de l'Autriche!

PREMIER DOMESTIQUE.

Un luthérien!

SECOND DOMESTIQUE.

Tout-à-l'heure, Déodat a porté la santé de l'empereur, et tout le monde est resté muet.

LE SOMMELIER.

C'est l'ivresse qui est cause de tout cela. Un honnête serviteur ne doit pas avoir d'oreilles pour de telles choses.

TROISIÈME DOMESTIQUE, *au quatrième qui est auprès de lui.*

Observe bien tout, Jean; nous irons en rendre compte au père Quiroga, qui nous donnera des indulgences pour cela.

QUATRIÈME DOMESTIQUE.

C'est bien pour cela que je me suis tenu le plus que j'ai pu derrière le fauteuil d'Illo. Il tient d'étranges propos.

Les domestiques retournent aux tables.

LE SOMMELIER, *à Neumann.*

Quel est ce seigneur vêtu de noir, avec une croix, qui s'entretient si confidemment avec le comte Palfy?

NEUMANN.

Ils peuvent se confier entièrement à celui-là. Il se nomme Maradas; c'est un Espagnol.

LE SOMMELIER.

Il n'y a pas à compter sur les Espagnols, croyez-moi. Tous ces Italiens ne valent rien.

NEUMANN.

Vous ne devriez pas parler ainsi, sommelier; ce sont justement, de tous les généraux, ceux sur lequels le duc se fie le plus.

Terzky vient tenant un papier; tous les convives se retirent.

LE SOMMELIER, *aux Domestiques.*

Le lieutenant-général se lève. On sort de table; faites votre service; allez, retirez les siéges.

Les domestiques se retirent vers le fond du théâtre, une partie des convives s'avance.

SCÈNE VI.

OCTAVIO PICCOLOMINI *arrive parlant avec* MARADAS. *Ils se placent tous deux sur un des côtés de l'avant-scène. Du côté opposé,* MAX PICCOLOMINI *s'avance tout seul pensif et sans prendre part au mouvement général. Au milieu, mais quelques pas en arrière, on voit groupés deux à deux* BUTTLER, ISOLANI, GOTZ, TIEFENBACH, COLALTO, *et un instant après* LE COMTE TERZKY.

ISOLANI, *pendant que les Généraux viennent en avant.*

Bonne nuit, bonne nuit, Colalto. Lieutenant-général, bonne nuit; ou, pour mieux dire, bonjour.

GOTZ, *à Tiefenbach.*

Camarade, eh bien, ce dîner?

TIEFENBACH.

C'était un festin royal.

GOTZ.

Ah! la comtesse s'y entend; elle a appris cela de sa belle-mère. Dieu veuille avoir son âme! C'était une bonne maîtresse de maison.

ISOLANI, *voulant s'en aller.*

De la lumière! éclairez-moi.

TERZKY *vient à Isolani avec un papier.*

Camarade, encore deux minutes; il faut encore signer ceci.

ISOLANI.

Signer, tant que vous voudrez; épargnez-moi seulement une seconde lecture.

TERZKY.

Je ne veux pas vous en donner l'ennui; c'est le serment que vous connaissez déjà; c'est un trait de plume à donner. (*A Isolani, qui présente le papier à Octavio.*) Il ne s'agit pas de rang ici; chacun à son tour, comme ça se présentera.

Octavio parcourt le papier avec une indifférence apparente. Terzky l'observe de loin.

GOTZ, *à Terzky.*

Monsieur le comte, permettez que je vous fasse mes civilités.

TERZKY.

Ne vous pressez pas ainsi; buvons encore une fois avant d'aller dormir. Holà!

Il appelle ses gens.

GOTZ.

Je vous remercie, cela ne se peut pas.

TERZKY.

Une seule goutte.

GOTZ.

Excusez-moi.

TIEFENBACH, *s'asseyant.*

Pardon, messieurs, mais je me fatigue à rester debout.

TERZKY.

Ne vous gênez pas, monsieur le grand-maître.

TIEFENBACH.
La tête est libre, l'estomac est bon ; mais les jambes ne veulent plus me porter.
ISOLANI, *montrant sa corpulence.*
C'est qu'aussi elles ont une trop lourde charge.

Octavio a signé, il remet le papier à Terzky, qui le donne à Isolani : celui-ci va signer sur la table.

TIEFENBACH.
C'est la guerre de Poméranie qui me vaut cela ; il fallait coucher sur la glace et dans la neige ; de ma vie je ne m'en remettrai.
GOTZ.
Ah ! oui, les Suédois ne s'inquiètent pas de la saison.

Terzky donne le papier à don Maradas, qui va signer sur la table.

OCTAVIO *s'approche de Buttler.*
Vous n'aimez pas beaucoup à fêter Bacchus, monsieur le colonel : je l'ai bien remarqué ; et il me semble que vous vous plairiez mieux au milieu d'une bataille que dans les festins.
BUTTLER.
Je dois avouer qu'ils ne sont pas de mon goût.
OCTAVIO, *s'approchant avec plus d'intimité.*
Ils ne sont pas du mien non plus, je puis vous l'assurer ; et je me *réjouis*, digne colonel Buttler, d'avoir la même manière de penser que vous. Une demi-douzaine, tout au plus, de bons amis, autour d'une petite table ronde, un verre de vin de Tokay, une conversation sensée et à cœur ouvert, c'est là ce qui me plaît.
BUTTLER.
Oui, si l'on pouvait se donner ce plaisir, il me conviendrait assez.

Le papier vient à Buttler. Il va à la table pour le signer. L'avant-scène reste vide, de façon que les deux Piccolomini restent seuls, chacun de leur côté.

OCTAVIO, *après avoir long-temps observé son fils en silence, se rapproche un peu de lui.*
Tu as tardé long-temps à venir, mon ami.
MAX *se tourne vers son père, et semble embarrassé.*
Moi ? des affaires pressantes m'ont retenu.
OCTAVIO.
Et, à ce qu'il me semble, ta pensée n'est pas ici ?
MAX.
Vous savez que le tumulte me rend toujours silencieux.
OCTAVIO *s'approche de lui davantage.*
Je n'ose demander ce qui t'a retenu si long-temps. (*Avec finesse.*) Et Terzky le sait cependant.
MAX.
Que sait Terzky ?
OCTAVIO, *d'un air significatif.*
Il était le seul ici qui ne fît pas attention à ton absence.
ISOLANI, *qui de loin les a observés, s'avance.*
Bien, père ; renvoyez-le-moi aux bagages ; mettez-le aux arrêts, il se conduit mal.

TERZKY *revient avec le papier.*
Tous ont-ils signé ? n'en manque-t-il aucun ?
OCTAVIO.
Ils y sont tous.
TERZKY, *à haute voix.*
Quelqu'un n'a-t-il pas signé ?
BUTTLER, *à Terzky.*
Comptez, il doit se trouver trente noms.
TERZKY.
Voilà une croix.
TIEFENBACH.
La croix est pour moi.
ISOLANI, *à Terzky.*
Il ne sait pas écrire ; mais sa croix est bonne, et il la fera bien respecter des juifs comme des chrétiens.
OCTAVIO, *pressant Max.*
Partons ensemble, colonel ; il se fait tard.
TERZKY.
Un seul Piccolomini a signé.
ISOLANI, *montrant Max.*
Prenez garde ; c'est celui-là qui manque ; c'est ce *convive de pierre*, dont nous n'avons pu rien faire ce soir.

Max prend le papier des mains de Terzky, et le parcourt avec distraction.

SCÈNE VII.

LES PRÉCÉDENS, ILLO *sort de la chambre du fond ; il tient en main le gobelet d'or, et il est fort animé par le vin.* GOTZ *et* BUTTLER *le suivent et essaient de le retenir.*

ILLO.
Que voulez-vous ? laissez moi.
GOTZ *et* BUTTLER.
Illo, ne bois donc pas davantage.
ILLO *va à Octavio, et l'embrasse tout en buvant.*
Octavio, je t'apporte ce verre, que toute la rancune soit noyée dans ce gobelet que nous allons vider ensemble. Tu sais bien que tu ne m'as jamais aimé. Dieu me punisse, si je n'étais pas dans les mêmes sentimens pour toi ! Que le passé soit oublié ; je t'aime infiniment. (*Il veut l'embrasser une autre fois.*) Je suis son meilleur ami, et afin que vous le sachiez, celui qui le traitera de traître et d'hypocrite, celui-là aura affaire à moi.
TERZKY, *le tirant à part.*
Êtes-vous hors de sens ? Illo, songez où vous êtes !
ILLO, *d'un air cordial.*
Que voulez-vous ? ne sommes-nous pas entre bons amis ? (*Il parcourt le cercle d'un air satisfait.*) Ce qui me fait plaisir, c'est qu'il n'y a pas un faux frère parmi nous.
TERZKY, *à Buttler avec instance.*
Emmenez-le avec vous, je vous en conjure, Buttler.

Buttler le conduit vers le buffet.

ISOLANI, *à Max, qui, toujours immobile et distrait, regarde le papier.*

Ce sera-t-il bientôt fait, camarade? l'avez-vous maintenant assez étudié?

MAX, *comme s'il se réveillait d'un songe.*

Qu'y a-t-il à faire?

TERZKY *et* ISOLANI *à la fois.*

Mettre son nom au bas.

Octavio, avec une attention inquiète, fixe ses regards sur Max.

MAX *rend le papier.*

Laissons cela pour aujourd'hui. C'est une affaire à considérer, et je suis mal disposé aujourd'hui; envoyez-le-moi demain.

TERZKY.

Songez cependant...

ISOLANI.

Vite, signez. Eh quoi! il est le plus jeune de l'assemblée, et il voudrait à lui tout seul avoir plus de prudence que nous tous ensemble? Voyez donc. Votre père aussi a signé, et nous tous.

TERZKY, *à Octavio.*

Employez votre influence sur lui; persuadez-le.

OCTAVIO.

Mon fils est en âge de se décider lui-même.

ILLO *a posé le verre sur le buffet.*

De quoi parle-t-on?

TERZKY.

Il se refuse à signer le serment.

MAX.

Je dis que cela peut se remettre jusqu'à demain.

ILLO.

Cela ne peut pas se remettre. Nous avons tous signé; et toi aussi, toi, il faut que tu signes.

MAX.

Illo, bonne nuit.

ILLO.

Non, tu ne t'échapperas pas ainsi. Le prince doit apprendre aujourd'hui quels sont ses amis.

Tous les convives se rassemblent autour d'eux.

MAX.

Le prince sait quels sont mes sentiments pour lui; personne ne les ignore, et toutes ces sottises sont inutiles.

ILLO.

Voilà la récompense qu'obtient le prince d'avoir toujours préféré les Italiens.

TERZKY, *dans le plus grand trouble, s'adresse aux généraux qui sont en tumulte.*

C'est l'ivresse qui le fait parler; ne l'écoutez pas, je vous prie.

ISOLANI, *riant.*

Le vin ne donne pas des idées, il fait seulement dire celles qu'on a.

ILLO.

Qui n'est pas pour moi est contre moi. Quelle délicatesse de conscience! parce qu'on ne lui laisse pas une porte de derrière, une clause!

TERZKY *l'interrompt vivement.*

Il est hors de raison; ne faites pas attention à ses paroles.

ILLO, *criant plus fort.*

Une clause pour s'échapper. Quelle clause? Que le diable emporte cette clause.

MAX *écoute attentivement, et regarde de nouveau le papier.*

Qu'y a-t-il donc là de si difficile? Vous me donnez la curiosité d'examiner de plus près.

TERZKY, *à Illo, à part.*

Qu'avez-vous fait, Illo? Vous nous perdez.

TIEFENBACH, *à Colalto.*

J'ai bien remarqué qu'avant le repas on avait lu autrement.

GOTZ.

Je m'en suis aperçu aussi.

ISOLANI.

Que m'importe? Puisque les autres noms y sont, le mien peut bien y rester.

TIEFENBACH.

Avant le repas, il y avait une certaine restriction, une clause concernant le service de l'empereur.

BUTTLER, *à un des Généraux.*

Eh quoi! vous repentez-vous, messieurs? songez où nous en sommes. La question maintenant consiste à savoir si nous conserverons le général, ou si nous nous le laisserons ôter. On ne peut pas prendre les choses si fort à la rigueur et si scrupuleusement.

ISOLANI, *à un des Généraux.*

Le prince s'est-il arrêté à des clauses, quand il vous a donné votre régiment?

TERZKY, *à Gotz.*

Et quand il vous a confié cette fourniture qui vous a valu mille pistoles en un an?

ILLO.

Il n'y a qu'un scélérat qui puisse nous regarder comme parjures. Celui qui n'est pas content, qu'il le dise; je suis là pour lui répondre.

TIEFENBACH.

Eh! on cause ensemble seulement.

MAX, *après avoir lu le papier, le rend.*

A demain donc.

ILLO, *étouffant de colère, et n'étant plus maître de lui, présente d'une main le papier à Max, et de l'autre tire son épée.*

Signe, Judas.

ISOLANI.

Fi! Illo.

OCTAVIO, TERZKY, BUTTLER, *à la fois.*

Écartez l'épée.

MAX. *Il a pris le furieux dans ses bras et l'a désarmé; puis s'adressant au comte de Terzky.*

Faites-le porter sur un lit.

Il sort. Illo, jurant et furieux, est retenu par quelques-uns des généraux. Pendant ce tumulte, la toile tombe.

ACTE CINQUIÈME.

Le théâtre représente un appartement de la maison de Piccolomini. Il fait nuit.

SCÈNE PREMIÈRE.
OCTAVIO PICCOLOMINI; UN DOMESTIQUE *l'éclaire*. *Un instant après*, MAX PICCOLOMINI.

OCTAVIO.

Dès que mon fils sera rentré, vous l'avertirez que je veux le voir. Quelle heure est-il?

LE DOMESTIQUE.

Le jour va paraître.

OCTAVIO.

Laissez là votre lumière. Je ne me coucherai pas; vous pouvez aller dormir.

Le domestique sort. Octavio, pensif, se promène dans la chambre. Max Piccolomini *entre. Il n'est pas d'abord aperçu par son père, et le regarde un instant en silence.*

MAX.

Seriez-vous mal disposé pour moi, Octavio? Dieu sait si j'ai eu le moindre tort dans cette odieuse querelle. J'ai bien vu que vous aviez signé. Ce que vous aviez fait, je pouvais le faire sans craintes. Cependant, vous le savez, dans de telles choses je ne puis suivre que mes propres lumières et non celles d'autrui.

OCTAVIO *va à lui et l'embrasse.*

Continue toujours à les suivre, mon digne fils; elles t'ont aujourd'hui mieux guidé que l'exemple de ton père.

MAX.

Expliquez-vous plus clairement.

OCTAVIO.

Je vais le faire. Après ce qui s'est passé cette nuit, il ne doit plus y avoir aucun secret entre nous. (*Ils s'asseyent tous les deux.*) Max, dis-moi, que penses-tu de ce serment qu'on a présenté à notre signature?

MAX.

Je le regarde comme sans danger, bien que la formule ne m'en plaise point.

OCTAVIO.

Tu aurais, sans aucun autre motif, refusé la signature qu'on te pressait de donner?

MAX.

C'était une affaire sérieuse. J'étais troublé. La chose ne me paraissait pas si pressante.

OCTAVIO.

Sois franc, Max; tu n'avais aucun soupçon?

MAX.

Sur quoi des soupçons? pas le moindre.

OCTAVIO.

Remercie ton bon ange, Piccolomini. A ton insu il t'a retenu au bord de l'abîme.

MAX.

Je ne comprends pas ce que vous voulez dire.

OCTAVIO.

Je vais m'expliquer. Tu aurais associé ton nom à une perfidie; d'un trait de plume tu aurais renié tes devoirs, tes sermens.

MAX *se lève.*

Octavio!

OCTAVIO.

Demeure assis; j'ai encore beaucoup à te dire. Ami, tu as depuis des années vécu dans un inconcevable aveuglement. Le plus noir complot s'ourdissait sous tes yeux, et une puissance infernale dérobait à ta vue la clarté et l'évidence. Je ne puis me taire plus long-temps; il faut que j'arrache le bandeau qui couvre tes yeux.

MAX.

Avant de parler, pensez-y bien. Si vos discours ne sont que des conjectures, et je crains bien que ce ne soit rien de plus, épargnez-les; je ne suis pas disposé maintenant à les accueillir tranquillement.

OCTAVIO.

Tu as de puissans motifs pour fuir la lumière; j'en ai de pressans pour te la montrer. Je pourrais me reposer tranquillement sur l'innocence de ton cœur, sur ta propre opinion; mais je vois un piège dangereux préparé pour enlacer ce cœur... Le secret (*il fixe sur lui un regard pénétrant*) que tu me caches me force à révéler le mien.

Max *essaie de répondre. Il fixe à terre des regards troublés, après les avoir levés un instant.*

OCTAVIO, *après un moment de silence.*

Apprends donc que l'on te trompe, qu'on se joue impunément de toi et de nous tous. Le duc feint de vouloir abandonner l'armée; et dans ce moment même on travaille à dérober à l'empereur son armée, à la conduire à l'ennemi.

MAX.

Je connais les mensonges que débitent les prêtres; mais je ne m'attendais pas à les entendre de votre bouche.

OCTAVIO.

C'est parce que tu les entends de ma bouche que tu ne dois plus les prendre pour des mensonges de prêtres.

MAX.

Dans quelle démence suppose-t-on le duc? Pourrait-il penser que trente mille braves éprouvés, que d'honorables soldats, parmi lesquels on compte plus de mille gentilshommes, quitteront le chemin de l'honneur, du devoir, des sermens, et s'accorderont entre eux pour une trahison?

OCTAVIO.

Il se garde bien de solliciter une telle infamie. Ce qu'il demande de nous est revêtu de noms moins coupables. Il ne veut rien que donner la paix à l'empire; et comme cette paix est odieuse à l'empereur, il veut... il veut l'y contraindre; il veut apaiser tous les partis, et pour prix de ses peines garder pour lui la Bohême, qu'il occupe déjà.

MAX.

A-t-il mérité de nous, Octavio, que nous pensions de lui de telles indignités?

OCTAVIO.

Il ne s'agit pas ici de notre pensée : la chose parle d'elle-même, les preuves sont claires. Mon fils, tu n'ignores pas combien la cour est mécontente de nous. N'as-tu donc pas aperçu les artifices, les mensonges que l'on met en usage pour semer l'esprit de révolte dans le camp? Tous les liens qui attachent l'officier à l'empereur, tous les liens qui tiennent le soldat à l'intérêt de la patrie, sont rompus. Libre de tout devoir et de toute loi, il se fortifie contre l'État qu'il devrait défendre, et menace de tourner les armes contre lui. Cela va si loin, que l'empereur en ce moment tremble devant sa propre armée; que dans sa capitale, dans son château, il redoute le glaive de parjures. Oui, il s'apprête à dérober sa tendre famille, non pas aux Suédois, aux luthériens, non, à ses propres soldats.

MAX.

Cessez, vous me déchirez, vous m'épouvantez. Je sais bien que l'on peut être agité par de vaines craintes; cependant ces fausses illusions amènent des malheurs réels.

OCTAVIO.

Il n'y a pas d'illusion. La guerre civile, la plus dénaturée de toutes, va s'allumer, si par un prompt secours nous ne la prévenons pas. Les colonels sont gagnés depuis long-temps; la fidélité des subalternes est chancelante; déjà tous les régimens, toutes les garnisons s'ébranlent. Les forteresses sont commandées par des étrangers. On a confié au suspect Schafgotsch les levées de la Silésie, à Terzky cinq régimens de fantassins et de cavaliers; à Illo, à Kinsky, à Buttler, à Isolani, les troupes les mieux équipées.

MAX.

Et à nous deux aussi.

OCTAVIO.

Parce qu'on se croit sûr de nous, parce qu'on s'imagine nous avoir séduits par de brillantes promesses. Il m'assigne la principauté de Glatz et de Sagan, et je vois bien à quel appât il compte te prendre.

MAX.

Non, non, non, vous dis-je.

OCTAVIO.

Oh! ouvre donc les yeux. Pour quel motif penses-tu qu'on nous ait rassemblés à Pilsen? Pour prendre nos conseils? Quand Friedland a-t-il eu besoin de nos conseils? Nous sommes convoqués pour être achetés; et si nous refusons, pour être gardés en otages. C'est pour cela que le comte de Galas n'est point venu. Et tu ne verrais pas ici ton père, si des devoirs plus importans ne l'y tenaient enchaîné.

MAX.

Nous avons été appelés ici pour lui; il n'en fait point de mystères. Il avoue qu'il a besoin de notre bras pour se maintenir. Il a tant fait pour nous, que ce nous est un devoir d'agir maintenant pour lui.

OCTAVIO.

Et sais-tu ce qu'il faut que nous fassions pour lui? Illo, dans le désordre de son ivresse, a trahi le secret. Rappelle-toi donc ce que tu as entendu, ce que tu as vu. Cet écrit falsifié, cette clause décisive soustraite, ne témoignent ils pas qu'on voulait nous entraîner dans un coupable engagement?

MAX.

Ce qui s'est passé cette nuit au sujet de cet écrit n'a paru à mes yeux qu'une mauvaise pratique de cet Illo. Cette race d'intrigans veut toujours se mettre à la tête de tout. Ils voient que le duc n'est pas en bonne intelligence avec la cour, et ils s'imaginent le servir en agrandissant la plaie, en la rendant incurable. Le duc, croyez-moi, ne sait rien de tout cela.

OCTAVIO.

Il est douloureux pour moi de renverser cette confiance si bien établie que tu as en lui. Cependant, je ne dois pas ici épargner ton opinion. Il faut promptement régler ta conduite, diriger tes actions. Je t'avouerai donc que tout ce que je t'ai confié, ce qui te semble si incroyable, je le tiens de... de sa propre bouche, de la bouche du prince.

MAX, *vivement ému.*

Jamais!

OCTAVIO.

Lui-même m'a confié, ce que j'avais déjà découvert par une autre voie, qu'il voulait passer du côté des Saxons, et, à la tête des armées réunies, forcer l'empereur...

MAX.

Il est violent. La cour l'a sensiblement offensé. Peut-être que dans un moment de chagrin il aura pu s'oublier une fois.

OCTAVIO.

Il était de sang-froid lorsqu'il me fit cet aveu; et comme il prit mon étonnement pour de la crainte, il me montra avec confiance des lettres de Suédois et de Saxons qui lui donnaient l'espérance d'un secours assuré.

MAX.

Cela ne peut être, non, cela ne peut être, cela ne peut être. Voyez-vous, cela est impossible; vous lui auriez témoigné votre horreur d'un tel dessein; vous l'en eussiez dissuadé, ou vous... vous ne seriez pas ainsi tranquillement auprès de moi.

OCTAVIO.

Je lui ai bien laissé voir ma pensée. Je l'ai pressé; j'ai tenté des efforts pour le ramener : cependant, j'ai tenu profondément cachés mon horreur et le fond de ma pensée.

MAX.

Vous auriez eu cette fausseté? Cela n'est pas conforme à vous-même, mon père. Je ne croyais pas vos discours quand vous me disiez du mal de lui ; il m'est encore plus impossible de les croire quand c'est vous que vous calomniez.

OCTAVIO.

Je n'ai pas cherché à pénétrer son secret.

MAX.

Sa confiance méritait votre sincérité.

OCTAVIO.

Il n'était plus digne de ma franchise.

MAX.

La trahison était plus indigne encore de vous.

OCTAVIO.

Mon noble fils, il n'est pas toujours possible dans la vie de garder cette candeur d'enfant que nous dicte une voix intérieure. Dans la continuelle nécessité de se défendre contre la ruse et l'artifice, le cœur ne peut pas demeurer sincère et confiant : c'est une malédiction attachée à tout ce qui est le mal; sans cesse il se multiplie et engendre le mal. Je n'examine point : j'ai fait mon devoir ; l'empereur m'avait prescrit ma conduite. Sans doute il serait mieux de suivre en tout le mouvement de son âme; cependant y renoncer pour parvenir à une bonne fin est encore au-dessus. Il s'agit, mon fils, de bien servir l'empereur; qu'importe la voix de mon cœur?

MAX.

Je ne puis aujourd'hui saisir ni concevoir vos discours. Le prince, dites-vous, vous a franchement ouvert son âme dans un dessein pervers; et vous, par un louable dessein, vous l'avez trahi. Cessez, je vous en conjure : vous ne sauriez me priver d'un ami; ne me ravissez pas un père.

OCTAVIO, *réprimant un mouvement de sensibilité.*

Tu ne sais pas tout encore, mon fils; j'ai encore quelque chose à te révéler. (*Après un instant de silence.*) Le duc de Friedland a fait ses préparatifs. Il se confie à son étoile : il pense nous surprendre à l'improviste. Il croit que d'une main assurée il va saisir la couronne ; il se trompe. Nous avons agi de notre côté, et c'est à son funeste et mystérieux destin qu'il va atteindre.

MAX.

Ne hâtez rien, mon père. Au nom de Dieu, laissez-vous fléchir ; point de précipitation.

OCTAVIO.

Il chemine en silence dans une voie perverse. Silencieuse aussi et dissimulée, la vengeance le suit pas à pas. Déjà elle se tient près de lui cachée dans l'obscurité. Encore un pas seulement, et elle va l'atteindre d'une manière terrible. Tu as vu chez moi Questenberg ; tu ne connais encore que sa mission ostensible ; il en a aussi une secrète, qui était pour moi uniquement.

MAX.

Puis-je la connaître?

OCTAVIO.

Max, d'un seul mot je vais mettre en tes mains le salut de l'empire et la vie de ton père. Wallenstein est cher à ton cœur; une forte chaîne d'amour, de vénération, t'attache à lui depuis ta tendre jeunesse; tu nourris le désir, laisse-moi prévenir l'aveu que ta confiance a différé ; tu nourris l'espoir de lui appartenir de beaucoup plus près encore.

MAX.

Mon père...

OCTAVIO.

Je me fie à ton cœur. Mais puis-je être aussi certain de ta fermeté? Pourras-tu d'un visage tranquille paraître devant lui, quand je t'aurai révélé tout son destin?

MAX.

Vous m'aviez déjà confié son crime.

Octavio prend un papier dans une cassette et le lui présente.

MAX.

Qu'est-ce? Quoi ! une lettre ouverte de l'empereur !

OCTAVIO.

Lis.

MAX, *après avoir jeté les yeux dessus.*

Le prince condamné et proscrit !

OCTAVIO.

Cela est ainsi.

MAX.

O que les choses sont avancées! ô malheureuse erreur!

OCTAVIO.

Continue de lire. Remets-toi.

MAX, *après avoir lu, regarde son père avec étonnement.*

Comment? Quoi ! Vous ? Vous êtes....

OCTAVIO.

Pour un moment seulement, et jusqu'à ce que le roi de Hongrie puisse paraître à l'armée, le commandement m'est confié.

Et croyez-vous le lui arracher? Ne le pensez pas. Mon père, mon père, on vous a donné une commission malheureuse. Cet ordre, prétendez-vous l'exécuter, et désarmer le redoutable chef au milieu de son armée, entouré de ses milliers de braves? Vous êtes perdu, vous et nous tous.

OCTAVIO.

Je sais le péril que j'ai à courir. Je suis dans la main de la Providence, elle couvrira de son bouclier la pieuse maison impériale, et renversera l'œuvre des ténèbres : l'empereur a encore de fidèles serviteurs. Il y a encore dans le camp assez de braves qui combattront courageusement pour la bonne cause. Les sujets fidèles sont avertis ; les autres sont surveillés ; j'attends seulement le premier pas ; et aussitôt...

MAX.

Sur un simple soupçon, voulez-vous donc agir sur-le-champ, en toute hâte?

OCTAVIO.

Loin, loin de l'empereur tout acte despotique. Ce n'est pas la volonté, ce sont les actions seules qu'il veut punir. Le prince tient encore son destin dans sa main. Qu'il laisse le complot sans exécution, il pourra abandonner tranquillement le commandement; il cédera la place au fils de son empereur. Un honorable exil dans ses terres sera plutôt un bienfait qu'une punition; mais aussi, à la première démarche apparente...

MAX.

Quelle démarche voulez-vous dire? Il n'en fera aucune qui soit criminelle : mais vous pourrez, et déjà vous l'avez fait, interpréter à mal les plus innocentes.

OCTAVIO.

Quelque coupable que fût l'intention du prince, les démarches publiques qu'il a faites peuvent encore être expliquées innocemment, et je ne penserai point à user de cet écrit avant qu'il soit prouvé par un acte incontestable qu'il est coupable de haute trahison, et doit être condamné.

MAX.

Et quel en sera le juge?

OCTAVIO.

Toi-même.

MAX.

Oh! s'il en est ainsi, cet ordre sera toujours inutile. J'ai votre parole, vous n'agirez pas avant que moi, moi-même, je sois convaincu.

OCTAVIO.

Est-il possible... après tout ce que tu sais, que tu puisses encore le croire innocent?

MAX, *vivement*.

Votre jugement peut se méprendre et non pas mon cœur. (*Il continue avec un ton modéré.*) Le génie n'est pas facile à démêler comme les esprits ordinaires. De même que les astres guident son destin, de même il s'avance comme eux dans des routes étonnantes, mystérieuses, et toujours inconcevables. Croyez-moi, on lui fait injustice. Tout sera expliqué; et nous le verrons sortir pur et brillant de tous ces noirs soupçons.

OCTAVIO.

J'attendrai.

SCÈNE II.

Les Précédens, UN DOMESTIQUE; *un instant après*, UN COURRIER.

OCTAVIO.

Qu'est-ce?

LE DOMESTIQUE.

Un courrier attend là à la porte.

OCTAVIO.

Si matin, à la pointe du jour! Qui est-il? d'où vient-il?

LE DOMESTIQUE.

Il n'a pas voulu me le dire.

OCTAVIO.

Conduisez-le ici, et ne parlez pas de ceci. (*Le Domestique sort. Un Cornette entre.*) C'est vous, cornette; c'est le comte de Galas qui vous envoie? Remettez-moi sa lettre.

LE CORNETTE.

Je n'ai qu'une commission verbale. Le général a craint...

OCTAVIO.

Qu'est-ce?

LE CORNETTE.

Il vous fait dire... Puis-je parler ici librement?

OCTAVIO.

Mon fils sait tout.

LE CORNETTE.

Nous le tenons.

OCTAVIO.

De qui parlez-vous?

LE CORNETTE.

De l'entremetteur, de Sesina.

OCTAVIO, *promptement.*

Vous l'avez?

LE CORNETTE.

Le capitaine Mohrbrand l'a saisi hier matin dans une forêt de la Bohême, comme il était en route pour aller à Ratisbonne porter des dépêches aux Suédois.

OCTAVIO.

Et les dépêches?

LE CORNETTE.

Le général les a sur-le-champ expédiées pour Vienne avec le prisonnier.

OCTAVIO.

Enfin, enfin, c'est une grande nouvelle. Cet homme est pour nous une précieuse capture, qui peut amener des choses importantes. Qu'a-t-on trouvé sur lui?

LE CORNETTE.

Six paquets sous le sceau du comte Terzky.

OCTAVIO.

Aucun de la main du prince?

LE CORNETTE.

Pas que je sache.

OCTAVIO.

Et ce Sesina?

LE CORNETTE.

Il s'est montré fort effrayé lorsqu'on lui a dit qu'il irait à Vienne. Mais le comte Altringer a cherché à lui donner bonne espérance s'il voulait tout révéler.

OCTAVIO.

Altringer est-il auprès de votre général? On m'avait dit qu'il était malade à Lintz.

LE CORNETTE.

Depuis trois jours il est à Frauenberg chez le général. Ils ont déjà assemblé soixante drapeaux, des gens d'élite, et ils vous font savoir qu'ils n'attendent que vos ordres.

OCTAVIO.
En peu de jours il peut se passer bien des choses. Quand devez-vous partir?
LE CORNETTE.
J'attends vos ordres.
OCTAVIO.
Demeurez jusqu'à ce soir.
LE CORNETTE.
Bien.

Il veut sortir.

OCTAVIO.
Personne ne vous a-t-il vu?
LE CORNETTE.
Personne; les capucins m'ont introduit par leur couvent, comme de coutume.
OCTAVIO.
Allez, reposez-vous, et tenez-vous caché; je pense que je pourrai vous expédier avant ce soir. Les choses s'approchent du dénoûment; et même avant que ce jour fatal qui brille déjà au ciel soit fini, une question décisive doit être résolue.

Le Cornette sort.

SCÈNE III.
OCTAVIO ET MAX PICCOLOMINI.

OCTAVIO.
Eh bien! mon fils, maintenant nous allons être bientôt éclaircis; car tout, je le savais, se conduisait par Sesina.
MAX, *qui pendant toute la scène précédente a semblé agité par un combat intérieur, d'un ton décidé.*
Je veux connaître la vérité par la voie la plus prompte. Adieu.
OCTAVIO.
Où vas-tu? Arrête.
MAX.
Près du prince.
OCTAVIO, *effrayé.*
Quoi!
MAX, *revenant.*
Si vous avez cru que j'étais disposé à jouer un rôle dans vos intrigues, vous vous êtes mépris sur moi; ma route ne doit pas être tortueuse, je ne puis être véridique dans les paroles et dissimulé au fond du cœur. Je ne puis voir un homme se confier à moi comme à son ami, et cependant endormir ma conscience en me disant qu'il agit à ses risques et périls, et que ma bouche ne le trompe point. Tel il me présume, tel je dois être. Je vais trouver le duc : dès aujourd'hui; je vais lui demander de justifier sa gloire obscurcie aux yeux du monde, et de rompre, par une démarche franche, vos trames artificieuses.

OCTAVIO.
Quoi! tu veux...
MAX.
N'en doutez pas, je le veux ainsi.
OCTAVIO.
Oui, je me suis mépris sur toi, je t'ai pris pour un fils prudent qui bénirait la main bienfaisante qui le retire de l'abime; et je ne vois qu'un insensé, que le pouvoir de deux beaux yeux éblouit, que la passion aveugle, que la lumière du jour ne saurait éclairer. Eh bien! va, interroge-le; sois assez imprudent pour lui livrer le secret de ton père et de ton empereur. Contrains-moi d'en venir, avant le temps, à quelque éclat public. Et maintenant, après que par un miracle du ciel mon secret a été jusqu'ici conservé, que les regards clairvoyants du soupçon ont été endormis, donne-moi la douleur de voir mon propre fils anéantir dans sa rage insensée l'œuvre pénible de la politique.

MAX.
Oh! cette politique, combien je la maudis! C'est avec votre politique que vous le pousserez à quelque démarche irréparable. Oui, puisque vous voulez qu'il soit coupable, vous pouvez le rendre coupable. Oh! tout ceci aura une fin déplorable. Et, de quelque façon que le sort en décide, je vois avec pressentiment s'approcher un dénoûment funeste. Car si cette âme royale vient à tomber, elle entraînera tout un monde dans sa ruine : tel qu'un vaisseau au milieu de la pleine mer, s'embrasant tout-à-coup, éclatant de toutes parts, est lancé entre le ciel et la mer, et disperse au loin l'équipage qui le montait, tel il entraînera dans sa chute nous tous qui étions attachés à sa fortune.

Temporisez, cependant, comme vous en avez la volonté; pardonnez-moi si je me conduis suivant ma pensée. Il ne sera question de rien entre lui et moi; et avant le déclin du jour je saurai si c'est d'un ami ou d'un père que je dois être privé.

Pendant qu'il sort, la toile tombe.

WALLENSTEIN,

DEUXIÈME PARTIE.

LA MORT DE WALLENSTEIN,

TRAGÉDIE EN CINQ ACTES.

PERSONNAGES.

WALLENSTEIN.
OCTAVIO PICCOLOMINI.
MAX PICCOLOMINI.
TERZKY.
ILLO.
ISOLANI.
BUTTLER.
LE CAPITAINE NEUMANN.
UN ADJUDANT.
LE COLONEL WRANGEL, envoyé des Suédois.
GORDON, commandant d'Égra.
LE MAJOR GERALDIN.
DEVEROUX, capitaine dans l'armée de Wallenstein.

PERSONNAGES.

MACDONALD, capitaine dans l'armée de Wallenstein.
UN CAPITAINE SUÉDOIS.
LE BOURGMESTRE D'ÉGRA.
SENI.
LA DUCHESSE DE FRIEDLAND.
LA COMTESSE TERZKY.
THÉCLA.
MADAME DE NEUBRUNN, dame de la princesse.
ROSENBERG, écuyer de la princesse.
UNE DÉPUTATION DES CUIRASSIERS.
DRAGONS.
DOMESTIQUES, PAGES, PEUPLE.

La scène est à Pilsen pendant les deux premiers actes, à Égra pendant les deux derniers.

ACTE PREMIER.

Le théâtre représente un appartement disposé pour des opérations astrologiques : il est garni de sphères, de cartes, de cadrans et autres instrumens d'astronomie. Un rideau tiré laisse voir une salle ronde dans laquelle les figures des sept planètes sont renfermées dans des niches éclairées obscurément. Seni observe les étoiles. Wallenstein est devant une grande table noire sur laquelle est dessiné l'aspect des planètes.

SCÈNE PREMIÈRE.

WALLENSTEIN, SENI.

WALLENSTEIN.

C'est bon, Seni. Descendez. Le jour brille, et cette heure est sous l'influence de Mars. Ce n'est plus le moment d'opérer. Venez, nous en savons assez.

SENI.

Que Votre Excellence me laisse seulement observer encore Vénus. Elle se lève à l'instant, et se montre brillante comme un soleil dans l'orient.

WALLENSTEIN.

Oui, elle est maintenant proche de la terre, et elle agit dans toute sa puissance. (*Regardant les figures tracées sur la table.*) Heureux aspect ! ainsi s'accomplit enfin le grand triangle fatal, et les deux astres bienfaisans, Jupiter et Vénus, renferment entre eux le malfaisant, le funeste Mars ; ils forcent cet artisan de malheurs à me servir ; car long-temps il se montra mon ennemi, et dans une direction perpendiculaire ou oblique, tantôt par l'aspect quadrat, tantôt par l'opposition, il lançait ses rayons ensanglantés sur mes astres, dont il détruisait l'influence bénigne. Maintenant, ils ont vaincu mon ancien ennemi, et là-haut dans le ciel ils le tiennent sous ma puissance.

SENI.

Et ces deux grands astres n'ont à redouter aucune force malfaisante. Saturne, sans aucun pouvoir de nuire, penche vers son déclin.

WALLENSTEIN.

Le signe de Saturne est passé. C'est lui qui a présidé à la naissance des choses cachées dans les entrailles de la terre ou dans les profondeurs de l'âme ; il règne sur tout ce qui craint la lumière. Ce n'est plus le temps aujourd'hui de réfléchir et de méditer, car l'éclatant Jupiter domine, et sa puissance attire dans l'empire de la lumière les œuvres préparées dans l'obscurité. Maintenant, il faut agir promptement avant que ces signes de bonheur s'éloignent de dessus ma tête, car tout change sans cesse dans la voûte céleste. (*On frappe à la porte.*) On frappe. Voyez qui c'est.

TERZKY, *de dehors.*

Ouvrez.

WALLENSTEIN.

C'est Terzky. Qu'y a-t-il de si pressant ? nous sommes occupés.

TERZKY, *de dehors.*

Je vous conjure de laisser là toute autre affaire. Ceci ne souffre aucun délai.

WALLENSTEIN.

Ouvrez, Seni.

Pendant qu'on ouvre à Terzky, Wallenstein tire le rideau devant les figures.

SCÈNE II.

WALLENSTEIN, TERZKY.

TERZKY *entre.*

Le savez-vous déjà? Il a été pris, il a été livré à l'empereur par Galas.

WALLENSTEIN, *à Terzky.*

Qui a été pris? Qui a été livré?

TERZKY.

Celui qui sait tout notre secret, toutes nos négociations avec les Suédois et les Saxons, par les mains duquel tout a passé.

WALLENSTEIN, *se reculant.*

Ce n'est pas Sesina? Puisses-tu me dire que ce n'est pas lui!

TERZKY.

Justement. Comme il se rendait de Ratisbonne chez les Suédois, des gens envoyés par Galas, qui le guettaient depuis long-temps, l'ont saisi. Il était chargé de toutes mes dépêches à Kinsky, à Mathias de Thourn, à Oxenstiern, à Arnheim. Tout cela est entre leurs mains, ils ont connaissance de tout ce qui a été fait.

SCÈNE III.

LES PRÉCÉDENS, ILLO.

ILLO, *à Terzky.*

Le sait-il?

TERZKY.

Oui, il le sait.

ILLO, *à Wallenstein.*

Eh bien! pensez-vous encore à faire votre paix avec l'empereur, à regagner sa confiance? Voudriez-vous maintenant renoncer à tous les projets? On sait quel a été votre dessein. Vous devez maintenant aller en avant, car vous ne pouvez plus reculer.

TERZKY.

Ils ont dans les mains des témoignages irrécusables contre nous.

WALLENSTEIN.

Cela est faux, rien de ma main.

ILLO.

Eh quoi! croyez-vous que lorsque lui, votre beau-frère, a négocié en votre nom, on ne vous en accusera pas? Les Suédois vous ont cru sur sa parole, et vos ennemis à Vienne n'en feraient pas autant?

TERZKY.

Vous n'avez rien donné d'écrit. Mais songez-vous jusqu'où vous êtes allé dans vos conversations avec Sesina? et se taira-t-il? Et s'il peut se sauver en révélant votre secret, le gardera-t-il?

ILLO.

Vous-même pouvez-vous en juger autrement? Et s'ils savent jusqu'où vous êtes allé, parlez, qu'attendez-vous? Pour conserver plus long-temps le commandement, il faut vous affranchir. Si vous l'abandonnez, vous êtes perdu.

WALLENSTEIN.

L'armée fait ma sûreté, l'armée ne m'abandonnera pas. Ils savent que c'est moi qui ai la force, il faut bien qu'ils prennent leur parti là-dessus, et si je leur proteste de ma fidélité, il faudra bien qu'ils se montrent satisfaits et tranquilles.

ILLO.

L'armée est à vous. Maintenant, en cet instant, elle est à vous. Cependant redoutez l'action lente et certaine du temps. La faveur du soldat vous protége aujourd'hui, demain encore, contre une violence ouverte; mais si vous leur accordez des délais, ils mineront insensiblement cette opinion favorable sur laquelle vous vous fondez; ils vous raviront chaque soldat l'un après l'autre, jusqu'à ce qu'enfin la terre tremble tout-à-coup, et renverse l'édifice fragile et sans appui.

WALLENSTEIN.

C'est un incident malheureux!

ILLO.

Ah! je le nommerais heureux, s'il avait sur vous l'influence de vous faire agir sans retard. Le colonel suédois...

WALLENSTEIN.

Serait-il venu? Savez-vous de quoi il est chargé?

ILLO.

Il ne veut le confier qu'à vous seul.

WALLENSTEIN.

Malheureux, malheureux incident! Oui, certes, Sesina en sait trop, et il ne se taira point.

TERZKY.

C'est un Bohémien révolté, un déserteur; sa tête est déjà condamnée. S'il peut se sauver à vos dépens, s'en fera-t-il scrupule? Si on le soumet à la torture, ne sera-t-il point faible et sans constance?

WALLENSTEIN, *perdu dans ses pensées.*

Il n'y a plus à compter sur la confiance, et quelque chose que je fasse, je demeurerai un traître à leurs yeux. J'essayerais en vain de rentrer honorablement dans le devoir, cela ne me servirait de rien.

ILLO.

Cela vous perdrait. Vous prouveriez par là, non votre fidélité, mais votre impuissance.

WALLENSTEIN, *vivement agité et marchant à grands pas.*

Eh quoi! me faut-il maintenant accomplir sérieusement ce qui avait servi de simple amusement à mes libres pensées? Ah! jouer avec l'enfer, c'est se damner.

ILLO.

Si cela a été un simple amusement, croyez-moi, il faut l'expier par des soins sérieux et difficiles.

WALLENSTEIN.

Et faut-il pousser les choses à l'accomplissement aujourd'hui? Aujourd'hui que j'ai encore la puissance, faut-il en venir là?

ILLO.

Oui, pendant que la chose est possible, avant qu'à Vienne ils soient revenus de ce coup, et qu'ils cherchent à vous prévenir.

WALLENSTEIN, *regardant les signatures.*

J'ai par écrit l'engagement des généraux. Le nom de Max Piccolomini n'est pas là; pourquoi?

TERZKY.

C'est que... il a cru...

ILLO.

Pure singularité! il n'est pas besoin de cela entre vous et lui.

WALLENSTEIN.

Cela est inutile, il a raison. Les régimens ne veulent pas aller en Flandre. Ils m'ont fait présenter une requête, et se refusent hautement à l'ordre. Le premier pas vers la révolte est fait.

ILLO.

Croyez-moi, vous les conduiriez plus facilement à l'ennemi que sous les ordres de l'Espagnol.

WALLENSTEIN.

Je veux cependant entendre ce que le Suédois a à me dire.

ILLO, *avec empressement.*

Appelez-le, Terzky; il est là auprès.

WALLENSTEIN.

Attendez encore un peu! Tout cela me saisit. Les choses vont trop vite, je ne suis pas accoutumé à me laisser maîtriser et entraîner aveuglément par le hasard des circonstances.

ILLO.

Écoutez-le d'abord, puis vous y penserez.

Ils s'en vont.

~~~~~~~~~~~~~~~~~~~~~~~~~~~~~~~~

SCÈNE IV.

WALLENSTEIN, *se parlant à lui-même.*

Est-il possible? ne puis-je plus faire ce que je voudrais? revenir en arrière, si tel est mon plaisir? Il faut que j'accomplisse les choses, parce que je les ai pensées, parce que je n'ai pas repoussé de moi la tentation, parce que mon cœur s'est nourri de ce songe, parce que je me suis ménagé les moyens d'exécuter un projet encore incertain, parce que j'ai voulu tenir les chemins ouverts devant moi! Par le Dieu tout-puissant, ce n'était pas une idée sérieuse, ce ne fut jamais un dessein arrêté; il était seulement venu à ma pensée. L'indépendance et le pouvoir avaient de l'attrait pour moi : était-ce donc un crime de charmer mon imagination par les espérances enchanteresses de la royauté? Ma volonté ne demeurait-elle pas libre dans mon âme? ne voyais-je pas près de moi la bonne voie qui me permettait toujours un libre retour? Où donc me trouvé-je tout-à-coup conduit? Il ne reste plus aucune route derrière moi, ce que j'ai fait a élevé un mur dont l'enceinte me ferme toute retraite. (*Il demeure profondément pensif.*) Je parais coupable, et je puis tenter le crime, mais non l'écarter de moi. Sous quelque jour qu'elle paraisse, ma conduite m'accuse; et même des actions pures découlant d'une source irréprochable seraient interprétées à mal, seraient empoisonnées par le soupçon. Si j'étais, comme je le parais, un traître, n'aurais-je pas mieux ménagé les apparences? ne me serais-je pas enveloppé dans l'ombre la plus épaisse? aurais-je laissé percer mon dépit dans mes discours? Non, j'avais la conscience intérieure de l'innocence, de la droiture de mes volontés, et *je donnais un libre cours à mon emportement,* à mes passions. La parole était hardie, parce que l'action était incertaine : maintenant tout ce qui a été fait sans projet s'unit et se rattache comme les résultats de la prévoyance et de la résolution. Ce que la colère, ce qu'un courage audacieux me faisaient dire dans l'abondance de mon cœur, forme une trame artistement tissue; une accusation terrible s'élève contre moi, et je suis contraint à demeurer muet devant elle. Ainsi je me suis, pour ma perte, enveloppé dans mes propres filets, et la violence seule peut m'en dégager. (*Il se tait encore un moment.*) Et comment faire autrement? l'impulsion d'un libre courage me pousse à des actions audacieuses; la nécessité me les demande d'une rude voix; ma conservation les exige! l'aspect de la nécessité est sévère. Ce n'est pas sans frissonner que la main de l'homme s'en va fouiller dans l'urne mystérieuse du destin. Dans mon âme, mes actions étaient encore à moi; une fois échappées de ce sûr asile de mon cœur, de ce berceau qui les vit naître, une fois livrées à la réalité, elles appartiennent à la domination du hasard, qu'aucun art humain ne saurait soumettre. (*Il fait quelques pas avec agitation, puis s'arrête encore pensif.*) Et quel est ton dessein? le connais-tu bien toi-même? Tu veux ébranler un pouvoir tranquille, assuré sur le trône, vieilli dans une possession consacrée, qui repose sur les solides fondemens de l'habitude, qui a jeté mille racines profondes dans le pieux et filial respect des peuples. Ce n'est plus là un combat de la force contre la force : ceux-là, je ne les crains pas. Je suis prêt à combattre tout adversaire que je pourrais fixement regarder aux yeux, et qui, plein de courage, enflammera aussi mon courage. Mais ce que je crains, c'est un invisible ennemi, qui, pour me résister, se cache dans le cœur des hommes. C'est celui-là seul qui est terrible et qui me trouve faible et timide. Ce n'est pas le danger qui se montre avec vivacité, avec force, que je dois redouter, c'est le train ordinaire, éternel, des choses de ce monde, ce qui a été et qui renaît toujours, ce qui subsistera demain, parce qu'il subsiste aujourd'hui. Car l'homme est façonné par la coutume ; l'habitude a servi de nourrice à son enfance. Malheur à celui qui veut le troubler dans le respect des antiques choses qu'il chérit comme héritage de ses aïeux ! Le temps exerce un pouvoir de consécration. Ce qui était vénérable pour les pères devient divin pour les enfans. Si tu as la possession, le droit est pour toi, et l'adoration du vulgaire te servira de sauvegarde. (*Au Page qui entre.*) Le colonel suédois ? Est-ce lui ? qu'il entre. (*Le Page sort. Wallenstein fixe un regard pensif sur la porte.*) Elle n'est point encore profanée, pas encore ; le crime n'a pas franchi ce seuil encore. Combien est étroite la limite qui sépare les deux portions d'une vie !

SCÈNE V.
WALLENSTEIN *et* WRANGEL.

WALLENSTEIN, *après avoir fixé sur lui un regard pénétrant.*
Vous vous nommez Wrangel ?
WRANGEL.
Gustave Wrangel, colonel du régiment bleu de Sudermanie.
WALLENSTEIN.
C'était un Wrangel qui, par sa courageuse défense, me fit tant de mal devant Stralsund, et qui m'empêcha d'emporter cette place.
WRANGEL.
Ce n'est pas mon mérite qui en doit avoir l'honneur, monsieur le duc, c'est la puissance des élémens : ils combattaient contre vous, la ville fut sauvée par les tempêtes du Belt. La mer et la terre ne pouvaient point obéir aux ordres d'un seul homme.
WALLENSTEIN.
Vous enlevâtes de ma tête le chapeau d'amiral.
WRANGEL.
Je viens pour y placer une couronne.
WALLENSTEIN *lui fait signe de prendre place, et s'assied.*
Vos lettres de créance? Venez-vous avec de pleins pouvoirs?
WRANGEL, *d'un ton significatif.*
Il reste encore quelques choses à éclaircir.
WALLENSTEIN, *après avoir lu.*
La lettre est fort en règle. Seigneur Wrangel, vous servez un maître dont la tête est habile et prudente. Le chancelier m'écrit qu'il veut accomplir les propres résolutions du roi que vous avez perdu ; il voulait favoriser mes vues sur la couronne de Bohême.
WRANGEL.
Il le disait, cela est vrai. Le roi, de glorieuse mémoire, a toujours eu une grande opinion du génie distingué et des talens militaires de Votre Excellence. Il aimait à répéter souvent que celui qui excellait à commander devait être dominateur et roi.
WALLENSTEIN.
Il lui appartenait de parler ainsi. (*Il lui tend la main avec confiance.*) Parlons à cœur ouvert, colonel Wrangel : j'ai toujours été au fond du cœur bon Suédois, et vous l'avez bien éprouvé en Silésie et devant Nuremberg. Souvent je vous ai tenu en ma puissance, et toujours je vous ai laissé une porte de derrière pour vous échapper. C'est cela qu'ils ne veulent point me pardonner à Vienne, c'est cela qui me pousse maintenant à cette démarche ; et puisque nos intérêts sont maintenant réunis, ayons les uns pour les autres une entière confiance.
WRANGEL.
La confiance viendra ; il faut que chacun d'abord prenne ses sûretés.
WALLENSTEIN.
Le chancelier, à ce que je remarque, ne se confie pas encore bien à moi. Oui, je l'avoue, je ne me présente pas ici à mon avantage. Son Excellence pense que si j'ai pu tromper l'empereur mon maître, je pourrai en agir de même avec les ennemis, et que l'un pourrait plutôt se pardonner que l'autre. N'est-ce pas votre opinion aussi, seigneur Wrangel?
WRANGEL.
J'ai une mission à remplir et non une opinion à exprimer.
WALLENSTEIN.
L'empereur m'a poussé aux dernières extrémités ; je ne puis honorablement continuer à le servir. C'est pour ma sûreté, pour ma juste défense, que je fais ce pas difficile que ma conscience réprouve.
WRANGEL.
Je le crois ; personne n'en vient là sans y être contraint. (*Après un instant de silence.*) Ce que votre seigneurie peut avoir à débattre avec l'empereur votre maître ne nous concerne pas ; nous n'avons ni à le juger ni à le pénétrer. Le Suédois combat pour sa bonne cause avec sa bonne épée et sa conscience ; une circonstance, une occasion favorable se présente à nous ; à la guerre on profite de chaque avantage, nous saisissons indistinctement celui qui s'offre à nous. Et si tout s'arrange bien...
WALLENSTEIN.
Sur quoi peut-on avoir des doutes? sur ma volonté, sur mes forces? J'ai promis au chancelier que s'il me confiait seize mille hommes, je les réunirais à dix-huit mille hommes de l'armée de l'empereur, et qu'alors...
WRANGEL.
Votre Excellence est connue pour un sublime guerrier, pour un second Attila, un Pyrrhus. On raconte encore avec admiration comment, il y a quelques années, contre l'attente générale, vous avez su tirer une armée pour ainsi dire du néant. Cependant...

WALLENSTEIN.

Cependant ?

WRANGEL.

Son Excellence le chancelier pense que créer et rassembler soixante mille combattans est peut-être une chose plus facile que d'en entraîner la soixantième partie...

Il s'arrête.

WALLENSTEIN.

Eh bien! parlez librement.

WRANGEL.

A devenir parjures.

WALLENSTEIN.

Le croit-il ainsi? Il en juge comme un Suédois, comme un protestant. Vous autres luthériens, vous combattez pour votre Bible; c'est votre cause que vous défendez. Vous suivez de cœur vos étendards; et celui qui déserterait de chez vous aurait à la fois rompu les liens qui l'attachent à un double devoir. Chez nous il n'est pas question de tout cela.

WRANGEL.

Dieu tout-puissant! n'a-t-on dans ce pays ni patrie, ni famille, ni église?

WALLENSTEIN.

Je vais vous dire ce qui en est. Oui, l'Autrichien a une patrie; il l'aime, il a des motifs pour l'aimer : mais cette armée, qui se nomme l'armée de l'empereur, et qui est ici campée en Bohême, n'en a aucune. C'est le rebut des nations étrangères, l'écume des peuples; ils ne possèdent rien que leur part à la lumière du soleil. Quant à la Bohême, où nous combattons, elle n'a aucune affection pour son souverain ; c'est la fortune des combats qui le lui a imposé, et non son propre choix. Elle supporte en murmurant le joug d'une croyance qui n'est pas la sienne. La force l'a abattue, mais ne l'a point soumise. Le souvenir de ce qui s'est passé dans cette contrée est encore vivant, et entretient un désir ardent de vengeance. Le fils pourrait-il oublier que son père a été livré en proie à des chiens pour être conduit à la messe? Un peuple à qui l'on peut donner le choix de souffrir un pareil traitement ou de se venger, est terrible.

WRANGEL.

Mais la noblesse et les officiers? Une telle félonie, une telle détermination, prince, est sans exemple dans l'histoire du monde.

WALLENSTEIN.

Ils sont à moi sans réserve. Rapportez-vous-en, non à moi, mais à vos propres yeux. (*Il lui donne la formule du serment ; Wrangel la lit, et après la pose sur la table sans rien dire.*) Eh bien! concevez-vous, maintenant?

WRANGEL.

Qui pourrait le concevoir? Prince, je laisse tomber le masque : oui, j'ai plein pouvoir pour tout conclure. Le rhingrave se tient à quatre jours de marche d'ici, avec quinze mille hommes, il n'attend qu'un ordre pour venir joindre votre armée; et cet ordre, je le montrerai dès que nous serons d'accord.

WALLENSTEIN.

Et qu'exige le chancelier?

WRANGEL, *d'un ton significatif.*

Ce sont douze régimens de bons Suédois, j'en réponds sur ma tête. Et comme cependant tout ceci pourrait n'être qu'un faux semblant...

WALLENSTEIN.

Seigneur Suédois!...

WRANGEL, *continuant tranquillement.*

Il faut en conséquence que, pour commencer, le duc de Friedland rompe formellement, sans possibilité de retour, avec l'empereur; jusque là; on ne lui confiera pas un seul soldat suédois.

WALLENSTEIN.

Qu'exige-t-on? Parlez sans retard et sans détour.

WRANGEL.

Que les régimens espagnols qui sont dévoués à l'empereur soient désarmés; que l'on se saisisse de Prague, et que cette ville, ainsi que la forteresse d'Égra, soient remises aux Suédois.

WALLENSTEIN.

C'est demander beaucoup. Prague! Passe pour Égra; mais Prague, n'y comptez pas. Je vous donnerai toutes les sûretés que vous pouvez raisonnablement exiger; mais Prague, mais la Bohême, je puis moi-même la défendre.

WRANGEL.

On n'en doute pas. Aussi n'est-ce pas seulement à leur défense que nous songeons; nous ne voulons point avoir dépensé en vain des hommes et de l'argent.

WALLENSTEIN.

Cela est juste.

WRANGEL.

Et tant que nous ne serons pas indemnisés, Prague restera en gage.

WALLENSTEIN.

Vous fiez-vous si peu à nous?

WRANGEL *se lève.*

Les Suédois doivent prendre leurs précautions avec les Allemands. On nous a appelés de l'autre rive de la Baltique; nous avons délivré l'empire de la tyrannie; nous avons scellé de notre sang la liberté des consciences, la sainte confession de l'Évangile : cependant, maintenant on ne sent déjà plus le bienfait de notre présence, mais son poids; on regarde d'un œil malveillant ces étrangers au milieu de l'empire. L'on voudrait, les mains pleines d'or, nous renvoyer dans nos forêts. Non, ce n'est pas pour le salaire de Judas, ce n'est pas pour les bourses d'or et d'argent que nous avons laissé notre roi sur le champ de bataille. Le noble sang de tant de Suédois, ce n'est pas pour de l'or et de l'argent qu'il a coulé. Nous ne voulons pas rapporter dans la patrie nos drapeaux ornés seulement d'un stérile laurier; nous voulons demeurer comme citoyens sur cette terre dont notre roi a pris possession en y tombant.

WALLENSTEIN.

Empêchez l'ennemi commun de me détruire,

et alors vous êtes assuré d'un partage avantageux.

WRANGEL.

Et l'ennemi commun une fois abattu, quel sera le lien et le garant de la nouvelle alliance? Nous savons, prince, que vous pratiquez une négociation secrète avec les Saxons, comme si les Suédois n'avaient rien à y voir. Qui nous garantit que nous ne serons pas la victime de ce traité qu'on croit nécessaire de nous cacher?

WALLENSTEIN.

Le chancelier choisit bien ses négociateurs. Il ne pouvait m'en envoyer un plus tenace. (*Il se lève.*) Avisez à une meilleure condition, Gustave Wrangel; qu'il ne soit plus question de Prague.

WRANGEL.

Mon plein pouvoir ne va pas plus loin.

WALLENSTEIN.

Occuper ma ville capitale... j'aimerais mieux retourner à l'empereur.

WRANGEL.

S'il en était encore temps.

WALLENSTEIN.

Cela m'est possible encore maintenant, à cette heure.

WRANGEL.

Peut-être il y a peu de jours; plus aujourd'hui, depuis que Sesina est pris; cela est impossible. (*Wallenstein se tait et paraît frappé.*) Prince, nous croyons que vous agissez sincèrement depuis hier; nous en sommes assurés, et puisque cet écrit nous répond de l'armée, rien ne doit plus arrêter la confiance réciproque. Prague ne doit pas être un sujet de division. Monseigneur le chancelier se contentera d'Altstadt; il laisse Ratschin à Votre Excellence; mais avant tout, Égra doit nous être livré. Jusque là il ne faut pas songer à notre jonction.

WALLENSTEIN.

Ainsi, il faut que je me fie à vous, et vous point à moi. Je réfléchirai sur cette proposition.

WRANGEL.

Je dois vous prier de ne pas y réfléchir trop long-temps. Cette négociation traîne depuis deux ans. Si cette fois elle n'amène aucune conclusion, le chancelier la regardera comme rompue pour toujours.

WALLENSTEIN.

Vous me pressez beaucoup. Une telle décision doit être bien méditée.

WRANGEL.

Il faut y réfléchir avant de la prendre. Mais, prince, une prompte exécution peut seule la faire réussir.

Il sort.

SCÈNE VI.

WALLENSTEIN, ILLO et TERZKY *reviennent.*

ILLO.

Est-ce terminé?

TERZKY.

Êtes-vous d'accord?

ILLO.

Ce Suédois est sorti d'un air satisfait. Oui, vous êtes d'accord.

WALLENSTEIN.

Écoutez-moi. Il n'y a encore rien de fait; et, tout bien balancé, j'aime mieux ne pas agir.

TERZKY.

Quoi! Qu'y a-t-il?

WALLENSTEIN.

Vivre par la grâce de ces Suédois, de ces arrogans, je ne le puis supporter.

ILLO.

Allez-vous donc, comme un fugitif, implorer leurs secours? Vous leur donnez plus que vous ne recevez d'eux.

WALLENSTEIN.

Dois-je imiter ce connétable de Bourbon, qui se vendit aux ennemis de sa nation, qui tourna ses armes contre sa patrie? La malédiction fut sa récompense, et l'horreur des hommes a puni sa conduite dénaturée et criminelle.

ILLO.

Votre position est-elle donc la même?

WALLENSTEIN.

Croyez-moi, tous les hommes honorent la bonne foi à l'égal des liens les plus étroits du sang, et chacun se sent né pour punir ceux qui l'offensent. La haine des sectes, la fureur des partis, les rivalités, la jalousie envenimée se réconcilient; tous ceux qui cherchent réciproquement à se détruire s'apaisent, se réunissent pour poursuivre l'ennemi de l'humanité entière, le monstre féroce qui force l'enceinte respectée à l'abri de laquelle vivent les hommes. Car toute la prudence d'un individu ne saurait le mettre entièrement à l'abri. La nature a placé sur son front l'œil comme une sentinelle; mais en arrière, c'est la pieuse bonne foi qui sert de sauvegarde et de défense.

TERZKY.

Ne vous jugez pas plus sévèrement que ne le font vos ennemis, qui vous offrent, pour agir, une main amicale. Il n'avait pas tant de scrupules ce Charles-Quint, l'oncle et l'aïeul de cette maison impériale: il reçut Bourbon à bras ouverts: c'est le calcul qui gouverne le monde.

SCÈNE VII.

LES PRÉCÉDENS, LA COMTESSE TERZKY.

WALLENSTEIN.

Qui vous a appelée? les femmes n'ont point affaire ici.

LA COMTESSE.

Je venais vous offrir mes vœux; serais-je entrée trop tôt? j'espère que non.

WALLENSTEIN.

Employez votre autorité, Terzky; dites-lui de s'éloigner.

LA COMTESSE.
Je voulais saluer le roi de Bohême.
WALLENSTEIN.
C'est encore une question à décider.
LA COMTESSE, *aux autres*.
Eh bien! où en est-on? parlez.
TERZKY.
Le duc ne veut pas.
LA COMTESSE.
Il ne veut pas? que lui faut-il?
ILLO.
C'est à vous maintenant à parler; pour moi, j'ai épuisé mes raisons : on parle de fidélité et de conscience.
LA COMTESSE.
Eh quoi! n'aurez-vous du courage et de la résolution que lorsque tout est dans l'éloignement, lorsqu'une longue route à parcourir est encore ouverte devant vous? Et maintenant, quand le songe devient une réalité, quand l'accomplissement approche, quand le résultat est assuré, c'est alors que vous commencez à trembler! Êtes-vous audacieux dans les projets seulement, et faible dans l'action? Eh bien! donnez pleine raison à vos ennemis, c'est cela même qu'ils attendent. Ils ne peuvent douter d'un dessein dont vos lettres et votre seing peuvent vous convaincre; cependant ils ne croient pas à la possibilité de l'exécution, car ils n'ont pour vous ni crainte ni égards. Est-il possible? Quand vous êtes allé si loin, quand on a découvert ce qui est le plus coupable, quand on peut vous imputer une entreprise déjà commencée, voulez-vous reculer sans en avoir recueilli le fruit? En former le projet n'est qu'un crime vulgaire; l'accomplir est une action immortelle : si elle réussit, elle sera justifiée, car le succès est le jugement de Dieu.
UN DOMESTIQUE *entre*.
Le colonel Piccolomini.
LA COMTESSE, *promptement*.
Qu'il attende.
WALLENSTEIN.
Je ne puis le voir maintenant; dans un autre moment.
LE DOMESTIQUE.
Il demande à vous voir un instant seulement; il a une affaire pressante.
WALLENSTEIN.
Qui sait ce qu'il a à nous dire? je veux le voir.
LA COMTESSE, *souriant*.
Cela peut être pressant pour lui. Mais vous, vous pouvez attendre.
WALLENSTEIN.
Qu'est-ce?
LA COMTESSE.
Vous le saurez après. Maintenant, pensez à expédier Wrangel.
Le Domestique sort.
WALLENSTEIN.
Si l'on pouvait encore choisir; si une issue moins violente pouvait encore... je voudrais encore la prendre, et différer les moyens extrêmes.
LA COMTESSE.
Ne désirez-vous rien de plus? cette voie vous demeure ouverte. Renvoyez Wrangel. Oubliez vos anciennes espérances; rejetez loin de vous votre vie passée; résolvez-vous à en commencer une nouvelle. La vertu a aussi ses héros comme la gloire et la fortune. Allez à Vienne vous jeter aux pieds de l'empereur; portez-y vos trésors, et déclarez que vous n'avez rien fait que pour éprouver la foi de ses serviteurs et amener les Suédois à un accommodement.
ILLO.
Il est encore trop tard pour cela. On en sait trop. Il porterait seulement sa tête sur un échafaud.
LA COMTESSE.
Je ne crains pas cela. On manque de preuves pour le condamner suivant les lois, et on n'usera point de l'arbitraire. On laissera le duc se retirer tranquillement : je vois comme tout se passera. Le roi de Hongrie se montrera, et il va sans dire que, le duc partant, aucun éclaircissement ne sera nécessaire. Le roi recevra le serment des troupes, et tout demeurera dans l'ordre accoutumé. Un matin, le duc se retirera. Dorénavant il vivra dans ses châteaux : là, il ira à la chasse, il bâtira, il aura de beaux haras, il se formera une cour, il distribuera des clefs de chambellan, tiendra une table fastueuse; en un mot, sera en petit un fort grand roi. Et comme il aura su prendre un parti prudent, et se résoudre à ne plus avoir ni force ni distinction réelle, on le laissera briller tant qu'il voudra; jusqu'à son dernier jour, il aura une représentation de prince; le duc pourra même prendre place parmi ceux qui doivent leur élévation au sort des armes, parmi les créatures récentes de la faveur de la cour; il pourra, avec un faste pareil, faire le seigneur et le prince.
WALLENSTEIN *se lève, vivement agité*.
Dieu tout-puissant! montrez-moi une route pour sortir de ces anxiétés; mais montrez-moi une route que je puisse suivre. Je ne puis pas, comme un héros en parole, comme un parleur de vertu, m'échauffer à volonté sur mes pensées; je ne puis, quand la fortune m'abandonne, lui dire comme un fanfaron : Va, je n'ai pas besoin de toi. Si je n'agis pas, je suis anéanti. Ce n'est pas le sacrifice, ce n'est pas le danger qui m'effraient et qui me font hésiter sur le dernier pas, sur le pas décisif, mais plutôt tomber dans le néant, plutôt devenir si petit après avoir voulu être si grand, plutôt être confondu par le monde avec ces misérables qu'un jour élève et qu'un jour détruit, plutôt tout cela que de faire prononcer d'un pôle à l'autre mon nom avec horreur, que de voir le nom de Friedland s'unir à l'idée de toutes les trahisons, de tous les parjures.
LA COMTESSE.
Et qu'y a-t-il donc là qui soit si fort contre nature? Je ne puis le voir; expliquez-le-moi. Ah!

ne laissez pas ces fantômes d'une sombre superstition obscurcir les lueurs de votre génie. Vous êtes accusé de haute trahison. Que ce soit à tort ou à raison, c'est de quoi il ne s'agit pas maintenant. Vous êtes perdu, si vous n'usez pas promptement du pouvoir que vous possédez. Eh bien! quelle est la paisible créature qui n'emploie pas à défendre sa vie toutes les forces de la vie? L'audace n'est-elle pas toujours justifiée par la nécessité?

WALLENSTEIN.

Autrefois Ferdinand m'a été si favorable! Il m'aimait, il m'estimait; nul n'était plus que moi près de son cœur : quel prince a-t-il honoré autant que moi? Et finir ainsi!

LA COMTESSE.

Si vous gardez un si fidèle souvenir des moindres faveurs, n'avez-vous donc aucune mémoire des affronts? Je vais vous rappeler ici quelle récompense reçurent à Ratisbonne vos fidèles services. Vous aviez offensé tous les princes de l'empire; pour le servir, vous aviez accumulé la haine, la malédiction du monde entier; dans toute l'Allemagne, vous n'aviez pas un seul ami, parce que vous seul étiez dévoué à votre empereur. Au milieu de cette tempête qui s'éleva contre vous à la séance de Ratisbonne, vous ne pouviez avoir que lui pour appui : il vous a laissé succomber, il vous a laissé abattre, il vous a sacrifié à l'orgueilleux Bavarois. Et ne me dites pas que votre première dignité rendue a réparé une si cruelle injure! Ce n'est pas sa volonté qui vous a replacé où vous êtes; c'est la dure loi de la nécessité qui vous a dorté à cette place qu'on veut encore vous ravir.

WALLENSTEIN.

Il est vrai, ce n'est pas sa volonté qui m'a rendu mon pouvoir; je le dois à son affection pour moi : c'est d'elle que j'abuserais, et non de sa confiance.

LA COMTESSE.

La confiance, l'affection? l'on avait besoin de vous. La nécessité, ce despote impérieux qui n'a que faire de vains noms et de figurans de théâtre, qui veut l'action et non l'apparence, qui sait trouver partout le plus grand et le meilleur pour le placer au gouvernail, et qui l'irait saisir jusqu'au milieu de la populace; la nécessité vous a placé où vous êtes, et vous a prescrit votre vocation : pendant long-temps, tant que cela a été possible, cette race a su se défendre avec des hommes au cœur d'esclave, et s'est maintenue en faisant jouer les faibles ressorts de son art. Mais quand arrivent les circonstances extraordinaires, le vain fantôme ne peut plus rien; tout tombe alors dans les fortes mains de la nature et de ces génies gigantesques qui n'obéissent qu'à eux-mêmes, qui ignorent tout ce qui n'est que de convention, qui agissent d'après leur propre impulsion, non d'après celle qu'on veut leur donner.

WALLENSTEIN.

Il est vrai qu'ils m'ont toujours connu tel que je suis; je ne les ai point trompés dans notre marché; jamais je n'ai pris la peine de cacher l'audace de mon caractère impérieux.

LA COMTESSE.

Bien plus : si toujours vous vous êtes montré terrible, si vous êtes toujours demeuré fidèle à vous-même, la faute est à ceux qui vous redoutaient, et qui cependant ont remis le pouvoir en vos mains. Chaque caractère ne mérite point de reproche tant qu'il demeure d'accord avec lui-même; il n'aurait de tort que s'il venait à se contredire. N'êtes-vous pas le même qui, il y a huit ans, parcourait avec le fer et la flamme les cercles de l'Allemagne, qui était le fléau de tous les états, qui méprisait tous les commandemens de l'empire, qui ne connaissait que le terrible droit de la force, et foulait aux pieds toutes les souverainetés pour établir la domination de votre despote? C'était alors qu'il fallait rompre vos orgueilleuses volontés et vous ramener à l'ordre; mais cela était utile à l'empereur et lui plaisait; il apposait en silence sur tous ces désordres son sceau impérial. Ce qui était juste alors, parce que vous le faisiez pour lui, est-il honteux aujourd'hui, parce que c'est contre lui que vous agirez?

WALLENSTEIN, *se levant*.

Je n'avais jamais vu la chose de ce côté. Oui, cela est vrai; tout ce que mon bras a exécuté au nom de l'empereur dans l'empire était contraire au bon ordre; et même ce manteau de prince que je porte est la récompense de services qui sont des crimes.

LA COMTESSE.

Avouez donc qu'entre vous et lui il ne peut-être question de la justice et du devoir, mais seulement de la force et de la circonstance. Le moment est arrivé de clore les grands calculs de votre vie, et d'en tirer le résultat; les signes célestes se montrent propices au-dessus de vous; les planètes vous promettent le succès, et proclament dans leur révolution que le temps est venu. Auriez-vous donc en vain, pendant toute votre vie, mesuré le cours des étoiles, tracé des cercles et des cadrans, dessiné sur ces murs des zodiaques et des sphères, placé autour de vous les figures muettes et mystérieuses des sept dominateurs du destin? Tout ceci n'aurait-il donc été qu'un vain jeu? Tous ces apprêts n'auraient conduit à rien, cette science ne serait que vide, si elle ne vous servait à rien, si elle n'exerçait pas de pouvoir sur vous au moment de la décision.

WALLENSTEIN, *pendant ces derniers mots, s'est promené avec agitation, comme dans le travail de la décision; il s'arrête tout-à-coup, et interrompant la comtesse.*

Qu'on rappelle Wrangel, et que trois courriers se tiennent prêts sur-le-champ.

ILLO.

Ah! Dieu soit loué!

Il sort promptement.

WALLENSTEIN.

C'est l'œuvre du mauvais génie de lui et de moi. Il se sert de moi, l'instrument de son ambition, pour le punir; et, quant à moi, je m'attends que le fer vengeur est déjà aiguisé contre mon sein. Celui qui a semé les dents du dragon ne peut espérer d'heureuses moissons; le crime porte avec lui dans son cœur un ange de vengeance, le mauvais espoir. Ce n'est plus maintenant un rêve, il n'y a plus à revenir en arrière; arrive maintenant ce qui doit arriver. C'est le destin qui décide tout pour celui qui a livré son cœur à lui obéir aveuglément. (*A Tersky.*) Fais passer Wrangel dans mon cabinet. Je veux parler moi-même aux courriers; qu'on fasse chercher Octavio. (*A la Comtesse, qui montre un air triomphant.*) Ne vous applaudissez pas tant, car le destin est jaloux de sa puissance et s'offense des joies anticipées. Nous avons confié la semence à ses mains; si elle croîtra pour notre bonheur ou pour notre perte, c'est ce que la fin nous apprendra.

Il sort, et la toile tombe.

ACTE DEUXIÈME.

Le théâtre représente un appartement.

SCÈNE PREMIÈRE.

WALLENSTEIN, OCTAVIO PICCOLOMINI; bientôt après MAX PICCOLOMINI.

WALLENSTEIN.

Il m'écrit de Lintz, où il dit qu'il est malade; cependant j'ai l'avis certain qu'il est caché à Frauenberg, chez le comte Galas; tu les feras saisir tous les deux, et tu me les enverras ici; tu prendras le commandement des régimens espagnols; tu feras toujours des préparatifs, et tu ne seras jamais prêt. Si l'on veut t'obliger à agir contre moi, tu diras oui, et tu continueras à ne rien faire. Je sais que dans tout ceci tu préfères un poste qui ne comporte point d'action; tu as le désir de conserver les apparences tant que tu le pourras; les partis extrêmes ne sont pas ton fait, aussi t'ai-je choisi un rôle fait exprès pour toi. Rien ne sera cette fois plus utile que ton inaction; pendant ce temps le destin se déclarera pour moi, et tu sais alors ce qu'il y aura à faire. (*Max Piccolomini entre.*) Maintenant, va, mon vieil ami, il faudra que tu partes cette nuit; prends mon propre cheval, prête-le que j'ai ici. C'est une séparation qui ne sera pas longue; nous nous reverrons, je pense, tous joyeux et satisfaits.

OCTAVIO, *à son fils.*
Nous nous parlerons encore.

Il sort.

SCÈNE II.

WALLENSTEIN, MAX PICCOLOMINI.

MAX *s'approche de lui.*
Mon général...

WALLENSTEIN.
Je ne le suis plus, si tu te regardes comme un officier de l'empereur.

MAX.
Ainsi vous persisteriez à vouloir abandonner l'armée?

WALLENSTEIN.
J'ai renoncé au service de l'empereur.

MAX.
Et vous voulez abandonner l'armée?

WALLENSTEIN.
Au contraire, j'espère me l'attacher par des liens encore plus étroits. (*Il s'assied.*) Oui, Max, je n'ai pas voulu m'ouvrir à toi avant que le moment d'agir fût arrivé. La jeunesse, dans l'heureuse vivacité de ses sentimens, a l'instinct rapide du juste, et c'est une joie pour elle de n'avoir à prouver et à défendre son opinion que quand il ne s'agit plus que de donner l'exemple. Cependant, lorsque nous avons à nous prononcer entre deux malheurs certains, entre deux partis où la ligne du devoir ne peut être exactement suivie, c'est un bonheur de n'avoir pas un choix à faire, et la nécessité est ici une faveur du sort. Elle est pressante; ne regarde pas en arrière, tu ne pourrais y trouver aucune lumière. Regarde en avant; n'examine pas, et prépare-toi à agir. La cour a résolu ma perte, et je veux la prévenir. Nous nous unissons avec les Suédois, ce sont de braves gens et de bons alliés. (*Il s'arrête, attendant une réponse de Piccolomini.*) Je t'ai jeté dans la surprise; ne me réponds pas, je veux te laisser le temps de te remettre.

Il se lève et va au fond du théâtre. Max demeure longtemps immobile, plongé dans une vive douleur; il fait un mouvement, et Wallenstein revient se placer devant lui.

MAX.
Mon général, jusqu'à ce jour, la peine de choisir le chemin où je devais marcher m'a été épargnée: je vous suivais sans réflexion. J'avais coutume de vous regarder, et j'étais sûr de ne pas m'écarter de la bonne voie; aujourd'hui vous m'affranchissez de la tutelle; pour la première

fois vous me livrez à moi-même, et vous me forcez à faire un choix entre vous et mon cœur.

WALLENSTEIN.

Jusqu'ici tu as été doucement bercé par le destin ; tu as pu remplir ton devoir en te jouant, satisfaire librement chaque noble mouvement, agir toujours avec un cœur sans partage ; cela ne peut pas toujours durer ainsi. Des chemins opposés s'ouvrent devant toi, les devoirs combattent contre les devoirs ; il te faut prendre un parti dans la guerre qui s'allume aujourd'hui entre ton ami et ton empereur.

MAX.

La guerre ! est-ce là le nom qu'il faut employer ? La guerre est terrible comme un des fléaux de Dieu ; mais comme eux elle peut être juste, ordonnée par la destinée. Est-ce une guerre juste que celle que vous vous apprêtez à faire à l'empereur, avec la propre armée de l'empereur ? Ah ! Dieu du ciel, quelle résolution ! Un tel discours convient-il entre vous et moi, à qui vous paraissez comme l'étoile immuable du pôle, comme la règle de ma vie ? Quel déchirement vous produisez dans mon cœur ! Faut-il donc que je renonce à ne plus attacher à votre nom la sainte habitude de l'obéissance, l'impression profonde d'une ancienne vénération ? Non, ne détournez pas de moi votre visage, il fut toujours pour moi comme la face du Tout-Puissant, et ne peut perdre tout-à-coup son pouvoir sur moi. Mes sens sont encore retenus par leurs anciens liens, quand l'âme déchirée s'est déjà affranchie.

WALLENSTEIN.

Max, écoute-moi.

MAX.

Ah ! n'agis point ainsi, n'agis point ainsi. Vois, ta noble et pure physionomie ne participe pour rien encore à ces malheureuses résolutions ; ta seule imagination en a été souillée : l'innocence n'a pu encore abandonner la sublime expression de tes regards. Rejette cette noire pensée, cette pensée ennemie ; un mauvais songe est seulement venu pour éprouver ton inébranlable vertu. L'humanité ne saurait se garantir de ces idées d'un instant, mais il faut qu'elles soient vaincues par un noble sentiment. Non, tu ne veux pas finir ainsi ; ce serait décrier parmi les hommes les grands caractères et les facultés puissantes ; ce serait justifier cette opinion du vulgaire qui ne veut point qu'on s'abandonne à ces naturels sublimes quand ils ont toute leur liberté, et qui ne se rassure que par leur impuissance.

WALLENSTEIN.

Le monde me blâmera sévèrement, je m'y attends. Je me suis dit à moi-même tout ce que tu dis ; eh ! qui n'évite pas les partis extrêmes quand il peut s'en dispenser ? Mais ici il n'y a pas à choisir ; il faut endurer la violence ou l'employer : voilà toute la question ; il ne me reste pas une autre ressource.

MAX.

Eh bien, soit ; maintenez-vous à votre poste ; résistez à l'empereur par la force. S'il le faut, venez-en à une rébellion ouverte ; je ne l'approuverai pas, mais je la pardonnerai, et tout en la blâmant, j'y prendrai part avec vous. Seulement ne devenez point un traître ; le mot est prononcé, ne devenez point un traître, car ceci n'est pas seulement un emportement au-delà des bornes, ce n'est point une faute où le courage s'égare dans sa force, c'est une toute autre chose, c'est une action de noirceur, c'est une action infernale.

WALLENSTEIN, *d'un front sévère, mais avec modération.*

La jeunesse est prompte dans ses discours et ne songe pas qu'ils doivent être maniés prudemment comme le tranchant de l'acier ; elle mesure les choses d'après son ardente imagination, ne les rapportant qu'à elle ; elle se hâte de prononcer les mots de honte et de dignité, de bien et de mal, et elle applique aux hommes et aux choses les idées que son imagination fantastique a attachées à ces mots solennels. L'esprit est vaste, mais le monde est plus resserré : les pensées habitent sans peine près l'une de l'autre, mais les choses s'entrechoquent rudement dans l'espace réel. Pour que l'un prenne une place, il faut que l'autre la quitte. Qui ne veut pas être repoussé, doit repousser les autres ; c'est le combat qui décide, et il n'y a de victoire que pour le plus fort. Il est vrai que celui qui marche sans désirs dans la vie, qui ne cherche à atteindre aucun but, peut vivre pur au milieu d'une atmosphère pure, et, comme la salamandre, habiter parmi des flammes innocentes. La nature m'a fait d'un limon plus grossier, et les désirs m'attachent à la terre : cette terre appartient au mauvais esprit, non pas au bon. Les dieux ne nous envoient d'en haut que des biens communs à tous les hommes ; leur lumière nous charme, mais ne nous enrichit point, et dans leur domaine on ne peut acquérir aucune possession. Pour obtenir les pierreries et l'or précieux, il faut s'adresser aux mauvaises puissances qui, dans leur perversité, habitent le royaume des ténèbres. On ne peut fléchir que par des sacrifices, et il n'est point de mortel qui, après les avoir servies, ait conservé son âme dans toute sa pureté.

MAX, *avec expression.*

Ah ! crains, crains ces mauvaises puissances ; elles sont infidèles dans leurs promesses : ce sont des esprits de mensonge qui t'attirent dans l'abîme par leurs artifices. Ne te confie point à elles ; crois mes conseils. Ah ! reviens à ton devoir ; certainement il en est temps encore. Envoyez-moi à Vienne ; oui, consentez-y : laissez-moi faire votre paix avec l'empereur ; il ne vous connaît pas ; moi je vous connais : il apprendra à vous voir tel que vous voient mes yeux, et je vous rapporterai sa confiance.

WALLENSTEIN.

Il est trop tard. Tu ne sais pas ce qui est arrivé.

MAX.

Et fût-il trop tard, si les choses en sont au point où un crime seul pourrait vous sauver de votre chute, tombez, tombez dignement comme vous avez régné. Abandonnez le commandement ; descendez du théâtre ; vous le pouvez avec gloire ; que ce soit aussi avec innocence ! Vous avez tant vécu pour les autres, vivez enfin pour vous-même. Je vous accompagnerai ; jamais je ne séparerai mon destin du vôtre.

WALLENSTEIN.

Il est trop tard. Pendant que tu perds ici tes discours, mes rapides messagers voient fuir derrière eux le chemin qui les sépare de Prague et d'Egra : rends-toi, nous agirons comme nous le devons ; marchons avec dignité et d'un pas ferme dans la route que nous trace la nécessité. Et que fais-je qui soit plus mal que ce César dont le nom a jusqu'ici retenti avec gloire dans le monde ? Il conduisit contre Rome les légions que Rome lui avait confiées pour la défendre ; s'il se fût dessaisi du glaive, il était perdu comme je le serais si je désarmais. Je sens en moi quelque chose de son génie. Souhaite-moi son bonheur ; je saurai supporter, s'il le faut, l'autre fortune.

Max, qui jusque alors avait paru dans une vive agitation, s'éloigne rapidement. Wallenstein le suit des yeux avec douleur, et demeure profondément absorbé dans ses pensées.

SCÈNE III.

WALLENSTEIN, TERZKY ; *un instant après*, ILLO.

TERZKY.

Eh bien, Max Piccolomini vous abandonne-t-il ?

WALLENSTEIN.

Où est Wrangel ?

TERZKY.

Il est parti.

WALLENSTEIN.

Si promptement ?

TERZKY.

Comme s'il se fût englouti sous terre. Il venait de vous quitter quand je suis allé pour le chercher. Je voulais lui parler, il était déjà parti, et personne n'a su me dire comment. Je crois, en vérité, que c'est un démon qui est venu, un homme ne peut pas disparaître aussi rapidement.

ILLO *arrive*.

Est-il vrai que vous donnez une mission au père ?

TERZKY.

Comment, à Octavio ! à quoi pensez-vous ?

WALLENSTEIN.

Il va à Frauenberg conduire les régimens espagnols et italiens.

TERZKY.

Fasse le ciel que vous ne suiviez pas ce projet !

ILLO.

Voulez-vous confier des troupes à ce perfide, et le placer loin de vos yeux, justement dans le moment décisif ?

TERZKY.

Ne faites pas une telle chose. Par dessus tout ne la faites pas.

WALLENSTEIN.

Vous êtes des hommes étranges.

ILLO.

Pour cette fois seulement, écoutez nos avis : qu'il ne parte pas.

WALLENSTEIN.

Et pourquoi ne me fierais-je pas à lui cette fois, comme j'ai toujours fait ? Qu'est-il arrivé qui puisse détruire la bonne opinion que j'avais de lui ? Dois-je, suivant votre fantaisie, réformer l'ancienne idée que j'ai de lui ? Ne pensez pas trouver en moi une légèreté de femme. Puisque je me suis confié à lui jusqu'à ce jour, je m'y confierai encore aujourd'hui.

TERZKY.

Mais pourquoi faut-il que ce soit lui ? envoyez-en un autre.

WALLENSTEIN.

Ce sera lui, parce que je l'ai choisi. Il convient à cet emploi, voilà pourquoi je le lui ai confié.

ILLO.

C'est un Italien, voilà pourquoi il vous convient.

WALLENSTEIN.

Je sais bien que vous ne les avez jamais appréciés. Parce que je les estime, que je les aime l'un et l'autre, que je les préfère visiblement, ainsi qu'ils le méritent, ils offusquent votre vue. Mais que fait votre jalousie au soin de mes intérêts ? Vous les haïssez, cela ne leur nuit point à mes yeux. Aimez-vous, haïssez-vous les uns les autres, comme vous le voudrez ; je ne contrains les jugemens ni les inclinations de personne, mais je connais très-bien de quelle valeur chacun de vous peut être pour moi.

ILLO.

Il n'ira pas, je briserai plutôt les roues de sa voiture.

WALLENSTEIN.

Modérez-vous, Illo.

TERZKY.

Lorsque Questenberg était ici, il était toujours avec lui, ils ne se quittaient point.

WALLENSTEIN.

Je le savais, et c'était par ma permission.

TERZKY.

Et les messages secrets qu'il a reçus de Galas, j'en suis instruit aussi.

WALLENSTEIN.

Cela n'est pas vrai.

ILLO.

Ah ! vous êtes aveugle ; vous avez des yeux pour ne pas voir.

WALLENSTEIN.

Vous ne pourriez ébranler la confiance qui s'est établie au plus profond de mon âme. S'il me trompe, c'est que toute la science des astres serait mensongère. Sachez que j'ai un gage du destin même, qui me répond qu'Octavio est le plus fidèle de mes amis.

ILLO.

Et qui vous assure que ce gage ne vous trompe point?

WALLENSTEIN.

Il est des momens dans la vie de l'homme où il semble pénétrer plus avant dans l'esprit qui régit cet univers, où il peut librement interroger le sort. Dans un de ces instans, pendant la nuit qui s'écoula avant la journée de Lutzen, j'étais tout pensif, appuyé contre un arbre, et les yeux errans sur la plaine; les feux du camp brillaient d'un éclat obscur à travers le brouillard; le bruit sourd des armes, les cris monotones des sentinelles interrompaient seuls le silence. En ce moment, mon existence entière, absorbée dans les idées de destin et d'avenir, était concentrée dans une contemplation intérieure; et mon esprit, plein de méditation, unissait à la pensée du sort prochain de la journée qui commençait, la pensée de l'avenir le plus reculé.

Je me disais à moi-même: « Que d'hommes » sont là, à qui tu commandes! Ils suivent ton » étoile; ils ont placé tous leurs intérêts sur ta » tête, comme sur une chance du sort; ils se sont » embarqués avec toi sur la barque de ta fortune. » Cependant, s'il venait un jour où le destin con- » traire dispersât tout ceci, il en est bien peu qui » te restassent fidèlement attachés. Ne pourrais-je » savoir quel est celui de tous ceux que le camp » renferme qui m'est le plus fidèle? Fais-le-moi » connaître par un signe, ô destin! Que celui-là » soit le premier qui ce matin vienne à moi, et » me donne une marque d'attachement. » Pensant ainsi, je m'endormis.

Et je fus transporté en esprit au milieu du combat: la mêlée était grande; une balle atteignit mon cheval, je tombai: cavaliers et chevaux passaient sur mon corps sans y prendre garde; j'étais gisant, respirant à peine, mourant, foulé aux pieds; alors un bras secourable me saisit tout-à-coup: c'était Octavio; et alors je m'éveillai: il était jour, et Octavio était debout devant moi. « Frère, dit-il, ne monte pas aujourd'hui la pie, » comme de coutume; sers-toi plutôt de ce che- » val, que j'ai choisi pour toi: fais cela pour l'a- » mour de moi; un songe m'a donné cette idée. » Et la vitesse de son cheval me déroba aux dragons de Bannier qui me poursuivaient. Le jour même mon neveu se servit de la pie, et l'on n'a jamais revu le cheval ni le cavalier.

ILLO.

C'est un hasard.

WALLENSTEIN, *d'un ton expressif.*

Il n'y a pas de hasard; et ce qui nous paraît un sort aveugle découle directement d'une source profonde et cachée. J'ai l'assurance sacrée et solennelle qu'Octavio est mon bon génie: qu'il n'en soit plus question.

Il se retire.

TERZKY.

Ma consolation, c'est que Max nous demeure comme otage.

ILLO.

Et celui-là ne sortirait pas vivant d'ici.

WALLENSTEIN *s'arrête et revient à eux.*

Vous êtes comme les femmes, qui en reviennent obstinément à leur premier mot, quand on leur a parlé raison pendant des heures entières. Sachez que les pensées et les actions des hommes ne sont pas semblables aux vagues de la mer qui se succèdent aveuglément; elles ont, comme dans une caverne profonde, leur source dans l'intérieur de l'homme, dans cette image abrégée de l'univers. Telles que les fruits des arbres, elles croissent nécessairement; les jeux du hasard ne peuvent les dénaturer; j'ai pénétré jusqu'au fond de l'âme humaine, et je connais et les volontés et les actions.

Ils sortent.

SCÈNE IV.

Le théâtre représente un appartement dans la maison Piccolomini.

OCTAVIO PICCOLOMINI, *prêt à partir;* UN ADJUDANT.

OCTAVIO.

La garde est-elle là?

L'ADJUDANT.

Elle attend en bas.

OCTAVIO.

Ce sont des hommes sûrs, adjudant? Dans quel régiment les avez-vous pris?

L'ADJUDANT.

Dans le régiment de Tiefenbach.

OCTAVIO.

C'est un régiment fidèle. Qu'ils se tiennent tranquillement dans la seconde cour. Que personne ne se montre que je n'aie sonné La maison sera fermée et sévèrement gardée, et toute personne qu'on saisirait demeurera arrêtée. (*L'Adjudant sort.*) J'espère que je n'aurai pas besoin de leurs services. Je regarde mes calculs comme bien assurés; mais il s'agit ici du service de l'empereur. Nous jouons gros jeu, et il vaut mieux prendre trop de précautions que d'en manquer.

SCÈNE V.

OCTAVIO PICCOLOMINI, ISOLANI *entre.*

ISOLANI.

Me voici. Doit-il venir encore quelqu'un des autres?

OCTAVIO, *d'un air de mystère.*
Avant tout, j'ai un mot à vous dire, comte Isolani.

ISOLANI, *aussi avec mystère.*
S'agit-il de ce que le prince veut entreprendre? Vous pouvez vous fier à moi : mettez-moi à l'épreuve.

OCTAVIO.
Cela pourra bien être.

ISOLANI.
Camarade, je ne suis pas de ceux qui ne sont hardis qu'en paroles, et qui, quand on en vient au fait, prennent honteusement le large. Le duc en a agi envers moi en ami : Dieu sait ce qui en est. Je lui dois tout, et il peut faire fond sur ma fidélité.

OCTAVIO.
C'est ce qu'il faudra montrer.

ISOLANI.
Mais, prenez garde, tous ne pensent pas ainsi. Il y en a beaucoup qui tiennent pour la cour, et qui pensent que des signatures qu'on a surprises dernièrement n'engagent à rien.

OCTAVIO.
Ah! ah! nommez-moi ceux qui pensent ainsi.

ISOLANI.
Par le diable! tous les Allemands le disent comme cela. Esterhazy, Kaunitz, Déodat, proclament maintenant qu'on doit obéir à la cour.

OCTAVIO.
Je m'en réjouis.

ISOLANI.
Vous vous en réjouissez?

OCTAVIO.
Oui, de ce que l'empereur a encore de si fidèles amis, de si braves serviteurs.

ISOLANI.
Ne raillez pas; on les compte parmi les plus braves gens.

OCTAVIO.
Assurément. Dieu me préserve de railler! Très-sérieusement, je me réjouis de voir la bonne cause si bien appuyée.

ISOLANI.
Que diable! qu'est-ce donc? Ne seriez-vous pas... Pourquoi suis-je donc ici?

OCTAVIO, *avec gravité.*
Pour déclarer clairement et avec franchise si vous voulez être ami ou ennemi de l'empereur.

ISOLANI, *fièrement.*
Je pourrai donner cette explication à celui qui aura le droit de me faire cette question.

OCTAVIO.
Ce papier vous apprendra si j'en ai le droit.

ISOLANI.
Quoi? Mais... c'est la main et le sceau de l'empereur. (*Il lit.*) « Tous les commandans de notre » armée se conformeront aux ordres de notre fi- » dèle et amé lieutenant général Piccolomini, » comme aux nôtres propres » Ah! oui, assurément, oui, oui! je vous fais mon compliment, monsieur le lieutenant général.

OCTAVIO.
Vous soumettez-vous à cet ordre?

ISOLANI.
Moi? Mais aussi vous me surprenez par cette subite nouvelle. On me donnera le temps de la réflexion, j'espère.

OCTAVIO.
Deux minutes.

ISOLANI.
Mon Dieu! la question est cependant...

OCTAVIO.
Claire et simple. Vous devez déclarer si vous voulez trahir votre souverain, ou le servir fidèlement.

ISOLANI.
Trahir! Mon Dieu! qui parle de trahir?

OCTAVIO.
Oui, c'est la question. Le prince est un traître : il veut conduire l'armée aux ennemis. Expliquez-vous précisément et sans délai. Voulez-vous vous parjurer envers l'empereur? voulez-vous vous vendre aux ennemis? Le voulez-vous?

ISOLANI.
Y penser-vous? Moi, me parjurer envers la majesté impériale? Ai-je parlé de cela? quand ai-je dit une telle chose?

OCTAVIO.
Vous ne l'avez point dite encore; j'attends pour savoir si vous la direz.

ISOLANI.
Remarquez bien que vous-même êtes témoin que je ne l'ai pas dite; cela est heureux pour moi.

OCTAVIO.
Vous dites donc que vous n'êtes point engagé au prince?

ISOLANI.
S'il a ourdi une trahison, la trahison rompt tous les liens.

OCTAVIO.
Et êtes-vous résolu à combattre contre lui?

ISOLANI.
Je lui dois tout. Cependant, s'il est un traître, que Dieu le punisse, je suis quitte de toute obligation.

OCTAVIO.
Je me réjouis de vous voir embrasser la bonne cause; aujourd'hui, cette nuit, vous partirez en silence avec toutes les troupes légères, vous ferez comme si l'ordre venait du duc lui-même : Frauenberg est le lieu du rendez-vous : là, Galas vous donnera des ordres ultérieurs.

ISOLANI.
Cela sera fait ainsi; mais vous penserez à moi auprès de l'empereur; vous vous souviendrez comment vous m'avez trouvé bien disposé.

OCTAVIO.
J'aurai soin de vous faire valoir. (*Isolani se retire; un domestique entre.*) Le colonel Buttler? bon!

ISOLANI, *revenant.*
Vous me pardonnez aussi mes façons un peu

rudes? Pouvais-je savoir, mon Dieu! avec quel grand personnage je me trouvais?

OCTAVIO.

C'est bon.

ISOLANI.

Je suis un vieux soldat sans gêne; quelque mot un peu vif sur la cour aurait bien pu m'échapper parfois dans la gaieté du vin; mais vous savez bien que cela ne signifiait rien.

Il sort.

OCTAVIO.

Ne prenez là-dessus aucun souci; voilà qui est terminé; puissions-nous réussir aussi bien avec l'autre!

SCÈNE VI.

OCTAVIO PICCOLOMINI, BUTTLER.

BUTTLER.

Je me rends à vos ordres, général.

OCTAVIO.

Soyez le bienvenu comme digne camarade et comme ami.

BUTTLER.

Vous m'honorez beaucoup.

OCTAVIO, *après qu'ils se sont assis tous deux.*

Vous n'avez pas rendu justice à l'empressement que je vous montrai hier; vous l'avez méconnu et regardé comme une vaine formalité; mes souhaits pour vous partaient du cœur, car voici le moment où les braves gens doivent se lier le plus étroitement.

BUTTLER.

Pour cela il faut avoir la même opinion.

OCTAVIO.

Et tous les braves gens n'ont-ils pas la même opinion? Je ne juge les hommes que par les actions où ils sont librement entraînés par leur caractere; car les meilleurs sont quelquefois jetés hors du droit chemin par la violence et une mésintelligence aveugle. Vous avez passé par Frauenberg: le comte Galas ne vous a-t-il rien confié? dites-le moi, il est mon ami.

BUTTLER.

Il ne m'a dit que des paroles perdues.

OCTAVIO.

Je vois ceci avec peine; ses conseils étaient sages, et j'en aurais de semblables à vous donner.

BUTTLER.

Épargnez-vous cette peine, et à moi l'embarras de me montrer si différent de la bonne opinion que vous avez de moi.

OCTAVIO.

Les momens sont précieux, parlons à cœur ouvert; vous savez où en sont les choses. Le duc médite une trahison, et je puis vous dire encore plus, elle est accomplie : depuis peu d'heures une alliance est conclue avec les ennemis; déjà des courriers sont en route pour Egra et pour Prague; demain on veut nous conduire aux ennemis. Cependant il se trompe; la prudence veille, l'empereur conserve ici de fideles amis, et une ligue puissante et invincible lui est dévouée. Cet ordre de l'empereur proscrit le duc, délie l'armée de tout devoir d'obéissance envers lui, et ordonne à tous les hommes bien intentionnés de se ranger sous mon commandement; maintenant choisissez : voulez-vous défendre la bonne cause avec nous, ou partager avec lui le mauvais sort des coupables?

BUTTLER *se lève.*

Son sort sera le mien.

OCTAVIO.

Est-ce là votre dernière résolution?

BUTTLER.

Oui.

OCTAVIO.

Songez à vous, colonel Buttler, il en est encore temps; vos paroles indiscrètement prononcées demeureront ensevelies fidèlement dans mon sein. Revenez en arrière; prenez un meilleur parti : celui que vous avez choisi n'est pas bon.

BUTTLER.

Général, n'avez-vous rien de plus à m'ordonner?

OCTAVIO.

Songez à vos cheveux blancs; revenez en arrière.

BUTTLER.

Adieu.

OCTAVIO.

Eh quoi! voulez-vous donc pour une telle guerre tirer votre bonne et brave épée? Voulez-vous donc changer en malédictions la reconnaissance que l'Autriche avait envers vous pour une fidélité gardée pendant quarante ans?

BUTTLER, *souriant avec amertume.*

La reconnaissance de la maison d'Autriche?

Il veut sortir.

OCTAVIO *le laisse aller jusqu'à la porte, puis le rappelle.*

Buttler!

BUTTLER.

Qu'y a-t-il encore?

OCTAVIO.

Où en êtes-vous pour le comté?

BUTTLER.

Le comté! Quoi?

OCTAVIO.

Oui, le titre de comte; c'est ce que je veux dire.

BUTTLER, *avec empressement.*

Mort et damnation!

OCTAVIO, *froidement.*

Vous le sollicitez, on vous l'a refusé.

BUTTLER.

Vous ne me raillerez pas impunément : l'épée à la main...

OCTAVIO.

Remettez votre épée; racontez-moi tranquillement comment la chose s'est passée; après je ne vous refuserai pas satisfaction.

BUTTLER.

Eh bien! soit; que tout le monde sache une faiblesse que je ne pourrai jamais me pardonner à moi-même. Oui, général, je suis avide des honneurs, et je ne puis supporter l'abaissement. Cela me fait souffrir de voir qu'à l'armée la naissance et les titres sont plus que les services; je ne veux pas être moins que mon égal. Dans un malheureux moment, je me suis laissé aller à faire cette démarche; c'était une folie, mais je ne méritais pas d'en être si durement puni. On pouvait refuser; pourquoi rendre le refus plus blessant par un mépris outrageant? pourquoi fouler aux pieds, avec un cruel dédain, un vieillard, un fidèle et loyal serviteur? pourquoi lui rappeler si rudement la honte de son origine, parce qu'il s'est oublié un moment? Mais la nature a donné un dard au reptile pour se venger de celui qui l'écrase avec orgueil.

OCTAVIO.

Vous fûtes calomnié; soupçonnez-vous l'ennemi qui vous rendit ce mauvais office?

BUTTLER.

Que m'importe? ce doit être quelque courtisan, quelque servile débauché, quelque Espagnol, peut-être le descendant de quelque ancienne maison dont j'ai offusqué les regards, un fat envieux que chagrine un rang acquis par mes services.

OCTAVIO.

Dites-moi, le duc approuva cette démarche?

BUTTLER.

Lui-même m'y avait excité et s'employa pour moi avec une noble chaleur d'amitié.

OCTAVIO.

Ah! êtes-vous bien certain de cela?

BUTTLER.

J'ai lu la lettre.

OCTAVIO, *d'un air significatif*.

Et moi aussi. Mais elle avait un tout autre contenu. (*Buttler semble surpris.*) J'ai par hasard cette lettre entre mes mains : vous pouvez la parcourir de vos propres yeux.

Il lui donne la lettre.

BUTTLER.

Qu'est-ce donc?

OCTAVIO.

Je crains, colonel Buttler, qu'on ne se soit indignement joué de vous. Le duc, dites-vous, vous a excité à cette démarche. Dans cette lettre il parle de vous avec dédain, et conseille au ministre d'humilier votre impudence, comme il l'appelle. (*Buttler a lu la lettre; ses genoux tremblent; il prend un siége et s'assied.*) Aucun ennemi ne vous persécute; personne ne vous veut de mal : l'affront que vous avez reçu doit être attribué au duc seul; et son dessein est clair, il voulait vous détacher de votre empereur; il espérait obtenir de votre vengeance ce qu'il n'aurait pu jamais gagner, dans une tranquille situation d'esprit, sur votre fidélité bien affermie; il voulait vous employer comme un aveugle instrument pour le succès de ses projets criminels. C'est à quoi il est parvenu ; il est heureux pour lui d'avoir pu vous détourner du bon chemin où vous avez marché pendant quarante années.

BUTTLER, *d'une voix émue*.

Sa majesté l'empereur pourra-t-elle me pardonner?

OCTAVIO.

L'empereur fera plus; il réparera l'injuste affront qu'a reçu un digne homme. Il confirme, de son propre mouvement, la faveur que le prince vous avait accordée dans des vues coupables : le régiment que vous commandez est à vous. (*Buttler veut se lever et semble de nouveau défaillir; son âme est de nouveau tourmentée; il voudrait parler et ne le peut pas : enfin il prend son épée à son côté et la présente à Piccolomini.*) Que voulez-vous? Remettez-vous.

BUTTLER.

Prenez-la.

OCTAVIO.

Pourquoi? Revenez à vous.

BUTTLER.

Prenez-la. Je ne suis plus digne de cette épée.

OCTAVIO.

Recevez-la de nouveau de ma main pour l'employer avec honneur à défendre la juste cause.

BUTTLER.

J'ai pu manquer de fidélité pour un si généreux empereur!

OCTAVIO.

Vous avez réparé votre faute; quittez promptement le duc.

BUTTLER.

Moi le quitter!

OCTAVIO.

Comment! que voulez-vous dire?

BUTTLER, *avec un emportement terrible*.

Seulement le quitter! Il doit périr!

OCTAVIO.

Suivez-moi à Frauenberg, où tous les sujets fidèles se rassemblent près de Galas et d'Altringer. J'en ai ramené beaucoup d'autres à leur devoir, et cette nuit ils quittent Pilsen.

BUTTLER, *vivement agité, se promène çà et là, puis vient à Octavio avec un regard assuré*.

Comte Piccolomini, l'homme qui a violé sa foi peut-il oser encore parler d'honneur?

OCTAVIO.

Il le peut quand son repentir est aussi sincère.

BUTTLER.

Laissez-moi ici sur ma parole d'honneur.

OCTAVIO.

Que prétendez-vous?

BUTTLER.

Laissez-moi ici avec mon régiment.

OCTAVIO.

Je me fie à vous. Cependant dites-moi ce que vous méditez.

BUTTLER.

La suite vous l'apprendra : ne m'en demandez pas davantage. Fiez-vous à moi vous le pouvez;

par le ciel! ce n'est pas son bon génie que vous laissez auprès de lui. Adieu.

Il sort.

UN DOMESTIQUE *apporte un billet.*

Un inconnu a apporté ceci et il est reparti sur-le-champ. Les chevaux du prince sont déjà en bas.

Il sort.

OCTAVIO *lit.*

« Pressez-vous de partir. Votre fidèle Isolani. » Allons, quittons cette ville. Si près du port, faudrait-il échouer? Partons, partons; il n'y a plus de sûreté pour moi ici. Mais...

SCÈNE VII.

OCTAVIO *et* MAX PICCOLOMINI.

Max entre dans la plus violente agitation; ses regards ont une expression sombre; sa démarche est mal assurée; il ne paraît pas apercevoir son père, qui se tient à l'écart et le regarde avec inquiétude. Il se promène à grands pas, puis s'arrête tout à coup et se jette sur un siége qui se trouve près de lui.

OCTAVIO *s'approche de lui.*

Je pars, mon fils. (*Il n'obtient aucune réponse; il prend la main de Max.*) Adieu, mon fils, adieu.

MAX.

Adieu.

OCTAVIO.

Tu me suivras de près?

MAX, *sans le regarder.*

Moi, vous suivre! votre route est tortueuse, ce n'est pas la mienne. (*Octavio laisse sa main et se recule.*) Ah! si vous aviez été droit et sincère, jamais les choses n'en fussent venues là; tout aurait tourné autrement. Il n'eût pas pris ce terrible dessein; les bons auraient conservé leur pouvoir sur lui, et il ne fût pas tombé dans les pièges des méchans. Pourquoi, semblable à un malfaiteur ou à son complice, vous êtes-vous glissé près de lui pour l'épier avec ruse et en silence? Malheureuse fausseté, mère de tout ce qui est mal, tu nous as perdus, tu nous as plongés dans le désespoir. Noble franchise, protectrice de l'homme, tu nous eusses tous sauvés. Mon père, je ne puis vous excuser, je ne le puis. Le duc m'a jeté dans un horrible étonnement, mais vous, vous êtes presque aussi coupable.

OCTAVIO.

Mon fils, hélas! je pardonne à ta douleur.

MAX *se lève et le regarde d'un œil de doute.*

Serait-il possible? Mon père! mon père! auriez-vous conduit tout ceci avec préméditation? Sa chute sert à votre élévation. Octavio, cette idée m'afflige.

OCTAVIO.

Dieu tout-puissant!

MAX.

Malheur à moi! la nature est changée pour moi, et le soupçon est entré dans mon âme confiante. Fidélité, confiance, espoir, tout est perdu pour moi! j'ai été trompé par tout ce que je vénérais le plus. Non, non, tout ne m'a pas trahi. Elle vit encore pour moi, elle, sincère et pure comme le ciel. Partout règne la tromperie, l'hypocrisie, le meurtre, le poison, le parjure et la trahison; notre amour seul, dans toute l'humanité, reste pur et sans profanation.

OCTAVIO.

Max, viens avec moi sur-le-champ; cela vaut mieux.

MAX.

Eh quoi! avant de lui avoir dit adieu, un dernier adieu? Jamais.

OCTAVIO.

Épargne-toi le déchirement d'une séparation nécessaire; viens avec moi, viens, mon fils.

Il veut l'entraîner.

MAX.

Non, j'en jure par le ciel.

OCTAVIO, *le pressant.*

Viens avec moi, je t'en conjure, moi ton père.

MAX.

Demandez-moi ce qui est humainement possible; je demeure.

OCTAVIO.

Max, au nom de l'empereur, suivez-moi.

MAX.

L'empereur n'a pas de droits sur mon cœur. Et voulez-vous me ravir encore le seul bien qui me reste dans mon malheur, sa pitié? Faut-il donc accomplir cruellement une telle cruauté? Dois-je donc prendre honteusement une irréparable résolution? me dérober à elle furtivement par une fuite lâche et indigne? Non, elle verra mes souffrances, ma douleur; elle entendra les sanglots de mon âme déchirée; elle versera des larmes sur moi. Ah! les hommes sont cruels; mais elle, c'est un ange; elle sauvera mon cœur d'un désespoir horrible et furieux! elle calmera la douleur de la mort par de douces paroles de consolation.

OCTAVIO.

Tu ne te sépareras pas d'elle, cela te sera impossible. Viens, mon fils, préserve ta vertu.

MAX.

Ne prodiguez pas des discours inutiles; j'obéis à la voix du cœur, c'est la seule à laquelle je puisse me confier.

OCTAVIO, *avec trouble et tremblant.*

Max! Max! si un chagrin si horrible m'était réservé; si tu.. Ô mon fils! mon propre sang! je n'ose y penser; si tu te livrais à une telle honte, si tu imprimais cette flétrissure à l'honneur de notre maison, alors le monde verrait avec effroi le glaive du fils s'abreuver, dans un affreux combat, du sang de son père.

MAX.

Ah! si vous eussiez mieux pensé des hommes, vous eussiez agi d'une meilleure sorte; misérable défiance, soupçons maudits! rien ne semble ni ferme ni assuré, tout est chancelant à l'œil de celui qui ne sait point avoir de confiance.

OCTAVIO.
Et si je me fie à ton cœur, sera-t-il toujours en ton pouvoir de suivre ses mouvemens?

MAX.
Vous n'avez pu les vaincre ces mouvemens de mon cœur, le duc ne le pourra pas davantage.

OCTAVIO.
Ah! Max, je ne te reverrai jamais!

MAX.
Vous ne me verrez jamais indigne de vous.

OCTAVIO.
Je pars pour Frauenberg; je te laisse ici les régimens de Pappenheim, de Lorraine, de Toscane et de Tiefenbach pour te défendre; ils t'aiment, ils sont fidèles à leur serment, et ils aimeraient mieux succomber avec courage en combattant que d'abandonner leur chef et l'honneur.

MAX.
Assurez-vous que je perdrai la vie en combattant ou que je les conduirai hors de Pilsen.

OCTAVIO, *prêt à s'éloigner.*
Adieu.

MAX.
Adieu.

OCTAVIO.
Quoi! pas un regard d'affection, pas un serrement de main en nous quittant! Nous partons pour une guerre sanglante, incertaine, dont la suite est douteuse. Ce n'est pas ainsi que nous avions coutume de nous séparer; il est donc vrai, je n'ai plus de fils.

Max se jette dans ses bras; ils se tiennent long-temps embrassés en silence, puis s'éloignent chacun d'un côté différent.

ACTE TROISIÈME.

Le théâtre représente l'appartement de la duchesse de Friedland.

SCÈNE PREMIÈRE.

LA COMTESSE DE TERZKY; THÉCLA, Mme DE NEUBRUNN, *occupées à des ouvrages de femme.*

LA COMTESSE.
N'avez-vous rien à me demander, Thécla, rien absolument? Depuis long-temps j'attends un mot de vous : pouvez-vous supporter d'être si long-temps sans entendre prononcer son nom? Quoi! mon secours vous serait-il devenu superflu? auriez-vous une autre voie pour communiquer ensemble? avouez-le-moi, ma nièce, l'avez-vous vu?

THÉCLA.
Je ne l'ai vu ni hier ni aujourd'hui.

LA COMTESSE.
Avez-vous su quelque chose de lui? ne me cachez rien.

THÉCLA.
Pas un mot.

LA COMTESSE.
Et vous pouvez être si tranquille?

THÉCLA.
Je le suis.

LA COMTESSE.
Neubrunn, laissez-nous.

Madame de Neubrunn s'éloigne.

SCÈNE II.

LA COMTESSE DE TERZKY, THÉCLA.

LA COMTESSE.
Je n'aime pas qu'il garde un tel silence dans instant actuel.

THÉCLA.
Dans l'instant actuel?

LA COMTESSE.
Maintenant qu'il sait tout, c'était le moment de se déclarer.

THÉCLA.
Expliquez-vous plus clairement, si vous voulez que je vous comprenne.

LA COMTESSE.
C'est pour cela que j'ai voulu que nous fussions seules. Vous n'êtes plus un enfant, Thécla, votre cœur est hors de tutelle; vous aimez, et l'amour donne plus de force et de courage. Vous l'avez montré ainsi. Votre caractère tient plus de votre père que de votre mère; aussi pouvez-vous entendre des choses qu'elle ne serait point capable de soutenir.

THÉCLA.
Je vous en prie, abrégez ces préparations. De quoi s'agit-il? dites-le-moi; j'en recevrai moins d'alarmes que de cet exorde. Qu'avez-vous à me dire? parlez-moi promptement.

LA COMTESSE.
Vous ne devez pas concevoir de craintes.

THÉCLA.
Parlez, je vous en conjure.

LA COMTESSE.
Il dépend de vous de rendre un grand service à votre père.

THÉCLA.
Cela dépend de moi? que puis-je faire?

LA COMTESSE.
Max Piccolomini vous aime, vous pouvez l'attacher étroitement à votre père.

THÉCLA.
Qu'est-il besoin de moi? ne l'est-il pas déjà?
LA COMTESSE.
Il l'était.
THÉCLA.
Et pourquoi ne le serait-il plus, pourquoi ne serait-ce pas pour toujours?
LA COMTESSE.
Il est aussi attaché à l'empereur.
THÉCLA.
Pas plus que le devoir et l'honneur ne l'exigent.
LA COMTESSE.
On lui demande de prouver son amour, et non pas son honneur. Le devoir et l'honneur, ce sont des mots qui peuvent avoir bien des sens différens. Il faut que vous lui fassiez comprendre que c'est l'amour qu'il doit consulter pour connaître son devoir.
THÉCLA.
Comment?
LA COMTESSE.
Et qu'il doit renoncer ou à vous ou à l'empereur.
THÉCLA.
Il suivra volontiers mon père dans la condition privée; vous avez appris de lui-même combien il souhaite abandonner les armes.
LA COMTESSE.
Il ne faut pas qu'il les abandonne; je veux dire qu'il doit les prendre pour servir votre père.
THÉCLA.
Il sacrifierait avec joie son sang et sa vie pour mon père, si l'on voulait exercer la violence contre lui.
LA COMTESSE.
Vous ne voulez point me comprendre. Écoutez-moi. Votre père abandonne l'empereur, il est résolu de s'unir aux ennemis avec toute l'armée.
THÉCLA.
O ma mère!
LA COMTESSE.
Il a besoin d'un grand exemple pour entraîner l'armée avec lui. Les Piccolomini ont une grande considération dans l'armée; ils commandent à l'opinion, et le parti qu'ils prendront est décisif. Nous serons plus assurés du père si nous avons le fils pour nous. Vous avez donc dans votre main.....
THÉCLA.
O ma malheureuse mère! quel coup mortel te menace! Elle n'y survivra pas.
LA COMTESSE.
Elle se conformera à la nécessité, je la connais. L'avenir et son incertitude oppressent son cœur tremblant; mais ce qui est décidé, ce qui est irréparable, elle le supporte avec résignation.
THÉCLA.
Ah! funeste prévoyance de mon cœur! maintenant, maintenant la froide et terrible main du sort vient détruire mes douces espérances. Je le savais bien. Aussitôt que je suis entrée en ces lieux, un horrible pressentiment m'a avertie que les astres du malheur étaient sur ma tête. Mais pourquoi penser à moi d'abord? O ma mère! ma mère!
LA COMTESSE.
Remettez-vous; n'éclatez pas en vains gémissemens : conservez à votre père un ami, à vous un amant; par là tout pourra devenir heureux et calme.
THÉCLA.
Heureux? Eh quoi! nous sommes séparés pour toujours; hélas! il n'y a plus à en parler.
LA COMTESSE.
Il vous abandonnerait! il pourrait vous abandonner!
THÉCLA.
Ah! l'infortuné!
LA COMTESSE.
S'il vous aime, sa résolution sera bientôt prise.
THÉCLA.
Sa résolution sera bientôt prise, n'en doutez pas. Sa résolution... Y a-t-il même une résolution à prendre?
LA COMTESSE.
Remettez-vous; j'entends votre mère qui s'approche.
THÉCLA.
Comment pourrai-je soutenir son aspect?
LA COMTESSE.
Remettez-vous.

~~~~~~~~~~~~~~~~~~~~~~~~~~~~~~~~~~~~~

SCÈNE III.

LES PRÉCÉDENS, LA DUCHESSE.

LA DUCHESSE, à la Comtesse.
Qui était avec vous, ma sœur? j'ai entendu parler avec vivacité.
LA COMTESSE.
Il n'y avait personne.
LA DUCHESSE.
Je suis si disposée à l'effroi : à chaque bruit que j'entends, j'imagine qu'on vient m'apporter une nouvelle funeste. Pouvez-vous me dire, ma sœur, comment vont les choses? se conformera-t-il à la volonté de l'empereur? enverra-t-il la cavalerie au cardinal? a-t-il congédié Questenberg avec une réponse favorable?
LA COMTESSE.
Non, il a pris un autre parti.
LA DUCHESSE.
Eh! quand serons-nous hors de cette crise? Je prévois une malheureuse issue. Il sera disgracié : tout se tournera contre lui, comme à Ratisbonne.
LA COMTESSE.
Non, cela ne se passera pas ainsi; ce ne sera pas la même chose cette fois : soyez tranquille là-dessus.

Thécla, vivement émue, se jette dans les bras de sa mère, et la tient embrassée en pleurant.

LA DUCHESSE.

Homme inflexible et indomptable! ah! que n'ai-je pas supporté et souffert depuis qu'un triste lien nous a unis? La vie que j'ai menée avec lui est telle que si j'eusse été enchaînée à un char de feu roulant sans cesse avec une rapidité que rien ne ralentit : il m'a fait vivre sur le bord escarpé d'un abîme, en proie à la frayeur et au vertige. Non, ne pleure pas, mon enfant; que mes souffrances ne soient pas pour toi une cause de mauvais pressentimens de l'avenir qui t'est réservé. Il n'y a pas au monde un second Friedland; et toi, mon enfant, tu n'as pas à redouter le sort de ta mère.

THÉCLA.

Ah! fuyons d'ici, ma mère, fuyons promptement; ce séjour nous convient mal; chaque instant présente à nos yeux quelque image nouvelle, plus triste et plus effrayante.

LA DUCHESSE.

Tu auras un sort plus heureux. Et nous aussi, ton père et moi, nous avons eu de beaux jours! Je pense encore avec bonheur aux premières années de notre union. Alors, son esprit était à la fois actif et serein; l'ambition l'animait d'un feu modéré; ce n'était point encore une flamme dévorante : l'empereur l'aimait, se confiait à lui, n'entreprenait rien sans l'avoir consulté. Mais depuis ce malheureux jour de Ratisbonne, où il fut précipité de sa haute fortune, un esprit inégal, insociable, sombre, soupçonneux, s'est emparé de lui : le calme a fui loin de lui; renonçant à son ancienne félicité, ayant perdu la douce confiance qu'il avait en ses propres forces, il applique son cœur à des pratiques ténébreuses, qui jamais n'ont porté bonheur à aucun de ceux qui les employèrent.

LA COMTESSE.

Vous voyez avec vos yeux; mais sont-ce là les discours qui conviennent, lorsque nous l'attendons? Il sera bientôt ici, vous le savez; devrait-il vous trouver dans une telle disposition?

LA DUCHESSE.

Viens, mon enfant; essuie tes larmes, montre à ton père un visage serein; regarde, ta chevelure est en désordre, rattaches en les nœuds; viens, sèche tes pleurs, ils obscurcissent le doux éclat de tes yeux. Que voulais-je dire? Oui, Piccolomini est un jeune homme noble et distingué.

LA COMTESSE.

Il est vrai, ma sœur.

THÉCLA, à la Comtesse, d'un air de souffrance.
Ma tante, voudrez-vous m'excuser?

Elle veut se retirer.

LA COMTESSE.
Où allez-vous? votre père vient.

THÉCLA.
Je ne puis le voir maintenant.

LA COMTESSE.
Il s'apercevra de votre absence et vous demandera.

LA DUCHESSE.
Pourquoi sortir?

THÉCLA.
Il m'est impossible de le voir.

LA COMTESSE, à la Duchesse.
Elle n'est pas bien.

LA DUCHESSE, inquiète.
Que peut avoir ma chère enfant?

Elles suivent toutes deux Thécla, et semblent inquiètes; elles la rejoignent. Wallenstein paraît, en conversation avec Illo.

SCÈNE IV.

LES PRÉCÉDENS, WALLENSTEIN, ILLO.

WALLENSTEIN.
Est-on tranquille dans le camp?

ILLO.
Tout est tranquille.

WALLENSTEIN.

Dans peu d'heures nous pourrons recevoir de Prague la nouvelle que cette ville est devenue notre capitale; alors nous pourrons jeter le masque, nous ferons connaître aux troupes qui sont ici la démarche qui a été faite et son résultat; dans de telles circonstances, l'exemple fait tout. L'homme est, de sa nature, imitateur, et celui qui marche devant conduit le troupeau. Les régimens de Prague savent seulement que les régimens de Pilsen nous ont rendu hommage, et ceux de Pilsen vont nous prêter serment, parce que ceux de Prague leur auront donné l'exemple. Buttler, dites-vous, s'est déjà déclaré?

ILLO.
De son propre mouvement, sans être sollicité; il est venu vous offrir et sa personne et son régiment.

WALLENSTEIN.

Il ne faut pas toujours croire, je le vois bien, à cette voix intérieure qui s'élève dans notre cœur pour nous donner de secrets avertissemens; souvent l'esprit d'erreur prend pour nous tromper les apparences de la voix de la vérité, et rend des oracles imposteurs. Ainsi je demande pardon à ce brave et digne Buttler de ma secrète injustice; mais un sentiment dont je ne suis pas le maître, et que je pourrais appeler de l'effroi, se glisse dans mon cœur à son approche, arrête les mouvemens de mon amitié; et voici que ce loyal capitaine, malgré les avertissemens de mon esprit, donne le premier signal de mon bonheur.

ILLO.
Et son exemple puissant attirera à vous, n'en doutez pas, les principaux de l'armée.

WALLENSTEIN.

Maintenant, allez et envoyez-moi Isolani; je l'ai encore tout récemment obligé, je veux commencer par lui; allez. (Illo sort; pendant ce temps-là les femmes se sont avancées.) Voici ma fille chérie et sa mère. J'ai voulu me reposer de tous mes soins, venez; j'ai désiré passer une heure plus douce au milieu du cercle chéri de ma famille.

LA COMTESSE.

Nous n'avons pas été souvent réunis, mon frère.

WALLENSTEIN, *à part, à la Comtesse.*

Pourra-t-elle m'entendre? est-elle préparée?

LA COMTESSE.

Pas encore.

WALLENSTEIN.

Venez ici, ma fille; asseyez-vous près de moi. Votre voix a un charme bienfaisant. Votre mère m'a parlé avec éloge de votre talent : vous savez, par les doux sons de l'harmonie, exercer sur les âmes un salutaire enchantement. J'ai besoin en ce moment d'entendre cette voix touchante; elle chassera l'influence des mauvais esprits, dont les sombres ailes s'agitent au-dessus de ma tête.

LA DUCHESSE.

Où est votre luth, Thécla? Venez, donnez à votre père une preuve de vos talens.

THÉCLA.

O ma mère! Dieu!

LA DUCHESSE.

Allons, Thécla, donnez ce plaisir à votre père.

THÉCLA.

Je ne le puis, ma mère.

LA COMTESSE.

Comment! qu'est-ce donc, ma nièce?

THÉCLA, *à la Comtesse.*

Épargnez-moi. Chanter en ce moment, dans une telle angoisse, l'âme si cruellement accablée! chanter devant lui, quand il fait mourir ma mère de douleur!

LA DUCHESSE.

Comment, Thécla! du caprice! votre père indulgent doit-il vous témoigner en vain son désir?

LA COMTESSE.

Votre luth est ici.

THÉCLA.

O mon Dieu! comment pourrai-je...

Elle prend le luth d'une main tremblante; elle paraît violemment agitée, et au moment où elle va commencer à chanter, elle tressaille, jette l'instrument, et se retire précipitamment.

LA DUCHESSE.

Ah! ma fille, elle est souffrante...

WALLENSTEIN.

Qu'a votre fille? Est-elle souvent ainsi?

LA COMTESSE.

Puisqu'elle s'est ainsi trahie elle-même, je ne garderai pas plus long-temps le silence.

WALLENSTEIN.

Eh quoi?

LA COMTESSE.

Elle l'aime.

WALLENSTEIN.

Aimer, qui?

LA COMTESSE.

Elle aime Piccolomini; ne l'avez-vous pas remarqué, et ma sœur non plus?

LA DUCHESSE.

C'est donc là ce qui agitait son cœur? Dieu te bénisse, mon enfant, tu n'as pas à rougir de ton choix.

LA COMTESSE.

Ce voyage... Si ce n'était pas votre projet, si vous n'y souscrivez pas, vous auriez dû choisir un autre guide.

WALLENSTEIN.

Le sait-il?

LA COMTESSE.

Il espère la posséder.

WALLENSTEIN.

Il espère la posséder! Ce jeune homme est-il insensé?

LA COMTESSE.

Pouvait-elle le...

WALLENSTEIN.

Pense-t-il donc obtenir la fille de Friedland. En vérité, une telle prétention me plaît; ses pensées ne sont pas humbles.

LA COMTESSE.

Comme vous lui avez toujours témoigné beaucoup de faveur...

WALLENSTEIN.

Il voudrait devenir mon héritier! Oui, assurément je l'aime, je fais cas de lui; mais qu'a de commun cette opinion avec ma fille? N'a-t-on pas d'autres témoignages de faveur à donner que la main de sa fille, de son unique enfant?

LA DUCHESSE.

Son noble caractère, ses manières...

WALLENSTEIN.

Lui donnent des droits sur mon cœur, mais non sur ma fille.

LA DUCHESSE.

Sa position, la considération dont il jouit...

WALLENSTEIN.

Sa considération! Il est sujet : c'est sur les trônes de l'Europe que je veux chercher un gendre.

LA COMTESSE.

Ah! cher duc, ne nous efforçons pas de nous élever si haut, de crainte d'éprouver ensuite une chute trop profonde.

WALLENSTEIN.

Je me serais à si grands frais élevé à la hauteur où je suis, j'aurais laissé loin derrière moi le vulgaire des hommes, et la conclusion d'un si grand rôle serait de m'allier à une famille ordinaire! Ce serait pour cela que... (*Il s'arrête tout-à-coup, puis reprend avec fermeté.*) Elle est la seule chose qui restera de moi sur la terre; je veux voir une couronne sur sa tête, ou perdre la vie. Tout ce que je fais, tout, n'est-ce pas uniquement pour agrandir son sort? Oui, dans l'instant même où nous parlons... (*Il s'arrête pensif.*) Et maintenant je pourrais, comme un père sans fermeté, la laisser s'unir à celui qui lui a plu, qu'elle a aimé, à un simple citoyen? et ce serait aujourd'hui que j'y consentirais, aujourd'hui que je veux mettre la dernière main à mon ouvrage? Non, elle est pour moi un trésor que j'ai depuis longtemps réservé ; elle est la plus précieuse part de ma richesse, et certes, je ne songe pas à l'échanger contre un moindre prix que le sceptre royal.

LA DUCHESSE.

O mon cher époux! vous élevez votre édifice, vous le portez jusqu'aux nues, vous y ajoutez sans cesse, et vous ne songez pas qu'une base si étroite ne saurait supporter cette construction fragile et chancelante.

WALLENSTEIN, *à la Comtesse.*

Lui avez-vous annoncé quel séjour j'ai choisi pour elle ?

LA DUCHESSE.

Quoi! ne retournerons-nous pas en Carinthie ?

WALLENSTEIN.

Non.

LA DUCHESSE.

Ou dans quelque autre de vos terres?

WALLENSTEIN.

Vous n'y seriez pas en sûreté.

LA DUCHESSE.

Pas en sûreté dans les états de l'empereur! sous la protection de l'empereur !

WALLENSTEIN.

L'épouse de Friedland n'a rien à espérer de l'empereur.

LA DUCHESSE.

O Dieu! vous auriez poussé les choses si loin ?

WALLENSTEIN.

Vous trouverez un asile en Hollande.

LA DUCHESSE.

Quoi! vous nous envoyez dans un pays luthérien !

WALLENSTEIN.

Le duc François de Lauenbourg vous servira de conducteur.

LA DUCHESSE.

Le duc de Lauenbourg, l'allié des Suédois, l'ennemi de l'empereur !

WALLENSTEIN.

Les ennemis de l'empereur ne sont plus les miens.

LA DUCHESSE *regarde avec effroi le Duc et la Comtesse.*

Il est donc vrai! il est donc assuré ! Vous êtes disgracié, vous êtes privé du commandement, Dieu du ciel !

LA COMTESSE, *à part, au Duc.*

Laissez-le-lui croire ainsi. Vous voyez qu'elle ne pourrait soutenir la vérité.

SCÈNE V.

Les Précédens, LE COMTE TERZKY.

LA COMTESSE.

Terzky, qu'avez-vous? quel effroi est peint sur votre visage ? quel fantôme vous est apparu?

TERZKY, *tirant Wallenstein à part.*

Avez-vous ordonné de faire partir les Croates ?

WALLENSTEIN.

Je ne sais rien de cela.

TERZKY.

Nous sommes trahis.

WALLENSTEIN.

Quoi ?

TERZKY.

Ils sont partis cette nuit, ainsi que les chasseurs, et ont abandonné les villages où ils étaient cantonnés.

WALLENSTEIN.

Et Isolani ?

TERZKY.

Vous l'avez fait partir.

WALLENSTEIN.

Moi?

TERZKY.

Comment! vous ne l'avez pas fait partir? ni Déodat non plus ? Tous deux ont disparu.

SCÈNE VI.

Les Précédens, ILLO.

ILLO.

Terzky vous a-t-il...

TERZKY.

Il sait tout.

ILLO.

Sait-il aussi que Maradas, Esterhazy, Gotz, Colalto et Kaunitz l'ont abandonné?

TERZKY.

Diable !

WALLENSTEIN, *leur faisant signe.*

Du calme.

LA COMTESSE, *qui les a observés avec inquiétude, s'approche.*

Terzky, ah ! mon Dieu ! qu'y a-t-il ? qu'est-il arrivé ?

WALLENSTEIN *veut sortir.*

Ce n'est rien : sortons.

TERZKY *le suit.*

Ce n'est rien, Thérèse.

LA COMTESSE, *l'arrêtant.*

Rien! et ne vois-je pas votre visage pâle et votre sang glacé? ne vois-je pas mon frère chercher une contenance assurée ?

UN PAGE *entre.*

Un adjudant demande le comte de Terzky.

Terzky suit le page.

WALLENSTEIN.

Voyez ce qu'il vient annoncer. (*A Illo.*) Tout ceci n'aurait pas pu se passer si secrètement s'il n'y avait quelque rébellion. Qui a la garde des portes ?

ILLO.

Tiefenbach.

WALLENSTEIN.

Que Tiefenbach soit sur-le-champ remplacé par

les grenadiers de Terzky. Écoutez : avez-vous quelque nouvelle de Buttler ?

ILLO.

Je viens de rencontrer Buttler ; il sera ici tout à l'heure, il est ferme dans son dévouement.

Illo sort. Wallenstein veut le suivre.

LA COMTESSE.

Ma sœur, ne le laissez pas s'éloigner de vous, retenez-le dans ce malheureux moment.

LA DUCHESSE.

Grand Dieu ! qu'est-ce donc ?

Elle le retient, et s'attache à lui.

WALLENSTEIN, *se retournant vers elle.*

Soyez calmes, ma sœur, chère épouse ; nous sommes dans un camp. C'est ainsi que les choses s'y passent, le calme et la tempête s'y succèdent rapidement ; tous ces esprits indomptés sont difficiles à gouverner, et jamais le général ne peut jouir d'un instant de repos. Demeurez ici : je sors ; les gémissemens des femmes s'accordent mal avec l'activité des hommes.

Il veut sortir. Terzky revient.

TERZKY.

Demeurez ici ; on peut tout voir par cette fenêtre.

WALLENSTEIN.

Allez, ma sœur.

LA COMTESSE.

Jamais.

WALLENSTEIN.

Je le veux.

TERZKY *la prend à part, et lui fait un signe en lui montrant la Duchesse.*

Thérèse...

LA DUCHESSE.

Allons, ma sœur, puisqu'on l'ordonne.

Elles sortent.

SCÈNE VII.

WALLENSTEIN, LE COMTE TERZKY.

WALLENSTEIN, *s'avançant vers la fenêtre.*

Qu'est-ce donc ?

TERZKY.

Toutes les troupes sont en mouvement et en tumulte ; personne n'en sait la cause : chaque corps va, dans un sombre et mystérieux silence, se ranger sous ses drapeaux. Le régiment de Tiefenbach laisse voir une mauvaise disposition ; les Wallons seuls se tiennent à part dans leur cantonnement, n'y laissent pénétrer personne, et demeurent tranquilles comme à l'ordinaire.

WALLENSTEIN.

Piccolomini est-il avec eux ?

TERZKY.

On le cherche, et on ne le trouve nulle part.

WALLENSTEIN.

Que vous a annoncé cet adjudant ?

TERZKY.

Ce sont mes régimens qui l'ont envoyé ; ils viennent de vous jurer encore une fois fidélité, et ils attendent avec une ardeur guerrière le signal du combat.

WALLENSTEIN.

Mais comment ce tumulte a-t-il été excité dans le camp ? L'armée ne devait être instruite de rien qu'au moment où le sort se déciderait pour nous à Prague.

TERZKY.

Ah ! que ne m'avez-vous cru ! Encore hier, nous vous avons conjuré de ne pas laisser sortir de la ville ce serpent d'Octavio, et vous-même lui avez donné des chevaux pour... pour favoriser son départ.

WALLENSTEIN.

Encore vos éternels propos ! Une fois pour toutes, qu'il ne soit plus question de ces absurdes soupçons.

TERZKY.

Vous vous étiez fié sur Isolani, et cependant il est le premier qui vous abandonne.

WALLENSTEIN.

Je l'ai tiré hier de sa misère ; eh bien ! je n'ai jamais compté sur la reconnaissance

TERZKY.

Ils lui ressemblent tous : les autres sont tels que lui.

WALLENSTEIN.

Eh bien ! s'il me quitte, a-t-il tort ? Il est fidèle au dieu du hasard, que la passion du jeu lui a toujours fait honorer. C'est à ma fortune qu'il était attaché : c'est elle qu'il abandonne, et non pas moi. Qu'étais-je pour lui et qu'était-il pour moi ? J'étais le navire qu'il avait chargé de toutes ses espérances. Tant que nous avons été en pleine mer, il a navigué avec confiance : il voit le vaisseau périlleusement engagé dans les écueils, et il se hâte d'en retirer ses richesses. Aucun lien personnel ne nous unissait : il me quitte comme l'oiseau quitte la branche où il avait construit un nid. Celui qui s'imagine trouver un cœur dans les hommes frivoles, mérite d'être trompé : la vie ne laisse sur de telles superficies que des traces rapides et faciles à effacer ; rien ne pénètre jusqu'au fond du cœur ; les sensations vives donnent au sang un mouvement peu durable, mais il n'y a point d'âme pour échauffer les entrailles.

Cependant j'aimerais mieux me confier à cette surface fragile qu'à une profondeur qui m'effraye.

SCÈNE VIII.

WALLENSTEIN, TERZKY ; ILLO *arrive furieux.*

ILLO.

Révolte et trahison !

TERZKY.

Ah ! qu'y a-t-il de nouveau ?

ILLO.

Quand j'ai donné au régiment de Tiefenbach l'ordre de se retirer.... ah! perfidie et oubli du devoir!

TERZKY.

Eh bien?

WALLENSTEIN.

Quoi donc?

ILLO.

Ils ont refusé d'obéir.

TERZKY.

Faites tirer dessus; ah! donnez-en l'ordre.

WALLENSTEIN.

De la modération. Et quelle raison donnent-ils?

ILLO.

Qu'ils ne doivent obéir à aucun autre qu'au lieutenant-général Piccolomini.

WALLENSTEIN.

Comment? quoi donc?

ILLO.

Qu'il leur a laissé cet ordre, et le leur a montré écrit de la main de l'empereur.

TERZKY.

De la main de l'empereur! vous entendez, prince!

ILLO.

Par son ordre aussi, les colonels sont partis hier.

TERZKY.

Entendez-vous?

ILLO.

Montécuculli, Caraffa, et encore six autres généraux sont absens; il leur a persuadé de le suivre. Il était depuis long-temps porteur de cet ordre de l'empereur; et encore dernièrement il s'est concerté avec Questenberg.

Wallenstein tombe dans un fauteuil, et se cache le visage dans ses mains.

TERZKY.

Si cependant vous m'aviez cru!

SCÈNE IX.

Les Précédens, LA COMTESSE.

LA COMTESSE.

Je ne puis, je ne puis plus long-temps supporter cette angoisse. Au nom de Dieu, dites-moi ce qui se passe.

ILLO.

Les régimens nous abandonnent; le comte Piccolomini est un traître.

LA COMTESSE.

Oh! mes pressentimens!

Elle sort précipitamment.

TERZKY.

Si l'on m'eût cru! Eh bien! vous le voyez, si les étoiles vous ont trompé!

WALLENSTEIN *se lève.*

Non, les astres ne sont pas mensongers, mais ceci s'écarte du cours des astres et du destin. La science a été véridique, mais un perfide cœur a fait mentir le ciel. La divination ne peut s'appliquer qu'à la vérité; et lorsque la nature sort de ses règles ordinaires, toute la science échoue. Non, jamais je ne rougirai de cette faiblesse; ce qui eût été une superstition, ce serait d'avoir pu concevoir de si honteux soupçons sur la nature humaine. Il y a même dans la poursuite des bêtes féroces une sorte de religion à observer, et le sauvage ne partage pas son repas avec la victime dont il va percer le flanc. Tu n'as rien fait de grand là, Octavio. Ce n'est pas ta prudence qui a vaincu la mienne, c'est ton lâche cœur qui a remporté un infâme triomphe sur mon cœur sincère. Aucun bouclier ne pouvait me garantir de ton poignard: tu l'as perfidement dirigé vers mon sein désarmé. Contre de telles armes je n'ai pas plus de défense qu'un enfant.

SCÈNE X.

Les Précédens, BUTTLER.

TERZKY.

Ah! voici Buttler! Nous avons encore un ami! WALLENSTEIN *va à lui les bras ouverts, et l'embrasse avec tendresse.*

Que je te presse sur mon cœur, mon vieux frère d'armes. Les rayons bienfaisans du soleil ne m'ont jamais réjoui autant que le visage d'un ami dans un tel moment.

BUTTLER.

Mon général, je venais...

WALLENSTEIN, *s'appuyant sur son épaule.*

Sais-tu déjà que le vieux Piccolomini m'a trahi? Qu'en dis-tu? Pendant trente ans nous avons vécu près l'un de l'autre. Nous avons à la guerre dormi sur la même couche, bu dans la même coupe, mangé le même pain; je me reposais sur lui avec autant de confiance que maintenant je m'appuie sur toi; et dans le moment même où je plein de tendresse j'épanchais mon âme dans son sein, il prend son avantage, tire son poignard, épie adroitement l'instant favorable, et le plonge lentement dans mon cœur.

Il repose sa tête sur l'épaule de Buttler.

BUTTLER.

Oubliez le perfide; dites, que voulez-vous faire?

WALLENSTEIN.

C'est bien, tu as raison; continuons à suivre notre route. N'ai-je donc pas encore une foule d'amis? Le destin ne me traite-t-il pas encore avec affection, puisqu'au moment même où il démasque l'hypocrisie d'un perfide, il me donne un fidèle ami? Ne parlons plus de lui; ne pense pas que je regrette son assistance, c'est sa trahison qui m'afflige: je les aimais, je les estimais tous les deux. Mais Max avait pour moi un amour véritable, il ne m'a pas trahi, lui. Assez, assez sur tout ceci ; il faut maintenant prendre de promptes mesures. Le courrier que le comte Kinsky m'envoie de Prague peut arriver à chaque instant; il ne faut pas que ce qu'il nous apporte tombe entre les mains des mutins. Envoyez donc sur-le-champ un messager fidèle qui puisse le conduire sûrement jusqu'à nous par des chemins détournés.

Illo veut sortir pour exécuter cet ordre.

BUTTLER, *le retenant.*
Mon général, qui attendez-vous ?

WALLENSTEIN.
Le courrier qui doit m'apporter la nouvelle de ce qui s'est passé à Prague.

BUTTLER.
Ah !

WALLENSTEIN.
Qu'avez-vous ?

BUTTLER.
Ainsi vous ne savez pas...

WALLENSTEIN.
Quoi donc ?

BUTTLER.
Pourquoi ce tumulte s'est élevé dans le camp ?

WALLENSTEIN.
Pourquoi ?

BUTTLER.
Ce courrier...

WALLENSTEIN, *avec impatience.*
Eh bien ?...

BUTTLER.
Il est ici.

TERZKY *et* ILLO
Il est ici ?

WALLENSTEIN.
Mon courrier ?

BUTTLER.
Depuis quelques heures.

WALLENSTEIN.
Et je ne le sais pas ?

BUTTLER.
La garde l'a saisi.

ILLO, *frappant du pied.*
Damnation !

BUTTLER.
La lettre qu'il portait a été ouverte, et court de main en main dans le camp.

WALLENSTEIN, *impatient.*
Savez-vous ce qu'elle contient ?

BUTTLER, *hésitant.*
Ne me le demandez pas.

TERZKY.
Ah ! malheur à nous, Illo ; tout s'écroule à la fois.

WALLENSTEIN.
Ne me cachez rien, je puis entendre la plus rude nouvelle. Prague est-il perdu ? l'est-il ? avouez-le franchement.

BUTTLER.
Il est perdu. Tous les régiments placés à Budweiss, à Tabor, à Braunau, à Koniginngratz, à Brünn, à Znyam, vous ont abandonné et ont renouvelé leurs serments à l'empereur. Kinsky, Illo, Terzky et vous-même êtes proscrits.

Terzky et Illo montrent leur effroi et leur désespoir. Wallenstein demeure ferme et tranquille.

WALLENSTEIN, *après un instant de silence.*
Tout est décidé, voilà qui est bien. J'ai été promptement affranchi des angoisses du doute. Maintenant je respire librement, mon âme reprend sa sérénité ; c'est au milieu de la nuit que brille l'astre de Friedland. C'est avec une résolution tremblante, avec un courage incertain que j'ai tiré l'épée ; tant que j'ai eu à choisir, j'ai éprouvé des combats intérieurs. Aujourd'hui la nécessité commande, tous les doutes s'évanouissent, je combats pour ma vie et pour ma tête.

Il sort, les autres le suivent.

SCÈNE XI.

LA COMTESSE TERZKY *arrive par une porte latérale.*

Non, je ne puis supporter plus long-temps... où sont-ils ? personne en ces lieux !... ils me laissent seule, seule dans cette terrible anxiété. Il faut me contraindre devant ma sœur, paraître calme, et renfermer mes souffrances dans mon cœur déchiré... Je ne puis soutenir cette idée... Si le sort se déclarait contre nous, s'il nous fallait passer chez les Suédois, non comme d'honorables alliés accompagnés d'une armée puissante et nombreuse, mais comme des fugitifs dépouillés et les mains vides ! S'il nous fallait errer de contrée en contrée comme le Palatin, et promener en tous lieux le honteux souvenir de notre grandeur passée... Non, je ne puis songer à un pareil moment ; et quand il supporterait une telle chute, moi je ne supporterais pas de le voir ainsi tombé.

SCÈNE XII.

LA COMTESSE, LA DUCHESSE, THÉCLA.

THÉCLA, *voulant retenir la Duchesse.*
O ma mère, demeurez.

LA DUCHESSE.
Non, il y a encore ici quelque terrible secret que l'on me cache. Pourquoi ma sœur m'évite-t-elle ? pourquoi semble-t-elle agitée de tant d'alarmes ? pourquoi es-tu remplie d'effroi ? que veulent dire ces signes muets que vous vous faites l'une à l'autre en vous cachant de moi ?

THÉCLA.
Rien, ma mère.

LA DUCHESSE.
Ma sœur, je veux le savoir.

LA COMTESSE.
Et pourquoi lui en faire un secret ? Si on le lui

cachait, ne faudrait-il pas que tôt ou tard elle le sût et le supportât? Ce n'est pas le moment de se livrer à la faiblesse. Le courage et la fermeté d'âme nous sont nécessaires; c'est du courage qu'il nous faut user. Il vaut donc mieux lui apprendre son sort d'un seul mot. On vous trompe, ma sœur: vous croyez le duc disgracié; le duc n'est point disgracié, il est...

THÉCLA, *allant vers la Comtesse.*
Voulez-vous donc la tuer?

LA COMTESSE.
Le duc est...

THÉCLA, *pressant sa mère dans ses bras.*
De la fermeté ma mère.

LA COMTESSE.
Le duc s'est révolté, il a voulu s'unir aux ennemis avec son armée; l'armée l'a abandonné, et il est trahi.

A ces derniers mots, la Duchesse s'évanouit, et tombe sans mouvement dans les bras de sa fille.

SCÈNE XIII.

Le théâtre représente une grande salle chez le duc de Friedland.

WALLENSTEIN, *revêtu de son armure.*

Tu as réussi, Octavio; me voici maintenant presque aussi abandonné que jadis dans l'assemblée des princes a Ratisbonne. Je n'ai plus d'autre secours que moi-même. Mais ce que peut valoir un homme, vous l'avez déjà éprouvé : vous avez enlevé à l'arbre l'ornement de ses rameaux; mais sa tige dépouillée est encore debout; mais au dedans de lui vit encore cette sève vigoureuse, cette force créatrice capable d'enfanter un monde nouveau ! Déjà une fois je vous ai donné une armée, moi seul. Vos armes s'étaient évanouies devant la puissance des Suédois ; Tilly, votre dernier espoir, succombait sur le Lech ; Gustave, comme un torrent déchaîné, ravageait la Bohême, et l'empereur tremblait dans son palais à Vienne. On ne trouvait plus de soldats, car la foule suit le cours de la fortune... On tourna les yeux sur moi, moi le réparateur des désastres. L'orgueil de l'empereur s'abaissa devant celui qu'on avait cruellement offensé. Je me montrai : à ma première parole, je créai une armée, les soldats accoururent en foule dans mon camp. La trompette sonna; mon nom, comme celui du dieu de la guerre, retentit par tout l'univers. Aussitôt on déserta la charrue et les ateliers pour venir se ranger sous des drapeaux dont chacun connaissait le bonheur. Et ne suis-je pas encore ce que j'étais ? Ne suis-je pas encore cette âme qui a su se créer un corps? Frienland ne saura-t-il point remplir son camp de soldats? Conduisez hardiment contre moi des milliers de guerrier; ne sont-ils pas accoutumés à combattre sous les ordres de Wallenstein et non contre lui ? L'on a séparé les membres de la tête ; eh bien ! l'on verra où était le siége de l'âme. (*Illo et Terzky entrent.*) Courage, amis, courage! nous ne sommes pas encore à terre. Cinq régimens de Terzky et les bandes audacieuses de Buttler sont encore à nous... Demain l'on nous amène une armée de seize mille Suédois; je n'avais pas plus de forces, lorsqu'il y a neuf ans je sun reconquérir toute l'Allemagne pour l'empereur.

SCÈNE XIV.

LES PRÉCÉDENS, NEUMANN, *qui prend à part le Comte Terzky pour lui parler.*

TERZKY, *à Neumann.*
Que demandent-ils?

WALLENSTEIN.
Qu'est-ce?

TERZKY.
Dix cuirassiers de Pappenheim demandent à vous parler au nom de leur régiment.

WALLENSTEIN, *sur-le-champ à Neumann.*
Faites-les entrer. (*Neumann sort.*) J'espère quelque chose de ceci. Observez qu'ils sont encore dans le doute, et qu'on peut encore les gagner.

SCÈNE XV.

WALLENSTEIN, TERZKY, ILLO, DIX CUIRASSIERS *conduits par un* SOUS-OFFICIER. *Ils se mettent en ligne devant le Duc et lui font le salut militaire.*

WALLENSTEIN, *après les avoir examinés un moment, s'adresse au Sous-Officier.*
Je te connais bien ; tu es de Bruges en Flandre, tu t'appelles Mercy.

LE SOUS-OFFICIER.
Je m'appelle Henri Mercy.

WALLENSTEIN.
Tu te trouvas coupé dans une marche et entouré par les Hessois, et tu te fis jour avec cent quatre-vingts hommes à travers des milliers d'ennemis.

LE SOUS-OFFICIER.
Oui, mon général.

WALLENSTEIN.
Et qu'as-tu obtenu pour ce trait de bravoure?

LE SOUS-OFFICIER.
Ce que j'ai demandé, mon général, l'honneur de servir dans les cuirassiers.

WALLENSTEIN *s'adresse à un autre.*
Tu étais parmi les gens de bonne volonté que je fis sortir d'Altenberg pour s'emparer de la batterie suédoise.

SECOND CUIRASSIER.
Oui, mon général.

WALLENSTEIN.
Quand j'ai une fois parlé à l'un de vous, je ne l'oublie jamais; dites-moi votre affaire.

LE SOUS-OFFICIER *commande.*
Reposez-vous sur vos armes.
WALLENSTEIN *s'adresse à un troisième.*
Tu t'appelles Risbeck, tu es natif de Cologne.
TROISIÈME CUIRASSIER.
Risbeck de Cologne.
WALLENSTEIN.
Tu amenas prisonnier dans le camp de Nuremberg le colonel suédois Dübald.
TROISIÈME CUIRASSIER.
Ce n'est pas moi, mon général.
WALLENSTEIN.
Ah! oui, c'était ton frère aîné. Tu avais un autre frère plus jeune; où est-il?
TROISIÈME CUIRASSIER.
Il est à Olmutz, dans l'armée de l'empereur.
WALLENSTEIN, *au Sous-Officier.*
Allons, je vous écoute.
LE SOUS-OFFICIER.
Il nous est venu dans les mains une lettre de l'empereur, qui...
WALLENSTEIN *l'interrompt.*
Comment avez-vous été choisis?
LE SOUS-OFFICIER.
Chaque escadron a tiré son député au sort.
WALLENSTEIN.
Allons au fait.
LE SOUS-OFFICIER.
Il nous est venu dans les mains une lettre de l'empereur, qui nous ordonne de ne plus obéir à ton commandement, parce que tu es un ennemi, un traître à la patrie.
WALLENSTEIN.
Et quel parti avez-vous pris là-dessus?
LE SOUS-OFFICIER.
Nos camarades, à Braunau, à Budweiss, à Prague, à Olmutz, ont obéi sur-le-champ, et les régimens de Tiefenbach et de Toscane ont suivi leur exemple; mais nous ne croyons pas que tu sois un ennemi, un traître à la patrie, et nous pensons que c'est quelque mensonge, quelque fausse invention des Espagnols. (*Avec cordialité.*) Toi-même tu nous diras ce qui en est, car tu as toujours été sincère avec nous, et nous avons la plus grande confiance en toi. Il ne doit pas y avoir de tiers pour s'expliquer entre un brave général et ses braves soldats.
WALLENSTEIN.
Je reconnais bien là mes cuirassiers.
LE SOUS-OFFICIER.
Le régiment te demande si tu as seulement pour dessein de conserver le commandement qui t'appartient, que l'empereur t'a confié, de le maintenir dans ton pouvoir pour servir l'Autriche en loyal général; alors nous tiendrons pour toi, nous défendrons ton bon droit contre tout le monde, et quand les autres régimens t'abandonneraient, seuls nous te resterons fidèles et nous donnerons notre vie pour toi; car c'est notre devoir de soldats de plutôt périr que de te perdre. Mais si les choses sont comme le dit la lettre de l'empereur, s'il est vrai que tu veuilles nous conduire en trahison à l'ennemi, ce dont Dieu nous puisse garder, alors nous t'abandonnerons et nous obéirons à la lettre.

WALLENSTEIN.
Écoutez-moi, mes enfans.
LE SOUS-OFFICIER.
Il n'y a pas besoin de beaucoup de paroles; dis oui ou non, et nous serons satisfaits.
WALLENSTEIN.
Écoutez-moi. Je sais que vous êtes intelligens, que vous pensez et jugez par vous-mêmes sans suivre le train de la foule, et c'est pour cela que je vous ai toujours, comme vous le savez, distingués du reste de l'armée. L'œil rapide du général ne compte que les drapeaux, et ne peut distinguer chaque tête en particulier; les ordres qu'il donne sont inflexibles, il faut s'y conformer en aveugles; et l'on ne peut pas évaluer ce que vaut l'homme en lui-même; cependant vous savez que je n'en ai jamais agi ainsi avec vous; comme dans votre rude métier vous avez le sentiment de vous-mêmes, comme j'ai lu dans vos yeux que vous saviez penser en hommes, je vous ai traités toujours en hommes libres, et j'ai employé avec vous la voix de la raison.
LE SOUS-OFFICIER.
Oui, mon général, nous avons toujours été traités avec considération par toi; tu nous as honorés de ta confiance et favorisés plus que tous les autres régimens; aussi ne nous conduisons-nous pas comme le vulgaire des soldats; tu le vois bien, nous agissons avec toi en toute confiance : dis seulement un mot; un mot nous suffira. Dis que tu ne songes à aucune trahison, et que tu ne veux pas conduire l'armée aux ennemis.
WALLENSTEIN.
C'est moi, moi qu'on trahit; l'empereur me sacrifie à mes ennemis; il faut que je succombe si mes braves troupes ne me sauvent pas; je veux me confier à vous, votre cœur sera ma défense : voyez, c'est contre ce sein qu'on dirige les coups, c'est contre cette tête blanchie. Telle est la reconnaissance que nous obtenons des Espagnols pour ces sanglantes batailles livrées dans les plaines de Lutzen ou devant les murailles des forteresses : est-ce donc pour cela que nous avons présenté notre poitrine désarmée au fer des ennemis, que nous avons dormi sur la pierre et sur le sol glacé? Aucun torrent n'a été assez rapide pour nous arrêter; aucune forêt n'a été impénétrable; nous avons poursuivi l'infatigable Mansfeld dans tous les détours tortueux de sa fuite; notre vie n'a été qu'une marche sans repos. Semblables aux tourbillons du vent, nous avons impétueusement parcouru le monde agité par la guerre, et maintenant que nous avons exécuté les travaux difficiles, ingrats, maudits, qu'exige la guerre, que notre bras fidèle et infatigable a rendu la charge moins pesante, cet enfant royal viendrait conclure une paix facile, ravir à notre tête l'oli-

vier dont elle mérite si bien d'être couronnée, pour en orner ses blonds cheveux!

LE SOUS-OFFICIER.

Non, cela ne sera pas ainsi tant que nous pourrons l'empêcher ; personne que toi ne doit finir cette guerre terrible que tu as conduite avec tant de gloire ; tu nous as guidés dans les champs sanglans du carnage, il faut que nous revenions commandés par toi à travers les campagnes paisibles ; aucun autre ne doit partager avec nous le fruit de tes longs travaux.

WALLENSTEIN.

Eh quoi! pensez-vous recueillir enfin ce fruit dans vos vieux jours? ne l'espérez pas. Vous ne verrez jamais la fin de cette guerre, elle nous dévorera tous ; l'Autriche ne veut pas la paix, et c'est parce que je la recherche qu'on veut ma chute. Qu'importe à l'Autriche si cette longue guerre épuise l'armée et dévaste le monde? elle ne cherche qu'à s'accroître et à conquérir des domaines. Vous êtes émus ; je vois une noble colere briller dans vos regards guerriers. Ah! puisse mon esprit vous animer et vous conduire courageusement aux combats comme autrefois ! Vous voulez me soutenir, vous voulez défendre mes droits avec vos armes ; cela est généreux. Cependant ne croyez pas que votre troupe peu nombreuse puisse y réussir à elle seule ; en vain vous vous sacrifieriez pour votre général. (*D'un ton de confidence.*) Non, laissez-moi, pour assurer le succès, chercher des alliés. Le Suédois nous offre son secours, laissez-moi le servir en apparence, jusqu'au moment où, également redoutables aux deux partis, nous tiendrons dans nos mains le destin de l'Europe, et alors du sein de notre camp nous présenterons la douce paix au monde consolé.

LE SOUS-OFFICIER.

Ainsi tu ne traites avec les Suédois qu'en apparence ; tu ne veux pas trahir l'empereur ; tu ne veux pas nous faire Suédois : vois-tu, c'est la seule chose que nous désirions expliquer avec toi.

WALLENSTEIN.

Eh ! que m'importent les Suédois ? je les hais comme les gouffres de l'enfer ; et, avec l'aide de Dieu, j'espère leur faire repasser bientôt leur Baltique : c'est là ce que je souhaite par-dessus tout. J'ai un cœur, et le désespoir du peuple allemand me touche. Vous n'êtes que de simples soldats ; cependant estimez-vous au-dessus du vulgaire, car vous m'avez paru plus dignes que tous les autres de m'entendre parler à cœur ouvert. Voyez, il y a quinze ans que le flambeau de la guerre est allumé, et l'on n'a pas encore eu depuis un moment de repos. Allemands et Suédois, catholiques et luthériens, aucun ne veut céder à l'autre, tous les bras sont levés les uns contre les autres : partout des factions ; nulle part un juge. Dites, qui pourra mettre fin à tout ceci ? qui pourra dénouer tous ces fils qui s'embrouillent de plus en plus ? Ils doivent être tranchés ; je sens que je suis l'homme du destin, et j'espère qu'avec votre secours j'accomplirai ses décrets.

SCÈNE XVI.

LES PRÉCÉDENS, BUTTLER.

BUTTLER, *en toute hâte.*
On a eu grand tort, mon général.

WALLENSTEIN.

Quoi?

BUTTLER.

Cela nous fera tort auprès de ceux qui pensent bien.

WALLENSTEIN.

Quoi donc?

BUTTLER.

C'est déclarer trop clairement la révolte.

WALLENSTEIN.

Qu'est-ce donc?

BUTTLER.

Les régimens de Terzky ont arraché de leurs drapeaux l'aigle impériale pour y placer votre écusson.

LE SOUS-OFFICIER, *aux Cuirassiers.*
Allons, marche!

WALLENSTEIN.

Maudite soit cette idée et celui qui l'a donnée! (*Aux Cuirassiers, qui se retirent.*) Arrêtez, mes enfans, arrêtez! c'est une erreur ; écoutez : je la punirai sévèrement ; écoutez moi. Ils n'entendent rien. (*A Illo.*) Suivez-les ; qu'on les persuade, qu'on les ramène à tout prix. (*Illo sort.*) Cela nous précipite dans notre ruine. Buttler, Buttler, vous êtes mon mauvais génie. Pourquoi venir m'annoncer ceci dans ce moment ? Tout était en bon chemin ; ils étaient à moitié gagnés... Les misérables! avec leur empressement irréfléchi... Ah! le destin se joue cruellement de moi. C'est le zèle de mes amis et non la haine de mes ennemis qui me jette dans l'abîme.

SCÈNE XVII.

LES PRÉCÉDENS ; LA DUCHESSE *entre avec précipitation ;* THÉCLA *et* LA COMTESSE *la suivent : un instant après,* ILLO.

LA DUCHESSE.

Ah! qu'avez-vous fait, Albert?

WALLENSTEIN.

Et encore cela!

LA COMTESSE.

Pardon, mon frère ; cela a été impossible autrement : elle sait tout.

LA DUCHESSE.

Qu'avez-vous fait?

LA COMTESSE, *à Terzky.*
N'y a-t-il plus d'espérance ? Tout est-il donc perdu ?

TERZKY.

Tout. Prague est aux mains de l'empereur ; les régimens ont de nouveau juré fidélité.

LA COMTESSE.

Perfide Octavio ! Et le comte Max est-il aussi parti ?

TERZKY.

Où pourrait-il être ailleurs ? Il est, ainsi que son père, du parti de l'empereur.

Thécla se précipite dans les bras de sa mère, et se cache le visage dans son sein.

LA DUCHESSE, *la serrant dans ses bras.*

Malheureuse enfant ! malheureuse mère !

WALLENSTEIN, *tirant à part Terzky.*

Fais avancer dans la cour une voiture de voyage pour les emmener. (*Montrant les femmes.*) Scherfenberg partira avec elles; il m'est fidèle, il les conduira à Égra, où nous les suivrons. (*A Illo qui revient.*) Et vous ne les ramenez point ?

ILLO.

Entendez-vous le tumulte ? Tout le corps de Pappenheim est en mouvement; ils redemandent leur colonel, et prétendent qu'il est dans le château, où vous le retenez de force; ils disent que si vous ne leur rendez pas, ils viendront le délivrer les armes à la main.

Tous montrent de la surprise.

TERZKY.

Que faire en cette circonstance ?

WALLENSTEIN.

Ne l'ai-je pas dit ? Mon cœur m'a fait deviner la vérité, il est encore ici. Il ne m'a pas trahi, cela n'était pas possible; je n'en ai jamais douté.

LA COMTESSE.

Il est encore ici ! quel bonheur ! Je sais bien ce qui l'y retiendra toujours.

Elle embrasse Thécla.

TERZKY.

Cela ne peut être, réfléchissez-y. Le père nous a trahis ; il s'est déclaré pour l'empereur: comment le fils eût-il osé rester ici?

ILLO.

J'ai vu passer, il y a quelques heures, sur la place, l'équipage de chasse que vous lui avez récemment donné.

LA COMTESSE.

O ma nièce! il n'est sûrement pas loin d'ici.

THÉCLA *a fixé son regard vers la porte, et s'écrie avec vivacité :*

Le voici !

SCÈNE XVIII.

LES PRÉCÉDENS, MAX PICCOLOMINI.

MAX, *s'avançant.*

Oui, oui, le voici. Je ne puis continuer plus long-temps à errer d'un pas timide dans ce palais, à m'y cacher pour attendre un instant favorable. Cette attente et ces angoisses sont au-dessus de mes forces (*Il va vers Thécla, qui s'est jetée dans les bras de sa mère.*) Regarde-moi, ne détourne pas tes regards ; ange du ciel, avoue-le librement devant tous. Ne crains personne, entende qui voudra que nous nous aimons. Qu'y a-t-il encore à cacher ? Le mystère ne convient qu'aux heureux : le malheur et le désespoir peuvent paraître sans voile devant toutes les clartés du jour. (*Il remarque la Comtesse, qui regarde Thécla avec un visage de satisfaction.*) Non, madame, je n'attends rien, je n'espère rien. Je ne viens pas pour rester, je viens pour vous dire de derniers adieux. C'en est fait, il faut, il faut te quitter, Thécla, il le faut; accorde-moi encore un regard de pitié, je ne puis emporter ta haine. Dis-moi que tu ne me hais pas; dis-le-moi, Thécla. (*Il prend sa main, et paraît vivement ému.*) O Dieu! Dieu! je ne puis m'éloigner de ces lieux, je ne le puis; je ne puis quitter cette main. Dis-moi, Thécla, que tu as pitié de moi; dis-moi que tu es toi-même convaincue que je ne puis faire autrement. (*Thécla évite de rencontrer son regard. Elle lui montre de la main son père; il se retourne alors vers le Duc, qu'il n'avait pas encore semblé voir.*) Vous ici! Ce n'est pas vous que j'y venais chercher, mes yeux ne devaient plus vous revoir; je voulais ne voir qu'elle seule : je souhaitais d'entendre son cœur s'expliquer librement ; je n'ai rien à attendre d'aucun autre que d'elle.

WALLENSTEIN.

Penses-tu que je sois assez insensé pour te laisser partir, et que je veuille ici faire parade de grandeur d'âme? Ton père m'a indignement trahi tu n'es plus à mes yeux que son fils, ce n'est pas vainement que tu te trouves en mon pouvoir. Ne crois pas que j'aie égard à la vieille amitié qu'il a si lâchement anéantie : le temps de l'amitié et des généreux ménagemens est passé; c'est maintenant le tour de la haine et de la vengeance.

MAX.

Vous disposerez de moi, je suis en votre pouvoir. Vous savez bien que je ne brave ni ne redoute votre colère; ce qui m'a retenu ici, vous le savez. (*Il prend la main de Thécla.*) Voyez tout, tout ce que j'aurais voulu vous devoir ; j'aurais voulu devoir à votre main paternelle le sort des bienheureux. Vous avez détruit ce bonheur, mais peu m'importe ; vous avez, d'une âme indifférente, foulé dans la poussière la félicité de tout ce qui vous entoure. Le dieu que vous servez n'est pas un dieu de miséricorde. Pareil à cet élément aveugle et terrible que ne gouverne aucun instinct, qu'aucun lien ne peut arrêter, vous ne suivez que les farouches impulsions de votre cœur. Malheur à ceux qui placent sur vous leur confiance, et qui, séduits par votre accueil hospitalier, fondent sur votre amitié l'édifice de leur bonheur ! Tout-à-coup, inopinément, au milieu du calme de la nuit, on entendra bouillonner le gouffre enflammé ; un torrent destructeur s'élancera avec une force impétueuse, et renversera tous les travaux des hommes.

WALLENSTEIN.

C'est le cœur de ton père que tu viens de peindre. C'est la noire hypocrisie de son cœur, c'est son âme tout entière que tu as décrite... Ah! j'ai été trompé par l'art des enfers : l'abîme m'a envoyé le plus dissimulé, le plus fourbe des mauvais esprits, et l'a placé comme ami à mes côtés. Qui aurait pu résister à la puissance infernale?.... Je portais le serpent sur mon sein, je le nourrissais de la substance de mon cœur, il se laissait caresser en silence par mon amour, je n'eus jamais un soupçon contre lui, je le laissais lire librement dans ma pensée; j'avais rejeté toute réserve, toute prudence, toute précaution. Mes yeux cherchaient parmi les astres, ou dans la vaste enceinte du monde, l'ennemi que je portais renfermé dans le sanctuaire de mon cœur. Si j'eusse été pour Ferdinand ce qu'Octavio était pour moi, je ne lui aurais jamais déclaré la guerre, jamais cela ne m'eût été possible... Il était pour moi un maître injuste, et non pas un ami. Jamais l'empereur ne s'était confié à moi. La guerre était déjà allumée entre lui et moi quand il remit entre mes mains le bâton de commandement; car la guerre est éternelle entre la méfiance et la dissimulation. La paix ne règne qu'entre la confiance et la bonne foi... Ah! que la race future puisse étouffer dans le sein de sa mère celui qui doit empoisonner la confiance!

MAX.

Je ne justifierai pas mon père; par malheur cela est impossible. Des circonstances cruelles et malheureuses sont survenues. Une action criminelle se rattache toujours par une autre par une étroite et triste chaîne. Mais nous, nous qui ne sommes coupables de rien, pourquoi avons-nous été entraînés dans ce cercle de forfaits et de calamités? à qui avions-nous manqué de foi? pourquoi les attentats et la duplicité de nos pères nous ont-ils enlacés de leurs affreux serpens? pourquoi la haine implacable des pères nous a-t-elle cruellement séparés, nous que l'amour unissait?

Il serre Thécla dans ses bras avec désespoir.

WALLENSTEIN, *après l'avoir regardé fixement et en silence, s'approche de lui.*

Max, demeure près de moi... ne me quitte pas, Max... Te souviens-tu de ce jour où l'on t'apporta dans ma tente au camp de Prague? tu n'étais qu'un tendre enfant, peu accoutumé encore à la rigueur de nos hivers du nord ; tes mains s'étaient roidies en portant une enseigne pesante que tu ne voulais pas quitter. Alors je te pris et t'enveloppai dans mon manteau, je te servis de garde-malade, je ne rougis point de te rendre les plus petits soins, d'avoir pour toi l'empressement inquiet et attentif d'une mère; jusqu'à ce que, réchauffé sur mon cœur, tu eusses repris ta jeune vivacité. . Depuis lors ai-je changé de sentiment pour toi? j'ai prodigué des richesses à des milliers d'hommes, je leur ai distribué des domaines, je les ai récompensés par des postes honorables... Toi, je t'ai aimé, je t'ai donné mon cœur et tout moi-même. Les autres étaient des étrangers, tu étais l'enfant de la maison... Max, tu ne peux pas m'abandonner, cela ne se peut pas ; je ne puis, je ne veux pas le croire, que Max soit capable de m'abandonner.

MAX.

O mon Dieu!

WALLENSTEIN.

Depuis les premiers pas de ton enfance, j'ai toujours été ton appui et ton guide : qu'a fait ton père pour toi que je n'aie pas fait aussi et au-delà? Je t'ai entouré des liens de mon amour ; brise-les si tu peux. Tu es attaché à moi par les chaînes les plus sacrées, par les nœuds les plus intimes dont la nature peut unir les hommes l'un à l'autre... Va, abandonne-moi, sers ton empereur. Sa toison d'or et ses rubans seront la récompense que tu obtiendras pour avoir compté pour rien ton ami, le père de ta jeunesse, et tous les sentimens les plus sacrés.

MAX, *vivement combattu.*

O mon Dieu! puis-je faire autrement ? ne le dois-je pas ? mes sermens, mon devoir...

WALLENSTEIN.

Ton devoir envers qui? qui es-tu? Si ma conduite envers l'empereur est blâmable, le blâme est pour moi, non pour toi. T'appartiens-tu à toi-même? es-tu maître de toi? es-tu placé comme moi dans le monde de manière à être l'auteur de tes actions? Tu dépends de moi, c'est moi qui suis ton empereur. M'obéir, m'appartenir, voilà pour toi la loi de l'honneur et de la nature... Si la planète où tu vis et que tu habites sort de son orbite, se précipite embrasée sur quelque monde voisin, et l'enflamme, dépend-il de toi de ne pas la suivre? elle t'entraînera par la force de son impulsion, ainsi que son anneau et ses satellites. Tu es combattu par de vains scrupules... Le monde ne te blâmera pas, il te louera plutôt d'avoir cédé au pouvoir de l'amitié.

~~~~~~

SCÈNE XIX.

Les Précédens, NEUMANN.

WALLENSTEIN

Qu'est-ce ?

NEUMANN.

Les cavaliers de Pappenheim ont mis pied à terre, et s'avancent ici ; ils ont résolu de forcer le palais l'épée à la main et de délivrer le comte.

WALLENSTEIN, *à Terzky.*

Qu'on baisse le pont, qu'on avance l'artillerie et qu'on les reçoive à coups de mitraille. (*Terzky sort.*) Me prescrire leur volonté les armes à la main! Allez, Neumann, qu'ils se retirent sur-le-champ, tel est mon ordre; qu'ils se rangent tranquillement en bataille, et qu'ils attendent ce qu'il me plaira d'ordonner.

Neumann sort. Illo va à la fenêtre.

LA COMTESSE.

Laissez-le partir, je vous en conjure, laissez-le partir.

ILLO, *à la fenêtre.*

Mort et damnation !

WALLENSTEIN.

Qu'est-ce ?

ILLO.

Ils escaladent l'hôtel de ville, ils y pénètrent en renversant les combles, ils dirigent les canons sur le palais.

MAX.

Les furieux !

ILLO.

Ils font mine de tirer sur nous.

LA COMTESSE *et* LA DUCHESSE.

Dieu du ciel !

MAX, *à Wallenstein.*

Laissez-moi descendre, je leur dirai..

WALLENSTEIN.

Ne fais pas un pas.

MAX, *montrant la Duchesse et Thécla.*

Mais il s'agit de leur vie et de la vôtre.

WALLENSTEIN.

Que va nous apprendre Terzky ?

SCÈNE XX.

LES PRÉCÉDENS, TERZKY, *revenant.*

TERZKY.

Des nouvelles de nos fidèles régimens ; ne retenez pas plus long-temps leur courage, ils demandent la permission d'attaquer ; ils sont maîtres de la porte de Prague et de la porte de Mühl, et si vous y consentez, ils peuvent attaquer l'ennemi par derrière, le poursuivre dans la ville, et en triompher aisément dans les défilés des rues.

ILLO.

Venez, ne laissez pas leur zèle se refroidir ; les soldats de Buttler nous sont aussi fidèles ; nous sommes en nombre supérieur, nous les réduirons, et nous arrêterons toute la sédition ici à Pilsen.

WALLENSTEIN.

Faut-il donc que cette ville devienne un champ de bataille, et que la fureur des discordes civiles soit déchaînée dans son enceinte ? faut-il livrer la décision du sort à l'ivresse d'une rage qui n'obéit plus à aucun chef ! il n'y a point d'espace ici pour combattre, il n'y en a que pour s'égorger ; la voix du général ne pourrait plus arrêter cette aveugle furie ; eh bien, que cela soit ainsi ! Il y a long-temps déjà que j'ai cru que tout serait décidé d'une manière sanglante et prompte. (*Il se retourne vers Max.*) Qu'est-ce donc ? veux-tu tenter le combat avec moi ? tu es libre de partir, place-toi en face de moi, conduis-les au combat ; tu connais l'art de la guerre, tu l'as appris sous moi, je ne rougirai pas d'un tel adversaire, et toi, tu ne trouveras jamais une plus belle occasion de me payer de mes leçons.

LA COMTESSE.

Où en sommes-nous, grand Dieu ? Max, Max ! pouvez-vous supporter cela ?

MAX.

J'ai promis de ramener fidèlement à l'empereur les régimens qui m'ont été confiés ; il faut tenir ma promesse ou mourir ; mon devoir ne me demande rien de plus. Je ne combattrai pas contre vous tant que je pourrai l'éviter, et votre tête, quoique ennemie, m'est encore sacrée.

On entend deux coups de fusil. Illo et Terzky courent à la fenêtre.

WALLENSTEIN.

Qu'y a-t-il ?

TERZKY.

Il est tombé.

WALLENSTEIN.

Tombé ! qui ?

ILLO.

Ce sont des soldats de Tiefenbach qui ont tiré.

WALLENSTEIN.

Sur qui ?

ILLO.

Sur Neumann que vous venez d'envoyer.

WALLENSTEIN, *hors de lui.*

Malédiction ! Je ferai donc...

Il veut sortir.

TERZKY.

Vous exposer à leur fureur aveugle ?

LA DUCHESSE *et* LA COMTESSE.

Au nom de Dieu...

ILLO.

Mon général, pas en cet instant.

LA COMTESSE.

Arrêtez-le, retenez-le.

WALLENSTEIN.

Laissez-moi !

MAX.

Ne sortez pas maintenant. Cet acte sanglant aura augmenté leur fureur ; attendez qu'ils aient pu s'en repentir.

WALLENSTEIN.

Retirez-vous ! J'ai déjà trop tardé. Tant qu'ils n'ont pas vu mon visage, ils ont pu se livrer à leur criminelle audace ; mais ils vont entendre ma voix, mais je vais paraître devant eux. Ne sont-ils pas mes soldats ? ne suis-je pas leur général, leur chef redouté ? Venez voir s'ils ne reconnaîtront pas les traits de celui qui, *comme un astre éclatant, leur servait de guide dans les combats* ! Il n'est pas besoin d'avoir recours aux armes : du haut de ce balcon je vais me montrer aux rebelles, et bientôt vous verrez les esprits apaisés reprendre le cours habituel de l'obéissance.

SCÈNE XXI.
LA COMTESSE, LA DUCHESSE, MAX, THÉCLA.

LA COMTESSE, *à la Duchesse.*

Ils vont le voir; il y a encore de l'espoir, ma sœur.

LA DUCHESSE.

De l'espoir ! je n'en ai plus.

MAX, *qui pendant la dernière scène s'est tenu à l'écart, et a semblé violemment combattu, s'approche.*

Ma constance est à bout. Je suis venu ici d'une âme ferme et déterminée : je croyais ma conduite juste et à l'abri du blâme, et il m'a fallu paraître tel qu'un homme haïssable, dur, inhumain, digne de malédiction, en horreur à tous ceux qui me sont chers ; il m'a fallu les voir plongés dans la douleur, et je pouvais d'un mot leur rendre le bonheur. Mon cœur se révolte en dedans de moi ; deux voix se font entendre dans mon sein : j'erre dans l'obscurité, et ne sais plus reconnaître la bonne voie. Ah ! tu le disais avec raison, mon père, je me suis trop fié à mes propres forces : me voici maintenant ébranlé ; je ne sais plus ce que je dois faire.

LA COMTESSE.

Vous ne le savez pas ? Votre cœur ne vous le dit pas ? Je vais donc vous le dire. Votre père, par une indigne trahison, nous a abandonnés, a attenté à la tête du prince, nous a exposés aux affronts. Sa conduite indique clairement celle que vous, son fils, devez tenir : il vous faut réparer l'infamie dont il s'est rendu coupable, donner un pieux exemple de fidélité, empêcher que le nom de Piccolomini soit plongé dans l'opprobre et voué à l'exécration éternelle de la maison de Wallenstein.

MAX.

Où est cette voix de la vérité dont je dois suivre les ordres ? je ne suis agité que par les désirs et les passions. Ah ! si un ange pouvait en ce moment descendre du ciel, et de ses mains pures puiser pour moi à la source de l'éternelle lumière d'où la justice découle sans cesse ! (*Ses yeux s'arrêtent sur Thécla.*) Ah ! pourquoi chercher encore un ange ? pourquoi en demander un autre ? (*Il s'approche d'elle et la serre dans ses bras.*) C'est ici, sur ce cœur que sa sainte pureté rend infaillible, que je veux me résoudre. Je veux interroger ton amour : c'est lui seulement qui peut donner du bonheur. Si je te perdais, c'est que je serais coupable et malheureux. Pourras-tu m'aimer si je demeure ici ? Prononce que tu le pourras, et je suis à vous.

LA COMTESSE, *avec expression.*

Réfléchissez.

MAX, *l'interrompant.*

Ne réfléchis point ; dis ce que tu éprouves.

LA COMTESSE.

Songez à votre père.

MAX, *l'interrompant.*

Ce n'est pas la fille de Friedland que j'interroge, c'est ma bien-aimée. S'il s'agissait ici de gagner une couronne, tu pourrais chercher à décider d'après les lois de la prudence ; mais il s'agit du repos de ton ami, et du sort de mille braves, au cœur héroïque, qui suivront l'exemple qu'il donnera. Dois-je abjurer les sermens et les devoirs qui m'engagent à l'empereur ? dois-je lancer dans le camp d'Octavio un plomb homicide ? Ah ! si la balle est une fois lancée, elle ne suivra pas une direction aveugle ; un esprit fatal la conduira, lui donnera l'instinct ; les furies vengeresses du crime la détourneront, et lui feront, dans leur méchanceté, suivre la route la plus funeste.

THÉCLA.

O Max !

MAX, *l'interrompant.*

Non, non, suspends ta réponse ; je te connais, le devoir le plus cruel peut paraître le plus sacré à ton noble cœur. Ne recherche pas une grandeur d'âme au-dessus des forces humaines : songe à ce que le prince a toujours été pour moi ; songe comment mon père a reconnu ses bienfaits. Ah ! les nobles et libres inspirations de la reconnaissance, de la pieuse et fidèle amitié, ne sont-elles pas aussi une religion sacrée pour le cœur ? la nature ne se venge-t-elle pas cruellement du barbare qui repousse les mouvemens qu'elle excite ? Mets tout dans la balance ; laisse ton cœur en décider, et prononce.

THÉCLA.

Ah ! le tien a décidé depuis long-temps ; suis ton premier mouvement.

LA COMTESSE.

Malheureuse !

THÉCLA.

Le sentiment que ce loyal cœur n'a pas d'abord éprouvé et embrassé pourrait-il être le plus juste ? Va, accomplis ton devoir. Quel qu'eût été ton choix, je t'aurais toujours aimé : tu ne pouvais cesser d'être noble et digne de toi-même. Mais le remords ne doit jamais troubler la pureté sublime de ton âme.

MAX.

Il faut donc te quitter, me séparer de toi !

THÉCLA.

Tu es fidèle à toi-même, c'est être fidèle à moi. Le destin nous sépare, nos cœurs restent unis. Une sanglante haine divise à jamais les maisons de Friedland et de Piccolomini ; mais nous ne sommes point conformes à nos familles. Va, va, hâte-toi ; défends la bonne cause : la nôtre est malheureuse. La malédiction du ciel est sur notre tête ; nous sommes destinés à succomber. Je serai aussi entraînée dans ma ruine par les fautes de mon père ; ne t'afflige pas sur moi ; mon sort sera bientôt décidé.

Max la presse dans ses bras avec une vive émotion ; on entend derrière la scène des cris bruyans répétés et longuement prolongés : *Vive Ferdinand!* accompagnés d'une musique guerrière. Max et Thécla se tiennent embrassés, sans se troubler.

SCÈNE XXII.

Les Précédens, TERZKY.

LA COMTESSE, *allant à sa rencontre.*

Qu'y a-t-il? Que signifient ces cris?

TERZKY.

C'en est fait, tout est perdu.

LA COMTESSE.

Quoi! son aspect n'a fait aucune impression?

TERZKY.

Rien; tout a été vain.

LA DUCHESSE.

Ils crient *vivat!*

TERZKY.

Oui, pour l'empereur.

LA COMTESSE.

Oh! quel oubli de leur devoir!

TERZKY.

Ils ne l'ont pas laissé une fois leur parler : dès qu'il élevait la voix, ils l'interrompaient par un bruit tumultueux. Il vient ici.

SCÈNE XXIII.

Les Précédens, WALLENSTEIN, ILLO, BUTTLER; *un instant après, des Cuirassiers.*

WALLENSTEIN, *en s'avançant.*

Terzky!

TERZKY.

Mon prince!

WALLENSTEIN.

Que nos régimens se tiennent prêts à partir aujourd'hui, car nous quitterons Pilsen avant ce soir. (*Terzky sort.*) Buttler!

BUTTLER.

Mon général!

WALLENSTEIN.

Le commandant d'Égra est votre ami et votre compatriote; écrivez-lui sur-le-champ par un courrier qu'il se tienne prêt à nous recevoir dans la place. Vous nous suivrez avec votre régiment.

BUTTLER.

Cela sera fait, mon général.

WALLENSTEIN *s'avance entre Max et Thécla, qui avaient continué à se tenir embrassés.*

Séparez-vous.

MAX.

O Dieu!

Des cuirassiers armés entrent dans la salle et se rangent dans le fond. On entend jouer sous les fenêtres la marche du régiment de Pappenheim, comme pour avertir Max.

WALLENSTEIN, *aux Cuirassiers.*

Il est ici, il est libre, je ne le retiens plus.

Il marche vers le côté de la scène, de sorte que Max peut encore se rapprocher de Thécla.

MAX, *à Wallenstein.*

Vous me haïssez, vous m'éloignez de vous avec colère. Puisqu'il faut renoncer aux liens de l'antique amitié, ne pouvez-vous les dénouer doucement? faut-il rendre plus déchirante encore cette déchirante séparation? Vous le savez, si j'ai pu apprendre à vivre sans vous. Je vais dans l'exil et dans le désert, et je laisse ici tout ce qui m'est cher. Ah! ne détournez pas vos yeux de moi! tournez encore une fois vers moi ce visage qui me sera toujours cher et sacré. Ne me repoussez point. (*Il veut prendre sa main, Wallenstein la retire; il se tourne vers la Comtesse.*) Ne pourrai-je obtenir ici un regard de pitié, madame de Terzky? (*Elle se détourne de lui; il se retourne vers la Duchesse.*) Et vous, mère chérie?

LA DUCHESSE.

Allez, comte, où le devoir vous appelle; peut-être un jour pourrez-vous vous montrer notre fidèle ami, notre ange protecteur auprès de l'empereur.

MAX.

Vous voulez me donner de l'espérance, et m'empêcher de partir entièrement désespéré! Ah! ne me trompez point par de vaines illusions; mon malheur, et je remercie le ciel qui me donne le moyen de le finir... (*La musique militaire se fait de nouveau entendre, et la salle se remplit de plus en plus de soldats armés. Il aperçoit Buttler.*) Vous ici, colonel Buttler! et vous ne voulez pas me suivre! eh bien! demeurez, et soyez plus fidèle à votre nouveau maître que vous ne l'avez été au premier; promettez-moi de défendre sa vie, de la préserver de toute atteinte; donnez-moi votre main. (*Buttler retire sa main.*) La proscription de l'empereur le poursuit, et livre sa noble tête au premier assassin qui voudra mériter le prix du sang. C'est maintenant qu'il a besoin des soins vigilans, des regards inquiets de l'amitié; et ceux dont en le quittant je le vois entouré...

Il regarde Illo et Buttler avec des yeux qui expriment le doute.

ILLO.

Cherchez des traîtres dans le camp de votre père et de Galas; ici il n'y en a plus qu'un. Allez, et délivrez-nous de son odieux aspect; allez.

Max essaie encore une fois de se rapprocher de Thécla. Wallenstein l'en empêche. Il paraît irrésolu, désespéré. La salle se remplit de plus en plus. Les trompettes se font de nouveau entendre pour l'avertir.

MAX.

Sonnez, sonnez, trompettes. Ah! que n'est-ce déjà la trompette des Suédois! et pourquoi ne vais-je pas d'ici chercher sur-le-champ la mort? Pourquoi toutes ces épées nues ne sont-elles pas tournées contre mon sein?... Que voulez-vous? vous venez m'arracher d'ici! Ah! ne me précipitez pas dans le désespoir, gardez-vous-en bien, vous pourriez vous en repentir. (*La salle est toute remplie de soldats armés.*) Encore! voulez-vous entasser sans cesse de nouvelles forces pour m'entraîner hors d'ici? Pensez à ce que vous faites : vous avez tort de choisir un désespéré pour votre chef. Vous m'arrachez à mon bonheur; eh bien! je vous dévoue au dieu de la vengeance, vous courez à votre perte, et celui qui me suit doit s'attendre à mourir.

Il se retourne vers le fond du théâtre. Les cuirassiers se mettent tous en mouvement, et l'accompagnent en tumulte. Wallenstein demeure immobile. Thécla tombe dans les bras de sa mère. La toile se baisse.

ACTE QUATRIÈME.

Le théâtre représente un appartement chez le bourgmestre d'Egra.

SCÈNE PREMIÈRE.

BUTTLER. *Il vient d'arriver.*

Il est ici, la fatalité l'y conduit ; la herse est abaissée derrière lui. Le pont qui lui a donné passage après s'être abaissé s'est soudainement relevé, et il ne lui reste plus aucune voie pour échapper. Tu viendras jusqu'ici et pas plus loin, Friedland, lui a dit la destinée. Ton météore merveilleux s'est élevé au-dessus de la Bohême, et a laissé dans le ciel une trace lumineuse ; mais il viendra tomber et s'évanouir ici sur la frontière de la Bohême. Aveugle, tu as abjuré tes anciens étendards, et tu crois conserver ton ancien bonheur ; tu armes ta criminelle main pour porter la guerre dans les états de l'empereur, dans les foyers sacrés de la patrie ; prends garde, l'esprit de la funeste vengeance t'excite, la vengeance prépare ta ruine.

SCÈNE II.

BUTTLER, GORDON.

GORDON.

Est-ce vous ? ô combien je désirais m'entretenir avec vous ! Le duc... un traître ! ô mon Dieu !... et fugitif... et sa tête illustre proscrite ! Je vous en prie, général, racontez-moi en détail ce qui s'est passé à Pilsen.

BUTTLER.

Vous avez reçu la lettre que je vous ai envoyée par un courrier ?

GORDON.

Et j'ai fait exactement ce que vous m'avez ordonné ; je lui ai ouvert sans objection la forteresse, car une lettre de l'empereur m'ordonne de me conformer aveuglément à ce que vous prescrivez. Cependant, pardonnez ; lorsque j'ai vu le prince, j'ai commencé à concevoir quelques doutes ; certes, ce n'est pas comme un proscrit que le duc de Friedland est entré dans cette ville. Cette majesté du commandement qui force à l'obéissance brillait sur son front comme autrefois ; tranquille comme dans le temps où tout était dans l'ordre accoutumé, il a demandé compte de mes fonctions. L'adversité et les mauvais desseins rendent affable, et forcent l'orgueil à plier et à s'abaisser devant l'homme ferme dans son devoir ; mais c'est avec dignité, en peu de paroles que le prince m'a témoigné sa satisfaction, comme le maître qui loue son serviteur d'avoir bien rempli son emploi.

BUTTLER.

Tout s'est passé comme je vous l'ai mandé ; le prince a vendu l'armée aux ennemis, et veut leur livrer Égra et Prague. Sur le bruit de ce complot, tous les régimens l'ont abandonné, hormis les cinq que commande Terzky, et qu'il a conduits ici. Sa tête est proscrite, et il est enjoint à tout fidèle sujet de le livrer mort ou vivant.

GORDON.

Traître à l'empereur ! quoi ! un tel homme, si bien protégé du sort ! Ah ! qu'est-ce que la grandeur humaine ! Je me suis dit souvent : Ceci n'aura point une fin heureuse ; sa puissance, sa grandeur, et cette violence sombre et incertaine, l'entraîneront dans quelque piége. L'homme tend toujours à s'accroître, et l'on ne peut se confier à sa propre modération ; il n'est retenu dans de justes bornes que par les lois positives, et par l'ornière profonde de l'habitude ; mais la puissance de Wallenstein était hors du cours ordinaire des choses ; elle le faisait l'égal de l'empereur, et enseignait à son esprit altier à ne point fléchir. Malheur à un homme ainsi placé ! car je ne pense pas qu'aucun autre eût pu se soutenir où il a succombé.

BUTTLER.

Réservez vos plaintes pour le moment où il méritera la pitié, car maintenant il est encore puissant et redoutable. Les Suédois marchent sur Égra, et bientôt, si nous ne prenons pas promptement le parti de l'empêcher, la jonction sera faite. Puisse cela ne pas arriver ! puisse le prince ne pas sortir libre de cette ville ! ma vie et mon honneur sont engagés à le surprendre ici, et j'ai compté sur votre assistance.

GORDON.

Ah ! plût à Dieu que je n'eusse jamais vu ce jour ! c'est de sa main que je tiens mon emploi ; c'est lui qui m'a confié la garde de ce château, dont il faut que je fasse sa prison. Nous autres subalternes nous n'avons pas de volonté, nous ne pouvons pas, comme l'homme libre, comme celui qui tient son pouvoir de lui-même, obéir aux nobles élans de l'humanité ; nous ne sommes que les exécuteurs des lois et des rigueurs ; l'obéissance est notre vertu ; c'est par elle seulement que les inférieurs peuvent s'avancer.

BUTTLER.

Ne vous plaignez pas de votre peu de pouvoir.

Beaucoup de liberté expose à beaucoup d'erreurs, et l'on marche en sûreté dans le chemin étroit du devoir.
GORDON.
Et il est abandonné par tous, dites-vous? Il a fait la fortune de plusieurs milliers d'hommes, son caractère était d'une magnificence royale, sa main était toujours ouverte pour donner. (*Il jette un regard détourné sur Buttler.*) Il en a tiré plus d'un de la poussière pour l'élever aux honneurs et aux dignités; et il ne lui reste pas un ami, il n'a pu s'en acquérir un seul qui lui fût fidèle dans l'adversité!
BUTTLER.
Il en trouve un ici, sur lequel il comptait à peine.
GORDON.
Je n'ai reçu de lui aucune faveur; je ne sais pas même si au milieu de sa grandeur il s'est souvenu d'un ami de sa jeunesse; mon service m'a retenu loin de lui. Caché dans les murs de cette citadelle, je me suis dérobé à sa vue, et dans cet obscur asile où sa faveur ne pouvait venir me chercher, je me suis conservé un cœur sincère. Quand il m'a établi dans ce château, il était encore attaché à son devoir, et je ne trompe pas sa confiance en gardant fidèlement le poste qu'il confia à ma fidélité.
BUTTLER.
Répondez, voulez-vous exécuter l'arrêt qui le condamne, me prêter votre aide pour l'arrêter?
GORDON, *après un moment de silence et de réflexion, répond tristement.*
S'il a fait ce que vous racontez, s'il a trahi l'empereur son maître, s'il a vendu l'armée, s'il veut ouvrir les forteresses aux ennemis du royaume, il n'y a point en effet d'excuse pour lui. Cependant il est dur que ce soit moi parmi tous qui sois choisi pour être l'instrument de sa ruine. Nous avons été pages ensemble à la cour de Burgau; nous étions contemporains, moi cependant un peu plus âgé.
BUTTLER.
Je sais cela.
GORDON.
Il y a de cela trente ans passés; une âme audacieuse s'agitait déjà dans ce jeune homme de vingt ans. Son esprit était plus sérieux que son âge, et n'était dirigé que sur les choses grandes et mâles. Au milieu de nous, il n'avait d'autre société que lui-même, et vivait solitaire et tranquille sans partager notre gaîté et nos jeux d'enfans. Parfois, cependant, je ne sais quoi de merveilleux s'emparait de lui, et des replis secrets de son sein s'échappait un éclair de génie, une pensée profonde et éclatante. Nous le regardions avec étonnement, ne sachant pas bien s'il était insensé ou si une divinité l'inspirait.
BUTTLER.
Ce fut dans ce temps-là que, s'étant endormi sur une fenêtre, il tomba de deux étages, et ne se fit aucun mal. De ce jour, dit-on, on remarqua en lui les symptômes d'un esprit désordonné.
GORDON.
Il est vrai que dès lors il devint profondément rêveur. Il se fit catholique. Le prodige qui l'avait sauvé produisit en lui un changement merveilleux... Il se regarda alors comme un être favorisé et privilégié; avec l'audace d'un homme qui ne peut tomber, il s'élança sur la corde vacillante de la destinée humaine. Ensuite le sort nous conduisit chacun de notre côté. Il poursuivit au loin sa route audacieuse, et d'un pas rapide il arriva aux grandeurs; je le vis devenir comte, prince, duc, dictateur. Et maintenant tout lui semble trop petit, il porte la main sur la couronne des rois et se précipite vers une profonde ruine.
BUTTLER.
Taisons-nous... Il vient.

SCÈNE III.

WALLENSTEIN *entre, conversant avec le* BOURGMESTRE *d'Egra;* LES PRÉCÉDENS.

WALLENSTEIN.
Vous étiez autrefois une ville libre? je vois que vous portiez dans vos armes une moitié d'aigle... Pourquoi une moitié seulement?
LE BOURGMESTRE.
La ville était libre et impériale; mais il y a environ deux cents ans qu'elle fut engagée à la couronne de Bohême. C'est pourquoi nous ne portons plus qu'une moitié d'aigle; l'autre moitié nous sera rendue quand l'empire nous dégagera.
WALLENSTEIN.
Vous méritez la liberté; conduisez-vous seulement bien, ne prêtez pas l'oreille aux propos séditieux... Combien payez-vous d'impôt?
LE BOURGMESTRE, *levant les épaules.*
A peu près ce que nous gagnons. La garnison vit aussi à nos dépens.
WALLENSTEIN.
L'impôt sera diminué. Dites-moi, y a-t-il encore des protestans dans la ville? (*Le Bourgmestre hésite.*) Oui, oui, je le sais, il y en a encore beaucoup de cachés dans ces murs; allons, avouez-le-moi franchement; vous-même, n'est-ce pas? (*Il le regarde fixement. Le Bourgmestre semble effrayé.*) Ne craignez rien, je hais les jésuites; si cela dépendait de moi, ils seraient depuis long-temps chassés de l'Empire; le Missel ou la Bible, que m'importe à moi? je l'ai assez laissé voir. J'ai moi-même bâti une église pour les luthériens à Glogau. Écoutez, bourgmestre; comment vous appelez-vous?
LE BOURGMESTRE.
Pachhalbel, mon prince.
WALLENSTEIN.
Écoutez-moi, mais vous ne répéterez pas ce que je vais vous dire de confiance. (*Il lui met la main sur l'épaule avec une espèce de solennité.*)

l'accomplissement des temps est arrivé, bourgmestre; ceux qui sont élevés seront abaissés, et ceux qui sont abaissés seront élevés; gardez ces secrets pour vous. L'artificieuse autorité des Espagnols touche a sa fin; un nouvel ordre de choses va commencer. N'avez-vous pas vu récemment trois lunes à la fois dans le ciel?

LE BOURGMESTRE.

Oui, avec effroi.

WALLENSTEIN.

Deux changèrent de forme, et prirent la figure de poignards sanglans; celle du milieu seule demeura dans tout son éclat.

LE BOURGMESTRE.

Nous pensions que ce présage avait rapport aux Turcs.

WALLENSTEIN.

Aux Turcs! Non; deux empires doivent périr d'une manière sanglante, l'un à l'orient, l'autre à l'occident : c'est moi qui vous le dis; et la croyance des luthériens prévaudra seule. (*remarque Buttler et Gordon.*) Pendant que nous étions en route, une forte fusillade s'est fait entendre sur la gauche. L'a-t-on aussi entendue dans la place?

GORDON.

Nous l'avons bien entendue, mon général; le vent nous apportait le bruit du côté du sud.

BUTTLER.

Cela paraissait venir de Neustadt ou de Weiden.

WALLENSTEIN.

C'est le chemin par où les Suédois doivent venir. La garnison est-elle forte?

GORDON.

Huit cents hommes de bonnes troupes, le reste, des invalides.

WALLENSTEIN.

Et de combien est celle de Joachimsthal?

GORDON.

J'ai envoyé deux cents arquebusiers pour renforcer ce poste contre les Suédois.

WALLENSTEIN.

Vous avez bien fait, c'est une sage précaution. On a aussi ajouté aux ouvrages, j'ai vu cela de la route.

GORDON.

Nous voyant si pressés par le rhingrave, j'ai fait sur-le-champ élever deux redoutes.

WALLENSTEIN.

Vous servez bien l'empereur, lieutenant, je suis content de vous. (*A Buttler.*) Vous retirerez le poste de Joachimsthal, et vous rassemblerez tous ceux qu'on avait opposés à l'ennemi. (*A Gordon.*) Commandant, je remets en vos fidèles mains ma femme, ma fille et ma sœur. Je ne compte pas faire ici de séjour, j'y attends seulement des lettres; et après les premières qui me viendront, je quitterai la ville avec tous les régimens.

SCÈNE IV.

LES PRÉCÉDENS, TERZKY.

TERZKY.

Heureuse nouvelle! message bienvenu!

WALLENSTEIN.

Que venez-vous annoncer?

TERZKY.

Il y a eu un combat à Neustadt, et la victoire est demeurée aux Suédois.

WALLENSTEIN.

Que dites-vous? D'où vient cette nouvelle?

TERZKY.

C'est un paysan qui nous l'a apportée de Tirschenreit. L'action a commencé après le coucher du soleil. Une troupe d'impériaux venant de Tachau a voulu forcer le camp des Suédois : elle a soutenu le feu pendant deux heures, et enfin il en est resté sur le champ de bataille un millier d'hommes et le colonel. Je ne sais rien de plus.

WALLENSTEIN.

D'où cette troupe a-t-elle pu venir à Neustadt? Altringer était hier à quatorze milles de là; il eût fallu qu'il eût des ailes. Galas rassemble ses troupes à Frauenberg, et ne les a pas encore réunies. Suys se serait-il hasardé si avant? Cela est impossible.

Illo paraît.

TERZKY.

Nous le saurons à l'instant; Illo vient à nous, empressé et joyeux.

SCÈNE V.

LES PRÉCÉDENS, ILLO.

ILLO, *à Wallenstein.*

Un cavalier est là, et demande à vous parler.

TERZKY.

A-t-il confirmé la nouvelle de cette victoire? Dites.

WALLENSTEIN.

Qu'annonce-t-il? D'où vient-il?

ILLO.

C'est le rhingrave qui l'envoie, et je puis vous dire d'avance le sujet de son message. Les Suédois sont à cinq lieues d'ici. Piccolomini, à la tête de ses cavaliers, s'est jeté sur eux à Neustadt. Le carnage a été terrible; mais enfin le grand nombre a triomphé : tous les cuirassiers de Pappenheim, et Max qui les commandait, sont restés sur le champ de bataille.

WALLENSTEIN.

Où est ce messager? *Conduisez-moi vers lui.*

Il veut sortir. Madame de Neubrunn se précipite dans la salle, elle est suivie de plusieurs domestiques qui courent éperdus.

MADAME DE NEUBRUNN.
Au secours! au secours!
ILLO et TERZKY.
Qu'est-ce donc?
MADAME DE NEUBRUNN.
Ma maîtresse...
WALLENSTEIN et TERZKY.
Saurait-elle...
MADAME DE NEUBRUNN.
Elle veut mourir...

SCÈNE VI.
BUTTLER, GORDON.

GORDON, *surpris*.
Que signifie tout ce mouvement? Éclaircissez-moi.

BUTTLER.
Elle a perdu l'homme qu'elle aimait, ce Piccolomini qui vient de périr.

GORDON.
Malheureuse femme!

BUTTLER.
Vous avez entendu ce qu'Illo a annoncé? les Suédois victorieux s'approchent.

GORDON.
Oui, je l'ai entendu.

BUTTLER.
Ils ont douze régiments, et le duc en a cinq qui viennent à son secours. Nous n'avons que mon seul régiment, et la garnison n'est pas forte de deux cents hommes.

GORDON.
Il est vrai.

BUTTLER.
Avec si peu de monde, il nous est impossible de garder un tel prisonnier d'état.

GORDON.
Je le crois comme vous.

BUTTLER.
Cette armée aurait bientôt désarmé notre petite troupe, et le délivrerait.

GORDON.
Cela est à craindre.

BUTTLER, *après un instant de silence*.
Savez-vous que je me suis rendu caution du succès? que j'ai engagé ma tête pour la sienne? Il faut que je tienne ma parole, d'une façon ou d'une autre; et si je ne puis le livrer vivant, alors..... nous sommes bien assurés de le livrer mort.

GORDON.
Vous ai-je bien compris? juste Dieu! pourriez-vous...

BUTTLER.
Il faut qu'il périsse.

GORDON.
Quoi! vous pourriez...

BUTTLER.
Lui ou moi; il est à son dernier jour.

GORDON.
Vous voulez l'assassiner?

BUTTLER.
C'est mon dessein.

GORDON.
Il s'est confié à votre fidélité.

BUTTLER.
C'est son mauvais sort.

GORDON.
La personne sacrée de votre général...

BUTTLER.
Il ne l'est plus.

GORDON.
Aucun crime ne peut effacer en lui ce qu'il a été. Quoi! sans jugement!

BUTTLER.
L'exécution tiendra lieu de sentence.

GORDON.
C'est un assassinat, et non un acte de justice. On ne doit pas condamner les accusés sans les entendre.

BUTTLER.
Le crime est évident, l'empereur a jugé; nous n'avons qu'à accomplir sa volonté.

GORDON.
Il ne faut pas se hâter d'obéir à un ordre sanglant. On rétracte une parole, mais on ne peut rendre la vie.

BUTTLER.
Les rois aiment les serviteurs empressés.

GORDON.
Un brave homme ne se résout pas à faire office de bourreau.

BUTTLER.
Un homme courageux ne tremble pas de commettre une action hardie.

GORDON.
Il y a du courage à risquer sa vie, et non à risquer sa conscience.

BUTTLER.
Eh quoi! faut-il lui laisser le pouvoir d'allumer de nouveau la flamme d'une guerre qui ne pourra s'éteindre?

GORDON.
Faites-le prisonnier, mais ne le tuez pas; ne détruisez pas par un acte sanglant tout espoir de miséricorde.

BUTTLER.
Si l'armée de l'empereur n'était pas dispersée, on pourrait le retenir captif et vivant.

GORDON.
Ah! pourquoi lui ai-je ouvert cette forteresse?

BUTTLER.
Ce n'est pas le lieu, c'est son destin qui cause sa mort.

GORDON.
J'aurais succombé devant ces murs en défendant loyalement la ville que l'empereur m'a confiée.

BUTTLER.
Un millier de braves gens a déjà péri.

GORDON.
En faisant leur devoir. Une telle mort est un

honneur et une gloire ; mais la nature exècre un vil assassinat.

BUTTLER, *montrant un papier*.

Voici l'ordre qui nous enjoint de nous assurer de lui ; il s'adresse à vous comme à moi ; voulez-vous répondre des suites, si par votre faute il parvient à passer aux ennemis ?

GORDON.

O Dieu ! moi, obscur et sans pouvoir !

BUTTLER.

Prenez la chose sur vous. Chargez-vous des suites ; qu'il en soit ce qui plaira au sort ; je jetterai tout sur vous.

GORDON.

Dieu du ciel !

BUTTLER.

Savez-vous quelque autre moyen de remplir l'intention de l'empereur ? dites-le-moi ; je veux le renverser et non le détruire.

GORDON.

O mon Dieu ! je vois les circonstances aussi clairement que vous, et cependant mon cœur éprouve de tout autres sentimens.

BUTTLER.

Il faudra aussi que cet Illo et ce Terzky périssent si le duc tombe.

GORDON.

Ah ! ce n'est pas pour ceux-là que je souffre ; c'est la perversité de leur cœur et non pas la puissance des astres qui les entraîne. Ce sont eux qui ont jeté dans son âme tranquille les germes de l'ambition, qui avec une exécrable assiduité ont nourri en lui de malheureuses pensées ; puissent-ils recueillir bientôt le salaire de leurs mauvaises actions.

BUTTLER.

Aussi la mort les atteindra-t-elle avant lui ; tout est préparé ; ce soir, au milieu de la joie d'un festin, ils doivent être saisis et conduits au château ; cela est moins difficile ; je vais de ce pas donner les ordres nécessaires.

~~~~~~~~~~~~~~~~~~~~~~~

SCÈNE VII.

LES PRÉCÉDENS, ILLO, TERZKY.

TERZKY.

Bientôt tout va tourner d'autre sorte ; demain les Suédois nous envoient douze mille braves soldats, et puis droit à Vienne. Allons, mon vieux camarade, que cette bonne nouvelle déride votre front sévère.

ILLO.

C'est maintenant à nous à faire la loi, et à tirer vengeance de ces perfides, de ces indignes qui nous ont abandonnés. Piccolomini a déjà eu à s'en repentir ; puisse en arriver autant à tous ceux qui ont mauvaise volonté pour nous ! Ce combat portera une rude atteinte à ce vieux Piccolomini ; il s'est tourmenté toute sa vie pour changer son antique comté en une couronne de prince, et le voilà qui voit descendre au tombeau son fils unique.

BUTTLER.

Le sort de cet héroïque jeune homme est triste ; le duc lui-même en est ému, on le voit bien.

ILLO.

Écoutez, mon vieil ami, c'est ce qui ne m'a jamais plu dans le général, et c'était pour moi un sujet continuel de chagrin ; il a toujours préféré ces Italiens ; et encore maintenant je jure sur mon âme qu'il nous verrait volontiers morts dix fois, s'il pouvait rappeler son ami Max à la vie.

TERZKY.

Silence, silence, n'en parlons plus, laissons les morts en paix ; il s'agit aujourd'hui de boire à la santé des vivans. Votre régiment veut nous donner un repas, passons une joyeuse nuit, ou plutôt prolongeons le jour, le verre à la main, jusqu'à l'arrivée de l'avant-garde des Suédois.

ILLO.

Oui, donnons-nous encore aujourd'hui du bon temps ; car dans peu de jours il fera chaud, et cette épée ne se reposera plus qu'elle ne soit baignée du sang autrichien.

GORDON.

Fi ! monsieur le feld-maréchal ! quels discours sont les vôtres ! quelle est cette rage contre votre empereur ?

BUTTLER.

Que cette première victoire ne vous donne pas trop d'espérance ; songez que la roue de la fortune tourne rapidement : la puissance de l'empereur est grande encore.

ILLO.

L'empereur a des soldats, mais il n'a point de général ; ce Ferdinand, roi de Hongrie, ne connaît point la guerre. Galas ?... il a toujours été malheureux, et n'a jamais commandé des armées sans les perdre. Ce serpent d'Octavio a bien pu blesser Friedland par derrière, mais dans un loyal combat il ne pourra tenir devant lui.

TERZKY.

Croyez-moi, nous réussirons ; la fortune n'a jamais abandonné le duc ; l'on sait assez que l'Autriche n'a jamais été victorieuse que par Wallenstein.

ILLO.

Le prince aura bientôt réuni une grande armée ; tous vont se presser, se précipiter sous ses drapeaux illustrés par une antique gloire ; je vois déjà revenir les jours d'autrefois, il va redevenir le grand Wallenstein. Ah ! combien seront confus les insensés qui l'abandonnent maintenant ! Il distribuera des terres à ses amis et récompensera les services avec une magnificence impériale.... Mais nous, nous serons plus avancés dans sa faveur. (*A Gordon.*) Il pensera aussi à vous, il vous tirera de cette forteresse, et mettra votre fidélité en lumière dans un poste éminent.

GORDON.

Je suis satisfait et ne désire rien de plus : plus grande est l'élévation, plus profonde est la chute.

ILLO.

Vous n'avez pas besoin de dissimuler davantage; les Suédois seront demain dans la ville. Venez, Terzky, il est temps d'aller dîner; à quoi pensez-vous? faisons illuminer la ville en l'honneur des Suédois... Celui qui n'illuminera pas est un Espagnol et un traître.

TERZKY.

Non pas; cela ne plairait point au duc.

ILLO.

Eh quoi! ne sommes-nous pas les maîtres ici, et quelqu'un doit-il se faire connaître pour Autrichien dans le lieu où nous commandons?... Adieu, Gordon; je vous recommande pour la dernière fois la garde de la place; envoyez des patrouilles. Pour plus de sûreté, l'on pourrait changer le mot d'ordre; à dix heures vous apporterez les clefs au duc lui-même, et alors vous serez quitte de vos fonctions de gouverneur. Les Suédois entreront demain dans la ville.

TERZKY, *en s'en allant, à Buttler.*

Ne venez-vous pas au château?

BUTTLER.

J'y serai à temps.

Ils s'en vont.

SCÈNE VIII.
BUTTLER, GORDON.

GORDON, *les suivant des yeux.*

Malheureux! avec quelle imprévoyance ils vont, dans l'ivresse de leur triomphe, se précipiter dans le piège tendu devant eux! Je ne puis les plaindre. Quel arrogant et audacieux scélérat que cet Illo, qui veut se baigner dans le sang de son empereur!

BUTTLER.

Faites ce qu'il vous a ordonné. Envoyez des patrouilles. Veillez à la sûreté de la place; dès qu'ils seront montés au château, je le fermerai, afin que dans la ville on ne puisse rien entendre.

GORDON, *avec inquiétude.*

Ne précipitez rien; dites-moi d'abord...

BUTTLER.

Vous l'avez entendu : les Suédois seront ici demain... Nous n'avons que cette nuit; ils sont prompts dans leurs démarches, soyons-le davantage... Adieu.

GORDON.

Hélas! votre regard n'annonce rien que de sinistre; promettez-moi...

BUTTLER.

Le jour est fini, une nuit fatale va commencer; grâce à eux, elle n'a plus d'incertitude. Leur mauvaise étoile fait qu'ils se livrent sans défense à notre main... Au milieu de l'ivresse d'une vaine prospérité, un fer homicide va trancher leur vie. Le prince a toujours été un grand calculateur; de tout temps il a tout soumis au calcul; il savait disposer des hommes comme des pièces d'un échiquier, les placer, et les pousser pour arriver à son but. Il ne se faisait point de scrupule de hasarder, de jouer l'honneur, la dignité, la bonne renommée des autres. Sans cesse, sans cesse il a calculé, et à la fin son compte va se trouver faux, car il a compté sur sa vie au moment où elle va atteindre son terme.

GORDON.

Ne songez pas à ses fautes; rappelez-vous sa grandeur, sa bonté, ce cœur si digne d'être aimé, tous les nobles traits de sa vie, et laissez retomber votre glaive déjà levé sur sa tête, comme si un ange venait intercéder pour lui.

BUTTLER.

Il est trop tard... Je ne sens aucune pitié pour lui, mes pensées sont toutes sanglantes. (*Il prend la main de Gordon.*) Cependant, Gordon, ce n'est pas la haine qui me fait agir... Je n'aime pas le duc, je n'ai pas de motif pour l'aimer; mais ce n'est pas ma haine qui fait de moi son meurtrier, c'est son mauvais destin. Je suis entraîné par un malheureux sort, par le concours de circonstances funestes. Ah! c'est bien vainement que l'homme s'imagine agir en liberté. Il est le jouet de l'aveugle puissance qu'exerce sur lui une terrible nécessité, indépendante de sa propre détermination... Que servirait au duc que mon cœur parlât pour lui? il n'en faudrait pas moins qu'il pérît par moi.

GORDON.

Ah! si votre cœur vous parle, suivez son impulsion... C'est Dieu qui vous parle par sa voix, et les calculs artificiels de la prudence ne viennent que de l'homme; quel heureux espoir pouvez-vous fonder sur le meurtre? Rien d'heureux ne peut provenir de l'effusion du sang. Voudriez-vous arriver aux grandeurs par un tel chemin?... Ah! ne le croyez pas; le meurtre peut quelquefois plaire aux rois, mais jamais le meurtrier.

BUTTLER.

Vous ignorez que..... ne me demandez pas..... Mais pourquoi aussi les Suédois ont-ils été vainqueurs et approchent-ils si rapidement? Je l'aurais volontiers livré à la miséricorde de l'empereur, je ne souhaite pas de répandre son sang... Non, il pourrait vivre; mais il faut que je remplisse la parole que j'ai donnée, il faut qu'il meure, ou bien... Écoutez-moi. Je suis déshonoré si le prince nous échappe.

GORDON.

Pour sauver un tel homme...

BUTTLER, *rapidement.*

Eh bien?

GORDON.

Il mérite bien un sacrifice; soyez généreux. C'est la conscience et non l'opinion qui honore l'homme.

BUTTLER, *froidement et avec hauteur.*

Il est un grand seigneur, un prince, et moi je ne suis qu'un obscur individu, voulez-vous dire? Et que fait au monde, pensez-vous, qu'un homme de naissance inférieure s'illustre ou s'avilisse, pourvu que le prince soit sauvé ? Chacun apprécie sa propre valeur. Le prix, l'importance que j'attache à moi-même, cela me regarde ; il n'y a pas un homme placé si haut sur la terre, auprès de qui je veuille me mépriser. C'est la force de la volonté qui fait les hommes grands ou petits, et c'est parce que je veux accomplir la mienne qu'il mourra.

GORDON.

Je m'efforce d'émouvoir un cœur de rocher. Non, vous n'êtes point né de la race humaine. Je ne puis vous arrêter ; mais puisse un dieu le dérober à votre horrible main !

Ils sortent.

SCÈNE IX.

Le théâtre représente l'appartement de la duchesse.

THÉCLA, *dans un fauteuil, pâle et les yeux fermés;* LA DUCHESSE *et* Mme DE NEUBRUNN, *empressées autour d'elle;* WALLENSTEIN *et* LA COMTESSE.

WALLENSTEIN.

Comment a-t-elle pu l'apprendre sitôt ?

LA COMTESSE.

Elle semblait avoir prévu ce malheur. Le bruit d'un combat où un colonel autrichien avait péri l'avait d'abord effrayée, je m'en étais bien aperçus : elle a volé à la rencontre du messager suédois, et, par ses questions, lui a bientôt arraché ce malheureux secret. Nous nous sommes aperçue trop tard de son absence ; nous avons couru pour la rejoindre ; le messager la soutenait déjà évanouie dans ses bras.

WALLENSTEIN.

Combien a dû la frapper cette nouvelle inattendue! Pauvre enfant ! (*Il se tourne vers la Duchesse.*) Comment est-elle ? Reprend-elle ses sens ?

LA DUCHESSE.

Elle ouvre les yeux.

LA COMTESSE.

Elle vit.

THÉCLA, *regardant autour d'elle.*

Où suis-je ?

WALLENSTEIN *va à elle en lui tendant les bras.*

Reviens à toi, Thécla, sois ma courageuse fille. Regarde, te voici près de ta mère chérie, et ton père te tend les bras.

THÉCLA *se relève.*

Où est-il ? Il n'y est plus ?

LA DUCHESSE.

Qui, ma fille ?

THÉCLA.

Celui qui a prononcé ces fatales paroles.

LA DUCHESSE.

Ne pense pas à lui, mon enfant ; écarte ta pensée de cette image.

WALLENSTEIN.

Laissez sa douleur se répandre ; laissez-la se plaindre ; mêlez vos larmes aux siennes, car elle a à supporter une grande douleur. Mais elle saura la soutenir : ma Thécla a hérité de son père un cœur qui ne se laisse point abattre.

THÉCLA.

Je ne suis point sans force ; je puis me soutenir. Pourquoi pleure ma mère ? L'aurais-je effrayée ? Voilà qui est passé ; j'ai repris tous mes sens. (*Elle s'est levée, et cherche quelqu'un dans la salle.*) Où est-il ? Qu'on ne le cache point à ma vue ; j'ai assez de force pour l'entendre.

LA DUCHESSE.

Non, Thécla, ce malheureux messager ne doit jamais reparaître devant tes yeux.

THÉCLA.

Mon père...

WALLENSTEIN.

Chère enfant !

THÉCLA.

Je ne suis plus faible ; me voici encore mieux remise ; accordez-moi une grâce.

WALLENSTEIN.

Parle.

THÉCLA.

Permettez que l'on rappelle cet étranger ; je veux l'entendre et l'interroger seule.

LA DUCHESSE.

Jamais.

LA COMTESSE.

Non, c'est une idée funeste ; n'y consentez pas.

WALLENSTEIN.

Pourquoi veux-tu lui parler, ma fille ?

THÉCLA.

Je serai plus calme quand je saurai tout ; je ne veux point être trompée ; ma mère veut me ménager, je ne veux pas être ménagée ; le mot terrible est déjà prononcé, je ne puis rien entendre d'aussi affreux.

LA DUCHESSE *et* LA COMTESSE, *à Wallenstein.*

N'y consentez pas.

THÉCLA.

J'ai été surprise par mon premier effroi. Mon cœur m'a trahie en présence de cet étranger ; il a été témoin de ma faiblesse, je suis tombée dans ses bras ; j'en suis encore confuse ; je veux me relever dans son idée ; il faut que je parle à cet étranger, pour qu'il n'emporte pas de moi une opinion défavorable.

WALLENSTEIN.

Je trouve qu'elle a raison, et je penche à lui accorder sa demande. Qu'on le rappelle.

Mme de Neubrunn *sort.*

LA DUCHESSE.

Mais, moi, ta mère, je serai présente.

THÉCLA.

Je préfère lui parler seule ; cela me donnera plus de force pour me soutenir.

WALLENSTEIN, *à la Duchesse.*

Laissez-la faire, qu'elle lui parle toute seule ; il est des douleurs où l'homme ne peut trouver de secours qu'en lui-même, où le cœur doit être abandonné à sa propre force : c'est dans son sein et non dans le sein d'autrui qu'elle doit chercher la force de supporter un pareil coup; elle est ma courageuse fille, ce n'est pas une faible femme, et je veux la voir se conduire en héros.

Il veut sortir.

LA COMTESSE *l'arrête.*

Où allez-vous? J'ai entendu dire à Terzky que vous vouliez partir dès demain et nous laisser ici.

WALLENSTEIN.

Oui, vous demeurerez ici sous la garde d'un brave homme.

LA COMTESSE.

Emmenez-nous avec vous, mon frère; ne nous laissez pas dans cette triste solitude attendre l'événement avec toutes les agitations de l'inquiétude. On supporte facilement le malheur présent, mais il est rendu plus grand et plus affreux par le doute, et les tourmens de l'attente s'accroissent par l'absence.

WALLENSTEIN.

Pourquoi parler de malheur? Tenez des discours moins sinistres. J'ai de tout autres espérances.

LA COMTESSE.

Ah! emmenez-nous; ne nous laissez pas dans ce lieu de triste présage. Mon cœur se sent oppressé dans ces murs; il me semble que je respire l'air de l'antre de la mort. Je ne puis dire combien ce lieu me semble funeste. Emmenez-nous; venez, ma sœur; priez-le aussi de nous emmener; chère nièce, venez à mon secours.

WALLENSTEIN.

Ce lieu n'aura plus rien de funeste; il renferme tout ce que j'ai de plus cher au monde.

MADAME DE NEUBRUNN *revient.*

Voici l'officier suédois.

WALLENSTEIN.

Laissez-la seule avec lui.

Il sort.

LA DUCHESSE, *à Thécla.*

Tu pâlis, mon enfant; il te sera impossible de lui parler; viens avec ta mère.

THÉCLA.

Madame de Neubrunn restera près de moi.

La Duchesse et la Comtesse sortent.

SCÈNE X.

THÉCLA, *un* CAPITAINE *suédois;* Mme DE NEUBRUNN.

LE CAPITAINE *s'approche respectueusement.*

Princesse, j'ai à vous demander pardon; mon récit imprudent et subit... Je ne pouvais prévoir...

THÉCLA, *d'un ton plein de noblesse.*

Vous m'avez vue en proie à toute ma douleur; une malheureuse circonstance vous a introduit, vous étranger, dans mon intimité.

LE CAPITAINE.

Je crains que les tristes paroles que ma bouche a prononcées ne vous aient rendu mon aspect odieux.

THÉCLA.

C'est ma faute; c'est moi-même qui vous les ai arrachées, c'est la voix du destin qui les a proférées. Mon effroi a interrompu le récit commencé; je vous prie de l'achever.

LE CAPITAINE, *d'un air attentif.*

Princesse, ce sera renouveler votre douleur.

THÉCLA.

Je suis plus calme... je serai calme. Comment a commencé ce combat? Achevez votre récit.

LE CAPITAINE.

Nous étions, sans craindre aucune attaque, faiblement retranchés dans notre camp près de Neustadt, quand tout-à-coup vers le soir un nuage de poussière s'est élevé du côté de la forêt; notre avant-garde en déroute s'est précipitée dans le camp, criant : Voici l'ennemi ! A peine avons-nous le temps de nous jeter sur nos chevaux; les cuirassiers de Pappenheim avaient, d'un élan rapide, traversé les branchages qui protégeaient le camp; bientôt après cette troupe impétueuse avait franchi le premier fossé; dans leur courage imprudent, ils s'avancent jusqu'au second, laissant derrière eux l'infanterie, et ne songeant au milieu de leur témérité qu'à suivre leur chef téméraire. (*Thécla paraît émue; le Capitaine se tait un instant; elle lui fait signe de continuer.*) Alors, rassemblant toute la cavalerie, nous les pressons en face et sur les flancs; nous les forçons à reculer jusqu'au fossé, où l'infanterie, qui s'était formée promptement en bataille, leur oppose le rempart impénétrable de ses hallebardes. Pressés de toutes parts dans cette terrible enceinte, ils ne peuvent aller ni en avant ni en arrière : alors le rhingrave crie à leur chef de se rendre, comme un brave guerrier qui ne peut plus se défendre. Mais le colonel Piccolomini... (*Thécla chancelle et s'appuie sur un fauteuil.*) On l'avait reconnu au cimier de son casque et à ses longs cheveux, qui, dans sa course rapide, flottaient détachés. Il montre le fossé, s'élance le premier, le fait franchir par son noble coursier; les cuirassiers se précipitent sur ses traces : mais déjà son cheval avait été blessé, s'était cabré de fureur, avait lancé au loin son cavalier; et toute sa troupe le foule aux pieds des chevaux, que le mors ne peut plus arrêter.

Thécla, pendant les dernières paroles, a laissé voir tous les signes d'une angoisse toujours croissante. Elle est saisie d'une sorte de tremblement convulsif : elle va s'évanouir. Madame de Neubrunn accourt, et la reçoit dans ses bras.

MADAME DE NEUBRUNN.

Ma chère maîtresse !

LE CAPITAINE, *ému.*

Je vais m'éloigner.

THÉCLA.

Je n'ai plus rien, achevez.

LE CAPITAINE.

Alors la rage du désespoir s'empare des cuirassiers, qui ont vu tomber leur chef; aucun ne songe plus à son propre salut : ils combattent comme des tigres en fureur; leur résistance opiniâtre redouble notre ardeur, et le combat ne finit que lorsqu'ils ont succombé tous jusqu'au dernier.

THÉCLA, *d'une voix tremblante.*

Et où... où est... Vous ne me dites pas tout.

LE CAPITAINE, *après un moment de silence.*

Ce matin nous avons fait ses funérailles; douze jeunes gens des plus nobles familles portaient le corps que suivait toute l'armée; le cercueil était couvert de lauriers, et le rhingrave lui-même y a déposé son épée victorieuse : son triste sort n'a pas manqué de larmes; beaucoup d'entre nous avaient éprouvé sa grandeur d'âme et la bienveillance de son caractère; chacun était attendri sur son destin. Le rhingrave aurait désiré l'épargner; mais lui-même a rendu inutile cette bonne intention, et l'on dit qu'il voulait mourir.

MADAME DE NEUBRUNN, *tout émue, à Thécla, qui s'est caché le visage.*

Ma chère maîtresse, ne fermez pas ainsi les yeux; pourquoi avez-vous voulu cet entretien?

THÉCLA.

Où est son tombeau?

LE CAPITAINE.

Il est déposé dans un couvent à Neustadt, jusqu'au moment où l'on portera cette nouvelle à son père.

THÉCLA.

Comment se nomme ce couvent?

LE CAPITAINE.

Sainte-Catherine.

THÉCLA.

Est-il éloigné d'ici?

LE CAPITAINE.

A sept milles.

THÉCLA.

Quel chemin y conduit?

LE CAPITAINE.

On y va par Tirschenreit et Falkemberg, à travers nos avant-postes.

THÉCLA.

Qui les commande?

LE CAPITAINE.

Le colonel Seckendorf.

THÉCLA *s'approche de la table, et prend une bague dans un écrin.*

Vous avez vu ma douleur, et vous m'avez montré un cœur sensible. (*Elle lui présente une bague.*) Prenez ceci, en souvenir de cet instant; allez.

LE CAPITAINE *s'incline profondément.*

Princesse...

Thécla lui fait signe de sortir, et s'éloigne de lui. Le Capitaine reste interdit, et voudrait parler. Madame de Neubrunn lui fait, de nouveau, signe de s'éloigner; il sort.

SCÈNE XI.

THÉCLA, Mme DE NEUBRUNN.

THÉCLA *se jette au cou de madame de Neubrunn.*

Maintenant, chère Neubrunn, prouvez-moi l'amour que vous m'avez toujours exprimé; montrez-vous mon amie, ma compagne. Il faut que nous partions dès cette nuit.

MADAME DE NEUBRUNN.

Partir! où aller?

THÉCLA.

Où? il n'est qu'un seul lieu dans le monde, celui où il est enseveli, où l'on a déposé son cercueil.

MADAME DE NEUBRUNN.

Ah! dans quel lieu voulez-vous donc aller?

THÉCLA.

Dans quel lieu? malheureuse! Ah! pourriez-vous me faire une telle question si vous aviez jamais aimé? C'est là que se trouve tout ce qui me reste de lui : il n'y a plus sur la terre que ce seul endroit à mes yeux. Ah! ne me retenez pas; allez, et faites les apprêts nécessaires; pensons aux moyens de partir.

MADAME DE NEUBRUNN.

Songez-vous à la colère de votre père?

THÉCLA.

Je ne crains plus la colère de personne.

MADAME DE NEUBRUNN.

Et le blâme du monde, les discours de la médisance?

THÉCLA.

Je vais revoir celui qui n'est plus! Est-ce donc dans ses bras que je cours? O mon Dieu! c'est la tombe seule de mon amant que je cherche.

MADAME DE NEUBRUNN.

Et nous serons seules, sans secours, deux faibles femmes?

THÉCLA.

Prenons des armes, je te défendrai.

MADAME DE NEUBRUNN.

La nuit est obscure.

THÉCLA.

Elle servira à nous cacher.

MADAME DE NEUBRUNN.

La tempête est affreuse.

THÉCLA.

Était-il doucement sous les pieds des chevaux?

MADAME DE NEUBRUNN.

O mon Dieu! à travers les postes des ennemis! et si l'on nous refusait le passage?

THÉCLA.

Ne sont-ce pas des hommes? Le malheur librement parcourt toute la terre.

MADAME DE NEUBRUNN.

La distance est grande.

THÉCLA.

Le pèlerin s'enquiert-il de la distance, quand il se rend vers les lieux saints?

MADAME DE NEUBRUNN.

Et comment sera-t-il possible de sortir de cette ville?

THÉCLA.

L'or nous en ouvrira les portes... Allez, allez.

MADAME DE NEUBRUNN.

Si l'on vous reconnaît?

THÉCLA.

Dans cette fugitive au désespoir, personne ne cherchera la fille de Friedland.

MADAME DE NEUBRUNN.

Où trouver des chevaux pour notre fuite?

THÉCLA.

Mon écuyer nous en donnera... Allez, appelez le.

MADAME DE NEUBRUNN.

L'osera-t-il à l'insu de son maître?

THÉCLA.

Oui, oui; allez seulement, soyez sans crainte.

MADAME DE NEUBRUNN.

Hélas! et que deviendra votre mère, quand vous aurez disparu?

THÉCLA, *pensive et agitée.*

O ma mère!

MADAME DE NEUBRUNN.

Elle souffre déjà beaucoup, cette malheureuse mère... Voulez-vous encore lui porter ce dernier coup?

THÉCLA.

Je ne puis lui épargner cette douleur... Allez, allez.

Mme DE NEUBRUNN.

Pensez bien à ce que vous allez faire.

THÉCLA.

J'ai pensé tout ce que j'avais à penser.

Mme DE NEUBRUNN.

Et quand nous serons là, que deviendrez-vous?

THÉCLA.

Quand nous en serons là, un Dieu inspirera mon âme.

Mme DE NEUBRUNN.

Votre cœur est maintenant rempli de trouble, chère maîtresse; et ce n'est pas ce chemin qui vous conduira au repos.

THÉCLA.

A ce repos profond, le seul qu'il ait trouvé... Allez, allez, n'ajoutez pas un mot; je ne sais quelle puissance m'entraîne invinciblement vers son tombeau. Là, je serai un instant soulagée. Le poids douloureux qui étouffe mon cœur sera soulevé, mes larmes pourront couler. Allez, nous pourrions être en route depuis long-temps. Je ne trouverai point de repos tant que je serai dans ces murs; il semble qu'ils vont s'écrouler sur moi. Une force inconnue me pousse hors de leur enceinte. Dieu! quelles impressions m'agitent! Ce palais me paraît rempli de sombres et pâles fantômes; ils ne me laissent aucune place. Eh quoi! de tous côtés leur foule terrible chasse les vivans de ces murs.

Mme DE NEUBRUNN.

Vous me remplissez aussi d'angoisses et d'effroi, madame; moi-même je n'ose plus demeurer ici... Je sors et vais aussitôt appeler Rosemberg.

SCÈNE XII.

THÉCLA, *seule.*

C'est son ombre qui m'appelle. C'est la foule des ombres de ses fidèles soldats qui se sont immolés pour le venger. Ils m'accusent d'un lâche retard; ils n'ont pas voulu abandonner, même dans la mort, celui qui pendant leur vie avait été leur chef. Voilà ce qu'ont fait ces hommes au cœur de fer: et moi, je pourrais vivre! Non, cette branche de laurier dont on a paré son cercueil aura aussi été cueillie pour moi. Et qu'est-ce que la vie sans la flamme de l'amour? je la repousse, puisqu'elle a perdu tout son prix. Oui, lorsque je t'eus trouvé pour ami, la vie alors valait quelque chose. Je voyais briller devant moi des jours tissus d'or et de soie. Pendant deux heures j'ai rêvé le bonheur céleste.

Quand, timide et tremblante, je quittai le cloître pour le monde, tu te tenais à l'entrée, et le monde me sembla brillant d'un éclat resplendissant; tu me parus un ange de bonté envoyé pour me transporter tout-à-coup des jours innocens de l'enfance jusqu'au sommet le plus sublime de l'existence. Mon premier regard rencontra ton cœur, mon premier sentiment fut une joie céleste. (*Elle tombe dans une profonde rêverie, puis continue avec désespoir.*) Alors s'est fait sentir la main rude et glacée du destin; elle a saisi mon noble ami, et l'a précipité sous les pieds des chevaux. Tel est le sort réservé sur la terre à tout ce qui est beau.

SCÈNE XIII.

THÉCLA, Mme DE NEUBRUNN, L'ÉCUYER.

Mme DE NEUBRUNN.

Le voici, madame; il vous obéira.

THÉCLA.

Nous donnerez-vous des chevaux, Rosemberg?

L'ÉCUYER.

Oui, madame.

THÉCLA.

Voulez-vous nous accompagner?

L'ÉCUYER.

Je vous suivrai, madame, jusqu'au bout du monde.

THÉCLA.

Mais vous ne pourrez plus retourner auprès du duc.

L'ÉCUYER.

Je demeurerai près de vous.

THÉCLA.

Je vous récompenserai. Je vous recommanderai à un autre maître. Pouvez-vous nous conduire secrètement hors de la ville?

L'ÉCUYER.
Oui, madame.

THÉCLA.
Quand pourrai-je partir?

L'ÉCUYER.
Sur l'heure. Quel chemin faut-il suivre?

THÉCLA.
Je vais à... Dites-le-lui, Neubrunn.

Mᵐᵉ DE NEUBRUNN.
A Neustadt.

L'ÉCUYER.
Je vais tout préparer.
Il sort.

Mᵐᵉ DE NEUBRUNN.
Hélas! madame votre mère vient ici.

THÉCLA.
Dieu!

SCÈNE XIV.
THÉCLA, Mᵐᵉ DE NEUBRUNN, LA DUCHESSE.

LA DUCHESSE.
Il est reparti; je te trouve plus calme.

THÉCLA.
Oui, ma mère. Laissez-moi maintenant me retirer avec madame de Neubrunn; j'ai besoin de repos.

LA DUCHESSE.
Je le crois, Thécla. Je sors soulagée; je pourrai tranquilliser ton père.

THÉCLA.
Adieu donc, ma bonne mère.

Elle se jette à son cou, et la presse dans ses bras avec une extrême émotion.

LA DUCHESSE.
Tu n'es pas encore bien calmée, mon enfant tu es tremblante, et j'ai senti ton cœur palpiter sur le mien.

THÉCLA.
Le sommeil me rendra plus calme. Adieu, adieu, ma mère.

Elle se jette encore dans les bras de sa mère. La toile tombe.

ACTE CINQUIÈME.

Le théâtre représente l'appartement de Buttler.

SCÈNE PREMIÈRE.
BUTTLER, *le major* GÉRALDIN.

BUTTLER.
Vous prendrez douze braves dragons, vous les armerez avec des hallebardes, car il n'y a pas un coup à tirer. Vous les posterez près de la salle du repas, et aussitôt que la table sera desservie, vous entrerez en criant : Qu'est-ce qui est fidèle à l'empereur? Je renverserai la table; alors vous vous jetterez sur eux, et vous les frapperez. Le château est fermé et gardé de façon que le bruit ne parviendra pas jusqu'au prince. Allez maintenant. Vous avez averti les capitaines Deveroux et Macdonald?

GÉRALDIN.
Ils sont ici.
Il sort.

BUTTLER.
Il faut se hâter; les bourgeois se déclarent aussi pour lui. Je ne sais pas quel esprit de vertige a saisi toute la ville! Ils regardent le duc comme le pacificateur universel, comme le fondateur d'un nouvel âge d'or. Les magistrats ont distribué des armes aux habitans, et déjà une centaine est venue s'offrir pour lui servir de gardes. Il s'agit ici d'avoir de la promptitude. Nous sommes en dedans et en dehors menacés par les ennemis.

SCÈNE II.
BUTTLER, *les capitaines* DEVEROUX *et* MACDONALD.

MACDONALD.
Nous voici, mon général.

DEVEROUX.
Quel est le mot de ralliement?

BUTTLER.
Vive l'empereur!

TOUS DEUX, *reculant de surprise.*
Comment?

BUTTLER.
Vive la maison d'Autriche!

DEVEROUX.
N'est-ce pas à Friedland que nous avons juré fidélité?

MACDONALD.
Ne nous sommes-nous pas engagés à le secourir?

BUTTLER.
Nous, engagés à secourir un traître, un ennemi de l'État?

DEVEROUX.
Mais vous nous avez prescrit le devoir de le servir.

MACDONALD.
Et vous l'avez suivi à Égra.

BUTTLER.
Je l'ai fait ainsi pour le perdre plus sûrement.
DEVEROUX.
Ah!
MACDONALD.
C'est autre chose.
BUTTLER, à Deveroux.
Misérable, est-ce ainsi que tu désertes tes drapeaux et ton devoir?
DEVEROUX.
Par tous les diables, général, je suis votre exemple; et si vous êtes un traître, je pense que je puis bien l'être aussi.
MACDONALD.
Nous n'avons pas à y regarder après vous, c'est votre affaire. Vous êtes le général, vous commandez, nous vous suivons, quand ce serait dans l'enfer.
BUTTLER, d'un ton plus doux.
Bien, bien; nous nous connaissons les uns les autres.
MACDONALD.
Oui, je le pense.
DEVEROUX.
Nous sommes soldats de la fortune, et nous sommes pour celui qui est le plus fort.
MACDONALD.
Oui, comme il le dit.
BUTTLER.
Et ce que vous avez à faire maintenant, c'est de continuer à être de braves soldats.
DEVEROUX.
C'est notre intention.
BUTTLER.
Et il faut faire fortune.
MACDONALD.
C'est encore mieux.
BUTTLER.
Écoutez-moi.
TOUS DEUX.
Nous écoutons.
BUTTLER.
La volonté et l'ordre de l'empereur est que Friedland soit saisi mort ou vif.
DEVEROUX.
Sa lettre le porte ainsi?
MACDONALD.
Oui, mort ou vif.
BUTTLER.
Et une magnifique récompense en or et en domaines attend celui qui en viendra à bout.
DEVEROUX.
Oui, cela sonne bien; les paroles qui viennent de là sont toujours magnifiques. Ah! nous connaissons déjà tout cela; quelque chaîne d'or, un méchant cheval, un parchemin, ou quelque chose de ce genre-là. Le prince paye mieux.
MACDONALD.
Oui, il est splendide.
BUTTLER.
Tout cela s'en va avec lui; l'étoile de son bonheur est passée.

MACDONALD.
Cela est-il certain?
BUTTLER.
Je vous le dis.
DEVEROUX.
Aurait-il perdu son bonheur?
BUTTLER.
Perdu pour toujours; il n'est pas plus riche que nous.
MACDONALD.
Pas plus riche que nous?
DEVEROUX.
Oui, Macdonald, il faut le laisser là.
BUTTLER.
Il y a déjà plus de vingt mille hommes qui l'ont abandonné; il faut faire quelque chose de mieux, un coup prompt et décisif; il faut le tuer.
Tous deux reculent.
TOUS DEUX.
Le tuer!
BUTTLER.
Le tuer, vous dis-je;... et je vous ai choisis pour cela.
TOUS DEUX.
Nous!
BUTTLER.
Vous, capitaines Deveroux et Macdonald.
DEVEROUX, après un instant de silence.
Choisissez en un autre.
MACDONALD.
Oui, choisissez-en un autre.
BUTTLER, à Deveroux.
Cela t'effraie, pauvre esprit? eh quoi! tu as trente fois chargé ton âme de plus que cela.
DEVEROUX.
Porter la main sur mon général! pensez donc...
MACDONALD.
A qui nous avons juré fidélité!
BUTTLER.
Le serment est nul, puisqu'il ne tient pas les siens.
DEVEROUX.
Écoutez, général, cela me fait horreur.
MACDONALD.
Oui, cela est vrai; on a aussi une conscience.
DEVEROUX.
Si ce n'était pas notre chef qui nous a commandés si long-temps, et qui nous imposait tant de respect...
BUTTLER.
S'il n'y a que cette difficulté...
DEVEROUX.
Écoutez; c'est inutilement que vous nous le demandez; si le service de l'empereur l'exigeait, je percerais de mon épée le cœur de mon propre fils; mais, voyez-vous, nous sommes soldats, et assassiner le général, c'est un péché, c'est un crime dont pas un confesseur ne pourrait nous absoudre.
BUTTLER.
Eh bien! je suis ton pape, je t'absous; décidez-vous promptement.

DEVEROUX, *d'un ton résolu.*
Cela ne se peut pas.
MACDONALD.
Non, cela ne se peut pas.
BUTTLER.
Eh bien! soit. Faites-moi venir Pestalutz.
DEVEROUX, *surpris.*
Pestalutz! Eh!...
MACDONALD.
Et que lui voulez-vous?
BUTTLER.
Puisque vous m'avez refusé, j'en trouverai assez d'autres.
DEVEROUX.
Non; s'il doit périr, nous saurons tout aussi bien que d'autres gagner la récompense promise. Qu'en penses-tu, camarade Macdonald?
MACDONALD.
Oui, s'il doit périr, si cela ne peut être autrement, je n'entends pas que Pestalutz en profite.
DEVEROUX, *après un moment de réflexion.*
Doit-il périr?
BUTTLER.
Oui, cette nuit, car les Suédois arriveront demain matin aux portes de la ville.
DEVEROUX.
Répondez-vous des suites, général?
BUTTLER.
Je réponds de tout.
DEVEROUX.
Est-ce la volonté de l'empereur? sa volonté franche, expresse? On approuve quelquefois le meurtre, et l'on punit le meurtrier. Il y en a des exemples.
BUTTLER.
L'ordre dit : Mort ou vif. Il n'est pas possible de le livrer vivant; vous le voyez vous-mêmes.
DEVEROUX.
Eh bien! mort; mort donc! Comment arriverons-nous jusqu'à lui? la ville est pleine des soldats de Terzky.
MACDONALD.
Et ensuite restent Illo et Terzky...
BUTTLER.
On commence par eux, cela est entendu.
DEVEROUX.
Quoi! doivent-ils périr aussi?
BUTTLER.
Les premiers.
MACDONALD.
Écoute, Deveroux... ce sera une sanglante nuit.
DEVEROUX.
Avez-vous déjà un homme pour cette commission? Confiez-la-moi.
BUTTLER.
Elle est confiée au major Géraldin. Ce soir on donne une fête et un grand repas au château: c'est là, à table, qu'ils seront saisis et frappés. Pestalutz et Lesley y seront.
DEVEROUX.
Écoutez, général, cela doit vous être indifférent; faites-moi changer de commission avec Géraldin.
BUTTLER.
Il n'y a pas moins de danger à se charger du duc.
DEVEROUX.
Du danger! Quelle idée avez-vous donc de moi, général? c'est le regard du prince et non son épée que je crains.
BUTTLER.
Quel mal peut te faire son regard?
DEVEROUX.
Par tous les diables, vous savez que je ne suis pas un poltron; mais, voyez-vous, il n'y a pas encore huit jours que le duc m'a fait compter vingt pièces d'or pour acheter cet habit d'hiver que je porte; et si, quand il me verra avancer avec ma hallebarde, il jette les yeux sur cet habit, voyez-vous... eh bien, eh bien, le diable m'emporte, je ne suis pas un poltron.
BUTTLER.
Le duc t'a donné un habit d'hiver... et toi, pauvre hère, tu hésites à cause de cela à lui passer ton épée à travers le corps! L'empereur lui a donné un vêtement qui est encore meilleur, le manteau de prince; et comment a-t-il reconnu ce bienfait? par la révolte et la trahison.
DEVEROUX.
Cela est vrai : allons, au diable la reconnaissance; je l'assassinerai.
BUTTLER.
Et si tu veux tranquilliser ta conscience, tu n'as seulement qu'à quitter cet habit, et alors tu agiras librement et courageusement.
MACDONALD.
Il faut encore songer à une chose.
BUTTLER.
A quoi faut-il encore penser, Macdonald?
MACDONALD.
Et où prendrons-nous des armes contre lui? il est invulnérable par enchantement.
BUTTLER, *en colère.*
Comment! il est...
MACDONALD.
A l'épreuve de la balle et de l'épée, il est ensorcelé et préservé par un art diabolique; son corps ne peut être entamé; je vous le dis.
DEVEROUX.
Oh! oui, oui; il y avait un homme comme cela à Ingolstadt; sa peau était aussi impénétrable que l'acier, et l'on fut obligé de l'assommer à coups de crosse de fusil.
MACDONALD.
Écoute ce que je veux faire.
DEVEROUX.
Dis.
MACDONALD.
Je connais ici dans le couvent un dominicain notre compatriote; il trempera ma hallebarde et mon épée dans l'eau bénite, et prononcera dessus des paroles toutes-puissantes; alors elles seront plus fortes que tous les enchantemens.

BUTTLER.

Fais cela, Macdonald : maintenant allez, choisissez dans le régiment vingt, trente hommes bien déterminés ; faites-leur faire serment à l'empereur, et quand onze heures sonneront, quand les premières patrouilles seront passées, conduisez-les en silence au palais, moi-même je ne serai pas loin.

DEVEROUX.

Comment pourrons-nous traverser les gardes et les archers qui sont de garde dans la cour intérieure ?

BUTTLER.

J'ai examiné les lieux, je vous conduirai par une porte de derrière qui est gardée par un seul homme. Mon rang et ma charge me donnent entrée à toute heure chez le duc ; je vous précéderai, et sur-le-champ je frapperai l'archer d'un coup de poignard pour assurer notre passage.

DEVEROUX.

Et quand nous serons en haut, comment parviendrons-nous à la chambre du prince sans que les domestiques s'éveillent et appellent au secours ? car il doit être entouré d'une suite nombreuse.

BUTTLER.

Tous les domestiques logent dans l'aile droite ; il craint le bruit, il habite seul l'aile gauche.

DEVEROUX.

Je voudrais que cela fût déjà fait, Macdonald ; cela me fait un effet extraordinaire, ou le diable m'emporte.

MACDONALD.

A moi aussi ; c'est un si grand homme ! Nous passerons pour deux scélérats.

BUTTLER.

Quand vous serez au milieu des honneurs, de l'éclat et des richesses, vous vous moquerez de l'opinion et des discours des hommes.

DEVEROUX.

S'il était seulement certain que cela n'est pas contre l'honneur !

BUTTLER.

Soyez tranquilles. Vous sauvez à Ferdinand sa couronne et son empire ; la récompense ne sera pas petite.

DEVEROUX.

Ainsi son dessein était vraiment de détrôner l'empereur ?

BUTTLER.

Assurément il voulait lui ôter la couronne et la vie.

DEVEROUX.

Et il aurait péri de la main du bourreau, si nous l'eussions livré vivant à Vienne ?

BUTTLER.

Il ne pouvait pas éviter ce sort-là.

DEVEROUX.

Viens, Macdonald. Ainsi il périra comme doit périr un général, et mourra comme un homme d'honneur, de la main d'un soldat.

Ils sortent.

SCÈNE III.

Le théâtre représente une salle, où aboutit une galerie qui se prolonge au loin.

WALLENSTEIN, *assis près d'une table ; le Capitaine suédois devant lui. Un instant après,* LA COMTESSE TERZKY.

WALLENSTEIN.

Présentez mes hommages à votre général. Je prends part à son heureux succès ; et si vous ne me voyez pas témoigner autant de joie que cet avantage semble le mériter, ce n'est pas défaut de bienveillance, car désormais ses succès sont communs entre nous. Adieu, je vous remercie de vos soins ; les portes de la place vous seront ouvertes demain matin quand vous arriverez. (*Le Capitaine suédois sort. Wallenstein, absorbé dans de profondes réflexions, regarde fixement devant lui, la tête appuyée sur sa main. La comtesse Terzky entre, et se tient un moment près de lui sans qu'il la voie. Il fait un mouvement subit, l'aperçoit, et se remet un peu.*) Venez-vous de la voir ? Comment se trouve-t-elle ? Que fait-elle ?

LA COMTESSE.

Elle s'est trouvée plus calme après cet entretien, à ce que m'a dit ma sœur ; elle dort maintenant.

WALLENSTEIN.

Sa douleur deviendra plus douce ; elle pleurera.

LA COMTESSE.

Et vous aussi, mon frère, je ne vous trouve point tel qu'auparavant. Je m'attendais à vous voir plus serein après votre victoire. Demeurez ferme ; soutenez notre courage : vous êtes notre flambeau, notre astre conducteur.

WALLENSTEIN.

Soyez tranquille ; je n'ai rien. Où est votre mari ?

LA COMTESSE.

A ce repas avec Illo.

WALLENSTEIN *se lève, et fait quelques pas dans la salle.*

La nuit est déjà obscure ; retournez dans votre appartement.

LA COMTESSE.

Ah ! ne m'ordonnez pas de me retirer ; permettez que je reste près de vous.

WALLENSTEIN *s'est avancé vers la fenêtre.*

Le ciel est orageux et troublé ; le vent agite l'étendard placé sur la tour ; les nuages passent rapidement ; le croissant de la lune jette à travers la nuit une lumière vacillante et incertaine. On ne voit pas une étoile ; la seule Cassiopée montre une obscure lueur ; c'est là qu'est Jupiter ; mais l'obscurité orageuse du ciel le cache entièrement.

Il tombe dans une rêverie profonde et continue à regarder fixement.

LA COMTESSE, *apercevant sa tristesse, lui prend la main.*

Quelle est votre pensée?

WALLENSTEIN.

Je pensais que si je voyais cet astre, j'en ressentirais un heureux effet : c'est lui qui préside à ma vie; et souvent j'ai senti son aspect accroître merveilleusement ma force.

LA COMTESSE, *après un long silence.*

Vous le reverrez.

WALLENSTEIN, *qui était retombé dans une profonde préoccupation, se retourne aussitôt vers la Comtesse.*

Le revoir? ah! jamais.

LA COMTESSE.

Comment?

WALLENSTEIN.

Il n'y est plus... Il gît dans la poussière.

LA COMTESSE.

A qui songez-vous donc?

WALLENSTEIN.

Il est heureux; son destin est accompli. Il n'a plus à attendre l'avenir. Le destin ne le séduira plus par aucun artifice. Sa vie pure et brillant d'un doux éclat est fixée pour toujours, et ne peut recevoir aucune tache. Il ne sonnera point pour lui d'heures malheureuses. Il est maintenant au-dessus de la crainte et de l'espérance, et ne dépend plus en rien des planètes errantes et trompeuses. Ah! c'est lui qui est heureux! qui sait ce que nous réserve l'heure qui va venir et que voile une sombre obscurité?

LA COMTESSE.

Vous parlez de Piccolomini... Eh bien! comment a-t-il péri? l'officier sortait d'avec vous quand je suis entrée. (*Wallenstein lui fait signe avec la main de finir ce discours.*) Ah! ne tournez pas vos regards en arrière, contemplons dans l'avenir des jours plus sereins; jouissez de la victoire, oubliez ce qu'elle a coûté : ce n'est pas aujourd'hui que votre ami vous a été enlevé; il était mort pour vous du moment qu'il vous a abandonné.

WALLENSTEIN.

Je supporterai cette douleur, je le sais bien; car que ne supporte pas l'homme! Il se déshabitue du plus beau sort comme du plus vulgaire, tant la force du temps le domine. Cependant, je sens bien tout ce que j'ai perdu en le perdant, la fleur de ma vie a disparu, et je vois devant moi un avenir froid et décoloré. Il était là, près de moi, comme l'image de ma jeunesse; il changeait pour moi la réalité en un noble songe, et me faisait voir le train vulgaire des choses à travers les vapeurs dorées de l'aurore. La chaleur de son tendre sentiment ennoblissait, à mes yeux surpris, le spectacle monotone de la vie commune. Et où maintenant peuvent tendre mes efforts? Le beau a disparu de mon existence pour ne plus revenir, car un ami est au-dessus de tout ce qui fait le bonheur, c'est lui qui le crée en le ressentant, qui l'augmente en le partageant.

LA COMTESSE.

Ne vous affaiblissez pas par le découragement; votre cœur est assez rempli pour se suffire à lui-même. La vertu que vous aimiez, que vous admiriez en lui, c'était vous qui l'aviez cultivée et développée.

WALLENSTEIN, *allant vers la porte.*

Qui vient nous troubler encore à une heure si tardive?... c'est le commandant. Il apporte les clefs de la forteresse. Laissez-nous, ma sœur; nous sommes déjà à la moitié de la nuit.

LA COMTESSE.

Je ne puis me résoudre à vous quitter aujourd'hui; je suis agitée d'inquiétude et de crainte.

WALLENSTEIN.

De crainte! et pourquoi?

LA COMTESSE.

Si vous partiez tout-à-coup cette nuit; si à notre réveil nous ne pouvions plus vous revoir!

WALLENSTEIN.

Pure imagination.

LA COMTESSE.

Mon âme est déjà depuis long-temps oppressée par de tristes pressentimens, et si pendant la veille je parviens à les combattre, ils reviennent pendant le sommeil accabler mon cœur par des rêves affreux. La nuit dernière je vous ai vu richement paré et assis à une table avec votre première épouse...

WALLENSTEIN.

Ce songe ne peut avoir qu'un sens favorable; c'est ce mariage qui a servi de fondement à ma fortune.

LA COMTESSE.

Et aujourd'hui, il me semblait dans mon rêve que j'allais vous chercher dans votre appartement, et comme j'y entrais, ce n'était plus votre appartement, c'était la chartreuse que vous avez fondée à Gitschin et où vous voulez être enseveli.

WALLENSTEIN.

Et votre esprit est troublé par tout cela?

LA COMTESSE.

Comment! ne croyez-vous pas qu'il y a dans les songes un sens prophétique qui nous fait entendre sa voix?

WALLENSTEIN.

Oui, sans doute, de telles voix se font parfois entendre, mais on ne peut les appeler prophétiques que lorsqu'elles annoncent un sort inévitable. De même que l'image du soleil se fait voir dans l'atmosphère avant même qu'il soit sur l'horizon, de même une sorte de pressentiment précède les grands événemens, et ce qui doit arriver demain ne fait déjà sentir aujourd'hui. J'ai toujours reçu une impression particulière de ce que nous lisons de la mort de Henri IV. Ce roi sentit, dit-on, l'impression d'un poignard dans son sein long-temps avant que l'assassin Ravaillac s'en fût armé; il ne pouvait trouver aucun repos; cette agitation le chassa de son Louvre, l'entraîna hors de la ville. Les apprêts du couronnement de la reine lui semblaient les apprêts d'un convoi funèbre, et il entendit d'une oreille inquiète les pas du meurtrier qui le cherchait à travers les rues de Paris.

LA COMTESSE.
Et cette voix intérieure et prophétique ne vous dit rien ?

WALLENSTEIN.
Rien; calmez-vous.

LA COMTESSE, *toujours absorbée dans de sombres pensées.*

Une autre fois vous couriez devant moi, je vous suivais d'un pas rapide, nous traversions une longue galerie, de vastes salles qui ne finissaient point; les portes s'ouvraient et se fermaient bruyamment; je marchais toujours après vous, respirant à peine et ne pouvant vous atteindre. Tout-à-coup je me suis sentie arrêtée en arrière par une main froide, c'était vous; vous m'avez embrassée, et alors une draperie rouge a semblé nous envelopper.

WALLENSTEIN.
Mon appartement a une tenture rouge.

LA COMTESSE, *la regardant.*
S'il était en effet destiné à... si vous qui êtes en ce moment devant moi dans la force de la vie...

Elle se jette dans ses bras en pleurant.

WALLENSTEIN.
C'est cette proscription de l'empereur qui agite vos esprits; un vain papier ne blesse pas, *il* ne trouvera pas d'assassin.

LA COMTESSE.
S'il en trouvait, ma résolution est prise; je porte avec moi de quoi me consoler!

Elle sort.

SCÈNE IV.

WALLENSTEIN, GORDON; *un instant après, un* DOMESTIQUE.

WALLENSTEIN.
Tout est tranquille dans la ville ?

GORDON.
La ville est tranquille.

WALLENSTEIN.
J'entends le bruit de la musique, le château est éclairé. Qui sont ces gens si joyeux?

GORDON.
C'est un festin que l'on donne dans le château au comte de Terzky et au feld-maréchal.

WALLENSTEIN.
C'est en l'honneur de cette victoire... ces gens-là ne savent se réjouir qu'à table. (*Il sonne, un Domestique vient.*) Je veux me déshabiller pour aller dormir. (*Il prend les clefs de Gordon.*) Ainsi nous voici en sûreté contre les ennemis et enfermés avec de fidèles amis. En effet, ou la nature entière me trompe, ou un visage tel que celui-ci (*montrant Gordon)* n'est pas celui d'un hypocrite. (*Le Domestique lui ôte son manteau,* son *hausse-col et sa toison d'or.*) Prenez garde, il vient de tomber quelque chose.

LE DOMESTIQUE.
C'est la chaîne d'or qui vient de se rompre.

WALLENSTEIN.
Ah ! elle a duré assez long-temps; donnez. (*Il regarde la chaîne.*) C'est la première faveur que j'ai reçue de l'empereur; pendant que nous faisions ensemble la guerre de Frioul et qu'il était encore archiduc, il la suspendit à mon cou, et je n'ai pas depuis cessé jusqu'à ce jour de la porter. C'est une superstition peut-être, mais elle a dû être pour moi un talisman, tant que j'ai pu m'en parer avec confiance, et le bonheur fugitif de ma vie a dû se rattacher à cette chaîne qui en avait été le premier gage. Eh bien ! c'en est fait ! il faut qu'une nouvelle fortune commence pour moi, puisque cet ancien talisman a perdu sa force. (*Le Domestique se retire emportant le manteau. Wallenstein se lève, se promène dans la salle et enfin s'arrête tout pensif devant Gordon.*) Combien le souvenir de mes anciens temps me semble présent! Je me revois encore à la cour... où nous étions ensemble, jeunes enfans. Nous disputions souvent ensemble; ton esprit était sage, tu avais coutume de prêcher la morale, tu me blâmais d'aspirer sans modération aux choses les plus élevées, de me livrer à des songes exaltés, et tu me vantais les jours dorés de la médiocrité. Eh bien ! ta sagesse s'est méprise, elle a de bonne heure décidé et arrêté ton sort, et si tu ne t'étais pas séparé de l'influence magnanime de mon étoile, tu ne serais pas aujourd'hui enseveli dans une obscure retraite.

GORDON.
Mon prince, le pauvre pêcheur vient sans peine rattacher sa frêle barque dans le port, et voit le puissant navire submergé par la tempête.

WALLENSTEIN.
Ainsi tu es déjà dans le port, vieillard? et moi, une ardeur que rien n'a encore affaiblie me pousse avec force et autorité sur la mer orageuse de la vie; c'est encore l'espérance qui est ma déesse, et me comparant à toi, je vois avec quelque orgueil que les années rapides ont passé sur ma tête sans la blanchir et sans exercer leur action. (*Il se promène à grands pas, puis s'arrête vis-à-vis de Gordon, de l'autre côté du théâtre.*) Pourquoi dire que la fortune est trompeuse? elle a été fidèle pour moi, elle m'a élevé avec amour hors de la foule des hommes; d'un bras puissant et divin elle m'a fait gravir rapidement tous les degrés de l'existence; il n'y a rien de vulgaire dans la route qu'a suivie mon sort, dans le sillon qu'a tracé ma main. Qui pourrait appliquer à ma vie les règles de la sagesse humaine ? Il est vrai qu'en ce moment je semble profondément déchu ; mais je vais me relever bientôt, et le flux va bientôt remonter la vague que le reflux avait abaissée.

GORDON.
Et cependant je rappellerai ici l'antique maxime,

qu'on ne doit pas s'applaudir de la journée avant que le soir soit passé, un long bonheur n'est pas un motif d'espérance; c'est plutôt pour les malheureux que l'espérance est faite; l'homme heureux doit vivre environné de crainte, car les vagues du destin sont mobiles et agitées.

WALLENSTEIN, *souriant*.

Il me semble entendre encore le Gordon d'autrefois : je sais bien que les choses terrestres sont sujettes au changement, et que le dieu du mal a toujours ses droits à réclamer; les antiques païens ne l'ignoraient pas, lorsqu'ils s'imposaient un malheur volontaire pour apaiser les divinités envieuses; et des victimes humaines ont ensanglanté l'autel de Typhon. (*Il se tait et reprend tristement.*) Aussi lui ai-je sacrifié. Mon plus cher ami a succombé par ma faute; aussi, depuis que ce combat m'a plongé dans la tristesse, ne puis-je plus jouir de la faveur du destin. La jalousie du sort doit être assouvie; une vie a racheté l'autre, et la foudre qui devait m'abattre et m'écraser est tombée sur sa tête innocente et chérie.

SCÈNE V.

Les Précédens, SENI.

WALLENSTEIN.

N'est-ce pas Seni qui vient à nous? il semble hors de lui. Qui te conduit si tard ici, Baptiste?

SENI.

Mes craintes pour vous, monseigneur.

WALLENSTEIN.

Eh bien! qu'y a-t-il?

SENI.

Que votre altesse parte avant que le jour paraisse! ne vous confiez pas aux Suédois.

WALLENSTEIN.

Quelle idée t'est venue tout-à-coup?

SENI, *élevant la voix*.

Ne vous confiez pas aux Suédois.

WALLENSTEIN.

Et pourquoi cela?

SENI.

N'attendez pas l'arrivée de ces Suédois; un malheur prochain vous menace et viendra de perfides amis; des signes terribles se sont montrés et semblent vous entraîner à l'heure même dans l'abîme de votre ruine.

WALLENSTEIN.

Tu rêves, Baptiste; la crainte te rend insensé.

SENI.

Ah! ne croyez pas qu'une vaine terreur me trompe. Venez vous-même lire dans l'aspect des planètes; de perfides amis causeront votre infortune.

WALLENSTEIN.

Si la perfidie des amis doit causer ma perte, les signes auraient dû se montrer plus tôt; maintenant les étoiles n'ont plus rien à m'apprendre sur ce sujet.

SENI.

Ah! venez et voyez; croyez-en vos propres yeux. Un signe funeste se montre dans la demeure céleste de votre vie; un malin esprit, un ennemi secret s'est glissé sous les rayons de votre étoile; écoutez mes conseils, ne vous livrez pas à ces païens qui font la guerre à notre sainte église.

WALLENSTEIN, *souriant*.

Ne serait-ce pas là le motif de l'oracle? Ah! oui, je comprends maintenant; cette alliance avec les Suédois ne t'a jamais plu. Va dormir, Baptiste; de tels signes ne m'épouvantent point.

GORDON, *qui pendant ce dialogue a paru fort agité, se tourne vers Wallenstein*.

Mon prince, oserai-je parler? Souvent un avis utile est sorti d'une bouche méprisable.

WALLENSTEIN.

Parle librement.

GORDON.

Mon prince, si cependant ce n'était pas un vain fantôme enfanté par la crainte; si la miséricorde de Dieu se servait par miracle de cet organe pour vous sauver!

WALLENSTEIN.

Vous êtes en délire l'un et l'autre. Comment un malheur pourrait-il me venir des Suédois? ils recherchent mon alliance, ils y trouvent leur avantage.

GORDON.

Si cependant l'arrivée de ces Suédois... Si c'étaient eux justement qui devaient attirer sur votre tête... (*Il se met à genoux devant lui.*) Il en est encore temps, mon prince.

SENI *se met à genoux aussi*.

Écoutez-le, écoutez-le.

WALLENSTEIN.

Temps de quoi faire? Levez-vous, levez-vous, je le veux.

GORDON *se lève*.

Le rhingrave est encore éloigné; ordonnez, et les portes de cette place vont lui être fermées. Il voudra nous assiéger, il l'essayera; mais, si je m'en crois, et lui et toute son armée périront plutôt sous ces murs que de lasser notre constance et notre courage : il éprouvera ce que peut faire une troupe de héros animés par un chef héroïque, à qui il importe d'effacer sa faute. L'empereur en sera touché, et s'apaisera; son cœur penche volontiers vers la clémence; et Friedland, revenant à lui avec repentir, s'élèvera dans sa faveur plus haut que s'il ne l'avait jamais perdue.

WALLENSTEIN *le regarde avec une extrême surprise, garde long-temps le silence, et laisse voir une grande émotion intérieure*.

Gordon, la chaleur de votre zèle vous a emporté bien loin : l'ami de ma jeunesse pouvait seul se permettre de tels discours. Le sang a coulé, Gordon, l'empereur ne peut jamais me pardonner; il le pourrait, que moi je ne pourrais consentir à recevoir un pardon. Si j'avais pu prévoir ce qui est arrivé, si j'avais su qu'il m'en coûterait mon ami le plus cher, et que mon cœur m'eût fait entendre sa voix comme à présent..... peut-être aurais-je pensé... peut-être aussi que non... Mais maintenant, qu'ai-je encore à ménager? Il s'est passé des choses trop graves pour qu'elles n'aboutissent à rien ; eh bien ! qu'elles suivent leur cours. (*Il va à la fenêtre.*) La nuit est avancée, on n'entend déjà plus de mouvement dans le château. Allons, que l'on m'éclaire. (*Le Domestique, qui est entré en silence pendant cette scène, et qui a pris une attention visible, quoiqu'il fût resté dans l'enfoncement, s'avance tout ému et se jette aux pieds du Duc.*) Et toi aussi? Je sais bien pourquoi ce pauvre homme souhaite que je fasse ma paix avec l'empereur ; il a une petite possession en Carinthie, et craint qu'on ne la lui saisisse, parce qu'il est chez moi. Suis-je donc devenu si pauvre que je ne puisse indemniser mes serviteurs? Eh bien ! je ne veux forcer personne; si tu crois que le bonheur m'a quitté, abandonne-moi aussi ; déshabille-moi ce soir pour la dernière fois, et puis tu passeras chez ton empereur. Adieu, Gordon ; je pense que je vais dormir long-temps, car les épreuves de ce jour ont été rudes. Ayez soin qu'on ne me réveille pas trop tard.)

Il sort; le domestique l'éclaire; Seni le suit. Gordon reste dans l'obscurité, et suit des yeux le duc dans la galerie jusqu'à ce qu'il ait disparu; alors il exprime sa douleur par toute sa contenance, et s'appuie tristement contre une colonne.

SCÈNE VI.
GORDON, BUTTLER, *au fond du théâtre.*

BUTTLER.
Demeurez tranquillement ici, jusqu'à ce que je donne le signal.
GORDON, *surpris.*
C'est lui, il amène déjà les meurtriers.
BUTTLER.
Les lumières sont éteintes ; tout est déjà dans un profond sommeil.
GORDON.
Que dois-je faire? Essayerai-je de le sauver? ferai-je entrer la garde dans l'intérieur de la maison?
BUTTLER, *regardant derrière lui.*
On aperçoit une lumière au fond de la galerie; elle conduit à la chambre du prince.
GORDON.
Mais ne serait-ce point violer mes sermens à l'empereur? Et s'il s'échappe, et qu'il nous accroître la force des ennemis, n'est-ce pas charger ma conscience de ces terribles conséquences?
BUTTLER, *avançant.*
Silence! écoutons. Qui parle ici?
GORDON.
Hélas! il vaut mieux sans doute m'en remettre au ciel ; car, qui suis-je pour intervenir dans de si grands événemens? S'il périt, ce n'est pas moi qui le tue ; s'il est sauvé, ce sera moi qui en aurai été la cause, et je répondrai des suites.
BUTTLER, *avançant encore.*
Je reconnais cette voix.
GORDON.
Buttler!
BUTTLER.
C'est Gordon ; que cherchez-vous ici? Le duc vous a-t-il congédié si tard?
GORDON.
Votre main est en écharpe!
BUTTLER.
Je suis blessé. Cet Illo s'est débattu comme un désespéré avant que nous ayons pu l'abattre.
GORDON, *avec horreur.*
Ils sont morts!
BUTTLER.
Oui, c'est fait. Et lui, est-il couché?
GORDON.
Hélas! Buttler.
BUTTLER, *insistant.*
Est-il couché? répondez ; la chose ne peut demeurer long-temps cachée.
GORDON.
Qu'il ne meure point ! qu'il ne tombe point de votre main ! le ciel s'y oppose. Vous le voyez, elle est blessée.
BUTTLER.
Mon bras ne sera pas nécessaire.
GORDON.
Les coupables ont péri ; c'en est assez pour satisfaire la justice. Que tout soit expié par ces victimes! (*Le Domestique revient par la galerie ; il met son doigt sur sa bouche pour recommander le silence.*) Il est endormi ; ah! ne le tuez pas pendant l'heure sacrée du sommeil.
BUTTLER.
Non, il se réveillera pour mourir.

Il veut sortir.

GORDON.
Hélas ! son cœur est encore tout préoccupé des intérêts terrestres ; il n'a pas eu le temps de se préparer à paraître devant Dieu.
BUTTLER.
La miséricorde de Dieu est grande.

Il veut sortir.

GORDON, *le retenant.*
Accordez-lui encore cette nuit.
BUTTLER.
Un instant de retard peut nous perdre.
GORDON.
Une heure seulement.
BUTTLER.
Laissez-moi aller. A quoi lui servirait un délai aussi court?
GORDON.
Ah ! le Temps est une divinité si miraculeuse ; en une heure l'horloge laisse écouler des milliers de grains de sable, et les pensées se succèdent non

moins nombreuses, non moins rapides dans l'esprit de l'homme. Une heure seulement, votre esprit peut changer, le sien aussi ; une nouvelle peut arriver; un événement heureux, décisif, salutaire, peut tout-à-coup tomber du ciel. Ah! qu'une heure peut être importante!
BUTTLER.
Vous me rappelez combien une minute est précieuse.

Il frappe du pied.

SCÈNE VII.

LES PRÉCÉDENS, MACDONALD, DEVEROUX, *avec des hallebardiers*, *puis* UN DOMESTIQUE.

GORDON *se jette entre Buttler et eux.*
Non, barbare! il te faudra d'abord passer sur mon corps, je ne souffrirai point une telle horreur.
BUTTLER, *l'écartant.*
Vieillard insensé!

On entend les trompettes dans l'éloignement.

MACDONALD *et* DEVEROUX.
Les trompettes des Suédois. Voilà les ennemis devant Égra, hâtons-nous.
GORDON.
Dieu! Dieu!
BUTTLER.
Allez à votre poste, gouverneur.

Gordon sort en toute hâte.

UN DOMESTIQUE *entre.*
Qui fait du bruit ici? Silence! le duc repose.
DEVEROUX, *d'une voix terrible et élevée.*
Ami, c'est ici le moment d'en faire, du bruit.
LE DOMESTIQUE, *poussant un cri.*
Au secours! au meurtre! (*Le Domestique, frappé par Deveroux, tombe à l'entrée de la galerie.*) Jésus Maria!
BUTTLER.
Ouvrez les portes.
Ils passent sur le corps du domestique, et entrent dans la galerie; on entend dans l'éloignement deux portes s'ouvrir successivement. Des cris sourds, un bruit d'armes, puis tout d'un coup un profond silence.

SCÈNE VIII.

LA COMTESSE TERZKY, *un flambeau à la main.*

Elle n'est point dans sa chambre, on n'a pu la trouver nulle part; Neubrunn qui veillait auprès d'elle est absente aussi. Aurait-elle pris la fuite? où serait-elle allée? il faut se hâter de la suivre, il faut que tout le monde se mette en mouvement. Comment le duc apprendra-t-il cette nouvelle terrible? Si mon mari était seulement revenu de ce festin? si le duc était encore éveillé?
Il m'avait semblé entendre ici marcher et parler; je vais aller prêter l'oreille à sa porte. Écoutons. Qui vient? On marche à pas précipités!

SCÈNE IX.

LA COMTESSE, GORDON, *puis* BUTTLER.

GORDON *arrive précipitamment, respirant à peine.*
C'est une erreur, ce ne sont pas les Suédois, ne précipitez rien, Buttler! Dieu, où est-il? (*Il aperçoit la Comtesse.*) Comtesse, dites-moi...
LA COMTESSE.
Vous venez du château? où est mon mari?
GORDON, *saisi d'horreur.*
Votre mari? ne m'interrogez pas. Sont-ils entrés...

Il veut aller vers l'appartement.

LA COMTESSE *l'arrête.*
Non, auparavant il faut m'expliquer.,.
GORDON, *l'écartant vivement.*
Le sort du monde dépend de cet instant! Au nom de Dieu, allez. Pendant que nous parlons, Dieu du ciel! (*Il crie.* Buttler, Buttler!
LA COMTESSE.
Il est au château avec mon mari.

Buttler sort de la galerie.

GORDON, *l'apercevant.*
C'était une erreur; ce ne sont pas les Suédois, ce sont les Autrichiens qui ont pénétré jusqu'ici. Le lieutenant-général m'envoie ici, lui-même y sera tout à l'heure; suspendez tout.
BUTTLER.
Il arrive trop tard.
GORDON *appuie sa tête contre le mur.*
Dieu de miséricorde!
LA COMTESSE, *inquiète.*
Comment, trop tard? qui va donc venir ici? Piccolomini a pénétré dans Égra? Trahison! trahison! Où est le duc?

SCÈNE X.

LES PRÉCÉDENS; SENI; *puis* UN PAGE; LE BOURGMESTRE, UNE FEMME DE CHAMBRE. *Des Domestiques épouvantés courent sur le théâtre.*

SENI *sort de la galerie avec tous les signes de l'effroi.*
Ah! sanglant et horrible événement!
LA COMTESSE.
Qu'est-il arrivé, Seni?
UN PAGE *entre.*
O pitoyable spectacle!

Des domestiques avec des flambeaux.

LA COMTESSE.
Qu'est-ce, au nom de Dieu?

SENI.

L'ignorez-vous encore? Le prince vient d'être assassiné, et votre mari a été tué au château.

La Comtesse demeure glacée à ces paroles.

UNE FEMME DE CHAMBRE *accourt*.

Secourez, secourez la duchesse!

LE BOURGMESTRE *entre plein d'épouvante*.

Quels sont les cris de désespoir qui troublent le sommeil de toute cette maison?

GORDON.

La malédiction éternelle est sur votre maison... Dans votre maison, le prince gît assassiné.

LE BOURGMESTRE.

Dieu nous en préserve!

Il sort précipitamment.

UN DOMESTIQUE.

Fuyez, fuyez; ils veulent nous tuer tous!

SECOND DOMESTIQUE, *portant de l'argenterie*.

Toutes les issues sont gardées.

ON ENTEND CRIER DERRIÈRE LA SCÈNE.

Place, place au lieutenant-général!

Pendant ce moment, la Comtesse sort de sa stupeur, se remet, et sort promptement.

ON ENTEND CRIER DERRIÈRE LE THÉÂTRE.

Gardez les portes! empêchez le peuple d'entrer!

SCÈNE XI.

LES PRÉCÉDENS, *sans la Comtesse*; OCTAVIO PICCOLOMINI *entre avec sa suite*; DEVEROUX *et* MACDONALD *paraissent au fond du théâtre avec les hallebardiers. On apporte sur la scène le corps de Wallenstein enveloppé d'un drap rouge*.

OCTAVIO *entre précipitamment*.

Cela n'est pas, cela est impossible, Buttler, Gordon : je ne puis le croire; dites-moi que cela n'est pas.

Gordon, sans répondre, montre de la main le corps de Wallenstein au fond du théâtre. Octavio y jette les yeux, et demeure saisi d'horreur.

DEVEROUX, *à Buttler*.

Voici l'épée du prince et sa toison d'or.

MACDONALD.

Vous ordonnerez qu'à la chancellerie on...

BUTTLER, *montrant Octavio*.

Voici celui qui seul peut maintenant donner des ordres.

Deveroux et Macdonald se retirent respectueusement. Tout le monde disparaît en silence. Buttler, Octavio et Gordon restent seuls sur la scène.

OCTAVIO, *se tournant vers Buttler*.

Était-ce de cela, Buttler, que nous étions convenus? Dieu juste, j'en lève la main au ciel. Je suis innocent de cette action criminelle.

BUTTLER.

Oui, votre main est pure. Vous vous êtes servi de la mienne.

OCTAVIO.

Scélérat, devais-tu abuser ainsi des ordres de ton souverain, et mêler le nom de l'empereur dans un meurtre horrible et sanglant?

BUTTLER, *avec sang-froid*.

Je n'ai fait qu'exécuter la sentence portée par l'empereur.

OCTAVIO.

O malédiction attachée au pouvoir des rois! Leurs paroles ont une force si terrible, que leur pensée fugitive devient sur-le-champ une action irréparable. Devais-tu donc obéir si rapidement? Devais-tu ravir à la clémence le pouvoir de faire grâce? Le temps est l'ange sauveur des hommes. Faire succéder l'exécution sans délai à la sentence ne convient qu'à la justice infaillible de Dieu.

BUTTLER.

De quoi me blâmez-vous? Quel est mon crime? J'ai fait une bonne action; j'ai délivré l'empire d'un ennemi redoutable, et j'ai droit à une récompense. Entre votre conduite et la mienne, la seule différence, c'est que vous avez aiguisé le glaive, et que j'ai frappé. Vous avez demandé du sang, et maintenant vous êtes saisi d'étonnement parce que le sang a coulé! Pour moi, j'ai toujours su ce que je faisais, et ne suis surpris ni effrayé des suites. Étaient-ce donc de vains ordres que vous aviez à me donner? Je vais à Vienne, d'un pas assuré, porter mon épée sanglante devant le trône de l'empereur, et réclamer l'approbation que mérite la prompte et stricte obéissance à une juste sentence.

Il sort.

SCÈNE XII.

OCTAVIO, GORDON; LA COMTESSE TERZKY *entre pâle et défigurée; sa voix est faible, lente et sans chaleur*.

OCTAVIO, *allant à sa rencontre*.

Ah! comtesse Terzky, un tel dénouement devait-il arriver? Ce sont les suites de ces malheureux projets.

LA COMTESSE.

Ce sont les fruits de ce que vous avez fait. Le duc est mort, mon mari est mort, la duchesse lutte contre la mort, ma nièce a disparu. Cette maison souveraine et glorieuse maintenant est déserte; les serviteurs épouvantés se précipitent hors des portes. Je reste la dernière, je puis fermer cette noble demeure et en emporter les clefs.

OCTAVIO, *avec une douleur profonde*.

Ah! comtesse, ma maison est aussi déserte!

LA COMTESSE.

Il ne reste plus personne à faire périr. Il ne doit plus y avoir de rigueur à exercer. Le duc est mort; la vengeance de l'empereur doit être assouvie. Épargnez tous ses serviteurs; que leur amour et leur fidélité ne leur soient point imputés à crime. Mon frère a été surpris par le sort; il n'a pu songer à eux.

OCTAVIO.

Non, il n'y aura plus de rigueur, il n'y aura plus de vengeance. De grandes fautes ont subi une grande punition, et l'empereur est apaisé : la fille ne recueillera de son père que sa gloire et la mémoire de ses services. L'impératrice honore vos malheurs ; elle vous ouvrira des bras maternels. Dissipez vos craintes, prenez confiance, et livrez-vous avec espoir aux bontés impériales.

LA COMTESSE, *levant les yeux au ciel.*

Je me confie aux bontés d'un autre souverain plus grand encore. Dans quel lieu les restes du prince *seront-ils déposés? Dans les temps de ses premières prospérités*, il a fondé une chartreuse à Gitschin. C'est là qu'est ensevelie sa première épouse, et par un sentiment de reconnaissance, il a souhaité de reposer près d'elle. Accordez-lui cette sépulture. Je vous demanderai aussi la même faveur pour la dépouille de mon mari et pour la mienne ; nos châteaux vont appartenir à l'empereur, qu'on nous laisse seulement un tombeau près du tombeau de nos aïeux.

OCTAVIO.

Vous êtes tremblante, comtesse. Vous pâlissez. Dieu ! quel sens funeste j'entrevois dans vos discours !

LA COMTESSE *rassemble ses forces, et reprend avec noblesse et chaleur.*

Si vous avez cru que je pourrais survivre à la ruine de ma famille, apprenez à me juger mieux. Nous avons senti en nous quelque chose d'assez grand pour vouloir saisir la couronne royale. Nous avons échoué ; mais du moins il nous reste une âme royale, et nous trouvons qu'une mort courageuse et volontaire doit être préférée à une vie déshonorée. Le poison...

OCTAVIO.

Ah ! sauvons-la ! que nos soins...

LA COMTESSE.

Il est trop tard ; dans peu d'instans mon sort sera accompli.

Elle sort.

GORDON.

Ah ! maison de mort et de désolation ! (*Un courrier entre et apporte une lettre. Gordon s'avance à sa rencontre.*) Qu'est-ce? Voilà le sceau de l'empereur. (*Il lit l'adresse et remet la lettre à Octavio en jetant sur lui un regard sévère.*) Au prince Piccolomini.

Octavio, saisi de douleur, lève tristement les yeux au ciel. La toile tombe.

DON CARLOS,

POÈME DRAMATIQUE.

PERSONNAGES.

PHILIPPE II, roi d'Espagne.
ÉLISABETH DE VALOIS, sa femme.
DON CARLOS, prince royal.
ALEXANDRE FARNÈSE, prince de Parme, neveu du roi.
L'INFANTE CLAIRE EUGÉNIE, enfant de trois ans.
LA DUCHESSE D'OLIVARÈS, grande maîtresse de la cour.
LA MARQUISE DE MONDÉJAR, dame de la reine.
LA PRINCESSE D'ÉBOLI, dame de la reine.
LA COMTESSE DE FUENTÈS, dame de la reine.
LE MARQUIS DE POSA, chevalier de Malte, grand d'Espagne.
LE DUC D'ALBE, grand d'Espagne.
LE COMTE DE LERME, commandant des gardes, grand d'Espagne.

PERSONNAGES.

LE DUC DE FÉRIA, chevalier de la Toison, grand d'Espagne.
LE DUC DE MÉDINA-SIDONIA, amiral, grand d'Espagne.
DON RAYMOND DE TAXIS, grand maître des postes, grand d'Espagne.
DOMINGO, confesseur.
LE GRAND INQUISITEUR du royaume.
LE PRIEUR d'une chartreuse.
UN PAGE de la reine.
DON LOUIS MERCADO, médecin de la reine.
Dames, Grands d'Espagne, Pages, Officiers, Gardes et autres Personnages muets.

ACTE PREMIER.

SCÈNE PREMIÈRE.

Les jardins du palais d'Aranjuez.

CARLOS, DOMINGO.

DOMINGO.

Les beaux jours d'Aranjuez tirent à leur fin. Votre altesse royale en partira sans avoir montré un front plus serein ; c'est en vain que nous serons venus ici. Rompez ce mystérieux silence, ouvrez votre cœur au cœur d'un père ; le roi ne saurait acheter trop cher le repos de son fils, de son unique fils. (*Carlos regarde la terre et demeure en silence.*) Le ciel aurait-il refusé d'accomplir encore quelqu'un des désirs du plus favorisé de ses enfans ? J'étais présent lorsque, dans les murs de Tolède, le fier Carlos recevait l'hommage des princes qui s'empressaient à lui baiser la main ; et maintenant c'est un seul, un seul suppliant qui met à ses pieds six royaumes. J'étais présent, et je voyais son noble sang colorer ce jeune visage ; je voyais son sein agité de royales pensées ; je voyais son œil enivré éclater de joie et se promener sur le peuple rassemblé. Prince, ce regard disait alors : Je suis satisfait. (*Carlos se détourne.*) Ce chagrin calme et solennel que depuis huit mois nous lisons dans vos yeux, ce mystère impénétrable à toute la cour, cette angoisse du royaume, ont déjà, prince, coûté bien des nuits soucieuses à sa majesté, bien des larmes à votre mère.

CARLOS, *se retournant vivement.*

Ma mère ! O ciel, puissé-je pardonner à celui qui en a fait ma mère !

DOMINGO.

Prince !

CARLOS, *revenant à lui, et portant la main à son front.*

Révérend père, les liens maternels m'ont causé bien des malheurs ; mon premier acte dans la vie, en venant à la lumière du jour, a été la mort de ma mère.

DOMINGO.

Est-il possible, prince ? Se peut-il que ce malheur pèse sur votre conscience ?

CARLOS.

Et ma nouvelle mère, ne m'a-t-elle pas déjà coûté l'amour de mon père ? Déjà mon père m'aimait à peine ! tout mon mérite à ses yeux était d'être son fils, unique enfant ; elle lui a donné une fille. Oh ! qui sait ce qui sommeille dans les espaces reculés de l'avenir ?

DOMINGO.

Vous vous moquez, prince. L'Espagne entière idolâtre sa reine, et vous ne la regarderiez qu'avec des yeux de haine ? son esprit ne vous inspirerait que de la méfiance ? Comment, prince, la plus belle femme de l'univers, une reine, et qui fut auparavant votre fiancée ? Cela est impossible, prince, cela ne se peut croire, jamais ! Celle qui est aimée de tous, Carlos seul ne peut la haïr ! Carlos ne saurait être ainsi en contradiction avec lui-même. Prenez garde, prince, qu'elle ne puisse jamais apprendre combien son fils lui est peu favorable ; cette nouvelle l'affligerait.

CARLOS.

Le croyez-vous ?

DOMINGO.

Votre altesse se rappelle le dernier tournoi à Saragosse, où un éclat de lance atteignit le roi ; la reine était assise avec ses dames au grand balcon du palais, et regardait le combat. Tout-à-coup on s'écrie : « Le roi est blessé. » On court en foule, et des cris confus parviennent à l'oreille de la reine. « Le prince ! » s'écrie-t-elle ; et elle veut s'élancer du haut de ce balcon. « Non, c'est le roi lui-même. » A cette réponse : « Qu'on fasse venir le médecin, » dit-elle en reprenant ses sens. (*Après un moment de silence.*) Vous êtes pensif.

CARLOS.

Je m'étonne de trouver tant de légèreté dans le confesseur du roi, et de lui entendre raconter de si ingénieuses remarques. (*D'un ton sérieux et grave.*) Cependant, j'ai toujours entendu dire que ceux qui épient les démarches et qui font des rapports ont fait plus de mal en ce monde que les assassins armés de poignards et de poison. Vous pouviez, seigneur, vous épargner cette peine. Si vous attendiez des remerciemens, allez vers le roi.

DOMINGO.

Vous faites très-bien, mon prince, de vous tenir en garde contre les hommes... mais avec discernement. Ne repoussez pas l'ami dans l'hypocrite ; mes intentions vous sont favorables.

CARLOS.

Alors ne les laissez pas voir à mon père ; autrement votre pourpre...

DOMINGO, *interdit.*

Comment ?

CARLOS.

Sans doute ; ne vous a-t-il pas promis le premier chapeau dont disposera l'Espagne ?

DOMINGO.

Prince, vous raillez.

CARLOS.

Dieu me préserve de railler l'homme redoutable qui peut promettre à mon père le salut ou la damnation.

DOMINGO.

Je ne m'oublierai point, prince, jusqu'à vouloir pénétrer l'auguste secret de vos chagrins. Seulement je prie votre altesse de se souvenir que l'Église offre aux angoisses de la conscience un asile où le pouvoir des rois n'a nul accès, où les fautes reposent cachées sous le sceau du sacrement. Vous savez, prince, quelle est ma pensée ; j'en ai dit assez.

CARLOS.

Non ! loin de moi de faire une telle épreuve sur le dépositaire !

DOMINGO.

Prince, cette méfiance... Vous méconnaissez votre plus fidèle serviteur.

CARLOS, *lui prenant la main.*

Eh bien ! abandonnez-moi ; vous êtes un saint homme, le monde le sait... Cependant, parlons franchement, vous êtes trop occupé pour moi. Votre route pour arriver jusqu'au trône de saint Pierre est encore bien longue, mon révérend père. Trop savoir pourrait vous embarrasser ; dites cela au roi qui vous a envoyé.

DOMINGO.

Qui m'a envoyé !...

CARLOS.

Je l'ai dit. Oh ! je le sais bien, trop bien, que je suis trahi dans cette cour... Je sais que cent yeux sont soldés pour me surveiller ; je sais que le roi Philippe a vendu son fils unique à ses plus vils serviteurs, et que chaque syllabe qu'ils m'ont surprise est payée au délateur plus royalement qu'une bonne action ne l'a jamais été ! Je sais... Silence... rien de plus... mon cœur s'épancherait, et j'en ai déjà trop dit.

DOMINGO.

Le roi veut être de retour à Madrid avant ce soir ; déjà la cour se rassemble. J'ai l'honneur, prince...

CARLOS.

C'est bon. Je vous suis. (*Domingo sort. Après un moment de silence, il continue.*) Père digne de pitié, combien ton fils est digne de pitié ! Déjà je vois ton cœur saigner des morsures envenimées du soupçon. Ta malheureuse curiosité s'empresse vers la plus terrible des découvertes ; et quelle sera ta rage lorsque tu y seras parvenu !

~~~~~~~~~~~~~~~~~~~~~

SCÈNE II.

CARLOS, LE MARQUIS DE POSA.

CARLOS.

Qui s'approche ? Que vois-je, anges protecteurs ? cher Rodrigue !

LE MARQUIS.

Cher Carlos !

CARLOS.

Est-il possible ? est-il vrai ? est-ce réellement toi ? Oui, c'est bien toi. Je te presse sur mon cœur, et je sens le tien battre avec force. Oh ! maintenant tout va redevenir heureux. Mon âme souffrante est guérie par tes embrassemens : je tiens mon cher Rodrigue dans mes bras.

LE MARQUIS.

Souffrant ? votre âme est souffrante ? tout va redevenir heureux ? quel est donc le malheur qui va finir ? Apprenez-moi quel secours j'ai à vous porter ?

CARLOS.

Et qui peut te ramener ainsi de Bruxelles, quand je l'espérais si peu ? qui dois-je remercier de cette surprise ? je le demande. Pardonne, sublime Providence, à cet enivrement de la joie ! et quel autre que toi, puissance céleste ? Tu savais que Carlos avait besoin d'un ange ; tu lui envoies celui-ci, et je t'interroge encore !

LE MARQUIS.

Pardon, cher prince, si je ne réponds qu'avec effroi à ces transports passionnés. Ce n'était pas en cet état que je m'attendais à retrouver le fils de don Philippe. Une rougeur extraordinaire enflamme son visage pâli, et ses lèvres tremblent de la fièvre. Que dois-je croire, cher prince ? Ce n'est point là le jeune homme au cœur de lion vers qui m'envoie un peuple opprimé, mais héroïque. Car ce n'est plus maintenant Rodrigue, ce n'est plus le compagnon des amusemens du jeune Carlos qui est devant vous : c'est le député de l'humanité tout entière qui vous serre dans ses bras. Ce sont les provinces de Flandre qui vous baignent de leurs larmes, qui vous supplient solennellement de les délivrer. C'en est fait de cette contrée chérie, si Albe, ce servile et impitoyable bourreau du despotisme, se présente devant Bruxelles avec les lois d'Espagne. Sur le glorieux petit-fils de l'empereur Charles repose la dernière espérance de ce noble pays. Il succombe, si ce cœur sublime ne sait plus battre au nom de l'humanité.

CARLOS.
Il succombera !

LE MARQUIS.
Malheur à moi ! Qu'ai-je entendu ?

CARLOS.
Tu parles d'un temps qui a fui. Moi aussi j'avais rêvé un Carlos dont le sang bouillonnait lorsqu'on parlait de la liberté ; mais celui-là n'est plus depuis long-temps. Celui que tu vois n'est plus le Carlos dont tu te séparas à Alcala ; qui, dans un heureux enivrement, s'engageait à créer pour l'Espagne un nouvel âge d'or. Ah ! c'était un enthousiasme d'enfant, mais pourtant beau et divin ! C'en est fait de ces rêves !

LE MARQUIS.
Des rêves, prince ? Ainsi ce n'étaient que des rêves.

CARLOS.
Laisse-moi pleurer, pleurer à chaudes larmes sur ton cœur, ô mon unique ami ! Je n'ai personne, personne dans ce vaste univers, personne ! Aussi loin que domine le sceptre de mon père, aussi loin que nos vaisseaux ont porté leur pavillon, je n'ai pas une place, pas une où je puisse me soulager par mes larmes ; pas une, hors celle-ci. Ah ! Rodrigue, par tout ce que toi et moi espérons dans le ciel, ne m'exile point de cette place. (*Le Marquis se penche sur lui avec émotion.*) Dis-toi bien que j'étais un orphelin que tu as recueilli sur un trône. Je suis fils d'un roi, je ne sais ce qu'on appelle un père. Oh! s'il est vrai, comme mon cœur me l'a dit, que parmi les millions d'hommes tu t'es rencontré pour me comprendre ; s'il est vrai que la nature prévoyante a reproduit Rodrigue dans Carlos, et qu'au matin de la vie les fibres délicates de nos cœurs résonnent aux mêmes sons ; si une larme qui soulage ma douleur t'est plus précieuse que toute la faveur de mon père...

LE MARQUIS.
Ah ! plus chère que le monde entier.

CARLOS.
Je suis si profondément tombé, je suis devenu si misérable, qu'il faut que je te reporte aux premières années de notre enfance, que je réclame la dette trop long-temps oubliée que tu contractas lorsque nous sortions du berceau ; lorsque toi et moi croissions fraternellement comme deux jeunes sauvages, je ne ressentis aucun chagrin de voir mon esprit éclipsé par le tien. Je résolus enfin de t'aimer sans mesure, puisque j'abandonnais l'espérance de t'égaler. D'abord je commençai par t'importuner de mon fraternel amour et de mille tendres soins. Toi, cœur orgueilleux, tu ne me rendais que froideur : souvent j'étais là, et tu ne me voyais même pas. Des larmes pénibles, brûlantes, roulaient dans mes yeux lorsque, me dédaignant, tu pressais dans tes bras des enfans tes égaux. Pourquoi eux seulement ? m'écriais-je avec tristesse : n'ai-je pas aussi un cœur pour toi ? Mais toi, fléchissant avec froideur et gravité le genou devant moi : « Voilà, disais-tu, ce qui est dû au fils d'un roi. »

LE MARQUIS.
Ah ! trêve, prince, à ces souvenirs d'enfance qui me font encore rougir de confusion.

CARLOS.
Je n'avais pas mérité cela de toi ; tu pouvais humilier, déchirer mon cœur, mais jamais m'éloigner de toi : trois fois tu repoussas de toi le prince ; trois fois il revint mendier ton amitié en suppliant, et te forcer d'accepter la sienne. Un hasard fit ce que Carlos n'avait pu faire ; un jour il arriva, dans nos jeux, que ta balle alla frapper à l'œil la reine de Bohême, ma tante : elle crut que ce n'était pas sans dessein, et alla tout en larmes s'en plaindre au roi ; toute la jeunesse du palais fut rassemblée pour avouer le coupable : le roi jura que cette insolence serait punie d'une manière terrible, fût-ce sur son propre fils. Aussitôt je t'aperçus ; tu te tenais interdit et à l'écart ; alors je m'avançai et me jetai aux pieds du roi : « C'est moi, moi, qui ai fait la faute, m'écriai-je ; accomplis ta vengeance sur ton fils ! »

LE MARQUIS.
Ah ! prince, que me rappelez-vous ?

CARLOS.
Le roi tint sa menace devant toute la cour, devant une foule émue de pitié ; ton Carlos fut châtié comme un esclave. Je te regardais, et je ne pleurais pas ; la douleur me faisait grincer les dents, mais je ne pleurais point. Le sang d'un royal enfant coulait outrageusement sous d'impitoyables verges ; je te regardais, et je ne pleurais point : tu t'approches en sanglotant, et tu tombes évanoui à mes pieds. « Oui, oui, t'écriais-tu, mon orgueil est vaincu ; je m'acquitterai quand tu seras roi. »

LE MARQUIS, *lui prenant la main.*
Oui, Carlos, je le ferai. Ce serment de l'enfant, l'homme le renouvelle ; je m'acquitterai ; peut-être mon tour est-il venu.

CARLOS.
Maintenant, maintenant : oh ! ne tarde plus ! maintenant le moment est venu, le temps est arrivé de t'acquitter ; j'ai besoin d'amitié. Un horrible secret consume mon cœur ; il faut, il faut qu'il en sorte ; je veux lire sur ton visage pâlissant l'arrêt de ma mort. Écoute, tremble, ne me réponds rien : j'aime ma mère.

LE MARQUIS.

O mon Dieu!

CARLOS.

Non! je ne veux point être épargné : parle, parle, afin que, dans ce vaste univers, personne ne soit aussi misérable que moi : parle, ce que tu peux me dire, je l'ai déjà deviné; le fils aime sa mère! la morale de ce monde, l'ordre de la nature, les lois de Rome condamnent cette passion; mes désirs attentent horriblement aux droits de mon père; je le sens, et cependant j'aime. Cette route ne conduit qu'à la folie ou à l'échafaud; j'aime sans espérance, criminellement, avec les angoisses de la mort et au péril de la vie. Je le vois, et cependant j'aime.

LE MARQUIS.

La reine sait-elle cette passion?

CARLOS.

Pouvais-je la lui découvrir? Elle est femme de Philippe, elle est reine, et nous sommes sur le sol de l'Espagne : surveillée par la jalousie de mon père, enfermée dans les liens de l'étiquette, comment pouvais-je approcher d'elle sans témoins? Huit mois se sont écoulés, huit mois de l'enfer, depuis que mon père m'a rappelé de mes études, depuis que je suis condamné à la voir chaque jour, et à rester muet comme le tombeau : huit mois de l'enfer, Rodrigue! Depuis que ce feu brûle dans mon sein, mille fois le terrible aveu a erré sur mes lèvres; mais l'horreur et la honte le repoussaient dans mon cœur. O Rodrigue! un instant rapide, me trouver seul avec elle...

LE MARQUIS.

Hélas! et votre père, prince?

CARLOS.

Malheureux! pourquoi me rappeler à son idée? Parle-moi de toutes les terreurs de la conscience; ne me parle pas de mon père.

LE MARQUIS.

Vous haïssez votre père?

CARLOS.

Non, non, je ne hais point mon père; mais la terreur, l'anxiété d'un criminel me saisissent à ce nom redoutable : qu'y puis-je faire, si une éducation d'esclave a brisé dans mon jeune cœur les tendres germes de l'amour? J'avais six ans lorsque pour la première fois parut à mes yeux l'homme redouté qu'on me dit qui était mon père : c'était un matin, où il venait de signer, debout, quatre sentences de mort. Depuis ce jour, je ne l'ai revu que lorsque, pour quelque faute, on me menaçait d'une punition. — O Dieu! ici je sens que je m'abandonne à l'amertume; laissons, laissons ce sujet.

LE MARQUIS.

Non, prince, il faut aujourd'hui tout avouer : les paroles soulagent un cœur souffrant et oppressé.

CARLOS.

Souvent j'ai lutté contre moi-même; souvent au milieu de la nuit, pendant que mes gardes dormaient, je me suis prosterné, en pleurant à chaudes larmes, devant l'image de la sainte reine des cieux; je l'ai supplié de rendre mon cœur plus filial : mais je me relevais sans être exaucé. Hélas! Rodrigue, explique-moi cet étrange mystère de la Providence; pourquoi entre mille pères m'a-t-elle donné celui-là? et à lui, pourquoi ce fils, entre mille autres meilleurs? Le cercle de la nature ne renferme pas deux différences plus incompatibles. Comment pourrait-elle unir par un lien sacré les deux extrêmes de l'espèce humaine, lui et moi? Sort effroyable! pourquoi cela est-il ainsi? Pourquoi deux hommes qui s'éviteront éternellement se rencontrent-ils avec horreur dans une même affection? Tu vois, Rodrigue, deux astres ennemis qui, dans tout le cours des temps, se rencontrant une fois à la conjonction de leur orbite, se heurtent avec fracas, puis s'écartent l'un de l'autre pour l'éternité.

LE MARQUIS.

Je prévois un moment déplorable.

CARLOS.

Et moi, des rêves affreux me poursuivent comme les furies de l'abîme; le doute livre mon âme pure à d'épouvantables projets; une misérable sagacité m'entraîne dans des labyrinthes de sophismes, jusqu'à ce qu'enfin je m'arrête, incertain, sur le bord escarpé de l'abîme. O Rodrigue! si je désapprenais à voir en lui un père? Rodrigue, je vois par la pâleur mortelle de ton visage que tu m'as compris; si je désapprenais à voir en lui un père, que serait le roi pour moi?

LE MARQUIS, *après un moment de silence.*

Oserai-je adresser une prière à mon cher Carlos? Quelle que soit votre volonté pour agir, promettez-moi de ne rien entreprendre sans votre ami. Me le promettez-vous?

CARLOS.

Tout ce que ton amitié ordonnera, tout. Je me jette entièrement dans tes bras.

LE MARQUIS.

On dit que le roi va retourner à la ville : le temps est court; si vous souhaitez entretenir la reine en secret, ce ne peut être qu'à Aranjuez; le calme de ce lieu, les habitudes moins contraintes de la campagne, sont favorables.

CARLOS.

C'était aussi mon espérance; mais, hélas! elle a été vaine.

LE MARQUIS.

Elle n'est pas entièrement perdue : je vais sur-le-champ me présenter chez elle. Est-elle encore en Espagne telle que je l'ai connue à la cour de Henri? Alors je lui trouverai une âme confiante. Pourrai-je lire dans ses yeux quelle espérance doit avoir Carlos? sera-t-elle disposée à cet entretien?... Il faudra écarter ses dames.

CARLOS.

La plupart me sont dévouées, surtout madame de Mondéjar, dont le fils sert dans mes pages.

LE MARQUIS.
D'autant mieux : tenez-vous ici près, et paraissez, prince, aussitôt que je vous en donnerai le signal.

CARLOS.
Oui, oui ; mais promptement.

LE MARQUIS.
Je ne perdrai pas un instant ; ainsi, prince, au revoir.

Ils sortent par deux côtés différens.

SCÈNE III.

Une campagne agréable. Une allée la traverse, et conduit au pavillon de la reine.

LA REINE, LA DUCHESSE D'OLIVARÈS, LA PRINCESSE D'ÉBOLI *et* LA MARQUISE DE MONDÉJAR.

LA REINE, *à la Marquise.*
Je veux que vous soyez près de moi, marquise ; l'œil radieux de la princesse m'a bravée tout ce matin ; voyez, elle sait à peine cacher la joie qu'elle a de quitter la campagne.

ÉBOLI.
Je ne puis nier à la reine que je reverrai Madrid avec un grand plaisir.

MONDÉJAR.
Votre Majesté ne sera-t-elle pas de même ? avez-vous tant de regret de vous séparer d'Aranjuez ?

LA REINE.
De... cette belle contrée, tout au moins. Je suis ici comme dans ma sphère : j'ai depuis long-temps choisi ce lieu charmant pour objet d'affection ; il me rappelle ma terre natale et les joies de mes jeunes années ; j'y retrouve les jeux de mon enfance et l'air de ma chère France : ne me le reprochez pas ; chacun a de l'affection pour sa patrie.

ÉBOLI.
Combien ce lieu est solitaire ! il est triste à mourir. On se croirait à la Trappe.

LA REINE.
Tout au contraire, c'est Madrid qui est mortel. — Que dites-vous sur cela, duchesse ?

OLIVARÈS.
Je suis d'opinion, madame, que, depuis qu'il y a des rois en Espagne, l'usage est de passer un mois ici, un mois au Prado, et l'hiver à Madrid.

LA REINE.
Oui, duchesse. Vous savez qu'entre nous il n'y a jamais de différends.

MONDÉJAR.
Et comme Madrid va être animé ! La place Mayor est déjà disposée pour un combat de taureaux, et l'on nous a promis des auto-da-fé.

LA REINE.
Promis ! Est-ce ma bonne Mondéjar qui parle ainsi ?

MONDÉJAR.
Pourquoi non ? Ne sont-ce pas des hérétiques qu'on voit brûler ?

LA REINE.
J'espère que ma chère Éboli pense autrement.

ÉBOLI.
Moi ? Je prie Votre Majesté de ne pas me tenir pour plus mauvaise chrétienne que la marquise de Mondéjar.

LA REINE.
Hélas ! j'oublie où je suis. Parlons d'autre chose. Nous parlions de la campagne, je crois ; ce mois m'a semblé bien court ; il a passé avec une rapidité étonnante. Je m'étais promis beaucoup, beaucoup de plaisir de ce séjour ; et je n'ai pas trouvé ce que j'espérais. En est-il ainsi de *toutes les espérances*? Je ne puis trouver cependant un souhait qui n'ait été accompli.

OLIVARÈS.
Princesse Éboli, vous ne nous avez point dit encore si Gomez pouvait espérer, si nous le saluerons bientôt comme votre époux ?

LA REINE.
Oui, vous m'y faites songer, duchesse. (*A la Princesse.*) On m'a priée de l'appuyer auprès de vous ; mais comment le pourrais-je ? L'homme que je voudrais donner à ma chère Éboli doit être digne d'elle.

OLIVARÈS.
Il l'est, madame ; c'est un homme de mérite, un homme que notre auguste monarque a distingué et honoré de sa royale faveur.

LA REINE.
Cela est fort heureux pour lui. Mais je voulais savoir s'il est capable d'aimer, et s'il mérite de l'être. Éboli, c'est à vous que je le demande.

ÉBOLI *reste un moment muette et troublée, les yeux fixés en terre ; enfin elle se jette aux pieds de la reine.*
Généreuse reine, ayez pitié de moi ; au nom de Dieu, faites que je ne sois pas sacrifiée.

LA REINE.
Sacrifiée ? cela suffit, levez-vous. C'est un triste sort que d'être sacrifiée, je vous crois ; levez-vous. Y a-t-il long-temps que vous rejetez les soins du comte ?

ÉBOLI, *se relevant.*
Plusieurs mois ; le prince était encore à l'université.

LA REINE, *avec surprise, et la regardant d'un œil pénétrant.*
Et savez-vous bien vous-même par quels motifs ?

ÉBOLI, *avec vivacité.*
Jamais cela ne sera, madame, par mille motifs ; jamais !

LA REINE, *avec gravité.*
Plus d'un, c'est déjà trop ; il ne peut vous plaire, en voilà assez ; n'en parlons plus. (*Aux autres Dames.*) Je n'ai pas encore vu l'Infante aujourd'hui. Marquise, allez me la chercher.

OLIVARÈS, *regardant à sa montre.*
Ce n'est pas encore l'heure, madame.
LA REINE.
Ce n'est pas l'heure encore où il m'est permis d'être mère? cela est triste; cependant n'oubliez pas de m'avertir quand l'heure sera venue.

Un page vient, et parle bas à la grande maîtresse, qui s'approche ensuite de la reine.

OLIVARÈS.
Madame, le marquis de Posa.
LA REINE.
Posa?
OLIVARÈS.
Il arrive de France et des Pays-Bas, et sollicite la faveur de remettre des lettres de la reine mère.
LA REINE.
Et cela est-il permis?
OLIVARÈS, *réfléchissant.*
Dans les ordres que j'ai reçus, on n'a point prévu le cas particulier d'un grand d'Espagne qui, revenant d'une cour étrangère, viendrait présenter des lettres à la reine d'Espagne dans ses jardins.
LA REINE.
Alors je vais oser cela à mes risques et périls.
OLIVARÈS.
Mais Votre Majesté permettra que je me tienne éloignée?
LA REINE.
Comme vous le voudrez, duchesse.

La grande maîtresse se retire. La reine fait signe au page, qui sort aussitôt.

SCÈNE IV.

LA REINE, LA PRINCESSE D'ÉBOLI, LA MARQUISE DE MONDÉJAR *et* LE MARQUIS DE POSA.

LA REINE.
Soyez le bienvenu, chevalier, sur la terre d'Espagne.
LE MARQUIS.
Jamais avec un plus juste orgueil je ne l'ai nommée ma patrie.
LA REINE, *à ses deux Dames.*
C'est le marquis de Posa, qui au tournoi de Reims rompit une lance avec mon père et fit trois fois triompher mes couleurs. Il est le premier de sa nation qui m'apprit à sentir la gloire d'être reine d'Espagne. (*Se tournant vers le Marquis.*) Lorsque nous nous vîmes pour la dernière fois au Louvre, chevalier, vous n'imaginiez pas qu'un jour je vous recevrais en Castille.
LE MARQUIS.
Non, grande reine; je n'imaginais pas que la France renonçât en notre faveur à la seule chose que nous pussions lui envier.

LA REINE.
La seule! orgueilleux Espagnol, et vous dites cela à une fille de la maison de Valois!
LE MARQUIS.
J'ose parler ainsi, madame, maintenant qu'elle nous appartient.
LA REINE.
Vos voyages, à ce que j'apprends, vous ont aussi conduit en France. Que me rapportez-vous de mon auguste mère et de mes frères chéris?
LE MARQUIS *lui présente des lettres.*
J'ai trouvé la reine mère souffrante et détachée de tous les plaisirs du monde, hormis de savoir sa royale fille heureuse sur le trône d'Espagne.
LA REINE.
Elle doit l'être de se voir ainsi présente à la tendre pensée d'une famille chérie dont le doux souvenir... Vous avez visité bien d'autres cours dans vos voyages, chevalier; vous avez vu des pays différens, des mœurs diverses; et maintenant pensez-vous à vivre pour vous-même dans votre patrie? Aussi grand prince, dans votre tranquille demeure, que le roi Philippe sur son trône; en esprit libre, en philosophe... je doute que vous puissiez vous plaire à Madrid; on est cependant fort... calme à Madrid.
LE MARQUIS.
Et c'est un avantage dont ne jouit pas tout le reste de l'Europe.
LA REINE.
C'est ce qu'on dit. J'ai presque perdu le souvenir des affaires du monde. (*A la princesse d'Éboli.*) Il me semble, princesse d'Éboli, que je vois une jacinthe en fleurs. — Voulez-vous me la donner? (*La Princesse s'éloigne un peu; la Reine parle plus bas au Marquis.*) Chevalier, ou je me trompe beaucoup, ou votre arrivée à la cour a fait un heureux.
LE MARQUIS.
J'ai retrouvé bien triste quelqu'un qu'une seule chose au monde pourrait rendre content.

La Princesse revient avec la fleur.

ÉBOLI.
Puisque le chevalier a vu tant de pays, il doit avoir à nous raconter beaucoup de choses dignes d'intérêt.
LE MARQUIS.
Sans doute; chercher les aventures est, comme on sait, un des devoirs des chevaliers : le plus sacré de tous, c'est de secourir les dames.
MONDÉJAR.
Contre les géans! mais il n'y a plus de géans.
LE MARQUIS.
Le pouvoir, pour le faible, est toujours un géant.
LA REINE.
Le chevalier a raison. Il n'y a plus de géans, mais il n'y a point non plus de chevaliers.
LE MARQUIS.
Dernièrement encore, à mon retour de Naples, je fus témoin d'une aventure fort touchante, qui

m'a même imposé les devoirs d'acquitter un pieux legs de l'amitié. Si je ne craignais pas de fatiguer Votre Majesté, je la lui conterais.

LA REINE.

Puis-je hésiter? la curiosité de la princesse ne peut se cacher. Ainsi, au fait; et moi aussi j'aime beaucoup les aventures.

LE MARQUIS.

Deux nobles maisons de la Mirandole, fatiguées des jalousies et des longues inimitiés dont elles avaient hérité de siècle en siècle, depuis les Guelfes et les Gibelins, résolurent de conclure une éternelle paix et de s'unir par les doux liens d'une alliance. Fernando, fils de la sœur du puissant Piétro, et la céleste Mathilde, fille de Colonna, furent désignés pour former le nœud fortuné de cette union. Jamais la nature n'avait mieux formé deux nobles cœurs l'un pour l'autre; jamais le monde n'avait eu à applaudir un choix plus heureux. Fernando n'avait encore adoré que l'image de son aimable fiancée : combien Fernando tremblait de ne pas trouver ce que son attente inquiète n'osait croire semblable à ce beau portrait! Enchaîné par ses études à Padoue, Fernando n'attendait plus que l'heureux moment où il lui serait permis de venir déposer aux pieds de Mathilde le premier hommage de l'amour. (*La Reine devient plus attentive : le Marquis, après un moment de silence, continue son récit, qu'il adresse, autant que le permet la présence de la Reine, à la princesse d'Eboli.*) A ce moment, la main de Piétro devient libre par la mort de sa femme. Le vieillard, avec une ardeur de jeune homme, écoute avidement la voix de la renommée qui publie la beauté de Mathilde : il vient, il voit, il aime. Cette passion nouvelle étouffe l'affection de parenté. L'oncle épouse la fiancée de son neveu, et consacre ce larcin aux autels.

LA REINE.

Et que résolut Fernando?

LE MARQUIS.

Ignorant ce changement terrible, il arrive sur les ailes de l'amour, et tout enivré. Son coursier rapide atteint les portes de la ville durant la nuit. Un bruit joyeux de danse et d'instrumens qui retentit hors du palais illuminé, le frappe tout-à-coup. Effrayé, il monte les degrés, et se trouve, inconnu, au milieu d'une salle de fête où, parmi la foule bruyante des convives, Piétro était assis. Un ange était à ses côtés, un ange bien connu de Fernando, un ange qui jamais dans ses songes même ne lui était apparu si éclatant. Un seul coup d'œil lui montre ce qui avait dû être à lui, lui montre ce qu'il a perdu pour toujours.

ÉBOLI.

Malheureux Fernando!

LA REINE.

L'aventure est-elle ainsi terminée? elle doit être terminée.

LE MARQUIS.

Pas entièrement encore.

LA REINE.

N'avez-vous pas dit que Fernando était votre ami?

LE MARQUIS.

Je n'en ai pas de plus cher.

ÉBOLI.

Continuez donc votre récit, chevalier.

LE MARQUIS.

Il sera fort triste, et ce souvenir renouvelle ma douleur. Laissez-moi le finir là.

Chacun se tait.

LA REINE, *s'adressant à la princesse d'Eboli.*

Me sera-t-il enfin permis d'embrasser ma fille? Princesse, amenez-la-moi. (*La Princesse s'éloigne. Le Marquis fait signe à un page qui se tenait dans l'éloignement et qui disparaît sur-le-champ. La Reine ouvre les lettres que le Marquis lui a remises, et paraît surprise. Pendant ce temps, le Marquis parle bas et avec précipitation à la marquise de Mondéjar. La Reine après avoir lu les lettres, se retourne vers le Marquis et le regarde d'un œil curieux.*) Vous ne nous avez rien dit de Mathilde. Peut-être ne sait-elle pas quelles sont les souffrances de Fernando.

LE MARQUIS.

Personne n'a encore sondé le cœur de Mathilde: les grandes âmes souffrent en silence.

LA REINE.

Vous regardez autour de vous; qui cherchez-vous des yeux?

LE MARQUIS.

Je pense combien serait heureux à ma place quelqu'un que je n'ose nommer.

LA REINE.

A qui la faute, s'il n'y est pas?

LE MARQUIS, *vivement.*

Comment! oserai-je bien interpréter ces paroles à mon gré? Trouverait-il son pardon, s'il paraissait maintenant?

LA REINE, *effrayée.*

Maintenant, marquis, maintenant? Que voulez-vous dire?

LE MARQUIS.

Pourrait-il espérer? Pourrait-il...

LA REINE, *avec un trouble croissant.*

Vous m'effrayez, marquis; mais il ne sera pas...

LE MARQUIS.

Il est déjà ici.

SCÈNE V.

LA REINE, CARLOS.

Le marquis de Posa et la marquise de Mondéjar se retirent dans l'éloignement.

CARLOS, *se jetant aux pieds de la Reine.*

Le moment est enfin venu, et Carlos ose presser cette main chérie.

LA REINE.

Quelle démarche! quelle coupable et audacieuse surprise! Levez-vous! on nous voit; ma suite est ici près.

CARLOS.

Je ne me lèverai point; je veux rester ici à genoux, demeurer en ces lieux dans un éternel ravissement; j'y suis enraciné à jamais.

LA REINE.

Insensé! à quelle audace vous porte ma bonté? Eh quoi! savez-vous que c'est à une reine, que c'est à une mère que vous adressez ce langage téméraire? Savez-vous que par moi, par moi-même, le roi sera instruit...

CARLOS.

Et que je devrai périr! qu'on m'entraînera d'ici sur l'échafaud! Un instant passé dans le paradis ne sera pas trop acheté par la mort.

LA REINE.

Et votre reine?

CARLOS *se relève.*

Dieu! Dieu! je me retire. Ne le dois-je pas lorsque vous l'exigez? Mère, mère, que vous vous jouez cruellement de moi! Un signe, un seul coup d'œil, un mot de votre bouche, peuvent m'ordonner d'exister ou de finir. Que voulez-vous qui soit fait? De quoi peut-on disposer sous le ciel que je ne me hâte de vous sacrifier dès que vous le souhaiterez?

LA REINE.

Fuyez...

CARLOS.

O Dieu!

LA REINE.

C'est la seule chose, Carlos, dont mes larmes vous conjurent. Fuyez, avant que mes dames, avant que mes geôliers surprennent vous et moi ensemble, et que cette grande nouvelle soit venue aux oreilles du roi.

CARLOS.

J'attends mon sort : la vie ou la mort. Eh quoi! j'aurais donc réuni mes espérances sur cet instant unique où enfin je vous trouve sans témoins, pour qu'une fausse terreur me ravisse le but! Non, reine, le monde pourrait tourner cent fois, mille fois sur ses pôles, avant que le destin m'accordât de nouveau cette faveur.

LA REINE.

Aussi ne doit-elle plus revenir de toute l'éternité. Malheureux! que voulez-vous de moi?

CARLOS.

O reine! j'ai lutté, lutté plus qu'aucun mortel ne pourrait le faire : Dieu m'en est témoin. O reine! ce fut en vain! Mon courage héroïque est sans force : je succombe.

LA REINE.

Rien de plus, au nom de mon repos.

CARLOS.

Vous étiez à moi : à la face de l'univers vous me fûtes promise par deux puissans royaumes; vous fûtes reconnue à moi par le ciel et la nature; et Philippe, Philippe vous a dérobée à moi!

LA REINE.

Il est votre père.

CARLOS.

Votre époux!

LA REINE.

Il vous donne le plus grand empire du monde pour héritage.

CARLOS.

Et vous pour mère!

LA REINE.

Grand Dieu! vous êtes en délire!

CARLOS.

Et sait-il quel trésor il possède? a-t-il un cœur à apprécier, à sentir le vôtre? Je ne me plaindrais pas, non, j'oublierais l'ineffable bonheur dont j'aurais joui avec vous, si seulement lui était heureux : il ne l'est pas, c'est là mon infernale souffrance; il ne l'est pas, et jamais ne le sera. Tu m'as ravi mon paradis, et seulement pour l'anéantir dans les bras de Philippe.

LA REINE.

Horrible pensée!

CARLOS.

Oh! je sais qui a tramé cette union; je sais comment Philippe peut aimer et rendre des soins! Qu'êtes-vous dans ce royaume? Écoutez-moi : Êtes-vous régente? Non. Comment Albe pourrait-il gouverner si vous étiez régente? La Flandre serait-elle mise en sang pour sa croyance?... Seriez-vous la femme de Philippe? Impossible! je ne le puis croire. Une femme possède le cœur de son époux... et à qui est le sien? Et lorsque peut-être, dans l'ardeur de la fièvre, quelque tendresse lui échappe, n'en demande-t-il point pardon à son sceptre et à ses cheveux gris?

LA REINE.

Qui vous a dit que mon sort fût digne de compassion aux côtés de Philippe?

CARLOS.

Mon cœur, qui sent avec transport qu'à mes côtés il eût été digne d'envie.

LA REINE.

Homme vain! et si mon cœur me disait le contraire? si la tendresse respectueuse de Philippe, si l'expression muette de son amour, pénétraient plus avant dans mon âme que l'audacieux langage de son orgueilleux fils? si les regards empressés d'un vieillard.....

CARLOS.

C'est autre chose... Alors... alors, pardonnez; je ne savais pas.., je ne savais pas que vous aimiez le roi.

LA REINE.

L'honorer est mon devoir... mon contentement.

CARLOS.

N'avez-vous jamais aimé?

LA REINE.

Étrange question!

CARLOS.

Vous n'avez jamais aimé?

LA REINE.

Je n'aime plus.

CARLOS.
Est-ce votre cœur, est-ce votre serment qui l'ordonne?
LA REINE.
Laissez-moi, prince, et ne tenez plus de semblables discours.
CARLOS.
Est-ce votre cœur, est-ce votre serment qui l'ordonne?
LA REINE.
C'est mon devoir. Malheureux! quel triste examen d'une destinée à laquelle vous et moi devons obéir!
CARLOS.
Nous devons... nous devons obéir!
LA REINE.
Comment? que signifie ce ton solennel?
CARLOS.
Que Carlos ne sait point placer le devoir où peut se placer la volonté; que Carlos ne sait point demeurer l'homme le plus infortuné de ce royaume, lorsqu'il n'en coûterait que le renversement des lois pour qu'il en fût le plus heureux.
LA REINE.
Ai-je bien entendu? vous espérez encore? Vous osez espérer encore, lorsque tout, tout est déjà perdu?
CARLOS.
Il n'y a rien de perdu que par la mort.
LA REINE.
Vous espérez de moi, de votre mère...? (*Elle le regarde long-temps avec pénétration, puis elle reprend avec une dignité sévère.*) Et pourquoi pas? Un roi, à son avènement, peut davantage encore; il peut détruire par la flamme les dernières volontés des morts, renverser leurs images; il peut même... qui l'en empêche? arracher à leur repos éternel ces corps qui gisent à l'Escurial, les traîner à la lumière du soleil, jeter au vent leur sainte poussière, et enfin, pour dignement accomplir...
CARLOS.
Au nom des dieux, ne poursuivez pas.
LA REINE.
Et enfin prendre sa mère pour épouse.
CARLOS.
Fils maudit! (*Il demeure un moment immobile et muet.*) C'en est fait, maintenant c'en est fait... Je vois maintenant avec évidence et clarté ce qui devait pour toujours, pour toujours me demeurer caché! Vous êtes perdue pour moi... perdue... perdue pour toujours!.., le sort en est jeté... vous êtes perdue pour moi... Ah! cette pensée, c'est l'enfer; un autre vous posséder, c'est l'enfer! Malheur! je ne me connais plus, et mes nerfs sont prêts à se rompre.
LA REINE.
Ah! cher Carlos, si digne de pitié!... Je sens, le sens tout entière cette douleur indéfinissable qui bouillonne aujourd'hui dans votre sein. Comme votre amour, votre désespoir est infini; le vaincre sera aussi une gloire infinie; triomphez-en, jeune héros; le prix de cet austère et sublime combat est digne du jeune homme dont le cœur a hérité les vertus de tant de royaux ancêtres. Souvenez-vous d'eux, noble prince... Le petit-fils du grand Charles entreprend de combattre ce qui ôte tout courage aux enfans des autres hommes.
CARLOS.
Il est trop tard, ô mon Dieu! il est trop tard.
LA REINE.
Pour être un homme! O Carlos! combien sera grande notre vertu, lorsqu'elle aura dompté notre cœur! La Providence vous a placé haut... plus haut, prince, que des millions de vos semblables. Partiale pour son favori, elle lui a donné ce qu'elle ôte à d'autres, ce qu'elle refuse à des millions. Méritait-il donc, dès le sein de sa mère, de valoir plus que nous autres mortels? Allons, acquittez la bienveillance du ciel, méritez d'être au-dessus de tout l'univers, sacrifiez ce que nul ne sait sacrifier.
CARLOS.
Je sais ce que je puis; pour combattre, j'ai une force héroïque; je n'en ai aucune pour me résigner.
LA REINE.
Avouez-le, Carlos, il y a de l'arrogance, de l'amertume et de l'orgueil dans les vœux que vous adressez avec tant de fureur à votre mère. L'amour, le cœur que vous m'offrez avec tant de prodigalité, appartiennent à l'empire que vous aurez à gouverner. Prenez garde, vous dissipez les trésors d'une tutelle qui vous est confiée. L'amour est votre grande puissance; jusqu'ici il s'est égaré vers votre mère; reportez-le, oui, reportez-le vers vos royaumes à venir; éprouvez-le, non comme un remords poignant, mais comme un céleste contentement: Élisabeth fut votre premier amour, que l'Espagne soit le second. Avec quelle satisfaction je cède à cette affection plus sainte!
CARLOS, *en proie à son émotion, se jette aux pieds de la Reine.*
Que vous êtes sublime, céleste créature! oui, tout ce que vous souhaitez, je le ferai... oui, cela sera. (*Il se relève.*) Oui, je suis dans vos mains toutes-puissantes, je le jure, je le jure à vous, je le jure pour toujours... O ciel! non, un éternel silence ne sera pas un éternel oubli!
LA REINE.
Comment pourrai-je exiger de Carlos ce que moi-même je ne voudrais pas obtenir?
LE MARQUIS, *accourant par l'allée.*
Le roi!
LA REINE.
Dieu!
LE MARQUIS.
Fuyez, prince! fuyez de ce lieu!
LA REINE.
Ses soupçons seront terribles s'il l'aperçoit.
CARLOS.
Je reste.

LA REINE.
Et alors qui sera la victime?

CARLOS, *prenant le Marquis par le bras.*
Allons, allons, viens, Rodrigue. (*Il s'éloigne et revient encore une fois.*) Que puis-je emporter avec moi?

LA REINE.
L'amitié de votre mère.

CARLOS.
L'amitié! ma mère!

LA REINE.
Et les larmes des Provinces-Unies.

Elle lui donne des lettres. Carlos et le Marquis sortent. La Reine cherche ses dames, et n'en aperçoit aucune. Comme elle va se retirer, le Roi paraît.

SCENE VI.

LE ROI, LA REINE, LE DUC D'ALBE, LE COMTE DE LERME, DOMINGO, QUELQUES DAMES *et* QUELQUES GRANDS *qui restent dans l'éloignement.*

LE ROI, *après avoir regardé autour de lui avec surprise, et gardé un moment le silence.*
Seule, madame! pas une de vos dames pour vous accompagner! cela me surprend. Où sont vos femmes?

LA REINE.
Sire... mon époux...

LE ROI.
Pourquoi seule? on aura à me rendre un compte sévère de cette négligence impardonnable. Qui était de service près de la reine? qui devait aujourd'hui être près d'elle?

LA REINE.
Ne soyez point irrité, Sire. C'est moi seule qui suis coupable; c'est par mon ordre que la princesse d'Éboli s'est éloignée.

LE ROI.
Par votre ordre?

LA REINE.
Pour ordonner de m'apporter l'infante, que je désirais voir.

LE ROI.
Et pourquoi toute votre suite est-elle éloignée? ceci n'excuse que la première dame. Où était la seconde?

MONDÉJAR, *qui pendant ce temps-là est revenue, et qui s'est mêlée aux autres dames, s'approche.*
Sire, je sens que je suis blâmable.

LE ROI.
Je vous accorde dix ans pour y penser loin de Madrid.

La Marquise se retire en pleurant. Chacun se tait. Tous les yeux se portent avec surprise sur la Reine.

LA REINE.
Marquise, qui pleurez-vous? (*Au Roi.*) Si j'ai commis une faute, Sire, la couronne que je porte, et que je n'ai jamais recherchée, aurait dû au moins me défendre de l'affront. Existe-t-il dans ce royaume une loi qui traduise en justice les filles de roi? la contrainte seule veille-t-elle sur les femmes espagnoles? un témoin les garde-t-il mieux que leur vertu? Maintenant, Sire, pardon. Je ne suis pas habituée à voir ceux qui m'ont servie avec joie me quitter dans les larmes. Mondéjar, (*elle détache sa ceinture et la donne à la Marquise*) le roi vous a réprimandée, mais non pas moi; ainsi acceptez ce gage de ma faveur. Dès à présent, quittez ce royaume; vous ne vous êtes rendue coupable qu'en Espagne; dans ma chère France, on se fera un plaisir d'essuyer de telles larmes. Oh! dois-je toujours me la rappeler? (*Elle s'appuie sur la grande Maîtresse et se cache le visage.*) Dans ma chère France, il n'en allait pas ainsi.

LE ROI, *avec quelque émotion.*
Un reproche de mon amour peut-il vous affliger? un mot que la plus tendre inquiétude a amené sur mes lèvres? (*Il se retourne vers les Grands.*) Voici les vassaux de ma couronne. Dites, le sommeil descend-il jamais sur mes paupières avant que chaque soir j'aie examiné ce qu'ont dû penser de moi mes peuples des climats les plus lointains? et aurais-je moins de souci du cœur de mon épouse que des intérêts de mon trône? Pour mes peuples, mon épée et le duc d'Albe m'en répondent; ces yeux seuls me répondent de l'amour de ma femme.

LA REINE.
Si je vous ai offensé, Sire...

LE ROI.
On me nomme l'homme le plus riche du monde chrétien; le soleil ne se couche point dans mes états; cependant ce que je possède, un autre après moi et puis beaucoup d'autres le posséderont; une seule chose est à moi. Ce qui appartient au roi, il le doit à la fortune; Élisabeth appartient à Philippe, et par là je suis semblable aux mortels.

LA REINE.
Vous craignez, Sire?

LE ROI.
Ne puis-je pas craindre mes cheveux gris? Si une fois je commençais à craindre, ma crainte cesserait bientôt. (*Aux Grands.*) Parmi les grands de ma cour, le premier manque. Où est don Carlos mon fils? (*Personne ne répond.*) L'infant don Carlos commence à m'inquiéter; depuis qu'il est revenu de l'université d'Alcala, il évite ma présence. Son sang est ardent; pourquoi son regard est-il si froid? pourquoi sa conduite est-elle si constamment mesurée? Qu'on veille sur lui, je vous le prescris!

ALBE.
C'est ce que je fais. Aussi long-temps que mon cœur battra dans ma poitrine, le roi Philippe peut dormir en paix. Comme les chérubins que

Dieu a placés devant le paradis, le duc d'Albe se tient devant le trône.

LERME.

Oserais-je contredire humblement le plus sage des rois? Je respecte trop profondément Votre royale Majesté pour juger son fils avec tant de promptitude et de sévérité; je crains beaucoup le sang bouillant de Carlos, mais point son cœur.

LE ROI.

Comte de Lerme, vos paroles sont flatteuses pour le père; mais c'est le duc qui sera le défenseur du roi; n'en parlons plus. (Il se retourne vers sa suite.) Maintenant je retourne promptement à Madrid; mes devoirs de roi m'y appellent; la contagion de l'hérésie s'étend sur mes peuples; la rébellion croît dans les Pays-Bas. Le temps presse; un exemple terrible doit convertir l'erreur; le grand serment qu'ont prêté tous les rois de la chrétienté, je l'acquitterai demain. Jamais on n'aura vu une si sévère exécution; toute ma cour y est solennellement invitée.

Il reconduit la Reine. On les suit.

SCÈNE VII.

DON CARLOS, *des lettres à la main;* LE MARQUIS DE POSA. *Ils entrent par le côté opposé.*

CARLOS.

J'y suis résolu. La Flandre sera délivrée. Elle l'a voulu, c'en est assez.

LE MARQUIS.

Et il n'y a pas un moment à perdre. Le duc d'Albe est, dit-on, déjà désigné dans le cabinet pour gouverneur.

CARLOS.

Dès demain je demande une audience à mon père; je sollicite cet emploi pour moi. C'est la première demande que je risque de lui adresser; il ne pourra me refuser. Depuis long-temps déjà il me voit avec chagrin à Madrid. Quel prétexte bien venu pour me tenir éloigné! Et dois je te l'avouer, Rodrigue? j'espere plus encore. Peut-être m'adviendra-t il, me voyant ainsi face à face avec lui, de recouvrer ses bontés. Il n'a pas encore entendu la voix de la nature. Laisse-moi tenter, Rodrigue, si sur mes lèvres elle n'aura pas quelque pouvoir.

LE MARQUIS.

Maintenant enfin je retrouve mon cher Carlos, maintenant il est redevenu lui-même.

SCÈNE VIII.

LES PRÉCÉDENS, LE COMTE DE LERME.

LERME.

Le roi vient de quitter Aranjuez; j'ai l'ordre...

CARLOS.

C'est bien, comte de Lerme; j'y rejoindrai le roi.

LE MARQUIS, *faisant semblant de se retirer, et d'un ton cérémonieux.*

Votre Altesse n'a rien de plus à m'ordonner?

CARLOS.

Rien, chevalier; je vous souhaite une heureuse arrivée à Madrid; vous me donnerez encore plus de détails sur la Flandre. (*A Lerme, qui attend.*) Je vous suis à l'intant.

Lerme sort.

SCÈNE IX.

CARLOS, LE MARQUIS.

CARLOS.

Je t'ai compris, et je te remercie; cependant la présence d'un tiers justifie seule ce ton de contrainte. Ne sommes-nous pas frères? Que cette vaine comédie de rangs soit à l'avenir bannie de notre union. Suppose que nous nous soyons rencontrés tous deux en un bal, avec des masques, toi en habit d'esclave, et moi travesti par fantaisie en robe de pourpre; tant que dure la fête, nous nous conformons, avec un sérieux risible, au mensonge de notre rôle, afin de ne pas déranger les plaisirs du vulgaire. Cependant, à travers le masque, ton cher Carlos te fait signe; tu lui serres la main en passant, et nous nous entendons.

LE MARQUIS.

Ce rêve est doux, mais ne s'évanouira-t-il jamais? Mon cher Carlos est-il assez sûr de lui-même pour braver l'attrait d'une majesté sans bornes? Il viendra un grand jour, un jour où cette âme héroïque... je dois vous le rappeler... sera mise à une difficile épreuve. Don Philippe meurt; Carlos hérite du plus grand royaume de la chrétienté; un espace immense le sépare de toute la race des mortels. Hier il était homme, aujourd'hui il est dieu; maintenant il n'a plus aucun défaut; les devoirs éternels se taisent devant lui; l'humanité, qui est encore un grand mot pour son oreille, se vend elle-même et rampe devant l'idole. Sa compassion s'éteint quand il n'éprouve plus de souffrances; sa vertu s'énerve dans les voluptés; pour ses folies, le Pérou envoie de l'or; à ses vices, la cour présente son infernale perversité! Il s'endort tout enivré dans ce ciel que ses esclaves lui ont artificieusement créé. Sa divinité est aussi durable que son rêve... Malheur à l'insensé qui par pitié le réveillerait! Mais que fera Rodrigue? L'amitié est sincère et courageuse; la majesté affaiblie ne peut supporter les terribles clartés; vous ne pourrez supporter l'arrogance du citoyen, ni moi l'orgueil du prince.

CARLOS.

Elle est vraie et terrible, ta peinture du monarque. Oui, je te crois... Mais c'est la volupté seule qui ouvre le cœur aux vices... Je suis pur encore; j'ai encore une jeunesse de vingt-trois ans. Ce que mille autres avant moi ont sans réflexion dissipé dans une ignoble débauche, la meilleure part de l'esprit, la force virile, je l'ai réservée pour le roi à venir. Qui pourrait te chasser de mon cœur, si les femmes n'ont pu le faire?

LE MARQUIS.
Moi-même, pourrais-je, Carlos, vous aimer si intimement, si je devais vous craindre?

CARLOS.
Cela n'arrivera jamais. Quel besoin as-tu de moi? As-tu quelque passion qui ait à mendier devant le trône? L'or te séduit-il? Sujet, tu es plus riche que roi je ne le serai. Recherches-tu les honneurs? Déjà, étant jeune encore, tu en avais atteint le terme, et tu les as repoussés. Qui de nous deux sera le créancier ou le débiteur? Tu te tais; trembles-tu de cette épreuve? N'es-tu pas plus sûr de toi-même?

LE MARQUIS.
Eh bien! je cède; voilà ma main.

CARLOS.
Est-elle à moi?

LE MARQUIS.
Pour toujours, et dans toute la force du mot.

CARLOS.
Et aussi fidèle et aussi tendre pour le roi futur qu'aujourd'hui pour l'infant?

LE MARQUIS.
Je vous le jure.

CARLOS.
Et même lorsque la rampante flatterie aurait enlacé mon cœur sans défiance..... et même lorsque mes yeux auraient oublié les larmes autrefois répandues, lorsque mon oreille serait fermée à la plainte, tu viendrais, intrépide gardien de ma vertu, me raffermir et rappeler à mon génie le grand nom qu'il porte?

LE MARQUIS.
Oui.

CARLOS.
Et maintenant encore une prière; dis-moi tu; j'ai toujours envié à tes égaux cette prérogative de la confiance. Ce mot fraternel charmera mon oreille et mon cœur par la douce apparence de l'égalité..... Point d'objection... je devine ce que tu veux dire; c'est pour toi une puérilité, je le sais; mais pour moi, fils de roi, c'est beaucoup. Veux-tu être mon frère?

LE MARQUIS.
Ton frère?

CARLOS.
Maintenant allons rejoindre le roi. Je ne crains plus rien; la main dans ta main, je défie mon siècle.

Ils sortent.

***

ACTE DEUXIÈME.

SCÈNE PREMIÈRE.

Le palais du roi à Madrid.

LE ROI, *assis sur son trône;* LE DUC D'ALBE, *à quelque distance du Roi, le chapeau sur la tête;* CARLOS.

CARLOS.
L'État a le pas sur moi; Carlos passera volontiers après le ministre. Il parle pour l'Espagne... je suis le fils de la maison.

Il se retire en s'inclinant.

LE ROI.
Le duc restera, et l'infant peut parler.

CARLOS, *se tournant vers Albe.*
Ainsi c'est de votre générosité, duc, que je dois obtenir le roi comme un bienfait. Un fils, vous le savez, peut avoir dans le cœur des choses qu'un tiers ne doit pas entendre. Vous êtes toujours admis auprès du roi : je ne vous demande mon père que pour un seul moment.

LE ROI.
Il est ici comme mon ami.

CARLOS.
Ai-je mérité que le duc soit aussi le mien?

LE ROI.
Comment l'auriez-vous pu mériter?... Il ne me plaît point que les fils cherchent à faire de meilleurs choix que leurs pères.

CARLOS.
La fierté chevaleresque du duc d'Albe peut-elle soutenir une telle scène? Aussi vrai que j'existe, ce rôle d'un importun qui, sans être appelé, ne rougit pas de s'introduire entre le père et le fils, qui confesse par là le sentiment profond de son néant, ce rôle-là, pour un empire je ne voudrais pas le jouer.

LE ROI *se lève, et jette sur le Prince un regard de colère.*
Éloignez-vous, duc. (*Le Duc veut sortir par la grande porte où Carlos est entré. Le Roi, d'un signe, lui en indique une autre.*) Non, dans mon cabinet, jusqu'à ce que je vous appelle.

SCÈNE II.
LE ROI, CARLOS.

CARLOS. *Aussitôt que le Duc est sorti, il s'avance vers le Roi, et se précipite à ses pieds avec l'expression d'une grande sensibilité.*
Maintenant voici mon père, maintenant je le retrouve. Que de reconnaissance pour cette faveur!... Votre main, mon père... ô jour heureux!

Cette grâce a été long-temps refusée à votre fils. Pourquoi, mon père, m'avez-vous si long-temps repoussé de votre cœur? qu'ai-je fait?
LE ROI.
Infant, ton cœur est inhabile à de tels artifices; épargne-les, je ne les aime point.

CARLOS, *se levant.*
C'est cela! J'entends le langage de vos courtisans. Mon père, cela n'est pas juste! ô mon Dieu! tout n'est pas vrai, tout ne l'est pas dans ce que dit un prêtre! tout ne l'est pas dans ce que disent les créatures d'un prêtre! Je ne suis point pervers, mon père; un sang bouillant, voilà mes torts; ma jeunesse, voilà mon crime. Je ne suis point pervers, non vraiment, je ne suis point pervers; si d'impétueux mouvemens s'élèvent souvent dans mon cœur, mon cœur est bon.

LE ROI.
Ton cœur est pur, je le sais... comme tes vœux.

CARLOS.
Maintenant, ou jamais! nous sommes seuls, les étroites limites de l'étiquette ont disparu entre le père et le fils. Maintenant ou jamais! un céleste rayon d'espérance a lui sur moi, un doux pressentiment a traversé mon cœur; le ciel et le chœur sacré des anges descendent sur nous; le Tout-Puissant regarde avec miséricorde cette grande et touchante scène. Mon père, réconciliation.

Il se jette à ses pieds.

LE ROI.
Laisse-moi, et lève-toi.

CARLOS.
Réconciliation!

LE ROI, *se dégageant de lui.*
Quelle impudente comédie!

CARLOS.
Une impudence?... l'amour de ton fils!

LE ROI.
Des larmes! quel misérable spectacle! sors de ma présence.

CARLOS.
Aujourd'hui ou jamais, réconciliation, mon père.

LE ROI.
Sors de ma présence. Si tu revenais d'un noble combat vaincu et humilié, mes bras pourraient s'ouvrir pour te recevoir. Tel que tu es, je te repousse; il n'y a qu'une lâche faute qui puisse produire une douleur si honteuse. Celui que son repentir ne fait pas rougir, ne saura jamais s'éparguer un remords.

CARLOS.
Quel est-il donc? par quelle méprise, lui, étranger à l'humanité, peut-il se trouver parmi les hommes? Le symbole éternel de l'humanité, ce sont les larmes; son œil est sec; ce n'est pas une femme qui l'a enfanté!..... Ah! laissez vos yeux toujours arides apprendre aujourd'hui à verser des pleurs; peut-être plus tard aurez-vous à y recourir dans de plus cruelles heures.

LE ROI.
Penses-tu dissiper par de belles paroles les pénibles doutes de ton père?

CARLOS.
Du doute! je le détruirai ce doute, je m'attacherai au cœur de mon père; oui, je briserai cette enveloppe de pierre dont le doute a entouré votre cœur. Qui sont-ils, ceux qui m'ont chassé de la faveur de mon roi? que pourrait offrir ce moine à un père, en place de son fils? quelle consolation Albe donnera-t-il à votre vie triste et dépouillée d'enfant? Vous voulez de l'amour?... Ici, dans ce cœur, la source en est plus vive et plus pure que dans ces cœurs ignobles et sombres qui ne s'ouvrent qu'à l'or de Philippe.

LE ROI.
Arrête, téméraire! les hommes que tu oses flétrir sont des serviteurs éprouvés et de mon choix, tu dois les honorer.

CARLOS.
Jamais! je me connais. Ce que peut faire votre duc d'Albe, Carlos le peut aussi, et Carlos peut encore plus. Qu'importe à un mercenaire un royaume qui jamais ne sera le sien? que lui importe de voir blanchir les cheveux gris de Philippe? Votre Carlos vous eût aimé... Pour moi, je recule devant la pensée d'être seul et isolé, seul sur un trône.

LE ROI, *frappé de ces paroles, demeure pensif faisant un retour sur lui-même, puis après un instant de silence :*
Je suis seul!

CARLOS, *s'approchant de lui avec chaleur et vivacité.*
Vous l'étiez. Ne me haïssez plus, je vous aimerai comme un fils, je vous aimerai ardemment!... seulement ne me haïssez plus. Combien il est ravissant de nous sentir honorés dans une âme noble, de savoir que notre joie anime d'autres regards, que nos angoisses oppressent un autre cœur, que nos souffrances font couler d'autres larmes! Combien il est beau et glorieux pour un père, la main serrée par la main d'un fils bien-aimé, de recommencer avec lui la route fleurie de la jeunesse, de rêver encore une fois le rêve de la vie! Combien il est grand et doux de se perpétuer immortel et impérissable par la vertu de son enfant, de faire le bien pour un siècle entier! Combien il est beau de planter ce qu'un fils chéri moissonnera, de semer ce qui produira pour lui, de se figurer combien grande alors sera sa reconnaissance! Mon père, vos moines ont eu la précaution de ne vous point parler de ce bonheur céleste.

LE ROI, *avec quelque émotion.*
O mon fils! mon fils! tu prononces toi-même ton arrêt! tu peins d'une manière ravissante un bonheur que tu ne m'as jamais donné!

CARLOS.
Que le Tout-Puissant en soit juge! vous-même m'avez interdit votre cœur et toute part à votre autorité, et jusqu'à aujourd'hui, jusqu'à ce jour (et cela était-il juste et raisonnable?) jusqu'à ce

jour il m'a fallu, moi, prince d'Espagne, demeurer étranger à l'Espagne, prisonnier dans ce royaume où je dois être un jour souverain. Cela était-il juste? cela était-il convenable? O combien souvent, mon père, combien souvent j'ai rougi d'humiliation lorsque les ambassadeurs des puissances étrangères, lorsque les gazettes m'apprenaient les détails de la cour d'Aranjuez !

LE ROI.

Ton sang est encore trop bouillant : tu ne saurais que détruire.

CARLOS.

Eh bien ! employez-moi à détruire. Mon sang est trop bouillant ! j'ai atteint ma vingt-troisième année, et je n'ai encore rien fait pour l'immortalité. Mon âme s'éveille, je le sens. Ma vocation à la royauté me réclame comme son débiteur, et me trouble dans mon sommeil Toutes les heures perdues de ma jeunesse se présentent à mon esprit comme une dette d'honneur. Il est venu ce grand et noble moment où je dois enfin rendre compte avec usure de ce trésor précieux. L'histoire du monde, la renommée de mes aïeux, les trompettes éclatantes de la gloire m'appellent. L'instant est arrivé d'ouvrir pour moi les glorieuses barrières de la renommée. Oserai-je vous soumettre, ô mon roi ! la prière qui m'a amené ici?

LE ROI.

Encore une prière? explique-toi.

CARLOS.

La rébellion fait d'effrayans progrès en Brabant. L'opiniâtreté des rebelles exige une forte et prudente résistance. Pour dompter la fureur des fanatiques, le duc doit conduire une armée en Flandre : il a reçu du roi un plein et souverain pouvoir. Combien cette mission est glorieuse, combien elle semble faite pour introduire votre fils au temple de la gloire ! O mon roi ! confiez-moi cette armée : je suis aimé des Flamands. J'ose garantir leur fidélité sur ma tête.

LE ROI.

Tu parles comme un rêveur. Cette mission demande un homme, et la jeunesse...

CARLOS.

Elle demande un homme, mon père, et c'est cela justement qu'Albe n'a jamais été !

LE ROI.

La terreur seule peut contenir la révolte : la pitié serait folie. Ton âme est faible, mon fils ; le duc d'Albe sera redouté. Renonce à ta demande.

CARLOS.

Envoyez-moi en Flandre avec l'armée, confiez-vous à cette âme faible ; le nom seul du fils du roi, volant au-devant de mes étendards, soumettra ce que les bourreaux du duc d'Albe ne sauraient que détruire. Je vous le demande à genoux : c'est la première grâce que j'ai implorée. Mon père, confiez-moi la Flandre.

LE ROI, *examinant le Prince avec un regard pénétrant.*

Donner tout-à-coup ma meilleure armée à ton ambition ! le couteau à mon meurtrier !

CARLOS.

O mon Dieu ! ne suis-je pas plus avancé, et serait-ce là le fruit de ce précieux instant si longtemps désiré? (*Après un moment de réflexion, il continue d'un ton sérieux, mais plus doux.*) Parlez-moi plus doucement. Ne m'éloignez pas ainsi. Je ne voudrais point vous quitter après cette sinistre réponse ; je ne voudrais pas vous quitter avec un cœur si douloureux. Traitez-moi avec plus de faveur : c'est ma dernière exigence, c'est la dernière tentative du désespoir. Je ne puis soutenir, je ne puis endurer, avec une fermeté virile, que vous me refusiez tout, absolument tout. Non compris, désabusé de mille douces espérances, je vais m'éloigner de vous. Votre duc d'Albe, votre Domingo, vont régner orgueilleusement au lieu où votre fils a gémi dans la poussière. La tourbe des courtisans, la foule tremblante des grands, la pâle troupe des moines, étaient présens quand vous m'avez accordé cette audience solennelle. Ne m'humiliez pas ; ne me faites pas une mortelle blessure, en me livrant, comme victime honteuse, à la raillerie insolente de la cour; qu'il ne soit pas dit que, tandis que des étrangers abusent de votre faveur, Carlos ne peut rien obtenir. Pour preuve que vous voulez me traiter honorablement, envoyez-moi en Flandre avec l'armée.

LE ROI.

Ne reviens plus sur cela, ou la colère de ton roi...

CARLOS.

Je brave la colère de mon roi et je vous supplie pour la dernière fois. Confiez-moi la Flandre : il faut, je le dois, quitter l'Espagne. Vivre ici, c'est pour moi respirer sous la hache du bourreau. Le ciel de Madrid pèse sur moi comme le remords d'un crime. Un prompt changement de climat peut seul me guérir : si vous voulez me sauver, envoyez-moi sans retard en Flandre.

LE ROI, *avec une douceur contrainte.*

Des maux comme les tiens, mon fils, exigent un bon régime et la présence du médecin. Tu demeureras en Espagne ; le duc ira en Flandre.

CARLOS.

Maintenant, anges protecteurs, veillez sur moi.

LE ROI, *faisant un pas en arrière.*

Arrête ! qu'exprime une telle physionomie?

CARLOS, *d'une voix tremblante.*

Mon père, cette décision est-elle irrévocable ?

LE ROI.

Le roi l'a prononcée.

CARLOS.

Mon sort est décidé.

Il sort dans une vive émotion.

SCÈNE III.

LE ROI. *Il reste quelque temps perdu dans de sombres réflexions, puis il fait çà et là quelques pas.* ALBE *s'approche avec embarras.*

LE ROI.
Soyez prêt à partir pour Bruxelles au premier ordre.

ALBE.
Tout est prêt, Sire.

LE ROI.
Vos pleins-pouvoirs sont déjà signés dans mon cabinet. Cependant, prenez congé de la reine, et avant votre départ présentez-vous à l'infant.

ALBE.
Je viens de le voir sortir d'ici avec l'air d'un furieux. Votre Majesté semble aussi hors d'elle-même et profondément émue. Peut-être le sujet de cet entretien...

LE ROI, *après s'être promené de long en large.*
Le duc d'Albe en était le sujet. (*Le Roi s'arrête en le regardant fixement et avec une expression sombre.*) J'aurais pu apprendre volontiers que Carlos haïssait mes conseillers; mais je découvre avec chagrin qu'il les méprise... (*Le Duc pâlit et veut parler.*) Point de réponse; je vous permets d'apaiser le prince.

ALBE.
Sire!

LE ROI.
Dites : qui, pour la première fois, m'a averti des noirs projets de mon fils? Je vous entendis alors, et non pas lui. Duc, je veux peser les preuves; désormais Carlos approchera davantage de mon trône. Allez.

Le Roi se retire dans son cabinet. Le Duc sort par une autre porte.

SCÈNE IV.

Un premier salon de l'appartement de la reine.

DON CARLOS *entre par la porte du fond, s'entretenant avec un* PAGE. *Les gens de la cour, qui se trouvaient dans la salle, se dispersent à son approche dans les salles voisines.*

CARLOS.
Une lettre pour moi? Pourquoi donc cette clef? Et toutes deux remises avec tant de mystère? Approche. Où t'a-t-on donné ceci?

LE PAGE, *mystérieusement*
Autant que j'ai pu remarquer, la dame aime mieux être devinée que nommée.

CARLOS, *reculant.*
La dame! (*Il examine le Page plus attentivement.*) Quoi? comment? qui es-tu donc?

LE PAGE.
Un page de Sa Majesté, de la reine.

CARLOS, *effrayé, va à lui, et lui mettant la main sur la bouche.*
Tu es mort! silence! j'en sais assez! (*Il rompt vivement le cachet, et se retire à l'extrémité de la salle pour lire la lettre. Pendant ce temps-là le duc d'Albe passe près du Prince sans être aperçu de lui, et entre chez la Reine. Carlos, d'abord tremblant, pâlit et rougit tour à tour. Après qu'il a lu, il demeure long-temps en silence, les yeux fixés sur la lettre; enfin, il se retourne vers le Page.*) Elle t'a elle-même remis cette lettre?

LE PAGE.
De sa propre main.

CARLOS.
Elle t'a elle-même remis cette lettre? Ne te joue pas de moi! je n'ai rien lu écrit de sa main. Je te crois, puisque tu me jures... Si c'est un mensonge, confesse-le-moi avec franchise, et n'essaie pas de te railler de moi.

LE PAGE.
De vous?

CARLOS. *Il regarde de nouveau la lettre, et examine le Page d'un air attentif et incertain : il fait quelques pas dans la salle.*
Tu as encore tes parens, n'est-ce pas? Ton père sert le roi? il est natif du royaume?

LE PAGE.
Il a été tué à Saint-Quentin. Il était colonel des cavaliers du duc de Savoie et s'appelait Alonzo, comte de Henarez.

CARLOS *lui prend la main, et fixe sur lui les yeux d'un air d'intelligence.*
Le roi t'a remis cette lettre?

LE PAGE, *ému.*
Prince, ai-je mérité ce soupçon?

CARLOS *lit la lettre.*
« Cette clef ouvre les appartemens derrière le
» pavillon de la reine. Le plus reculé de tous est
» un cabinet où ne pénètre jamais aucun curieux.
» C'est là que l'amour peut avouer librement
» ce que si long-temps il n'a osé exprimer que
» par les regards; l'amant timide y sera entendu,
» et une douce récompense sera donnée à la dis-
» crète patience. » (*Il semble se réveiller d'un assoupissement.*) Ce n'est point un rêve! ce n'est point un délire!... Oui, voici ma droite, voici mon épée, voici des syllabes écrites en ce billet. Cela est réel, cela est vrai. Je suis aimé!... je le suis!... oui, je le suis!... je suis aimé!

Il se promène dans la salle tout hors de lui, levant les mains au ciel.

LE PAGE.
Venez, prince, je vous conduirai.

CARLOS.
Laisse-moi d'abord revenir à moi-même. Ce bonheur me donne encore tous les frémissemens de l'épouvante. Avais-je conçu un si orgueilleux espoir? avais-je même osé le rêver? Où est l'homme qui pourrait si promptement s'accoutumer à devenir un dieu? Qu'étais-je, et maintenant qui suis-je? C'est un autre ciel, un autre soleil qu'auparavant... Elle m'aime.

LE PAGE, *voulant l'emmener.*
Prince, prince, ce n'est pas ici le lieu... Vous oubliez...

CARLOS, *saisi d'une terreur soudaine.*
Le roi! mon père! (*Il laisse retomber ses bras, regarde autour de lui avec effroi, puis commençant à se recueillir :*) Cela est affreux; tu as raison, ami. Je te remercie, je n'étais plus à moi-même... Que je sois forcé de me taire, de renfermer tant de bonheur en mon sein, cela est affreux, oui, affreux. (*Il prend le Page par la main et le conduit à l'écart.*) Que ce que tu as vu... et ce que tu n'as pas vu soit enseveli en ton sein comme en un cercueil, entends-tu? Maintenant va: je m'y trouverai. Va; on pourrait nous surprendre ici, va. (*Le Page veut sortir.*) Arrête! Écoute-moi!. (*Le Page revient. Carlos lui pose la main sur l'épaule, et le regarde d'un air sérieux et solennel.*) Tu portes un mystère terrible, pareil à ces poisons violens qui brisent le vase où ils sont renfermés. Veille sur l'expression de ton visage. Que tes regards n'expriment jamais ce que cache ton cœur. Sois tel que la trompette, qui reçoit et transmet le son, mais ne l'entend point... Tu es un enfant... sois-le toujours, et continue à montrer la même gaieté. Qu'elle a été sage et prudente, celle qui t'a choisi pour ce message d'amour! Ce n'est point là que le roi cherche ses vils espions.

LE PAGE.
Et moi, prince, je suis fier de me savoir, par ce secret, au-dessus du roi lui-même.

CARLOS.
Vanité puérile et folle! c'est cela qui doit te faire trembler... S'il nous arrive que nous nous rencontrions en public, approche-toi de moi avec timidité et soumission; que la vanité ne t'entraîne jamais à faire remarquer que l'infanta de la bonté pour toi. Ton plus grand crime, mon enfant, serait de me plaire. Ce que tu auras désormais à me rapporter, ne le dis pas avec des mots, ne le confie point à tes lèvres; que tes avis ne me parviennent point par les moyens ordinaires qui expriment la pensée: parle moi par tes regards, par tes signes; je saurai entendre un clin d'œil. L'air, le jour, qui nous environnent, sont vendus à Philippe: les murailles ont des oreilles pour son service. On vient. (*L'appartement de la Reine s'ouvre et le duc d'Albe sort.*) Pars. Au revoir.

LE PAGE.
Prince, ne manquez pas de vous rendre à ce cabinet.
Il sort.

CARLOS.
C'est le duc... Non, non. C'est bon; je m'y trouverai.

SCÈNE V.
DON CARLOS, LE DUC D'ALBE.

ALBE, *se plaçant au-devant du Prince.*
Deux mots, prince.

CARLOS.
Très-bien... c'est bon... une autre fois.
Il veut sortir.

ALBE.
Ce lieu ne semble pas, il est vrai, le plus convenable. Peut-être serait-il plus agréable à Votre Altesse Royale de me donner audience dans son appartement.

CARLOS.
A quel propos? Cela peut aussi bien être ici. Seulement tout de suite, et en peu de mots.

ALBE.
Ce qui m'amène surtout ici, c'est la respectueuse reconnaissance que je dois à Votre Altesse pour avoir obtenu, comme vous savez...

CARLOS.
La reconnaissance! De la reconnaissance pour moi? pourquoi? la reconnaissance du duc d'Albe?

ALBE.
A peine aviez-vous quitté l'appartement du roi, que l'ordre m'a été donné de partir pour Bruxelles.

CARLOS.
Pour Bruxelles! ainsi!

ALBE.
A quoi, prince, hormis à votre favorable intervention auprès du roi pourrais-je l'attribuer?

CARLOS.
A moi? Non; en aucune façon... non vraiment, pas à moi. Vous partez.... Partez. Que Dieu vous accompagne.

ALBE.
Rien de plus? cela m'étonne. Votre Altesse n'a rien à m'ordonner pour la Flandre?

CARLOS.
Quoi de plus? et pourquoi?

ALBE.
Cependant il semblait tout récemment que le sort de ce pays exigeait la présence de don Carlos.

CARLOS.
Comment cela? Mais oui... oui, c'est vrai.. il en fut question; mais cela est fort bien ainsi... très-bien... meilleur même.

ALBE.
J'entends avec surprise...

CARLOS, *ironiquement.*
Vous êtes un grand général. Qui ne le sait pas? L'envie même doit le reconnaître. Moi... moi, je suis un jeune homme : c'est aussi ce que le roi a pensé. Le roi a toute raison, toute raison. Maintenant j'en juge de même; je suis satisfait, n'en parlons plus. Je vous souhaite un heureux voyage. Je ne puis en cet instant, comme vous voyez, m'arrêter plus long-temps : je suis pressé... Le reste à demain... ou quand vous voudrez... ou bien à votre retour de Bruxelles.

ALBE.
Comment?

CARLOS, *s'apercevant, après un moment de silence, que le Duc demeure encore là.*
Vous prenez la bonne saison. Vous traverserez

le Milanais, la Lorraine, la Bourgogne et l'Allemagne. L'Allemagne? oui, l'Allemagne, où vous êtes si connu... Nous sommes au mois d'avril... mai... juin... en juillet, ce me semble, ou au plus tard dans le commencement d'août, vous serez à Bruxelles. Oh! je ne doute pas que bientôt on n'entende parler de vos victoires ; vous saurez vous rendre digne de notre faveur et de notre confiance.

ALBE, *d'un ton significatif.*
Ce sera sans doute en confessant le sentiment profond de mon néant.

CARLOS, *après un moment de silence, avec dignité et hauteur.*
Vous êtes sensible, duc... et avec raison... Il y avait, je dois le reconnaître, peu de générosité de ma part à employer contre vous des armes que votre position vous interdisait.

ALBE.
Ma position?

CARLOS, *souriant et lui tendant la main.*
Je suis fâché que le temps ne me permette pas de livrer un noble combat avec le duc d'Albe... Une autre fois...

ALBE.
Prince, nous nous méprenons chacun à notre manière. Vous, par exemple, vous vous regardez comme ayant vingt années de plus, et moi, je vous ai supposé vingt années de moins.

CARLOS.
Eh bien !

ALBE.
Je me suis rappelé combien de nuits passées près de sa belle épouse, de votre mère, la princesse de Portugal, le roi aurait sacrifiées pour acquérir à sa couronne un bras tel que celui-ci. Il savait combien c'est chose plus facile de perpétuer des rois que de perpétuer des royaumes; et combien on a plus promptement enrichi le monde d'un prince, qu'enrichi le prince d'un monde.

CARLOS.
Il est vrai, duc d'Albe... Cependant...

ALBE.
Et combien de sang, de sang de son peuple, devait couler avant que quelques gouttes du sien fussent devenues un roi !

CARLOS.
Cela est très-vrai, certes; et, en deux mots, vous avez exprimé tout ce que l'orgueil du mérite peut opposer à l'orgueil de la naissance. Cependant, quelle est la conséquence? quelle est-elle, duc d'Albe?

ALBE.
Malheur à la frêle majesté qui, encore au berceau, pourrait se railler de sa nourrice! Il lui est doux de s'endormir mollement sur la foi de nos victoires !... On ne voit briller que les perles de la couronne, et non pas les blessures reçues pour la conquérir ! Cette épée traça les lois espagnoles à des peuples étrangers; elle brilla devant l'étendard de la croix; elle ouvrit de sanglans sillons sur ce continent pour recevoir les semences de la foi. Dieu jugeait dans le ciel, et moi sur la terre.

CARLOS.
Dieu ou l'enfer; n'importe! Vous étiez son bras droit, je le sais ; mais n'en parlons plus, je vous le demande. Je voudrais me défendre de certains souvenirs... J'honore le choix de mon père : mon père a besoin d'un duc d'Albe... Ce n'est pas parce qu'il en a besoin que je lui porte envie. Vous êtes un grand homme... Cela peut être. Je suis tenté de le croire. Seulement je crains que vous ne soyez venu quelques siècles trop tôt. Un duc d'Albe, avais-je pensé, était l'homme qui devait apparaître à la fin des temps. Lorsque l'audace croissante du vice ayant lassé la longanimité du ciel, lorsqu'une riche moisson de crimes, parvenue à pleine maturité, eût exigé un moissonneur sans pareil : alors vous eussiez été à votre place... O Dieu ! ô paradis de mon imagination, Flandre !... Mais il n'y faut plus penser ; n'en parlons plus. On dit que vous emportez une provision de sentences de mort signées d'avance : la prévoyance est louable ; c'est ainsi qu'on n'a à redouter aucun embarras... O mon père ! j'avais mal compris ton intention ; je t'accusais de dureté pour m'avoir refusé une mission où ton duc d'Albe avait à se distinguer : c'était le commencement de tes bontés pour moi.

ALBE.
Prince, cette parole mériterait...

CARLOS, *l'interrompant.*
Quoi ?

ALBE.
Mais le fils du roi en est dispensé.

CARLOS, *saisissant son épée.*
Ceci demande du sang... L'épée à la main, duc.

ALBE, *froidement.*
Contre qui ?

CARLOS, *vivement et l'attaquant.*
L'épée à la main... ou je vous perce le sein.

ALBE *tire son épée.*
Puisqu'il le faut.

Ils combattent.

~~~~~~

SCÈNE VI.
LA REINE, DON CARLOS, LE DUC D'ALBE.

LA REINE, *épouvantée, et sortant de son appartement.*

Des épées nues !... (*Involontairement elle s'adresse au prince et lui dit avec autorité*) Carlos !
CARLOS, *troublé par l'aspect de la Reine, laisse retomber son bras, demeure sans mouvement et sans parole, puis court au Duc et l'embrasse.*
Réconciliation, duc ; que tout soit oublié.

Il se jette aux pieds de la Reine sans rien dire, se relève vivement, et sort tout troublé.

ALBE *reste immobile de surprise, et ne détourne pas les yeux de dessus eux.*
Par le ciel, cela est fort étrange !

LA REINE. *Après un instant d'inquiétude et de trouble, elle se retire doucement vers son appartement: arrivée à la porte, elle se retourne.*
Duc d'Albe!

Le Duc la suit dans son appartement.

SCÈNE VII.

Le cabinet de la princesse d'Éboli.

LA PRINCESSE, *vêtue avec beaucoup de goût, d'élégance et de simplicité, joue du luth et chante; ensuite arrive* LE PAGE *de la Reine.*

LA PRINCESSE, *se relevant tout-à-coup.*
Il vient.

LE PAGE, *accourant.*
Êtes-vous seule?... Je m'étonne de ne pas le trouver ici; mais il va paraître à l'instant.

LA PRINCESSE.
Doit-il venir?... Ainsi il viendra, cela est décidé?

LE PAGE.
Il suit mes pas... Princesse, vous êtes aimée, aimée comme personne ne le sera, comme personne ne l'a été. De quelle scène j'ai été témoin!

LA PRINCESSE, *impatiente, l'attire à elle.*
Réponds vite. Tu lui as parlé. Réponds, qu'a-t-il dit? comment t'a-t-il reçu? quelles ont été ses paroles? a-t-il paru embarrassé? a-t-il deviné la personne qui lui envoyait la clef?... réponds vite... ou bien ne l'a-t-il pas deviné?... n'a-t-il rien deviné ou a-t-il cru que c'était une autre?.,. Eh bien! tu ne me réponds pas un mot?... Mais fi donc! n'es-tu pas honteux de tant de gaucherie? Je ne te vis jamais si insupportable.

LE PAGE.
Puis-je placer un mot, princesse? Je lui ai remis la clef et le billet dans le premier salon de la reine; il m'a semblé interdit, et m'a regardé lorsque je lui ai dit que je lui étais envoyé par une dame.

LA PRINCESSE.
Il était interdit! très-bien, à merveille! continue, poursuis ton récit.

LE PAGE.
Je voulais en dire davantage, mais alors, en pâlissant, il m'a arraché la lettre des mains, il m'a dit, avec un regard menaçant, qu'il savait tout. Il a lu la lettre avec trouble; d'abord en la lisant il tremblait.

LA PRINCESSE.
Qu'il savait tout? il sait tout?... il a dit cela?

LE PAGE.
Et il m'a demandé trois à quatre fois si c'était vous-même, réellement vous-même, qui m'aviez remis la lettre.

LA PRINCESSE.
Si c'était moi-même?... et ainsi il a prononcé mon nom?

LE PAGE.
Votre nom? non, il ne l'a pas prononcé. Des espions, a-t-il dit, pouvaient épier aux environs et tout rapporter au roi.

LA PRINCESSE, *étonnée.*
Il a dit cela?

LE PAGE.
Il importerait prodigieusement au roi, disait-il, il lui importerait par-dessus tout d'avoir connaissance de cette lettre.

LA PRINCESSE.
Au roi! as-tu bien entendu?... Au roi! est-ce l'expression dont il s'est servi?

LE PAGE.
Oui; il disait que c'était un dangereux mystère; il m'a averti de veiller avec soin sur mes paroles et mes démarches, de peur que le roi ne conçût quelque soupçon.

LA PRINCESSE, *après avoir réfléchi un instant, semble surprise.*
Tout me le prouve; cela ne peut être autrement. Il sait quelque chose de cette aventure; cela est incompréhensible. Qui peut lui avoir révélé? qui? je me le demande? Qui?... celui dont le regard est plus pénétrant, plus clairvoyant, qu'aucun autre : l'amour aux yeux perçans. Mais parle, continue, il a lu le billet.

LE PAGE.
Le billet annonçait, disait-il, un bonheur qui le faisait frémir d'épouvante; jamais il n'avait osé le rêver. Par malheur le duc d'Albe est entré, ce qui nous a forcés...

LA PRINCESSE, *avec anxiété.*
Mais, au nom de Dieu, qu'est-ce que le duc a à faire ici? où est-il retenu? que tarde-t-il? pourquoi ne paraît il pas? Tu es sans doute mal informé. Combien il serait déjà heureux s'il avait profité des instans que tu emploies à me raconter qu'il désire ce bonheur!

LE PAGE.
Je crains que le duc...

LA PRINCESSE.
Encore le duc! qu'a-t-il à faire ici?... qu'a de commun ce vaillant capitaine avec ma secrète félicité?... Ne pouvait-il pas le laisser ou le renvoyer? qui dans le monde n'en eût pas agi ainsi? Ah! vraiment, ton prince connaît aussi mal l'amour que le cœur des femmes. Il ne sait pas ce que sont les minutes. Silence, silence; on vient. Sors, c'est le prince. (*Le Page sort.*) Va, sors; où est mon luth? il faut qu'il me surprenne. Mon chant doit être le signal.

SCÈNE VIII.

LA PRINCESSE, *et bientôt après* DON CARLOS.

La Princesse s'est assise sur une ottomane et joue sur son luth. Carlos entre précipitamment; il reconnaît la Princesse, et reste comme frappé de la foudre.

CARLOS.
Dieu! où suis-je?

LA PRINCESSE. *Elle laisse tomber son luth et va à sa rencontre.*
Eh! prince! il est donc vrai?
CARLOS.
Où suis-je? détestable méprise! ce n'est point l'appartement que je cherchais.
LA PRINCESSE.
Carlos sait bien aviser l'appartement où il doit trouver une femme sans témoins.
CARLOS.
Princesse... excusez-moi, princesse : le premier salon était ouvert.
LA PRINCESSE.
Cela est-il possible? je supposais cependant l'avoir fermé moi-même.
CARLOS.
Vous supposiez : mais vous n'en êtes pas certaine... vous le supposiez seulement, et... vous vous êtes trompée. Vous avez voulu le fermer sans doute, et... je le crois... mais vous ne l'avez point fermé. Assurément... il était ouvert : j'ai entendu quelqu'un jouer du luth... N'était-ce pas du luth?... (*Il regarde autour de lui avec embarras.*) En effet, il est encore là; et... le luth... Dieu m'en est témoin... j'aime les sons du luth avec passion. J'étais tout oreilles, ravi, hors de moi, et je me suis élancé dans ce cabinet, pour voir les beaux yeux de l'aimable chanteuse qui me causait une émotion si vive et si délicieuse.
LA PRINCESSE.
Charmante curiosité, qui cependant... s'est bientôt calmée, comme je puis voir. (*Après un moment de silence, elle reprend d'un ton significatif.*) Ah! je dois estimer l'homme délicat qui, pour épargner la pudeur d'une femme, s'embarrasse dans de tels détours.
CARLOS, *avec confiance.*
Princesse, je sens moi-même que j'aggrave les torts que je cherche à excuser. Épargnez-moi un rôle que je ne saurais remplir. Vous cherchiez dans cet appartement un asile contre la foule; vous vouliez, loin des regards des hommes, vous livrer aux vœux secrets de votre cœur, et moi, l'enfant du mauvais destin, je me montre : aussitôt vos songes charmans s'évanouissent. Ainsi je dois m'éloigner sans tarder davantage.
Il veut sortir.
LA PRINCESSE, *surprise et confondue, mais se remettant bientôt après.*
Prince! ah! cela n'était pas bien.
CARLOS.
Princesse, je comprends ce que signifie votre présence dans ce cabinet, et je respecte cet embarras de la pudeur. Malheur à l'homme qu'enhardit la rougeur d'une femme : quand une femme tremble devant moi, je deviens timide.
LA PRINCESSE.
Est-il possible?... quel scrupule sans exemple dans un jeune homme, dans le fils d'un roi! Oui, prince, maintenant vous devez rester près de moi; maintenant, je vous le demande moi-même. Tant de vertu rassurerait l'inquiétude d'une jeune fille. Savez-vous que votre soudaine apparition m'a troublée au milieu de mon ariette favorite? (*Elle le mène vers le sofa et reprend son luth.*) Il faut, prince, que je la recommence, et votre punition sera de l'écouter.
CARLOS *s'assied, non sans quelque contrainte, auprès de la Princesse.*
Punition aussi désirable que la faute elle-même; et le sujet en était si beau, si céleste, que je l'entendrais volontiers pour la troisième fois.
LA PRINCESSE.
Quoi! vous aviez tout entendu?... Cela est affreux, prince. Les paroles, je crois, étaient sur l'amour.
CARLOS.
Et, si je ne me trompe, sur l'amour heureux. Les plus belles paroles qui puissent sortir d'une belle bouche; mais, sans doute, plus belles que vraies.
LA PRINCESSE.
Point vraies? Ainsi vous en doutez?
CARLOS, *sérieusement.*
Je doute que Carlos et la princesse d'Éboli puissent se comprendre lorsqu'ils parlent de l'amour. (*La Princesse est interdite; il la remarque et continue avec un ton de galanterie légère.*) Car qui pourrait croire, en voyant ces joues de roses, que les passions puissent agiter votre cœur? La princesse Éboli peut-elle courir le danger de soupirer en vain et sans retour? Celui-là seul connaît l'amour, qui aime sans espérance.
LA PRINCESSE, *avec la même gaieté qu'auparavant.*
Finissez, prince! en vérité vous êtes lugubre. Ne semble-t-il pas que ce soit ce malheur qui précisément vous poursuive aujourd'hui? (*Elle lui prend la main avec un tendre intérêt.*) Vous n'êtes pas content, prince: vous souffrez... ô ciel! vous semblez très-souffrant. Est-il possible? et pourquoi souffrir, prince?... Vous, appelé par un titre solennel à l'empire du monde... comblé de tous les dons de la prodigue nature, et de tous les droits aux joies de la vie, vous, fils d'un grand roi; bien plus encore, vous qui, dès le berceau, avez, par les heureux dons de la nature, effacé l'éclat éblouissant de votre rang; vous qui, dans l'opinion des femmes, dans ce tribunal souverain, avez séduit tous vos juges, ces juges qui décident sans appel du mérite et de la gloire des hommes; vous, qui n'avez qu'à jeter un coup d'œil pour triompher; qui savez enflammer, même en restant froid; vous, dont l'amour donnerait le bonheur des dieux, ferait vivre dans le paradis... Quoi! l'homme que la nature a choisi entre mille pour le parer de dons sans pareils, pourrait-il être malheureux! O ciel! toi qui lui donnas tout, pourquoi lui as-tu refusé des yeux pour voir ses triomphes?

CARLOS, *qui pendant tout ce temps-là était tombé dans une distraction profonde, est tout-à-coup rappelé à lui-même par le silence de la Princesse, et se relève en sursaut.*
Charmant, tout-à-fait incomparable, princesse. Chantez-moi ce passage encore une fois.

LA PRINCESSE *le regarde avec surprise.*
Carlos, où donc étiez-vous?

CARLOS, *se levant.*
Oui, certainement; vous me le rappelez à propos. Je dois me rendre, me rendre au plus vite.

LA PRINCESSE, *le retenant.*
Où donc?

CARLOS, *avec une cruelle perplexité.*
Ici... dehors. Laissez-moi... il me semble que l'univers embrasé m'enveloppe d'une sombre vapeur.

LA PRINCESSE *le retient avec force.*
Qu'avez-vous? quel est ce procédé bizarre et imprévu? (*Carlos reste pensif; elle saisit ce moment pour l'attirer vers le sofa.*) Vous avez besoin de repos, cher Carlos; votre sang est agité; asseyez-vous près de moi, chassez ce sombre délire de la fièvre. Si vous vous demandiez avec bonne foi : ma tête sait-elle ce qui oppresse mon cœur?.... Lors même que vous pourriez vous en rendre compte, n'y a-t-il dans cette cour aucun chevalier, aucune femme qui puisse vous soulager... vous comprendre, ai-je voulu dire? aucun n'en est-il digne?

CARLOS, *avec distraction.*
Peut-être la princesse d'Éboli.

LA PRINCESSE, *vivement et avec joie.*
Vraiment!

CARLOS.
Remettez-moi une lettre, une recommandation pour mon père. Oui, donnez-la-moi; on dit que vous avez beaucoup de crédit.

LA PRINCESSE.
Que dit-il?... Ah! c'est ce soupçon qui le rend muet.

CARLOS.
Vraisemblablement l'histoire est déjà publique. J'avais tout-à-coup formé le projet d'aller en Brabant pour... uniquement pour gagner mes éperons... mon père ne le veut pas. Ce bon père craint que si je commande l'armée, ma voix ne se gâte.

LA PRINCESSE.
Carlos, vous vous jouez de moi; vous voulez m'enlacer dans vos artifices. Regardez-moi, hypocrite... là en face. Celui qui ne songerait qu'aux exploits chevaleresques, celui-là, avouez-le, descendrait-il jusqu'à dérober avidement les rubans que laissent tomber les femmes, et, excusez-moi (*elle écarte légèrement la fraise de Carlos et saisit un nœud de ruban qui y était caché.*) et les conserverait-il si précieusement?

CARLOS *se recule avec surprise.*
Princesse, c'en est trop; je suis trahi. On ne peut vous tromper, vous vous entendez avec les malins esprits.

LA PRINCESSE.
Cela vous surprend? rien que cela? Faisons la gageure, prince, que je rappelle à votre cœur des choses, ah!... bien des choses; essayez seulement. Faites-moi des questions. Si les prestiges même de l'imagination, si un accent passager et perdu dans l'air, si un sourire effacé à l'instant même par la réflexion, si un geste, si une attitude où l'âme n'était pour rien, n'ont pu m'échapper, jugez si j'ai compris ce que vous vouliez faire comprendre...

CARLOS.
C'est vraiment se hasarder beaucoup; j'accepte la gageure, princesse. Vous me promettez de découvrir dans mon propre cœur des choses que moi-même je n'ai jamais sues?

LA PRINCESSE, *un peu blessée, et d'un ton sérieux.*
Jamais, prince; pensez-y mieux. Regardez autour de vous. Ce cabinet n'est pas l'appartement de la reine, et l'on n'est pas forcé ici à admirer son joli minois. Vous vous troublez... vous avez rougi tout-à-coup. Ah! certes, qui pourrait être assez pénétrant, assez téméraire, assez oisif pour épier Carlos, lorsque Carlos se croit à l'abri? qui aurait pu remarquer comment, au dernier bal de la cour, il a quitté la reine dont il était le cavalier, et, traversant vivement, est venu prendre la main de la princesse Éboli au lieu de sa royale partenaire? Distraction, prince, que remarqua le roi lui-même, lorsqu'il parut en cet instant.

CARLOS, *avec un sourire ironique.*
Et même le roi? En vérité, chère princesse, cela ne devait pas lui paraître singulier.

LA PRINCESSE.
Pas plus que cette scène de la chapelle du château, dont le prince Carlos ne se souvient pas non plus. Vous étiez prosterné aux pieds de la sainte Vierge, et absorbé dans la prière, quand tout-à-coup... était-ce votre faute? la robe d'une certaine dame fait du bruit derrière vous : alors voici le valeureux fils de don Philippe qui commence à trembler, comme un hérétique devant le saint office; la prière sans ferveur expire sur ses lèvres pâlissantes. Dans le transport de la passion,... c'était une comédie attendrissante,... vous saisîtes la sainte et froide main de la mère de Dieu, et des baisers brûlans s'imprimèrent sur le marbre.

CARLOS.
Vous me jugez mal, princesse; c'était piété.

LA PRINCESSE.
Oh! oui! alors, c'est tout autre chose. C'est sans doute aussi la crainte de perdre qui, lorsque Carlos était au jeu, avec la reine et moi, lui fit dérober mon gant avec une merveilleuse dextérité, (*Carlos se lève tout troublé*) et le moment d'après... il le jeta sur la table au lieu de sa carte.

CARLOS.
O Dieu! Dieu! qu'ai je fait là?

LA PRINCESSE.
Rien que vous déviez désavouer, j'espère. Combien je fus agréablement surprise, lorsque, sans

y penser, je trouvai sous mes doigts un billet que vous aviez su cacher dans le gant : c'était la plus touchante romance. Ah! prince!

CARLOS, *l'interrompant tout-à-coup.*

Des vers : rien de plus. Il s'échappe parfois de mon cerveau des bluettes aussitôt éteintes qu'allumées, c'était tout. Ne parlons plus de cela.

LA PRINCESSE *recule tout étonnée, et l'observant de plus loin pendant un instant.*

Je suis à bout... Toutes mes tentatives glissent sur cet homme bizarre et ondoyant. (*Elle se tait un moment.*) Mais quoi? ne serait-ce pas une prodigieuse vanité qui, pour rendre ses jouissances plus douces, aurait pris le masque de la timidité? Oui. (*Elle s'approche du Prince et l'examine d'un air de doute.*) Enfin, prince, daignez m'éclaircir. Je suis arrêtée devant une porte enchantée, qu'aucune clef ne peut ouvrir.

CARLOS.

Comme moi devant vous.

LA PRINCESSE *le quitte brusquement. Elle se promène en silence dans le cabinet, et paraît préoccupée de quelque pensée forte. Enfin, après quelques instans, elle s'adresse à lui d'un ton sérieux et solennel.*

Enfin il le faut : je dois me résoudre à parler. Je vous prends pour mon juge. Vous avez un noble cœur, vous êtes un homme, un prince, un chevalier : je me jette entre vos bras. Vous me sauverez, prince; et si je suis perdue sans ressource, vous prendrez part à mes peines,... vous me pleurerez. (*Le Prince se rapproche d'elle avec curiosité, intérêt et surprise.*) Un impudent favori du roi recherche ma main ; Ruy Gomez, comte de Sylva. Le roi le veut : le marché est conclu; je suis vendue à son valet.

CARLOS, *vivement.*

Vendue? et toujours vendue! et vendue par celui qui fait de tout, en Espagne, un illustre trafic!

LA PRINCESSE.

Non; écoutez tout d'abord; ce n'est pas assez qu'on me sacrifie à la politique, on en veut encore à ma vertu. Tenez, cet écrit pourra démasquer ce saint homme... *Carlos prend le papier, mais son impatience ne lui permet pas de le lire, et il continue à écouter le récit de la Princesse.*) Où trouver mon salut, prince? Jusqu'ici mon orgueil a sauvé ma vertu ; mais enfin...

CARLOS.

Vous avez cédé?.. Cédé, non, non, par le ciel! non!

LA PRINCESSE.

Cédé à qui ?... misérable calcul! sottise de ces grands esprits! Estimer les faveurs d'une femme, le bonheur de l'amour, à l'égal d'une marchandise qui peut être achetée! L'amour est la seule chose ici-bas qui ne souffre pas d'autre acheteur que lui-même; l'amour est le prix de l'amour. C'est le trésor inestimable que je veux donner, ou enfouir sans en jamais jouir, tel que ce célèbre marchand qui, insensible à tout l'or du Rialto, et se raillant des rois, rejeta sa perle dans les trésors de la mer, trop fier pour la vendre au-dessous de sa valeur.

CARLOS.

Dieu tout-puissant! cette femme est belle!

LA PRINCESSE.

On appellera cela caprice ou vanité; qu'importe? Je ne veux point faire deux parts de mes plaisirs. Je donnerai tout, tout, à l'homme, au seul homme que je me serai choisi : je donnerai une fois, mais pour toujours. Mon amour ne fera qu'un heureux, qu'un seul, mais je veux que ce soit pour lui le bonheur céleste. La ravissante harmonie des âmes, les caresses, les douces voluptés d'un instant propice, la sublime, la divine magie de la beauté, sont le faisceau des couleurs d'un même rayon, sont les feuilles d'une même fleur; et moi, insensée, j'irais sacrifier et arracher de mon calice une des feuilles de cette noble fleur? J'irais dégrader la majestueuse dignité de la femme, de ce chef-d'œuvre du Créateur, jusqu'à récréer les derniers jours d'un vieux débauché!

CARLOS.

Cela est inouï !... Quoi! Madrid possédait une telle femme, et je m'en aperçois aujourd'hui pour la première fois!

LA PRINCESSE.

Depuis long-temps j'aurais abandonné la cour, abandonné le monde, je me serais ensevelie dans un saint cloître ; mais il me reste un seul lien... un lien tout-puissant qui m'attache à ce monde. Hélas! un fantôme peut-être, mais il m'est cher : j'aime, et je ne suis pas aimée.

CARLOS, *avec feu, et s'approchant d'elle.*

Vous l'êtes! aussi vrai qu'un Dieu est au ciel... Vous l'êtes, et au-delà de toute expression!

LA PRINCESSE.

Vous! vous le jurez! Ah! c'est la voix de mon ange protecteur. Oui, si vous le jurez, Carlos, je vous croirai. Alors, je vous aime.

CARLOS *la presse dans ses bras avec tendresse.*

Douce et noble fille! adorable créature! te voir, t'entendre, tout me ravit, tout me confond d'admiration. Qui a pu te voir, qui a pu voir qu'il y avait sous le ciel un être tel que toi... peut-il se vanter de n'avoir jamais aimé? cependant ici, à la cour de Philippe; cependant ici, que viens-tu faire, ange charmant? Ici, parmi ces moines, et sous ce joug monacal! ce n'est pas ici le climat d'une telle fleur; ils la flétriraient! oui, ils la flétriraient! j'en suis sûr. Mais non, aussi vrai que je respire, non : je te prends dans mes bras, je te porterai dans mes bras à travers tous ces démons et leur enfer! Oui, je serai ton ange protecteur.

LA PRINCESSE, *avec un regard d'amour.*

Ah! Carlos, que je vous connaissais peu! combien votre noble cœur récompense magnifiquement ce qu'on a souffert pour l'entendre!

Elle lui prend la main et veut la baiser.

CARLOS, *retirant sa main.*

Princesse, à votre tour, où donc étiez-vous?

LA PRINCESSE, *avec grâce et finesse, et regardant fixement sa main.*

Que cette main est belle! qu'elle a de richesses! Prince! cette main a encore deux précieux dons à faire : une couronne, et le cœur de Carlos ; et tous deux peut-être à une seule mortelle!... à une seule, un si magnifique, un si divin présent! Eh quoi! prince, si vous vous décidiez à faire un partage, les reines savent mal aimer ; et la femme qui sait aimer s'entend mal à régner. Ainsi, prince, il faut partager, et aujourd'hui, aujourd'hui même... Comment! serait ce déjà fait? réellement déjà? Cela est encore mieux. Et connaîtrai-je l'heureuse personne...

CARLOS.

Tu la connaîtras. Je me découvrirai à toi, noble fille ; je me découvrirai à ce cœur innocent, sincère et pur. Au milieu de cette cour, tu es la première, la seule qui soit digne de connaître mon ame tout entière. Oui, je ne le nie point, j'aime.

LA PRINCESSE.

Méchant homme! cet aveu était-il si pénible? Ah! j'étais digne de pitié quand tu me trouvais digne d'amour.

CARLOS, *surpris.*

Quoi! que dites-vous?

LA PRINCESSE.

Se jouer ainsi de moi!... Ah! vraiment, prince, cela n'était pas bien. Jusqu'à nier la clef!

CARLOS.

La clef! la clef. (*Après un moment de réflexion.*) Oui... ainsi c'était... Maintenant je vois... ô mon Dieu!

Ses genoux fléchissent ; il s'appuie à un fauteuil, et se cache le visage.

LA PRINCESSE, *après un long silence, pousse un cri et s'évanouit.*

Malédiction! qu'ai-je fait?

CARLOS, *se relevant, et avec un accent de vive douleur.*

Être ainsi précipité du ciel, que j'avais rêvé!... Ah! cela est affreux!

LA PRINCESSE, *se cachant le visage.*

Qu'ai-je découvert? Dieu!

CARLOS *se jette à genoux devant elle.*

Je ne suis point coupable, princesse. . La passion... une funeste méprise... Par le ciel! je ne suis point coupable!

LA PRINCESSE *le repousse.*

Au nom de Dieu! laissez-moi.

CARLOS.

Jamais! Vous abandonner dans ce trouble affreux!

LA PRINCESSE, *le repoussant avec violence.*

Par générosité, par compassion, laissez-moi.... Voulez-vous me tuer par votre odieux aspect? (*Carlos veut sortir.*) Rendez-moi ma lettre et la clef. Où est l'autre lettre?

CARLOS.

L'autre lettre? quelle autre?

LA PRINCESSE.

Celle du roi.

CARLOS.

De qui?

LA PRINCESSE.

Celle que vous tenez de moi à l'instant.

CARLOS.

Du roi? et à qui? à vous?

LA PRINCESSE.

O ciel! dans quel horrible embarras je suis! La lettre... je veux la ravoir.

CARLOS.

Du roi, et à vous?

LA PRINCESSE.

La lettre, au nom du ciel!

CARLOS.

Celle qui devait démasquer quelqu'un à mes yeux.

LA PRINCESSE.

Je suis morte... Rendez-la-moi.

CARLOS.

La lettre?

LA PRINCESSE, *se tordant les mains de désespoir.*

Insensée! dans quel péril je me suis jetée!

CARLOS.

La lettre?... Elle vient du roi... Ah! princesse, cela change tout. La voici (*il la tient à la main, et la regarde avec joie*) cette inestimable, cette terrible, cette chère lettre ; toutes les couronnes de Philippe auraient trop peu de poids, trop peu de valeur pour la racheter, cette lettre!... je la tiens.

Il sort.

LA PRINCESSE, *se jetant au-devant de lui.*

Grand Dieu! je suis perdue!

SCÈNE IX.

LA PRINCESSE, *seule.*

Elle demeure un moment interdite et hors d'elle-même, puis, après que le Prince est sorti, elle s'élance sur ses pas et veut le retenir.

Prince, encore un mot; prince, écoutez-moi... Il s'éloigne... Et encore cela!... Il me méprise... Me voilà dans un isolement affreux, repoussée, rejetée..... (*Elle tombe dans un fauteuil, puis après un moment de silence :*) Non... mais sacrifiée, sacrifiée à une rivale. Il aime ; plus de doute ; lui-même en a fait l'aveu... Mais quelle est cette heureuse femme?... Il est visible que son amour est contraire à son devoir : il craint d'être découvert; sa passion se cache du roi... Pourquoi du roi, qui, au contraire, désirait le voir amoureux? ou bien dans son père, ne serait-ce pas le père qui effraie? .. Quand je lui ai révélé les honteuses propositions du roi, sa physionomie a exprimé la joie, il a semblé content et heureux... D'où vient que sa vertu sévère n'a pas fait entendre un blâme sur cela... sur cela même? Quel avantage lui en reviendrait-il, si le roi, infidèle à la reine... (*Elle s'arrête tout-à-coup comme saisie d'une idée sou-*

daine; *en même temps elle tire de son sein le ruban qu'elle a pris à Carlos, l'examine et le reconnaît.*) Insensée que j'étais! Maintenant enfin, maintenant... Où avais-je l'esprit? Maintenant mes yeux s'ouvrent... Ils s'aimaient long-temps avant que le roi l'eût choisie. Jamais le prince ne m'a vue sans elle... et moi qui me croyais si véritablement, si ardemment adorée, lorsque c'était d'elle qu'il s'agissait! O tromperie sans exemple! Et je lui ai décelé ma faiblesse!... (*Elle se tait un instant.*) Aimerait-il sans aucune espérance?... Je ne puis le croire.. Un amour sans espoir n'eût point résisté à cette épreuve. Posséder un cœur qui repousse et dédaigne le plus puissant monarque du monde : on ne fait pas un tel sacrifice à un amour sans espérance..... Que d'ardeur dans son embrassement!... avec quel charme il m'a pressée sur son cœur palpitant! Ah! la tentation eût été trop forte pour une fidélité romanesque, si elle n'était pas payée de retour!... Il a pris la clef comme s'il eût été persuadé que la reine la lui envoyait : il croyait donc son amour au point de franchir cette dernière limite... Il est venu, il est venu en effet, pensant que la femme de Philippe avait abjuré les lois de la raison. Comment l'eût-il osé, si de fortes preuves ne l'eussent encouragé?... Cela est clair. Il est écouté; elle aime... Par le ciel, cette sainte est devenue sensible. Qu'elle est habile!... Moi-même je tremblais devant l'apparence hautaine et imposante de sa vertu: je m'humiliais devant cet être supérieur; je m'effaçais devant sa gloire; j'enviais à sa beauté ce calme céleste affranchi de toutes les agitations de la nature humaine... et ce calme n'était qu'une apparence, et elle voulait s'accorder à la fois une double jouissance; elle voulait conserver les dehors imposans de la vertu, et ne point se refuser les plaisirs secrets du vice. Telle était son audace; et cette hypocrisie resterait inconnue et jouirait du succès! du succès!.... et cela parce qu'aucun vengeur ne se rencontrerait! Non, certes... Je la révérais... cela demande vengeance. Le roi saura cette fourberie... le roi.... (*Après un moment de réflexion.*) Oui... c'est un moyen d'obtenir sa confiance.

Elle sort.

SCÈNE X.
Un appartement dans le palais du Roi.
LE DUC D'ALBE, DOMINGO.

DOMINGO.
Qu'avez-vous à me dire?

ALBE.
Une découverte importante que j'ai faite aujourd'hui, et d'après laquelle j'aurais une résolution à prendre.

DOMINGO.
Quelle découverte? et de quoi s'agit-il?

ALBE.
Le prince Carlos, et moi nous sommes rencontrés ce matin dans le salon de la reine... Je suis offensé; nous nous animons, le débat devient bruyant, nous tirons nos épées; la reine à ce bruit sort de chez elle, s'avance entre nous, jette un regard sur le prince avec toute la confiance d'une autorité irrésistible : ce n'a été qu'un seul regard; son bras demeure immobile, il vole dans mes bras, il m'embrasse tendrement, il disparaît.

DOMINGO, *après un instant de silence.*
Cela est fort suspect... Duc, vous me ramenez vers une idée, une idée que, je l'avoue, j'avais depuis long-temps conçue; j'avais chassé ce rêve, je ne l'ai jamais confié à personne. Il y a des glaives à deux tranchans, des amis douteux, et je les crains; il est difficile de connaître les hommes... encore plus difficile de les pénétrer : des paroles légèrement reportées peuvent ne paraître qu'une confidence injurieuse. J'ai donc enseveli mon secret jusqu'à ce que le temps de le mettre au jour soit venu. Il est certains services qu'il est dangereux de rendre aux rois... Il y a des traits qui, lorsqu'ils manquent le but, reviennent frapper celui qui les a témérairement lancés. Ce que j'ai à dire, il faut pouvoir le jurer sur l'hostie. Un témoignage oculaire, un mot surpris, un écrit pèsent plus dans la balance que mon sentiment intime. Par malheur, nous sommes sur le sol de l'Espagne.

ALBE.
Pourquoi par malheur?

DOMINGO.
Dans toute autre cour, les passions pourraient s'oublier : ici tout leur rappelle la sévérité des lois; une reine d'Espagne a de la peine à faillir. Je suis convaincu, mais par malheur il s'agit justement, tout justement, d'une chose qu'un heureux hasard peut seul nous faire découvrir.

ALBE.
Écoutez-moi. Carlos a vu le roi aujourd'hui; l'audience a duré une heure; il demandait le gouvernement des Pays-Bas; il le demandait avec chaleur et vivacité; je l'entendais du cabinet; ses yeux étaient rougis par les larmes, lorsque je me suis rencontré avec lui à la porte. Le soir il avait un air de triomphe; il est ravi que le roi m'ait préféré; il est reconnaissant... La chose est différente, dit-il, et tout n'en ira que mieux. Il ne sait pas feindre; d'où peut donc provenir cette contradiction?... Le prince est tout joyeux de ne pas avoir été préféré, et le roi m'accorde une grâce avec tous les signes de sa colère. Que dois-je croire?... Vraiment, cette dignité nouvelle ressemble à un exil plutôt qu'à une faveur.

DOMINGO.
La chose en serait à ce point? à ce point? un instant aurait renversé ce que nous avons construit durant des années? et vous êtes si calme, si résigné? Connaissez-vous ce jeune homme? prévoyez-vous ce qui arrivera s'il a jamais le pouvoir? Le prince! je ne suis pas son ennemi, aucun autre souci ne trouble mon repos que le soin du

trône, de Dieu et de son Église. L'infant! je le connais, j'ai pénétré son âme, il couve un horrible projet, duc, le projet épouvantable de se faire régent et de se soustraire à notre sainte foi. Son cœur s'est enflammé pour des vertus nouvelles qui, orgueilleuses et s'assurant sur elles-mêmes, n'implorent aucune croyance. Il pense ; sa tête brûle pour de bizarres chimères ; il honore l'homme. Duc, convient-il pour devenir notre roi?

ALBE.

Fantômes, et rien de plus! L'orgueil d'un jeune homme qui peut-être veut jouer un rôle, et qui n'a que ce parti à embrasser; tout cela passera quand une fois son tour de commander sera venu.

DOMINGO.

J'en doute. Il est fier de sa liberté, et ne se soumet point au joug par lequel on apprend à soumettre aussi les autres au joug. Convient-il à notre trône? Cet esprit audacieux et gigantesque franchira toutes les limites de notre habile politique. Vainement j'ai tenté d'énerver pendant sa jeunesse dans les voluptés ce courage orgueilleux; il a résisté à cette épreuve. On frémit de voir une telle âme avoir tant de vigueur..... et Philippe va avoir soixante ans.

ALBE.

Vos regards s'étendent trop loin.

DOMINGO.

Lui et la reine ne sont qu'un. Le poison des nouveautés s'est déjà glissé, s'est déjà caché dans leurs cœurs ; il a bien rapidement conquis du terrain, et il atteindra le trône. Je connais cette Française. Craignons toute la vengeance de cette secrète ennemie si Philippe montre de la faiblesse. La fortune nous est encore favorable; profitons-en. Enveloppons-les tous les deux dans le même piége,..... Qu'aujourd'hui un avis donné au roi....., Prouvé ou non prouvé, ce sera gagner beaucoup que de l'inquiéter. Nous, nous ne doutons pas. Lorsqu'on est convaincu, il n'est pas difficile de convaincre. Il est infaillible que nous en découvrirons davantage, puisque nous sommes déjà assurés que nous avons des découvertes à faire.

ALBE.

Mais il reste encore à régler la chose la plus importante. Qui prendra sur lui d'instruire le roi?

DOMINGO.

Ni vous ni moi. Apprenez aussi ce que depuis long-temps, plein de mes grands projets, j'ai su, avec une tranquille patience, préparer pour le succès. Il manque encore, pour compléter notre ligue, un troisième personnage : le plus important. Le roi aime la princesse Éboli. Je nourris cette passion qui sert mes vues. Je suis chargé de ses intérêts; je l'entraînerai dans notre projet. Cette jeune dame, si mes soins réussissent, sera notre auxiliaire, deviendra notre reine. Peut-être en une seule nuit une fille espagnole brisera-t-elle les lis des Valois.

ALBE.

Qu'entends-je? est-ce une réalité? ai-je bien entendu? Par le ciel! je demeure étonné! Oui, le coup est décisif. Mon père, je suis en admiration devant vous. Maintenant la partie est à nous.

DOMINGO.

Silence! qui vient? C'est elle... elle-même.

ALBE.

Je serai dans la pièce voisine, et lorsque...

DOMINGO.

Fort bien. Je vous appellerai.

Le duc d'Albe sort.

SCENE XI.

LA PRINCESSE, DOMINGO.

DOMINGO.

Je me rends à vos ordres, princesse.

LA PRINCESSE, *après avoir suivi d'un regard curieux le Duc, qui se retire.*

Ne sommes-nous pas absolument seuls? Vous étiez avec quelqu'un, je le vois.

DOMINGO.

Comment?

LA PRINCESSE.

Qui donc vient de vous quitter tout-à-l'heure?

DOMINGO.

Le duc d'Albe, princesse, qui demande la permission d'être admis après moi.

LA PRINCESSE.

Le duc d'Albe? Que veut-il? que peut-il vouloir? vous saurez peut-être me le dire?

DOMINGO.

Moi! et saurai-je auparavant quelle occasion importante me procure le bonheur long-temps refusé de me retrouver avec la princesse d'Éboli? (*Il attend un instant la réponse de la Princesse.*) Puis-je savoir si quelque circonstance vous a enfin rendue favorable aux vœux du roi? Puis-je espérer avec quelque fondement que de plus sages réflexions vous ont réconciliée avec des propositions rejetées par humeur, par pur caprice? Je viens plein d'espoir.

LA PRINCESSE.

Avez-vous porté au roi ma dernière réponse?

DOMINGO.

J'ai différé de lui porter une si mortelle atteinte. Princesse, il est temps encore : vous pouvez la lui épargner.

LA PRINCESSE.

Avertissez le roi que je l'attends.

DOMINGO.

Puis-je croire que cela soit sérieux, belle princesse?

LA PRINCESSE.

Et pourquoi serait-ce autre chose qu'un jeu? Au nom du ciel! vous m'inquiétez. Eh quoi!

qu'ai-je donc fait pour que celui-ci, même celui-ci, change de visage?
DOMINGO.
Princesse, ma surprise... A peine je puis concevoir...
LA PRINCESSE.
En effet, vous ne devez pas me comprendre : pour tous les biens du monde, je ne voudrais pas que vous m'eussiez comprise. C'est assez pour vous de savoir que la chose est ainsi ; épargnez-vous la peine de rechercher à l'éloquence de qui vous devez rendre grâce de ce changement. J'ajoute, pour vous consoler, que vous n'avez aucune part à ma faute, pas plus que l'Église ; bien que vous m'ayez démontré qu'il y avait des cas où l'Église savait employer, pour une pieuse fin, même jusqu'à la personne des jeunes filles. Non, ce n'est pas cela : des motifs si dévots sont trop au-dessus de moi, mon père.
DOMINGO.
J'y renonce très-volontiers, princesse, puisqu'ils sont superflus.
LA PRINCESSE.
Dites de ma part au roi que je le prie dans tout ceci de ne point méconnaître qui je suis : ce que j'ai été, je le suis encore. La situation des choses a seulement changé depuis. Lorsque je repoussai ses offres avec indignation, je le croyais heureux époux de la plus belle des reines ; je croyais qu'une fidèle épouse méritait ce sacrifice de ma part. Je le croyais alors... alors ; peut-être maintenant *suis-je mieux informée*.
DOMINGO.
Princesse, poursuivez. Je comprends ; nous nous entendons.
LA PRINCESSE.
C'est assez. Elle est découverte. Je ne l'épargnerai pas plus long-temps : la fourbe est découverte. Le roi, l'Espagne entière et moi, elle nous a tous trompés. Elle aime, je le sais ; elle aime : j'ai des preuves qui la font trembler. Le roi est trompé. Au nom du ciel, qu'il ne reste pas sans vengeance ! je lui arracherai ce masque d'abnégation sublime et surnaturelle, et tout le monde verra le front de la coupable. Il m'en coûtera un prix inestimable ; mais ce qui m'enchante, ce qui fait mon triomphe, c'est qu'à elle il lui en coûtera davantage encore.
DOMINGO.
Maintenant tout est mûr. Permettez que j'appelle le duc.

Il sort.

LA PRINCESSE, *étonnée.*
Qu'est-ce donc?

~~~~~~~~~~~~~~~~~~~~~~~~~~~~~~~~~~~

SCÈNE XII.
LA PRINCESSE, LE DUC D'ALBE, DOMINGO.
DOMINGO, *ramenant le Duc.*
Nos nouvelles sont surannées, duc d'Albe. La princesse Éboli nous révèle un secret qu'elle devait apprendre de nous.

ALBE.
Ma présence la surprendra d'autant moins. Je ne me fiais pas à mes propres yeux. L'œil d'une femme pouvait seul faire une telle découverte.
LA PRINCESSE.
Que parlez-vous de découverte?
DOMINGO.
Nous souhaiterions savoir, princesse, quel lieu... quelle heure plus favorable...
LA PRINCESSE.
Eh bien ! je vous attends demain à midi. J'ai des raisons pour ne pas cacher plus long-temps ce coupable mystère, de ne pas le taire plus long-temps au roi.
ALBE.
C'est cela même qui me conduit ici. Le roi doit être instruit sur-le-champ, et par vous ; par vous, princesse ; il le faut. A qui croira-t-il plus qu'à la sévère et vigilante compagne de sa femme?
DOMINGO.
Encore bien plus à celle qui, dès qu'elle le voudra, exercera sur lui un pouvoir sans bornes.
ALBE.
Je suis l'ennemi déclaré du prince.
DOMINGO.
C'est ce qu'on a aussi l'habitude de m'opposer. La princesse d'Éboli est à l'abri d'un tel soupçon... Quand nous devons nous taire, vous êtes obligé de parler par votre devoir, par le devoir de votre charge ; le roi ne pourra nous échapper ; vos avis commenceront, puis nous achèverons l'affaire.
ALBE.
Mais il faut que cela se fasse bientôt, à l'instant même ; les momens sont précieux. Chaque heure peut m'apporter l'ordre de partir.
DOMINGO, *après un moment de réflexion, et se tournant vers la Princesse.*
Si l'on pouvait trouver des lettres ? des lettres de l'Infant qui seraient saisies opéreraient un grand effet. — Voyons, n'est-ce pas vrai ? oui. — Vous couchez, ce me semble, dans la chambre même de la reine ?
LA PRINCESSE.
Près de sa chambre. Mais que fait cela?
DOMINGO.
Quelqu'un qui aurait l'habitude d'ouvrir les serrures... Avez-vous remarqué où elle place d'habitude la clef de sa cassette ?
LA PRINCESSE, *réfléchissant.*
Cela pourrait conduire à quelque chose... Oui, la clef pourrait se trouver, je pense.
DOMINGO.
Pour porter des lettres il faut des messagers. La suite de la reine est nombreuse... Si l'on pouvait se mettre sur la trace... L'or pourrait beaucoup sans doute.
ALBE.
Personne ne connaît-il de confidens au prince ?
DOMINGO.
Pas un, pas un dans tout Madrid.

ALBE.
Cela est étrange!

DOMINGO.
Vous pouvez m'en croire, il méprise toute la cour; j'en ai des preuves.

ALBE.
Cependant je me rappelle à l'instant même que lorsque je suis sorti de la chambre de la reine, l'Infant était avec un de ses pages; ils se parlaient fort mystérieusement.

LA PRINCESSE, *l'interrompant vivement.*
Non, mais non, c'était.... il s'agissait de toute autre chose.

DOMINGO.
Pourrions-nous le savoir?... Cette circonstance m'est suspecte. *(Au Duc.)* Et connaissez-vous ce page?

LA PRINCESSE.
Enfantillages! Que voulez-vous que ce puisse être? il suffit, je sais ce que c'est. Nous nous reverrons donc avant que je parle au roi; en attendant, on pourrait savoir beaucoup.

DOMINGO, *la tirant à part.*
Et que doit espérer le roi? puis-je lui annoncer? n'est-ce pas? Et puis-je enfin lui dire l'heure fortunée où ses désirs seront comblés?... Cela se peut-il aussi?

LA PRINCESSE.
Dans quelques jours je serai malade; on me séparera de la personne de la reine, c'est l'usage de notre cour, comme vous savez; et alors je me tiendrai dans mon appartement.

DOMINGO.
Parfaitement; la grande partie est gagnée, je brave maintenant toutes les reines du monde.

LA PRINCESSE.
Écoutez, on me demande; la reine a besoin de moi; au revoir.
Elle sort.

SCÈNE XIII.
ALBE, DOMINGO.

DOMINGO, *après avoir suivi des yeux la Princesse.*
Avec ce teint de rose et avec vos batailles, duc...

ALBE.
Et votre Dieu, mon père. Attendons de la sorte la foudre qui devait nous frapper.
Ils sortent.

SCÈNE XIV.
Un cloître de chartreux.
DON CARLOS, LE PRIEUR.

CARLOS, *au Prieur, en entrant.*
Il est donc déjà venu? Cela m'afflige.

LE PRIEUR.
Trois fois depuis ce matin; il est parti depuis une heure.

CARLOS.
Mais reviendra-t-il? ne l'a-t-il pas dit?

LE PRIEUR.
Avant midi; il l'a promis.

CARLOS, *s'approchant d'une fenêtre et regardant le site.*
Votre couvent est éloigné de la route; de ce côté on aperçoit encore les clochers de Madrid, et là coule le Mançanarès. Ce site me plaît; tout ici est tranquille et mystérieux.

LE PRIEUR.
Comme l'entrée dans l'autre vie.

CARLOS.
Mon père, j'ai confié à votre probité ce que j'ai de plus précieux, de plus sacré. Aucun mortel ne doit savoir, ne doit même soupçonner qui j'entretiendrai ici secrètement. J'ai de puissants motifs pour cacher au monde entier quel homme j'attends ici. C'est pour cela que j'ai choisi ce cloître. Nous y sommes sans doute à l'abri des trahisons et des surprises? Vous vous rappelez ce que vous m'avez juré?

LE PRIEUR.
Fiez-vous à nous, prince; le soupçon des rois ne va pas chercher dans les tombeaux. La curiosité ne prête l'oreille qu'aux portes de la prospérité ou des passions humaines : le monde finit à ces murs.

CARLOS.
Penseriez-vous que ces précautions, ces inquiétudes cachent une conscience coupable?

LE PRIEUR.
Je ne pense rien.

CARLOS.
Vous vous tromperiez, mon père... vous vous tromperiez beaucoup : mon secret redoute les hommes, mais non pas Dieu.

LE PRIEUR.
Mon fils, cela nous importe bien peu. Cet asile est ouvert au crime comme à l'innocence. Ce qui t'occupe est-il bon ou mauvais, légitime ou criminel, c'est l'affaire de ton propre cœur.

CARLOS, *avec chaleur.*
Ce que nous cachons ne peut offenser votre Dieu : il s'agit de son ouvrage, de son plus bel ouvrage... A vous, à vous seul je puis tout découvrir.

LE PRIEUR.
A quoi bon? Dispensez-m'en, cher prince; le monde et tous ses embarras sont depuis longtemps fermés et emballés pour le grand voyage. Pourquoi rouvrir encore une fois les coffres?... Il faut si peu pour celui qui n'aspire qu'à la béatitude! La cloche sonne l'heure de la prière, je m'y rends.
Le Prieur sort.

SCÈNE XV.

DON CARLOS; LE MARQUIS DE POSA entre.

CARLOS.
Ah! te voici enfin!

LE MARQUIS.
Quelle épreuve pour l'impatience d'un ami!.... Deux fois le soleil s'est levé, deux fois la nuit est venue depuis que le sort de mon cher Carlos est décidé. Et c'est maintenant, pour la première fois maintenant, que je vais l'apprendre. Parle. Vous voilà réconciliés?

CARLOS.
Qui?

LE MARQUIS.
Toi et le roi. Et quant à la Flandre, il est décidé...

CARLOS.
Que le duc s'y rendra demain. Cela est ainsi.

LE MARQUIS.
Cela ne peut être; cela n'est pas. Tout Madrid serait-il dans l'erreur? Tu as eu une audience secrète, dit-on? Le roi...

CARLOS.
Demeure inflexible; nous sommes divisés pour toujours, et plus que nous ne l'étions auparavant.

LE MARQUIS.
Tu ne pars point pour la France?

CARLOS.
Non, non, non.

LE MARQUIS.
O mes espérances!

CARLOS.
Laissons cela.... O Rodrigue! depuis que nous nous sommes quittés, que de choses dans ma vie! Mais avant tout je te demande un conseil : je veux lui parler.

LE MARQUIS.
A ta mère? Non. Et pourquoi?

CARLOS.
J'ai une espérance. Tu pâlis; calme-toi; je dois être heureux et je le serai... Mais ceci sera pour une autre fois; maintenant trouve un moyen pour que je lui parle.

LE MARQUIS.
Qu'est-ce donc? sur quoi se fonde ce nouveau rêve du délire?

CARLOS.
Ce n'est point un rêve!... par le Dieu des miracles, ce n'en est pas un; c'est la vérité, la vérité (*il lui présente la lettre du Roi à la princesse d'Éboli*) : elle est attestée par cet important écrit. La reine est libre aux yeux des hommes comme aux yeux du ciel; elle est libre. Lis cela, et tu cesseras d'être étonné.

LE MARQUIS, *ouvrant la lettre*.
Quoi! que vois-je?..... La propre main du roi? (*Après qu'il a lu.*) Et pour qui cette lettre?

CARLOS.
A la princesse d'Éboli... Avant-hier un page de la reine me remet une lettre et une clef de la part d'une inconnue... On me désigne, dans l'aile gauche du palais, occupée par la reine, un cabinet où m'attend une dame que j'aime depuis longtemps. Je suis à l'instant cette indication.

LE MARQUIS.
Insensé, tu la suis?

CARLOS.
Je ne connaissais point l'écriture, je ne sais qu'une seule femme... quelle autre qu'elle pouvait se croire adorée de Carlos? Plein d'une douce ivresse, je vole au lieu indiqué; un chant céleste qui se faisait entendre de l'intérieur de l'appartement me sert de guide, j'ouvre la porte, et qui vois-je? juge de mon effroi!

LE MARQUIS.
Ah! je devine tout.

CARLOS.
J'étais perdu sans ressource, Rodrigue, si je n'étais tombé dans les mains d'un ange. Quel funeste hasard! Trompée par le langage imprudent de mes yeux, elle s'abandonne à une douce illusion et se croit l'idole de mes regards ; touchée des tourmens secrets de mon âme, son cœur imprévoyant et généreux a la faiblesse de me récompenser par l'amour; la timidité lui parait être la cause de mon silence, elle a l'imprudence de le rompre, elle m'ouvre son noble cœur.

LE MARQUIS.
Et tu racontes cela si tranquillement? La princesse d'Éboli t'a pénétré! Sans nul doute elle a démêlé les plus intimes secrets de ton amour. Tu l'as cruellement offensée : elle dispose du roi.

CARLOS, *avec confiance*.
Elle est vertueuse.

LE MARQUIS.
Elle l'est dans l'intérêt de son amour. Je crains beaucoup cette vertu ; je la connais. Qu'elle est loin de la vertu idéale qui, naissant de l'âme comme de son sol maternel, croissant avec grâce et fierté, s'élève librement sans le secours de la culture, et produit une moisson de fleurs! C'est un rameau étranger qui, accoutumé à l'air du midi, a été transplanté dans un rude climat. Éducation, principes, nomme-la comme tu voudras, c'est une innocence acquise, disputée avec habileté et dans de pénibles combats à la chaleur du sang, marchandée strictement et sans abandon avec le ciel, qui l'exige et qui la paie. Juge-s-en toi-même, la princesse pourra-t-elle jamais pardonner à la reine qu'un homme ait rejeté le sacrifice de sa vertu pénible et combattue pour honorer la femme de Philippe par une flamme sans espérance?

CARLOS.
Connais-tu si bien la princesse?

LE MARQUIS.
Non, assurément. A peine je l'ai vue deux fois ; mais permets que je te dise un mot encore : il m'a

paru qu'elle évitait habilement la honte du vice et qu'elle connaissait très-bien les apparences de la vertu. J'ai observé la reine aussi. Ah! Carlos, combien est différent ce que j'ai remarqué en elle! Tranquille dans un sentiment inné de l'honneur, aussi éloignée d'une insouciante légèreté que des calculs étudiés de la convenance, étrangère à la témérité comme à la crainte, elle marche d'un pas ferme et héroïque dans le sentier étroit du bien, ignorant qu'elle impose l'admiration, alors même qu'elle ne se flatte point de son propre suffrage. Mon cher Carlos retrouve-t-il sa princesse Éboli dans ce portrait? La princesse était sans reproche, parce qu'elle aimait. L'amour était expressément stipulé dans sa vertu ; tu n'as point acquitté ce prix, elle succombera.

CARLOS, *avec un peu de vivacité.*
Non, non, (*après avoir fait quelques pas avec agitation*) non, te dis-je. Ah! Rodrigue, te convient-il de vouloir ravir à ton ami la plus divine des félicités, la foi en la bonté du cœur humain?

LE MARQUIS.
Ai-je mérité ce reproche? Non, tendre ami de mon cœur, non, par le ciel, ce n'est pas cela que j'ai voulu. Cette Éboli, elle serait un ange pour moi, je me précipiterais humblement et en adoration devant sa vertu, tout comme toi, si elle n'avait pas appris ton secret.

CARLOS.
Vois combien ta crainte est vaine! A-t-elle d'autre preuve que celle qui la couvrirait de honte? Achètera-t-elle au prix de son honneur la triste satisfaction de sa vengeance?

LE MARQUIS.
Plus d'une, pour n'avoir pas à rougir, s'est vouée à la honte.

CARLOS, *se levant avec vivacité.*
Non, cela est trop dur, trop cruel. Elle est noble et fière; je la connais et je ne crains rien. En vain tu t'efforces de troubler mes espérances : je parlerai à ma mère.

LE MARQUIS.
Maintenant? et pourquoi?

CARLOS.
Je n'ai plus rien à ménager ; je veux connaître mon sort. Occupe-toi seulement à ce que je puisse lui parler.

LE MARQUIS.
Et tu veux lui montrer cette lettre? Réellement, tu le veux ?

CARLOS.
Ne m'interroge pas là-dessus... Le moyen de lui parler! seulement le moyen de lui parler!

LE MARQUIS, *d'un ton expressif.*
Ne disais-tu pas que tu aimais ta mère? Et tu veux lui montrer cette lettre? (*Carlos baisse les yeux et se tait.*) Carlos, je lis dans tes regards ce que je n'avais pas vu jusqu'à ce jour, ce qui est tout nouveau pour moi. Tu détournes les yeux. Il est donc vrai? Si donc j'ai bien lu... Laisse-moi voir encore cette lettre.

Carlos la lui donne, le Marquis la déchire.

CARLOS.
Quoi! as-tu perdu la raison? (*Avec une émotion contenue.*) Réellement, je l'avoue, cette lettre m'importait beaucoup.

LE MARQUIS.
Cela m'a paru... Aussi l'ai-je déchirée. (*Le Marquis fixe ses regards pénétrans sur le Prince, qui le regarde avec hésitation. Long silence.* Réponds : qu'a de commun la profanation de la couche royale avec ton amour ? Est-ce Philippe qui lui était redoutable? Quel lien peut unir les devoirs violés de la foi conjugale et tes coupables espérances ? Sa faute concourt-elle avec ton amour? Ah! sans doute, j'apprends à te mieux connaître. Combien jusqu'ici j'avais mal compris ton amour!

CARLOS.
Comment, Rodrigue? croirais-tu?...

LE MARQUIS.
Je sens ce dont il faut perdre l'habitude. Oui, autrefois, autrefois cela n'était pas ainsi. Alors ton âme était grande, ardente, vaste. Le cercle entier de l'univers trouvait place dans ton cœur; tout cela s'est évanoui devant une passion, devant un petit intérêt personnel. Ton cœur est mort. Pas une larme sur le sort déplorable des Provinces-Unies, pas une seule larme ! O Carlos! que tu es devenu petit! que tu es devenu misérable, depuis que tu n'aimes personne que toi!

CARLOS *se jette dans un fauteuil, se tait un moment, puis avec des larmes étouffées*
Je sais que tu ne m'estimes plus.

LE MARQUIS.
Non, Carlos, je m'explique cet emportement : c'était l'erreur d'un sentiment louable. La reine était à toi; elle te fut ravie par le roi. Cependant jusqu'ici tu te méfiais modestement de tes droits; peut-être Philippe était-il plus digne d'elle, pensais-tu. Tu te hasardais, mais tout bas, à décider la question ; elle est résolue par la lettre : c'est toi qui es le plus digne. Avec une orgueilleuse satisfaction tu vois le sort convaincu de tyrannie et de larcin. Tu triomphes d'être l'offensé ; car souffrir l'injustice enorgueillit les grandes âmes; mais ta ton imagination s'égare. Ta fierté a satisfaction : ton cœur voulut avoir espérance. Vois si je ne sais pas bien comment cette fois tu as pu te méprendre.

CARLOS, *ému.*
Non, Rodrigue, tu te trompes beaucoup; je ne pensais pas si noblement à beaucoup près que tu voudrais me le faire croire.

LE MARQUIS.
Je suis donc bien peu connu de toi? Écoute, Charles ; lorsque tu t'égares, je cherche toujours entre cent vertus celle, à qui doit être imputée la faute; mais maintenant nous nous comprenons mieux. Tu veux parler à la reine; soit, tu lui parleras.

CARLOS, *se jetant dans ses bras.*
Ah! combien je rougis devant toi!

LE MARQUIS.
Tu as ma parole, laisse-moi faire le reste. Une

pensée singulière, hardie, heureuse s'élève dans mon imagination; tu l'entendras d'une plus belle bouche, Charles. Je me rends chez la reine. Peut-être dès ce matin tout s'accomplira-t-il? Jusque là, Charles, n'oublie pas qu'un projet qu'a conçu la raison la plus sublime, que réclament les souffrances de l'humanité, eût-il échoué mille fois, ne doit jamais être abandonné. Entends-tu? Souviens toi de la Flandre.

CARLOS.
Oui, tout ce que me prescriront toi et la vertu.
LE MARQUIS, *s'approchant d'une fenêtre.*
Il est temps. J'entends ta suite. (*Ils s'embrassent.*) Maintenant tu es prince et moi sujet.
CARLOS.
Tu rentres sur-le-champ à la ville?

LE MARQUIS.
Sur-le-champ.
CARLOS.
Arrête; encore un mot : j'allais oublier un avis de la plus grande importance. Les lettres pour le Brabant sont ouvertes par le roi. Sois sur tes gardes. Les postes du royaume ont, j'en suis sûr, des ordres secrets.
LE MARQUIS.
Comment le sais-tu?
CARLOS.
Don Raymond de Taxis est de mes amis.
LE MARQUIS, *après un moment de silence.*
Encore cela. Ainsi les lettres prendront la route d'Allemagne.

Ils sortent des deux côtés opposés.

ACTE TROISIÈME.

SCÈNE PREMIÈRE.

La chambre à coucher du roi. Deux flambeaux brûlent sur une table au fond de l'appartement; plusieurs Pages sont endormis par terre; le roi, à demi habillé, est assis devant la table, le coude appuyé sur le bras du fauteuil et dans une attitude pensive; devant lui on voit un médaillon et quelques papiers.

LE ROI.
Qu'elle ait été d'ailleurs fort exaltée, qui pourrait le nier? Jamais je n'ai pu lui inspirer d'amour... et cependant semblait-t-elle en sentir le besoin?... Cela est prouvé, elle est fausse. (*Il fait un mouvement qui le rappelle à lui, et semble ému de surprise.*) Où étais-je? personne ne veille donc ici que le roi? Ces flambeaux finissent déjà; et cependant il n'est pas jour encore. C'est une nuit sans sommeil; il faut que tu t'en contentes, nature : les rois n'ont pas le temps de réparer leurs nuits perdues. Maintenant me voici réveillé et il fait jour. (*Il éteint les flambeaux et ouvre les rideaux d'une fenêtre; il se promène çà et là, remarque les Pages endormis, et reste un moment en silence à les regarder, puis il tire une sonnette.*) Dormirait-on aussi dans le salon?

SCÈNE II.
LE ROI, LE COMTE DE LERME.

LERME, *avec surprise, en apercevant le Roi.*
Votre majesté ne se trouve pas bien?
LE ROI.
Le feu était au pavillon à gauche; n'avez-vous pas entendu le bruit?
LERME.
Non, sire.

LE ROI.
Non? Comment! je l'aurais donc rêvé! Ce ne peut être l'effet du hasard. La chambre de la reine n'est-elle pas de ce côté?
LERME.
Oui, sire.
LE ROI.
Ce songe m'inquiète; à l'avenir on doublera la garde, entendez-vous? Dès que la nuit sera venue, mais secrètement, très-secrètement; je ne veux pas que... Vous semblez m'observer?
LERME.
Je remarque que vos yeux échauffés demandent du sommeil. Oserais-je rappeler à votre majesté combien son existence est précieuse, combien ses peuples apercevraient avec étonnement et effroi sur votre visage les traces d'une nuit sans sommeil? Prenez seulement deux courtes heures de repos.
LE ROI, *avec un regard égaré.*
Le sommeil! je le trouverai au caveau de l'Escurial, le sommeil. Dès que le roi dort, il y va de son trône, et pour le mari il y va du cœur de sa femme.—Non, non, c'est une calomnie. N'est-ce pas une femme, une femme qui me l'a confiée? La parole de la femme est une calomnie; le crime ne sera certain que si un homme me l'affirme. (*Aux Pages, qui sont éveillés.*) Appelez le duc d'Albe. (*Les Pages sortent.*) Approchez, comte; serait-ce la vérité? (*Il regarde fixement le Comte.*) Ah! pendant un seul battement de mon cœur, pouvoir tout connaître! Est-ce la vérité? Jurez-le-moi. Suis-je trompé? le serai-je donc? est-ce la vérité?
LERME.
Le plus grand, le meilleur des rois?

LE ROI, *reculant.*

Roi, roi! et encore, et toujours roi! point d'autre réponse que l'écho de ce vain son? Je frappe le rocher, je lui demande de l'eau, de l'eau pour la soif de mon ardente fièvre, et il me donne de l'or brûlant.

LERME.

Sur quoi la vérité, sire?

LE ROI.

Rien, rien; laissez-moi; allez. (*Le Comte veut s'éloigner, il le rappelle encore une fois.*) Vous êtes marié? vous êtes père, n'est-ce pas?

LERME.

Oui, sire.

LE ROI.

Vous êtes marié, et vous risquez de veiller une nuit près de votre maître? Nous avez des cheveux gris, et vous ne rougissez pas de croire à la sincérité de votre femme? Retournez au logis, et vous la trouverez dans les bras incestueux de votre fils. Croyez votre roi; allez. Vous restez interdit? vous me regardez avec pénétration. Moi, moi aussi j'ai des cheveux gris. — Malheureux, prenez garde; la vertu des reines est inattaquable; vous êtes mort si vous en doutez.

LERME, *avec chaleur.*

Qui peut en douter? qui, dans tous les États de mon roi, serait assez audacieux pour jeter l'ombre d'un soupçon sur une vertu si pure, si angélique? la meilleure des reines....

LE ROI.

La meilleure? Pour vous elle est donc aussi la meilleure? Elle a, je le vois, des amis bien ardens autour de moi; elle a dû les acheter chèrement, plus chèrement qu'elle ne pouvait les payer à ma connaissance. Vous pouvez sortir; faites venir le duc.

LERME.

Je l'entends déjà dans le salon.

Il se retire.

LE ROI, *d'un ton plus doux.*

Comte, ce que vous aviez remarqué est très-vrai. Cette nuit d'insomnie a rendu ma tête brûlante; oubliez tout ce que j'ai pu dire dans cette rêverie sans sommeil; entendez-vous, oubliez-le. Votre roi vous aime.

Il lui donne sa main à baiser. Lerme sort, et ouvre la porte au duc d'Albe.

SCÈNE III.

LE ROI et LE DUC D'ALBE.

ALBE, *s'approchant du roi d'un air d'hésitation.*

Un ordre aussi subit... à une heure inaccoutumée. (*Il se trouble en examinant le Roi de plus près.*) Et ce regard...

LE ROI. *Il s'est assis, et a pris le médaillon sur la table. Il regarde le Duc long-temps en silence.*

Il est donc vrai! je n'ai pas un serviteur fidèle!

ALBE, *toujours troublé.*

Comment?

LE ROI.

Je suis blessé mortellement : on le sait, et personne ne m'avertit!

ALBE, *avec un regard d'étonnement.*

Une blessure aurait atteint mon roi, et serait échappée à ma vue!

LE ROI, *lui montrant les lettres.*

Reconnaissez-vous cette main?

ALBE.

C'est la main de don Carlos.

LE ROI, *après avoir fixé des regards pénétrans sur le Duc.*

Vous ne soupçonnez rien encore? Vous m'avez averti de son ambition. Était-ce son ambition, son ambition seule que j'avais à redouter?

ALBE.

L'ambition est un mot bien grand, bien vaste, qui peut renfermer un sens étendu, infini.

LE ROI.

Et vous n'avez rien de plus à me révéler?

ALBE, *après un peu de silence, et d'un air contenu.*

Votre majesté a confié le royaume à ma surveillance : je dois à votre couronne mes soins et mes pensées les plus intimes. Ce que je soupçonne, ce que je pense ou ce que je sais m'appartient; c'est un domaine sacré qu'un esclave acheté, tout comme un vassal, a le droit de ne pas abandonner aux rois de la terre. Tout ce qui paraît évident à mes yeux peut ne pas l'être devenu encore assez pour les yeux du roi. Cependant, pour le satisfaire, je le prierai de ne point m'interroger comme mon souverain.

LE ROI, *lui donnant les lettres.*

Lisez.

ALBE *lit, et se retourne avec effroi vers le Roi.*

Quel est l'insensé qui a remis ce malheureux écrit dans les mains de mon roi?

LE ROI.

Quoi! vous savez donc à qui il se rapporte? Le nom n'est point cependant sur cette lettre.

ALBE, *reculant et troublé.*

J'ai été trop prompt.

LE ROI.

Vous le savez?

ALBE, *après quelques réflexions.*

Eh bien! soit! mon maître me l'ordonne... je ne puis reculer... je ne le nie pas... je sais quelle personne...

LE ROI, *se levant avec un emportement terrible.*

Aide-moi à inventer une mort nouvelle, dieu terrible des vengeances! Leur intelligence est donc si évidente, si bien connue du monde entier, si publique, que, sans se donner la peine d'examiner, on devine tout au premier coup d'œil? C'en est trop! Et je ne l'ai pas su! je ne l'ai pas su! je suis le dernier qui le découvre, le dernier de tout mon royaume!

ALBE *se jette aux pieds du Roi.*

Oui, je me reconnais coupable, sire; je rougis

d'une lâche prudence qui m'a engagé au silence, lorsque l'honneur de mon roi, la justice et la vérité m'ordonnaient hautement de parler... Cependant, puisque tout se tait, puisque le charme de la beauté ferme toutes les bouches, j'en cours le hasard, je parlerai. Je sais pourtant que les tendres assurances d'un fils, les attraits séduisans, les larmes d'une épouse...

LE ROI, *avec vivacité et promptitude.*
Levez-vous! vous avez ma parole royale... levez-vous; parlez sans crainte.

ALBE *se relève.*
Votre majesté se souvient peut-être encore de cette scène des jardins d'Aranjuez. Vous trouvâtes la reine sans aucune de ses femmes, le regard troublé, seule dans un bosquet écarté.

LE ROI.
Dieu! que vais-je entendre? poursuivez.

ALBE.
La marquise de Mondéjar fut bannie du royaume, parce qu'elle fut assez généreuse pour se sacrifier à l'instant pour la reine. Maintenant nous sommes éclaircis... La marquise n'a fait que ce qui lui avait été ordonné. Le prince venait de se retirer.

LE ROI, *avec emportement.*
Il venait de se retirer. — Ainsi...

ALBE.
Les traces d'un homme, empreintes sur le sable, et qui allaient se perdre dans une grotte à gauche du bosquet, un mouchoir de l'infant qui y fut trouvé, éveillèrent d'abord le soupçon. Un jardinier avait rencontré le prince dans ce lieu, tout juste à la même minute où votre majesté paraissait dans le bosquet.

LE ROI, *revenant à lui, après de sombres réflexions.*
Et elle pleura lorsque je témoignai de la surprise! elle me fit rougir devant toute ma cour! rougir vis-à-vis de moi-même! Par le ciel, j'étais comme un accusé devant sa vertu! (*Long et profond silence; il s'assied et se couvre le visage.*) Oui, duc d'Albe, vous avez raison : ceci peut finir d'une manière terrible.... Laissez-moi seul un moment.

ALBE.
Sire, ceci ne suffit pas encore pour tout décider.

LE ROI, *reprenant les papiers.*
Et ceci non plus? et cela encore? et ce concours éclatant de preuves convaincantes? Ah! cela est plus clair que le jour ! j'aurais dû le savoir depuis long-temps..... Son crime commença dès lors même que je la reçus pour la première fois de vos mains, à Madrid..... Je vois encore ce regard d'effroi, cette mortelle pâleur lorsqu'elle eut regardé mes cheveux gris. Alors commença l'hypocrisie.

ALBE.
La fiancée du prince mourut pour renaître dans sa nouvelle mère. Déjà ils s'étaient bercés d'espérances communes, ils s'étaient accordés dans des impressions ardentes qu'interdisait leur situation nouvelle; la timidité était déjà vaincue, la timidité qui d'ordinaire accompagne les premiers aveux. Des souvenirs innocens les égarèrent et les encouragèrent à former des vœux coupables. Unis par l'harmonie de leurs sentimens et de leurs âges, impatiens du même joug, ils obéirent ainsi témérairement à l'impulsion de leur amour. La politique avait usurpé sur les droits de leur mutuel penchant; mais est-il vraisemblable, sire, qu'ils aient reconnu le plein pouvoir de votre conseil d'état, et qu'ils aient résisté à la tentation de discuter la détermination de votre cabinet? Elle comptait sur l'amour, et elle reçut...... un diadème.

LE ROI, *blessé, et avec amertume.*
Vous analysez fort bien, duc.... et avec sagacité; j'admire votre éloquence.. je vous remercie. (*Il se lève, et continue froidement et avec hauteur.*) Vous avez raison; la reine a eu un tort grave de me cacher le contenu de ces lettres, de me faire mystère de la coupable apparition de l'infant dans le jardin. Une fausse générosité l'a entraînée dans cette faute : je saurai la punir. (*Il sonne.*) Qui est encore dans le salon? Duc d'Albe, je n'ai plus besoin de vous ; retirez-vous.

ALBE.
Aurai-je par mon zèle pour votre majesté pu lui déplaire une seconde fois?

LE ROI, *à un Page qui entre.*
Faites venir Domingo. (*Le Page sort.*) Je vous pardonne de m'avoir laissé craindre, pendant près de deux minutes, une offense qui peut tourner contre vous.

Albe s'éloigne.

~~~~~~~~~~~~~~~~~~~~~~~~~~~~~~~~~~~

SCÈNE IV.
PHILIPPE, DOMINGO.

Le Roi va et vient pendant quelques instans pour se recueillir.

DOMINGO *entre un moment après que le Duc est sorti; il s'approche du Roi, et le regarde en silence d'un air respectueux.*
Je suis heureux et surpris de trouver votre majesté si calme, si sereine.

LE ROI.
Cela vous surprend?

DOMINGO.
La Providence soit bénie de ce que mes inquiétudes étaient sans fondement! Ainsi je puis me livrer à l'espérance.

LE ROI.
Vos inquiétudes? De quoi étiez-vous inquiet?

DOMINGO.
Sire, je ne dois point vous cacher que je suis déjà instruit d'un mystère...

LE ROI, *d'un air sombre.*
Vous ai-je donc témoigné le désir de l'apprendre de vous? Qui me prévient ainsi sans mon ordre? Sur mon honneur, cela est bien hardi.

DOMINGO.
Sire, le lieu, le moyen par lequel je l'ai appris, le sceau sous lequel il m'a été donné, me

justifient au moins de cette faute ; c'est au confessionnal qu'il m'a été confié... confié comme un crime qui chargeait la conscience affligée de la pénitente, et dont elle demandait pardon au ciel. La princesse déplore trop tard une action dont elle a des motifs de craindre que les conséquences ne soient terribles pour la reine.

LE ROI.

Réellement ? quel bon cœur ! — Vous avez bien deviné pourquoi je vous ai fait appeler : il faut que vous me tiriez de cet obscur labyrinthe où un zèle aveugle m'a jeté ; j'attends la vérité de vous ; parlez-moi ouvertement. Que dois-je croire? que dois-je résoudre ? Votre devoir est de me dire la vérité.

DOMINGO.

Sire, lors même que la modération que m'impose mon ministère ne me prescrirait pas la douce loi de l'indulgence, je conjurerais encore votre majesté, je la conjurerais pour son repos de ne pas aller plus loin dans la découverte de ce mystère, de suspendre toute information sur un secret qu'il ne peut être que pénible d'éclaircir. Ce qu'on en sait maintenant peut être pardonné : un mot du roi, et la reine n'a pas eu un tort. La volonté des princes confère la vertu comme le bonheur : il suffit que le roi montre toujours le même calme, pour faire tomber les bruits que la calomnie s'est permis de répandre.

LE ROI.

Des bruits sur moi, et parmi mon peuple ?

DOMINGO.

Impostures ! damnables impostures ! je le jure. Cependant il y a des occasions où les bruits populaires, fussent-ils dénués de preuves, ont autant d'importance que la vérité.

LE ROI.

Certes, et voilà justement une de ces occasions.

DOMINGO.

Une bonne renommée est le précieux, l'unique avantage qu'une reine pourrait envier à la femme d'un citoyen.

LE ROI.

Sur ce point, j'espère n'avoir rien à redouter. (*Il s'arrête et jette un regard de doute sur Domingo Après un moment de silence:*) Chapelain, j'ai encore à apprendre de vous quelque chose de fâcheux. Ne tardez plus ; depuis long-temps je lis dans vos yeux une triste nouvelle ; quelle qu'elle soit, parlez ; ne me laissez pas plus long-temps dans ce supplice. Que croit le peuple ?

DOMINGO.

Encore une fois, sire, le peuple peut se tromper... et certainement il se trompe. Ce qu'il répète ne doit pas troubler le roi... seulement.— Qu'on ait osé répéter de telles choses...

LE ROI.

Quoi ! me faut-il donc implorer si long-temps une goutte de poison ?

DOMINGO.

Le peuple se ressouvient de l'époque où votre majesté fut si près de la mort... Trente semaines après, il apprit l'heureuse délivrance. (*Le Roi se lève et sonne ; le duc d'Albe entre ; Domingo se trouble.*) Sire, je suis surpris...

LE ROI, *allant au-devant du duc d'Albe.*

Duc, vous êtes un homme, défendez-moi de ce prêtre.

DOMINGO. *Le duc d'Albe et lui se font des signes d'intelligence. Après un moment de silence.*

Si nous avions pu prévoir que cet avis serait funeste à ceux qui le donnent...

LE ROI.

Fruit de l'adultère, dites-vous ! J'étais à peine échappé à la mort, qu'elle sentit qu'elle était mère ! Comment ! n'est-ce pas alors, si je ne me trompe, que vous adressâtes dans toutes les églises des actions de grâce à saint Dominique, pour le miracle qu'il avait opéré en moi ? Ce qui fut alors un miracle ne l'est-il plus aujourd'hui ? Ainsi vous me trompiez alors, ou vous me trompez aujourd'hui. A quoi vous convient-il que je croie maintenant ? Ah ! je vous pénètre : si le complot eût été mûr alors, qu'auriez-vous fait pour la gloire de votre saint patron ?

ALBE.

Le complot ?

LE ROI.

Vous vous seriez rencontrés aujourd'hui dans vos conjectures avec une conformité sans exemple, et vous ne seriez pas d'intelligence ? vous voudriez me le persuader ? Il faudrait donc que je n'eusse point vu avec quel empressement avide vous vous êtes précipités sur votre proie, avec quelle volupté vous étiez à vous repaître de ma douleur et des transports de ma colère. Il faudrait que je n'eusse pas remarqué avec quel zèle le duc brûle de ravir la faveur qui était destinée à mon fils. Il faudrait que je n'eusse pas démêlé comment le saint homme voulait armer ses petites vengeances du bras puissant de ma colère. Je suis l'arc, pensez-vous, que l'on peut tendre à son gré ? Et si j'ai des doutes à former, permettez du moins que je commence par vous.

ALBE.

Notre fidélité ne s'attendait pas être interprétée ainsi.

LE ROI.

Votre fidélité ! La fidélité sait avertir du crime à venir : la vengeance raconte le crime quand il est accompli. Écoutez-moi ! Qu'ai-je gagné à votre servile empressement? Ce que vous avancez est-il vrai ? Eh bien ! qu'ai-je à attendre, sinon le déchirement d'un divorce ou le triste triomphe de la vengeance ? Mais non; vous n'avez que des inquiétudes ; vous ne m'apportez que l'hésitation et le soupçon. Vous me conduisez sur le bord de l'abîme infernal, et vous vous enfuyez !

DOMINGO.

D'autres preuves sont-elles possibles, lorsqu'on ne peut avoir le témoignage des yeux ?

LE ROI, *après un long silence, se tourne vers Domingo, et lui parlant avec sérieux et solennité.*

Je convoquerai les grands de mon royaume et

je siégerai moi-même sur le tribunal. Présentez-vous alors. — En aurez-vous le courage?... et accusez la comme adultère... elle mourra de mort... sans miséricorde!... elle et l'Infant mourront!... mais... songez-y! si elle se justifie, vous-mêmes vous soumettez-vous à être offerts en victimes à la vérité? — Décidez-vous. — Vous ne le voulez pas? vous vous taisez! vous ne le voulez pas? Vous n'avez que le zèle du mensonge.

ALBE, *qui est demeuré à l'écart, avec calme et froideur.*

Je le veux.

LE ROI *demeure surpris, se retourne vers le Duc, et le regarde fixement.*

Cela est hardi! Cependant je réfléchis que dans de sanglans combats vous avez risqué votre vie pour de bien moindres motifs. Vous l'avez risquée, avec la légèreté d'un coup de dé, pour le néant de la gloire. Et que vous est la vie? Je ne jouerai point le sang royal contre celui d'un insensé qui n'a rien à espérer de mieux que de relever sa chétive existence. Je rejette votre sacrifice. Allez, allez, et attendez mes ordres dans la salle d'audience.

Ils sortent.

SCÈNE V.
LE ROI, *seul.*

Maintenant donne-moi un homme, bonté de la Providence! Tu m'as donné beaucoup: aujourd'hui accorde-moi un homme! Toi, tu es seule, car ton œil sait démêler ce qui est caché. Puisque je ne suis point comme toi, qui sais tout, je te demande un ami. Les auxiliaires que tu m'as donnés, que me sont-ils? Tu le sais: ce qu'ils pouvaient faire pour moi, ils l'ont fait. Leurs vices apprivoisés et soumis au frein me servent pour arriver au but, de même que les tempêtes sont utiles à la nature. J'ai besoin de la vérité: rechercher sa source sous les sombres débris de l'erreur n'est guère le sort des rois. Donne-moi l'homme rare, au cœur sincère et pur, au regard pénétrant, à l'esprit éclairé, qui m'aidera à la découvrir. Je m'en remets au hasard. Parmi les milliers qui se pressent autour du soleil de la majesté, fais que j'en trouve un seul. (*Il ouvre une cassette et y prend des tablettes. Il les feuillette long-temps.*) Des noms propres et rien de plus! et pas même la note des services qui leur ont valu d'être inscrits sur ces tablettes! Quoi de plus tôt oublié que la reconnaissance! Cependant, sur ces autres tablettes, je vois les torts de chacun soigneusement mentionnés. Ah! cela est bien inutile. Les souvenirs de la vengeance ont ils besoin d'un tel secours? (*Il continue à lire.*) Comte d'Egmont? que fait son nom ici? La victoire de Saint-Quentin est depuis long-temps effacée. Je le tiens pour mort. (*Il efface son nom et l'inscrit sur un autre registre. Il continue à lire.*) Marquis de Posa? — Posa? — Posa? A peine puis-je me souvenir de cet homme; et son nom est marqué deux fois: c'est une preuve que je le réservais à quelque grande destination. Est-il possible que cet homme ait jusqu'ici évité ma présence, qu'il ait fui les regards de son royal débiteur? Certes, c'est le seul homme sur toute la surface de mon royaume qui n'ait pas besoin de moi. S'il eût recherché les richesses ou désiré les honneurs, il aurait depuis long-temps paru devant mon trône. Me risquerai-je avec cet homme bizarre? Celui qui sait se passer de moi saura me dire la vérité!

Il sort.

SCÈNE VI.
Salle d'audience.

DON CARLOS, *conversant avec* LE PRINCE DE PARME; LE DUC D'ALBE, FÉRIA ET MÉDINA SIDONIA; LE COMTE DE LERME *et quelques Grands d'Espagne, des papiers à la main; tous attendent le Roi.*

MÉDINA SIDONIA, *que tout le monde semble éviter, se tourne vers le duc d'Albe, qui, seul et recueilli, se promène dans la salle.*

Vous avez parlé au roi, duc; comment l'avez-vous trouvé disposé?

ALBE.

Très-mal pour vous et les nouvelles que vous apportez.

MÉDINA SIDONIA.

Au milieu du feu de l'artillerie anglaise, je me sentais plus à l'aise qu'en ce lieu. *Carlos, qui l'a regardé en silence et avec intérêt, va à lui et lui prend la main.*) Quelle reconnaissance pour ces larmes généreuses! Prince, vous voyez comme chacun me fuit: ma perte est décidée.

CARLOS.

Espérez mieux de la bonté de mon père et de votre innocence.

MÉDINA SIDONIA.

Je lui ai perdu une flotte telle que les mers n'en avaient jamais vue. Qu'est-ce que ma tête, en comparaison de soixante-dix galions abîmés? Mais, prince, cinq fils de la plus belle espérance, comme vous... c'est là ce qui brise le cœur.

SCÈNE VII.

LES PRÉCÉDENS, LE ROI *entre en costume royal. Tous ont le chapeau à la main et se rangent des deux côtés, formant autour de lui un demi-cercle. Grand silence.*

LE ROI, *parcourant ce cercle d'un œil rapide.*

Couvrez-vous. (*Don Carlos et le prince de Parme s'approchent les premiers et lui baisent la main. Il se tourne vers le dernier avec un air de bienveillance, sans vouloir remarquer son fils.*) Votre mère, mon neveu, désire savoir si l'on est content de vous à Madrid.

PARME.

Elle ne le doit demander qu'après l'issue de ma première bataille.

LE ROI.

Soyez tranquille, votre tour viendra. (*Au duc de Féria.*) Que m'apportez-vous?

FÉRIA, *fléchissant un genou devant le Roi.*

Le grand commandeur de l'ordre de Calatrava est mort cette nuit; je rapporte sa croix.

LE ROI *prend le collier, et parcourt le cercle des yeux.*

Qui, après lui, est plus digne de la porter? (*Il fait un signe au duc d'Albe, qui se met à genoux devant lui, et il lui passe le collier.*) Duc, vous êtes mon premier capitaine; ne soyez jamais davantage, et jamais ma faveur ne vous manquera. (*Il arrête son regard sur le duc de Médina Sidonia.*) Que vois-je ici? mon amiral!

MÉDINA SIDONIA. *Il s'approche tremblant, et se prosterne devant le Roi en baissant la tête.*

Voici, grand roi, tout ce que je vous rapporte de l'*Armada* et de la jeunesse espagnole.

LE ROI, *après un long silence.*

Dieu est au-dessus de moi... Je l'ai envoyée contre les hommes, et non point contre les tempêtes et les écueils. Soyez le bien venu à Madrid. (*Il lui donne sa main à baiser.*) Je vous remercie de m'avoir conservé un digne serviteur. — Je le reconnais pour tel, messieurs, et j'entends qu'on le reconnaisse ainsi. (*Il lui fait signe de se relever et de se couvrir; puis se tournant vers les autres:*) A-t-on encore quelque chose à me dire? (*A don Carlos et au duc de Parme.*) Je vous salue, princes. (*Ils sortent. Les autres Grands s'approchent et présentent, en mettant un genou en terre, leurs papiers au roi. Il les parcourt avec distraction et les remet au duc d'Albe.*) Vous me les présenterez dans mon cabinet. Est-ce fini? (*Personne ne répond.*) Comment se fait-il que parmi mes grands le marquis de Posa ne se présente jamais? Je sais fort bien que ce marquis de Posa m'a servi avec honneur. Il n'est peut-être plus vivant? Pourquoi ne paraît-il point?

LERME.

Le chevalier est tout récemment revenu des voyages qu'il avait entrepris dans toute l'Europe; il est en ce moment à Madrid, et n'attend qu'un jour d'audience publique pour se mettre aux pieds de son souverain.

ALBE.

Le marquis de Posa? Oui, sire, c'est ce courageux chevalier de Malte dont la renommée raconte un trait de si grand enthousiasme. Lorsque, sur l'ordre du grand-maître, les chevaliers se rendirent dans leur île que Soliman tenait assiégée, ce jeune homme, alors âgé de dix-huit ans, disparut un jour de l'université d'Alcala; il se présente, sans avoir été convoqué, à la Valette: « On m'a acheté la croix, dit-il, je veux la mériter. » Il fut un des quarante chevaliers qui soutinrent en plein jour, dans le fort Saint-Elme, trois assauts contre Piali, Ulucciali, Hassem et Mustapha. Le fort étant enfin emporté, et tous les chevaliers tombés autour de lui, il se jette à la mer et revient seul à la Valette. Deux mois après, l'ennemi abandonne l'île, et le chevalier retourne achever ses études commencées.

GÉRIA.

C'est aussi ce marquis de Posa qui, peu après, découvrit la fameuse conspiration de Catalogne, et c'est par sa seule activité que fût préservée la plus importante province du royaume.

LE ROI.

Je demeure étonné... Quel est cet homme qui a fait tout cela, et qui, sur trois hommes que j'interroge, n'a pas un envieux? Certes, cet homme, cet homme a le plus rare caractère ou n'en a aucun. — Pour l'amour du merveilleux, je veux lui parler. (*Au duc d'Albe.*) Après la messe, vous l'amènerez dans mon cabinet. (*Le Duc sort; le Roi appelle Féria.*) Et vous, prenez ma place au conseil privé.

Il sort.

FÉRIA.

Le roi est plein de bonté aujourd'hui.

MÉDINA SIDONIA.

Dites que c'est un dieu... Il l'a été pour moi.

FÉRIA.

Que vous méritez bien votre bonheur, amiral! j'y prends une vive part.

UN DES GRANDS.

Et moi aussi.

UN SECOND.

Et moi bien sincèrement.

UN TROISIÈME.

Le cœur me battait. Un si digne capitaine!

LE PREMIER.

Le roi ne vous a pas fait faveur, mais justice.

LERME, *à Médina Sidonia, en sortant.*

Combien deux mots vous ont mis en prospérité!

Ils sortent.

SCÈNE VIII.

Le cabinet du Roi.

LE MARQUIS DE POSA et LE DUC D'ALBE.

LE MARQUIS, *en entrant.*

Il veut me voir? moi? Cela ne se peut pas; vous vous trompez de nom. Et que veut-il de moi?

ALBE.

Il veut vous connaître.

LE MARQUIS.

Pure curiosité. — Quel dommage que ce temps perdu! la vie est si prodigieusement courte!

ALBE.

Je vous abandonne à votre bonne étoile. Le roi est en vos mains; profitez, autant que vous le pourrez, de ce moment, et s'il est perdu, ne l'imputez qu'à vous-même.

Il s'éloigne.

SCÈNE IX.
LE MARQUIS, seul.

Cela est fort bien dit, duc ; il faut profiter d'un moment qui ne doit se présenter qu'une fois. Ce courtisan me donne vraiment une bonne leçon, sinon dans son sens, du moins dans le mien. (*Après s'être promené un instant.*) Mais comment suis-je ici ? Est-ce seulement par un bizarre caprice du destin que j'aperçois mon image dans cette glace, ici ? Sur un million d'individus il va me choisir, moi, contre toute vraisemblance, pour me faire venir à la pensée du roi ? Est-ce le hasard seulement ? c'est peut-être aussi davantage. Et qu'est le hasard, sinon la pierre brute qui reçoit la vie de la main du statuaire ? La Providence donne le hasard, c'est à l'homme à s'accommoder à son but ? — Qu'importe ce que le roi peut me vouloir ? ce que je dois être avec le roi, je le sais ; et quand ce ne serait qu'une étincelle de vérité jetée hardiment dans l'âme d'un despote, combien ne pourrait-elle pas devenir féconde sous la main de la Providence ! Ainsi, ce qui d'abord m'a semblé bizarre pourrait avoir un but plein de sagesse. Que cela soit ou non, qu'importe ? c'est dans cette idée que j'agirai.

Il se promène dans le cabinet, et s'arrête ensuite tranquillement à regarder un tableau. Le Roi paraît dans un salon voisin, où il donne quelques ordres ; puis il s'avance, et s'arrête à la porte pour observer le marquis de Posa, qui ne le voit point.

SCÈNE X.
LE ROI et LE MARQUIS DE POSA.

Le Marquis s'approche du Roi dès qu'il l'aperçoit, et met un genou en terre. Il se relève, et se tient devant le Roi sans donner aucun signe d'embarras.

LE ROI *le regarde d'un œil étonné.*
Vous m'avez donc déjà parlé ?

LE MARQUIS.
Non.

LE ROI.
Vous avez bien mérité de ma couronne. Pourquoi vous êtes-vous dérobé à mes remercîmens ? Tant d'hommes se pressent dans mon souvenir ! Dieu seul peut tout savoir. C'était à vous de rechercher les regards de votre roi. Pourquoi ne l'avez-vous pas fait ?

LE MARQUIS.
Il y a deux jours que je suis de retour dans le royaume.

LE ROI.
Je ne veux point demeurer en reste avec mes serviteurs. Demandez-moi une grâce.

LE MARQUIS.
Je jouis des lois.

LE ROI.
Ce droit, un meurtrier l'a aussi.

LE MARQUIS.
Le bon citoyen encore plus ! sire, je suis content.

LE ROI, *à part.*
Quel sentiment de soi-même et quelle courageuse fierté ! On devait s'y attendre. J'aime la fierté espagnole, et je la souffre volontiers, même quand le vase déborde. — Vous avez quitté mon service, m'a-t-on dit ?

LE MARQUIS.
Je me suis retiré pour faire place à un plus digne.

LE ROI.
Cela me fâche. Lorsque de tels esprits sont oisifs, quelle perte pour mon empire ! Peut-être ne vous êtes-vous pas trouvé dans une sphère digne de votre âme.

LE MARQUIS.
Non. Je suis certain que le connaisseur éprouvé, celui qui a l'habitude de sa marchandise, des âmes humaines, aurait démêlé au premier coup d'œil à quoi je pourrais lui être bon, à quoi je lui serais inutile. Je sens avec la plus humble reconnaissance la grâce que me fait votre majesté en ayant de moi une si haute opinion. Cependant.....
Il s'arrête.

LE ROI.
Vous réfléchissez ?

LE MARQUIS.
Je ne suis pas, il faut l'avouer, je ne suis pas préparé tout-à-coup à revêtir du langage d'un de vos sujets ce que j'ai pensé comme citoyen du monde ; car lorsque je rompis pour toujours avec la puissance, je me crus dégagé aussi de la nécessité de lui rendre compte des motifs de cette démarche.

LE ROI.
Ces motifs sont-ils donc si légers ? que risquez-vous de les exposer ?

LE MARQUIS.
Ma vie tout au plus, sire, si j'avais le loisir de les détailler. Si vous ne me refusez pas cette faveur, je vous dirai cependant la vérité ; entre votre disgrâce et votre dédain, mon choix est fait ; s'il faut me décider, j'aime mieux paraître criminel qu'insensé à vos yeux.

LE ROI, *avec curiosité.*
Eh bien ?

LE MARQUIS.
Je ne puis être serviteur des princes (*le Roi le regarde avec surprise*) ; je ne veux point tromper l'acheteur, sire. Quand vous daignez m'employer, vous ne voulez de moi que des actions réglées d'avance : dans les combats, vous ne voulez que mon bras et mon courage ; dans les conseils, que ma tête. Le but de mes actions ne doit plus être dans mes actions mêmes, il ne doit plus être que l'accueil qu'elles recevront du souverain, et pour moi la vertu a cependant une valeur en elle-même. Le bien que le monarque fait par mes mains, je l'aurais produit moi-même ; et il eût été

pour moi un plaisir de mon choix, non pas un devoir. Est-ce ainsi que vous l'entendez? pourriez-vous endurer qu'un créateur étranger mît la main à votre création? et moi, m'abaisserai-je à n'être que le ciseau, quand je pourrais être l'artiste? J'aime l'humanité, et dans les monarchies il ne m'est permis d'aimer que moi.

LE ROI.

Cette chaleur est digne d'éloges. Vous voulez faire le bien; pourvu qu'il se fasse, il ne doit pas importer au patriote, au sage, de quelle manière il se fait. Cherchez un poste dans mes royaumes qui vous mette à portée d'obéir à cette noble impulsion.

LE MARQUIS.

Je n'en connais aucun.

LE ROI.

Comment?

LE MARQUIS.

Ce que votre majesté veut répandre de bien par mes mains, c'est le bonheur des hommes. Mais est-ce le même bonheur que je leur désire dans la pureté de mon amour pour eux? Ah! devant un tel bonheur la majesté des rois tremblerait! Non, la politique des trônes leur en a composé un nouveau, un bonheur qu'elle a encore assez de puissance pour leur distribuer; elle a aussi créé dans leurs cœurs de nouveaux penchans qui savent se contenter de ce nouveau bonheur. Elle frappe de son empreinte la vérité, celle du moins qu'elle peut endurer; et toutes les empreintes qui ne sont pas conformes à ce type sont rejetées. Tout cela peut être bien avantageux à la royauté, mais cela me suffit-il? Mon amour fraternel pour l'humanité peut-il s'accommoder de ce rapetissement de l'homme? Puis-je le croire heureux quand il ne lui est point permis de penser? Ne me choisissez point, sire, pour distribuer ce bonheur que vous faites frapper à votre coin. Je dois me refuser à être le payeur de cette monnaie. — Je ne puis être serviteur des princes.

LE ROI, *vivement*.

Vous êtes un protestant!

LE MARQUIS, *après un moment de réflexion*.

Votre croyance, sire, est aussi la mienne. (*Il s'arrête un moment.*) Je suis mal compris: c'est ce que je craignais. Vous voyez que ma main a levé le voile qui couvre les mystères de la royauté! Qui peut vous répondre que je regarderai encore comme sacré ce que j'ai cessé de regarder comme terrible? Je suis dangereux peut-être, car j'ai réfléchi sur moi-même. Non, sire, je ne le suis pas: mes vœux sont renfermés ici, (*Il met la main sur son cœur.*) Cette ridicule folie d'innovation, qui ne fait qu'appesantir les chaînes qu'elle ne peut briser, n'échauffera jamais mon cœur. Ce siècle n'est pas mûr pour mon idéal: je suis un citoyen des siècles à venir. Une vaine peinture troublerait-elle votre repos? votre souffle peut l'effacer.

LE ROI.

Et suis-je le premier à qui vous vous soyez montré sous cet aspect?

LE MARQUIS.

Sous cet aspect, oui.

LE ROI *se lève, fait quelques pas, et s'arrête devant le Marquis. A part.*

Ce langage du moins est nouveau. La flatterie s'épuise : imiter rabaisserait l'homme de mérite. On peut une fois faire l'épreuve du contraire. Pourquoi pas? ce qui étonne fait fortune. — Si vous l'entendez ainsi, à la bonne heure; je prétends établir une charge nouvelle pour l'esprit fort.

LE MARQUIS.

Je comprends, sire, combien vous avez une idée petite et humiliante de la dignité humaine. Dans le langage de l'homme libre, vous ne voyez que l'artifice de la flatterie. Je crois savoir ce qui vous donne cette disposition : les hommes vous y ont contraint; ils se sont volontairement dépouillés de la noblesse de leur âme; ils se sont volontairement placés à ce niveau inférieur; ils reculent effrayés devant le fantôme de leur dignité intérieure; ils se complaisent dans leur misère; ils se parent de leurs fers avec une lâche adresse, et les porter avec bonne contenance s'appelle la vertu. Tel vous échut le monde; tel il avait été transmis à votre glorieux père. Ainsi, tristement mutilé, l'homme pouvait-il être honoré par vous?

LE ROI.

Je trouve quelque chose de vrai dans ce discours.

LE MARQUIS.

Mais le tort, c'est d'avoir changé l'homme, ouvrage de la main du Créateur, en un ouvrage de vos mains, et de vous être donné pour un dieu à cette créature de nouveau formée. Seulement vous vous êtes mépris en une chose : vous êtes encore resté homme, homme sorti de la main du Créateur. Vous avez continué, comme mortel, à souffrir, à désirer; vous avez besoin de sympathie... et à un dieu, que peut-on lui offrir? de la crainte, des supplications!... Déplorable métamorphose! triste interversion de la nature! vous avez rabaissé l'homme jusqu'à ne plus être qu'une touche de l'instrument. Qui donc pourra goûter en commun avec vous le sentiment de l'harmonie?

LE ROI.

Mon Dieu! il me saisit le cœur!

LE MARQUIS.

Mais ce sacrifice ne vous coûte rien. A ce moyen vous êtes unique, seul de votre race; à ce prix vous êtes un dieu. — Et qu'il serait terrible que cela ne fût pas ainsi! Si à ce prix, si en retour du bonheur détruit de tant de millions d'hommes, vous n'avez rien gagné, si la liberté que vous avez anéantie était la seule chose qui pût contenter vos désirs!... Je vous prie, sire, de me permettre de me retirer. Votre présence m'entraîne... mon cœur est plein... c'est un charme trop puissant que de se trouver près du seul être à qui je pus ouvrir mon âme.

Le comte de Lerme entre, et dit quelques mots tout bas au Roi. Le Roi lui fait signe de s'éloigner, et demeure assis dans la même attitude.

LE ROI, *au Marquis, après que de Lerme s'est retiré.*

Continuez.

LE MARQUIS, *après un moment de silence.*

Sire... je sens tout le prix...

LE ROI.

Achevez; vous avez encore à me parler.

LE MARQUIS.

Sire, j'arrive récemment de Flandre et de Brabant, de ces provinces si riches, si florissantes ! C'est un grand, un puissant peuple, et aussi un bon peuple. Être le père de ce peuple, pensais-je, quelle jouissance divine ce doit être! — Là, je marchais sur des ossemens humains qu'a consumés la flamme... (*Il se tait : ses yeux se fixent sur le Roi, qui essaie à son tour de le regarder, mais qui, saisi et troublé, baisse les yeux.*) Vous avez raison, vous le devinez, que vous ayez pu accomplir ce que vous avez cru votre devoir, c'est là ce qui m'a pénétré d'une horrible admiration. Quel dommage que la victime baignée dans son sang ne puisse guère réciter un hymne de louange au génie de son sacrificateur! Quel dommage que ce soient des hommes, et non pas des êtres d'une nature plus relevée, qui soient chargés d'écrire l'histoire du monde ! — Des siècles plus doux succéderont au siècle de Philippe ; ils amèneront une sagesse plus miséricordieuse ; le bonheur des citoyens sera réconcilié avec la grandeur des princes ; l'État deviendra avare de ses enfans, et la nécessité même sera humaine.

LE ROI.

Et pensez-vous que, lorsque ces siècles plus doux auront paru, j'aurai à trembler devant la malédiction de celui-ci? Regardez autour de vous dans mes Espagnes ; le bonheur public y fleurit dans une paix toujours sans nuages, et ce repos je veux le donner à la Flandre.

LE MARQUIS, *vivement.*

Le repos du cimetière ! Et vous espérez finir ce que vous avez commencé? vous espérez arrêter le mouvement actuel de la chrétienté, et cette aurore universelle qui rajeunit la face du monde? Seul, dans toute l'Europe, vous voulez vous jeter au-devant de ce char du destin de l'univers, qui roule de son plein cours sans que rien le puisse arrêter? vous voulez que le bras d'un homme puisse l'enrayer? cela ne sera point. Déjà des milliers de citoyens ont fui de vos États, pauvres, mais libres et joyeux. Les sujets qui vous ont quitté pour leur croyance étaient les plus nobles de tous. Élisabeth a tendu des bras maternels à ces fugitifs, et la redoutable Angleterre prospère par l'industrie de nos compatriotes. Dépouillée du travail des nouveaux chrétiens, Grenade demeure déserte, et l'Europe se réjouit de voir son ennemi *tout sanglant des blessures qu'il s'est faites lui-même. (Le Roi est ému, le Marquis s'en aperçoit et s'approche de lui.*) Vous voulez travailler pour l'éternité, et c'est la mort que vous semez ! cette œuvre de la contrainte ne pourra survivre à son créateur ; vous construisez pour des ingrats. En vain vous aurez livré de rudes combats, en vain vous aurez sacrifié votre royale vie à des entreprises de destruction, l'homme est bien au-dessus de ce que vous l'avez jugé ; il rompra les liens dont on l'enchaînera durant son long sommeil, et réclamera ses droits sacrés ; il rejettera votre nom avec ceux des Néron et des Busiris, et cela m'afflige... car vous étiez bon.

LE ROI.

Et qui vous a donné une telle certitude ?

LE MARQUIS, *avec feu.*

Oui, par le Tout-Puissant ! oui, oui, je le répète. Rendez-nous ce que vous nous avez enlevé ; soyez généreux comme le fort, et laissez échapper de vos trésors le bonheur des hommes ; laissez les esprits se mûrir dans votre domaine ; rendez-nous ce que vous nous avez enlevé ; soyez roi d'un million de rois. (*Il s'approche du Roi avec assurance et fixe sur lui un regard ferme et animé.*) Ah ! pourquoi l'éloquence de ces milliers d'hommes dont les intérêts se traitent en cette heure solennelle ne peut-elle parler par ma bouche ? pourquoi cet éclair que j'aperçois dans vos yeux ne peut-il devenir une durable flamme ? Abdiquez cette divinité contre nature qui nous anéantit ; devenez pour nous le type de la vérité et de l'immortalité. Jamais, jamais un mortel n'eut un si grand pouvoir et ne put en user plus divinement. Tous les rois de l'Europe rendront hommage au nom espagnol, vous aurez devancé tous les rois de l'Europe ; un trait de plume de cette main, et la terre sera créée une seconde fois : donnez la liberté de penser.

Il se jette à ses pieds.

LE ROI.

Étrange enthousiaste ! — Cependant..... levez-vous ; puis-je.....

LE MARQUIS.

Regardez autour de vous la nature dans sa puissance ! c'est sur la liberté qu'elle est fondée ; et combien elle est riche par la liberté! Le grand Créateur jette le vermisseau dans une goutte de rosée et le laisse aussi habiter à son libre instinct la corruption et la mort. Que votre création est étroite et misérable ! Le frémissement d'une feuille épouvante le maître de la chrétienté ; il vous faut trembler de chaque vertu. Lui, plutôt que de troubler la douce apparence de la liberté, il laisse le triste cortège des maux se déchaîner sur son univers ; lui, qui a tout formé, on ne peut l'apercevoir, il s'est discrètement voilé sous d'éternelles lois ; l'esprit fort les voit, mais ne le voit point. « Pourquoi un Dieu ? dit-il ; le monde » se suffit à lui-même ; » et la dévotion d'aucun chrétien ne le célèbre autant que le blasphème de l'esprit fort.

LE ROI.

Et voulez-vous entreprendre de former dans mes États ce type élevé au dessus de l'humanité?

LE MARQUIS.

Vous, vous le pouvez. Et quel autre? Consacrez au bonheur des peuples ce pouvoir qui, hélas! pendant si long-temps, n'a fructifié que pour la grandeur du trône. Rendez à l'humanité sa dignité abolie; que le citoyen redevienne ce qu'il était d'abord, le but de la royauté. Ne lui imposez d'autre devoir que d'honorer les droits de son frère. Quand l'homme, rendu à lui-même, se réveillera au sentiment de sa dignité, quand les vertus fières et sublimes de la liberté fleuriront, quand vous aurez fait votre propre royaume le plus heureux de l'univers, alors, sire, ce sera votre devoir de soumettre l'univers.

LE ROI, *après un long silence.*

Je vous ai laissé dire jusqu'à la fin; je vois bien que le monde n'est point dans votre tête autrement que dans la tête des autres hommes; aussi je ne veux pas vous mesurer à la mesure commune. Je suis le premier à qui vous ayez ouvert votre âme; je le crois, puisque vous me le dites. En faveur de cette réserve qui a su contenir de telles opinions conçues avec une telle chaleur, et qui a su les taire jusqu'à ce jour, en faveur de cette prudente discrétion, je veux oublier, jeune homme, que je les connais et comment je les ai connues. Levez-vous. Je veux réfuter la trop grande promptitude du jeune homme, non pas en roi, mais en vieillard; je le veux, parce que... je le veux. Le poison lui-même peut, je crois, grâce à un heureux naturel, être ennobli par un salutaire usage; mais fuyez mon inquisition; je verrais avec chagrin...

LE MARQUIS.

Réellement, avec chagrin?

LE ROI, *d'un air sombre.*

Je n'ai jamais vu un tel homme. — Non, non, marquis, vous me traitez trop mal; je ne suis pas un Néron, je ne veux pas l'être; je ne veux pas l'être envers vous; tout bonheur n'aura pas disparu sous mon empire; vous-même vous pouvez continuer sous mes yeux à être un homme.

LE MARQUIS, *vivement.*

Et mes concitoyens, sire? — Ah! ce n'est pas de moi qu'il s'agit, ce n'est pas ma cause que je plaide. — Et vos sujets, sire?

LE ROI.

Et puisque vous savez si bien comment me jugera l'avenir, qu'il apprenne de vous comment je traitais les hommes lorsque j'en rencontrais un.

LE MARQUIS.

Ah! que le plus juste des rois ne soit pas en même temps le plus injuste! Dans votre Flandre, des milliers de citoyens valent mieux que moi. Aujourd'hui seulement, j'oserai le lui dire franchement, grand roi, aujourd'hui vous voyez, peut-être pour la première fois, la liberté sous des couleurs plus douces.

LE ROI, *avec une gravité douce.*

Rien de plus sur ce sujet, jeune homme; vous penseriez différemment, je le sais, si vous aviez d'abord connu les hommes comme moi. Cependant ce serait à regret que je vous verrais pour la dernière fois. Par où commencerai-je à vous attacher à moi?

LE MARQUIS.

Laissez-moi comme je suis, sire. Que vous serais-je si vous me corrompiez aussi?

LE ROI.

Je n'endure pas cet orgueil. D'aujourd'hui vous êtes à mon service... Point de réplique; je le veux. (*Après un moment de silence.*) Mais quoi! que voulais-je donc? n'est-ce pas la vérité que je voulais? et j'ai trouvé plus encore.... Vous m'avez vu sur mon trône, marquis, mais non point dans ma maison. (*Le Marquis semble se recueillir.*) Je vous entends, mais... quand je serais le plus malheureux de tous les pères, ne pourrai-je pas être encore un époux heureux?

LE MARQUIS.

Si un fils de la plus belle espérance, si la possession d'une femme la plus digne d'être aimée sont des motifs pour être appelé heureux, quel mortel a plus que vous ce double bonheur?

LE ROI, *d'un air sombre.*

Non, je ne le suis pas... et jamais je n'ai senti plus profondément qu'en cet instant que je ne le suis pas.

Il regarde le Marquis avec une expression d'abattement.

LE MARQUIS.

Le prince a l'âme noble et pure; je ne l'ai jamais jugé autrement.

LE ROI.

Mais moi... ce qu'il m'a ravi, aucune couronne ne peut m'en dédommager... une reine si vertueuse!

LE MARQUIS.

Qui oserait, sire?...

LE ROI.

Le monde! la calomnie! moi-même!... Voici des témoignages irrécusables qui la condamnent; d'autres sont encore prêts à paraître, qui me menacent d'une conviction plus terrible... Mais, marquis... il m'est pénible, oui, bien pénible de m'en rapporter à un seul témoin qui l'accuse. Est-elle capable de tomber dans un si profond déshonneur? O combien il doit m'être permis de croire plus volontiers qu'une Eboli la calomnie! Ce prêtre n'est-il pas ennemi de mon fils et d'elle? ne sais-je pas qu'Albe respire la vengeance? Ma femme est meilleure qu'eux tous.

LE MARQUIS.

Sire, il est quelque chose dans l'âme d'une femme qui s'élève au-dessus de toutes les apparences, de toutes les calomnies; c'est la pudeur des femmes.

LE ROI.

C'est ce que je me dis aussi. Pour tomber aussi bas qu'on en accuse la reine, il en coûte beaucoup; les liens sacrés de l'honneur ne se rompent point si facilement qu'on voudrait me le persuader... Vous connaissez les hommes, marquis : un homme tel que vous me manquait déjà depuis long-temps ; vous êtes bon et confiant... Cependant vous connaissez les hommes... ainsi je vous ai choisi.

LE MARQUIS, *surpris et effrayé.*
Moi, Sire ?

LE ROI.
Vous avez paru devant votre maître, et vous ne lui avez rien demandé pour vous... rien. Cela m'était nouveau... Vous en serez juge : la passion n'égarera point vos yeux ; introduisez-vous près de mon fils ; sondez le cœur de la reine : je vous accorde plein pouvoir de l'entretenir seule. Maintenant laissez-moi.

Il sonne.
LE MARQUIS.
Puis-je emporter une espérance fondée? Alors c'est le plus beau jour de ma vie.

LE ROI *lui donne sa main à baiser.*
Il n'est pas perdu dans la mienne. (*Le Marquis se lève et se retire ; le comte de Lerme entre.*) Le chevalier entrera désormais sans être annoncé.

ACTE QUATRIÈME.

SCÈNE PREMIÈRE.

Un salon chez la Reine.

LA REINE, LA DUCHESSE D'OLIVARÈS, LA PRINCESSE D'ÉBOLI, LA COMTESSE DE FUENTÉS, *et d'autres Dames.*

LA REINE, *se levant, s'adresse à la grande Maîtresse.*
La clef ne se trouve donc pas? Il faudra faire forcer la cassette, et tout de suite. (*Elle aperçoit la princesse d'Éboli qui s'approche, et lui baise la main.*) Soyez la bienvenue, chère princesse; je suis contente de vous voir rétablie. Cependant vous êtes encore bien pâle.

FUENTÈS, *avec malignité.*
Cela vient de cette méchante fièvre qui attaque horriblement les nerfs ; n'est-ce pas, princesse?

LA REINE.
Je souhaitais beaucoup aller vous voir, ma chère... mais je n'ai pas osé.

OLIVARÈS.
Au moins la princesse n'a-t-elle pas manqué de société.

LA REINE.
Je le crois bien. Qu'avez-vous ? Vous tremblez.

ÉBOLI.
Rien, rien du tout, madame. Je demande la permission de me retirer.

LA REINE.
Vous nous le cachez, mais vous êtes plus malade que vous ne voulez nous le persuader. Rester debout vous fatiguerait ; aidez-la, comtesse, à s'asseoir sur ce tabouret.

ÉBOLI.
L'air me ferait du bien.

Elle sort.
LA REINE.
Suivez-la, vous, comtesse..... Qu'elle est changée !

Un Page entre; il parle à la Duchesse, qui se tourne ensuite vers la Reine.

OLIVARÈS.
Le marquis de Posa, madame. Il vient de la part du roi.

LA REINE.
Je l'attends.

Le Page sort, et ouvre la porte au Marquis.

SCÈNE II.

LE MARQUIS DE POSA, LES PRÉCÉDENS.

Le Marquis met le genou en terre devant la Reine, qui lui fait signe de se relever.

LA REINE.
Quels sont les ordres du roi ? Puis-je publiquement...

LE MARQUIS.
Il m'est ordonné de parler devant Sa Majesté seule.

Sur un signe de la Reine, les dames s'éloignent.

SCÈNE III.

LA REINE, LE MARQUIS DE POSA.

LA REINE, *avec surprise.*
Eh quoi ! puis-je en croire mes yeux, marquis ? Vous êtes envoyé à moi par le roi ?

LE MARQUIS.
Cela semble singulier à Votre Majesté? à moi, pas du tout.

LA REINE.
Le monde est sorti de ses routes. Vous et lui !
— Je l'avouerai...

LE MARQUIS.
Cela semble bizarre ; oui, cela peut bien être. Le temps présent est fécond en circonstances plus étonnantes.

LA REINE.
Plus étonnantes, j'en doute.

LE MARQUIS.

Admettons que je me sois enfin laissé séduire. Était-ce la peine de jouer à la cour de Philippe le rôle d'un homme singulier ? Singulier ! Qu'est-ce que cela signifie? Celui qui veut être utile aux hommes, doit d'abord se présenter à eux comme leur semblable. A quoi bon l'apparence fastueuse d'un sectaire? Admettons... Qui est assez dégagé de vanité pour ne pas recruter en faveur de sa croyance?... admettons que je cherche par-là à placer la mienne sur le trône.

LA REINE.

Non, non, marquis; je ne voudrais pas, même par plaisanterie, vous prêter un projet si mal mûri ; vous n'êtes pas un rêveur qui entreprend ce qui ne peut être conduit à sa fin.

LE MARQUIS.

C'est cela même qui serait une question, ce me semble.

LA REINE.

Ce que je pourrais tout au plus vous imputer, ce qui me paraîtrait étrange de vous, marquis, ce serait... ce serait...

LE MARQUIS.

De la duplicité, peut-être?

LA REINE.

De la dissimulation, du moins. Le roi ne vous a vraisemblablement pas chargé de me dire ce que vous me direz.

LE MARQUIS.

Non.

LA REINE.

Et une bonne cause peut-elle ennoblir un moyen coupable ? cela se peut-il ? Pardonnez-moi ce doute. Votre noble fierté peut-elle se prêter à cet emploi? à peine le puis-je croire.

LE MARQUIS.

Ni moi, s'il ne s'agissait ici que de tromper le roi ; mais ce n'est pas mon intention; je pense le servir en ceci plus sincèrement qu'il ne me l'a recommandé lui-même.

LA REINE.

Je vous reconnais là, et c'est assez. Que fait-il ?

LE MARQUIS.

Le roi... A ce qu'il me paraît, je vais être bientôt vengé de la sévérité de vos jugemens. Ce que je ne me hâtais point de rapporter à Votre Majesté, vous êtes, ce me semble, encore beaucoup moins pressée de le savoir; il faut pourtant vous le dire. Le roi fait prier Votre Majesté de ne point accorder aujourd'hui d'audience à l'ambassadeur de France. Telle était ma commission; m'en voici acquitté.

LA REINE.

Est-ce tout ce que vous avez à me dire de sa part, marquis?

LE MARQUIS.

C'est à peu près tout ce qui m'autorise à être ici.

LA REINE.

Je me résoudrai volontiers, marquis, à ignorer ce qui doit être un secret pour moi.

LE MARQUIS.

Cela doit être, madame. A la vérité, si vous n'étiez pas ce que vous êtes, je pourrais vous apprendre certaines choses, vous prémunir contre certaines personnes... avec vous cela n'est pas nécessaire. Le danger peut aller et venir autour de vous sans que vous le connaissiez. Tout cela n'est pas digne de troubler le précieux sommeil d'un ange ; aussi n'est-ce point là ce qui m'amène. Le prince Carlos...

LA REINE.

Comment l'avez-vous laissé?

LE MARQUIS.

Pareil à l'homme qui est seul sage parmi ses contemporains, et pour qui c'est un crime d'adorer la vérité ; tout aussi résolu à mourir pour son amour que le sage pour le sien. J'ai peu de paroles à vous rapporter ; mais là, il parle lui-même.

Il remet une lettre à la Reine.

LA REINE, *après avoir lu.*

Il faut qu'il me parle, dit-il ?

LE MARQUIS.

Je le dis aussi.

LA REINE.

En sera-t-il plus heureux quand il verra de ses yeux que je n'ai pas de bonheur non plus?

LE MARQUIS.

Non, mais il en deviendra plus actif et plus ferme.

LA REINE.

Comment?

LE MARQUIS.

Le duc d'Albe va en Flandre.

LA REINE.

Il y va, on me l'a dit.

LE MARQUIS.

Revenir sur sa détermination! jamais le roi ne le fera. Nous connaissons bien le roi. Mais ce qui est certain aussi, c'est que le prince ne peut demeurer ici ; — cela ne se peut pas, absolument pas ; — et que la Flandre ne doit pas être sacrifiée.

LA REINE.

Savez-vous comment empêcher cela?

LE MARQUIS.

Oui; peut-être... le moyen est extrême comme le danger; il est audacieux comme le désespoir : mais je n'en sais aucun autre.

LA REINE.

Dites-le-moi.

LE MARQUIS.

A vous, seulement à vous, madame, j'oserai le découvrir; c'est de vous seulement que Carlos peut l'entendre sans horreur. Le nom qu'on lui donnera sonne mal sans doute...

LA REINE.

Rébellion!

LE MARQUIS.

Il faut qu'il désobéisse au roi, il faut qu'il se rende secrètement à Bruxelles, où les Flamands l'attendent à bras ouverts. Toutes les Provinces-

Unies se lèveront à ce signal ; la bonne cause se fortifiera par la présence du fils d'un roi ; il fera trembler le trône d'Espagne devant ses armes. Ce que son père lui refuse à Madrid lui sera accordé à Bruxelles.

LA REINE.
Lui avez-vous parlé aujourd'hui, et croyez-vous cela possible?

LE MARQUIS.
C'est parce que je lui ai parlé aujourd'hui.

LA REINE, *après un moment de silence.*
Le plan que vous m'exposez m'effraye et me séduit également. Je crois que vous avez raison : l'idée est hardie, et c'est pour cela, je crois, qu'elle me plaît. Je veux la mûrir. Le prince la connaît-il?

LE MARQUIS.
Il doit, dans mon plan, l'entendre de votre bouche pour la première fois.

LA REINE.
Sans contredit. L'idée est grande... à moins que la jeunesse du prince...

LE MARQUIS.
Elle ne nuit en rien. Il trouvera là-bas Egmont, Orange, ces braves compagnons d'armes de l'empereur Charles, si sages dans les conseils, si redoutables dans les combats.

LA REINE, *avec vivacité.*
Oui, l'idée est grande et belle; le prince doit agir ; je sens cela vivement. Le rôle qu'on lui voit jouer à Madrid m'humilie pour lui. Je lui promets l'aide de la France, de la Savoie aussi. Je suis entièrement de votre avis, marquis; il doit agir... Cependant cette entreprise exige de l'argent.

LE MARQUIS.
Aussi est-il déjà prêt.

LA REINE.
En outre, je sais un moyen.

LE MARQUIS.
Ainsi je puis lui donner l'espérance de cette entrevue ?

LA REINE.
Je veux me consulter.

LE MARQUIS.
Carlos attend une réponse, madame. Je lui ai promis de ne pas revenir sans la lui rapporter. (*Il présente ses tablettes à la Reine*) Deux mots suffiront pour le moment.

LA REINE, *après avoir écrit.*
Vous reverrai-je?

LE MARQUIS.
Aussi souvent que vous le commanderez.

LA REINE.
Aussi souvent, aussi souvent que je l'ordonnerai ? Marquis ; comment dois-je m'expliquer cette liberté?

LE MARQUIS.
Aussi innocemment que vous le pourrez toujours. Nous en jouissons, cela suffit, cela doit suffire à Votre Majesté.

LA REINE, *l'interrompant.*
Combien je serais heureuse si ce dernier asile restait encore à la liberté en Europe ; si c'était lui qui le conservât! Comptez sur la part que j'y prendrai en secret.

LE MARQUIS, *avec chaleur.*
Ah! je le savais bien qu'ici je serais compris !

La duchesse d'Olivarès paraît à la porte.

LA REINE, *froidement, au Marquis.*
Ce qui me vient de la part du roi mon maître sera toujours respecté comme une loi. Allez l'assurer de ma soumission.

Elle lui fait un salut. Le Marquis sort.

SCÈNE IV.
Une galerie.

DON CARLOS *et* LE COMTE DE LERME.

CARLOS.
On ne peut nous troubler ici. Qu'avez-vous à m'apprendre ?

LERME.
Votre Altesse avait dans cette cour un ami..,

CARLOS.
... Que je ne connaissais pas? Comment ? Que voulez-vous dire ?

LERME.
Je dois donc demander pardon d'en avoir appris plus que je n'aurais voulu en savoir. Cependant j'ajouterai, pour tranquilliser Votre Altesse, que je tiens ce secret d'une main fidèle. Bref, c'est par moi-même que je l'ai découvert.

CARLOS.
De qui voulez-vous parler?

LERME.
Du marquis de Posa.

CARLOS.
Eh bien ?

LERME.
Il en savait, touchant Votre Altesse, plus que personne ne peut en savoir ; du moins je suis bien porté à le craindre.

CARLOS.
Comment, craindre ?

LERME.
Il a été chez le roi.

CARLOS.
Ainsi ?...

LERME.
Pendant deux heures entières, et en conversation fort intime.

CARLOS.
Vraiment ?

LERME.
Ce n'est pas de petites choses qu'il était question.

CARLOS.
Je le veux croire.

LERME.
J'ai à plusieurs fois entendu votre nom.

CARLOS.
Ce n'est pas mauvais signe, j'espère.
LERME.
Il a été aussi question de la reine, et d'une manière très-énigmatique, dans la chambre du roi.
CARLOS recule de surprise.
Comte de Lerme!...
LERME.
Lorsque le marquis est sorti, j'ai reçu l'ordre de le laisser à l'avenir entrer sans être annoncé.
CARLOS.
Cela est réellement grave.
LERME.
Sans exemple absolument, prince, d'aussi loin que je m'en souvienne, depuis que je sers le roi.
CARLOS.
Grave, vraiment fort grave. — Et comment, comment dites-vous qu'il a été question de la reine?
LERME recule.
Non, prince, non. Ceci est contre mon devoir.
CARLOS.
Voilà qui est singulier! vous m'en dites une partie, et vous me cachez l'autre!
LERME.
Je vous disais la première. Pour la seconde, j'ai des devoirs envers le roi.
CARLOS.
Vous avez raison.
LERME.
Le marquis a toujours passé pour homme d'honneur.
CARLOS.
Vous l'avez bien jugé.
LERME.
Toute vertu reste sans tache..... jusqu'au moment de l'épreuve.
CARLOS.
La sienne l'est après comme avant l'épreuve.
LERME.
La faveur d'un grand roi me paraît digne d'être recherchée. Plus d'une vertu austère s'est laissé prendre à cet hameçon doré.
CARLOS.
Ah! oui.
LERME.
Souvent même il est prudent de révéler ce qui ne peut rester caché.
CARLOS.
Oui, prudent!... Cependant, comme vous dites, le marquis a toujours passé pour homme d'honneur.
LERME.
S'il l'est encore, mon doute ne change rien; et vous, prince, vous y gagnez doublement.
Il veut sortir.
CARLOS, *ému, le suit et lui prend la main.*
C'est un triple profit, noble et digne homme. je me vois plus riche d'un ami, sans qu'il m'en coûte celui que je possédais déjà.
Lerme sort.

SCÈNE V.

LE MARQUIS DE POSA, *arrivant par la galerie;* CARLOS.

LE MARQUIS.
Charles! Charles!
CARLOS.
Qui m'appelle? Ah! c'est toi. Très-bien. — Je me rends au couvent. Viens bientôt m'y joindre.
Il veut sortir.
LE MARQUIS.
Encore deux minutes : demeure.
CARLOS.
Si l'on nous surprenait!
LE MARQUIS.
Cela ne sera pas... Ce sera bientôt dit..... La reine...
CARLOS.
Tu as été chez mon père?
LE MARQUIS.
Il m'a fait appeler. Oui.
CARLOS, *avec curiosité.*
Eh bien?
LE MARQUIS.
C'est arrangé; tu la verras.
CARLOS.
Et le roi? Que voulait donc le roi?
LE MARQUIS.
Lui? peu de chose.... curiosité de savoir qui je suis... empressement d'amis qui se sont entremis sans mission. Que sais-je !... Il m'a offert du service.
CARLOS.
Que tu as cependant refusé?
LE MARQUIS.
Bien entendu.
CARLOS.
Et comment vous êtes-vous quittés?
LE MARQUIS.
Très-convenablement.
CARLOS.
Il n'a donc pas été question de moi dans la conversation?
LE MARQUIS.
De toi?... Mais, oui, d'une manière générale... (*Il tire ses tablettes et les présente au Prince.*) Voici, en attendant, deux mots de la reine, et demain je saurai où et comment...
CARLOS *lit avec distraction, serre les tablettes, et veut sortir.*
Tu me trouveras donc chez le prieur.
LE MARQUIS.
Attends : qui te presse? personne ne vient.
CARLOS, *avec un sourire affecté.*
Aurions-nous changé de rôle?... Tu es aujourd'hui d'une sécurité étonnante.
LE MARQUIS.
Aujourd'hui? Pourquoi aujourd'hui?

CARLOS.
Et que m'écrit la reine?
LE MARQUIS.
Ne viens-tu pas de le lire à l'instant?
CARLOS.
Moi?... Ah! oui.
LE MARQUIS.
Qu'as-tu donc? et que se passe-t-il en toi?
CARLOS *relit ce que lui a écrit la Reine, puis avec chaleur et ravissement.*
Ange du ciel! oui! je veux être... je veux être digne de toi. L'amour agrandit les grandes âmes. Quoi que ce soit, n'importe. Quand tu ordonnes, j'obéis. Elle écrit que je dois me préparer à une résolution importante. Que veut-elle dire par là, le sais-tu?
LE MARQUIS.
Quand je le saurais, Charles, es-tu maintenant disposé à l'entendre?
CARLOS.
T'aurais-je offensé? J'étais distrait. Pardonne-moi, Rodrigue.
LE MARQUIS.
Distrait, par quoi?
CARLOS.
Par... je ne le sais pas moi-même. Ces tablettes sont donc à moi?
LE MARQUIS.
Non, du tout. Bien plus, je suis venu pour te demander les tiennes.
CARLOS.
Les miennes? Pourquoi?
LE MARQUIS.
Et tout ce que tu peux avoir d'ailleurs de bagatelles qui ne doivent pas tomber aux mains d'un tiers, des lettres, des fragmens, en un mot, ton portefeuille.
CARLOS.
Mais pourquoi?
LE MARQUIS.
Seulement de peur d'accident... Qui est à l'abri d'une surprise?.... Personne ne les cherchera sur moi. Donne.
CARLOS, *avec inquiétude.*
Cela est singulier cependant. Pourquoi tout-à-coup...
LE MARQUIS.
Sois tranquille; je n'ai pas d'autre intention, sois-en certain. C'est une précaution contre le danger. Je n'avais pas pensé, non certes, que tu dusses t'en effrayer.
CARLOS *lui donne son portefeuille.*
Garde-le bien.
LE MARQUIS.
Assurément.
CARLOS *le regarde d'un œil expressif.*
Rodrigue, je t'ai donné beaucoup.
LE MARQUIS.
Beaucoup moins que je n'avais déjà reçu de toi. Là-bas donc, le reste... et maintenant adieu... adieu....
Il veut sortir.

CARLOS *semble combattu et incertain; enfin il le rappelle.*
Rends-moi les lettres. Il en est une qu'elle m'écrivit à Alcala, lorsqu'on me crut mortellement malade. Toujours je l'ai portée sur mon cœur; il m'est cruel de me séparer de cette lettre. Laisse-moi sa lettre... seulement celle-là; prends toutes les autres.

Il la reprend, et lui rend le portefeuille.

LE MARQUIS.
Charles, c'est contre mon gré: j'avais justement affaire de cette lettre.
CARLOS.
Adieu!... (*Il s'éloigne lentement et en silence, s'arrête un moment près de la porte, revient, et lui rapporte la lettre.*) Je te la rends. (*Sa main tremble; il fond en larmes; il se précipite dans les bras du Marquis, et repose sa tête sur son sein.*) Cela est hors du pouvoir de mon père, n'est-il pas vrai, cher Rodrigue?..... cela pourtant est hors de son pouvoir.

Il sort précipitamment.

SCÈNE VI.
LE MARQUIS *le suit des yeux avec surprise.*

Serait-il possible? cela se pourrait-il? ne l'aurais-je pas bien connu? Ce repli de son cœur m'aurait-il réellement échappé? Défiance contre son ami!... Non; c'est une calomnie... Que m'a-t-il fait pour que je l'accuse de faiblesse, moi, plus faible encore?..... Ce que je lui impute, je l'éprouve moi-même. Étonné... il doit l'être, je le crois facilement. Comment aurait-il prévu cet étrange mystère de la part d'un ami? Ne doit-il pas en éprouver de la douleur?... Je ne puis te l'épargner, Charles, et il faut encore que je continue à affliger ton âme tendre. Le roi se fie au dépositaire qui a reçu ses intimes secrets, et la confiance exige la reconnaissance. Pourquoi serais-je indiscret, quand mon silence ne peut lui causer de douleur, qu'il lui en épargne peut-être? Pourquoi le réveiller, afin de lui montrer le nuage orageux suspendu sur sa tête? Il suffit que je le détourne de toi en silence, et à ton réveil le ciel sera serein.

Il sort.

SCENE VII.
Le cabinet du Roi.

LE ROI, *assis; près de lui,* L'INFANTE CLAIRE-EUGÉNIE.

LE ROI, *après un profond silence.*
Non; elle est pourtant ma fille!..... La nature pourrait-elle mentir avec tant de vraisemblance? Ces yeux bleus, ce sont les miens; je me retrouve dans chacun de ses traits. Enfant de mon amour! oui, tu l'es... je te presse sur mon cœur... tu es mon sang... (*Il s'arrête avec un trouble subit.*)

Mon sang! que pourrais-je craindre de pire? mes traits ne sont-ils pas aussi les siens? (*Il a pris le médaillon dans sa main, et jette les yeux alternativement sur le portrait et sur la glace qui est en face de lui; enfin il le jette par terre, se lève brusquement et repousse l'Infante.*) Laisse-moi, laisse-moi... je me perds dans cet abîme.

SCÈNE VIII.

LE COMTE DE LERME, LE ROI.

LERME.
Sire, la reine vient d'entrer dans le salon.
LE ROI.
En ce moment?
LERME.
Et demande la faveur d'être admise.
LE ROI.
En ce moment? en ce moment?... à une heure inaccoutumée?... Je ne puis lui parler : point en ce moment.
LERME.
Voici Sa Majesté elle-même.

Il sort.

SCÈNE IX.

LE ROI, LA REINE *entrant*; L'INFANTE.

L'Infante court vers sa mère et se jette dans ses bras. La Reine tombe à genoux devant le Roi, qui demeure interdit et muet.

LA REINE.
Mon maître et mon époux... je dois... je suis contrainte de venir chercher justice devant votre trône.
LE ROI.
Justice!
LA REINE.
Je me vois traitée avec indignité dans cette cour : ma cassette a été forcée.
LE ROI.
Comment?
LA REINE.
Et des objets d'une grande importance pour moi ont disparu.
LE ROI.
D'une grande importance pour vous?
LA REINE.
Par le sens que des personnes méchantes et malintentionnées pourraient...
LE ROI.
Le sens que des personnes méchantes... Mais... levez-vous.
LA REINE.
Non : pas avant que mon époux se soit engagé par sa promesse à employer son royal pouvoir à me donner satisfaction; sinon, il faudra que je me sépare d'une cour où ceux qui me dépouillent trouvent asile.

LE ROI.
Levez-vous... cette attitude... Levez-vous.

LA REINE *se relève*.

Que le coupable soit d'un rang élevé, j'en suis assurée; car dans cette cassette il y avait des perles et des diamans pour plus d'un million, et l'on a seulement pris des lettres.
LE ROI.
Qui cependant m'étaient...
LA REINE.
Très-volontiers, Sire... C'étaient des lettres et un médaillon de l'infant.
LE ROI.
De...
LA REINE.
De l'infant, de votre fils.
LE ROI.
A vous?
LA REINE.
A moi.
LE ROI.
De l'infant, et vous me le dites?
LA REINE.
Pourquoi pas à vous, Sire?
LE ROI.
Avec ce front?
LA REINE.
Comment en êtes-vous surpris? Vous vous souvenez, je pense, que don Carlos m'a, avec l'agrément des deux cours, adressé des lettres à Saint-Germain.... Si l'envoi du portrait qui les accompagna était compris dans la permission, ou si, dans la vivacité de ses espérances, il prit sur lui cette démarche imprudente, c'est ce que je n'entreprendrai point de décider. Si ce fut alors de la précipitation, elle était pardonnable..... j'en suis garant pour lui : car alors il ne pouvait tomber dans sa pensée que c'était à sa mère qu'il s'adressât. (*Elle remarque que le Roi est troublé.*) Qu'est-ce?... qu'avez-vous?
L'INFANTE, *qui pendant ce temps a ramassé le médaillon et jouait avec, le rapporte à sa mère.*
Ah! voyez, ma mère! le beau portrait!
LA REINE.
Eh quoi! c'est mon..... (*Elle reconnaît le médaillon et demeure muette de surprise : tous deux se regardent fixement. Après un long silence.*) Vraiment, Sire, ce moyen d'éprouver le cœur de son épouse me paraît très-noble et très-royal. Cependant puis-je me permettre encore une question?
LE ROI.
C'est à moi de questionner.
LA REINE.
L'innocence du moins ne doit pas souffrir de mes soupçons. Si donc c'est par votre ordre que ce larcin...
LE ROI.
Oui.
LA REINE.
Alors, je n'ai à accuser personne, je n'ai à me plaindre de personne, de personne que de vous,

dont l'épouse n'était pas faite pour de tels moyens.

LE ROI.

Je connais ce langage... Mais, madame, je ne serai pas trompé une seconde fois comme j'ai été trompé à Aranjuez. Cette reine pure et angélique, qui alors se défendit avec tant de dignité, maintenant je la connais mieux.

LA REINE.

Qu'est-ce à dire?

LE ROI.

Bref, madame, et sans détour! Est-il vrai, oui, est-il vrai qu'alors vous n'aviez parlé à personne, à personne? Cela est-il vrai?

LA REINE.

J'avais parlé à l'infant, oui.

LE ROI.

Oui? Eh bien... ainsi cela est clair, cela est évident?... Tant d'audace!... si peu de soin de mon honneur!

LA REINE.

L'honneur, Sire?... Si l'honneur était en péril, certes, ce serait un honneur bien autre que celui qui m'a été conféré par la couronne de Castille.

LE ROI.

Pourquoi donc m'avez-vous nié?

LA REINE.

Parce que je ne suis pas accoutumée, Sire, à me laisser interroger dans l'attitude d'un criminel, en présence de la cour. Jamais je ne cacherai la vérité, quand elle me sera demandée avec égard, avec bonté. Était-ce bien là le ton que Votre Majesté prit à Aranjuez?... L'assemblée des grands d'Espagne serait-elle le tribunal devant lequel les reines doivent rendre compte de leurs actions secrètes? J'avais accordé au prince une entrevue qu'il m'avait demandée avec instance... Je l'avais fait, Sire, parce que je l'avais voulu, parce que je ne veux pas établir que l'usage de la cour soit juge des choses que je sais innocentes; et je vous le cachai parce qu'il ne me convenait pas de discuter avec Votre Majesté sur cette transgression en présence de mes gens.

LE ROI.

Vous parlez hardiment, madame.

LA REINE.

Et j'ajouterai encore, parce que l'infant trouve difficilement dans le cœur de son père la bienveillance qu'il mérite.

LE ROI.

Qu'il mérite?

LA REINE.

Car pourquoi le cacherai-je, Sire?... je l'estime beaucoup, et je l'aime comme mon plus cher parent, comme celui qui fut autrefois jugé digne de porter un nom qui m'eût touché de plus près. Je n'ai pas encore bien découvert pourquoi il me devrait être plus étranger que tout autre, justement parce qu'auparavant il devait m'être plus cher que tout autre... Si les maximes d'état peuvent, quand elles le jugent à propos, former des nœuds, il y a quelque chose de plus difficile à les

rompre ensuite. Je ne veux pas haïr celui que je dois... et puisqu'on m'a enfin contrainte à parler, je ne veux pas, non, je ne veux pas que mes penchans soient plus long-temps enchaînés.

LE ROI.

Élisabeth! vous m'avez vu dans des heures de faiblesse. Ce souvenir vous rend audacieuse. Vous vous confiez à un pouvoir absolu qui a souvent éprouvé ma fermeté. Cependant c'est un motif de plus pour craindre : ce qui jusqu'ici m'a rendu faible, peut aussi me jeter dans la fureur.

LA REINE.

Qu'ai-je donc fait?

LE ROI, *lui prenant la main.*

Si cela était... et déjà cela est ainsi... si la mesure de vos désordres est remplie, si elle est comblée, si elle déborde d'une seule goutte, si je suis trompé... (*il laisse sa main*) je triompherai de cette dernière faiblesse. Je le puis et je le veux... Alors malheur à moi et à vous, Élisabeth!

LA REINE.

Qu'ai-je donc fait?

LE ROI.

Alors je ferai couler le sang.

LA REINE.

En être venu là! ô Dieu!

LE ROI.

Je ne me connais plus; je ne respecte plus aucune loi, aucun cri de la nature, aucun droit des nations.

LA REINE.

Combien je plains Votre Majesté!

LE ROI, *hors de lui.*

Me plaindre! la pitié de cette impudique!

L'INFANTE, *effrayée, se jette dans les bras de sa mère.*

Le roi est en colère, et ma mère chérie pleure.

Le Roi arrache rudement l'enfant à sa mère.

LA REINE, *avec douceur et dignité, mais d'une voix tremblante.*

Je dois cependant mettre cet enfant à l'abri des mauvais traitemens... Viens avec moi, ma fille... (*Elle la prend dans ses bras.*) Si le roi ne veut plus te connaître, je ferai venir de l'autre côté des Pyrénées des protecteurs qui prendront notre cause.

Elle veut sortir.

LE ROI, *troublé.*

Reine!

LA REINE.

Je ne puis plus supporter... c'est trop.

Elle s'élance vers la porte, mais s'évanouit et tombe avec l'infante.

LE ROI *court à elle avec effroi.*

Dieu! qu'est-ce donc?

L'INFANTE, *jetant des cris de frayeur.*

Hélas! ma mère est couverte de sang.

Elle s'enfuit.

LE ROI.

Quel horrible accident! du sang! Avais-je mérité d'être puni si cruellement?... Levez-vous.... remettez-vous ; on vient, on nous surprendra. Levez-vous... toute ma cour doit-elle se repaître de ce spectacle? Je vous conjure de vous lever.

Elle se lève, appuyée sur le Roi.

SCÈNE X.

Les Précédens. ALBE, DOMINGO *entrent effrayés. Plusieurs Dames viennent ensuite.*

LE ROI.

Que l'on ramène la reine chez elle; elle ne se trouve pas bien.

La Reine sort accompagnée de ses Dames. Albe et Domingo s'approchent.

ALBE.

La reine en larmes! du sang sur son visage!

LE ROI.

Cela paraît surprenant aux esprits infernaux qui m'ont conduit là?

ALBE *et* DOMINGO.

Nous?

LE ROI.

Qui m'en ont dit assez pour exciter ma fureur, et rien pour ma conviction.

ALBE.

Nous avons dit ce que nous savons.

LE ROI.

Que l'enfer vous récompense! Ce que j'ai fait, je m'en repens..... Avait-elle le langage d'une conscience coupable?

LE MARQUIS DE POSA, *encore derrière le théâtre.*

Peut-on parler au roi ?

SCÈNE XI.

Les Précédens. LE MARQUIS DE POSA.

LE ROI, *vivement ému par cette voix, et s'avançant à la rencontre du Marquis.*

Ah! c'est lui!..... Soyez le bienvenu, marquis. Maintenant je n'ai plus besoin de vous, duc; laissez-nous.

Albe et Domingo se regardent avec une muette surprise, et sortent.

SCÈNE XII.

LE ROI *et* LE MARQUIS DE POSA.

LE MARQUIS.

Sire, il est dur pour un vieux guerrier, qui a exposé sa vie pour vous dans vingt batailles, de se voir ainsi repoussé.

LE ROI.

Il vous sied de penser ainsi, et à moi d'agir comme j'ai fait... Ce que vous êtes devenu pour moi en peu d'heures, il ne l'a pas été

vie entière. Je ne veux point de relations secrètes avec celui qui a su me plaire ; le sceau de ma royale faveur doit éclater au loin sur votre front; je veux qu'on envie l'homme que j'ai choisi pour ami.

LE MARQUIS.

Il le sera ; d'autant plus qu'une certaine enveloppe d'obscurité est son seul titre à mériter ce nom.

LE ROI.

Que m'apportez-vous?

LE MARQUIS.

Comme je traversais le salon, j'ai ouï parler d'une triste circonstance, qui m'a semblé incroyable..... une vive altercation... du sang... la reine.

LE ROI.

Vous étiez là?

LE MARQUIS.

Cette nouvelle me désespérerait d'autant plus, si elle avait quelque fondement, s'il n'avait pu se passer quelque chose entre Leurs Majestés... que j'ai fait d'importantes découvertes qui changent toute la face des choses.

LE ROI.

Eh bien?

LE MARQUIS.

J'ai trouvé l'occasion de détourner le portefeuille du prince, avec quelques-uns de ses papiers, qui, j'espère, jetteront quelque lumière.....

Il donne au Roi le portefeuille de Carlos.

LE ROI, *les parcourant avec curiosité.*

Un écrit de l'empereur mon père..... Comment n'en ai-je jamais entendu parler? *(Il le lit, le met de côté et passe à d'autres papiers.)* Le plan d'une forteresse..... des pensées extraites de Tacite...... Ah ! qu'est ceci?... je crois reconnaître l'écriture; c'est celle d'une femme. *(Il lit attentivement, tantôt à haute voix, tantôt tout bas.)* — « Cette clef... le cabinet du pavillon de la reine. » — Ah! qu'est-ce donc?... — « Là, l'amour pourra librement... se faire entendre... et une douce récompense... » Ah! infernale trahison! maintenant je vois tout : c'est elle, c'est sa main.

LE MARQUIS.

La main de la reine? Impossible!

LE ROI.

De la princesse d'Éboli.

LE MARQUIS.

Ainsi ce que m'a avoué dernièrement le page Hénarez serait vrai; c'est lui qui aurait porté la lettre et la clef.

LE ROI, *prenant la main du Marquis avec une vive émotion.*

Marquis, je m'aperçois que je suis dans d'exécrables mains! Cette femme... je vous l'avouerai, marquis, c'est cette femme qui a forcé la cassette de la reine; c'est d'elle que vint le premier avis... Qui pourrait dire ce que le moine sait là-dessus? J'ai été trompé par une intrigue infâme.

LE MARQUIS.

LE ROI.
Marquis, marquis, je commence à craindre d'être allé trop loin avec la reine.

LE MARQUIS.
S'il a existé de secrètes intelligences entre le prince et la reine, elles étaient certainement d'une toute autre nature que celles dont on les accusait; j'ai la certitude que le désir du prince d'aller en Flandre a pris naissance dans la tête de la reine.

LE ROI.
Je l'ai toujours pensé.

LE MARQUIS.
La reine a de l'ambition; oserais-je dire plus? elle voit avec chagrin qu'elle s'est trompée dans ses espérances orgueilleuses, et que toute participation au pouvoir lui est interdite. La jeunesse impétueuse du prince se présenta comme favorable à ses projets pour l'avenir... Son cœur... je doute fort qu'elle puisse aimer.

LE ROI.
Oh! je ne tremble point devant les plans habiles de sa politique.

LE MARQUIS.
Est-elle aimée? De la part de l'infant ne peut-on pas craindre plus que de la sienne? ce doute me parait digne d'examen. Ici, je crois qu'une surveillance sévère est indispensable.

LE ROI.
Vous me répondez de lui.

LE MARQUIS, *après avoir réfléchi.*
Si Votre Majesté me croit capable de remplir cet office, je dois prier qu'il soit en entier et sans restriction confié à mes soins.

LE ROI.
Il en sera ainsi.

LE MARQUIS.
Au moins qu'aucun auxiliaire, quelque nom qu'il porte, ne vienne, par son intervention, me troubler dans ce que je pourrai juger nécessaire.

LE ROI.
Aucun, je vous le promets. Vous êtes mon bon ange. Combien je vous dois de reconnaissance pour ce que vous m'avez appris! (*A Lerme qui est entré pendant ces derniers mots.*) Comment avez-vous laissé la reine?

LERME.
Encore bien affaiblie de son évanouissement.
Il jette sur le Marquis un regard détourné, et s'en va.

LE MARQUIS.
Une précaution me semble encore nécessaire. Je crains que le prince ne soit averti; il a beaucoup d'amis dévoués, peut-être des intelligences à Gand avec les rebelles. La crainte peut le précipiter dans une résolution désespérée. Ainsi je conseillerais de prévoir, dès à présent, par quel moyen soudain on pourrait sur-le-champ s'opposer à un tel incident.

LE ROI.
Vous avez raison; mais comment?

LE MARQUIS.
Un ordre secret d'arrestation que Votre Majesté remettrait en mes mains, dont je pourrais me servir sur-le-champ au moment du danger, et..... (*Le Roi semble réfléchir.*) Ce sera un grand secret d'état jusqu'au moment...

LE ROI *va à sa table, et signe l'ordre d'arrestation.*
Il y va du royaume; les dangers pressans permettent des moyens extraordinaires. — En ceci, marquis, il est superflu de vous recommander les ménagemens...

LE MARQUIS, *prenant l'ordre.*
C'est pour un cas extrême, Sire.

LE ROI, *plaçant la main sur son épaule.*
Allez, allez, cher marquis; calmez mon cœur et rendez à mes nuits le sommeil.

Ils sortent des deux côtés opposés.

~~~~~~~~~~~~~~~~~~~~~~~~~~~~~~~~~~~~~

SCÈNE XIII.
Une galerie.

CARLOS *arrive dans la plus vive agitation;* LE COMTE DE LERME *va à sa rencontre.*

CARLOS.
Je vous cherche.

LERME.
Je vous cherche aussi.

CARLOS.
Cela est-il vrai? Au nom du ciel, cela est-il vrai?

LERME.
Quoi donc?

CARLOS.
Qu'il a tiré un poignard? qu'on l'a emportée sanglante de son appartement? Par tous les saints, répondez-moi, dois-je le croire? cela est-il vrai?

LERME.
Elle est tombée sans connaissance et s'est blessée en tombant. Ce n'est rien de plus.

CARLOS.
N'y a-t-il aucun danger, aucun? sur votre honneur, comte?

LERME.
Aucun pour la reine, mais pour vous!

CARLOS.
Aucun pour ma mère? Dieu soit loué! Un bruit horrible était venu à mon oreille; le roi était entré en fureur contre la mère et l'enfant; un mystère avait été révélé.

LERME.
Ceci pourrait bien être véritable.

CARLOS.
Véritable? comment?

LERME.
Prince, je vous ai donné aujourd'hui un avis que vous avez méprisé; profitez mieux du second.

CARLOS.
Comment?

LERME.

Si je ne me trompe point, prince, j'ai vu entre vos mains, il y a peu de jours, un portefeuille de velours bleu, brodé en or.

CARLOS, *un peu surpris.*

J'en ai un semblable... Oui; eh bien?

LERME.

Sur la couverture est, je crois, un médaillon entouré de perles.

CARLOS.

C'est cela même.

LERME.

Lorsque je suis entré à l'improviste dans le cabinet du roi, je crois avoir vu celui-là même entre ses mains; le marquis de Posa était près de lui.

CARLOS, *vivement, après un instant de surprise et de silence.*

Cela n'est pas vrai.

LERME, *avec émotion.*

Je serais donc un imposteur?

CARLOS, *le regardant un moment.*

Oui, vous l'êtes.

LERME.

Hélas! je vous pardonne.

CARLOS *se promène çà et là dans une agitation terrible, et s'arrête enfin devant lui.*

Quel mal t'a-t-il fait? que t'a fait notre innocente union, pour qu'avec une infernale activité tu t'empresses à la rompre?

LERME.

Prince, je respecte une douleur qui vous rend injuste.

CARLOS.

O mon Dieu! mon Dieu! préservez-moi du soupçon!

LERME.

Je me souviens aussi des propres paroles du roi. « Combien je vous dois de reconnaissance, disait-il quand je suis entré, pour ce que vous m'avez appris! »

CARLOS.

Silence, silence!

LERME.

Le duc d'Albe serait disgracié; les sceaux auraient été retirés au prince Ruy Gomez et confiés au marquis.

CARLOS, *absorbé profondément dans ses réflexions.*

Et il ne m'a rien dit! Pourquoi ne m'a-t-il rien dit?

LERME.

Toute la cour le regarde déjà comme un ministre tout-puissant, comme le favori le plus absolu.

CARLOS.

Il m'a aimé, beaucoup aimé; je lui étais plus cher que lui-même. Oh! je le sais bien, il m'en a donné mille preuves. Mais des millions d'hommes, mais la patrie ne devaient-ils pas lui être plus chers qu'un seul individu? Son âme était trop vaste pour un seul ami; le bonheur de Carlos était une tâche au-dessous de son amour. Il m'a sacrifié à sa vertu; puis-je l'en blâmer? Oui, cela est certain; maintenant cela est certain; maintenant il est perdu pour moi.

Il se détourne, et se cache le visage.

LERME, *après un moment de silence.*

O le meilleur des princes! que puis-je faire pour vous?

CARLOS, *sans le regarder.*

Passer au roi... et me trahir! Je n'avais rien à lui offrir.

LERME.

Voulez-vous attendre ce qui va suivre?

CARLOS, *s'appuyant sur la balustrade, et regardant fixement devant lui.*

Je l'ai perdu. Oh! maintenant je suis entièrement abandonné.

LERME *s'approche de lui avec émotion et intérêt.*

Vous ne voulez point penser à votre sûreté?

CARLOS.

A ma sûreté? Excellent homme!

LERME.

Vous n'avez personne pour qui vous ayez plus à trembler que vous-même.

CARLOS, *soudainement.*

Dieu! que me rappelez-vous? Ma mère! la lettre que je lui ai remise, que j'avais voulu garder et que je lui ai cependant laissée. (*Il se promène çà et là vivement et en se tordant les mains.*) Mais elle! par où a-t-elle mérité cela de lui? il aurait dû cependant l'épargner. Lerme, ne le devait-il pas? (*Avec emportement et décision.*) Je vais vers elle, il faut que je l'avertisse, il faut que je la prépare... Lerme, cher Lerme, qui donc enverrai-je? je n'ai plus personne. Dieu soit loué! encore un ami, et cette fois je n'ai rien à perdre.

Il sort rapidement.

LERME *le suit et le rappelle.*

Prince, où courez-vous?

Il sort.

SCENE XIV.
LA REINE, ALBE, DOMINGO.

ALBE.

S'il nous était permis, madame...

LA REINE.

Que souhaitez-vous?

DOMINGO.

Une sollicitude sincère pour l'auguste personne de Votre Majesté ne nous permet point de garder un tranquille silence sur un incident qui menace votre sûreté.

ALBE.

Nous nous hâtons de déjouer, par un avis donné à temps, un complot dirigé contre vous.

DOMINGO.

Et de mettre aux pieds de Votre Majesté l'hommage de notre zèle et de nos services.

LA REINE, *les regardant avec étonnement.*
Révérend père, et vous, noble duc, vous me causez une surprise réelle; je n'étais pas préparée à un tel dévouement de la part de Domingo et du duc d'Albe; je sais quel cas j'en dois faire. Vous me parlez d'un complot qui me menace; puis-je savoir qui...
ALBE.
Nous vous prions de vous garder d'un marquis de Posa, qui s'emploie aux affaires secrètes de Sa Majesté, du roi.
LA REINE.
J'apprends avec satisfaction que le roi ait fait un si bon choix. On m'a parlé depuis long-temps du marquis comme d'un excellent homme; il a la réputation d'un esprit fort distingué; jamais plus grande faveur ne fut mieux placée.
DOMINGO.
Mieux placée? nous sommes mieux instruits.
ALBE.
Depuis long-temps ce n'est plus un mystère que le genre d'emploi accepté par cet homme.
LA REINE.
Comment? que serait-ce donc? vous excitez toute mon attention.
DOMINGO.
Y a-t-il long-temps que Votre Majesté a regardé pour la dernière fois dans sa cassette?
LA REINE.
Comment?
DOMINGO.
Et avez-vous remarqué s'il ne vous manquait rien de précieux?
LA REINE.
Eh quoi donc! toute la cour sait ce qui m'a été soustrait? cependant le marquis de Posa... Comment le marquis de Posa aurait-il quelque rapport avec ceci?
ALBE.
Un rapport fort direct, madame; car il manque aussi au prince des papiers fort importans, qui ont été vus ce matin dans les mains du roi, pendant que le chevalier avait une audience secrète.
LA REINE, *après quelque réflexion.*
Ciel! ceci est étrange! ceci est fort extraordinaire! Je trouve ici un ennemi que je n'avais jamais imaginé, et en revanche deux amis que je ne me souviens pas d'avoir jamais connus; car en vérité, (*elle fixe sur tous les deux un regard pénétrant*) il faut que je l'avoue, le mauvais office qui m'a été rendu auprès du roi, je courais le risque de le pardonner... à vous.
ALBE.
A nous?
LA REINE.
A vous.
DOMINGO.
Duc d'Albe, à nous!
LA REINE, *fixant encore les yeux sur eux.*
Combien je m'applaudis d'être à temps mise en garde contre ma précipitation! Sans cela j'étais résolue à demander dès aujourd'hui à Sa Majesté de faire paraître mes accusateurs devant moi. Maintenant tout est pour le mieux, je pourrai invoquer en ma faveur le témoignage du duc d'Albe.
ALBE.
De moi? parlez-vous sérieusement?
LA REINE.
Pourquoi pas?
DOMINGO.
Ciel! empêcher ainsi tous les bons offices qu'en secret...
LA REINE.
En secret? (*D'un air grave et fier.*) Je désirerais cependant savoir, duc d'Albe, ce que la femme de votre roi peut avoir à démêler avec vous, ou avec vous, prêtre, et que son époux ne doive pas savoir. Suis-je innocente ou coupable?
DOMINGO.
Quelle question!
ALBE.
Cependant si le roi n'était pas juste, si du moins il ne l'était pas en ce moment?
LA REINE.
Alors j'attendrai qu'il le devienne... Heureux celui qui n'aura qu'à gagner lorsqu'il le sera devenu!
Elle leur fait un salut et se retire. Ils sortent ensuite par une autre porte.

~~~~~~~~~~~~~~~~~~~~~~~~~~~~~~~~~~~~~~

SCÈNE XV.
Appartement de la princesse d'Éboli.

LA PRINCESSE D'ÉBOLI; *un instant après,* DON CARLOS.

ÉBOLI.
Serait-elle donc vraie cette étrange nouvelle qui remplit déjà toute la cour?
CARLOS *entre.*
Ne vous effrayez point, princesse; je serai doux comme un enfant.
ÉBOLI.
Prince... cette surprise...
CARLOS.
Êtes-vous encore offensée? encore...
ÉBOLI.
Prince!
CARLOS, *avec instance.*
Êtes-vous encore offensée? Je vous prie, dites-le-moi.
ÉBOLI.
Qu'est-ce donc?... vous semblez oublier, prince... Que cherchez-vous près de moi?
CARLOS, *lui prenant la main avec vivacité.*
Aimable fille, peux-tu haïr toujours? l'amour blessé ne pardonne-t-il jamais?
ÉBOLI, *retirant sa main.*
Que me rappelez-vous, prince?
CARLOS.
Ta bonté et mon ingratitude. Hélas! je le sais bien, je t'ai cruellement offensée, j'ai déchiré ton

tendre cœur, j'ai arraché des larmes à ces yeux charmans ; hélas! je ne viens pas même ici pour parler de mon repentir.

ÉBOLI.

Prince, laissez-moi... je...

CARLOS.

Je suis venu, parce que tu es une douce créature, parce que je compte sur la bonté, sur la beauté de ton âme. Vois, aimable fille, vois, je n'ai plus d'autre ami dans ce monde que toi seule. Une fois tu me montras de la bonté : non, tu ne haïras pas toujours, tu ne seras pas toujours implacable.

ÉBOLI, *détournant le visage.*

Oh! silence! Rien de plus, au nom du ciel, prince!

CARLOS.

Laisse-moi te rappeler ces momens divins, laisse-moi te rappeler ton amour, ton amour, aimable fille, que j'outrageai si indignement; laisse-moi me prévaloir de ce que je fus pour toi, de ce que ton cœur avait rêvé de moi. Encore une fois, seulement une fois encore, que ton âme m'imagine comme elle me voyait alors, et sacrifie à cette image ce que tu ne pourrais me sacrifier à moi-même.

ÉBOLI.

Ah! Charles, que vous vous jouez cruellement de moi !

CARLOS.

Montre-toi plus grande que ton sexe. Pardonne cette offense; fais ce qu'aucune femme n'a fait avant toi, ce qu'aucune femme ne fera après : j'exige de toi quelque chose d'inouï. Obtiens, je t'en conjure à genoux, obtiens que je puisse dire deux mots à ma mère.

Il se jette à ses genoux.

SCÈNE XVI.

Les Précédens. LE MARQUIS DE POSA *se précipite dans l'appartement, suivi de deux Officiers de la garde du roi.*

LE MARQUIS, *respirant à peine, se jette entre eux.*

Qu'a-t-il dit? Ne le croyez pas.

CARLOS, *encore aux pieds de la Princesse, et d'une voix élevée.*

Par tout ce qu'il y a de plus sacré...

LE MARQUIS, *l'interrompant avec vivacité.*

Il est en délire. N'écoutez point un insensé.

CARLOS, *avec plus d'instances, et d'une voix plus forte.*

Il y va de la vie. Conduisez-moi vers elle.

LE MARQUIS, *éloignant la Princesse de lui avec violence.*

Vous êtes morte, si vous l'écoutez! (*A un des Officiers.*) Comte de Cordoue, au nom du roi, (*il lui montre l'ordre*) le prince est votre prisonnier. (*Carlos demeure immobile et comme frappé de la foudre. La Princesse pousse un cri d'effroi*

et veut s'enfuir. Les officiers sont interdits. Long et profond silence. On voit le Marquis ému et tremblant s'efforcer avec peine de se remettre. Au Prince.) Je vous demande votre épée. Princesse Éboli, demeurez, et (*à l'Officier*) que le prince ne parle à personne, à personne ; pas même à vous; vous m'en répondez sur votre tête. (*Il dit encore quelques mots tout bas à l'Officier; puis se retournant :*) Je vais me jeter sur-le-champ aux pieds du roi, et lui rendre compte... (*à Carlos*) et à vous aussi, prince. Attendez-moi dans une heure.

Carlos se laisse conduire, sans donner signe d'aucun sentiment ; seulement en s'en allant il laisse tomber un regard défaillant sur le Marquis, qui se cache le visage. La Princesse essaie encore une fois de s'enfuir. Le Marquis la retient par le bras.

SCÈNE XVII.

LA PRINCESSE D'ÉBOLI *et* LE MARQUIS DE POSA.

ÉBOLI.

Au nom du ciel, laissez-moi quitter ce lieu.

LE MARQUIS, *la ramenant sur le devant de la scène, d'un air sévère et effrayant.*

Que t'a-t-il dit, malheureuse?

ÉBOLI.

Rien, laissez-moi, rien.

LE MARQUIS, *la retenant toujours, et d'un ton plus sévère encore.*

Qu'as-tu appris?... Il n'y a point d'évasion à espérer... tu ne pourras le redire à personne sur la terre.

ÉBOLI *le regarde avec effroi.*

Grand Dieu! qu'entendez-vous par là? Vous ne voudriez pas me tuer?

LE MARQUIS, *tirant un poignard.*

En effet, j'en suis fort tenté. Cela serait plus court.

ÉBOLI.

Moi! moi! ô miséricorde éternelle! qu'ai-je donc fait?

LE MARQUIS, *regardant le ciel, et approchant le poignard de sa poitrine.*

Il est encore temps : le poison ne s'est pas encore échappé de ses lèvres. Je briserai le vase, et tout sera dans la même situation... Le destin de l'Espagne... et la vie d'une femme!...

Il demeure dans cette attitude, et semble incertain.

ÉBOLI, *qui est tombée à ses pieds, le regarde d'un œil ferme.*

Eh bien! que tardez-vous? Je ne demande pas à être épargnée... Non ; j'ai mérité de mourir, et j'y consens.

LE MARQUIS *laisse lentement retomber son bras, après une courte réflexion.*

Cela serait aussi lâche que barbare!... Non! non, Dieu soit loué!... Il y a encore un autre moyen.

Il laisse tomber le poignard et sort rapidement. La Princesse se précipite par une autre porte.

SCÈNE XVIII.
Appartement de la Reine.

LA REINE, LA COMTESSE DE FUENTÈS.

LA REINE.

Quel tumulte dans le palais! Chaque bruit me remplit aujourd'hui d'effroi. Allez voir, je vous prie, et dites-moi ce que cela signifie.

La comtesse de Fuentès sort, et la princesse d'Éboli entre précipitamment.

SCÈNE XIX.
LA REINE, LA PRINCESSE D'ÉBOLI.

ÉBOLI, *respirant à peine, pâle et défaite, tombe aux pieds de la Reine.*
Madame!... au secours !... Il est arrêté.

LA REINE.
Qui?

ÉBOLI.
Le marquis de Posa l'a arrêté par ordre du roi.

LA REINE.
Mais qui? qui?

ÉBOLI.
Le prince.

LA REINE.
As-tu perdu la raison?

ÉBOLI.
Ils l'emmènent à l'instant même.

LA REINE.
Et qui l'a fait arrêter?

ÉBOLI.
Le marquis de Posa.

LA REINE.
Ah! Dieu soit loué que ce soit le marquis qui l'ait fait arrêter!

ÉBOLI.
Avec quel calme vous dites cela, madame; avec quelle froideur! O mon Dieu! vous ne soupçonnez pas... vous ne savez pas...

LA REINE.
Pourquoi il a été arrêté. Quelque fausse démarche, je suppose, très-naturelle avec le caractère bouillant de ce jeune homme.

ÉBOLI.
Non, non... je suis mieux informée... non, madame... une action infâme, infernale! Il n'y a plus de salut pour lui; il mourra.

LA REINE.
Il mourra!

ÉBOLI.
Et je suis son assassin!

LA REINE.
Il mourra! Insensée, y penses-tu?

ÉBOLI.
Et pourquoi, pourquoi meurt-il? Oh! si j'avais pu savoir que les choses en viendraient là!

LA REINE *lui prend la main avec bonté.*
Princesse, vous êtes encore hors de vous; recueillez d'abord vos esprits, ne jetez pas dans mon âme ces affreuses images, expliquez-vous avec plus de calme : qu'avez-vous su? qu'est-il arrivé?

ÉBOLI.
Ah! madame, n'ayez pas pour moi cet abandon, cette bonté! ce sont pour moi les flammes de l'enfer qui s'emparent de ma conscience; je ne suis pas digne de porter mes regards profanes jusqu'à votre gloire; foulez aux pieds une misérable qui se prosterne devant vous, accablée de repentir, de honte et de mépris pour elle-même.

LA REINE.
Malheureuse, qu'avez-vous à m'avouer?

ÉBOLI.
Ange de lumière! âme sainte! vous ne connaissez pas, vous ne soupçonnez pas à quelle créature infernale votre bonté a daigné sourire! apprenez aujourd'hui à la connaître... c'est moi... moi qui ai commis ce larcin.

LA REINE.
Vous?

ÉBOLI.
Et qui ai livré les lettres au roi.

LA REINE.
Vous?

ÉBOLI.
Qui ai eu l'impudence de vous accuser.

LA REINE.
Vous, vous avez pu...

ÉBOLI.
La vengeance... l'amour... la rage. Je vous haïssais, et j'aimais l'infant.

LA REINE.
Et parce que vous l'aimiez...

ÉBOLI.
Je le lui ai avoué, et je n'avais pas été payée de retour.

LA REINE, *après un moment de silence.*
Ah! maintenant je m'explique tout... Levez-vous... vous l'aimiez... je vous ai déjà pardonné... tout est oublié... Levez-vous.

Elle lui tend la main.

ÉBOLI.
Non, non; il me reste encore un aveu terrible à faire... non, pas auparavant.

LA REINE, *avec attention.*
Que puis-je avoir à apprendre encore? parlez.

ÉBOLI.
Le roi... séduite... Ah! vous détournez vos regards... j'y lis ma réprobation... le crime dont je vous accusais... je l'ai commis moi-même.

Elle presse contre terre son visage enflammé; la Reine sort. La duchesse d'Olivarès sort après quelques minutes du cabinet où est rentrée la Reine, et trouve la Princesse encore dans la même attitude; elle s'approche en silence; au bruit de ses pas, la Princesse lève la tête, et ne voyant plus la Reine, entre dans un complet délire.

SCÈNE XX.

LA PRINCESSE D'ÉBOLI, LA DUCHESSE D'OLIVARÈS.

ÉBOLI.

Dieu! elle m'a laissée! Maintenant, c'en est fait.

OLIVARÈS, *s'approchant d'elle.*

Princesse Éboli.

ÉBOLI.

Je sais pourquoi vous venez, duchesse : la reine vous envoie m'annoncer ma sentence... Parlez.

OLIVARÈS.

J'ai ordre de Sa Majesté de recevoir votre croix et votre clef.

ÉBOLI *tire de son sein une croix d'or, et la remet dans les mains de la Duchesse.*

M'accordera-t-on encore une fois la faveur de baiser la main de la meilleure des reines?

OLIVARÈS.

On vous dira au couvent de Sainte-Marie ce qui aura été décidé sur vous.

ÉBOLI, *fondant en larmes.*

Je ne verrai plus la reine!

OLIVARÈS *l'embrasse en détournant le visage.*

Vivez heureuse.

Elle se retire promptement; la Princesse la suit jusqu'à la porte du cabinet, qui se referme aussitôt sur la Duchesse; la Princesse demeure quelques minutes à genoux devant cette porte, puis se lève tout-à-coup et sort en se cachant le visage.

SCÈNE XXI.

LA REINE, LE MARQUIS DE POSA.

LA REINE.

Ah! enfin, marquis, heureusement vous arrivez.

LE MARQUIS, *pâle, le visage défait, la voix tremblante; pendant toute cette scène, il laisse paraître une émotion profonde et solennelle.*

Votre majesté est-elle seule? personne ne peut-il nous entendre de la pièce voisine?

LA REINE.

Personne. Pourquoi? que m'apportez-vous? (*Elle le regarde plus attentivement et recule effrayée.*) Et pourquoi êtes-vous ainsi troublé? qu'est-ce donc? vous me faites trembler, marquis; tous vos traits portent l'empreinte de la mort.

LE MARQUIS.

Vous savez déjà sans doute...

LA REINE.

Que Charles a été arrêté, et même par vous, m'a-t-on dit. Cela est-il donc vrai? je ne voulais en croire personne que vous.

LE MARQUIS.

Cela est vrai.

LA REINE.

Par vous?

LE MARQUIS.

Par moi.

LA REINE *le regarde un instant d'un œil de doute.*

J'honore votre conduite, alors même que je ne la comprends pas. Cette fois cependant pardonnez à l'inquiétude d'une femme, je crains que vous n'ayez joué un jeu téméraire.

LE MARQUIS.

Et j'ai perdu.

LA REINE.

Dieu du ciel!

LE MARQUIS.

Soyez complètement tranquille, madame; pour lui, tout est déjà à l'abri; c'est moi qui suis perdu.

LA REINE.

Que vais-je apprendre? Grand Dieu!

LE MARQUIS.

Qui me forçait à placer ainsi tout sur une chance douteuse? tout! A jouer avec le sort si témérairement, sans prévoyance? quel est l'homme qui peut s'oublier au point de vouloir diriger le rude gouvernail du destin, à moins de s'attribuer la souveraine prévision? Ah! cela est juste... Mais pourquoi parler de moi maintenant? Cet instant est précieux comme la vie d'un homme; et qui sait si la main avare du juge suprême ne me compte pas en ce moment les dernières gouttes de la vie?

LA REINE.

Le juge suprême? Quel ton solennel! Je ne conçois pas le sens de ces discours; cependant vous m'épouvantez.

LE MARQUIS.

Il est sauvé! à quel prix, n'importe! Mais c'est seulement pour aujourd'hui; il lui reste peu de momens, qu'il les épargne bien. Dès cette nuit, il faut qu'il quitte Madrid.

LA REINE.

Cette nuit même?

LE MARQUIS.

Les préparatifs sont faits. Dans cette même chartreuse, qui depuis long-temps était l'asile de notre amitié, des chevaux l'attendent. Voici, en lettres de change, ce que la fortune me donna de biens en ce monde; ce qui manquerait, vous le feriez. Sans doute, j'aurais encore bien des choses dans le cœur pour mon Charles, bien des choses qu'il devrait savoir; mais je pourrais ne pas trouver le temps de les traiter avec lui; vous lui parlerez ce soir, ainsi j'ai recours à vous.

LA REINE.

Au nom de mon repos, marquis, expliquez-vous avec plus de détail; ne me parlez pas en énigmes terribles. Qu'est-il arrivé?

LE MARQUIS.

J'ai encore une importante révélation à faire,

et c'est en vos mains que je la confie. J'eus un bonheur que bien peu d'hommes ont connu : j'aimai le fils d'un prince. Mon cœur, consacré à un seul, embrassait l'univers ; dans l'âme de Carlos je créais l'âge d'or pour des millions d'hommes. Oh ! mes songes étaient beaux ! mais il a plu à la Providence de me rappeler de ma noble tâche avant le temps. Bientôt il n'aura plus son Rodrigue ; l'ami s'en repose sur l'amante. Ici, ici, sur le cœur de sa souveraine, comme sur un saint autel, je dépose mon dernier, mon plus précieux legs ; c'est là qu'il le trouvera quand je ne serai plus.

Il se détourne, les larmes étouffent sa voix.

LA REINE.
Ce sont les paroles d'un mourant ; cependant j'espère encore que la chaleur de votre sang... ou quel serait le sens de ce discours ?

LE MARQUIS cherche à se recueillir, et continue d'un ton plus ferme.

Dites au prince qu'il doit penser au serment que dans des jours d'enthousiasme nous jurâmes en partageant l'hostie. J'ai tenu le mien, je lui suis fidèle jusqu'à la mort ; maintenant c'est à lui à tenir le sien.

LA REINE.
Jusqu'à la mort ?

LE MARQUIS.
Il accomplira .. Oh ! dites-le-lui, ce songe, ce noble songe d'une politique nouvelle, cette conception divine de notre amitié ; il mettra la première main à ces matériaux informes. Pourra-t-il achever ? sera-t-il interrompu ? que lui importe ? Il y mettra la main. Quand les siècles se seront écoulés, la Providence reproduira un fils de prince tel que lui, sur un trône tel que le sien, et embrasera de la même ambition son nouveau favori. Dites-lui que , quand il sera devenu homme, il porte respect aux songes de sa jeunesse ; qu'il n'ouvre point son cœur, cette tendre et céleste fleur, à la raison tant vantée, à ce ver qui ronge et qui tue ; qu'il ne se laisse point égarer, quand la sagesse de la chair diffamera la sainte ardeur qui vient du ciel. Je le lui ai dit autrefois.

LA REINE.
Eh quoi ! marquis, où tend ce discours ?

LE MARQUIS.
Et dites-lui que je dépose en son âme le bonheur des hommes ; que mourant, je l'exige de lui, je l'exige !... et que j'en avais bien le droit. Il eût dépendu de moi de faire briller un jour nouveau sur cet empire. Le roi m'offrait son cœur ; il m'appelait son fils ; il me confiait les sceaux, et son duc d'Albe n'était plus rien. (*Il s'arrête, et regarde la Reine en silence pendant quelques instans.*) Vous pleurez. Oh ! je les connais ces larmes, âme sublime, c'est la joie qui les fait couler. Mais ce qui est fait est fait. Charles ou moi ! Le choix a été prompt et terrible. L'un des deux devait être perdu, et j'ai voulu être celui-là...

il vaut mieux que vous n'en sachiez pas davantage.

LA REINE.
Maintenant, maintenant, je commence à vous comprendre. Malheureux ! qu'avez-vous fait ?

LE MARQUIS.
J'ai abandonné deux heures d'une soirée pour obtenir un beau jour d'été ! j'ai rejeté le roi. Que pouvais-je être au roi ? Mes espérances pouvaient-elles fleurir sur ce sol desséché ? Le destin de l'Europe mûrira par mon noble ami... Je lui lègue l'Espagne... Jusque là elle saignera sous la main de Philippe. Mais malheur, malheur à moi et à lui, si je devais me repentir, si j'avais mal choisi !... Non, non... je connais mon cher Carlos ; cela n'arrivera jamais... et mon garant, reine, c'est vous ! (*Après un moment de silence.*) Je vis germer cet amour ; je vis la plus malheureuse passion prendre racine dans son cœur. Il était alors en mon pouvoir de la combattre ; je ne le fis point. Je nourris cet amour, qui à mes yeux n'était point funeste. Le monde peut en juger autrement. Je ne me repens point. Mon cœur ne m'accuse pas. J'aperçus la vie où les hommes auraient vu la mort. Dans cette flamme sans espérance, je reconnus bientôt un rayon éclatant d'espérance. Je voulais le conduire à ce qui est bien, à ce qui est beau, à ce qui est élevé : l'humanité ne m'offrait pas une forme visible ; le langage me refusait des paroles ; alors je le dirigeai de ce côté et tout mon soin fut d'ennoblir son amour.

LA REINE.
Marquis, vous étiez si rempli de votre ami, que pour lui vous m'aviez oubliée. Me croyiez vous réellement assez dégagée de toutes les faiblesses de mon sexe, quand vous vouliez faire de moi son ange, et que vous lui donniez pour arme la vertu ? Vous n'aviez pas réfléchi quel risque on fait courir à notre cœur, lorsqu'on ennoblit la passion en lui faisant porter un tel nom.

LE MARQUIS.
Pour toutes les femmes, hormis pour une seule. Pour celle-là, j'en jurerais.., Pourriez-vous rougir du plus noble des désirs ? Pourriez-vous rougir d'être la cause d'une héroïque vertu ? Qu'importe au roi Philippe si la Transfiguration placée dans son Escurial enflamme le peintre qui la contemple du désir de s'immortaliser ? La douce harmonie qui dort dans la lyre appartient-elle à celui qui l'a achetée, et qui la possède, tout sourd qu'il est ? Il a acheté le droit de la mettre en pièces, mais non point l'art d'en tirer des sons divins, ni la jouissance ravissante de l'harmonie. La vérité règne sur le sage, la beauté sur le cœur sensible : ils s'appartiennent l'un l'autre. Aucun préjugé vulgaire ne peut détruire en moi cette persuasion. Promettez-moi de l'aimer toujours. Gardez-vous de l'abnégation dégradante où pourraient vous entraîner le respect humain ou le faux héroïsme. Aimez-le immuablement, éternellement. Vous me le promettez ? reine... vous le promettez en mes mains ?

LA REINE.

Mon cœur, je vous le promets, sera toujours l'unique juge de mon amour.

LE MARQUIS, *retirant sa main.*

Maintenant, je meurs tranquille; ma tâche est remplie.

Il salue la Reine et veut sortir.

LA REINE *le suit des yeux en silence.*

Vous partez, marquis, sans me dire si nous nous reverrons bientôt.

LE MARQUIS *revient et détournant la tête.*

Certes, nous nous reverrons.

LA REINE.

Je vous entends, Posa, je vous entends bien. Pourquoi en avoir agi ainsi avec moi?

LE MARQUIS.

Lui, ou moi!

LA REINE.

Non, non! vous vous êtes précipité dans cette action qui vous a paru sublime! vous ne pouvez le nier. Je vous connais, vous en aviez soif depuis long-temps. Que mille cœurs soient brisés, que vous importe, pourvu que votre orgueil soit satisfait! Ah! maintenant, maintenant, j'ai appris à vous comprendre; vous n'avez voulu qu'être admiré.

LE MARQUIS, *étonné, à part.*

Non, je n'étais point préparé à ce discours.

LA REINE, *après un moment de silence.*

Marquis, n'y a-t-il point de salut possible?

LE MARQUIS.

Aucun.

LA REINE.

Aucun? Pensez-y bien. Rien de possible, même par moi?

LE MARQUIS.

Même par vous.

LA REINE.

Vous ne me connaissez qu'à demi : j'ai du courage.

LE MARQUIS.

Je le sais.

LA REINE.

Aucun moyen de salut?

LE MARQUIS.

Aucun.

LA REINE *le quitte et se cache le visage.*

Allez! je n'estime plus personne.

LE MARQUIS, *vivement ému, se jette à genoux devant elle.*

Reine! ô Dieu! la vie est belle cependant!

Il se lève et sort rapidement. La Reine rentre dans son cabinet.

SCÈNE XXII.

LE DUC D'ALBE *et* DOMINGO *vont et viennent en silence, chacun de leur côté.* LE COMTE DE LERME *sort du cabinet du Roi. Survient ensuite* DON RAIMOND DE TAXIS, *grand maître des postes.*

LERME.

N'a-t-on pas encore vu le marquis?

ALBE.

Pas encore.

Lerme veut rentrer.

TAXIS, *entrant.*

Comte de Lerme, annoncez-moi.

LERME.

Le roi n'y est pour personne.

TAXIS.

Dites-lui qu'il faut que je lui parle. Cela importe extraordinairement à Sa Majesté. Hâtez-vous; cela ne souffre aucun retard.

Lerme rentre dans le cabinet.

ALBE, *s'approchant du grand maître des postes.*

Cher Taxis, habituez-vous à la patience. Vous ne parlerez pas au roi.

TAXIS.

Non! pourquoi?

ALBE.

Vous auriez dû avoir la précaution d'obtenir la permission du chevalier de Posa, qui retient prisonniers le fils et le père.

TAXIS.

Posa? comment? Très-bien! c'est le même de qui je tiens cette lettre.

ALBE.

Une lettre? Quelle lettre?

TAXIS.

Qu'il m'a chargé de faire passer à Bruxelles.

ALBE, *curieusement.*

A Bruxelles?

TAXIS.

Et que je viens apporter au roi.

ALBE.

A Bruxelles? Avez-vous entendu, chapelain? à Bruxelles?

DOMINGO, *s'avançant.*

Cela est très-suspect.

TAXIS.

Avec quelle anxiété, avec quel trouble il me la recommandait!

DOMINGO.

Avec anxiété? Ah!

ALBE.

A qui est-elle adressée?

TAXIS.

Au prince de Nassau et Orange.

ALBE.

A Guillaume? Chapelain, c'est de la trahison.

DOMINGO.

Cela peut-il être autrement? Oui, certes, on

doit remettre cette lettre au roi sur-le-champ. Que de mérite vous avez, digne seigneur, de remplir votre devoir avec tant de fermeté!
TAXIS.
Révérend père, je ne fais que mon devoir.
ALBE.
Vous le faites bien.
LERME, *sortant du cabinet, au grand-maître des postes.*
Le roi veut vous parler. (*Taxis entre dans le cabinet du Roi.*) Le marquis n'est pas encore ici?
DOMINGO.
On le cherche partout.
ALBE.
Voilà qui est singulier et surprenant. Le prince est prisonnier d'état, et le roi ne sait pas encore pourquoi.
DOMINGO.
Il n'est pas encore venu ici lui en rendre compte?
ALBE.
Comment le roi a-t-il pris la chose?
LERME.
Le roi n'a pas encore dit une parole.

On entend du bruit dans le cabinet.

ALBE.
Qu'est-ce? Silence!
TAXIS, *sortant du cabinet.*
Comte de Lerme!

Ils rentrent tous deux.

ALBE, *à Domingo.*
Que se passe-t-il ici?
DOMINGO.
Cet air d'effroi! ces lettres interceptées!... je ne présage rien de bon, duc.
ALBE.
Il vient de faire appeler Lerme. Il sait cependant que vous et moi nous sommes dans ce salon.
DOMINGO.
Notre temps est passé.
ALBE.
Ne suis-je donc plus le même devant qui toutes les portes s'ouvraient? Combien tout est changé autour de moi! tout m'est étranger.
DOMINGO *s'est approché doucement de la porte du cabinet, et prête l'oreille.*
Ecoutons!
ALBE, *après un instant de silence.*
Tout est dans un morne silence; à peine les entend-on respirer.
DOMINGO.
La double tapisserie amortit le son.
ALBE.
Retirons-nous; on vient.
DOMINGO, *quittant la porte.*
Tout me semble solennel et me jette dans l'angoisse, comme si cet instant devait décider d'une grande destinée.

SCÈNE XXIII.

LES PRÉCÉDENS, LE PRINCE DE PARME, LE DUC DE MÉDINA SIDONIA, LE DUC DE FÉRIA, *et quelques autres Grands d'Espagne, entrent.*

PARME.
Peut-on parler au roi?
ALBE.
Non.
PARME.
Non! qui est avec lui?
FÉRIA.
Le marquis de Posa, sans doute?
ALBE.
C'est précisément lui qu'on attend.
PARME.
Nous arrivons à l'instant de Saragosse. L'effroi règne dans tout Madrid. Serait-il vrai...
DOMINGO.
Oui, malheureusement.
FÉRIA.
Cela serait vrai? il aurait été arrêté par ce chevalier de Malte!
ALBE.
Cela est ainsi.
PARME.
Pourquoi? Qu'est-il arrivé?
ALBE.
Pourquoi? personne ne le sait que le roi et le marquis de Posa.
PARME.
Sans avoir convoqué les cortès de son royaume?
FÉRIA.
Malheur à celui qui a pris part à ce crime d'état!
ALBE.
Malheur à lui! c'est ce que je réclame.
MÉDINA SIDONIA.
Moi aussi.
LES GRANDS.
Nous tous.
ALBE.
Qui veut me suivre dans le cabinet? Je me jetterai aux pieds du roi.
LERME, *sortant du cabinet.*
Duc d'Albe!
DOMINGO.
Enfin! Dieu soit loué!

Albe se hâte d'entrer.

LERME, *respirant à peine, et fort ému.*
Quand le chevalier viendra, le roi n'est plus seul maintenant, il le fera appeler.
DOMINGO, *à Lerme, que tous environnent avec une impatiente curiosité.*
Comte, qu'est-il arrivé? Vous êtes pâle comme un mort.
LERME *veut se retirer.*
Cela est infernal!

PARME et FÉRIA.
Quoi donc? quoi donc?
MÉDINA SIDONIA.
Que fait le roi?
DOMINGO.
Infernal! quoi donc?
LERME.
Le roi a pleuré.
DOMINGO.
Pleuré?
TOUS à la fois, avec une extrême surprise.
Le roi a pleuré?
On entend une sonnette dans le cabinet. Le comte de Lerme y entre.
DOMINGO le suit et veut le retenir.
Comte, encore un mot... Excusez... Le voilà parti... Il nous laisse livrés à l'épouvante.

SCÈNE XXIV.
LA PRINCESSE D'ÉBOLI, FÉRIA, MÉDINA SIDONIA, PARME, DOMINGO, et les autres Grands.

ÉBOLI, accourant et hors d'elle-même.
Où est le roi? où est-il? Il faut que je lui parle. (Au duc de Féria.) Vous, duc, conduisez-moi à lui.

FÉRIA.
Le roi a d'importantes occupations, personne ne peut lui parler.

ÉBOLI.
Signerait-il déjà la terrible sentence? Il est trompé; je lui prouverai qu'il est trompé.

DOMINGO lui jette de loin un regard expressif.
Princesse Eboli!
ÉBOLI va à lui.
Vous aussi en ce lieu, prêtre? Très-bien. J'avais justement besoin de vous. Vous m'appuierez.
Elle le saisit par la main, et veut l'entraîner dans le cabinet.
DOMINGO.
Moi?... Revenez à vous, princesse!
FÉRIA.
Arrêtez! le roi ne vous recevra pas à présent.
ÉBOLI.
Il faut qu'il m'entende... il faut qu'il entende la vérité... la vérité, quand il serait dix fois au-dessus d'un dieu.
DOMINGO.
Eloignez-vous, éloignez-vous... vous risquez tout... Arrêtez!
ÉBOLI.
Homme! tu trembles devant la colère de ton idole!... Je n'ai rien à perdre.
Elle veut entrer dans le cabinet du Roi; le duc d'Albe en sort, son œil étincelle, toute sa contenance est triomphante. Il va à Domingo et l'embrasse.
ALBE.
Faites retentir le Te Deum dans toutes les églises! La victoire est à nous.
DOMINGO.
A nous?...
ALBE, à Domingo, et aux autres grands.
Maintenant vous pouvez entrer chez le roi. Je vous en dirai davantage.

ACTE CINQUIÈME.

SCÈNE PREMIÈRE.

Une salle du palais du Roi; elle est séparée de la cour par une grille de fer, à travers laquelle on aperçoit des gardes passer et repasser.

CARLOS, assis devant une table, la tête appuyée sur son bras, comme s'il était endormi. Au fond de la salle, quelques Officiers qui sont enfermés avec lui. LE MARQUIS DE POSA entre sans qu'il l'aperçoive, et dit quelques mots aux officiers, qui aussitôt se retirent. Il s'approche de Carlos et le regarde un moment en silence et d'un œil de tristesse. Enfin il fait un mouvement qui tire le Prince de son assoupissement.

Carlos se lève, fixe les yeux sur le Marquis, et tressaille d'effroi. Il continue à le regarder long-temps d'un air égaré, puis il passe sa main sur son front, comme pour se rappeler quelque chose.

LE MARQUIS.
C'est moi, Charles.

CARLOS, lui donnant la main.
Tu daignes venir me voir! Cela est beau de ta part.

LE MARQUIS.
Je me figurais qu'ici tu pourrais avoir besoin d'un ami.

CARLOS.
Véritablement? l'as-tu pensé en effet? Vois, c'est une joie pour moi; c'est une joie indicible. Hélas! je le savais bien que tu resterais bon pour moi.

LE MARQUIS.
J'ai mérité que tu eusses cette pensée.

CARLOS.
N'est-ce pas vrai? Oh! nous nous comprenons encore en entier. C'est une satisfaction pour moi. Cette douceur, ces ménagemens conviennent à de nobles âmes comme toi et moi. Supposons qu'une de mes prétentions fût injuste et exagérée, devais-tu pour cela me refuser ce qui est juste? La vertu peut être austère, jamais cruelle, jamais inhu-

maine. Il a dû t'en coûter beaucoup! Ah! oui, je le pense; je le sais combien ton tendre cœur a dû saigner quand tu ornais la victime pour le sacrifice.

LE MARQUIS.
Carlos! que veux-tu dire?

CARLOS.
C'est toi-même maintenant qui accompliras ce que je devais, ce que je ne puis faire : tu donneras à l'Espagne cet âge d'or qu'elle a en vain espéré de moi. Pour moi, c'en est fait, c'en est fait pour toujours... Tu l'avais prévu... Ce terrible amour avait étouffé sans retour les fleurs précoces de mon génie... J'étais mort pour tes grandes espérances... La Providence ou le hasard t'ont donné le roi... Il en a coûté mon secret, et il a été à toi... Tu peux devenir son ange protecteur... Pour moi, il n'y a plus de salut... Pour l'Espagne peut-être... Hélas! il n'y a rien là de condamnable, rien, rien, que mon fol aveuglement... Jusqu'à ce jour je n'ai pas aperçu que tu avais autant de grandeur que de tendresse.

LE MARQUIS.
Non, ceci je ne l'avais point prévu! Je n'avais pas prévu que la générosité d'un ami pourrait être plus ingénieuse que toute la prudence humaine, que toute mon habileté! Mon édifice est renversé... j'avais oublié ton cœur.

CARLOS.
Sans doute, s'il t'eût été possible de lui épargner un tel sort, vois-tu, il aurait eu pour toi une inexprimable reconnaissance. Tout ne pouvait-il pas porter sur moi seul? Fallait-il donc une seconde victime?... Mais n'en parlons plus... Je ne veux te charger d'aucun reproche. Que t'importe la reine? Aimes-tu la reine?... Ton austère vertu doit-elle s'enquérir des petites sollicitudes de mon amour?... Pardonne-moi... j'ai été injuste.

LE MARQUIS.
Tu es injuste; non pas cependant à cause de ce reproche... Si j'en avais mérité un, je le mériterais tous; et alors je ne serais pas ainsi devant toi. (*Il tire son portefeuille.*) Je te rends quelques lettres que tu avais remises à ma garde. Reprends-les.

CARLOS, *regardant avec surprise tantôt les lettres, tantôt le Marquis.*
Comment?

LE MARQUIS.
Je te les rends parce que maintenant elles sont plus en sûreté dans tes mains qu'elles ne pourraient l'être dans les miennes.

CARLOS.
Qu'est-ce donc? le roi ne les a donc pas lues? elles n'ont point passé sous ses yeux?

LE MARQUIS.
Ces lettres?

CARLOS.
Tu ne les lui as pas montrées toutes?

LE MARQUIS.
Qui t'a dit que j'en aie montré une?

CARLOS, *extrêmement surpris.*
Est-il possible? Le comte de Lerme...

LE MARQUIS.
Il te l'a dit? Oui, tout s'éclaircit! qui pouvait prévoir cela? Ainsi Lerme... Non, cet homme ne t'a point trompé; en effet, les autres lettres sont dans les mains du roi.

CARLOS *le regarde long-temps dans un muet étonnement.*
Mais pourquoi suis-je ici?

LE MARQUIS.
Par précaution, pour que tu ne puisses pas tenté une seconde fois de choisir une Éboli ta confidente.

CARLOS, *comme se réveillant d'un rêve.*
Ah! enfin..... Maintenant je vois..... tout est éclairci.

LE MARQUIS, *allant vers la porte.*
Qui vient?

SCÈNE II.
Les Précédens, LE DUC D'ALBE.

ALBE *s'approche respectueusement du Prince. Durant toute la scène il tourne le dos au Marquis.*
Prince, vous êtes libre; le roi m'envoie vous l'annoncer. (*Carlos regarde le Marquis avec surprise; tous gardent le silence.*) Je m'estime heureux, prince, d'être le premier qui ait l'avantage...

CARLOS *les examine tous deux avec un extrême étonnement. Après un moment de silence, il s'adresse au Duc.*
J'aurai été constitué prisonnier et déclaré libre, et sans savoir le motif de l'un ni de l'autre.

ALBE.
Par une méprise, prince, à laquelle, autant que je puis le savoir, le roi aurait été entraîné par un imposteur.

CARLOS.
Mais c'est cependant sur l'ordre du roi que je me trouve ici.

ALBE.
Oui, par une méprise de Sa Majesté.

CARLOS.
J'en suis réellement affligé... Mais quand le roi se méprend, c'est au roi qu'il appartient de réparer lui-même, en personne, l'erreur qu'il a commise. (*Il cherche à lire dans les yeux du Marquis et montre au Duc une contenance hautaine.*) On m'appelle ici fils de don Philippe; l'œil de la calomnie et de la curiosité est fixé sur moi; ce que Sa Majesté fait par devoir, je ne veux point paraître en avoir obligation à son indulgence; d'ailleurs je suis prêt à paraître devant le tribunal des cortés... je ne reprendrai point mon épée d'une telle main.

ALBE.
Le roi ne mettra aucun retard à satisfaire le

juste désir de Votre Altesse; si vous voulez le permettre, je vous accompagnerai jusque auprès de lui.

CARLOS.

Je demeure ici jusqu'à ce que ou le roi ou sa ville de Madrid vienne me tirer de cette prison. Portez-lui cette réponse.

Albe s'éloigne. On le voit encore un moment dans la cour, et donner des ordres.

~~~~~~~~~~~~~~~~~~~~~~~~~~~~~~~~~~~

SCÈNE III.
CARLOS et LE MARQUIS DE POSA.

CARLOS, *après que le Duc est sorti, s'adresse au Marquis avec curiosité et surprise.*

Qu'est ceci? éclaircis-moi. Tu n'es donc pas ministre?

LE MARQUIS.

Je l'ai été, comme tu vois. (*S'approchant de lui avec une grande émotion.*) O Charles! tout est consommé, tout est achevé, tout a réussi; maintenant c'en est fait. Loué soit le Tout-Puissant qui nous a donné le succès!

CARLOS.

Le succès? quoi? je ne comprends pas ce discours.

LE MARQUIS, *lui prenant la main.*

Tu es sauvé, Charles! sois libre, et moi...

Il s'arrête.

CARLOS.

Et toi?

LE MARQUIS.

Et moi je te presse sur mon sein. Pour la première fois j'en ai le droit, entièrement le droit; je l'ai acheté au prix de tout, de tout ce qui m'est le plus cher. O Charles! combien ce moment est grand, est doux! je suis content de moi.

CARLOS.

Quel soudain changement dans tes traits! jamais je ne t'ai vu tel. Ton œil est resplendissant, et ta poitrine s'élève avec fierté.

LE MARQUIS.

Nous devons nous dire adieu, ne t'effraie point; sois homme. Quoi que tu doives entendre, promets-moi, Charles, de ne pas me rendre cette séparation plus cruelle par l'abandon d'une douleur indigne d'une grande âme; tu me perds, Charles... pour beaucoup d'années;... les insensés disent pour toujours. (*Carlos retire sa main, le regarde fixement, et ne répond rien.*) Sois homme. J'ai beaucoup compté sur toi, je n'ai point évité de passer avec toi ces heures douloureuses qu'on appelle les dernières... Oui, je dois te l'avouer, Charles, je m'en suis réjoui. Viens, asseyons-nous, je me sens épuisé et abattu. (*Il s'assied près de Carlos, qui, toujours dans une mortelle stupeur, se laisse machinalement attirer vers lui.*) Où es-tu? tu ne me réponds rien; je dirai peu de paroles. Le jour après celui où nous nous vîmes pour la dernière fois à la Chartreuse, le roi me fit appeler; la suite tu l'as sue, tout Madrid l'a sue. Ce que tu ne sais pas, c'est que ton secret lui avait déjà été vendu, que tes lettres, trouvées dans la cassette de la reine, témoignaient contre toi, que je l'appris de sa propre bouche, et que je fus son confident. (*Il s'arrête pour attendre une réponse de Carlos; celui-ci persiste dans son silence.*) Oui, Charles, des lèvres je trahis ma foi; moi-même je me mis à la tête du complot préparé pour ta ruine. Les faits parlaient déjà trop haut; il était trop tard pour te justifier. Me soumettre à sa vengeance, c'était tout ce qui me restait à faire..... et ainsi je fus ton ennemi pour te servir plus puissamment. Tu ne m'écoutes pas?

CARLOS.

Je t'entends; poursuis, poursuis.

LE MARQUIS.

Jusque là je n'avais pas fait une faute; mais bientôt je fus trahi par l'éclat nouveau de cette faveur inaccoutumée du roi; le bruit, comme je l'avais prévu, en vint jusqu'à toi. Mais, séduit par une fausse délicatesse, aveuglé par une orgueilleuse présomption, je voulus, sans toi, conduire cette hasardeuse chance à sa fin; je dérobai à ton amitié mon dangereux secret. Ce fut une grande légèreté! je m'en suis cruellement aperçu. Ma confiance était insensée; pardonne, elle était fondée sur l'invariable fermeté de ton amitié. (*Il se tait; Carlos passe de son immobilité à la plus violente agitation.*) Ce que je craignais arriva. On te fit trembler devant des dangers imaginaires..... la reine baignée dans son sang, le palais retentissant d'effroi, le malheureux empressement de Lerme... enfin mon incompréhensible silence, tout a troublé ton cœur étonné... Tu chancelles, tu me crois perdu. Cependant, trop noble toi-même pour douter de la pureté de ton ami, tu décores sa chute du nom de grandeur, et tu n'oses le supposer infidèle, que parce que tu peux encore honorer son infidélité. Abandonné de ton unique ami, tu te jettes dans les bras de la princesse Éboli: malheureux! dans les bras de l'enfer! car c'était elle qui t'avait trahi. (*Carlos se lève.*) Je te vois courir à elle; un triste pressentiment traverse mon cœur; je te suis; trop tard! tu étais à ses pieds; l'aveu était déjà sur tes lèvres... plus de salut pour toi.

CARLOS.

Non, non; elle était émue; tu te trompes. Assurément elle était émue.

LE MARQUIS.

Alors mes sens se troublent..... Rien... rien... aucune issue... aucun remède... aucun dans toute la nature. Le désespoir me rend furieux, féroce... je lève le poignard sur le sein d'une femme..... Mais en ce moment, en ce moment un rayon de lumière pénètre en mon âme : « Si je trompais le » roi? si je pouvais réussir à me faire prendre » pour le coupable? Vraisemblable ou non! pour » lui il n'en faut pas davantage... le mal est tou- » jours assez vraisemblable pour le roi Philippe!

» Soit, je le hasarderai. Peut-être un coup de
» foudre si imprévu troublera-t-il le tyran ! et que
» veux-je de plus? Il hésitera, et Charles aura le
» temps de fuir en Flandre. »
CARLOS.
Et cela... cela tu l'aurais fait?
LE MARQUIS.
J'écris à Guillaume d'Orange que j'aimais la reine, que j'ai réussi à tromper la méfiance du roi en faisant tomber sur toi de faux soupçons, que par le roi même j'ai trouvé le moyen de me rapprocher de la reine en toute liberté ; j'ajoute que je crains d'être découvert, parce qu'instruit de ma passion, tu as recouru à la princesse Éboli, peut-être pour qu'elle avertît la reine; que je t'ai fait arrêter, et que cependant, tout étant perdu, j'ai formé le dessein de me jeter dans Bruxelles... Cette lettre...

CARLOS, effrayé, l'interrompant tout-à-coup.
L'as-tu confiée à la poste? tu sais que toutes les lettres pour le Brabant et la Flandre...
LE MARQUIS.
Sont remises au roi; et, d'après ce que je vois, Taxis a déjà fait son devoir.
CARLOS.
Dieu ! je suis perdu !
LE MARQUIS.
Toi? pourquoi toi?
CARLOS.
Malheureux ! et tu es perdu avec moi. Mon père ne pourra te pardonner cette grossière imposture ! non, il ne te la pardonnera jamais.
LE MARQUIS.
Imposture! tu es troublé; songes-y donc. Qui lui dira que c'était une imposture?
CARLOS, regardant fixement et en face.
Qui? tu le demandes? Moi-même.
Il veut sortir.
LE MARQUIS.
Tu es un insensé; demeure.
CARLOS.
Laisse-moi, laisse-moi, au nom du ciel, ne me retiens pas : tandis que je tarde ici, il soudoie déjà un assassin.
LE MARQUIS.
Les momens en sont d'autant plus précieux; nous avons encore beaucoup à nous dire.
CARLOS.
Quoi ! avant qu'il ait encore...
Il veut sortir. Le Marquis le retient par le bras, et le regarde d'une manière expressive.
LE MARQUIS.
Écoute... Carlos... étais-je aussi empressé, aussi scrupuleux, lorsque ton sang coula pour moi..... dans notre enfance?
CARLOS, que l'attendrissement et l'admiration rendent immobile.
Céleste providence !
LE MARQUIS.
Conserve-toi pour les Flamands : régner est ta vocation; mourir pour toi, c'était la mienne.

CARLOS s'élance vers lui avec la plus profonde émotion, et lui prenant la main.
Non, non; il ne pourra, il ne pourra pas résister... il ne résistera pas à une telle sublimité ! Je veux te conduire à lui ; dans les bras l'un de l'autre, allons le trouver. Père, lui dirai-je, voilà ce qu'un ami a fait pour son ami : il sera ému. Crois-moi, mon père n'est point privé d'humanité ; oui, je m'assure qu'il sera ému : ses yeux répandront de brûlantes larmes, et il pardonnera à toi et à moi. (On entend un coup d'arquebuse à travers la grille. Carlos tressaille.) A qui s'adresse cela?
LE MARQUIS.
A moi... je crois.
Il tombe.
CARLOS se jette sur son corps en poussant un cri de douleur.
O miséricorde divine !
LE MARQUIS.
Il est expéditif, le roi... J'espérais... plus long-temps... songe à ta sûreté; ta mère sait tout... je ne puis plus...

Carlos demeure sans mouvement sur le corps du Marquis. Après quelques instans le Roi entre accompagné des Grands, et recule, frappé de cet aspect. Le silence est profond et général. Les Grands se rangent en demi-cercle autour du Roi et de son fils, et jettent alternativement les yeux sur l'un et sur l'autre. Carlos ne donne aucun signe de vie. Le Roi le regarde muet et pensif.

SCÈNE IV.

LE ROI, CARLOS, LES DUCS D'ALBE, FÉRIA et MÉDINA SIDONIA, LE PRINCE DE PARME, LE COMTE DE LERME, DOMINGO, des Grands d'Espagne.

LE ROI, avec un ton de bonté.
Ta prière est accueillie, mon fils ; je viens moi-même ici avec tous les grands de mon royaume t'annoncer ta liberté. (Carlos lève les yeux et regarde autour de lui comme s'il s'éveillait d'un songe; ses yeux se portent tantôt sur le Roi, tantôt sur le corps du Marquis : il ne répond rien.) Reprends ton épée ; on a agi avec trop de précipitation. (Il s'approche de lui et lui tend la main pour l'aider à se relever.) Mon fils n'est pas ici à sa place; lève-toi, et viens dans les bras de ton père.
CARLOS se laisse aller machinalement dans les bras de son père ; mais revenant tout-à-coup à lui, il s'arrête et le regarde fixement.
Tu exhales le meurtre, je ne puis t'embrasser. (Il le repousse, et les Grands montrent de l'émotion.) Non, ne soyez pas ainsi épouvantés. Qu'ai-je donc fait de monstrueux ? j'ai touché à l'oint du Seigneur ; ne craignez rien, je ne porterai pas la main sur lui : ne voyez-vous pas ce signe de feu sur son front ? Dieu l'a marqué.
LE ROI se retourne pour s'en aller.
Suivez-moi, messieurs.

CARLOS.

Où ? vous ne sortirez pas de ce lieu, Sire.

Il le retient fortement. Sa main rencontre l'épée que le Roi lui apportait : il la saisit, elle sort du fourreau.

LE ROI.

L'épée tirée contre ton père !

TOUS LES GRANDS, *tirant leurs épées.*

Régicide !

CARLOS, *retenant le Roi avec force d'une main, de l'autre tenant son épée.*

Remettez vos épées. Que voulez-vous ? croyez-vous que je sois en délire ? Non, je ne suis point en délire ; si je l'étais, vous auriez eu tort de me faire souvenir que cette épée est maîtresse de sa vie. Éloignez-vous, je vous le demande : des caractères tels que le mien veulent de la complaisance... ainsi, tenez-vous en arrière. Ce que j'ai à traiter avec le roi n'a point de rapport à vos sermens de vassal ; regardez seulement ses mains sanglantes ! regardez-le bien, regardez-le ! et voyez aussi de ce côté..... Voilà ce qu'il a fait, voilà sa grande habileté.

LE ROI, *aux Grands, qui se pressent autour de lui avec inquiétude.*

Retirez-vous. De quoi tremblez-vous ? ne sommes-nous pas père et fils ? Je verrai quel attentat la nature...

CARLOS.

La nature ! je ne la connais pas ; le meurtre est à présent la seule loi, les liens de l'humanité sont rompus ; toi-même, Sire, tu les as brisés dans ton royaume ; dois-je respecter ce que tu as dédaigné ? Oh ! regarde ! regarde ici... Non, jusqu'à ce jour il n'y avait pas eu de meurtre..... N'y a-t-il donc pas de Dieu ? Comment ! laisse-t-il donc les rois dévaster sa création ?... Je le demande : n'y a-t-il point de Dieu ? Depuis que les mères enfantent, il était né un seul, un seul homme qui méritait de ne point mourir..... Sais-tu donc ce que tu as fait ? Non, il ne le sait pas ; il ne sait pas qu'il a dérobé à cet univers une vie plus noble, plus importante, plus précieuse que lui-même avec tout son siècle.

LE ROI, *d'un ton de douceur.*

Si j'ai agi avec trop de précipitation, te convient-il, à toi pour qui tout a été fait, de m'en demander raison ?

CARLOS.

Comment ! est-il bien possible ? Vous ne devinez pas ce qu'était pour moi celui qui n'est plus ?... Oh ! dites-lui..... aidez sa suprême pénétration à expliquer cette énigme : celui qui n'est plus, c'était mon ami... Et voulez-vous savoir pourquoi il est mort ? C'est pour moi qu'il est mort !

LE ROI.

Ah ! mes pressentimens !

CARLOS.

Ombre sanglante, pardonne si je profane ce secret devant de tels auditeurs ! Que ce grand connaisseur des hommes s'évanouisse de honte, en voyant sa vieille habileté trompée par la ruse d'un jeune homme. Oui, Sire, nous étions frères ! frères par le plus noble lien qu'ait pu former la nature ; le cours de sa vie n'a été qu'amour ; sa grande, sa belle mort n'a été qu'amour pour moi. Il était à moi, au moment même où un instant de ses soins vous rendait grand, au moment même où son éloquence se jouait, en passant, de votre esprit gigantesque et orgueilleux. Vous comptiez le subjuguer, et vous étiez un docile instrument de ses projets sublimes. Si je suis prisonnier, c'est l'œuvre de sa prévoyante amitié. Pour me sauver, il écrivit la lettre au prince d'Orange. O mon Dieu ! ce fut le premier mensonge de sa vie ! Pour me sauver, il s'est jeté au-devant de la mort, et l'a subie... Vous lui offriez votre faveur,... il est mort pour moi... Vous le pressiez d'accepter votre cœur et votre amitié, votre sceptre était un jouet dans sa main, il l'a jeté, et il est mort pour moi. (*Le Roi demeure immobile, l'œil fixé en terre ; les Grands l'observent avec effroi et inquiétude.*) Cela était-il possible ? pouviez-vous ajouter quelque foi à ce grossier mensonge ? Combien peu il fallait qu'il vous estimât, lorsqu'il entreprit de vous prendre à ce piège mal déguisé ! Vous avez bien osé rechercher son amitié, et vous avez cédé à de telles preuves ! Oh ! non ! non ; il n'y avait rien pour vous ; ce n'était pas là un homme à vous ! Il le savait bien, lorsqu'il vous repoussait avec toutes vos couronnes : cette lyre délicate se fût brisée sous vos mains de fer..... vous ne pouviez rien, que le tuer.

ALBE, *qui n'a point perdu le Roi de vue un seul instant, et qui a observé avec une inquiétude visible tous les mouvemens de sa physionomie, s'approche timidement.*

Sire..... rompez ce lugubre silence ; regardez autour de vous..... parlez-nous.

CARLOS.

Vous ne lui étiez point indifférent. Dès long-temps il prenait intérêt à vous ; peut-être vous aurait-il rendu heureux. Son cœur était assez riche pour vous contenter, même avec son superflu. Une étincelle de son esprit vous eût divinisé... Vous vous êtes dérobé vous-même. Qu'avez vous à offrir pour remplacer une âme telle que celle-là ? (*Profond silence. Beaucoup de Grands détournent la vue ou se cachent le visage de leur manteau.*) O vous qui êtes ici rassemblés et qui restez muets d'horreur et d'admiration ! ne condamnez pas un jeune homme qui tient un tel langage à son père et à son roi ! Regardez ici..... il est mort pour moi..... Avez-vous des larmes ? est-ce du sang ou un airain brûlant qui coule dans vos veines ? Regardez ici, et ne me condamnez pas. (*Il se tourne vers le Roi avec plus de modération et de calme.*) Peut-être attendez-vous comment finira cette monstrueuse aventure... Voici mon épée... Vous redevenez mon roi. Pensez-vous que je tremble devant votre vengeance ? Tuez-moi aussi, comme vous en avez tué un plus noble.....

Je mérite la mort, je le sais..... Que m'est la vie maintenant?..... Je renonce ici à tout ce que ce monde me destinait... Cherchez un fils parmi les étrangers... Ici est mon royaume.

Il tombe sur le corps du marquis de Posa, et ne prend plus aucune part au reste de la scène. On entend dans l'éloignement un bruit confus de voix et le tumulte d'une foule. Autour du Roi, tout garde un silence profond ; ses yeux parcourent le cercle des Grands, mais il ne rencontre ceux de personne.

LE ROI.

Eh bien ! personne ne répondra ? Tous les yeux sont fixés vers la terre, tous les visages sont cachés ! Ma sentence est prononcée : je la lis sur ces figures muettes : mes sujets m'ont jugé.

Même silence. Le tumulte se rapproche et le bruit redouble. Un murmure s'établit parmi les Grands ; ils se font des signes les uns aux autres. Le comte de Lerme s'adresse enfin à voix basse au duc d'Albe.

LERME.
C'est le tocsin !

ALBE, bas.
Je le crains.

LERME.
On se presse, on vient.

SCÈNE V.

LES PRÉCÉDENS, UN OFFICIER DES GARDES.

L'OFFICIER, en toute hâte.

Rébellion ! Où est le roi ? (*Il écarte la foule et pénètre jusqu'au Roi.*) Tout Madrid est en armes ! Le peuple, les soldats en fureur, environnent par milliers le palais. On répand le bruit que le prince Carlos est en prison, que sa vie est en danger. Le peuple veut qu'on le lui montre vivant, ou tout Madrid sera mis en flammes.

TOUS LES GRANDS, en grande agitation.
Sauvez, sauvez le roi !

ALBE, au Roi, qui demeure calme et immobile.
Fuyez, Sire ; il y a du danger ; nous ne savons pas encore qui a armé le peuple.

LE ROI, sortant de sa stupeur, relève la tête et se place avec majesté au milieu d'eux.

Mon trône est-il encore debout ? suis-je encore roi sur cette terre ? Non, je ne le suis plus. Des nourrices attendries par un enfant, c'est là ce qui m'environne ! on n'attend que le signal pour m'abandonner ; je suis trahi par les rebelles.

ALBE.
Sire, quelle funeste imagination !

LE ROI.
C'est là, c'est là qu'il faut vous prosterner ; c'est devant ce roi jeune et florissant ; je ne suis plus rien qu'un vieillard sans force.

ALBE.
En sommes-nous là ? Espagnols !

Tous se pressent autour du Roi, mettent un genou en terre, et tirent leurs épées. Carlos demeure seul et abandonné de tous, près du corps de Posa.

LE ROI arrache son manteau, et le jette loin de lui.

Qu'on le revête des ornemens royaux, qu'on l'élève sur mon cadavre déchiré.

Il tombe sans mouvement dans les bras d'Albe et de Lerme.

LERME.
Dieu ! du secours !

FÉRIA.
Dieu ! quel événement !

LERME.
Il revient à lui.

ALBE, laissant le Roi entre les mains de Lerme et de Féria.

Portez-le sur son lit. Cependant je vais rendre la paix à Madrid.

Il sort. On emporte le Roi ; tous les Grands l'accompagnent.

SCÈNE VI.

CARLOS demeure seul près du corps de POSA. Un moment après paraît LOUIS MERCADO ; il regarde à l'entour avec précaution, et se tient long-temps en silence derrière le Prince, qui ne le remarque pas.

MERCADO.
Je viens de la part de Sa Majesté, de la reine. (*Carlos détourne les yeux et ne répond point.*) Mon nom est Mercado ; je suis médecin de Sa Majesté, et voici ma créance. (*Il montre une bague au Prince, qui continue à garder le silence.*) La reine désirerait beaucoup vous parler aujourd'hui... Des affaires importantes...

CARLOS.
Il n'y a plus rien d'important pour moi en ce monde.

MERCADO.
Une commission, dit-elle, que lui a laissée le marquis de Posa...

CARLOS, se relevant tout-à-coup.
Oui, sur-le-champ !

Il veut sortir.

MERCADO.
Non point en ce moment, prince ; il faut attendre la nuit, toutes les issues sont gardées, et les postes sont doublés ; il est impossible de parvenir vers cette aile du palais, ce serait tout risquer.

CARLOS.
Mais...

MERCADO.
Un seul moyen, prince, est encore à tenter ; la reine l'a imaginé ; elle vous le propose, mais il est hardi, bizarre, aventureux.

CARLOS.
Quel est-il ?

MERCADO.
On dit depuis long-temps, vous le savez, que vers minuit, sous les voûtes souterraines de ce palais, on voit errer sous le vêtement d'un reli-

gieux l'ombre de l'empereur; le peuple croit ce bruit, et les gardes n'occupent ce poste qu'avec terreur; si vous vous déterminez à prendre ce déguisement, vous pourrez librement et avec sécurité arriver à travers les gardes jusqu'à l'appartement de la reine, que cette clef vous ouvrira. Cette apparence révérée vous mettra à l'abri de toute entreprise; mais il faut vous résoudre sur-le-champ, prince. L'habillement nécessaire, le masque sont dans votre appartement; je vais me hâter de porter votre réponse à Sa Majesté.

CARLOS.
Et l'heure?

MERCADO.
L'heure, c'est minuit.

CARLOS.
Dites-lui qu'elle peut m'attendre.

Mercado sort.

SCÈNE VII.
CARLOS, LE COMTE DE LERME.

LERME.
Sauvez-vous, prince; le roi est furieux contre vous. Un projet contre votre liberté, peut-être contre votre vie... ne m'en demandez pas davantage. Je me suis dérobé un instant pour vous avertir. Fuyez sans délai.

CARLOS.
Je suis dans les mains du Tout-Puissant.

LERME.
D'après ce que la reine vient de me faire entendre, vous deviez quitter aujourd'hui Madrid et fuir à Bruxelles; ne différez pas, la révolte favorise votre fuite; c'est dans cette vue que la reine l'a suscitée; en ce moment on n'osera pas user contre vous de violence. Des chevaux vous attendent à la Chartreuse, et voici des armes si vous êtes attaqué.

Il lui donne un poignard et des pistolets.

CARLOS.
Merci, merci, comte de Lerme.

LERME.
Ce qui vous est arrivé aujourd'hui m'a ému jusqu'au fond de l'âme; nul ami n'a su tant aimer. Tous les patriotes pleurent sur vous; je ne puis vous en dire davantage.

CARLOS.
Comte de Lerme, celui qui n'est plus vous appelait une âme noble.

LERME.
Encore une fois, prince, faites un heureux voyage. De meilleurs temps viendront; mais alors je ne serai plus! Recevez ici mon hommage.

Il met un genou en terre.

CARLOS, *très-ému, veut le relever*.
Pas ainsi, pas ainsi, comte; vous m'attendrissez... Je ne voudrais pas manquer de force.

LERME *baise sa main avec émotion*.
Roi de mes enfans! Ah! mes enfans pourront mourir pour vous!... Je ne le puis pas... Souvenez-vous de moi en mes enfans.. Revenez en paix dans l'Espagne... Sur le trône de Philippe, soyez un homme... Vous aurez appris à connaître aussi la douleur... Ne formez aucune entreprise sanglante contre votre père!... rien de sanglant, prince... Philippe II força votre aïeul à descendre du trône. Ce même Philippe tremble aujourd'hui devant son propre fils! Songez à cela, prince!... et que le ciel vous accompagne!

Il s'éloigne rapidement. Carlos va pour sortir par une autre porte; puis tout-à-coup il revient, se précipite encore sur le marquis de Posa, et le serre de nouveau dans ses bras. Puis il sort promptement de la salle.

SCÈNE VIII.
Un salon du Roi.

LE DUC D'ALBE *et* LE DUC DE FÉRIA *arrivent conversant ensemble.*

ALBE.
La ville est calme. Comment avez-vous laissé le roi?

FÉRIA.
Dans une disposition effrayante... Il s'est enfermé... quoi qu'il puisse arriver, il ne veut admettre personne. La trahison du marquis a changé tout son être. Nous ne le reconnaissons plus.

ALBE.
Il faut que je le voie. Cette fois je ne puis avoir de ménagemens. Une découverte importante qui vient d'être faite...

FÉRIA.
Une nouvelle découverte?

ALBE.
Un chartreux qui s'était introduit furtivement dans l'appartement du prince, et qui se faisait raconter avec une curiosité suspecte la mort du marquis de Posa, a été surpris par mes gardes. On s'en saisit; on l'interroge. La crainte de la mort tire de lui l'aveu qu'il porte des papiers de la plus grande importance; qu'il avait été chargé par le marquis de les remettre aux mains du prince, si avant le coucher du soleil il n'avait pas reparu.

FÉRIA.
Eh bien?

ALBE.
Ces lettres annoncent que Carlos devait quitter Madrid au milieu de la nuit.

FÉRIA.
Quoi!

ALBE.
Qu'un vaisseau se tenait prêt à Cadix pour le conduire à Flessingue, et que les provinces des Pays-Bas n'attendent que lui pour secouer les chaînes de l'Espagne.

FÉRIA.
Ah! qu'est ceci?

ALBE.

D'autres lettres annoncent que la flotte de Soliman est déjà sortie de Rhodes... pour attaquer, en vertu d'un traité conclu, le roi d'Espagne dans la Méditerranée.

FÉRIA.

Est-il possible?

ALBE.

J'ai découvert par les mêmes lettres ce qu'étaient les voyages que ce chevalier de Malte venait de faire dans toute l'Europe. Il ne s'agissait de rien moins que d'armer toutes les puissances du Nord en faveur de la liberté des Flamands.

FÉRIA.

Ah! voilà quel il était!

ALBE.

Enfin, à ces lettres était joint un plan détaillé de toute la guerre qui devait séparer pour toujours les Pays-Bas de la monarchie espagnole. Rien, rien d'omis : les forces et les résistances bien calculées; toutes les ressources et les forces du pays établies de point en point; toutes les maximes qu'on doit suivre; toutes les alliances qu'on doit contracter. C'est un projet diabolique, mais vraiment d'un génie divin.

FÉRIA.

Quel impénétrable conspirateur!

ALBE.

On parle aussi dans ces lettres d'un entretien secret que le prince, le soir avant sa fuite, doit avoir avec sa mère.

FÉRIA.

Comment! ce serait aujourd'hui!

ALBE.

A minuit. Aussi ai-je déjà donné des ordres en conséquence. Vous voyez que cela presse : il n'y a pas un instant à perdre. Ouvrez-moi la porte du roi.

FÉRIA.

Non. Elle est absolument interdite.

ALBE.

Je l'ouvrirai donc moi-même. Le danger pressant excusera cette hardiesse.

Comme il s'avance vers la porte, elle s'ouvre, et le Roi paraît.

FÉRIA.

Ah! le voici lui-même.

~~~~~~~~~~~~~~~~~~~~~~~~~~~~~~~~~~~~

SCÈNE IX.
LES PRÉCÉDENS, LE ROI.

Tous les Grands, effrayés à son aspect, s'écartent et lui font respectueusement passage. Il semble, quoique éveillé, préoccupé par un songe, comme un somnambule. Ses traits et toute sa contenance expriment le désordre où l'a jeté son évanouissement. Il s'avance à pas lents vers les Grands rassemblés, regarde fixement chacun d'eux avec distraction. Enfin il s'arrête tout pensif, l'œil attaché à la terre : son agitation va toujours croissant.

LE ROI.

Rendez-moi celui qui est mort... Je veux le ravoir.

DOMINGO, au duc d'Albe.

Parlez-lui.

LE ROI.

Il m'a dédaigné et il est mort... Je veux le ravoir... Je veux qu'il pense autrement de moi.

ALBE, s'approchant avec crainte.

Sire.

LE ROI.

Qui parle ici? (Ses yeux parcourent lentement le cercle des Grands.) A-t-on oublié qui je suis? Pourquoi n'êtes-vous pas à genoux devant moi, créatures? Je suis encore roi... Je veux voir de l'abaissement... Serais-je humilié par tous, parce qu'un seul m'a méprisé?

ALBE.

Qu'il ne soit plus question de lui, sire! Un nouvel ennemi plus dangereux que celui-là s'élève au cœur de votre royaume.

FÉRIA.

Le prince Carlos.

LE ROI.

Il avait un ami qui est allé à la mort pour lui... pour lui!... Avec moi il eût partagé un royaume... Comme il me regardait de haut! Ah! quand on est sur un trône, on ne regarde pas de si haut! N'était-il pas clair qu'il avait la conscience de ce que valait sa conquête? Sa douleur témoigne de ce qu'il a perdu. Ce n'est pas ainsi qu'on pleure sur un malheur passager.. Ah! qu'il revive! et je donnerai pour cela les Indes. Dieu tout-puissant et impitoyable! n'étendras-tu pas une seule fois ta main sur un tombeau? Ne réparas-tu point une légèreté commise précipitamment envers la vie d'un homme? Les morts ne se relèveront plus?... Qui osera me dire que je suis heureux?... Il y a dans la tombe un homme qui m'a refusé son estime.... Que m'importent les vivans?... Un esprit, un homme libre s'est élevé dans tout ce siècle, un seul : il me méprisait, et il est mort!

ALBE.

C'est donc en vain que nous vivons? Espagnols! descendons au tombeau! Même au sein de la mort, cet homme nous enlève le cœur du roi!

LE ROI s'assied, et s'appuie sa tête sur sa main.

L'ai-je donc perdu?... Je l'aimais, je l'aimais beaucoup... Il m'était cher comme un fils... En ce jeune homme se levaient pour moi des jours nouveaux, de plus beaux jours. Qui sait ce que je lui réservais? C'était mon premier amour. Que l'Europe entière me maudisse! L'Europe peut me maudire. De lui j'avais mérité de la reconnaissance.

DOMINGO.

Par quel enchantement?

LE ROI.

Et à qui a-t-il fait ce sacrifice? A un enfant, à mon fils? Non ; je ne crois pas cela. Ce n'est pas pour un enfant que meurt un Posa! La misérable flamme de l'amitié ne pouvait pas remplir le cœur d'un Posa! Ce cœur palpitait pour l'humanité entière. Son amour, c'était le monde avec toutes les races futures. Pour satisfaire cet amour, il trouve un trône. Passera-t-il outre? Cette haute trahison envers sa chère humanité, Posa se la serait-il pardonnée? Non ; je le connais mieux. Ce n'est pas Philippe qu'il a sacrifié à Carlos, c'est le vieillard au jeune homme, à son élève. L'astre du père était à son couchant et ne promettait pas une assez longue journée pour l'œuvre nouvelle : on se réservait pour le lever prochain de l'astre du fils. Oh! cela est clair, ma retraite était attendue.

ALBE.
Vous en lirez la confirmation dans cette lettre.

LE ROI *se lève.*
Il pourrait s'être trompé : j'existe, j'existe encore. Grâces te soient rendues, nature, je sens dans mon être la force de la jeunesse. Je le couvrirai de ridicule. Sa vertu était la chimère d'un rêveur ; il est mort comme un fou. Que sa chute écrase et son ami et son siècle! Voyons comment on se passera de moi. Le monde est encore à moi pour une soirée ; je veux en profiter, de cette soirée, de telle façon qu'après moi aucune semence nouvelle ne puisse pendant dix générations germer dans ce sol brûlé! Il m'offrit en sacrifice à l'humanité son idole! l'humanité me le payera pour lui ! et maintenant je commence par sa poupée. (*Au duc d'Albe.*) Que disiez-vous de l'infant ? Répétez-le-moi ; que contiennent ces lettres?

ALBE.
Ces lettres, sire, renferment les dernières dispositions du marquis de Posa, adressées au prince Charles.

LE ROI *parcourt les papiers, pendant que tous les yeux sont curieusement fixés sur lui. Après les avoir lus un moment, il les pose, et se promène en silence.*
Qu'on m'appelle le cardinal grand-inquisiteur. Je le prie de m'accorder une heure. (*Un des gardes sort. Le Roi reprend les papiers, les lit et les pose encore une fois.*) Ainsi donc, cette nuit...

TAXIS.
Au coup de deux heures, la poste doit se trouver devant le cloître des Chartreux.

ALBE.
Et les gens que j'ai envoyés ont vu transporter dans le couvent différens effets de voyage aux armes de la couronne.

FÉRIA.
Des sommes considérables auraient été versées, dit-on, au nom de la reine, chez des banquiers mores, pour être touchées à Bruxelles.

LE ROI.
Où a-t-on laissé l'infant?

ALBE.
Près du corps du chevalier.

LE ROI.
Y a-t-il encore de la lumière dans l'appartement de la reine?

ALBE.
Tout y est tranquille. Elle a congédié ses femmes plus tôt qu'elle n'a coutume de le faire. La duchesse d'Arcos, qui a quitté sa chambre la dernière, l'a laissée dans un profond sommeil.

Un Officier de la garde entre, tire à part le duc de Féria, et lui parle bas. Celui-ci se tourne avec étonnement vers le duc d'Albe ; d'autres se groupent successivement, et il s'élève une sorte de murmure confus.

FÉRIA, TAXIS, DOMINGO, *à la fois.*
Cela est singulier!

LE ROI.
Qu'y a-t-il?

FÉRIA.
Un récit qu'on peut à peine croire, sire!

DOMINGO.
Deux soldats suisses, qui arrivent à l'instant de leur poste, disent... Cela est ridicule à répéter.

LE ROI.
Eh bien?

ALBE.
Que dans l'aile gauche du palais l'ombre de l'empereur s'est montrée, et a passé près d'eux avec une démarche solennelle et assurée. Ce récit est confirmé par tous les gardes placés autour du pavillon, et ils ajoutent que l'apparition s'est perdue vers l'appartement de la reine.

LE ROI.
Et sous quelle forme a-t-elle paru?

L'OFFICIER.
Sous le même habit d'hiéronymite qu'il portait en dernier lieu à Saint-Just.

LE ROI.
En religieux ? Et les gardes l'avaient donc connu pendant sa vie? car comment auraient-ils su autrement que c'était l'empereur?

L'OFFICIER.
Le sceptre qu'il portait en sa main prouve que c'était l'empereur.

DOMINGO.
Et si l'on en croit le bruit populaire, il aurait déjà été vu plusieurs fois sous cette forme.

LE ROI.
Personne ne lui a-t-il parlé?

L'OFFICIER.
Personne ne l'a osé. Les gardes ont dit leurs prières et l'ont laissé respectueusement passer.

LE ROI.
Et cette apparition est allée se perdre vers l'appartement de la reine?

L'OFFICIER.
Dans le vestibule de la reine.

Tous se taisent.

LE ROI, *se retournant vivement.*
Que dites-vous?

ALBE.
Sire, nous gardons le silence.

LE ROI, *après quelques réflexions, s'adresse à l'Officier.*
Faites mettre mes gardes sous les armes, et qu'on ferme toutes les issues de cette aile du palais. J'ai envie de parler à ce fantôme.

L'Officier sort. — Un Page s'avance.

LE PAGE.
Sire, le cardinal grand-inquisiteur.

LE ROI, *à sa suite.*
Laissez-nous.

Le Grand-Inquisiteur, vieillard de quatre-vingt-dix ans et aveugle, entre appuyé sur un bâton, et conduit par deux Dominicains. Les Grands lui laissent le passage, se mettent à genoux, et touchent le pan de sa robe. Il leur distribue sa bénédiction. Tous se retirent.

SCÈNE X.
LE ROI et LE GRAND-INQUISITEUR.

Long silence.

LE GRAND-INQUISITEUR.
Suis-je devant le roi?

LE ROI.
Oui.

LE GRAND-INQUISITEUR.
Je ne m'y attendais plus.

LE ROI.
Je renouvelle une scène des années de ma jeunesse. L'infant don Philippe demande conseil à son instituteur.

LE GRAND-INQUISITEUR.
Charles, mon élève, votre auguste père, n'eut jamais besoin de conseils.

LE ROI.
Il en était d'autant plus heureux. J'ai commis un meurtre, cardinal, et plus de repos...

LE GRAND-INQUISITEUR.
Par quelle cause avez-vous commis un meurtre?

LE ROI.
Une trahison qui est sans exemple...

LE GRAND-INQUISITEUR.
Je la connais.

LE ROI.
Que connaissez-vous? par qui? depuis quand?

LE GRAND-INQUISITEUR.
Moi, depuis beaucoup d'années; vous, depuis le coucher du soleil.

LE ROI, *avec surprise.*
Vous aviez déjà connaissance de cet homme?

LE GRAND-INQUISITEUR.
Sa vie, depuis son commencement jusqu'à sa fin, est inscrite sur les pieux registres du Saint-Office.

LE ROI.
Et il allait librement?

LE GRAND-INQUISITEUR.
La corde au bout de laquelle il voltigeait était longue, mais indestructible.

LE ROI.
Il avait franchi les limites de mon empire.

LE GRAND-INQUISITEUR.
Où il pouvait être, j'étais aussi.

LE ROI *va et vient avec humeur.*
On savait en quelles mains j'étais, pourquoi tardait-on à m'en avertir?

LE GRAND-INQUISITEUR.
Je ferai la même question à mon tour... Pourquoi ne vous informiez-vous point, quand vous vous jetiez dans les bras de cet homme? Vous l'avez connu! un regard aurait dû vous suffire pour découvrir l'hérésie. Qui put vous porter à dérober cette victime au Saint-Office? Se joue-t-on de nous? Si les rois s'abaissent à être receleurs... si derrière nous ils s'entendent avec nos plus pervers ennemis, qu'adviendra-t-il de nous? Si un seul pouvait trouver grâce, de quel droit en avoir sacrifié cent mille?

LE ROI.
Il a été aussi sacrifié.

LE GRAND-INQUISITEUR.
Non! il a été *assassiné*.... honteusement! criminellement! Ce sang qui devait couler en notre honneur, en notre gloire, a été répandu par la main d'un assassin : cet homme était à nous. Qui vous autorisait à toucher aux possessions sacrées de l'Église? Il devait mourir par nous. Dieu l'envoyait, à cause des nécessités du siècle, pour qu'une flétrissure solennelle fût imprimée à son esprit, pour que l'orgueilleuse raison fût donnée en spectacle. Tel était mon plan médité. Maintenant, voilà l'œuvre de tant d'années détruite et renversée! Vous nous l'avez dérobé, et vous ne pouvez nous présenter que vos mains sanglantes.

LE ROI.
La passion m'entraîna. Pardonnez-moi.

LE GRAND-INQUISITEUR.
La passion? Est-ce donc l'infant Philippe qui me répond? Suis-je donc le seul qui soit devenu un vieillard? La passion? (*Il secoue la tête avec humeur.*) Donne la liberté de conscience dans tes états, quand tu marches enchaîné!

LE ROI.
Je suis novice encore en ces matières. Ayez de la patience pour moi.

LE GRAND-INQUISITEUR.
Non! je ne suis pas content de vous. Accuser ainsi tout le cours de votre règne passé! où était alors ce Philippe, dont l'âme inébranlable comme l'étoile polaire dans le ciel, immuable et éternelle, roule sur elle-même? Tout le passé s'était-il donc abîmé derrière vous? Le monde n'était-il donc plus le même, pour avoir voulu lui tendre la main? Le poison n'était-il plus le poison? La ligne qui sépare le bien et le mal, le vrai et le faux, avait-elle disparu? Est-ce avoir un plan? est-ce avoir une résolution? est-ce avoir une constance virile que de briser en une minute une règle suivie soixante ans, comme si c'était un caprice de femme?

LE ROI.
J'avais vu dans ses yeux.... Pardonnez-moi ce retour à la faible humanité. Le monde a un accès de moins vers votre cœur : vos yeux sont éteints.

LE GRAND-INQUISITEUR.
Qu'aviez-vous à faire à cet homme? Que pouvait-il vous présenter de nouveau, à quoi vous ne fussiez préparé? Connaissiez-vous si peu l'enthousiasme et la nouveauté? Le langage orgueilleux de ces améliorateurs du monde avait-il si

peu retenti à votre oreille? Quand l'édifice de votre foi tombe devant des paroles.... de quel front pouvez-vous, je le demande, signer le sanglant arrêt de cent milliers d'âmes faibles qui montent sur le bûcher pour un bien moindre motif?

LE ROI.
Je désirais un homme. Ce Domingo...

LE GRAND-INQUISITEUR.
Pourquoi un homme? Les hommes sont pour vous des nombres, rien de plus. Dois-je répéter les élémens de l'art de régner à un élève en cheveux gris? Le dieu de la terre doit apprendre à ne point désirer ce qui ne peut lui être accordé. Si vous gémissiez de ne point jouir d'un commerce de sentimens, ne serait-ce pas avouer que ce monde renferme vos semblables? Et quels droits, je vous prie, auriez-vous au-dessus de vos semblables?

LE ROI, *se jetant dans un fauteuil.*
Je suis un faible mortel, je le sens. Tu exiges de la créature ce dont le Créateur seul est capable.

LE GRAND-INQUISITEUR.
Non, sire, on ne m'abuse point. On vous a pénétré. Vous vouliez nous échapper. Les lourdes chaînes de notre ordre vous pesaient. Vous vouliez être libre et seul (*il s'arrête, le Roi se tait*); nous sommes vengés. Remerciez l'Église, qui se contente de vous punir comme une mère. Le choix qu'on vous a laissé faire en aveugle a été votre châtiment : vous voilà instruit. Maintenant revenez à nous. Si je n'avais point paru maintenant devant vous, par le Dieu vivant, vous eussiez demain paru devant moi.

LE ROI.
Point d'un tel langage! Modère-toi, prêtre; je n'endure point cela. Je ne peux point m'entendre parler sur ce ton.

LE GRAND-INQUISITEUR.
Pourquoi évoquez-vous l'ombre de Samuel? J'ai placé deux rois sur le trône d'Espagne, et j'espérais laisser un édifice solidement fondé. Je vois le fruit de ma vie perdu, don Philippe lui-même ébranle mon ouvrage; et maintenant, sire, pourquoi ai-je été appelé? Que fais-je ici? Je ne suis point disposé à faire une nouvelle visite.

LE ROI.
Une question encore, la dernière, et tu pourras t'en aller en paix. Oublions le passé, et que la paix soit faite entre nous. Sommes-nous réconciliés?

LE GRAND-INQUISITEUR.
Quand Philippe se courbera avec humilité.

LE ROI, *après un moment de silence.*
Mon fils médite une rébellion.

LE GRAND-INQUISITEUR.
Que résolvez-vous?

LE ROI.
Rien, ou tout.

LE GRAND-INQUISITEUR.
Et que veut dire : tout?

LE ROI.
Je le laisserai fuir, si je ne puis le faire mourir.

LE GRAND-INQUISITEUR.
Eh bien, sire?

LE ROI.
Peux-tu inculquer en moi quelque nouvelle croyance qui enseigne le meurtre sanglant d'un fils?

LE GRAND-INQUISITEUR.
Pour apaiser l'éternelle justice, le fils de Dieu est mort sur la croix.

LE ROI.
Établiras-tu cette opinion dans toute l'Europe?

LE GRAND-INQUISITEUR.
Partout où la croix est révérée.

LE ROI.
J'offense la nature. Imposes-tu silence aussi à sa puissante voix?

LE GRAND-INQUISITEUR.
Devant la foi, la nature est sans force.

LE ROI.
Je dépose en tes mains mon office de juge. Puis-je m'en démettre entièrement?

LE GRAND-INQUISITEUR.
Confiez-le-moi.

LE ROI.
C'est mon fils unique. Pour qui aurai-je travaillé?

LE GRAND-INQUISITEUR.
Pour la mort plutôt que pour la liberté.

LE ROI *se lève.*
Nous sommes d'accord. Viens.

LE GRAND-INQUISITEUR.
Où?

LE ROI.
Recevoir de mes mains la victime.

Il le conduit.

SCÈNE XI.

Appartement de la Reine.

CARLOS, LA REINE; *vers la fin* LE ROI *et sa suite.*

CARLOS, *vêtu en religieux. Il a un masque sur le visage et l'ôte en entrant; il tient une épée nue sous le bras. La nuit est sombre; il s'approche d'une porte qui s'ouvre. La Reine sort en déshabillé, avec un flambeau allumé. Carlos met un genou en terre devant elle.*
Élisabeth!

LA REINE, *après un moment de silence, d'un air calme et triste.*
C'est ainsi que nous nous revoyons!

CARLOS.
C'est ainsi que nous nous revoyons!

Un moment de silence.

LA REINE, *cherchant à se remettre.*
Levez-vous; nous ne devons pas nous affaiblir l'un l'autre, Charles; ce n'est pas par d'impuis-

santes larmes que le grand homme qui n'est plus veut être honoré ; les larmes ne doivent couler que pour de petites souffrances.... Il s'est sacrifié pour vous. De sa précieuse vie il a racheté la vôtre, et ce sang n'aurait coulé que pour une chimère! Carlos, j'ai répondu pour vous, c'est sur ma caution qu'il a quitté la vie satisfait; voudriez-vous me démentir?

CARLOS, *avec chaleur.*

Je lui élèverai un mausolée tel qu'aucun roi n'en eut jamais... Sur sa cendre fleurira le paradis.

LA REINE.

C'est ainsi que je vous voulais ; telle a été la grande pensée de sa mort. Il m'a choisie pour exécuteur de sa dernière volonté, je veillerai à l'accomplissement de ce serment... En mourant il a encore déposé un autre legs en mes mains, je lui ai donné ma parole; et pourquoi le tairai-je?... il m'a légué son Charles... Je brave l'apparence... je ne tremblerai plus devant les hommes, j'aurai désormais l'audace d'un ami ; mon cœur s'expliquera Ne nommait-il pas vertu notre amour ? je l'en crois, et mon cœur ne craindra plus...

CARLOS.

N'achevez pas, madame; j'ai fait un rêve long et pénible, j'ai aimé. Maintenant je suis réveillé, que le passé soit oublié; je vous rends vos lettres, détruisez les miennes, ne craignez plus aucun emportement de moi. C'en est fait ; un feu plus pur a éclairé mon être; ma passion gît maintenant dans les tombeaux des morts ; aucun désir mortel ne partagera plus mon cœur. (*Il se tait un moment, et prend la main de la Reine.*) Je suis venu vous dire adieu. J'aperçois enfin, ma mère, qu'il y a un bonheur plus élevé, plus digne de souhait que de vous posséder ; une seule nuit a imprimé le mouvement au cours appesanti de mes années, et m'a mûri dans mon printemps ; je n'ai plus d'autre tâche pour cette vie que le souvenir de lui ; c'est tout ce que j'ai à moissonner. (*Il s'approche de la Reine, qui s'est caché le visage.*) Vous ne me dites rien, ma mère?

LA REINE.

Ne vous inquiétez pas de mes larmes, Charles; je ne puis les retenir... Cependant je vous crois, je vous admire.

CARLOS.

Vous fûtes l'unique confidente de notre union; sous ce nom, vous restez ce que j'ai de plus cher dans le monde entier ; je ne pourrais plus vous donner mon amitié, pas plus qu'hier encore je n'aurais pu donner mon amour à une autre femme ; mais la veuve du roi sera sacrée pour moi, si la Providence me place sur ce trône. (*Le Roi, accompagné du Grand-Inquisiteur et des Grands, paraît dans le fond sans être aperçu du Prince ni de la Reine.*) Je vais quitter l'Espagne, et je ne reverrai jamais mon père, jamais dans cette vie ; je ne l'estime plus ; la nature est morte dans mon sein. Redevenez son épouse... Il a perdu son fils ; rentrez dans vos devoirs. Je me hâte d'aller délivrer un peuple opprimé des mains de ses tyrans. Madrid ne me reverra que roi, ou jamais. Maintenant, mon dernier adieu.

Il l'embrasse.

LA REINE.

Ah! Charles, qu'exigez-vous de moi ? Je n'ose point m'élever jusqu'à cette mâle vertu, mais je sais vous comprendre et vous admirer.

CARLOS.

N'ai-je point de fermeté, Élisabeth ? je vous tiens dans mes bras et ne balance point; hier encore l'effroi de la mort n'aurait pu m'arracher de ce lieu. (*Il s'éloigne d'elle.*) C'en est fait ; maintenant je brave tous les coups du sort, je vous ai tenue dans mes bras et je n'ai point balancé. Silence! qu'ai-je entendu ?

L'horloge sonne une heure.

LA REINE.

Je n'entends rien, que la cloche redoutable qui sonne notre séparation.

CARLOS.

Adieu donc, ma mère : vous recevrez de Gand ma première lettre; elle fera connaître tout le mystère de nos relations ; je vais maintenant en agir ouvertement avec don Philippe. Dorénavant, je veux qu'il n'y ait rien de secret entre nous ; vous n'avez plus besoin d'éviter l'œil du monde ; voici mon dernier mensonge.

Il va remettre son masque. Le Roi s'avance entre eux.

LE ROI.

Oui, le dernier.

La Reine s'évanouit.

CARLOS *se précipite vers elle, et la reçoit dans ses bras.*

Elle est morte! ô Dieu du ciel et de la terre!

LE ROI, *calme et froid, s'adresse au Grand-Inquisiteur.*

Cardinal, j'ai rempli mon office, faites le vôtre.

Il sort.

FIN DE DON CARLOS.

LETTRES SUR DON CARLOS,

TIRÉES DU MERCURE GERMANIQUE.

LETTRE I.

Vous me dites, mon cher ami, que jusqu'ici les jugemens sur Don Carlos ne vous ont point satisfait; vous l'attribuez à ce que la plupart s'écartent du véritable point de vue de l'auteur. Il vous paraîtrait encore possible de défendre certaines positions fort attaquées et que les critiques ont déclarées intenables; au contraire, quelques doutes qui se sont élevés sur la contexture de la pièce vous paraissent n'avoir pas été pleinement résolus, bien qu'on les ait aperçus et qu'on ait cherché à les détruire. Quant aux principales objections, elles vous ont donné moins d'admiration pour la sagacité des critiques que pour ce contentement d'eux-mêmes avec lequel ils ont proclamé de telles remarques comme de grandes découvertes. Vous leur reprochez de ne pas avoir eu la pensée toute naturelle que des fautes dont sont frappés les yeux les moins clairvoyans pouvaient bien avoir été évidentes aussi pour l'auteur, qui en général n'est pas plus mal avisé que ses lecteurs; ils ne se sont pas aperçus, dites-vous, que c'était moins aux fautes elles-mêmes qu'ils avaient affaire, qu'aux motifs que l'auteur avait eus de les commettre. Ces motifs pouvaient être tout-à-fait insuffisans, pouvaient dépendre d'une manière particulière de voir; mais la tâche du critique était de montrer cette insuffisance, de faire remarquer cette manière particulière de voir; c'est ainsi qu'il eût acquis quelque autorité aux yeux de ceux auxquels il impose ses jugemens ou offre ses avis.

Mais en définitive, mon cher ami, qu'importe à l'auteur que son juge ait ou n'ait pas eu vocation? qu'il ait montré plus ou moins de sagacité? c'est une question qu'il peut éclaircir par lui-même. Ce qu'il y aurait de pis pour l'auteur, ce serait que l'effet de son ouvrage tînt à la pénétration et à la justice du critique, que l'impression qui en doit résulter dépendît de la réunion de plusieurs qualités qui se trouvent rarement jointes dans la même personne. La plus fausse position où pourrait se trouver un ouvrage de l'art, lorsqu'il est livré au libre jugement du spectateur, ce serait d'avoir besoin d'explication, et d'exiger qu'on vînt à son secours pour bien établir son vrai point de vue. Si vous aviez voulu faire entendre que le mien est dans ce cas, vous en auriez par là dit beaucoup de mal, et vous me contraindriez à essayer encore une fois de lui ôter cette apparence. Il convient donc, ce me semble, de rechercher principalement si la pièce renferme tout ce qui peut en donner l'intelligence, et si tout y est assez clairement exprimé pour être facilement saisi du lecteur. Vous désirez donc, mon cher ami, que nous traitions ce sujet avec quelque détail. L'ouvrage m'est devenu étranger, et je me trouve dans une sorte de position mitoyenne entre l'auteur et le lecteur; de sorte que je pourrai peut-être avoir la connaissance intime du sujet, comme le premier, et en même temps l'impartialité du second.

On pourrait surtout me reprocher, et je trouve nécessaire de prévenir l'objection, d'avoir excité dans le premier acte une attente que je n'ai point satisfaite dans le dernier. La Nouvelle de Saint-Réal, et peut-être aussi l'idée que j'avais donnée de moi par mes premières pièces de théâtre, ont pu faire aussi que le lecteur ait envisagé l'ouvrage sous un aspect, tandis que je l'ai envisagé sous un autre. Pendant le temps où j'y ai travaillé, temps que diverses interruptions ont rendu assez long, il s'est même opéré en moi de grands changemens. Les variations de mon sort, qui durant cette époque ont influé sur ma manière de penser et de sentir, ont dû nécessairement avoir aussi de l'action sur cet ouvrage. Ce qui au commencement m'avait surtout attaché, a, dans la suite, produit sur moi un effet plus faible, et vers la fin me touchait à peine. De nouvelles idées, qui m'étaient venues pendant ce temps-là, avaient pris la place des premières. Carlos lui-même n'est peut-être si fort tombé dans ma disgrâce pour aucun autre motif que pour la trop grande faveur qu'autrefois je lui avais accordée, et c'est pour la raison contraire que le marquis de Posa a pris sa place. Il est donc advenu que j'ai apporté au quatrième et au cinquième acte une toute autre disposition de cœur. Mais les trois premiers actes étaient dans les mains du public, je ne pouvais plus changer le plan de l'ensemble; il eût donc fallu bouleverser la pièce entière, ce qui n'aurait trouvé sa récompense que dans l'esprit d'une bien petite partie de mes lecteurs; ou bien, il aurait fallu ajuster la seconde partie à la première comme j'aurais pu. Si le résultat n'a pas été le plus heureux possible, j'ai du moins cette consolation, qu'une main plus habile n'eût pas beaucoup mieux réussi. Ma grande faute a été de demeurer trop long-temps occupé de cette pièce. Une œuvre dramatique ne peut et ne doit être que le fruit d'une seule saison. Aussi le plan a-t-il reçu une extension qui excède les limites et les règles du drame.

Ce plan exige que le marquis de Posa obtienne de Philippe une confiance sans bornes, et l'économie de la pièce ne m'a permis que de consacrer une seule scène à cette extraordinaire influence.

Ces explications, qui me justifieront peut-être aux yeux de mes amis, ne sont rien aux yeux de l'art; mais elles pourront mettre un terme à beaucoup de déclamations que les critiques ont impétueusement déchaînées contre moi à ce sujet.

LETTRE II.

Le caractère du marquis de Posa est généralement regardé comme idéal. Ce qu'il y a de mieux à faire, c'est d'examiner jusqu'à quel point cette assertion est fondée, en ramenant à leur véritable valeur la conduite et les actes de ce personnage. Vous voyez qu'ici j'ai affaire à deux partis opposés. Pour ceux qui le regardent comme absolument étranger à la classe des êtres naturels, il faut que je leur montre comment il tient à la nature humaine, comment ses pensées, comment ses actions dérivent d'une impulsion toute humaine, et sont enchaînées à l'influence des circonstances extérieures; pour ceux qui lui donnent le nom d'un être divin, il faut que je leur fasse remarquer quelques parties de ce caractère qui sont purement humaines. Les opinions qu'exprime le marquis, la philosophie qui le soutient, le sentiment d'affection qui l'anime, quelque élevés qu'ils puissent être au-dessus de la vie commune, ne peuvent pas, et le plus simple examen nous l'apprend, autoriser à bannir ce personnage de la classe des êtres naturels. Car à quoi une tête humaine ne peut-elle pas donner naissance, et quelle est la création du cerveau qui ne peut pas prendre le caractère d'une passion dans un cœur embrasé? Aussi, quelles sont les actions qui, quelque rares qu'elles puissent être, ne trouvent pas leur exemple dans l'histoire? Le dévouement du marquis pour son ami n'est rien ou peu de chose, en comparaison de la mort héroïque de Régulus, de Curtius et de plusieurs autres. L'impossibilité ou l'inconsistance résulteraient donc ou de la contradiction de ces sentimens avec l'époque contemporaine, ou de ce qu'ils ne peuvent pas avoir une vivacité assez grande pour entraîner à de telles actions. Je puis donc réduire les objections faites contre le naturel de ce caractère, à celles-ci : dans le siècle de Philippe II, aucun homme ne peut avoir eu les idées du marquis de Posa; des pensées de cette nature ne passent pas aussi facilement qu'on l'a supposé ici, dans la volonté et dans les actions; un fanatisme idéal ne se réalise point en de telles conséquences, et n'a pas coutume d'être accompagné d'une pareille énergie d'exécution.

L'objection qu'on voudrait tirer contre ce caractère du siècle où je l'ai supposé, me semble lui être plutôt favorable que contraire. A l'exemple de tous les grands esprits, il est placé entre les ténèbres et la lumière, apparaissant comme un phénomène isolé. L'époque où il s'est formé est celle de la fermentation de toutes les têtes, du combat des préjugés avec la raison, de l'anarchie des opinions, de l'aurore de la vérité, et conséquemment de la naissance des hommes extraordinaires. Les idées de liberté et de dignité humaine, qu'un hasard heureux ou une éducation meilleure a jetées dans cette âme sensible et pure, l'étonnent par leur nouveauté, et agissent sur elle avec toute la force de ce qui est surprenant et inaccoutumé; le mystère avec lequel elles ont été vraisemblablement communiquées, a dû rendre aussi leur impression plus forte. Elles n'ont point encore acquis, par une longue habitude, cette trivialité qui aujourd'hui a usé et émoussé leur empreinte. Leur relief n'a pas encore subi le frottement de la loquacité des écoles, ni de la conversation des gens du monde. Son âme, au milieu de telles idées, se sent dans une nouvelle et magnifique région, où règne une éblouissante lumière, où l'on est ravi par les plus aimables songes. Les misères illégitimes de la servitude et de la superstition la ramènent de plus en plus vers ce monde séduisant. Si les plus beaux rêves de liberté prennent naissance dans une prison, dites-le-vous-même, mon cher ami, en quel lieu l'idéal le plus hardi d'une république des hommes, de la tolérance universelle, de la liberté de conscience, pouvait-il naître plus naturellement qu'auprès de Philippe II et de son inquisition?

Tous les principes et les sentimens favoris du marquis se rapprochent des vertus républicaines. Son dévouement pour son ami en est bien la preuve, car la faculté de dévouement est le résumé de toutes les vertus républicaines.

L'époque où il est placé fut justement celle où, plus qu'en aucune autre, il fut question des droits de l'homme et de la liberté de conscience. La réformation avait précédé ces idées et leur avait donné cours; les troubles de Flandre continuaient à les exciter. Son indépendance de position, son état de chevalier de Malte, lui donnaient l'heureux loisir de méditer et de mûrir cette exaltation spéculative.

Le temps et le lieu de la scène où le marquis est placé, les circonstances qui l'environnent, ne sont donc pas des motifs pour qu'il fût incapable d'une telle philosophie, pour qu'il ne s'y livrât pas avec une passion exaltée.

Si l'histoire abonde en exemples d'hommes qui ont préféré leurs opinions à tous les intérêts terrestres, si des croyances sans nul fondement prêtent au courage de l'homme une énergie assez grande pour qu'il devienne capable de tous les sacrifices, ne serait-il pas singulier que la vérité s'opposât à cette énergie? cela ne serait-il pas singulier surtout à une époque si riche en exemples de gens qui ont risqué leur fortune et leur vie pour des principes dont l'entraînement n'est pas fort puissant? Il n'est donc pas choquant, ce me semble, de voir un caractère qui brave un pareil danger pour les plus sublimes de toutes les idées ; sans cela, il faudrait admettre que la vérité est moins capable que l'erreur de toucher le cœur de l'homme. Le marquis d'ailleurs est présenté comme un héros. Déjà, dans sa première jeunesse, il a, les armes à la main, fait preuve d'un courage qu'il doit manifester plus tard dans une plus sérieuse occasion. L'enthousiasme de la vérité et une philosophie qui élève l'âme doivent, ce me semble, être dans l'âme d'un héros quelque chose d'entièrement différent de ce qu'elles sont dans le cerveau d'un étudiant, ou dans le cœur usé et énervé d'un homme du monde.

Deux actions du marquis sont principalement, à ce qu'on m'a dit, l'objet de ces reproches : son entretien avec le roi, dans la dixième scène du troisième acte, et son dévouement pour son ami. Mais il se pourrait que la franchise avec laquelle il expose ses sentimens au roi fût moins un effet de son courage que d'une connaissance intime du caractère de ce prince, et alors l'idée de danger étant retranchée, la plus forte objection faite contre cette scène disparaît aussi. Au reste, je vous entretiendrai une autre fois de Philippe II ; maintenant je ne veux vous parler que du dévouement de Posa pour l'Infant, et dans ma prochaine lettre je vous communiquerai quelques idées à ce sujet.

LETTRE III.

Vous pensiez dernièrement avoir trouvé dans Don Carlos la preuve que l'amitié passionnée peut être un motif de tragédie aussi touchant que l'amour passionné, et vous avez été surpris lorsque je vous ai répondu que je réservais pour l'avenir la peinture d'une telle amitié. Auriez-vous donc compris, comme ont fait la plupart de mes lecteurs, que l'enthousiasme de l'amitié était le but que je m'étais proposé dans la relation entre Carlos et le marquis de Posa? Et auriez-vous conséquemment jugé les deux caractères, et peut-être tout le drame, sous cet aspect? Combien, mon cher ami, vous m'auriez fait de tort avec cette idée d'amitié, quand il résulte clairement de tout l'ensemble que tel n'a pas été, que tel n'a pu être mon but! Le caractère du marquis, autant que peut le manifester la totalité de sa conduite, ne peut s'accorder avec une telle amitié, et ses plus belles actions, celles qu'on veut mettre sur le compte de l'amitié, sont justement la meilleure preuve du contraire.

La manière dont la relation entre ces deux personnages s'annonce d'abord a pu induire en erreur; mais ce n'est qu'une simple apparence, et un examen plus attentif des différentes tranchées qui existent entre eux aurait pu dissiper cette erreur. De ce que le poète a montré leur amitié de jeunesse, il ne s'ensuit point qu'il se soit écarté en rien du plan plus élevé qu'il avait adopté; au contraire, il ne pouvait le rattacher à un fil plus heureusement choisi. Cette relation dans laquelle ils se retrouvent en commençant, est une réminiscence de leurs premières années de l'université. L'harmonie des sentimens, un égal enthousiasme pour la vérité, la vertu et la liberté, les avaient alors unis l'un à l'autre. Un caractère comme celui de Posa, qui est destiné, ainsi qu'on le voit dans la pièce, à se développer par la suite, a dû de bonne heure saisir une occasion favorable d'exercer cette vive et forte sensibilité. Cette bienveillance, qui devait ensuite se porter sur l'humanité entière, a dû s'engager d'abord dans des liens plus resserrés. Cet esprit ardent et créateur devait promptement rechercher un objet sur lequel il pût agir. En pouvait-il ambitionner un plus noble qu'un fils de roi, tendre, animé, sensible, prêt à recevoir ses épanchemens, et qui d'un libre choix s'élançait à sa rencontre? Mais aussi, dès cette première époque, le sérieux de ce caractère se manifesta par quelques traits. Déjà Posa est le plus calme, le plus froid des deux amis ; déjà son cœur, trop vaste pour se restreindre à un seul être, n'a pu être conquis que par de pénibles sacrifices.

« D'abord je commençai par t'importuner de
» mon amour fraternel et de mille tendres soins.
» Toi, cœur orgueilleux, tu ne me rendais que
» froideur... tu pouvais humilier mon cœur, mais
» jamais m'éloigner de toi. Trois fois tu repoussas
» de toi le prince ; trois fois il revint mendier ton
» amitié en suppliant... Le sang d'un royal en-
» fant coulait outrageusement sous d'impitoyables
» verges. »

On s'aperçoit déjà ici combien peu l'attachement du marquis pour le prince se fonde sur une conformité personnelle. De bonne heure il le regarda comme un fils de roi ; de bonne heure cette idée vint se placer entre son cœur et les instances de son ami. Carlos lui tend les bras ; le jeune citoyen du monde s'incline humblement devant lui. Son amour de la liberté et de la dignité de l'homme avait mûri dans son âme avant son amitié pour Carlos, et c'est sur cette tige vigoureuse que vint se greffer cette branche nouvelle ; même dans l'instant où son orgueil est vaincu par les grands sacrifices de son ami, il ne perd point de vue que c'est un fils de prince. « Je m'acquitterai, » dit-il, « quand tu seras roi. » Était-il possible que dans un cœur si jeune, avec ce sentiment vif et toujours présent de l'inégalité des situations, l'amitié, dont la condition essentielle est l'égalité, pût prendre naissance ? Ainsi le marquis de Posa éprouvait moins d'attachement que de reconnaissance, moins d'amitié que de compassion. Il sentait le besoin de partager, de retrouver dans l'âme d'un autre les impressions, les pressentimens, les rêveries, les projets qui se pressaient, encore obscurs et confus, dans son âme enfantine, et Carlos fut le seul avec lequel il pût **méditer, avec** lequel il pût rêver, et qui pût le payer de retour. Un esprit tel que Posa aime à jouir de bonne heure de sa supériorité, et l'aimable Carlos s'y soumettait avec tant de modestie, tant de docilité ! Posa se revoyait lui-même comme dans un noble miroir, et s'applaudissait de son image. Telle fut leur amitié à l'université.

Mais ensuite ils se séparent, et tout devient différent. Carlos revient à la cour de son père, et Posa est lancé à travers le monde. Le premier, habitué à un doux commerce avec le plus noble et le plus ardent jeune homme, ne trouve rien, dans une cour despotique, qui puisse satisfaire son cœur. Tout lui semble vide et stérile ; seul au milieu de toute cette foule de courtisans dont la présence l'oppresse, il se laisse aller aux doux souvenirs du passé ; il conserve en lui-même ces impressions précoces, et son cœur formé à la bienveillance, faute d'un aliment digne de lui, se consume en rêveries sans consolation. Il tombe ainsi entièrement dans une exaltation vaine, dans une contemplation stérile. Ses forces s'usent dans un combat continuel avec sa propre position ; ses relations sans amitié avec un père si différent de lui, répandent dans tout son être un sentiment pénible et sombre ; un ver rongeur détruit toutes les fleurs de sa jeunesse, donne la mort à sa noble ardeur. Comprimé, sans énergie, sans activité, replié sur lui-même, abattu par un long et stérile combat, pressé entre de funestes et terribles extrémités, devenu incapable de tout essor personnel : telle trouve un premier amour. Dans cet état, il n'a plus aucune force pour lui résister. Toutes les idées de sa jeunesse, qui seules auraient pu faire un contre-poids suffisant, sont devenues étrangères à son âme. Cet amour le domine avec une puissance despotique. Il tombe ainsi dans un état de passion à la fois pénible et voluptueux. Toutes ses forces sont réunies sur un objet unique. Une ardeur que rien ne satisfait tient son âme enchaînée en elle-même. Comment pourrait-elle se répandre sur le monde du dehors? Incapable de contenter ses désirs, plus incapable encore d'en triompher par la force intérieure, moitié vivant, moitié mort, il s'exténue dans une visible consomption. Aucune distraction à la douleur qui dévore son sein, aucun être sympathique en qui il puisse épancher son cœur confiant.

« Je n'ai personne, personne, dans ce vaste uni-
» vers, personne ; aussi loin que domine le sceptre
» de mon père, aussi loin que nos vaisseaux ont
» porté leur pavillon, je n'ai pas une place, pas
» une où je puisse me soulager par mes lar-
» mes. »

La détresse d'un cœur que rien ne soutient le ramène précisément au même point où l'avait autrefois conduit la plénitude du cœur. Il sent plus vivement que jamais le besoin de sympathie, car il est seul et malheureux. Tel le trouve son ami en arrivant.

Pendant ce temps, il est advenu tout autrement de celui-ci. Avec un esprit vaste, avec toutes les forces de la jeunesse, toute l'impulsion du génie, toute la chaleur de l'âme, il se lance dans l'univers spacieux ; en masse et en détail, il y voit l'homme agir ; il y trouve l'occasion d'éprouver l'idéal qu'il porte en lui-même, en présence des forces réelles de toutes les sortes. Tout ce qu'il entend, tout ce qui sert d'aliment à son actif enthousiasme, tout est reçu, médité, retravaillé par lui, toujours dans le rapport de son idéal. L'homme se montre à lui dans ses diverses variétés. Il apprend à le connaître dans des climats, dans des situations différentes, dans des degrés inégaux d'organisation, dans des positions de fortune variées. Ainsi s'est complètement formée en lui une idée systématique et claire de l'homme dans sa grandeur et dans son ensemble, devant laquelle les rapports étroits, individuels et rapetissés viennent s'évanouir. Il s'élance au-delà de lui-même, et met son âme au large dans le vaste espace du monde. Les hommes remarquables qui se trouvent sur sa route attirent son attention et obtiennent son estime et son amour. A la place d'un individu, c'est l'espèce humaine qui s'est emparée de lui. Cette affection de sa jeunesse, qui n'était qu'un présage, s'étend et se convertit en une philanthropie vaste et infinie. Quittant un enthousiasme oisif, il est devenu un homme actif et occupé. Ces rêves d'autrefois, ces pressentimens, qui n'étaient encore qu'obscurs et confus dans son âme, sont devenus des conceptions lucides ; les projets oiseux se sont convertis en action ; une impulsion générale et vague vers l'activité s'est changée en un travail dirigé vers le but. Il a étudié l'esprit des peuples, leurs forces ; il a mesuré leurs moyens de défense, il a examiné leur situation ; ses idées ont gagné en variété et en expression par son commerce avec des esprits de même nature. Des hommes qui ont l'expérience du monde, comme un Guillaume d'Orange, un Coligni, l'ont retiré du romanesque, et l'ont ramené en même temps au positif et à l'application.

Enrichi de mille conceptions nouvelles et fécondes ; plein d'une force agissante, d'une impulsion créatrice, de projets vastes et hardis ; la tête préoccupée et le cœur brûlant ; pénétré des grandes et ardentes idées de la force et de la dignité de l'espèce humaine ; enflammé pour le bonheur universel que lui a rappelé sans cesse l'observation des individus, Posa revient chargé de cette moisson immense, dévoré du désir de trouver un théâtre où il puisse réaliser son idéal, où il puisse mettre en valeur les trésors qu'il a recueillis [1].

---

[1] Dans la conversation qu'il a ensuite avec le roi, on voit se manifester ses idées favorites. « Un trait de plume
» de cette main, dit-il, et la terre sera créée une se-
» conde fois ; donnez la liberté de penser ; soyez gé-
» néreux comme le fort, laissez échapper de vos trésors
» le bonheur des hommes ; laissez les esprits se mûrir
» dans votre domaine ; rendez à l'humanité sa dignité
» abolie ; que le citoyen redevienne ce qu'il était d'abord,
» le but de la royauté ; ne lui imposez d'autre devoir que

La situation de la Flandre lui en offre justement l'occasion ; il trouve que tout y est disposé pour une révolution.

Il connaît l'esprit, les forces, les moyens auxiliaires de ce peuple, et en les comparant à la puissance de son oppresseur, il voit déjà comme accomplie cette grande entreprise. Son idéal de liberté républicaine ne peut rencontrer un moment plus favorable ni un sol mieux disposé.

« Des provinces si riches, si florissantes ; un
» grand et puissant peuple, et aussi un bon peu-
» ple. Être le père de ce peuple, pensais-je, quelle
» jouissance divine ce doit être ! »

Plus ce peuple lui semble malheureux, plus les vœux de son cœur sont pressans, plus il se hâte d'amener leur accomplissement. Alors, et seulement alors, il se rappelle vivement l'ami qu'il avait laissé à Alcala, cet ami qui désirait si ardemment aussi le bonheur des hommes. Il pense à lui alors comme au libérateur des nations opprimées, comme à l'instrument de ses sublimes projets. Rempli d'un invincible amour pour celui sur qui en effet son cœur a placé ses espérances favorites, il vole à Madrid pour le presser dans ses bras. Il compte que les semences d'humanité et d'héroïque vertu qu'autrefois il avait répandues dans cette âme vont maintenant avoir pris toute leur croissance, et compte que c'est le libérateur des Provinces-Unies, le fondateur à venir des rêves de sa politique qu'il va tenir embrassé.

Plus passionné que jamais, celui-ci se précipite à sa rencontre avec une ardeur de fièvre :

« Je te presse sur mon cœur et je sens le tien
» battre avec force. Ah ! maintenant tout va re-
» devenir heureux. — Je tiens mon cher Rodrigue
» dans mes bras. »

Cet accueil est tout de feu ; mais comment y répondra Posa ? Lui, qui avait laissé son ami dans toute la fleur de la jeunesse, et qui le retrouve tel qu'un pâle fantôme, s'occupera-t-il de ce triste changement ? en demandera-t-il la cause avec détail et avec angoisse ? S'abaissera-t-il jusqu'aux petites circonstances particulières à son ami ? Non : avec surprise et gravité, il lui répliquera par cet accueil sévère :

« Ce n'était pas en cet état que je m'attendais
» à retrouver le fils de don Philippe. — Ce n'est
» point là le jeune homme au cœur de lion, vers
» qui m'envoie un peuple opprimé, mais héroïque :
» car ce n'est plus maintenant Rodrigue, ce n'est
» plus le compagnon des amusemens du jeune
» Carlos, c'est le député de l'humanité tout

» d'honorer les droits de son frère [*] ; que le laboureur
» s'enorgueillisse de la charrue, et n'envie point le sceptre
» au roi qui n'est pas laboureur ; que l'artiste rêve, en
» concevant son œuvre, qu'il est créateur d'un monde de
» beauté ; que l'essor de la pensée n'ait point d'autres
» bornes que l'idée limitée de la nature. »

[*] Le passage suivant fait partie des retranchemens que Schiller avait faits dans *Don Carlos*.

» entière qui vous serre dans ses bras, ce sont les
» provinces de la Flandre qui vous baignent de
» larmes. »

Involontairement il lui développe son idée dominante, et cela dès le premier instant de réunion, après une si longue absence, lorsqu'on a à se confier tant d'importantes particularités. Il faut que Carlos ait recours à tout ce que sa position peut avoir de touchant ; il faut qu'il aille rechercher les scènes les plus reculées de leur enfance, afin d'arracher cet ami à son idée favorite, afin d'éveiller sa compassion, afin de fixer un moment les regards de Posa sur sa situation déplorable. C'est avec effroi que Posa se voit trompé dans les espérances qui l'avaient fait accourir vers son ami. Il avait compté sur un caractère héroïque, avide des actions dont il allait lui ouvrir le théâtre. Il avait compté sur cet amour de l'humanité autrefois amassé dans son cœur, sur ce vœu qui, dans des jours d'enthousiasme, avait été fait entre ses mains, en partageant l'hostie, et il trouve un homme passionné pour la femme de son père.

« Ce n'est plus le Carlos dont tu te séparas à
» Alcala, qui, dans un heureux enivrement, s'en-
» gageait à créer pour l'Espagne un nouvel âge
» d'or. — Ah ! c'était un enthousiasme d'enfant,
» mais pourtant beau et divin. C'en est fait de
» ces rêves. »

Une passion sans espoir détruit toutes ses forces, met sa vie elle-même en danger. Comment dans une telle circonstance agirait un ami empressé du jeune prince, un ami qui ne serait que cela et rien de plus ? Et comment se conduit Posa, ce citoyen de l'univers ? Posa, ami et confident de Carlos, aurait tremblé pour la sûreté de son tendre ami beaucoup trop pour prêter la main à une périlleuse entrevue avec la reine. Le devoir d'un ami eût été d'étouffer cette passion, et de ne penser en aucune façon à la satisfaire. Posa, chargé des affaires de la Flandre, se conduit tout autrement. Il n'y a rien de plus important pour lui que de faire cesser le plus promptement possible cette situation sans espérance, qui anéantit les forces de son ami, dût-on pour cela courir quelque risque. Aussi long-temps que son ami se consumera en vœux superflus, il ne pourra ressentir aucune autre passion ; aussi long-temps que ses forces succomberont sous le poids de son chagrin, il ne pourra s'élever à aucune résolution héroïque. La Flandre n'a rien à espérer de Carlos malheureux ; peut-être Carlos heureux lui sera-t-il secourable. Il se hâte donc de satisfaire à son plus ardent désir ; lui-même le conduit aux pieds de la reine. Il ne s'en tiendra pas là : ne trouvant plus dans le courage du prince un mobile qui puisse le porter aux résolutions héroïques, peut-il faire autre chose que de rallumer à un autre flambeau cet héroïsme éteint, et d'employer la seule passion qui existe dans l'âme du prince ? Il faut donc qu'il y rattache les nouvelles idées que maintenant il veut faire triompher par ce moyen. Un regard observateur jeté sur le cœur de la reine lui apprend qu'il peut tout attendre de sa coopération. Il ne veut emprunter à cette passion que le premier élan. S'il peut, grâce à son secours, imprimer à son ami ce mouvement salutaire, il n'aura plus besoin d'elle désormais, et il est bien assuré qu'elle sera détruite par sa propre influence. Ainsi, même cet obstacle qui est venu s'opposer à la belle occasion espérée par lui, même ce malheureux amour deviendra un instrument pour pousser à son grand but, et le sort de la Flandre doit parler au cœur de son ami par la bouche de l'amour.

« Dans cette flamme sans espérance, je recon-
» nus bientôt un rayon éclatant d'espérance ; je
» voulais le conduire à ce qui est bien, à ce qui
» est beau, à ce qui est élevé. L'humanité ne m'of-
» frait pas une forme visible, le langage me refu-
» sait des paroles. — Alors je le dirigeai de ce
» côté, et tout mon soin fut d'ennoblir son
» amour. »

C'est des mains de la reine que Carlos recevra maintenant les lettres que Posa avait apportées de Flandre pour lui. C'est la reine qui rappellera en lui son génie éclipsé.

L'entrevue à l'abbaye montre d'une manière plus évidente encore combien l'amitié est subordonnée à de plus importans intérêts. Une tentative du prince sur l'esprit du roi a échoué ; cela et une découverte qu'il croit pouvoir faire tourner à l'avantage de sa passion, l'y précipitent plus vivement encore ; Posa croit remarquer que des idées moins pures se mêlent à cette passion, et rien ne peut moins s'accorder avec son noble plan. Toutes les espérances qu'il a fondées pour ses chères provinces, sur l'amour de Carlos et de la reine, sont renversées, si cet amour est dégradé de sa sublimité. L'humeur qu'il en ressent lui fait manifester sa pensée.

« Je sens ce dont il faut perdre l'habitude.
» Oui, autrefois, autrefois cela n'était pas ainsi.
» Alors ton âme était grande, ardente, vaste. Le
» cercle entier de l'univers trouvait place dans
» ton cœur. Tout cela s'est évanoui devant une
» passion, devant un petit intérêt personnel. Ton
» cœur est mort. Pas une larme sur le sort déplo-
» rable des Provinces-Unies ! plus une seule larme !
» O Carlos ! que tu es devenu petit, que tu es de-
» venu misérable, depuis que tu n'aimes personne
» que toi ! »

Inquiet d'une nouvelle rechute, il croit devoir risquer un pas plus décisif. Tant que Charles restera près de la reine, il est perdu pour la Flandre. Sa présence dans les Provinces-Unies peut y donner une toute autre tournure aux affaires. Posa n'hésite donc pas un moment à l'y pousser par le moyen le plus efficace.

« Il faut qu'il désobéisse au roi, il faut qu'il se
» rende secrètement à Bruxelles, où les Flamands
» l'attendent à bras ouverts. Toutes les Provinces-
» Unies se lèveront à ce signal. La bonne cause
» se fortifiera par la présence du fils d'un roi. »

L'ami de Carlos aurait-il pu risquer aussi témérairement et sa bonne renommée, et même sa vie ? Mais Posa, pour qui l'affranchissement d'un peuple opprimé est une exigence bien plus impérieuse que les petits intérêts d'un ami : Posa, citoyen de l'univers, devait tout justement en agir ainsi, et point autrement. Toutes les démarches auxquelles il se porte dans le cours de la pièce décèlent une audace téméraire qu'un but héroïque est seul capable d'inspirer ; l'amitié se décourage facilement et s'inquiète sans cesse. Jusqu'ici se trouve-t-il dans le caractère du marquis une seule trace de ces soins inquiets pour une créature isolée, de ce penchant exclusif dont se compose le caractère restreint et personnel d'une amitié passionnée ? Où est en lui un sentiment pour le prince qui ne soit pas subordonné au sentiment plus élevé pour l'humanité ? Le marquis suit avec fermeté et fixité sa vaste carrière de cosmopolite, et tout ce qui est autour de lui ne prend d'importance à ses yeux que par la liaison qu'il y peut voir avec ce projet sublime.

LETTRE IV.

Cet aveu pourra bien lui enlever une **grande** partie de ses admirateurs, mais il s'en consolera par le petit nombre de nouveaux suffrages qu'il aura obtenus par là, et un caractère tel que le sien ne peut pas espérer une approbation universelle. Une bienveillance vaste et active pour l'ensemble de l'espèce humaine n'exclut en aucune façon une tendre sympathie pour les joies et les douleurs d'un seul individu ; de ce qu'il aime la race des hommes plus que Carlos, il n'en résulte pas le moindre préjudice à son amitié. Quand le destin ne l'eût pas appelé à un trône, il ne l'eût pas moins distingué du reste des hommes avec un sentiment tendre et particulier ; il ne l'eût pas moins porté dans le cœur de son cœur, comme dit Hamlet à son cher Horatio. On pourrait objecter que la bienveillance est d'autant plus faible et tiède qu'elle se partage sur plus d'objets ; mais ce reproche ne peut être adressé au marquis. C'est avec toute l'évidence de l'inspiration qu'il voit devant ses yeux l'objet de son amour ; cette image éclatante et impérieuse est présente à son âme comme la figure d'un objet aimé ! C'est Carlos qui réalise cet idéal du bonheur des hommes, qui le porte en sa personne, qui enfin se confond avec lui dans un sentiment unique et indivisible. C'est en Carlos seul que Posa voit cette humanité si ardemment chérie ; son ami est le foyer où viennent se réunir tous les rayons partis de chaque point de l'ensemble. Il n'agit donc que pour un seul objet, qu'il embrasse avec tout son enthousiasme, avec toutes les forces de son âme.

« Mon cœur, consacré à un seul, embrassait
» l'univers ; dans l'âme de Carlos, je créais l'âge
» d'or pour des millions d'hommes. »

Il a donc de l'amour pour un seul être, sans indifférence pour l'ensemble. — C'est un attachement dévoué d'amitié, mais sans l'exclusif, sans l'injustice d'une telle passion : philanthropie universelle, qui embrasse tout, et se concentre en un seul et unique rayon de flamme.

Et ce qui ennoblit l'intérêt peut-il le diminuer? Cette peinture de l'amitié a-t-elle moins de charme et d'attendrissement, parce qu'elle a un cercle plus étendu? L'ami de Carlos n'aurait-il pas moins de droits à nos larmes et à notre admiration s'il renfermait dans des limites plus étroites le vaste domaine de ses bienveillantes affections, et s'il réduisait un divin et universel amour à une application toute humaine?

Avec la neuvième scène du troisième acte s'ouvre pour ce personnage un théâtre tout nouveau.

LETTRE V.

Le prince a été enfin conduit jusqu'au bord du précipice par sa passion pour la reine. Les preuves de sa faute sont entre les mains de son père, et son ardeur irréfléchie offre une prise dangereuse aux curieux soupçons de ses ennemis. Il est en proie à un péril évident; il est prêt à devenir la victime de son amour insensé, de la jalousie de son père, de la haine des prêtres, de la vengeance d'un ennemi insulté et d'une femme galante offensée. Sa situation exige le plus prompt secours, et l'état intérieur de son âme, qui rend vaines toutes les espérances et toutes les entreprises du marquis, en exige plus instamment encore. Il faut tirer le prince de ce danger, il faut l'arracher à cet état intérieur de l'âme, pour que les projets de liberté de la Flandre puissent s'accomplir. C'est du marquis que nous attendons cette double tâche, c'est lui seul qui peut nous donner quelque espérance à cet égard. Mais en avisant au danger du prince, se rencontre sur la route le roi, dont la situation d'âme, pour la première fois, laisse éprouver aussi une impression sympathique. Les douleurs de la jalousie le tirent de la contrainte habituelle de son caractère, le ramènent à la condition native de l'humanité, lui font sentir le vide et le factice de sa grandeur despotique, et font naître en lui des désirs que ne peuvent satisfaire ni la puissance ni la majesté.

« Roi, roi! et encore, et toujours roi! Point
» d'autre réponse que l'écho de ce vain son! Je
» frappe le rocher; je lui demande de l'eau... de
» l'eau pour la soif de mon ardente fièvre... et il
» me donne de l'or brûlant. »

Il fallait, ce me semble, justement une occasion de ce genre, et nulle autre, pour engendrer dans un monarque tel que Philippe II une telle disposition; *et il fallait justement cette disposition pour motiver les événemens suivans, et pour pouvoir rapprocher de lui le marquis.* Le père et le fils sont tous les deux, par des routes entièrement différentes, conduits au point où le poète a besoin de les placer : par des routes entièrement différentes, ils sont amenés vers le marquis de Posa, en qui seul viennent se concentrer deux genres d'intérêt jusque là divisés. Toute la conduite du marquis sera commandée par la passion de Carlos pour la reine, et par les suites qu'elle amènerait sur-le-champ de la part du roi; il était donc nécessaire que la pièce débutât par là. Avant cette exposition, le marquis lui-même devait rester long-temps dans l'ombre, et jusqu'à ce qu'il pût en prendre possession entière, l'action ne devait exciter qu'un intérêt secondaire, puisque c'était de là seulement que devait naître ensuite matière à cette action. L'attention du spectateur ne devait pas non plus être dirigée sur ce point avant le temps; ainsi il était nécessaire que jusqu'au moment où ce sera l'action principale, où elle deviendra intéressante et dominera tout, elle fût seulement annoncée de loin par quelques apparences. Mais dès que l'édifice est levé, il faut que l'échafaudage tombe. L'histoire des amours de Carlos n'est qu'une action préliminaire, et doit disparaître pour faire place à celle dont elle n'était que la préparation.

A ce moment, les motifs cachés du marquis, qui ne sont autres que la délivrance des Flamands et le bonheur à venir des nations, motifs qu'on n'a pu qu'entrevoir sous le voile de son amitié, marchent maintenant à découvert, et commencent à s'emparer de toute l'attention. Carlos, comme tout ce qui précède l'indique assez, ne sera plus pour lui que l'instrument unique et indispensable de ce projet poursuivi avec tant d'ardeur et de fermeté; et comme tel, il sera l'objet du même enthousiasme que le projet lui-même. De ce motif général doivent résulter une participation aussi agitée au bonheur et au malheur de son ami, un soin aussi tendre pour cet instrument de son amour, que s'ils étaient inspirés par la plus forte sympathie personnelle. L'amitié de Carlos lui promet la jouissance la plus accomplie de son idéal. Elle est le lien qui unit tous ses vœux à leur réalisation. Il ne lui tombe point dans la pensée de chercher pour cela une autre route. Tout au moins l'idée lui viendra-t-elle de faire route immédiatement, par le moyen du roi? Non. Lorsqu'il va lui être présenté, il montrera la plus grande indifférence.

« Il veut me voir? moi? — Je ne lui suis rien,
» vraiment rien! — Moi, dans cet appartement!
» bien inutile et bien déplacé, certainement! Que
» lui importe que j'existe? Vous le voyez, cela
» ne mène à rien [1]. »

Mais il ne se laisse pas aller long-temps à ce vain et puéril étonnement. Un esprit tel que le sien, accoutumé à rechercher dans toute circonstance le parti qu'on en peut tirer, à ajuster d'une

---

[1] Ce passage a été retranché par Schiller dans les dernières éditions. (*Voir la Notice*.)

main habile le hasard à son plan, à s'emparer de tous les incidens pour parvenir à son but désiré, ne peut se dissimuler long-temps la haute importance que peut avoir le moment présent. Il sait que la plus petite portion du temps est un fonds sacré qui lui a été confié, et qu'il doit faire valoir avec usure. La pensée qui lui vient n'est pas encore un plan bien déterminé, bien concerté. C'est un simple pressentiment vague, et encore tout au plus. C'est une idée fugitive qui s'est élevée en lui. Peut-être y aura-t-il là une occasion de faire quelque chose? Il va voir celui qui tient dans sa main le sort de tant de millions d'hommes. On doit, se dit-il en lui-même, profiter d'un instant qu'il ne se présentera qu'une seule fois. Quand ce ne serait que pour jeter une étincelle de vérité dans l'âme d'un homme qui jamais n'a entendu une vérité! Qui sait combien la Providence peut par ce moyen agir sur lui? Plus il y pense, plus il trouve que c'est une circonstance fortuite dont il faut tirer profit de la meilleure manière possible. C'est dans cette disposition qu'il se présente au roi.

LETTRE VI.

Je me réserve de vous donner dans une autre occasion, si vous en avez le désir, des explications sur le ton que Posa prend d'abord avec le roi, sur sa conduite dans toute cette scène, et sur l'impression que le roi en reçoit. Maintenant il me suffit d'y faire remarquer ce qui a une liaison immédiate avec le caractère du marquis.

Tout ce que le marquis, d'après la connaissance qu'il avait du roi, pouvait raisonnablement espérer de produire sur lui, c'était que ce prince éprouverait une surprise mêlée d'humiliation, en reconnaissant que la grande idée qu'il avait de lui-même, et ses opinions étroites sur les hommes, pouvaient bien être sujettes à exception; c'était le trouble naturel d'un petit esprit devant un grand esprit. Cette impression pouvait être salutaire, quand elle aurait servi seulement à ébranler les préjugés de cet homme, à lui faire sentir qu'au delà du cercle qu'il s'était tracé il existait des influences auxquelles il n'avait pas même songé. Cette impression pouvait être d'autant plus durable en lui qu'elle était sans exemple, et ce son pouvait retentir pendant long-temps dans sa vie.

Mais Posa avait en effet jugé le roi trop superficiellement et de trop haut, ou, s'il l'avait connu, était trop mal informé de la disposition actuelle de son âme pour le faire entrer dans ses calculs. Cette disposition était extrêmement favorable pour lui, et préparait à ses discours hasardés un accueil que nulle vraisemblance ne pouvait lui faire prévoir. Cette découverte inattendue imprime un vif mouvement à son esprit, et à la pièce elle-même un aspect tout nouveau. Enhardi par un résultat qui surpasse toutes ses espérances, et par quelques vestiges d'humanité qu'il surprend dans le roi, il s'égare un moment jusqu'à rattacher au roi ses idées encore flottantes, son idée dominante, le bonheur de la Flandre, jusqu'à vouloir les mener à l'accomplissement par ce moyen. Cette hypothèse développe en lui un mouvement passionné qui montre son âme jusqu'au fond, qui met au jour toutes les conceptions de son imagination, tous les résultats de ses silencieuses méditations, et laisse voir avec évidence combien il est subjugué par cet idéal. Alors, dans cette disposition passionnée, tous les mobiles qui jusqu'ici ont déterminé sa conduite deviennent visibles; alors il lui arrive, comme à tous les enthousiastes, de ne pouvoir résister à son idée dominante. Il ne connaît plus de bornes : dans le feu de son exaltation, il se fait une noble image du roi qui l'écoute avec surprise, et il s'oublie au point de fonder sur lui des espérances dont il rougira au premier moment de calme. En cet instant il n'est plus question de Carlos. L'attendre, ce serait prendre une route plus longue! Le roi lui offre un succès bien plus prochain et bien plus rapide. Pourquoi différer le bonheur de l'humanité jusqu'à son successeur?

Un cœur vraiment ami de Carlos se fût-il oublié à ce point? une passion qui ne serait pont dominante eût-elle entraîné le marquis si loin? L'intérêt qu'inspire l'amitié est-il si mobile qu'il puisse facilement se porter sur un autre objet? Mais tout s'explique si l'amitié est subordonnée à une autre passion dominante. Alors il est naturel que celle-ci, à la première occasion, fasse valoir ses droits et n'hésite pas un moment à changer de moyens et d'instrument.

La chaleur et la franchise avec lesquelles Posa expose au roi ses sentimens chéris, qui jusque là avaient été un secret entre Carlos et lui, l'idée que le roi pourrait les comprendre et les mettre même à exécution, sont une véritable infidélité dont il se rend coupable envers son ami Carlos. Posa, citoyen de l'univers, peut seul se conduire ainsi et mériter d'être pardonné; pour l'ami de cœur de Carlos, cela serait blâmable, si même cela pouvait être convenable.

Cet aveuglement ne pouvait, il est vrai, durer plus d'un instant. On peut le pardonner à une première surprise, à l'ardeur de la passion; mais si, de sang-froid, il eût encore continué à y croire, alors, à bon droit, il ne paraîtrait plus à nos yeux qu'un rêveur. Que cette pensée ait trouvé accès en lui, c'est ce que font voir quelques passages où il en plaisante, et d'autres où il s'en justifie sérieusement. « Admettons, dit-il à la reine, que
» je cherche par là à placer ma croyance sur le
» trône. »

LA REINE.

« Non, marquis, je ne voudrais pas, même par
» plaisanterie, vous prêter un projet si mal mûri.
» Vous n'êtes pas un rêveur qui entreprend ce qui
» ne peut être conduit à sa fin. »

LE MARQUIS.

« C'est cela même qui serait une question, ce me semble. »

Carlos lui-même a vu assez avant dans le cœur de son ami pour penser qu'une telle détermination peut résulter de sa manière d'être; et ce que lui-même dit sur Posa à cette occasion suffirait bien pour mettre hors de doute la véritable intention de l'auteur. « Toi-même », lui dit-il lorsqu'il est encore dans l'opinion que le marquis l'a sacrifié.

« C'est toi-même maintenant qui accompliras
» ce que je devais, ce que je ne puis faire. Tu
» donneras à l'Espagne cet âge d'or qu'elle avait
» en vain espéré de moi... Pour moi, c'en est fait,
» c'en est fait pour toujours. Tu l'avais prévu.
» Ce terrible amour avait étouffé sans retour les
» fleurs précoces de mon génie. J'étais mort pour
» tes grandes espérances. La Providence ou le
» hasard t'ont donné le roi... Il en a coûté mon
» secret, et il a été à toi. Tu peux devenir son
» ange protecteur... Pour moi il n'y a pas de sa-
» lut... Pour l'Espagne, peut-être. »

Et ailleurs, il dit au comte de Lerme, pour justifier l'inconcevable infidélité de son ami :

« Il m'a aimé, beaucoup aimé. Je lui étais plus
» cher que lui-même... Oh ! je le sais bien !... il
» m'en a donné mille preuves. Mais des millions
» d'hommes, mais la patrie, ne devaient-ils pas
» lui être plus chers qu'un seul individu ?... Son
» âme était trop vaste pour un seul ami ; le bonheur
» de Carlos était une tâche au-dessous de son
» amour : il m'a sacrifié à sa vertu. »

LETTRE VII.

Posa comprend fort bien ce dont il a dépouillé Carlos en faisant une tentative sur le cœur du roi, en le prenant pour confident de ses idées favorites. Comme il sent que ce sont ces idées qui formaient le lien essentiel de leur amitié, il ne peut donc pas ignorer qu'il a rompu ce lien au moment même où il en a profané la source par sa confiance au roi. Carlos ne sait pas, mais Posa sait fort bien que cette philosophie, que ces projets pour l'avenir étaient le palladium de leur amitié, étaient le titre par lequel Carlos possédait son cœur. Puisqu'il le sait, il suppose dans son cœur que cela ne peut être ignoré de Carlos ; et comment osera-t-il apprendre à son ami que ce palladium a été livré? Avouer ce qui s'est passé entre le roi et lui, autant vaudrait, pense-t-il, déclarer à Carlos que le moment est venu où il ne lui est plus rien. Si Carlos n'avait pas un droit futur au trône, si la qualité de fils de roi n'avait pas eu part à cette amitié, si elle avait eu consistance par elle-même et se fût seulement fondée sur une sympathie personnelle, elle aurait pu être offensée de cette intimité avec le roi, mais non pas trahie; et cette circonstance accidentelle ne l'eût point attaquée dans son essence. C'est donc par délicatesse, par compassion, que Posa, citoyen de l'univers, cache à Carlos, monarque futur, les espérances qu'il vient de fonder sur le monarque actuel : mais Posa, ami de Carlos, ne pouvait avoir un tort plus grave qu'une telle réserve.

A la vérité, les motifs que Posa donne tant à lui-même qu'ensuite à son ami, pour expliquer cette réserve, cause unique de tous les incidens qui se succèdent, sont d'une autre nature (Scène VI, acte IV).

« Le roi se fie au dépositaire qui a reçu ses in-
» times secrets, et la confiance exige la recon-
» naissance. Pourquoi serais-je indiscret quand
» mon silence ne peut lui causer de douleur, qu'il
» lui en épargne peut-être? Pourquoi le réveiller
» afin de lui montrer les nuages orageux suspen-
» dus sur sa tête ? »

Et dans la troisième scène du cinquième acte :

« Mais, séduit par une fausse délicatesse, aveuglé
» par une orgueilleuse présomption, je voulus
» sans toi conduire cette périlleuse chance à sa
» fin ; je dérobai à ton amitié mon dangereux se-
» cret. »

Mais pour quiconque a la moindre connaissance du cœur humain, il est clair que le marquis cherche à se faire illusion, s'alléguant des raisons qui doivent paraître à lui-même beaucoup trop faibles pour motiver une démarche si importante dont il n'ose pas s'avouer la véritable cause. On trouve une révélation bien plus véridique de sa disposition intérieure d'alors, dans un autre passage dans lequel il est dit expressément qu'il y a eu un moment où il s'est consulté en lui-même pour savoir s'il devait sacrifier son ami. « Il eût
» dépendu de moi », dit-il à la reine,

« De faire briller un jour nouveau sur cet em-
» pire. Le roi m'offrait son cœur ; il me nommait
» son fils ; il me confiait les sceaux, et son duc
» d'Albe n'était plus rien...

» J'ai rejeté le roi. Mes espérances pouvaient-
» elles fleurir sur ce sol desséché ? C'eût été une
» illusion d'enfant dont l'homme mûr aurait
» rougi. Devais-je sacrifier le printemps qui s'ap-
» proche, riche d'espérance, pour les tièdes rayons
» d'un soleil d'hiver? Devais-je, pour adoucir les
» dernières rigueurs d'un tyran fatigué, risquer
» le vaste affranchissement du siècle? Gloire mi-
» sérable ! non, je ne le pouvais pas. Le destin de
» l'Europe mûrira par mon noble ami : je lui
» lègue l'Espagne... Mais malheur! malheur à moi
» et à lui si je devais me repentir, si j'avais mal
» choisi, si je m'étais mépris sur les grands in-
» dices de la Providence, si elle avait voulu mettre
» sur le trône, non pas lui, mais moi*! »

Ainsi donc il a choisi, et pour choisir il faut bien qu'il ait admis comme possible la détermination contraire à celle qu'il a prise. Par tout ce

* Ce passage a été changé par Schiller dans les dernières éditions de *Don Carlos*.

qui vient d'être allégué, on reconnaît avec évidence que l'intérêt de l'amitié ne vient qu'après un intérêt plus élevé, et que c'est de ce dernier qu'il recevra sa direction. Personne dans toute la pièce ne juge avec plus de sagacité que Philippe lui-même cette relation entre les deux amis. J'ai placé dans la bouche de ce grand connaisseur des hommes mon apologie et mon propre sentiment sur le héros de la pièce. Et c'est par ces propres paroles que je vais terminer cette discussion.

« Et à qui a-t-il fait ce sacrifice? A un enfant,
» à mon fils? Non, je ne crains point cela. Ce n'est
» pas pour un enfant que meurt un Posa! La mi-
» sérable flamme de l'amitié ne pouvait pas rem-
» plir le cœur d'un Posa! Ce cœur palpitait pour
» l'humanité entière. *Son amour, c'était le monde*
» *avec toutes les races futures.* »

LETTRE VIII.

Mais, direz-vous, à quoi bon cette discussion? Qu'importe que ce soit une impulsion volontaire du cœur, l'harmonie des caractères, un besoin mutuel et impérieux l'un de l'autre, ou bien un libre choix et une relation venue des circonstances extérieures qui aient formé entre ces deux êtres un lien d'amitié? Les effets sont les mêmes, et rien n'est changé par là dans la marche de la pièce. Pourquoi cette pénible enquête? afin d'arracher au lecteur ce qui lui est peut-être plus agréable que la vérité. Quel charme pourraient garder les plus nobles apparences morales, si chaque fois on pénétrait ainsi dans les profondeurs du cœur humain, et si on voulait ainsi les examiner? Tout ce que le marquis de Posa aime se trouve rassemblé dans le prince, est représenté par le prince, ou du moins paraît se rattacher au prince; cet intérêt fortuit, conditionnel, emprunté, qu'il a pour son ami, est cependant inséparablement uni à sa personne; tout ce qu'il éprouve pour lui a le caractère extérieur d'un penchant sympathique; cela ne nous suffit-il pas? nous jouissons de la beauté pure de cette peinture de l'amitié, comme d'un phénomène moral simple, et peu nous importe en combien de parties pourra le disséquer le philosophe.

Mais s'il était important pour l'ensemble de la pièce d'établir cette distinction; si l'action exercée sur le prince par Posa avait un but ultérieur; si le prince n'avait de valeur pour lui que *comme* un moyen pour arriver à un but plus élevé; si, dans son amitié pour lui, il cédait à une impulsion autre que cette amitié, alors la pièce ne pourrait pas être restreinte dans d'étroites limites; alors il faudrait bien que la tendance de la pièce fût mise en accord avec la tendance du marquis. La grande destinée de tout un empire, le bonheur de la race humaine pendant beaucoup de générations futures, ce but vers lequel nous avons vu tendre tous les efforts du marquis, ne peut pas être l'épisode d'une action principale qui aurait pour dernier terme le dénouement d'une aventure d'amour. Si nous nous méprenions ainsi sur l'*amitié* de Posa, je craindrais que nous ne nous méprissions aussi sur le but de toute la tragédie. Laissez-moi vous la présenter sous un nouveau point de vue; peut-être que quelque malentendu, dont jusqu'ici vous avez tiré des objections, disparaîtra sous ce nouvel aspect.

Et que deviendrait donc l'unité tant recommandée de la pièce? car elle ne porte pas sur l'amour, et ne porte pas toujours sur l'amitié. A l'un appartiennent les trois premiers actes, à l'autre se rattachent les deux derniers; mais aucun des deux n'anime le tout. L'amitié s'immole, l'amour doit être immolé; mais ni l'un ni l'autre n'obtient ce sacrifice réciproque; ainsi il doit exister quelque autre motif différent et de l'amitié et de l'amour, pour lequel tous les deux agissent, et auquel tous les deux sont sacrifiés. Et si la pièce a de l'unité, où peut-elle résider, sinon dans ce troisième motif?

Vous souvenez-vous, mon cher ami, d'une certaine conversation que nous eûmes sur un sujet bien cher à nos jeunes années, sur le développement progressif d'une pure et douce humanité, sur la plus grande prospérité des états amenant la plus grande liberté des individus; en un mot, sur le type de perfection de la nature humaine, tel qu'il nous paraît possible à atteindre par notre essence et nos forces? L'entretien s'anima, et notre imagination se laissa entraîner aux rêves les plus doux qui puissent charmer et enivrer le cœur. Nous terminâmes par le vœu romanesque, que le hasard, par qui se sont déjà accomplies tant de grandes merveilles, fît, dans la prochaine période julienne, renaître la série de ces idées, nos rêves, nos convictions, avec la même vivacité, avec une volonté productive dans le fils premier-né du souverain futur de... ou bien de... enfin, sur cet hémisphère ou sur l'autre. Ce qui dans un entretien sérieux n'était qu'un simple jeu, m'a semblé dans la tragédie, qui n'est aussi qu'un jeu, pouvoir s'élever à la dignité du sérieux et de la vérité. Cela n'était-il pas permis à l'imagination? cela devait-il être interdit au poète? Notre conversation était depuis long-temps oubliée lorsque je fis connaissance avec le prince d'Espagne; je remarquai bien vite que ce jeune homme, plein d'âme, était précisément celui avec qui nous pourrions mettre nos projets à exécution. Sitôt conçu, sitôt fait. Tout se présentait à moi comme si un génie familier l'eût disposé par mon ordre. L'esprit de liberté en lutte avec le despotisme; les chaînes de la sottise brisées; les préjugés de mille années de date ébranlés; une nation qui réclame les droits de l'homme; les vertus républicaines mises en pratique; des idées lumineuses lancées dans la circulation; les têtes en fermentation; les courages exaltés par des intérêts passionnés; et, pour compléter cet heureux concours, près du trône une âme jeune, formée pour le beau, une fleur solitaire et intacte, née au milieu de l'oppression et de la souffrance, malheureuse... enfin tel que nous aurions fait, tel que devait être ce fils de roi auquel nous voulions confier l'accomplissement de notre idéal.

« Sur le trône de Philippe soyez un homme, » vous aurez appris à connaître aussi la douleur. »

Il ne pouvait pas être pris dans le sein du bonheur et de l'égoïsme; l'art ne pouvait pas avoir contribué à le former; l'époque contemporaine ne devait pas encore lui avoir imprimé son cachet. Mais, dira-t-on, comment un prince royal du seizième siècle, le fils de Philippe II, l'élève de la gent monacale, dont la raison à peine éveillée était surveillée par des gardiens si sévères et si vigilans, avait-il pu parvenir à cette philosophie libérale? Vous voyez qu'on avait aussi songé à cela. Le destin lui avait donné... un ami, durant ces années décisives où se développe l'esprit dans sa fleur, où se conçoit l'idéal, où s'épurent les impressions morales; un ami d'une grande âme, plein de sentiment, un jeune homme qui avait été formé (pourquoi ne l'admettrais-je pas ainsi?) sous l'influence d'un astre favorable, par l'intervention d'une heureuse destinée, et que peut-être quelque sage inconnu de ce siècle-là avait préparé pour remplir cette noble tâche. Cette belle philosophie de l'humanité, que le prince doit mettre en pratique sur le trône, est donc une création de l'amitié. Elle se revêt de toute la grâce de la jeunesse, de tout le charme de la poésie; elle pénètre dans son cœur; ardente et lumineuse, elle devient la première fleur de son existence, elle est son premier amour. Il importe entièrement au marquis d'entretenir cette vivacité de jeunesse, de prolonger en lui cette disposition passionnée; car il n'y a que la passion qui puisse l'aider à vaincre les difficultés qui s'opposeront à ce qu'il la mette en pratique. « Dites-lui, »dit-il à la reine:

« Que quand il sera devenu homme, il porte
» respect aux rêves de sa jeunesse; qu'il n'ouvre
» point son cœur, cette tendre et céleste fleur, à
» la raison tant vantée, à ce ver qui ronge et qui
» tue; qu'il ne se laisse point égarer quand la
» sagesse de la chair diffamera la sainte ardeur
» qui vient du ciel; je le lui ai dit autrefois. »

Il s'est ainsi formé entre les deux amis un projet enthousiaste d'amener la société humaine à l'état le plus heureux qu'elle puisse atteindre; et c'est sur ce projet enthousiaste, qui paraît être en conflit avec la passion, que roule tout le drame. Le problème était donc de présenter un prince qui fût capable de réaliser pour son siècle le plus noble idéal du bonheur social. Il ne s'agissait pas de former le prince pour ce but, car cela devait précéder de beaucoup l'action, et ne pouvait pas d'ailleurs être le sujet d'un ouvrage dramatique; il s'agissait encore moins de le montrer mettant la main à une telle œuvre, car cela aurait excédé les limites étroites de la tragédie. Le problème était seulement de montrer ce prince, de faire dominer en lui une disposition d'âme qui pût servir de base à une telle entreprise, et d'en élever la possibilité conditionnelle au plus haut degré de vraisemblance, sans s'inquiéter de savoir si la fortune ou le hasard viendraient lui donner une réalité effective.

~~~~~~~~~~~~~~~~~~~~~~~~~~~~~~~~~~~~~~

LETTRE IX.

Je vais entrer dans de plus grands détails à ce sujet.

Le jeune homme auquel nous avons destiné cette entreprise extraordinaire devait auparavant avoir dompté les passions qui auraient pu s'opposer à un tel projet; semblable à ce Romain, il devrait tenir sa main dans la flamme pour nous convaincre qu'il était homme à triompher de la douleur. Il fallait qu'il subît la terrible épreuve du feu et qu'il sût résister à ce feu. Car pour qu'il nous fût possible de lui promettre la victoire sur les obstacles extérieurs que devait trouver sur sa route son audacieux projet de réforme, il fallait que nous l'eussions vu lutter heureusement contre les ennemis intérieurs. C'est seulement après l'avoir vu dans l'âge des passions, dans la chaleur de la jeunesse, défier les tentations, que nous pouvions être assurés qu'elles seraient sans danger pour l'homme fait. Et quelle passion pouvait plus complètement me servir dans ce projet, que la plus puissante de toutes, l'amour?

Toutes les passions qui étaient à redouter dans l'intérêt du grand but auquel je le destinais sont, à une seule exception près, chassées de son cœur, ou n'y ont jamais été admises. Au milieu d'une cour corrompue et dissolue, il a conservé la pureté de la première innocence. Ce n'est ni son amour ni la force de ses principes, c'est son seul instinct moral qui l'a préservé.

« Long-temps avant l'arrivée d'Elisabeth, son » cœur avait été impénétrable aux aiguillons du » plaisir. »

Il laisse voir une innocence qui approche de la niaiserie à la princesse d'Eboli, lorsque, soit par passion, soit par projet, elle s'oublie complètement avec lui. Combien d'hommes, parmi ceux qui lisent cette scène, auraient bien plus tôt compris la princesse! Mon dessein a été de lui donner une telle pureté de cœur qu'aucune séduction ne pût le troubler. Le baiser qu'il donne à la princesse était, comme il le dit lui-même, le premier de sa vie, et cependant c'était assurément un baiser fort vertueux. Mais il eût triomphé même d'une plus adroite séduction; de là l'épisode entier de la princesse Eboli, dont toutes les coquetteries échouent devant un plus digne amour. Quand il aura à combattre un seul amour, la vertu le possédera tout entier, et il réussira à dompter aussi cet amour; telle est la marche de la pièce. Vous comprenez donc bien pourquoi le prince dovait être ainsi dessiné et point autrement; pourquoi la noble pureté de son caractère ne devait point être troublée même par tant d'impétuosité, même par une ardeur si vive; c'est une eau limpide, quoique agitée. Un cœur faible et bienveillant, l'enthousiasme du grand et du beau, de la délicatesse, du courage, de la fermeté, une générosité peu commune, voilà les qualités qu'il doit posséder; il doit montrer des éclairs brillans de génie; mais la sagesse doit lui manquer; il recèle en lui un grand homme pour l'avenir, mais un sang bouillant ne lui permet point de l'être encore. Tout ce qui fait les bons rois, tout ce qui peut répondre aux espérances de son ami et à l'attente des peuples impatiens, tout ce qui peut contribuer à réaliser l'idéal qu'il a conçu d'un gouvernement futur, tout cela doit se trouver dans son caractère, mais ne doit point y être encore développé, point dégagé de la passion, point encore parvenu à l'état d'un or pur. Ainsi il fallait le rapprocher successivement de cette perfection qu'il n'avait pas encore atteinte. Un caractère plus accompli eût rendu toute la pièce superflue. Vous concevez aussi pourquoi il était nécessaire de laisser une si grande place au caractère de Philippe et des hommes qui lui sont analogues. C'eût été une faute impardonnable que de faire de ces caractères seulement des machines pour nouer et délier une intrigue d'amour. Et vous voyez bien pourquoi la peinture de ce despotisme moral, politique et domestique, occupe tant d'espace. Mon dessein était spécialement de montrer dans ce drame un fondateur à venir du bonheur des hommes, rien n'était plus à propos que de placer auprès de lui un artisan de leur misère, et de relever le charme de ce contraste par le tableau complet et terrible du despotisme. Nous voyons le despote triste sur son trône, indigent au milieu de ses trésors; nous apprenons de sa bouche qu'il est seul parmi tant de millions de sujets, que les furies du soupçon chassent son sommeil, que ses créatures ne savent lui offrir que de l'or brûlant pour étancher sa soif. Nous le suivons dans son appartement solitaire; là nous voyons le maître de la moitié du globe implorer la présence d'un être humain; et lorsque le destin a contenté son vœu, comme un furieux il détruit lui-même ce trésor dont il n'était pas digne. Nous le voyons ne sachant pas même se servir des passions viles de ses esclaves. Devant nos yeux ils font mouvoir les fils au moyen desquels ils le dirigent comme un enfant, lui qui se figure être le moteur de toutes leurs actions. Lui, devant qui tremblent les habitans les plus reculés de l'univers, nous le voyons subir l'autorité humiliante d'un prêtre dominateur, et expier de lâches désordres par de honteuses pénitences. Nous le voyons se débattre contre la nature et l'humanité; trop vain pour reconnaître leur pouvoir, trop faible pour s'en dégager; privé de toutes leurs jouissances, mais soumis à toutes leurs faiblesses et à toutes leurs terreurs; séparé de ses semblables, et devenu quelque chose d'intermédiaire entre la création et le créateur; enfin, digne de notre compassion. Nous méprisons sa grandeur, mais nous nous apitoyons sur son erreur, parce que, tout dénaturé qu'il est, nous démêlons encore en lui les traits de l'homme qui montrent qu'il est un des nôtres, parce que ces restes de l'humanité sont pour lui un moyen de souffrir. Et plus nous nous sentirons repoussés par cette peinture terrible, plus nous serons ramenés vivement de ce tableau vers la douce humanité qui brille à nos yeux dans les figures de Carlos, de son ami, et de la reine.

Et maintenant, mon cher ami, envisagez la pièce sous ce nouveau jour. Ce qui vous avait paru des longueurs vous semblera peut-être à présent moins superflu; toutes les parties diverses viendront se fondre dans l'unité dont nous avons maintenant l'intelligence. Je pourrais suivre plus long-temps le fil que j'ai indiqué; mais il me suffit de vous avoir averti par quelques signes, et la pièce elle-même renferme à cet égard les meilleurs documens. Il est possible que, pour démêler l'idée principale, on soit obligé de se livrer à un examen plus réfléchi que n'en comporte la précipitation habituelle avec laquelle on parcourt ce genre de productions; cependant le but pour lequel l'artiste a travaillé doit se montrer atteint et accompli à la fin de l'ouvrage; la manière dont une tragédie se conclut indique quelle a dû être son intention: voyons donc en quels termes Carlos prend congé de la reine et de nous.

« J'ai fait un rêve long et pénible... J'ai aimé...
» maintenant je suis réveillé. Que le passé soit
» oublié! Voici vos lettres; détruisez les miennes.
» Ne craignez plus aucun emportement de moi.
» C'en est fait! un feu plus pur a éclairé mon
» âme...
» Je lui élèverai un mausolée tel qu'aucun roi
» n'en eut jamais... Sur sa *tombe fleurira le pa-*
» *radis.* »

LA REINE.

« C'est ainsi que je vous voulais. Telle a été la
» pensée de sa mort. »

~~~~~~~~~~~~~~~~~~~~~~~~~~~~~~~~~~

LETTRE X.

Je ne suis ni franc-maçon ni illuminé; mais si ces deux confréries ont un but moral, et que ce but ait de l'importance pour la société humaine, ce doit être le même que se proposait le marquis de Posa, ou au moins il doit en être fort rapproché. Ce que ceux-ci cherchent à accomplir par l'union mystérieuse de membres nombreux et actifs répandus sur la surface du monde, celui-là cherche à l'exécuter plus complètement et plus tôt au moyen d'un seul individu, au moyen d'un prince qui a l'expectative de monter sur le plus grand trône de l'univers, et qui, dans ce sublime dessein, sera façonné pour être capable d'une telle œuvre. Dans ce seul individu il fait régner un ordre d'idées et une manière de sentir dont toutes les actions bienfaisantes découleront comme une suite nécessaire. Beaucoup de gens trouveront que c'est là un sujet trop abstrait et trop sérieux pour un ouvrage dramatique; et s'ils ne s'attendent à rien autre chose qu'à la peinture d'une passion, leur attente sera sans doute trompée; mais je ne puis regarder comme tout-à-fait indigne d'approbation la tentative de transporter des vérités qui doivent être sacrées pour tous ceux qui ont de la bienveillance pour leurs semblables, du domaine de la conscience dans ce domaine des beaux arts, de les animer par l'éclat et la chaleur de les introduire comme motifs d'action dans le cœur de l'homme, et de les montrer combattant énergiquement avec les passions. Si le génie de la tragédie me désavoue pour avoir transgressé ses limites, ce ne sera pas une raison pour que quelques idées qui ne sont pas sans valeur et qui ont été déposées là soient perdues pour un penseur sincère; elles lui rappelleront son Montesquieu, et il sera agréablement surpris de les voir employées et confirmées dans une tragédie.

LETTRE XI.

Avant de me séparer pour toujours de notre ami Posa, je veux dire encore deux mots sur sa discrétion énigmatique envers le prince et sur sa mort.

Beaucoup de personnes le blâment de ce que lui, qui nourrit une si haute idée de la liberté, qui en a sans cesse le nom à la bouche, exerce cependant un arbitraire despotique sur son ami, le retienne dans une longue minorité, et le conduise en aveugle jusqu'au bord du précipice. Comment, dites-vous, pourra-t-on justifier le marquis de Posa de ce que, au lieu de raconter tout simplement au prince son entretien avec le roi, de lui dire où il en est maintenant avec le roi; au lieu de conférer raisonnablement avec lui des mesures à prendre; au lieu de prémunir le prince, à qui déjà il a confié tout son plan, contre les démarches précipitées où peuvent l'entraîner et l'entraînent en effet l'ignorance, la crainte, la méfiance et une ardeur irréfléchie: de ce que, au lieu de suivre cette route si naturelle, si irréprochable, il préfère courir le plus extrême danger, il préfère en attendre les suites si faciles à éviter; de ce que, lorsqu'elles sont en effet arrivées, il cherche à y remédier par un moyen dont le succès est douteux et qui est en lui-même rude et peu naturel, par l'arrestation du prince? Il connaissait le cœur docile de son ami. Le poète, un moment avant, avait donné une preuve de l'ascendant qu'il exerçait sur le prince. Deux mots lui auraient épargné cet ordre si opposé à son caractère. Pourquoi cherche-t-il sa ressource dans l'intrigue, lorsque par la droiture de conduite il avait un moyen incomparablement plus prompt, incomparablement plus sûr pour arriver à son but? Et comme à cette démarche violente et mal calculée du marquis se rattachent toutes les situations suivantes, et surtout son dévouement, on en conclut un peu vite que, pour obtenir cet avantage insuffisant, le poète a fait violence à la vérité du caractère et s'est détourné du cours naturel de l'action. Et sans doute parce que c'était le moyen le plus court et le plus convenable de s'expliquer cette démarche étrange du marquis, l'on n'a pas cherché dans tout l'ensemble de son caractère une explication plus naturelle. En effet, ce serait trop demander à un critique que de suspendre son arrêt, plutôt que de faire une supposition injurieuse à l'auteur. Mais je me crois quelques droits de réclamer justice à cet égard, puisque plus d'une fois, dans cette pièce, j'ai subordonné les plus brillantes situations à la vérité.

Le caractère du marquis de Posa aurait gagné en élévation et en pureté, s'il eût agi avec droiture, s'il fût toujours demeuré au-dessus des ignobles moyens de l'intrigue; cela est incontestable. J'avoue aussi que ce rôle m'eût ainsi convenu davantage; mais ce qui me convient avant tout, c'est la vérité. Or, je tiens comme véritable que l'amour pour un objet réel et l'amour pour un objet idéal, tout différens qu'ils sont dans leur principe, sont fort peu dissemblables dans leur action; que l'homme désintéressé, noble et pur, est, par la dépendance enthousiaste où le tient son type de vertu et de félicité à venir, exposé, aussi souvent que le despote égoïste, à disposer arbitrairement des individus. En effet, l'objet des efforts de l'un comme de l'autre est en eux-mêmes, et non pas hors d'eux-mêmes; celui qui règle sa conduite d'après un modèle intérieur de son esprit se trouve presque aussi souvent en conflit avec la liberté d'autrui que celui qui a pour dernier but son propre moi. La vraie grandeur d'âme ne conduit pas moins à l'anéantissement des libertés d'autrui que l'égoïsme ou l'ambition; car elle ne peut se borner à avoir pour seul moyen d'action la volonté d'un individu unique, pendant qu'elle agit dans la seule vue de l'ensemble des individus; tous les petits intérêts personnels sont facilement absorbés dans cette vaste perspective. La vertu procède en grand en l'honneur de ses lois; l'enthousiasme, en l'honneur de son idéal; et l'amour, en l'honneur de son objet. Dans la première classe, nous prendrons les législateurs, les magistrats, les rois; dans la seconde, les héros; mais c'est seulement dans la troisième que nous choisirons un ami. Nous honorerons les premiers, nous admirerons les seconds, nous aimerons le troisième. Carlos a eu sujet de se repentir d'avoir omis cette distinction et d'avoir voulu faire d'un grand homme son ami de cœur.

« Que t'importe la reine? aimes-tu la reine? Ton
» austère vertu doit-elle s'enquérir des petites sol-
» licitudes de mon amour?»

« . . . . . Hélas! il n'y a rien là de condam-

» nable, rien, rien que mon fol aveuglement;
» jusqu'à ce jour, je n'avais pas aperçu que tu
» avais autant de grandeur que de tendresse. »

L'enthousiasme du marquis agit sans bruit, sans auxiliaire, avec une grandeur calme. Muet comme la Providence, il veille pour celui qui dort; il veut résoudre le destin de son ami, il veut le sauver comme un dieu; et c'est par là même qu'il le conduit à l'abîme. Son idéal de vertu dirige ses regards trop haut, et il ne les abaisse pas assez sur son ami. C'est une double cause de ruine. Carlos succombe parce que son ami n'a pas su se contenter de le sauver par les voies communes.

Et par là, ce me semble, j'arrive à une conclusion qui n'est pas indigne d'attention, que je tire du monde moral, et qui ne peut pas être étrangère à quiconque s'est donné le temps de regarder autour de soi, ou d'observer la marche de ses propres sentiments. La voici : c'est que les motifs moraux pris dans un idéal de perfection trop difficile à atteindre, ne se trouvent pas naturellement dans le cœur humain; que même, comme c'est artificiellement qu'ils y ont été introduits, leur action n'y est pas toujours salutaire, et que par le cours naturel de l'humanité ils donnent lieu à de nuisibles abus. C'est par des règles pratiques, et non par les conceptions artificielles d'un esprit héroïque, que doit être dirigée la conduite de l'homme. Et par cela seul que cet idéal moral, cette construction de l'art, n'est rien qu'une idée, et conséquemment tient, comme toute autre idée, au point de vue restreint de l'individu qui l'a conçue ; qu'elle ne peut, à l'application, prendre cette généralité à laquelle l'homme a l'habitude de se conformer; par cela seul, dis-je, elle est entre ses mains un dangereux instrument. Mais elle deviendra plus dangereuse encore par l'union qu'elle ne contracte que trop vite avec certaines passions plus ou moins habituelles au cœur de tous les hommes; je veux dire l'ambition, l'amour-propre et l'orgueil, qui s'en emparent sur-le-champ et s'unissent avec elle indissolublement. Dites-moi, mon cher ami, pour prendre un exemple parmi d'innombrables exemples, si les ordres religieux, si les associations fraternelles, malgré la pureté du but, malgré la noblesse de l'impulsion, ont su toujours se conserver pures de l'arbitraire dans leur conduite, de la violence exercée sur les libertés d'autrui, de l'esprit de mystère et de domination; dites-moi si en poursuivant un but moral, affranchi de tout mélange impur; si, en supposant à ce but une existence propre et réelle; si en voulant l'atteindre dans toute la pureté avec laquelle il s'est offert à la raison, ces confréries n'ont pas été insensiblement entraînées à attenter à la liberté d'autrui, à dédaigner le respect des droits de chacun, qui auparavant leur semblaient sacrés, et n'ont pas sans cesse employé le despotisme le plus arbitraire, et tout cela sans changer de but, sans souffrir la moindre altération dans leurs motifs? Je m'explique ce phénomène par la misère de notre raison et ses limites étroites;

elle veut abréger sa route, simplifier sa tâche, et confondre dans la masse générale les individualités qui lui font obstacle ou embarras; je me l'explique par ce penchant général de notre esprit à la domination, et par l'effort que nous faisons pour écarter tout ce qui s'oppose à l'action de nos forces. En conséquence, j'ai fait choix d'un caractère tout-à-fait accompli, tout-à-fait élevé au dessus de toute vue personnelle ; je lui ai donné le plus profond respect pour les droits d'autrui; je lui ai donné comme but spécial la propagation de la liberté universelle; et je crois ne pas me trouver en contradiction avec l'expérience commune, en montrant que dans cette route même il s'égare vers le despotisme. Il entrait dans mon plan qu'il se prît à ce piège, tendu à tous ceux qui suivent la même route que lui. Que m'en eût-il coûté de la lui faire parcourir sans encombre et de donner au lecteur, qu'on se serait rendu favorable, la jouissance sans mélange de toutes les beautés de ce caractère? Mais j'avais à rechercher un avantage incomparablement plus grand ; je voulais demeurer conforme aux lois de la nature, et confirmer par cet exemple une expérience qui ne sera jamais trop convaincante Je voulais montrer que ce n'est jamais sans danger que dans les choses morales on s'éloigne des sentiments naturels et pratiques, pour s'élever à des généralités et à des abstractions ; je voulais montrer que l'homme doit se confier aux inspirations de son cœur, et à celles de ce sentiment individuel et toujours subsistant, du juste et de l'injuste, avec bien plus de sécurité qu'à la dangereuse direction des idées universelles et raisonnées qu'il s'est artificiellement créées; car rien ne peut conduire à bien ce qui n'est pas naturel.

LETTRE XII.

Il me reste encore deux mots à dire sur son dévouement.

On l'a surtout blâmé de se précipiter volontairement dans une mort violente qu'il pouvait éviter. Tout n'était pas encore perdu, dit-on. Pourquoi n'aurait-il pas eu recours à la fuite, comme son ami? Était-il donc veillé de plus près que lui? son amitié même pour Carlos ne lui faisait-elle pas un devoir de se conserver pour lui? et ne pouvait-il pas lui être plus utile par sa vie que par sa mort, même en supposant que tout eût réussi d'après son plan? ne pouvait-il pas?... Sans doute. Que n'eût-il pas fait s'il eût été un calme observateur! et combien il eût été plus sage et plus prudent d'épargner sa vie! C'est dommage que le marquis n'ait pas joui du sang-froid et du loisir qui étaient nécessaires pour faire un calcul si raisonnable. Mais, dira-t-on, si ce moyen forcé et presque subtil de se livrer à la mort a pu, par impossible, s'offrir librement et au premier instant à son esprit, pourquoi le temps et la réflexion qu'il consacre à ce projet ne s'appliquent-ils pas tout aussi bien à méditer un plan plus raisonnable, ou encore mieux à adopter celui qui doit se présenter si naturellement à lui, qu'il saute aux yeux du lecteur le moins clairvoyant? S'il ne voulait pas mourir pour mourir, ou, comme s'exprime un de mes critiques, mourir pour l'amour du martyre, on ne comprendrait pas comment un moyen si recherché de succomber se présente à lui plutôt qu'un moyen si naturel de réussir. Ces reproches sont *spécieux, et ils en sont d'autant plus dignes d'être examinés particulièrement*.

Voici la solution :

Premièrement, ce reproche se fonde sur la supposition fausse et suffisamment réfutée par ce qui précède, que le marquis meurt par son ami; ce qui ne peut plus être admis depuis qu'on a prouvé qu'il ne vivait pas pour lui, et que cette amitié concourt avec une toute autre circonstance. Il pourrait ne pas mourir pour sauver le prince! s'il s'agissait de cela, vraisemblablement il se serait présenté à lui plus d'un moyen autre et moins violent que la mort. Mais il meurt pour faire et donner en faveur de cet idéal qu'il a déposé au cœur du prince tout ce qu'un homme peut faire et donner en faveur de ce qui lui est le plus cher. Il meurt pour lui montrer, par l'impression la plus forte qu'il soit en son pouvoir de produire, combien il croit à la beauté et à la vérité de son projet, et combien l'accomplissement en est important pour lui. Il est mort comme plusieurs grands hommes sont morts, pour une vérité qu'ils voulaient faire adopter et suivre par la multitude, pour établir par son exemple combien elle méritait qu'on souffrît tout pour elle. Quand le législateur de Sparte eut accompli son œuvre, et que l'oracle de Delphes eut donné pour réponse que la république serait durable et florissante aussi long-temps qu'elle respecterait les lois de Lycurgue, il assembla le peuple de Sparte et exigea de lui, par serment, qu'il laisserait intactes les nouvelles institutions jusqu'au moment où il reviendrait d'un voyage qu'il allait entreprendre. Lorsque cela lui eut été promis par un serment solennel, Lycurgue abandonna le territoire de Sparte, se laissa de ce moment mourir de faim, et la république attendit en vain son retour. Avant sa mort il ordonna expressément que sa cendre même fût jetée dans la mer, afin que pas un atome de lui ne pût retourner à Sparte, et ne donnât ainsi à ses concitoyens une apparence de droit à se dégager de leur serment. Lycurgue avait-il pu croire sérieusement qu'il enchaînerait le peuple de Lacédémone par cette subtilité, et que ses institutions politiques seraient assurées par cet escamotage? est-il à croire qu'un homme si sage ait, pour un expédient si romanesque, sacrifié une vie si utile à sa patrie? Il me paraît plus présumable et plus digne de lui qu'il la sacrifia pour laisser dans le cœur de ses Spartiates une impression ineffaçable de lui par la grandeur et l'extraordinaire de cette mort, et pour répandre sur son œuvre une dignité sublime, en faisant du fondateur un objet d'admiration et d'attendrissement.

Secondement, il ne s'agit point ici, comme on s'en apercevra facilement, d'examiner si cet expédient était naturel, était nécessaire, était utile; s'il a dû se présenter à celui qui l'a adopté, et s'il a dû s'accomplir facilement ou difficilement. C'est bien moins le matériel des choses que la disposition d'esprit de celui sur qui les choses agissent, qui est à considérer. Les idées qui conduisent le marquis à cette résolution héroïque lui sont habituelles, et s'offrent à lui sans effort et avec vivacité; ainsi, pour lui, cette résolution n'a rien de recherché ni de forcé; ces idées sont dominantes et pressantes dans son âme, et repoussent dans l'ombre celles qui pourraient l'amener à un projet plus doux; en ce sens, la résolution qu'il prend est nécessaire; les sentiments qui pourraient combattre en lui cette résolution ont peu de pouvoir sur son cœur; ainsi l'accomplissement ne doit pas lui coûter beaucoup, et c'est là ce que nous devons examiner.

D'abord dans quelles circonstances se porte-t-il à cette résolution? Dans la situation la plus déchirante où un homme puisse se trouver quand son âme est assaillie d'effroi, de doute, de mécontentement de lui-même, de douleur et de désespoir. D'effroi : il voit son ami sur le point de dévoiler un secret dont sa vie dépend à la plus terrible ennemie qu'il lui connaisse. De doute : il ignore si ce secret vient d'être ou de n'être pas révélé. Si la princesse le sait déjà, il doit agir envers elle en conséquence; si elle ne le sait pas encore, il peut, par une seule syllabe, devenir le dénonciateur, le meurtrier de son ami. De mécontentement de lui-même : c'est lui seul qui, par sa malheureuse discrétion, pousse le prince à cette démarche irréfléchie. De douleur et de désespoir : il voit son ami perdu; il voit perdues avec son ami toutes les espérances qu'il avait fondées sur lui.

« Abandonné de ton unique ami, tu te jettes
» dans les bras de la princesse Éboli; malheu-
» reux! dans les bras de l'enfer! car c'était elle
» qui t'avait trahi. Je te vois courir à elle; un
» triste pressentiment traverse mon cœur; je te
» suis, trop tard! tu étais à ses pieds... l'aveu
» était déjà sur tes lèvres... plus de salut pour
» toi. Alors mes sens se troublent; rien! rien!
» aucune issue! aucun remède! aucun dans toute
» la nature! »

Dans cet instant où son âme est assaillie de tant d'émotions diverses, ne doit-il pas, sur-le-champ, songer à un moyen de salut pour son ami? Quel sera-t-il? Il a perdu la rectitude et la force de son jugement, et conséquemment le fil des événemens, qu'une tranquille raison est seule en état de ne point laisser échapper; il n'est plus le maître de la succession de ses idées, il est donc sous l'empire de celles qui ont acquis en lui le plus d'éclat et d'activité.

Et de quelle nature sont ses pensées? qui ne s'aperçoit pas que dans tout l'ensemble de la vie de Posa, comme nous en jugeons par nos yeux dans cette pièce, son imagination est remplie et traversée par les fantômes d'une grandeur romanesque; que les héros de Plutarque vivent dans son âme, et qu'entre deux moyens ce sera toujours le plus héroïque qui se présentera à lui le premier et avec le plus de faveur? Son premier entretien avec le roi ne nous a-t-il pas montré combien cet homme était en disposition de tout hasarder pour ce qui lui paraissait beau et bon? N'est-il pas encore naturel que le mécontentement de lui-même qu'il éprouve en ce moment lui fasse rechercher d'abord parmi les moyens de salut celui qui doit lui coûter? qu'il se croie en quelque sorte obligé par la justice d'acheter à ses dépens le salut de son ami, puisque c'est son irréflexion qui l'a précipité dans ce danger? Considérez qu'il ne saurait se hâter trop de s'arracher à cet état de souffrance, de retrouver la libre jouissance de lui-même et son empire sur ses propres sentiments. Un esprit de cette sorte, vous me l'avouerez, cherche son recours, non hors de soi, mais en soi; et si l'homme qui ne serait que sage songe d'abord à examiner sous toutes les faces la situation où il se trouve, jusqu'à ce qu'enfin il ait pris son avantage; au contraire, il est tout-à-fait dans le caractère d'un héroïque enthousiaste de prendre le chemin le plus court, de reconquérir l'estime de lui-même par une action extraordinaire, par une exaltation instantanée de son âme. Ainsi la résolution du marquis serait en quelque sorte explicable, même comme un palliatif héroïque par lequel il cherche à s'arracher de ce sentiment momentané de stupeur et d'abattement; disposition si cruelle pour un esprit de cette sorte. Ajoutez encore à cela que déjà, depuis sa première enfance, déjà depuis le jour où Carlos se soumit volontairement à subir pour lui un douloureux châtiment, le désir de reconnaître cette action généreuse trouble son âme, le tourmente comme une dette non acquittée, et ne doit pas peu ajouter au poids des motifs que nous avons exposés. Que ce souvenir ait puissamment agi sur lui, c'est ce que prouve un passage où il le rappelle involontairement. Carlos le presse de fuir sans attendre les suites de son action téméraire : « Étais-je aussi scrupuleux, Carlos, lui réponds-il, lorsque ton sang coula pour moi dans notre enfance? » La reine, entraînée par sa douleur, lui reproche expressément d'avoir déjà depuis long-temps conçu cette résolution.

« Vous vous êtes précipité dans cette action qui vous a paru sublime. Vous ne pouvez le nier; je vous connais; vous en aviez soif depuis long-temps. »

Enfin je n'absoudrai point le marquis du reproche d'exaltation. L'exaltation et l'enthousiasme se touchent de si près, leur limite est si étroite, que, dans la chaleur d'une disposition passionnée, il est facile de la franchir, et le marquis n'a qu'un instant pour faire son choix. La situation d'esprit dans laquelle il se résout à cette démarche le contraint aussi à faire un pas irréparable vers son accomplissement; il ne lui est pas loisible d'examiner de nouveau sa détermination dans une autre disposition d'âme et avant de la mettre à exécution. Qui sait s'il n'en eût pas en ce cas pris une autre? Il est, en effet, dans une autre disposition d'âme quand il se sépare de la reine en s'écriant : « Ah! la vie est belle, cependant! » Mais c'est trop tard qu'il fait cette découverte. Il s'enveloppe dans la grandeur de son action pour n'en éprouver aucun remords.

FIN DES LETTRES SUR DON CARLOS.

PLAN ET FRAGMENS

DES CHEVALIERS DE MALTE,

PIÈCE DE THÉATRE TROUVÉE DANS LES PAPIERS DE SCHILLER.

PRÉFACE.

Malte est assiégée par toutes les forces de Soliman, qui a juré la destruction de l'Ordre. Mustapha et Pialy, généraux de l'armée turque, sont réunis avec les corsaires Dragut et Ullucciali, et avec les Algériens Hassem et Candelisse. La flotte des Turcs bloque les deux ports, et l'on ne peut, sans livrer bataille, introduire aucun secours dans l'île. Les ennemis ont investi le fort Saint-Elme, et ont déjà obtenu de grands avantages. La possession de ce fort les rendrait maîtres des deux ports, et en état de s'emparer de Saint-Ange, de Saint-Michel, et du Bourg : c'est dans ces diverses positions que sont renfermées toutes les forces de l'Ordre.

La Valette est grand-maître de Malte. Il s'attendait à l'entreprise des Turcs et a fait ses préparatifs. Les chevaliers ont tous été rappelés dans l'île et y sont en grand nombre. En outre il s'y trouve environ dix mille soldats; on ne manque ni de munitions de guerre ni de vivres, et les fortifications sont en bon état. On compte aussi sur un renfort envoyé de Sicile, car sans cela les ennemis sont si nombreux et si persévérans, qu'ils ruineraient les ouvrages et détruiraient peu à peu les garnisons.

La Valette a toutes sortes de motifs pour compter sur ce secours de Sicile; car si Malte succombait, les états du roi d'Espagne se trouveraient dans le plus grand danger. Philippe II lui a promis toute son assistance, et a donné des ordres en conséquence à son vice-roi en Sicile. Une flotte est équipée dans les ports de cette île. Beaucoup de chevaliers et de gens de guerre y sont accourus pour se faire débarquer à Malte. Les chargés d'affaires du grand-maître se sont fort empressés auprès du vice-roi espagnol pour hâter le départ de cette flotte.

Mais la politique espagnole est beaucoup trop égoïste pour tenter quelque chose de grand en faveur de cette noble cause. La puissance des Turcs épouvante les Espagnols, et ils cherchent à gagner du temps en attendant que cet ennemi s'affaiblisse. Ils espèrent que ce résultat sera amené par la résistance de l'Ordre et la vaillance de ses chevaliers, et ils attendent ou que le siége soit levé, ou que la victoire soit devenue facile. Si l'Ordre voit par là ses forces déchoir, cela leur est fort indifférent. Mais il ne faut pas qu'il succombe entièrement ; le vice-roi de Sicile promet donc toujours, mais les effets ne suivent pas ses promesses.

Pendant ce temps-là le fort Saint-Elme est pressé de plus en plus vivement par les ennemis. Le peu de surface de cette place, où l'on ne peut élever des ouvrages défensifs, la rend peu tenable par elle-même, et la garnison n'est pas nombreuse. Les Turcs ont déjà emporté quelques-uns des ouvrages avancés. Leur artillerie domine la muraille, et ils ont déjà fait une brèche praticable. La garnison n'est donc plus défendue par les fortifications, et son courage même la met en proie à l'artillerie ennemie.

Dans ces circonstances, les chevaliers auxquels ce poste est confié supplient le grand-maître de se retirer dans un lieu tenable, car il n'y a plus d'espérance de défendre Saint-Elme. En même temps les autres chevaliers font représenter au grand-maître qu'il sacrifie inutilement la garnison de Saint-Elme, qu'il n'est point à propos de détruire ainsi peu à peu les forces de l'Ordre pour défendre une place intenable, et qu'il vaut mieux concentrer toutes les forces au chef-lieu.

Ces motifs sont spécieux ; mais le grand-maître pense d'autre sorte. Quand même il serait convaincu que Saint-Elme ne peut se défendre, tout en gémissant douloureusement sur le sort des chevaliers qui y seraient sacrifiés, deux motifs lui feraient encore mettre un grand prix à cette place : le premier, c'est qu'il faut conserver Saint-Elme aussi long-temps que possible, pour donner aux renforts de Sicile le temps d'arriver; car si ce fort tombe dans les mains de l'ennemi, il pourra fermer les deux ports ; le débarquement alors deviendrait difficile, et les Espagnols, comme ils en ont menacé, pourraient se retirer. Le second, c'est que la force morale et physique des Turcs s'affaiblirait s'ils étaient obligés de donner l'assaut au fort Saint-Elme. La perte qu'ils éprouveraient dans cette entreprise leur rendrait plus difficile l'attaque du chef-lieu ; un tel exemple de résistance désespérée leur donnerait une haute idée du courage des chrétiens, commencerait à leur donner des doutes sur la certitude de la victoire, et les rendrait moins disposés à de nouvelles attaques.

Le grand-maître a donc de puissans motifs pour sacrifier une partie de ses chevaliers au bien de tous. Une telle résolution n'a rien de contraire aux statuts de l'Ordre, d'après lesquels chaque chevalier a contracté l'engagement de donner aveuglément sa vie pour la religion. Mais il faut le pur esprit de l'Ordre pour se résigner à une loi si sévère ; car de telles actions doivent provenir du sentiment intérieur, et non pas être contraintes par une force extérieure.

Mais ce pur esprit de l'Ordre, qui serait si nécessaire dans un tel moment, n'existe plus. Les chevaliers sont vaillans et hardis, mais ils le sont d'après leur propre volonté, et non point par une résignation aveugle aux lois de l'Ordre. La circonstance exigerait des âmes selon Dieu, et leurs âmes sont selon le monde. Ils ont dégénéré de l'esprit de leur primitive institution; ils aiment autre chose que leurs devoirs. Ce sont bien des héros, mais non point des héros chrétiens. L'amour, la richesse, l'ambition, l'orgueil national et tous les ressorts de cette nature, agissent sur leurs cœurs.

Tous ces désordres étaient à leur comble au moment où le siége a commencé. Beaucoup de chevaliers s'abandonnaient ouvertement à leurs passions, s'imaginant que la guerre et ses dangers favoriseraient encore plus la liberté! La Valette, soit parce qu'il avait une manière libérale de penser, soit parce qu'il ne se sentait pas affranchi lui-même de tout penchant humain, avait jusque là montré beaucoup d'indulgence ; mais il voit maintenant qu'il est absolument nécessaire de rendre à l'Ordre sa première pureté, et de le créer pour ainsi dire de nouveau.

FRAGMENS D'UNE PREMIÈRE SCÈNE.

Une grande salle ouverte au fond; on aperçoit le port.

ROMÉGAS *et* BIRON *se disputent une esclave grecque. Celui-ci s'en est emparé ; l'autre veut la prendre.*

ROMÉGAS.
Arrête, téméraire ! Tu me prends une esclave que j'ai enlevée et que je déclare m'appartenir!

BIRON.
Je lui rends la liberté. Elle choisira celui qu'elle aimera mieux suivre.

ROMÉGAS.
Elle est à moi par le droit et l'usage de la guerre : je l'ai prise sur le navire d'un corsaire.

BIRON.
Les rudes pratiques d'un corsaire sont honteuses pour celui qui sait plaire à un cœur libre.

ROMÉGAS.
La beauté des femmes est le prix du courage.

BIRON.
L'honneur des femmes est sous la protection des chevaliers.

ROMÉGAS.
Va défendre Saint-Elme; c'est là qu'est ta place.

BIRON.
On combat à Saint-Elme, et ici on reçoit la récompense du courage.

ROMÉGAS.
Il y a bien moins de danger à ravir ici des femmes, qu'à résister là-bas courageusement aux Turcs.

BIRON.
Il est facile, à l'ombre d'un cloître, de parler des combats meurtriers qui se passent sur la brèche.

ROMÉGAS.
Obéis à tes chefs ! retourne à ton poste.

BIRON.
Tu commandes sur la flotte, mais pas ici.

ROMÉGAS.
Respecte la grand'croix que je porte sur ma poitrine.

BIRON.
La simple croix que voici couvre un noble cœur.

ROMÉGAS.
La langue de Provence est arrogante.

BIRON.
Son glaive est encore plus tranchant.

ROMÉGAS.
. . . .

DES CHEVALIERS, *survenant.*
L'Espagnol a raison. L'arrogance du Provençal doit être châtiée.

D'AUTRES CHEVALIERS, *arrivant d'un autre côté.*
Trois épées contre une ! Au secours ! au secours ! trois épées contre une ! Tombons sur les Castillans ! Courage, noble frère ! toute la langue Provence va te secourir.

DES CHEVALIERS.
A bas les Provençaux !

LES AUTRES CHEVALIERS.
A bas les Espagnols!

Beaucoup de chevaliers arrivent des deux côtés. Le chœur survient et sépare les combattans : il est formé de seize chevaliers prêtres vêtus du grand habit de l'Ordre, qui arrivent sur deux rangs et entourent les combattans. Le chœur blâme les chevaliers de s'être ainsi défiés outrageusement. Peinture des dangers et des malheurs qui menacent l'Ordre, soit du dehors, soit dans son propre sein. Confiance des chevaliers dans le secours qui doit leur arriver de Sicile.

La Valette paraît avec Miranda, envoyé de Sicile. Le grand-maître annonce aux chevaliers qu'ils ne doivent compter sur aucune assistance terrestre, et qu'il leur faut se confier au ciel seulement et à leur courage. Miranda déclare qu'il ne faut rien espérer des Espagnols, à moins que Saint-Elme ne continue à tenir; et que si lorsque la flotte de Sicile paraîtra, le fort est tombé aux mains des Turcs, elle s'en retournera. Murmure des chevaliers contre la politique espagnole. Miranda se détermine à rester volontairement dans l'île, et à partager le sort de l'Ordre.

Un vieil esclave chrétien est conduit au grand-maître par le chevalier Montalte. Il est envoyé par les généraux turcs, sous prétexte d'entamer une négociation relative au fort Saint-Elme; mais en effet pour lier une correspondance avec un traître. Le grand-maître ne veut entendre à aucune relation entre les chevaliers et les infidèles, et il menace de faire mettre à mort à l'avenir tous les hérauts qu'on enverra. On accorde à l'esclave chrétien, qui déplore la cruauté de son sort, la permission de rester à Malte en liberté. Il préfère retourner en captivité, parce qu'il est convaincu que Malte ne peut pas tenir. Avant de partir, il laisse échapper quelques mots sur la trahison.

Arrivent deux envoyés de la garnison de Saint-Elme. Cette garnison n'est pas au choix du grand-maître, et il résulte des statuts qu'elle est désignée presque sans sa participation. Un jeune chevalier de vingt ans, du nom de Saint-Priest, qui est chéri de tous, et que le grand-maître distingue particulièrement, fait partie des défenseurs de Saint-Elme. Il rappelle, par sa grâce, sa valeur, le Renaud de la Jérusalem délivrée. Il est la terreur des Turcs; aussi désire-t-on qu'il soit, plus que tout autre, épargné par le sort des combats. Mais au milieu de la mort et des dangers il semble invulnérable; il semble que son regard fasse tomber les armes des mains des ennemis, ou que la milice des anges veille sur lui. Créqui, autre jeune chevalier du plus brillant courage, lui est uni par un sentiment noble et passionné. Les envoyés peignent la situation de Saint-Elme, les progrès de l'ennemi, l'impossibilité de la défense, et demandent que la garnison soit retirée pour être placée dans un autre poste. Les jeunes chevaliers, et Créqui surtout, insistent avec instance sur cette demande; mais le grand-maître refuse. Il montre combien il prend part au sort funeste de la garnison : cependant il déclare avec une fermeté sévère que Saint-Elme doit être défendu, ensuite il s'éloigne avec les vieux chevaliers.

Murmures des jeunes chevaliers contre le grand-maître. Créqui s'informe avec anxiété de Saint-Priest, et apprend des envoyés à quels dangers il a été exposé. Montalte revient après avoir ramené l'esclave chrétien, et entretient le mécontentement contre le grand-maître, en insistant méchamment sur son obstination et son despotisme.

Les mécontens s'éloignent, le chœur revient; il gémit sur le destin de l'Ordre et sur l'injustice de l'opinion envers le grand-maître, dont il loue le mérite. Souvenirs de l'histoire de l'Ordre.

La Valette; le chœur. Le grand maître ne se montre plus au-dessus de l'humanité. Il craint de ne pas avoir la force nécessaire pour résister à de telles circonstances. Le sacrifice des vaillans défenseurs de Saint-Elme l'abîme de douleur. Il s'afflige aussi sur les désordres introduits parmi les chevaliers. Le chœur lui fait remarquer les suites de son indulgence, et lui rappelle le combat pour l'esclave grecque. La Valette avoue ses torts. Il tentera toutes choses pour opérer une réforme complète dans l'Ordre. Il a déjà fait relâcher cette esclave.

Romégas, Biron et les précédens. Les deux chevaliers se plaignent de la liberté donnée à l'esclave grecque. La Valette rappelle aux chevaliers leurs vœux. Ils soutiennent que les circonstances actuelles leur donnent des droits à l'indulgence. Leur nature indomptable se manifeste, et dans ce moment d'extrême danger ne connaît plus de bornes. Ils veulent jouir de l'instant présent, quand ils ne savent pas s'ils seront maîtres de celui qui va suivre. Les hommes vaillans, lorsqu'on a besoin d'eux, se croient autorisés à braver toutes les lois. Le grand-maître leur parle avec une autorité sévère et s'éloigne.

Romégas et Biron, aigris au dernier degré, s'unissent contre le grand-maître. Romégas était déjà son ennemi depuis long-temps.

Créqui revient et parle sans nul ménagement de la dureté du grand maître. La conversation est interrompue par Montalte, qui annonce de nouveaux envoyés de Saint-Elme. La position du fort est devenue plus déplorable encore. Les Turcs se sont emparés d'un ouvrage avancé très-important. La garnison insiste encore une fois pour qu'il lui soit permis de se retirer, sinon elle ira dans une sortie chercher un trépas assuré. Parmi les envoyés est Saint-Priest. On a espéré qu'il toucherait le grand-maître. La Valette refuse de leur parler. Cette dureté inflexible soulève les chevaliers encore davantage, d'autant plus qu'elle est une preuve de sa faiblesse, et qu'il ne s'est pas fié assez à sa propre fermeté pour voir dans une telle occasion un jeune homme qui lui tient de si près. Saint-Priest est son fils naturel; mais c'est ce que personne ne sait, excepté La Valette lui-même.

Les envoyés entrent accompagnés de beaucoup de chevaliers qui s'expliquent hautement sur leur malveillance pour le grand-maître. Saint-Priest est calme, mais Créqui s'abandonne aux transports les plus passionnés. Romégas et Byron l'encouragent. Montalte profite du moment pour soulever les chevaliers contre le grand-maître. Vainement le chœur les rappelle avec force à leur devoir. Il se forme une ligue redoutable contre le grand-maître.

La Valette donne à l'ingénieur Castriotto l'ordre d'examiner la situation de Saint-Elme.

Le grand-maître a des soupçons sur Montalte et le fait surveiller de près. Il lui parle en particulier, et lui donne avec douceur de salutaires avis, mais sans résultat. Montalte nie tout avec impudence et obstination ; il se fie à son grade de commandeur.

Après qu'il s'est retiré, Saint-Priest paraît devant La Valette. Le jeune homme n'est point de la même opinion que les autres envoyés de Saint-Elme. Il ne désire pas être retiré du fort, et vient, avec franchise et avec une confiance filiale, découvrir au grand-maître la révolte des chevaliers. La Valette a de la peine à cacher son émotion. Il parle encore à Saint-Priest comme grand-maître, et lui donne ses ordres. Enthousiasme du jeune homme pour son devoir et pour la personne du *grand-maître.*

Romégas, Biron, Créqui, et plusieurs de leurs partisans, arrivent. Ils commencent par faire les représentations les plus vives relativement à la garnison de Saint-Elme ; et, sur le refus du grand-maître, ils prennent tout-à-fait le ton de la révolte. Créqui surtout passe toute mesure. La Valette, lorsqu'on lui reproche d'amener par son obstination la ruine de l'Ordre, répond que l'Ordre est déjà détruit; qu'en ce moment il n'existe plus ; que ce n'est point par la puissance des ennemis, mais par ses désordres intérieurs. Il s'éloigne avec dignité, et commande aux chevaliers d'attendre ses ordres.

Les chevaliers sont ébranlés par les derniers mots du grand-maître, et quelques-uns d'entre eux commencent à apercevoir leurs torts. Un chevalier apporte la nouvelle que, nonobstant la défense sous peine de mort que La Valette avait faite de recevoir des envoyés ennemis, un renégat s'est introduit, chargé d'une mission des généraux de l'armée turque. On a trouvé sur le registre des lettres où de très-grandes promesses étaient faites à Montalte. Montalte a passé aux ennemis. Les chevaliers rappellent que c'est lui qui avait surtout excité le plus d'amertume contre le grand-maître.

Miranda, l'envoyé espagnol, après lui les plus jeunes des chevaliers, et enfin le chœur, entrent armés. Le grand-maître les suit avec Castriotto. L'ingénieur reçoit l'ordre, devant tous les assistans, de faire son rapport sur la situation de Saint-Elme. Il soutient qu'il est encore possible pour quelque temps de défendre les ouvrages de Saint-Elme. Alors le grand-maître demande aux plus jeunes et aux plus vieux des chevaliers, au chœur et à Miranda, s'ils veulent, sous son commandement, entreprendre cette défense. Tous y sont prêts, et le grand-maître, maintenant, consent à la retraite de la garnison de Saint-Elme. Il congédie les chevaliers révoltés, et ordonne au seul Romégas de demeurer.

La Valette lui parle comme un mourant qui exprime ses dernières volontés. Il souhaite que Romégas, qui a précipité l'Ordre à sa ruine, soit en état de le sauver. Il l'a choisi pour son successeur, et s'est assuré pour lui des voix les plus influentes. Romégas, élevé à la position d'un prince, qu'il saura remplir, reconnaîtra l'indignité de sa conduite précédente. Pénétré de honte par la grandeur d'âme d'un homme qu'il avait méconnu, il s'éloigne, dans l'intention de montrer par les faits qu'il était digne d'une telle confiance.

Saint-Priest paraît pour prendre congé du grand-maître. La Valette est extrêmement ému. Il lui révèle qu'il est son père, lui donne sa bénédiction, et lui dit qu'il va aller chercher la mort avec lui à Saint-Elme. Le chœur est présent.

Romégas revient avec les chevaliers révoltés et les envoyés de Saint-Elme. Tous se repentent de leur erreur, et chacun est prêt à se sacrifier dans Saint-Elme pour le salut de l'Ordre. Le chœur fait rougir encore plus les chevaliers de leur conduite, il leur apprend que Saint-Priest est fils du grand-maître, et qu'il vient de le dévouer à la mort. La Valette se refuse d'abord à renoncer à sa première résolution, jusqu'à ce qu'enfin il soit convaincu qu'un changement complet s'est opéré dans l'âme des chevaliers. Il consent à ce que les chevaliers de Saint-Elme continuent à occuper ce poste, et obéit au devoir et à la nécessité qui lui prescrivent de se conserver pour le salut de l'Ordre. Tous se pressent autour de lui et le conjurent de ne pas se séparer de son fils. Chacun est disposé à prendre la place de ce vertueux jeune homme. Saint-Priest résiste et demeure inflexible. Il est animé du plus sublime enthousiasme. La Valette ne veut non plus avoir égard à aucune considération personnelle. Saint-Priest prend congé du grand-maître et de Créqui.

Le chœur, resté seul, célèbre du ton le plus noble tout ce qu'il y a de plus grand, de plus élevé parmi les hommes, le devoir, la chevalerie, la religion.

Nouvelles de Saint-Elme. — On donne l'assaut au fort. Créqui s'est enfui à Saint-Elme pour mourir avec son ami. La Valette entre dans une extrême douleur, mais avec une mâle fermeté. Il a le sentiment profond du sacrifice qu'il a fait.

Saint-Elme est pris. Un Grec, du nom de Lascaris et de cette famille qui avait occupé le trône

Impérial de Byzance, s'est échappé au péril de sa vie de l'armée turque, où il occupait un poste éminent. Plein d'admiration pour l'héroïsme des chevaliers, il vient à eux, et retrouve dans son cœur les premières impressions que la religion avait faites sur lui. Il fait un récit détaillé des actions prodigieuses de la garnison de Saint-Elme, et des grandes pertes que les Turcs ont endurées; de leur stupéfaction lorsqu'ils ont vu l'état de la forteresse et le petit nombre de ses défenseurs; du grand affaiblissement que les ennemis vont éprouver par la mort de leurs généraux les plus considérables et les plus expérimentés, Dragut et Pripoli, qui ont péri dans ce siége. — Il n'y a plus rien à craindre de la trahison de Montalte; il a été atteint par Saint-Priest pendant l'assaut, et son crime a trouvé sa récompense.

Le corps de Saint-Priest a été rejeté par les flots. Il est porté par les chevaliers, qui l'environnent dans une muette douleur. La Valette s'élève encore au-dessus de lui-même. Il célèbre la destinée sublime de son glorieux fils. Il voit ses enfans dans tous les chevaliers, et se fie à la force de l'Ordre, qui maintenant est entière et sans mélange. Ce grand sacrifice est un gage assuré de la victoire, comme la mort de Léonidas fut le gage de la défaite des Perses. — L'événement a justifié cette conviction.

FIN DU PLAN DES CHEVALIERS DE MALTE.

PLAN ET FRAGMENS

D'UNE PIÈCE DE THÉATRE INTITULÉE

WARBECK,

TROUVÉS DANS LES PAPIERS DE SCHILLER.

PERSONNAGES.

MARGUERITE D'YORK, duchesse de Bourgogne.
ADÉLAIDE, princesse de Bretagne.
ÉRIC, prince de Gothland.
WARBECK, supposé Richard, duc d'York.
SIMNEL, supposé Édouard, prince de Clarence.
ÉDOUARD PLANTAGENET, vrai prince de Clarence.
LE COMTE HEREFORD, seigneur anglais émigré.

PERSONNAGES.

SES CINQ FILS.
SIR WILLIAM STANLEY, envoyé de Henri VII, roi d'Angleterre.
LE COMTE KILDARE.
BELMONT, évêque d'Ypres.
SIR RICHARD BLUNT, ambassadeur du faux Édouard.
BOURGEOIS DE BRUXELLES.
SERVITEURS DE MARGUERITE.

ACTE PREMIER.

Lord Hereford, partisan de la maison d'York, a quitté l'Angleterre avec ses cinq fils, sur la nouvelle que Richard d'York, le second fils d'Édouard IV, qui passait pour avoir été assassiné dans son enfance, avait été retrouvé vivant à Bruxelles, et réclamait ses droits héréditaires. Le prétendant avait été reconnu par sa tante, la duchesse Marguerite de Bourgogne, par la France et le Portugal. La voix publique était en sa faveur. C'étaient des motifs suffisans pour déterminer lord Hereford à abandonner Henri VII, et à sacrifier sa situation à ses espérances. Il entre dans le palais de Marguerite, il y voit les portraits des princes de la maison d'York, et se réjouit de se trouver sur un sol où il peut librement faire paraître ses sentimens pour la cause d'York.

Lord Stanley, envoyé de Henri VII à la cour de Marguerite, entre, et rencontre là lord Hereford ; il s'efforce en vain de lui ouvrir les yeux sur une supposition frauduleuse ; tous deux s'expriment avec chaleur, et la dispute entre les deux Roses se renouvelle dans le palais de Marguerite.

L'évêque d'Ypres, conseil intime de la duchesse, entre et les sépare. Il vante la piété de la duchesse envers le parti opprimé et envers des parens dénués d'appui ; il parle de manière à faire connaître les sentimens de Marguerite.

Des bourgeois et des femmes de Bruxelles remplissent la salle, et attendent que la duchesse paraisse avec le prince d'York. Stanley s'indigne de leur aveuglement ; mais ils entrent dans une telle fureur d'entendre outrager ainsi leur prince adoré, qu'ils menacent Stanley de le mettre en pièces. — On entend des trompettes qui annoncent l'arrivée d'York.

Richard s'avance, délivre de leurs mains l'ambassadeur, harangue le peuple, et lui recommande le calme. Pendant qu'il parle, Marguerite entre accompagnée du prince de Gothland de la princesse de Bretagne et de plusieurs grands de sa cour. — Hereford, à l'aspect de Richard, se sent convaincu, subjugué, entraîné ; il se jette à ses pieds, et lui rend hommage comme au fils de son roi. — Marguerite prend la parole et parle de ses neveux avec la tendresse d'une parente et d'une mère : — elle demande aux princes de faire un accueil favorable à lord Hereford. — Richard l'embrasse ; il s'exprime à la fois avec sensibilité et avec une royale dignité. Hereford, encouragé par cet accueil, le prie de raconter son histoire.

Richard s'en défend.

La duchesse se charge de la raconter, et excuse le refus de Richard.

Alors arrive le récit de la fabuleuse histoire de Richard, qui fait une grande impression sur les assistans, et qui est souvent interrompu par leurs exclamations.

Stanley proteste encore une fois contre tout cela, et se retire sans trouver plus de croyance. La noble déclaration de Richard efface l'impression des paroles de Stanley.

Hereford renouvelle ses assurances et promet à

Richard de nombreux partisans en Angleterre. Richard se rappelle avec émotion sa première obscurité, et compare cette douce situation avec son état actuel : c'est pour lui un pénible devoir et non pas un bonheur d'avoir à défendre ses droits. Il semble balancer encore une fois, et soumettre aux réflexions de la duchesse s'il doit entreprendre cette lutte sanglante et troubler la paix des deux états.

Elle l'encourage, lui dit combien il lui sera cruel aussi de se séparer de lui, et reporte ses pensées sur l'issue de cette guerre. — Vifs témoignages de sa tendresse.

Elle s'entretient du double soin dont son cœur est préoccupé : *la restauration de son neveu*, et *le mariage d'Adélaïde avec le prince de Gothland*, qui doit bientôt être célébré.

Le prince Éric de Gothland demeure seul avec la princesse de Bretagne, et se raille de la comédie qui vient de se passer sous leurs yeux. Adélaïde, qui est encore toute émue, montre quelque chagrin de la froide incrédulité d'Éric; il se moque d'elle et parle avec mépris du prince d'York. Elle prend vivement le parti de Warbeck, dont la véracité ne lui inspire pas un doute, et elle établit entre Éric et lui une comparaison injurieuse pour celui-ci. Sa tendresse pour le prétendu prince d'York se trahit; Éric fait ressortir tout ce qui manque à Warbeck, et en conclut qu'il ne peut pas être un prince. Par ses argumens il laisse juger de l'idée qu'il se forme d'un prince; Adélaïde ne cache point le dédain qu'elle a pour lui, et le rabaisse profondément en le comparant au prince d'York.

Éric a bien remarqué qu'Adélaïde est sensible pour Warbeck, mais sa maligne joie est plus grande que sa jalousie; il trouve une vive satisfaction à penser qu'ils s'aiment sans nul espoir, et que la possession de la princesse lui est assurée. La possession, dit-il, décidera tout; il éprouvera un doux plaisir à arracher à Warbeck, qu'il déteste, celle qu'il aime.

Adélaïde, dans un monologue, parle de son amour, de sa compassion pour Warbeck, et des chagrins que lui cause sa propre situation à la cour de Marguerite. Elle trouve quelque ressemblance entre son sort et celui de Richard : tous deux ne vivent que par la grâce d'une parente altière et impérieuse : tous deux sont d'impuissantes victimes de la puissance.

ACTE DEUXIÈME.

Le premier acte a montré Warbeck dans sa représentation extérieure; maintenant on va pénétrer dans son intérieur. La brillante enveloppe disparaît : on le voit négligé et traité indignement par les propres serviteurs que Marguerite a placés près de lui. Quelques-uns ont des doutes sur lui, et en conséquence le méprisent; d'autres, qui croient à la réalité de son apparence, font peu de cas de lui, parce qu'il est pauvre et vit aux dépens de sa parente. Cette double misère d'un imposteur qui joue le rôle d'un prince, et d'un vrai prince qui est sans ressources, se réunit sur une même tête; il manque du nécessaire, et regrette dans sa royale position le bonheur et l'abondance dont il jouissait auparavant dans la condition privée.

Warbeck joue son rôle avec un imperturbable sérieux, une certaine gravité et une croyance en lui-même. Tant qu'il représente Richard, il est Richard ; il l'est consciencieusement vis-à-vis de lui-même, et même jusqu'à un certain point vis-à-vis des complices de la fourberie Ce semblant ne doit en aucune façon rappeler l'art d'un comédien, c'est plutôt un office dont il a été revêtu et avec lequel il s'identifie, qu'un masque qu'il a pris. Le premier pas une fois fait, il a entièrement mis de côté son existence précédente; en prenant sa résolution, il a adopté toutes les démarches qui découlent de sa première démarche, et il n'est jamais embarrassé des détails de son rôle, parce qu'il en a saisi l'ensemble. Une certaine obscurité poétique dont il enveloppe et lui-même et son rôle, une certaine superstition, une certaine nuance d'aliénation mentale, justifient son caractère moral; et précisément ce qui aux yeux de la duchesse le fait passer pour une espèce de fou, lui sert d'excuse.

Il n'ose jamais se plaindre, même à la fin, lorsque l'amour l'a pénétré. Il souffre les chagrins avec une mélancolie contenue; il fait le bien avec grandeur et fierté, et une certaine sécheresse qui ne vient point du sentiment, mais plutôt de la manière d'être, et d'une dignité naturelle indépendante de la réflexion.

On comprend facilement, et l'on doit trouver naturel qu'un tendre intérêt pour le faux Richard ait pris naissance dans le cœur de la princesse et y soit même devenu de l'amour. C'est un effet de la fourberie auquel on n'avait point songé, et qui cependant était assez simple. — Il est tragique de voir un noble caractère se trouver entraîné à de funestes relations par un sentiment d'humanité, et d'observer que ceux qui ont travaillé seulement dans des vues perverses ont fait naître une noble passion.

La princesse est une simple femme qui n'a rien de royal; sa naissance et son rang semblent seulement une borne et un obstacle qui arrêtent l'impulsion de son noble naturel. La grandeur n'a aucun charme pour elle ; elle n'a d'autre pensée que le bonheur du cœur ; elle ne rappelle sa naissance que lorsque avec une certaine exaltation elle parle de la condition privée, qui se présente à elle sous un jour poétique, précisément parce qu'elle n'en jouit pas, précisément parce qu'elle en est éloignée.

Adélaïde est plus occupée de l'amour qu'elle a pour Warbeck que de celui qu'il a pour elle. Elle est d'une nature résignée et accoutumée à être sacrifiée ; elle n'ose pas espérer de s'élever jusqu'à celui qu'elle aime ; seulement elle envie l'heureuse femme qui un jour le possédera : il épousera la fille de quelque roi riche ou puissant ; mais elle, elle n'est qu'une pauvre orpheline, ne subsistant que des bontés d'une parente.

Warbeck, dont le caractère lutte pour conserver quelque individualité, est au pouvoir d'une femme fausse, impérieuse, puissante, irréconciliable, qui semble son mauvais génie. Il s'est vendu à elle. Ses rapports avec elle sont humilians et l'écrasent, quoi qu'il puisse faire pour les ennoblir. Elle ne voit jamais en lui que son instrument, que le faux York, qu'un imposteur ; en conséquence, ses exigences envers lui sont dénuées de délicatesse, et sans nul égard pour ses sentimens personnels d'honneur. En vain il veut se relever ; elle le rappelle toujours à leurs relations humiliantes, qu'il oublierait si volontiers, qu'il doit même oublier pour pouvoir bien jouer son rôle. En public, elle l'honore, elle le caresse ; dans l'intimité, elle le tyrannise, elle lui prescrit et lui commande ce qu'en public il doit vouloir ou ne pas vouloir ; en public, elle feint de regarder tous ses désirs comme des ordres, et lui propose de faire ce qu'en secret elle lui a formellement défendu. Malheur à lui s'il voulait de son libre arbitre décider de quelque chose! Cependant il s'y risque quelquefois ; alors elle est mécontente et irritée.

Adélaïde découvre la position gênée de Warbeck ; elle essaye de l'améliorer..... S'il n'accepte pas sur-le-champ les dons de sa générosité, il est cependant heureux de cette preuve de son amour.

Éric tente de diriger quelque méchant coup contre Warbeck, pour le couvrir d'opprobre ; il produit un homme abject, dont les témoignages sont fort injurieux à **Warbeck**. Warbeck montre beaucoup de fermeté et de noblesse. La ruse est découverte, elle tourne à la honte d'Éric.

La duchesse est sur-le-champ informée de cet incident par Belmont, et vient elle-même réconcilier les deux princes ; elle veut que Warbeck donne la main à son ennemi ; et comme il s'y refuse, elle lui fait entendre que telle est sa volonté. Elle donne par-là l'impression qu'Éric est un vrai prince, et fait sentir à Warbeck sa dépendance et son néant, toutefois de manière à être comprise de lui seul.

Une espèce d'aventurier ambassadeur vient, au nom d'Édouard de Clarence, demander pour lui un sauf-conduit, afin qu'il vienne à Bruxelles se présenter à la duchesse sa tante, et mettre sous ses yeux les preuves de sa naissance. Il s'est échappé de la Tour de Londres, et vient faire valoir ses droits au trône d'Angleterre. Marguerite ne doute pas un moment de la fourberie ; mais il entre dans ses vues de la favoriser. Elle montre donc du penchant à y prêter la main, mais Warbeck s'y oppose avec vivacité. Marguerite, avec un ton où se cache la domination, le remet à sa place, et lui fait sentir qu'il n'a pas voix en cette affaire. Warbeck doit se taire : cependant il sort, en déclarant que le glaive en décidera entre le prince de Clarence et lui.

Marguerite, restée seule avec Belmont, remarque avec un mécontentement dédaigneux que Warbeck commence à se croire quelque chose. Elle a déjà depuis long-temps de l'éloignement pour lui ; il a des prétentions qui commencent à exciter sa haine. Non seulement elle ne le trouve pas assez soumis, mais la comédie même qu'elle joue avec lui est lourde pour elle, et son existence comme prince d'York, comme son neveu, humilie sa fierté.

Pendant que Marguerite est dans cette disposition malveillante, Adélaïde arrive en grande émotion, pour la supplier de l'affranchir du mariage avec le prince de Gothland ; Adélaïde trahit en même temps le tendre intérêt qu'elle prend à Warbeck, et par là anime encore plus la duchesse, déjà irritée contre lui ; elle s'éloigne, et ordonne rudement à Adélaïde de ne plus penser à l'un, et de regarder l'autre comme son époux. La cérémonie se fera au plus vite, et Adélaïde se trouve dans la plus vive angoisse.

ACTE TROISIÈME.

Une place publique. — Un trône est élevé pour la duchesse ; des barrières sont placées ; tout est préparé pour un combat judiciaire ; des spectateurs occupent le fond de la scène.

Edouard Plantagenet se fait raconter par un des assistans ce que signifient ces apprêts : — exposition des droits de Simnel et de Warbeck, qui seront décidés par un combat judiciaire. Edouard apprend ces détails avec le plus grand étonnement ; ses questions, qui indiquent et la plus profonde ignorance de cette nouvelle, et le plus grand intérêt à cette affaire, excitent la surprise de l'interlocuteur.

L'envoyé anglais se rencontre là aussi, et ce singulier jeune homme a bientôt attiré toute son attention. Il paraît le reconnaître avec quelque effroi.

Simnel paraît avec ses partisans, et harangue le peuple ; il parle de sa naissance et de son évasion de la Tour, et la foule se partage entre lui et son concurrent. L'envoyé anglais s'approche d'Edouard et cherche à le pénétrer ; mais il le trouve plein de timidité et de méfiance : ses soupçons n'en deviennent que plus forts.

La duchesse arrive avec sa cour ; Eric, Adélaïde et Warbeck l'accompagnent. Les trompettes sonnent ; Marguerite se place sur son trône.

Pendant cet instant, Warbeck a une conversation fort courte avec Adélaïde ; elle laisse voir combien elle est affligée et irritée de l'indigne scène qui va se passer ; Warbeck montre sur le combat qui s'apprête un courage facile. Un héraut s'avance, et après avoir proclamé le motif de cette solennité, il appelle les deux combattans en champ clos. D'abord Simnel, qui se donne hautement pour Edouard Plantagenet, s'avance, et expose ses prétentions ; puis le duc d'York déclare fausse et criminelle la prétention de Simnel, et qu'il est prêt à le prouver par l'épée : les deux combattans en appellent au jugement de Dieu. On procède selon les formalités accoutumées, et les concurrens s'éloignent pour combattre dans le champ clos.

Pendant qu'on s'occupe de ces apprêts, le jeune Plantagenet, par son extrême émotion, et par la noblesse de son maintien, a attiré l'attention d'Adélaïde et de la duchesse.

Celle-ci le questionne ; il fait quelques réponses pleines de sens, et sa réserve envers la duchesse laisse voir un sentiment douloureux. Avant qu'elle ait eu le temps de satisfaire sa curiosité sur cet intéressant jeune homme, les trompettes sonnent et donnent le signal du combat.

Le combat. — Simnel est blessé et tombe. — Chacun se lève. Le peuple renverse les barrières et se précipite dans l'enceinte. Simnel avoue sa fourbe et nomme ses instigateurs. Il reconnaît Warbeck pour le véritable York, et lui demande pardon. — Joie du peuple.

Warbeck vainqueur, et reconnu duc d'York, saisit ce moment pour déclarer ouvertement son amour à la princesse et solliciter l'agrément de la duchesse.

Les seigneurs anglais interviennent et appuient sa demande. Eric est furieux. La duchesse étouffe de colère. Elle ordonne à la princesse de la suivre, et se retire en lançant un regard de colère.

Les seigneurs anglais s'empressent autour de leur duc, lui jurant fidélité et assistance. Ils le ramènent en triomphe à sa maison.

Plantagenet demeure seul et abandonné. Sa propre existence vient d'être déclarée mensongère. Il est sans appui, et il ne lui reste rien que son bon droit. Il se résout donc à se présenter à la duchesse. Stanley vient à lui et s'efforce de lui inspirer de vives craintes.

ACTE QUATRIÈME.

La duchesse rentre dans son palais, pleine de colère et d'amertume. Le succès et l'audace de Warbeck ont augmenté la haine qu'elle avait déjà contre lui. La nouvelle qui se confirme du véritable Plantagenet évadé de la Tour, fait que l'imposteur est maintenant superflu ; elle est résolue à l'abandonner ; et pour commencer au plus tôt, elle défend rudement à la princesse, qui l'a suivie de près, de songer jamais à lui ; elle élève même des doutes sur la réalité de l'existence de Warbeck. — Il se fait annoncer. Elle renvoie la princesse, qui demande en pleurant à rester.

Scène de Warbeck et de la duchesse. Warbeck, enhardi par le succès, appuyé par ses partisans, exalté par son amour, et bien résolu à sortir de son intolérable situation, prend avec la duchesse un ton d'assurance. — Il se hasarde à lui demander compte de la conduite contradictoire qu'elle tient envers lui. La duchesse s'étonne de cette sévérité, et le traite avec le plus profond mépris. Plus elle cherche à l'humilier, plus il affecte d'indépendance. — Il se prévaut de ce que c'est elle qui l'a arraché à la condition privée, où il vivait heureux, pour le placer dans une situation où il est maintenant de son devoir de se maintenir ; car elle n'a pas le droit de se jouer ainsi de son sort.

Les réponses de la duchesse montrent son royal orgueil, son insensibilité, son âme égoïste et froide : elle n'a jamais songé à son bonheur ; il n'est que l'instrument de ses projets, et elle le rejette quand il est inutile. Mais cet instrument a une existence qui lui est propre ; et ce caractère qui l'a rendu capable de jouer le rôle de prince, lui donne aussi la force de secouer une honteuse dépendance. La duchesse se voit enfin dans la nécessité de cacher sa rage. Elle le quitte après une réconciliation apparente, mais avec la colère et la vengeance dans le cœur.

La crainte d'un hymen abhorré, l'impossibilité d'espérer quoi que ce soit des bontés de la duchesse, précipitent la princesse dans les bras de l'imposteur. Pleine de confiance en lui, c'est elle-même qui lui propose un enlèvement. Elle lui laisse voir toute sa tendresse, et s'abandonne sans nul soupçon à son amour et à son honneur. Elle lui parle du comte Kildare, un respectable vieillard, l'ancien ami de la maison d'York, et dit que c'est près de lui qu'ils doivent l'un et l'autre se réfugier. Elle apporte à Warbeck tout ce qu'elle possède de précieux. Plus elle lui montre de confiance, plus le sentiment de son imposture lui devient douloureux ; il n'ose point accepter la main qui lui est offerte ; il ose encore moins faire l'aveu de la vérité ; un terrible combat agite son âme ; désespéré, il quitte Adélaïde.

Elle demeure seule, blessée d'une telle conduite ; et se reproche d'être peut-être allée trop loin. Cependant le danger, l'amour, l'excusent à ses propres yeux.

Plantagenet entre, en jetant autour de lui des regards timides et effrayés. Il salue avec une douloureuse émotion ce palais de sa famille. Il aperçoit les portraits de la maison d'York, fléchit le genou devant eux, et verse des larmes sur sa race et sur son propre sort.

Warbeck revient, résolu de tout avouer à la princesse. Il aperçoit Plantagenet à genoux devant les portraits : il le regarde long-temps avec surprise, puis il entre en conversation avec lui ; ce qu'il entend, ce qu'il voit, augmente son effroi et son étonnement.

Enfin, il ne doute plus que le véritable York ne soit devant ses yeux. Plantagenet s'éloigne. Tout en lui semble expressif et noble. Warbeck demeure en proie à ses terreurs.

Il commençait à peine à s'entretenir avec lui-même de ses craintes et de ses soupçons, lorsque l'envoyé anglais entre et le prie de lui accorder un entretien. Celui-ci confirme ses soupçons, et lui offre un accommodement avec le roi d'Angleterre, s'il veut concourir à écarter le véritable York. Tous deux ont un intérêt commun à perdre le vrai prince. Warbeck sent tout le danger de sa situation. Cependant sa haine contre Lancastre et la bonté de son naturel triomphent ; il congédie le séducteur.

Cependant il faut agir. Le véritable York est là. Il peut venir réclamer son droit. La duchesse peut s'empresser de le reconnaître, et arracher au faux York son masque de théâtre ; la princesse est perdue pour Warbeck, si l'on ne réussit pas à éloigner le prince légitime. Maintenant, l'infortuné sent qu'une fraude ne peut se soutenir que par une série de crimes. Il déplore le premier pas qu'il a fait dans cette route ; il voudrait n'être jamais né.

La duchesse entre avec son conseil. On rapporte que le comte Kildare est en route pour Bruxelles, qu'il espère y rencontrer le jeune Plantagenet, et qu'il a reçu l'avis de venir l'y trouver sur-le-champ. La duchesse est à la fois satisfaite et troublée de son arrivée ; troublée, à cause de Warbeck ; cependant elle est fermement résolue à le sacrifier dès qu'on aura trouvé le véritable Plantagenet. Mais où est-il, ce neveu chéri ? Kildare croit qu'il se rend directement à Bruxelles. Ainsi le prince doit y être déjà. L'idée du jeune homme qu'elle a vu lui revient. — Elle aperçoit par terre une écharpe. — Elle la reconnaît pour celle qu'elle envoya, il y a neuf ans, à Édouard. Elle demande avec surprise qui est venu dans cette salle ; on lui répond : Personne que Warbeck. Elle se retire précipitamment, et ordonne qu'on fasse chercher le jeune homme inconnu et Warbeck.

ACTE CINQUIÈME.

La duchesse, son conseil, la princesse, les seigneurs anglais. Toutes les recherches ont été inutiles pour trouver Édouard ; on ne l'a rencontré nulle part. La duchesse conçoit un horrible soupçon : elle envoie chercher Warbeck.

Éric et l'envoyé anglais parlent d'un meurtre qui a dû avoir lieu ; ils ont entendu crier au secours ; et comme ils se hâtaient d'accourir, ils ont vu des traces de sang. La duchesse et la princesse sont émues et agitées.

Warbeck arrive, la duchesse lui adresse sur-le-champ ces mots : « Où est mon neveu? qu'en » avez-vous fait? » Comme il hésite, elle le traite aussitôt d'assassin. A cette parole, les seigneurs anglais sont vivement émus. Elle la répète plus fortement encore. Ceux-ci lui font un reproche d'accuser d'une action si criminelle leur prince, son propre neveu. La colère lui arrache son secret : « Votre prince? dit-elle; un rejeton d'York, » mon neveu? » et elle raconte en peu de mots toute la fraude. La princesse chancelle et va s'évanouir, Warbeck s'avance pour la soutenir; la princesse se précipite dans les bras de la duchesse; Warbeck se retourne vers les Anglais : ils s'éloignent de lui avec horreur. Dans cet instant, le comte Kildare, dont la présence est si redoutée, se fait annoncer. La duchesse dit : « Il vient à » propos; j'avais craint son arrivée, maintenant » il sera le bienvenu; il connaît mes neveux, c'est » lui qui a élevé leur enfance. » Puis se tournant vers Warbeck : « Cache-toi, si tu peux ! vois si tu » oseras récuser ce témoignage. »

Kildare entre; Warbeck se tient fort éloigné de lui : sa tête est penchée vers la terre. La duchesse va au-devant de Kildare : « Malheureux » homme, dit-elle, vous ne trouverez pas le » prince; » et elle raconte ce qui s'est passé. Avant de répondre, Kildare jette les yeux tout autour de lui, et aperçoit Warbeck; il s'approche, il hésite, il se trouble, il s'écrie : « Que vois-je? » A ces mots, Warbeck lève la tête, voit le comte, et s'écrie : « Mon père! » — « Mon fils ! » dit en même temps Kildare. « Son fils ! » répètent toutes les bouches. Warbeck s'élance dans les bras de son père; Kildare, frappé d'étonnement, ne sait encore ce qu'il doit penser et dire; il prie les assistans de le laisser seul un moment avec Warbeck; on s'éloigne par égard pour lui. Au même instant on annonce qu'on vient de saisir deux meurtriers : la duchesse s'empresse d'aller les interroger.

Warbeck reste seul avec Kildare, qui s'étonne de retrouver son fils sous le nom d'un faux prince d'York. Warbeck lui explique tout en peu de mots; Kildare admire les voies de la Providence; il déclare à Warbeck qu'il n'est pas son père, qu'il lui a dérobé le nom auquel il a droit. Warbeck est un fils naturel d'Édouard IV : il est né du sang d'York; l'énigme des sentimens confus qu'il éprouvait en lui-même s'explique à ses yeux; la trame de sa destinée se développe enfin; sa joie est extrême; il secoue le fardeau de ses souffrances passées ; il prie Kildare de lui permettre de s'éloigner un moment.

Kildare et les seigneurs anglais. Ils sont au désespoir d'avoir été dupe de cette fourberie ; ils déplorent leur existence ruinée, leurs espérances perdues.

Alors paraît Warbeck, amenant Plantagenet par la main : la surprise est générale. Kildare reconnaît le jeune prince, qui ne conçoit pas d'abord ce qui lui arrive, jusqu'à ce que Warbeck lui découvre tout le mystère; ensuite il rend hommage à Plantagenet comme à son prince, et l'embrasse comme son parent. Warbeck a trouvé Plantagenet endormi près du monument de la famille d'York, et l'a sauvé de deux meurtriers qui allaient l'assassiner. Joie des seigneurs anglais; noble reconnaissance de Plantagenet.

La duchesse revient, elle embrasse son neveu et le presse sur son cœur. Les Anglais la sollicitent de faire le même accueil à Warbeck. Nobles explications de Warbeck, qui tombe à ses pieds comme un parent scrupuleux. Elle est émue, elle laisse paraître un sentiment de bienveillance dont elle donne la preuve en allant chercher la princesse.

Nouvel incident. Pendant son absence on découvre que le projet d'assassinat avait été concerté entre Eric et l'ambassadeur; on leur pardonne et on les abandonne à leur infamie. Warbeck embrasse Plantagenet sous les yeux de l'ambassadeur, et le charge de porter à son roi la déclaration que Plantagenet et lui feront valoir en commun leurs droits au trône.

La duchesse revient avec Adélaïde. Dénoûment.

FRAGMENS DES PREMIÈRES SCÈNES DU PREMIER ACTE.

SCÈNE PREMIÈRE.

Le palais de la duchesse Marguerite, à Bruxelles. Une grande salle.

LE COMTE HEREFORD, *arrivant avec ses cinq fils.* SIR WILLIAM STANLEY *est sur l'avant-scène et les regarde.*

HEREFORD.

Voici le foyer sacré où nous venons demander asile. Mes fils, voici le palais hospitalier où Marguerite, la souveraine de l'opulente Belgique, cette femme sublime, honore ses chers aïeux, secourt ses amis, et offre un refuge aux descendans opprimés de l'antique race royale et aux proscrits. Regardez autour de vous ! tels que des pénates bienveillans.... Les nobles images de la famille d'York... Vous les reconnaissez..... la rose blanche brille en leurs mains..... ce signe dont nous sommes joyeux de nous parer maintenant.

Ici la dispute et le combat avec **Stanley.**

SCÈNE II.

BELMONT, Les Précédens.

BELMONT.

Calmez-vous, mylords; c'est ici la sainte demeure de la paix.

HEREFORD.

Qu'ils s'éloignent, les vils serviteurs de Lancastre. Je fuis jusqu'en ces lieux..... Et en mettant le pied sur ce seuil, il faut que je retrouve les partisans de Lancastre montrant encore leurs fronts audacieux.

STANLEY.

Je nomme les traîtres par leurs noms partout où je les rencontre.

BELMONT.

C'est assez, nobles lords..... la noble princesse qui règne en ces lieux... elle a ouvert sa cour et sa capitale à tous les partis opposés, et sa plus belle gloire est de leur servir de médiateur.

STANLEY.

Oui, quiconque vient tramer de perfides complots contre l'Angleterre est un hôte bien accueilli ici.

BELMONT.

Elle est sœur de *deux rois de la maison d'York*..... elle est secourable, comme il convient à une parente de l'être; elle n'oublie point ceux de sa royale famille qui sont tombés sous les coups de l'adversité; et où pourraient-ils trouver assistance, fuyant une terre ennemie, si ce n'était ici, à ce pieux foyer? Cependant elle se montre juste aussi envers leurs ennemis, et dans la personne du noble lord elle honore l'ambassadeur. . . . .
. . . .
. . . .
. . . .

SCÈNE IV.

HEREFORD.

Venez, mes fils; venez tous! venez! la voix de mon cœur en rend un éclatant témoignage. C'est lui! ce sont les traits du roi Édouard. C'est le noble regard de mon maître. Je reconnais les accens de sa voix (*Il se jette à ses pieds.*) O Richard! Richard! fils de mon roi! . . . . .
. . . .

WARBECK.

Levez-vous, mylord! ce n'est pas ici votre place. Elle est sur mon cœur. . . . .
. . . .

HEREFORD.

. . . . Comment pûtes-vous échapper aux mains des meurtriers? Parlez; où la main secourable de la Providence céleste vous a-t-elle caché?... pour enfin vous montrer à nous dans des momens plus heureux?

WARBECK.

. . . . Pas en ce moment. . . . . Laissez-moi jeter un voile sur le passé; ce temps est loin de nous. . . . . Me voici parmi vous. . . . . Je me vois entouré des miens. Un destin merveilleux m'a conduit. . . . .
. . . .

MARGUERITE.

. . . .

Richard de Glocester, en montant sur le trône, enferma à la Tour les fils de son frère; il est vrai, et l'univers le sait, que Tirrel souilla ses mains de leur sang; et même la voix publique désigne le lieu où ils furent ensevelis. . . . . Cependant la nuit et un mystère impénétrable avaient couvert l'action horrible qui s'était passée dans la Tour. . . . . Ce fut long-temps après, dans la suite, que le voile fut levé. Il est certain que Tirrel fut chargé d'assassiner les princes; il montra l'ordre qu'il en avait reçu du roi Richard. Le prince de Galles tomba sous son poignard. Un sort pareil était réservé à son frère. Cependant, soit que la conscience du barbare se fût soulevée, soit que les touchantes supplications de l'enfant aient attendri son cœur de fer et rendu sa main incertaine, il ne frappa qu'un coup mal assuré, et reculant devant son horrible crime, il s'enfuit aussitôt. . . . .
. . . .

FIN DES FRAGMENS DE WARBECK.

FRAGMENS

D'UNE PIÈCE DE THÉATRE INTITULÉE

DÉMÉTRIUS,

TROUVÉS DANS LES PAPIERS DE SCHILLER.

ACTE PREMIER.

SCÈNE PREMIÈRE.

La diète polonaise à Cracovie. — Au lever de la toile, on voit la diète siégeant dans la grande salle du sénat. Sur une triple estrade, recouverte d'un tapis écarlate, est le trône royal surmonté d'un baldaquin : des deux côtés sont les armes de Pologne et de Lithuanie.

LE ROI est assis sur son trône; à droite et à gauche, sur l'estrade, sont LES DIX GRANDS OFFICIERS DE LA COURONNE; au bas de l'estrade, LES ÉVÊQUES, LES PALATINS et LES CASTELLANS sont assis des deux côtés; devant eux, se tiennent sur deux rangs LES NONCES, la tête découverte; tous sont armés. L'ARCHEVÊQUE DE GNESNE, comme primat du royaume, est assis sur le devant de la scène; derrière lui, SON CHAPELAIN tient une croix d'or.

L'ARCHEVÊQUE DE GNESNE.

Ainsi, cette assemblée orageuse de la diète se termine par une conclusion heureuse. Le roi et les États se sépareront en bonne intelligence. La noblesse consent à désarmer et à dissoudre son insurrection ; mais le roi donne sa parole sacrée de faire droit aux justes plaintes. . . . .

. . . .

Et maintenant que la paix est rétablie dans l'intérieur du royaume, nous pouvons jeter les yeux sur les affaires extérieures. . . . .

L'intention de la sérénissime diète est-elle d'admettre à sa barre le prince Démétrius, qui prétend au trône de Russie comme huitième fils d'Iwan? Doit-il, devant cette auguste assemblée, venir exposer ses droits?

LE CASTELLAN DE CRACOVIE.

L'honneur l'exige, ainsi que la justice. Il ne serait pas convenable de lui refuser cette demande.

L'ÉVÊQUE DE WERMELAND.

Les preuves de son bon droit ont été examinées, et ont été trouvées valables. On peut l'entendre.

PLUSIEURS NONCES.

On doit l'entendre.

LÉON SAPIEHA.

L'entendre, c'est le reconnaître.

ODOWALSKY.

Ne pas l'admettre, c'est le rejeter sans l'avoir entendu.

L'ARCHEVÊQUE DE GNESNE.

Avez-vous pour agréable qu'il soit admis? Je le demande pour la seconde, — pour la troisième fois.

LE GRAND CHANCELIER DE LA COURONNE.

Qu'il paraisse devant le trône!

PLUSIEURS SÉNATEURS.

Qu'il parle!

PLUSIEURS NONCES.

Nous voulons l'entendre.

Le grand maréchal de la couronne fait signe avec son bâton à un huissier; celui-ci va ouvrir.

LÉON SAPIEHA.

Ecrivez, chancelier, que je proteste contre cette résolution et contre tout ce qui pourra en résulter de contraire au maintien de la paix entre la Pologne et la Moscovie.

Démétrius entre, fait quelques pas vers le trône, puis salue, la tête découverte, le roi, les sénateurs, et puis les nonces. Chaque salut lui est, à chaque fois, rendu par une inclination de tête. Il se place de manière à être vu d'une grande partie de l'assemblée et du public qui est censé assister à la diète, cependant sans tourner le dos au trône.

L'ARCHEVÊQUE DE GNESNE.

Prince Démétrius, fils d'Iwan, si l'éclat de cette royale assemblée de la diète t'intimide, si la majesté de ce spectacle enchaîne ta langue, tu peux, le roi le permet, choisir un procureur selon ta volonté, et l'expliquer par sa bouche.

DÉMÉTRIUS.

Seigneur archevêque, je suis ici pour réclamer un royaume et une couronne royale. Il me viendrait mal de trembler devant ce noble peuple, devant son roi, devant son sénat. Jamais je ne vis une si honorable assemblée. Cependant cet aspect m'inspire du courage, et ne m'intimide pas. Je me félicite d'avoir à m'expliquer devant de si dignes témoins. Je ne pourrais avoir à parler devant une réunion plus auguste.

L'ARCHEVÊQUE DE GNESNE.

. . . . . La sérénissime république est favorablement disposée...

DÉMÉTRIUS.

Roi puissant, dignes et puissans évêques et palatins, nobles seigneurs et nonces de la sérénissime république, c'est avec surprise, avec un profond étonnement, que je me vois, moi fils du czar Iwan, comparaissant devant la diète du peuple de Pologne. Tant que mon père a vécu, une haine a divisé les deux royaumes, et ils ne connurent point la paix. Cependant le ciel a tout disposé de sorte que moi, son sang, moi qui ai sucé avec le lait cette antique haine héréditaire, je me présente devant vous comme suppliant, et viens au milieu de la Pologne réclamer mes droits. Avant donc que je parle, oubliez généreusement ce qui s'est passé; oubliez que ce czar dont je suis le fils a porté la guerre sur vos frontières. Je me présente devant vous comme un prince dépouillé qui cherche protection. Les opprimés ont des droits sacrés sur tous les nobles cœurs. Où trouverait-on la justice sur la terre, si ce n'était chez un grand et valeureux peuple qui, jouissant en liberté de la plénitude du pouvoir, ne doit compte qu'à lui-même, — et que rien ne peut empêcher d'obéir à la noble impulsion de l'humanité?

L'ARCHEVÊQUE DE GNESNE.

Vous vous donnez pour le fils du czar Iwan. Ni votre contenance ni vos nobles discours ne contredisent une telle prétention. Cependant prouvez-nous qui vous êtes, puis espérez tout de la générosité de la république. — Elle n'a jamais tremblé devant les Russes sur un champ de bataille; elle aime autant voir en eux de nobles ennemis que de fidèles alliés.

DÉMÉTRIUS.

Iwan Basilowitz, le grand czar de Moscou, dans le cours de son règne eut successivement cinq épouses. La première sortait de la race héroïque des Romanow, et il en eut pour fils Feodor, qui régna après lui. La dernière, Marfa, de la famille des Nagori, lui donna un fils, Démétrius, dernier rejeton de sa vieillesse : il était encore enfant lorsque son père mourut. Le czar Feodor, jeune homme d'un esprit faible et d'un corps débile, laissa régner sous son nom Boris Godunow, son grand écuyer, qui avec toute l'adresse d'un courtisan sut dominer son âme. Feodor était sans enfans : et le sein stérile de la czarine ne laissait point espérer un héritier. Alors le boyard habile, captant la faveur du peuple par d'artificieuses flatteries, éleva ses vœux jusqu'au trône. Entre le trône et cette orgueilleuse espérance s'élevait un seul obstacle, le jeune prince Démétrius Iwano-

witz; il croissait sous les yeux de sa mère à Uglitz, qu'elle avait reçu en douaire.

Alors, pour l'accomplissement de son noir dessein, il envoya à Uglitz un meurtrier, afin d'assassiner le czarowitz... Un incendie éclata au milieu de la nuit dans l'aile du château que le jeune prince habitait avec sa nourrice. L'édifice devint la proie des flammes. Le prince disparut à tous les yeux; passant pour mort, il fut pleuré par tout le monde. Je vous répète ici des circonstances que tout Moscou connaît.

L'ARCHEVÊQUE DE GNESNE.

Ce que vous racontez n'est ignoré de personne. Le bruit a retenti dans tout l'empire que le prince Démétrius avait trouvé le trépas à Uglitz dans un incendie. Puisque sa mort était pour le czar qui règne aujourd'hui un heureux coup du sort, on ne se fit pas scrupule de l'accuser de cette cruelle mort. Mais ce n'est pas de son trépas qu'il est maintenant question : ce prince vit; il vit en vous, vous le soutenez ainsi, donnez-nous-en la preuve. Pour quel motif croyez-vous être ce prince? A quel signe doit-on vous reconnaître? Comment demeurâtes-vous caché à toute recherche? et comment, après un silence de seize années, lorsque vous n'êtes pas attendu, vous produisez-vous maintenant à la lumière du jour?

DÉMÉTRIUS.

Il n'y a pas plus d'un an que je suis instruit de mon sort : jusque là j'étais inconnu à moi-même, et je ne soupçonnais pas ma royale naissance. Lorsque la conscience de ce que j'étais s'éveilla en moi, je me trouvais emprisonné dans les murs d'un cloître, moine parmi des moines. Un généreux courage se débattait en mon âme contre la règle étroite d'un monastère. Le sang des chevaliers bouillonnait secrètement en mes veines. Je me résolus à dépouiller le vêtement monacal, et je m'enfuis en Pologne, où le noble prince de Sendomir, ce bienveillant ami de l'humanité, me donna l'hospitalité dans son château. Ce fut là que me fut enseigné le noble service des armes.

L'ARCHEVÊQUE DE GNESNE.

. . . . . Comment! vous vous connaissiez pas vous-même, et cependant la renommée avait déjà rempli le monde du bruit que le prince Démétrius était encore vivant? Le czar Boris tremblait sur son trône, et plaçait des surveillans aux issues de son royaume, pour examiner soigneusement chaque voyageur. Comment! vous n'étiez pas la source de cette rumeur? Vous ne vous étiez pas encore donné pour Démétrius?

DÉMÉTRIUS.

Je raconte ce que je sais. Si le bruit de mon existence s'est répandu, un dieu en aura sans doute été l'auteur. Je m'ignorais moi-même. Dans le château du palatin, perdu dans la foule de ses serviteurs, je passai heureusement mon obscure jeunesse.... Dans un respectueux silence, j'adorais sa charmante fille : cependant mon audace n'alla jamais jusqu'à élever mes vœux vers elle. Le castellan de Lemberg, qui la recherchait en mariage, s'offensa de ma passion ; il m'adressa des paroles hautaines, et dans son aveugle colère, il s'oublia jusqu'à me frapper. Cruellement irrité, je saisis mon épée ; et lui furieux, hors de lui, se précipitant sur moi, reçut la mort de ma main, mais contre mon gré.

MEISCHECK.

Oui, ce fut sa faute.....

DÉMÉTRIUS.

Mon malheur fut au comble ! Moi, sans nom, étranger, Moscovite, j'avais tué un des grands du royaume ; j'avais commis un meurtre dans la maison de mon généreux protecteur, j'avais donné la mort à son gendre et à son ami. Rien ne pouvait secourir mon innocence, rien ne pouvait émouvoir la compassion des gens qui l'entouraient ; la faveur du noble palatin ne pouvait même pas me sauver, car la loi, indulgente aux Polonais, mais sévère à tous les étrangers, prescrivait mon arrêt. Ma sentence fut prononcée ; je devais mourir. Déjà j'étais agenouillé devant le bloc fatal, déjà j'avais présenté ma tête au glaive... En ce moment on aperçut une croix d'or enrichie de pierres précieuses, qui à mon baptême avait été suspendue à mon cou. Je portais, ainsi que cela est en usage parmi nous, ce signe de notre rédemption, et je ne l'avais pas quitté depuis mon enfance. En ce moment où j'allais me séparer de la douce lumière du jour, je saisis avec une ardente piété cette dernière consolation, et je la pressai sur mes lèvres. (*Les Polonais montrent par l'expression de leur physionomie l'intérêt qu'ils prennent à ce récit.*) Cet ornement fut remarqué ; son éclat et son prix excitèrent la surprise, éveillèrent la curiosité. On détache mes liens ; on m'interroge. Cependant je ne pouvais me souvenir de l'époque où j'avais commencé à porter ce joyau. Il advint que trois jeunes boyards qui fuyaient la persécution du czar étaient venus chercher un asile à Sambor, chez mon maître. Ils virent cette croix, et aux neuf améthystes traversées par neuf émeraudes la reconnurent pour celle qu'on avait suspendue au cou du plus jeune fils du czar. Ils approchèrent de moi, et remarquèrent avec surprise que, par un bizarre caprice de la nature, mon bras droit est plus court que mon bras gauche. Comme ils me pressaient de questions, je me ressouvins d'avoir emporté dans ma fuite un petit livre de psaumes, où le prieur de mon couvent avait de sa main tracé quelques caractères grecs. Je ne les avais jamais lus, car cette langue m'était inconnue. Le Psautier fut alors apporté, et l'inscription lue. Elle était ainsi conçue : « Frère Basile Philarète (*c'était mon nom au monastère*), possesseur de ce livre, est le prince Démétrius, le plus jeune fils d'Iwan. L'honnête diacre André l'a secrètement sauvé pendant la nuit de l'incendie. » On désignait deux monastères où les preuves en étaient déposées. Alors ces boyards, convaincus par des témoignages si positifs, se précipitèrent à mes pieds, et me saluèrent comme czar. Ce fut ainsi que subitement je passai de l'abîme de l'infortune au sommet de la prospérité !

L'ARCHEVÊQUE DE GNESNE.

. . . .

DÉMÉTRIUS.

Et alors le bandeau qui couvrait mes yeux sembla se lever. Les souvenirs du passé se réveillèrent en moi ; et de même que les premiers rayons du soleil éclairent le sommet d'une tour élevée, au bout de l'horizon, de même deux idées distinctes apparurent clairement à ma mémoire renaissante. Je me voyais fuyant pendant toute une nuit obscure, et je voyais aussi la flamme s'élever en tourbillons derrière moi, au milieu des ténèbres. Il fallait que ces circonstances appartinssent à une époque bien reculée, car tout ce qui les avait précédées et suivies était complètement effacé de mon souvenir, et ces images terribles se présentaient à mon esprit distinctes et isolées. Cependant je me rappelais aussi que quelques années plus tard un de mes compagnons, dans un mouvement de colère, m'avait appelé fils du czar. J'avais pris cela pour une moquerie, et j'avais frappé le railleur pour m'en venger. Tout cela traversa mon âme comme un rapide éclair, et m'apporta tout-à-coup la certitude complète que j'étais le fils du czar, dont on avait publié la mort. Ainsi se résolut d'une seule parole l'énigme de mon obscure destinée. Ce n'est pas seulement à des signes qui pourraient être trompeurs que je reconnais ma royale origine ; c'est à mon cœur, c'est à mon sang, dont je verserais la dernière goutte plutôt que de renoncer à mon droit à la couronne.

L'ARCHEVÊQUE DE GNESNE.

Et devons-nous nous fier à un écrit qui s'est trouvé par hasard entre vos mains, au témoignage de quelques fugitifs ? Pardonnez, noble jeune homme ; votre langage, votre contenance ne sont sûrement pas d'un imposteur, mais vous-même vous pouvez être trompé : il est pardonnable au cœur humain de se laisser séduire par un si grand appât. Qui nous offrez-vous pour garant de vos paroles ?

DÉMÉTRIUS.

Je produirai le serment de cinquante nobles polonais, tous nés libres, tous d'une renommée sans tache : chacun attestera ce que j'ai avancé. Ici siége le noble prince de Sendomir ; à son côté, je vois le castellan de Lublin ; ils pourront témoigner si j'ai dit la vérité...

L'ARCHEVÊQUE DE GNESNE.

Qu'en pense la sérénissime diète ? La force de tant de témoignages réunis doit dissiper tous les doutes. Un bruit sourd courait depuis long-temps dans le monde, et annonçait que Démétrius, fils d'Iwan, vivait encore : les craintes du czar Boris confirmaient ce bruit. Un jeune homme se présente à nous, semblable par l'âge, par les traits, et même par les signes accidentels de la nature, à celui qui a disparu, à celui que l'on recherche ;

la noblesse de son âme justifie la grandeur de sa prétention : il est sorti miraculeusement d'un cloître; par je ne sais quel mystère, l'élève des moines s'est trouvé doué du courage des chevaliers. Il montre un joyau qui autrefois fut donné au czarowitz, et que jamais il n'a quitté; un témoignage écrit par une main pieuse atteste sa royale naissance; la vérité nous parle plus hautement encore à travers la franchise de ses discours et la candeur de son front : une telle physionomie ne cache point la fraude; elle s'enveloppe d'ordinaire dans de grandes paroles et dans les ornemens d'un discours oratoire. Ainsi je ne lui refuserai pas plus long-temps le nom qu'il réclame avec tant de droit et de justice, et d'après mon antique privilége, je vote, comme primat, le premier en sa faveur.

L'ARCHEVÊQUE DE LEMBERG.
Je vote comme le primat.
PLUSIEURS AUTRES ÉVÊQUES.
Comme le primat.
PLUSIEURS PALATINS.
Et moi aussi.
ODOWALSKY.
Et moi de même.
PLUSIEURS NONCES, *avec vivacité.*
Nous tous.
SAPIEHA.
Nobles seigneurs, pensez-y bien, ne précipitez rien ; une auguste assemblée ne doit pas se laisser emporter ainsi.
ODOWALSKY.
Il n'y a point à réfléchir; tout est considéré : les preuves sont sans réplique; nous ne sommes pas ici à Moscou : la crainte d'un despote n'enchaîne point ici nos libres sentimens ; ici la vérité ose marcher le front levé. Je me plais à croire, nobles seigneurs, qu'ici, à Cracovie, dans la diète de Pologne, le czar de Moscou ne compte point de lâches esclaves.
DÉMÉTRIUS.
Grâces vous soient rendues, illustres sénateurs, de ce que vous avez reconnu les signes de la vérité; et si je suis réellement celui que je prétends être, ah! ne souffrez pas qu'un insolent usurpateur s'empare de mon héritage, qu'il souille plus long-temps le sceptre qui appartient à moi, légitime fils du czar. . . . .

J'ai la justice, vous avez la force : le grand intérêt de tous les états, de tous les trônes, c'est que tout se passe selon le droit, et que chacun possède ce qui est à lui. Lorsque la justice règne, chacun se réjouit, se regarde comme maître assuré de son héritage; et dans chaque famille, sur chaque trône, la loi veille comme un chérubin armé. . . . .
. . . .
c'est la justice qui maintient artistement l'édifice de l'univers ; c'est la clef de la voûte : une seule pierre les maintient toutes; toutes les pierres en maintiennent une seule, et si elle tombe, tout se renverse et s'écroule. . . . .
. . . .
(*Réponse des sénateurs, qui appuient l'opinion de Démétrius.*) Sois-moi favorable, illustre Sigismond, roi puissant! descends en toi-même, songe à ton propre sort en considérant le mien. Toi aussi tu as éprouvé les coups du sort. C'est dans une prison que tu vis le jour; ton premier regard aperçut les murs du cachot : il fallut qu'un sauveur, qu'un libérateur te tirât de ta prison pour te placer sur le trône : tu trouvas un libérateur, tu éprouvas sa magnanimité; sois magnanime aussi envers moi. . . . .
. . . .
Et vous, membres honorables du sénat, vénérables évêques, colonnes de l'Église, et vous, illustres palatins et castellans, voici le moment de réconcilier, par une action généreuse, deux peuples depuis si long-temps divisés; donnez à la Pologne la gloire de rendre, par sa puissance, aux Moscovites leur czar; d'un voisin qui presse en ennemi vos frontières, faites-vous un ami reconnaissant.

Et vous, nonces de la sérénissime république, préparez vos chevaux rapides, élancez-vous sur eux : la fortune vous ouvre ses portes dorées; je partagerai avec vous la dépouille des ennemis. Moscou abonde en richesses, le trésor des czars est rempli d'or et de pierreries, je pourrai royalement récompenser mes amis, et telle est ma volonté. Lorsque je serai entré comme czar dans le Kremlin, alors, je le jure, les plus pauvres d'entre vous qui m'auront suivi seront vêtus de velours et de zibeline ; ils pourront couvrir leur harnois de perles, et l'argent sera un métal trop vil pour ferrer leurs chevaux.

Les nonces font éclater de grands transports.

KORELA, *hettmann des Cosaques.*
Il déclare qu'il est prêt à conduire sa troupe au secours de Démétrius.

ODOWALSKY.
Le Cosaque doit-il donc nous ravir la gloire et le butin?. . . . .

Nous sommes en paix avec les princes tartares et les Turcs, nous n'avons rien à craindre de la Suède ; déjà depuis long-temps notre vaillance se corrompt dans un vil repos, nos glaives se couvrent de rouille. Allons, élançons-nous dans l'empire des czars, acquérons un allié fidèle et reconnaissant, et augmentons la puissance et la grandeur de la Pologne.

BEAUCOUP DE NONCES.
La guerre, la guerre avec les Moscovites!
D'AUTRES.
Voilà qui est résolu. Prenez sur-le-champ les voix.
SAPIEHA *se lève.*
Grand maréchal de la couronne, faites faire silence! Je demande la parole.

UNE FOULE DE VOIX.

La guerre, la guerre avec les Moscovites!

SAPIEHA.

Je demande la parole, maréchal; faites votre charge.

Grand bruit au dedans et au dehors de la salle.

LE GRAND MARÉCHAL DE LA COURONNE.

Vous le voyez, je n'y puis rien.

SAPIEHA.

Comment! le maréchal est-il gagné aussi? n'y a-t-il plus de liberté dans la diète? jetez votre bâton, et imposez silence : je le demande, je l'exige, je le veux. (*Le grand maréchal de la couronne jette son bâton au milieu de la salle; le tumulte s'apaise.*) A quoi pensez-vous donc? quel parti prenez-vous? ne sommes-nous pas en profonde paix avec le czar de Moscovie? n'ai-je pas moi-même, comme votre royal ambassadeur, conclu une alliance de vingt ans? J'ai dans le Kremlin levé ma main droite, et juré un serment solennel; le czar nous a fidèlement tenu parole. Est-ce là observer la foi jurée? est-ce de tels engagemens qu'une diète solennelle oserait anéantir?

DÉMÉTRIUS.

Prince Léon Sapieha, vous avez, dites-vous, conclu la paix à Moscou avec le czar? Non, vous ne l'avez pas conclue, car c'est moi qui suis le czar, c'est en moi que doit être la royauté moscovite; je suis le fils d'Iwan et son légitime héritier ; si la Pologne veut conclure la paix avec la Russie, c'est à moi qu'elle doit s'adresser; votre traité est nul, il a été conclu avec un homme qui n'est rien.

ODOWALSKY.

Que nous importe votre traité! Alors nous avons pu le vouloir, et aujourd'hui vouloir autre chose.

SAPIEHA.

En sommes-nous là? Si personne ici ne veut se lever pour la justice, moi je le ferai : je déchirerai une trame artificieuse, je révélerai tout ce que je sais. — Vénérable prélat, comment parlerais-tu de bonne foi, ou bien est-ce une dissimulation volontaire? Sénateurs, êtes-vous donc si crédules? Monarque, es-tu donc si faible? Ne savez-vous pas, ou ne voulez-vous pas savoir que vous êtes le jouet de l'artificieux waywode de Sendomir? C'est lui qui a suscité ce czar, dont l'avide ambition dévore déjà dans sa pensée les richesses de Moscou. Faut-il donc que je vous dise comment un contrat est déjà passé et juré entre eux, comment il lui a déjà promis sa plus jeune fille? Et cette noble république doit-elle aveuglément se précipiter dans les périls de la guerre pour accroître la grandeur de ce waywode et faire de sa fille une reine et une czarine? Il a tout corrompu et tout acheté. Il domine la diète, je le sais bien. Je vois combien sa faction est puissante dans cette enceinte; et dans le cas où il ne pourrait obtenir la majorité à la diète, il l'a fait entourer de trois mille cavaliers, et inonde toute la ville de ses vassaux : en ce moment même ils remplissent les salles de ce palais. On veut enchaîner la liberté de nos suffrages; mais nulle crainte ne pourra émouvoir mon cœur ni troubler mon courage. Tant qu'une goutte de sang coulera dans mes veines, je maintiendrai la liberté de mon vote; les hommes de bon sens seront de mon parti. Tant que je vivrai, aucune résolution ne sera prise contre la justice et la raison. J'ai conclu la paix avec la Moscovie, et c'est à moi qu'il appartient de la maintenir.

ODOWALSKY.

Ne l'écoutez pas! prenez les voix!

Les évêques de Cracovie et de Wilna se lèvent, et chacun compte les voix de son côté.

BEAUCOUP DE VOIX.

La guerre, la guerre avec les Moscovites!

L'ARCHEVÊQUE DE GNESNE, *à Sapieha.*

Cédez, noble seigneur; vous voyez que la majorité est contre vous ; n'excitez pas une déplorable scission.

LE GRAND CHANCELIER DE LA COURONNE.

Seigneur waywode, le roi vous fait prier de céder et de ne pas faire de scission dans la diète.

DES HUISSIERS, *bas à Odowalsky.*

Tenez ferme; c'est ce que vous font dire ceux qui sont à la porte. Tout Cracovie est pour vous.

LE GRAND MARÉCHAL DE LA COURONNE, *à Sapieha.*

Il y a déjà eu de si bonnes résolutions prises : cédez. En faveur des autres décrets, rangez-vous à la majorité.

L'ÉVÊQUE DE CRACOVIE, *qui a pris les voix de son côté.*

Tous les bancs de droite sont unanimes.

SAPIEHA.

Quand tous seraient unanimes, — je dis non. Je dis *veto*; je romps la diète. On n'ira pas plus loin! tout ce qui a été résolu est frappé de nullité. (*Tout le monde se lève; le roi descend de son trône; les barrières sont renversées; un bruit tumultueux s'élève de toutes parts; les nonces tirent leurs sabres, et entourent Sapieha; les évêques s'avancent et le couvrent de leurs étoles.*) La majorité? Qu'est-ce que la majorité? La majorité, c'est la déraison. Le bon sens se trouve toujours dans le petit nombre. Celui qui ne possède rien, comment songerait-il au bien général? Le pauvre a-t-il une opinion? est-il libre? Il appartient au puissant qui le paye, et qui achète sa voix en lui donnant une chaussure et du pain. Sa voix ne doit être ni comptée ni prise en considération. Tôt ou tard l'État périra, si la majorité triomphe, si l'extravagance domine.

ODOWALSKY.

Entendez-vous ce traître?

PLUSIEURS NONCES.

Tombez sur lui! Qu'on le mette en pièces?

L'ARCHEVÊQUE DE GNESNE *prend la croix des mains de son chapelain, et s'avance entre eux.*

Du calme! Le sang des citoyens doit-il donc couler dans la diète? Prince Sapieha, modérez-vous. (*Aux Évêques.*) Conduisez-le hors d'ici; faites-lui un rempart de votre corps; emmenez-le en silence par cette porte de côté : il ne faut pas que la foule le mette en pièces.

Sapieha est emmené de force par les évêques; la fureur éclate dans ses regards. Les archevêques de Gnesne et de Lemberg écartent de lui les nonces : pendant ce bruyant tumulte et ce cliquetis de sabres, la salle se vide. Démétrius, Meischeck, Odowalsky et l'hettman des Cosaques demeurent.

ODOWALSKY.

Le coup a échoué... Cependant vous ne manquerez pas de secours. Si la république maintient la paix avec les Moscovites, nous agirons avec nos propres forces.

KORELA.

Qui aurait pensé qu'il voulût ainsi tenir tête à toute la diète ?

MEISCHECK.

Le roi vient.

Le roi Sigismond, accompagné du grand chancelier, du grand maréchal de la couronne et de quelques évêques.

LE ROI.

Mon prince, permettez que je vous embrasse. La sérénissime république vous rend enfin justice. Mon cœur était depuis long-temps profondément touché de votre sort : il doit émouvoir le cœur de tous les rois.

DÉMÉTRIUS.

J'oublie tout ce que j'ai souffert, et je me sens renaître sur votre sein.

LE ROI.

Je n'aime point les vaines paroles; mais, je vous le demande, que peut un roi qui commande à des vassaux plus puissans que lui? Vous avez été témoin d'un déplorable spectacle; ne concevrez cependant point une mauvaise idée du royaume de Pologne, pour avoir vu le vaisseau de l'État agité par une tempête furieuse.

MEISCHECK.

Au milieu du fracas des tempêtes, le pilote sait diriger le navire et le conduire rapidement à un port assuré.

LE ROI.

La diète est dissoute : je voudrais rompre la paix avec le czar, que je ne le pourrais. Cependant vous avez de puissans amis. Chaque Polonais pourra à son propre péril s'armer pour vous; le Cosaque pourra tenter les hasards de la guerre. Ce sont des hommes libres, je ne puis m'y opposer.

MEISCHECK.

Toute l'insurrection de Pologne est encore ici en armes. Si tu le voulais, seigneur, ce torrent impétueux qui lutte contre ton autorité pourrait facilement se répandre sur la Moscovie.

LE ROI.

La Russie te fournira de meilleures armées. Ton plus puissant auxiliaire, c'est le cœur de ton peuple; c'est par la Russie que tu triompheras de la Russie. Parle aux citoyens de Moscou comme tu as parlé aujourd'hui à la diète, tu toucheras leur cœur, et tu régneras. Autrefois je monta paisiblement comme légitime héritier sur le trôn de Suède, et cependant j'ai perdu mon royaum héréditaire parce que le cœur des peuples m'était contraire.

Marina entre.

MARINA.

. . . .

MEISCHECK.

Sire, Marina, ma plus jeune fille, se jette aux pieds de ta Majesté. Le prince de Moscovie demande sa main. Tu es l'auguste patron de notre famille, c'est de ta royale main seulement qu'elle peut recevoir un époux.

Marina se prosterne devant le roi.

LE ROI.

Oui, mon cousin, puisque vous le désirez, je tiendrai lieu de père au czar. (*A Démétrius en lui donnant la main de Marina.*) Puisse-t-elle être pour vous le noble gage de la faveur du destin! Puissé-je vivre assez pour que mes yeux vous voient tous deux assis sur le trône de Moscovie!

MARINA.

Sire, j'honore humblement tes bontés; et partout où je serai, je te demeurerai soumise.

LE ROI.

Czarine, levez-vous! ce n'est point là votre place; ce n'est pas la place de la fiancée du czar, de la fille de mon premier waywode. Vous êtes la plus jeune parmi vos sœurs; mais votre âme avait su prévoir votre fortune, et une noble ambition vous appelle aux plus hautes destinées.

DÉMÉTRIUS.

Grand roi, soyez témoin de mon serment, Mai prince, je le prête entre les mains d'un prince : j'accepte la main de cette noble demoiselle, comme un gage précieux de mon bonheur. Je jure que, dès que je serai monté au trône de mes pères, j'y conduirai en pompe ma fiancée, parée des brillans ornemens d'une reine. Je donne comme douaire à mon épouse la principauté de Plesgow et de Gross-Neugart, avec toutes ses villes, bourgs et habitans, avec tous ses privilèges et ses pouvoirs. Je la lui donne en libre propriété à titre perpétuel; et je confirmerai cette donation, comme czar, dans ma ville capitale de Moscou. Je compterai au noble waywode, pour prix de ses secours, un million de ducats de Pologne. . . . .

Et que Dieu et ses saints me retirent leur protection, si mon serment n'est pas sincère et si je ne le tiens pas.

LE ROI.

Vous le tiendrez. Vous n'oublierez jamais tout ce que vous devez au noble waywode qui a hasardé une situation heureuse pour servir vos vœux, et une fille chérie sur la foi de vos espérances. Conservez précieusement un ami si rare. Quand le destin vous sera favorable, n'oubliez jamais de quel degré vous vous êtes élevé au trône; que votre cœur ne change point quand vous revêtirez le manteau royal. Pensez que c'est en Pologne que vous vous êtes retrouvé, et que cette contrée vous a ainsi donné une seconde fois la naissance.

DÉMÉTRIUS.

Je me suis élevé du sein de l'humilité! J'ai appris à honorer les nobles liens qui unissent l'homme par un libre et mutuel penchant.

LE ROI.

Vous allez vous trouver dans un royaume où règnent d'autres mœurs et d'autres lois : la liberté habite la terre de Pologne ; le roi lui-même, quel que soit l'éclat de son rang élevé, n'est souvent que le serviteur d'une puissante noblesse; en Russie, une puissance sacrée et paternelle domine tout : l'esclave sert avec une soumission obéissante.

. . . .

DÉMÉTRIUS.

Cette belle liberté que j'ai vue ici, je veux la transplanter dans ma patrie; je veux changer l'esclave en homme libre; je ne veux pas régner sur des âmes serviles.

LE ROI.

Ne précipitez rien, et sachez obéir à la loi du temps. Prince, en nous quittant, recevez encore de moi trois conseils ; pratiquez-les exactement quand vous serez parvenu à l'empire : c'est un roi qui vous les donne, un vieillard que tant de choses ont éprouvé : votre jeunesse pourra en profiter.

DÉMÉTRIUS.

Ah! que votre sagesse m'instruise, grand roi ! vous êtes révéré par un peuple libre : comment ferai-je pour parvenir à ce noble but?

LE ROI.

. . . . . Vous arriverez d'une terre étrangère, ce sont des armées ennemies qui vous amèneront : vous aurez à vous faire pardonner ce premier tort, montrez-vous donc le vrai fils de la Moscovie, et témoignez des égards à ses mœurs. Tenez parole à la Pologne, honorez-la : sur un trône nouveau, on a besoin d'amis ; le bras qui vous aurait rétabli pourrait vous renverser ; estimez-la, mais ne cherchez point à l'imiter : jamais les coutumes étrangères ne réussissent dans un empire. . . . .

Honorez votre mère, vous retrouverez une mère.

DÉMÉTRIUS.

O mon roi!

LE ROI.

Vous avez tant de motifs de l'honorer ! ayez pour elle une filiale vénération; elle forme un lien cher et sacré entre vous et votre peuple. Un czar est affranchi des lois humaines, mais il n'est pas de plus redoutables lois que celles de la nature : votre peuple ne peut avoir un meilleur gage de votre humanité que votre piété filiale. Je n'ajoute plus rien. Il vous reste encore beaucoup à faire avant de conquérir la toison d'or. Ne vous attendez point à une victoire facile : le czar Boris gouverne avec force et prévoyance ; ce n'est pas un homme efféminé que vous avez à combattre. Quand un homme s'est élevé au trône par son mérite, les orages de l'opinion ne l'en précipitent point facilement : ses actions lui tiennent lieu d'aïeux... Je vous livre à votre heureux sort : par deux fois il vous a miraculeusement préservé de la mort ; il accomplira son ouvrage et placera la couronne sur votre tête.

ODOWALSKY, MARINA.

ODOWALSKY.

Eh bien, madame, n'ai-je pas bien tenu mes engagemens, et mon zèle ne mérite-t-il pas des éloges ?

MARINA.

Il est heureux, Odowalsky, que nous nous trouvions seuls ; nous avons à parler de choses importantes, dont le prince ne doit rien savoir ; puisse-t-il suivre la voix de Dieu qui l'entraîne ; il croit à lui-même, ainsi le monde y croira ; confirmez-le dans cette vague obscurité qui engendre de grandes choses. Mais nous qui dirigeons tout, nous devons voir clair, nous aurons de l'habileté pour lui, et il appellera cela de l'inspiration; nous saurons préparer les résultats avec art et avec prudence, et il pensera toujours qu'il les doit à la haute faveur du ciel.

ODOWALSKY.

Ordonnez, madame; c'est vous seule que je sers ; que m'importent les intérêts de ce Moscovite? votre grandeur et votre gloire sont tout ce qui me touche, et je sacrifierais pour vous mon sang et ma vie. Aucun bonheur ne fleurit pour moi ; sans biens, sans indépendance, je n'ose élever mes vœux jusqu'à vous ; mais je veux du moins mériter votre bienveillance : travailler à votre grandeur est ma seule pensée; un autre pourra vous posséder, mais vous serez à moi si votre sort est mon ouvrage.

MARINA.

C'est pourquoi je t'ouvre mon cœur : tu es l'homme à qui je confierai toute la vérité; le roi n'est pas sincère : je l'ai pénétré : c'était un jeu concerté avec Sapieha, et voilà tout. Sans doute il lui convient que mon père, dont il redoute la puissance, s'affaiblisse dans cette entreprise; il lui convient que la confédération de la noblesse, si redoutable pour lui, se précipite dans cette guerre étrangère. Pendant qu'il demeurera neutre dans ce combat, il s'imagine partager avec nous les fruits de la victoire; et si nous sommes vaincus, il espère qu'il pourra plus facilement faire peser sur nous, en Pologne, le joug de son pouvoir. Nous voilà livrés à nous-mêmes ; le sort en est jeté : il s'occupe de lui seul, occupons-nous de

nous-mêmes. . . . .
. . . .
Tu conduiras tes troupes à Kiow. Elles vont jurer ici fidélité au prince et à moi : à moi, entends-tu ? c'est une précaution nécessaire. . . . . . .
. . . .
ODOWALSKY.
. . . .
MARINA.
Ce n'est pas de ton bras seulement que j'ai besoin, c'est de tes yeux.
ODOWALSKY.
Parlez, commandez.
MARINA.
Tu guideras le czarowitz ; veille bien sur lui, ne le quitte pas un instant : tu me rendras compte de chacune de ses démarches.
ODOWALSKY.
Fiez-vous à moi ; il ne nous échappera jamais.
MARINA.
Tout homme est ingrat : à peine sera-t-il czar, qu'il voudra se dégager de nos liens. . . . . .
. . . .
Les Russes haïssent les Polonais ; ils doivent les haïr : le cœur ne peut être pour rien dans une telle union.

Marina, Odowalsky, Opalinsky, Bielsky et plusieurs nobles polonais.

OPALINSKY.
Noble dame, fais-nous donner de l'argent, et nous partirons : cette longue diète nous a ruinés ; nous te ferons reine de Moscovie.

MARINA.
L'évêque de Kaminieck et de Culm avancera de l'argent sur le gage de vos terres et de vos hommes ; vendez, engagez vos domaines, faites argent de tout, convertissez tout en armes et en chevaux ; la guerre est le meilleur de tous les commerces : elle change le fer en or ; ce que vous allez perdre ici vous sera rendu dix fois à Moscou.

BIELSKY.
Ils sont là deux cents à boire dans une auberge : si tu te montrais, si tu vidais un verre avec eux, ils seraient à toi, je les connais.

MARINA.
Attends-moi, tu vas m'y accompagner.
OPALINSKY.
. . . .
Assurément tu étais née pour être reine.
MARINA.
Sans doute : aussi il faut que je le devienne.
BIELSKY.
Oui ; monte sur une blanche haquenée, arme-toi, et nouvelle Wenda, conduis ta vaillante armée à une victoire certaine.
MARINA.
Mon esprit vous conduira, la guerre ne convient point aux femmes ; le lieu de réunion est Kiow ; mon père vous amènera la trois mille chevaux, mon beau-frère e conduira deux mille ; des bords du Don nous arrivera *une troupe auxiliaire de Cosaques.* Me jurez vous fidélité ?
TOUS.
Oui, nous le jurons !
Ils tirent leurs sabres.
QUELQUES-UNS.
Vivat Marina !
D'AUTRES.
Russiæ regina !
Marina déchire son voile et en distribue les morceaux aux nobles polonais. Ils sortent, elle demeure.

MARINA.
Pourquoi êtes-vous si triste, mon père, lorsque la fortune nous sourit, lorsque tout marche au gré de nos vœux, lorsque tous les bras s'arment pour nous ?

MEISCHECK.
C'est cela même, ma fille ! Tout va se trouver en jeu : la puissance de ton père va s'épuiser dans ces préparatifs de guerre : n'ai je donc pas sujet d'y réfléchir sérieusement ? La fortune est trompeuse ; ses promesses incertaines. . . . .
. . . .
MARINA.
. . . .
MEISCHECK.
Téméraire fille, où m'as-tu entraîné ? Quelle a été ma faiblesse paternelle de ne point résister à tes instances ! Je suis le plus riche waywode du royaume, le premier après le roi ! Ne pouvions-nous pas être contens d'un tel sort, et jouir de notre bonheur avec une âme satisfaite ? Tu as voulu t'élever plus haut. Une position convenable et pareille à celle de tes sœurs ne t'a point suffi, tu as voulu atteindre au terme le plus élevé de la destinée humaine, et porter une couronne. Et moi, trop faible père, je place sur toi tout ce que j'ai de plus cher, de plus précieux ; je laisse troubler ma raison par tes prières, et je livre au hasard un bonheur certain.

MARINA.
Eh quoi ! mon père chéri, te repentirais-tu de ta bonté ? Qui pourrait se contenter d'une destinée modeste, quand il voit planer au dessus de sa tête le plus noble sort ?

MEISCHECK.
Tes sœurs ne portent point la couronne, et elles sont heureuses. . . . .
. . . .
MARINA.
Quel bonheur y aurait-il à quitter la maison du waywode mon père, pour entrer dans la maison du palatin mon époux ? Quelle nouveauté trouverais-je dans un pareil changement ? Et puis-je me réjouir du lendemain, s'il ne me donne que ce que j'avais déjà la veille ? O insipide retour du passé ! ennuyeuse monotonie de l'existence ! y a-t-il là de quoi exciter l'espérance ou l'activité ? Il faut l'amour ou la grandeur ; tout le reste me semble également vulgaire.

MEISCHECK.

. . . .

MARINA.

Ah! mon père chéri, que ton front s'éclaircisse! Confions-nous au flot qui nous emporte! Ne pense pas aux sacrifices que tu vas faire, songe à la récompense, au but que tu atteindras, quand tu verras ta fille dans la pompe d'une czarine, assise sur le trône de Moscovie, quand tu verras ton petit-fils régner sur l'univers!

MEISCHECK.

Je ne vois rien que toi, je ne pense qu'à toi, ma fille; à toi, parée de l'éclat du diadème. Tu l'exiges; je ne sais rien te refuser.

MARINA.

O le meilleur des pères! encore une grâce; ne me la refuse pas.

MEISCHECK.

Que souhaites-tu, mon enfant?

MARINA.

Dois-je demeurer enfermée dans Sambor, tandis que mon cœur sera en proie à une ardeur indomptable? Mon sort se décidera par-delà le Borysthène, et j'en serai séparée par d'immenses espaces! Puis-je le supporter? Ah! mon âme impatiente serait condamnée aux tortures de l'attente; c'est avec les battemens et les angoisses de mon cœur que je compterais les délais éternels qu'entraîne cette énorme distance.

MEISCHECK.

Que veux-tu? Que désires-tu?

MARINA.

Laisse-moi attendre l'événement à Kiow. Là je me trouverai à la source des nouvelles; là je serai sur la limite des deux royaumes. . . . . .

MEISCHECK.

Ton âme est dans une agitation terrible : modère-toi, mon enfant.

MARINA.

Ainsi tu me l'accordes, tu m'y conduiras?

MEISCHECK.

C'est toi qui m'y conduiras. Ne faut-il pas consentir à tout ce que tu veux?

MARINA.

Mon père, lorsque je serai czarine de Moscovie, Kiow sera notre frontière; il faudra que Kiow m'appartienne, et toi tu le gouverneras.

MEISCHECK.

Ah! ma fille, tu rêves! Déjà l'immense Moscovie est trop étroite pour ton ambition; tu veux déjà agrandir son territoire aux dépens de ta patrie.

MARINA.

Kiow n'appartient point à notre patrie : là régnaient les anciens princes des Varangiens; je l'ai lu dans de vieilles chroniques : elle fut arrachée à l'empire de Russie; je la rattacherai à son antique souveraine.

MEISCHECK.

Tais-toi, tais-toi! le waywode ne peut entendre de tels discours.

. . . .

On entend des trompettes. Ils partent.

ACTE DEUXIÈME.

SCÈNE PREMIÈRE.

On voit un couvent grec situé dans une contrée déserte et glacée, près du lac Bieloserzk.

UNE TROUPE DE RELIGIEUSES, *vêtues de noir et voilées, passe dans le fond du théâtre;* MARFA, *avec un voile blanc, est seule, appuyée sur la pierre d'un tombeau;* OLGA *quitte les religieuses, s'arrête un moment en regardant Marfa, puis s'approche d'elle.*

OLGA.

Ton cœur ne te porte-t-il pas à jouir comme nous du réveil de la nature? Le soleil revient, et les longues nuits diminuent; les glaces des fleuves se brisent; les traîneaux font place aux barques, et les oiseaux du printemps arrivent : le monde s'épanouit; la douceur nouvelle de l'air nous attire toutes hors de nos étroites cellules pour jouir de la sérénité qui embellit la nature rajeunie; toi seule, abîmée dans ton éternelle douleur, ne veux-tu point partager l'allégresse commune?

MARFA.

Laisse-moi seule, et va joindre tes sœurs. Que celui qui espère jouisse du printemps. L'année, en se renouvelant, en rajeunissant le monde, n'a rien à me promettre : tout est pour moi dans le passé; mes regards ne peuvent se porter qu'en arrière.

OLGA.

Pleureras-tu éternellement ton fils, et gémiras-tu toujours sur ta grandeur perdue? Le temps, qui verse son baume sur toutes les blessures du cœur, n'a-t-il aucun pouvoir sur toi? Tu fus la czarine de ce grand empire; tu fus la mère d'un fils, l'objet de toutes tes espérances; il te fut enlevé par un destin cruel : tu te vis ensevelie dans ce cloître solitaire sur les limites de la vie et de la mort. Cependant, depuis ce jour affreux, la nature a repris seize fois sa verdure : il n'y a que toi que je voie ne jamais changer : quand autour de toi tout est vivant, tu sembles une image immobile que le sculpteur a taillée dans la pierre pour la placer sur un tombeau, conservant toujours la même expression.

MARFA.

Oui, le temps m'a placée ici comme un monument de mon destin horrible. Je ne me calmerai point, je ne veux rien oublier. Il n'y a qu'une âme faible qui puisse recevoir sa guérison du temps. Quelle compensation y a-t-il pour l'irréparable? Rien ne peut racheter ma douleur. De même que la voûte du ciel se montre toujours au voyageur, immense, environnant le monde, reculant devant lui à mesure qu'il avance; de même ma douleur m'environne partout où je porte mes pas; elle s'ouvre devant moi comme une mer infinie, et jamais elle n'épuisera mes larmes éternelles.

OLGA.

Ah! voyons ce qu'apporte ce jeune pêcheur autour duquel nos sœurs se pressent avec curiosité. Il vient des lieux éloignés que les hommes habitent. Il nous apporte quelque nouvelle du monde; le lac est maintenant navigable; les routes sont libres; n'as-tu pas quelque curiosité de l'entendre? quelque mortes que nous soyons au monde, nous apprenons volontiers les événemens qui s'y succèdent; et tranquilles sur le rivage, nous contemplons avec admiration le tumulte des flots.

Des Religieuses approchent avec le jeune Pêcheur.

XÉNIA *et* HÉLÉNA.

Dis-nous, raconte-nous ce que tu sais de nouveau.

ALEXIA.

Conte-nous ce qui se passe hors de ces lieux, dans le siècle.

LE PÊCHEUR.

Donnez-moi le temps de parler, saintes dames.

XÉNIA.

Est-on en guerre? est-on en paix?

ALEXIA.

Qui gouverne le monde?

LE PÊCHEUR.

Un vaisseau est arrivé à Archangel, à travers les glaces du pôle. Il avait traversé les régions immobiles du Nord.

OLGA.

Comment un vaisseau peut-il naviguer sur ces terribles mers?

LE PÊCHEUR.

C'est un vaisseau anglais qui a trouvé cette nouvelle route pour venir chez nous.

ALEXIA.

Que ne risque pas l'homme pour l'amour du gain!

XÉNIA.

Ainsi le monde n'est nulle part fermé!

LE PÊCHEUR.

Mais ce n'est là qu'une bien petite aventure. Une toute autre histoire trouble l'univers.

ALEXIA.

Ah! parlez, racontez.

OLGA.

Dites, qu'est-il arrivé?

LE PÊCHEUR.

Il se passe des choses surprenantes dans le monde. Les tombeaux s'ouvrent, les morts revivent.

OLGA.

Explique-toi, parle.

LE PÊCHEUR.

Le prince Démétrius, le fils d'Iwan, que nous avons pleuré seize ans comme mort, est vivant; il s'est retrouvé en Pologne.

OLGA.

Le prince Démétrius est vivant?

MARFA, *vivement*.

Mon fils!

OLGA.

Ah! contiens-toi; impose silence à ton cœur jusqu'à ce que nous ayons tout entendu.

ALEXIA.

Comment peut-il être vivant? Il a péri à Uglitz, et a été enveloppé dans les flammes.

LE PÊCHEUR.

Il échappa à la fureur des flammes, et trouva asile dans un cloître. Là il croissait dans l'obscurité jusqu'à ce que le temps fût venu de se faire connaître.

OLGA, *à Marfa*.

Tu trembles, princesse, tu pâlis!

MARFA.

Je sais que c'est une erreur; et cependant je suis si peu affermie contre la crainte et l'espérance, que mon cœur est en proie à l'agitation.

OLGA.

Pourquoi serait-ce une erreur? Écoutez-le, écoutez-le! Comment un tel bruit aurait-il pu se répandre sans fondement?

LE PÊCHEUR.

Sans fondement! Tous les peuples de la Lithuanie et de la Pologne ont pris les armes. Notre grand souverain tremble dans sa capitale.

Marfa tremble de tous ses membres. Olga et Alexia la soutiennent.

XÉNIA.

Parle, dis tout! dis ce que tu sais

ALEXIA.

Dis, où as-tu appris cette nouvelle?

LE PÊCHEUR.

Où je l'ai apprise? Une lettre a été envoyée par le czar dans toutes les terres de sa domination. Le magistrat de notre ville nous l'a lue, après nous avoir tous rassemblés. Là, il est dit qu'on veut nous tromper, et que nous ne devons pas croire à cette fourberie. Cela même nous y fait croire, car si cela n'était pas vrai, notre grand souverain mépriserait ce mensonge.

MARFA.

Est-ce donc la fermeté que je me flattais d'avoir acquise? Mon cœur appartient-il donc encore au monde, puisque de vaines paroles me bouleversent ainsi? Depuis seize années je pleure mon fils, et tout-à-coup je croirais qu'il est vivant!

OLGA.

Tu as pleuré sa mort pendant seize années: cependant tu n'as jamais vu ses restes. Rien ne rend impossible la vérité de cette nouvelle. La Providence veille sur le destin des peuples et sur la tête des rois. — Ouvre ton cœur à l'espérance. — L'événement passe ton intelligence; mais qui peut imposer des limites au pouvoir du Tout-Puissant?

MARFA.

Dois-je rejeter un regard sur la vie dont j'avais enfin réussi à me séparer?............
....
Mon espoir ne peut se porter vers le séjour des morts Ah! ne me dis rien de plus : ne rattache point mon cœur à cette trompeuse image; ne me condamne pas à perdre deux fois mon fils chéri. Oh! c'en est fait de la paix de mon âme; je ne puis croire à ce discours, hélas! et je ne puis l'effacer de mon cœur. Malheur à moi! maintenant je ne sais plus si ma pensée doit le suivre chez les morts, ou le chercher chez les vivans. Je suis livrée à un doute sans issue.

On entend une cloche; la Tourière vient.

OLGA.

Que signifie cette cloche? Que veut la sœur tourière?

LA TOURIÈRE.

L'archevêque se présente à nos portes; il vient de la part du czar, et demande audience.

OLGA.

L'archevêque se présente à nos portes! Quelle circonstance extraordinaire peut le conduire ici?

XÉNIA.

Allons toutes le recevoir avec les honneurs qui lui sont dus.

Elles vont vers la porte; l'archevêque entre; elles se mettent à genoux devant lui, et il leur donne sa bénédiction.

JOB.

Je vous donne le baiser de paix, au nom du Père, du Fils et du Saint-Esprit qui procède du Père.

OLGA.

Seigneur, nous baisons humblement ta main paternelle.....................
.... dis ta volonté à tes respectueuses filles.

JOB.

Ma mission regarde la sœur Marfa.

OLGA.

Elle est ici et n'attend que tes ordres.

Les religieuses s'éloignent.

JOB.

C'est notre grand souverain qui m'envoie vers toi : du haut de son trône il a pensé à toi; de même que le soleil lance et disperse ses rayons lumineux dans tout l'univers, de même l'œil du souverain s'étend partout; ses soins veillent sur les extrémités les plus reculées de son empire, et son regard y pénètre.

MARFA.

J'ai éprouvé jusqu'où s'étend son bras.

JOB.

Il sait de quel noble esprit tu es animée; ainsi il ressent avec indignation l'offense qu'un imposteur ose te faire.

MARFA.

....

JOB.

Apprends qu'en Pologne un impudent renégat, après avoir abjuré son Dieu en rompant criminellement ses vœux monastiques, s'est attribué le noble nom de ton fils, de ce fils que la mort te ravit dans son enfance; cet imposteur téméraire se vante d'être de ton sang, se donne pour le fils du czar Iwan. Un waywode de Pologne a rompu la paix, et il conduit ce faux roi que lui-même a suscité; il s'avance sur nos frontières avec une forte armée, il essaie d'égarer le cœur fidèle des Russes et de les entraîner à la trahison et à la révolte................ Dans sa bonté paternelle, le czar m'a envoyé vers toi; tu honores les mânes de ton fils; tu ne voudras pas endurer qu'un impudent aventurier lui dérobe son nom dans le tombeau, et s'empare audacieusement de ses droits; tu déclareras hautement à la face du monde que tu ne le reconnais point pour ton fils; tu ne presseras point sur ton noble cœur un vagabond étranger : le czar attend de toi que tu démentiras cette honteuse supposition avec la juste colère qu'elle doit exciter.

MARFA, qui pendant tout ce discours a semblé en proie aux plus vives émotions.

Qu'entends-je, archevêque, est-il possible? Dis-moi, par quelles marques, par quelles puissantes preuves ce téméraire aventurier s'est-il accrédité comme le fils d'Iwan dont nous avons pleuré la mort?

JOB.

C'est par une ressemblance fugitive avec Iwan, par un écrit tombé par hasard entre ses mains, par un précieux joyau dont il fait parade, qu'il a trompé le vulgaire, avide d'illusions.

MARFA

Quel joyau? Ah! explique-toi.

JOB.

Une croix d'or ornée de neuf émeraudes, qui fut, dit-il, suspendue à son cou lors de son baptême.

MARFA.

Que dites-vous? Il montre cet ornement? (*En s'efforçant de demeurer calme.*) Et comment prétend-il s'être sauvé?

JOB.

Un fidèle serviteur, un diacre, l'aurait arraché à la mort et à l'incendie, puis l'aurait secrètement conduit à Smolensk.

MARFA.

Mais où s'est-il caché? où prétend-il qu'il a vécu inconnu jusqu'à cette heure?

JOB.

Il croissait dans le couvent de Tschudow, inconnu à lui-même; de là il s'est enfui en Lithuanie et en Pologne, où il se mit au service du prince de Sendomir, jusqu'à ce qu'un hasard lui eût découvert sa naissance.

MARFA.

A-t-il pu par de telles fables gagner des amis qui risquent pour lui leur sang et leur vie?

JOB.

Czarine, le cœur du Polonais est perfide, et il regarde avec envie notre patrie florissante : tout prétexte lui est bon pour allumer la guerre sur nos frontières.

MARFA.

Cependant n'y a-t-il pas même en Moscovie de crédules âmes que cette œuvre de mensonge a su séduire?

JOB.

Le cœur des peuples est inconstant, princesse; ils aiment le changement, ils croient gagner à une nouvelle domination, l'audacieuse assurance du mensonge les entraîne, et le merveilleux trouve faveur et croyance; c'est pourquoi le czar souhaite que tu dissipes l'erreur du peuple : toi seule peux le faire; un mot de toi, et l'imposteur qui impudemment se dit ton fils retombe dans le néant. Je me réjouis de te voir ainsi émue; cette téméraire fourberie t'indigne, je le vois, et ton front est enflammé d'une noble colère.

MARFA.

Et où, dites-le-moi, où est maintenant retenu celui qui ose se donner pour mon fils?

JOB.

Déjà il approche de Tschernikow; c'est de Kiow, dit on, qu'il est entré en campagne : une armée polonaise de cavalerie légère marche à sa suite, et il a rassemblé une troupe de Cosaques du Don.

MARFA.

O Dieu tout-puissant, grâces te soient rendues! oui, je te remercie de m'avoir enfin donné la liberté et la vengeance!

JOB.

Qu'est-ce donc, Marfa? ai-je bien entendu?

MARFA.

O puissances célestes! conduisez-le au succès, que vos saints anges guident ses étendards!

JOB.

Est-il possible? comment cet imposteur pourrait-il...

MARFA.

Il est mon fils, à tous ces signes je le reconnais; je le reconnais à la terreur de ton czar : c'est lui, il est vivant, il approche! Tyran, descends du trône! tremble! il vit le rejeton de la race de Ruric; le vrai czar, le légitime héritier vient; il vient, et demande compte de son patrimoine.

JOB.

Insensée, penses-tu à ce que tu dis?

MARFA.

Il luit enfin le jour de la vengeance, le jour de la restauration; le ciel tire l'innocence de la nuit des tombeaux pour la produire au jour. Cet orgueilleux Godunow, mon mortel ennemi, est obligé de ramper à mes pieds pour demander sa grâce; ils sont accomplis mes vœux les plus ardens!

JOB.

La haine peut-elle aveugler à un tel point?

MARFA.

La peur a-t-elle pu aveugler ton czar au point d'attendre son salut de moi, de moi qu'il a si cruellement offensée? . . . .
. . . .
Dois-je donc renier le fils que le ciel, par un miracle, rappelle pour moi du tombeau? Dois-je, pour plaire au meurtrier de ma race, à celui qui a accumulé sur moi des malheurs sans mesure, repousser la délivrance que Dieu m'envoie enfin, au milieu de la profondeur de mon désespoir?

JOB.

. . . .

MARFA.

Non, tu ne m'échapperas pas; il te faudra m'entendre : tu es en mon pouvoir, et je ne te laisserai point aller. Oh! enfin je puis soulager mon âme; enfin je puis répandre sur mon ennemi une colère si long-temps contenue au fond de mon cœur. . . . .
. . . . Qui me jeta vivante dans ce tombeau, lorsque j'étais encore dans toute la force de ma jeunesse, et que mon sein était rempli de l'ardeur du sentiment? qui arracha d'auprès de moi mon fils bien-aimé? qui envoya des meurtriers pour l'égorger? Oh! nulles paroles ne peuvent exprimer ce que j'ai souffert, lorsque durant les longues nuits étoilées, agitée par de douloureux transports, je mesurais le cours des heures par le cours de mes larmes. Le jour de la délivrance et de la vengeance est arrivé. Le puissant est tombé en mon pouvoir.

JOB.

Tu crois que le czar te redoute?

MARFA.

Il est en mon pouvoir. Un mot, un seul mot de ma bouche peut décider de son sort. C'est pour cela que ton maître t'a envoyé vers moi. Tous les peuples de la Russie et de la Pologne ont en ce moment les yeux sur moi. Si je reconnais le czarowitz pour le fils d'Iwan et de moi, tout lui rendra hommage, l'empire est à lui : si je le renie, il est perdu. En effet, qui imaginerait qu'une mère véritable, qu'une mère aussi cruellement offensée que moi, pût, d'intelligence avec le meurtrier de sa race, désavouer le fils de son cœur? Il ne m'en coûterait qu'un mot, et l'univers l'abandonnerait comme un imposteur. — N'est-ce pas vrai? on voudrait obtenir ce mot de moi. — Avouez que je pourrais rendre un grand service à Godunow!

JOB.

Tu pourrais rendre un grand service à ton pays. Tu pourrais, en rendant hommage à la vérité, préserver l'empire d'une cruelle guerre. Toi-même tu ne doutes pas de la mort de ton fils;

pourras-tu rendre témoignage contre ta conscience ?

MARFA.

Je l'ai pleuré durant seize ans, mais je n'avais jamais vu ses restes. La voix publique et ma douleur me persuadèrent qu'il était mort. Ce serait une impiété de vouloir tracer, par un doute téméraire, des limites à la toute-puissance divine. S'il n'était pas le fils de mon cœur, il serait du moins le fils de ma vengeance. Je l'accepte comme un enfant que le ciel vengeur a enfanté pour moi.

JOB.

Malheureuse! tu braves l'homme puissant! La retraite du cloître ne peut te dérober à son bras.

MARFA.

Il peut me tuer; il peut étouffer ma voix dans le tombeau ou dans la nuit d'un cachot, et l'empêcher de retentir dans tout l'univers; il le peut; mais il ne peut me faire dire ce que je ne veux pas dire; cela lui est impossible. — Malgré toute ton habileté, il n'a pas atteint son but.

JOB.

Est-ce ton dernier mot? Penses-y bien! N'apporterai-je pas au czar une meilleure réponse?

MARFA.

Qu'il s'en fie à la bonté du ciel, s'il l'ose, et à l'amour de son peuple, s'il le possède.

JOB.

C'en est assez. Tu es résolue à te perdre : tu t'appuies sur un faible roseau qui se brisera, et tu t'écrouleras avec lui.

MARFA, seule.

C'est mon fils, je n'en puis douter. Les hordes sauvages et libres des déserts s'arment pour lui; un orgueilleux Polonais, un palatin, attache le sort de sa noble fille à l'or pur de sa bonne cause. Et moi seule je le rejetterais! moi, sa mère! et moi seule je ne me laisserais pas entraîner à cet élan de joie qui saisit et transporte tous les cœurs, qui ébranle l'univers entier! C'est mon fils ; je le crois, je veux le croire ; j'accepte avec une vive confiance la délivrance que le ciel m'envoie.

C'est lui, il vient avec une forte armée me délivrer et venger ma honte! Entendez les clairons, entendez les trompettes guerrières. Peuples du midi et de l'aurore, sortez de vos forêts, de vos steppes éternelles; accourez, revêtus d'habillemens variés, parlant des langages divers ; que le cheval, que le renne, que le chameau vous amènent ici! Précipitez-vous, innombrables comme les vagues de la mer, et pressez-vous autour des bannières de votre roi !

Eh! pourquoi, lorsque mes sentimens sont infinis, suis-je ici retenue, enchaînée, contrainte? O toi, soleil éternel qui tournes autour du globe de la terre, charge-toi de mes vœux! Et toi, souffle de l'air, que rien n'arrête dans ta course immense et rapide, porte-lui mes souhaits. Je n'ai rien que mes prières et mes supplications; elles s'élèvent brûlantes du fond de mon âme, et jo dirige leur vol vers les sommets célestes, comme une armée que j'enverrais à son secours.

SCÈNE II.

Une hauteur environnée d'arbres. Une perspective vaste et riante s'étend au loin ; une belle rivière traverse la contrée, dont l'aspect est animé par des blés encore verts. On voit briller çà et là les clochers de quelques villes. Derrière le théâtre, on entend un bruit de tambours et de trompettes.

ODOWALSKY *et quelques* OFFICIERS *s'avancent, et peu après* DÉMÉTRIUS.

ODOWALSKY.

Que l'armée s'arrête là-bas dans la forêt, pendant que nous allons examiner la vue qui s'offre de cette hauteur.

Quelques officiers s'en vont, Démétrius arrive.

DÉMÉTRIUS, *reculant de surprise*
Ah! quel aspect!

ODOWALSKY.

Seigneur, tu vois ton empire se déployer devant toi... Voici le territoire de la Russie.

RAZIN.

Ces poteaux portent déjà l'écusson de Moscovie ; ici finit la domination polonaise.

DÉMÉTRIUS.

Est-ce le Borysthène dont le cours tranquille coule devant nos yeux ?

ODOWALSKY.

C'est la Desna. Là s'élèvent les tours de Tschernikow.

RAZIN.

Ces coupoles qui brillent à l'horizon, c'est la petite Novogorod.

DÉMÉTRIUS.

Quelle riante perspective! quel aspect magnifique!

ODOWALSKY.

Le printemps étale toutes ses parures. Ces vastes champs de blé annoncent un sol fertile.

DÉMÉTRIUS.

L'œil se perd dans cette vue immense.

RAZIN.

Ce n'est encore qu'une bien petite partie du grand empire de Russie. Il s'étend, seigneur, bien loin par-delà les regards, vers l'orient, et ne connaît point d'autre limite vers le nord que les forces vivifiantes de la nature. . . . .
. . . .
ODOWALSKY.

Voyez comme notre czar est devenu pensif.

DÉMÉTRIUS.

La paix règne encore sur cette belle contrée, et moi, traînant le terrible appareil de la guerre, je vais la ravager en ennemi.

ODOWALSKY.

Il faut écarter de telles pensées, seigneur.

DÉMÉTRIUS.

Tu penses comme un Polonais; mais moi, je suis fils de la Moscovie. Voilà le pays qui m'a donné la vie. Pardonne, sol chéri, terre sacrée ! et vous, saintes limites que je touche, vous sur qui mon père a gravé ses aigles, pardonnez à votre fils de venir avec les armées ennemies de l'étranger renverser le paisible sanctuaire de votre repos! Je viens ici redemander mon héritage et le noble nom de mes pères qu'on m'a ravi. Ici régnèrent les Varangiens, mes aïeux : leur longue succession embrasse trente âges d'hommes ; je suis le dernier de leur race, arraché à la mort par la divine Providence. . . . .

. . . .
. . . .

wwwwwwwwwwwwwwwwwwwwwwwwwwww

SCÈNE III.

Un village russe. — La place publique devant l'église. On entend le tocsin.

GLEB, ILIA et TIMOSKA *se précipitent sur la scène; ils sont armés de haches.*

CLEB, *sortant de sa maison.*

Où court la foule ?

ILIA, *sortant d'une autre maison.*

Qui sonne le tocsin ?

TIMOSKA.

Venez, voisins, venez tous, venez à l'assemblée !

Oleg et Igor avec beaucoup d'autres paysans, leurs femmes et leurs enfans ; ils sont chargés de bagages.

GLEB.

Où allez-vous avec ces femmes et ces enfans ?

IGOR.

Fuyez, fuyez; les Polonais sont entrés dans le pays ; ils sont à Moromesk et tuent tout ce qu'ils rencontrent.

OLEG.

Fuyez, fuyez dans l'intérieur des terres, dans les villes fortes ; nous avons mis le feu à nos cabanes, nous avons tous abandonné notre village, et nous fuyons à travers champs vers l'armée du czar.

TIMOSKA.

Voici encore une nouvelle troupe de fugitifs.

Iwanska et Petruschka arrivent d'un autre côté avec une troupe de paysans armés.

IWANSKA.

Vive le czar! le grand prince Démétrius !

GLEB.

Comment ? qu'est-ce donc ?

ILIA.

Que voulez-vous dire ?

TIMOSKA.

Que dites-vous ?

PETRUSCHKA.

Que ceux qui sont fidèles à la race de nos princes me suivent !

TIMOSKA.

Qu'est-ce donc? voici tout un village qui fuit à travers les terres pour échapper aux Polonais, et vous, vous voulez aller à leur rencontre ? vous passez vers l'ennemi de votre pays ?

PETRUSCHKA.

Quel ennemi ? celui qui vient n'est pas un ennemi, c'est le légitime héritier du royaume, c'est l'ami de la patrie.

Le magistrat du village s'avance pour lire le manifeste de Démétrius. Hésitation des habitans du village entre les deux partis. Les paysannes se montrent les premières favorables à Démétrius, et donnent l'impulsion.

Le camp de Démétrius. Il a été battu dans la première rencontre ; mais l'armée du czar Boris, bien que victorieuse, est mal disposée pour lui, et il ne peut poursuivre ses avantages. Démétrius, au désespoir, veut se tuer. Koréla et Odowalsky ont de la peine à l'en empêcher. Insolence des Cosaques envers Démétrius.

Le camp du czar Boris. Il est absent, ce qui fait tort à sa cause; car il est craint et point aimé. Son armée est forte, mais peu sûre. Les chefs sont désunis ; et, par différens motifs, plusieurs penchent du côté de Démétrius. Un d'entre eux, Soltikow, se déclare ouvertement pour lui. Sa défection a des suites importantes. Une grande partie de l'armée passe à Démétrius.

Boris à Moscou. Il se montre encore comme un souverain absolu, entouré de serviteurs fidèles ; mais il est déjà aigri par les mauvaises nouvelles. La crainte d'un soulèvement à Moskou l'empêche de se rendre à son armée. Il éprouverait aussi quelque honte que le czar en personne allât combattre contre un imposteur. Scène entre lui et l'archevêque.

De mauvaises nouvelles arrivent de tous côtés, et le danger devient de plus en plus pressant pour Boris. On vient lui apprendre que les habitans des campagnes et les villes des provinces abandonnent sa cause, que son armée est inactive et mutinée, que Moscou s'émeut, que Démétrius avance. Romanow, qu'il a gravement offensé, arrive à Moscou. C'est un nouveau sujet d'inquiétude. Puis arrive la nouvelle que les boyards se rendent au camp de Démétrius, et que toute l'armée s'est rangée sous ses drapeaux.

Boris et Axinia. Le czar, comme père de famille, se montre sous un aspect intéressant, et dans sa conversation avec sa fille il lui ouvre son âme.

Boris est parvenu au pouvoir par des crimes ; mais il a accepté et rempli tous les devoirs d'un souverain ; il est le père de son peuple et a fait beaucoup de bien à son pays. C'est seulement en ce qui touche sa personne qu'il est soupçonneux, vindicatif et cruel. Son esprit aussi bien que son rang l'élève fort au-dessus de tout ce qui l'entoure. La longue possession du plus grand pouvoir, l'habitude de dominer les hommes, les formes despotiques du gouvernement, ont tellement nourri son orgueil, qu'il lui est impossible de survivre à sa grandeur. Il juge clairement de ce qui va lui arriver; mais il se montre encore czar, et rien ne l'abaisse, car il est résolu à mourir.

Il croit aux pressentimens, et dans sa disposition actuelle, beaucoup de choses lui paraissent significatives, qu'autrefois il eût dédaignées. Une circonstance particulière, où il croira reconnaître la voix du destin, sera décisive pour lui.

Un peu avant sa mort son caractère change, il devient plus doux envers les mauvaises nouvelles, et rougit des transports de colère où les premières l'avaient jeté. Il se fait raconter les plus tristes détails et récompense le messager.

Aussitôt qu'il a appris les malheurs qui lui semblent décisifs, il se retire sans plus d'explication, d'un air calme et résigné. Il revient bientôt après, revêtu d'un vêtement de moine. Il éloigne sa fille de ses derniers momens. Elle trouvera dans un cloître un asile contre les outrages. Son fils Feodor, encore enfant, a sans doute moins de sujets de crainte. Il prend du poison, et se retire dans un appartement solitaire pour y mourir en repos.

Trouble général produit par la nouvelle de la mort du czar. Les boyards forment une diète, et se réunissent au Kremlin. Romanow (qui fut ensuite czar et tige de la maison actuellement régnante) s'avance à la tête d'une troupe armée, prête sur le corps du czar serment de fidélité à son fils Feodor, et contraint les boyards à imiter son exemple. La vengeance et l'ambition n'entrent point dans son âme; il se conforme seulement à la justice. Il aime Axinia sans espoir, et il est, sans le savoir, payé de retour.

Romanow se rend en hâte à l'armée pour la gagner au jeune czar. Tumulte à Moscou, excité par les partisans de Démétrius. Le peuple arrache les boyards de leurs demeures, se saisit de Feodor et d'Axinia, les retient prisonniers, et envoie des députés à Démétrius.

Démétrius est à Tula, au comble de la prospérité. L'armée est à lui. On lui apporte les clefs de beaucoup de villes. Moscou seule paraît encore résister. Démétrius se montre aimable et plein de douceur; il montre une noble émotion à la nouvelle de la mort de Boris; il pardonne aux auteurs d'un complot dirigé contre sa vie; il rougit des témoignages serviles du respect des Russes, et cherche à s'y dérober. Démétrius désire une entrevue avec sa mère; il envoie des messagers à Marina.

Parmi la foule des Russes qui, à Tula, se presse autour de Démétrius, paraît un homme qu'il reconnaît sur-le-champ. Il se réjouit hautement de le revoir. Il fait éloigner tout le monde, et dès qu'il se trouve seul avec cet homme, il le remercie cordialement comme son sauveur et son bienfaiteur. Celui-ci laisse entendre que Démétrius lui a une grande obligation, et plus grande encore qu'il ne croit. Démétrius le presse de s'expliquer plus clairement, et le meurtrier du vrai Démétrius révèle la réalité des choses. N'ayant obtenu de Boris aucune récompense pour ce meurtre, et n'en attendant nulle autre que la mort pour châtiment, brûlant du désir de se venger, rencontra un enfant dont la ressemblance avec le czar Iwan le frappa. Il mit à profit cette circonstance; il prit l'enfant, s'enfuit avec lui à Uglitz, le porta à un ecclésiastique à qui il sut faire agréer son plan, et lui remit le joyau que lui-même avait pris au jeune Démétrius assassiné. C'est par cet enfant, que jamais il n'a perdu de vue, et dont il a dans l'ombre suivi toutes les démarches, que sa vengeance est maintenant accomplie : c'est l'instrument de sa haine, le faux Démétrius qui règne sur la Russie à la place de Boris.

Ce récit opère sur Démétrius un changement prodigieux. Son silence est terrible. Dans ce moment de rage et de désespoir, le meurtrier le pousse au dernier transport, en exigeant une récompense avec audace et insolence. Il le frappe et le tue.

Monologue de Démétrius. Combats intérieurs. Mais le sentiment de la nécessité l'emporte, et il se résout à soutenir son rôle de czar.

Les envoyés de la ville de Moscou se présentent et se jettent aux pieds de Démétrius. Il les reçoit d'un air sombre et menaçant. Parmi eux est le patriarche. Démétrius le dépouille de sa dignité, et condamne plusieurs Russes de distinction qui ont élevé des doutes sur sa légitimité.

Marfa et Olga attendent Démétrius sous une tente magnifique. Marfa parle de l'entrevue qu'elle va avoir avec plus de crainte et de doute que d'espérance, et tremble de ce moment qui semblait lui promettre tant de félicité. Olga tâche de la persuader; mais elle-même est en méfiance. Pendant leur longue route, elles ont eu toutes les deux le temps de se rappeler toutes les circonstances; les premiers transports ont fait place à un examen réfléchi : le sombre silence et l'aspect redoutable des gardes qui environnent la tente augmentent encore leurs doutes.

La trompette sonne. Marfa ne sait plus si elle doit aller au-devant de Démétrius. Maintenant le voilà devant elle; ils sont seuls. Le peu d'espoir qui lui restait s'évanouit à son aspect. Quelque chose d'inconnu les sépare; la voix de la nature ne se fait pas entendre, ils sont à jamais étrangers l'un à l'autre. Au premier instant ils essaient de s'approcher; Marfa fait un mouvement en arrière. Démétrius s'en aperçoit, et demeure un moment interdit. Silence expressif.

DÉMÉTRIUS.

Le cœur ne te parle-t-il point? Ne reconnais-tu point ton sang en moi?

Marfa garde le silence.

DÉMÉTRIUS.

La nature a un langage libre et sacré. Je ne veux ni le feindre ni le forcer. Si ton cœur l'eût parlé à ma vue, le mien t'aurait répondu : tu aurais trouvé en moi un fils pieux et plein d'amour: la nécessité se serait confondue avec le penchant, avec l'intimité, avec l'affection. Si cependant tu n'éprouves rien pour moi comme mère, songe que tu es princesse, que tu es reine. Le destin te rend en moi un fils que tu n'espérais plus; accepte-le comme un don du ciel. Que je sois ou que je ne sois pas ton fils, ainsi que je le parais, je ne dérobe rien à ce fils, je n'enleve rien qu'à ton ennemi. J'ai vengé toi et ta race; je t'ai tirée du tombeau où tu avais été ensevelie vivante; je t'en ai délivrée pour te remettre sur le trône... Tu comprends comment ton destin est lié au mien. Tu t'es relevée avec moi, tu succomberais avec moi... Les peuples ont les yeux sur nous.

Je hais la fourberie, et ce que je ne sens point, je ne cherche pas à le montrer; mais j'ai réellement pour toi un grand respect, et ce sentiment me fait fléchir le genou devant toi en toute sincérité.

Jeu muet de Marfa, qui laisse voir son agitation intérieure.

DÉMÉTRIUS.

Résous-toi. Que ta libre volonté te dicte une conduite où la nature ne t'entraîne pas: je n'exige de toi ni hypocrisie ni mensonge. Je demande des sentimens vrais... Ne te montre pas ma mère, soit.. Rejette l'idée du passé, saisis-toi de la pensée du présent. Ne suis-je pas ton fils? eh bien! je suis le czar. J'ai le pouvoir, j'ai le succès... celui qui est dans le tombeau n'est que poussière; il n'a plus de cœur pour t'aimer; tu ne verras plus son sourire... Occupe-toi des vivans.

Marfa fond en larmes.

DÉMÉTRIUS.

Ah! précieuses larmes! qu'elles viennent à propos! laisse-les couler, et montre-toi ainsi au peuple.

Sur un signe de Démétrius, la tente s'ouvre, et les Russes rassemblés sont témoins de cette scène.

Entrée de Démétrius à Moscou. Grande pompe, mais appareil guerrier. Ce sont les Polonais et les Cosaques qui ouvrent la marche. Quelque chose de sombre et de terrible se mêle à la joie publique. La méfiance et le malheur semblent planer sur toute cette solennité.

Romanow, qui était arrivé trop tard à l'armée, est revenu pour secourir Feodor et Axinia Tout est inutile: lui-même est mis en prison. Axinia s'échappe et se réfugie près de la czarine Marfa; elle implore sa protection contre les Polonais. Démétrius la voit, et à son aspect est saisi de la plus vive et de la plus invincible passion. Axinia a horreur de lui.

Démétrius est czar. — Son pouvoir repose sur un appui redoutable, mais dont il n'est pas le maître. — Il est poussé par des passions étrangères. — La conscience qu'il a de son véritable sort excite une méfiance générale; il n'a pas un ami, pas un serviteur fidèle. Les Polonais et les Cosaques lui nuisent dans l'esprit du peuple par leur insolence. Son inquiétude le dépouille même de ce qui l'avait d'abord honoré, de sa popularité, de sa simplicité de manières, de son dégoût pour le cérémonial. Sans cesse il offense par mégarde les mœurs du pays. Il persécute les moines, parce qu'il a beaucoup souffert sous leur joug. Il n'est pas exempt des caprices du despotisme lorsque son orgueil est blessé. — Odowalsky continue à se rendre nécessaire; il écarte les Russes d'auprès de lui, et conserve son influence dominante.

Démétrius pense à manquer de foi à Marina. Il en parle à l'archevêque Job, qui, pour éloigner les Polonais, va au-devant de ses désirs, et tâche de lui donner une haute idée de la puissance d'un czar.

Marina arrive à Moscou avec une suite nombreuse. Entrevue avec Démétrius. Accueil froid et hypocrite des deux parts. Cependant elle sait mieux dissimuler. Elle presse son mariage. On fait des apprêts pour une fête splendide.

D'après l'ordre de Marina, une coupe de poison est portée à Axinia. La mort lui semble douce, car elle craignait d'être contrainte à donner la main au czar.

Vive douleur de Démétrius. Il marche, d'un cœur déchiré, à l'autel avec Marina.

Après le mariage, Marina lui révèle qu'elle ne le regarde point comme le véritable Démétrius, et que jamais elle ne l'a tenu pour tel; puis elle le quitte froidement, le laissant dans une situation terrible.

Pendant ce temps-là Schinskoy, un des anciens capitaines du czar Boris, met à profit le mécontentement toujours croissant du peuple, et devient le chef d'une conspiration contre Démétrius.

Romanow, dans sa prison, est consolé par une miraculeuse apparition. L'ombre d'Axinia paraît devant lui, montre à ses yeux la belle perspective des temps à venir, lui ordonne d'attendre tranquillement que les destins se mûrissent, et de ne pas se souiller de sang Romanow apprend qu'il sera appelé au trône. Bientôt après on vient l'engager à prendre part à la conjuration. Il s'y refuse.

Soltikow se fait d'amers reproches d'avoir trahi sa patrie en faveur de Démétrius Mais il ne veut pas être traître une seconde fois, et il soutient par probité, bien que ce soit contre ses sentimens, le parti qu'il a embrassé. Le malheur étant consommé, il s'efforcera au moins de le réparer et d'affaiblir le pouvoir des Polonais. Il paye cette tentative de la vie, mais il reçoit la mort comme une punition méritée de sa première faute, et le déclare ainsi en mourant à Démétrius lui-même.

Casimir, frère de Lodoïska, jeune Polonaise que chez le wayvode de Sendomir Démétrius avait aimée en secret et sans espoir, a, sur les instances de sa sœur, suivi l'armée, et s'est vaillamment conduit dans chaque combat. Au moment du plus grand danger, lorsque tous les autres partisans de Démétrius ne songent qu'à leur propre salut, Casimir seul lui reste fidèle et se sacrifie pour lui.

La conjuration éclate. La czarine Marfa et les chefs de la conspiration s'introduisent dans l'appartement de Démétrius. Sa dignité et son courage imposent un moment aux rebelles. Il avait presque réussi à les désarmer, en promettant de leur livrer les Polonais. Mais tout-à-coup Schinskoy se précipite avec une autre troupe furieuse. On exige une explication formelle de la czarine. Il faut qu'elle jure sur la croix que Démétrius est son fils. Il lui est impossible de témoigner contre sa conscience avec une telle solennité. Elle se détourne en silence de Démétrius, et veut se retirer. « Elle se tait, crie la foule furieuse; elle le désavoue! Meurs, imposteur. » Et il tombe percé de coups aux pieds de Marfa.

FIN DU PLAN DE DÉMÉTRIUS.

LA FIANCÉE DE MESSINE,

ou

LES FRÈRES ENNEMIS,

TRAGÉDIE AVEC DES CHŒURS.

DE L'EMPLOI DU CHŒUR DANS LA TRAGÉDIE.

Un ouvrage poétique doit se défendre lui-même, et lorsque l'effet n'a point parlé pour lui, les dissertations sont de peu de secours. L'on pourrait donc livrer le chœur à lui-même, et quand une fois il aura été convenablement amené sur la scène, s'en rapporter à ce qu'il dira. Mais le poëme tragique n'est complet que par la représentation théâtrale; le poëte ne fournit que les paroles; la musique et la danse doivent venir ensuite les animer. Tant que le chœur sera privé de ces deux grands moyens d'expression, aussi longtemps qu'il ne sera dans l'économie d'une tragédie qu'un accessoire, qu'un corps étranger, il y paraîtra seulement comme un embarras qui interrompt la marche de l'action, qui détruit l'illusion et refroidit le spectateur. Pour bien apprécier le chœur, il faudrait se transporter du théâtre tel qu'il est, au théâtre tel qu'il pourrait être; opération de l'esprit indispensable dès qu'on veut porter plus haut ses idées. Ce qui manque à l'art, c'est à vous d'y suppléer. Le défaut accidentel d'un moyen d'exécution ne doit pas restreindre l'imagination créatrice du poëte; il se propose pour but ce qui lui semble le plus beau, il s'efforce d'atteindre l'idéal; c'est aux arts de la pratique de s'accommoder ensuite aux circonstances.

Il n'est point vrai, comme on l'entend dire communément, que l'art dépende du public; c'est le public qui dépend de l'artiste; et toutes les fois que l'art s'est dégradé, c'est par la faute des artistes. Il ne faut au public que la capacité de sentir, et il la possède. Il vient au théâtre avec des désirs indéterminés et des facultés très-variées; il y porte l'aptitude au sublime, il sait jouir par l'intelligence et par la raison; et s'il a commencé par se contenter de ce qui était mauvais, certes il n'en sera plus ainsi, et il exigera de ce qui est bon, lorsqu'on le lui aura une fois donné. Le poëte, objecte-t-on, est bien bon de travailler d'après l'idéal; le critique est bien bon de juger d'après les idées, tandis que l'art n'est que pratique, restreint, conditionnel et assujetti à la nécessité.

L'entrepreneur veut se tirer d'affaire; le comédien veut paraître; le spectateur veut être diverti et recevoir des émotions; il cherche son plaisir, et n'est point satisfait si l'on exige de lui un effort, lorsqu'il attendait un délassement et un jeu.

Mais, pour traiter plus sérieusement du théâtre, ce divertissement du spectateur, ne doit-on pas l'élever, et même l'ennoblir? C'est un jeu sans doute, mais c'est un jeu poétique, l'art est consacré au plaisir des hommes, et il ne peut avoir une tâche plus grande, plus sérieuse, que de contribuer à leur bonheur. L'art le plus parfait est celui qui procure les jouissances les plus sublimes; et la plus sublime des jouissances, c'est le libre exercice des forces de l'âme.

L'homme attend donc des arts de l'imagination un certain affranchissement des bornes du réel; il veut qu'ils le fassent jouir du possible, et qu'ils donnent carrière à son imagination. Le moins exigeant cherche à oublier ses affaires, sa vie commune, son individualité; il veut se sentir sur un sol au-dessus du vulgaire, il veut repaître sa curiosité des combinaisons merveilleuses de la destinée. S'il est d'une nature plus sérieuse, il veut retrouver sur le théâtre un système moral plus pur que dans la vie réelle; cependant il sait fort bien qu'il ne se livre qu'à un simple jeu; il est averti par son sens intime qu'il ne s'agit que d'un songe; quand il rentrera du théâtre dans le monde réel, il sera encore environné de toutes les circonstances qui le pressent, il sera leur proie comme auparavant; elles sont demeurées les mêmes, et il n'y a rien de changé en lui; il a seulement joui pendant un instant d'une impression agréable qui s'évanouit au réveil.

Ainsi, s'il ne s'agissait que d'une illusion passagère, une apparence de vérité, ou cette vraisemblance que les hommes substituent volontiers à la vérité, seraient suffisantes.

Mais l'art véritable n'a pas pour seul but une illusion passagère; il ne veut pas seulement affranchir l'homme pendant un rêve d'un instant, il veut même l'affranchir réellement et en effet; il doit éveiller, employer et former en lui une force nouvelle; il doit placer devant lui, comme un objet visible, ce monde de l'intelligence qui pesait sur lui comme une matière brute, qui l'opprimait comme une force aveugle; il doit en faire la libre création de notre esprit et soumettre la matière aux idées.

Et puisque l'art véritable doit produire quelque chose de réel et d'objectif, il ne peut se contenter d'une simple apparence de la vérité. C'est sur la vérité elle-même, sur les fondemens profonds et inébranlables de la nature, qu'il élève son édifice idéal.

Mais comment l'art sera-t-il à la fois tout idéal, et cependant intimement uni au sens réel? comment pourra-t-il abandonner entièrement le réel et se conformer exactement à la nature? C'est à quoi bien peu savent atteindre; c'est ce que l'examen des ouvrages poétiques et plastiques présente d'une façon si inégale, tandis que cette double condition semble cependant naître directement d'un seul et même sentiment. Il arrive communément qu'on sacrifie l'une pour atteindre l'autre, et que par là on n'en remplit aucune. Celui à qui la nature a accordé la justesse d'observation et la délicatesse de sentiment, mais à qui elle a refusé la force créatrice de l'imagination, sera un peintre fidèle de la réalité; il saisira les apparences accidentelles, mais jamais l'esprit de la nature; il ne fera que nous reproduire le monde matériel, mais il n'en fera jamais notre ouvrage, jamais il n'en fera la libre production de notre esprit de création; il n'accomplira point l'action bienfaisante de l'art qui consiste à nous affranchir des bornes du réel. Elle est vraie, mais elle est triste l'harmonie qui s'établit entre nous et un tel poète ou un tel artiste, lorsque nous voyons l'art, qui devait nous délivrer des entraves de la réalité, nous y placer lui-même péniblement. Mais celui, au contraire, à qui est échue en partage l'imagination, mais sans le caractère et le sentiment, ne s'inquiétera pas de la vérité; il se jouera seulement du monde matériel, il cherchera à étonner par des combinaisons bizarres et fantastiques; et comme son fait n'est qu'apparence et nuage, il pourra, à la vérité, divertir un instant, mais ne pourra rien fonder ni construire sur le sentiment. Sa frivolité, pas plus que la vérité de l'autre, n'a rien de poétique. Faire succéder des formes fantastiques arbitrairement l'une à l'autre, ce n'est pas plus atteindre l'idéal, que reproduire la réalité en copiant n'est représenter la nature. Les deux conditions sont si peu contradictoires, qu'on pourrait bien plutôt les confondre en une seule. Au fait, l'art véritable abandonne entièrement le réel et devient purement idéal. La nature elle-même n'est qu'une idée de l'esprit, qui ne tombe jamais sous les sens. Elle est cachée sous les objets, mais elle ne devient jamais un objet. Il est accordé ou plutôt il est imposé à l'art idéal de saisir l'esprit de chaque chose, et de l'enchaîner sous une forme matérielle; mais il ne peut jamais le présenter aux sens; seulement, par sa puissance créatrice, il peut le montrer à l'imagination, et par là être plus vrai que toute réalité et plus positif que toute expérience. Il suit évidemment de là que l'artiste ne peut employer aucun élément tiré du réel, du moins tel qu'il l'y trouve, et que son ouvrage doit être idéal dans toutes ses parties, pour avoir de la réalité dans son ensemble, et pour se trouver en même temps en harmonie avec la nature.

Ce qui est vrai de la poésie et de l'art en général l'est aussi pour chaque genre en particulier; et l'on fera sans peine à la tragédie l'application de ce qui vient d'être exposé. Là aussi l'on a eu, l'on a encore à combattre l'idée commune de ce naturel qui détruit et efface toute espèce d'art et de poésie. A la vérité, l'on doit ajouter à l'art d'imaginer un certain idéal plutôt de convention que dérivant des principes mêmes de la tragédie; mais ce que communément l'on désire de la poésie, et spécialement de la poésie dramatique, c'est l'illusion qui, à la supposer possible, ne serait jamais qu'un misérable escamotage. Toutes les circonstances extérieures de la représentation théâtrale s'opposent à cette idée; tout y est seulement symbole de la réalité; le jour du théâtre est artificiel; l'architecture n'y est que figurée; le discours poétique est idéal; l'action seule doit ordinairement être réelle, et cette circonstance particulière a vicié l'ensemble. C'est ainsi que les Français, qui se sont entièrement mépris sur l'esprit des anciens, ont introduit sur le théâtre une unité de temps et de lieu tout-à-fait artificielle et vulgaire, comme s'il y avait un autre lieu qu'un espace purement idéal et un autre temps que le progrès continu de l'action.

L'introduction du discours métrique est déjà un grand pas vers la tragédie poétique. Que quelques essais lyriques s'établissent heureusement sur le théâtre, et la poésie, par sa propre force, dans une seule victoire en aura remporté plusieurs sur les préjugés dominans. Mais cependant qu'est-ce qu'une victoire partielle, tant que l'ensemble sera en proie à l'erreur? La poésie doit-elle être seulement tolérée à titre de licence, lorsque l'essence même de la tragédie est la poésie? L'introduction du chœur serait le dernier pas, le plus décisif, même quand il ne devrait servir qu'à déclarer une guerre ouverte et honorable à la manie du naturel dans les arts; ce serait comme une sorte de rempart vivant dont la tragédie s'environnerait pour se défendre de l'invasion du monde réel, et qui assurerait à son existence idéale la liberté poétique.

La tragédie des Grecs est, comme on sait, émanée du chœur. Non seulement c'est historiquement et par succession de temps qu'elle en est dérivée, mais on peut dire aussi qu'elle en procède poétiquement et par l'esprit, et que sans ces témoins continuels, sans ce support de l'action, on aurait une toute autre œuvre poétique. La suppression du chœur, et la concentration de cet organe expressif et puissant en un misérable confident, figure sans caractère et qui ne reparaît que pour apporter l'ennui, n'est certes pas un aussi grand perfectionnement de la tragédie que les Français et leurs imitateurs se le sont imaginé.

La tragédie antique, qui à son origine n'avait affaire qu'aux dieux, aux héros et aux rois, employa le chœur comme un élément nécessaire; elle le trouva dans la nature, et s'en servit parce qu'elle l'y avait trouvé. Les actions et les destinées des héros et des rois sont par elles-mêmes fort publiques; dans ces temps de simplicité, elles l'étaient encore davantage. D'où il suit que le chœur dans la tragédie antique était un organe donné par la nature; il tenait à la forme poétique qu'avait reçue la vie réelle. Dans la tragédie nouvelle, il doit être un organe donné par l'art, il doit aider et féconder la poésie. Le poète moderne ne trouve plus le chœur dans la nature; il lui faut le créer et l'introduire poétiquement; c'est-à-dire que la fable qu'il met en action doit subir un changement qui la reporte vers les temps de l'enfance des peuples, vers les temps où les formes de la vie étaient simples. Le chœur rendrait par là des services encore plus essentiels aux tragiques modernes qu'aux poètes antiques. Il transformerait le monde moderne et vulgaire en un monde antique et poétique. Il rendrait impossible l'emploi de tout ce qui résiste à la poésie, et ramènerait tout à des motifs simples, immédiats et naïfs. Maintenant le palais des rois est fermé; la justice a été amenée des portes de la ville dans l'intérieur d'une maison; l'écriture a été substituée à la parole vivante; le peuple lui-même, cette masse animée et sensible, n'agissant plus dans sa force et dans sa rudesse, est devenu l'État, c'est-à-dire une idée abstraite; les dieux se sont retirés dans le cœur de l'homme. Le poète doit ouvrir les palais; il doit replacer les juges sous la voûte du ciel; il doit rendre les dieux à leurs autels; il doit rétablir toutes les circonstances immédiates de la vie réelle qu'ont écartées les convenances artificielles, et repousser toutes les dispositions de l'art qui empêchent l'homme de démêler en lui et d'y laisser voir les vraies apparences de son naturel et son caractère original. Il faut faire comme le statuaire qui rejette les vêtemens modernes, et ne conserve des circonstances extérieures que celles qui donnent aux formes un aspect plus grand, plus mâle et plus déterminé.

Et de même que l'artiste déploie autour de ses figures des draperies aux larges plis pour les encadrer d'une manière riche et agréable, pour rattacher ensemble les parties séparées et en former des masses tranquilles, pour laisser du jeu à la couleur qui attire et réveille les yeux, pour cacher à la fois et faire ressortir les *formes humaines*: de même le poète tragique doit entourer et entrelacer l'édifice solide et proportionné de l'action, et les contours déterminés de ses personnages, avec une parure lyrique qui, comme un ample vêtement de pourpre, laissera ses figures agir avec liberté et noblesse, mais avec une dignité soutenue et un calme sublime.

Dans une organisation d'un ordre plus relevé, la matière première ou élémentaire cesse d'être discernée. Ainsi les élémens chimiques des couleurs disparaissent dans la carnation de l'homme vivant. Mais *ailleurs* la matière a ses droits, et peut, à juste titre, faire partie de l'ensemble de l'art. Il faut qu'elle tienne sa place au milieu de l'harmonie et de la plénitude d'une création vivante; il faut qu'elle fasse valoir les formes qu'elle enveloppait, et non pas que ces formes se fassent péniblement jour au travers. Cela est facile à concevoir dans les arts du dessin, et se retrouve aussi dans la poésie et la tragédie, dont il est ici question. Tout ce que l'intelligence a généralisé, comme tout ce qui agit uniquement sur la sensation, n'est que la matière, l'élément brut d'une œuvre poétique, et la poésie disparaîtra infailliblement si on laisse prédominer l'un ou l'autre, car la poésie est placée justement dans l'équilibre de l'idéal et de la sensation. Mais l'homme est ainsi fait, qu'il veut toujours aller du particulier au général; et la réflexion doit aussi tenir sa place dans la tragédie, en telle sorte qu'elle puisse regagner, par une exposition directe, ce qui lui manque dans l'extérieur de la vie. En effet, lorsque les deux élémens de la poésie, l'idéal et la sensation, ne sont pas confondus intérieurement dans une même action, au moins doivent-ils agir près l'un de l'autre, ou la poésie s'évanouit. Quand la balance n'est pas égale au dedans, il faut chercher l'équilibre par les oscillations des deux plateaux.

Et c'est à cela que sert le chœur dans la tragédie. Le chœur n'est pas un individu, il est lui-même une idée générale; mais cette idée est représentée par une masse forte et sensible qui, par sa large présence, s'empare de la sensation : le chœur laisse la le cercle étroit de l'action, plane sur les destinées et l'avenir, sur les temps et les peuples, sur l'ensemble de l'humanité; il montre les grands résultats de la vie; il proclame les leçons de la *sagesse* : mais tout cela, il le fait avec la toute-puissance de l'imagination, avec la liberté et l'audace lyriques, et en s'élançant du sommet élevé des choses humaines, comme les dieux dans leur marche; et il fait cela avec tout le pouvoir que le rhythme et la musique lui donnent sur les sens, par les sons et le mouvement.

Le chœur épure aussi le poème tragique, en retirant la réflexion de l'action, tandis qu'il puise sa force poétique dans cette séparation même, comme l'artiste tire de la nécessité du vêtement une beauté et un attrait de plus, au moyen d'une riche draperie. Mais de même que le peintre se voit forcé à rehausser tous les tons de la chair pour les tenir en harmonie avec les draperies, le langage lyrique du chœur contraint le **poète** à relever en proportion tout le langage du poème, et par là à donner plus d'énergie à la puissance de l'expression. Le chœur prescrit à l'auteur tragique cette sublimité de ton qui remplit l'oreille, qui attache l'esprit et qui agrandit le sentiment : il devient nécessaire de donner aux figures un aspect colossal, d'élever les personnages sur le cothurne, et de présenter tout le tableau avec une grandeur tragique. Supprimez le chœur, et le langage de la tragédie s'abaissera sur-le-champ, ou bien ce qui semblait grand et fort paraîtra contraint et exagéré. Le chœur antique introduit dans la tragédie française la ferait paraître dans toute sa misère et l'anéantirait, tandis que dans la tragédie de Shakspeare il en ferait ressortir la vraie signification. Autant le chœur apporte de vie dans le discours, autant il met de calme dans l'action, mais de ce calme noble et élevé qui doit être le caractère des beaux ouvrages de l'art ; car le sentiment du spectateur, au milieu des plus vives émotions, doit conserver sa liberté ; il ne doit pas être la proie des impressions qu'il reçoit ; il faut qu'au contraire il puisse toujours se séparer distinctement de ce qu'il éprouve. Ce que la critique vulgaire a coutume de blâmer dans le chœur, c'est de détruire l'illusion, de nuire à l'effet de la passion. Eh bien, c'est le plus grand éloge qu'il puisse recevoir ; car cet effet aveugle des passions est ce que le véritable artiste cherche à éviter : cette illusion, il serait honteux de la produire. Lorsque les agitations où la tragédie jette notre cœur se succèdent sans interruption, ce n'est pas autre chose qu'une victoire remportée par la souffrance sur la vérité ; c'est nous mêler avec l'action même, au lieu de nous faire planer sur elle. Le chœur, en tenant séparées les parties, en se plaçant tranquille contemplateur des passions, nous conserve notre liberté, qui eût disparu dans le tourbillon des émotions. Les personnages de la tragédie ont aussi besoin de ces intervalles, de ce repos, pour se recueillir : ce ne sont pas des êtres réels qui obéissent seulement à l'impression du moment et figurent comme individus ; ce sont au contraire des personnes idéales qui représentent leur espèce et révèlent les profondeurs de l'humanité. La présence du chœur, qui les écoute comme un témoin et comme un juge, qui apaise les premières explosions de leurs passions par sa prévoyante intervention, motive la gravité avec laquelle ils agissent, la dignité avec laquelle ils parlent ; ils se trouvent déjà en quelque sorte sur un théâtre naturel où ils parlent et agissent devant des spectateurs, et par là sont d'autant mieux disposés pour figurer sur un théâtre artificiel et à parler au public.

En voilà assez sur le droit que j'ai de ramener le chœur antique sur la scène tragique. On connaissait, à la vérité, les chœurs dans les tragédies modernes ; mais le chœur de la tragédie grecque, tel que je l'ai employé ici, le chœur comme personnage unique et idéal, qui accompagne toute l'action, est essentiellement différent de ces chœurs d'opéra. Et lorsqu'à l'occasion de la tragédie grecque j'entends parler des chœurs au lieu du chœur, je soupçonne qu'on ne sait pas fort bien ce qu'on dit. Le chœur de la tragédie antique, depuis qu'elle a fini, n'avait pas, à ma connaissance, reparu sur le théâtre.

J'ai, il est vrai, divisé le chœur en deux parties, et je les ai mises en opposition l'une avec l'autre. Mais c'est seulement vers le dénoûment, et alors il agit comme un personnage réel et comme une foule aveugle : comme chœur et personnage idéal, il est toujours le même. J'ai changé le lieu de la scène, et j'ai plus d'une fois écarté le chœur ; mais Eschyle, le créateur de la tragédie, et Sophocle, le plus grand maître de l'art, ont aussi pris ces libertés.

Une autre liberté que je me suis donnée est plus facile à justifier. J'ai employé la religion chrétienne et la mythologie grecque, en les mêlant ensemble ; j'ai même rappelé quelques souvenirs de superstitions mauresques ; mais le lieu de l'action est Messine, où ces trois religions croissaient ensemble et parlaient aux sens, soit par leur présence, soit par leurs monuments. D'ailleurs, je tiens que c'est un droit de la poésie de considérer, quant à l'imagination, les diverses religions comme un tout collectif, dans lequel tout ce qui porte un caractère propre, tout ce qui produit une impression particulière, doit trouver sa place Sous le voile des religions repose la religion elle-même, l'idée de la Divinité ; et celle-là, le poète doit y croire et la professer toutes les fois et sous toutes les formes qu'il trouvera les plus opportunes et les plus persuasives.

LA FIANCÉE DE MESSINE,

TRAGÉDIE.

PERSONNAGES.

DONA ISABELLE, princesse de Messine.
DON MANUEL, } ses fils.
DON CÉSAR, }
BÉATRIX.

PERSONNAGES.

DIEGO.
DES MESSAGERS.
LE CHOEUR, formé de la suite des deux frères.
LES ANCIENS de Messine, personnages muets.

Le théâtre représente une vaste salle soutenue par des colonnes. Les entrées sont à droite et à gauche. Dans le fond, une grande porte conduit à une chapelle.

DONA ISABELLE *en grand deuil. Les sénateurs de Messine sont assis autour d'elle.*

ISABELLE.

C'est la nécessité, et non mon propre penchant, qui m'amène devant vous, respectables citoyens de cette ville, et qui m'a forcée à quitter mes appartemens retirés pour venir ainsi dévoiler mon visage devant les regards des hommes. Car il convient que la veuve, qui a perdu la gloire et le bonheur de sa vie, s'enveloppe de vêtemens lugubres, et dans une paisible enceinte se dérobe aux regards du monde. Cependant la voix impérieuse et inexorable des circonstances me ramène aujourd'hui vers la lumière et le monde que j'avais abjurés.

La lune n'a pas encore deux fois renouvelé son disque lumineux depuis que j'ai conduit à sa dernière et tranquille demeure mon royal époux, celui qui gouvernait cette ville avec tant de fermeté, et dont le bras puissant vous protégeait contre cette foule d'ennemis qui vous environnent. Il n'est plus, cependant son esprit anime encore ses illustres fils, et il semble revivre dans ces deux héros, l'orgueil de cette contrée. Vous les avez vus, au milieu de vous, croître et prospérer; mais avec eux se développait le germe fatal et mystérieux d'une déplorable haine fraternelle, qui, après avoir troublé la douce union de l'enfance, est devenue terrible par les progrès de l'âge. Jamais je n'ai pu jouir du spectacle de leur concorde; je les ai nourris tous deux sur ce sein maternel, tous deux ont eu leur part de mes soins et de mon amour, et j'ai su depuis l'enfance conquérir leur attachement, seul penchant qui leur soit commun. Pour tout le reste, ils sont divisés par une sanglante discorde.

A la vérité, tant qu'a duré le gouvernement sévère de leur père, il a su, par une justice rigoureuse et forte, dompter leur bouillante ardeur, et maintenir sous un joug de fer leurs âmes audacieuses. Ils n'osaient pas approcher l'un de l'autre quand ils étaient armés; ils n'osaient pas coucher sous le même toit. C'est ainsi qu'une autorité redoutable empêchait l'explosion terrible de leurs passions féroces; mais au fond de leur cœur la haine subsistait sans s'affaiblir. L'homme fort ne songe pas à arrêter le mal dans sa source, parce qu'il peut empêcher le torrent de se déchaîner.

Ce qui devait arriver, arriva; dès que la mort eut fermé ses yeux, dès que ses fils ne furent plus retenus par sa main puissante, leur ancienne haine éclata, comme la flamme d'un brasier ardent s'échappe dès qu'elle n'est plus renfermée. Je vous dis ici ce dont vous êtes tous témoins : Messine se divise; cette animosité fraternelle brise tous les liens de la nature, et déchaîne une discorde universelle; le glaive s'est opposé au glaive; la ville est devenue un champ de bataille, et cette salle même a été arrosée de sang.

Vous avez vu que tous les liens de la société étaient brisés; et mon cœur aussi est intérieurement déchiré. Les maux publics vous touchent, et vous ne songez guère à vous informer des douleurs d'une mère. Vous êtes venus à moi, et vous m'avez dit ces rudes paroles : « Vous voyez que » la discorde de vos fils va allumer la guerre ci- » vile dans cette ville ; elle est entourée d'enne- » mis redoutables, et ne peut leur résister que » par la concorde. Vous êtes mère de nos princes, » voyez comment vous pouvez calmer leur rage » sanguinaire. Et que nous importent à nous, » citoyens paisibles, les dissensions de vos fils ? » Devons-nous périr, parce qu'ils sont animés » d'une haine furieuse l'un contre l'autre ? Nous » saurions bien sans eux régler notre sort, et nous » donner à un autre prince qui voudra notre » bonheur et s'occupera à le faire. »

Tels ont été vos discours, hommes durs et sans pitié; vous n'avez songé qu'à vous et aux intérêts de votre ville ; vous avez chargé du poids des malheurs publics un cœur que les chagrins et les angoisses maternels opprimaient déjà assez. J'ai entrepris, mais sans espérance, avec l'âme déchirée, de me jeter entre ces deux furieux, et de les rappeler à la paix. Sans crainte, sans relâche, sans découragement, je les ai fait supplier l'un et l'autre, jusqu'à ce que ma prière maternelle ait obtenu d'eux qu'ils viendraient paisiblement dans cette ville, dans le palais de leur père, et que, sans faire éclater leur inimitié, ils se rencontreraient ensemble ; ce qui n'était point encore arrivé depuis la mort de leur père.

Nous sommes au jour indiqué pour cette entrevue. D'heure en heure, j'attends qu'on vienne m'annoncer la nouvelle de leur approche. Cependant tenez-vous prêts à recevoir vos princes avec solennité, et comme des sujets doivent faire. Songez seulement à vous acquitter de vos devoirs. Quant au reste, laissez-nous aviser aux moyens de le régler. Les combats désastreux de mes fils feraient la ruine de cette contrée et la leur ; mais s'ils étaient réconciliés et unis, ils auraient assez de puissance pour vous défendre contre toute attaque, et pour maintenir leurs droits contre vous-mêmes.

Les Sénateurs s'éloignent en silence en portant la main sur leur cœur. Elle fait un signe à un de ses vieux serviteurs ; il demeure.

ISABELLE, DIÉGO.

ISABELLE.

Diégo !

DIÉGO.

Qu'ordonne ma princesse ?

ISABELLE.

Mon vieux serviteur, âme sincère, approche ; tu as partagé mes souffrances et mon affliction, partage maintenant mon contentement. J'ai confié à ton cœur fidèle la triste douceur de mes secrets les plus intimes : le moment est venu où ils doivent paraître à la clarté du jour. Trop longtemps j'ai étouffé le mouvement si puissant de la nature, pendant qu'une volonté étrangère régnait sur moi : maintenant sa voix peut s'élever librement ; aujourd'hui mon cœur sera soulagé, et cette maison si long-temps déserte va rassembler tout ce qui m'est cher.

Porte donc tes pas chancelans vers ce cloître que tu connais bien et qui m'a conservé un trésor si cher. Ce fut toi fidèle serviteur, qui sus l'y cacher pour des jours meilleurs, et qui me rendis ce triste service dans mes malheurs. Maintenant, d'un cœur joyeux, ramène ce gage précieux vers un séjour plus heureux (*On entend dans l'éloignement sonner les trompettes.*) Hâte-toi, hâte-toi, et que la joie rajeunisse ta démarche affaiblie. J'entends le bruit des trompettes guerrières qui m'annoncent l'arrivée de mes fils. (*Diégo sort.*) *La musique se fait de nouveau entendre de deux côtés opposés, et semble se rapprocher de plus en plus.*) Tout Messine est en mouvement. Entendre retentir ce bruit de voix confuses qui s'avance ici comme un torrent. Ce sont eux ! Je sens battre mon cœur maternel ; leur approche lui donne à la fois de la force et de l'émotion. Ce sont eux! O mes enfans ! mes enfans !

Elle sort.

LE CHOEUR *entre.*

Il se compose de deux demi-chœurs qui entrent en même temps sur le théâtre des deux côtés, l'un par le fond, l'autre par l'avant-scène : chacun d'eux se range sur un des côtés de la scène. Un des chœurs est formé de vieux Chevaliers, l'autre de jeunes : ils se distinguent par des couleurs et des signes différens. Lorsque les deux chœurs sont rangés, la musique se tait, et les deux coryphées commencent à parler.

PREMIER CHOEUR.

Je te salue avec respect, palais magnifique! toi, royal berceau de mon prince ! toi, dont cent colonnes portent la voûte altière ! Que le glaive repose au fond du fourreau. Que la furie de la guerre, le front ceint de serpens, soit enchaînée devant cette porte ; car le seuil inviolable de cette demeure hospitalière est gardé par le Serment, par ce fils d'Érinnys, le plus redoutable des dieux infernaux.

SECOND CHOEUR.

Mon cœur murmure et se révolte dans ma poitrine : ma main est prête pour le combat, lorsque je vois la tête de Méduse, le visage odieux de mon ennemi. A peine puis-je commander à mon sang tout bouillant. Garderai-je l'honneur de ma parole? obéirai-je à ma rage frémissante! Mais je tremble devant l'Euménide gardienne de ce lieu, devant le pouvoir de la paix de Dieu.

PREMIER CHOEUR.

Une attitude plus sage convient au vieillard. C'est à moi, plus calme, de saluer d'abord. (*Aux deux chœurs.*) Sois le bienvenu, toi qui, par un sentiment pareil au mien, sais honorer et redouter les divinités protectrices de ce palais ! Pendant que les princes se parlent avec douceur, ne pouvons-nous pas échanger de sang-froid quelques innocentes paroles de paix ? car elles sont aussi bonnes et salutaires. Quand je te rencontrerai aux champs, alors le combat sanglant pourra se renouveler, alors le courage se prouvera par le fer.

TOUT LE CHOEUR.

Quand je te rencontrerai aux champs, alors le combat sanglant pourra se renouveler, alors le courage se prouvera par le fer.

PREMIER CHOEUR.

Je ne te hais point ; tu n'es point mon ennemi : une même ville nous a vus naître, et cette race n'est-elle pas étrangère ? Mais lorsque les princes se combattent, leurs serviteurs doivent donner la mort et la recevoir; cela est dans l'ordre, cela est juste.

SECOND CHOEUR.

Ils savent pourquoi ils se combattent et se haïssent à la mort; cela ne doit pas m'importer. Nous combattons pour leurs querelles. Celui-là n'a point de vaillance, celui-là n'a point d'honneur, qui laisse rabaisser son chef.

TOUT LE CHOEUR.

Nous combattons pour leurs querelles. Celui-là est sans vaillance, celui-là est sans honneur, qui laisse rabaisser son chef.

UN HOMME DU CHOEUR.

Écoutez ce que je pensais en moi-même, lorsque je descendais paisiblement ces chemins, à travers les moissons ondoyantes, livré à mes réflexions : dans la fureur du combat, nous n'avons rien prévu, rien examiné; alors la chaleur de notre sang nous emportait.

Ces moissons ne sont-elles pas à nous? Ces vignes entrelacées dans les ormeaux, n'est-ce pas notre soleil qui les mûrit? Ne pourrions-nous pas, dans une douce jouissance, filer des jours innocens et joyeux, et mener gaiement une vie facile? Pourquoi, d'un esprit furieux, tirons-nous le glaive pour cette race étrangère? Elle n'a aucun droit à ce sol. Elle arriva, sur ses vaisseaux, des bords dorés du couchant : nos pères, il y a bien des années, la reçurent avec hospitalité; et maintenant nous nous voyons soumis comme des esclaves à cette race étrangère.

UN SECOND HOMME DU CHOEUR.

Cela est bien dit; nous habitons une heureuse terre que le soleil, dans sa course céleste, éclaire toujours de rayons bienfaisans, et nous pourrions en jouir avec allégresse; mais elle ne peut être ni préservée ni fermée. Les flots de la mer qui l'environne nous livrent aux hardis corsaires qui croisent audacieusement sur nos côtes : l'abondance que nous devrions conserver pour nous ne fait qu'attirer le glaive de l'étranger. Nous sommes esclaves dans notre propre demeure, et cette terre ne peut protéger ses enfans. Les dominateurs de la terre ne naissent point sur le sol que favorise Cérès, que Pan chérit, divinité pacifique et tutélaire; ce sont les contrées où le fer croît dans les flancs des montagnes qui leur donnent naissance.

PREMIER CHOEUR.

Les biens de cette vie se partagent inégalement entre la race passagère des humains; mais la nature elle est toujours juste; à nous, elle accorde une fécondité surabondante qu'elle crée et renouvelle sans cesse; à d'autres, il a été donné une volonté puissante et une force irrésistible : armés d'une énergie terrible, ils obtiennent tout ce que leur cœur désire, ils remplissent la terre d'un bruit redoutable; mais derrière ces hauteurs qu'ils ont gravies est un précipice profond, une chute retentissante.

Ainsi je veux rester dans mon humilité, me cacher dans ma faiblesse. Ce torrent impétueux créé par l'orage, que grossissent les grains serrés de la grêle et les cataractes des nuages, dont les flots sombres et bruyans sont déchaînés, qui entraîne les ponts, qui entraîne les digues avec le fracas du tonnerre, rien ne le peut arrêter ni retarder; cependant son existence est d'un moment; la redoutable trace de son cours va bientôt se perdre et s'effacer dans le sable; et il n'en reste rien que ses ravages. Les conquérans étrangers viennent, puis s'en vont; nous obéissons, mais nous demeurons.

La porte du fond s'ouvre. Dona Isabelle paraît entre ses fils don Manuel et don César.

LES DEUX CHOEURS.

Louez et honorez l'astre éclatant qui vient à nous. Je m'incline avec respect devant ton visage auguste.

PREMIER CHOEUR.

Que la douce clarté de la lune est belle au milieu des étoiles scintillantes! Que l'aimable majesté de la mère est belle au milieu de l'éclat imposant de ses fils! la terre n'offre rien d'égal ni de semblable. Le monde peut-il se décorer d'un spectacle plus accompli que la mère et ses fils? N'est-ce point là ce que la vie a de plus élevé, de plus beau, de plus achevé? L'Église elle-même, la sainte Église place-t-elle sur le trône des cieux quelque chose de plus beau? L'art lui-même, divinement inspiré, offre-t-il une image plus sublime que la mère et son fils?

SECOND CHOEUR.

Elle voit avec contentement sortir de sa tige un arbre magnifique, dont les rejetons renaîtront éternellement. Elle a enfanté une race qui durera autant que le soleil, et dont le nom ira à travers les siècles. Les peuples se dispersent; les noms se perdent; le sombre oubli étend la nuit de ses ailes sur toutes les familles. Mais le front altier des princes brille d'un éternel éclat, et l'aurore les salue de ses rayons, comme les sommets élevés de la terre.

ISABELLE, *s'avançant entre ses deux fils.*

Jette les yeux ici-bas, reine des cieux, et que ta main réprime les mouvemens orgueilleux de mon cœur! Une mère peut aisément s'oublier, quand elle contemple l'éclat de ses enfans. Pour la première fois, depuis qu'ils sont nés, je goûte mon bonheur tout entier. Jusqu'à ce jour j'ai été contrainte de partager les douces jouissances de mon âme, et d'oublier que j'avais un fils, lorsque je jouissais de la présence de l'autre. Ah! j'avais bien le même amour de mère, mais c'étaient mes fils qui étaient toujours divisés. Dites, oserai-je, sans frémir, me livrer au doux empire de ce cœur enivré de joie? (*A don Manuel.*) Lorsque je presse avec tendresse la main de ton frère, est-ce donc enfoncer un trait dans ton sein? (*A don César.*) Lorsque mon cœur se réjouit à son aspect, est-ce donc un larcin que je te fais? Ah! je tremble que l'amour même que je vous témoigne ne serve qu'à attiser plus vivement votre haine embrasée. (*Elle les interroge tous deux d'un regard.*) Que puis-je donc me promettre de vous? Parlez : dans quel sentiment venez-vous ici? Est-ce encore avec cette vieille et irréconciliable haine que vous apportiez dans la maison de votre père? La guerre, enchaînée pour un instant seulement, est-elle encore là à attendre à la porte du palais? et, frémissant avec rage du frein qui l'arrête, sera-t-elle, dès que vous m'aurez quittée, déchaînée avec une fureur nouvelle?

LE CHOEUR.

La guerre ou la paix? Les chances du sort sont encore obscurément cachées dans le sein de l'avenir. Cependant, avant que nous nous séparions, la chose sera décidée : nous sommes prêts et disposés pour l'une ou pour l'autre.

ISABELLE, *après avoir promené ses regards autour d'elle.*

Ah! quel aspect guerrier et terrible! Que font-ils ici tous? est-ce un combat qui s'apprête en ce palais? A quoi sert cette foule étrangère, lorsqu'une mère vient ouvrir son cœur à ses enfans? Jusque dans le sein maternel craignez-vous de trouver quelque embûche artificieuse, quelque perfide trahison, puisque vous prenez de si soigneuses précautions? Oh! ces farouches escortes qui vous suivent, ces serviteurs empressés de votre colère, ce ne sont pas vos amis; ne croyez pas qu'ils puissent vous donner de sages et sincères conseils! Comment pourraient-ils vous parler du fond du cœur, à vous étrangers, à vous race conquérante, qui les avez privés de leur propre héritage, qui avez usurpé leur souveraineté? Croyez-moi, chacun aime à être libre, à vivre d'après sa propre loi, et ne supporte qu'avec impatience une domination étrangère. C'est votre force seule, c'est la crainte qui vous conserve leur obéissance, qu'ils refuseraient si volontiers. Apprenez à connaître cette race au cœur faux; vos malheurs leur causent une joie maligne qui les venge de votre prospérité, de votre grandeur. La chute de leurs seigneurs, la ruine de leurs princes, tel serait le sujet des chants, des récits dont ils entretiendraient leurs enfans d'âge en âge durant les longues soirées d'hiver.

O mes fils! le monde est plein de haine et de fausseté; chacun n'aime que soi; tous les liens tissus par un bonheur fragile sont incertains, var ables et sans force; ce que le caprice a noué, le caprice le dénoue ensuite. La nature seule est sincère; elle seule repose sur des ancres fermes et éternelles; tout le reste flotte au gré des vagues orageuses de la vie. Le penchant vous donne un ami; l'intérêt vous donne un compagnon; heureux celui à qui la naissance donne un frère, la fortune n'aurait pu le lui donner; c'est un ami marqué par la nature. Contre ce monde plein de guerres et de trahisons, les voilà deux qui résistent ensemble.

LE CHOEUR.

Oui, il est grand, il est respectable de voir la pensée royale d'une souveraine pénétrer avec une tranquille sagacité la conduite et les actions des hommes. Pour nous, une impulsion confuse nous pousse, aveugles et sans réflexions, à travers les tempêtes de la vie.

ISABELLE, *à don César.*

Toi qui as tiré le glaive contre ton frère, regarde autour de toi, dans toute cette foule, y trouves-tu une plus noble figure que celle de ton frère? (*A don Manuel.*) Qui, parmi ceux que tu nommes tes amis, oserait se placer près de ton frère? Chacun d'eux est le modèle de son âge : l'un n'est point semblable à l'autre, et aucun des deux ne l'emporte sur l'autre. Osez donc vous regarder en face. O fureurs de la haine et de l'envie! Tu l'aurais choisi entre mille pour ton ami, c'est lui seul qui eût été cher à ton cœur; et lorsque la nature sacrée te l'a donné, lorsqu'elle t'a fait ce présent dès le berceau, parjure à la loi du sang, tu foulerais aux pieds ce don avec un dédain orgueilleux; tu te livrerais aux méchans; tu ferais alliance avec les étrangers et les ennemis!

DON MANUEL.

Écoutez-moi, ma mère.

DON CÉSAR.

Ma mère, écoutez-moi.

ISABELLE.

Ce ne sont point des paroles qui peuvent terminer cette triste guerre; elle exprimeraient le tien et le mien; l'offense ne peut plus se distinguer de la vengeance. Qui pourrait retrouver la source de ce torrent embrasé qui a répandu l'incendie? Tout a été produit par un feu souterrain et terrible. Un sol volcanique recouvre même ce qui n'est pas encore embrasé, et il n'est pas un sentier qui ne passe sur l'abîme. Je veux déposer dans vos cœurs une seule réflexion. Le mal qu'un homme, dans la plénitude de sa raison, fait à un autre homme, ne peut, je le veux croire, s'oublier et se pardonner que difficilement. On ne veut point renoncer à la haine, ni changer la résolution qu'on a fixement arrêtée. Mais l'origine de votre querelle remonte vers le temps précoce de l'enfance irréfléchie, et cette époque devrait vous désarmer. Cherchez qui le premier commença la dispute; vous ne le savez pas, et si vous pouviez vous en souvenir, vous seriez honteux de ces puériles discordes. Et cependant c'est à ces premières discordes enfantines que se rattachent, par un malheureux enchaînement, les violences de ces derniers temps. Ainsi, tout ce qui est arrivé de fâcheux jusqu'à ce jour n'est que disputes et rancunes d'enfans. Voulez-vous combattre ou preuves ces querelles de jeunesse, maintenant que vous êtes des hommes?

Elle prend la main à tous les deux.

O mes fils! venez, prenez la résolution de renoncer réciproquement à toute explication : car le tort est de chaque côté. Soyez nobles, et remettez-vous avec grandeur d'âme des offenses cruelles et sans excuse. Le triomphe le plus divin, c'est le pardon. Jetez sur le tombeau de votre père cette ancienne haine qui date de votre première enfance; commencez une nouvelle vie embellie par votre amour; qu'elle soit consacrée à la concorde et au pardon.

Elle recule d'un pas comme pour leur laisser la place de s'approcher l'un de l'autre. Tous deux fixent les yeux sur la terre et sans se regarder.

LE CHOEUR.

Écoutez les sages avertissemens de votre mère; certes, elle a dit des paroles persuasives. Mettez un terme à vos discordes; qu'elles cessent enfin. Cependant, si vous le préférez, suivez-en le cours. Tout ce que vous résoudrez me sera une loi : vous êtes le seigneur, et je suis le vassal.

ISABELLE, *après avoir attendu un moment en vain que les frères fissent un mouvement, reprend avec une douleur étouffée.*

Je n'y sais plus rien. J'ai épuisé toutes les armes de la persuasion; j'ai vainement essayé le pouvoir des prières. Celui qui vous contenait par la force est dans le tombeau, et votre mère est là entre vous sans puissance. Accomplissez votre sort; vous en avez la libre faculté. Obéissez au démon qui, dans sa fureur, vous aveugle et vous pousse; profanez les saints autels des dieux domestiques; que ce palais même, où vous prîtes naissance devienne le théâtre de votre mutuel assassinat. Devant les yeux de votre mère, détruisez-vous, non par une main étrangère, mais par votre propre main. Tels que les frères thébains, précipitez-vous l'un sur l'autre, saisissez-vous tous deux, et pressez-vous avec rage, dans un embrassement d'airain, poitrine contre poitrine, chacun s'efforçant d'échanger sa vie avec la vie de son frère, et plongeant son poignard dans le sein de l'autre; que la mort elle-même n'apaise point votre discorde; que la flamme, que la colonne de feu qui s'élèvera de votre bûcher, se divise en deux parts; signe terrible, et de la façon dont vous aurez péri, et de la façon dont vous avez vécu.

Elle sort. Les frères demeurent éloignés l'un de l'autre comme auparavant.

wwwwwwwwwwwwww

LES DEUX FRÈRES, LES CHOEURS.

LE CHOEUR.

Ce sont des paroles seulement qu'elle a dites, mais elles ont pénétré mon cœur endurci et ébranlé mon courage. Je n'ai point voulu verser un sang fraternel, et je puis lever au ciel des mains pures : vous êtes frères; songez à la fin de tout ceci.

DON CÉSAR, *sans regarder don Manuel.*

Tu es le plus âgé, parle! Je céderai sans honte à mon aîné.

DON MANUEL, *dans la même attitude.*

Dis quelque bonne parole, et je suivrai volontiers le noble exemple que donnera mon frère plus jeune.

DON CÉSAR.

Non pas que je reconnaisse que j'ai tort ou que je me sens plus faible.

DON MANUEL.

Quiconque connaît don César ne l'accusera pas de manquer de courage. S'il se sentait le plus faible, son langage n'en serait que plus fier.

DON CÉSAR.

Estimes-tu autant ton frère

DON MANUEL.

Tu es trop fier pour t'abaisser, moi pour feindre.

DON CÉSAR.

Mon cœur altier ne supporterait pas le dédain. Dans la plus grande vivacité du combat, du moins tu pensais honorablement de ton frère.

DON MANUEL.

Tu ne veux pas ma mort, j'en ai la preuve. Lorsque ce moine s'offrit à toi pour m'assassiner traîtreusement, tu le fis punir.

DON CÉSAR *s'approche un peu.*

Si je t'avais plus tôt connu si juste, bien des choses ne seraient pas arrivées!

DON MANUEL.

Si j'avais su plus tôt que ton cœur était généreux, j'aurais épargné beaucoup de chagrins à ma mère.

DON CÉSAR.

Tu te figurais que j'étais bien plus orgueilleux.

DON MANUEL.

C'est le malheur des grands, que les hommes inférieurs s'emparent de leur confiance.

DON CÉSAR, *vivement.*

Ainsi, tous les torts viennent de nos serviteurs.

DON MANUEL.

Ils entretenaient dans nos cœurs l'amertume de la haine.

DON CÉSAR.

Ils répandaient de part et d'autre de faux et méchans discours.

DON MANUEL.

Ils envenimaient les actions par des interprétations mensongères.

DON CÉSAR.

Ils entretenaient la plaie, au lieu de la guérir.

DON MANUEL.

Ils animaient la flamme, au lieu de l'éteindre.

DON CÉSAR.

Nous étions égarés, nous étions trompés...

DON MANUEL.

Aveugles instrumens d'une haine étrangère!

DON CÉSAR.

Cela est vrai; tout le reste n'est que trahison.

DON MANUEL.

.... Et fausseté; ma mère le dit, tu peux la croire.

DON CÉSAR.

Ainsi, je demande ta main fraternelle.

Il lui tend la main.

DON MANUEL *la saisit avec vivacité.*

Celle de tout l'univers qui t'est le plus amie.

DON CÉSAR.
Je te regarde; et surpris, confondu, je retrouve en toi les traits chéris de ma mère.

DON MANUEL.
Et je découvre en toi un air de famille qui me remplit d'étonnement et d'émotion.

DON CÉSAR.
Est-ce bien toi dont l'accueil est si doux et le discours si tendre pour ton jeune frère?

DON MANUEL.
Ce jeune homme si amical, dont les sentimens sont si tendres, est-ce bien ce frère haineux et détesté?

Encore un silence, chacun regarde l'autre avec abandon.

DON CÉSAR.
Tu réclamais ces chevaux arabes qui étaient en contestation dans l'héritage de mon père, et je les ai refusés aux chevaliers que tu avais envoyés.

DON MANUEL.
Conserve-les. Je n'ai plus de souvenir de cela.

DON CÉSAR.
Non; prends les chevaux, prends aussi les chars de mon père; prends-les, je t'en conjure.

DON MANUEL.
J'y consens, si tu veux accepter ce château au bord de la mer, pour lequel nous combattîmes si vivement.

DON CÉSAR.
Je n'en veux point. Je serai heureux de l'habiter fraternellement avec toi.

DON MANUEL.
Ainsi soit! Pourquoi partager les possessions, quand les cœurs sont unis?

DON CÉSAR.
Pourquoi vivre plus long-temps séparés, lorsque, étant unis, chacun se trouvera plus riche?

DON MANUEL.
Nous ne sommes plus divisés, nous sommes unis.

Il le presse dans ses bras.

LE PREMIER CHŒUR, *au second.*
Pourquoi nous tenir ainsi encore éloignés comme des ennemis, lorsque nos princes s'aiment et s'embrassent? Je suis leur exemple et t'offre la paix. Voulons-nous nous haïr éternellement les uns les autres? Ils sont frères par les liens du sang, nous sommes les citoyens et les enfans d'une même terre.

Les deux chœurs s'embrassent.

~~~~~~~~~~~~~~~~~~~~~~~~~~~~~~~~

DON MANUEL, DON CÉSAR, LES CHOEURS et LE MESSAGER.

LE SECOND CHŒUR, *à don César.*
Je vois revenir, seigneur, le messager que tu avais envoyé. Réjouis-toi, don César, une bonne nouvelle t'arrive, car je vois briller la joie dans les regards de ton envoyé.

LE MESSAGER.
Quelle joie pour moi! quelle joie pour la ville délivrée de ses malheurs! Mes yeux sont témoins du plus beau spectacle : je vois les fils de mon maître, mes princes, converser amicalement, se presser la main; eux, que j'avais laissés en proie à la rage des plus vives discordes.

DON CÉSAR.
Tu vois l'amitié, qui, comme le phénix rajeuni, s'élève du bûcher de la haine.

LE MESSAGER.
Je retrouve tout le bonheur de mes premiers ans, comme si le bâton desséché que je porte se couvrait de feuilles nouvelles.

DON CÉSAR, *le tirant à part.*
Dis-moi ce que tu as appris.

LE MESSAGER.
Un seul jour rassemble tous les motifs de joie. Celle qui était perdue, celle que nous cherchions, elle est retrouvée, seigneur; elle n'est pas loin.

DON CÉSAR.
Elle est retrouvée? Où est-elle? Parle.

LE MESSAGER.
Ici, dans Messine, seigneur; elle se cache.

DON MANUEL, *parlant au premier chœur.*
Je vois le visage de mon frère briller d'une éclatante rougeur; j'en ignore la cause : cependant c'est un signe de joie, et je la partage avec lui.

DON CÉSAR, *au messager.*
Viens, conduis-moi — Adieu, don Manuel, nous nous retrouverons dans les bras de ma mère : maintenant un sujet important m'appelle hors d'ici.

Il veut sortir.

DON MANUEL.
Ne tarde pas, et que le bonheur t'accompagne.
DON CÉSAR *revient après un moment de réflexion.*
Don Manuel, je jouis de ta présence plus que je ne puis dire : il me semble déjà que nous allons vivre comme deux amis de cœur, nous livrer avec bonheur à un penchant long-temps enchaîné, et nous efforcer de réparer le temps perdu par une vie nouvelle.

DON MANUEL.
C'est ainsi que les fleurs annoncent d'heureux fruits.

DON CÉSAR.
Il n'est pas bien, je le sens et je me le reproche, de m'arracher maintenant de tes bras. Parce que j'abrège subitement ces doux momens, ne va pas croire que mon émotion soit moindre que la tienne.

DON MANUEL, *avec une distraction visible.*
Obéis au devoir du moment; notre amitié d'aujourd'hui doit durer toute la vie.

DON CÉSAR.
Si tu savais ce qui m'appelle hors d'ici!

DON MANUEL.
Donne-moi ton cœur et conserve ton secret.

DON CÉSAR.

Aucun secret ne doit être désormais entre nous : ce dernier voile doit aussi être levé. (*Il se tourne vers le chœur.*) Je ne vous annoncerai pas tout ce que vous savez : la guerre est terminée entre mon frère bien-aimé et moi. Je déclare que je tiendrai pour ennemi, et que je haïrai, à l'égal des portes de l'enfer, celui qui, me faisant une mortelle injure, voudrait rallumer les étincelles éteintes de nos discordes, et en faire naître de nouvelles flammes. Il n'a nulle espérance de me plaire, nul remerciment à espérer de moi, celui qui viendra me dire du mal de mon frère, le serviteur qui, par un faux zèle, s'empresserait de faire parvenir jusqu'à moi les traits acérés de quelques discours emportés. Les paroles échappées sans réflexion à une colère rapide ne jettent point de racines; mais, recueillies par l'oreille de la méfiance, elles germent; et, se glissant comme une plante rampante, elles atteignent jusqu'au cœur, et l'enveloppent de leurs mille rameaux. C'est ainsi que les âmes les meilleures et les plus nobles sont entraînées dans d'incurables dissensions.

Il embrasse son frère encore une fois et sort; le second chœur l'accompagne.

∼∼∼∼∼∼∼∼∼∼∼∼∼∼∼∼∼∼∼∼∼∼∼∼∼∼∼∼∼∼∼∼

DON MANUEL *et le* PREMIER CHOEUR.

LE CHŒUR.

Seigneur, je te regarde rempli de surprise, et j'ai peine aujourd'hui à te reconnaître. Par des paroles laconiques, à peine réponds tu au langage d'amitié de ton frère, qui, plein de bienveillance, vient à toi en toute franchise de cœur. Tu parais perdu dans tes pensées; semblable à un homme qui rêve, comme si ta personne seule était ici, pendant que ton âme en serait bien loin. Qui te verrait ainsi, pourrait sans doute te reprocher cette froideur et ce maintien fier et sans amitié ; mais moi je ne puis te taxer d'insensibilité, car je te vois porter tout autour de toi un regard heureux, et le sourire est sur tes lèvres.

DON MANUEL.

Que vous dirai-je? que répondre? Mon frère a pu trouver des paroles ; un sentiment nouveau l'avait surpris et saisi, il sentait une ancienne haine s'évanouir dans son sein, et il s'étonnait du changement de son cœur ; pour moi, je ne sentais déjà plus la haine, à peine sais-je pourquoi nous combattions avec fureur. Mon âme, dans sa tranquille joie, plane de haut sur toutes les choses de la terre. Dans l'océan de lumière qui m'environne, tous les nuages qui obscurcissent la vie se sont éclaircis et dissipés. Je regarde ce palais, cette salle, et je pense à l'heureux ravissement dont sera saisie l'épouse étonnée, lorsque je lui ferai traverser, comme princesse et comme souveraine, les portes de ce château. Elle n'aime encore que son amant ! elle s'est donnée à un étranger, à un homme sans nom : elle ne soupçonne pas que c'est don Manuel, que c'est le prince de Messine, et qu'il doit orner son front charmant du bandeau royal. Qu'il est doux de donner à sa bien-aimée une grandeur, une gloire, un éclat qu'elle n'espère même pas ! Long-temps je me suis privé de ce plus grand de tous les plaisirs. Sans doute sa beauté sera toujours sa plus grande parure, mais la majesté ne peut-elle pas essayer d'orner la beauté ? L'or qui entoure le diamant ne relève-t-il pas son éclat?

LE CHŒUR.

Seigneur, pour la première fois, j'entends ta bouche, long-temps muette, rompre le sceau du silence ; je te suivais dès long-temps avec un regard curieux, je soupçonnais quelque grand et important mystère, cependant je n'avais pas l'audace de te demander ce que tu cachais dans l'obscure profondeur du secret. Les plaisirs animés de la chasse, la course rapide du cheval, le vol du faucon ne t'attiraient plus : tu te dérobais loin des yeux de tes compagnons dès que le soleil avait quitté l'horizon, et aucun de nous qui t'accompagnons dans toutes les courses de guerre ou de chasse, ne suivait ta trace solitaire. Pourquoi, avec une méfiance discrète, as-tu voilé jusqu'à ce jour ton amoureux bonheur? qui contraignait le fort à se cacher ainsi? car la crainte était loin de ta grande âme.

DON MANUEL.

Le bonheur a des ailes, et il est difficile de l'arrêter ; il doit être retenu en un trésor soigneusement fermé; le silence lui a été donné pour gardien, et il s'envole aussitôt que la prompte indiscrétion se risque à ouvrir la porte. Cependant aujourd'hui le temps est si proche, que j'ose, que je veux rompre un long silence ; car aux prochains rayons du matin elle sera à moi, et les démons envieux n'auront plus aucun pouvoir de me la ravir ; je ne serai plus contraint à me cacher pour me glisser vers elle; je n'aurai plus à dérober les doux fruits de l'amour ; je n'aurai plus à saisir le bonheur à son rapide passage. Le lendemain ressemblera au jour heureux de la veille ; mon bonheur ne sera plus pareil à l'éclair qui brille un instant, puis disparaît tout-à-coup dans l'obscurité ; il sera comme le cours du ruisseau, comme le sable qui s'écoule sans cesse en mesurant les heures.

LE CHŒUR.

Nomme-nous, seigneur, celle à qui tu dois ce bonheur mystérieux, afin que nous célébrions ton sort digne d'envie et que nous honorions dignement la fiancée de notre prince ; dis-nous où tu la trouvas, quel lieu a pu dérober cette silencieuse intimité. Nous avons traversé toute la surface de l'île ; la chasse nous en a fait connaître les sentiers les plus détournés, cependant aucune trace n'a pu nous révéler ton bonheur ; ainsi je me persuade qu'il s'enveloppait de quelque nuage enchanté.

DON MANUEL.

Je vais dissiper ce nuage, car aujourd'hui ce qui était caché doit paraître au jour. Écoutez et sachez ce qui m'est arrivé : Il y a cinq mois, mon père régnait encore sur cette île, et la fière jeunesse était contrainte à fléchir sous mon autorité ; je ne connaissais rien que les joies barbares des combats ou le plaisir guerrier de la chasse. Nous avions déjà chassé tout le jour dans les forêts de la montagne ; en suivant la trace d'une biche blanche, je m'écartai loin de votre troupe ; le timide animal fuyait parmi les détours de la vallée, à travers les ravins, les buissons et les taillis non frayés ; elle se tenait toujours loin de moi, à la distance du trait, et je ne pouvais ni l'atteindre ni la tirer ; enfin elle disparut à mes yeux, traversant la porte d'un jardin ; je descendis aussitôt de cheval, je la suivis ; déjà je balançais mon épieu, lorsque je vis avec surprise l'animal épouvanté se jeter tremblant aux pieds d'une religieuse qui le caressait de sa douce main. Je restai étonné et immobile, l'épieu à la main, prêt à le lancer ; mais elle me regarda avec ses beaux yeux suppliants, et nous demeurâmes muets en face l'un de l'autre... Combien dura cet instant, je ne puis le savoir, car j'avais perdu la mesure du temps ; son regard pénétra profondément dans mon âme, et je sentis sur-le-champ mon cœur entièrement changé. Ce que je dis alors, ce que me répondit la céleste créature, ne me le demandez jamais ; tout cela paraît à mon âme comme un songe, aussi loin de moi que les souvenirs confus de la première enfance. Quand je revins à moi-même, je sentis son cœur battre contre le mien. Alors j'entendis le son argentin d'une cloche qui sembla sonner l'heure de la prière ; elle disparut tout-à-coup, comme une ombre qui s'évanouit dans les airs, et je ne la vis plus.

LE CHŒUR.

Ton récit, seigneur, me remplit de crainte ; aurais-tu attenté aux saints devoirs ? aurais-tu porté un désir criminel sur une épouse du ciel ? Les serments du cloître sont sacrés et terribles.

DON MANUEL.

Je n'avais plus maintenant qu'un seul chemin à parcourir ; mes désirs inquiets et variables étaient enchaînés ; j'avais découvert le secret de ma vie ; et de même que le pèlerin se tourne vers l'orient aux lieux où il voit briller le soleil qui le guide, mes désirs et mes espérances se dirigeaient vers un seul astre du ciel. Le jour ne descendait pas une fois vers la mer après en être sorti au matin, sans que deux amans heureux eussent été réunis. Nos cœurs étaient enchaînés l'un à l'autre, et le ciel qui voit tout était le seul et discret témoin de notre bonheur ignoré ; nous n'avions aucun service à recevoir des hommes. Heureux jours ! momens précieux ! Mon bonheur n'était point un larcin sacrilége, car son cœur n'était point enchaîné par d'éternels vœux, lorsqu'elle se donna à moi pour toujours.

LE CHŒUR.

Ainsi le cloître était seulement l'asile de sa tendre jeunesse, et non point le tombeau de sa vie ?

DON MANUEL.

Un précieux dépôt avait été confié à la maison de Dieu, mais devait lui être repris.

LE CHŒUR.

De quel sang se glorifie-t-elle ? car la noblesse ne se perpétue que par une noble tige.

DON MANUEL.

Son origine est un secret pour elle-même : elle ne connaît ni sa race ni sa patrie.

LE CHŒUR.

Et aucun indice ne peut-il faire remonter à la source inconnue de son existence ?

DON MANUEL.

Elle est d'un sang noble, ainsi le confesse le seul homme qui connaisse son origine.

LE CHŒUR.

Quel est cet homme ? ne me cache rien, c'est seulement en sachant tout que je pourrai te donner d'utiles conseils.

DON MANUEL.

Un vieux serviteur venait de temps en temps, seul messager entre la fille et la mère.

LE CHŒUR.

N'as-tu rien pu savoir de ce vieillard ? La vieillesse se laisse facilement intimider, et raconte volontiers.

DON MANUEL.

Je n'ai jamais osé lui montrer une curiosité qui aurait pu déceler mon mystérieux bonheur.

LE CHŒUR.

Et quel était le sens de ses discours lorsqu'il venait visiter la jeune fille ?

DON MANUEL.

D'année en année, il lui a donné l'espoir qu'il viendrait un temps qui éclaircirait tout le mystère.

LE CHŒUR.

Et l'époque où tout serait connu, ne l'a-t-il jamais indiquée à peu près ?

DON MANUEL.

Depuis quelques mois le vieillard l'a menacée d'un changement dans son sort.

LE CHŒUR.

Menacée, dis-tu ? Crains-tu donc que la lumière vienne troubler ta joie ?

DON MANUEL.

Tout changement effraye ceux qui sont heureux. Quand on n'a rien à acquérir, on craint de perdre.

LE CHŒUR.

Mais ce que tu crains d'apprendre peut amener des circonstances favorables à ton amour.

DON MANUEL.

.... Et peut aussi ruiner mon bonheur ; aussi ai-je pensé que le plus sûr était de prévenir ce moment.

LE CHOEUR.

Comment? seigneur, tu me remplis de crainte; un tel acte de violence m'inquiète.

DON MANUEL.

Depuis ces derniers mois, le vieillard laissait entrevoir, par des signes mystérieux, que le jour n'était pas loin où elle serait rendue à ses parens; mais depuis hier il a parlé d'une manière plus significative. — Aux premiers rayons du matin, et c'est d'aujourd'hui qu'il parlait, son destin devait être décidé. Il n'y avait pas un moment à perdre. Mon dessein, promptement formé, a été promptement exécuté. Cette nuit j'ai enlevé la jeune fille, et je l'ai cachée dans Messine.

LE CHOEUR.

Quelle action audacieuse, insensée, coupable! — Pardonne, seigneur, la franchise de mes reproches; mais tel est le droit du vieillard aux cheveux blancs, lorsque le jeune homme violent et téméraire vient à s'oublier.

DON MANUEL.

Non loin du monastère des religieux, dans un jardin isolé et tranquille, où ne peuvent se porter les pas des curieux, elle est en ce moment séparée même de moi, pendant que je me réconcilie avec mon frère. C'est là que je l'ai laissée dans l'inquiétude et la crainte; et certes elle ne s'attend guère qu'entourée d'une pompe royale, placée sur un trône de gloire, elle va paraître devant tout Messine : car je ne veux me présenter devant elle que dans tout l'appareil de la grandeur et du pouvoir, accompagné de vous, mes chevaliers. Je ne veux pas que la bien-aimée de don Manuel soit présentée à la mère que je lui donne comme une fugitive sans patrie; je veux qu'elle soit conduite dans le palais de mes pères avec tout le cortége d'une princesse.

LE CHOEUR.

Seigneur, nous attendons tes ordres avec obéissance.

DON MANUEL.

Je me suis arraché de ses bras, mais je vais m'occuper d'elle. Vous allez à l'instant m'accompagner au bazar où les Maures exposent en vente les magnifiques étoffes et les ouvrages d'un art merveilleux que l'Orient nous envoie. Choisissez d'abord les sandales élégantes qui doivent orner et presser ses pieds délicats; prenez pour ses vêtemens ces tissus de l'Inde qui brillent d'une blancheur pareille aux neiges de l'Etna, voisines de l'éclat du ciel : légers comme la vapeur du matin, ils environneront sa taille si jeune et si svelte; la pourpre, ornée d'une légère broderie d'or, doit former la ceinture qui viendra se nouer élégamment au-dessous de son pudique sein; le manteau doit être tissu d'une soie éclatante, et teint d'une tendre couleur de pourpre, des agrafes d'or le rattacheront sur ses épaules. N'oubliez pas les bracelets qui doivent entourer ses bras charmans, non plus que les parures de perles et de corail, dons merveilleux des divinités de la mer : un diadème s'entrelacera avec ses cheveux; il sera composé des pierres les plus précieuses; le rubis couleur de feu y confondra sa brillante couleur avec l'émeraude; un long voile se rattachera à sa coiffure, et enveloppera d'un nuage transparent l'éclat de sa personne; une guirlande virginale de myrte couronnera toute cette noble parure.

LE CHOEUR.

Tout sera fait, seigneur, comme tu l'ordonnes; le bazar nous offrira sur-le-champ ce que tu as désiré.

DON MANUEL.

Qu'on amène la plus belle haquenée de mes écuries, blanche comme les chevaux du soleil; que sa housse soit de pourpre, que son harnais et sa bride soient de pierreries : elle est destinée à porter ma princesse. Vous, tenez-vous prêts; que votre cortége, dans toute sa pompe chevaleresque, accompagne votre souveraine au son des fanfares d'allégresse. Je vais donner des soins à tous ces apprêts : que deux d'entre vous me suivent; les autres vont m'attendre. Que ce que je vous ai appris demeure profondément caché dans votre cœur jusqu'au moment où je vous permettrai de parler.

Il sort accompagné de deux hommes du chœur.

LE CHOEUR, seul.

Dites, qu'allons-nous faire, maintenant que la guerre est apaisée entre nos princes? Comment remplirons-nous nos heures oisives et la lente succession du temps? Il faut que l'homme craigne, espère ou s'inquiète du jour qui va venir, pour qu'il puisse supporter le poids de l'existence et l'ennuyeuse monotonie de ses journées; il faut que le souffle animé des vents vienne agiter la surface uniforme de la vie.

UN HOMME DU CHOEUR.

Que la paix est douce! Elle est semblable à une jeune bergère qui repose au bord d'un tranquille ruisseau; autour d'elle paissent ses joyeux agneaux, ils bondissent sur le gazon fleuri; son chalumeau répète des airs mélodieux que redit l'écho de la montagne; le doux murmure de l'onde l'endort aux rayons du soleil couchant. Mais la guerre a son charme aussi; elle donne le mouvement à l'existence de l'homme. Cette vie si vivante me plaît; j'aime cette continuelle activité, cette variété, cette anxiété, et ces vagues tantôt élevées, tantôt abaissées, où flotte la fortune.

L'homme s'affaisse durant la paix, un inutile repos devient le tombeau de son courage : la loi est l'amie du faible. Tout alors prend le même niveau; le monde voit tout s'aplanir. Mais la guerre laisse la force se montrer; elle élève tout au-dessus du vulgaire; au plus timide même elle peut donner du courage.

UN SECOND.

Le temple de l'Amour ne nous est-il pas ouvert ? le monde ne s'émeut-il plus à l'aspect de la beauté? Là, n'y a-t-il pas des craintes? là, n'y a-t-il pas des espérances ? Ne devient-il pas roi, celui qui sait plaire? L'amour anime aussi la vie, il en rehausse les couleurs effacées ; l'aimable fille de l'onde donne du charme à nos plus belles années par ses illusions, et au milieu de la triste et vulgaire réalité elle nous fait apparaître des songes dorés.

UN TROISIÈME.

L'éclat de la beauté est comme la fleur, qui ne vit que pour le printemps ; elle entrelace ses guirlandes dans une chevelure jeune encore, mais l'homme de l'âge mûr veut servir une divinité plus austère.

LE PREMIER.

Suivons dans les forêts sauvages les traces de Diane, de la mâle déesse de la chasse; pénétrons dans les bois les plus épais, précipitons le chevreuil du haut du rocher. La chasse est une image de la guerre; Diane est l'amante du terrible dieu des combats On est debout aux premiers rayons du matin : la trompette retentissante se fait entendre ; gaiement on s'élance de l'humide vallée sur la montagne, au bord des précipices , et l'on rafraîchit ses membres fatigués en traversant un air vif et rapide.

LE SECOND.

Ou bien confions-nous à cette divinité azurée, qui ne connaît point le repos, et qui, nous présentant sa surface unie et transparente, nous appelle sur son empire sans bornes : construisons-nous sur la vague qui se balance un édifice mobile. Celui qui de la proue rapide de son navire laboure les vertes plaines de l'onde, celui-là est le favori de la fortune , cette reine du monde; et pour lui les moissons s'élèvent sans qu'il ait semé. La mer est le théâtre de l'espérance , le capricieux empire du hasard. Là, le riche devient subitement pauvre, et l'indigent devient tout-à-coup l'égal des princes. Le vent, avec la vitesse de la pensée, parcourt tout le cercle de l'horizon ; de même changent les arrêts du destin, de même tourne la roue de la fortune. Sur les flots tout est flottant , et aucun domaine n'est assis sur la mer.

UN TROISIÈME.

Ce n'est pas seulement sur le sein de la mer et sur les vagues agitées, c'est aussi sur la terre, tout affermie qu'elle est sur ses antiques fondemens, que le bonheur est mobile, et que rien ne peut l'arrêter. Cette nouvelle paix me donne des soucis, et je ne puis m'y confier avec contentement : je ne puis bâtir ma cabane sur la lave que le volcan a vomie. La haine a déjà pénétré bien profondément : il s'est passé de bien cruelles choses , pour qu'elles puissent être pardonnées et oubliées. Je n'ai pas encore vu la fin. De prophétiques songes m'épouvantent, et ma bouche ne doit pas dire ce que je prévois. Mais tout me déplaît dans ce mystère, dans cet hyménée dont les liens ne sont pas consacrés, dans cette union amoureuse qui se dérobe à la lumière, dans cet enlèvement fait sans respect pour le cloître. Ce qui est bien suit une route plus droite : les mauvaises semences produisent de mauvais fruits.

Ce fut aussi par un enlèvement, nous le savons tous, que l'épouse de l'ancien prince fut contrainte d'entrer dans un lit criminel, car elle avait d'abord été choisie par le père : et cet aïeul de nos princes, dans sa colère, lança sur ce coupable hyménée les menaces terribles de sa malédiction. Des crimes sans nom , de noirs forfaits sont recélés dans cette famille.

LE CHOEUR.

Oui , le commencement a été mauvais, et je crois que la fin sera mauvaise aussi; car jamais sous le ciel les forfaits commis par une rage aveugle ne restent impunis. Ce n'est point par le hasard, ce n'est point par le destin aveugle que ces frères furieux vont se détruire; car le sein de leur mère a été maudit, et elle ne pouvait enfanter que la haine et la guerre. — Mais je dois cacher tout ceci et me taire. La déesse des vengeances s'apprête en silence ; il sera temps de déplorer ces désastres lorsqu'ils approcheront et commenceront à se manifester.

Le chœur sort.

~~~

La scène change et représente un jardin qui a vue sur la mer.

BÉATRIX *sort d'un pavillon du jardin.*

BÉATRIX. *Elle va et vient, et se promène de côté et d'autre avec inquiétude. Tout-à-coup elle s'arrête et écoute.*

Ce n'est pas lui , — ce n'est que le bruit du vent qui siffle à travers la cime des pins. — Déjà le soleil s'abaisse vers l'horizon ; les heures s'écoulent avec une lenteur insupportable, et je me sens saisie d'une impression d'effroi. Ce silence et cette solitude m'épouvantent. Aussi loin que mes regards peuvent s'étendre, je n'aperçois rien. Il me laisse en proie aux angoisses et à l'abattement.

J'entends ici près le bruit et le mouvement de la foule dans la cité, semblable à la chute continuelle d'une cascade; au loin j'entends la vaste mer dont les vagues viennent frapper ses rivages avec un sourd retentissement. Ces bruits jettent la terreur dans mon âme. Je me sens faible et sans défense au milieu de ces grandeurs terribles, comme la feuille détachée de l'arbre et perdue dans un monde sans limites.

Pourquoi ai je abandonné ma tranquille cellule ? là je vivais dans l'innocence et le repos; mon cœur était tranquille comme une source limpide, sans désirs, et cependant pas sans plaisir. Maintenant le flot de la vie m'a entraînée, le monde m'a saisie de sa main gigantesque : j'ai rompu mes premiers liens, et je me suis confiée au gage frivole d'une promesse.

Quelle faute j'ai commise ! qu'ai-je fait ! un aveugle sentiment m'a séduite et entraînée. J'ai déchiré le voile, honneur des vierges saintes ; j'ai franchi les portes de ma pieuse cellule : ai-je donc été enlacée par un artifice de l'enfer ? Dans ma coupable fuite j'ai suivi les pas d'un homme, d'un ravisseur audacieux. Oh ! reviens, mon bien-aimé; qui t'arrête, et pourquoi tarder ? Viens délivrer mon âme de ses combats ! Le repentir me ronge, la douleur s'empare de moi ; que ta présence chérie rassure mon cœur !

Ah ! ne devais-je pas me livrer à celui qui, seul dans le monde, s'est attaché à moi ? car j'ai été jetée comme étrangère dans la vie, et de bonne heure j'ai été livrée à un destin rigoureux ; je n'ose pas même lever le voile obscur qui le couvre. J'ai été arrachée du sein maternel ; je n'ai vu qu'une seule fois celle qui m'a enfantée, et son image a passé devant moi comme un songe.

Je croissais tranquille, dans ce tranquille séjour; dans la saison ardente de la vie, j'existais comme au paisible séjour des ombres : il parut tout-à-coup à la porte de ce cloître avec la beauté des dieux et l'air mâle des héros. Oh ! il n'y a point de paroles pour exprimer ce que je sentis : il descendit vers moi comme un habitant d'un autre monde, et bientôt se forma un lien qui semblait avoir *toujours existé*, *et que les hommes ne peuvent rompre.*

Pardonne, toi qui m'as donné le jour, si, saisissant le bonheur qui m'était envoyé, j'ai par ma propre volonté décidé de mon sort. Je ne l'ai pas choisi, c'est lui qui est venu me trouver. Le dieu pénètre à travers les portes fermées ; il s'ouvre une route jusqu'à la tour de Danaé ; et le destin ne peut jamais perdre sa victime. Fût-elle enchaînée sur des rochers déserts, ou attachée aux colonnes d'Atlas qui soutiennent le ciel, un coursier ailé saura bien l'y atteindre.

Je n'ai plus à regarder en arrière : je ne regrette plus mon asile ; j'aime, et je me confie à l'amour. S'il y a quelque chose au-dessus du bonheur de l'amour, je consens à me contenter de mon partage, et à ne point connaître d'autres plaisirs dans la vie.

Je ne connais pas, et je ne veux jamais connaître ceux qui se diraient les auteurs de mes jours, s'ils voulaient me séparer de toi, mon bien-aimé ; j'aime mieux être toujours une énigme pour moi-même. Je t'aime, je n'en veux pas savoir davantage. (*Elle écoute.*) Écoutons; n'est-ce pas le son de sa voix chérie ? — Non, c'est l'écho du bruissement sourd de la mer qui se brise sur le rivage; ce n'est pas mon bien-aimé. Ah ! malheureuse, malheureuse ! Qui peut t'arrêter ? Je me sens glacée d'effroi. Le soleil s'abaisse de plus en plus ; ce lieu semble devenir de plus en plus solitaire, de plus en plus mon cœur se serre. Qui peut le retenir ? (*Elle marche çà et là.*) Je n'ose porter mes pas hors de l'enceinte tranquille de ce jardin : j'ai frissonné d'épouvante en essayant d'entrer dans l'église prochaine. Une force puissante, s'emparant du plus profond de mon cœur, semblait m'y attirer, quand a sonné l'heure d'aller s'agenouiller dans le saint lieu, et m'entraînait à me prosterner devant la sainte mère de Dieu; je n'ai pu résister à ce pouvoir.

Si j'étais suivie par quelque espion ? Le monde est plein d'ennemis ; des piéges trompeurs sont tendus sur toutes les routes de la timide innocence. J'en ai fait déjà une cruelle épreuve le jour où, par une coupable imprudence, je m'avançai hors de l'enceinte du cloître parmi une foule étrangère : c'était pendant la pompe solennelle des funérailles du prince. Ah ! que je payai cher ma témérité ! Dieu seul m'a préservée. Ce jeune homme, cet étranger s'approcha de moi avec des yeux enflammés, avec un regard qui m'épouvanta, qui pénétra mon âme; il semblait lire jusqu'au fond de mon cœur : mon sein se glace à ce souvenir. Jamais, jamais je n'oserai m'avouer coupable à mon amant de cette faute qu'il ignore. (*Elle écoute.*) On parle dans le jardin! C'est lui, c'est mon ami, c'est lui-même! Cette fois ce n'est pas une méprise ni une illusion. Il s'approche, il vient ; volons dans ses bras, sur son cœur !

Elle s'avance les bras ouverts vers le fond du jardin; don César vient à elle.

~~~~~~~~~~~~~~~~~~~~~~~~~~~~~~

DON CÉSAR, BÉATRIX, LE CHOEUR.

BÉATRIX *recule avec effroi.*
Malheureuse ! Que vois-je ?

En cet instant le chœur s'avance aussi.

DON CÉSAR.
Charmante personne, ne craignez rien. (*Au chœur.*) L'aspect de vos armes a épouvanté la beauté timide. — Retirez-vous et tenez-vous dans un respectueux éloignement. (*A Béatrix.*) Ne craignez rien; l'innocence craintive et la beauté me sont sacrées. (*Le chœur s'est retiré ; il s'approche et prend la main de Béatrix.*) Où étais-tu ? Quel dieu a eu le pouvoir de te dérober, de te cacher si long-temps. Je t'ai cherchée, je t'ai poursuivie durant les jours, durant les nuits. Depuis le moment où, aux funérailles du prince, tu apparus à mes yeux comme un ange resplendissant de lumière, tu as été mon seul sentiment. Ah ! je ne te l'avais point caché, cet empire que

tu avais exercé sur mes sens; le feu de mes regards, le tremblement de ma voix, ma main qui frémissait dans la tienne, te l'apprirent assez. L'austère majesté du lieu interdisait un plus libre aveu. La sainte célébration m'appelait à la prière; je m'agenouillai; et à peine m'étais-je relevé, qu'au premier regard que je jetai sur toi, tu fus sur-le-champ enlevée de devant mes yeux; cependant tu avais déjà enchaîné toutes les forces de mon cœur par un charme tout-puissant. Depuis ce jour, je t'ai cherchée sans cesse dans l'enceinte de tous les temples, de tous les palais, dans les lieux les plus cachés où puisse se retirer la timide innocence. J'ai répandu partout d'adroits émissaires; mais ces soins restaient sans récompense. Enfin aujourd'hui, grâce a Dieu, la vigilance de mes émissaires a été couronnée du succès, et tu as été aperçue dans l'église prochaine. (*Béatrix qui pendant tout ce temps était demeurée tremblante et détournait la tête, fait un mouvement d'effroi.*) Je te retrouve, et mon âme se séparera de mon corps avant que je t'abandonne. Pour m'assurer sur-le-champ contre le sort, pour me préserver des démons envieux, je m'adresse à toi comme à mon épouse, devant tous ces témoins, et je te donne pour garant la foi de chevalier. (*Il la présente au chœur.*) Je ne veux point rechercher qui tu es; je te veux pour toi-même, et n'ai rien à demander à d'autres. J'affirmerais, je jurerais, d'après le premier regard que j'ai jeté sur toi, que ton âme et ton origine *sont nobles. Et serais-tu d'une race vulgaire, tu es à moi pour la vie; j'ai perdu la liberté du choix.*

Et sache que je suis aussi maître de mes actions, et placé assez haut sur la terre pour que ma puissante main élève jusqu'à moi celle que j'aime; je n'ai besoin que de te prononcer mon nom. — Je suis don César; et dans cette cité de Messine nul n'est au-dessus de moi. (*Béatrix recule effrayée; il s'en aperçoit, et un instant après continue.*) J'aime ton étonnement et ton modeste silence : la pudeur timide est le plus bel ornement de tes attraits. En effet, la beauté s'ignore elle-même, et s'effraye de sa propre puissance. — Je sors, et te livre à toi-même pour que ton esprit revienne de sa frayeur : l'impression subite même du bonheur est un sujet d'effroi. (*Au chœur.*) Dès ce moment honorez la comme mon épouse et votre princesse : informez-la des grandeurs de son sort. Je reviens aussitôt la chercher dans un appareil digne de moi, et convenable à votre souveraine.

Il sort.

BÉATRIX et LE CHOEUR.

LE CHOEUR.

Salut, aimable souveraine. Tu obtiens le triomphe, tu obtiens la couronne; tu perpétueras cette noble race. Je te salue, mère des héros de l'avenir.

Trois fois salut : sous d'heureux auspices, toi heureuse, tu entres dans une heureuse maison que les dieux favorisent, qu'illustre une couronne glorieuse, et où le sceptre d'or, par une succession non interrompue, passe des aïeux à leurs fils.

Ton aimable venue va réjouir les ancêtres révérés, fiers et austères pénates de cette maison. A ta rencontre viendront, pour te recevoir, la déesse de la jeunesse couronnée de fleurs éternelles, et la brillante victoire, cette divinité ailée que le tout-puissant Jupiter soutient dans sa main, et qui déploie son vol au-dessus des triomphateurs. La couronne de la beauté n'est jamais sortie de cette famille : chaque princesse a transmis à celle qui lui succédait et la ceinture des Grâces et le voile de la modestie. Le sort favorise mes regards; je vois la plus belle des fiancées, quand la mère brille encore de tout l'éclat de la beauté.

BÉATRIX, *se réveillant de la terreur où elle était plongée.*

Malheureuse! en quelles mains le mauvais destin m'a livrée! Il n'en est pas dans toute la terre qui ne fussent moins à craindre. Je comprends maintenant quel frémissement, quelle mystérieuse horreur me rendait toujours tremblante, lorsqu'on me prononçait le nom de cette race terrible qui se hait elle-même, qui s'acharne avec fureur à déchirer son propre sein. Souvent je me suis sentie saisie d'épouvante lorsqu'on me parlait des deux frères et de leur monstrueuse haine. Et maintenant un sort épouvantable me précipite, moi, malheureuse, moi sans appui, dans le gouffre de cette haine, de cette fatalité.

Elle s'enfuit dans le pavillon du jardin.

LE CHOEUR, *seul.*

Je porte envie aux heureux enfans des dieux, aux maîtres fortunés du pouvoir; toujours ce qui est le plus précieux est leur partage, tout ce que les mortels estiment le plus grand et le plus beau, ils en cueillent la fleur.

Le pêcheur s'est plongé dans les eaux pour recueillir des perles; ils choisiront pour eux la plus transparente. La récolte a été obtenue par le travail commun, la meilleure part en sera réservée au seigneur : que les vassaux s'accommodent de leurs portions comme ils pourront, la plus belle lui est assurée.

Mais son privilège le plus précieux, je lui abandonne ses autres avantages; celui que j'envie par-dessus tous, c'est de pouvoir choisir parmi les fleurs de la beauté. Ce qui charme les yeux de tous, il le possède pour lui seul.

Le corsaire s'élance avec le glaive sur le rivage,

et dans sa nocturne expédition il emmène mainte esclave; il assouvit ses barbares désirs; mais il n'osera pas toucher à la plus belle; elle est pour le roi.

Cependant il me faut veiller sur les portes de cette sainte demeure, pour qu'aucun profane n'ose pénétrer dans cette retraite. Méritons les éloges de notre prince, qui a confié à notre garde tout ce qu'il possède de plus précieux.

Le chœur s'éloigne vers le fond du théâtre.

La scène change, et représente une salle dans l'intérieur du palais.

Entrent DONA ISABELLE, DON MANUEL *et* DON CÉSAR.

ISABELLE.

Il brille enfin pour moi, ce jour tant souhaité, si long-temps attendu ! Je vois mes fils unis par le cœur : avec quel bonheur je les vois se presser mutuellement la main ! Pour la première fois votre heureuse mère peut vous ouvrir son cœur dans cette réunion intime. Cette foule grossière de témoins importuns, qui se plaçait toujours entre nous, prête à combattre, s'est éloignée; le bruit des armes ne retentit plus à mon oreille. Telle qu'une troupe de nocturnes oiseaux, habitans d'une maison en ruines, qui depuis longues années était devenue leur domicile, s'envolent comme un noir essaim, éblouis par la clarté du jour, lorsque l'ancien possesseur, long-temps exilé, fait entendre le bruit joyeux de son retour, et vient construire un nouvel édifice; telle s'enfuit l'ancienne haine avec son ténébreux cortège : le soupçon caverneux, l'envie au regard louche, la pâle jalousie, quittent nos portes pour se rendre en murmurant aux portes de l'enfer, tandis que la paix nous revient avec la confiante amitié et la douce concorde. (*Elle s'arrête un moment.*) Mais ce n'est pas assez que ce jour vous ait rendu à chacun un frère, il devait aussi vous donner une sœur. — Vous êtes étonnés; vous me regardez avec surprise? Oui, mes fils, le temps est venu de rompre le silence et de lever le voile qui couvrait un secret long-temps caché. J'avais aussi donné une fille à votre père. Votre jeune sœur vit encore : vous l'embrasserez aujourd'hui.

DON CÉSAR.

Que dis-tu, ma mère, nous avons une sœur ? Et jamais nous n'avions entendu parler de cette sœur.

DON MANUEL.

Nous avons bien entendu dire, dans notre première enfance, qu'une sœur nous était née; mais elle était, disait-on, morte encore au berceau.

ISABELLE.

On se trompait; elle vit.

DON CÉSAR.

Elle vit, et tu nous l'avais caché?

ISABELLE.

Je vous dirai les motifs de mon silence. — Sachez quels soins ont été pris autrefois, et quels heureux fruits en sont recueillis aujourd'hui. Vous étiez encore jeunes enfans; cette déplorable antipathie, puisse-t-elle être finie pour toujours! vous divisait déjà, et plongeait dans la tristesse le cœur de vos parens. A cette époque votre père eut un jour un songe surprenant; il lui sembla voir sortir de son antique couche deux lauriers qui entrelaçaient leur feuillage épais; entre eux croissait un lis : cette fleur devint une flamme qui dévora l'épais feuillage des deux arbres, et qui, s'élançant en tourbillon vers la voûte, embrasa promptement et consuma avec furie le palais tout entier.

Effrayé de cette vision étonnante, votre père consulta un astrologue d'Arabie, qui était son oracle, et en qui il mettait plus de confiance que je n'aurais voulu. L'Arabe déclara que si mon sein venait à porter une fille, elle donnerait la mort à lui et à ses deux fils, et que toute sa race périrait par elle; et je devins mère d'une fille. Votre père donna l'ordre cruel de précipiter dans la mer l'enfant nouveau-né : j'éludai cet arrêt sanglant, et par les soins discrets d'un fidèle serviteur je conservai ma fille.

DON CÉSAR.

Qu'il soit béni pour l'avoir prêté son assistance! Ah ! jamais la prudence n'a manqué à l'amour d'une mère !

ISABELLE.

La voix puissante de l'amour maternel ne m'engagea pas seule à épargner ma fille. J'avais eu aussi un songe merveilleux et prophétique pendant que mon sein portait cet enfant : je vis un enfant beau comme l'amour, qui jouait sur le gazon; un lion sortit de la forêt, portant dans sa gueule sanglante une proie qu'il venait de saisir, et d'un air caressant il vint la déposer au giron de l'enfant. Un aigle, planant dans les airs, tenait dans ses serres un chevreau tremblant, et d'un air caressant il vint le déposer au giron de l'enfant; et tous deux, l'aigle et lion, doux et soumis, se prosternèrent aux pieds de ce jeune enfant. Le sens de ce songe me fut expliqué par un moine, un homme aimé de Dieu, auprès duquel mon cœur trouva toujours conseil et consolation dans toutes les peines d'ici-bas. Il me dit que je mettrais au jour une fille qui changerait la haine terrible de mes fils en un amour plus vif encore. Je recueillis cette parole dans mon âme, me confiant plus au Dieu de vérité qu'à la voix du mensonge. Je sauvai cet enfant de la divine promesse, cette fille de la bénédiction, ce gage de mes espérances, qui devait être l'instrument de la paix, si votre haine se perpétuait et s'accroissait.

DON MANUEL, *embrassant son frère.*

Il n'est plus besoin de ma sœur pour former entre nous un lien d'affection, mais elle en serrera les nœuds.

ISABELLE.

Elle fut placée dans une retraite cachée, et loin de mes yeux, élevée mystérieusement par une main étrangère ; je me refusai la vue même de ses traits chéris ; je me privai de ce plaisir si ardemment souhaité, tant je redoutais la sévérité de votre père. Une inquiète méfiance troublait son repos ; il était rongé de sombres soupçons, et plaçait des surveillans sur tous mes pas.

DON CÉSAR.

Déjà depuis trois mois mon père repose dans le tombeau. Qui a pu t'empêcher, ô ma mère, de faire paraître au jour celle qui est depuis si longtemps cachée, et de donner cette joie à nos cœurs ?

ISABELLE.

Et quel autre motif que vos déplorables discordes, dont rien ne pouvait éteindre la rage et qui, s'enflammant sur la tombe de votre père à peine expiré, ne donnait nulle espérance de réconciliation ? Pouvais-je placer votre sœur entre vos barbares glaives ? Pouviez-vous, au milieu de ces orages, entendre la voix de votre mère ? Et devais-je la risquer avant le temps au milieu de votre furie, elle, ce gage d'une paix chérie, elle, la dernière ancre de ma sainte espérance ? Il fallait d'abord obtenir que les frères pussent se voir avant de placer entre eux leur sœur comme un ange de paix. Maintenant cela est possible, et je vais vous la présenter. J'ai envoyé un vieux serviteur et j'attends son retour à chaque instant. L'enlevant à son paisible asile, il va la conduire sur le cœur d'une mère et dans les bras de ses frères.

DON MANUEL.

Elle ne sera pas la seule qui aujourd'hui sera pressée dans tes bras maternels. La joie entre de toutes parts dans ce palais, naguère abandonné ; il va devenir le séjour charmant des grâces. Maintenant, ma mère, apprends aussi mon secret. Tu me donnes une sœur, je vais t'offrir une seconde, une aimable fille. Oui, ma mère, bénis ton fils. Mon cœur a trouvé, a choisi celle qui doit être la compagne de ma vie. Avant que le soleil ait quitté l'horizon, je conduirai à tes pieds l'épouse de don Manuel.

ISABELLE.

Je presserai avec joie sur mon sein celle qui doit rendre heureux mon premier-né ; que les plaisirs naissent sur vos traces ; que votre vie soit parée de toutes les fleurs. Le bonheur de mon fils sera le mien et me rendra la plus glorieuse des mères.

DON CÉSAR.

Ne réponds point, ô ma mère, toutes tes bénédictions sur ton premier-né : si tu bénis ainsi l'amour, je t'amènerai aussi une fille digne d'une telle mère ; elle seule m'a appris ce que c'était que l'amour. Avant que le jour soit fini, don César te présentera son épouse.

DON MANUEL.

Toute-puissance de l'amour ! c'est à bon droit qu'on te nomme la divinité souveraine des âmes. Les élémens sont soumis à ton pouvoir, et tu sais réunir ce qui est le plus opposé, le plus contraire ; rien de ce qui vit ne méconnaît ton empire ; tu as pu vaincre le cœur indompté de mon frère, qui jusque là s'était montré intraitable. (*Il embrasse don César.*) Maintenant je crois à ton cœur et je te presse avec espérance dans mes bras fraternels. Je ne puis douter de toi, puisque tu sais aimer.

ISABELLE.

Que ce jour soit trois fois béni ! Il a enfin délivré de tous mes chagrins mon cœur oppressé. Je vois ma race assise sur de fermes fondemens, et mes yeux peuvent pénétrer avec calme dans le lointain avenir. Hier, encore couverte de ce voile des veuves, délaissée, sans enfans, je me voyais seule dans ces salles désertes ; et aujourd'hui trois filles brillantes de la fleur de la jeunesse viendront s'asseoir à mes côtés. Ne suis-je pas la plus grande et la plus heureuse de toutes les femmes qui ont enfanté ? Cependant quel prince voisin de nos frontières nous accorde ses royales filles ? On ne m'a parlé d'aucune ; et je ne puis penser que mes fils aient pu faire un indigne choix.

DON MANUEL.

Pour aujourd'hui seulement, ma mère, ne me demande pas de lever le voile qui couvre mon bonheur. Le jour s'approche qui doit tout révéler. Ma fiancée peut se présenter avec avantage ; sois assurée que tu la trouveras digne de toi.

ISABELLE.

Je retrouve dans l'aîné de mes fils le caractère et l'esprit de son père. Il aimait de même à se renfermer en lui-même, à former et à assurer ses desseins par une résolution ferme et inébranlable. Je l'accorde volontiers, ce court délai ; mais je suis certaine que mon fils don César va me nommer sa royale fiancée.

DON CÉSAR.

Mon caractère n'a rien de mystérieux ; je n'aime point, ma mère, à me cacher ; on peut lire mes sentimens sur mon front en toute franchise et liberté. Cependant ce que tu veux savoir, ce que tu demandes, eh bien, ma mère, je dois l'avouer franchement, moi-même je ne l'ai pas encore demandé. Demande-t-on d'où ils viennent aux rayons enflammés du soleil ? En éclairant le monde ils se déclarent assez. Leur lumière témoigne qu'ils procèdent de la lumière. C'est avec cette évidence que ma fiancée s'est présentée à mes yeux. Je la connais jusqu'au fond de l'âme. Le cristal s'est révélé par l'éclat de sa transparence; et cependant je ne puis t'apprendre son nom.

ISABELLE.

Eh quoi ! don César, explique-toi. Tu auras pris pour la voix de Dieu le premier sentiment dont tu auras senti la force. J'attendais de toi la violence d'un jeune homme, mais non pas l'aveuglement d'un enfant. Dis-moi ce qui a déterminé ton choix.

DON CÉSAR.

Mon choix, ma mère ? Lorsque la puissance du destin vous entraîne à l'heure marquée, est-ce un choix ? Je ne cherchais point une épouse, certes, une si frivole pensée ne pouvait me venir dans le séjour de la mort, et c'est là où j'ai trouvé ce que je ne cherchais point. Jusque alors le peuple léger des femmes m'avait été indifférent et n'avait point agi sur mon esprit; je n'en avais pas vu une qui te ressemblât, à toi, ma mère, que j'honore comme l'image de Dieu sur la terre. C'était à la triste solennité des funérailles de mon père, nous étions cachés dans la foule du peuple. Tu te souviens que ta prudence nous avait ordonné d'y paraître sous un déguisement inconnu, de peur que la violence de notre haine ne troublât avec fracas la dignité de cette pompe funèbre. Le vaisseau de l'église était tendu de noir; vingt statues, placées près de l'autel, portaient des torches à la main, au-devant du cercueil que recouvrait la croix blanche du drap mortuaire; sur ce cercueil on voyait le bâton du commandement, la couronne royale, les éperons dorés des chevaliers, et le glaive dont la poignée était ornée de diamans. Tout le peuple était à genoux dans un pieux recueillement; l'orgue invisible dans la haute tribune se fit entendre, et le chœur aux cent voix commença ses chants. Le chœur continuait encore ses hymnes; et le cercueil s'enfonça lentement sous le sol de l'église, descendant vers les demeures souterraines, dont l'ouverture était dérobée aux regards par le vaste drap mortuaire. Les terrestres ornemens furent laissés sur la terre, ne devant point accompagner celui qui se rendait à son dernier séjour. Cependant, portée par les chants pieux sur les ailes des séraphins, l'âme délivrée s'envolait vers le ciel pour s'y reposer au sein de la grâce divine. Je rappelle tout cela à ton souvenir, ma mère, et je le décris avec détail pour que tu reconnaisses si dans ce moment une mondaine pensée pouvait être dans mon cœur ; et c'est cette heure triste et solennelle que choisit l'arbitre de ma vie pour me pénétrer d'un rayon de l'amour. Comment cela put arriver, je me le demande en vain à moi-même.

ISABELLE.

Achève cependant; je veux tout savoir.

DON CÉSAR.

D'où elle vint et comment elle se trouva près de moi, ne me le demandez pas. Lorsque mes yeux se détournèrent, elle était à côté de moi ; à son approche je fus saisi d'une impression confuse, mais puissante et merveilleuse. Ce n'était pas la douceur enchanteresse de son sourire ; ce n'était point l'éclat de son teint ; ce n'était point la grâce de sa taille divine ; c'était quelque chose d'intime et de profond qui s'emparait de moi avec une force céleste ; la puissance de ce charme m'entraînait sans que je pusse la démêler; nos âmes se connaissaient sans qu'une parole eût été prononcée, se touchaient sans s'être communiquées : seulement pour avoir respiré l'air qu'elle respirait. Elle m'était étrangère, et cependant j'étais assuré intérieurement qu'elle était à moi, et j'entendais distinctement en mon âme : C'est elle, ou nulle autre sur la terre.

DON MANUEL, *l'interrompant avec vivacité.*

Ce sont bien les traits puissans et divins de l'amour, tels qu'ils viennent atteindre, frapper et charmer le cœur; lorsqu'on a rencontré la compagne de sa vie, alors il n'y a pas à résister ni à choisir; l'homme ne peut délier ce que le ciel a lié. Je suis conforme à mon frère ; c'est ma propre histoire qu'il a racontée, et je l'en remercie ; il a, d'une main heureuse, levé le voile qui couvrait un sentiment éprouvé confusément par moi.

ISABELLE.

Je le vois, la destinée conduit mes enfans par des voies particulières et inconnues. Un torrent impétueux s'est précipité de la montagne, s'est creusé lui-même son lit et s'est tracé son cours, sans s'inquiéter de la route régulière que la prudence lui avait ouverte d'avance. Je me soumets ; que pourrais-je y changer ? La main puissante et souveraine de Dieu a lié le destin de ma maison. Je mets mon espérance au cœur de mes fils. Ils sont nés noblement et leurs pensées sont nobles.

ISABELLE, DON MANUEL, DON CÉSAR;
DIÉGO *se montre à la porte.*

ISABELLE.

Que vois-je ! mon digne serviteur est de retour ! Approche, approche, fidèle Diégo ! où est mon enfant? Ils savent tout ! il n'y a plus de mystère. Où est-elle? parle, ne diffère pas ; nos cœurs sont préparés à soutenir tant de joie. Viens. (*Elle va à sa rencontre vers la porte.*) Qu'est-ce ? comment ! tu hésites ? tu gardes le silence ? ton regard n'annonce rien d'heureux ! Que t'est-il arrivé ? Parle ! un frisson me saisit. Où est-elle ? où est Béatrix ?

Elle veut sortir.

DON MANUEL, *à part, et avec surprise.*
Béatrix !

DIÉGO, *la retenant.*
Demeure.

ISABELLE.
Où est-elle ? cette anxiété me tue.

DIÉGO.
Elle ne me suit pas. Je ne te ramene pas ta fille.

ISABELLE.
Qu'est-il arrivé? Au nom de Dieu, parle.

DON CÉSAR.
Où est ma sœur, malheureux? parle!

DIÉGO.
Elle est enlevée, emmenée par des corsaires. Ah! pourquoi mes yeux ont-ils vu ce jour?

DON MANUEL.
Du courage, ma mère!

DON CÉSAR.
Ma mère, du courage, contiens-toi jusqu'à ce que tu aies tout appris.

DIÉGO.
J'ai parcouru promptement, comme tu l'avais ordonné, le chemin qui conduit au couvent, que j'avais suivi tant de fois et que j'espérais suivre pour la dernière. La joie me donnait des ailes.

DON CÉSAR.
Au fait!

DON MANUEL.
Parle!

DIÉGO.
J'arrive dans cette cour du couvent, sans nulle défiance; je demande ta fille. Je vois l'expression de l'effroi dans tous les regards, et j'apprends avec désespoir ce malheur affreux.

Isabelle tombe pâle et tremblante sur son fauteuil. Don Manuel s'empresse auprès d'elle.

DON CÉSAR.
Et les Maures, dis-tu, l'ont enlevée? A-t-on vu les Maures? qui a été témoin de l'événement?

DIÉGO.
On avait aperçu des pirates maures qui avaient jeté l'ancre dans la rade voisine du couvent.

DON CÉSAR.
Plusieurs navires s'étaient réfugiés dans cette rade pendant la tempête. Où est ce vaisseau?

DIÉGO.
On l'a vu ce matin de bonne heure dans la haute mer, gagnant le large à force de voiles.

DON CÉSAR.
Dit-on que quelque autre brigandage ait été commis? Les Maures ne se contentent pas d'une seule proie.

DIÉGO.
Ils se sont emparés avec violence des troupeaux qui paissaient en ce lieu.

DON CÉSAR.
Comment les brigands ont-ils pu pénétrer dans l'intérieur d'un cloître exactement fermé?

DIÉGO.
Les murs du jardin sont faciles à franchir, à l'aide d'une échelle élevée.

DON CÉSAR.
Comment sont-ils entrés jusque dans les cellules? car le séjour des pieuses nonnes est entouré d'une forte clôture.

DIÉGO.
Elle n'était encore liée par aucun vœu, et elle pouvait se promener en liberté.

DON CÉSAR.
Et usait-elle souvent de cette liberté qui lui était laissée? Dis-moi cela.

DIÉGO.
Souvent on la voyait chercher la solitude du jardin. Aujourd'hui seulement elle n'est point revenue.

DON CÉSAR, *après avoir réfléchi un moment.*
Enlevée, dis-tu? S'il était si facile de l'enlever, elle a pu fuir aussi de son propre gré.

ISABELLE *se lève.*
C'est la violence! c'est un criminel enlèvement. Jamais ma fille n'aurait oublié son devoir au point de suivre volontairement un ravisseur! Don Manuel, don César, je devais aujourd'hui vous présenter une sœur, maintenant il faut que j'implore le secours de votre bras héroïque. Mes fils, déployez votre courage, vous ne pouvez souffrir patiemment que votre sœur soit la proie d'audacieux brigands. Prenez vos armes, équipez un navire, parcourez toute la côte. Poursuivez les pirates sur toutes les mers, ils ont dérobé votre sœur.

DON CÉSAR.
Adieu, je vole à leur poursuite et à la vengeance!

Il sort.

ISABELLE, DON MANUEL, DIÉGO.

Don Manuel, se réveillant d'une distraction profonde, se tourne d'un air inquiet vers Diégo.

DON MANUEL.
Quand a-t-elle disparu? Réponds.

DIÉGO.
Depuis ce matin de bonne heure on ne l'a plus revue.

DON MANUEL, *à dona Isabelle.*
Et ta fille s'appelle Béatrix?

ISABELLE.
Tel est son nom! hâte-toi, plus de discours.

DON MANUEL.
Je veux savoir encore une seule chose, ma mère.

ISABELLE.
Occupe-toi d'agir. Suis l'exemple de ton frère.

DON MANUEL.
Dans quelle contrée?... je t'en conjure...

ISABELLE *lui fait signe de partir.*
Vois mes larmes, mes angoisses mortelles.

DON MANUEL.
Dans quelle contrée l'avais-tu cachée?

ISABELLE.
Ah! que n'était-elle cachée au centre de la terre!

DIÉGO.
Une crainte subite me trouble et me saisit.

DON MANUEL.
Une crainte, et laquelle? Dis ce que tu sais.

DIÉGO.
Si j'avais été la cause innocente de cet enlèvement!

ISABELLE.
Malheureux, explique ce qui est arrivé.

DIÉGO.
Je te l'avais caché, princesse, pour épargner quelques soucis à ton cœur maternel. Le jour où le prince fut enseveli, tout le peuple avide de nouveauté se pressait à cette triste cérémonie. La nouvelle en avait pénétré jusque dans les murs du couvent; ta fille me conjura, avec de continuelles instances, de lui laisser voir l'aspect de cette solennité. Et moi, malheureux, je me laissai toucher. Cachée dans un triste vêtement de deuil, elle fut témoin de la cérémonie; et je crains aujourd'hui qu'au milieu de la foule du peuple qui se pressait de tous côtés, elle n'ait été exposée aux regards de celui qui l'aura enlevée; car aucun déguisement ne peut cacher l'éclat de sa beauté.

DON MANUEL, à part et rassuré.
Heureuses paroles qui rassurent mon cœur! ce ne peut être elle. Ces informations ne s'y rapportent point.

ISABELLE.
Vieillard insensé! ainsi tu m'as trahie.

DIÉGO.
Princesse, je croyais bien faire. Il me semblait reconnaître dans ce désir la voix de la nature, la force du sang. Je pensai que c'était l'œuvre du ciel qui, par une secrète et pieuse impulsion, conduisait la fille sur le tombeau de son père. J'ai voulu céder au droit qu'elle avait de remplir ce pieux devoir. Ainsi, à bonne intention, j'ai été entraîné à une faute.

DON MANUEL, à part.
Pourquoi demeurer ici dans les souffrances du doute et de la crainte? Je vais sur-le-champ trouver la lumière et la certitude.

Il veut sortir.

DON CÉSAR, revenant.
Arrête, don Manuel, je vais te suivre.

DON MANUEL.
Ne me suis pas, reste. Que personne ne me suive.

Il sort.

ISABELLE, DON CÉSAR.

DON CÉSAR le suit d'un œil étonné.
Qui peut troubler mon frère? Dis-le-moi, ma mère.

ISABELLE.
Je l'ignore comme toi. Je ne le reconnais plus.

DON CÉSAR.
Tu me vois revenir, ma mère, parce que, dans l'ardeur empressée de mon zèle, j'avais oublié de te demander les signes qui pourraient me faire reconnaître ma sœur. Comment aurais-je pu retrouver sa trace, sans savoir de quel lieu les brigands l'avaient enlevée? Nomme-moi le cloître où elle était cachée.

ISABELLE.
Il est consacré à sainte Cécile. Cette forêt qui s'étend au loin sur les pentes de l'Etna le couvre et semble en faire la retraite silencieuse des âmes saintes.

DON CÉSAR.
Prends bon courage; confie-toi à tes fils. Je te ramènerai ma sœur, dussé-je la chercher sur toutes les mers, sur la terre entière. Il est cependant, ma mère, une chose qui m'afflige : je laisse ma fiancée sous une protection étrangère. Je ne pourrais confier qu'à toi un gage si précieux. Je l'enverrai vers toi, tu la verras, et dans ses bras, sur son tendre cœur, tu oublieras tes craintes et ta douleur.

Il sort.

ISABELLE, seule.

Quand cessera enfin cette ancienne malédiction qui pèse sur cette maison? Un mauvais génie se joue de mes espérances, et jamais sa rage envieuse ne s'apaise. Je me croyais si proche du port! je me confiais avec tant d'assurance à ces gages de bonheur! je croyais toutes les tempêtes calmées, et d'un œil joyeux je voyais déjà la terre éclairée des rayons du soleil couchant; une tempête se forme dans le ciel le plus serein, et me renvoie lutter encore avec les vagues.

Elle se retire dans l'intérieur du palais; Diégo la suit.

La scène change et représente le jardin.

LES DEUX CHOEURS, BÉATRIX.

Le chœur de don Manuel vient dans un appareil de fête, orné de guirlandes, portant les ornemens de la fiancée qui ont été ordonnés précédemment; le chœur de don César veut lui interdire l'entrée du jardin.

PREMIER CHOEUR.
Tu devrais laisser ce lieu libre.

SECOND CHOEUR.
Je ne ferai place qu'à de plus vaillans.

PREMIER CHOEUR.
Tu dois remarquer que ta présence est importune.

SECOND CHOEUR.
Puisque cela te déplaît, c'est un motif pour demeurer.

PREMIER CHOEUR.
C'est ici mon poste. Qui ose m'arrêter?
SECOND CHOEUR.
J'ose le faire; je commande ici.
PREMIER CHOEUR.
Mon maître, don Manuel, m'envoie en ce lieu.
SECOND CHOEUR.
J'y suis par l'ordre de mon maître.
PREMIER CHOEUR.
Le plus jeune frère doit céder à l'aîné.
SECOND CHOEUR.
Le monde est au premier occupant.
PREMIER CHOEUR.
Allons, méchant, cède-moi la place.
SECOND CHOEUR.
Non pas sans que nos épées se soient mesurées.
PREMIER CHOEUR.
Te trouverai-je partout sur mon passage?
SECOND CHOEUR.
Partout où je veux, je puis te braver.
PREMIER CHOEUR.
Que viens-tu ici épier et surveiller?
SECOND CHOEUR.
Que viens-tu ici exiger ou commander?
PREMIER CHOEUR.
Je n'ai point à te parler ni à te répondre.
SECOND CHOEUR.
Et moi, je ne daigne pas te parler.
PREMIER CHOEUR.
Jeune homme, tu dois du respect à ma vieillesse.
SECOND CHOEUR.
Ma valeur a autant d'expérience que la tienne.
BÉATRIX, *sortant précipitamment.*
Malheur à moi! que veulent ces deux troupes farouches?
PREMIER CHOEUR, *au second.*
Ta contenance orgueilleuse ne m'impose point.
SECOND CHOEUR.
Mon maître est plus vaillant que le tien.
BÉATRIX, *derrière le théâtre.*
Ah! malheureuse, malheureuse! et il va bientôt venir!
PREMIER CHOEUR.
Tu parles faussement. C'est don Manuel qui l'a vaincu.
SECOND CHOEUR.
Mon maître a eu l'avantage dans chaque combat.
BÉATRIX.
Il va venir, voici l'heure.
PREMIER CHOEUR.
N'était la paix, je soutiendrais mon droit.
SECOND CHOEUR.
C'est la crainte, et non la paix qui te retient.
BÉATRIX.
Oh! que n'est-il à mille lieues d'ici!
PREMIER CHOEUR.
Je crains la loi, et non pas la menace de ton regard.
SECOND CHOEUR.
Tu fais bien, elle est l'appui du faible.

PREMIER CHOEUR.
Si tu commences, je t'imiterai.
SECOND CHOEUR.
Le glaive est tiré.
BÉATRIX, *dans la plus vive agitation.*
Ils vont combattre; les épées brillent; ô vous! puissances du ciel, arrêtez ses pas; placez-vous devant lui pour lui interdire le passage; semez sa route d'obstacles et de retards; qu'il n'arrive point en ce moment; saints anges que j'ai priés, que j'ai conjurés de le conduire vers moi, oubliez mes paroles; détournez-le loin, bien loin d'ici.

Elle rentre au moment où les chœurs vont se précipiter l'un sur l'autre. Don Manuel paraît.

~~~~~~~~~~~~~~~~~~~~~~~~~~~~~~~~~~~~~~~

DON MANUEL, LE CHOEUR.

DON MANUEL.
Que vois-je? Arrêtez!
PREMIER CHOEUR, *au second.*
Avance, avance.
SECOND CHOEUR.
Mort à ces traîtres!
DON MANUEL *se jette entre eux en tirant son épée.*
Arrêtez!
PREMIER CHOEUR.
C'est le prince.
SECOND CHOEUR.
C'est son frère, apaisons-nous.
DON MANUEL.
J'étends mort sur la place le premier qui seulement du coup d'œil menacera son adversaire et provoquera la querelle. Êtes-vous en démence? est-ce un démon qui vous entraîne? Les flammes de la discorde qui nous divisaient, nous vos princes, ne sont-elles pas éteintes, éteintes pour ne jamais renaître? Qui avait commencé le combat? parlez! je veux le savoir!
PREMIER CHOEUR.
Nous étions ici...
SECOND CHOEUR, *interrompant.*
Non, ils y venaient...
DON MANUEL, *au premier chœur.*
Parle, toi!
PREMIER CHOEUR.
Nous venions ici, prince, apporter, comme tu nous l'avais ordonné, les parures nuptiales. Préparés à une fête, ainsi que tu le vois, et nullement pour un combat, nous suivions en paix notre route, sans aucune pensée hostile, nous fiant à la trêve jurée; nous avons trouvé ceux-ci établis en ennemis dans ce lieu, et nous en interdisant l'entrée avec violence.
DON MANUEL.
Insensés! N'est-il donc pas un lieu assez sacré pour arrêter votre aveugle rage? Quoi! dans le séjour ignoré de l'innocence, votre haine vient troubler la paix? (*Au second chœur.*) Retire-toi, ta présence téméraire ne doit point se mêler aux

mystères de ce lieu. (*Il s'arrête un moment.*) Retire-toi, ton maître l'ordonne par ma voix, nous n'avons maintenant qu'une âme et qu'une volonté, mes ordres sont les siens. Allons, va ! (*Au premier chœur.*) Toi, demeure et garde l'entrée.

SECOND CHŒUR.

Que faire ? les princes sont réconciliés, cela est certain ; et se jeter avec empressement dans les querelles ou les affaires des grands sans y être appelé, c'est chercher plus de dangers que de récompenses. Quand les puissans de la terre sont las de combattre, ils se hâtent de rejeter sur l'homme obscur, qui les a servis par devoir, les sanglantes apparences du crime, et ils se montrent purs et sans reproches. Ainsi, laissons les princes s'accorder entre eux ; je pense qu'il est plus prudent d'obéir.

Le second chœur se retire. Le premier se place au fond du théâtre. En ce moment Béatrix arrive précipitamment, et se jette dans les bras de don Manuel.

~~~

BÉATRIX, DON MANUEL.

BÉATRIX.

C'est toi, je te revois, cruel ! tu m'as laissée long-temps, bien long-temps en proie à l'inquiétude, à toutes les terreurs ; mais n'en parlons plus ; je te revois ! C'est dans tes bras chéris qu'est mon asile, qu'est ma protection contre tous les dangers ; viens, ils sont partis. Voici le moment de fuir, allons, il n'y a pas un instant à perdre. (*Elle veut alors l'entraîner et le regarde plus attentivement que d'abord*) Mais que se passe-t-il en toi ? Tu m'accueilles avec réserve et gravité, tu t'arraches de mes bras comme si tu voulais t'éloigner de moi ? Je ne te reconnais pas. Est-ce bien don Manuel, mon époux, mon bien-aimé ?

DON MANUEL.

Béatrix !

BÉATRIX.

Non, ne réponds point, ce n'est point le temps des discours. Hâtons-nous de partir au plus vite ; cet instant est précieux.

DON MANUEL.

Demeure, réponds-moi.

BÉATRIX.

Partons avant que ces hommes cruels puissent revenir.

DON MANUEL.

Demeure, ces hommes ne peuvent nous nuire.

BÉATRIX.

Cependant tu ne les connais pas. Viens, fuyons.

DON MANUEL.

Défendue par mon bras, que peux-tu craindre ?

BÉATRIX.

Crois-moi, ces hommes sont puissans.

DON MANUEL.

Aucun n'est plus puissant que moi, ô ma bien-aimée !

BÉATRIX.

Tu es seul contre tant d'ennemis !

DON MANUEL.

Tu me crois seul ? Ces hommes que tu redoutes...

BÉATRIX.

Tu ne les connais pas ; tu ne sais pas à qui ils obéissent.

DON MANUEL.

Ils obéissent à moi, et je suis leur souverain.

BÉATRIX.

Tu es... La terreur a traversé mon âme.

DON MANUEL.

Connais-moi enfin, Béatrix ; je ne suis point ce que je t'ai paru jusqu'ici, un pauvre chevalier, un inconnu, un amant épris de tes attraits : je t'ai caché qui je suis réellement, quelle est ma puissance, quelle est mon origine.

BÉATRIX.

Tu n'es pas don Manuel ! Qui es-tu ? Ah ! malheureuse !

DON MANUEL.

Je me nomme don Manuel ; mais je suis au-dessus de tous ceux qui portent aussi ce nom dans ce royaume : je suis don Manuel, prince de Messine.

BÉATRIX.

Tu serais don Manuel, frère de don César ?

DON MANUEL.

Don César est mon frère.

BÉATRIX.

Il est ton frère ?

DON MANUEL.

Comment ! tu sembles effrayée ! Connais-tu don César ? Connaîtrais-tu personne de mon sang ?

BÉATRIX.

Tu es don Manuel, que la haine et la discorde irréconciliable divisent de ton frère ?

DON MANUEL.

Nous sommes réconciliés ; et depuis ce jour nous sommes frères par le cœur comme par le sang.

BÉATRIX.

Réconciliés, depuis aujourd'hui ?

DON MANUEL.

Parle, explique-toi. Qui t'a jetée dans ce trouble ? Tu ne pouvais connaître de notre famille que les noms. Sais-je tous tes secrets ? Ne m'as-tu rien caché ? m'as-tu tout dit ?

BÉATRIX.

Quelle est ta pensée ! Comment ! que pourrais-je avoir à révéler ?

DON MANUEL.

Tu ne m'as rien dit de ta mère ; quelle est-elle ? La reconnaîtrais-tu, si je te la dépeignais, si je te la montrais ?

BÉATRIX.

Tu la connais ! tu la connais ! et tu me l'as cachée ?

DON MANUEL.
Malheur à toi, malheur à moi, si je la connais!

BÉATRIX.
Ah! son aspect est doux comme la lumière du ciel; il me semble encore la voir! Ce souvenir vit au plus profond de mon âme; sa céleste figure est encore là devant mes yeux : je vois les boucles de sa chevelure d'ébène ombrager les nobles contours de son cou d'ivoire; je vois l'éclat de ses grands yeux adouci par la forme gracieuse de ses sourcils et de son front; j'entends le son de sa voix sensible et pénétrante.

DON MANUEL.
Malheureuse, c'est elle que tu peins!

BÉATRIX.
Et c'est elle que je fuis! devais-je l'abandonner le matin du même jour où elle devait à jamais me réunir à elle? Ah! j'ai sacrifié pour toi même ma mère!

DON MANUEL.
La princesse de Messine sera ta mère. Je vais te conduire vers elle; elle t'attend.

BÉATRIX.
Que dis-tu? ta mère, celle de don César? Tu veux me conduire à elle? Jamais, jamais.

DON MANUEL.
Tu frémis! Que signifie ce désespoir? Ma mère peut-elle être une étrangère pour toi?

BÉATRIX.
Terrible et malheureuse révélation! Oh! pourquoi ai-je pu voir ce jour?

DON MANUEL.
Qui peut te jeter dans de telles angoisses, lorsque tu me connais, lorsque tu trouves un prince dans l'inconnu?

BÉATRIX.
Ah! que le ciel me rende cet inconnu, et je serai heureuse avec lui dans un désert!

DON CÉSAR, *derrière le théâtre.*
Retirez-vous! Quelle est cette foule rassemblée ici?

BÉATRIX.
Dieu! cette voix! Où me cacher?

DON MANUEL.
Tu connaîtrais cette voix? Non, jamais tu ne l'as entendue; tu ne peux la reconnaître.

BÉATRIX.
Fuyons! viens, ne tardons pas.

DON MANUEL.
Qui fuir? C'est la voix de mon frère : il me cherche, et je m'étonne seulement qu'il ait pu me découvrir ici.

BÉATRIX.
Par toutes les puissances du ciel, évitons-le! Ne t'expose pas à son impétueuse rencontre; ne vous trouvez pas ensemble en ce lieu.

DON MANUEL.
O ma bien-aimée, la crainte trouble tes esprits. N'as-tu pas entendu que nous étions réconciliés?

BÉATRIX.
O mon Dieu, délivrez-moi de ce moment affreux!

DON MANUEL.
Quel soupçon me saisit? Quelle pensée est venue me glacer d'horreur?..... Serait-il possible, cette voix ne t'est point inconnue?..... Béatrix, étais-tu..... Je tremble de t'interroger... Tu étais... aux funérailles de mon père?

BÉATRIX.
Malheur à moi!

DON MANUEL.
Tu étais là?

BÉATRIX.
Pardonne-moi.

DON MANUEL.
Malheureuse! tu étais là?

BÉATRIX.
J'étais là.

DON MANUEL.
Désespoir!

BÉATRIX.
Un désir trop impérieux m'entraîna; excuse-moi. Lorsque je t'avouai mon projet, tu accueillis ma prière d'un air sérieux et triste, et je gardai le silence. Je ne sais quel pouvoir d'un astre funeste me poussait avec une irrésistible force; il me fallut céder à l'ardente volonté de mon cœur. Le vieux serviteur me prêta son assistance; je te désobéis, et je m'y rendis.

Elle se jette à genoux devant lui. Don César entre accompagné de tout le chœur.

~~~~~~~~~~~~~~~~~~~~~~~~~~~~

LES DEUX FRÈRES, LES CHŒURS, BÉATRIX.

SECOND CHŒUR, *à don César.*
Tu ne veux pas nous croire; tu en croiras tes yeux.

DON CÉSAR *entre rapidement et recule avec effroi à l'aspect de son frère.*
C'est une illusion de l'enfer! Quoi, dans ses bras! (*Il s'approche.*) Monstre de trahison! c'était là ton amour! Ainsi tu me trompais par une réconciliation mensongère! Oh! ma haine était la voix de Dieu! Descends aux enfers, cœur de serpent.

Il le frappe.

DON MANUEL.
Je suis mort! Béatrix! frère!

Il tombe et meurt. Béatrix tombe près de lui sans mouvement.

PREMIER CHŒUR.
Au meurtre! au meurtre! Avancez, saisissez vos armes; que le sang soit vengé par le sang.

Ils tirent leurs épées.

SECOND CHŒUR.
Bonheur à nous; cette longue lutte est terminée : Messine obéit maintenant à un seul maître.

PREMIER CHOEUR.

Vengeance, vengeance! que le meurtrier tombe, qu'il tombe en expiation de son crime.

SECOND CHOEUR.

Seigneur, ne crains rien, nous te restons fidèles.

DON CÉSAR *s'avance entre eux avec autorité.*

Retirez-vous, j'ai tué mon ennemi, celui qui trompait mon cœur sincère et confiant, qui m'offrait l'amitié fraternelle comme un piége. Cette action paraît terrible et affreuse, cependant c'est le juste ciel qui a jugé.

PREMIER CHOEUR.

Malheur à toi, Messine! malheur, malheur, malheur! un forfait horrible s'est accompli dans tes murs. Malheur à tes enfans et à leurs mères, à tes vieillards et à tes jeunes hommes! malheur à ceux qui ne sont pas encore nés!

DON CÉSAR.

La plainte vient trop tard; votre secours est nécessaire ici. (*Il montre Béatrix.*) Rappelez-la à la vie, éloignez-la promptement de ce lieu de mort et d'effroi. Je ne puis rester plus long-temps; ma sœur enlevée réclame mes soins. Conduisez-la sur le sein de ma mère, et dites-lui que c'est son fils don César qui la lui envoie.

Il sort. Béatrix sans mouvement est placée sur un brancard par les hommes du second chœur, et ils l'emportent. Le premier chœur reste auprès du corps de don Manuel. Les jeunes gens qui portaient les ornemens nuptiaux se rangent avec les autres en demi-cercle autour du corps.

LE CHOEUR.

Je ne puis concevoir comment la chose s'est accomplie si vite. Depuis long-temps mon esprit voyait bien s'avancer à grands pas la terrible image de ce crime sanglant et déplorable; cependant je suis abîmé d'horreur quand ce qui était prévu est arrivé, quand mes yeux ont vu s'exécuter ce qu'une crainte prophétique me faisait seulement entrevoir; tout mon sang est glacé dans mes veines par l'affreuse et définitive réalité.

UN HOMME DU CHOEUR.

Laisse parler la voix de la douleur. Vaillant jeune homme, te voilà étendu sans vie, frappé dans la fleur de l'âge, saisi par la nuit de la mort, sur le seuil de la chambre nuptiale. Faites retentir un gémissement sans fin près de celui qui est dans le silence éternel.

UN SECOND.

Nous venons, nous venons avec la pompe d'une fête pour recevoir l'épouse. Les jeunes hommes apportent les riches vêtemens, les présens nuptiaux; tout est prêt, les témoins sont là, mais l'époux n'entend plus rien; les chants joyeux ne le réveillent pas car le sommeil de la mort est profond.

TOUT LE CHOEUR.

Il est triste et profond le sommeil de la mort; il ne sera point réveillé par la voix de sa fiancée; il n'entendra plus le son éclatant de la trompe. Immobile et insensible, il est gisant sur la terre.

UN TROISIÈME.

Où sont les espérances, où sont les projets que construit l'homme périssable? Aujourd'hui vous vous embrassiez comme frères, vous étiez unis de cœur et de bouche; ce soleil, qui maintenant s'abaisse, éclairait votre amitié; et maintenant tu es couché sur la poussière, frappé de la main meurtrière de ton frère, le sein percé d'une horrible blessure. Où sont les espérances, où sont les projets que l'homme, ce fils de l'heure fugitive, a bâtis sur d'infidèles fondemens?

LE CHOEUR.

Je veux te rapporter à ta mère. Quel triste fardeau! Abattons avec la hache meurtrière les branches de ce cyprès pour en former un brancard; jamais rien de vivant ne doit être produit par l'arbre qui aura porté les fruits de la mort, jamais il ne doit croître, jamais il ne doit prêter son ombre au voyageur; tout ce qui a été nourri par le sol du meurtre doit être dévoué au service de la mort.

LE PREMIER.

Malheur au meurtrier! malheur à celui que sa rage insensée a conduit ici! le sang coule, coule à grands flots et pénètre la terre. Mais là-bas, dans ces profondeurs ténébreuses, les muettes filles de Thémis qui, dans la nuit et le silence, n'oublient jamais rien, qui jugent tout avec leur infaillible justice; elles recueillent ce sang dans leur urne sombre, et composent et préparent la terrible vengeance.

LE SECOND.

Sur cette terre qu'éclaire le soleil, les traces du crime s'effacent bientôt comme une apparence légère qui a passé devant nos yeux; mais rien n'est perdu, rien n'est effacé de ce que les heures pendant leur cours mystérieux déposent dans le sein obscur et fécond de la destinée. Le temps est un sol productif, la nature est toute vivante: tout fruit y mûrit, toute semence y est recueillie.

LE TROISIÈME.

Malheur, malheur au meurtrier! malheur à celui qui a répandu les semences de mort! Autre était l'aspect de cette action avant qu'elle fût commise; autre depuis qu'elle est accomplie. Alors dans la chaleur de la colère et de la vengeance, elle se présentait à tes yeux, audacieuse et animée; mais à présent elle est finie, elle est passée, elle t'apparaît comme un pâle fantôme. Ainsi les terribles furies agitaient les serpens de l'enfer devant Oreste, et entraînaient le fils au meurtre de la mère; elles savaient tromper habilement son cœur en lui montrant les apparences de la justice; mais dès qu'il a frappé le sein qui l'avait conçu, qui l'avait porté avec amour, voyez comme elles se retournent contre lui, comme elle l'entourent de terreur! et il reconnaît les vierges redoutables! elles se saisissent du meurtrier, elles ne le quittent plus désormais; elles le livrent aux morsures éternelles de leurs serpens, elles le chassent de rivage en rivage sans nul repos, jusqu'à Delphes, dans le sanctuaire.

Le chœur se retire, emportant le corps de don Manuel sur un brancard.

Le théâtre représente une salle soutenue par des colonnes. Il est nuit. La scène est éclairée seulement par la lumière d'une grande lampe suspendue à la voûte.

DONA ISABELLE et DIÉGO *entrent.*

ISABELLE.

N'a-t-on aucune nouvelle de mes fils? a-t-on découvert quelque trace de ma fille?

DIÉGO.

Rien encore, princesse. Cependant j'espère tout des soins et de l'ardeur de tes fils.

ISABELLE.

Ah! Diégo, quelles sont les angoisses de mon cœur! il a dépendu de moi de prévenir ce malheur.

DIÉGO.

N'enfonce point dans ton cœur l'aiguillon du remords. Tu n'as négligé aucune précaution.

ISABELLE.

Si je l'avais plus tôt tirée de sa retraite, comme me le disait la voix de mon cœur!

DIÉGO.

La prudence te défendait, tu as agi sagement; la suite était aux mains de Dieu.

ISABELLE.

Hélas! aucune joie n'est pure, mon bonheur eût été accompli sans ce revers.

DIÉGO.

Ce bonheur est troublé, non pas perdu; jouis cependant de l'union de tes fils.

ISABELLE.

Je les ai vus se presser sur le cœur l'un de l'autre, spectacle jusque là inconnu à mes yeux.

DIÉGO.

Et ce n'était pas une simple apparence; tout partait du cœur; car leur droiture abhorre la contrainte du mensonge.

ISABELLE.

J'ai vu aussi avec joie qu'ils sont capables d'un tendre sentiment, d'un doux penchant, et qu'ils savent honorer ce qu'ils aiment; ils veulent renoncer à leur indépendance sans frein. Leur jeunesse ardente et indomptée ne se dérobe pas au joug des lois, et leurs passions mêmes sont vertueuses. Je puis cependant t'avouer maintenant, Diégo, qu'au premier moment, c'est avec inquiétude, avec effroi que j'ai vu cet essor de leurs sentimens. L'amour pouvait aisément se tourner en fureur dans ces caractères emportés. Si dans des âmes tout échauffées encore d'une vieille haine, une étincelle funeste de jalousie était venue à tomber! la pensée m'en faisait trembler. Si leurs penchans, qui n'ont jamais été les mêmes, s'étaient pour la première fois rencontrés par malheur! Grâce à Dieu, ce nuage orageux, qui un instant s'est montré à moi obscur et menaçant, s'est heureusement dissipé, et mon cœur oppressé a librement respiré.

DIÉGO.

Oui, réjouis-toi de ton ouvrage. Par une douce habileté, par la tendresse de l'âme, tu as su faire ce qu'avec toute la force de son autorité leur père n'avait pu faire; c'est ta gloire; cependant il en faut louer aussi le bonheur de ta destinée.

ISABELLE.

J'y ai été pour beaucoup, le destin pour beaucoup aussi. Ce n'était pas peu de chose que de cacher un tel secret durant tant d'années, de le dérober au plus méfiant des hommes. Il fallait aussi contenir en mon cœur la force du sang qui, comme une flamme prisonnière, s'efforçait pour paraître d'échapper à la contrainte.

DIÉGO.

Un dénoûment aussi heureux est le gage d'un long bonheur.

ISABELLE.

Je ne veux point me louer de mon étoile avant d'avoir vu la fin de l'événement. L'enlèvement de ma fille me rappelle et m'avertit que mon mauvais génie ne sommeille pas encore. Diégo, tu vas me blâmer ou m'applaudir, mais je ne veux rien cacher à ta fidélité; je n'ai pu supporter d'être ici dans un oisif repos, à attendre le sort, tandis que mes fils recherchaient avec empressement la trace de leur sœur; j'ai voulu agir aussi: où l'art humain ne peut rien, *souvent le ciel se manifeste.*

DIÉGO.

Apprends-moi ce que j'en dois savoir.

ISABELLE.

Dans un ermitage bâti sur les hauteurs de l'Etna, habite un pieux solitaire nommé par les anciens du pays *le vieillard de la montagne*; là, vivant plus près du ciel que toute la race des hommes errans au-dessous de lui, ses pensées terrestres se sont épurées dans un air transparent et subtil, et du haut de son antique sagesse il observe et démêle les routes secrètes et tortueuses de la vie. Il n'est pas étranger aux destins de ma maison; souvent le saint homme a pour nous interrogé le ciel et détourné les malédictions par ses prières. J'ai envoyé aussitôt vers lui un jeune messager dont la course est rapide, pour qu'il me donne des nouvelles de ma fille, et de moment en moment j'attends le retour de ce messager.

DIÉGO.

Si mes yeux ne me trompent pas, princesse, c'est lui même qui arrive en toute hâte; sa diligence mérite des éloges.

LES PRÉCÉDENS, LE MESSAGER.

ISABELLE.

Parle ! soit bonheur, soit malheur, ne me cache rien ; dis seulement la pure vérité. Quelle réponse a donnée le vieillard de la montagne ?

LE MESSAGER.

Il m'a ordonné de retourner au plus vite, car celle qui était perdue est retrouvée, a-t-il dit.

ISABELLE.

Voix propice ! Parole du ciel ! toujours il m'a annoncé ce que je souhaitais. Et auquel de mes fils a-t-il été réservé de trouver celle qui était perdue ?

LE MESSAGER.

L'aîné de tes fils a pénétré dans sa profonde retraite.

ISABELLE.

C'est à don Manuel que je la devrai ! Ah ! il a toujours été l'enfant de mon affection. As-tu remis au vieillard le cierge consacré que je lui envoyais en présent pour brûler devant son saint patron ; le pieux serviteur de Dieu dédaigne les dons qui plairaient aux autres hommes.

LE MESSAGER.

Il a pris le cierge, et s'avançant en silence vers l'autel, il l'a aussitôt allumé à la lampe qui brûle devant le saint patron ; puis tout-à-coup il a mis le feu à cette cabane où depuis quatre-vingts ans il adore le Seigneur.

ISABELLE.

Que dis-tu ? quelle terreur tu jettes en mon âme !

LE MESSAGER.

Et criant par trois fois malheur ! malheur ! malheur ! il a gravi la montagne, me faisant signe en silence de ne le point suivre, et de ne point regarder en arrière ; et, glacé d'effroi, je me suis hâté de revenir ici.

ISABELLE.

Dans quel doute nouveau, dans quelle flottante incertitude, dans quelles angoisses d'agitation me rejette cette réponse ! Ma fille sera retrouvée par l'aîné de mes fils, don Manuel ? Ces favorables paroles ne peuvent me réjouir accompagnées de signes si funestes.

LE MESSAGER.

Regarde derrière toi, princesse, la réponse du solitaire s'accomplit à tes yeux mêmes. Je suis bien trompé, ou c'est ta fille que tu avais perdue, que tu cherchais, et que te ramènent les chevaliers compagnons de tes fils.

Béatrix est apportée par le second chœur sur un brancard; elle est encore sans connaissance et sans mouvement.

ISABELLE, DIÉGO, LE MESSAGER, BÉATRIX, LE CHŒUR.

LE CHŒUR.

Pour accomplir l'ordre de notre maître, nous venons, princesse, déposer à tes pieds cette jeune fille ; c'est ce qu'il nous a commandé de faire et aussi de te répéter ces paroles : que c'est ton fils don César qui te l'envoie.

ISABELLE *s'est élancée vers elle les bras ouverts, elle recule avec effroi.*

O ciel ! elle est pâle et sans vie.

LE CHŒUR.

Elle vit, elle va se réveiller ; il lui faut quelques momens pour se remettre de l'impression qui tient encore ses sens interdits.

ISABELLE.

Mon enfant, enfant de ma douleur et de mes inquiétudes, nous nous revoyons enfin ! Ah ! devais-tu entrer de la sorte dans la maison de ton père ! Ah ! que la vie se rallume à la mienne ! Je veux te tenir embrassée jusqu'à ce que ton sang réchauffé, recommençant à couler, ait dissipé ce froid de la mort. (*Au chœur.*) Oh ! parle ! que s'est-il passé de terrible ? où l'as-tu trouvée ? Comment cette chère enfant est-elle tombée dans un état si horrible et si déplorable ?

LE CHŒUR.

Ne me le demande pas, ma bouche doit être muette; ton fils don César doit te révéler tout, car c'est lui qui te l'envoie.

ISABELLE.

Mon fils don Manuel, voulez-vous dire ?

LE CHŒUR.

Ton fils don César te l'envoie.

ISABELLE, *au messager.*

N'est-ce pas don Manuel que l'avait nommé le solitaire ?

LE MESSAGER.

Oui, princesse, c'est ainsi qu'il avait dit.

ISABELLE.

Qui que ce soit, il a rempli mon cœur de joie, je lui dois ma fille ; qu'il soit béni. Ah ! faut-il qu'un démon envieux trouble le bonheur d'un instant si ardemment souhaité ! faut-il que j'aie à combattre mon ravissement ! Je vois ma fille dans la maison de son père, mais elle ne me voit pas, elle ne m'entend pas, elle ne peut répondre à la joie de sa mère. Ah ! puissent ses beaux yeux se rouvrir, puissent ses mains se réchauffer, puisse son sein se ranimer pour palpiter de joie ! Diégo, c'est ma fille, celle qui fut si long-temps cachée, celle que j'ai sauvée ; enfin je puis la reconnaître devant le monde entier.

LE CHOEUR.

Je crois démêler un nouveau sujet d'effroi, et je suis épouvanté du moment où ces erreurs seront reconnues et dissipées.

ISABELLE, *au chœur, avec une expression de trouble et d'agitation.*

Ah! vos cœurs sont durs et impénétrables comme l'armure d'airain qui vous couvre; tels que les rochers escarpés du rivage, vous repoussez vers mon cœur la joie qu'il éprouve. En vain je cherche dans cette foule d'hommes un regard compatissant. Pourquoi mes fils tardent-ils? Je voudrais lire dans les yeux de quelqu'un qu'il partage mes sentimens; parmi cette troupe sans pitié, je suis comme entourée des animaux féroces du désert ou des monstres de l'Océan.

DIÉGO.

Ses yeux s'ouvrent; elle revient au mouvement et à la vie.

ISABELLE.

Elle vit! Ah! que son premier regard soit pour sa mère!

DIÉGO.

Ses yeux se sont refermés avec effroi.

ISABELLE, *au chœur.*

Retirez-vous. L'aspect de ces étrangers l'a effrayée.

LE CHOEUR, *se retirant.*

Je m'éloigne volontiers de ses yeux.

DIÉGO.

Elle fixe ses yeux sur toi avec étonnement.

BÉATRIX.

Où suis-je? Je crois reconnaître ces traits.

ISABELLE.

Elle en retrouve le souvenir après bien du temps.

DIÉGO.

Que fait-elle? Elle se prosterne à genoux!

BÉATRIX.

Noble et angélique figure de ma mère...

ISABELLE.

Enfant de mon cœur, viens dans mes bras.

BÉATRIX.

Vois à tes pieds la coupable.

ISABELLE.

Je te revois, tout est oublié!

DIÉGO.

Regarde-moi aussi. Reconnais-tu mes traits?

BÉATRIX.

Ce sont les traits vénérables du fidèle Diégo.

ISABELLE.

Du fidèle gardien de ton enfance.

BÉATRIX.

Je me retrouve parmi les miens.

ISABELLE.

Et rien ne peut nous séparer désormais que la mort.

BÉATRIX.

Tu ne veux plus me renvoyer chez des étrangers?

ISABELLE.

Rien ne nous sépare; le destin est apaisé.

BÉATRIX, *se jetant dans ses bras.*

Suis-je en effet sur ton cœur? et ce que j'ai éprouvé était-il un songe, un songe affreux et terrible? O ma mère! je l'ai vu tomber mort à mes pieds. Comment suis-je venue ici? Je ne m'en souviens pas. Que je suis heureuse de me trouver ainsi libre et dans tes bras! ils voulaient me conduire vers la princesse de Messine. Plutôt la mort!

ISABELLE.

Reviens à toi, ma fille; la princesse de Messine...

BÉATRIX.

Ne prononce plus ce nom : le froid de la mort se répand dans mes veines dès que je l'entends nommer.

ISABELLE.

Ecoute-moi.

BÉATRIX.

Elle a deux fils qui se haïssent mortellement : on les nomme don Manuel et don César.

ISABELLE.

Je suis la princesse de Messine; reconnais ta mère.

BÉATRIX.

Que dis-tu? Quelle parole as-tu prononcée?

ISABELLE.

Je suis ta mère, et princesse de Messine.

BÉATRIX.

Tu es la mère de don Manuel et de don César?

ISABELLE.

Et ta mère; tu as nommé tes frères.

BÉATRIX.

Malheur! malheur à moi! O lumière affreuse!

ISABELLE.

Qu'est-ce, ma fille? Qui peut te jeter dans ce trouble surprenant?

BÉATRIX *regarde autour d'elle d'un œil égaré; elle aperçoit le chœur.*

Ce sont eux, oui! Maintenant, maintenant je les reconnais : ce n'est pas un songe qui m'a trompée... Ce sont eux... ils étaient là... c'est l'horrible vérité! Malheureux, où l'avez-vous caché?

Elle va d'un pas rapide vers le chœur, qui s'éloigne d'elle. Les sons d'une marche lugubre se font entendre au loin.

LE CHOEUR.

Malheur! malheur!

ISABELLE.

Caché, qui? Qu'est-ce qui est vrai? Vous êtes muets et consternés; vous semblez la comprendre. Je démêle dans vos regards, dans votre voix, dans vos discours interrompus, quelque chose de malheureux qui doit retomber sur moi. Qu'est-ce donc? Pourquoi tournez-vous vos yeux pleins d'effroi vers les portes, et qu'est-ce que ces sons que j'entends?

LE CHOEUR.

Ils approchent! ils vont éclairer ces horribles mystères. Sois courageuse, princesse; affermis ton cœur; supporte avec force ce qui t'attend; montre une mâle fermeté dans cette mortelle douleur.

ISABELLE.

Qu'est-ce qui approche? qu'est-ce qui m'attend? J'entends les lugubres accords des chants de la mort retentir dans ce palais. Où sont mes fils?

Le premier chœur apporte le corps de don Manuel sur un brancard, et le place sur le côté de la scène qui est resté vide. Un voile noir couvre le brancard.

ISABELLE, BÉATRIX, DIÉGO, LES DEUX CHOEURS.

PREMIER CHOEUR.

Suivi du désespoir, le malheureux se promène à travers les cités; il rôde furtivement autour des demeures des hommes : un jour, il vient frapper à cette porte, le lendemain à celle-ci : mais aucune ne sera épargnée. Le triste et redouté message tôt ou tard viendra se placer sur le seuil du lieu que chaque vivant habite.

Lorsque les feuilles tombent au déclin de l'année, lorsque le vieillard épuisé descend au tombeau, la nature ne fait qu'obéir tranquillement à ses antiques lois, à son ordre éternel, et rien n'épouvante les hommes.

Mais dans cette terrestre vie il faut aussi apprendre à craindre l'extraordinaire. Le meurtre, de sa violente main, brise aussi les nœuds les plus saints; le trépas entraîne aussi dans l'infernale barque la jeunesse encore dans sa fleur.

Quand les nuages s'entassent dans le ciel obscurci, quand le tonnerre fait entendre ses sourds roulemens, alors, alors tous les cœurs se rappellent le pouvoir terrible du destin; mais la foudre peut aussi tomber d'un ciel clair et serein : ainsi, dans tes jours de joie, redoute l'arrivée funeste de l'infortune; n'attache point ton cœur aux biens fragiles qui ornent la vie. Celui qui possède, qu'il sache perdre; celui qui est heureux, qu'il apprenne la douleur.

ISABELLE.

Que vais-je savoir? Que cache ce voile? (*Elle fait un pas vers le brancard, puis s'arrête irrésolue et tremblante.*) Je me sens entraînée par une impulsion horrible et en même temps arrêtée et glacée par la froide main de l'épouvante. (*A Béatrix, qui s'est jetée entre elle et le brancard.*) Laissez-moi; je veux lever ce voile (*Elle lève le linceul et voit le corps de don Manuel.*) Ah! malheureuse mère, c'est mon fils!

Elle demeure glacée d'effroi. Béatrix jette un cri, et tombe évanouie près du corps de don Manuel.

LE CHOEUR.

Malheureuse mère! c'est ton fils! C'est toi qui as dit ces douloureuses paroles; mes lèvres ne les ont point prononcées.

ISABELLE.

Mon fils! mon cher Manuel! O éternelle miséricorde! Etait-ce ainsi que je devais te revoir? Fallait-il donc que tu donnasses ta vie pour arracher ta sœur des mains des brigands? Où était ton frère, que son bras n'a pu te défendre? Oh! malédiction sur la main qui t'a percé de cette blessure! Soyez maudits, vous qui avez donné le jour à l'assassin de mon fils! Maudite soit toute sa race!

LE CHOEUR.

Malheur! malheur! malheur!

ISABELLE.

Est-ce ainsi que vous me tenez parole, puissances du ciel? Est-ce là votre vérité? Malheur à celui qui se confie à vous dans la pureté de son cœur! Quelle a été l'issue, soit de ce que j'ai espéré, soit de ce que j'ai craint? Vous qui m'entourez ici avec effroi, et qui repaissez vos regards de ma douleur, connaissez les mensonges dont nous abusent et les songes et les devins! et croyez encore que les dieux parlent par leur bouche! Lorsque cette fille était dans mon sein maternel, son père rêva un jour qu'il voyait s'élever de sa couche royale deux lauriers, entre eux croissait un lis, qui, se changeant en flamme, s'attacha à l'épais feuillage des arbres, et, s'élançant avec furie, embrasa rapidement tout le palais et le consuma dans un horrible incendie. Effrayé de cette étrange vision, le prince en demanda le sens à un devin, à un noir magicien. Le magicien déclara que si mon sein mettait au jour une fille, elle donnerait la mort à mes deux fils et anéantirait ma race.

LE CHOEUR.

Princesse, que dis-tu? Malheur! malheur!

ISABELLE.

Son père ordonna de la faire périr; mais je l'ai soustraite à cet arrêt cruel. Pauvre infortunée! elle fut enlevée au sein de sa mère, afin de ne pas devenir l'assassin de ses frères; et maintenant son frère tombe sous les coups des brigands; ce n'est pas elle, innocente, qui l'a frappé.

LE CHOEUR.

Malheur! malheur! malheur!

ISABELLE.

Les paroles d'un idolâtre ne méritaient pas ma croyance. Une meilleure espérance avait raffermi mon âme, lorsqu'une autre bouche, que je tenais pour certaine, m'avait annoncé qu'un jour ma fille réunirait mes fils par un ardent amour. Ainsi les oracles se contredisent; ainsi la malédiction et la bénédiction reposaient à la fois sur la tête de ma fille. Ni la malédiction ne l'a rendue coupable, l'infortunée; ni le temps ne lui a été laissé d'accomplir la bénédiction. Les paroles de l'un comme les paroles de l'autre ont été mensongères. L'art des devins n'est qu'un vain néant; ils se trompent ou nous trompent. Rien de vrai sur l'avenir ne se laisse saisir, ni par toi qui puises aux ondes infernales, ni par toi qui puises aux sources de la lumière.

PREMIER CHOEUR.

Malheur! malheur! que dis-tu? Arrête, arrête;

retiens les paroles téméraires qui échappent à la colère. Les oracles savent voir et atteindre la vérité, et l'événement célébrera leur prévoyance.

ISABELLE.

Je ne retiendrai point mes paroles, je dirai hautement ce que me dicte mon cœur. Ah! pourquoi nos regards cherchent-ils les demeures divines, et levons-nous au ciel nos pieuses mains? Insensés et confians, que gagnons-nous à notre crédulité? Il est aussi impossible d'atteindre vers les dieux, ces habitans du ciel, que de frapper le soleil de la flèche qu'on voudrait lui lancer. L'avenir est fermé aux mortels, et aucune prière ne peut pénétrer à travers un ciel d'airain. Qu'importe que l'oiseau s'envole vers la droite ou vers la gauche? qu'importe que telle étoile soit en conjonction avec telle autre? le livre de la nature n'offre aucun sens; l'intelligence des songes n'est qu'un songe, et tous les signes sont trompeurs.

SECOND CHOEUR.

Arrête, infortunée! Malheur! malheur! Tes yeux aveugles nient la lumière du soleil. Les dieux existent, reconnais-les: terribles, ils pèsent sur toi.

BÉATRIX.

O ma mère, ma mère, pourquoi m'as-tu sauvée? Pourquoi m'as-tu précipitée dans cette malédiction qui me poursuivait même avant ma naissance? Ah! faiblesse maternelle! Pourquoi te croyais-tu plus sage que ceux qui voient tout, qui savent l'enchaînement des temps présens et des temps futurs, qui aperçoivent de loin de tardives semences germer dans l'avenir? Tu as pour ta ruine, pour la mienne, pour celle de nous tous, dérobé aux dieux infernaux la proie qu'ils réclamaient; maintenant ils la saisissent deux fois et trois fois plus grande. Je ne te remercie point de ce funeste bienfait; tu m'as conservée pour la douleur et les larmes.

PREMIER CHOEUR, *avec une vive émotion en regardant du côté des portes.*

Rouvrez-vous, tristes blessures; coulez à grands flots, et répandez un noir ruisseau de sang! J'entends les sifflemens des serpens de l'enfer; j'entends des pieds d'airain retentir sur le sol: je reconnais les pas des furies. Murs, écroulez-vous; seuil de ce palais, engloutissez-vous sous ces pas redoutables. Une noire vapeur s'élève, s'élève en s'échappant de la terre. La douce lumière du jour s'évanouit. Les dieux protecteurs de cette maison se retirent et cèdent la place aux déesses de la vengeance.

~~~~~~~~~~~~~~~~~~~~~~~~~~~~~~~

DON CÉSAR, ISABELLE, BÉATRIX, LE CHOEUR.

A l'arrivée de don César, le chœur se divise des deux côtés du théâtre, s'écartant de lui et le laissant seul sur le milieu de la scène.

BÉATRIX.

Malheur à moi! c'est lui!

ISABELLE *s'avance vers lui.*

O César! ô mon fils! devais-je te revoir ainsi? Regarde, et vois le crime qu'a commis une main maudite de Dieu.

Elle le conduit vers le corps de don Manuel. Don César recule avec effroi, et détourne la vue.

PREMIER CHOEUR.

Rouvrez-vous, tristes blessures; coulez à grands flots, et répandez un noir ruisseau de sang!

ISABELLE.

Tu frémis et demeures interdit! Oui, c'est là tout ce qui reste de ton frère. Là gisent mes espérances. Elles ont péri dans leur germe naissant, les fleurs de votre amitié, et je n'en verrai point les heureux fruits.

DON CÉSAR.

Console-toi, ma mère; notre amitié était sincère; mais le ciel voulait du sang.

ISABELLE.

Oh! je sais que tu l'aimais, je voyais avec ravissement les deux liens qui se formaient entre vous. Tu l'aurais porté dans ton cœur; tu voulais réparer avec usure les années perdues. Un meurtre sanglant l'a enlevé à ton amour. Maintenant tu ne peux plus que le venger.

DON CÉSAR.

Viens, ma mère, viens; ne reste point en ce lieu; arrache-toi à ce malheureux spectacle.

Il veut l'entraîner.

ISABELLE *le serre dans ses bras.*

Tu vis encore pour moi! Seul tu me restes maintenant.

BÉATRIX.

Malheureuse mère! que fais-tu?

DON CÉSAR.

Oui, répands tes larmes sur ce cœur fidèle. Ton fils n'est pas perdu; son amour vit pour toujours dans le sein de César.

LE CHOEUR.

Rouvrez-vous, tristes blessures; coulez à grands flots, et répandez un noir ruisseau de sang!

ISABELLE, *prenant les mains à l'un et à l'autre.*

O mes enfans!

DON CÉSAR.

Je suis heureux de la voir dans tes bras, ma mère. Oui, elle est ta fille. Quant à ma sœur...

ISABELLE.

Mon fils, je te remercie; je te dois sa délivrance, tu as tenu parole, tu me l'as envoyée.

DON CÉSAR *étonné.*

Qui, dis-tu, ma mère, que je t'ai envoyée?

ISABELLE.

Elle, que tu vois devant toi, ta sœur.

DON CÉSAR.

Elle, ma sœur!

ISABELLE.

Et quelle autre?

DON CÉSAR.

Ma sœur?

ISABELLE.
Que toi-même m'as envoyée.
DON CÉSAR.
Et sa sœur?
LE CHOEUR.
Malheur! malheur! malheur!
BÉATRIX.
O ma mère!
ISABELLE.
Je demeure interdite; parlez.
DON CÉSAR.
Que maudit soit le jour où je suis né!
ISABELLE.
Qu'est-ce donc? Dieu!
DON CÉSAR.
Maudit soit le sein qui m'a porté! maudit soit ton silence mystérieux, cause de toutes ces horreurs! Que la foudre qui doit frapper ton cœur éclate enfin! je ne puis l'arrêter plus long-temps. C'est moi, le sais-tu? qui ai frappé mon frère, parce que je l'ai surpris dans les bras de celle ci. C'est elle que j'aime, c'est elle que j'avais choisie pour épouse. J'ai trouvé mon frère dans ses bras. Tu sais tout à présent. Elle est sa sœur, elle est la mienne; et je suis coupable d'un crime qu'aucun repentir, aucune expiation ne peuvent faire pardonner.

LE CHOEUR.
Il a tout dit; tu as tout entendu : tu sais tes malheurs, il ne te reste plus rien à apprendre. Comme le devin l'avait annoncé, de même tout s'est accompli; car personne n'a pu encore échapper à son destin : et celui qui croit l'avoir évité par sa prudence, celui-là travaille lui-même à l'accomplir.

ISABELLE.
Et que m'importe à moi si les dieux se sont montrés imposteurs, ou s'ils ont annoncé la vérité? Ne m'ont-ils pas fait tout le mal possible? Je les défie maintenant de me porter de plus rudes coups. Qui n'a plus de motifs de crainte, ne tremble plus devant les dieux. Mon fils chéri gît assassiné, et je renonce moi-même celui qui survit, il n'est pas mon fils : mon sein a conçu et nourri un monstre qui a donné la mort à mon fils bien-aimé. Viens, ma fille! notre présence est de trop ici. J'abandonne cette maison aux esprits de vengeance : un crime m'y avait amenée; j'en suis chassée par un crime; j'y suis entrée par la violence, je l'ai habitée dans la crainte, et j'en sors avec le désespoir. J'ai beaucoup souffert, et sans être coupable; mais les oracles ont eu raison, et les dieux sont satisfaits!

Elle sort. Diégo la suit.

BÉATRIX, DON CÉSAR, LE CHOEUR.

DON CÉSAR, *retenant Béatrix*
Demeure, ma sœur; ne m'abandonne pas. Que ma mère me maudisse; que ce sang crie contre moi et m'accuse devant le ciel; que tout le monde me condamne ; mais, toi, ne me maudis pas; de toi je ne pourrais le supporter. (*Béatrix jette un regard vers le corps de don Manuel.*) Ce n'est pas ton amant que j'ai tué; c'est ton frère, c'est le mien que j'ai assassiné. Celui qui n'est plus ne tient pas de plus près que celui qui est ivan je suis plus digne de pitié que lui; il était innocent, et je suis criminel. (*Béatrix fond en pleurs.*) Oui, pleure ton frère; je le pleurerai avec toi ; je ferai plus, je le vengerai. Mais ce n'est pas ton amant que tu pleures? Je ne souffrirais pas qu'il obtînt une telle préférence. Laisse-moi jouir d'une seule, d'une dernière consolation ; laisse-moi la puiser dans l'abîme profond de nos douleurs; c'est qu'il n'est pas plus pour toi que je ne suis. La révélation de notre sort terrible a rendu nos droits égaux comme nos malheurs. Enveloppés dans le même piège, tous trois enfans de la même mère, nous avons succombé, et nous avons acquis un droit égal à d'éternelles larmes. Mais si je pouvais penser que la douleur est pour l'amant plus que pour le frère, la rage et l'envie se mêleraient à mon désespoir, et la dernière consolation de mes maux m'abandonnerait : ce ne serait plus avec joie que j'offrirais, comme je le veux, une dernière victime à ses mânes. Oui, cette âme ira le rejoindre doucement, si je suis seulement assuré que tu confondras sa cendre et la mienne dans une même urne. (*Il veut la presser dans ses bras avec une vive tendresse.*) Je t'ai aimée comme je n'avais rien aimé, lorsque tu m'étais encore qu'une étrangère pour moi : c'est parce que je t'aimais au-delà de toutes les bornes, que je suis chargé de la malédiction du meurtre d'un frère. T'aimer a été tout mon crime. Maintenant tu es ma sœur, et j'implore ta pitié comme un droit pieux. (*Il la regarde et l'interroge des yeux avec une douloureuse anxiété, ensuite il se détourne vivement d'elle.*) Non, non, je ne puis voir ces larmes La présence de celui qui n'est plus m'ôte tout courage, et arrache le doute de mon cœur. Laisse-moi mon erreur; va pleurer dans la retraite : ne me revois jamais, jamais. Je ne veux revoir ni toi, ni ma mère, elle ne m'a jamais aimé : son cœur s'est enfin trahi; la douleur l'a dévoilé : elle l'a appelé son fils bien-aimé. Ainsi, sa vie entière s'est passée dans la dissimulation. Et tu es fausse comme elle! Ne te contrains plus ; montre-moi ton aversion : tu ne reverras plus mon visage abhorré. Adieu pour toujours.

Il sort. Elle demeure indécise et combattue par des sentimens contraires, puis elle se détermine à sortir.

LE CHOEUR, *seul.*

Il doit être loué comme heureux, celui qui dans le calme des champs, loin des tristes embarras de la vie, enfant de la nature, n'a point quitté son sein. Mon cœur est oppressé, dans les palais des rois, lorsque je vois les plus grands et les meilleurs précipités en un clin d'œil du sommet de la prospérité.

Honneur aussi a celui qui s'est pieusement consacré au Seigneur; qui, loin des vagues orageuses de la vie, attend en paix l'heure de la délivrance dans la paisible cellule d'un cloître. Il a rejeté l'ambitieuse recherche des honneurs et toutes les vaines prétentions. Les désirs et leur continuelle exigence sont assoupis dans son âme tranquille. La force indomptée des passions ne peut venir le saisir loin du tumulte de la vie; jamais dans le calme de son asile il n'aperçoit le triste aspect de l'humanité. Le crime et l'adversité ne peuvent atteindre vers ces hautes demeures. De même que la contagion, fuyant les lieux élevés, se propage par les vapeurs des cités, de même la liberté vit sur les montagnes. Les exhalaisons de la tombe ne peuvent s'élever dans un air si pur. Partout où l'homme ne vient pas apporter ses misères, la nature est bienfaisante.

DON CÉSAR, LE CHOEUR.

DON CÉSAR, *avec une contenance plus assurée.*
Je viens ici, pour la dernière fois, user du droit de commander. Ces restes précieux seront portés au tombeau, car c'est là le dernier domaine de ceux qui ne sont plus. Écoutez mes tristes volontés, et conformez-vous exactement à ce que je vous aurai ordonné. Vous avez le souvenir encore récent du triste devoir dont vous vous êtes acquittés, il n'y a pas long-temps, lorsque vous avez accompagné au tombeau le corps de votre prince. Le glas de la mort retentit encore dans ces murs, et un cadavre suivra de si près un autre cadavre dans le caveau, que les flambeaux funéraires pourront s'allumer aux autres flambeaux funéraires, que les deux cortéges lugubres pourront se rencontrer sur les marches souterraines. Ordonnez une solennité funèbre dans l'église de ce palais, qui renferme la cendre de mon père; qu'on tienne les portes fermées, et que tout se fasse, mais en silence, comme cela a été déjà fait.

LE CHOEUR.
Les préparatifs seront promptement achevés, seigneur; car le catafalque, reste de cette triste cérémonie, est encore debout : aucune main n'avait touchée à cet appareil funèbre.

DON CÉSAR.
Ce n'était pas un heureux signe que l'entrée du sépulcre demeurât ouverte dans la demeure des vivans. Et d'où vient que cette lugubre décoration n'avait pas disparu après que la solennité eut été achevée?

LE CHOEUR.
Le malheur des temps, et la déplorable discorde qui bientôt après éclata, et divisa Messine en deux factions ennemies, détourna nos yeux de dessus le prince mort, et ce sanctuaire demeura abandonné et fermé.

DON CÉSAR.
Ainsi, occupez-vous sans retard de ces soins. Encore cette nuit, et l'œuvre lugubre sera accomplie. Le prochain soleil trouvera cette maison purgée de toute adversité, et éclairera une race plus heureuse.

Le second chœur s'éloigne en emportant le corps de don Manuel.

DON CÉSAR, LE CHOEUR.

LE CHOEUR.
Dois-je appeler ici la pieuse troupe de nos religieux, qui, d'après l'usage antique de l'Église, doivent célébrer l'office funèbre, et de leurs saints cantiques accompagner les morts au repos éternel?

DON CÉSAR.
Leurs pieux cantiques pourront, pendant l'éternité, retentir sur notre tombeau, à la lueur des cierges; aujourd'hui il n'est pas besoin de leur saint ministère : l'Église a horreur d'une mort sanglante.

LE CHOEUR.
O seigneur, ne prends contre toi-même aucune résolution sanguinaire, tandis que tu es dans l'égarement du désespoir. Personne dans le monde n'a le droit de te punir, et un pieux repentir apaise la colère du ciel.

DON CÉSAR.
Si personne dans le monde n'a le droit de me juger ni de me punir, c'est donc à moi à remplir ce devoir envers moi-même. L'expiation de la pénitence peut, je le sais, être acceptée du ciel; mais le sang seul peut expier le sang.

LE CHOEUR.
Il te faut résister à la tempête funeste qui s'élève contre ta maison, et non point ajouter les malheurs aux malheurs.

DON CÉSAR.
Je termine, en mourant, l'ancienne malédiction de cette maison. Il n'y a que ma mort volontaire qui puisse interrompre les anneaux de la chaîne du destin.

LE CHOEUR.
Tu nous as enlevé notre autre souverain : tu dois un souverain à ce peuple orphelin.

DON CÉSAR.
Je dois d'abord acquitter ma dette envers les divinités de la mort; un autre dieu prendra soin des vivans.

LE CHOEUR.
Tant qu'on jouit de la clarté du jour, il reste encore de l'espérance : la mort seule n'en laisse aucune; songes-y bien.

DON CÉSAR.
Et toi, songe à remplir en silence tes devoirs de serviteur. Laisse-moi obéir à l'esprit terrible qui me domine; les créatures heureuses ne peu-

vent pas lire dans mon âme. Si tu n'honores et ne crains pas en moi ton souverain, crains du moins le criminel que poursuit la plus affreuse malédiction; honore du moins le malheureux dont la tête est sacrée même pour les dieux. Celui qui éprouve ce que je souffre dans le cœur n'a plus aucun compte à rendre sur la terre.

~~~~~~~~~~~~~~~~~~~~~~~~~~~~~~~~

DONA ISABELLE, DON CÉSAR, LE CHOEUR.

ISABELLE. *Elle entre d'un pas tremblant et jette un regard irrésolu sur don César; enfin elle s'approche de lui, et lui parle d'un ton assuré.*
Mes yeux ne devaient plus te voir : ainsi je me l'étais promis dans ma douleur. Mais elles sont variables et fugitives, les résolutions qu'une mère égarée par le désespoir a pu prendre contre la voix de la nature. Mon fils, une triste nouvelle m'a tirée de la solitude et de l'affliction; dois-je le croire? Est-il vrai qu'un même jour doit me ravir mes deux fils?

LE CHOEUR.
Tu le vois fermement résolu à franchir d'un pas assuré les portes de la mort. C'est à toi d'éprouver maintenant la force du sang et le pouvoir des touchantes prières d'une mère : mes paroles ont été superflues.

ISABELLE.
Je retire les imprécations que dans l'égarement d'une douleur aveugle j'avais proférées sur ta tête chérie : une mère ne peut maudire le fils que son sein a porté, celui qu'elle a enfanté avec douleur. Le ciel n'écoute point ses souhaits impies; du haut de la voûte azurée il les repousse et n'y voit que des larmes. Vis, mon fils! J'aime mieux voir le meurtrier d'un de mes enfans, que de les pleurer tous les deux.

DON CÉSAR.
Tu n'as pas bien réfléchi, ma mère, à ce que tu souhaites, ni pour toi-même ni pour moi : ma place ne peut plus être parmi les vivans. Quand tu pourrais, toi, mère, supporter l'aspect d'un meurtrier abhorré des dieux, je ne pourrais supporter les reproches muets de ton chagrin éternel.

ISABELLE.
Aucun reproche ne t'affligera ; aucune plainte proférée ni muette ne percera ton cœur : la douleur deviendra une paisible affliction. Nous gémirons ensemble sur nos malheurs : nous pleurerons sur le crime en le voilant.

DON CÉSAR *lui prend la main, et dit avec une voix plus douce.*
Oui, ma mère, tu seras telle que tu le dis; oui, tout se passera ainsi ; la douleur deviendra une paisible affliction. Oui, lorsqu'un seul convoi réunira le meurtrier et la victime, lorsqu'une même pierre renfermera la double poussière, lorsque la malédiction sera désarmée, alors tu ne sépareras plus tes deux fils; les larmes que verseront tes nobles yeux, elles couleront pour l'un comme pour l'autre. C'est un puissant intercesseur que la mort. Alors s'éteignent les feux de la colère, alors la haine s'apaise, et la douce pitié vient, comme une sœur, se pencher sur l'urne, et pleurer en la serrant dans ses bras. Ma mère, ne me détourne plus ; laisse-moi descendre vers la mort, et apaiser le sort fatal.

ISABELLE.
La religion compte plus d'un lieu de miséricorde où les âmes souffrantes vont trouver le repos. La sainte maison de Lorette a soulagé de leur fardeau bien des coupables; une céleste force de bénédiction réside au divin tombeau qui a délivré le monde du péché. Les prières des fidèles ont aussi un grand pouvoir; elles ont un mérite surabondant aux yeux de Dieu ; et sur la place où le meurtre a été commis peut s'élever un temple expiatoire.

DON CÉSAR.
On peut bien retirer la flèche, mais la blessure du cœur ne peut être guérie. Que celui qui le peut, vive d'une vie de contrition; qu'au milieu des continuelles austérités de la pénitence il expie éternellement une éternelle faute; pour moi, ma mère, je ne puis vivre avec le cœur brisé : il faut que je puisse regarder d'un œil satisfait le bonheur d'autrui ; que je puisse m'élancer avec un esprit libre vers les régions éthérées. L'envie empoisonnait mon existence, lors même que nous partagions également ton amour. Penses-tu que je supporte l'avantage que la douleur lui donnerait sur moi? La mort a le pouvoir d'épurer tout ce qui entre dans son palais impérissable ; les choses de la terre y prennent l'éclat et la pureté de la vertu la plus accomplie; les défauts et les taches de l'humanité y sont effacés. Autant les étoiles sont au-dessus de la terre, autant il paraîtrait au-dessus de moi : et si une vieille envie nous a divisés pendant la vie, quand nous étions égaux et frères, combien ne rongerait-elle pas mon cœur sans relâche, maintenant qu'il a sur moi l'avantage de l'éternité, et que sans nulle concurrence il se place comme un dieu dans la mémoire des hommes !

ISABELLE.
Ne vous aurais-je donc appelés à Messine que pour vos funérailles? Je vous ai mandés ici pour vous réconcilier, et un destin funeste a fait tourner contre moi toutes mes espérances.

DON CÉSAR.
Ne reproche rien au destin, ma mère, il a tenu tout ce qu'il avait promis. Nous avons passé cette porte en paix l'un avec l'autre, et en effet nous reposerons paisiblement ensemble, et réconciliés pour toujours dans la demeure de la mort.

ISABELLE.
Vis, mon fils; ne laisse point ta mère sans amis sur une terre étrangère, en proie aux railleries des cœurs sans pitié, parce qu'elle n'est plus protégée par la puissance de ses fils.

DON CÉSAR.

Lorsqu'un monde froid et insensible te dédaignera, réfugie-toi à notre tombeau, et invoque la divine puissance de tes fils; car alors nous serons des puissances du ciel : nous t'entendrons; et, comme ces astres fraternels propices aux matelots, nous nous montrerons pour te consoler et rendre la force à ton âme.

ISABELLE.

Vis, mon fils; vis pour ta mère : je ne puis supporter de tout perdre!

Elle le prend dans ses bras avec un mouvement passionné. Il se dégage doucement, lui prend la main et détourne les yeux.

DON CÉSAR.

Adieu.

ISABELLE.

Hélas! j'éprouve avec douleur que ta mère n'a sur toi aucun pouvoir. Il est une autre voix qui sera plus puissante que la mienne sur ton cœur. *Elle va vers le fond du théâtre.* Viens, ma fille. Puisque son frère mort l'entraîne avec tant de force dans le tombeau, peut-être sa sœur chérie pourra-t-elle le rappeler vers la clarté du jour, et lui montrer que la vie a encore quelque charme et quelque espérance.

BÉATRIX *paraît au fond du théâtre,* DONA ISABELLE, DON CÉSAR *et* LE CHOEUR.

DON CÉSAR, *vivement ému par cet aspect, cache son visage.*

Ah! mère, mère! qu'as-tu fait?

ISABELLE, *conduisant sa fille.*

Sa mère l'a en vain suppliée. Implore-le, conjure-le de vivre.

DON CÉSAR.

O artifice maternel! tu veux encore m'éprouver! tu veux que je soutienne un nouveau combat! tu veux que la lumière du soleil me devienne plus précieuse au moment où je pars pour la nuit éternelle : je la vois là devant moi comme l'ange gracieux de la vie; elle me semble environnée de toutes les fleurs, elle répand avec profusion une corbeille de fruits dorés qui exhalent les parfums de la terre : mon cœur s'épanouit aux rayons brûlans du soleil; et dans mon sein déjà mort l'espérance se réveille avec l'amour de la vie.

ISABELLE.

Conjure-le de ne pas nous dérober notre seul appui; il ne peut écouter que toi ou personne.

BÉATRIX.

La mort de celui qui était aimé exige une victime. Elle doit être offerte, ma mère; mais laissez-moi être cette victime. Je fus destinée à la mort, même avant d'avoir vu le jour. La malédiction qui poursuit cette maison me réclame, et la vie dont j'ai vécu est un larcin fait au ciel ; c'est moi qui suis son meurtrier, c'est moi qui ai réveillé vos discordes assoupies, c'est à moi qu'il appartient d'apaiser ses mânes.

LE CHOEUR.

O malheureuse mère! tes enfans se pressent à l'envi vers la mort, et te laissent seule, délaissée, dans une solitude sans consolations, dans une vie sans affections.

BÉATRIX.

Toi, mon frère, conserve ta tête chérie! vis pour ta mère, elle a besoin de son fils! Aujourd'hui pour la première fois elle a connu sa fille, et elle pourra renoncer facilement à ce qu'elle n'a jamais possédé.

DON CÉSAR, *avec une profonde douleur.*

Nous pouvons, ma mère, ou vivre ou mourir; il lui suffit de rejoindre celui qu'elle aime.

BÉATRIX.

Portes-tu envie à la cendre de ton frère?

DON CÉSAR.

Il vit d'une vie heureuse dans ta douleur; moi, je serai mort d'une mort éternelle.

BÉATRIX.

O mon frère!

DON CÉSAR, *avec l'expression de la plus vive passion.*

Ma sœur, est-ce sur moi que tu pleures?

BÉATRIX.

Vis pour ta mère!

DON CÉSAR *laisse sa main qu'il avait saisie.*

Pour ma mère?

BÉATRIX *s'approche de lui et se penche sur son sein.*

Vis pour elle, et console ta sœur.

LE CHOEUR.

Elle a vaincu; il n'a pu résister aux supplications touchantes d'une sœur. Mère inconsolable, rouvre ton cœur à l'espérance; il renonce à la mort : tu conserveras ton fils!

En ce moment on entend un chant d'église. Les portes du fond s'ouvrent, et l'on aperçoit le catafalque dressé dans l'église, et le cercueil entouré de flambeaux.

DON CÉSAR, *se tournant vers le cercueil.*

Non, mon frère, je ne veux point te dérober ta victime; ta voix, du fond de ce cercueil, est plus puissante sur moi que les larmes d'une mère, plus puissante que les prières de l'amour : je presse dans mes bras ce qui pourrait rendre la vie mortelle égale au sort des dieux. Mais que moi, le meurtrier, je puisse goûter le bonheur, tandis que la sainte vertu demeurerait sans vengeance au fond d'un tombeau! l'arbitre souverain de nos destinées ne peut permettre un tel partage dans son univers. J'ai vu les larmes qui coulaient sur moi, mon cœur est satisfait; je te suis.

Il se frappe d'un poignard, et tombe aux pieds de sa sœur; elle se jette dans les bras de sa mère.

LE CHOEUR, *après un profond silence.*

Je demeure glacé, et je ne sais si je dois déplorer ou louer son sort; mais ce que je reconnais, mais ce que je sens, c'est que si la vie n'est pas le plus grand des biens, du moins le crime est le plus grand des maux.

GUILLAUME TELL,

PIÈCE DE THÉATRE.

PERSONNAGES.

HERMAN GESSLER, lieutenant de l'empereur à Schwitz et à Uri.
WERNER, baron de ATTINGHAUSEN, seigneur banneret.
ULRICH DE RUDENZ, son neveu.
WERNER STAUFFACHER, \
CONRAD HUNN,
ITEL-REDING,
JEAN AUF-DER-MAUER, } habitans de Schwitz.
JORG DE HOFE,
ULRICH DE SCHMIDT,
JOST DE WEILER, /
WALTHER FURST, \
GUILLAUME TELL,
ROSSELMANN le curé,
PETERMANN le sacristain, } habitans d'Uri.
KUONI le berger,
WERNI le chasseur,
RUODI le pêcheur, /
ARNOLD DE MELCHTAL, \
CONRAD BAUMGARTEN,
MEIER DE SARNEN,
STRUTH DE WINKELRIED } habitans d'Unterwald.
NICOLAS DE FLUE,
BURKHARDT DE BUHEL,
ARNOLD DE SEWA, /
PFEIFFER, de Lucerne.
KUNZ, de Gersau.

PERSONNAGES.

JENNI, jeune pêcheur.
SEPPI, jeune berger.
GERTRUDE, femme de Stauffacher.
HEDWIGE, femme de Tell, fille de Furst.
BERTHE DE BRUNECK, riche héritière.
ERMENGARDE, \
MATHILDE,
ÉLISABETH, } paysannes.
HILDEGARDE, /
WALTER, \
GUILLAUME, } fils de Tell.
FRIESSHARDT, \
LEUTHOLD, } soldats.
RODOLPHE DE HARRAS, écuyer de Gessler.
JEAN LE PARRICIDE, duc de Souabe.
STUSSI le messier.
LA TROMPE D'URI.
UN MESSAGER de l'Empire.
UN PIQUEUR de corvée.
UN MAITRE TAILLEUR DE PIERRES, DES COMPAGNONS, DES MANOEUVRES.
UN CRIEUR PUBLIC.
DES RELIGIEUX.
DES CAVALIERS DE GESSLER ET DE LANDENBERG.
DES PAYSANS ET DES PAYSANNES DES TROIS CANTONS.

ACTE PREMIER.

SCÈNE PREMIÈRE.

Le théâtre représente les rochers escarpés du rivage du lac des quatre cantons ; en face de Schwitz, le lac forme un golfe en s'avançant dans les terres. Une cabane est construite non loin de la rive. Un pêcheur conduit sa barque sur les eaux ; au-delà du lac on aperçoit de vertes prairies, des villages et des édifices de Schwitz qui paraissent éclairés par les rayons du soleil. A gauche, les pics des montagnes se montrent entourés de nuages ; à droite, dans l'éloignement, des montagnes de glace forment l'horizon.

Avant le lever du rideau, on entend le Ranz des vaches et le bruit mélodieux des sonnettes des troupeaux ; et cette harmonie continue encore un instant après que la toile est levée.

LE PÊCHEUR *chante dans son canot sur l'air du Ranz des vaches.*

L'aspect du lac était riant et invitait à s'y baigner ; le pêcheur dormait sur le gazon du rivage ; alors il entendit des sons doux comme la flûte ou comme la voix des anges dans le paradis ; et comme il se réveillait dans une émotion volup-tueuse, l'onde monta jusque sur son sein, et une voix sortant du fond du lac lui dit : « Aimable enfant, sois à moi ; je t'ai surpris dans ton sommeil, et je t'entraîne en mon séjour. »

UN BERGER, *du haut de la montagne, chante sur une variation du Ranz des vaches.*

Adieu, prairies de la montagne, prairies dorées par le soleil ; l'été s'en va, les troupeaux vont se séparer. Nous les ramènerons et nous reviendrons sur la montagne quand le coucou fera entendre sa voix, quand les chants commenceront à retentir, quand la terre sera parée de nouvelles fleurs, quand le joli mois de mai verra de nouveau couler les fontaines ; adieu, prairies de la montagne, prairies dorées par le soleil ; l'été s'en va, les troupeaux vont se séparer

UN CHASSEUR DES ALPES *parait sur le haut d'un rocher, et chante une autre variation.*

Le tonnerre retentit dans les hauteurs, le sentier rocailleux est ébranlé ; le chasseur poursuit d'un pas assuré sa route effrayante ; il s'avance témérairement sur des champs de glace où jamaison'a fleuri aucun printemps, où aucune verdure ne s'est montrée jamais; une mer de brouillards est sous ses pieds; il ne reconnaît plus les habitations des hommes. Il n'aperçoit le monde que lorsque les nuages s'entr'ouvrent, et les vertes campagnes lui apparaissent au-dessous de ces vagues brumeuses.

L'aspect change : un bruit sourd retentit dans les montagnes; des éclairs sillonnent les nuages, et jettent leur lueur sur le paysage.

RUODI *le pêcheur sort de sa cabane;* WERNI *le chasseur descend des rochers;* KUONI *le berger arrive, portant sur son épaule un vase de lait;* SEPPI, *son jeune valet, le suit.*

RUODI.
Hâte-toi, Jenni, ramène la barque, la terrible tempête gronde dans le lointain et s'approche de nous; l'aiguille du rocher se couvre de son chapeau de nuages; un vent froid arrive du passage de la caverne; l'orage va éclater et nous surprendre.

KUONI.
La pluie vient, batelier. Mes troupeaux broutent l'herbe avec avidité, et mes chiens grattent la terre.

RUODI.
Les poissons s'élancent au-dessus de l'eau, la poule d'eau plonge dans le lac, l'orage vient à nous.

KUONI, *à son jeune valet.*
Écoutons, Seppi, pour savoir si le troupeau ne s'est pas dispersé.

SEPPI.
J'entends la sonnette de Lisette la brune.

KUONI.
Ainsi il n'en manque aucune, car elle vient toujours la dernière.

RUODI.
Bergers, les sonnettes de vos bestiaux ont un beau son.

WERNI.
Et vous avez de superbes bestiaux, Le troupeau vous appartient-il, mon ami?

KUONI.
Je ne suis pas si riche; il appartient à monseigneur de Attinghausen, et on me l'a confié.

RUODI.
Quel beau collier cette vache porte suspendu à son cou!

KUONI.
Elle sait bien que c'est parce qu'elle conduit le troupeau. Si je le lui ôtais, elle ne voudrait plus manger.

RUODI.
Cela n'est pas possible. Un animal sans raison!

WERNI.
Voilà qui est bientôt dit; les animaux ont aussi leur raison; nous le savons bien, nous autres chasseurs de chamois. Quand ils vont paître dans une prairie, ils placent en avant une sentinelle qui prête l'oreille et qui les avertit par un sifflement aigu dès que le chasseur approche.

RUODI, *au berger.*
Retournez-vous maintenant à la maison?

KUONI.
Oui, la saison des pâturages de montagne est finie.

WERNI.
Je vous souhaite un heureux retour, berger.

KUONI.
Je vous en souhaite autant; on ne revient pas toujours de vos courses.

RUODI.
Un homme vient à nous courant en toute hâte.

WERNI.
Je le connais, c'est Baumgarten de Alzellen.

CONRAD BAUMGARTEN *se précipite vers eux, tout essoufflé.*
Au nom de Dieu, pêcheur, votre bateau!

RUODI.
Eh quoi! qui vous presse tant?

BAUMGARTEN.
Détachez le bateau, vous me sauverez la vie, passez-moi sur l'autre bord.

KUONI.
Ami, qu'avez-vous?

WERNI.
Qui donc vous poursuit?

BAUMGARTEN, *au pêcheur.*
Vite, vite, ils sont déjà sur mes pas; les cavaliers du gouverneur me poursuivent; je suis un homme mort s'ils me saisissent.

RUODI.
Pourquoi ces cavaliers vous poursuivent-ils?

BAUMGARTEN.
Délivrez-moi d'abord, puis je vous le dirai.

WERNI.
Vous êtes taché de sang, d'où vient cela?

BAUMGARTEN.
Du bailli de l'empereur qui demeure sur le Rossberg.

KUONI.
Wolfenschiessen! est-ce lui qui vous poursuit?

BAUMGARTEN.
Celui-là n'est plus à craindre, je l'ai tué.

TOUS *se retirent étonnés.*
Que Dieu vous fasse grâce! qu'avez-vous fait?

BAUMGARTEN.
Ce que tout brave homme eût fait à ma place; j'ai vengé mon bon droit sur celui qui a attenté à mon honneur et à ma femme.

KUONI.
Le bailli a attenté à votre honneur?

BAUMGARTEN.
Dieu et ma hache l'ont empêché d'accomplir ses infâmes desseins.

WERNI.
Vous avez abattu sa tête de votre hache?

KUONI.
Oh! racontez-nous toute l'aventure, vous en aurez le temps avant que le bateau ait été détaché du bord.

BAUMGARTEN.

J'étais à couper du bois dans la forêt, lorsque ma femme est accourue dans une mortelle angoisse : elle m'apprend que le bailli est à la maison, qu'il a ordonné qu'on lui préparât un bain, qu'il a voulu exiger d'elle des choses infâmes, et qu'elle est sortie pour venir me chercher ; alors j'ai sur-le-champ pris ma course sans plus attendre, et je l'ai frappé dans son bain avec ma hache.

WERNI.

Vous avez bien fait; personne ne peut vous blâmer.

KUONI.

Le scélérat ! il n'a que ce qu'il mérite ; il y a long-temps que les gens d'Unterwald lui devaient cette récompense.

BAUMGARTEN.

La chose est devenue publique; on me poursuit, et tandis que nous parlons, le temps s'écoule.

Le tonnerre commence.

KUONI.

Allons, batelier, passe ce brave homme sur l'autre bord.

RUODI.

N'essayez point; voici un terrible orage qui commence ; il faut attendre.

BAUMGARTEN.

Grand Dieu ! je ne puis attendre; chaque instant de retard est la mort.

KUONI, *au pêcheur.*

Essayez, avec l'aide de Dieu ; on doit donner secours à son prochain; il peut en arriver autant à chacun de nous.

Le tonnerre et le bruit de l'orage continuent.

RUODI.

Vous voyez comme les vagues sont hautes; je ne pourrais pas lutter contre les flots et la tempête.

BAUMGARTEN *tombe à genoux.*

Que Dieu n'ait pas plus pitié de vous que vous n'en avez de moi !

WERNI.

Il y va de sa vie ; soyez compatissant, batelier.

KUONI.

C'est un père de famille ; il a une femme et des enfans.

RUODI.

Eh quoi ! j'ai aussi une vie à perdre ; j'ai comme lui une femme et des enfans. Voyez la fureur de la tempête, les tourbillons des vagues, et l'eau qui rugit dans les abîmes du lac. Je voudrais sauver ce brave homme; mais cela est impossible, vous le voyez vous-mêmes.

BAUMGARTEN.

Il faut donc tomber dans les mains des ennemis; et le rivage qui me servirait d'asile est là devant mes yeux ! Il est là ; mes regards y atteignent ; le son de ma voix y parvient ; un bateau est ici qui m'y porterait ! et il faut que je demeure sans secours et sans espoir !

KUONI.

Qui vient vers nous ?

WERNI.

C'est Guillaume Tell de Burglen.

TELL, *avec une arbalète.*

Quel est cet homme qui demande du secours ?

KUONI.

C'est un homme de Alzellen qui a défendu son honneur, et qui a frappé Wolfenschiessen, le bailli impérial, celui qui demeure sur le Rossberg ; les cavaliers du gouverneur sont sur ses pas, il supplie ce pêcheur de le passer sur l'autre bord ; mais celui-ci a peur de la tempête, et il le refuse.

RUODI.

Tell, qui sait aussi manier la rame, vous dira comme moi si l'on peut risquer le passage. (*Le bruit du tonnerre et la tempête du lac augmentent encore.*) Puis-je me livrer à cette infernale tempête ? Il n'y a pas un homme sensé qui le voulût faire.

TELL.

Un brave homme ne songe jamais à lui-même. Fiez-vous à Dieu, et secourez les opprimés.

RUODI.

On pense ainsi lorsqu'on est tranquille dans le port. Mais la barque est là, le lac est devant vous. Essayez.

TELL.

Les flots pourront s'apaiser et seront moins impitoyables que le gouverneur. Tentez un effort, batelier.

LE CHASSEUR *et* **LE BERGER.**

Sauvez-le ! sauvez-le ! sauvez-le !

RUODI.

Quand ce serait mon frère ou mon propre enfant, la chose est impossible. C'est aujourd'hui le jour de saint Simon et de saint Jude, le lac ne s'apaisera pas, il veut une victime.

TELL.

Avec d'inutiles paroles rien ne se fera ; l'heure s'avance, il faut secourir cet homme. Parle, batelier, veux-tu le passer ?

RUODI.

Non, pas moi.

TELL.

Eh bien donc, à la garde de Dieu ! donne-moi ton bateau ; je veux essayer ce que pourra faire mon faible bras.

KUONI.

Ah ! généreux Tell.

WERNI.

Cela est digne d'un brave chasseur.

BAUMGARTEN.

Vous êtes mon sauveur, mon ange tutélaire.

TELL.

Je vais vous arracher à la fureur du gouverneur. Contre la rage de la tempête il faudra implorer un autre protecteur. Il vaut mieux se mettre sous la main de Dieu que sous la main des hommes. (*Au berger.*) Ami, vous consolerez ma femme, s'il m'arrive ce qui peut arriver à tous les hommes ; j'ai fait ce que je ne pouvais m'empêcher de faire.

Il s'élance dans la barque.

KUONI, *au batelier.*

Vous êtes un maître pilote ! ce que Tell hasarde, vous n'avez pas osé l'essayer.

RUODI.

Beaucoup de braves gens n'oseraient faire ce qu'il fait là ; on ne trouverait pas un second homme comme Tell dans les montagnes.

WERNI, *monté sur un rocher.*

Ils sont partis. Dieu te secoure, brave Tell ! Voyez comme la barque est balancée sur les vagues.

KUONI, *sur le rivage.*

Les flots s'élèvent au-dessus de la barque ; je ne la vois plus. Cependant la voici qui reparaît ; le courageux pilote lutte avec force contre la lame.

SEPPI.

Les cavaliers du gouverneur accourent en toute hâte.

KUONI.

Ah ! mon Dieu, il était bien temps de le secourir !

Une troupe de cavaliers de Landenberg arrive.

PREMIER CAVALIER.

Livrez-nous le meurtrier, vous l'avez caché.

SECOND CAVALIER.

Il a pris cette route ; c'est en vain que vous voudriez nous tromper.

KUONI et RUODI.

Que voulez-vous dire, cavaliers ?

PREMIER CAVALIER ; *il aperçoit la nacelle.*

Ah ! que vois-je ? diable !

WERNI, *sur le rocher.*

Cherchez-vous celui qui est dans cette barque ? montez à cheval ; si vous vous hâtez, vous pourrez encore le joindre.

SECOND CAVALIER.

Malédiction ! il s'est échappé.

PREMIER CAVALIER, *au pêcheur et au berger.*

Vous lui avez prêté assistance, vous en porterez la peine. Qu'on tombe sur leurs troupeaux, qu'on démolisse leurs cabanes, qu'on y mette le feu, qu'on les détruise.

SEPPI, *s'enfuyant.*

O mes agneaux !

KUONI *le suit.*

Malheur à moi ! mon troupeau !

WERNI.

Les scélérats !

RUODI, *se tordant les mains.*

Justice du ciel ! quand paraîtra le libérateur de cette contrée !

Il les suit.

SCÈNE II.

La scène est à Stein, près de Schwitz. Un tilleul est planté devant la porte de la maison de Stauffacher, sur le grand chemin, non loin du pont.

WERNER STAUFFACHER, PFEIFFER *de Lucerne. Ils arrivent en causant.*

PFEIFFER.

Oui, oui, seigneur Stauffacher, comme je vous le dis, ne prêtez pas serment à l'Autriche tant que vous pourrez l'éviter. Restez courageusement et avec fermeté attaché à l'Empire comme par le passé, et que Dieu protège vos antiques priviléges.

Il lui prend amicalement la main, et veut s'en aller.

STAUFFACHER.

Restez encore jusqu'à ce que ma femme vienne ; vous êtes mon hôte à Schwitz comme je suis le vôtre à Lucerne.

PFEIFFER.

Je vous rends bien grâce, je dois passer aujourd'hui à Gersau. Ce que vous pouvez avoir à souffrir de la rapacité et de l'insolence de vos gouverneurs, il faut s'y résigner avec patience ; tout peut changer en un moment ; un autre empereur peut être appelé au trône. Mais si vous appartenez une fois à l'Autriche, vous lui appartiendrez pour toujours.

Il s'en va. Stauffacher s'assied d'un air soucieux sur un banc au-dessous du tilleul ; Gertrude, sa femme, le trouve ainsi, s'approche de lui, et le regarde longtemps en silence.

GERTRUDE.

Vous êtes bien sérieux, mon ami ? Je ne vous reconnais plus ; depuis plusieurs jours je vous vois garder le silence ; une sombre tristesse obscurcit votre front. Une peine muette oppresse votre cœur. Confiez-vous à moi ; ne suis-je pas votre fidèle épouse ? je réclame la moitié de vos chagrins qui doit m'appartenir. (*Stauffacher lui tend la main sans parler.*) Qui peut attrister votre cœur ? dites-le-moi. Tous vos travaux sont bénis par le ciel ; votre fortune est florissante ; vos greniers sont pleins. Vos troupeaux de bœufs, et vos beaux chevaux qui sont si bien soignés, dont le poil est si luisant, sont revenus heureusement de la montagne pour passer l'hiver dans de bonnes étables. Votre maison s'élève comme un noble manoir ; elle est bâtie d'un bois neuf et choisi, assemblé avec soin et placé avec symétrie ; un grand nombre de fenêtres la font paraître brillante et commode ; des écussons peints de diverses couleurs servent encore à l'orner, et de sages sentences y sont inscrites, que le voyageur lit en ralentissant sa marche et dont il admire le sens.

STAUFFACHER.

Il est vrai, cette maison est belle et bien construite, cependant, hélas !... elle manque de fondemens.

GERTRUDE.
Cher Werner, qu'entendez-vous par là ?
STAUFFACHER.

J'étais dernièrement assis sous ce tilleul comme aujourd'hui, et je songeais avec plaisir que ma belle maison était terminée, quand le gouverneur arriva de Kussnacht, son séjour, escorté d'une troupe de cavaliers. Il s'arrêta devant cette maison et la regarda. Je me levai sur-le-champ, et j'allai, comme il convenait, me présenter respectueusement devant celui qui représente en notre pays la puissance souveraine de l'empereur. « A qui est cette maison ? » demanda-t-il méchamment, car il le savait bien. J'hésitai un instant et lui repartis ainsi : « Cette maison, monseigneur, appartient à monseigneur l'empereur, mon maître et le vôtre, et je la tiens en fief. » Il répondit : « J'exerce le pouvoir à la place de l'empereur, et je ne veux pas que des paysans bâtissent ici de leur propre chef, et vivent aussi librement que s'ils étaient suzerains de cette terre : je saurai vous empêcher de faire ce qui vous est défendu. » En disant cela, il repartit menaçant, et me laissa rempli de tristesse, songeant à ses méchantes paroles.

GERTRUDE.

Mon cher époux et maître, voudriez-vous écouter les conseils sincères de votre femme ? J'ai l'honneur d'être fille du noble Iberg, de cet homme célèbre par son expérience. Souvent avec mes sœurs, assises et filant notre quenouille, nous passions les longues soirées avec les principaux du peuple qui s'assemblaient chez mon père ; là, ils lisaient les chartes des anciens empereurs, et dans de sages propos ils s'occupaient du bien de leur pays. J'écoutais attentivement leurs graves discours, et les projets des gens habiles, et les souhaits des gens de bien. J'en ai encore conservé le souvenir dans mon cœur. Ainsi écoutez-moi, et réfléchissez sur ce que je vous dirai ; car ce qui vous chagrine, j'en suis instruite depuis long-temps. Le gouverneur vous hait et cherche à vous nuire, parce que vous êtes un obstacle au dessein qu'il a de soumettre les gens de Schwitz à la nouvelle maison impériale, tandis qu'ils persistent, à l'exemple de leurs dignes aïeux, à vouloir faire partie de l'Empire. N'est-il pas vrai, cher Werner ? dites, n'ai-je pas raison ?

STAUFFACHER.

Il est vrai, tel est le sujet de la haine de Gessler.

GERTRUDE.

Vous excitez son envie parce que vous avez le bonheur de vivre en homme libre sur votre propre héritage, car lui n'en a aucun. Vous tenez cette maison en fief de l'empereur et de l'Empire ; vous pouvez prouver que vous la possédez à aussi bon titre que les princes de l'Empire possèdent leurs propres états ; car vous ne reconnaissez au-dessus de vous aucun autre seigneur que le premier de la chrétienté ; lui, il n'est que le fils cadet de sa maison ; il ne possède rien autre chose que sa cape de chevalier ; il regarde d'un œil jaloux et avec un sentiment de haine le bonheur des honnêtes gens. Depuis long-temps il a juré votre ruine ; cependant vous avez été jusqu'ici préservé ; voulez-vous attendre qu'il ait accompli ses mauvais desseins ? l'homme prudent prend les devants.

STAUFFACHER.
Qu'y a-t-il à faire ?
GERTRUDE, *se rapprochant de lui.*

Écoutez donc mes conseils. Vous savez combien tous les hommes de bien de Schwitz gémissent de l'avarice et de la cruauté du gouverneur ; ne doutez pas que de l'autre côté du lac, dans Uri et dans Unterwald, on ne pense de même : ils sont las d'être opprimés sous un joug de fer, et Landenberg commande aux habitants de l'autre rive aussi rudement qu'à nous Gessler ; il ne vient pas ici une barque de pêcheurs qui ne nous apprenne quelque nouvelle violence, quelque nouvelle injustice des gouverneurs. C'est pourquoi il serait bon que quelques-uns de vous, de ceux qui pensent bien, se réunissent tranquillement pour aviser aux moyens de se délivrer de l'oppression ; je pense que Dieu ne vous abandonnerait pas et serait favorable à la cause de la justice. N'avez-vous pas dans Uri quelque hôte, quelque ami à qui vous puissiez ouvrir votre cœur avec confiance ?

STAUFFACHER.

J'y connais beaucoup de braves gens, de vassaux riches et puissans qui sont mes amis et qui me sont tous dévoués. (*Il se lève.*) Femme ! quel concours orageux de pensées périlleuses tu viens d'exciter dans mon tranquille cœur ; tu as fait entrer la lumière du jour dans mon âme ; et ce que je m'interdisais de penser, ta bouche imprudente vient de le prononcer légèrement ? As-tu bien réfléchi à ce que tu me conseilles ? Tu appelles dans cette paisible vallée la discorde farouche et le bruit des armes ; un peuple de faibles bergers va entreprendre, quoi ? de combattre contre le maître du monde ? Ils n'attendent que ce prétexte pour répandre sur cette malheureuse terre les hordes féroces de leurs soldats, pour y exercer les droits du vainqueur, et, sous l'apparence d'un juste châtiment, déchirer nos vieilles lettres de franchise.

GERTRUDE.

Vous aussi vous êtes des hommes ! vous savez manier des haches, et Dieu protège les braves.

STAUFFACHER.

O femme ! la guerre est un fléau furieux et terrible ; elle frappe les troupeaux et les bergers.

GERTRUDE.

On doit se soumettre à la volonté du ciel, mais aucun noble cœur ne doit supporter l'injustice.

STAUFFACHER.

Cette maison qui te plaît, et que nous venons de construire, la guerre terrible la réduira en cendres !

GERTRUDE.

Si je croyais mon cœur enchaîné à un si faible intérêt, j'y mettrais le feu de ma propre main.

STAUFFACHER.

Tu te fies sur l'humanité. La guerre n'épargne pas le tendre enfant dans son berceau.

GERTRUDE.

L'innocence n'a-t-elle pas un ami dans le ciel? Regarde en avant, Werner, et non pas derrière toi.

STAUFFACHER.

Nous autres hommes, nous pouvons mourir courageusement dans le combat; mais vous, quel destin vous est réservé?

GERTRUDE.

La faiblesse a aussi une dernière ressource; en me précipitant du haut de ce pont, je serai libre.

STAUFFACHER *la presse dans ses bras.*

Celui qui peut presser un tel cœur sur son sein, celui-là peut combattre avec joie pour sa maison et son troupeau, celui-là ne doit pas craindre les soldats des rois. Je vais de ce pas dans Uri; là habite un hôte à moi, un ami, Walter Furst. Il pense comme moi sur tout ce qui se passe. Je trouverai là aussi le noble banneret Attinghausen; bien qu'il soit d'une haute naissance, il aime le peuple et respecte les anciens usages. Nous tiendrons conseil tous les trois sur les moyens de nous défendre contre nos ennemis. Adieu, et puisque je m'éloigne, conduis avec prudence les affaires de la maison; donne généreusement au pèlerin qui continue son pieux voyage, au moine qui demande pour son couvent, et qu'ils ne manquent de rien en partant. La maison de Stauffacher n'est point cachée, elle s'élève comme un toit hospitalier ouvert sur le grand chemin aux passans qui la voient.

Pendant qu'ils s'éloignent vers le fond de la scène, Tell et Baumgarten arrivent sur le devant du théâtre.

TELL, *à Baumgarten.*

Vous n'avez maintenant rien à craindre. Entrez dans cette maison; là habite Stauffacher, le père des malheureux. Voyez, le voici lui-même; suivez-moi, venez.

Ils vont à lui. La scène change.

SCÈNE III.

Une place publique d'Altdorf. Sur une hauteur, au fond de la scène, on voit s'élever un fort; la construction est déjà assez avancée pour qu'on distingue la forme du bâtiment; la partie la plus reculée est terminée; sur le devant, des échafauds sont dressés; des ouvriers sont sur l'échafaud, et au-dessous, un couvreur est suspendu sur un toit; tout est en mouvement pour le travail.

LE PIQUEUR de *corvée*; LE MAITRE TAILLEUR DE PIERRES, DES COMPAGNONS, DES MANOEUVRES.

LE PIQUEUR, *avec son bâton, menace les ouvriers et les excite.*

Allons, pas de repos; vite, apportez les pierres, la chaux, le mortier: Quand monseigneur le gouverneur viendra, il faut qu'il trouve l'ouvrage avancé. Vous allez comme des tortues. (*A deux ouvriers qui portent quelque chose.*) Vous appelez cela être chargé! Il fallait en mettre le double : chacun voudrait voler sa tâche.

PREMIER COMPAGNON.

Il est bien dur de transporter nous-mêmes les pierres de notre prison.

LE PIQUEUR.

Que murmurez-vous? C'est un mauvais peuple qui n'est bon qu'à traire les vaches et à promener sa paresse sur les montagnes.

UN VIEILLARD, *s'asseyant.*

Je n'en puis plus.

LE PIQUEUR, *le secouant.*

Allons, bonhomme, à l'ouvrage.

PREMIER COMPAGNON.

Vous n'avez donc pas d'entrailles, de forcer ainsi à un travail si dur ce pauvre vieillard qui peut à peine se traîner.

LE MAITRE TAILLEUR DE PIERRES ET PLUSIEURS COMPAGNONS.

Cela crie vengeance!

LE PIQUEUR.

Songez à ce qui vous regarde; je fais le devoir de ma charge.

SECOND COMPAGNON.

Piqueur, comment se nommera le fort que nous bâtissons?

LE PIQUEUR.

Il s'appellera la servitude d'Uri; car ce joug vous contraindra à plier la tête.

UN COMPAGNON.

La servitude d'Uri?

LE PIQUEUR.

Eh bien, cela vous rend-il joyeux?

SECOND COMPAGNON.

Et avec ce bâtiment vous voulez asservir Uri?

PREMIER COMPAGNON.

Songez combien de pareilles taupinières il faudrait entasser l'une sur l'autre pour égaler la moindre des montagnes d'Uri.

Le Piqueur se promène vers le fond du théâtre.

LE TAILLEUR DE PIERRES.

Je jetterai au fond du lac le marteau qui m'a servi pour travailler à cet exécrable bâtiment.

Tell et Stauffacher arrivent.

STAUFFACHER.

Ai-je donc vécu pour voir de telles choses?

TELL.

Ce lieu n'est pas sûr; allons plus loin.

STAUFFACHER.

Ne suis-je pas dans Uri, sur une terre de liberté?

LE TAILLEUR DE PIERRES.

Ah! si vous aviez vu le cachot qui est sous la tour, celui qui y sera enfermé n'entendra plus le coq annoncer le jour.

STAUFFACHER.
O dieux!
LE TAILLEUR DE PIERRES.
Regardez ces bastions, ces contre-forts, qui semblent construits pour l'éternité.
TELL.
Ce que les mains ont élevé, les mains pourront le détruire. (*Il montre la montagne.*) Voici la forteresse de la liberté que Dieu a fondée pour nous.

On entend le son d'un tambour; des hommes arrivent portant un chapeau au haut d'une perche; un crieur les suit. Les femmes et les enfans se pressent en foule.

PREMIER COMPAGNON.
Que veut ce crieur? Écoutons.
LE TAILLEUR DE PIERRES.
Que signifie ce chapeau? est-ce quelque bouffonnerie de carnaval?
LE CRIEUR.
Au nom de l'empereur, écoutez!
LES COMPAGNONS.
Silence! écoutons.
LE CRIEUR.
Habitans d'Uri, vous voyez ce chapeau; il va être placé au haut d'un mât élevé, à l'endroit le plus apparent d'Altdorf. L'intention et la volonté du gouverneur est que ce chapeau soit honoré comme lui-même; on doit, quand on passera devant, se découvrir la tête et fléchir le genou. Le roi reconnaîtra par là ceux qui lui sont soumis. Ceux qui désobéiront à ce commandement seront punis dans leur personne, et leurs biens seront confisqués.

Le peuple laisse entendre un rire universel; le tambour bat, ils vont plus loin continuer leur publication.

PREMIER COMPAGNON.
Quelle idée bizarre a donc le gouverneur? Vouloir nous faire honorer un chapeau! On n'a jamais rien ouï de pareil.
LE TAILLEUR DE PIERRES.
Fléchir le genou devant un chapeau! veut-il donc se jouer d'un peuple brave et respectable?
PREMIER COMPAGNON.
Si encore c'était la couronne impériale; mais c'est le chapeau autrichien tel que je l'ai vu auprès du trône où nous allons prêter hommage.
LE TAILLEUR DE PIERRES.
Le chapeau autrichien! prenons garde. C'est un piège pour nous livrer à l'Autriche.
DES COMPAGNONS.
Aucun homme d'honneur ne se soumettra à cette honte.
LE TAILLEUR DE PIERRES.
Venez; allons nous concerter avec les autres.

Ils se retirent vers le fond du théâtre.

TELL, *à Stauffacher.*
Eh bien! vous venez d'entendre? Adieu, seigneur Werner.

STAUFFACHER.
Où voulez-vous aller? Oh! ne quittez pas si vite ces lieux.
TELL.
Mes enfans attendent leur père; adieu!
STAUFFACHER.
Mon cœur est plein; il a besoin de s'épancher vers vous.
TELL.
Les paroles ne soulagent pas un cœur oppressé.
STAUFFACHER.
Cependant les paroles pourraient nous conduire aux effets.
TELL.
Tout ce qu'il faut maintenant, c'est de la résignation et du silence.
STAUFFACHER.
Peut-on souffrir ce qui est insupportable?
TELL.
Les plus violentes tyrannies sont celles qui durent le moins; quand l'ouragan s'élève, on éteint les feux, les barques se hâtent de chercher un asile, et le tourbillon terrible passe sur la terre sans laisser de traces de ravage. Que chacun vive tranquille et pour lui-même; on accorde facilement la paix à ceux qui sont paisibles.
STAUFFACHER.
C'est là votre pensée?
TELL.
Le serpent ne pique point lorsqu'on ne l'irrite pas. S'ils voient le pays demeurer paisible, ils se lasseront eux-mêmes.
STAUFFACHER.
Nous pourrions beaucoup si nous nous tenions unis.
TELL.
Quand on est seul au milieu du naufrage, on se sauve plus facilement.
STAUFFACHER.
Abandonnez-vous si froidement la cause commune?
TELL.
Chacun ne peut compter sûrement que sur lui-même.
STAUFFACHER.
En se réunissant, les faibles deviennent puissans.
TELL.
Celui qui est fort est plus puissant tout seul.
STAUFFACHER.
Ainsi la patrie ne peut pas compter sur vous, si dans son désespoir elle prend le parti de la résistance?
TELL *lui prend la main.*
Tell, qui se jette au secours d'un agneau tombé dans un précipice, pourrait-il délaisser ses amis? Mais dans ce que vous faites, laissez-moi m'éloigner de vos conseils; je ne saurais discuter et délibérer avec lenteur. Si vous avez besoin de moi dans l'exécution de quelque dessein, alors appelez Tell; il ne vous manquera pas.

Ils s'en vont de différens côtés; un tumulte soudain s'élève autour de l'échafaud.

LE TAILLEUR DE PIERRES *s'avance précipitamment.*
Qu'est-ce?
LE PREMIER COMPAGNON *accourt en criant.*
Le couvreur est tombé de son toit.

Berthe arrive; elle est suivie de quelques personnes.

BERTHE *se précipite vers lui.*

Est-il fracassé? Accourez, secourez-le, sauvez-le; si on peut le secourir, voilà de l'or.

Elle jette ses bijoux parmi le peuple.

LE TAILLEUR DE PIERRES.

Votre or!... Vous payez tout avec de l'or; mais quand vous avez ôté à des enfans leur père, à une épouse son mari, quand vous avez répandu le désespoir sur cette terre, pensez-vous tout réparer avec de l'or? Allez, nous étions heureux avant que vous arrivassiez ici; avec vous sont venus tous les malheurs.

BERTHE, *au piqueur.*

Vit-il encore? (*Le piqueur lui fait signe que non.*) Misérable château, bâti avec malédiction! Tes habitans l'éprouveront, cette malédiction!

Elle s'en va.

SCÈNE IV.

La maison de Walter Furst.

WALTER FURST *et* ARNOLD MELCHTAL *entrent chacun d'un côté différent.*

MELCHTAL.

Seigneur Walter Furst!

WALTER FURST.

Si l'on nous surprenait!... Demeurez où vous êtes, nous sommes entourés d'espions.

MELCHTAL.

Ne pourrez-vous rien m'apprendre d'Unterwald, rien de mon père? Je ne puis supporter plus long-temps de demeurer ici comme un prisonnier : qu'ai-je donc fait de si coupable pour être forcé à me cacher comme un meurtrier? J'ai frappé de mon bâton un insolent valet qui, par ordre du gouverneur, voulait devant mes yeux emmener le plus beau couple de mes bœufs.

WALTER FURST.

Vous êtes trop violent : ce valet était envoyé par le gouverneur, par votre supérieur; vous avez encouru un châtiment; supportez en silence la peine de votre faute.

MELCHTAL.

Devais-je donc supporter les discours insultans de ce misérable : « Quand le laboureur, disait-il, voudra manger du pain, il faudra qu'il s'attelle lui-même à la charrue. » Mon âme en fut ulcérée; et lorsque je vis ce valet détacher de leur joug mes superbes taureaux, qui mugissaient sourdement et qui menaçaient de leurs cornes, comme s'ils avaient eu le sentiment de cette indigne injustice, alors la colère me saisit; et, n'étant plus maître de moi, je frappai cet envoyé du gouverneur.

WALTER FURST.

Lorsque nous pouvons à peine modérer notre cœur, combien il en doit coûter à l'ardente jeunesse pour se dompter!

MELCHTAL.

C'est mon père seulement qui m'afflige : il a besoin de tant de soins, et son fils est absent! Le gouverneur le hait, car il a toujours combattu courageusement pour la justice et la liberté; aussi ce vieillard sera-t-il en proie à leurs vexations, et personne n'est là pour le défendre de leurs outrages. Il en adviendra ce qui pourra, je retourne auprès de lui.

WALTER FURST.

Tâchez d'être patient, et attendez qu'il nous vienne quelque nouvelle d'Unterwald. J'entends frapper à la porte, retirez-vous; peut-être est-ce quelque envoyé du gouverneur : rentrez. Vous n'êtes pas plus ici en sûreté contre la vengeance de Landenberg que dans vos montagnes, car nos tyrans se donnent la main.

MELCHTAL.

Ils nous apprennent ce que nous devons faire.

WALTER FURST.

Rentrez; je vous rappellerai s'il n'y a rien à craindre. (*Melchtal rentre.*) L'infortuné! je n'ose lui dire les malheurs que je soupçonne. — Qui frappe? Chaque fois qu'on heurte à la porte, je m'attends à quelque nouveau chagrin. Le soupçon et la trahison prêtent l'oreille de tous côtés; les envoyés de la tyrannie pénètrent jusque dans l'intérieur des maisons; bientôt nous serons obligés de fermer nos portes avec des clefs et des verrous. (*Il ouvre sa porte et recule étonné quand il voit entrer Werner Stauffacher.*) Que vois-je? c'est vous, seigneur Werner! Dieu soit loué! c'est mon cher, mon digne hôte! Ce seuil n'a jamais été foulé par un plus honnête homme. Soyez le bienvenu sous mon toit. Qui vous conduit ici? que veniez-vous chercher dans Uri?

STAUFFACHER *lui prend la main.*

Les vieux temps, la vieille Suisse.

WALTER FURST.

Vous les portez avec vous. Je suis heureux de vous voir; mon cœur en est tout ranimé. Asseyez-vous, seigneur Werner. Comment avez-vous laissé votre Gertrude, votre aimable épouse, la prudente fille du sage Iberg? Tous les étrangers qui se rendent d'Allemagne en Italie vantent votre maison hospitalière. Mais, dites-moi, vous arrivez à l'instant même de Fluelen ici : n'avez-vous rien aperçu de nouveau avant de parvenir à ma porte?

STAUFFACHER *s'assied.*

J'ai vu, et ce n'est pas sans étonnement, s'élever une nouvelle construction; j'en ai été attristé.

WALTER FURST.

O mon ami! cela vous apprend tout!

STAUFFACHER.

Jamais une pareille chose n'est arrivée dans

Uri; de mémoire d'homme il ne s'est vu de prison ici ; jamais rien n'y a été construit en pierre que des tombeaux.

WALTER FURST.

Vous l'appelez par son nom ; c'est le tombeau de la liberté.

STAUFFACHER.

Seigneur Walter Furst, je ne vous cacherai point que je ne suis pas venu ici pour de frivoles motifs ; de cruels soins m'occupent. J'ai quitté un lieu opprimé, je retrouve l'oppression ici. Ce que nous endurons est devenu tout-à-fait insupportable, et l'on ne voit aucun terme à ces vexations. Depuis nos premiers ancêtres jusqu'à nous, la Suisse a toujours été libre : nous sommes accoutumés à être gouvernés avec douceur ; et jamais, depuis que les bergers parcourent ces montagnes, de telles choses ne s'étaient vues dans cette contrée.

WALTER FURST.

Oui, une pareille domination est sans exemple ici : aussi notre noble seigneur d'Attinghausen, lui qui a vu encore les anciens temps, dit lui-même que ceci ne peut plus se supporter.

STAUFFACHER.

Là-bas aussi, à Unterwald, il s'est passé de tristes choses, et qui attirent une sanglante vengeance : le bailli de l'empereur, Wolfenschiessen, celui qui habite sur le Rossberg, s'est livré à d'illégitimes désirs pour la femme de Baumgarten d'Alzellen ; il a voulu employer une infâme violence, et le mari l'a tué avec sa hache.

WALTER FURST.

O que les jugemens de Dieu sont justes ! — Baumgarten, dites-vous, un homme qui est cependant modéré. Est-il maintenant sauvé et sûrement caché ?

STAUFFACHER.

Votre gendre l'a sauvé en lui faisant traverser le lac, et je l'ai caché chez moi entre des rochers. Mais ce que cet homme m'a appris d'horrible, c'est ce qui s'est passé à Sarnen ; le cœur de tout honnête homme doit en saigner.

WALTER FURST, *avec attention.*

Dites, qu'est-ce?

STAUFFACHER.

A l'entrée du Melchtal, auprès de Kerns, habite un homme juste qui se nomme Henry de Halden ; ses paroles ont un grand crédit sur le peuple.

WALTER FURST.

Qui ne le connaît pas ? Eh bien, que lui est-il arrivé ? achevez.

STAUFFACHER.

Landenberg, pour punir son fils d'une faute légère, a ordonné que l'on prendrait à la charrue ses deux plus beaux taureaux ; le jeune homme a frappé l'envoyé de Landenberg, et s'est enfui.

WALTER FURST, *dans la plus grande anxiété.*

Et le père, dites, que lui est-il arrivé ?

STAUFFACHER.

Landenberg a ordonné au père de lui envoyer son fils sur-le-champ ; et comme le vieillard a protesté avec vérité qu'il n'avait point connaissance de la fuite de son fils, le gouverneur a fait venir les bourreaux.

WALTER FURST *s'élance, et le conduit de l'autre côté de la scène.*

Oh ! silence ; n'ajoutez rien de plus.

STAUFFACHER, *élevant la voix.*

« Le fils m'est échappé, a-t-il dit, mais tu es en mon pouvoir ; qu'on l'étende par terre, et qu'on enfonce dans ses yeux une pointe d'acier. »

WALTER FURST.

Ah ! miséricorde du ciel !

MELCHTAL *s'élance.*

Dans ses yeux, dites-vous ?

STAUFFACHER *surpris.*

Quel est ce jeune homme ?

MELCHTAL, *le saisit avec un empressement convulsif.*

Dans ses yeux ?... Parlez.

WALTER FURST.

Oh ! le malheureux.

STAUFFACHER.

Qui est-il ? (*Walter Furst lui fait un signe.*) Voilà le fils, ô justes dieux !

MELCHTAL.

Et j'étais absent ! — Dans les deux yeux ?

WALTER FURST.

Possédez-vous ; supportez cette douleur en homme.

MELCHTAL.

Et c'est à cause de mon imprudence, de mon emportement ! Quoi ! aveugle tout-à-fait, aveugle entièrement ?

STAUFFACHER.

Je vous l'ai dit, le foyer de ses regards est éteint, il ne verra jamais la lumière du soleil.

WALTER FURST.

Ménagez sa douleur.

MELCHTAL.

Jamais !... plus jamais. (*Il met sa main sur ses yeux, et se tait un moment ; puis il va de l'un à l'autre, en parlant plus doucement, suffoqué par ses pleurs.*) O lumière du jour, le plus noble don des cieux !... Tous les êtres, les heureuses créatures vivent de lumière ; les plantes elles-mêmes cherchent la lumière avec amour ; et lui, il sera errant dans la nuit, dans une nuit qui ne finira pas ; il ne sera plus réjoui par la verdure des prés : l'émail des fleurs, leur éclat de pourpre ne frapperont plus ses regards. Mourir n'est rien ; mais vivre et ne plus voir, c'est là où est le malheur ! Pourquoi me regardez-vous avec tant de pitié ? Je jouis de mes yeux ; et je ne puis partager ce bonheur avec mon père aveugle ! je ne puis lui donner une goutte de cet océan de lumière éblouissante où nagent mes regards !

STAUFFACHER.

Votre père est plus malheureux encore. Hélas ! au lieu de calmer votre désespoir, j'ai encore à l'accroître : le gouverneur lui a ravi ce qu'il possédait ; il ne lui a laissé qu'un bâton pour se traîner de porte en porte, aveugle et dépouillé.

MELCHTAL.

Rien qu'un bâton à ce vieillard aveugle ! dépouillé de tout, et aussi de la lumière du jour, ce bien dont jouissent les plus misérables ! Maintenant ne me parlez plus de rester ici, de me cacher. Quel misérable lâche j'ai été de songer à ma sûreté, et point à la tienne ! J'ai laissé ta tête chérie comme un gage dans les mains de ces barbares. Plus de lâches précautions ; je ne veux plus penser qu'à une vengeance sanglante; je veux retourner là-bas. Rien ne m'arrêtera; je veux aller vers le gouverneur lui redemander les yeux de mon père. Je saurai le trouver au milieu de tous ses gardes; que m'importe la vie, pourvu que j'éteigne dans son sein l'ardeur de mon affreux désespoir !

Il veut sortir.

WALTER FURST.

Demeurez ; que pouvez-vous contre lui ? Il habite à Sarnen ; et du haut de son château, dans sa forteresse impénétrable, il mépriserait votre impuissante colère.

MELCHTAL.

Et quand il habiterait les palais de glace du Schreckhorn, ou dans les nuages éternels où se cache la montagne de la Vierge, je m'ouvrirai un chemin jusqu'à lui ; et, avec vingt jeunes hommes intrépides comme moi, je renverserai sa forteresse. Et si personne ne veut me suivre ; si, tremblant pour vos cabanes et vos troupeaux, vous vous courbez sous le joug de la tyrannie, je monterai sur la montagne; j'y rassemblerai à grands cris les bergers ; et là, sous la libre voûte des cieux, dans ces lieux où le cœur se conserve pur, où le sentiment ne s'altère point, je leur conterai cette horrible cruauté.

STAUFFACHER, *à Walter Furst.*

La tyrannie est à son comble. Voulons-nous attendre jusqu'à l'extrémité ?

MELCHTAL.

Quelle extrémité pouvons-nous craindre encore, puisque l'œil lui-même n'est plus en sûreté dans son orbite ? Sommes-nous donc sans défense ? Pourquoi aurions-nous appris à tendre l'arbalète, et à manier la pesante hache d'armes ? Chaque créature trouve toujours une défense dans les angoisses du désespoir ; le cerf épuisé s'arrête et tourne contre la meute dans les bois redoutables; le chamois attire le chasseur dans les précipices, le bœuf lui-même, cet obéissant domestique de l'homme, qui soumet patiemment son large front à notre joug, s'il vient à être irrité, s'élance, aiguise ses cornes puissantes, et jette son ennemi dans les airs.

WALTER FURST.

Si les trois cantons pensaient comme nous trois, peut-être serions-nous capables de quelque effort.

STAUFFACHER.

Si Uri nous appelle, si Unterwald le secourt, Schwitz se fera honneur d'obéir à l'antique alliance.

MELCHTAL.

J'ai de nombreux amis dans Unterwald, et chacun risquera avec joie son sang et sa vie, s'il se sent appuyé et défendu par un autre. O respectables pères de la patrie ! moi, jeune homme, je me trouve entre vous qui avez l'expérience de tant de choses ; je devrais, dans le conseil, garder un modeste silence. Cependant, bien que je sois jeune et que j'aie peu vécu, ne dédaignez pas mes avis et mes discours : ce n'est pas l'emportement d'un jeune cœur qui m'inspire, c'est la profondeur de mon désespoir, l'exaltation d'une douleur qui attendrirait des cœurs de pierre. Vous êtes pères et chefs de famille ; vous souhaitez d'avoir un fils vertueux, qui honore un jour vos cheveux blancs, et dont les soins pieux défendent vos yeux contre les tyrans ? Eh bien, quoique vous n'ayez rien souffert encore dans votre personne ni dans vos biens, quoique vos yeux jouissent encore pleinement de la lumière du jour, vous ne resterez pas étrangers à notre malheur. Le glaive de la tyrannie est aussi suspendu sur votre tête. Vous avez voulu éviter la domination autrichienne : c'était là tout le crime de mon père ; vous êtes coupables comme lui, et le même châtiment vous attend.

STAUFFACHER, *à Walter Furst.*

Décidez ; je suis prêt à vous imiter.

WALTER FURST.

Il faudrait savoir ce que pensent les nobles seigneurs de Sillinen et d'Attinghausen; leurs noms, je crois, nous donneraient bien des amis.

MELCHTAL.

Quel nom dans nos montagnes est plus noble que les vôtres ? Le peuple a toute confiance en de tels noms ; ils sont une respectable autorité dans la contrée. Vous avez recueilli de vos pères un riche héritage de vertu, et vous l'avez encore augmenté. Qu'est-il besoin des gentilshommes ? Accomplissons seuls nos desseins. Plût à Dieu que nous fussions seuls dans cette contrée ! nous n'aurions pas besoin, je pense, de chercher d'autre appui que nous-mêmes.

STAUFFACHER.

Les nobles ne partagent pas nos malheurs. Le torrent qui a dévasté le vallon, jusqu'à présent n'a point ravagé les hauteurs. Cependant leur secours ne nous manquerait pas, s'ils voyaient la contrée se lever en armes.

WALTER FURST.

S'il y avait un arbitre entre l'Autriche et nous, nous ferions régler nos droits et nos devoirs, mais celui qui nous opprime c'est notre empereur lui-même, notre juge suprême. Il faut donc demander secours à Dieu et à notre bras. Vous, sondez les gens de Schwitz ; moi, je vais dans Uri rassembler mes amis. Mais qui enverrons-nous à Unterwald ?

MELCHTAL.

Envoyez-moi. Qui pourrait y prendre plus d'intérêt ?

WALTER FURST.

Je ne puis y consentir. Vous êtes mon hôte; je dois veiller à votre sûreté.

MELCHTAL.

Laissez-moi partir; je connais les sentiers et les passages des rochers. Je trouverai là-bas beaucoup d'amis qui me donneront asile, et me cacheront aux yeux des ennemis.

STAUFFACHER.

Laissez-le retourner sur l'autre rive, à la garde de Dieu; il n'y rencontrera point de traîtres; la tyrannie y est trop abhorrée pour trouver un seul instrument. Baumgarten devrait aussi nous aider à soulever le pays d'Unterwald et y recruter des amis.

MELCHTAL.

Comment nous donnerons-nous mutuellement des avis certains sans éveiller les soupçons des tyrans?

STAUFFACHER.

Nous pourrons nous rassembler à Brunnen ou à Treib, au lieu où abordent les barques des marchands.

WALTER FURST.

Ne nous occupons pas si ouvertement de notre dessein. Écoutez mon avis : à gauche du lac, en allant à Brunnen, vis-à-vis du Mytenstein, est une prairie entourée de bois. Parmi les bergers elle porte le nom de Rutli; c'est un espace vide au milieu de la forêt. C'est là où est la limite d'Uri et d'Unterwald. (*A Stauffacher.*) Une barque légère vous conduira de Schwitz vers ce lieu, dans un court trajet; nous nous y rendrons par des sentiers détournés pendant l'obscurité, et là nous pourrons délibérer en sûreté. Que chacun de nous y conduise dix hommes bien dévoués, qui soient à nous du fond du cœur; nous traiterons en commun de l'intérêt général, et sous la protection de Dieu nous prendrons une résolution.

STAUFFACHER.

Ainsi soit. Maintenant mettez votre main dans la mienne, et vous aussi la vôtre; et de même que nous trois nous venons entre nous de nous donner la main en gage d'une sincère union, de même nous conclurons entre nos trois cantons une alliance fidèle à la vie et à la mort.

WALTER FURST *et* MELCHTAL.

A la vie et à la mort.

Ils se prennent la main, et les tiennent serrées pendant un assez long moment sans parler.

MELCHTAL.

O mon vieux père! tes yeux ne pourront plus voir le jour de la liberté; mais tu l'entendras retentir. Quand d'une Alpe à l'autre des signaux de feu seront allumés, que les forteresses des tyrans seront abattues, alors les Suisses accourront à ta cabane te porter ces heureuses nouvelles, et la nuit qui couvre tes yeux sera un instant dissipée.

ACTE DEUXIÈME.

SCÈNE PREMIÈRE.

Le château du baron d'Attinghausen : une salle gothique, ornée de casques et d'écus.

ATTINGHAUSEN. *C'est un vieillard de quatre-vingt-cinq ans, d'une taille élevée. Il est vêtu de fourrures, et s'appuie sur un bâton surmonté d'une corne de chamois.* KUONI *et six autres serviteurs se tiennent autour de lui avec des faux et des râteaux à la main.* ULRICH DE RUDENZ *entre vêtu en chevalier.*

RUDENZ.

Me voici, mon oncle; quelle est votre volonté?

ATTINGHAUSEN.

Permets que, suivant une vieille coutume de la maison, je boive le vin du matin avec mes serviteurs. (*Il boit dans une coupe qui passe ensuite à la ronde.*) Autrefois j'étais toujours dans les champs et dans les bois à diriger leurs travaux, et ma bannière les conduisait aux combats; maintenant je ne puis que leur donner des ordres, et quand le soleil ne m'échauffe pas de ses rayons, je ne puis plus errer sur les montagnes. L'espace que je puis parcourir devient chaque jour plus étroit, jusqu'à ce que je parvienne au plus étroit et au dernier espace où la vie sera tout entière enfermée, et pour toujours. Je ne suis plus que l'ombre de moi-même, bientôt mon nom seul survivra.

KUONI, *à Rudenz, en lui offrant la coupe.*

Je vous la présente, jeune homme. (*Rudenz hésite à la prendre.*) Allons, buvez, nous n'avons qu'une même coupe et un même cœur.

ATTINGHAUSEN.

Allez, mes enfans, et quand ce soir le travail sera fini, nous parlerons des affaires du pays. (*Les serviteurs s'en vont.*) Je te vois vêtu et prêt à partir. Tu veux aller à Altdorf, chez le gouverneur?

RUDENZ.

Oui, et je ne voudrais pas tarder plus longtemps.

ATTINGHAUSEN.

Es-tu donc si pressé? Le temps est-il mesuré si juste à ta jeunesse que tu ne puisses en épargner un moment pour ton vieil oncle?

RUDENZ.

Je sais que vous n'avez point affaire de moi; je ne suis qu'un étranger dans cette maison.

ATTINGHAUSEN, *après l'avoir long-temps regardé.*

Oui, et cela est triste. Il est malheureux aussi que la patrie te soit devenue étrangère. Ah! Ulrich! Ulrich! je ne te reconnais plus. Te voilà vêtu de soie; tu portes de brillantes plumes de paon; un manteau d'écarlate couvre tes épaules, Tu regardes avec mépris le paysan, et tu rougis de son salut cordial.

RUDENZ.

Je lui rends volontiers ce qui lui est dû; mais les droits qu'il s'arroge, je les lui refuse.

ATTINGHAUSEN.

Toute la contrée gémit sous la cruelle oppression du roi. Le cœur de tous les honnêtes gens se remplit d'amertume à cause de la tyrannie que nous endurons. Toi seul ne ressens pas la douleur commune; on te voit, désertant ta famille, te tenir sans cesse près des ennemis de ton pays, insulter à nos maux, courir après des plaisirs frivoles, et rechercher en courtisan l'art de plaire aux princes, tandis que ta patrie saigne sous la verge des bourreaux.

RUDENZ.

Cette contrée est opprimée, pourquoi? Qu'est-ce qui la précipite dans le malheur? Il n'en coûterait qu'un seul, qu'un simple mot pour faire cesser sur-le-champ cette oppression, et se rendre l'empereur favorable. Malheur à ceux qui aveuglent le peuple, et qui le portent à s'opposer à son propre bien. C'est pour leur avantage particulier qu'ils empêchent les trois cantons de prêter serment à l'Autriche, comme ont fait tous les pays d'alentour. Ils sont fiers de pouvoir s'asseoir avec les gentilshommes sur le banc de la noblesse; on ne veut reconnaître pour seigneur que l'empereur, afin de ne pas avoir de seigneur.

ATTINGHAUSEN.

Dois-je entendre de telles paroles, et de ta bouche encore?

RUDENZ.

Vous m'avez provoqué; laissez-moi achever. Quel rôle pouvez-vous jouer ici? N'avez-vous pas une plus haute ambition que d'être mêlé ici avec des bergers et d'être leur landamman ou leur banneret? Eh quoi! ne vaut-il pas mieux, prenant un parti plus glorieux, obéir à un royal seigneur et s'attacher à sa suite brillante? Ne doit-on pas préférer ce sort à celui d'être de pair avec ses serviteurs, et de siéger sur un tribunal avec des paysans?

ATTINGHAUSEN.

Hélas! Ulrich, Ulrich! je reconnais les discours de tes séducteurs; tu leur as prêté l'oreille, et ils ont empoisonné ton cœur.

RUDENZ.

Je ne m'en cache pas; j'ai ressenti au fond de l'âme une vive douleur de me voir dédaigné par ces étrangers qui nous traitent de gentilshommes paysans. Je n'ai pu supporter de perdre le printemps de ma vie dans de vulgaires occupations, de demeurer ici oisif à soigner mon héritage, tandis qu'une noble jeunesse afflue sous les drapeaux de Habsbourg pour y recueillir de la gloire! Hors de ces montagnes, il est un monde où l'on peut s'acquérir par ses actions une renommée brillante. Mon écu et mon casque se rouillent suspendus dans la salle de mon château. Le son éclatant de la trompette guerrière, la voix des hérauts d'armes qui appellent aux tournois n'ont jamais pénétré dans ces vallées. Je n'y ai jamais entendu que le bruit monotone du ranz des vaches ou la sonnette des troupeaux.

ATTINGHAUSEN.

Aveugle jeune homme! un vain éclat t'a séduit, et tu méprises ta terre natale. Tu es honteux des pieuses et antiques mœurs de tes pères. Quelque jour tu soupireras en secret et tu verseras des larmes pour ces montagnes paternelles; et ces chants mélodieux des bergers, que dans ton orgueilleux dégoût tu dédaignes aujourd'hui, porteront dans ton cœur un regret douloureux et passionné, si tu viens à les entendre par hasard sur une terre étrangère. Ah! combien est grand le pouvoir de la patrie! A cette cour orgueilleuse de l'empereur tu passeras toujours, avec ton loyal cœur, pour un étranger. Ce monde trompeur n'est pas fait pour toi, il exige d'autres qualités que celles dont tu as hérité dans ces vallées. Va, trafique de ta liberté, reçois ta maison comme un fief, deviens serf des princes, tandis que tu pourrais être seigneur indépendant, prince de ta propre terre et de ton libre domaine. Ah! Ulrich! Ulrich! demeure avec les tiens, ne va pas à Altdorf; n'abandonne pas la cause sainte de la patrie. Je suis le dernier de ma race; mon nom va finir avec moi; mon écu et mon casque, qui sont là suspendus, seront enfermés avec moi dans le tombeau. Faut-il qu'à mon dernier soupir j'aie la triste pensée que tu attends que mes yeux soient fermés pour abandonner cette seigneurie, et pour recevoir des mains de l'Autriche mon noble domaine, que Dieu m'avait donné franc et libre!

RUDENZ.

En vain nous voudrions résister au roi; le monde lui obéit; pourrions-nous seuls lutter obstinément et rompre la puissante chaîne dont nous enveloppent les pays qu'il a soumis? Les marchés publics lui appartiennent; les tribunaux sont à lui; les routes que suivent les marchands, il les possède, et même les bêtes de somme qui traversent le Saint-Gothard lui doivent un impôt. Nous sommes environnés et enfermés au milieu de ses possessions comme dans un filet. Est-ce l'Empire qui nous donnera du secours? Ah! peut-il même se défendre contre la puissance croissante de l'Autriche? Si Dieu ne nous secourt pas, qu'avons-nous à espérer de la protection des empereurs? Qu'adviendra-t-il de toutes leurs promesses, lorsque, pressés par la guerre ou par le besoin d'argent, les empereurs disposeront des villes qui se sont mises à l'abri sous l'écusson de l'aigle impériale, et qu'ils voudront, soit les donner en gage, soit les aliéner? Non, mon oncle; dans ces temps de cruelles discordes, le plus sage, le meilleur parti, c'est de s'attacher à un chef puissant. La couronne impériale passe d'une famille à l'autre, et la mémoire des services et du dévouement ne peut se conserver; au lieu que sous un gouvernement héréditaire, bien faire son devoir, c'est semer pour recueillir.

ATTINGHAUSEN.

Te crois-tu donc plus sage et plus clairvoyant que tes nobles ancêtres, qui, après une vaillance héroïque, ont sacrifié leur sang et leurs biens pour le précieux trésor de leur liberté? Traverse le lac, et va demander à Lucerne s'il est doux d'être sous la domination des Autrichiens. Ils viendront dénombrer nos troupeaux et notre bétail, arpenter nos Alpes, nous interdire la chasse et le vol des oiseaux dans nos libres forêts, placer des barrières sur nos ponts et à nos portes, nous appauvrir pour payer l'acquisition de leurs domaines, et demander notre sang pour soutenir leurs guerres. Non, si notre sang doit couler, du moins que ce soit pour nous! La liberté nous coûterait moins cher que l'esclavage.

RUDENZ.

Comment pourrions-nous, avec un peuple de bergers, combattre les armées d'Albert?

ATTINGHAUSEN.

Jeune homme, apprends à connaître ce peuple de bergers; je le connais, moi; je l'ai conduit dans les batailles, et je l'ai vu combattre sous mes yeux à Favenz. Eh bien, qu'ils viennent pour nous soumettre au joug que nous sommes résolus à ne point supporter! Ah! ressouviens-toi de quelle race tu es sorti; ne rejette pas pour une frivole vanité, pour un faux éclat, les dons précieux dont tu jouis. Être nommé chef d'un peuple libre qui ne se donnera à toi que par un sincère amour, qui te suivra avec dévouement au combat et à la mort: que ce soit là ton orgueil et ta noble gloire. Resserre les liens que t'a donnés ta naissance; rattache-toi à la patrie, à la chère patrie; qu'elle soit toute-puissante sur ton cœur. Ici ta force a de profondes racines, là-bas; dans ce monde étranger, tu serais un faible roseau que briserait chaque tempête. Ah! reviens, depuis long-temps tu ne nous vois plus; essaye de passer un seul jour avec nous, ne va pas aujourd'hui à Altdorf; m'entends-tu? Pour aujourd'hui seulement, accorde ce jour à ta famille.

Il lui prend la main.

RUDENZ.

J'ai donné ma parole, laissez-moi; je suis engagé.

ATTINGHAUSEN. *Il quitte tristement sa main.*

Tu es engagé? Ah! malheureux! Tu n'es cependant lié ni par parole ni par serment; tu es retenu par les liens de l'amour. (*Rudenz se détourne.*) Vainement tu te caches; c'est une femme, c'est Berthe de Bruneck qui t'attire chez le gouverneur, c'est elle qui t'enchaîne au service de l'empereur. Veux-tu, pour conquérir une femme, abandonner et trahir ton pays? Ne te méprends pas; on te leurre par l'espoir de devenir son époux, mais elle n'est point destinée à tes confians désirs.

RUDENZ.

J'en ai assez entendu.

Il s'en va.

ATTINGHAUSEN.

Arrête, jeune insensé. Il part, je ne puis ni le retenir ni le détromper. C'est ainsi que Wolfenschiessen a abandonné la cause de son pays, c'est ainsi que d'autres l'imiteront encore. La séduction des étrangers charme notre jeunesse et l'arrache à nos montagnes. O jour malheureux où l'étranger arriva dans ces vallées heureuses et tranquilles pour y corrompre l'innocence de nos pieuses mœurs! Les nouveautés exercent ici un empire qui s'accroît chaque jour; ce qui est antique et respectable disparaît; une autre époque commence, d'autres pensées occupent la nouvelle génération. Que fais-je ici? Ils sont dans le tombeau tous ceux avec lesquels j'ai vécu; ce qui était de mon temps est maintenant enseveli. Heureux celui qui n'a point affaire à ce qui est plus nouveau que lui!

Il sort.

SCÈNE II.

Le théâtre représente une prairie entourée de bois et de rochers élevés; sur les flancs des rochers sont des sentiers bordés de balustrades et des échelles, et c'est par là qu'on voit ensuite descendre les habitans. Au fond, l'on aperçoit sur le lac le commencement d'un arc-en-ciel lunaire. De hautes montagnes forment le fond du tableau; des sommets couverts de neige s'élèvent encore au-dessus. Il fait tout-à-fait nuit; seulement la lueur de la lune se réfléchit sur les eaux et sur les glaciers.

MELCHTAL, BAUMGARTEN, MEIER DE SARNEN, BURKHARDT DE BUHEL, ARNOLD DE SEWA, NICOLAS DE FLUE, STRUTH DE WINKELRIED *et trois autres habitans, tous armés.*

MELCHTAL, *encore derrière la scène.*

Le chemin s'élargit; allons, suivez-moi; je reconnais les rochers et la petite croix, nous sommes arrivés. Voici le Rutli.

Ils arrivent avec des torches.

WINKELRIED.

Écoutons.

SEWA.

Tout est désert.

MEIER.

Il n'y a encore ici aucun compatriote. C'est nous autres gens d'Unterwald qui arrivons les premiers.

MELCHTAL.

La nuit est-elle avancée?

BAUMGARTEN.

Le veilleur de Selisberg vient de crier deux heures.

On entend une cloche dans le lointain.

MEIER.

Silence, écoutons.

BUHEL.

C'est la cloche de la chapelle des bois qui sonne matines sur l'autre bord, vers Schwitz.

DE FLUE.

L'air est pur, et le son se fait entendre de loin.

MELCHTAL.

Allez, et allumez quelques branchages pour que la flamme dirige nos amis.

Deux habitans s'éloignent.

SEWA.

Le clair de lune est beau, le lac est uni comme une glace.

BUHEL.

Ils auront une traversée facile.

WINKELRIED, se retournant vers le lac.

Ah ! regardez, regardez là ; ne voyez-vous rien ?

MEIER.

Quoi donc ? Ah! c'est un arc-en-ciel pendant la nuit.

MELCHTAL.

C'est la lumière de la lune qui le produit.

DE FLUE.

C'est un signe rare et merveilleux ; et l'on peut avoir vécu long-temps sans l'avoir vu.

SEWA.

Il est double, voyez-vous ; il y en a un plus pâle autour.

BAUMGARTEN.

Ah! voici une barque qu'éclairent les rayons de la lune.

MELCHTAL.

C'est Stauffacher avec sa barque ; le digne homme ne se fait pas attendre long-temps.

Il va vers le rivage avec Baumgarten.

MEIER.

Ce sont les gens d'Uri qui tardent le plus.

BUHEL.

Ils ont un plus long détour à faire dans la montagne pour dérober leur marche aux gens du gouverneur.

Pendant ce temps-là, on a allumé un feu au milieu de la scène.

MELCHTAL, sur le rivage.

Qui vient là? le mot d'ordre

STAUFFACHER.

Ami de la patrie !

Tous vont au fond du théâtre au-devant des arrivans ; on voit sortir de la barque Stauffacher, Itel-Reding, Hans de Mauer, Jorg de Hofe, Conrad Hunn, Ulrich de Schmidt, Jost de Weiler et trois autres habitans. Tous sont aussi armés.

TOUS ENSEMBLE.

Soyez les bienvenus.

Tandis que les autres sont au fond du théâtre à s'accueillir mutuellement, Melchtal et Stauffacher s'avancent.

MELCHTAL.

Ah ! seigneur Stauffacher, je l'ai revu lui qui ne peut plus me voir ; j'ai touché de ma main ses yeux éteints, et l'ardeur de la vengeance s'est emparée de moi en le voyant privé de la lumière.

STAUFFACHER.

Ne parlez pas de vengeance, il ne s'agit pas de se venger, mais de se soustraire aux maux qui nous menacent. Maintenant dites-moi ce que vous avez fait dans Unterwald ; qui vous avez recruté pour la cause commune ; ce que pensent vos compatriotes, et comment vous avez échappé aux embûches de nos ennemis.

MELCHTAL.

A travers les terribles montagnes de Sarnen, en passant sur de vastes déserts de glaces où retentit seulement le cri rauque du vautour des agneaux, je suis parvenu jusqu'au pâturage élevé où les bergers d'Uri et d'Engelberg s'appellent de loin et font paître leurs troupeaux ; là, une source qui sort en bouillonnant des crevasses du glacier m'a servi à apaiser ma soif. Je me suis arrêté dans le chalet solitaire ; aucun hôte n'y était pour me recevoir, et de là je suis arrivé aux habitations des hommes. Le bruit du crime récent qui a été commis était déjà parvenu dans ces vallées ; à chaque porte où j'ai heurté, mon malheur m'a attiré un honorable et pieux accueil. J'ai trouvé toutes les âmes soulevées de cette nouvelle violence, car de même que nos Alpes nourrissent toujours les mêmes plantes, que les sources y coulent toujours au même lieu, et que les nuages eux-mêmes, dans leur mobilité, sont poussés par les mêmes vents, de même les antiques mœurs se sont transmises, sans varier, des ancêtres à leurs neveux, et, au milieu de ce cours uniforme de vieilles habitudes, toute nouveauté téméraire semble insupportable. Partout ils m'ont serré la main de leurs mains vigoureuses ; ils sont allés détacher de la muraille leurs glaives couverts de rouille ; un sentiment de courage brillait dans leurs regards animés, quand je leur ai nommé les noms chers à tous nos compatriotes des montagnes ; le nom de Walter Furst et le vôtre ; ils ont juré de faire tout ce qu'il vous semblera sage de faire ; ils ont juré de vous suivre jusqu'à la mort. C'est ainsi que sous la protection d'une sainte hospitalité j'ai suivi ma route de cabane en cabane, et quand je suis arrivé dans la vallée natale où habitent çà et là plusieurs de mes parens, quand j'ai trouvé mon père aveugle et dépouillé, couché sur la paille, chez un étranger, et vivant de la charité des hommes compatissans...

STAUFFACHER.

Dieu du ciel !

MELCHTAL.

Je n'ai point pleuré ; je n'ai point épuisé pa

d'impuissantes larmes la force de mon ardent désespoir ; je l'ai renfermé dans mon cœur, comme un précieux trésor, et je n'ai songé qu'à agir. J'ai gravi tous les sentiers des montagnes ; il n'y a point de vallée si cachée que je ne l'aie visitée. Jusqu'au pied des glaciers éternels j'ai cherché les cabanes habitées ; partout où j'ai porté mes pas, j'ai trouvé une égale haine pour la tyrannie, et je suis allé jusqu'aux dernières limites au-delà desquelles n'habitent plus les créatures animées, où le sol aride se refuse à produire et se dérobe ainsi à l'avidité du gouverneur. J'ai, par mes discours, échauffé les esprits de tout ce vertueux peuple, et il est à nous maintenant de cœur comme de bouche.

STAUFFACHER.

En peu de temps vous avez fait beaucoup.

MELCHTAL.

J'ai fait plus encore. Ce que les habitans redoutent le plus, ce sont les deux forteresses de Sarnen et de Rossberg : là nos ennemis, défendus par leurs murs de rochers, trouvent un asile sûr d'où ils dominent la contrée. J'ai voulu de mes yeux les examiner ; je suis allé à Sarnen, et j'ai vu la citadelle.

STAUFFACHER.

Vous avez pénétré dans le repaire du tigre?

MELCHTAL.

J'étais déguisé sous un habit de pèlerin. J'ai vu le gouverneur qui se livrait à la débauche dans un festin. Jugez si mon cœur sait se contenir ; j'ai vu le gouverneur, et ne l'ai pas frappé!

STAUFFACHER.

Certes, vous avez un heureux sort dans une entreprise téméraire (*Pendant ce temps, les autres conjurés se sont avancés et se sont rapprochés de Stauffacher et de Melchtal.*) Maintenant, dites-moi quels sont ces amis, ces hommes justes qui vous ont suivi. Faites que nous nous connaissions, pour que la confiance nous rapproche et que nos cœurs s'entendent.

MEIER.

Pour vous, seigneur Stauffacher, qui ne vous connaît pas dans les trois cantons ? Moi je suis Meier de Sarnen, et ici voilà le fils de ma sœur, Ulrich de Winkelried.

STAUFFACHER.

Ce ne sont pas des noms inconnus que vous me nommez. C'est un Winkelried qui tua le dragon dans le marais de Weiler ; il laissa sa vie dans ce combat.

WINKELRIED.

C'était mon aïeul, seigneur Werner.

MELCHTAL, *montrant deux de ses compagnons.*

Ceux-là habitent par-delà Unterwald. Ils sont vassaux de l'abbaye d'Engelberg. Vous ne les estimerez pas moins que s'ils étaient libres propriétaires, et, comme nous, maîtres absolus de leur héritage. Ils aiment la patrie, et jouissent depuis long-temps d'une bonne renommée.

STAUFFACHER, *à ces deux vassaux.*

Donnez-moi la main. C'est un avantage précieux que de n'être possédé par personne ; mais la droiture honore toutes les conditions.

CONRAD HUNN.

Voici le seigneur Reding, notre ancien landamman.

MEIER.

Je le connais bien ; il est mon adversaire, et plaide avec moi pour une portion d'héritage. — Seigneur Reding, devant le juge nous sommes en discorde ; ici nous sommes amis.

Il lui serre la main.

STAUFFACHER.

Cela est bien parlé.

WINKELRIED.

Écoutons ; ils viennent. Entendez-vous la trompe d'Uri ?

De droite à gauche, on voit descendre du haut des rochers des hommes armés qui portent des torches.

MAUER.

Voyez, c'est le pieux serviteur de Dieu, le digne curé qui descend avec eux. La fatigue du chemin et l'obscurité de la nuit ne l'ont point rebuté ; le fidèle pasteur a suivi son troupeau.

BAUMGARTEN.

Petermann le sacristain, et le seigneur Walter Furst le suivent. Mais je n'aperçois point Tell dans cette troupe.

Walter Furst, Rosselmann, curé d'Uri, Kuoni le berger, Werni le chasseur, Ruodi le pêcheur, et cinq autres arrivent. L'assemblée est composée de trente-trois personnes. Tous s'avancent et se placent autour du feu.

WALTER FURST.

Sur notre propre terre, sur le sol de la patrie, nous voici forcés de nous cacher, de nous rassembler secrètement, comme pourraient faire des assassins ; nous nous couvrons des ombres de la nuit, qui ne servent d'ordinaire qu'à voiler le parjure et le crime, et c'est pour protéger notre bon droit, dont la justice est cependant aussi claire et évidente que la lumière du plus grand jour

MELCHTAL.

Qu'importe ? ce que la nuit obscure aura préparé paraîtra glorieusement et librement à la lumière du soleil.

LE CURÉ.

Amis et confédérés, écoutez ce que Dieu inspire à mon cœur : Nous tenons ici la place de l'assemblée générale des habitans, et nous comptons ici pour tout le peuple ; ainsi conduisons-nous d'après les anciens usages du pays, tels qu'on les suivait dans des temps plus tranquilles. Ce qui pourra être irrégulier dans cette assemblée, il faudra l'attribuer à la force des circonstances. Cependant Dieu est partout où se rend la justice, et nous sommes ici sous sa voûte céleste.

STAUFFACHER.

Oui, délibérons d'après les anciens usages. Nous voilà réunis dans l'obscurité, mais nos droits sont d'une clarté évidente.

MELCHTAL.

Si l'assemblée n'est pas complète par le nombre, du moins l'âme de tout le peuple est ici, et les meilleurs citoyens s'y trouvent.

CONRAD HUNN.

Nous n'avons pas les anciens livres avec nous, mais ils sont écrits dans nos cœurs.

LE CURÉ.

Ainsi, formons sur-le-champ un cercle, et l'on plantera les épées, signe de l'autorité.

MAUER.

Le landamman va prendre place, et ses assesseurs se mettront à ses côtés.

SCHMIDT.

Nous sommes ici trois peuples; auquel appartiendra-t-il de donner un chef à la confédération?

MEIER.

Que Schwitz et Uri se disputent cet honneur : nous autres d'Unterwald, nous renonçons librement à y prétendre.

MELCHTAL.

Oui, nous y renonçons; nous sommes des suppliants qui implorent le secours de leurs puissants amis.

STAUFFACHER.

C'est Uri qui a droit à l'épée; sa bannière marche devant nous dans l'armée de l'Empire.

WALTER FURST.

Non, cet honneur doit être le partage de Schwitz, c'est la tige dont nous nous faisons tous gloire d'être des branches.

LE CURÉ.

Laissez-moi terminer à l'amiable ce généreux débat. Schwitz aura le pas dans les conseils, Uri à la guerre.

WALTER FURST *présente l'épée à Stauffacher.* Elle est à vous.

STAUFFACHER.

Non pas à moi; cet honneur doit être réservé au plus âgé.

DE HOFE.

C'est Ulrich de Schmidt qui compte le plus d'années.

MAUER.

C'est un homme respectable, mais il n'est pas de condition libre; et à Schwitz nul ne peut être magistrat s'il n'est pas franc propriétaire.

STAUFFACHER.

Et n'avons-nous pas ici le seigneur Reding, notre ancien landamman? Pouvons-nous en chercher un plus digne?

WALTER FURST.

Qu'il soit président de notre assemblée, et reconnu pour landamman? Que ceux qui le veulent ainsi lèvent la main !

Tous lèvent la main droite.

REDING *s'avance au milieu.*

Je ne puis jurer ici en posant la main sur les saints Évangiles, mais je promets à la face des astres éternels de ne jamais m'écarter de la justice. (*On plante devant lui deux épées croisées. Le cercle se forme autour de lui. Schwitz est au milieu; Uri tient la droite, Unterwald la gauche. Il s'appuie sur son épée.*) Quel motif a pu rassembler les trois peuples des montagnes sur une rive déserte du lac pendant les heures funèbres de la nuit? Quel doit être l'objet de cette nouvelle alliance que nous allons conclure à la lueur des étoiles du ciel?

STAUFFACHER *s'avance dans le cercle.*

Ce n'est pas une nouvelle alliance que nous voulons conclure; nous voulons renouveler l'antique union qui s'est formée du temps de nos pères. Vous le savez, confédérés, bien que les trois peuples soient séparés par le lac et par les montagnes, bien que chacun se gouverne suivant son propre gré, nous sortons tous de la même tige et du même sang, et nous sommes tous venus d'une même patrie.

WINKELRIED.

Ainsi, ce que célèbrent nos antiques chansons serait donc vrai, et nous serions venus ici d'une terre lointaine? Ah! faites-nous connaître ce que vous en savez, et que l'ancienne alliance serve de fondement à la nouvelle!

STAUFFACHER.

Écoutez ce que racontent les vieux pasteurs. Loin, vers le Nord, il existait un grand peuple où se firent sentir les misères d'une disette. Dans cette nécessité il fut résolu par tous les habitans qu'un sixième d'entre eux, désigné par le sort, abandonnerait la terre natale. Cela fut fait ainsi. Une troupe nombreuse et désolée d'hommes et de femmes partit, se dirigeant vers le Midi et se frayant avec l'épée un passage à travers l'Allemagne. Ils arrivèrent sur le sol élevé de ces forêts et de ces montagnes. L'armée ne s'arrêta que quand elle fut parvenue dans la vallée sauvage où la Muotte coule maintenant entre les prairies. On n'y voyait aucune trace d'hommes; une seule cabane s'élevait sur le rivage solitaire; un homme y habitait pour passer les voyageurs dans sa barque. Le lac était orageux, et l'on ne pouvait y naviguer. Ils examinèrent de plus près la contrée, y trouvèrent de belles et vastes forêts, y découvrirent des sources d'une eau pure, et crurent se retrouver dans leur chère patrie. Ils se décidèrent à s'y fixer : ils bâtirent l'ancien bourg de Schwitz, et, après bien des jours d'un rude travail, ils nettoyèrent le sol des innombrables racines de la forêt; puis, comme le territoire n'était plus suffisant pour la nombreuse population, ils s'étendirent sur l'autre rive jusqu'aux montagnes noires et même jusqu'aux sommets couverts de glaces éternelles, derrière lesquels se cache le Hassli, où habitait un autre peuple parlant un autre langage. Ils bâtirent le bourg de Stanz dans le Kernwald, et Altdorf dans la vallée de la Reuss. Cependant ils gardèrent toujours le souvenir de leur origine; et, parmi les races étrangères qui vinrent depuis s'é-

...ir sur cette terre, les Suisses se reconnaissent entre eux par le sang et par le cœur.

Il étend la main à droite et à gauche.

MAUER.

Oui, nous avons tous même sang et même cœur.

TOUS, *en étendant la main.*

Nous sommes un même peuple et nous agirons de concert.

STAUFFACHER.

Les autres peuples portent un joug étranger, et se sont soumis à leurs vainqueurs; même sur nos frontières; il est beaucoup de lieux qui obéissent à une domination étrangère, et les pères y lègueront la servitude à leurs enfans. Mais nous, digne race des anciens Suisses, nous avons toujours conservé notre liberté; jamais nous n'avons ployé le genou devant un prince, et c'est de notre gré que nous nous sommes placés sous la protection de l'empereur.

LE CURÉ.

Oui, c'est de notre plein gré que nous sommes unis à l'Empire pour notre défense et notre sûreté : cela est ainsi spécifié dans la lettre de l'empereur Frédéric.

STAUFFACHER.

En effet, il n'est personne de si libre qui ne reconnaisse un seigneur ; un chef, un juge suprême est nécessaire pour qu'on puisse y avoir recours en cas de contestation. Aussi nos pères rendirent-ils hommage à l'empereur pour le sol qu'ils avaient conquis sur la nature sauvage. Ils reconnurent pour leur seigneur le seigneur de l'Allemagne et de l'Italie, et, comme tous les hommes libres de l'Empire, ils s'engagèrent envers lui au noble service des armes. Car tel est l'unique devoir d'un homme de condition franche : il défend l'Empire, de même que l'Empire le protège.

MELCHTAL.

Toute autre obligation est un signe de servitude.

STAUFFACHER.

Lorsque l'arrière-ban marchait, nos pères suivaient la bannière impériale et combattaient dans les batailles : ils prenaient les armes pour accompagner les empereurs en Italie, et placer sur leur tête la couronne à Rome. Mais chez eux ils se gouvernaient suivant leur bon plaisir, d'après leurs propres lois et leurs anciennes coutumes; seulement le droit de prononcer la peine du sang appartenait à l'empereur, et il avait préposé pour cet effet un de ses grands comtes, qui ne siégeait point dans notre pays. Quand un meurtre avait eu lieu, on allait quérir le juge, et à ciel ouvert il prononçait sur la cause clairement et simplement, sans nulle crainte des hommes. Sont-ce là des preuves que nous fussions en servitude? Si quelqu'un ici sait la chose d'autre sorte, qu'il parle.

DE HOFE.

Non, tout se passait ainsi que vous l'avez dit. Jamais nous n'avons eu à obéir à aucune puissance seigneuriale.

STAUFFACHER.

Lorsque l'empereur voulut favoriser les moines aux dépens de la justice, nous refusâmes d'obéir. Les gens de l'abbaye d'Einsiedeln nous disputaient des montagnes où, depuis le temps de nos pères, nous faisions paître nos troupeaux, l'abbé se fondant sur une ancienne lettre qui lui attribuait tous les terrains vagues et sans propriétaire ; et il n'y était pas fait mention de nous. Alors nous dîmes : « La lettre a été surprise à l'empereur, car il ne pouvait pas disposer de ce qui nous appartient; et si l'Empire nous refuse justice, nous pourrons facilement dans nos montagnes rompre tous nos liens avec l'Empire. » Ainsi parlèrent nos pères. Et nous, supporterons-nous la honte d'un nouveau joug, et souffrirons-nous d'un vassal étranger ce qu'aucun empereur dans toute sa puissance n'a osé exiger de nous? Nous avons conquis ce sol par le travail de nos mains ; nous avons transformé en habitations humaines les antiques forêts qui servaient seulement de repaire aux ours féroces; nous avons exterminé les dragons venimeux que nourrissaient les marécages; nous avons dissipé les brouillards qui jadis étaient toujours tristement répandus sur ces solitudes; nous avons brisé les rochers et tracé près des abîmes des sentiers pour les voyageurs : enfin, ce sol, nous le possédons depuis mille années. Et des vassaux étrangers oseraient essayer de nous soumettre à leurs chaînes, et de répandre l'opprobre sur notre patrie! N'est-il donc aucune ressource contre une telle oppression? (*Les conjurés montrent tous une grande agitation.*) Non, la tyrannie a des bornes. Quand l'opprimé ne peut obtenir justice nulle part, quand il est accablé d'un poids insupportable, alors il demande au ciel du courage et des consolations; il implore cette justice éternelle qui habite là-haut, immuable et inébranlable comme les astres mêmes : alors chacun retourne à l'ancien état de nature où l'homme avait à se défendre de l'homme ; et pour dernière ressource, quand on n'en peut trouver aucune autre, on a recours à son épée. Nous saurons défendre contre la force nos biens les plus précieux; nous combattrons pour notre pays; nous combattrons pour nos femmes et pour nos enfans.

TOUS *tirent l'épée.*

Nous combattrons pour nos femmes et pour nos enfans!

LE CURÉ *s'avance au milieu du cercle.*

Avant de tirer votre épée, réfléchissez mûrement. Vous pouvez facilement apaiser l'empereur : il vous en coûtera un seul mot, et les tyrans qui vous oppriment si durement ne songeront qu'à vous être agréables. Faites ce qui vous a été souvent demandé; séparez-vous de l'Empire, et reconnaissez la souveraineté de l'Autriche.

MAUER.
Que propose-t-il ? de prêter serment à l'Autriche ?
BUHEL.
Ne l'écoutez pas.
WINKELRIED.
C'est le conseil d'un traître, d'un ennemi de la patrie.
REDING.
Calmez-vous, amis.
SEWA.
Nous, rendre hommage à l'Autriche après de tels affronts !
DE FLUE.
Nous accorderions à la violence ce que nous avons refusé à la douceur ?
MEIER.
Alors nous serions esclaves, et nous aurions mérité de l'être.
MAUER.
Que celui qui proposera de céder à l'Autriche soit exclu de tous ses droits ! Landamman, je demande que ce soit la première loi qui soit ici rendue par nous.
MELCHTAL.
Ainsi soit. Que celui qui parlera d'obéir à l'Autriche demeure privé de tous ses droits et dépouillé de tout honneur ! qu'aucun des confédérés ne le reçoive près de son foyer !
TOUS *lèvent la main droite.*
Nous le voulons ainsi, que ce soit une loi !
REDING, *après un moment de silence.*
Cela est arrêté.
LE CURÉ.
Oui, vous êtes libres ; cette loi montre que vous êtes libres. L'Autriche n'obtiendra pas par la violence ce que vous aviez déjà refusé à ses démarches amicales.
WEILER.
Continuons à nous occuper des affaires de ce jour.
REDING.
Confédérés, tous les moyens de persuasion ont-ils été essayés ? Peut-être le souverain ne connaît-il pas nos maux ; peut-être est-ce contre sa volonté que nous souffrons. Avant de tirer l'épée, nous devrions tenter, comme dernier expédient, de faire parvenir nos plaintes à son oreille. Même dans une cause juste, il est terrible d'employer la violence, et Dieu accorde son secours seulement lorsqu'on ne peut pas obtenir justice des hommes.
STAUFFACHER, *à Conrad Hunn.*
C'est à vous de donner des détails à ce sujet : parlez.
CONRAD HUNN.
J'étais allé à Rheinfeld, au palais de l'empereur, pour porter plainte contre la cruelle oppression des gouverneurs, et pour réclamer notre antique lettre de franchise, que chaque souverain ratifie toujours à son avènement. J'ai trouvé là beaucoup de députés des villes de la Souabe et des bords du Rhin : ils retournaient joyeusement chez eux, après avoir obtenu leurs titres, et moi, votre député, on m'a adressé aux conseillers de l'empereur, qui m'ont congédié en me donnant pour vaine consolation « que l'empereur n'avait » point le temps, mais que certainement il ne » nous oublierait pas. » Je m'en allais tristement, traversant les salles du palais, quand j'ai aperçu le duc Jean qui se tenait dans une embrasure, les larmes aux yeux. Les nobles seigneurs de Wart et de Tagerfeld étaient auprès de lui. Ils m'ont appelé, et m'ont dit : « N'ayez recours » qu'à vous-mêmes, et n'attendez pas de justice » du roi. Ne dépouille-t-il pas l'enfant de son » propre frère, et ne lui retient-il pas injuste- » ment son héritage ? Le duc lui a demandé les » domaines de sa mère ; il a maintenant l'âge » prescrit, il a atteint l'époque où il doit gou- » verner ses vassaux et ses terres ; eh bien, quelle » réponse a-t-il obtenue ? l'empereur a pris une » couronne de fleurs, et en la mettant sur la tête » du duc : Voilà, a-t-il dit, l'ornement qui con- » vient à l'enfance. »
MAUER.
Vous l'avez entendu ; il ne faut espérer de l'empereur ni droit ni justice ; il faut n'avoir recours qu'à nous-mêmes.
REDING.
Il ne nous reste point d'autre ressource. Maintenant, avisons aux moyens les plus sages pour atteindre notre but.
WALTER FURST *s'avance dans le cercle.*
Nous voulons nous soustraire à un joug abhorré, nous voulons assurer les droits antiques que nous ont légués nos pères, mais non point en conquérir de nouveaux. Que ce qui appartient à l'empereur soit conservé à l'empereur ; que celui qui a un seigneur continue à le servir fidèlement suivant son devoir.
MEIER.
Je possède un fief de l'Autriche.
WALTER FURST.
Vous continuerez à remplir vos obligations envers l'Autriche.
WEILER.
Je paye l'impôt au seigneur de Rapperswyl.
WALTER FURST.
Vous continuerez à lui payer l'impôt et le cens.
LE CURÉ.
J'ai fait serment à l'abbesse de Zurich.
WALTER FURST.
Vous rendrez à l'Église ce qui est à l'Église.
STAUFFACHER.
Je relève directement de l'Empire.
WALTER FURST.
Que chacun accomplisse ses devoirs et rien de plus. Nous voulons chasser les gouverneurs et leurs satellites et renverser leurs forteresses, mais, s'il se peut, sans répandre de sang. Que l'empereur sache que nous avons été contraints de nous

écarter du respect que nous lui devons; s'il nous voit demeurer après dans de justes bornes, peut-être les conseils de la politique le porteront-ils à vaincre sa colère. Un peuple qui sait, le glaive à la main, conserver de la modération, inspire une juste crainte.
REDING.
Mais cependant comment y parvenir? L'ennemi a les armes à la main, et sûrement il ne cédera pas sans combattre.
STAUFFACHER.
Il sera contraint de céder, s'il aperçoit que nous sommes armés à l'instant seulement où nous le surprendrons, avant qu'il se soit préparé à la défense.
MEIER.
Cela est hardiment proposé, mais l'exécution sera difficile. Deux forteresses commandent tout notre pays; c'est l'asile de nos ennemis, et si l'empereur arrivait dans la contrée, elles deviendraient plus redoutables encore. Rossberg et Sarnen doivent être surpris avant qu'un seul glaive ait été tiré dans les trois cantons.
STAUFFACHER.
Si l'on tarde long-temps, l'ennemi sera prévenu; le secret est partagé entre trop de personnes.
MEIER.
Il n'y a pas un traître dans les trois cantons.
LE CURÉ.
On est trahi souvent par le zèle même le plus pur.
WALTER FURST.
Si l'on tarde, la forteresse que l'on construit à Altdorf s'achèvera, et le gouverneur s'y fortifiera.
MEIER.
Vous songez à vos intérêts.
LE CURÉ.
Et vous, vous êtes injustes.
MEIER.
Nous injustes! et les gens d'Uri osent nous faire ce reproche!
REDING.
N'oubliez pas votre serment; calmez-vous.
MEIER.
Si Schwitz est d'intelligence avec Uri, nous n'avons plus qu'à nous taire.
REDING.
Je dois vous reprocher devant toute l'assemblée d'avoir troublé la paix par des paroles trop vives. Eh! ne sommes-nous pas tous ici pour la même cause?
WINKELRIED.
Nous pourrions attendre jusqu'à la fête du gouverneur; alors il est d'habitude que tous les vassaux aillent dans le château lui porter des présens. Dix ou douze hommes pourraient s'y introduire sans être soupçonnés. Ils cacheraient sur eux des fers de lance qu'on pourrait placer ensuite à leurs bâtons, car il est défendu d'entrer au château avec des armes. Une troupe nombreuse se tiendrait tout auprès dans la forêt; quand les autres auraient réussi à s'emparer de la porte, ils sonneraient de la trompe, et tous sortiraient alors de leur embuscade; de la sorte le château tomberait facilement entre nos mains.
MELCHTAL.
Je me chargerai de pénétrer à Rossberg. Une jeune fille du château m'a montré quelque affection, je pourrai facilement m'engager à me tendre une échelle de corde pour quelque rendez-vous prochain; je monterai le premier, et mes amis me suivront.
REDING.
Est-ce la volonté de tous que l'on diffère l'exécution?
La majorité lève la main.
STAUFFACHER *compte les voix*.
Il y a vingt voix contre douze.
WALTER FURST.
Aussitôt qu'à un jour marqué les forteresses seront tombées en notre pouvoir, on allumera pour signal des feux sur le sommet des montagnes, et tous les habitans se rassembleront dans le principal lieu du canton. Quand les gouverneurs nous verront prêts à nous défendre fortement, croyez-moi, ils ne tenteront pas le combat, et accepteront un sauf-conduit pour sortir paisiblement de nos frontières.
STAUFFACHER.
Je crains seulement la résistance opiniâtre de Gessler: il est redoutable et toujours entouré de gardes. Il ne quittera pas la place sans effusion de sang, et même, s'il est chassé, il sera encore à craindre pour notre pays. Il sera difficile et dangereux de l'épargner.
BAUMGARTEN.
Je veux me placer au lieu où le danger sera le plus grand; j'exposerai volontiers pour mon pays cette vie que Tell a généreusement sauvée: j'ai vengé mon honneur, mon cœur en est satisfait.
REDING.
Le temps porte conseil; sachez attendre patiemment; on doit aussi se confier aux effets inattendus des circonstances; mais tandis que nous sommes ici à délibérer, le sommet brillant des hautes montagnes nous avertit de l'approche du matin. Partons, séparons-nous avant d'être surpris par la lumière du jour.
WALTER FURST.
Ne vous inquiétez pas; l'obscurité se dissipe lentement dans ces vallées.

Tous, par un mouvement spontané, ôtent leurs chapeaux, et semblent saluer l'aurore avec un recueillement silencieux.

LE CURÉ.
Au nom de cette lumière que le ciel nous envoie long-temps avant qu'elle ait pénétré les vapeurs épaisses des cités, faisons tous le serment de l'alliance nouvelle. Nous jurons ici de former un seul peuple de frères que les malheurs et les

dangers ne sépareront jamais. (*Tous répètent le même serment en levant au ciel les trois doigts de la main droite.*) Nous jurons d'être libres ainsi que l'ont été nos pères, et de préférer toujours la mort à l'esclavage. (*Tous répètent encore.*) Nous jurons de mettre notre confiance en Dieu tout-puissant et de ne point craindre le pouvoir des hommes.

Tous répètent encore, puis ils s'embrassent mutuellement.

STAUFFACHER.

Que chacun reprenne tranquillement son chemin et retourne auprès de ses amis et de ses compagnons ; que le berger ramène son troupeau et dispose sans bruit ses amis à entrer dans l'alliance. Supportez avec patience ce qui doit encore être souffert jusqu'au moment fixé; laissez la tyrannie accumuler ses injures jusqu'à ce que le jour arrive où il lui sera demandé un compte général et particulier de ses offenses. Domptez votre colère et réservez votre vengeance pour la vengeance de tous. Celui qui voudrait maintenant défendre sa propre cause, se rendrait coupable envers la cause commune.

Pendant qu'ils s'éloignent dans le plus grand silence de trois côtés différens, l'orchestre fait entendre une éclatante harmonie. La scène reste encore vide pendant un instant, et montre le spectacle des premiers rayons du soleil dorant les montagnes de glace.

ACTE TROISIÈME.

SCÈNE PREMIÈRE.

Une cour devant la maison de Tell ; il travaille avec un outil de charpentier. Sa femme, Hedwige, s'occupe à quelque ouvrage de femme. Walter et Guillaume, ses enfans, jouent avec une petite arbalète.

WALTER *chante*.

Armé de son arc et de ses flèches, le chasseur parcourt
Les montagnes et les vallées, dès les premiers rayons du matin;
Le milan règne dans les plaines de l'air;
Le libre chasseur règne sur les montagnes et les rochers :
L'espace que sa flèche parcourt lui appartient;
Tout ce qui marche, tout ce qui vole devient sa proie.

Il vient en sautant.

Ma corde est cassée ; donnez-m'en une autre, mon père.

TELL.

Non ; un bon chasseur répare son arc lui-même.

Les enfans s'éloignent.

HEDWIGE.

Ces enfans s'exercent de bonne heure à tirer des flèches.

TELL.

Quand on veut devenir habile, il faut s'y prendre de bonne heure.

HEDWIGE.

Dieu veuille qu'ils ne soient pas si habiles.

TELL.

Il faut s'instruire de tout. Celui qui veut se tirer facilement des traverses de la vie, doit se tenir prêt à l'attaque et à la défense.

HEDWIGE.

Hélas ! tous les miens fuiront donc toujours le repos de la maison !

TELL.

Femme, je ne puis être autrement; la nature ne m'a pas formé pour être berger ; j'aime à poursuivre sans relâche un objet qui s'éloigne sans cesse. Je ne jouis bien de la vie que lorsque chaque jour je la dispute contre un nouveau danger.

HEDWIGE.

Et tu oublies les angoisses de ta femme, qui tremble en attendant ton retour. Ce que tes serviteurs racontent de vos courses périlleuses me remplit d'effroi ; chaque fois que tu me quittes, mon cœur frémit de la crainte de ne plus te revoir. Je te vois égaré parmi les montagnes de glace ; je te vois ne pouvant franchir en sautant l'espace d'un rocher à l'autre; il me semble que le chamois, par un retour subit, t'entraîne avec lui dans l'abîme; tantôt je crois te voir enseveli sous une avalanche; d'autres fois, c'est l'écorce d'une glace trompeuse qui s'est brisée sous tes pas, et tu es jeté vivant dans un précipice qui devient un effroyable tombeau. Hélas! la mort sous mille formes différentes menace le chasseur des Alpes. C'est une triste profession, elle fait vivre sans cesse au bord des abîmes.

TELL.

Celui qui sait de sang-froid observer autour de lui, qui met sa confiance en Dieu, et qui est fort et agile, celui-là peut facilement se tirer du péril, et la montagne ne doit pas effrayer celui qui y a pris naissance. (*Son ouvrage étant terminé, il laisse ses outils.*) Maintenant voilà notre porte réparée pour long-temps; avec ma hache je sais me passer de charpentier.

Il prend son chapeau.

HEDWIGE.

Où vas-tu ?

TELL.

A Altdorf, chez ton père.

HEDWIGE.

N'aurais-tu pas quelque dessein périlleux ? avoue-le-moi.

TELL.
D'où peut te venir cette pensée ?
HEDWIGE.
Il se trame quelque chose contre les baillis ; cela a été concerté au Rutli, et tu es de cette ligue.
TELL.
Non, je n'y étais pas. Cependant je ne serai point sourd à la voix de ma patrie si elle m'appelle.
HEDWIGE.
Ils te placeront au poste le plus périlleux ; ce qu'il y aura de plus difficile sera ton lot, comme toujours.
TELL.
Chacun est employé suivant ses moyens.
HEDWIGE.
Tu as, pendant la tempête, traversé le lac avec un homme d'Unterwald ; c'est un miracle que tu sois échappé à ce danger. Ne penses-tu donc jamais que tu as une femme et des enfans ?
TELL.
Chère amie, ne pensé-je pas à vous lorsque je rends un père à ses enfans ?
HEDWIGE.
Naviguer sur le lac en furie ! ce n'est pas se confier à Dieu, c'est vouloir tenter sa miséricorde.
TELL.
Celui qui réfléchit trop, agit peu.
HEDWIGE.
Oui, tu es bon et secourable ; tu fais du bien à tous, et si tu éprouvais des revers, personne ne viendrait à ton secours.
TELL.
Dieu veuille que je n'aie pas besoin d'être secouru !

Il prend son arbalète et des flèches.

HEDWIGE.
Pourquoi prendre cette arbalète ? Laisse-la ici.
TELL.
Quand je ne suis pas armé, il me semble que je suis sans force.

Les enfans reviennent.

WALTER.
Où allez-vous, mon père ?
TELL.
A Altdorf, mon enfant. Veux-tu venir avec moi ?
WALTER.
Oui, bien volontiers.
HEDWIGE.
Le bailli y est maintenant, ne va pas à Altdorf.
TELL.
Il en repart aujourd'hui.
HEDWIGE.
Attends qu'il en soit reparti, ne le fais pas souvenir de toi, tu sais qu'il nous en veut.
TELL.
Sa mauvaise volonté ne peut me faire beaucoup de mal. Je vis en honnête homme, et ne crains aucun ennemi.

HEDWIGE.
Mais ce sont les honnêtes gens qu'il hait le plus.
TELL.
Parce qu'il n'a pas de prise sur eux. Mais moi, il me laissera en paix, je le crois.
HEDWIGE.
Et comment le sais-tu ?
TELL.
Il n'y a pas long-temps que je chassais dans la vallée sauvage du Schachen, loin des traces des hommes. Je suivais seul un sentier taillé dans le roc, il fallait marcher d'un pas assuré et sans se détourner ; au-dessus de moi un mur de rochers était suspendu sur ma tête, et au-dessous mugissait le torrent. (*Les enfans se rapprochent de lui et écoutent avec une avide curiosité.*) Le bailli s'avançait aussi par le même sentier, venant à ma rencontre ; il était seul, j'étais seul aussi. Nous nous trouvions là homme à homme et sur le bord de l'abîme. Il m'aperçut et me reconnut, car peu de temps avant il m'avait, pour un léger prétexte, traité assez durement. Quand il me vit bien armé et marchant vers lui, il pâlit, ses genoux fléchirent sous lui, et je vis le moment où il allait s'appuyer sur le rocher de peur de s'évanouir. Alors j'eus pitié de lui ; j'avançai d'un air soumis et lui dis : C'est moi, seigneur bailli. Il ne put proférer une seule parole ; sa voix expirait sur ses lèvres. De la main il me fit signe de continuer ma route ; je passai, et lui envoyai sa suite.

HEDWIGE.
Il a tremblé devant toi, tu l'as vu faible et effrayé ; jamais il ne te pardonnera.
TELL.
Aussi je l'éviterai, et lui ne me cherchera pas.
HEDWIGE.
Ne va pas à Altdorf aujourd'hui, va plutôt à la chasse.
TELL.
Mais quelle crainte as-tu donc ?
HEDWIGE.
Je suis cruellement agitée. N'y va point.
TELL.
Peux-tu ainsi t'inquiéter sans aucun motif ?
HEDWIGE.
Aucun motif ! Tell, demeure, je te prie.
TELL.
J'ai promis d'y aller, chère amie.
HEDWIGE.
Puisqu'il le faut, va ; mais du moins laisse-moi l'enfant.
WALTER.
Non, je veux aller avec mon père.
HEDWIGE.
Walter, tu veux laisser ta mère ?
WALTER.
Je rapporterai quelque chose de beau de chez mon grand-père.

Il part avec son père.

GUILLAUME.

Ma mère, je demeure avec vous.

HEDWIGE *l'embrasse.*

Oui, tu es mon cher enfant, toi seul me restes.

Elle va à la porte de la cour, et suit long-temps des yeux son mari et son fils.

SCÈNE II.

Une contrée sauvage, entourée de forêts. Une cascade tombe d'un rocher.

BERTHE, *en habit de chasse.* RUDENZ *la suit.*

BERTHE.

Il me suit. Enfin je pourrai m'expliquer.

RUDENZ *s'avance avec empressement.*

Enfin, madame, je vous trouve seule. Ici, dans un désert environné par les abîmes, je n'ai aucun témoin à redouter. Mon cœur va rompre un trop long silence.

BERTHE.

Êtes-vous sûr que la chasse ne nous suit pas?

RUDENZ.

La chasse est d'un autre côté. Maintenant, ou jamais : il faut que je profite de ce précieux instant; il faut que j'apprenne la décision de mon sort, quand bien même il devrait pour toujours me séparer de vous. Oh! que votre regard bienveillant ne s'arme pas de cette fierté sévère! Qui suis-je en effet, moi qui ose élever jusqu'à vous des désirs téméraires? Moi, dont le nom n'est orné d'aucune gloire, je me place parmi ces brillans chevaliers illustrés par la victoire, qui recherchent votre main. Je n'ai d'autre titre qu'un cœur plein d'amour et de fidélité.

BERTHE, *avec force et gravité.*

Ose-t-il bien me parler d'amour et de fidélité, celui qui trahit ses devoirs les plus sacrés! (*Rudenz recule avec surprise*), l'esclave de l'Autriche, celui qui se vend aux étrangers, aux oppresseurs de ses concitoyens!

RUDENZ.

Madame, dois-je entendre de vous un tel reproche ? et quel autre que vous m'attire dans ce parti ?

BERTHE.

Pensiez-vous me trouver dans le parti des traîtres? J'aimerais mieux accorder ma main à Gessler lui-même, au tyran, qu'au fils dénaturé de la Suisse qui se fait instrument de la tyrannie.

RUDENZ.

O Dieu! que me faut-il entendre?

BERTHE

Eh quoi! quel intérêt peut être plus cher à un honnête homme, que ce qui touche ses concitoyens? Est-il un plus beau devoir pour un noble cœur que de se faire le défenseur de l'innocence, le protecteur du droit des opprimés? Le cœur me saigne pour votre peuple; je souffre de ses maux; je le chéris. Ce caractère rempli de modération et de force lui a gagné mon âme, et chaque jour j'apprends à l'honorer davantage. Mais vous, que la nature et le devoir de chevalier leur donnaient pour défenseur nécessaire, vous les abandonnez, vous passez avec leurs ennemis, vous forgez les fers de votre patrie. Votre conduite m'offense et m'afflige, et pour ne pas vous haïr je fais violence à mon cœur.

RUDENZ.

Je n'ai fait que souhaiter le bien de mon pays. Sous le sceptre puissant de l'Autriche, n'eût-il pas joui de la paix?

BERTHE.

Vous voulez préparer sa servitude! Vous voulez chasser la liberté du dernier asile qui lui reste sur la terre! Le peuple s'entend mieux que tout autre à son propre bonheur; son propre sentiment le guide mieux que toute autre lumière. Ils vous ont enveloppé dans leurs filets.

RUDENZ.

Ah! madame, vous me haïssez, vous me mésestimez.

BERTHE.

Si je le faisais, je serais plus heureuse; mais voir mépriser, voir digne de mépris celui qu'on aimerait le plus volontiers!

RUDENZ.

Ah! Berthe, Berthe, en un instant vous me comblez d'un bonheur céleste, ou vous me précipitez dans un profond désespoir.

BERTHE.

Non, non, les nobles sentimens ne sont pas entièrement étouffés en vous ; ils sommeillaient seulement, et je veux les éveiller. Vous vous êtes fait violence pour détruire en vous vos vertus naturelles ; par bonheur pour vous, elles ont été plus fortes; en dépit de vous-même, vous êtes toujours noble et généreux.

RUDENZ.

Ah! puisque vous avez confiance en moi, par votre amour il n'est rien que je ne puisse atteindre.

BERTHE.

Soyez ce que la nature toute-puissante vous a fait ; remplissez la place où elle vous a mis ; soyez fidèle à votre patrie et à vos concitoyens, et combattez pour vos droits sacrés.

RUDENZ.

Ah! malheureux que je suis! Comment vous obtenir, vous posséder, si je me déclare contre la puissance de l'empereur? N'est-ce pas de la volonté souveraine de cet auguste parent que dépend entièrement votre main?

BERTHE.

Mes biens sont situés dans cette contrée, et si la Suisse est libre, je le suis aussi.

RUDENZ.

Ah! madame, quelle espérance vous me faites entrevoir!

BERTHE.

N'espérez pas obtenir ma main par la faveur de l'Autriche; ils n'ont vu en moi que ma richesse, et ils veulent m'unir à quelque autre riche héritier. Les tyrans qui ont voulu enchaîner votre liberté menaçaient aussi la mienne. O mon ami ! j'étais peut-être une victime destinée à récompenser un favori. On voulait m'entraîner à cette cour de l'empereur où habitent la fausseté et l'artifice, on voulait m'y enchaîner par les nœuds d'un mariage détesté ; l'amour, et le vôtre seulement, peut me délivrer.

RUDENZ.

Quoi ! vous pouvez vous résoudre à passer ici votre vie ? à habiter ma patrie en vous donnant à moi ? L'envie que j'avais d'en sortir n'était que le désir de vous obtenir ; je ne cherchais que vous en courant après la gloire, et mon ambition n'était que de l'amour. Puisqu'il vous est possible de vous renfermer avec moi dans cette paisible vallée et d'y renoncer à l'éclat qui vous attendait, j'ai atteint le but de tous mes désirs ; les vagues d'un monde agité peuvent venir se briser contre les rivages tranquilles de ces montagnes. Je ne formerai plus aucun souhait inconstant pour une plus vaste carrière, et puissent ces rochers , formant autour de nous une impénétrable enceinte, ne laisser à cette vallée d'autre issue que vers le ciel et la lumière.

BERTHE.

Oui, maintenant vous êtes tel que mon cœur vous avait imaginé ; mon attente n'a point été trompée.

RUDENZ.

Adieu, vaine ambition qui m'avais séduit. C'était dans ma patrie que je devais trouver le bonheur ; c'est là que mon heureuse enfance a fleuri ; là je suis entouré de mille traces de mes plaisirs ; là les arbres et les fontaines sont vivans à mes yeux ; c'est ici, dans ma patrie, que tu consens à être à moi. Hélas ! je n'ai jamais cessé de la chérir ; je sens qu'elle eût manqué à tous les plaisirs que la terre pouvait m'offrir.

BERTHE.

Et où serait le séjour du bonheur, si ce n'est dans un pays d'innocence, ici , où habite l'antique bonne foi, où la perfidie n'a pas encore pénétré ? Jamais l'envie n'y troublera la source de notre félicité, et nos jours y couleront clairs et sereins. Je vous vois ne perdant rien de votre propre dignité, le premier parmi des hommes libres et égaux, honoré par des hommages sincères et libres, et plus grand qu'un roi au milieu de son royaume.

RUDENZ.

Et vous, je vous vois la reine de votre sexe, occupée par mille soins charmans à faire de ma maison le séjour d'un bonheur céleste, à embellir ma vie par votre grâce et vos charmes ; et, pareille au printemps qui répand toutes ses fleurs, animer tout autour de vous.

BERTHE.

Voyez, ami, si je devais être affligée de voir qu'un tel bonheur fût détruit par vous-même ? Quel malheur pour moi s'il m'eût fallu suivre le sort de quelque orgueilleux chevalier, et vivre dans l'obscur château de quelque tyran ! Ici il n'y a point de château , aucune muraille ne me sépare de ce peuple que je voudrais rendre heureux.

RUDENZ.

Cependant comment m'affranchir ? comment rompre les liens où je me suis imprudemment laissé enlacer.

BERTHE.

Il faut les rompre par une résolution forte et courageuse. Qu'est-ce après tout ? Tenez-vous à votre place naturelle au milieu de vos concitoyens ? (*On entend la trompe dans le lointain.*) La chasse se rapproche ; séparons-nous. Combattez pour votre patrie , vous combattrez pour l'amour. Songez que c'est un ennemi qui nous opprime tous, c'est une même liberté qui doit nous affranchir tous.

Ils s'éloignent.

~~~~~~~~~~~~~~~~~~~~~~~~~~~~~~~~~~~~~~~

SCÈNE III

Une prairie devant Altdorf. On voit des arbres sur le devant. Au fond du théâtre le chapeau sur une perche. L'horizon est terminé par la chaîne du Bannberg. Les montagnes neigeuses s'élèvent au-dessus.

FRIESSHARDT et LEUTHOLD *montent la garde.*

FRIESSHARDT.

C'est bien vainement que nous veillons ici, il n'y passe personne ; on ne vient pas saluer ce chapeau. Il y avait pourtant d'ordinaire autant de monde ici qu'au marché ; maintenant que cet épouvantail est suspendu à cette perche, la prairie est devenue déserte.

LEUTHOLD.

En dépit de nous, nous ne voyons ici que quelque misérable qui vient de temps en temps tirer son bonnet dégueniIlé ; mais tout ce qu'il y a d'honnêtes gens aime mieux faire un long détour autour du village, que de venir se courber devant le chapeau.

FRIESSHARDT.

Ils seront forcés de repasser ici à midi quand ils sortiront de la maison de ville ; j'ai déjà manqué faire quelque bonne prise. Aucun ne songeait à saluer le chapeau. Le curé, qui revenait de voir un malade, s'est aperçu de cela, il est venu se placer avec le Saint-Sacrement précisément devant ce mât ; le sacristain a sonné sa cloche, tout le monde s'est mis à genoux, et moi aussi ; mais c'est le Saint-Sacrement qu'ils ont salué et non pas le chapeau.

LEUTHOLD.

Écoute, camarade, je commence à trouver que nous sommes là comme au carcan devant ce chapeau ; n'est-ce pas une honte pour un homme d'armes que d'être en faction sous un chapeau ? Il n'y a pas un honnête homme à qui nous ne fas-

sions pitié. Faire la révérence à un chapeau, il faut avouer que c'est une extravagante fantaisie.
FRIESSHARDT.
Et pourquoi ne pas saluer un chapeau? ne vous est-il pas arrivé souvent de saluer une tête sans cervelle?

Hildegarde, Mathilde et Élisabeth, arrivent avec leurs enfans, et tournent autour du mât.

LEUTHOLD.
Tu es un zélé et officieux valet, et tu ferais volontiers du mal à ces braves gens. Pour moi, salue qui voudra ce chapeau, je ferme les yeux là-dessus et je ne vois rien.
MATHILDE.
Mes enfans, c'est le chapeau du gouverneur, montrez-lui du respect.
ÉLISABETH.
Dieu veuille qu'il nous quitte en ne nous laissant que son chapeau! le pays n'en sera pas plus malheureux.
FRIESSHARDT *les renvoie.*
Hors d'ici! allez-vous-en, misérable troupeau de femmes, on n'a pas besoin de vous ici; envoyez vos maris, nous verrons s'ils ont le courage de braver notre consigne.

Elles s'en vont. Tell paraît; il tient son arbalète et donne la main à son enfant. Ils passent devant le chapeau sans le voir, et arrivent sur le devant de la scène.

WALTER, *en montrant les montagnes de Bannberg.*
Mon père, est-il vrai que dans ces montagnes le sang coule des arbres, lorsqu'on les frappe à coups de hache?
TELL.
Qui t'a dit cela, mon enfant?
WALTER.
C'est le maître berger. Il raconte qu'il y a un sort dans ces arbres, et que quand un homme leur a fait du dommage, sa main sort de la fosse après sa mort.
TELL.
Ces arbres sont sacrés, il est vrai. Vois-tu, là-bas dans le lointain, ces hautes montagnes blanches dont la pointe semble se perdre dans le ciel?
WALTER.
Ce sont les glaciers où l'on entend de si grands bruits pendant la nuit, et d'où tombent les avalanches.
TELL.
Oui, mon enfant, et ces avalanches auraient depuis long-temps enseveli sous leur masse le bourg d'Altdorf, si les forêts qui sont là au-dessus, comme une garde fidèle de la ville, ne l'avaient préservée.
WALTER, *après un moment de réflexion.*
Mon père, est-il des pays où l'on ne voit pas de montagnes?
TELL.
Quand l'on descend de nos montagnes, et que s'abaissant toujours on suit le cours de nos fleuves, on arrive dans une vaste contrée toute ouverte. Les rivières y coulent doucement et cessent d'être des torrens écumeux. Les moissons y verdissent comme d'immenses et magnifiques prairies, et la terre semble un jardin bien cultivé.
WALTER.
Mais, mon père, pourquoi ne descendons-nous pas dans ce beau pays, au lieu de vivre ici à l'étroit?
TELL.
Dans ce beau et fertile pays, dans ce paradis, ceux qui y habitent ne jouissent pas des riches moissons qu'ils ont semées.
WALTER.
Est-ce qu'ils ne possèdent pas librement leur propre héritage?
TELL.
Leur champ appartient au roi, ou à l'évêque.
WALTER.
Est-ce qu'il ne leur est pas permis de chasser dans leurs forêts?
TELL.
Le gibier et les oiseaux appartiennent au seigneur.
WALTER.
Ne peuvent-ils point pêcher dans leurs rivières?
TELL.
Les rivières, la mer, le sel, sont possédés par le roi.
WALTER.
Qui est le roi, si redoutable pour tous?
TELL.
C'est un homme qui les protége et les nourrit.
WALTER.
N'ont-ils pas assez de courage pour se protéger eux-mêmes?
TELL.
Chez eux, le voisin se défie sans cesse de son voisin.
WALTER.
Ah! mon père, on doit vivre gêné dans ce vaste pays; j'aime mieux habiter sous les avalanches.
TELL.
Oui, mon enfant, il vaut mieux être menacé par les glaciers que par la méchanceté des hommes.

Ils veulent continuer leur chemin.

WALTER.
Mon père, voyez donc ce chapeau attaché sur un mât.
TELL.
Que nous fait cela? Viens. Suis-moi.

Pendant qu'il se retire, Friesshardt va à sa rencontre, et le menace de sa hallebarde.

FRIESSHARDT.
Au nom de l'empereur, arrêtez! n'allez pas plus loin.
TELL *saisit la hallebarde.*
Que voulez-vous? Pourquoi m'arrêtez-vous?

FRIESSHARDT.
Vous avez désobéi à la consigne ; allons, suivez-moi.
LEUTHOLD.
Vous n'avez point salué ce chapeau.
TELL.
Mon ami, laissez-moi aller.
FRIESSHARDT.
Allons, allons, en prison !
WALTER.
Mon père en prison ! Au secours ! au secours ! (Il court çà et là sur la scène.) Ici, mes amis ! mes braves amis, secourez-nous, prêtez-nous assistance ! Ils l'emmènent prisonnier !

Le Curé, le Sacristain, et trois autres habitans arrivent.

LE SACRISTAIN.
Qu'est-ce ?
LE CURÉ.
Pourquoi portez-vous la main sur cet homme ?
FRIESSHARDT.
C'est un ennemi de l'empereur, c'est un traître.
TELL.
Moi, un traître !
LE CURÉ.
Vous vous trompez, mon ami. C'est Tell, un homme d'honneur, un bon citoyen.

WALTER aperçoit Walter Furst, et court à sa rencontre.
Au secours ! on fait violence à mon père !
FRIESSHARDT.
Allons, en prison !
WALTER FURST, accourant.
Arrêtez, je donne caution pour lui : au nom de Dieu, Tell, qu'est-il arrivé ?

Melchtal et Stauffacher arrivent.

FRIESSHARDT.
Il méprise la suprême autorité du gouverneur, et ne veut pas la reconnaître.
STAUFFACHER.
Quoi ! Tell se serait conduit de la sorte ?
MELCHTAL.
C'est un mensonge de cet homme !
LEUTHOLD.
Il n'a pas salué ce chapeau.
WALTER FURST.
Et pour cela il faudrait qu'il allât en prison ? Mes amis, recevez ma caution, et laissez-le libre.
FRIESSHARDT.
Garde ta caution pour ton propre compte, et laisse-nous faire notre charge. Allons, éloigne-toi de lui.
MELCHTAL, aux habitans.
Non, c'est une indigne violence. Souffrirons-nous que sous nos yeux il soit impunément enlevé ?
LE CURÉ.
Nous sommes les plus forts, mes amis, n'endurons pas ceci. Nous devons nous servir mutuellement d'appui.

FRIESSHARDT.
Qui osera résister à l'ordre de l'empereur ?
TROIS PAYSANS accourent.
Nous venons vous secourir, qu'y a-t-il ? Attaquons-les.

Hildegarde, Mathilde et Elisabeth reviennent.

TELL.
Je saurai me secourir moi-même. Allez, mes braves amis, croyez-moi, si j'avais voulu employer la force, leurs hallebardes ne m'auraient pas épouvanté.
MELCHTAL, à Friesshardt.
Oserez-vous l'enlever au milieu de nous ?
WALTER FURST et STAUFFACHER.
De la patience, du calme.
FRIESSHARDT criant.
A la révolte ! à la sédition !

On entend le bruit des cors de chasse.

LES FEMMES.
C'est le gouverneur qui arrive.
FRIESSHARDT, élevant encore la voix.
A la révolte ! à la sédition !
STAUFFACHER.
Allons, crie, misérable, jusqu'à t'étouffer.
LE CURÉ et MELCHTAL.
Veux-tu bien te taire !
FRIESSHARDT, toujours à haute voix.
Au secours ! au secours ! défendez les exécuteurs des lois !
WALTER FURST.
C'est le gouverneur ! Malheur à nous ! qu'est-ce que ceci va devenir ?

Gessler à cheval, un faucon sur le poing ; Rodolphe de Harras, Berthe, Rudenz, et une suite nombreuse de Serviteurs armés de hallebardes, qui forment un vaste cercle autour de la scène.

RODOLPHE DE HARRAS.
Place, place au gouverneur !
GESSLER.
Allons, qu'ils se rangent tous. Où courait toute cette troupe de peuple ? Qui appelait au secours ? (Le tumulte cesse.) Qu'était-ce ? Je veux le savoir. (A Friesshardt.) Allons, avance : qui es-tu, et pourquoi tiens-tu cet homme ?

Il donne son faucon à un Serviteur.

FRIESSHARDT.
Très-puissant seigneur, je suis un soldat qui a été placé pour l'honorable garde de ce chapeau. J'ai saisi cet homme sur le fait, comme il se refusait à saluer. Je voulais le conduire en prison d'après vos ordres, et le peuple a voulu me faire violence pour l'enlever.
GESSLER, après un instant de silence.
Est-il vrai, Tell, que tu dédaignes assez l'empereur et moi qui commande ici à sa place, pour avoir refusé d'honorer ce chapeau ? Je l'ai fait suspendre ici pour éprouver l'obéissance de chaque habitant. Tu as montré par là ta mauvaise volonté.

TELL.

Mon bon seigneur, pardonnez-moi. Cela est arrivé par l'inadvertance de votre serviteur, et non pas par dédain de vos ordres. Aussi vrai comme je me nomme Tell, c'est par défaut de réflexion.

GESSLER, *après un moment de silence.*

Tell, tu es habile, dit-on, à tirer l'arbalète, et tu ne manques jamais à toucher le but?

WALTER.

Monseigneur, cela est bien vrai ; mon père à cent pas abattrait une pomme dans un arbre.

GESSLER.

C'est là ton enfant, Tell?

TELL.

Oui, monseigneur.

GESSLER.

As-tu d'autres enfans?

TELL.

J'ai deux fils, monseigneur.

GESSLER.

Et quel est celui que tu aimes le mieux?

TELL.

Monseigneur, mes deux enfans me sont également chers.

GESSLER.

Eh bien, Tell, puisque tu abats à cent pas une pomme dans un arbre, il faut que tu fasses devant moi l'épreuve de ton adresse. Prends ton arbalète. Justement tu la tiens à la main ; et apprête-toi à abattre une pomme placée sur la tête de ton enfant. Et je te conseille de viser juste, de toucher la pomme du premier coup, car si tu la manques il t'en coûtera la tête.

TELL.

Monseigneur, quel commandement horrible vous me donnez! Quoi! je devrais sur la tête de mon enfant..... Non, non, mon bon seigneur, cette pensée n'a pu vous venir dans l'esprit. Au nom du Dieu de miséricorde, ce n'est pas sérieusement que vous avez pu prescrire une telle chose à un père.

GESSLER.

Tu viseras une pomme placée sur la tête ; je le veux, je l'ordonne.

TELL.

Je dois prendre la tête chérie de mon propre enfant pour but de mes flèches? Plutôt mourir.

GESSLER.

Tu le feras ainsi, ou tu vas périr avec ton fils.

TELL.

Devenir le meurtrier de mon enfant! ah! monseigneur, vous n'avez point d'enfans ; vous ignorez les émotions d'un cœur paternel.

GESSLER.

Eh quoi, Tell, te voilà tout-à-coup devenu bien circonspect. On dit que tu es un homme rêveur, que tu ne te conformes point aux habitudes communes, que tu aimes l'extraordinaire. C'est pour cela que je te destine aujourd'hui à quelque chose de hasardeux. Un autre balancerait ; mais toi, tu vas les yeux fermés prendre sur-le-champ ton parti.

BERTHE.

Seigneur, cessez de railler ces pauvres gens. Vous les voyez pâles et tremblans devant vous ; ils ne sont pas accoutumés à prendre vos paroles pour des plaisanteries.

GESSLER.

Qui vous dit que je ne parle pas sérieusement? (*Il s'approche d'un arbre et cueille une pomme au-dessus de sa tête.*) Voici la pomme, allons, faites place ; qu'il dispose tout suivant l'usage: je lui donne quatre-vingts pas, ni plus ni moins. Il se vante de ne point manquer un homme à cent pas. Maintenant, tire, et ne manque pas le but.

RODOLPHE DE HARRAS.

Grand Dieu! cela est sérieux. Enfant, jette-toi à genoux devant le gouverneur pour le fléchir ; il y va de ta vie.

WALTER FURST, *à Melchtal, qui peut à peine contenir son impatience.*

Contenez-vous, je vous en conjure ; soyez calme.

BERTHE, *au Gouverneur.*

Seigneur, c'en est assez : il est inhumain de se jouer ainsi des angoisses d'un père. Quand ce malheureux homme aurait, par sa faute légère, mérité la mort, ne vient-il pas de ressentir une douleur dix fois plus forte? Qu'il retourne à sa cabane tranquillement. Allez, il se souviendra de vous, et cet instant fera l'entretien des enfans de ses enfans jusqu'à la dernière postérité.

GESSLER.

Allons, faites place promptement. Que tardes-tu? Tu avais mérité la mort, je pouvais te priver de la vie : regarde, dans ma bonté, je mets ton sort dans ta propre main, dans ta main habile. Le coupable peut-il trouver sévère une sentence qui le laisse décider de son destin? Tu t'enorgueillis de la sûreté de ton coup d'œil ; eh bien, célèbre archer, voici le moment de montrer ton adresse. Le but est digne de toi ; le prix est considérable. Toucher le centre d'une cible, tout autre peut le faire ; mais le plus habile, c'est celui qui est assez certain de son art pour que son cœur ne trouble en rien sa main et son œil.

WALTER FURST *se prosterne devant lui.*

Monseigneur le gouverneur, nous connaissons toute votre puissance, mais faites grâce, au lieu de justice rigoureuse ; prenez la moitié de mes biens, prenez tout, seulement épargnez une telle horreur à un père.

WALTER TELL.

Mon grand-père, ne vous mettez pas à genoux devant ce méchant homme, dites-moi seulement où je dois me poser : je n'ai pas peur pour moi ; mon père atteint les oiseaux au vol, il saura bien ne pas frapper au cœur de son enfant.

STAUFFACHER.

Monseigneur, l'innocence de cet enfant ne vous touche-t-elle pas?

LE CURÉ.

Pensez donc qu'il y a un Dieu au ciel, et que vous aurez à lui rendre compte de votre vie.

GESSLER, *montrant l'enfant.*

Qu'on l'attache là-bas à ce tilleul.

WALTER TELL.

M'attacher ! Non, je ne veux pas qu'on m'attache. Je serai tranquille comme un agneau, je ne respirerai seulement pas; mais si vous me liez, je ne pourrai pas demeurer en repos, et je me débattrai dans mes liens.

RODOLPHE DE HARRAS.

On va seulement te bander les yeux, mon enfant.

WALTER TELL.

Et pourquoi pensez-vous que je craigne une flèche lancée par la main de mon père? je l'attendrai tranquillement, sans seulement fermer la paupière. Allons, mon père, montrez-lui comme vous êtes habile; il ne le croit pas, il pense que nous sommes perdus. En dépit de cet homme cruel, tirez sur la pomme et touchez-la.

Il va sous le tilleul ; on place la pomme sur sa tête.

MELCHTAL, *à ses compagnons.*

Eh quoi, ce crime s'accomplira sous nos yeux ! Ah! pourquoi avons-nous prêté ce serment !

STAUFFACHER.

Tout serait inutile ; nous sommes sans armes, et voyez de quelle forêt de lances nous sommes entourés.

MELCHTAL.

Ah ! si nous avions agi sur-le-champ ! Dieu pardonne à ceux qui ont proposé des délais !

GESSLER, *à Tell.*

Allons, hâte-toi. On apprendra par là que ce n'est pas impunément qu'on porte des armes; il est dangereux de marcher avec des instrumens de mort. Vous voyez que la flèche peut revenir frapper celui qui la lance. Ce droit que les paysans s'arrogent insolemment offense le seigneur suzerain de cette contrée. Nul ne doit y avoir d'armes que celui qui commande ; ainsi contentez votre envie; portez des arcs et des flèches, et moi je saurai vous choisir le but.

TELL *saisit l'arbalète, et y place la flèche.*

Écartez-vous, faites-moi place.

STAUFFACHER.

Comment, Tell, vous voulez... Non, jamais... vous frémissez ; votre main tremble ; vos genoux fléchissent.

TELL, *laissant retomber l'arbalète.*

Les objets semblent s'agiter devant moi.

LES FEMMES.

Dieu du ciel !

TELL, *au gouverneur.*

Épargnez-moi ce supplice. Voilà mon cœur, ordonnez à vos soldats de me donner la mort.

Il présente sa poitrine.

GESSLER.

Ce n'est pas ta mort que je veux, je veux que tu lances ta flèche ; tu es capable de tout. Tell, rien ne saurait t'épouvanter ; tu manies la rame aussi habilement que l'arc. Il n'est point de tempête qui t'effraye, quand tu as quelqu'un à sauver : maintenant, libérateur, délivre-toi à ton tour, toi qui secours tout le monde.

Tell demeure livré à une affreuse agitation, ses mains tremblent. Tantôt ses yeux se tournent vers le gouverneur, tantôt ils s'élèvent vers le ciel. Tout à coup il prend dans son carquois une seconde flèche, et la cache dans son sein. Le gouverneur remarque tous ses mouvemens.

WALTER TELL, *sous le tilleul.*

Allons, mon père, tirez, je ne crains rien.

TELL.

Il le faut.

Il rassemble ses forces, et s'apprête à tirer.

RUDENZ, *qui pendant ce temps-là a paru se contraindre et se faire violence, s'avance.*

Seigneur gouverneur, vous ne pousserez pas ceci plus avant, c'en est assez ; c'était seulement une épreuve, et vous avez atteint votre but. Une trop grande rigueur ne serait pas conforme à la prudence, et l'arc trop tendu finit par se briser.

GESSLER.

Taisez-vous, vous répondrez lorsqu'on vous interrogera.

RUDENZ.

Non, je parlerai, j'en aurai le courage ; l'honneur de l'empereur m'est sacré. Une pareille conduite attirerait la haine universelle, et telle n'est pas la volonté de l'empereur. Oui, j'ose le soutenir, mes concitoyens ne méritent pas une telle cruauté, et vous excédez votre pouvoir.

GESSLER.

Comment ! vous osez.....

RUDENZ.

J'ai long-temps gardé le silence sur les vexations dont j'étais témoin, je fermais les yeux à ce que je voyais. J'ai contenu dans mon sein l'indignation dont mon cœur était soulevé ; mais me taire plus long-temps, ce serait trahir à la fois et ma patrie et l'empereur.

BERTHE, *se jetant entre le gouverneur et lui.*

O dieux ! vous irritez ce furieux davantage encore.

RUDENZ.

J'ai abandonné mes concitoyens, j'ai renoncé à ma famille, j'ai rompu tous les liens de la nature pour m'attacher à vous. Je croyais, en assurant à mon pays la protection de l'empereur, suivre le meilleur parti : le bandeau qui couvrait mes yeux est tombé. Je vois dans quel précipice j'étais entraîné. Vous aviez égaré mon âme confiante et abusé de la sincérité de mon cœur ; c'était donc la ruine de mes compatriotes que j'approuvais !

GESSLER.

Téméraire ! de parler ainsi à ton seigneur !

RUDENZ.

L'empereur est mon seigneur, et non pas vous. Je suis né libre comme vous, je suis votre égal en tout ; et si vous n'étiez pas ici au nom de l'empereur que j'honore, même quand vous abusez de son pouvoir, je jetterais ici le gant devant vous, et vous seriez tenu d'après la loi des chevaliers de me faire raison. Faites seulement un signe à vos gens ! Je ne suis pas sans armes comme ce malheureux peuple; je porte une épée, et le premier qui m'approchera...

STAUFFACHER s'écrie.

La pomme est tombée !

Pendant que cette scène se passait sur un des côtés du théâtre, et que Berthe se plaçait entre Rudenz et le gouverneur, Tell a lancé sa flèche.

LE CURÉ.

L'enfant est sauvé !

PLUSIEURS VOIX.

La pomme est abattue !

Walter Furst chancelle et paraît prêt à s'évanouir. Berthe le soutient.

GESSLER, surpris.

Il l'a abattue ! Comment, ce démon l'a abattue ?

BERTHE.

L'enfant est sauvé ! revenez à vous, bon père.

WALTER TELL revient portant la pomme.

Mon père, voici la pomme; je savais bien que tu ne ferais pas de mal à ton enfant.

Tell, lorsque la flèche est partie, est resté le corps penché en avant comme s'il voulait la suivre. Il a laissé tomber l'arbalète. Quand il voit l'enfant revenir, il va à lui les bras ouverts, et le presse sur son cœur avec une vive tendresse. Alors la force semble l'abandonner, et il est prêt à s'évanouir. L'émotion est générale.

BERTHE.

Bonté du ciel !

WALTER FURST, à Tell et à son fils.

Mes enfans, mes chers enfans !

STAUFFACHER.

Dieu soit loué !

LEUTHOLD.

C'est un coup bien adroit, et il en sera parlé dans les temps les plus reculés.

RODOLPHE DE HARRAS.

On célébrera la flèche de Tell aussi long-temps que les montagnes resteront sur leur base.

Il présente la pomme au gouverneur.

GESSLER.

Oui, la pomme a été frappée au milieu ; c'est un coup adroit, je dois l'avouer.

LE CURÉ.

Son adresse est grande ; cependant malheur à celui qui l'a forcé à tenter la Providence !

STAUFFACHER.

Revenez à vous, Tell, reprenez vos sens ; vous vous en êtes courageusement tiré, et vous pouvez retourner chez vous en liberté.

LE CURÉ.

Allez, allez, et rendez votre fils à sa mère.

Ils veulent le conduire.

GESSLER.

Tell, écoute.

TELL revient.

Qu'ordonnez-vous, monseigneur ?

GESSLER.

Tu as caché une seconde flèche dans ton sein. Oui, je l'ai bien vue. Qu'en voulais-tu faire ?

TELL, interdit.

Monseigneur, cela est l'usage ordinaire des archers.

GESSLER.

Non, Tell, ta réponse n'est pas sincère, tu avais quelque autre intention ; dis-moi la vérité librement et franchement. Quelle qu'elle soit, je te promets que ta vie est en sûreté. A quoi destinais-tu ta seconde flèche ?

TELL.

Eh bien, monseigneur, puisque vous m'assurez de la vie, je vous dirai l'entière vérité. (Il tire la flèche de son sein et la montre au Gouverneur en lui lançant un regard terrible.) Avec cette seconde flèche j'aurais frappé... vous... si j'avais blessé mon cher enfant ; et ce coup-là je ne l'eusse pas manqué, certes.

GESSLER.

Bien, Tell ; je t'ai assuré la vie, je t'ai donné ma parole de chevalier, je la tiendrai ; cependant, puisque je connais tes mauvais desseins, je vais te faire conduire en un lieu où tu ne verras jamais la lumière du soleil. Par là je serai en sûreté contre tes flèches. Qu'on le saisisse et qu'on l'enchaîne.

On attache Tell.

STAUFFACHER.

Comment, monseigneur, vous attenterez à un homme qui jouit si visiblement de la protection de Dieu ?

GESSLER.

Nous verrons s'il saura une seconde fois se délivrer. Qu'on le conduise sur ma barque, où je vais aller sur-le-champ ; je le menerai moi même à Kussnacht.

LE CURÉ.

Vous ne l'oserez pas faire, l'empereur lui-même ne l'oserait, cela est contraire à notre lettre de franchise.

GESSLER.

Où est-elle ? l'empereur l'a-t-il confirmée ? Non, il ne l'a pas confirmée. C'est par votre obéissance que vous pourrez mériter cette faveur. Montrez-vous rebelles à l'autorité impériale, entretenez un esprit téméraire de révolte ; je vous soumettrai tous, et je saurai tous pénétrer. Aujourd'hui j'enlève cet homme du milieu de vous ; tous vous êtes coupables comme lui. Ainsi, que celui qui est sage apprenne à se taire et à obéir.

Il s'éloigne; Berthe, Rudenz, Rodolphe de Harras le suivent; Friesshardt et Leuthold demeurent.

WALTER FURST, dans un profond désespoir.

Il part; il a résolu de détruire et moi et toute ma famille.

STAUFFACHER, à Tell.
Et pourquoi avez-vous rallumé la rage de ce furieux?

TELL.
Peut-on se contenir quand on a éprouvé une telle douleur?

STAUFFACHER.
Ah! c'en est fait, c'en est fait; avec vous nous sommes enchaînés, nous sommes asservis.

TOUS LES HABITANTS, environnant Tell.
Avec vous s'en va notre dernier espoir.

LEUTHOLD s'approche.
Tell, ton sort m'attendrit; pourtant je dois obéir.

TELL.
Adieu.

WALTER TELL, avec désespoir et s'attachant à lui.
Mon père, mon père, mon père chéri!

TELL, levant les bras au ciel.
Il est là-haut ton père, c'est lui qu'il faut appeler.

STAUFFACHER.
Tell, ne dirai-je rien à ta femme de ta part?

TELL prend son fils avec tendresse dans ses bras.
Mon enfant a été sauvé; Dieu me secourra.

Il s'éloigne rapidement, et suit les gens du Gouverneur.

ACTE QUATRIÈME.

SCÈNE PREMIÈRE.

Le rivage oriental du lac des quatre cantons. Des rochers escarpés et d'une forme bizarre terminant la scène. Le lac est agité, et le bruit des vagues se mêle au tonnerre et aux éclairs.

KUNZ de Gersau, UN PÊCHEUR et son fils.

KUNZ.
Vous ne pouvez me croire, mais je l'ai vu de mes yeux, cela s'est passé comme je vous le dis.

LE PÊCHEUR.
Tell est prisonnier! on le conduit à Küssnacht! Tell, le meilleur homme de la contrée, et dont le bras serait le plus puissant si on avait à combattre pour la liberté!

KUNZ.
Le gouverneur le conduit lui-même par le lac: ils étaient prêts à s'embarquer quand je suis parti de Fluelen; mais la tempête qui commençait déjà, et qui m'a forcé d'aborder ici, peut bien avoir retardé leur départ.

LE PÊCHEUR.
Tell dans les fers! Tell au pouvoir du gouverneur! Ah! croyez qu'ils vont l'ensevelir dans quelque profonde prison où il ne reverra plus la clarté du jour; car ils doivent redouter la juste vengeance d'un homme courageux et cruellement excité.

KUNZ.
Notre ancien landamman, le noble seigneur d'Attinghausen touche, dit-on aussi, à sa fin.

LE PÊCHEUR.
Ainsi se brise la dernière ancre où s'attachait notre espérance: il était le seul qui osât élever la voix pour défendre les intérêts du peuple.

KUNZ.
La tempête devient de plus en plus furieuse. Adieu, je vais chercher un gîte dans le village, car on ne peut pas songer à se rembarquer aujourd'hui.

Il s'en va.

LE PÊCHEUR.
Tell est prisonnier et le baron est mort! Que la tyrannie marche maintenant à front découvert et abjure toute honte! La bouche de la vérité est muette, les yeux clairvoyans sont fermés, le bras qui pouvait nous délivrer est enchaîné.

LE FILS DU PÊCHEUR.
Mon père, la grêle tombe en abondance; ne restons pas ici, entrons dans la cabane.

LE PÊCHEUR.
Que les vents se déchaînent, que les éclairs fassent briller leurs flammes, que les nuages s'entr'ouvrent, et que l'orage tombe du ciel à grands flots pour inonder la terre! Périssent dans leur germe les générations futures; que les élémens indomptés redeviennent les maîtres de cette terre; que les ours et les loups y règnent de nouveau dans le désert! Qui voudra désormais vivre ici sans liberté?

LE FILS DU PÊCHEUR.
Écoutez comme les vagues mugissent; le bruit des tourbillons est terrible; jamais le lac n'a été en proie à une telle tempête.

LE PÊCHEUR.
Abattre une pomme sur la tête de son enfant! Rien de pareil a-t-il jamais été ordonné à un père, et la nature ne doit-elle pas montrer par sa fureur combien elle est révoltée? Non, je ne m'étonnerais pas de voir ces rochers précipités dans le lac, de voir les aiguilles et les sommets de glace qui depuis la création sont demeurés solides, se fondre tout-à-coup; de voir les montagnes s'écrouler, les antiques cavernes s'abîmer, et un second déluge inonder les demeures des vivans.

LE FILS DU PÊCHEUR.

Entendez-vous là-haut le son des cloches sur les montagnes? Assurément l'on a vu quelque barque en péril, et l'on sonne pour avertir de se mettre en prières.

Il grimpe sur une hauteur.

LE PÊCHEUR.

Malheur à la barque qui navigue en ce moment et qui est en proie à cette terrible tourmente! Elle ne doit attendre aucun secours du pilote ni du gouvernail; la tempête est la plus forte; les vents et les vagues se jouent de la force humaine. Le rivage ne leur offre nulle part un abri favorable; les rochers s'élèvent raides et escarpés, et ne donnent aucun asile; partout ils présentent leurs flancs inaccessibles.

LE FILS DU PÊCHEUR, *en montrant la gauche du théâtre.*

Mon père, c'est une barque qui vient de Fluelen ici.

LE PÊCHEUR.

Dieu, secoura les pauvres gens! Quand une fois la tempête a pénétré dans cette enceinte, alors elle s'y débat comme la bête féroce qui, renfermée dans une cage de fer, cherche vainement la porte et s'élance en rugissant contre les barreaux. De même, resserrées dans ces murs de rochers qui s'élèvent jusqu'aux nues, les vagues ne trouvent aucune issue.

Il monte aussi sur la hauteur.

LE FILS DU PÊCHEUR.

Mon père, c'est la barque du gouverneur d'Uri; je la reconnais à son pavillon.

LE PÊCHEUR.

Juste Dieu! oui, c'est lui-même; il est sur cette barque; elle est poussée ici, et elle porte Gessler et son crime. La main de la vengeance céleste n'a pas tardé beaucoup à le frapper. Maintenant il reconnaît qu'il y a un pouvoir au-dessus du sien. Les vagues n'obéissent pas à sa voix; les rochers ne courbent pas leur tête devant son chapeau. Enfant, ne prie pas pour lui, laisse prononcer la justice divine.

LE FILS DU PÊCHEUR.

Je ne prie pas pour le gouverneur; je prie pour Tell, qui est aussi dans cette barque.

LE PÊCHEUR.

O fureur aveugle de la tempête! faut-il que, pour atteindre un coupable, tu fasses périr tous ceux qui sont avec lui sur la barque!

LE FILS DU PÊCHEUR.

Voyez! voyez! ils ont déjà passé heureusement le rocher de Buggisgrat; mais l'effort d'une vague, renvoyée par le Teufelmunster, vient de les rejeter vers le grand rocher d'Axenberg: je ne vois plus rien.

LE PÊCHEUR.

Le Hakmesser, où plus d'un bateau s'est déjà brisé, est là tout auprès; s'ils ne s'en détournent pas prudemment, la barque va heurter contre le rocher escarpé qui s'élève à pic au-dessus du lac. Ils ont avec eux un bon pilote, et si quelqu'un peut les sauver, c'est Tell assurément; mais ses bras sont enchaînés.

Tell, *son arbalète à la main. Il arrive d'un pas rapide, regarde autour de lui avec surprise, et paraît vivement agité. Quand il est parvenu au milieu du théâtre, il se prosterne à terre en posant ses mains sur le sol, puis il les lève vers le ciel.*

LE FILS DU PÊCHEUR *l'a aperçu.*

Voyez, mon père, voyez cet homme qui est là à genoux.

LE PÊCHEUR.

Il saisit la terre de ses mains, et paraît hors de lui.

LE FILS DU PÊCHEUR, *revenant sur la scène.*

Ah! que vois-je? Mon père, venez! venez!

LE PÊCHEUR *s'approche.*

Qui est-il? Quoi! Dieu du ciel, c'est Tell! Comment êtes-vous ici? Parlez.

LE FILS DU PÊCHEUR.

N'étiez-vous pas sur cette barque prisonnier et enchaîné?

LE PÊCHEUR.

Ne devait-on pas vous conduire à Kussnacht?

TELL *se relève.*

Je suis libre.

LE PÊCHEUR *et* SON FILS.

Libre! miracle de Dieu!

LE FILS DU PÊCHEUR.

D'où venez-vous en ce moment?

TELL.

De la barque.

LE PÊCHEUR.

Comment?

LE FILS DU PÊCHEUR.

Et le gouverneur, où est-il?

TELL.

A la merci des vagues.

LE PÊCHEUR.

Est-il possible? Mais vous, comment êtes-vous ici? comment êtes-vous échappé à vos liens et à la tempête?

TELL.

Par la providence bienfaisante de Dieu. Écoutez.

LE PÊCHEUR *et* SON FILS.

Parlez, parlez.

TELL.

Vous savez ce qui s'est passé à Altdorf...

LE PÊCHEUR.

Je sais tout, parlez.

TELL.

Vous savez que le gouverneur m'avait fait prendre et attacher pour me conduire à Kussnacht, dans son château...

LE PÊCHEUR.

Et qu'il vous a embarqué avec lui à Fluelen; nous savons tout; raconter-nous comment vous vous êtes échappé.

TELL.

J'étais gisant dans la barque, attaché par des

liens resserrés, sans défense et tristement résigné. Je n'espérais plus revoir la douce lumière du soleil, ni le visage chéri de ma femme et de mes enfans; et dans ma douleur, mes yeux étaient fixés sur la vaste étendue des flots.

LE PÊCHEUR.

Malheureux!

TELL.

Nous avancions de la sorte, le gouverneur, Rodolphe de Harras, les serviteurs de Gessler et moi. Mon carquois et mon arbalète étaient placés à la poupe près du gouvernail. Quand nous avons été non loin d'ici, près du petit rocher d'Axenberg, alors, par un coup de la Providence, une tempête terrible et furieuse s'est tout-à-coup déchaînée, sortant des défilés du Saint-Gothard. Les rameurs ont perdu courage, et tous se sont persuadés qu'ils allaient mourir. En ce moment, un des gens du gouverneur est allé à lui, et lui a dit ces paroles que j'entendais : « Vous voyez votre danger et le nôtre, monseigneur ; la mort est là devant nous; la frayeur a troublé les esprits de nos rameurs, et ils ne sont point habiles dans leur métier ; mais vous avez ici Tell, qui est un homme vigoureux et accoutumé à conduire une barque : si dans notre péril nous avions recours à lui? » Alors le gouverneur m'a dit : « Tell, si tu crois pouvoir nous sauver de la tempête, je te ferai ôter tes liens. » J'ai répondu : « Oui, monseigneur, j'espère, avec l'aide de Dieu, que je tirerai la barque de ce péril. » Aussitôt on me délivre, je me place au gouvernail, et je manœuvre de mon mieux. Cependant je jetais un regard détourné sur l'endroit où était posée mon arbalète, et j'observais avec soin le rivage, y cherchant quelque pointe où je pusse m'élancer. J'ai remarqué un rocher aplati qui s'avance dans le lac...

LE PÊCHEUR.

Je le connais, au pied du grand Axenberg; mais je n'aurais pas cru possible... Le roc est escarpé, comment y atteindre en s'élançant de la barque?

TELL.

J'ai crié aux rameurs de manœuvrer rapidement jusqu'à ce rocher : après cela, leur ai-je dit, le plus grand danger sera passé. Et quand par un prompt effort nous y avons touché, j'ai invoqué la miséricorde de Dieu, et, appuyant de toutes mes forces la poupe vers le rocher, j'ai saisi mon arbalète, et me suis élancé avec effort sur la cime aplatie, rejetant d'un pied vigoureux la barque loin du rivage, sur les abîmes du lac où, si Dieu le veut ainsi, elle sera engloutie par les vagues. C'est ainsi que me voilà délivré de la fureur des tempêtes et de la méchanceté du plus cruel des hommes.

LE PÊCHEUR.

Tell, Tell, le Seigneur a fait pour vous sauver un miracle évident. C'est à peine si je puis en croire mes sens. Mais, dites-moi, où allez-vous vous cacher? car vous n'êtes pas en sûreté si le gouverneur échappe à la tempête.

TELL.

Je lui ai entendu dire, pendant que j'étais enchaîné sur sa barque, qu'il voulait débarquer à Brunnen, et de là me conduire à son château en passant par Schwitz.

LE PÊCHEUR.

Voulait-il donc faire la route par terre?

TELL.

Il le disait ainsi.

LE PÊCHEUR.

Ah! songez sans retard à vous cacher. Dieu ne vous tirera pas deux fois des mains du gouverneur.

TELL.

Dites-moi quel est le chemin le plus court pour aller à Arth et à Kussnacht.

LE PÊCHEUR.

La route passe par Steinen. Mais mon fils pourra, en prenant un sentier, vous conduire plus promptement par Lowerz.

TELL *lui prend la main.*

Que Dieu vous récompense du service que vous me rendez! Adieu. (*Il part, puis revient.*) N'avez-vous pas aussi prêté serment au Rutli? il me semble que l'on m'a dit votre nom.

Oui, j'y étais, et j'ai prêté le serment d'alliance.

TELL.

Eh bien! faites-moi l'amitié d'aller à Burglen trouver ma femme, que mon sort doit désespérer; dites-lui que je suis délivré et en sûreté.

LE PÊCHEUR.

Où lui dirai-je que vous avez dirigé votre fuite?

TELL.

Vous trouverez chez elle son père et quelques autres qui ont juré avec vous au Rutli. Qu'ils soient contens et ranimés ; Tell est délivré, et son bras n'est plus enchaîné. Bientôt ils apprendront quelque chose de moi.

LE PÊCHEUR.

Quel dessein médite votre courage ? Dites-le-moi avec confiance.

TELL.

Quand cela sera fait, il en sera parlé.

Il part.

LE PÊCHEUR.

Va, Jenny, tu lui indiqueras le chemin; que Dieu l'assiste, et qu'il puisse accomplir ce qu'il a résolu.

Il s'en va.

SCÈNE II.

Une salle du château d'Attinghausen; le baron est placé dans un fauteuil; il est mourant. Walter Furst, Stauffacher, Melchtal et Baumgarten s'empressent autour de lui. Walter Tell est à genoux devant lui.

WALTER FURST.
C'en est fait de lui, il n'est plus.

STAUFFACHER.
Cependant il semble encore vivant. Voyez; ses lèvres ont encore un mouvement, son sommeil est tranquille, ses traits sont encore paisibles et rians.

Baumgarten va à la porte, et parle à quelqu'un.

WALTER FURST, à *Baumgarten.*
Qui est-ce?

BAUMGARTEN.
C'est votre fille; elle veut vous parler et voir son enfant.

Walter Tell se relève.

WALTER FURST.
Puis-je la consoler? moi-même ai-je des consolations? Toutes les douleurs s'accumulent sur ma tête.

HEDWIGE *entre.*
Où est mon enfant? laissez-moi? il faut que je le voie.

STAUFFACHER.
Contenez-vous; songez que la mort est dans cette maison.

HEDWIGE, *se précipitant vers son fils.*
Mon Walter, tu vis pour moi!

WALTER TELL, *dans les bras de sa mère.*
Ma pauvre mère!

HEDWIGE.
Oui, cela est bien certain. Oui, tu m'es conservé! (*Elle regarde avec une sorte d'inquiet empressement.*) Cela est-il possible? Il a pu lancer la flèche au-dessus de ta tête? il a pu le faire! Ah! ce n'est pas avoir un cœur; il a pu placer son propre enfant au but?

WALTER FURST.
Oui, il l'a fait avec mille angoisses, l'âme déchirée de douleur. Il l'a fait parce qu'il y a été contraint; il y allait de la vie.

HEDWIGE.
Ah! s'il avait eu un cœur de père, avant de s'y résoudre, il serait mort mille fois!

STAUFFACHER.
Vous devez louer Dieu, dont la providence bienfaisante s'est manifestée en cette occasion.

HEDWIGE.
Eh! puis-je oublier ce qui aurait pu arriver? Dieu du ciel, oui, je vivrais un siècle, qu'il me semblerait toujours voir mon enfant, là, enchaîné, et son père visant au-dessus de sa tête! Je vois sans cesse cette flèche qui vient me percer le cœur.

MELCHTAL.
Si vous saviez ce qu'il a eu à souffrir de la part du gouverneur!

HEDWIGE.
O cœur insensible des hommes! quand une fois leur orgueil est offensé, ils ne connaissent plus rien, et leur courage aveugle risque en se jouant la vie d'un enfant et le cœur d'une mère.

BAUMGARTEN.
Les malheurs de votre mari sont déjà assez cruels. Pourquoi les aigrir par vos reproches injustes? N'avez-vous donc aucune pitié pour ses souffrances?

HEDWIGE *se retourne vers lui, et le regarde d'un coup d'œil dédaigneux.*

Et vous, vous n'avez donc que des larmes à donner au malheur de vos amis? Qu'attendiez-vous lorsqu'on a chargé de liens le meilleur d'entre vous? quel secours lui avez-vous donné? Vous avez vu ce crime et vous l'avez laissé s'accomplir! vous avez patiemment souffert que votre ami fût enlevé au milieu de vous! Est-ce ainsi que Tell vous avait secouru? s'est-il contenté de vous plaindre lorsque, pressé par les cavaliers du gouverneur, vous aviez devant vous le lac en fureur? Est-ce par de vaines larmes qu'il vous a témoigné sa compassion, quand, oubliant sa femme et ses enfans, il s'est élancé dans la barque pour vous sauver?

WALTER FURST.
Nous ne pouvions essayer de le délivrer, nous étions en petit nombre et sans armes.

HEDWIGE *embrasse son père.*
O mon père! et vous aussi vous l'avez perdu. Il est perdu pour son pays, pour nous tous; il nous manque à tous. Hélas! tous nous sentons sa perte; Dieu préserve son âme du désespoir. Dans la solitude de sa prison, il n'aura pas une seule consolation de l'amitié; s'il était malade... hélas! l'humide obscurité de son cachot le rendra malade. La fleur des Alpes pâlit et meurt transplantée dans le vallon marécageux. De même, lui ne peut vivre qu'avec la lumière du soleil et le souffle bienfaisant de l'air. Lui, prisonnier! lui, qui ne respirait que liberté! Il périra dans les tristes vapeurs du souterrain.

STAUFFACHER.
Calmez-vous, nous agirons tous pour le délivrer de sa prison.

HEDWIGE.
Et pourrez-vous tenter quelque chose sans lui? Tant que Tell était libre, il y avait encore quelque espérance; l'innocence avait encore un ami, les opprimés avaient encore un défenseur. Tell vous eût tous délivrés; vous tous réunis ne pouvez réussir à briser ses fers.

BAUMGARTEN.
Il se réveille; silence.

ATTINGHAUSEN, *se relevant.*
Où est-il?

STAUFFACHER.
Qui?
ATTINGHAUSEN.
Il me laisse, il m'a abandonné à mon dernier moment.
STAUFFACHER.
C'est de son neveu qu'il parle; il faut l'envoyer chercher.
WALTER FURST.
On y est allé. Consolez-vous, il a écouté la voix de son cœur, il est revenu à nous.
ATTINGHAUSEN.
A-t-il élevé la voix pour sa patrie?
STAUFFACHER.
Oui, avec un courage téméraire.
ATTINGHAUSEN.
Pourquoi n'arrive-t-il pas pour recevoir ma bénédiction? Je sens que ma fin approche rapidement.
STAUFFACHER.
Non, mon noble seigneur, le sommeil vous a rendu des forces, et votre œil est vif et animé.
ATTINGHAUSEN.
Vivre c'est souffrir, et je vais sortir à la fois de la vie et de la douleur. Il n'y a plus d'espérance, mais il n'y a plus de malheur. (*Il remarque l'enfant.*) Quel est cet enfant?
WALTER FURST.
Monseigneur, bénissez-le; c'est mon petit-fils, il est privé de son père.

Hedwige place l'enfant à genoux devant le baron.

ATTINGHAUSEN.
Ah! je vous laisse tous orphelins. Malheureux que je suis, mes derniers regards ont vu la ruine de la patrie; était-ce donc pour mourir en voyant toutes mes espérances détruites, que ma vie s'est prolongée au delà de la mesure commune?
STAUFFACHER, *à Walter Furst*.
Finira-t-il ainsi plongé dans un sombre chagrin? ne pourrons-nous pas rendre ses derniers momens plus sereins par quelque rayon d'espoir? Noble seigneur, revenez de votre abattement, nous ne sommes pas entièrement perdus, notre malheur n'est pas sans ressources.
ATTINGHAUSEN.
Et qui pourra vous sauver?
WALTER FURST.
Nous mêmes; écoutez-nous. Les trois cantons se sont donné parole de chasser les tyrans; l'alliance est conclue et un serment sacré nous a liés. Avant qu'une nouvelle année ait commencé son cours, nos desseins seront accomplis, et votre cendre reposera tranquillement dans une terre de liberté.
ATTINGHAUSEN.
Ah! répétez-le-moi, l'alliance est conclue!
MELCHTAL.
A un même jour les trois cantons vont se soulever; tout est prêt, et jusqu'à cette heure le plus profond secret a été gardé, bien que plusieurs centaines de personnes le connaissent. La tyrannie marche sur un sol qui s'abîmera sous ses pas; les jours qui lui restent sont comptés, et bientôt on ne découvrira plus même ses vestiges.
ATTINGHAUSEN.
Mais les châteaux forts qui dominent la contrée?
MELCHTAL.
Ils succomberont tous au même moment.
ATTINGHAUSEN.
Et les nobles font-ils partie de cette association?
STAUFFACHER.
Nous espérons leur secours s'il nous est nécessaire; mais il n'y a encore que des paysans qui aient prêté le serment.
ATTINGHAUSEN *se lève lentement, et laisse voir une grande surprise.*
Les paysans ont entrepris une telle chose entre eux sans le secours des gentilshommes! ils se sont à ce point confiés dans leurs propres forces! Ah! puisqu'on n'a plus besoin de nous, nous pouvons sans regrets descendre au tombeau. Notre temps est fini. La dignité de l'espèce humaine est soutenue par une nouvelle puissance. (*Il pose la main sur la tête de l'enfant qui est à genoux devant lui.*) Du jour où la pomme fut placée sur la tête de cet enfant, datera une liberté nouvelle et meilleure. L'ancien ordre est renversé, les temps sont changés, et une existence nouvelle va fleurir sur ses ruines.
STAUFFACHER, *à Walter Furst*.
Voyez de quel éclat brillent ses yeux. Ce ne sont pas les dernières lueurs d'une vie qui s'éteint, ce sont les rayons éclatans d'une vie nouvelle.
ATTINGHAUSEN.
La noblesse descend de ses antiques châteaux pour venir dans les villes prêter son serment de bourgeoisie; déjà l'Uechtland, déjà la Turgovie se mêlent à ce mouvement; la noble ville de Berne élève sa tête souveraine; Fribourg devient un rempart assuré de la liberté; Zurich se soulève; elle arme ses artisans qui forment une troupe guerrière, et la puissance des rois vient se briser devant ses murailles éternelles. (*Il prononce ce qui suit d'un ton prophétique, et ses discours semblent inspirés.*) Je vois les princes e. les seigneurs, revêtus de leurs armures, accourir pour combattre un peuple de bergers paisibles; une guerre à mort est déclarée; les défilés des montagnes sont illustrés par de sanglans combats; le paysan se précipite la poitrine désarmée comme une victime dévouée au milieu d'une forêt de lances; il y pénètre; la fleur des gentils hommes est abattue, et la liberté élève son étendard triomphant. (*A Stauffacher et à Walter Furst en leur prenant les mains.*) Soyez fermement unis, fermement et pour toujours; qu'aucune contrée ne soit étrangère à la liberté d'une autre contrée. Du haut de vos montagnes veillez à ce que chaque confédéré soit toujours secouru

par toute la confédération; soyez unis, à jamais unis.

Il retombe dans son fauteuil et meurt. Ses mains tiennent encore les mains de Furst et de Stauffacher : ils le regardent long-temps en silence, puis ils se retirent, et chacun se livre à sa douleur. Pendant ce temps, les Serviteurs du Baron sont entrés et s'approchent. Tous expriment leur chagrin, les uns avec vivacité, les autres avec calme. Quelques-uns se jettent à genoux devant lui, baisent sa main et l'inondent de larmes. Pendant cette scène muette, on entend sonner la cloche du château.

RUDENZ *entre précipitamment.*
Vit-il encore? Ah! dites-moi, pourra-t-il m'entendre?

WALTER FURST *lui montre Attinghausen en détournant la vue.*
Vous êtes maintenant notre seigneur et notre protecteur; ce château a changé de maître.

RUDENZ *regarde le corps d'Attinghausen, et paraît saisi d'un violent désespoir.*
O mon Dieu! mon repentir a été trop tardif; que n'a-t-il pu vivre encore un seul instant de plus pour voir le changement de mon cœur! Pendant qu'il jouissait encore de la lumière, j'ai méprisé ses discours sincères : maintenant il n'y est plus, il nous a quittés pour toujours, et il me laisse le poids d'une faute non expiée. Ah! dites-moi, a-t-il emporté quelque ressentiment contre moi?

STAUFFACHER.
Il a appris en mourant ce que vous avez fait, et a béni le courage avec lequel vous avez osé parler.

RUDENZ *se met à genoux.*
Oui, restes sacrés de celui que je chérissais, dépouille inanimée, je le jure sur ces mains que la mort a glacées, j'ai rompu pour toujours tous les liens qui m'attachaient aux étrangers; je suis revenu à mes concitoyens, je suis et veux être de toute mon âme un citoyen de la Suisse. (*Il se relève.*) Pleurez sur votre ami, sur votre père, mais ne tombez pas dans le découragement. Ce n'est pas de ses seules richesses que je suis héritier, il m'a aussi légué son cœur et son âme, et ma jeunesse acquittera tout ce que vous avait promis sa respectable vieillesse. Mon père, donnez-moi votre main, et vous aussi la vôtre, Stauffacher et Melchtal. Oh! n'hésitez pas, ne vous détournez pas, recevez mon serment et mes vœux.

WALTER FURST.
Donnez-lui votre main; son cœur revient à nous et mérite notre confiance.

MELCHTAL.
Vous avez montré du mépris aux paysans; parlez que devons-nous attendre de vous?

RUDENZ.
Oubliez l'erreur de ma jeunesse.

WALTER FURST.
Soyez unis, telle a été la dernière parole de celui qui était notre père; vous vous en souvenez.

MELCHTAL.
Voici ma main, noble seigneur, la promesse d'un paysan est aussi une parole sacrée. Que seraient les chevaliers sans nous? Notre emploi est plus ancien que le leur.

RUDENZ.
Aussi je l'honore, et mon épée le protégera.

MELCHTAL.
Seigneur, le bras qui dompte un sol ingrat et qui le féconde, peut aussi servir à se défendre contre la violence.

RUDENZ.
Eh bien! vous me défendrez et je vous défendrai; étant unis, notre force deviendra plus grande. Mais à quoi bon ces paroles, tant que notre patrie est la proie d'une tyrannie étrangère? quand notre sol sera délivré de ses ennemis, alors il sera temps de régler paisiblement nos droits. (*Il se tait un moment.*) Vous vous taisez, vous n'avez rien à me dire? Eh quoi! n'ai-je pas mérité que vous ayez confiance en moi? est-ce donc contre votre gré que je dois entrer dans le secret de votre alliance? avez-vous délibéré? Vous avez prêté serment au Rutli, je le sais; je l'ignore rien de ce que vous avez résolu, et, bien que je ne l'aie pas appris de vous, je le garde comme un dépôt sacré. Jamais, croyez-moi, je n'ai été l'ennemi de mon pays, jamais je n'ai rien projeté contre vous; cependant vous avez tort de différer, le temps presse, les circonstances sont impérieuses; Tell a déjà été la victime de vos délais.

STAUFFACHER.
Nous avons juré d'attendre jusqu'aux fêtes de Noël.

RUDENZ.
Je n'étais pas avec vous, je n'ai rien juré : différez; mais moi je vais agir.

MELCHTAL.
Quoi! vous voudriez...

RUDENZ.
Je me compte maintenant parmi les chefs du pays, et mon premier devoir est de vous délivrer.

WALTER FURST.
Confier à la terre cette dépouille chérie, c'est le plus pressant et le plus sacré de vos devoirs.

RUDENZ.
Quand nous aurons affranchi cette contrée, alors nous placerons sur le cercueil la couronne de la victoire. O mes amis! je n'ai pas seulement à combattre les tyrans pour votre cause, j'ai aussi la mienne à défendre Écoutez-moi : ma chère Berthe a disparu, elle a été secrètement enlevée du milieu de nous avec une audace criminelle.

STAUFFACHER.
Comment! le tyran aurait osé faire une pareille violence à une personne libre et noble?

RUDENZ.
Mes amis, je vous ai promis du secours et je vais commencer par demander le vôtre. On a enlevé, on a saisi ma bien-aimée; qui sait où ces misérables l'auront cachée? à quelle violence ils auront osé se porter pour enchaîner son cœur par

des liens détestés? Ne m'abandonnez pas, aidez-moi à la délivrer; elle vous chérit, et elle mérite par son amour pour la patrie que tous les bras s'arment pour elle.

WALTER FURST.
Que voulez-vous entreprendre ?

RUDENZ.
Le sais-je ? Hélas! dans cette obscurité qui enveloppe son sort, dans les affreuses angoisses de mon incertitude, je ne sais m'attacher à aucune idée fixe ; une seule chose est claire dans mon âme, c'est que je ne pourrai la retrouver que sous les débris de la tyrannie renversée, et que nous devons attaquer les forteresses pour pénétrer dans la prison où elle est peut-être ensevelie.

MELCHTAL.
Venez, conduisez-nous: nous vous suivrons. Pourquoi différer jusqu'à demain ce qui peut être tenté dès aujourd'hui? Quand nous avons fait le serment du Rutli, Tell était encore libre, et la tyrannie n'était pas encore parvenue au comble de l'horreur. Le temps nous a imposé de nouveaux devoirs, et parler de délais serait une lâcheté maintenant.

RUDENZ, à *Walter Furst et à Stauffacher*.
Pendant ce temps-là, armez-vous et tenez-vous prêts à agir. Attendez que des feux soient allumés comme signal sur la montagne : la nouvelle de notre victoire vous parviendra ainsi plus vite que par un message ; et quand vous verrez briller ces heureuses flammes, précipitez-vous sur l'ennemi avec la rapidité de la foudre, et renversez l'édifice de la tyrannie.

Ils s'en vont.

SCÈNE III.

Un chemin creux près de Kussnacht. On y descend du milieu des rochers. Sur le devant on en distingue un qui forme un espèce d'avancement masqué par des arbrisseaux.

TELL *arrive; il tient son arbalète.*
Il doit passer par ce chemin creux, aucune autre route ne peut le conduire à Kussnacht. C'est ici que je vais accomplir mon dessein ; l'occasion est favorable. Ici, caché derrière ces arbrisseaux, je pourrai l'atteindre de ma flèche ; le chemin est étroit, il ne sera point entouré de sa suite. Mets ordre à ta conscience, gouverneur ; c'en est fait de toi, ton heure est arrivée.

Je vivais dans la paix et dans l'innocence ; je n'avais jamais dirigé mes traits que sur les animaux des forêts ; jamais le meurtre n'avait souillé ma pensée. Tu m'as arraché à mon repos, tu as rempli d'un noir venin un cœur qui s'était nourri de pensées pieuses et douces ; tu m'as accoutumé aux actions monstrueuses. Celui qui a pris pour but la tête de son enfant, peut bien aussi percer le cœur de son ennemi.

Gouverneur, il faut que je préserve de ta fureur les tendres épouses, les innocens et malheureux enfans. Lorsque d'une main tremblante j'ai tendu mon arc, lorsque par un amusement cruel et infernal tu m'as contraint à tirer ma flèche sur mon enfant, lorsque tu me voyais sans défense, au désespoir et suppliant devant toi, alors je me suis intérieurement promis, j'ai juré par un serment terrible, entendu de Dieu seul, que ton cœur serait le premier but où j'enverrais une flèche. Ce que j'ai juré dans ce moment d'horrible souffrance est un devoir sacré, et je veux m'en acquitter.

Tu es mon seigneur, le lieutenant de mon empereur, mais l'empereur ne t'aurait pas permis ce que... Il t'avait envoyé pour rendre la justice, sévèrement peut-être, puisqu'il est irrité, mais il n'a pas voulu que tu pusses impunément te faire un jeu cruel du meurtre et du carnage ; car il y a un Dieu pour venger et pour punir.

Et toi, qui as été l'instrument d'une douleur si amère, et qui maintenant es tout mon bien, mon précieux trésor, je vais te diriger sur un but qui a été inaccessible aux plus touchantes prières, mais qui ne te résistera pas. O arc fidèle, qui si souvent m'as bien servi dans de joyeux amusemens, ne m'abandonne pas dans ce moment important et terrible ; encore cette fois seulement, que la corde lance comme de coutume une flèche rapide ! Ah ! si elle allait s'échapper sans force de ma main, je n'en ai pas une seconde à lancer.

Des voyageurs passent sur la scène.

Je vais m'asseoir sur ce banc de pierre qui s'offre au voyageur pour le reposer un moment, car il n'y a aucune habitation en ce lieu. — Chaque passant succède à l'autre sans délai ; ceux qui se rencontrent continuent leur route, étrangers l'un à l'autre, sans s'enquérir mutuellement de leurs peines. — Ici passe le marchand que ses intérêts rendent soucieux, le pèlerin légèrement chargé, le moine pieux, le brigand aux sombres regards, le joyeux ménétrier, le colporteur conduisant son cheval qui porte un lourd fardeau et qui vient des contrées lointaines, car en suivant toujours ce chemin on parcourait le monde ; tous continuent leur route pour aller à leurs affaires... et la mienne c'est le meurtre !

Il s'assied.

Autrefois, mes chers enfans, lorsque votre père revenait au logis, c'était pour vous un moment joyeux ; jamais il ne rentrait sans vous apporter quelque chose ; tantôt c'était une belle fleur des Alpes, tantôt un oiseau au brillant plumage, tantôt quelque coquillage pétrifié qu'il avait trouvé en parcourant les montagnes. Aujourd'hui il est sorti pour chercher une autre proie ; il est assis dans un lieu sauvage, roulant la pensée du meurtre ; c'est la vie de son ennemi qu'il est venu surprendre. — Et cependant, mes chers enfans, c'est encore à vous, à vous seulement qu'il pense aujourd'hui ; c'est pour vous défendre, c'est pour protéger votre enfance innocente contre **la rage** des tyrans, qu'il apprête son arc pour le meurtre.

Il se lève.

J'attends ici une digne proie. Le chasseur passe souvent sans impatience des jours entiers à errer pendant la rigueur de l'hiver, à risquer sa vie en franchissant les rochers, à gravir des murs de glace que parfois il teint de son sang, et tout cela pour atteindre quelque misérable gibier. Ici, j'obtiendrai une plus précieuse récompense. la vie de mon mortel ennemi, de celui qui voulait me faire périr.

On entend dans le lointain une musique joyeuse qui s'approche par degrés.

J'ai passé ma vie à manier l'arc, à m'exercer à tirer des flèches. Souvent, dans les jeux de village, j'ai atteint le but et obtenu le prix. Aujourd'hui je ferai un plus beau coup, le plus beau qui puisse être fait dans toute l'enceinte des montagnes.

On aperçoit une noce sur la hauteur, et elle descend dans le chemin creux. Tell la regarde passer appuyé sur son arbalète, Stussi le messier l'aborde.

STUSSI.

C'est la noce du métayer du couvent de Morlischachen : c'est un homme riche qui possède dix grands troupeaux sur les Alpes ; il épouse une fille d'Imisée, et ce soir il y aura de grandes réjouissances à Kussnacht. Venez avec nous, tous les honnêtes gens sont conviés.

TELL.

Je suis un convive trop triste pour une noce.

STUSSI.

Si vous avez quelque chagrin, chassez le de votre cœur ; prenez le temps comme il vient. Il est assez triste à présent ; c'est une raison pour saisir l'occasion de se réjouir. Ici l'on se marie ; ailleurs il y a peut-être des gens qui se font porter en terre.

TELL.

Et souvent l'on passe ainsi du plaisir au tombeau.

STUSSI.

Ainsi va le monde. Il y a assez de malheurs partout ; une partie du mont Ruiff s'est éboulée, et a enseveli la terre de Glaris.

TELL.

Eh quoi! les montagnes elles-mêmes ? Tout s'écroule donc sur la terre!

STUSSI.

Ailleurs il se passe aussi des choses surprenantes. Je viens de voir un homme qui arrive de Bade : il m'a conté qu'un chevalier s'est mis en route pour aller voir le roi. En chemin un essaim d'abeilles s'est attaché à son cheval, et l'a tellement fait souffrir que l'animal est tombé mort, et le chevalier est arrivé à pied chez le roi.

TELL.

Au plus faible même il a été donné un aiguillon.

Hermengarde arrive avec plusieurs enfans, et se place au milieu du chemin creux.

STUSSI.

On craint que cela n'annonce quelque grand malheur pour le pays, quelque événement triste et extraordinaire.

TELL.

Tous les jours il se passe des choses contre l'ordre de la nature, et aucun prodige ne les avait annoncées.

STUSSI.

Heureux l'homme qui cultive paisiblement son champ, et qui vit sans nuls soucis au milieu des siens !

TELL.

L'homme le plus paisible ne peut pas vivre en repos, s'il plaît à un voisin pervers de le troubler.

Tell regarde souvent avec une inquiète impatience du côté de la hauteur.

STUSSI.

Adieu. Vous attendez ici quelqu'un ?

TELL.

Oui.

STUSSI.

Je vous souhaite un heureux retour dans votre famille. Vous êtes d'Uri. Notre gracieux seigneur le gouverneur doit en revenir aujourd'hui.

UN VOYAGEUR *qui arrive.*

N'attendez pas le gouverneur pour aujourd'hui. L'orage a fait déborder les rivières, et tous les ponts ont été emportés par l'inondation.

Tell se lève.

HERMENGARDE *s'avance.*

Le gouverneur ne viendra pas ?

STUSSI.

L'attendez-vous ?

HERMENGARDE.

Hélas! oui.

STUSSI.

Pourquoi vous placez-vous dans ce chemin creux, devant son passage ?

HERMENGARDE.

Il ne pourra pas se détourner ; il sera forcé de m'entendre.

FRIESSHARDT. *Il s'avance promptement dans le chemin, et dit à haute voix, du fond du théâtre :*

Laissez le chemin libre. Voici monseigneur le gouverneur qui s'avance sur mes pas.

Tell se retire.

HERMENGARDE, *vivement.*

Le gouverneur vient ?

Elle se place sur le devant de la scène avec ses enfans. Gessler et Rodolphe de Harras paraissent sur la hauteur. Ils sont à cheval.

STUSSI, *à Friesshardt.*
Comment avez-vous fait pour traverser les torrens, puisque les ponts sont emportés?
FRIESSHARDT.
Nous avons eu à nous débattre sur le lac; ainsi les rivières ne pouvaient nous effrayer.
STUSSI.
Vous étiez sur le lac pendant cette terrible *tempête?*
FRIESSHARDT.
Oui, *nous* y étions, et j'ai bien cru que c'était mon dernier jour.
STUSSI.
Ne vous en allez pas; contez-moi comment.....
FRIESSHARDT.
Laissez-moi; il faut que je m'en aille devant le gouverneur annoncer son arrivée au château.
STUSSI.
Si ce bateau eût porté d'honnêtes gens, il se serait abîmé cent fois; mais il y a des hommes sur qui le feu ni l'eau ne peuvent rien. (*Il regarde autour de lui.*) Où donc a passé ce chasseur avec qui je parlais?

Gessler et Rodolphe de Harras à cheval.

GESSLER.
Dites-en ce que vous voudrez, l'empereur est mon maître, et je dois chercher à lui plaire. Il ne m'a pas envoyé dans ce pays pour flatter le peuple et le traiter doucement; il veut qu'on lui obéisse, et la question est de savoir si les paysans doivent être seigneurs de cette terre, ou si c'est l'empereur.

HERMENGARDE.
Voici le moment favorable, je vais me présenter à lui.

Hermengarde s'approche avec crainte.

GESSLER.
Je n'ai pas fait placer ce chapeau à Uri par une vaine raillerie, ni pour éprouver le cœur de ce peuple, qui m'est connu depuis long-temps; je l'ai fait placer pour qu'ils apprennent à courber devant moi leur tête, et à ne plus la lever orgueilleusement. J'ai voulu, en élevant ce chapeau au milieu du chemin où ils sont forcés de passer chaque jour, et où leurs yeux en sont nécessairement frappés, leur rappeler leur seigneur, dont ils perdaient le souvenir.

RODOLPHE.
Le peuple a cependant de certains droits.

GESSLER.
Qu'il n'est pas temps de discuter. De vastes résultats s'apprêtent, et l'on doit y travailler. La maison impériale doit s'accroître, et ce que le père a glorieusement commencé, il faut que le fils l'achève. Ce petit peuple est un obstacle dans sa route; et, de manière ou d'autre, il faut qu'il se soumette.

Ils veulent avancer, Hermengarde se jette à genoux devant le gouverneur.

HERMENGARDE.
Miséricorde, monseigneur, grâce! grâce!
GESSLER.
Pourquoi vous placez-vous sur mon chemin, au-devant de mes pas? Retirez-vous.
HERMENGARDE.
Mon mari languit en prison, mes enfans manquent de pain. Mon puissant seigneur, ayez compassion de notre affreuse douleur.
RODOLPHE.
Qui êtes-vous? qui est votre mari?
HERMENGARDE.
Mon bon seigneur, c'est un pauvre journalier du mont Riggi, qui s'en allait, au bord des précipices, faucher l'herbe au-dessus des rochers escarpés, *dans des lieux où le bétail n'oserait pas gravir.*

RODOLPHE, *au Gouverneur.*
Mon Dieu, quelle misérable vie! Je vous en prie, rendez-lui son pauvre mari; quelle que soit la faute dont il a pu se rendre coupable, n'est-elle pas expiée par l'épouvantable métier qui le nourrit? (*A Hermengarde.*) On vous fera justice; venez au château présenter votre demande, ce n'est pas ici le lieu.

HERMENGARDE.
Non, non, je ne quitterai point cette place que monseigneur ne m'ait rendu mon mari; déjà depuis six mois il languit dans une tour où il attend vainement la sentence du juge

GESSLER.
Femme, pensez-vous donc me contraindre à vous écouter? Retirez-vous.

HERMENGARDE.
Gouverneur, faites-moi justice. Vous êtes juge dans ce pays au nom de Dieu et de l'empereur; remplissez votre devoir. Songez qu'on vous fera justice au ciel, comme vous nous ferez justice.

GESSLER.
Allons, qu'on chasse de mes yeux ce peuple insolent.

HERMENGARDE *prend la bride de son cheval.*
Non, non, je n'ai plus rien à perdre, tu ne sortiras pas de ce lieu avant de m'avoir rendu justice: fronce le sourcil, lance-moi des regards menaçans, que m'importe? Notre malheur est sans bornes; nous n'avons plus rien à craindre de ta colère.

GESSLER.
Femme, retire-toi, ou mon cheval va te fouler aux pieds.

HERMENGARDE.
Eh bien, pousse-le sur mon corps. (*Elle pousse ses enfans par terre, et se précipite avec eux au milieu du chemin.*) Me voici avec mes enfans Écrase ces malheureux orphelins sous les pieds de ton cheval; ce ne sera pas la pire de tes cruautés.

RODOLPHE.
Femme, vous êtes donc insensée?

HERMENGARDE *poursuit avec vivacité.*
Aussi bien ne foules-tu pas depuis long-temps sous tes pieds le peuple que t'a confié l'empereur? Ah! je ne suis qu'une femme, si j'étais homme,

je sais bien qu'il y aurait autre chose à faire qu'à me prosterner dans la poussière.

On entend de nouveau sur la hauteur la musique de la noce, mais dans le lointain.

GESSLER.

Où sont mes serviteurs? Qu'on arrache cette femme d'ici, ou je cesserai de me contenir, et je ferai... ce que je ne veux pas faire.

RODOLPHE.

Vos serviteurs n'ont pu encore parvenir ici. Ce chemin creux est embarrassé par une noce.

GESSLER.

Oui, je suis encore un maître trop indulgent pour ce peuple. Les discours ont encore trop de licence, et ne sont pas enchaînés comme ils devraient l'être; mais tout ceci va changer, je le jure ici. Je briserai cette inébranlable obstination, je ferai plier cet audacieux esprit de liberté: je veux faire régner sur cette contrée une loi nouvelle. Je veux... (*Une flèche l'atteint. Il porte la main sur son cœur et chancelle, et d'une voix étouffée il ajoute:*) Mon Dieu! faites-moi grâce.

RODOLPHE.

Monseigneur... Grand Dieu! qu'est-ce donc? D'où cela vient-il?

HERMENGARDE *se relève.*

Au meurtre!.. au meurtre!... Il chancelle et s'évanouit; il a été blessé....

RODOLPHE *saute de cheval.*

Quel funeste événement! Dieu! seigneur chevalier, invoquez la miséricorde de Dieu; vous êtes un homme mort.

GESSLER.

C'est la flèche de Tell.

Il tombe de cheval dans les bras de Rodolphe de Harras, qui le dépose sur le banc de pierre.

TELL *se montre sur le haut du rocher.*

Tu as reconnu d'où partait le coup; n'en soupçonne pas un autre que moi. Les chaumières sont délivrées, l'innocence n'a plus rien à craindre de toi, tu ne désoleras plus cette contrée.

Il disparaît de dessus le rocher. Le peuple se précipite sur la scène.

STUSSI.

Que se passe-t-il? Qu'est-il arrivé?

HERMENGARDE.

Le gouverneur a été percé d'une flèche.

LE PEUPLE *se presse en foule.*

Qui est-ce qui a été frappé?

Pendant qu'une partie de la noce est sur l'avant-scène, le reste est encore derrière sur la hauteur, et la musique continue.

RODOLPHE DE HARRAS.

Il perd tout son sang. Tâchez de le secourir, poursuivez le meurtrier. Malheureux, il faut donc que tu périsses ainsi! Pourquoi n'a-t-il pas voulu écouter mes avis?

STUSSI.

Oui, ma foi, il est là pâle et inanimé.

PLUSIEURS VOIX.

Qui a fait le coup?

RODOLPHE DE HARRAS.

Ce peuple est donc insensé de continuer à se réjouir au son de la musique auprès d'un mourant? Qu'on les fasse taire. (*La musique cesse, et la foule du peuple s'accroît.*) Seigneur gouverneur, parlez si vous avez encore l'usage de vos sens; n'avez-vous rien à me confier? (*Gessler fait un signe de la main; mais après l'avoir levée avec vivacité, il la laisse retomber.*) Que dois-je faire? Voulez-vous être porté à Kussnacht? Je ne vous comprends pas. Ah! soyez résigné, quittez toutes les pensées terrestres; songez seulement à vous réconcilier avec le ciel.

Toute la noce entoure le mourant avec un empressement cruel et sans émotion.

STUSSI.

Voyez comme il pâlit. La mort arrive jusqu'à son cœur, ses yeux sont éteints.

HERMENGARDE *élève un de ses enfans dans ses bras.*

Regarde, mon enfant, regarde mourir ce monstre.

RODOLPHE DE HARRAS.

Femme insensée, avez-vous donc perdu tout sentiment, de fixer ainsi les regards de votre enfant sur cet affreux spectacle? Secourez-le; aidez-moi, n'est-il personne qui veuille m'aider à retirer de son sein cette flèche funeste?

LES FEMMES *se retirent.*

Nous, toucher celui que Dieu a frappé!

RODOLPHE DE HARRAS.

Puisse-t-il vous priver du Bonheur éternel!

Il tire son épée.

STUSSI *le prend dans ses bras.*

Arrêtez! seigneur, votre pouvoir est fini, le tyran de cette contrée est tombé; nous ne supporterons plus aucune violence; nous sommes libres!

TOUS, *avec tumulte.*

Nous sommes libres!

RODOLPHE DE HARRAS.

En sommes-nous venus là? la terreur et l'obéissance se seraient-elles si rapidement évanouies? (*Il s'adresse aux serviteurs armés qui l'entourent.*) Vous avez vu le funeste et mortel événement qui vient de se passer ici; tous les secours seraient superflus; c'est en vain qu'on voudrait poursuivre le meurtrier; d'autres soins nous pressent. Allons à Kussnacht pour conserver à l'empereur sa forteresse: tous les liens du devoir, toutes les règles imposées viennent d'être rompues, et il n'est personne sur la fidélité de qui l'on puisse s'assurer.

Il se retire avec sa suite, et l'on voit arriver six religieux.

HERMENGARDE.

Place! place! voici les bons religieux.

STUSSI.

Son corps est là gisant, et les corbeaux arrivent.

LES RELIGIEUX *se rangent en cercle autour du corps, et chantent d'un ton lugubre.*
La mort s'empare de l'homme en un moment,
Elle ne lui donne aucun délai ;
Il est précipité au milieu de sa carrière ;
Il est atteint dans la plénitude de la vie.
Qu'il soit prêt ou non à partir,
Il faut qu'il comparaisse devant le juge.

Pendant qu'on chante les derniers vers, la toile tombe.

ACTE CINQUIÈME.

SCÈNE PREMIÈRE.

La place publique d'Altdorf. Dans le fond, à droite, on voit le château-fort d'Uri, avec des échafaudages qui l'entourent, comme à la troisième scène du premier acte. A droite, on aperçoit, sur plusieurs montagnes, de grands feux qui ont été allumés comme signal. On entend dans le lointain les cloches sonner de plusieurs côtés. Le jour ne fait que commencer.

RUODI, KUONI, LE MAITRE TAILLEUR DE PIERRES *et beaucoup d'autres habitans, des femmes et des enfans.*

RUODI.

Voyez-vous sur les montagnes ces signaux enflammés ?

LE TAILLEUR DE PIERRES.

Entendez-vous les cloches du côté d'Unterwald ?

RUODI.

Les ennemis sont chassés.

LE TAILLEUR DE PIERRES.

Les châteaux sont pris.

RUODI.

Et nous souffrons encore à Uri que ce château des tyrans subsiste sur notre sol ? Serons-nous les derniers à nous déclarer libres ?

LE TAILLEUR DE PIERRES.

Voulez-vous donc laisser en place cet instrument d'oppression? Allons, il faut le renverser.

TOUS.

Oui, renversons, renversons ce château.

RUODI.

Où est la trompe d'Uri ?

LA TROMPE D'URI.

Me voici ; que faut-il faire ?

RUODI.

Montez au clocher et sonnez de votre trompe ; que le bruit soit entendu au loin dans les montagnes ; qu'il soit répété par tous les échos des rochers, que tous les hommes des montagnes se rassemblent rapidement.

Le Crieur s'en va. Walter Furst arrive.

WALTER FURST.

Arrêtez, amis, arrêtez. Nous ne savons pas encore ce qui s'est passé à Unterwald et à Schwitz ; attendons qu'il nous arrive un message.

RUODI.

Et pourquoi attendre? le tyran est mort, le jour de la liberté est arrivé.

LE TAILLEUR DE PIERRES.

Et ces feux allumés qui brillent sur toutes les montagnes, ne sont-ils pas un signal suffisant ?

RUODI.

Allons, allons, prêtez-moi votre aide, les femmes comme les hommes ; renversons les échafauds, détruisons les voûtes, abattons les murailles ; qu'il ne reste pas pierre sur pierre.

LE PÊCHEUR.

Allons, compagnons, c'est nous qui avons construit ce château ; nous saurons bien le détruire.

TOUS.

Allons, à l'ouvrage.

Ils se précipitent tous vers le château.

WALTER FURST.

Le sort en est jeté, je n'ai pu les retenir.

Melchtal et Baumgarten arrivent.

MELCHTAL.

Eh quoi, ce château est encore debout, tandis que Sarnen est en cendres et que Rossberg est renversé de fond en comble !

WALTER FURST.

Vous voici, Melchtal ! Nous apportez-vous la liberté ? Dites, le pays est-il délivré de ses ennemis ?

MELCHTAL *l'embrasse.*

Notre sol est affranchi. Réjouissez-vous, mon respectable ami : au moment où nous parlons, il n'y a plus aucun tyran sur la terre de Suisse.

WALTER FURST.

Ah ! parlez : comment vous êtes-vous rendus maîtres de ces forteresses ?

MELCHTAL.

C'est Rudenz qui, avec une audace hasardeuse, s'est courageusement emparé de Sarnen ; et moi, j'ai la nuit dernière escaladé Rossberg. Mais apprenez ce qui est arrivé : nous avions déjà chassé les ennemis du château, et nous venions d'allumer avec transport un incendie dont les flammes s'élevaient au ciel, quand Diethelm, le page de Gessler, s'est élancé en criant que la dame de Bruneck était en proie à la fureur du feu.

WALTER FURST.

Juste Dieu !

On entend les échafauds s'écrouler.

MELCHTAL.

C'était dans ce lieu même qu'elle avait été secrètement renfermée par ordre du gouverneur. Rudenz s'élance désespéré ; déjà nous entendions le bruit des poutres qui s'écroulaient, et les cris de détresse de l'infortunée perçaient à travers la fumée.

WALTER FURST.

A-t-elle été sauvée ?

MELCHTAL.

Il fallait de la résolution et de la promptitude ; si Rudenz n'eût été que notre seigneur, nous n'eussions pas exposé notre vie pour lui ; mais il est notre confédéré, et Berthe a toujours honoré le peuple. Ainsi nous nous sommes courageusement, au risque de nos jours, précipités dans le feu.

WALTER FURST.

A-t-elle été sauvée ?

MELCHTAL.

Oui, elle l'a été. Rudenz et moi nous l'avons emportée à travers les flammes, marchant sur des poutres qui s'abîmaient sous nos pas. Quand elle a été sauvée, et que, revenant à elle, ses yeux se sont levés au ciel, le baron s'est précipité dans mes bras, j'ai reçu ainsi son serment muet d'une alliance éternelle, à l'épreuve de tous les coups du sort, comme elle l'avait été de l'ardeur des flammes.

WALTER FURST.

Où est Landenberg ?

MELCHTAL.

Dans les montagnes de Brunig. Si celui qui a rendu mon père aveugle n'a pas été privé de la lumière, cela n'a pas dépendu de moi. Je l'ai poursuivi, je l'ai atteint dans sa fuite, et l'ai traîné aux pieds de mon père : mon épée était déjà levée sur sa tête, quand, implorant la miséricorde du pauvre vieillard aveugle, il a obtenu de lui le don de la vie : il a prêté un serment de bannissement ; il le tiendra et ne cherchera plus à revenir, car il a éprouvé la force de notre bras.

WALTER FURST.

Il est beau à vous de ne pas avoir souillé de sang la pureté de cette victoire.

LES ENFANS *traînent sur le théâtre les débris des échafauds.*

Liberté ! liberté !

La trompe d'Uri se fait entendre avec force.

WALTER FURST.

Voyez quelle fête ; elle sera gravée dans le souvenir des enfans, jusque dans leur dernière vieillesse.

Des jeunes filles portent le chapeau sur une perche. Le théâtre se remplit de peuple.

RUODI.

Voilà ce chapeau devant lequel il fallait nous courber.

BAUMGARTEN.

Eh bien ! qu'en devons-nous faire ? décidez-en.

WALTER FURST.

Dieu !... C'est sous ce chapeau qu'était placé mon petit-fils.

PLUSIEURS VOIX.

Il faut le brûler ; il faut détruire ce monument de la tyrannie.

WALTER FURST.

Non, laissez-le subsister. Il devait être un instrument de la tyrannie ; qu'il devienne un signe éternel de notre liberté.

Les habitans, hommes, femmes et enfans, se tiennent les uns debout, d'autres assis sur les débris des échafauds, et sont pittoresquement groupés en demi-cercle.

MELCHTAL.

Nous voici joyeusement placés sur les débris de la tyrannie. Confédérés, ce que nous avons juré au Rutli est maintenant accompli.

WALTER FURST.

L'entreprise est commencée, mais elle n'est point achevée ; il nous faut encore du courage et une concorde inaltérable. Soyez certains que l'empereur ne tardera pas à vouloir venger la mort de son bailli, et à rétablir ici par la force ceux que nous avons chassés.

MELCHTAL.

Eh bien, s'il conduit ici son armée, nous qui avons chassé les ennemis intérieurs, nous saurons bien repousser les ennemis du dehors.

RUODI.

On ne peut pénétrer dans cette contrée que par un petit nombre de passages, nous y ferons une barrière de nos corps.

BAUMGARTEN.

Nous sommes unis par des liens d'une alliance éternelle, et ses armées ne peuvent nous épouvanter.

Le Curé et Stauffacher arrivent.

LE CURÉ.

Quelle terrible justice du ciel !

QUELQUES HABITANS.

Qu'est-ce ?

LE CURÉ.

Dans quel temps nous vivons !

WALTER FURST.

Parlez, qu'y a-t-il ? Ah ! vous voici, seigneur Werner ! Que venez-vous nous annoncer ?

LES HABITANS.

Qu'est-ce donc ?

LE CURÉ.

Vous allez m'entendre avec surprise.

STAUFFACHER.

Nous sommes délivrés d'une grande crainte.

LE CURÉ.

L'empereur vient d'être assassiné.

WALTER FURST.

Juste Dieu !

Les habitans se pressent en tumulte autour de Stauffacher

TOUS.
Assassiné! Comment? l'empereur? Écoutons. L'empereur?...

MELCHTAL.
Cela n'est pas possible. D'où vous vient cette nouvelle?

STAUFFACHER.
Elle est certaine. C'est à Brück que l'empereur Albert est tombé sous les coups d'un assassin. Un homme digne de foi, Jean Müller, de Schaffouse, vient de l'annoncer.

WALTER FURST.
Qui a osé se porter à cette action criminelle?

STAUFFACHER.
Le nom de l'assassin la rend plus criminelle encore : il était son neveu, le fils de son frère; c'est le duc Jean de Souabe qui a commis ce meurtre.

MELCHTAL.
Et quel motif a pu le pousser à ce parricide?

STAUFFACHER.
L'empereur retenait son héritage paternel et le refusait à ses vives réclamations; on dit même qu'il avait le projet de mettre un terme aux demandes de son neveu, en le contraignant à couvrir son front de la mitre épiscopale. Quoi qu'il en soit, le jeune prince a prêté l'oreille aux conseils criminels de quelques-uns de ses compagnons d'armes; et avec les seigneurs d'Eschenbach, de Tegerfeld, de Wart et de Palm, il a résolu, puisqu'on lui refusait ses droits, de se venger de sa propre main.

WALTER FURST.
Et dites-nous comment le crime s'est consommé.

STAUFFACHER.
L'empereur cheminait de Stein à Bade, pour retourner à Rheinfeld, où est la cour; il avait avec lui les princes Jean et Léopold, et une suite nombreuse de grands seigneurs. Quand il fut arrivé à la Reuss, au lieu où il faut la traverser en bateau, les assassins s'empressèrent d'entrer les premiers dans la barque, de sorte que l'empereur se trouva séparé de sa suite; après avoir traversé la rivière, au moment où l'empereur passait dans un champ labouré, près des ruines d'une antique cité construite par les païens, en face du château d'Habsbourg, d'où est sortie sa noble race, le duc Jean l'a frappé d'un poignard dans la gorge, Rodolphe de Palm l'a percé de sa lance, et Eschenbach lui a fendu la tête; l'empereur est tombé dans son sang, assassiné par les siens et gisant sur son propre domaine. Ceux qui auraient pu le défendre voyaient de l'autre rive le crime se consommer; mais, séparés par le torrent, ils ne pouvaient que pousser des cris inutiles; une pauvre femme se trouvait seule dans chemin, et c'est elle qui a reçu le dernier soupir de l'empereur.

MELCHTAL.
Ainsi celui dont l'ambition était insatiable a fini par descendre au tombeau avant le temps.

STAUFFACHER.
Une horrible terreur s'est répandue sur tout le pays; les passages des montagnes sont gardés, chaque canton veille sur ses frontières, l'antique Zurich a fermé ses portes pour la première fois depuis trente ans, tant les meurtriers et plus encore ceux qui veulent punir le crime inspirent de crainte, car la reine de Hongrie, la fière Agnès, s'approche, armée de la proscription; elle a abjuré la douceur de son sexe, et veut venger le sang royal de son père sur toute la race des meurtriers, sur leurs serviteurs, sur leurs enfans et les enfans de leurs enfans, et même sur les pierres de leurs châteaux; elle a juré d'immoler des générations entières sur le tombeau de son père et de se baigner avec délices dans le sang.

MELCHTAL.
Sait-on où les assassins ont dirigé leur fuite?

STAUFFACHER.
Aussitôt après le crime ils ont fui par des chemins différens, et se sont séparés pour ne plus se revoir sans doute. Le duc Jean doit errer dans les montagnes.

WALTER FURST.
Ainsi leur attentat leur sera inutile. La vengeance ne rapporte aucun fruit; elle se dévore elle-même avec effroi; elle n'a d'autre joie que le meurtre, et la cruauté est le seul de ses désirs qui soit assouvi.

STAUFFACHER.
Le crime ne sera d'aucun profit aux assassins, mais nous recueillerons d'une main pure les fruits heureux de ce sanglant attentat. Nous sommes maintenant délivrés d'une grande crainte; le plus puissant ennemi de notre liberté est tombé, et l'on croit que le sceptre sera transporté de la maison de Habsbourg à une autre famille; l'Empire veut maintenir la liberté de son élection.

WALTER FURST *et* PLUSIEURS AUTRES.
En savez-vous quelque chose?

STAUFFACHER.
La plupart des suffrages se portent déjà sur le comte de Luxembourg.

WALTER FURST.
Nous avons été sages de rester fidèles à l'Empire; maintenant nous pourrons en espérer justice.

STAUFFACHER.
Le nouvel empereur aura besoin de se faire des amis dévoués, et il nous protégera contre les vengeances de l'Autriche.

Les habitans s'embrassent les uns les autres. Le Sacristain arrive avec un messager.

LE SACRISTAIN.
Voici les respectables chefs de notre pays.

LE CURÉ *et* PLUSIEURS AUTRES.
Qu'est-ce donc?

LE SACRISTAIN.
C'est un messager de l'Empire qui apporte une lettre.

TOUS *à Walter Furst.*
Ouvrez-la et lisez.

WALTER FURST.

» Aux bons habitans d'Uri, de Schwitz et d'Un-
» terwald, la reine Élisabeth souhaite salut et
» prospérité. »

QUELQUES VOIX

Que nous veut la reine? nous ne sommes pas
sous sa loi.

WALTER FURST *lit*.

« Au milieu de l'extrême douleur où la plonge
» son veuvage et la mort sanglante de son époux
» et seigneur, la reine s'est ressouvenue de l'an-
» tique fidélité et de l'amour que la Suisse lui a
» toujours montrés. »

MELCHTAL.

Du temps de son bonheur, elle n'y a jamais
songé.

LE CURÉ.

Silence, écoutez.

WALTER FURST.

« Elle se persuade que ce bon peuple ressen-
» tira une juste horreur pour ce crime et ses mi-
» sérables auteurs ; c'est pourquoi elle espère que
» les trois cantons ne prêteront aucune assistance
» aux meurtriers, et qu'au contraire ils feront
» preuve de fidélité en aidant à leur punition et
» s'efforçant de les saisir ; se souvenant de l'amour
» et de la faveur que la maison de Habsbourg a
» toujours accordés à la Suisse. »

Les habitans laissent voir des signes de malveillance.

PLUSIEURS VOIX.

L'amour et la faveur !

STAUFFACHER.

Nous avons été favorisés par Rodolphe de
Habsbourg, il est vrai ; mais son fils, en quoi
a-t-il mérité notre reconnaissance ? A-t-il ratifié
votre lettre de franchise comme avaient fait tous
les empereurs avant lui ? a-t-il rendu la justice
d'après d'équitables lois ? a-t-il accordé protection
à l'innocence opprimée ? a-t-il seulement voulu
entendre les députés que dans notre désespoir
nous lui avions envoyés ? Il n'a rien fait de tout
cela ; et aurions-nous été obligés de conquérir
nous-mêmes nos droits par notre courage, si nos
maux l'avaient touché ? De la reconnaissance pour
lui ! Il n'a pas semé pour recueillir ce fruit dans
nos vallées. Assis sur un trône élevé, il pouvait
être le père du peuple ; il a préféré donner ses
soins au seul accroissement de sa famille. Que
ceux qu'il a enrichis donnent des larmes à sa mémoire.

WALTER FURST.

Nous ne nous réjouissons pas de sa perte, et
nous ne gardons plus maintenant le souvenir de
nos maux passés ; ils sont loin de nous. Mais
venger la mort d'un souverain qui ne nous a jamais fait aucun bien, et poursuivre des hommes
qui ne nous ont fait aucun tort, cela ne nous
convient pas, et nous n'en ferons rien ; ce ne
pourrait être qu'un libre tribut d'amour, car sa
mort nous a affranchis de tout devoir ; nous n'en
avons plus aucun à acquitter envers lui.

MELCHTAL.

Que la reine exhale son chagrin par des pleurs,
que les sanglots de sa douleur accusent le ciel ;
ici vous voyez tout un peuple à genoux remercier
ce même ciel de son affranchissement : c'est par
l'amour et les bienfaits seulement qu'on peut
mériter des larmes.

Le Messager s'en va.

STAUFFACHER *au peuple*.

Où est donc Tell ? devrait-il seul nous manquer, lui le fondateur de notre liberté ? C'est lui
dont la souffrance a été la plus vive, c'est lui dont
l'action a été la plus grande. Allons, allons le
trouver dans sa demeure, et saluer notre libérateur à tous.

Ils s'en vont.

SCÈNE II.

Le vestibule de la maison de Tell. Le feu est allumé dans
le foyer. La porte d'entrée est ouverte.

HEDWIGE, WALTER et GUILLAUME.

HEDWIGE.

Votre père revient aujourd'hui ; mes enfans,
mes chers enfans, il vit ; il est libre, et tous aussi
nous sommes libres, et c'est votre père qui a affranchi son pays.

WALTER.

Et moi aussi, ma mère, j'ai eu part à tout ceci,
et mon nom ne sera pas oublié. Quand j'étais exposé à la flèche de mon père, je n'ai pas eu peur.

HEDWIGE *l'embrasse*.

Oui, tu m'as été rendu ; deux fois j'ai eu à remercier le ciel de t'avoir donné la vie, deux fois
il a récompensé par ton existence les douleurs maternelles ; elles sont finies, tu m'es rendu, je tiens
mes deux enfans, et ton père chéri revient aujourd'hui.

Un Moine se présente à la porte de la maison.

GUILLAUME.

Voyez, ma mère, voyez, un bon religieux est là
à la porte ; assurément il vient demander pour la
quête.

HEDWIGE.

Faites-le entrer, nous prendrons soin de lui ; il
verra qu'il est entré dans la maison d'un ami.

Elle entre dans l'intérieur de la maison, et revient un
moment après avec une écuelle.

GUILLAUME, *au moine*.

Entrez, brave homme, ma mère va vous apporter de quoi vous rafraîchir.

WALTER.

Venez vous reposer ; reprenez des forces pour
continuer votre route.

LE MOINE, *avec un regard effrayé et une physionomie égarée*.

Où suis-je ? dites-moi dans quelle contrée je me
trouve ici.

WALTER.

Vous êtes donc égaré, puisque vous ne le savez pas ? Vous êtes à Burglen, dans le canton d'Uri, sur la route de la vallée de Schachen.

LE MOINE à *Hedwige qui revient.*

Êtes-vous seule ? votre mari est-il à la maison ?

HEDWIGE.

Je l'attends à l'heure même. Mais qu'avez-vous ? vos regards ne semblent pas d'un heureux augure. Qui que vous soyez, vous avez soif, désaltérez-vous.

Elle lui présente l'écuelle.

LE MOINE.

Bien qu'une soif ardente m'accable, je n'y veux pas toucher que vous ne m'ayez permis auparavant...

HEDWIGE.

Ne me touchez pas, n'approchez pas de moi, demeurez éloigné ; j'entendrai vos discours.

LE MOINE.

Par ce feu qui brûle dans votre foyer hospitalier, par vos enfans chéris que je tiens embrassés...

Il veut saisir un de ses enfans.

HEDWIGE.

Homme inconnu, que voulez-vous dire ? Laissez mes enfans. Vous n'êtes pas un saint religieux, non, vous ne l'êtes point ; cet habit est un symbole de paix, et la paix ne respire point sur votre visage.

LE MOINE.

Je suis le plus malheureux des hommes.

HEDWIGE.

Le langage des infortunés s'empare du cœur ; mais vos regards ne sauraient m'attendrir.

WALTER, *s'élançant hors de la maison.*

Ma mère, voici mon père.

Il sort.

HEDWIGE.

O mon Dieu !

Elle voudrait marcher ; mais elle s'arrête toute tremblante.

GUILLAUME *sort.*

Mon père !

WALTER, *dehors.*

Vous voici de retour ?

GUILLAUME, *dehors.*

Mon père, mon père chéri !

TELL, *dehors.*

Oui, me voici. Où est votre mère ?

Ils entrent.

WALTER.

Elle est là sans pouvoir avancer, tremblante de crainte et de joie.

TELL.

O Hedwige, Hedwige ! mère de mes enfans, Dieu nous a secourus, aucun tyran ne pourra désormais nous séparer.

HEDWIGE, *le prenant dans ses bras.*

O Tell ! Tell ! que d'angoisses j'ai souffertes pour toi !

Le Moine regarde attentivement.

TELL.

Oublie-les maintenant, et ne vivons plus que pour le bonheur. Je suis de retour, ici, dans ma demeure, et je me retrouve au milieu de ce que j'aime.

GUILLAUME.

Vous n'avez pas rapporté votre arbalète, mon père ; je ne la vois pas.

TELL.

Tu ne la verras plus, je l'ai suspendue dans un lieu consacré ; elle ne me servira plus pour porter à la chasse.

HEDWIGE.

Tell ! Tell !...

Elle se retire et abandonne sa main qu'elle tenait.

TELL.

Qui peut t'effrayer encore, chère Hedwige ?

HEDWIGE.

Eh quoi ! te voici revenu près de moi ! Cette main, je puis encore la presser. Cette main..... Ah ! mon Dieu !...

TELL, *d'un ton pénétré et ferme.*

Cette main nous a sauvés et a délivré la patrie ; je puis la lever au ciel librement. (*Le Moine paraît vivement ému. Tell l'aperçoit.*) Quel est ce religieux ?

HEDWIGE.

Je l'oubliais ; parlez lui ; sa présence me cause de l'effroi.

LE MOINE *s'approche.*

Vous êtes Tell, sous la main de qui est tombé le gouverneur ?

TELL.

Oui, je le suis, et l'avouerais à toute la terre.

LE MOINE.

Vous êtes Tell ? Ah ! c'est la main de Dieu qui m'a conduit sous votre toit.

TELL *fixe les yeux sur lui.*

Vous n'êtes pas un religieux. Qui êtes-vous ?

LE MOINE.

Vous avez frappé le gouverneur, cet auteur de tous vos maux ; et moi aussi j'ai frappé un ennemi qui me ravissait mes droits. Il était votre ennemi comme le mien ; j'ai délivré de lui cette contrée.

TELL, *reculant.*

Vous êtes... Je suis saisi d'horreur ! Enfans, rentrez ; chère Hedwige, éloignez-vous. Ah ! malheureux ! vous seriez...

HEDWIGE.

Qui est-il ?

TELL.

Ne me le demande pas. Va, va ; tes enfans ne doivent pas entendre ; sors de la maison, éloigne-toi ; tu ne peux rester sous le même toit que lui.

HEDWIGE.

Ah ! quel malheur ! Qu'y a-t-il donc ? venez.

Elle sort avec ses enfans.

TELL, *au Moine.*

Vous êtes le duc d'Autriche. Oui, c'est vous, c'est vous qui avez frappé l'empereur, votre oncle et votre souverain.

JEAN LE PARRICIDE.
Il m'avait ravi mon héritage.

TELL.

Vous avez assassiné votre oncle, votre empereur, et la terre ne tremble pas sous vos pas, et le soleil ne vous refuse pas sa lumière!

JEAN LE PARRICIDE.

Tell, écoutez-moi, avant que de...

TELL.

Dégouttant du sang d'un souverain, d'un père, comment oses-tu souiller ma demeure de ta présence? comment oses-tu porter tes yeux sur un honnête homme et réclamer de lui l'hospitalité?

JEAN LE PARRICIDE.

J'espérais trouver plus de commisération chez vous, qui avez aussi exercé votre vengeance sur un ennemi.

TELL.

Malheureux! oses-tu bien comparer le crime sanglant de l'ambition avec la juste défense d'un père? Est-ce la tête chérie de ton enfant que tu as voulu sauver? est-ce la sainteté des asiles domestiques que tu as voulu protéger? as-tu cherché à prévenir la terreur et la ruine des tiens? J'élève au ciel des mains pures, et je maudis et toi et ton crime; j'ai vengé les droits sacrés de la nature, toi tu les as violés. Je n'ai rien de commun avec toi. J'ai défendu ceux qui devaient m'être chers, et toi, tu as assassiné celui que tu devais respecter.

JEAN LE PARRICIDE.

Je suis au désespoir, sans nulle consolation, et vous me repoussez?

TELL.

Mon cœur frémit alors que je te parle. Sors, poursuis ta malheureuse route, ne souille pas la cabane où habite l'innocence.

JEAN LE PARRICIDE *se retourne pour partir.*

Je ne puis plus, je ne veux plus supporter la vie.

TELL.

Et cependant je prends pitié de toi. Dieu du ciel! si jeune, issu d'une si noble race, le petit-fils de Rodolphe, de mon empereur et de mon maître, poursuivi comme meurtrier, est là sur le seuil de ma pauvre cabane, suppliant et désespéré!

Il détourne la vue.

JEAN LE PARRICIDE.

Ah! si vous êtes capable de pleurer, laissez-vous attendrir sur mon sort. Il est affreux.... Je suis un prince..... je l'étais... j'aurais pu vivre heureux si j'avais su réprimer l'impatience de mes désirs. Mais l'envie dévorait mon cœur, je voyais la jeunesse de Léopold, mon cousin, embellie par les honneurs, élevée pour la souveraineté, et moi, du même âge que lui, j'étais retenu dans une servile minorité.

TELL.

Malheureux, ton oncle n'avait-il pas raison de ne point te confier un état et des vassaux? ta rage insensée et féroce n'a-t-elle pas pris le terrible soin de justifier la prudence de ses refus? Où sont les complices sanglans de ton crime?

JEAN LE PARRICIDE.

J'ignore où les aura conduits la céleste vengeance; je ne les ai pas revus depuis ce malheureux moment.

TELL.

Sais-tu que la proscription te poursuit, qu'il est défendu d'être ton ami, qu'il est ordonné d'être ton ennemi?

JEAN LE PARRICIDE.

Aussi je m'éloigne de tous les chemins battus; je n'ose heurter à la porte d'aucune cabane; je tourne mes pas vers les déserts. Dans mon effroi, j'erre sans cesse dans ces montagnes, et quand je viens à apercevoir ma propre image dans le ruisseau, je recule épouvanté. Ah! si vous pouvez sentir quelque pitié, si l'humanité vous touche.....

Il se prosterne devant lui.

TELL, *se détournant.*

Levez-vous, levez-vous.

JEAN LE PARRICIDE.

Non, jusqu'à ce que vous m'ayez tendu une main secourable.....

TELL.

Puis-je vous secourir? Quel secours pouvez-vous recevoir d'un humble mortel? Cependant levez-vous: quelque affreuse que soit votre action, vous êtes homme, vous êtes mon semblable; jamais Tell n'a renvoyé personne sans consolation. Ce que je pourrai faire, je le ferai pour vous.

JEAN LE PARRICIDE *se relève et saisit sa main avec précipitation.*

O Tell, vous tirez mon âme du désespoir.

TELL.

Laissez ma main. Partez; vous ne pouvez demeurer ici sans être découvert; et si vous l'êtes, vous ne pouvez compter sur aucun secours. Où pensez-vous, où espérez-vous trouver du repos?

JEAN LE PARRICIDE.

Hélas! le sais-je?

TELL.

Écoutez ce que Dieu inspire à mon cœur. Partez pour l'Italie; allez dans la sainte ville de Rome; là jetez-vous aux pieds du pape; confessez-lui votre crime, et délivrez ainsi votre âme.

JEAN LE PARRICIDE.

Ne me livrera-t-il pas à la vengeance?

TELL.

Quoi qu'il ordonne, conformez-vous à la volonté de Dieu.

JEAN LE PARRICIDE.

Comment me rendre dans une terre inconnue? J'ignore les chemins; je n'oserai jamais associer mes pas à ceux d'aucun voyageur.

TELL.

Je vais vous indiquer la route; écoutez-moi attentivement: vous remonterez le cours de la Reuss, qui se précipite impétueusement des montagnes.

JEAN LE PARRICIDE, *effrayé.*

Oui, la Reuss, je la vois.... C'est sur ses bords que j'ai frappé.....

TELL.

Le chemin suit le bord de l'abîme, et l'on y distingue des croix élevées en mémoire des voyageurs que l'avalanche y a ensevelis.

JEAN LE PARRICIDE.

Si je pouvais apaiser les souffrances de mon cœur, les horreurs de la nature ne m'épouvanteraient pas.

TELL.

Jetez-vous à genoux devant chaque croix, et là expiez votre faute par les larmes d'un ardent repentir. Vous pourrez suivre heureusement ce terrible chemin, car les tourbillons du vent ne s'agitent point sur les flancs glacés de la montagne. Vous parviendrez ainsi jusqu'au pont : s'il ne s'écroule point sous vos pas criminels, si vous êtes assez heureux pour le traverser, une sombre entrée se présente dans les rochers; le jour n'y a jamais pénétré : vous la traverserez, et elle vous conduira dans une riante et paisible vallée ; vous la parcourrez d'un pas rapide, car vous n'oseriez séjourner aux lieux où le repos habite.

JEAN LE PARRICIDE.

O Rodolphe! Rodolphe, mon royal aïeul! est-ce ainsi que ton petit-fils devait quitter le sol de ton empire?

TELL.

En gravissant toujours, vous arriverez sur le sommet du Saint-Gothard, où deux lacs éternels sont alimentés par les eaux du ciel. Là vous prendrez congé de la terre allemande, et le cours rapide d'un autre torrent vous guidera jusqu'en Italie, où vous trouverez votre salut. (*On entend le ranz des vaches et le son des cornets suisses.*) J'entends du bruit. Partez.

HEDWIGE *revient.*

Tell, où êtes-vous? Mon père vient ici ; la foule heureuse de tous les confédérés s'approche.

JEAN LE PARRICIDE.

Malheur à moi ! je dois éviter le spectacle du bonheur.

TELL.

Chère épouse, donne quelque nourriture à cet homme et charge-le de provisions, car sa route est longue et il ne peut espérer aucun gîte. Fais promptement, on approche.

HEDWIGE.

Quel est-il?

TELL.

Ne le demande pas; quand il partira, détourne tes yeux, et ne remarque pas la route qu'il prendra.

Le Parricide s'approche de Tell avec une vive émotion. Tell lui fait signe de la main et sort. Après que chacun s'est éloigné d'un côté différent, la scène change.

SCÈNE III.

Le fond de la vallée où est située la maison de Tell; le coteau est couvert de paysans qui forment un groupe. D'autres arrivent en suivant un sentier qui descend des hauteurs vers le Schaken. Walter Furst et les deux enfans, Melchtal et Stauffacher s'avancent, et quelques uns se pressent autour d'eux. Lorsque Tell paraît, ils l'accueillent avec des cris de joie.

TOUS.

Vive Tell ! notre sauveur, notre libérateur !

Pendant que les uns entourent Tell et l'embrassent, Rudenz et Berthe paraissent. Rudenz embrasse les paysans, et Berthe embrasse Hedwige. La musique accompagne cette scène muette. Un moment après, Berthe s'avance au milieu du peuple.

BERTHE.

Habitans confédérés, admettez-moi dans votre éternelle alliance. Moi, qui la première ai eu le bonheur de trouver assistance sur cette terre de liberté, je confie mes droits a vos puissantes mains : voudrez-vous me protéger comme votre concitoyenne ?

LES HABITANS.

Oui, nous vous secourrons de nos biens et de notre sang.

BERTHE.

Eh bien, je donne ma main à ce jeune homme, et, libre, je vais devenir l'épouse d'un homme libre.

RUDENZ.

Et moi je déclare libres tous les vassaux de mon domaine.

La musique se fait de nouveau entendre. La toile tombe.

FIN DE GUILLAUME TELL.

L'HOMMAGE DES ARTS,

SCÈNE LYRIQUE

COMPOSÉE EN L'HONNEUR DE SON ALTESSE IMPÉRIALE LA PRINCESSE HÉRÉDITAIRE DE WEIMAR,

MARIA PAULOWNA,

Grande-Duchesse de Russie

ET REPRÉSENTÉE A WEIMAR, SUR LE THÉATRE DE LA COUR, LE 12 NOVEMBRE 1804.

PERSONNAGES.

LE PÈRE.
LA MÈRE.
LE JEUNE HOMME.
LA JEUNE FILLE.

PERSONNAGES.

CHOEUR DE PAYSANS.
LE GÉNIE.
LES ARTS.

Un paysage champêtre; au milieu est un oranger chargé de fruits et orné de rubans; des Paysans paraissent fort occupés à le planter; des jeunes Filles et des Enfans, rangés des deux côtés, le soutiennent avec des chaînes de fleurs.

LE PÈRE.

Crois, arbre couronné de fleurs et de fruits dorés; nous t'avons transplanté d'un climat étranger dans notre patrie; que tes rameaux toujours verts se courbent toujours sous le poids de tes fruits délicieux.

TOUS LES PAYSANS.

Crois, arbre couronné de fleurs; élève-toi jusqu'au ciel.

LE JEUNE HOMME.

Que tes fleurs embaumées s'assortissent avec tes fruits dorés; résiste aux tempêtes des hivers; que le cours des ans ne te porte point atteinte.

TOUS.

Résiste aux tempêtes des hivers; que le cours des ans ne te porte point atteinte.

LA MÈRE.

Reçois-le, ô terre sacrée! accueille avec faveur ce tendre rejeton d'un sol étranger! Dieu conducteur des troupeaux, Dieu puissant protecteur des prairies, prenez soin de lui.

LA JEUNE FILLE.

Prenez soin de lui, aimables Dryades; Pan, père des bergers, protégez-le, ainsi que vous, libres Oréades, préservez-le des orages, assurez-le contre les tempêtes.

TOUS.

Prenez soin de lui, aimables Dryades, Pan, père des bergers, protégez-le.

LE JEUNE HOMME.

Puisse te sourire le ciel, toujours serein et azuré, et t'environner d'une douce chaleur; que le soleil te prodigue ses rayons, que la terre te prodigue sa rosée.

TOUS.

Que le soleil te prodigue ses rayons, que la terre te prodigue sa rosée.

LE PÈRE.

Puisses-tu ranimer le voyageur et lui rendre la joie, car c'est la joie qui t'aura planté: puisse ton nectar rafraîchir encore nos derniers neveux; soulagés par ton secours, ils te béniront.

TOUS.

Puisses-tu ranimer le voyageur et lui rendre la joie, car c'est la joie qui t'aura planté.

Les garçons et les jeunes filles s'entremêlent et dansent autour de l'arbre; la musique les accompagne, et prend tout à coup un caractère plus noble, lorsqu'on aperçoit, au fond du théâtre, le Génie entouré de sept déesses. Les paysans se retirent de chaque côté du théâtre. Le Génie s'avance au milieu; l'Architecture, la Sculpture et la Peinture sont à droite; la Poésie, la Musique, la Danse et la Comédie sont à sa gauche.

CHOEUR DES ARTS.

Nous venons des contrées lointaines, nous voyageons, passant de peuple en peuple, de siècle en siècle; nous cherchons sur la terre une demeure assurée pour y habiter toujours, sur un trône paisible, dans une sécurité féconde, dans toute la force de notre pouvoir; nous suivons notre route sans y rencontrer ce que nous cherchons.

LE JEUNE HOMME.

Regardez, quelles sont ces femmes qui viennent à nous, semblables à une troupe de déesses? Jamais nous ne vîmes rien de pareil, et je suis saisi d'étonnement.

LE GÉNIE.

Quand les armes font retentir leur triste cliquetis, quand la haine et les passions insensées sont déchaînées, quand les hommes sont en proie à l'erreur, alors nous nous enfuyons d'une course rapide.

CHOEUR DES ARTS.

Nous détestons l'hypocrite et l'impie; nous cherchons les hommes d'une race généreuse; quand on nous reçoit amicalement, avec un doux accueil, alors nous construisons nos demeures et nous fixons notre séjour.

LA JEUNE FILLE.

Qu'ai-je ressenti tout-à-coup? que m'est-il arrivé? Je me sens attirée vers elles par un pouvoir mystérieux; il me semble que je reconnais ces figures élégantes, et cependant je suis assurée de ne les avoir jamais vues.

TOUS LES PAYSANS.

Qu'ai-je ressenti tout-à-coup? que m'est-il arrivé?

LE GÉNIE.

Arrêtons-nous. Je vois ici des hommes qui paraissent au comble du bonheur; cet arbre est paré de guirlandes et de rubans; tout ici témoigne la joie. Parlez, que se passe-t-il en ce lieu?

LE PÈRE.

Nous sommes les pasteurs de ce canton, et nous célébrons une fête.

LE GÉNIE.

Quelle fête? dites-le-moi.

LA MÈRE.

Nous célébrons notre reine, qui, dans sa grandeur et sa bonté, veut bien descendre de son royal palais dans notre paisible vallon.

LE JEUNE HOMME.

Elle est embellie de toutes les grâces, elle est bienfaisante comme les rayons du soleil.

LE GÉNIE.

Et pourquoi plantez-vous cet arbre?

LE JEUNE HOMME.

Hélas! elle vient d'une contrée lointaine, et les yeux se tournent avec regret vers la terre étrangère; nous voudrions enchaîner son cœur à sa nouvelle patrie.

LE GÉNIE.

Et vous plantez cet arbre dans votre sol, pour que la souveraine s'accoutume à sa nouvelle patrie?

LA JEUNE FILLE.

Hélas! tant de liens chéris la rattachent à la terre de sa jeunesse. Tout ce qu'elle y a laissé, le souvenir céleste de l'enfance, le cœur adoré d'une mère, la grande âme de son frère, les tendres caresses de ses sœurs; tout cela pourrons-nous le lui rendre? de tels plaisirs, de tels trésors ont-ils une compensation dans la nature?

LE GÉNIE.

L'amour résiste à l'éloignement; l'amour n'est point enchaîné en un seul lieu. Tel que la flamme, il ne s'éteint point parce qu'on a fourni un autre aliment à son ardeur. Ce qu'elle chérit au loin n'est point perdu pour elle. Là elle a quitté l'amour, ici elle retrouve l'amour.

LA MÈRE.

Ah! n'a-t-elle pas quitté les palais de marbre et l'éclat des salons dorés? sa grandeur pourra-t-elle se plaire dans nos vertes prairies, qui ne sont dorées que par les rayons du soleil?

LE GÉNIE.

Bergers, il ne vous a point été donné de lire dans son noble cœur. Apprenez qu'une âme élevée sait prêter à la vie toute sa grandeur, et ne la cherche point ailleurs.

LE JEUNE HOMME.

O noble voyageur! enseignez-nous à la retenir ici, à lui être agréables; nous voudrions l'entourer de nos guirlandes parfumées, et la conduire dans nos cabanes.

LE GÉNIE.

Un noble cœur s'est bientôt formé une patrie; il se crée lui-même son propre univers par sa douce influence; de même que l'arbre embrasse la terre par les replis de ses racines et s'y fixe avec force, de même ceux qui sont nobles et bons s'attachent à la vie par leurs actions. L'amour a promptement tissu de doux liens. La patrie est au lieu où l'on fait des heureux.

TOUS LES PAYSANS.

Noble voyageur, dites-nous comment nous pourrons retenir la souveraine dans notre tranquille vallée.

LE GÉNIE.

Elle y est déjà retenue par de doux liens : tout ne lui est pas étranger ici; elle reconnaîtra mes compagnes et moi, lorsque nous nous serons nommés. (*Le Génie avance jusque sur l'avant-scène, ainsi que les déesses; elles sont rangées en demi-cercle; à ce moment elles laissent voir les attributs dont elles sont chargées, et qui jusque alors avaient été cachés sous leurs draperies. Il s'adresse à la princesse.*) Je suis le Génie créateur qui préside à la beauté, et les déesses des arts m'accompagnent; c'est nous qui illustrons les ouvrages des hommes; nous embellissons les palais et les temples. Nous avons habité long-temps près de la royale famille, et l'auguste souveraine qui t'a donné le jour nous a long-temps offert les parfums du sacrifice qu'elle célébrait de ses nobles mains sur son autel domestique. C'est elle qui nous a envoyés vers toi, car le bonheur n'est jamais complet sans notre présence.

L'ARCHITECTURE; *elle porte une couronne de créneaux et tient dans sa main un navire d'or.*

Tu m'as vue régner sur les bords de la Newa; ton grand aïeul m'appela dans le Nord; je bâtis pour lui une seconde Rome, et j'en ai fait un royal séjour. Un coup de ma baguette a créé pour la grandeur et la puissance un séjour enchanté. Maintenant le bruit joyeux des fêtes retentit au lieu où naguère régnaient de sombres brouillards. Une flotte nombreuse élève ses mâts, qui épouvantent l'antique dieu de la Baltique dans son palais marin.

LA SCULPTURE; *elle porte une Victoire dans sa main.*

Souvent aussi tu m'as admirée, moi qui fais revivre les antiques dieux. Sur un rocher, où elle restera fixée à jamais, j'ai placé l'image d'un grand homme. (*Elle montre la Victoire.*) Cet emblème que j'ai créé, ton sublime frère le porte en ses puissantes mains. La Victoire vole au-devant des armes d'Alexandre; il l'a pour toujours enrôlée dans son armée. Moi, je ne puis rien créer qui ait la vie; et lui, d'un peuple sauvage il a fait un peuple civilisé.

LA PEINTURE.

Et moi, princesse, ne reconnais-tu point la déesse dont les douces illusions reproduisent la nature, qui, par un pouvoir magique, fait respirer la vie et briller les couleurs sur une toile? Je sais tromper les sens par un aimable artifice; et, grâce à moi, le cœur est abusé par les yeux lorsque j'ai imité les traits d'un objet aimé; j'ai souvent adouci les regrets d'une douleur amère; ceux qui sont séparés du nord au midi implorent mon secours et ne sont plus tout-à-fait absens.

LA POÉSIE.

Aucun lien ne m'arrête, aucune borne ne m'est prescrite. D'un libre vol je parcours tout l'espace. La pensée, tel est mon empire sans limites; la parole, tel est mon instrument rapide; tout ce qui se meut au ciel et sur la terre, tout ce que la nature enfante dans ses profondeurs secrètes, n'a pour moi ni voile ni mystère; rien ne peut restreindre les libres forces de la Poésie. Mais s'il lui faut choisir, rien ne lui semble au-dessus de la beauté des traits, manifestant la beauté de l'âme.

LA MUSIQUE; *elle tient une lyre.*

Tu connais bien le pouvoir de l'harmonie qui résonne sur les cordes de la lyre; toi-même tu excelles à la toucher; moi seule je puis exprimer par mes sons ces sentimens intimes et vagues qui remplissent le cœur. Je réjouis les sens par un doux enchantement; je répands les torrens de la mélodie; le cœur se laisse aller à une délicieuse mollesse, et l'âme semble prête à s'échapper. Par une harmonieuse progression, je t'élèverai au plus sublime sentiment du beau.

LA DANSE; *elle tient une cymbale.*

La sublime divinité se tient dans un calme auguste et se montre sous un aspect sérieux; la vie aime à se mouvoir en pleine liberté, la jeunesse veut se montrer et se réjouir. Je soumets la joie au frein de la beauté et je la retiens dans les limites de la décence; je prête aux mortels les ailes du Zéphir; je règle la mesure de leurs pas; ma baguette commande à leurs mouvemens; mais mon plus précieux don, c'est la grâce.

LA COMÉDIE; *elle tient un double masque.*

Tu vois devant toi la double face de Janus; ici se montre la joie, là se montre la douleur; l'homme flotte sans cesse du plaisir aux larmes, et le sérieux se marie à la gaieté. Je déroulerai à tes yeux la vie dans toutes ses profondeurs, avec toutes ses sublimités; quand tu auras observé le grand drame du monde, tu reviendras en toi-même avec profit; car celui qui pénètre le sens de tout l'ensemble, apprend à calmer les combats intérieurs de son âme.

LE GÉNIE.

Et nous tous, qui paraissons à tes regards, nous, les divinités sacrées des beaux arts, nous sommes prêts à te servir. O princesse! ordonne, et sur-le-champ, à ton commandement, de même qu'au son de la lyre les pierres inanimées venaient former les murs de Thèbes, tu verras se déployer devant toi tout un monde de beauté.

L'ARCHITECTURE.

Les colonnes se rangeront près des colonnes.

LA SCULPTURE.

Le marbre s'amollira sous les coups du ciseau.

LA PEINTURE.

La vie s'animera sur la toile.

LA MUSIQUE.

Tu entendras résonner d'harmonieux accens.

LA DANSE.

La danse légère entrelacera ses bandes joyeuses.

LA COMÉDIE.

Tu verras sur ce théâtre un miroir du monde.

LA POÉSIE.

L'imagination sur ses ailes rapides te ravira jusqu'au séjour céleste.

LA PEINTURE.

Et de même qu'Iris forme avec les rayons du soleil les couleurs variées de son arc éblouissant, de même nous voulons, réunissant nos efforts, entourer ta vie d'un brillant réseau tissu par les déesses, qui, au nombre sacré de sept, président à la beauté.

TOUS LES ARTS, *se tenant par la main.*

C'est par l'union puissante de leurs efforts que la vie devient noble, active, véritable.

FIN DE L'HOMMAGE DES ARTS.

LE MISANTHROPE,

FRAGMENT.

SCÈNE PREMIÈRE.
Un parc champêtre.

ANGÉLIQUE DE HUTTEN, WILHELMINE DE HUTTEN, *chanoinesse, sa tante. Elles sortent d'un bosquet; peu après vient le jardinier* BIBER.

ANGÉLIQUE.

Voulez-vous que nous attendions ici, chère tante? Vous vous établirez dans ce cabinet et vous lirez. J'enverrai le jardinier chercher mes fleurs; pendant ce temps-là neuf heures viendront, et il arrivera. Cela vous convient-il?

WILHELMINE.

Comme il vous plaira, ma chère.

Elle entre sous le berceau.

LE JARDINIER BIBER; *il apporte des fleurs.*

Ce sont les plus belles que j'aie pu avoir aujourd'hui, madame. Je n'ai plus de jacinthes.

ANGÉLIQUE.

Grand merci pour celles que vous m'apportez.

BIBER.

Vous auriez bien demain une rose, la première de tout le printemps, si vous vouliez me promettre.....

ANGÉLIQUE.

Que désirez-vous, brave Biber?

BIBER.

Voyez-vous, madame, voilà mes primevères passées, mes belles giroflées tirent à leur fin, et monsieur n'a pas encore regardé une feuille dans son jardin. L'année passée j'ai desséché ce marais qui est là-bas au nord, et j'y ai planté plus de mille pieds d'arbres. Toute cette petite plantation commence à pousser et à produire : c'est un vrai plaisir de s'y promener. Je suis là dès le soleil levant, et je me réjouis d'avance de la satisfaction que j'aurais à y conduire monsieur une fois.... Ce sera ce soir.... et encore ce soir.... et monsieur n'y regarde pas. Voyez-vous, madame, à ne vous pas mentir, cela me chagrine.

ANGÉLIQUE.

Cela viendra, certainement cela viendra. Ayez patience, brave Biber.

BIBER.

Le parc lui coûte, une année dans l'autre, deux mille bons écus, et il semble que mon travail ne serve à rien. A quoi suis-je bon, si je ne procure pas à mon maître, pour son argent, une heure de distraction? Non, madame, je ne puis manger plus long-temps le pain de mon maître, ou bien il faut qu'il me permette de lui faire voir que je n le vole point.

ANGÉLIQUE.

Paix, paix, brave homme; nous savons tous que vous gagnez votre gage et au-delà.

BIBER.

Avec votre permission, madame, vous ne pouvez point parler de cela. Que je passe mes douze heures à soigner son jardin, que je ne lui vole rien, que je maintienne le bon ordre parmi mes gens, tout cela, monsieur le paye avec de l'argent; mais que je fasse cela avec joie, parce que je le fais pour lui, que j'en rêve les nuits, que je me lève avec le soleil, c'est ce qui ne peut se payer qu'avec le contentement de mon maître. Une seule visite dans son parc serait plus pour moi que tout son Pérou. Et, voyez-vous, madame, c'est pour cela même que je vous.....

ANGÉLIQUE.

Finissons cela, je vous prie. Vous savez vous-même combien de fois, et toujours inutilement... Hélas! vous connaissez bien mon père.

BIBER, *vivement et lui prenant la main.*

Il n'est pas encore venu dans sa pépinière. Demandez-lui qu'il me permette de le conduire dans sa pépinière. Il n'est pas possible que les arbres, qui n'ont pas de sentiment, me donnent une récompense, et que les hommes me la refusent. Qui pourrait croire qu'il désespère du bonheur, au point de payer les travaux, et de ne pas vouloir de leur succès?

ANGÉLIQUE.

Je vous le promets, brave Biber. Peut-être êtes-vous plus heureux avec les plantes que mon père avec les hommes.

BIBER, *ému.*

Et il a une telle fille! (*Il veut en dire davantage, mais il s'arrête. Puis, après un moment de silence:*) Mon maître a pu éprouver beaucoup de maux par les hommes, il a pu être trompé dans son attente, dans ses sages projets; mais (*il prend la main d'Angélique avec vivacité*), mais il lui est resté une espérance. Il n'a pas éprouvé tout ce qui peut déchirer le cœur de l'homme.

Il s'éloigne.

SCÈNE II.
ANGÉLIQUE, WILHELMINE.

WILHELMINE, *se levant et le suivant des yeux.*
Singulier homme! lorsqu'on touche cette corde, cela lui va toujours au cœur. Il y a quelque chose d'incompréhensible dans son sort.

ANGÉLIQUE, *inquiète et regardant à l'entour.*
Il est bien tard : jamais il ne s'est fait aussi long-temps attendre! Rosenberg.....

WILHELMINE.
Il ne tardera pas. Que d'anxiété encore et d'impatience!

ANGÉLIQUE.
Et cette fois ce n'est pas sans motif, chère tante ; cela peut-il être autrement? J'ai vu ce jour approcher avec angoisses.

WILHELMINE.
N'attends pas trop d'un seul jour.

ANGÉLIQUE.
S'il allait lui déplaire! si leurs caractères se repoussaient mutuellement! Comment puis-je espérer qu'il sera la première exception à la règle commune? Si leurs caractères allaient se repousser! Cette amertume maladive de mon père, et la fierté de Rosenberg facilement irritable! cette mélancolie, et la gaieté douce et spirituelle de Rosenberg! ah! quel jeu funeste de la nature! et qui me garantit que, se hâtant de l'apprécier sur cette première épreuve, il ne lui interdira même pas une seconde visite?

WILHELMINE.
Cela est possible, ma chère; cependant votre cœur encore hier ne vous disait rien de tout cela.

ANGÉLIQUE.
Hier? Tant que je n'ai vu que lui, tant que je n'ai pensé qu'à lui, je ne réfléchissais à rien de plus; je parlais alors comme une jeune fille légère et aimante; maintenant l'idée de mon père saisit mon imagination, et mes espérances s'évanouissent. Pourquoi cet aimable songe n'a-t-il pu se prolonger? pourquoi a-t-il fallu jouer tout le bonheur de ma vie sur une terrible et unique chance?

WILHELMINE.
Tes craintes te font tout oublier, Angélique. Depuis le jour où Rosenberg te fit connaître son amour, où pour toi il rompit tous les liens qui l'attachaient à la cour et aux plaisirs de la capitale, où il s'est volontairement confiné dans la triste solitude de ses terres pour vivre près de toi ; depuis ce jour, la pensée de ton père n'a-t-elle pas empoisonné ton repos? n'est-ce pas toi qui as voulu faire cesser le mystère de cette liaison ? n'est-ce pas toi qui l'as poursuivi de tes prières et de tes sollicitations continuelles jusqu'à ce qu'il t'ait promis, assez à contre-cœur, de rechercher la faveur de ton père? Mon père, disais-tu, ne tient plus que par un seul lien aux hommes ; le monde sera à jamais perdu pour lui, s'il vient à découvrir que sa fille aussi l'a trompé.

ANGÉLIQUE, *avec émotion.*
Jamais, jamais! Rappelez-le-moi, chère tante. Je me sens plus ferme, plus résolue; tout le monde l'a trompé, mais sa fille sera sincère. Je ne veux pas me permettre une espérance qu'il faudrait cacher à mon père. Que ne dois-je pas à sa bonté? il m'a tout donné. Lui qui est mort à toutes les joies de la vie, que ne m'a-t-il pas fait pour m'en entourer? C'est pour mon plaisir qu'il a fait de ce lieu un paradis et que tous les arts ont rivalisé pour charmer le cœur de son Angélique et ennoblir son esprit. Je suis la reine de ce domaine. Il a remis à mes mains les soins pieux de la bienfaisance, dont son cœur blessé ne peut s'acquitter ; il m'a laissé le doux pouvoir de rechercher l'indigence honteuse, de sécher les larmes cachées, et d'ouvrir un asile dans nos tranquilles montagnes à la misère vagabonde. Et pour tout cela, Wilhelmine, il ne m'impose que l'obligation facile de me priver d'un monde qui le repousse.

WILHELMINE.
Et n'as-tu jamais transgressé cette obligation facile?

ANGÉLIQUE.
J'ai cessé de lui obéir. Mes désirs se sont portés au-delà de cette enceinte ; je me le reproche, mais je ne puis revenir sur mes pas.

WILHELMINE.
Avant que la chasse attirât Rosenberg dans ces forêts, n'étais-tu pas plus heureuse?

ANGÉLIQUE.
Heureuse comme dans le ciel ; cependant je ne puis revenir sur mes pas.

WILHELMINE.
Ainsi tout a changé à la fois. Cette société intime avec la nature si belle n'est plus rien pour toi?

ANGÉLIQUE.
La nature est la même, mais non pas mon cœur; j'ai essayé de la vie, et maintenant ce qui est inanimé ne peut plus me satisfaire. Oh! combien maintenant tout est changé autour de moi! autour de moi il a fait varier toutes mes impressions. Le soleil qui s'élève n'est plus pour moi qu'un signe qui indique l'heure de son arrivée! c'est son nom que me fait entendre le murmure de la fontaine ; c'est sa douce haleine que mes fleurs exhalent de leur calice. Ne me regardez pas si sévèrement, ma chère tante ; est-ce ma faute, si le premier homme que j'ai rencontré hors de cette enceinte a justement été Rosenberg?

WILHELMINE *la regarde avec émotion.*
Aimable et malheureuse enfant .. et toi aussi!... Je n'ai rien à me reprocher, je n'ai pu empêcher cela. Ne m'accuse pas, Angélique, si tu n'as pu échapper à ta destinée.

ANGÉLIQUE.
C'est ce que vous me dites toujours, chère tante; je ne vous comprends pas.

WILHELMINE.
On ouvre la grille du parc!
ANGÉLIQUE.
Je reconnais les aboiemens de sa Diane; il arrive; c'est Rosenberg!

Elle va à sa rencontre.

SCÈNE III.
ANGÉLIQUE, WILHELMINE, ROSENBERG.

. . . .
. . . .

Fin de la scène.

ANGÉLIQUE.
Hélas! Rosenberg, qu'avez-vous fait? Vous avez eu grand tort.

ROSENBERG.
Ne craignez rien, chère amie. Vous vouliez que nous fissions connaissance l'un avec l'autre, vous désiriez que je parvinsse à l'intéresser.

ANGÉLIQUE.
Eh quoi! ne résultera-t-il pas de cela que vous l'indisposerez contre vous?

ROSENBERG.
Pour le moment cela ne peut être autrement. Vous m'avez raconté vous-même combien de tentatives avaient déjà échoué contre la disposition maladive de son esprit. Tous ces avocats de l'humanité, solennels et sans mission, lui ont seulement fait sentir toute sa supériorité, et n'ont pas su résister à l'éloquence spécieuse de son chagrin. Que nous autres humains doutions de la justice de sa haine, cela lui est fort indifférent; mais il ne souffrirait jamais patiemment que nous en tinssions peu de compte. Son orgueil ne se ferait pas à un tel dédain. Il trouverait peut-être que ce n'est pas la peine de nous combattre, mais il est bien résolu à nous humilier; cela l'engagera en conversation, c'est tout ce que nous pouvons désirer d'abord.

ANGÉLIQUE.
Vous prenez cela trop légèrement, cher Rosenberg; vous vous risquez à jouer avec mon père. Ah! que cela me fait peur!

ROSENBERG.
Ne craignez rien, mon Angélique, je combats pour la vérité et pour l'amour; sa cause est aussi mauvaise que la mienne est bonne.

WILHELMINE, *qui pendant tout le temps a semblé prendre peu de part à la conversation.*
Êtes-vous bien sûr de cela, monsieur de Rosenberg?

ROSENBERG *se retourne vivement vers elle, et après un court instant de silence, il répond d'un ton sérieux:*
Je pense que je le suis, madame.

WILHELMINE.
En ce cas, mon pauvre frère est bien malheureux. Certes, ce n'est pas de son gré qu'il est devenu le plus infortuné des hommes, et il l'est; et cela me semble quelque chose de bien léger que de prononcer ainsi son arrêt.

ANGÉLIQUE.
Ne nous hâtons pas trop de juger, Rosenberg; nous ne savons que bien peu de chose des circonstances de sa vie.

ROSENBERG.
Je leur accorderai toute ma pitié, chère Angélique, mais elles ne peuvent être prises en considération comme excuse d'une haine réelle contre les hommes. (*A la Chanoinesse.*) Ce n'est pas de son gré, dites-vous, qu'il est devenu le plus infortuné des hommes? Pouvez-vous justifier un homme qui accomplit sur lui-même le malheur qu'un destin cruel lui avait encore épargné? N'est-il pas tel que l'insensé qui rejetterait loin de lui l'unique vêtement que des brigands lui auraient laissé en le dépouillant? Sachez bien qu'il n'existe pas, entre le ciel et la terre, d'homme plus misérable qu'un misanthrope.

WILHELMINE.
Si, dans l'aveuglement de sa douleur, il prend du poison pour y trouver un soulagement, que vous importe, à vous autres heureux? Quant à moi, je ne pourrais pas abandonner durement le pauvre aveugle à qui je ne puis rendre la vue.

ROSENBERG, *avec chaleur et vivacité.*
Non, certes, non! Mais mon âme se révolte contre l'ingrat qui ferme volontairement les yeux, et maudit l'auteur de la lumière. Ce qu'il peut avoir souffert n'est-il pas plus que compensé par le bonheur d'avoir une telle fille? Peut-il bien maudire la race humaine, quand chaque jour, à chaque heure, il en a une telle image devant les yeux? Misanthrope! ennemi des hommes! il n'y en a pas! non, je le jure! il n'y en a pas! Croyez-moi, madame de Hutten, il n'y a de misanthrope dans la nature que celui qui s'adore lui-même ou qui se méprise.

ANGÉLIQUE.
Partez, Rosenberg, partez, je vous en conjure; vous ne pourriez paraître devant mon père dans une telle disposition d'esprit.

ROSENBERG
Je vous remercie de m'en avertir, Angélique. Nous avons entamé une conversation qui m'entraîne toujours à une grande vivacité d'opinion. —Pardon, madame. — Je ne voudrais pas courir le risque d'être inconsidéré le jour où je dois faire connaissance avec le père de mon Angélique. Parlons d'autre chose. Pour braver son regard sévère, il faut que je sois encouragé par une expression douce du visage de sa fille; sans cela, oserais-je combattre pour mon amour, contre son père?— Tout le village était orné comme pour un jour de fête, quand j'y ai passé.—Pourquoi ces apprêts?

ANGÉLIQUE.
C'est pour célébrer le jour de la naissance de mon père.

SCÈNE IV.

JULIE, *femme de chambre d'Angélique*; LES PRÉCÉDENS.

JULIE.

C'est monsieur qui m'envoie, mademoiselle; il veut vous parler ce matin. — Vous aussi, monsieur de Rosenberg, il veut vous parler.

ANGÉLIQUE.

A nous deux! nous deux à la fois? Rosenberg, nous deux! qu'est-ce que cela signifie?

JULIE.

A la fois? non, je n'ai point dit cela.

ROSENBERG, *à Angélique, en s'en allant.*

Je vous laisse passer la première, mademoiselle; j'obtiendrai un accueil plus doux, venant après vous.

ANGÉLIQUE, *avec anxiété.*

Vous m'abandonnez, Rosenberg? où allez-vous? J'avais encore quelque chose d'essentiel à vous demander.

Rosenberg la prend à part; Wilhelmine et Julie se retirent.

JULIE.

Venez, mademoiselle, voir les apprêts de la fête.

ANGÉLIQUE.

Voilà une matinée décisive et terrible pour nous, Rosenberg. Ce peut être une séparation, une séparation éternelle! Êtes-vous donc préparé, êtes-vous donc affermi contre tout ce qui peut arriver? A quoi êtes-vous résolu, si vous déplaisez à mon père?

ROSENBERG.

e suis résolu à ne pas lui déplaire.

ANGÉLIQUE.

Si jamais je vous fus chère, plus de ce ton léger pour aujourd'hui, Rosenberg. Comment tournera la chance? cela ne dépend pas de vous; nous pouvons nous attendre au plus grand chagrin comme au plus grand bonheur. Je ne pourrai plus vous revoir, si vous ne vous séparez pas amicalement l'un de l'autre. Qu'avez-vous résolu de faire, s'il ne vous accorde pas sa bienveillance?

ROSENBERG.

Je saurai la conquérir, cher amour.

ANGÉLIQUE.

Ah! combien peu vous connaissez celui que vous allez aborder avec tant d'imprévoyance! Vous vous attendez à un homme que les larmes peuvent émouvoir, parce qu'il peut pleurer; vous espérez que la tendre voix de votre cœur retentira dans le sien. Hélas! la corde est brisée, et l'on n'en pourra jamais tirer aucun son. Toutes vos armes s'émousseront; tous vos assauts seront repoussés. Rosenberg, encore une fois, qu'avez-vous résolu si vous lui déplaisez?

ROSENBERG *lui prend la main d'un air calme.*

Tout cela ne sera point, non assurément. Rassure ton cœur, craintive amie. Ma résolution est prise, ton père est le but que je dois atteindre, et je me suis déterminé à ne point l'abandonner que je n'aie réussi.

Ils sortent.

SCÈNE V.

Un salon.

HUTTEN, *sortant de son cabinet*; ABEL, *son maître d'hôtel, le suit avec un livre de comptes.*

ABEL, *lisant.*

Avance faite par monseigneur à la commune, après la grande inondation de 1784, deux mille neuf cents écus.

HUTTEN. *Il s'est assis, et parcourt quelques papiers qui sont sur la table.*

Le dommage est réparé, il ne faut pas que l'homme souffre plus que la terre. Rayez cet article; je ne veux plus en entendre parler.

ABEL *le raye sur le compte en secouant la tête.*

Comme vous voudrez. Il reste encore à calculer les intérêts pendant six ans et demi.

HUTTEN.

Les intérêts! — homme?

ABEL.

A la bonne heure, monseigneur. Il faut de l'ordre dans les comptes d'un régisseur.

Il veut continuer à lire.

HUTTEN.

Le reste pour une autre fois. Appelle mon piqueur, je veux aller donner à manger à mes chiens.

ABEL.

Le métayer de Holzhoff aurait bien envie de votre jument polonaise, qui l'autre jour s'est cabrée sous monseigneur. On devrait bien lui donner cette bête, dit le palefrenier, avant qu'il arrive un second accident.

HUTTEN.

Et faut-il que ce noble animal s'en aille finir à la charrue, parce qu'une fois en dix ans j'ai eu à m'en plaindre. Je ne me suis jamais attaché à personne qui ne m'ait payé d'ingratitude. Je ne monterai jamais ce cheval. (*Abel prend son livre de comptes, et veut sortir.*) Il y a eu dans la caisse un déficit considérable, et le receveur a disparu, n'est-ce pas?

ABEL.

Oui, jeudi dernier.

HUTTEN *se lève.*

J'en suis bien aise; j'en suis charmé! Ce receveur en est enfin venu à être un fripon. Il m'avait servi onze ans sans reproches; notez cela, Abel. En savez-vous quelque chose de plus?

ABEL.

Vous faites tort à cet homme, monseigneur:

il a fait une malheureuse chute de cheval, et on l'a rapporté ce matin, le bras cassé. Les quittances se sont retrouvées sous d'autres papiers.

HUTTEN, *vivement*.

Et ce n'était pas un fripon? Pourquoi m'avez-vous raconté des mensonges?

ABEL.

Monseigneur, il faut toujours croire le pire sur son prochain.

HUTTEN, *après un moment de sombre réflexion*.

Il était probable en effet que c'était un fripon, et qu'il avait touché le montant des quittances.

ABEL.

C'était bien mon idée, monseigneur; le signalement était donné, et les poursuites commencées avaient déjà beaucoup coûté : il est malheureux que ce soit de l'argent perdu.

HUTTEN, *après l'avoir regardé long-temps avec surprise*.

Brave homme! tu es un vrai trésor pour moi. Nous ne nous séparerons jamais!

ABEL.

Qu'à Dieu ne plaise, et si de certaines gens m'ont fait de grandes promesses...

HUTTEN.

Certaines gens? comment?

ABEL.

Oui, monseigneur, et je ne sais pas pourquoi j'en garderais le secret. Le vieux comte...

HUTTEN.

Se donne-t-il encore du mouvement? eh bien?

ABEL.

Il m'a offert de me donner deux cents pistoles et de doubler mes appointemens pour le reste de mes jours, si je voulais lui livrer sa petite-fille, mademoiselle Angélique.

HUTTEN *se lève tout-à-coup et se promène dans la chambre; ensuite il se rassied*.

Et vous avez refusé cette offre?

ABEL.

Oui, par mon âme, c'est ce que j'ai fait.

HUTTEN.

Deux cents pistoles et vos appointemens doublés? Y avez-vous pensé? avez-vous bien considéré?

ABEL.

Mûrement considéré, monseigneur, et très-rondement refusé! La trahison ne prospère jamais : je veux vivre et mourir près de vous, monseigneur.

HUTTEN, *froidement et avec sécheresse*.

J'ai peur que nous ne puissions nous arranger ensemble. (*On entend de loin une musique joyeuse et champêtre, mêlée du bruit des voix. Ces sons se rapprochent peu à peu du château.*) Tout ce bruit me déplaît; passons dans une autre pièce.

ABEL, *qui s'est avancé sur le balcon, revient un moment après*.

Monseigneur, c'est tout le village qui vient : ils sont parés de leurs habits du dimanche, ils ont leur musique, et les voilà sous le château. Monseigneur, ils vous demandent; avancez sur le balcon, et montrez-vous à vos fidèles vassaux.

HUTTEN.

Que veulent-ils de moi? qu'apportent-ils?

ABEL.

Monseigneur oublie...

HUTTEN.

Quoi?

ABEL.

Ils ne viennent pas cette fois comme l'an dernier.

HUTTEN *se lève avec vivacité*.

Allons, allons, je ne veux pas en savoir davantage.

ABEL.

Je l'ai déjà dit à monseigneur, ils viennent de l'église, et Dieu, dans le ciel, a bien voulu les écouter.

HUTTEN.

Il écoute aussi les aboiemens du chien et les faux sermens que profère la bouche de l'hypocrite, et lui seul sait pourquoi il les a mis au monde. (*Pendant ce temps la foule entre.*) O ciel! qui a arrangé cela?

Il veut se retirer dans son cabinet. Plusieurs villageois l'arrêtent, et le retiennent par ses vêtemens.

~~~~~~~~~~~~~~~~~~~~~~~~~~~~~~~~~~~~~~~

SCÈNE VI.

LES PRÉCÉDENS. LES VASSAUX *et* LES SERVITEURS *de Hutten, bourgeois ou paysans. Ils lui apportent des présens. De* JEUNES FILLES *et des* FEMMES *tenant des enfans sur les bras ou par la main. Tous sont habillés simplement, mais avec soin.*

L'INTENDANT.

Entrez ici, pères, mères, enfans; ne craignez rien. Il ne refusera point le vieillard, il ne refusera point nos enfans.

QUELQUES JEUNES FILLES *qui se sont approchées de lui*.

Monseigneur, vos vassaux reconnaissans vous offrent ces faibles dons. C'est de vous qu'ils tiennent tout.

DEUX AUTRES JEUNES FILLES.

Nous avons tissu pour vous cette guirlande de fleurs. Vous avez rompu pour nous les chaînes du servage.

UNE TROISIÈME ET UNE QUATRIÈME JEUNE FILLE.

Et nous répandons ces fleurs devant vous, car vous avez changé notre demeure sauvage en paradis.

LA PREMIÈRE ET LA SECONDE JEUNE FILLE.

Pourquoi détournez-vous les yeux, notre bon et cher seigneur? Regardez-nous, parlez-nous; qu'avons-nous fait pour que vous repoussiez nos actions de grâce?

Long silence.

HUTTEN, *sans les regarder et fixant les yeux en terre.*

Donnez-leur de l'argent, Ahel, de l'argent tant qu'ils voudront. N'épargnez pas ma bourse; vous voyez bien que ces bonnes gens attendent leur salaire.

UN VIEILLARD, *sortant de la foule.*

Nous n'avons point mérité cela, monseigneur; nous ne sommes pas des mercenaires.

QUELQUES AUTRES.

Nous ne voulons qu'un mot de bienveillance et un regard de bonté.

UN QUATRIÈME.

Nous avons reçu des bienfaits de votre main; nous venons vous en remercier. Nous sommes des hommes.

D'AUTRES.

Nous sommes des hommes, et nous n'avons point mérité cela.

HUTTEN.

Ne prenez point ce nom, et vous n'en serez que mieux venus de moi. — Vous êtes offensés que je vous offre de l'argent. Vous êtes venus, dites-vous, pour me remercier; et de quoi pouvez-vous me remercier, si ce n'est de l'argent? Je ne sache pas que j'aie donné mieux que cela à aucun de vous autres. Il est vrai qu'avant que j'eusse pris possession de ce comté, vous vous débattiez contre la misère, et qu'un homme sans pitié vous accablait de tous les fardeaux du servage. Votre personne n'était point à vous; vous regardiez d'un œil désintéressé verdir vos champs et vos moissons se dorer. Le père s'interdisait tout mouvement de joie quand il lui naissait un fils. J'ai rompu vos chaînes; j'ai rendu le fils au père et les moissons au laboureur. La bénédiction est descendue sur votre sol depuis que la charrue est dirigée par la liberté et l'espérance. Il n'y a pas un de vous qui ne tue son bœuf dans l'année; vous couchez dans de bonnes maisons; vous avez le nécessaire, et il vous reste même de quoi vous divertir. (*Pendant ce temps-là, il s'anime et se tourne vers eux.*) Je vois la santé dans vos yeux et l'aisance dans vos vêtemens: qu'y a-t-il de plus à désirer? je vous ai rendus heureux.

UN VIEILLARD, *du milieu de la foule.*

Non, monseigneur, l'argent et le bien-être sont vos moindres bienfaits. Votre prédécesseur nous regardait à l'égal de la glèbe de nos guérets. Vous avez fait de nous des hommes.

UN SECOND.

Vous nous avez fait bâtir une église et donné de l'éducation à nos enfans.

UN TROISIÈME.

Vous nous avez donné de bonnes lois et des juges consciencieux.

UN QUATRIÈME.

Nous vous remercions de ce que nous vivons en hommes, de ce que nous pouvons jouir de la vie.

HUTTEN, *enfoncé dans ses réflexions.*

Oui, oui, le sol était bon et il recevait la douce influence du soleil, quand l'arbuste rampant ne s'élevait pas au niveau de l'arbre. Ce n'est pas ma faute si vous en restez au point où je vous ai mis; votre propre aveu prononce votre sentence. Cette satisfaction me prouve qu'avec vous ma peine est perdue. S'il manquait quelque chose à votre bonheur, pour la première fois vous auriez acquis des droits à mon estime. (*Il se détourne.*) Devenez ce que vous pourrez, je n'en suivrai pas moins ma route.

UN HOMME, *dans la foule.*

Vous nous avez donné tout ce qui peut nous rendre heureux; accordez-nous encore votre amour.

HUTTEN, *d'un air sombre et sérieux,*

Malheur à toi, qui m'as rappelé combien j'ai souvent prodigué follement ce trésor! Il n'y a parmi vous personne dont l'aspect puisse m'entraîner dans une rechute. — Mon amour! — Échauffe-toi aux rayons du soleil, remercie le hasard qui a dirigé sur ta récolte leur favorable influence, mais n'aspire point, dans tes désirs insensés, à te plonger à leur source brûlante. Il serait triste, et pour lui et pour toi, que pour t'éclairer il fût obligé, dans sa course rapide, de tenir compte de ta reconnaissance. Obéissant aux règles éternelles, il verse le torrent de ses rayons, indifféremment sur l'insecte qui se réjouit à sa lumière, et sur toi qui la souilles par tes vices. Et que vous importe mon amour? ce n'est pas de lui que vous avez tenu votre bonheur, et je n'ai pas droit au vôtre.

LE VIEILLARD.

Oh! cela nous afflige, mon cher seigneur, que nous jouissions de tout, hormis du plaisir de la reconnaissance.

HUTTEN.

Laissez-moi. J'abhorre la reconnaissance présentée par des mains si profanes! Commencez par purifier vos lèvres de la calomnie, vos mains de l'avidité, vos yeux de la honteuse envie; chassez de votre cœur la méchanceté, jetez le masque du mensonge, que vos mains coupables déposent la balance du juge. Et croyez-vous que cette comédie de votre prétendue union m'empêche de démêler l'envieuse discorde qui rompt entre vous les liens les plus sacrés de la vie? Ne sais-je pas bien que chacun, parmi cette foule, voudrait paraître devant moi le plus digne d'être distingué? Mon œil vous observe sans qu'il y paraisse, et vos vices confirment la justice de ma haine. (*Au vieillard.*) Tu prétends sans doute obtenir de moi du respect, parce que l'âge a blanchi tes cheveux, parce que le fardeau d'une longue vie a courbé tes épaules? J'en suis d'autant plus certain que tu n'accompliras pas mon espérance. Te voilà maintenant descendu du sommet de la vie, les mains vides, et ce que tu n'as pu atteindre dans toute ta force virile, crois-tu pouvoir y parvenir en te traînant sur tes béquilles? (*Il montre les enfans.*) Votre espoir serait-il que l'aspect de ces innocens vermisseaux parlât en mon cœur? Ah! ils seront tous pareils à leurs pères; vous modèlerez leur innocence d'après votre propre image, vous les conduirez tous au même but qu'a eu votre existence. Pourquoi êtes-vous venus ici ? Je ne puis (pourquoi êtes-vous venus m'arracher cet aveu?) je ne puis vous parler avec bienveillance.

Il sort.

SCÈNE VII.

Un site solitaire du parc, resserré de toutes parts, et d'un caractère frappant, quoiqu'un peu triste.

HUTTEN *entre, se parlant à lui-même.*

Ah ! si vous étiez dignes de ce nom qui est sacré pour moi ! Homme, être majestueux et sublime, la plus belle pensée du Créateur ! combien tu es sorti riche de sa main ! que d'harmonie régnait dans ton âme, avant que les passions en eussent brisé les cordes harmonieuses !

Tout ce qui existe autour de toi, au-dessus de toi, tend sans cesse vers la beauté et la perfection. Toi seul, tu demeures imparfait et difforme au milieu de cet ensemble accompli. Loin de tous les regards, loin de toute admiration, la perle dans le muet coquillage, le cristal au sein de la montagne, aspirent à une éclatante beauté! Partout où pénètre ton œil, l'harmonieuse industrie de tous les êtres travaille à manifester des forces mystérieuses. Tous les enfans de la nature, pleins de reconnaissance, rapportent à leur heureuse mère les fruits qu'ils ont fait mûrir; partout où elle a semé, elle recueille des moissons. Toi seul, son fils le mieux doté, le plus chéri, tu fais exception : ce qu'elle t'a donné, elle ne le retrouve plus ; elle ne peut plus reconnaître sa beauté ainsi défigurée.

Marche vers la perfection. D'innombrables harmonies reposent en toi, et il suffit de la volonté pour les réveiller. Ton œil ne brille-t-il pas d'un pur rayon de lumière, quand la joie embrase ton cœur ? Tes traits ne s'animent-ils pas, quand un doux sentiment pénètre en ton sein? Peux-tu endurer que ce qui est vulgaire et passager opprime en toi ce qui est noble et immortel ?

Tout ce qui t'environne est destiné au bonheur, tous les êtres s'y empressent, c'est le but de tout ce qui est beau ; et tes désirs indomptés s'efforcent contre cette bienveillance, et tu troubles violemment les bienfaisans projets de la nature. Elle t'a entouré avec amour de mille moyens de vie, et tu sais en extraire la mort. Ta haine forge le glaive avec le fer secourable ; ton avarice charge de crimes et de malédictions l'or innocent; ton intempérance change en poison la douce chaleur du vin. La nature dans sa perfection sert aussi involontairement tes vices, mais tes vices ne peuvent la corrompre. L'instrument dont tu abuses demeure pur en servant à un impur usage ; tu le détournes de sa destination mais il ne cesse pas de t'obéir ni de te servir. Sois humain ou sois barbare, ton cœur, docile à ta haine comme à ta pitié, ne cessera point de battre merveilleusement dans ta poitrine.

Enseigne-moi ta tranquille égalité, ton éternelle satisfaction, ô nature ! Comme toi, je suis demeuré fidèle au culte de ce qui est beau ; fais que j'apprenne de toi à supporter d'être trompé dans mes désirs de bonheur ; mais fais en même temps que je conserve une volonté pure, que je ne tombe pas dans un triste découragement ; fais-moi partager ton heureux aveuglement ; que ton calme silencieux me cache le monde et la réalité qu'il enferme. L'orbe éclatant de la lune éprouve-t-il quelque émotion lorsqu'il voit le meurtrier dont il éclaire la fuite ? Ce cœur aimant se réfugie vers toi ; place-toi entre les hommes et mon humanité. Ici, où leur main cruelle ne m'atteint pas, où la funeste vérité ne dissipe point le charme de mes songes; ici, où je vis séparé de la race humaine, laisse-moi acquitter entre les mains maternelles, en présence de l'éternelle beauté, les devoirs sacrés de l'existence.

Il regarde autour de lui.) Tranquilles végétaux, je démêle dans vos muettes merveilles l'action de la Divinité; votre perfection qui s'ignore élève mon esprit curieux jusqu'aux plus sublimes réflexions ; l'image d'un Dieu rayonne pour moi à travers votre silencieuse apparence. L'homme trouble à mes yeux le cristal d'une eau transparente. Dès que l'homme paraît, la Divinité est cachée pour moi.

Il veut se retirer. Angélique se présente devant lui.

SCÈNE VIII.

HUTTEN, ANGÉLIQUE.

ANGÉLIQUE *veut se retirer.*

C'est par votre ordre, mon père.... Cependant si je trouble votre solitude...

HUTTEN, *qui depuis un moment semblait l'attendre et la chercher des yeux, lui dit avec un ton de reproche fort doux.*

Tu n'as pas bien agi avec moi, Angélique.

ANGÉLIQUE, *troublée.*

Mon père !

HUTTEN.

Tu savais cette surprise; avoue-le. Tu l'avais toi-même arrangée ?

ANGÉLIQUE.

Je ne puis le nier, mon père.

HUTTEN.

Ils m'ont quitté fort affligés, aucun ne m'a compris. Vois si tu en as bien agi avec moi.

ANGÉLIQUE.

Mon intention mérite grâce.

HUTTEN.

Tu t'es affligée avec ces braves gens. Dis-moi

la vérité : ton cœur leur est favorable ; je te pénètre bien, tu blâmes mon chagrin?
ANGÉLIQUE.
Je le respecte, mais j'en gémis.
HUTTEN.
Tes larmes me donnent à penser, Angélique; tu hésites entre le monde et ton père. Il te faudra choisir, ma fille, entre deux partis qui ne sont pas conciliables ; il te faudra ou abandonner entièrement l'un, ou lui obéir entièrement. Sois sincère, tu blâmes mon chagrin?
ANGÉLIQUE.
Je crois qu'il est juste.
HUTTEN.
Le crois-tu ? réellement le crois-tu ? Écoute, Angélique, je mettrai ta sincérité à une épreuve décisive; si tu balances, je n'ai plus de fille. Assieds-toi près de moi.
ANGÉLIQUE.
Ce ton sérieux et solennel...
HUTTEN.
Je t'ai fait appeler ; je voulais te faire une prière; cependant je réfléchis que je puis encore la différer d'un an.
ANGÉLIQUE.
Une prière à votre fille! et vous hésitez à la dire ?
HUTTEN.
Ce jour m'a donné un sérieux avertissement. Aujourd'hui j'ai cinquante ans. Un destin cruel a avancé ma vie, et il peut arriver qu'un beau matin, sans l'avoir espéré et sans avoir auparavant... (*Il se lève.*) Ah! si tu veux pleurer, alors tu ne pourras point m'entendre.
ANGÉLIQUE.
Oh! finissez ce discours, mon père ; il me déchire le cœur.
HUTTEN.
Je ne veux pas être surpris avant que nous ayons pris nos arrangemens ensemble. Oui, je le sens, je tiens encore au monde. Le mendiant se sépare de sa misère aussi difficilement que le roi de son trône. Tu es tout ce que je laisse après moi... (*un moment de silence*) mes derniers regards s'arrêtent sur toi avec douleur ; je pars et je te laisse placée entre deux abîmes. Ou tu pleureras, ou il faudra pleurer sur toi, ma fille. Jusqu'ici j'ai voulu te soustraire à ce douloureux choix. Tu vois la vie avec des yeux sereins, le monde se montre riant devant toi.
ANGÉLIQUE.
O mon père! puissent vos yeux devenir sereins aussi! Oui, le monde est beau.
HUTTEN.
Par le reflet de ton âme noble et pure. Et moi aussi j'ai connu quelques momens de bonheur. Tu conserveras cet heureux aspect du monde tant que tu pourras te garder de lever le voile qui te cache la réalité, tant que tu vivras loin des hommes, tant que tu ne chercheras de satisfaction que dans ton propre cœur.

ANGÉLIQUE.
Ou quand j'aurai trouvé celui qui sera en harmonie avec le mien.
HUTTEN, *avec vivacité et sérieux*.
Tu ne le trouveras jamais ; mais préserve-toi du malheureux espoir de le trouver. (*Il se tait et paraît un moment absorbé dans ses réflexions.*) Angélique, notre âme se crée souvent une image noble et ravissante, une image empruntée à un monde plus sublime, et revêtue de formes charmantes; parfois la nature en se jouant nous en présente une imitation dans le lointain, et il arrive que notre cœur abusé le confond avec l'idéal qu'il s'est formé. Tel a été, Angélique, le sort de ton père ; souvent j'ai cru voir briller sur un visage humain les traits célestes de ce fantôme de mon imagination ; ivre de joie, j'ai tendu les bras, et la trompeuse apparence a fui de mes embrassemens.
ANGÉLIQUE.
Cependant, mon père...
HUTTEN, *l'interrompant*.
Le monde ne peut rien t'offrir que ce qu'il tient déjà de toi. Tu te réjouis de voir ton image dans une eau transparente, et si, pour la saisir, tu veux t'y plonger, tu trouveras la mort. Ils donnent le nom d'amour à cette manie décevante. Garde-toi de croire à ce prestige que les poètes nous peignent d'une manière si aimable. La créature que tu adorerais ce serait toi-même; la réponse que tu entendrais, ce serait l'écho de ta propre voix renvoyée par un rocher aride; et tu te trouverais dans une affreuse solitude.
ANGÉLIQUE.
J'espère que quelques hommes, mon père, sont encore...
HUTTEN, *d'un air d'observation*.
Tu espères cela? tu espères? (*Il se lève et fait quelques pas.*) Oui, ma fille, ceci me rappelle pourquoi je t'ai fait appeler. (*Il se place devant elle et la regarde avec pénétration.*) Tu m'as devancé, ma fille... Je suis surpris, je suis effrayé de mon insouciante sécurité... Et j'étais si près du danger! et j'étais prêt à perdre le fruit des soins de ma vie entière!
ANGÉLIQUE.
Mon père, je ne comprends point votre pensée.
HUTTEN.
Cette explication n'est point prématurée. Tu as dix-neuf ans, et tu peux me demander compte de ma conduite. Je t'ai arrachée du monde où tu devais vivre, je t'ai cachée dans cette vallée paisible ; tu croissais ici, étant un mystère pour toi-même; tu ignores quelle destination t'attend, il est temps que tu la connaisses ; il faut que tu sois éclairée sur toi-même.
ANGÉLIQUE.
Vous me jetez dans l'anxiété, mon père.
HUTTEN.
Ta destinée n'est point de te flétrir dans la solitude de ce vallon. Tu m'enseveliras ici, et tu retourneras vers ce monde pour lequel je t'ai parée.

ANGÉLIQUE.

Mon père, voudriez-vous me rejeter dans ce monde où vous avez été si malheureux?

HUTTEN.

Tu y seras plus heureuse. (*Après un instant de silence.*) Et quand cela serait autrement, ma fille, il faut que ta jeunesse acquitte une dette dont ma vieillesse prématurée ne peut te dispenser. Tu n'as plus besoin de ma direction; j'ai achevé ma tâche. La statue a été formée sous le ciseau du sculpteur, dans la retraite de son atelier. Elle est terminée, elle doit briller sur son piédestal.

ANGÉLIQUE.

Jamais, jamais, mon père, je ne veux sortir des mains qui m'ont formée.

HUTTEN.

Je n'ai plus qu'un seul souhait à faire, souhait qui s'est accru dans mon cœur, qui est devenu plus impérieux à mesure que de nouveaux attraits venaient embellir ton visage, que des agrémens nouveaux venaient orner ton esprit, à mesure que de nouvelles harmonies venaient élever ton âme. — Ce souhait, ma fille... Donne-moi ta main.

ANGÉLIQUE.

Dites-le, mon père ; mon âme s'empresse à le recueillir.

HUTTEN.

Angélique, tu es la fille d'un homme puissant. Le monde me tient pour tel, mais personne ne connaît toute ma richesse ; ma mort te livrera un trésor que ta bienfaisance ne pourra épuiser. Tu pourras la satisfaire, tout insatiable qu'elle soit.

ANGÉLIQUE.

Ah! mon père, vous m'accablez de douleur.

HUTTEN.

Tu es une aimable enfant, Angélique ; laisse ton père se féliciter de ce que tu n'auras aucune obligation à avoir à un autre homme. Ta mère était la plus belle des femmes. Tu es sa belle et noble image. Les hommes te verront, et l'amour les amènera à tes pieds. Qui obtiendra cette main ?

ANGÉLIQUE.

Est-ce la voix de mon père? Ah! je vous entends; vous m'avez chassée de votre cœur.

HUTTEN. *Il la regarde d'un œil de contentement.*

Cette belle forme est animée par une âme plus belle encore. Je m'imagine l'amour dans ce paisible cœur. Ah! quelle fleur croît ici pour l'amour! Quelle plus belle récompense pourrait être soustraite aux plus nobles prétendans ! (*Angélique, profondément émue, tombe à ses pieds, et cache son visage entre ses mains.*) Plus de bonheur peut-il être réservé à un homme en recevant la main d'une femme? Sais-tu que c'est à moi que tu dois tout cela? J'ai rassemblé des trésors pour ta bienfaisance ; ta beauté, je l'ai conservée ; ton cœur, j'ai veillé sur lui ; ton esprit, j'en ai développé les charmes. Eh bien! pour tout cela, accorde-moi une seule grâce ; par cette seule grâce tu t'acquitteras de tout ce que tu me dois. Me la refuseras-tu ?

ANGÉLIQUE.

O mon père! pourquoi ce long détour pour arriver au cœur de votre Angélique ?

HUTTEN.

Tu possèdes tout pour rendre un homme heureux. (*Il s'arrête et fixe sur elle un regard d'observation.*) Ne rends jamais un homme heureux. (*Angélique pâlit et baisse les yeux.*) Tu ne réponds point... Cette angoisse... ce tremblement... Angélique !

ANGÉLIQUE.

Hélas ! mon père...

HUTTEN, *avec douceur.*

Ta main, ma fille... Promets-moi... engage-toi... Qu'est-ce donc? ta main tremble! promets-moi de ne jamais donner cette main à un homme.

ANGÉLIQUE, *avec un grand trouble.*

Jamais, mon père... que de votre aveu.

HUTTEN.

Et même quand je ne serai plus, jure-moi de ne pas donner cette main à un homme...

ANGÉLIQUE, *avec effort et d'une voix émue.*

Jamais, jamais, tant que... tant que vous-même ne me dégagerez pas de cette promesse.

HUTTEN.

Ainsi, jamais. (*Il quitte sa main et demeure un moment en silence.*) Vois cette main desséchée, vois ces rides dont le chagrin a sillonné mon front ; devant toi est un vieillard incliné au bord de la tombe, et cependant je suis encore à un âge où l'homme conserve ses forces. Voilà ce qu'ont fait les hommes ; toute cette race est mon bourreau... Angélique, n'accompagne pas à l'autel un fils de mon bourreau ; ne donne pas à mon chagrin cruel un dénoûment de comédie. Cette fleur qu'a cultivée ma douleur, qu'ont arrosée mes larmes, ne doit pas être cueillie par la main du plaisir. Les premiers pleurs que tu verserais pour l'amour te confondraient avec cette misérable race. La main qu'à l'autel tu présenterais à un homme inscrirait honteusement mon nom parmi ceux des insensés.

ANGÉLIQUE.

C'est assez, mon père; n'en dites pas davantage ; permettez que...

Elle veut se retirer ; il la retient.

HUTTEN.

Je ne suis point pour toi un père rigoureux, ma fille. Si je t'aimais moins, je te livrerais moi-même à un homme ; je n'ai pas de haine non plus contre les hommes ; on est injuste envers moi quand on m'appelle misanthrope. J'honore la nature humaine, mais je ne puis plus aimer les hommes. Ne me prends pas non plus pour un de ces vulgaires insensés qui imputent à ce qui est noble l'offense qu'ils ont reçue de ce qui est vil. Ce que j'ai souffert des hommes vils, je l'ai oublié ; mon cœur saigne des blessures dont il a été frappé par les meilleurs et les plus nobles.

ANGÉLIQUE.

Confiez-vous à des hommes nobles et bons, ils

verseront un baume salutaire sur vos blessures. Rompez ce mystérieux silence.

HUTTEN, *après un moment de silence.*

Si je pouvais te raconter l'histoire de ce que j'ai souffert! je ne le puis, je ne le veux pas. Je ne veux point t'arracher à cette heureuse sécurité, à cette douce confiance; je ne veux pas introduire la haine dans ce paisible cœur. Je voudrais te préserver des hommes, mais non point t'aigrir contre eux. Mes récits fidèles éteindraient la bienveillance en ton âme, et je voudrais y conserver ce feu sacré. Plutôt que de laisser ton cœur se créer à lui-même un monde nouveau et plus pur, j'aime mieux ne pas en arracher le monde réel. (*Silence. Angélique se penche sur lui en fondant en larmes.*) Je m'applaudis de cet aspect riant de la vie, de cette heureuse croyance aux hommes, qui se présente encore maintenant à tes yeux comme une douce apparence. Cela était salutaire, cela était nécessaire pour développer dans ton cœur l'influence divine. J'admire la sage précaution de la nature; elle offre à notre âme jeune encore le monde sous un aspect agréable. Le germe naissant de l'amour s'y attache; le tendre rejeton se soutient à ce doux appui, et enlace de mille rameaux ce monde qui est auprès de lui. Cependant il doit un jour s'élever jusqu'au ciel sa tige orgueilleuse et royale. Oh! alors il faut que la tige protectrice meure, et que l'arbre vivant, prenant en lui-même sa force, s'élève vers une haute direction. Doucement et peu à peu l'âme, d'abord intimidée, commence à détourner la plante du monde réel, pour la diriger vers l'idéal divin qu'elle a su créer en elle-même. Alors notre âme fortunée n'a plus besoin de cet appui de son enfance, et la flamme épurée du désir s'allume au dedans de nous dans un impérissable foyer.

ANGÉLIQUE.

Hélas! mon père, que je suis loin de cette image que vous me présentez! Votre fille ne peut vous suivre dans ce sublime essor. Laissez-moi m'attacher à cette agréable illusion, jusqu'au moment où elle prendra congé de moi. Comment devrais-je, comment pourrais-je haïr dans un autre ce que vous m'enseignez à aimer en moi-même, ce que vous-même aimez dans votre Angélique?

HUTTEN, *avec sensibilité.*

La solitude t'a gâtée, Angélique; je devrais te conduire parmi les hommes pour que tu apprisses à les juger. Tu poursuivrais ton agréable illusion; tu verrais de près cette image divine, créée par ton imagination. Je suis heureux de penser que je ne courrais aucun risque dans cette épreuve. J'ai placé dans ton âme un modèle dont les hommes ne soutiendraient pas la comparaison. (*Il la contemple avec un tranquille ravissement.*) Ah! la vie m'offre encore une fleur, et ma longue espérance touche enfin à son accomplissement. Combien ils vont être surpris de ne pouvoir jamais faire naître un sentiment partagé par cet ange, que je placerai au milieu d'eux! Je les hais. Oui, j'en suis assuré, j'enlacerai les plus nobles et les meilleurs d'entre eux dans ce filet doré. Angélique! (*il s'approche d'elle d'un air sérieux et solennel, et place sa main sur sa tête*) sois un être sublime parmi cette race dégénérée. Répands autour de toi la bénédiction, comme une divinité bienfaisante! Montre-toi au-dessus de toutes les créatures que le soleil a jamais éclairées. Pratique en te jouant cette vertu qui fait le courage des héros et la prudence des sages. Armée d'une irrésistible beauté, tu reproduiras à leurs yeux la même vie que, méconnu, je menais parmi eux, et tes charmes feront triompher la vertu, qu'en moi ils avaient condamnée. Son éclat éblouissant brillera plus doucement dans une âme de femme, et leurs yeux aveuglés s'ouvriront enfin à cette clarté. Amène-les jusqu'au point d'entrevoir tout le bonheur céleste que fait espérer un cœur tel que le tien; jusqu'au point de se consumer en désirs brûlans pour cette ineffable félicité; et alors tu l'enveloras dans ta gloire, et alors ils apercevront bien loin au-dessus d'eux la céleste apparition, inaccessible pour toujours à leurs désirs, comme Orion l'est à notre faible bras, là-haut dans les plaines du firmament. Quand j'étais avide d'un être réel, eux me paraissaient de vaines ombres; à ton tour, échappe-leur comme une ombre: c'est ainsi que je veux te placer au-dessus de la race humaine. Maintenant tu sais qui tu es. Je me suis préparé ma vengeance.

FIN DES ŒUVRES DRAMATIQUES DE SCHILLER.

PARIS. — IMPRIMERIE DE Mme Ve DONDEY-DUPRÉ, rue Saint-Louis, 46, au Marais.

TABLE DES MATIÈRES.

	Pages.
Notice sur Schiller...	I
Préface des Brigands..	1
LES BRIGANDS, drame......................................	3
LA CONJURATION DE FIESQUE, tragédie républicaine..............	59
L'INTRIGUE ET L'AMOUR, tragédie bourgeoise...................	111
LA PUCELLE D'ORLÉANS, tragédie romantique...................	157
MARIE STUART, tragédie.....................................	204
SÉMÉLÉ...	254
Prologue prononcé pour la rentrée du théâtre de Weimar.............	261
WALLENSTEIN, poème dramatique.............................	263
LE CAMP DE WALLENSTEIN, prologue.........................	263
LES PICCOLOMINI, en cinq actes..............................	276
LA MORT DE WALLENSTEIN, tragédie en cinq actes...............	310
DON CARLOS, poème dramatique.............................	363
Lettres sur Don Carlos.......................................	430
Plan et Fragmens des Chevaliers de Malte......................	446
Plan et Fragmens de Warbeck................................	451
Fragmens de Démétrius.....................................	458
De l'emploi du chœur dans la tragédie.........................	475
LA FIANCÉE DE MESSINE, tragédie avec des chœurs...............	479
GUILLAUME TELL, pièce de théâtre...........................	509
L'HOMMAGE DES ARTS, scène lyrique.........................	554
LE MISANTHROPE, fragment,................................	557

www.ingramcontent.com/pod-product-compliance
Lightning Source LLC
Chambersburg PA
CBHW060300230426

43663CB00009B/1529